Niklas Krawinkel
Belastung als Chance
Hans Gmelins politische Karriere im Nationalsozialismus
und in der Bundesrepublik Deutschland

Studien zur Geschichte
und Wirkung des Holocaust

Herausgegeben von Sybille Steinbacher
im Auftrag des Fritz Bauer Instituts

Band 2

Niklas Krawinkel

Belastung als Chance

Hans Gmelins politische Karriere
im Nationalsozialismus und in der
Bundesrepublik Deutschland

WALLSTEIN VERLAG

Gedruckt mit freundlicher Unterstützung durch den Fachbereich Kunst und Kultur der Universitätsstadt Tübingen

Bibliografische Information der Deutschen Nationalbibliothek
Die Deutsche Nationalbibliothek verzeichnet diese Publikation in der Deutschen Nationalbibliografie; detaillierte bibliografische Daten sind im Internet über http://dnb.d-nb.de abrufbar.

© Wallstein Verlag, Göttingen 2020
www.wallstein-verlag.de

Vom Verlag gesetzt aus der Adobe Garamond und der Frutiger

Umschlaggestaltung: Susanne Gerhards, unter Verwendung eines Fotos von Alfred Göhner, »Wahlplakat von Hans Gmelin, Oberbürgermeisterwahl 1954« © Stadtarchiv Tübingen

Lektorat im Fritz Bauer Institut: Regine Strotbek

Druck und Verarbeitung: Hubert und Co, Göttingen

Gedruckt auf säure- und chlorfreiem, alterungsbeständigem Papier

ISBN 978-3-8353-3677-3

INHALT

EINLEITUNG

Hans Gmelins 70. Geburtstag wurde am 17. Oktober 1981 mit einem Empfang im Uracher Schloss am Fuß der Schwäbischen Alb begangen. Der Tübinger Oberbürgermeister a. D., Jurist und umtriebige Sportfunktionär wurde bei dieser Gelegenheit mit dem Großen Bundesverdienstkreuz mit Stern ausgezeichnet. Die Feier wurde mit der Dankesrede des Jubilars zu einer emotionalen Angelegenheit. Wie das *Schwäbische Tagblatt* berichtete, fand er für seine Vorredner und die weiteren Anwesenden bewegte Worte des Dankes, um dann auf jene zu sprechen zu kommen, die ihn über die Jahre begleitet hatten. Neben den Gemeinderäten und Mitarbeitern, seiner Frau und Familie bezog Gmelin auch Personen in diesen Kreis mit ein, die nicht mehr lebten. Er erinnerte an seine Eltern, verstorbene Freunde, seinen Bruder und seinen ehemaligen Vorgesetzten Hanns Ludin. Gmelin schloss seine Rede mit einem Kästner-Vers: »Man wird älter, es ergibt sich. Kürzlich 60, diesmal 70. Kurzes Zögern und man macht sich, auf den Weg in Richtung 80.«[1]

Während der Schriftsteller Erich Kästner im Jahr 1981 wohl jedem schwäbischen Zeitungsleser ein Begriff war, dürften sich nur noch die Älteren an den Namen Hanns Ludin erinnert haben. Der ehemalige Führer der SA-Gruppe Südwest und Deutsche Gesandte in der Slowakei war im Dezember 1947 in Bratislava hingerichtet worden. Der Grund für seine Verurteilung lag nicht zuletzt darin, dass das tschechoslowakische Gericht es als erwiesen ansah, dass er an der Deportation und Ermordung von fast 58.000 slowakischen Juden Mitschuld trug. Hans Gmelin fungierte in der Slowakei als Adjutant Ludins.

Es erscheint paradox, dass Gmelin in seiner Dankesrede an einen zum Tode verurteilten Kriegsverbrecher erinnerte, um gleich darauf ein Gedicht des bekannten NS-Gegners Kästner zu rezitieren. Während Hanns Ludin und sein Protegé Hans Gmelin im nationalsozialistischen Staat Karriere gemacht hatten, war das künstlerische Fortkommen des Schriftstellers Erich Kästner jäh gestoppt worden. Seine Bücher wurden verbrannt, und er wurde mit Publikationsverbot belegt, weil er Pazifist war und bevorzugt mit einem jüdischen Zeichner zusammenarbeitete. Nun ist es so, dass Kästners Verse unabhängig von seiner politischen Positionierung wegen ihrer Einfachheit und Klarheit von vielen Menschen geschätzt werden. Auch auf den schwarzen Listen des

---

1 Geburtstagsempfang im Uracher Schloß: Diplomat im Interesse des Sports, in: Schwäbisches Tagblatt (ST), 19.10.1981, StadtA Tübingen, ZGS – 1 Gmelin, Hans.

Kampfbundes für Deutsche Kultur wurde in den ersten Jahren der nationalsozialistischen Herrschaft Kästners Roman für Kinder *Emil und die Detek-
tive* wegen seiner großen Popularität vom Verbot ausgenommen.[2] Aber das
einträchtige Nebeneinander des NS-Gegners und des NS-Verbrechers hat in
dieser Dankesrede noch einen anderen Grund. Die Äußerung Gmelins erscheint heute paradox, weil sich durch die gesellschaftliche Diskussion und
historische Forschung der letzten Jahrzehnte die Erkenntnis durchgesetzt hat,
dass es grundlegende Unterschiede zwischen der politisch-gesellschaftlichen
Realität des Nationalsozialismus und der Bundesrepublik gibt. Die Wahrnehmung dieser Unterschiede ist jedoch historisch gewachsen, und viele Aspekte,
die wir heute unumwunden dem Nationalsozialismus zuordnen, erschienen
vielen Zeitgenossen unmittelbar nach 1945 weder verwerflich noch überhaupt
mit dem Nationalsozialismus verbunden. Dementsprechend ist heute auch die
Unterscheidung von historischen Protagonisten, die sich für oder gegen den
Nationalsozialismus eingesetzt haben, landläufig klarer und eindeutiger, als es
lange Zeit in der Geschichte der Bundesrepublik der Fall war. Die Antwort auf
die Frage, warum Gmelin in seiner Rede keinen Widerspruch in der ehrenden
Erinnerung an seinen Freund, den NS-Verbrecher Hanns Ludin, und der Rezi-
tation eines Kästner-Verses erkannte, ist zunächst also denkbar einfach: Ludin
war für ihn auch 34 Jahre nach dessen Hinrichtung kein NS-Verbrecher, während er Kästner nicht (mehr) aufgrund von dessen Verfemung in der NS-Zeit
ablehnte. Dreh- und Angelpunkt von Gmelins persönlichem Vergangenheitsnarrativ und damit Grundlage seiner Nachkriegskarriere als Oberbürgermeister
von Tübingen war die Überzeugung, dass er selbst und sein Vorgesetzter Ludin
sich in der Slowakei nichts hatten zuschulden kommen lassen. Hans Gmelin
entwickelte sich nach 1945 zu einem Demokraten und war zugleich mit seiner
Vergangenheit als NS-Funktionär im Reinen.

Komplexer wird es, wenn man sich fragt, wie so ein Narrativ entstehen und
über Jahrzehnte aufrechterhalten werden konnte. Zur Analyse dieser Nachkriegsentwicklung, die so oder so ähnlich fast die gesamte deutsche Gesellschaft
erfasste, existiert in Gmelins Biographie ein seltenes, vielleicht sogar einmaliges
Schlüsselmoment: seine erfolgreiche Bewerbung als Oberbürgermeister der
Stadt Tübingen im Jahr 1954. Viele Würdenträger der frühen Bundesrepublik,
die auch schon vor 1945 Ämter in Politik oder Verwaltung bekleidet hatten,
versuchten ihre politische Vergangenheit als Nationalsozialisten weitgehend zu
verschweigen, zu verschleiern oder gar ganz zu verheimlichen. Nicht wenige
logen in ihren Entnazifizierungsverfahren über ihre Stellung, ihren Rang oder

---

2 Antje Neuner-Warthorst: Adolf mit dem langen Arm. Die Zusammenarbeit von Erich
Kästner und Walter Trier nach 1933, in: Ruairí O'Brien, Bernhard Meier (Hrsg.): Das
Trojanische Pferd, Würzburg 2010, S. 118-135, hier: S. 122.

die Natur ihrer Tätigkeit in der Zeit des Nationalsozialismus, weil sie sich davon Vorteile für ihre weitere Karriere versprachen.[3] Hans Gmelin ging im Wahlkampf 1954 nicht nur verblüffend offen, sondern sogar offensiv mit seiner Vergangenheit als NS-Funktionär um. Nachdem vereinzelt Bedenken gegen seine Kandidatur geäußert worden waren, erklärte er, sich offen zu seinem »politischen Irrtum« bekannt zu haben. Niemand könne ihm vorwerfen, dass er persönlich in der NS-Zeit Unrecht getan habe. Er müsse sich allerdings gegen die Unterstellung verwahren, dass er aus der Vergangenheit nichts gelernt habe. Denn er habe erkannt, dass »die demokratischen Freiheiten und Regeln die Voraussetzung für ein gedeihliches politisches Leben auf allen Ebenen« seien. Seine Gegner dürften nicht vergessen, dass die »große Aufbauarbeit, die zu leisten ist«, nicht geschafft werden könne, »wenn man große Teile der im Kriege dezimierten Generation, die 1933 jung war, von der Mitarbeit an verantwortlicher Stelle« ausschließe. »Selbstgerechtigkeit« sei »verhängnisvoller als ein erkannter Irrtum«.[4]

Mit der offensiven Thematisierung seiner NS-Vergangenheit und der Forderung nach einem kompromisslosen Schlussstrich konnte Gmelin die Tübinger Oberbürgermeisterwahl 1954 für sich entscheiden. Die überragende Bedeutung der nationalsozialistischen Vergangenheit für den Wahlausgang wird nicht nur durch die Berichterstattung über die Wahlveranstaltungen in der Tagespresse bezeugt, sondern insbesondere durch die Welle von Solidarisierungen in Leserbriefen an das *Schwäbische Tagblatt*, nachdem sich wenige Tage nach der Wahl mit dem Professor für Evangelische Theologie Gerhard Ebeling noch einmal ein NS-Gegner kritisch zu Wort gemeldet hatte. In diesem Augenblick erfuhr Gmelins persönliches Vergangenheitsnarrativ eine Verzahnung mit den vergangenheitspolitischen Kollektivbedürfnissen der Nachkriegsgesellschaft, die

---

3 Zu den bekanntesten (enttarnten) Fällen zählen Fritz Rößler, der unter dem Namen Franz Richter als rechtsradikaler Politiker in den frühen 1950er Jahren wirkte, und der Literaturwissenschaftler Hans Ernst Schneider, der sich nach 1945 Hans Schwerte nannte und erst in den 1990er Jahren seiner bevorstehenden Enttarnung durch eine Erklärung zuvorkam. S. Wilfried Loth, Bernd A. Rusinek (Hrsg.): Verwandlungspolitik. NS-Eliten in der westdeutschen Nachkriegsgesellschaft, Frankfurt am Main, New York 1998. Zur Verleugnung und Verschleierung individueller NS-Belastung s. einschlägige Studien und Gutachten über NS-belastete Oberbürgermeister von Sabine Kühn (jetzt: Schneider): Walter Köbel (1918-1965) und der Nationalsozialismus. Eine biographische Annäherung, Rüsselsheim 2013, S. 59, sowie Lothar Burchardt, Jürgen Klöckler, Wolfgang Seibel: Gutachten zur Tätigkeit von Dr. Bruno Helmle (1911-1996) während der Zeit des Nationalsozialismus und in den ersten Nachkriegsjahren, Konstanz 2012, S. 28-31, URL: https://www.suedkurier.de/storage/med/lokales/konstanz/2441931_Helmle_Endfassung_Burchardt_Kloeckler_Seibel_2012_x.pdf (letzter Zugriff: 12.10.2017), S. 25 ff.
4 Erklärung zur Oberbürgermeisterwahl, 16.10.1954, StadtA Tübingen, ZGS – 1 Gmelin, Hans.

sich als bemerkenswert kohärent und langlebig herausstellte. Die Frage seiner NS-Vergangenheit entpuppte sich lokalpolitisch folglich weniger als Belastung denn als Chance.

Neben dem vergangenheitspolitischen Status quo in der Bundesrepublik um 1954, der von einer gesamtgesellschaftlich getragenen, umfassenden Revision und Aufhebung der politischen Säuberungsmaßnahmen der Alliierten geprägt war,[5] lag Gmelins wahltaktischer Vorteil darin, dass er in Tübingen über einen erheblichen Bekanntheitsgrad verfügte. Er war für viele Tübinger Bürger »einer von uns«. Als 1911 geborener Sohn einer traditionsreichen Bürger- und Beamtenfamilie wurde er nach der Immatrikulation an der Tübinger Universität im Mai 1930 Mitglied der regional bestimmten Württemberger Studentenverbindung Normannia. Zum Jahresende 1931 schloss er sich der Stahlhelm-Hochschulgruppe an, nachdem er schon als Schüler Mitglied des Bundes Jungdeutschland, einer Vorfeldorganisation des Stahlhelms, geworden war. Gemeinsam mit dem Hochschulring Deutscher Art, dem Dachverband der Studentenkorporationen, stellte die Stahlhelm-Hochschulgruppe für die AStA-Wahl zum Sommersemester 1933 eine gemeinsame Wahlliste auf. Hans Gmelin wurde auf dem zweiten Listenplatz in den AStA gewählt, der fortan von einer Koalition unter der Führung der Nationalsozialisten – nach dem Vorbild der neuen Reichsregierung – geleitet wurde. Im Oktober 1933 überführte Gmelin seine Stahlhelm-Gruppe in die Studenten-SA.

Es war vor allem diese Vergangenheit als SA-Führer in Tübingen, die den Gmelin-Unterstützern im Umfeld seiner Wahl 1954 bekannt war und zu Bekundungen führte, wie erfreulich sich der von ihm geführte SA-Sturm von anderen abgesetzt habe und wie er von seinen Untergebenen bewundert worden sei.[6] Weniger Mitbürgern dürfte bekannt gewesen sein, dass der nationalsozialistisch geführte AStA des Sommersemesters 1933 die Entlassung eines jüdischen Universitätsmitarbeiters gefordert hatte oder dass Gmelin als juristischer Referendar von seinem Vater, dem Amtsgerichtsdirektor Oskar Gmelin, fallweise am Erbgesundheitsgericht für Vernehmungen in Verfahren zur Zwangssterilisierung sogenannter Erbkranker eingesetzt worden war.

In der SA sicherte sich Gmelin die Aufmerksamkeit des Führers der SA-Gruppe Südwest Hanns Ludin durch wehrsportliche Erfolge und nahm als Kompanieführer am Sudetendeutschen Freikorps und der Besetzung des Sudetenlands im Herbst 1938 teil. Nach einem kurzen Kriegsdienst ohne Kampfeinsatz bei der Besetzung Frankreichs wurde Gmelin 1941 Adjutant des Ge-

---

5   Norbert Frei: Vergangenheitspolitik. Die Anfänge der Bundesrepublik und die NS-Vergangenheit, München 1996, S. 13-24.
6   Leserbrief E. Hennig, in: ST, 28.10.1954, StadtA Tübingen, ZGS – 1 Gmelin, Hans. S. auch Daniel Siemens: Stormtroopers. A New History of Hitler's Brownshirts, New Haven, London, S. 422 ff.

sandten und Bevollmächtigten Ministers des Großdeutschen Reichs Hanns Ludin und ab 1942 zudem Gesandtschaftsrat an der Deutschen Gesandtschaft Pressburg in der Slowakei. Dieser Zusammenhang spielte in der Debatte über seine Wahl zum Oberbürgermeister so gut wie gar keine Rolle, einzig der Verleger Hans Georg Siebeck schrieb in einem Leserbrief, dass Gmelin kaum behaupten könne, »daß ihm seine Tätigkeit in der Slowakei nicht Einblick in Dinge gewährt« habe, »die heute jeden anständigen Deutschen mit Scham und Schauder erfüllen«.[7]

In der Tat war Hans Gmelin als Adjutant des Gesandten mit nahezu allen Vorgängen befasst, die auf der Leitungsebene der Gesandtschaft entschieden wurden und die Außenpolitik des Deutschen Reiches in der Slowakei betrafen. Zudem arbeitete er als Volkstumsreferent eng mit der nationalsozialistischen Deutschen Partei der »volksdeutschen« Minderheit und ihrem Volksgruppenführer Franz Karmasin zusammen. Als die Slowakei 1944 von deutschen Truppen besetzt wurde, die den Slowakischen Nationalaufstand niederschlugen, wurde Gmelin als Verbindungsmann der Gesandtschaft zum Deutschen Befehlshaber und Höheren SS- und Polizeiführer Gottlob Berger eingesetzt, was auch eine enge Zusammenarbeit mit der Einsatzgruppe H der Sicherheitspolizei und des SD einschloss. Nach Kriegsende musste Gmelin dreieinhalb Jahre als Zivilinternierter in amerikanischen und französischen Lagern verbringen. An seine Entnazifizierung als Minderbelasteter schloss sich ein Anstellungsverhältnis im Landeswirtschaftsministerium an. Gmelins Wahl zum Oberbürgermeister erfolgte 1954 auf zunächst acht Jahre, die zweite Amtszeit nach der Wiederwahl 1962 betrug zwölf Jahre. Neben seinen vielseitigen kommunalpolitischen Aktivitäten in seiner zwanzigjährigen Amtszeit widmete sich Gmelin bis in die frühen 1980er Jahre der Verbandspolitik im Sport. Auf sein anfängliches Engagement im Württembergischen Landessportbund folgten die Präsidentschaft im Landessportverband Baden-Württemberg und das Amt des Vizepräsidenten des Deutschen Sportbunds.

Knapp 50 Jahre nachdem Gmelin nicht trotz, sondern aufgrund der Thematisierung seiner NS-Vergangenheit zum Oberbürgermeister gewählt worden war, entstand in Tübingen ein Bewusstsein für die Problematik ebendieser Vergangenheit des Alt-Oberbürgermeisters und Ehrenbürgers der Stadt. Zu diesem Zeitpunkt war der 79-jährig verstorbene Gmelin bereits seit 14 Jahren tot, und auch die meisten seiner Weggefährten, Mitarbeiter und Mitarbeiterinnen im Rathaus dürften im Jahr 2005 nicht mehr im Dienst gewesen sein. Die Debatte wurde durch einen Artikel des Historikers und Redakteurs des *Schwäbischen Tagblatts* Hans-Joachim Lang angestoßen, der erstmals im Politi-

---

7 Leserbrief Hans Georg Siebeck, 30.10.1954, in: ST, 30.10.1954, StadtA Tübingen, ZGS – 1 Gmelin, Hans.

schen Archiv des Auswärtigen Amts zu Gmelin recherchiert hatte und einzelne Belege für dessen Mitwirkung an den deutsch-slowakischen Vereinbarungen, die die jüdische Bevölkerung betrafen, veröffentlichte. Anlass für Langs Artikel war die Vorführung des Films 2 ODER 3 DINGE, DIE ICH VON IHM WEISS von Malte Ludin in Tübingen, mit dem der Sohn des hingerichteten Deutschen Gesandten die Geschichte des Umgangs seiner vielköpfigen Familie mit dem Tod und der Schuld des Vaters auf die Leinwand brachte. Auf vielen Abbildungen von Hanns Ludin, die in dem Film zu sehen sind, folgt stets einen Schritt hinter dem Gesandten sein Adjutant Hans Gmelin.[8] In einem Kommentar in derselben Ausgabe des *Tagblatts* analysierte der Journalist Lang:»An der deutschen Botschaft von Bratislava war er [Gmelin] mehr als nur an einem Logenplatz Augenzeuge der dortigen Judendeportationen. Die Botschaft war ein organisatorischer Brückenkopf. Sie war für die Bürokratie der ›Abbeförderung‹, wie man die Verschleppung der Juden bezeichnete, so notwendig wie die Züge es für den Transport waren. Insoweit war das führende Botschaftspersonal Schwungrädchen in der Vernichtungsmaschinerie.«[9]

Es sollten noch einige Jahre vergehen, bis Gemeinderat und Stadtverwaltung in der Angelegenheit etwas unternahmen. Stadtrat Anton Brenner reichte schließlich im Jahr 2012 für die Linksfraktion einen Antrag ein, nachdem er die Stadt bereits seit Jahren immer wieder – unter anderem in Leserbriefen und mit einem ersten Antrag 2007 – zum Handeln aufgefordert hatte. Eine ganze Reihe Tübinger Ehrenbürgerschaften müsste aufgrund von NS-Belastungen überdacht werden, erklärte die Fraktion der Linken im Tübinger Rathaus. Kurz darauf forderten das Lern- und Dokumentationszentrum zum Nationalsozialismus e. V. Tübingen (LDNS) und die Geschichtswerkstatt Tübingen[10] in einem offenen Brief, die Ehrenbürgerschaften des Tübinger Philosophieprofessors Theodor Haering und des ehemaligen Oberbürgermeisters Adolf Scheef aus diesem Grund abzuerkennen und diejenigen Hans Gmelins und weiterer Personen, die im Antrag der Linken genannt wurden, zu überprüfen. Wie schon Hans-Joachim Lang in seinem Zeitungskommentar von 2005 bezog sich der Linken-Stadtrat Brenner in seiner Argumentation auf die soge-

8 Hans-Joachim Lang: Die rechte Hand des Botschafters, in: ST, 28.4.2005; Malte Ludin: 2 ODER 3 DINGE, DIE ICH VON IHM WEISS, SvarcFilm GbR, Deutschland 2005, 85 Min.
9 Hans-Joachim Lang: Kaum mehr als 2 oder 3 Dinge, in: ST, 28.4.2005.
10 Beide Vereine haben sich in hohem Maß um die Erforschung des Umgangs mit der NS-Vergangenheit in Tübingen verdient gemacht. S. Hans-Otto Binder u. a. (Hrsg.): Vom braunen Hemd zur weißen Weste? Vom Umgang mit der Vergangenheit in Tübingen nach 1945, Tübingen 2011; Hans-Otto Binder (Hrsg.): Die Heimkehrertafel als Stolperstein. Vom Umgang mit der NS-Vergangenheit in Tübingen, Tübingen 2007.

nannte Nachrufaffäre im Auswärtigen Amt.[11] Diese war 2005 Anlass für die Einsetzung einer Unabhängigen Historikerkommission durch Außenminister Joschka Fischer, die mit der wissenschaftlichen Erforschung des Auswärtigen Amts in der Zeit des Nationalsozialismus und NS-belasteter Mitarbeiter im diplomatischen Korps nach 1945 beauftragt wurde.[12] Spätestens mit dem Erscheinen der Studie im Jahr 2010 begann eine neue Konjunktur institutioneller und individueller Belastungsforschung. Eine ganze Reihe weiterer Aufträge zur Erforschung der Vergangenheit von Behörden, Ministerien, Landtagen, Oberbürgermeistern und weiteren Personen und Einrichtungen folgten.[13]

Diese lokalpolitischen Diskussionen und allgemeineren Entwicklungen einer neuen »Aufarbeitungskonjunktur« bilden den Hintergrund des Gemeinderatsbeschlusses vom Dezember 2012, mit dem die Finanzierung eines Stipendiums beschlossen wurde, das zu einer biographischen Untersuchung über Hans Gmelin dienen sollte, deren Ergebnis hiermit vorliegt. Mit der Betreuung des Projekts wurde der Marburger Historiker Eckart Conze beauftragt, der bereits als Kommissionsmitglied am Projekt zum Auswärtigen Amt mitgewirkt hatte.[14] Über diesen Hintergrund der »Auftragsforschung« hinaus kann die biographische Untersuchung zu Gmelin einen Beitrag zum Verständnis von Entwicklungen in der deutschen Gesellschaft im 20. Jahrhundert leisten, was im Folgenden zu skizzieren ist.

11 Eckhard Ströbel: Neun Ehrenbürger mit braunen Flecken, in: ST, 1.2.2012; Gemeinderatssitzung in Tübingen am 30.1.2012, Vorlage 511/2012, Antrag der Fraktion Die Linke zum Thema und zum Tagesordnungspunkt »Verleihung der Ehrenbürgerschaft«, URL: https://www.tuebingen.de/gemeinderat/vo0050.php?__kvonr=3177 (letzter Zugriff: 2.7.2020); Offener Brief: Ehrenbürgerwürde prüfen, in: ST, 9.5.2012.

12 Eckart Conze u. a.: Das Amt und die Vergangenheit. Deutsche Diplomaten im Dritten Reich und in der Bundesrepublik, München 2012. Zur sich an die Veröffentlichung anschließenden Debatte s. Martin Sabrow, Christian Mentel (Hrsg.): Das Auswärtige Amt und seine umstrittene Vergangenheit. Eine deutsche Debatte, Frankfurt am Main 2014; Johannes Hürter, Michael Mayer (Hrsg.): Das Auswärtige Amt in der NS-Diktatur, München 2014.

13 Für einen Überblick bisher erfolgter und begonnener sowie noch ausstehender Projekte zu Bundesministerien und zentralen deutschen Behörden s. Christian Mentel, Niels Weise: Die zentralen deutschen Behörden und der Nationalsozialismus. Stand und Perspektiven der Forschung, hrsg. von Frank Bösch, Martin Sabrow, Andreas Wirsching, München, Potsdam 2016, sowie jüngst Stefan Creuzberger, Dominik Geppert (Hrsg.): Die Ämter und ihre Vergangenheit. Ministerien und Behörden im geteilten Deutschland, Paderborn 2018. Hinzu kommen zahlreiche regionale und kommunale Forschungsprojekte, neben den bisher genannten s. als Beispiel: Sabine Schneider: Belastete Demokraten. Hessische Landtagsabgeordnete der Nachkriegszeit zwischen Nationalsozialismus und Liberalisierung, Marburg 2019.

14 Ausschuss für Kultur, Integration und Gleichstellung in Tübingen am 3.12.2012, Vorlage 176a/2012, Beschlussvorlage des Fachbereichs Kultur: Weiteres Verfahren im Umgang mit umstrittenen Ehrenbürgerschaften, URL: https://www.tuebingen.de/gemeinderat/vo0050.php?__kvonr=4161 (letzter Zugriff: 2.7.2020).

Die gegenwärtige Konjunktur der NS-Belastungsforschung ist neu, das Thema an sich keineswegs. Dirk van Laak bemerkte auf einer Fachtagung zur NS-Vergangenheit hessischer Landtagsabgeordneter im März 2013, dass die Frage der NS-Belastung im Gegensatz zur aktuellen öffentlichen Wahrnehmung »die bundesdeutsche Geschichte wie ein roter Faden« durchziehe. Immer wieder wurde anhand teils spektakulärer, teils mehr oder weniger beachteter Fälle über die NS-Vergangenheit wichtiger Repräsentanten und Funktionsträger des demokratischen Staates diskutiert.[15] Das bedeutet auch, dass die wissenschaftliche Erforschung des Problems der Kontinuitäten und Belastungen von Institutionen nach der Zeit des Nationalsozialismus sich seit Beginn der neuen Konjunktur in einem gewissen Spannungsverhältnis zu den öffentlichen Erwartungen befindet. Während im Fokus der Öffentlichkeit nach wie vor die Frage nach der Quantität der Belastung steht, ist in den historischen Kommissionen selbst ein deutlich höheres Maß an Qualifizierung und Differenzierung der eigenen Befunde festzustellen. Die Tatsache der hohen personellen Kontinuität ehemaliger NS-Funktionäre in bundesdeutschen Behörden ist für die historische Forschung längst keine Überraschung mehr und müsste es auch für die deutsche Öffentlichkeit keineswegs mehr sein, sind doch inzwischen deren Auswirkungen auf die Demokratisierung der staatlichen Institutionen und der westdeutschen Gesellschaft ins Zentrum des wissenschaftlichen Interesses gerückt. Zudem ist wiederholt darauf hingewiesen worden, dass das bloße Zählen formaler Belastungen durch Mitgliedschaften in der NSDAP oder anderen NS-Organisationen der zeitgenössischen Wirklichkeit der historischen Akteure während des Nationalsozialismus keineswegs gerecht wird.[16] Frank Bajohr und Johannes Hürter stellten in diesem Zusammenhang fest, dass die NS-Geschichte »von zahlreichen intentionalen und funktionalen Verschmelzungen von Nationalsozialisten, Nationalisten und ›Rechten‹ jeglicher Couleur, von modernen Technokraten und traditionellen Eliten gekennzeichnet« sei. Darüber hinaus ermögliche »die individuelle Erfahrungsgeschichte biografische Einschreibungen erst in das NS-Regime und dann in die Bundesrepublik«.[17] Die Überwindung dieses vermeintlichen Widerspruchs führten Hanne Leßau und Janosch Steuwer darauf zurück, dass die Führung des NS-Regimes durch-

---

15   Dirk van Laak: Einführung (zum Panel »Perspektiven der Forschung«), in: Norbert Kartmann (Hrsg.): NS-Vergangenheit ehemaliger hessischer Landtagsabgeordneter, bearb. von Andreas Hedwig, Marburg 2014, S. 75 f.

16   S. etwa Constantin Goschler: NS-Altlasten in den Nachkriegsparlamenten – Überlegungen zum Umgang mit der personellen Kontinuitätsfrage, in: Kartmann (Hrsg.): NS-Vergangenheit, S. 79-85, hier: S. 79.

17   Frank Bajohr, Johannes Hürter: Auftragsforschung und »NS-Belastung«. Bemerkungen zu einer Konjunktur, in: Frank Bajohr u. a. (Hrsg.): Mehr als *eine* Erzählung. Zeitgeschichtliche Perspektiven auf die Bundesrepublik, Göttingen 2016, S. 221-233, hier: S. 230 f.

aus nicht von allen ihren Anhängern verlangt hatte, in jedem Detail eine fest-
gelegte Parteilinie zu vertreten. Es waren die bereits 1970 von Martin Broszat
festgestellte, aber lange Zeit aus dem Blick geratene Offenheit und Flexibilität
der nationalsozialistischen Weltanschauung, die erst die Voraussetzungen für
die Integration weiter Teile der Bevölkerung in die NS-Bewegung schufen,
dann aber auch eine retrospektive Distanzierung ermöglichten. Gewisse Vorbehalte gegen Teile der NS-Politik und gelegentliche Konflikte mit einzelnen
Trägern des Herrschaftsapparats wurden im Nachhinein als Beleg für eine
grundsätzliche Gegnerschaft zum NS-Regime angeführt.[18]

Die Frage, wer als Nationalsozialist zu gelten hatte, ist also komplex und
wurde zu verschiedenen Zeitpunkten im Nationalsozialismus wie auch in der
Nachkriegszeit unterschiedlich beantwortet. NS-Belastung ist kein statischer
Begriff; was unter ihn gefasst wird, war und ist eine Frage des Standpunkts
und der Aushandlung in der Öffentlichkeit. Die formale und quantifizier-
bare Betrachtung von NS-Mitgliedschaften führt die Problematisierung von
NS-Belastung daher kaum weiter, deshalb soll hier gefragt werden, wie sich
individuelles Verhalten zu unterschiedlichen Zeitpunkten mit nationalsozialistischen Herrschaftsansprüchen verband, wie Vergemeinschaftungs- und Integrationsprozesse, die die NS-Herrschaft über einen langen Zeitraum stabil
hielten, in der sozialen Praxis vor Ort verliefen und wie diese zu rassistischen
Ausgrenzungs-, Verfolgungs- und Tötungsdynamiken beitrugen. Welche Rolle
spielten die Binnenstruktur, Verwaltungsabläufe, das außenpolitische Setting
und institutionelle Kooperationen der Deutschen Gesandtschaft Pressburg bei
Krieg und Völkermord? Schließlich ist zu fragen, wie sich die demokratische Entwicklung schon bald nach Kriegsende kommunal und darüber hinaus
ausgestaltete, welche individuellen und kollektiven Prozesse dafür wesentlich
waren und wie die damit verbundene Abgrenzung vom Nationalsozialismus
konkret funktionierte. Außerdem ist bisher weitgehend unbeachtet geblieben,
was in der demokratischen Gesellschaft eigentlich aus den rassistischen Inklu-
sions- und Exklusionsprozessen der NS-Zeit wurde.

Für dieses Vorhaben bedarf es einer handlungsorientierten Analyse der jeweiligen historischen Erfahrungs- und Handlungsräume, es wäre aber nicht
zielführend, bei der Untersuchung der zentralen Person dieses biographischen
Forschungsprojekts stehen zu bleiben. Andrea Löw und Frank Bajohr haben
auf eine schrittweise Loslösung der Forschung von der starken Dichotomisie-
rung der Kategorien »Täter« und »Bystander« hingewiesen, Kategorien, die in

---

18 Hanne Leßau, Janosch Steuwer: »Wer ist ein Nazi? Woran erkennt man ihn?« Zur
    Unterscheidung von Nationalsozialisten und anderen Deutschen, in: Mittelweg 36,
    23 (2014), H. 1, S. 30-51, hier: S. 47 ff.; Martin Broszat: Soziale Motivation und
    Führer-Bindung des Nationalsozialismus, in: Vierteljahrshefte für Zeitgeschichte, 18
    (1970), H. 4, S. 392-409, hier: S. 402 f.

bestimmten Forschungskontexten zwar nach wie vor sinnvoll sein können, aber dem komplexeren Handlungsfeld, in dem die Ausgrenzung, Verfolgung und Ermordung der Juden während der NS-Zeit stattfand, in der Regel nicht gerecht werden und daher stärker differenziert und dynamisiert werden müssen.[19] Für die biographische Forschung ist ergänzend festzustellen, dass eine Person zu verschiedenen Zeitpunkten in unterschiedlichen Handlungszusammenhängen durchaus mehrere Beteiligungsrollen einnehmen konnte. Letztendlich folgt aus diesen Befunden, dass »die Tätergeschichte und die Gesellschaftsgeschichte der Gewalt im ›Dritten Reich‹ über eine gemeinsame Schnittmenge verfügen« und dass demzufolge Täter und Gesellschaft »nicht einfach voneinander getrennt werden« können, wie Frank Bajohr dargelegt hat.[20]

Schon eine zentrale Episode aus Gmelins Biographie – seine Wahl zum Oberbürgermeister und die Debatte darüber – zeigt, wie wesentlich die Verbindung von Selbst- und Fremdwahrnehmung und letztlich auch von Individuum und Gesellschaft für die Beantwortung wichtiger Fragen ist. Was galt zu welchem Zeitpunkt und von welchem Standpunkt aus als NS-Belastung? Was bedeutete es in diesem Zusammenhang, aus der Vergangenheit gelernt zu haben? Diese Fragen sind eng mit der gesellschaftlichen Wahrnehmung des Nationalsozialismus – zeitgenössisch wie retrospektiv – und daher auch mit der Analyse gesellschaftlicher Prozesse der NS-Zeit und der Nachkriegszeit verbunden. Anhand der Tübinger Wahldiskussion lässt sich dieser Zusammenhang mit Äußerungen des Kandidaten und seiner Wähler belegen, die sich immer wieder auf zwei offenbar zentrale Aspekte bezogen: eine postulierte historische Gemeinschaftserfahrung des deutschen Volkes, die sich um »missbrauchten Idealismus« und eine verabsolutierte Erzählung individuellen und kollektiven Leids drehte, und – eng damit verflochten – einen eindimensionalen und in Teilen illiberalen Begriff von Demokratie.

In seiner Stellungnahme zur – nicht zuletzt von seinen Anhängern – aufgeheizten Stimmung im Wahlkampf 1954 sagte Gmelin: »Unser Volkskörper ist noch nicht von den Schlägen gesundet, die ihm in den vergangenen 40 Jahren beigebracht worden sind. Die Menschen reagieren auf Grund von Verbitterungen, Sentiments und Ressentiments, Verhetzungen und nach schwersten sozialen Umschichtungen empfindlicher und hitziger als in normalen Zeiten.« Er erklärte es zu »eine[r] große[n] Kunst, unsere innerlich in den vergangenen Notzeiten schwer verwundeten Menschen anzusprechen und sie zu

---

19 Frank Bajohr, Andrea Löw: Tendenzen und Probleme der neueren Holocaust-Forschung: Eine Einführung, in: Dies. (Hrsg.): Der Holocaust. Ergebnisse und neue Fragen der Forschung, Frankfurt am Main 2015, S. 9-30, hier: S. 10-14.
20 Frank Bajohr: Täterforschung: Ertrag, Probleme und Perspektiven eines Forschungsansatzes, in: Ders., Löw (Hrsg.): Holocaust, S. 167-185, hier: S. 181.

aufgeschlossenen, vertrauensbereiten Mitarbeitern an einer demokratischen Ordnung zu gewinnen«.[21] Gmelin beschrieb die Erfahrung von NS-Herrschaft, verlorenem Krieg und Besatzung in erster Linie als etwas, worunter die normale deutsche Bevölkerung in besonderem Maße zu leiden hatte. Dieses Narrativ wurde in den Leserbriefen zu Gmelins Verteidigung beständig aufgegriffen und um eigene Leiderfahrungen ergänzt. Die Einbeziehung der NS-Herrschaft in diese Leiderfahrung gelang über das Motiv des »missbrauchten Idealismus«, der besonders Gmelins Generation, den jungen Leuten der frühen NS-Zeit, zugesprochen wurde. Diese Jugend sei in ihrer Begeisterungsfähigkeit verführt, ihr guter Glauben missbraucht worden. Die Verantwortung für diese erste und alle weiteren Untaten der NS-Zeit lastete die Mehrheit von Gmelins Unterstützern ausschließlich der Elite des NS-Regimes an. Die einfache Bevölkerung war nach alldem gestraft genug, so die verbreitete Sichtweise. Sie hatte durch ihre eigene Leidensgeschichte gewissermaßen das Recht erworben, von der NS-Vergangenheit und den Verbrechen an den Mitmenschen, die aus ihrer Mitte ausgegrenzt worden waren, nichts mehr hören zu müssen. Diese Wahrnehmung war keine Tübinger Besonderheit, im Kontext der Wahl wird aber eine entscheidende Facette dieses Narrativs deutlich: Es scheint der Diktaturcharakter der NS-Herrschaft selbst gewesen zu sein, der deren Untergebene retrospektiv von jeder Mitverantwortung freisprach. Die sich schnell nach 1945 in der deutschen Bevölkerung verbreitende Zustimmung zur Demokratie beruhte wesentlich auf der damit einhergehenden Annahme, dass die Deutschen in der NS-Zeit allgemein unfrei waren. Sie konnten ihre Regierung nicht wählen, und wer sich dem Willen der Obrigkeit nicht fügte, hatte Schlimmes zu befürchten.

Mit der historischen Analyse von Hans Gmelins Handlungs- und Erfahrungsräumen vor und während der NS-Zeit lässt sich hingegen zeigen, dass der Nationalsozialismus seine Durchschlagskraft erst durch gesellschaftliche Prozesse gewann, an denen viele Menschen auf unterschiedliche Art beteiligt waren. Den damit verbundenen Gemeinschaftsidealen und rassistischen Ungleichheitsvorstellungen wurde häufig in unpolitischen oder vielmehr als unpolitisch deklarierten, selbstverständlichen und beiläufigen gemeinschaftlichen Praktiken zur Durchsetzung verholfen. Indem diese Prozesse verdrängt wurden und stattdessen ausschließlich das Handeln einer diktatorischen Elite für die Verbrechen verantwortlich gemacht wurde, konnte sich nach dem Krieg die Vorstellung verbreiten, dass die Unterstützung demokratischer Verfahrensformen bedeute, dass man aus der Vergangenheit gelernt habe. Da die positive Annahme der Demokratie nach 1945 ohne eine Reflexion über den

---

21 Erklärung zur Oberbürgermeisterwahl, 16.10.1954, StadtA Tübingen, ZGS – 1 Gmelin, Hans.

Anteil breiter Bevölkerungsgruppen an der Etablierung und Durchsetzung des NS-Unrechts stattfand, enthielt sie auch ein entlastendes Moment für die deutsche Mehrheitsgesellschaft, die wenige Jahre zuvor noch den National-sozialismus unterstützt hatte. Während die demokratischen Verfahrensformen sich tatsächlich deutlich von der NS-Diktatur unterschieden, verdeckte die emphatische Betonung der Beteiligung der Bürger am Staat, wie sie in Wahlen zum Ausdruck kommt, dass der nationalsozialistische Staat ebenfalls in hohem Maß von gemeinschaftlicher Partizipation und Selbstmobilisierung geprägt war. Die NS-Herrschaft stützte sich dabei nicht immer auf freie, individuelle Entscheidungen, aber in aller Regel auf ein beträchtliches Maß individueller Bereitschaft zur Teilnahme.

Das Ergebnis dieser Nachkriegsentwicklung war, dass die Erscheinungs-formen des Rassismus in der Gesellschaft des Nationalsozialismus nach 1945 zunächst weitgehend unbeachtet blieben und zudem das Bekenntnis zur De-mokratie keineswegs mit einem liberalen und pluralistischen politischen Klima verbunden war. Vielmehr wurden Abweichung und Widerspruch gerade im Zusammenhang mit der Selbstentlastung der ehemaligen NS-Anhänger als ungehörig und taktlos empfunden. Die von dem Theologen Ebeling in Form eines Leserbriefs geübte Kritik am Mehrheitsentscheid der Tübinger Bürger wurde nicht als legitime Meinungsäußerung anerkannt und sachlich diskutiert, sondern als vermeintlich undemokratische Bevormundung gebrandmarkt. Die »ehemaligen Nazis« könnten, erklärte ein Gmelin-Unterstützer, »am Ende noch bessere Demokraten werden als jene, die mit einer amtlich bestätigten demo-kratischen Vergangenheit glauben, die Demokratie für heute und auch für die Zukunft für sich gepachtet zu haben«.[22] Die Heftigkeit der Reaktionen, die sich auch in persönlichen Zuschriften und Gewaltdrohungen gegen Ebeling Bahn brach, macht am Tübinger Exempel deutlich, dass das vielbeschworene Schwei-gen über die Verbrechen der NS-Zeit in der frühen Bundesrepublik mitunter vehement eingefordert wurde und dass diejenigen, die davon abwichen, mit Konsequenzen zu rechnen hatten. Insgesamt, so eine weitere These, war in der Gesellschaft der frühen Bundesrepublik bis in die 1960er Jahre die Anrufung des Gemeinschaftsgedankens omnipräsent, insbesondere im Kontext ritueller Gedenkpraktiken zu den Kriegsfolgen, zur Vertreibung und deutschen Teilung in kommunaler Gemeinschaft vor Ort. Das »Zusammenstehen« aller Deut-schen im Gegensatz zum »Beiseitestehen« weniger wurde dabei von Gemein-schaftsbegriffen eingerahmt, die direkt an Vorstellungen von »Volkskörper« und »Volksgemeinschaft« anknüpften, wie sie in der NS-Zeit popularisiert worden waren. Der vermeintliche Widerspruch zwischen der Verteidigung des

---

22 Leserbrief J. G., in: ST, 28.10.1954, StadtA Tübingen, ZGS – 1 Gmelin, Hans.

eigenen Handelns in der NS-Zeit und der positiven Annahme der Demokratie
in der Nachkriegszeit schrumpft damit deutlich zusammen.

Ein biographischer Forschungsansatz bringt eine ganze Reihe von Vorteilen
für eine auf soziale Prozesse perspektivierte Untersuchung mit sich.
Thomas Etzemüller hob in diesem Zusammenhang die analytische Möglichkeit hervor, »alle sozialen Felder – wie etwa Politik, Kunst, Wirtschaft, Wissenschaft,
die Geschlechterverhältnisse – zu untersuchen, Längsschnitte durch Epochen
zu ziehen, individuelle Kontinuitäten mit strukturellen Veränderungen zu
kontrastieren oder aber die Untersuchung von Individuen auf Kollektive aus-
zudehnen, ohne dass Tiefenschärfe verloren geht«.[23] Der hiermit skizzierte
Ansatz ist die biographische »Sonde«, bei der die Biographie methodisch als
»privilegierter Zugangsweg«[24] zu über das Individuelle hinausreichenden Zusammenhängen und Konstellationen dient. Dieser Ansatz wurde für Untersuchungen zur Etablierung und Durchsetzung der NS-Herrschaft und zu ihren Nachwirkungen besonders von Ulrich Herbert in seiner Biographie über
Werner Best geprägt. Herbert gelang es, anhand von Bests weltanschaulicher
Radikalisierung im völkischen Milieu der Weimarer Republik und seiner Rolle
als »Architekt« des politischen Polizeiapparats des »Dritten Reiches« präzise
Einblicke in die nationalsozialistische Herrschaft und ihre Verfolgungs- und
Mordpolitik zu verschaffen. Darüber hinaus beleuchtete er deutsche Besat-
zungspolitiken in Frankreich und Dänemark, wo Best wichtige Funktionen
innehatte, und letztlich einen zentralen Knotenpunkt im Verteidigungsnetz-
werk ehemaliger NS-Funktionäre, da Best sich nach dem Krieg in der Kampagne für eine Generalamnestie aller NS-Verbrecher engagierte. Die Ergebnisse
dieser Forschungsarbeit sprachen für sich selbst und regten zahlreiche weitere
Forschungsprojekte zu Tätergruppen und Institutionen im Zentrum der nationalsozialistischen Gewaltpolitik an.[25]

Weniger auf das Zentrum des nationalsozialistischen Gewaltapparats gerichtet, aber für die biographische Forschung zum Nationalsozialismus genauso
wegweisend war Cornelia Rauhs und Hartmut Berghoffs Untersuchung des
mittelständischen Industriellen und NS-Funktionärs Fritz Kiehn. Die mikro-
historische Forschungsarbeit entwirft ein soziokulturelles und alltagsgeschicht-

---

23 Thomas Etzemüller: Biographien. Lesen – erforschen – erzählen, Frankfurt am Main,
   New York 2012, S. 13.
24 Ulrich Herbert: Best. Biographische Studien über Radikalismus, Weltanschauung
   und Vernunft 1903-1989, 5. Aufl., Bonn 2011 (zuerst 1996), S. 25.
25 Ebd. Zu den wichtigsten Folgeprojekten zählen: Karin Orth: Die Konzentrationslager-SS. Sozialstrukturelle Analysen und biographische Studien, Göttingen 2000;
   Michael Wildt: Generation des Unbedingten. Das Führungskorps des Reichssicherheitshauptamtes, 2. Aufl., Hamburg 2008 (zuerst 2002); Isabel Heinemann: Rasse,
   Siedlung, deutsches Blut. Das Rasse- und Siedlungsamt der SS und die rassenpolitische Neuordnung Europas, Göttingen 2003.

liches Panorama einer württembergischen Kleinstadt im 20. Jahrhundert, vom Kaiserreich bis in die Bundesrepublik, und ermöglicht damit tiefgreifende Erkenntnisse über die Funktionsweise der nationalsozialistischen Herrschaft und ihrer »Bewältigung«, die weit über die Lokalgeschichte hinausreichen.[26] Eine biographische Studie zu Hans Gmelin unterscheidet sich in mehrerlei Hinsicht von den genannten Untersuchungen. Zum einen, weil er in seinen militärischen, juristischen und diplomatischen Einsätzen in der NS-Zeit stets auf der mittleren Ebene agierte, aber dennoch über Entscheidungsbefugnisse und einen hohen Kenntnisstand in seinen Tätigkeitsbereichen verfügte. Zum anderen, weil er an einer relativ großen Zahl verschiedener Orte aktiv war, und zwar sowohl in genuinen NS-Organisationen als auch in schon vorher existierenden staatlichen Institutionen. Seine Einsätze fanden zudem nicht in einer Zentrale in Berlin, sondern vor Ort statt. Gerade diese Tätigkeit in mittlerer Position, verbunden mit einer gewissen Breite an Einsatzorten, erlaubt eine differenzierende Betrachtung verschiedener Handlungszusammenhänge und bis zu einem gewissen Grad auch eine Verallgemeinerbarkeit seiner retrospektiven Auffassungen über das eigene Tun. Gesellschaftliche wie individuelle Veränderungen und Kontinuitäten können auf dieser Grundlage schärfer analysiert werden, weil biographisches Arbeiten auf der Unmittelbarkeit diachroner Entwicklungen aufbauen kann. Gleichwohl gilt es, die verbreitete teleologische Sinnproduktion in biographischen Erzählungen des »Lebenswegs« im Sinne einer »biographischen Illusion« zu dekonstruieren, was durch konsequente Kontextualisierung im »sozialen Raum« versucht wird.[27]

Zunächst wird Gmelins Jugend in Tübingen zur Zeit der Weimarer Republik analysiert. Hier war insbesondere das Milieu, in dem seine politische Sozialisation stattfand, zu betrachten, was auch aufgrund begrenzter persönlicher Quellen zu dieser Lebensphase nahelag. Zu diesem Zweck stützte sich die Untersuchung auf eine Reihe von Sozialisationsfaktoren. Gesellschaftliche Prägungen sind unscharfe Prozesse, die nur schwer wissenschaftlich erforsch- und rekonstruierbar sind. Eine umfassende Sozialmilieuanalyse mit einem entsprechenden methodischen Unterbau wäre im Rahmen des ersten Kapitels nicht leistbar gewesen. Daher wurden die Faktoren Generation, Milieu, Geschlecht, Klasse, Familie, Religion, Bildung und Sport besonders berücksichtigt. Eine Analyse von Einflussfaktoren, von denen auf individuelle und kollektive Entwicklungen oder konkretes Verhalten geschlossen wird, ist zu Recht in die Kritik geraten. Stefan Kühl hat anhand der Goldhagen-Browning-Kontroverse der 1990er Jahre, die sich um die Frage drehte, was »ganz normale Deutsche«

---

26 Hartmut Berghoff, Cornelia Rauh-Kühne: Fritz K. Ein deutsches Leben im zwanzigsten Jahrhundert, Stuttgart, München 2000.
27 Pierre Bourdieu: Die biographische Illusion, in: BIOS. Zeitschrift für Biographieforschung und Oral History, 4 (1990), H. 1, S. 75-81.

dazu brachte, an Massenmordaktionen teilzunehmen, auf Probleme in diesem Zusammenhang hingewiesen. Der »multikausale« Ansatz, der sich mit der Goldhagen-Browning-Kontroverse in der Holocaustforschung durchgesetzt habe, komme nicht über eine Aneinanderreihung verschiedener Faktoren, deren Auswahl nicht weiter begründet werde, hinaus. Es bleibe unklar, welche Verbindung von Korpsgeist, antisemitischer Indoktrination, Karriere- und Autoritätsorientierung sowie weiterer Faktoren zum Mord an vornehmlich jüdischen Männern, Frauen und Kindern führte.[28] Diese Kritik ist auch für Zusammenhänge gültig, in denen individuelles Verhalten nicht unmittelbar über Leben und Tod entschied. Daher werden die genannten Sozialisationsfaktoren für Gmelins Jugend in der Weimarer Republik nicht willkürlich und einzeln abgehandelt, sondern in ihren jeweiligen institutionellen Rahmen, in denen immer mehrere dieser Faktoren zusammenkamen, von denen dementsprechend anzunehmen ist, dass sie eine besonders prägende Bedeutung für die individuelle, vor allem aber für die gemeinschaftliche Sozialisation hatten. Diese institutionellen Kontexte sind in erster Linie Jugend- und Wehrsportbünde, der Sportverein, die Stadtgesellschaft, Schule, Universität und das studentische Verbindungswesen. In diesen institutionellen Rahmungen lässt sich auch der Übergang von der Sozialisation zu eigenem Handeln in der Adoleszenz besser verstehen. In dieser Phase entstanden zudem Erwartungen und Hoffnungen, die sich mit dem Nationalsozialismus verbanden.

Die Forschung zur Gesellschaftsgeschichte Deutschlands im Nationalsozialismus ist durch die Diskussion über den Quellenbegriff der »Volksgemeinschaft« in den letzten Jahren deutlich vorangebracht worden. Der Begriff spielte als utopische Verheißung eine zentrale Rolle in der nationalsozialistischen Propaganda wie auch im Alltag der NS-Gesellschaft.[29] Detlev Peukert stellte bereits in den 1980er Jahren fest, dass die rassistische Ausgrenzung und Verfolgung von Juden, Sinti und Roma sowie sogenannten Gemeinschaftsfremden, also als »Asoziale«, »Berufsverbrecher«, »Erbkranke«, »Arbeitsscheue« oder Homosexuelle verfolgten Menschen, ihre Kehrseite in diversen Ein- und

28 Stefan Kühl: Ganz normale Organisationen. Zur Soziologie des Holocaust, Berlin 2014, S. 14 f.
29 Einführend zu den Forschungen zur nationalsozialistischen »Volksgemeinschaft« s. Martina Steber, Bernhard Gotto: Volksgemeinschaft. Writing the Social History of the Nazi Regime, in: Dies. (Hrsg.): Visions of Community in Nazi Germany. Social Engineering and Private Lives, Oxford 2014, S. 1-25; Daniel Mühlenfeld: Vom Nutzen und Nachteil der »Volksgemeinschaft« für die Zeitgeschichte, in: Sozialwissenschaftliche Literatur Rundschau, 66 (2013), H. 1, S. 71-104; Janosch Steuwer: Was meint und nützt das Sprechen von der »Volksgemeinschaft«? Neuere Literatur zur Gesellschaftsgeschichte des Nationalsozialismus, in: Archiv für Sozialgeschichte, 53 (2013), S. 487-534.

Anpassungsprozessen hatten und somit auch normierend, privilegierend und
inklusiv wirkten. Während Peukert die Bedeutung von Anpassungsverweigerung und Widerstand beispielsweise in den »wilden Cliquen« betonte und
damit zu Recht auf die Brüchigkeit des Ideals der »Volksgemeinschaft« hinwies,
hat Michael Wildt darauf aufmerksam gemacht, dass »heute die Bereitschaft
zum Mitmachen, zur aktiven Teilnahme an diesen rassistischen Selektionsver-
fahren« stärker hervorzuheben sei.[30] Peukerts Überlegungen aufgreifend und
weiterdenkend, haben Michael Wildt und Frank Bajohr den Topos der »Volksgemeinschaft« als gewinnbringenden Ansatz zur Erforschung der Gesellschaft
des Nationalsozialismus etabliert.[31] Kritikern, die in der Verwendung des Begriffs eine Verkennung der sozialen Realität im Sinne einer homogenen und
monolithisch organisierten Gesellschaft ohne Klassenunterschiede erblicken,
wird Alf Lüdtkes Paradigma »Herrschaft als soziale Praxis« entgegengehalten.
Die »Volksgemeinschaft« der Nationalsozialisten sei »nicht als gegeben voraus-
zusetzen, sondern die Praktiken ihrer Herstellung, kurz: Vergemeinschaftung
zu untersuchen«.[32] An dieser Stelle wird deutlich, dass es sich bei den neueren
Forschungen zur »Volksgemeinschaft« um ein kulturwissenschaftlich erweiter-
tes Verständnis von Gesellschaft handelt, das sich von dem der herkömmlichen
Sozialgeschichte deutlich unterscheidet. Anders als bei der lange Zeit dominierenden Untersuchung von Strukturen und Statistiken steht mittlerweile das
Individuum mitsamt seinen Erfahrungen und Wahrnehmungen im Zentrum
der Betrachtung. Auch in dieser Hinsicht baut die neuere Forschung zur NS-
Gesellschaft auf der Alltagsgeschichte der 1980er Jahre auf, die von Alf Lüdtke
und Detlev Peukert – durchaus unterschiedlich – mitgeprägt wurde. Mehrfach
ist dazu inzwischen angemerkt worden, dass die nach wie vor zentrale Frage
der sozialen Ungleichheit und der Klassenverhältnisse in der NS-Gesellschaft
in neueren Arbeiten zunehmend ausgeklammert werde – worin diese sich im
Übrigen von den Studien Lüdtkes und Peukerts deutlich unterscheiden.[33]
    Die Praktiken der Vergemeinschaftung sind in den vergangenen Jahren
anhand vieler Teilbereiche der NS-Gesellschaft untersucht worden, und die

---

30 Detlev Peukert: Volksgenossen und Gemeinschaftsfremde. Anpassung, Ausmerze und
    Aufbegehren unter dem Nationalsozialismus, Köln 1982, hier: besonders S. 201-207,
    246-279; Michael Wildt: Die Volksgemeinschaft nach Detlev Peukert, in: Rüdiger
    Hachtmann, Sven Reichardt (Hrsg.): Detlev Peukert und die NS-Forschung, Göttin-
    gen 2015, S. 49-68, hier: S. 58-62.
31 Frank Bajohr, Michael Wildt: Einleitung, in: Dies. (Hrsg.): Volksgemeinschaft. Neue
    Forschungen zur Gesellschaft des Nationalsozialismus, Frankfurt am Main 2009,
    S. 7-23.
32 Wildt: Detlev Peukert, S. 61 f.; Bajohr, Wildt: Einleitung, S. 10.
33 S. Frank Bajohr: Der Cultural Turn und die Gesellschaftsgeschichte des Nationalso-
    zialismus, in: Vierteljahrshefte für Zeitgeschichte, 65 (2017), H. 2, S. 223-232, und
    Neil Gregor: Die Geschichte des Nationalsozialismus und der Cultural-Historical
    Turn, in: Vierteljahrshefte füe Zeitgeschichte, 65 (2017), H. 2, S. 233-245.

dabei gewonnenen Erkenntnisse haben das historische Verständnis von Entwicklungsdynamiken innerhalb des NS-Staates enorm verbreitert.[34] Der von der Dichotomie zwischen »Gemeinschaftsfremden« und »Volksgenossen« ausgehende Ansatz hat durch die praxeologische Erweiterung nicht nur das Potenzial zur Entzauberung einer NS-Propagandaformel. Die Frage, wie sich die Menschen in der sozialen Praxis vor Ort zur begrifflich als homogen gefassten »Volksgemeinschaft« verhielten, kann Aufschluss darüber geben, wie breit das Feld der Verhaltensweisen zwischen Zwang und Widerstand, Zustimmung und Abweichung, aktiver Teilnahme und verharrender Ohnmacht in der Ausgrenzungs- und Gewaltpolitik der NS-Zeit tatsächlich war.

Der den Nationalsozialismus praxeologisch erforschende Historiker Sven Reichardt hat die Vorteile dieses Ansatzes prägnant zusammengefasst und damit auch die Möglichkeiten für eine biographische Untersuchung, die ausgehend vom Individuum insbesondere gesellschaftliche Prozesse in den Blick nehmen will, herausgestellt: »Dabei beansprucht ein praxeologischer Ansatz erstens Mikro- und Makroperspektiven zu verbinden, er sucht zweitens sozialhistorische Herangehensweisen mit kulturhistorischen Überlegungen zu Denkstilen, Verhaltensmustern und Diskursen zu verknüpfen. Drittens werden soziale Netzwerke, Diskurse, die symbolische Organisation von Wirklichkeit und situativ bedingte Handlungsformen nicht als voneinander getrennte, sondern als miteinander kompatible Untersuchungsebenen verstanden, die in Institutionen und Beziehungsgefügen eingebettet sind. Der methodologische Relationalismus der Praxeologie dient dazu, eine vermittelnde Position zwischen den klassischen Oppositionspaaren von Subjektivität und Objektivität,

---

34 Michael Wildt veröffentlichte bereits 2007 eine Monographie, die dem Zusammenhang zwischen »Volksgemeinschaft« und ausgrenzender Gewalt gegen Juden bis zum Beginn des Zweiten Weltkriegs nachging: Michael Wildt: Volksgemeinschaft als Selbstermächtigung. Gewalt gegen Juden in der deutschen Provinz 1919 bis 1939, Hamburg 2007. Aus der Fülle von neueren Veröffentlichungen sei exemplarisch auf einige der seit 2012 zahlreich erschienenen Forschungsarbeiten und Sammelbände aus dem Kontext und dem Umfeld des Niedersächsischen Forschungskollegs »Nationalsozialistische ›Volksgemeinschaft‹. Konstruktion, gesellschaftliche Wirkungsmacht und Erinnerung vor Ort« hingewiesen: Detlef Schmiechen-Ackermann (Hrsg.): »Volksgemeinschaft«: Mythos, wirkungsmächtige soziale Verheißung oder soziale Realität im »Dritten Reich«? Zwischenbilanz einer kontroversen Debatte, Paderborn u. a. 2012; Oliver Werner (Hrsg.): Mobilisierung im Nationalsozialismus. Institutionen und Regionen in der Kriegswirtschaft und der Verwaltung des »Dritten Reiches« 1936 bis 1945, Paderborn u. a. 2013; Christine Schoenmakers: »Die Belange der Volksgemeinschaft erfordern ...«. Rechtspraxis und Selbstverständnis von Bremer Juristen im »Dritten Reich«, Paderborn u. a. 2015; Anette Blaschke: Zwischen »Dorfgemeinschaft« und »Volksgemeinschaft«. Landbevölkerung und ländliche Lebenswelten im Nationalsozialismus, Paderborn u. a. 2018; Kerstin Thieler: »Volksgemeinschaft« unter Vorbehalt. Gesinnungskontrolle und Mobilisierung in der Herrschaftspraxis der NSDAP-Kreisleitung Göttingen, Göttingen 2014.

von Handeln und Struktur, von Individuum und Gesellschaft einzunehmen. Das Handeln und Kommunizieren der Menschen situiert also das soziale Feld für Ideen und Sinnwelten. Denksysteme sind nicht ohne konkrete Situationsbezüge und Handlungsgefüge zu verstehen, auf die sich die Einstellungen der Akteure beziehen.«[35]

Auch im Hinblick auf Wildts Argumentation ist das Verhältnis zwischen Ideologie und Praxis mithin nicht in einer einseitigen Top-down-, sondern in einer komplexeren Wechselbeziehung zu betrachten. Dieser Gedanke wird gestützt durch Forschungsergebnisse, in denen immer wieder auf den erstaunlich pragmatischen und flexiblen Umgang mit rassistischen und anderen nationalsozialistischen Ideologieversatzstücken in der politischen Praxis des Nationalsozialismus hingewiesen wurde. Ausgerechnet in diesem Schlüsselbereich der NS-Politik tat sich bei näherer Betrachtung erheblicher Raum für Diskussion und Aushandlung auf.[36] Unklarheiten in der Rassen- und Volkstumspolitik führten paradoxerweise nicht zu einer Infragestellung der rassistischen Kategorien, sondern zu noch größerer Radikalität, wie Doris L. Bergen anhand des nationalsozialistischen Konzepts der »Volksdeutschen« gezeigt hat.[37] Zu ähnlichen Ergebnissen kam Mark Roseman, der von einer »seltsame[n] Mischung aus Radikalität und Flexibilität, die die Vorgehensweise in der Rassenpolitik kennzeichnete«, sprach.[38]

Im Unterschied zu Roseman neige ich nicht dazu, aus dieser Erkenntnis zu schließen, dass die Rolle des Rassismus in der NS-Herrschaft insgesamt gerin-

---

35 Sven Reichardt: Zeithistorisches zur praxeologischen Geschichtswissenschaft, in: Arndt Brendecke (Hrsg.): Praktiken der Frühen Neuzeit. Akteure – Handlungen – Artefakte, Wien u. a. 2015, S. 46-61, hier: S. 50. S. auch ders.: Praxeologie und Faschismus. Gewalt und Gemeinschaft als Elemente eines praxeologischen Faschismusbegriffs, in: Karl H. Hörning, Julia Reuter (Hrsg.): Doing Culture. Neue Positionen zum Verhältnis von Kultur und sozialer Praxis, Bielefeld 2004, S. 129-153, hier: S. 134f.

36 Mark Roseman: Lebensfälle. Biographische Annäherungen an NS-Täter, in: Bajohr, Löw (Hrsg.): Holocaust, S. 186-209, hier: S. 201; Lutz Raphael: Pluralities of National Socialist Ideology. New Perspectives on the Production and Confusion of National Socialist Weltanschauung, in: Streber, Gotto (Hrsg.): Visions, S. 73-86, hier: S. 76ff. Ein oft zitiertes Beispiel für dieses Forschungsergebnis ist zudem Gerhard Wolf: Ideologie und Herrschaftsrationalität. Nationalsozialistische Germanisierungspolitik in Polen, Hamburg 2012.

37 Doris L. Bergen: The Nazi Concept of »Volksdeutsche« and the Exacerbation of Anti-Semitism in Eastern Europe, 1939-45, in: Journal of Contemporary History, 29 (1994), S. 569-582, hier: vor allem S. 577f.; dies.: Tenuousness and Tenacity. The »Volksdeutschen« of Eastern Europe, World War II, and the Holocaust, in: Krista O'Donnell, Renate Bridenthal, Nancy Reagin (Hrsg.): The Heimat Abroad. The Boundaries of Germanness, Ann Arbor 2005, S. 267-286.

38 Roseman: Lebensfälle, S. 198.

ger war als bisher angenommen.[39] Vielmehr sollten diese Ergebnisse als Hinweis darauf verstanden werden, dass der zentrale Aspekt der rassistischen und völkischen Differenzproduktion die Unterscheidungspraxis an sich ist. Die sozial- und kulturwissenschaftliche Rassismusforschung angelsächsischer und französischer Prägung hat, was neuere Erscheinungsformen des Rassismus anbelangt, schon in den 1980er Jahren die These etabliert, dass in rassistischen Kontexten »nicht die rassische Zugehörigkeit, sondern das rassistische Verhalten zu einem natürlichen Faktor erklärt« wird, wie Étienne Balibar formulierte. Nach Stuart Hall ist diese Form von Rassismus nicht notwendig mit einem rassistischen Theoriegebäude verbunden, sondern kann sich im Alltagsbewusstsein auf der Ebene vermeintlicher Selbstverständlichkeiten artikulieren. Hall, der in diesem Zusammenhang von »Ausschließungspraxen« sprach, bezog sich damit auf Karl Marx' Begriff der »Naturalisierung«, mit dem dieser einen Vorgang bezeichnete, »in dem kulturelle und soziale Tatsachen als natürliche Eigenschaften dargestellt werden«.[40] Einer der ersten Historiker, die dieses Rassismusverständnis in die historische Forschung in Deutschland einbrachten, ist Christian Geulen. Er hob zudem den Topos der »Vermischung« und seine Bedeutung für den Rassendiskurs seit dem 19. Jahrhundert besonders hervor. Der vermeintlich »reine«, »unvermischte« Ursprungszustand der »Volks-« und »Rassenzugehörigkeiten« liegt dabei immer in der Vergangenheit. Das Zentrum bildet die rassistische Unterscheidungspraxis selbst und damit die »Überzeugung von einer allgemeinen und ›natürlichen‹ Notwendigkeit bewußter Abgrenzungs- und Ausgrenzungs*praktiken*«.[41]

Während des Forschungsprozesses stieß ich in den Quellen immer wieder darauf, dass Kernbestandteile von Rassismus und Ausgrenzungsdynamiken über vermeintlich selbstverständliche und unpolitische Gemeinschaftsvorstellungen in Bewegung gesetzt wurden. Ich bin nicht der erste Historiker, der das Politische im scheinbar Unpolitischen entdeckt. Adelheid von Saldern hat wiederholt darauf hingewiesen, dass gerade in angeblich unpolitischen Teilen der NS-Massenkultur nach »versteckten Herrschaftsaspekten« zu suchen sei. Sie bezog diese Bemerkung in erster Linie auf die Bedeutung des Rundfunks, von Tanzveranstaltungen, des kommerzialisierten Zuschauersports, aber auch der

---

39 Mark Roseman: Racial Discourse, Nazi Violence, and the Limits of the Racial State Model, in: Ders., Devin O'Pendas, Richard F. Wetzell (Hrsg.): Beyond the Racial State. Rethinking Nazi Germany, Washington/D.C. 2017, S. 31-57.

40 Étienne Balibar: Gibt es einen Neo-Rassismus?, in: Ders., Immanuel Wallerstein: Rasse, Klasse, Nation. Ambivalente Identitäten, Hamburg 1990, S. 23-38, hier: S. 30; Stuart Hall: Rassismus als ideologischer Diskurs, in: Das Argument, 178 (1989), S. 913-921, hier: S. 913 f. S. auch Pierre-André Taguieff: The Force of Prejudice. On Racism and its Doubles, Minneapolis 2001.

41 Christian Geulen: Wahlverwandte. Rassendiskurs und Nationalismus im späten 19. Jahrhundert, Hamburg 2004, S. 17 f., 62.

rituellen Inszenierungen des NS-Regimes und auf deren Auswirkungen auf die Alltagserfahrung und Lebenswelt der von ihr untersuchten Sozialmilieus.[42] In dieser Untersuchung geht es stärker um Kontexte, die man aus heutiger Sicht dem politischen Leben zuordnen würde, die aber zeitgenössisch als unpolitisch verstanden oder wenigstens retrospektiv als unpolitisch dargestellt wurden. Das ist ein Unterschied zu jener »Politisierung des Unpolitischen«, die Raimund von dem Bussche als Charakteristikum der Entwicklung des Konservatismus in Deutschland nach 1918 herausgestellt hat, hängt zugleich aber auch mit ihr zusammen. Das Ziel der Konservativen sei es gewesen, mit ihrer politischen Arbeit eine Rückkehr zum vermeintlich unpolitischen, bürgerlichen Dasein der Kaiserzeit zu erwirken; sie betrieben also Politik zur Abschaffung der Politik, die wieder ganz im Handeln der Eliten aufgehen sollte. Von dem Bussche sah diese Vorstellung eng mit Thomas Manns *Betrachtungen eines Unpolitischen* von 1918 verknüpft.[43] In dieser Studie geht es demgegenüber nicht um (partei)politische Aktivität oder die Geistesgeschichte des Konservatismus, sondern um Praktiken des sozialen, kulturellen und wirtschaftlichen Lebens, die trotz ihres signifikanten politischen Gehalts dem Bereich des Vorpolitischen zugeordnet wurden. Das zentrale Charakteristikum ist dabei die Kategorie des Selbstverständlichen und Natürlichen, des »über jeden Zweifel Erhabenen«, des überparteilichen Interesses, zu dem es nach allgemeiner Auffassung keine zwei Meinungen geben konnte. In dieser Art unpolitischen Gemeinsinns muss jede Abweichung und Nonkonformität zum Problem und daher überwölbt, bagatellisiert oder anderweitig ausgeschaltet werden. Das Motiv des »außer Frage Stehenden« hing im Verlauf des 20. Jahrhunderts eng mit den Kategorien des Vaterlandes und des Volkes zusammen, mit dem Allgemeininteresse, das diesen Kategorien zugesprochen wurde, und mit oft unbewussten gemeinschaftlichen Lern- und Inkorporationsprozessen in ganz unterschiedlichen Zusammenhängen. Durch den biographischen Ansatz der Studie ist es möglich, diese Perspektivierung auf Gemeinschaftsprozesse kontinuierlich weiterzuverfolgen und nicht auf die Analyse der NS-Gesellschaft zu beschränken.

Ausgehend von der Etablierung völkischer Gemeinschaftserfahrungen in Wehrsport- und Jugendbünden sowie Studentenverbindungen der Weimarer

---

42 Adelheid von Saldern: Sozialmilieus und Massenkultur in der Zwischenkriegszeit. Das Beispiel Hannover, in: Karljosef Kreter, Gerhard Schneider (Hrsg.): Stadt und Überlieferung. Festschrift für Klaus Mlynek, Hannover 1999, S. 183-200, hier: S. 183 f.; dies.: Symbolische Stadtpolitik – Stadtpolitik der Symbole. Repräsentationen in drei politischen Systemen, in: Dies. (Hrsg.): Inszenierter Stolz. Stadtrepräsentationen in drei deutschen Gesellschaften (1935-1975), Stuttgart 2005, S. 29-82.
43 Raimund von dem Bussche: Konservatismus in der Weimarer Republik. Die Politisierung des Unpolitischen, Heidelberg 1998, S. 18 ff., 363.

Zeit und dem Antisemitismus, der sich damit verband (Kapitel »Generation, Tradition und Sozialmilieu«), werden anhand der rechten Hochschulpolitik in Tübingen und der Sterilisierungsverfahren des Tübinger Erbgesundheitsgerichts rassistische Exklusions- und Inklusionspraktiken der frühen NS-Zeit analysiert (Kapitel »Recht und ›Rasse‹«). Im Kapitel »Erfüllung einer ›völkischen Sehnsucht‹« wird der SA-Aktivismus als gemeinschaftlicher Erfahrungs- und Mobilisierungsraum untersucht, der sich in Gmelins Fall als Vorstufe für den gewaltsamen »Volkstumskampf« im Herbst 1938 im Sudetendeutschen Freikorps herausstellte. Die Darstellung der Struktur und Stellung der Deutschen Gesandtschaft Pressburg um 1941 und der Tätigkeitsbereiche Gmelins (Kapitel »Zurückhaltende‹ Außenpolitik im Zeichen von Krieg und Völkermord«) ist Ausgangspunkt für die Analyse der Vergemeinschaftungspraktiken innerhalb der deutschen Minderheit in der Slowakei (Kapitel »Die Herstellung ›völkischer‹ Differenz«). Insbesondere in den völkischen Institutionen der Karpatendeutschen und im Aufbau ihres Genossenschaftswesens verbanden sich Volkstums- und antisemitische Judenpolitik. Dieser Prozess wurde von der Gesandtschaft mitgestaltet, die zudem auf zwischenstaatlicher Ebene die Deportation und Ermordung der slowakischen Juden mitorganisierte (Kapitel »Völkerrechtlich nicht zu beanstanden‹«). Der Slowakische Nationalaufstand und die folgende deutsche Besetzung der Slowakei brachten auf der einen Seite einen Bedeutungsverlust der Diplomatie mit sich und auf der anderen Seite eine Radikalisierung der Gewalt, die sich insbesondere gegen Juden richtete (Kapitel »Bedeutungsverlust der Diplomatie und Radikalisierung der Gewalt«). Anschließend wird die gemeinschaftliche Abgrenzung vom Nationalsozialismus nach 1945 über Opfernarrative und die gleichzeitige Annahme demokratischer Verfahrensweisen analysiert (Kapitel »Recht auf politischen Irrtum‹ oder ›Wiederkehr des Nationalsozialismus‹?«). Resultate dieses Prozesses waren das weitgehend unbeschadete Überdauern von Netzwerken aus der NS-Zeit und Anknüpfungsmöglichkeiten an »volksgemeinschaftliche« Vorstellungen in der Gedenkpraxis vor Ort, wie am Beispiel der »Kameradentreffen« und Veranstaltungen zum Volkstrauertag gezeigt wird (Kapitel »Niemand möge mit seiner Spende beiseite stehen‹«). In einem deutlichen Missverhältnis standen in diesem Zusammenhang der Enthusiasmus, mit dem gegen die Vertreibung und die deutsche Teilung mobilisiert wurde, und die fehlende Bereitschaft zur Erinnerung an die Opfer der NS-Herrschaft. In den 1960er Jahren geriet diese Konstellation zunehmend in die Kritik, und Gmelin wurde auch persönlich wiederholt mit der Vergangenheit konfrontiert (Kapitel »Die Verantwortung für die Gemeinschaft und wo sie endete«). Schließlich werden im Kapitel »Lernprozesse und Abwehrhaltungen« weitere kommunal- und sportpolitische Entwicklungen bis in die 1970er und 1980er Jahre untersucht, um auch hier neben demokratisierenden und liberalisierenden Elementen auf Exklusionspraktiken hinzuweisen, die sich nach wie vor häufig über vermeintlich unpolitische und selbstverständliche Mechanismen artikulierten.

Biographisch orientiertes Arbeiten ist mit dem Fluch und dem Segen verbunden, den Gegenstand im Jahrzehnte umspannenden Untersuchungszeitraum in viele unterschiedliche Forschungskontexte einbetten zu müssen. In Gmelins nationalsozialistischer Karriere war, wie erwähnt, sein wehrsportlicher Aktivismus ein entscheidender Faktor. Vom vaterländischen und völkischen Milieu in Württemberg und in den Studentenverbindungen an der Tübinger Universität ausgehend,[44] führte ihn diese Aktivität über den Stahlhelm im Oktober 1933 in die SA.[45] Die Forschung zur Sturmabteilung der NSDAP erfährt derzeit viele neue Impulse. Durch eine Reihe aktueller Studien und insbesondere durch die 2017 erschienene Gesamtdarstellung zur Geschichte der SA von Daniel Siemens wird die lange vertretene These, dass die SA nach dem sogenannten Röhm-Putsch faktisch ihre Bedeutung verloren habe, deutlich modifiziert und ergänzt.[46] Gmelins Biographie stützt diese neue Akzentuierung des Stellenwerts der SA nach 1934. Von der Forschung bisher wenig beachtet ist etwa die Rolle des Sudetendeutschen Freikorps (SFK) und von SA-Führern im Herbst 1938.[47] Die von Gmelin geführte SFK-Kompanie bestand außer-

44 S. hierzu insbesondere Martin Ulmer: Antisemitismus in Stuttgart 1871-1933. Studien zum öffentlichen Diskurs und Alltag, Berlin 2011, sowie Sonja Levsen: Elite, Männlichkeit und Krieg. Tübinger und Cambridger Studenten 1900-1929, Göttingen 2006.

45 S. Volker Rolf Berghahn: Der Stahlhelm. Bund der Frontsoldaten 1918-1935, Düsseldorf 1966, sowie Anke Hoffstadt: Der »Stahlhelm. Bund der Frontsoldaten« und der Nationalsozialismus, in: Gerd Krumeich (Hrsg.): Nationalsozialismus und Erster Weltkrieg, Essen 2010, S. 191-206; dies.: Eine Frage der Ehre – Zur »Beziehungsgeschichte« von »Stahlhelm. Bund der Frontsoldaten« und SA, in: Yves Müller, Reiner Zilkenat (Hrsg.): Bürgerkriegsarmee. Forschungen zur nationalsozialistischen Sturmabteilung (SA), Frankfurt am Main 2013, S. 267-296.

46 Yves Müller: Wilhelm Schepmann – Der letzte SA-Stabschef und die Rolle der SA im Zweiten Weltkrieg, in: Zeitschrift für Geschichtswissenschaft, 63 (2015), H. 6, S. 513-532; ders., Zilkenat (Hrsg.): Bürgerkriegsarmee; Siemens: Stormtroopers (inzwischen auch auf Deutsch: Ders.: Sturmabteilung. Die Geschichte der SA, München 2019). Auch Bruce B. Campbell machte schon früh darauf aufmerksam, dass die SA nach 1934 nicht von der politischen Bühne verschwand: Bruce B. Campbell: The SA after the Röhm Purge, in: Journal of Contemporary History, 28 (1993), H. 4, S. 659-674. Die Gesamtdarstellung von Peter Longerich ist der These der Bedeutungslosigkeit nach 1934 verpflichtet, die er auch gegen Kritik in der Neuausgabe aufrechterhielt: Peter Longerich: Geschichte der SA, München 2003. Sven Reichardt lieferte wertvolle Erkenntnisse über das Innenleben der paramilitärischen Organisation und eine praxeologisch-vergleichende Deutung des Faschismus: Sven Reichardt: Faschistische Kampfbünde. Gewalt und Gemeinschaft im italienischen Squadrismus und in der deutschen SA, 2. Aufl., Köln, Weimar, Wien 2009 (zuerst 2002).

47 Stefan Dölling ist im Begriff, diese Forschungslücke mit einer Studie zum sudetendeutschen Paramilitarismus zu füllen (Dissertationsprojekt an der Humboldt-Universität zu Berlin). S. auch ders.: Grenzüberschreitende Gewalttätigkeit – Die SA und die

gewöhnlich lang und war nicht nur an der Besetzung des Sudetenlands, sondern auch an »sicherheitspolizeilichen Maßnahmen« beteiligt, was bisher weitgehend unbekannt war. Fortdauernde Bedeutung kam der SA auch während des Zweiten Weltkriegs zu. Im Jahr 1941 wurden fünf hochrangige SA-Führer zu Gesandten des Auswärtigen Amtes in südosteuropäischen Staaten ernannt. Hanns Ludin übernahm die Gesandtschaft in der Slowakei, wohin er Hans Gmelin mitbrachte. Nicht erst mit dem bereits genannten Kommissionsbericht von 2010 wurde dem Auswärtigen Amt des NS-Regimes wissenschaftliche Aufmerksamkeit geschenkt.[48] Hans-Jürgen Döscher veröffentlichte 1987 seine Untersuchung zur *Diplomatie im Schatten der »Endlösung«*.[49] Bereits 1978 verfasste Christopher Browning seine Doktorarbeit über das Judenreferat D III im Auswärtigen Amt, das gerade in der Slowakei eine wichtige Rolle bei der Ingangsetzung der Deportationen spielte. Seine in Großbritannien und den USA erschienene Studie wurde erst 2010, infolge der Debatte über den Bericht der Unabhängigen Historikerkommission, ins Deutsche übersetzt.[50] Eine zentrale Facette der deutschen Außenpolitik in der Slowakei hat Tatjana Tönsmeyer untersucht. Das Deutsche Reich entsandte sogenannte Berater an zentrale slowakische Regierungsstellen. Diese waren formal der Gesandtschaft unterstellt, in erster Linie aber ihren entsendenden Institutionen im Deutschen Reich verpflichtet. Tönsmeyer gelang es in ihrer 2003 publizierten Untersuchung, einen spezifischen slowakischen »Eigensinn« im deutsch-slowakischen Verhältnis herauszuarbeiten, das in der Forschung bis dahin als ausschließlich von deutschen Interessen dominiert betrachtet worden war. Damit stellte sie den Begriff der »Kollaboration« in seiner verbreiteten Anwendung auf das deutsch-slowakische Verhältnis infrage.[51] Die Analyse von Gmelins Tätigkeit in der Deutschen Ge-

»Sudetenkrise«, in: Müller, Zilkenat (Hrsg.): Bürgerkriegsarmee, S. 241-263. Bevor Dölling sich des Themas annahm, hat es im Wesentlichen nur in dem Artikel von Martin Broszat: Das Sudetendeutsche Freikorps, in: Vierteljahrshefte für Zeitgeschichte, 9 (1961), H. 1, S. 30-49, und in einigen Veröffentlichungen von Werner Röhr spezielle Beachtung gefunden. Dessen Erkenntnisse sind gebündelt veröffentlicht in: Werner Röhr: September 1938. Die Sudetendeutsche Partei und ihr Freikorps, Berlin 2008.

48 Conze u. a.: Amt.

49 Hans-Jürgen Döscher: Das Auswärtige Amt im Dritten Reich. Diplomatie im Schatten der »Endlösung«, Berlin 1987. Döscher ließ dieser Studie weitere Untersuchungen zu Kontinuitäten und Netzwerken nach 1945 folgen: Hans-Jürgen Döscher: Verschworene Gesellschaft. Das Auswärtige Amt unter Adenauer zwischen Neubeginn und Kontinuität, Berlin 1995; ders.: Seilschaften. Die verdrängte Vergangenheit des Auswärtigen Amts, Berlin 2005.

50 Christopher Browning: Die »Endlösung« und das Auswärtige Amt. Das Referat D III der Abteilung Deutschland 1940-1943, Darmstadt 2010.

51 Tatjana Tönsmeyer: Das Dritte Reich und die Slowakei. Politischer Alltag zwischen Kooperation und Eigensinn, Paderborn u. a. 2003. Zur deutschen Slowakeipolitik s. darüber hinaus Johann Kaiser: Die Politik des Dritten Reiches gegenüber der Slo-

sandtschaft Pressburg erlaubt erstmals eine quellengestützte Darstellung von deren Binnenstruktur und Stellung in der Außenpolitik des Deutschen Reiches und ermöglicht auf dieser Grundlage einen genaueren Blick auf die exakten Abläufe bei der Verfolgung, Deportation und schließlich Ermordung der slowakischen Juden. Ein weiteres Kernstück der Betrachtung ist die vonseiten des Auswärtigen Amts betriebene Volkstumspolitik in der Slowakei. Ihre Bedeutung hing stark von der Durchsetzungsfähigkeit des jeweiligen Volkstumsreferenten ab, konnte aber in der tagtäglichen Volkstumspolitik vor Ort durchaus maßgebend werden. Im Unterschied zur Volkstums- und Umsiedlungspolitik von SS-Dienststellen, wie etwa der Volksdeutschen Mittelstelle (VoMi), ist dies bislang kaum beachtet worden. Gmelin leitete in der Deutschen Gesandtschaft das Volkstumsreferat und war daher mit allen Belangen der »Volksdeutschen« in der Slowakei eng vertraut.[52]

Die demokratische Entwicklung der Bundesrepublik nach 1945 wurde in der Geschichtswissenschaft lange als »Erfolgsgeschichte« erzählt.[53] Trotz der massiven Einbindung ehemaliger Nationalsozialisten und der revidierenden

wakei 1939-1945. Ein Beitrag zur Erforschung der nationalsozialistischen Satellitenpolitik in Südosteuropa, Bochum 1969, sowie Jörg K. Hoensch: Die Slowakei und Hitlers Ostpolitik. Hlinkas Slowakische Volkspartei zwischen Autonomie und Separation 1938/1939, Köln 1965; ders.: Studia Slovaca. Studien zur Geschichte der Slowaken und der Slowakei, München 2000.

52 Der beste Kenner der Geschichte der »Volksdeutschen« in der Slowakei ist mit diversen Veröffentlichungen Michal Schvarc: »Heim ins Reich«? Die Karpatendeutschen und die Zwangsmigrationsmaßnahmen des Reichskommissars für die Festigung deutschen Volkstums (Ein Vergleich der sog. kleinen Umsiedlungsaktionen in Südeuropa), in: Ders. u.a (Hrsg.): Migration, Zentrum und Peripherie, Kulturelle Vielfalt. Neue Zugänge zur Geschichte der Deutschen in der Slowakei, Leipzig 2016, S. 115-160. S. auch Valdis O. Lumans: The Ethnic German Minority of Slovakia, in: Central European History, 15 (1982), H. 3, S. 266-296; ders.: Himmler's Auxiliaries. The Volksdeutsche Mittelstelle and the German National Minorities of Europe 1933-1945, Chapel Hill, London 1993; Ján Kokorák: Die deutsche Minderheit in der Slowakei 1918-1945. Die Parteienlandschaft im Spannungsfeld zwischen deutschungarischer Tradition und deutsch-national(sozialistischem) Gedankengut, Hamburg 2013. Zur nationalsozialistischen Volkstumspolitik allgemein s. demnächst insbesondere Alexa Stiller: Völkische Politik. Praktiken der Exklusion und Inklusion in polnischen, französischen und slowenischen Annexionsgebieten 1939-1945, Göttingen 2021 (im Erscheinen).

53 Nicht wenige Veröffentlichungen tragen diesen oder andere normativ und teleologisch anmutende Begriffe im Titel oder Untertitel. S. etwa Edgar Wolfrum: Die geglückte Demokratie. Geschichte der Bundesrepublik Deutschland von ihren Anfängen bis zur Gegenwart, München 2007; Axel Schildt: Ankunft im Westen. Ein Essay zur Erfolgsgeschichte der Bundesrepublik, Frankfurt am Main 1999. Mit kritischem Impetus hinsichtlich der demokratischen »Vergangenheitsbewältigung« s. Stephan Glienke, Volker Paulmann, Joachim Perels (Hrsg.): Erfolgsgeschichte Bundesrepublik? Die Nachkriegsgesellschaft im langen Schatten des Nationalsozialismus, Göttingen 2008.

»Vergangenheitspolitik« in fast allen gesellschaftlichen Bereichen der jungen Bundesrepublik hat sie sich spätestens ab 1960 zu einem nach westlichen Maßstäben demokratischen Gemeinwesen entwickelt.

Dieser komplexe und vielseitige Prozess wurde aus unterschiedlichen Perspektiven auf kulturelle, soziale und politische Bereiche als »Westernisierung«,[54] »Zivilisierung«[55] oder »Liberalisierung«[56] beschrieben oder mit deutlich längerem zeitlichen Bezugsrahmen als Teil einer »Modernisierung«[57] gedeutet. Die teleologische Schlagseite der »Erfolgsgeschichten« wurde bald thematisiert, und immer wieder tauchte in den einzelnen Untersuchungen auch die Frage nach dem Preis auf, den die Einbindung NS-belasteter Personen bei dieser im Ergebnis positiven »Modernisierung unter konservativen Auspizien«[58] gekostet haben mag.[59] Erst in jüngerer Zeit ist diesem Aspekt systematischer nachgegangen worden.[60] Gerade der Blick auf die enge Verknüpfung von »Vergangenheitspolitik« und Demokratisierung vor Ort kann hier noch neue Gesichtspunkte beitragen. Zudem ist die Perspektivierung auf gesellschaftliche Inklusions- und Exklusionsprozesse bisher kaum systematisch über die NS-Zeit hinaus fortgeführt beziehungsweise auf den großen Zeitraum von der Weimarer Republik bis in die 1970er Jahre der Bundesrepublik ausgedehnt worden. Lutz Niethammers Hinweis auf den lange »verdrängte[n] Kontinuitätsfaktor: [d]as Volk«[61] ist in diesem Zusammenhang wegweisend. In den bisher vorliegenden Fällen, in denen die Forschungsperspektive die Zeit nach 1945 mit einschloss, ist sie meist nicht aus dem direkten Bezug auf die NS-Vergangenheit gelöst worden. Dies

54 Anselm Doering-Manteuffel: Wie westlich sind die Deutschen? Amerikanisierung und Westernisierung im 20. Jahrhundert, Göttingen 1999.

55 Konrad H. Jarausch: Die Umkehr. Deutsche Wandlungen 1945-1995, München 2004.

56 Ulrich Herbert (Hrsg.): Wandlungsprozesse in Westdeutschland. Belastung, Integration, Liberalisierung 1945-1980, Göttingen 2002.

57 Axel Schildt, Arnold Sywottek (Hrsg.): Modernisierung im Wiederaufbau. Die westdeutsche Gesellschaft der 50er Jahre, Bonn 1993; Axel Schildt, Detlef Siegfried, Karl Christian Lammers (Hrsg.): Dynamische Zeiten. Die 60er Jahre in den beiden deutschen Gesellschaften, Hamburg 2000.

58 Christoph Kleßmann: Ein stolzes Schiff und krächzende Möwen. Die Geschichte der Bundesrepublik und ihre Kritiker, in: Geschichte und Gesellschaft, 11 (1985), H. 4, S. 476-494, hier: S. 485.

59 Eckart Conze: Die Suche nach Sicherheit. Eine Geschichte der Bundesrepublik Deutschland von 1949 bis in die Gegenwart, München 2009, S. 11.

60 S. etwa Dominik Rigoll: Staatsschutz in Westdeutschland. Von der Entnazifizierung zur Extremistenabwehr, Göttingen 2013.

61 Lutz Niethammer: Einleitung des Herausgebers, in: Ders. (Hrsg.): »Die Jahre weiß man nicht, wo man die heute hinsetzen soll«. Faschismuserfahrungen im Ruhrgebiet. Lebensgeschichte und Sozialkultur im Ruhrgebiet 1930 bis 1960, Bonn 1986, S. 8.

wird hier durch die Analyse kommunal- und sportpolitischer Entwicklungen
versucht.[62] Es soll nicht verschwiegen werden, dass mit der skizzierten Perspektivierung
dieser Studie auf Gemeinschaftsprozesse in Gmelins Wirkungs- und Nahberei-
chen aus der Not eine Tugend gemacht wurde. Eine wichtige Quellengattung
für die biographische Forschung sind Ego-Dokumente, also Selbstzeugnisse,
die im besten Fall nicht oder zumindest nicht explizit für eine Überlieferung
gedacht waren. Dazu zählen insbesondere persönliche Korrespondenzen und
Tagebücher. Solche Quellen standen für die vorliegende Untersuchung nicht
zur Verfügung.[63] Als Ego-Dokumente im weitesten Sinne, die allerdings zu
bestimmten Zwecken überliefert wurden, konnten Reden, Interviews und
Zeugenaussagen Verwendung finden.[64] Es handelt sich also um archivbasierte
biographische Forschung, was für die Darstellung einer politischen Biographie kein Nachteil sein muss. Zu den wichtigsten Quellen gehören die weitgehend lückenlose Personalaktenüberlieferung, die auch fast alle juristischen
Berufsstationen umfasst, im Politischen Archiv des Auswärtigen Amts sowie
der Bestand zur Deutschen Gesandtschaft Pressburg und die entsprechende
Überlieferung in der Zentrale des Auswärtigen Amts. Zudem finden sich zahlreiche Dokumente zu Gmelins Tätigkeit in der Slowakei in den Akten zu den
Polizeidienststellen in der Slowakei (R 70 Slowakei) im Bundesarchiv. Im Slo-
wakischen Nationalarchiv in Bratislava konzentrierte sich die Auswertung auf
Unterlagen aus den Beständen des Slowakischen Außenministeriums und der
Deutschen Partei sowie zu den tschechoslowakischen Nachkriegsprozessen. Ar-

---

62 Integrations- und Exklusionsmechanismen im Kriegs- und NS-Gedenken vor Ort,
    die auch in dieser Untersuchung eine wichtige Rolle spielen, hat Malte Thießen un-
    tersucht: Malte Thießen: Erinnerungen an die »Volksgemeinschaft«. Integration und
    Exklusion im kommunalen und kommunikativen Gedächtnis, in: Schmiechen-Acker-
    mann (Hrsg.): »Volksgemeinschaft«, S. 319-334. S. auch David Reinecke u. a. (Hrsg.):
    Gemeinschaft als Erfahrung. Kulturelle Inszenierungen und soziale Praxis 1930-1960,
    Paderborn u. a. 2014.
63 Mit den engsten lebenden Verwandten von Hans Gmelin, seinen vier Kindern, kam
    ein von der Tübinger Stadtverwaltung vermittelter Kontakt zustande, und es fanden
    zwei Treffen statt. Gmelins Kinder erklärten jedoch nicht ihre Bereitschaft zu Inter-
    views, die für diese Studie hätten Verwendung finden können. Einige Fotos aus der
    Kindheit von Hans Gmelin, aber keine weiteren persönlichen Unterlagen wurden von
    der Familie zur Verfügung gestellt. Auch der Altenverein der Studentenverbindung
    Normannia hat sich nicht bereitgefunden, für dieses Projekt Zugang zu seinem Ar-
    chiv zu gewähren. Nach zweimaliger Anfrage stellte sich heraus, dass ein nicht na-
    mentlich genannter Altenvereinsvorsitzender »eine gewisse Skepsis gegenüber dem
    Vorhaben« hegte (E-Mail eines Mitglieds der Aktivitas an den Verfasser, 28.1.2016).
64 Dazu wurde auf Bestände des Tübinger Stadtarchivs und der Außenstelle des Bundes-
    archivs bei der Zentralen Stelle der Landesjustizverwaltungen zur Aufklärung natio-
    nalsozialistischer Verbrechen in Ludwigsburg zugegriffen, außerdem wurden Inter-
    views des *Schwäbischen Tagblatts* ausgewertet.

chivbesuche im Staatsarchiv Nürnberg, wo »Nürnberger Dokumente« eingesehen wurden, und in der Außenstelle des Bundesarchivs bei der Zentralen Stelle der Landesjustizverwaltungen zur Aufklärung nationalsozialistischer Verbrechen in Ludwigsburg, wo Vorermittlungsakten aus Verfahren zu nationalsozialistischen Gewaltverbrechen mit Slowakei-Bezug ausgewertet wurden, konnten die Quellen zu den Ereignissen in der Slowakei ergänzen. Die Akten zum Internierungslager Balingen und zur Entnazifizierung in Württemberg lagern im Staatsarchiv Sigmaringen, wo zudem Unterlagen zum Tübinger Erbgesundheitsgericht zugänglich sind. Für die Wahl und die Amtszeit als Oberbürgermeister wurden große Mengen Sachakten, zeitgeschichtliche Sammlungen, Gemeinderats- und Ausschussprotokolle im Tübinger Stadtarchiv herangezogen.

Die vorliegende Untersuchung stellt den Versuch dar, die handlungsorientierte Analyse der biographischen Stationen Gmelins, ausgehend von seinem lokalen Wirkungsbereich, mit allgemeineren gesellschaftlichen Prozessen zu verbinden, die für das Verständnis der persönlichen wie der historischen Entwicklung von Bedeutung sind. Damit soll diese Studie über biographische Fragestellungen hinaus auch einen Beitrag zu Fragen der Etablierung der NS-Herrschaft in den 1930er Jahren, der Eskalation der rassistischen Gewalt während des Zweiten Weltkriegs und der Demokratisierung seit Kriegsende leisten.

GENERATION, TRADITION UND SOZIALMILIEU

Transformationsprozesse im württembergischen Bürgertum

Am 24. September 1954 fand in Tübingens zentralem Veranstaltungsraum, dem Restaurant »Museum«, die öffentliche Kandidatenvorstellung für die Direktwahl des Oberbürgermeisters statt. Unter den vier Bewerbern befand sich neben dem Amtsinhaber, einem Kommunalbeamten und dem örtlichen Oberstaatsanwalt auch der bald 43-jährige Oberregierungsrat im Stuttgarter Wirtschaftsministerium, Hans Gmelin. Der, wie er ausführte, von der »Anhänglichkeit des alten Tübingers an seine Heimatstadt« motivierte Kandidat stellte sich »nach 20 Lehr- und Wanderjahren« zur Wahl, um Tübingen »an verantwortlicher Stelle [...] Arbeitskraft und [...] Dienste anzubieten«. Er erzählte von seiner Familie, die seit Langem in Schwaben beheimatet und bekannt war, von Schulzeit, Studium und juristischem Referendariat in Tübingen. Er schob auch »ein Wort über [seine] politische Vergangenheit« ein, berichtete von seiner Mitgliedschaft in SA und NSDAP und stellte die politische Situation zur Zeit seiner frühen Jugend in Deutschland nach dem Versailler Friedensvertrag aus seiner Sicht dar. Zu jener Zeit habe die »jugendliche Begeisterungsfähigkeit« die »kritischen Anlagen des Einzelnen leicht überspült«, da man als junger Mensch »nicht zur Mitarbeit an einer lebendigen Demokratie aufgerufen« gewesen sei: »Damals hieß es: es muß nicht geredet, sondern gehandelt werden. Marschieren, nicht debattieren war die Losung. Die Demonstration der Gemeinschaft sollte den Interessenkampf aller gegen alle ersetzen. Man begeisterte uns für den Gedanken, alle Macht müsse in einer Hand vereinigt werden, damit mit dieser Machtfülle die großen wirtschaftlichen Nöte wie Arbeitslosigkeit, Wirtschaftskrise und die innere Zerrissenheit überwunden werden. Uns junge Menschen sprach an diesen Tönen vor allem der Geist des sozialen Ausgleichs und der Kameradschaft an, der uns verkündet wurde, und die Melodie der nationalen Wiedergeburt, nachdem unsere frühe Jugend unter den Eindrücken des Versailler Friedensschlusses gestanden hatte. So trat ich 1931 als 19jähriger in die Hochschulgruppe des Jungstahlhelms ein, wurde im Herbst 1933 in die SA überführt und habe in den folgenden Jahren einige SA-Studentenstürme in Tübingen geführt. Mein Dienstgrad in der SA erklärt sich vor allem aus meinen sportlichen Erfolgen als Leichtathlet, Fünfkämpfer und Wehrsportler in einer Zeit, als die SA nach ihrer politischen Entmachtung am 30. Juni 1934 mit der wehrsportlichen Ertüchtigung der jungen Männer beauftragt war.«[1] Gmelin identifizierte den Kern seiner politischen Entwicklung retrospektiv mit seinem hohen SA-Dienstgrad und führte diesen auf eine eher unpolitische Tätigkeit – seine individuellen sportlichen Erfolge – zurück. Dieses Entlastungsnarrativ war nicht völlig aus der Luft gegriffen. Es war in der Weimarer Zeit weit verbreitet, den praktischen »Dienst« an der Gemeinschaft, an »Volk« und »Vaterland« als »unpolitisch« zu betrachten und der »Zerrissenheit« durch Versailler Gebietsabtretungen, parteipolitischen Streit und klassenkämpferische Ambitionen entgegenzustellen. Gerade mit vermeintlich »unpolitischen« Tätigkeiten wurden in der Weimarer Zeit völkische Vergemeinschaftungsprozesse in Gang gesetzt, die den Anbeginn des Nationalsozialismus mit vorbereiteten. Besonders anhand der größten Veteranenorganisation, des Stahlhelms, in dessen Jugendverband Gmelin Mitglied war, und seiner Studentenverbindung Normannia werden zentrale Aktionsfelder deutlich, die für diese Vergemeinschaftung Bedeutung hatten, einen starken Traditionsbezug etablierten und damit einen wichtigen Erfahrungshorizont für junge Männer der Weimarer Zeit bildeten.

»Unpolitisch«: Wehrsport, Volkstum und Gemeinschaft

Hans Gmelin begann seine wehrsportliche Ausbildung mit zwölf Jahren, als er 1923 in den Bund Jungdeutschland (BJD) eintrat. Mit 15 Jahren nahm er 1926 an seinem ersten von acht Wehrsportlagern vor 1933 teil. Der Bund Jungdeutschland betrieb seit 1922 eine rege Informations- und Werbetätigkeit an Gmelins Tübinger Gymnasium, dem heutigen Uhland-Gymnasium, die auch von Lehrern und Eltern in engem Austausch mit der Organisation begleitet wurde.[2] Gmelins früher Eintritt in eine deutschnationale Wehrsportorganisation lässt in erster Linie Rückschlüsse auf die politischen und gesellschaftlichen Wertvorstellungen seines Elternhauses zu. Das Jahr 1923, in dem sein Beitritt erfolgte, wird in der historischen Forschung als Krisenjahr der Weimarer Republik hervorgehoben. Es hatte für die zukünftigen politischen Entwicklungen entscheidende Bedeutung, auch wenn in den unmittelbar darauffolgenden

1 Hans Gmelins Rede im Museum, 24.9.1954, abgedruckt in: ST, 2.10.1954, StadtA Tübingen, A 200/5369.
2 Flugblatt »Was will Jungdeutschland« und Briefe des Führers der örtlichen Jungmannengruppe, 13.7.1922, StadtA Tübingen, E 103/2, Bü 337; Personalfragebogen, 20.5.1939, BArch, SA 177, Hans Gmelin (ehem. BDC); Stammliste des Hans Gmelin beim OStA LG Stuttgart, 9.12.1937, PA AA, Personalakten 4.500 (Hans Gmelin).

Jahren zunächst eine relative Stabilität herrschte. Tübingen war verhältnismäßig weit entfernt von den Zentren der gewaltsamen innen- und außenpolitischen Auseinandersetzungen der frühen Weimarer Republik. Die Konflikte
um die Zukunft des Landes fanden 1918/19 im Wesentlichen in den Hafenstäd-
ten Norddeutschlands, in Berlin und in München im Rahmen der Kämpfe um
die Münchner Räterepublik statt. Im Jahr 1920 stand die Weimarer Republik
im Verlauf des Kapp-Putschs, in dessen Folge ein kommunistischer Aufstand
im Ruhrgebiet begann, der ebenso wie andere spartakistische Umsturzversuche
von Freikorps niedergeschlagen wurde, kurz vor der Militärdiktatur. Der Versailler Vertrag, der im Juni 1919 von der deutschen Regierung angenommen
wurde, beinhaltete die Reduzierung der Reichswehr auf 100.000 Mann, die
Abschaffung der Wehrpflicht, die Verpflichtung zur Zahlung von Reparatio-
nen, den Verlust der Kolonien, die Übernahme der Alleinschuld am Ausbruch
des Ersten Weltkriegs sowie die Abtretung einer Reihe von Grenzgebieten,
die in polnischen, tschechoslowakischen, französischen und schließlich auch
litauischen Besitz übergingen. Die Auseinandersetzungen um die Grenzziehungen – eine der dringlichsten Zeitfragen – wurden in den Jahren 1919 bis 1922
mit Polen immer wieder militärisch ausgetragen. Die angespannte politische
Situation verschärfte sich 1923 mit dem Einmarsch französischer Truppen in
das Ruhrgebiet und dem folgenden »passiven Widerstand«, zu dem die deutsche Regierung aufrief. Mit Streiks und Arbeitsverweigerung sollten die französischen Besetzer zum Abzug bewogen werden. Nationalisten führten eigenmächtig Sabotageakte und andere militante Aktionen durch. Der passive
»Ruhrkampf« war für die Staatskasse mit horrenden Kosten verbunden, die zur
galoppierenden Inflation beitrugen. Dadurch verlor ein Großteil von Bank-
guthaben schnell an Wert, wovon besonders die Mittelschicht hart getroffen
wurde. Dies führte zu einer Desavouierung bürgerlicher Grundsätze, indem
die Ideale der ehrlichen Arbeit, des Sparens und »Haushaltens« innerhalb kürzester Zeit ad absurdum geführt wurden. Einen weiteren Höhepunkt fanden
die Krisen des Jahres 1923 im November in München mit dem Putschversuch
der NSDAP in Zusammenarbeit mit völkischen und deutschnationalen Kreisen, die bis in die bayerische Staatsregierung reichten.[3]

Aus der Sicht des ehemals kaisertreuen Bürgertums waren in den fünf Jahren
nach Kriegsende sämtliche Werte von Staat, Nation und Gesellschaft schwer in
Mitleidenschaft gezogen worden. Gmelins Eintritt in eine Wehrsportorganisation im Jahr 1923 ist damit Ausdruck einer Stimmung, dass endlich etwas passieren müsse. Die gesellschaftlichen Auswirkungen der gemeinhin als brennend

---

3   Wildt: Generation, S. 63-67; Ursula Büttner: Weimar. Die überforderte Republik
    1918-1933, Bonn 2010, S. 120-130, 158-165, 182-208; Detlev Peukert: The Weimar
    Republic. The Crisis of Classical Modernity, London 1991, S. 75 ff.

angesehenen politischen Probleme der Zeit reichten bis in die höhere Schule Tübingens. Dabei spielte besonders ein mit der politischen Zeitdeutung eng verbundener Antisemitismus eine zentrale Rolle.[4] Hans Gmelin wechselte nach drei Jahren Elementarschule 1920 mit neun Jahren auf das Tübinger Gymnasium.[5] In der Schule hatte Politik nichts zu suchen, so die Meinung der Verantwortlichen in der Landespolitik. Nachdem ein Nationaler Jugendbund um Zulassung einer Schülergruppe gebeten hatte, wandte sich die Ministerialabteilung für die höheren Schulen in Stuttgart im Oktober 1919 an die Tübinger Oberrealschule. Aus der Stuttgarter Behörde hieß es, dass »das Hereintragen der Parteigegensätze in die Schule aus erzieherischen Gründen nicht erwünscht ist und dass deshalb den Schülern höherer Lehranstalten [...] nicht gestattet werden kann, einer politischen Partei oder Parteigruppe als aktive Mitglieder anzugehören«. Es sei zwar »wohl davon auszugehen, dass der ›nationale Jugendbund‹ nicht unmittelbar Parteipolitik treibt; aber immerhin ist die Grenzlinie hier wie in anderen ähnlichen Fällen voraussichtlich schwer zu ziehen«. Auch die Jugendorganisationen der politischen Parteien nähmen in Anspruch, »unpolitisch« zu sein, allerdings habe man deswegen eine Anfrage an das Ministerium des Kirchen- und Schulwesens geschickt und noch keine Antwort erhalten. Bis dahin sollten die Schulvorstände selbst entscheiden. Da es aber nicht vertretbar sei, dass innerhalb eines Ortes an verschiedenen Schulen unterschiedliche Regelungen getroffen würden, wurde das Rektorat der Oberrealschule auf die Antwort des Lehrerrats des Tübinger Gymnasiums an den betreffenden Bund hingewiesen. Das Kollegium des Gymnasiums hatte erklärt, die Schule verbiete den Schülern den Wirtshausbesuch und das Rauchen in der Öffentlichkeit, die Entscheidung über einen Eintritt in Vereine halte man aber für eine Sache des Elternhauses, solange nicht die Ordnung der Schule gestört werde oder die Öffentlichkeit daran Anstoß nehme.[6]

Ein halbes Jahr später machte die Stuttgarter Ministerialabteilung in einem Brief an die Schulvorstände und Studienkommissionen des Landes darauf

---

4   Ulrich Herbert hat die fundamentale Bedeutung hervorgehoben, die die antisemitische Deutung von Kriegsniederlage, »Schmachfrieden« und Revolution für die deutschnationalen Kreise bis hin zu den nationalsozialistischen Zirkeln der Weimarer Republik hatte. Es handelte sich um die Vorstellung, die (emanzipierten) Juden hätten an der »Heimatfront« an der Kriegsniederlage gearbeitet, den »Dolchstoß« herbeigeführt und seien in der Folge in der Politik, Wirtschaft und Kultur der Republik reich geworden, unter Ausnutzung der Schwäche des deutschen Volkes. Ulrich Herbert: Was haben die Nationalsozialisten aus dem Ersten Weltkrieg gelernt?, in: Krumeich (Hrsg.): Nationalsozialismus, S. 21-32, besonders S. 30 ff.
5   Fragebogen Hans Gmelin, 17.2.1948, StA Sigmaringen, Wü 13 T 2, Nr. 2108/068.
6   Ministerialabteilung für die höheren Schulen in Stuttgart an das Rektorat der Oberrealschule Tübingen, 7.10.1919, StadtA Tübingen, E 103/2, Bü 337.

aufmerksam, dass die vermehrten judenfeindlichen Flugblattaktionen von
Schülern höherer Schulen und »überhaupt antisemitischen Hetzereien« im
Rahmen der Schule nicht geduldet werden dürften. Die Schulen dürften nicht
in den politischen Kampf hineingezogen werden, »gegebenenfalls [müsse] mit
den Strafmitteln der Schule« dagegen eingeschritten werden.[7] 1925 schrieb das
Stuttgarter Innenministerium an die Oberämter mit staatlichen Polizeiämtern,
dass es »den Schülern aller öffentlichen Schulen« verboten sei, »sich an Vereinigungen und Veranstaltungen zu beteiligen, die den gewaltsamen Umsturz
der bestehenden Staats- und Gesellschaftsordnung bezwecken«. Hiermit waren
allerdings ausschließlich linke und kommunistische Vereinigungen gemeint,
wie eine im Brief enthaltene Auflistung verdeutlichte, und keineswegs die »vaterländischen Organisationen«, aus deren Umfeld in den vorangegangenen Jahren
Hunderte von Menschen ermordet worden waren. Da der Schule die geeigneten Mittel zum Einschreiten gegen die genannten Organisationen fehlen
würden, müsse an dieser Stelle die Polizei aktiv werden.[8]

Im Fall der Knappenschaft dagegen schrieb der Landesausschuss für Jugendpflege 1926 an den Oberstudiendirektor des Gymnasiums in Tübingen, ihm sei
mitgeteilt worden, dass ein Teil der Tübinger Lehrerschaft Misstrauen gegen
diese Vereinigung hege. Das sei völlig unbegründet. Er dürfe bemerken, »dass
es sich bei der Knappenschaft um einen vaterländischen Verband handelt,
der nach Ziffer 2 seiner mir vorliegenden Satzungen das Ziel verfolgt, die
deutsche Jugend im Geist der Volksgemeinschaft heranzuziehen, körperliche
Ertüchtigung durch Turnen, Sport und Spiel, Ausflüge und Wanderungen zu
treiben und vaterländischen Geist ohne jede parteipolitische Beeinflussung zu
pflegen«.[9]

---

7 Ministerialabteilung für die höheren Schulen in Stuttgart an die Schulvorstände und
   Studienkommissionen, 18.5.1920, StadtA Tübingen, E 103/2, Bü 337.
8 Ministerium des Innern in Stuttgart an die Oberämter, 14.11.1925, StadtA Tübingen,
   E 103/2, Bü 337; Emil Julius Gumbel: Vier Jahre politischer Mord, 5. Aufl., Berlin
   1922.
9 Landesausschuss für Jugendpflege in Stuttgart an Oberstudiendirektor Dr. Binder in
   Tübingen, 10.2.1926, StadtA Tübingen, E 103/2, Bü 337. Im Landesverband Thürin-
   gen der Knappenschaft erfuhr der spätere »Reichsjugendführer« Baldur von Schirach
   wenige Jahre zuvor seine erste politische Sozialisation. Seiner späteren Aussage im
   Nürnberger Hauptkriegsverbrecherprozess zufolge gehörte die Organisation zur völkischen Bewegung. Seine Ortsgruppe verlegte sich bald auf den »Saalschutz« von »vaterländischen« Veranstaltungen, darunter den der NSDAP. Die Gruppe hatte regelmäßige Auseinandersetzungen mit politischen Gegnern und führte Baldur von Schirach
   geradewegs in die nationalsozialistische Bewegung, wo er bald mit dem Aufbau der
   nationalsozialistischen Jugendverbände betraut wurde. Vernehmung von Baldur von
   Schirach, 23.5.1946, in: International Military Tribunal (IMT), Vol. XIV, S. 366f.;
   Ernst Klee: s.v. Schirach, Baldur von, in: Ders.: Das Personenlexikon zum Dritten
   Reich. Wer war was vor und nach 1945, 3. Aufl., Frankfurt am Main 2010 (zuerst
   2003), S. 536.

Ein solcher »vaterländischer Verband« war auch der Bund Jungdeutschland, dem Hans Gmelin sich anschloss. Tradition und Bedeutung des Bundes reichten weit ins Kaiserreich zurück, weshalb er auch für staatliche Stellen – wie in diesem erstaunlichen Plädoyer des Landesausschusses für Jugendpflege – als politisch unverdächtig gelten konnte. Im Jahr 1923 existierte eine große Auswahl an »vaterländischen« Vereinen. Die Entscheidung für den BJD untermauert die Orientierung auf Werte und Vorstellungen aus der Zeit vor 1918 in Gmelins Elternhaus. Der BJD war als zentrale Instanz der wehrsportlichen Erziehung des Kaiserreichs entstanden. Er wurde 1911 gegründet und zählte bei Kriegsbeginn 1914 über 700.000 Mitglieder mitsamt allen angeschlossenen Teilorganisationen. Im Mai 1914 umfasste er in Württemberg 300 Ortsgruppen, 16.000 Jugendliche und 8.000 Mitglieder. Aus dieser vormilitärischen Ausbildung ging es für die meisten bald darauf an die Front des Ersten Weltkriegs.[10] Nach dem Krieg verlor der Bund rasch an Bedeutung und war 1923 nur mehr ein Schatten seiner selbst. Erst eine politische Umorientierung hin zu »volksgemeinschaftlichen« Grundsätzen und eine zum Ziel gesetzte »Überwindung von Klassengegensätzen« konnten den Mitgliederschwund des aus eher bürgerlich-elitärer Tradition stammenden Bunds aufhalten.[11]

Nachdem der Bund Jungdeutschland im Jahr 1924 zur Arbeitsgemeinschaft der vaterländischen Jugend (AVJ) erweitert worden war, trat Ende der 1920er Jahre auch der Jungstahlhelm, die erst 1924 gegründete Nachwuchsorganisation des Stahlhelms – Bund der Frontsoldaten, bei. Der BJD hatte in der Weimarer Zeit nur noch wenige eigenständige Ortsgruppen und Landesverbände, darunter befand sich auch der württembergische. Sie behielten ihre Namen und Strukturen, während der BJD den anderen neu aufgenommenen Mitgliedsorganisationen als Dachverband durchaus etwas zu bieten hatte. Über die Mitgliedschaft wurde ein Zugang zu Fahrpreisermäßigungen und Zuschüssen aus staatlichen Jugendpflegemitteln möglich, die in Württemberg vom Landesausschuss für Jugendpflege gewährt und ausgezahlt wurden.[12]

---

10 Jürgen Genuneit: Völkische Radikale in Stuttgart. Zur Vorgeschichte und Frühphase der NSDAP 1890-1925, Stuttgart 1982, zum Jungdeutschlandbund s. S. 36-41, hier: S. 37.

11 Werner Bethge: Bund Jungdeutschland (BJD), in: Dieter Fricke (Hrsg.): Die bürgerlichen Parteien in Deutschland. Handbuch der Geschichte der bürgerlichen Parteien und anderer bürgerlicher Interessenorganisationen vom Vormärz bis zum Jahre 1945, Bd. 1, Leipzig 1968, S. 162-175; Stefan Noack: Jungdeutschland-Bund, in: Wolfgang Benz (Hrsg.): Handbuch des Antisemitismus in Geschichte und Gegenwart, 8 Bde., Bd. 5: Organisationen, Institutionen, Bewegungen, Berlin 2012, S. 344 ff.

12 Joachim Tautz: Militaristische Jugendpolitik in der Weimarer Republik. Die Jugendorganisationen des Stahlhelm, Bund der Frontsoldaten: Jungstahlhelm und Scharnhorst, Bund der Jungmannen, Regensburg 1998, S. 403 f., 431-434.

Der BJD entwickelte sich Ende der 1920er Jahre erneut zum zentralen Träger des Jugendwehrsports und konnte einen Teil seiner Wehrsportkurse für
die Führer der BJD- und AVJ-Gruppen an der von Carl Diem gegründeten
Deutschen Hochschule für Leibesübungen durchführen. In dieser Zeit verlegte
der Bund sich auch verstärkt auf die »Grenzlandarbeit«, also die politische
und kulturelle Verbindung mit den »Grenzlanddeutschen«, die außerhalb der
Grenzen der Weimarer Republik lebten. Es wurde großer Wert auf die Teil-
nahme von »Grenz- und Auslandsdeutschen« an den jährlichen Sommer- und
Winterlagern gelegt. Im Jahr 1929 wurde der Ostdeutsche Jugendtag in Inster-
burg (heute Oblast Kaliningrad) organisiert. Der langjährige Vorsitzende der
Arbeitsgemeinschaft der vaterländischen Jugend, Generalmajor a. D. Rüdiger
Graf von der Goltz, war zugleich Vorsitzender des Nationalverbands Deutscher
Offiziere und des Dachverbands Vereinigte Vaterländische Verbände (VVV).[13]
In Württemberg veranstaltete dieser gemeinsam mit dem Jungdeutschland-
Bund 1925 den ersten »Deutschen Tag« in Stuttgart. Die Veranstaltung war
eine »geschickte Inszenierung«, flankiert von »einem Fackelzug, einer Bis-
marckfeier, einem Feldgottesdienst und der Präsentation eines Theaterstücks
›Kulturschande‹, um die diversen emotionalen, religiösen, kulturellen und mi-
litärischen Massenbedürfnisse und Interessen zu integrieren«. Auf der zentralen
Veranstaltung des »Deutschen Tags« wurden die »Befreiung von äußerer und
innerer Fremdherrschaft« und die Rücknahme der Emanzipation der Juden
gefordert. Landesvorsitzender des Bunds Jungdeutschland in Württemberg war
der pietistische Lehrer Georg Thumm, der zudem Mitglied der Deutschen
Volkspartei (DVP) war. Im Frühjahr 1925 diskutierte der Landesverband die
Einführung eines »Arierparagraphen«, also den Ausschluss von Juden aus der
Organisation. Die Initiative wurde von mehreren Ortsgruppen getragen, aber
schließlich mehrheitlich abgelehnt. Zustimmung fand hingegen ein Kompro-
missvorschlag, der es den einzelnen Ortsverbänden erlaubte, Personen »von
der Mitgliedschaft fernzuhalten oder auszuschließen«, die »sich im bewußten
Gegensatz zum Volkstum befinden«. Dieser »Kompromiss« ist ein Beispiel
für die Koexistenz von radikalen und moderaten antisemitischen Denk- und
Handlungsformen im nationalen Milieu.[14]

Der Bundesvorsitzende des BJD, Rüdiger Graf von der Goltz, betrachtete
die Gründung des Reichsbanners Schwarz-Rot-Gold als Einheitsbewegung
deutschfeindlicher Kräfte, die vom Judentum mit dem Ziel der »Verseuchung«
von Reichswehr und Jugendbünden finanziert werde. In Wahrheit war die
Gründung des Reichsbanners 1924, ebenso wie die Gründung des Roten Frontkämpferbunds kurz darauf, im Wesentlichen eine Reaktion auf die Zunahme

---

13 Bethge: Bund Jungdeutschland, S. 170 ff.
14 Ulmer: Antisemitismus, S. 273 f., 282 f.

der paramilitärischen Aktivität der Rechten, vor allem des expandierenden Stahlhelms.[15] Die Veteranenorganisation, in deren Reihen Hans Gmelin bald wechseln sollte, war zu Beginn der Weimarer Republik nur Frontkämpfern zugänglich. Erst seit den Jahren 1923/24 wurden mit der Gründung von Jugend- und Studentenverbänden auch Nichtkriegsteilnehmer aufgenommen. Ein Grund für diese Entwicklung waren die französische Besetzung des Rhein- und Ruhrgebietes Anfang 1923 und der folgende militante »Abwehrkampf«, an dem sich zahlreiche Stahlhelm-Mitglieder beteiligten.[16] Der zweite Grund für den Aufbau von Jugendverbänden war, dass die SA schon ab Mitte der 1920er Jahre dem Stahlhelm in den innenpolitischen Auseinandersetzungen den Rang abzulaufen begann. Die Gründung von Jugendverbänden war innerhalb des Stahlhelms, der sich wesentlich über den geteilten Mythos der »Fronterfahrung« definierte, nicht unumstritten. Einerseits war die Frage der Eigenkompetenzen des Jungstahlhelms und der Genehmigungspflicht vonseiten des Kernstahlhelms immer wieder Anlass für Generationenstreitigkeiten. Andererseits verfügte die ältere Generation kaum über genügend Personal, um die für notwendig erachtete intensive Anleitung der Jungstahlhelm-Gruppen durchzuführen. Hinzu kamen gewisse Elitevorstellungen und soldatische Tugenden der Vorkriegszeit, die es den Jungstahlhelmern nicht einfach machten und die SA für viele junge Männer attraktiver erscheinen ließen. Die NSDAP betrachtete die »jungen Parteigenossen« in der SA als »Hauptträger der Bewegung«, während der Jungstahlhelm auch in der Selbstwahrnehmung seiner Mitglieder meist nur als »Anhängsel« oder »Vorschule« des Stahlhelms erschien.[17] Die »Ausführungsbestimmungen zur Jungstahlhelm-Dienstordnung«, die der Stahlhelm-Landesverband Baden-Württemberg im Januar 1932 herausgab, sprechen dafür, dass der Stahlhelm seine Lektion in dieser Hinsicht erst spät lernte: »Die heutige Jugend hat einen ungeheuren Drang zur Selbständigkeit, zur Selbstbestimmung und Eigenführung. Jedem erfahrenen Jugendführer ist bekannt, daß die heutige Jugend nur dann zu gewinnen ist, wenn man ihr vorab organisatorisch die Möglichkeit giebt [sic!], sich zu entfalten, mitzustimmen und sich als gleichberechtigtes Glied in die Bewegung einzuschalten.«[18] Die neue Dienstordnung bringe wesentliche Änderungen in diesem Sinne. Zu diesem

15 Bethge: Bund Jungdeutschland, S. 171-174; Büttner: Weimar, S. 185; Ulmer: Antisemitismus, S. 273 f.

16 Berghahn: Stahlhelm, S. 32 f., 39.

17 Irmtraud Götz von Olenhusen: Vom Jungstahlhelm zur SA: Die junge Nachkriegsgeneration in den paramilitärischen Verbänden der Weimarer Republik, in: Wolfgang R. Krabbe (Hrsg.): Politische Jugend in der Weimarer Republik, Bochum 1993, S. 146-182, hier: S. 166-171.

18 Ausführungsbestimmungen zur Jungstahlhelm-Dienstordnung, Stahlhelm LV Baden-Württemberg, Januar 1932, BArch, R 72/193.

Zeitpunkt hatte der Jungstahlhelm bereits eine beträchtliche Zahl Mitglieder eingebüßt.[19] Hans Gmelin schloss sich im Dezember 1931 der Tübinger Stahlhelm-Hochschulgruppe Langemarck an.[20] Der Zeitpunkt des Eintritts ist bemerkenswert, weil der Stahlhelm mit dem Scheitern der Harzburger Front Ende 1931 erneut einen massiven Mitgliederabgang zur SA hinnehmen musste, der besonders den Jungstahlhelm traf.[21] Die Tübinger Hochschulgruppe war Anfang 1930 von zunächst nur acht Studenten gegründet worden. Es deutet auf den holprigen Beginn ihrer Arbeit hin, dass noch im Oktober 1931 nicht jedes Mitglied der Hochschulgruppe im Besitz einer Uniform war. Spätestens zu einer Veranstaltung mit dem stellvertretenden Bundesführer Theodor Duesterberg in Tübingen im Folgemonat sollte dieser Mangel behoben sein, teilte der Hochschulgruppenführer des Stahlhelms mit. Er schloss sein Schreiben mit einem Aufruf zur Überwindung der Spaltung in Korporations- und Freistudenten und verkündete, dass heute mehr denn je für alle national denkenden Studenten »Deutschland über alles!« gelten müsse: »Nationaldenkende deutsche Studenten kommt in die Reihen von uns Sta-Studenten und helft uns im Kampf für das kommende ›dritte Reich‹.«[22]

Die Gesamtorganisation des Stahlhelms zählte 1931 etwa eine halbe Million Mitglieder und war reichsweit federführend bei der Organisation von »Massensportfesten« und »Sonntagsspaziergängen« in Marschausrüstung.[23] Die wehrsportliche Ausrichtung des Stahlhelms sollte sich in einem möglichst breit gefächerten Angebot an sportlichen Aktivitäten widerspiegeln. In einem internen Papier zum Thema »Jungstahlhelm und Wehrsport« hieß es: »Die Völker freier und mächtiger Staaten mögen sich auf einzelne Höchstleistungen gerichtetes Sportspezialistentum erlauben können. Das deutsche Volk, das die Freiheit und Machtstellung seines Staates erst wieder zu erringen hat, darf keine dem Sport gewidmete Minute nutzlos vergeuden, sondern hat seine gesamte sportliche Betätigung in den Dienst des Wehrgedankens zu stellen. Rekordsport bedeutet für uns Luxus, Wehrsport eine eiserne Notwendigkeit.«[24] Durch den erzwungenen Wegfall der Wehrpflicht drohe die Verkümmerung »[g]esunder deutscher Mannesjugend«, welcher »der Sinn für soldatisches Wesen als urwüchsiges Erbgut im Blute« stecke. Die »Zukunft der deutschen Nation«

19 Götz von Olenhusen: Jungstahlhelm, S. 174 f.
20 Fragebogen, 1.4.1936, PA AA, Personalakten 4.497 (Hans Gmelin).
21 Reichardt: Kampfbünde, S. 259.
22 Schreiben der Sta-Hochschulgruppe an das Rektoramt der Universität Tübingen, 26.2.1930, und Befehl der Sta-Hochschulgruppe Tübingen, 16.10.1931, UA Tübingen, 117/1144, Nr. 17.
23 Berghahn: Stahlhelm, S. 56 ff.
24 Jungstahlhelm und Wehrsport, o. D., BArch, R 72/192, Bd. 2.

beruhe »auf dem Opferwillen und der Kampfkraft ihrer Söhne«. Diese sollten sich hingeben in ein »festes Gefüge dienstlicher Formen, das den Einzelnen durch persönliches Erleben dahin führt, sich als dienendes Glied einer höheren Gemeinschaft zu fühlen«.

Die spätere Betonung seiner individuellen Erfolge als Leichtathlet in Stahlhelm und SA, die Gmelin während der Kandidatenvorstellung für das Oberbürgermeisteramt bemühte, wird durch diese Charakterisierung des Sports deutlich konterkariert. Die »Sportausbildung« des Jungstahlhelms umfasste neben Laufen, Karten- und Kommandokunde auch Kleinkaliberschießen, Gepäckmarsch und Keulenzielwurf. Der sportliche Erfolg des Einzelnen war in diesem Zusammenhang alles andere als ein Selbstzweck: »Der Stahlhelm kämpft nicht für sich selbst, sondern für sein Vaterland.«[25]

Der größte Frontkämpferbund begriff sich als Reserveformation der 100.000-Mann-Reichswehr, die ihrerseits an der Organisation dieser Wehraktivitäten des Stahlhelms großen Anteil hatte. Auch der Grenzschutz in den Provinzen Ostpreußen, Schlesien und Pommern, den der Stahlhelm als eine seiner vorrangigen Aufgaben betrachtete, wurde in enger Zusammenarbeit mit der Reichswehr organisiert. In Pommern konnte die Reichswehr Waffenverstecke von örtlichen Freikorps übernehmen und mit jungen Männern Schießen und Kartenlesen trainieren. Deren Mitgliedschaft in den entsprechenden Stahlhelm-Ortsgruppen diente als Fassade zur Verschleierung der illegalen Wehrtätigkeit. Der Stahlhelm entwickelte sich im Verlauf der Weimarer Zeit von einem nationalistischen Veteranenverein zu einem völkischen, paramilitärischen Kampfverband. Antisemitismus spielte innerhalb des Stahlhelms schon früh immer wieder eine Rolle, auch in der offiziellen Publizistik des Verbands. Seit dem Jahr 1924 wurde Juden die Mitgliedschaft im Stahlhelm verwehrt.[26] In der Berliner »Stahlhelmbotschaft« vom Mai 1927 wurde verkündet: »Der Stahlhelm sieht mit Besorgnis auf die mit zunehmender Industrialisierung fortschreitende Loslösung gesunder Volkskraft von dem Heimatboden und fordert eine Agrarpolitik, welche Siedlung ermöglicht. Innenkolonisation und Siedlungspolitik zur Stärkung der deutschen Ostmark durch Auffüllung des Grenzraumes mit deutschen Bauerndörfern sind Waffen des nationalen Behauptungskampfes, zu deren Anwendung der Stahlhelm mithelfen kann und will. […] Der Stahlhelm fordert Maßnahmen gegen die seit der Revolution gesteigerte Überfremdung unseres politischen, wirtschaftlichen und kulturellen Lebens durch fremde Elemente und gegen die Verwilderung der sittlichen Anschauungen.«[27]

25 Ebd.
26 Berghahn: Stahlhelm, S. 56 ff., 66.
27 Der Stahlhelm, B.d.F., gez. Seldte, Duesterberg, 8.5.1927, abgedruckt in: Hans Steiss (Hrsg.): Unser Marsch, Stuttgart 1936, S. 104 ff., hier: S. 106.

Es kam wiederholt zu Boykottaufrufen seitens des Stahlhelms, und die Agitation erreichte ihren Gipfel in der Teilnahme von Mitgliedern des Stahlhelms und Jungstahlhelms am Berliner »Kurfürstendamm-Krawall« 1931.[28] Im Verlauf dieses von der SA inszenierten antisemitischen Pogroms am jüdischen Neujahrsfest verprügelten etwa 1.000 Personen jüdische Gottesdienstbesucher und Passanten im Gebiet zwischen Uhlandstraße und Gedächtniskirche und verwüsteten Cafés.[29]

Die »Beziehungsgeschichte« zwischen Stahlhelm und SA sowie NSDAP war durchaus nicht konfliktfrei.[30] Der Führer der Württemberger SA-Untergruppe, Gottlob Berger, betonte in internen Verlautbarungen Probleme zwischen beiden Organisationen.[31] Gleichwohl war der Stahlhelm in Württemberg aktiv an der Machtübernahme der Nationalsozialisten beteiligt. Der badische und württembergische Landesführer des Stahlhelms, Georg von Neufville, stellte 1932 sogenannte Sportkorps auf. Das Ziel waren kleine, selbstständige und leicht bewegliche Kampfeinheiten, die mit Schnelllastwagen zum Einsatzort befördert werden sollten.[32] Die Intensivierung von Wehrsportaktivitäten im Jahr 1932 wurde dadurch begünstigt, dass die Wiederwahl Paul von Hindenburgs zum Reichspräsidenten und Franz von Papens Regierungsübernahme die politischen Verhältnisse im Sinne der nationalen Interessen des Stahlhelms weitgehend zu sichern schienen. Zugleich hatte sich der Frontkämpferbund ins politische Abseits befördert, indem der stellvertretende Bundesführer Duesterberg erfolglos als Gegenkandidat für das Amt des Reichspräsidenten kandidiert hatte. Die neue Situation hatte einen Rückzug aus der aktiven Politik zur Folge und förderte damit das wehrsportliche Engagement im Stahlhelm. Durch die neue Rechtsregierung in Berlin sah sich der Stahlhelm im Südwesten zudem zu offeneren Aktivitäten und Übungen ermuntert, die auch in Anwesenheit von Reichswehroffizieren vorgeführt wurden.[33] In aller Öffentlichkeit setzten sich Stahlhelm-Gruppen über das Entente-Verbot von Wehrmanövern hinweg.

28 Berghahn: Stahlhelm, S. 66.
29 Reiner Zilkenat: Der »Kurfürstendamm-Krawall« am 12. September 1931. Vorgeschichte, Ablauf und Folgen einer antisemitischen Gewaltaktion, in: Ders., Müller (Hrsg.): Bürgerkriegsarmee, S. 45-62, hier: S. 51.
30 Hoffstadt: Stahlhelm; dies.: Frage.
31 »Bergers Zusammenfassung des ›Verhältnis[ses] zum Stahlhelm‹ fiel entsprechend knapp aus: ›Wir bekämpfen uns.‹« Hoffstadt: Frage, S. 283. Ein Württemberger Stahlhelmer bezeichnete die Zusammenarbeit mit Berger und Gauchef Murr als gut, allerdings hatte er bei der Veröffentlichung seiner Erinnerungen an den Stahlhelm in Württemberg im Jahr 1936 wohl kein Interesse daran, Gegensätze besonders hervorzuheben. Steiss: Unser Marsch, S. 47 f. Gottlob Berger übernahm die Führung der SA-Untergruppe Württemberg am 9.3.1933 von Dietrich von Jagow, der zum Polizeikommissar in Württemberg ernannt wurde, ebd., S. 46.
32 Steiss: Unser Marsch, S. 36.
33 Berghahn: Stahlhelm, S. 232 ff.; Steiss: Unser Marsch, S. 13.

Mitte Januar 1933 berichtete der stellvertretende baden-württembergische Landesführer Richard Wenzl über die vom Stahlhelm durchgeführte sogenannte Schwarzwald-Streife an das Stahlhelm-Bundesamt:»Wenn man Soldaten sammeln will muss man trommeln! Dass das den Franzosen nicht angenehm ist kann ich verstehen – der Versailler Schandvertrag ist uns noch bedeutend unangenehmer. [...] Wenn unsere Activität die Franzosen beunruhigt – dann ist dies ein Beweis, dass die ›Südmark‹ ihre Pflicht tut!«[34] In den Befehl zur »Einberufung und Verwendung von Hilfspolizei« vom 22. Februar 1933 bezog der kommissarische preußische Innenminister Hermann Göring neben SS und SA ausdrücklich auch den Stahlhelm mit ein. Dieser Befehl und weitere Notverordnungen führten zu einer bis dahin ungekannten Repression gegen Gegner des Nationalsozialismus und forderten in den Auseinandersetzungen rund um den Reichstagsbrand und die Märzwahl 50 Tote aufseiten der Gegner und 18 in den Reihen der nationalsozialistischen Bewegung.[35] Innerhalb weniger Stunden nach der Wahl konnte die NSDAP mit der Hilfe des württembergischen Stahlhelms erfolgreich die demokratische württembergische Regierung entmachten.

In Tübingen marschierten am 9. März SA- und SS-Männer, Stahlhelm und Tübinger Bahnschutz gemeinsam durch die Stadt. Angeführt vom NSDAP-Kreisleiter Helmut Baumert und dem örtlichen Stahlhelm-Führer Hofmeister, hissten sie auf dem Rathaus die Hakenkreuzfahne und die schwarz-weiß-rote Fahne – die Farben des alten Kaiserreichs und auch des Stahlhelms. Die Machtübernahme wurde in Tübingen als »Versöhnung von alter, nationaler und neuer, nationalsozialistischer Elite zelebriert«.[36] Eine vergleichbare Rolle spielte der Stahlhelm nur bei der Machtübernahme in Hamburg.[37] Erst einige Tage nach dieser Unterstützung bei der Machtübernahme erließ der neue Polizeikommissar Dietrich von Jagow in Württemberg den Hilfspolizeibefehl nach dem Vorbild von Görings Verordnung in Preußen.[38] Einige Wochen später traf im Mai 1933 die Marschgruppe »Zollern-Streife« des Stahlhelms in Tübingen ein. Sie wurde nicht nur vom Tübinger Stahlhelm, Jungstahlhelm und der Stahlhelm-Hochschulgruppe empfangen, sondern auch von einer Abordnung der örtlichen NSDAP begrüßt. Oberbürgermeister Adolf Scheef, ehemals Deutsche

---

34 Stv. Landesführer des Stahlhelm Baden-Württemberg, Wenzl, an Stahlhelm-Bundesamt, 13.1.1933, BArch, R 72/193; Reichardt, Kampfbünde, S. 240.
35 Befehl des Preußischen Ministers des Innern (Kommissar des Reiches Göring), 22.2.1933, StA Sigmaringen, FAS Sa A1, T1, Nr. 8; Ulrich Herbert: Geschichte Deutschlands im 20. Jahrhundert, Bonn 2014, S. 309 ff.
36 Benigna Schönhagen: Tübingen unterm Hakenkreuz. Eine Universitätsstadt in der Zeit des Nationalsozialismus, Tübingen 1991, S. 109 f.
37 Berghahn: Stahlhelm, S. 253.
38 Paul Sauer: Württemberg in der Zeit des Nationalsozialismus, Ulm 1975, S. 27.

Demokratische Partei (DDP),[39] forderte in seiner Ansprache »gleiches Recht
in der Wehrfrage« und stellte fest, dass sich alle Deutschen »[i]n dem heißen
Wunsch nach nationalem Erfolg [...] ohne Unterschied des Standes innig
verbunden« fühlten. Diese Verbundenheit verglich er mit der »Frontverbun-
denheit«, die die Stahlhelm-Männer seiner Auffassung nach repräsentierten:
»Die Organisationen, die dem Wehrwillen des deutschen Volkes Ausdruck
geben und die echte, deutsche Kameradschaft pflegen, erfreuen sich mit Recht
der vollen Sympathie der Öffentlichkeit. [...] [Der Stahlhelm] hat in schweren
Zeiten den Geist der echten Frontkameradschaft als ein Kleinod behütet und
bewahrt und er hat den Gedanken der deutschen Wehrhaftigkeit gepflegt.«[40]
Man sei in Tübingen mit dem Stahlhelm in der heißen Liebe zum Vaterland
verbunden, darum schloss Scheef seine Willkommensrede mit dem gemeinsamen Ausruf: »Unser deutsches Vaterland und seine Führer: Reichspräsident,
Generalfeldmarschall v. Hindenburg und der Kanzler des deutschen Volkes
und Reiches, Adolf Hitler: Sieg-Heil!«[41]

Zum 15. Oktober 1933 wurden die württembergischen Stahlhelm-Mitglieder
unter 35 Jahren zur SA überstellt. Professor Walther Schönfeld, Jurist und
Tübinger Stahlhelm-Führer, bei dem Hans Gmelin Bürgerliches Recht und
Deutsche Rechtsgeschichte studierte, hatte seine Stahlhelm-Gruppe bereits
Anfang Mai 1933 Hitlers »Führerschaft« angedient.[42] Gmelin war im Mai 1932
zum Gruppenführer, im November desselben Jahres zum Zugführer und im
Juni 1933 schließlich zum Kompanieführer – und damit zum Führer der Hoch-
schulgruppe des Stahlhelms – befördert worden und konnte aufgrund dieser
Vorerfahrungen als Obersturmführer in die SA einsteigen. Zugleich wurde
er zum Wehrsport- und Schießreferenten seines Trupps ernannt.[43] Bei allen
Schwierigkeiten zwischen Stahlhelm und SA auf Reichsebene und in anderen
Regionen wurde in Württemberg Hand in Hand agiert – Widersprüche wur-
den eingeebnet.

Die sportliche Entwicklung, die Gmelin 1954 als Entlastungsnarrativ anführte, war mithin von der politischen Entwicklung nicht nur nicht zu trennen,
sondern bei genauer Betrachtung entpuppte sich diese Aktivität als ein Basis-

---

39　Schönhagen: Tübingen, S. 99 f.
40　Herzlicher Empfang der Zollernstreife in Tübingen, in: Tübinger Chronik, 23.5.1933,
　　StadtA Tübingen, A 150/5550.
41　Ebd.
42　Uwe Dietrich Adam: Hochschule und Nationalsozialismus. Die Universität Tübin-
　　gen im Dritten Reich, Tübingen 1977, S. 39; UA Tübingen, 364/8011, Studentenakte
　　Gmelin, Hans, jur.
43　Personalfragebogen, 20.5.1939, BArch, SA 177, Hans Gmelin (ehem. BDC). Die
　　Überstellung aus dem Landesverband wird deutlich aus den Kreisbefehlen Nr. 18,
　　16.9.1933, und Nr. 27, 20.11.1933, des Stahlhelms KV Hohenzollern, StA Sigmarin-
　　gen, FAS Sa A1, T1, Nr. 7.

prozess völkischer Vergemeinschaftung, der die deutsche Gesellschaft nachhaltig veränderte. Die Deutungsweise der sportlichen und wehrsportlichen Aktivitäten als im eigentlichen Sinne »unpolitisch« war allerdings nicht nur eine retrospektive, entlastende Projektion von Gmelin. So wie Sport grundsätzlich und im Allgemeinen auch nach dem Zweiten Weltkrieg als »unpolitisch« verstanden wurde, so bekam in der Weimarer Republik jegliche Aktivität, die vermeintlich »über den Parteien« stand und auf das Wohlergehen des deutschen Volkes und Vaterlands gerichtet war, das Attribut des »Unpolitischen«. Selbst der Stahlhelm nahm es für sich in Anspruch, aber spätestens in der zweiten Hälfte der Weimarer Republik konnten die politischen Kampagnen und Wahlbündnisse sowie die zunehmenden Flügelkämpfe zwischen Franz Seldte und Theodor Duesterberg der überparteilichen Selbstwahrnehmung nicht mehr gerecht werden.[44] Der Bund Jungdeutschland reklamierte den überparteilichen Anspruch besonders durch seine zunehmende Bedeutung als Dachorganisation für sich: »Als erstrebenswertes Ziel betrachtet der Bund die Zusammenfassung der Jugendlichen aller Stände und Berufsklassen. Indem er diese zusammenführt, will er beitragen zur Überwindung der verhängnisvollen Klassengegensätze und zur Herstellung einer wahren, von starkem vaterländischen Empfinden getragenen Volksgemeinschaft. Bei aller Betonung seiner allgemein vaterländischen Ziele lehnt er jede Beeinflussung der ihm angehörigen Jugend in parteipolitischer oder konfessioneller Beziehung mit aller Entschiedenheit ab. Schon das werdende Geschlecht in den Kampf der Parteien hineinzuziehen und mit den Gegensätzen zu erfüllen, in die das Leben selbst jeden Einzelnen noch früh genug hineinstellt, bedeutet eine Versündigung am Geist der Zukunft des deutschen Volkes. Die Jugend, die Jungdeutschland zugehört, soll unbeeinflußt bleiben von dem Zwiespalt, den politische, religiöse und wirtschaftliche Fragen unter dem deutschen Volk angerichtet haben; sie muß vielmehr durchdrungen sein von dem Bewußtsein, daß in einer Zeit, in der es sich für unser ganzes Volk in allen seinen Schichten um Sein oder Nichtsein handelt, das, was uns eint, ungleich größer ist als das, was uns trennt.«[45]

Dieses Zitat verdeutlicht, dass der BJD das Politische – und damit die Debatte und den Streit – eindeutig der Weimarer Demokratie zurechnete und so als eine der Ursachen der Probleme betrachtete, die »Volk« und »Vaterland« derzeit bedrückten. Als Alternative wurde eine Rückbesinnung auf den »Geist von 1914«, auf den Mythos völkischer Einheit vor politischem »Zwiespalt«,

44 Berghahn: Stahlhelm, S. 68-72.
45 Flugblatt »Was will Jungdeutschland« (Hervorhebungen im Original), StadtA Tübingen, E 103/2, Bü 337.

propagiert.[46] Der Faktor des »Volkes« als überzeitlicher und schicksalhaft verbundener Einheit bekam durch die ostentativ hervorgehobene Verbindung mit den »Auslandsdeutschen« vor allem in den Gebieten, die mit dem Versailler Vertrag abgetrennt worden waren, einen besonders virulenten Charakter. Für die Verteidigung der scheinbar ständig bedrohten Grenzen war die wehrsportliche Betätigung und Wehrbereitschaft aus dieser Sicht eine Selbstverständlichkeit. Dass der vom BJD hervorgehobene Zusammenhang der Begriffe des »Unpolitischen« und des »Vaterländischen« nahezu wortgleich vom Württembergischen Landesausschuss für Jugendpflege geäußert wurde, zeigt, dass die völkischen Verbände mit dieser Auffassung keineswegs alleinstanden. Diese Vorstellung war bis in die bürgerlichen Kreise in der staatlichen Verwaltung, die nach wie vor das Kaiserreich als Gipfel des nationalen Strebens betrachteten, verbreitet. Dementsprechend konnte es zur Frage der Ungerechtigkeit des Versailler Vertrags, der Gebietsabtretungen, des Wehrpflichtverbots und der Kriegsschuldzuweisung keine zwei Meinungen geben. Hinzu kamen die Gefahren, die von der Revolution, von »Parteienzwist« und Inflation ausgingen und deren vermeintlicher Zusammenhang mit jüdischem Kultur- und Wirtschaftseinfluss in der Weimarer Republik zu einer hegemonialen Vorstellung wurde. Viele dieser antisemitischen Phantasmen besaßen eine Tradition, die in den Krieg und ins Kaiserreich zurückreichte und nun im Fahrwasser des völkischen Diskurses und der praktischen Arbeit an Volk und Gemeinschaft in der Weimarer Zeit massiv an Überzeugungskraft hinzugewinnen konnte.

Die virulente Vorstellung eines als organisch zu betrachtenden »Volkskörpers« deutet darauf hin, dass Sport auch über den Wehrsport hinaus eine wichtige Rolle spielte, weil die Gesunderhaltung und Stählung des eigenen Körpers zum Dienst am Vaterland wurden.[47] Der aufmerksame Zeitzeuge Sebastian Haffner beobachtete den seit 1924 um sich greifenden »Sportfimmel« in der Weimarer Republik: Auf den Schulhöfen wurden Namen und Rennzeiten der Hundertmeterläufer auswendig aufgesagt, und jeder Schüler trieb selbst mehrmals die Woche Sport.[48] Hans Gmelin erreichte im Oktober 1928 Erstplatzierungen im Dreikampf, Weitsprung und Kugelstoßen in seinem Verein SV 03 Tübingen.[49]

46 Jeffrey Verhey: Der »Geist von 1914« und die Erfindung der Volksgemeinschaft, Hamburg 2000.
47 Svenja Goltermann: Körper der Nation. Habitusformierung und die Politik des Turnens 1860-1890, Göttingen 1998, S. 334. Für den Zusammenhang der Topoi Sport und Volk am Beispiel der Studenten s. Levsen: Elite, S. 256-265. Zur Bedeutung des »Volkskörpers« für den rassistischen Diskurs s. Detlev Peukert: Max Webers Diagnose der Moderne, Göttingen 1989, S. 116f.
48 Sebastian Haffner: Geschichte eines Deutschen. Die Erinnerungen 1914-1933, München 2002, S. 73f.
49 Vereinsnachrichten SV 03 Tübingen, Oktober 1928, StadtA Tübingen, A 200/4543.

Wie Haffner bemerkte, waren diese Aktivitäten in den Sportvereinen – anders
als es mancher Zeitgenosse verstehen wollte – kein Abreagieren »kriegerischer
Instinkte«, sondern deren Wachhalten.[50] Aus Haffners Beobachtungen folgt,
dass neben dem Militär »auch die Turnanstalt [...] als ›Schule der Männlichkeit‹ [galt], die Geschlechtsidentität durch die Ertüchtigung und Kultivierung
des männlichen Körpers im Dienst der Nation vermitteln sollte«. Diese Trias
von Sport, Körper und Nation war schon seit dem 19. Jahrhundert die zentrale
Vermittlungsebene, auf der die Tugenden der deutschen Nationalbewegung
inkorporiert wurden: Disziplin, Pflichterfüllung, Tatkraft und Orientierung
auf einen höheren Zweck.[51] Diese Tugenden gingen eine Verbindung mit dem
organischen Volksbegriff ein und gewannen in der Weimarer Republik durch
den völkischen Aktivismus enorm an Dynamik. Dass dieser Zusammenhang
als »unpolitisch« apostrophiert wurde, betont die besondere Selbstverständlichkeit, mit der dieser alles andere als unpolitische Prozess vonstattenging.

Der Jungstahlhelm war schließlich in erster Linie eine »Rekrutierungsorga-
nisation« für die SA, eine »Durchgangsstation hin zum Nationalsozialismus«.
Der NSDAP gelang es in wachsendem Maße und endgültig mit dem »Tag von
Potsdam« Mitte März 1933, »die kleinen, aber feinen Unterschiede zwischen
den konservativ-preußisch-protestantischen Traditionen des Stahlhelm und der
nationalsozialistischen Bewegung [als] aufgehoben« erscheinen zu lassen.[52] Die
widerstandslose Eingliederung des Stahlhelms in die SA erschien den Jungstahlhelmern vermutlich dennoch weitaus weniger problematisch als der Kriegsgeneration. Die Erwartungen und Hoffnungen gerade der bürgerlichen Nach-
kriegsjugend entwickelten sich hin zu einer »Demonstration der Gemeinschaft«
(Gmelin) und einem Mythos der entschlossenen Tat, die einen Weg aus der
als »anomisch« wahrgenommenen Krisensituation der Nachkriegszeit zu weisen schienen. Die Vielzahl von Gruppierungen und Verbänden war in diesem
Zusammenhang nicht nur ein Hinweis auf die Uneinigkeit, sondern auch auf
den Bewegungs- und Milieucharakter der völkischen Rechten. Die rechtsnationalen Kreise konnten sich auf die militärische Erziehungstradition des
Kaiserreichs beziehen, aber auch die »militaristische[n] Reminiszenzen an die
Rolle der männlichen Jugend in den Befreiungskriegen [spielten] eine nicht
unwesentliche Rolle«.[53]

Die Fokussierung auf großdeutsche Gesinnung, unbedingte Wehrbereitschaft, Disziplin, Männlichkeit und Opferbereitschaft kam der Tradition und

---

50 Haffner: Geschichte, S. 75.
51 Ute Planert: Der dreifache Körper des Volkes, in: Geschichte und Gesellschaft, 26
    (2000), H. 3, S. 539-576, hier: S. 553 f.
52 Götz von Olenhusen: Jungstahlhelm, S. 148.
53 Ebd.

Praxis der Burschenschaften und studentischen Verbindungen sehr entgegen, die in Tübingen das öffentliche Leben in besonderem Maße prägten.[54]

Völkische Studenten in Tübingen

In der ersten Hälfte der Weimarer Republik war der Deutsche Hochschulring der wichtigste Akteur innerhalb der völkischen Mobilisierung der bürgerlichen Jugend. Er trat in Tübingen und an anderen Universitäten unter dem Namen Hochschulring Deutscher Art (HDA) auf und umfasste alle wichtigen Studentenverbindungen, darunter auch Gmelins Verbindung Normannia. Der Hochschulring betrachtete sich als »völkisches Gewissen« der Deutschen Studentenschaft (DSt), des Dachverbands der allgemeinen deutschen Studentenvertretungen.[55] Bei den AStA-Wahlen im Januar 1933 trat mit dem Nationalen Deutschen Studentenblock eine Listenverbindung von HDA und Gmelins Stahlhelm-Hochschulgruppe an, auf der Gmelin kandidierte.[56] Anhand der Geschichte des Tübinger HDA lässt sich die Atmosphäre darstellen, in die Gmelin bei seinem Studienbeginn an der Universität Tübingen im Jahr 1930 eintauchte.

Vorsitzender des Hochschulrings Deutscher Art in Tübingen wurde zum Wintersemester 1924/25 ein Korporierter der Verbindung Germania, der Student der Nationalökonomie und Geschichtswissenschaft Theodor Eschenburg.[57] Eschenburg, der nach dem Zweiten Weltkrieg einen Lehrstuhl für Politikwissenschaft an der Universität Tübingen erhielt und als einer der Gründerväter der deutschen Politikwissenschaft gilt, zog im Oktober 1925 die Bilanz der bisherigen Arbeit des Tübinger HDA. Die letzten Jahre seien von der Zusammenfassung der national gesinnten Studenten geprägt gewesen, man habe die Auswüchse der Revolution zu bekämpfen und am »Wiederaufbau Deutschlands« tatkräftig mitzuwirken gehabt. »Im Vordergrund der Propaganda stand die kulturpolitische ›Völkische Idee‹. [...] Des weiteren entstand im Schoß

54 Ebd., S. 147 f., 150 f., 180; Levsen: Elite, S. 311 f. Zum Milieucharakter s. Herbert: Best, S. 88.
55 Herbert: Best, S. 52. Zur DSt s. Alexander Korb: Deutsche Studentenschaft, in: Michael Fahlbusch, Ingo Haar, Alexander Pinwinkler (Hrsg.): Handbuch der völkischen Wissenschaften. Akteure, Netzwerke, Forschungsprogramme, 2. Aufl., Berlin, Boston 2017 (zuerst 2008), S. 1811-1817.
56 Alf Lüdtke: Vom Elend der Professoren: »Ständische« Autonomie und Selbst-Gleichschaltung 1932/33 in Tübingen, in: Martin Doehlemann (Hrsg.): Wem gehört die Universität? Untersuchungen zum Zusammenhang von Wissenschaft und Herrschaft anläßlich des 500jährigen Bestehens der Universität Tübingen, Gießen 1977, S. 99-127, hier: S. 104.
57 Anne Rohstock: Vom Anti-Parlamentarier zum »kalten Arisierer« jüdischer Unternehmen in Europa, in: Vierteljahrshefte für Zeitgeschichte, 63 (2015), H. 1, S. 33-58, hier: S. 35 f., 41-45.

des H. d. A. das Studentenbataillon und dessen Fahrten nach Stuttgart, München, ins Ruhrgebiet und Oberschlesien.«[58]

Der Tübinger HDA wurde erst im Februar 1921 – nach dem Abklingen der Nachkriegskämpfe – gegründet, es war seine Vorgängerorganisation, der Nationale Studentenbund Tübingen, die nach 1918 paramilitärisch aktiv war. Er hatte im Wintersemester 1920/21 circa 800 Mitglieder – vor allem Korporierte –, was etwa 29 Prozent der Gesamtstudentenschaft entsprach.[59] Das Tübinger Studentenbataillon wurde aus den Mitgliedern verschiedener Verbindungen und Burschenschaften zusammengesetzt, darunter auch denjenigen der Normannia, der Stammverbindung der Familie Gmelin. Hans Gmelins Vater, der Tübinger Jurist und spätere Amtsgerichtsdirektor Oskar Gmelin, war zur Weimarer Zeit bereits Alter Herr, seine beiden Söhne Hans und Ulrich traten der Normannia gleich zu Beginn ihres Studiums 1930 beziehungsweise 1931 bei. Hans Gmelin war nach eigenen Angaben von 1931 bis 1932 Mitglied einer Neuauflage des Studentenbataillons, dessen Zweck ein Einsatz gegen Kommunisten war, zu dem es aber nicht kam.[60]

Im Juni 1919 hielten die Tübinger Korporierten eine Annahme der Versailler Vertragsbedingungen durch die Weimarer Regierung für ausgeschlossen, und das Studentenbataillon machte sich für neue Kampfhandlungen und zum Grenzschutz in Oberschlesien bereit. Auch ein Einsatz gegen den »Bolschewismus« im Baltikum war im Gespräch. Nach den Erinnerungen des Normannen Hans Maier XV[61] hatte sich am Tag der unerwarteten Annahme des Friedens-

58 Vorsitzer Eschenburg, Hochschulring Deutscher Art Tübingen, Oktober 1925, UA Tübingen, 117/233, abgedruckt in: O alte Burschenherrlichkeit. Material zur Ausstellung des Ludwig-Uhland-Instituts für empirische Kulturwissenschaft, Tübingen 1978, S. 163.

59 Manfred Schmid: Die Tübinger Studentenschaft nach dem Ersten Weltkrieg 1918-1923, Tübingen 1988, S. 63; Levsen: Elite, S. 314 f.

60 Gründer und Führer dieser Formation war der Volkskundler und Germanistikprofessor Gustav Bebermeyer. Sabine Besenfelder: Staatsnotwendige Wissenschaft. Die Tübinger Volkskunde in den 1930er und 1940er Jahren, Tübingen 2002, S. 72 f.; Schmid: Studentenschaft, S. 142, 152 f.; Schönhagen: Tübingen, S. 35, 388; Personalfragebogen für SA-Führer, 20.5.1939, BArch, SA 177, Hans Gmelin (ehem. BDC).

61 Der Zusatz XV im Namen Maier XV kennzeichnet in studentischen Verbindungen die Anzahl der dort vertretenen Burschen und Alten Herren desselben Nachnamens. Hans Gmelins Vater, Oskar Gmelin I, war der erste Gmelin in der Normannia. Seine beiden Söhne Hans Gmelin IV und Ulrich Gmelin V waren zum Zeitpunkt dieses Berichtes in den Normannenblättern Ende 1939 ebenfalls bereits Alte Herren der Verbindung. Siegfried Gmelin III kommt in dem Bericht als Führer eines Kommandos gegen kleinere Spartakusunruhen in Stuttgart 1919 vor. Er war ein entfernter Cousin aus der Tübinger Linie der Gmelins, Oskar Gmelin stammte aus der Stuttgarter Linie. Der Normanne Fritz Gmelin II war Reichsbahnrat in Stuttgart und drei Jahre jünger als Oskar. Mitgliederverzeichnis des Altenvereins der Tübinger Normannia, Teil 1, o. O. 1971, S. 44, 46; Teil 2, o. O. 1977, S. 28, 30.

vertrags, dem 23. Juni 1919, fast die gesamte Normannia gemeinsam mit anderen Burschen und Studenten, zum Kriegsdienst bereit, im Kasernenhof versammelt. Als um 18 Uhr die Annahme des Versailler Vertrags bekannt wurde, betäubten die Studenten »die tiefe Niedergeschlagenheit im Becher. Alte kampferprobte Frontsoldaten schmissen ihre Gläser in Scherben.«[62] Während der Niederschlagung der Münchner Räterepublik Anfang Mai 1919 erschoss ein überwiegend aus Tübinger Studenten bestehendes Bataillon einen sozialistischen Zeitungsredakteur wegen Beleidigung von Offizieren.[63] Eine maßgebliche Beteiligung der Tübinger gilt auch bei der »standrechtlichen« Erschießung von 53 russischen Kriegsgefangenen in Gräfelfing am Stadtrand von München im gleichen Zeitraum als wahrscheinlich. Befehlshaber des rechtsstaatlichen Prinzipien Hohn sprechenden Standgerichts war ein Hauptmann Karl Strölin, der zur Weimarer Zeit juristisch nicht belangt und während des Nationalsozialismus Oberbürgermeister von Stuttgart wurde.[64]

62 Maier XV, Hans: Die Tübinger Normannia in den Nachkriegskämpfen 1919-1921 (mehrere Fortsetzungen), in: Normannen-Blätter. Mitteilungen des Vereins Alter Tübinger Normannen, 2. Folge, Nr. 19, Stuttgart, Dezember 1939, S. 460-463; ebd., Nr. 20, Stuttgart, Januar 1940, S. 483-489; ebd., Nr. 21, Stuttgart, August 1940, S. 512 f., hier: S. 513.

63 Die Beteiligung von Tübinger Studenten der Normannia ist sehr wahrscheinlich, da der Normanne Maier XV in seinem Bericht erwähnt, dass sie zum Bataillon des »Rittmeister[s] von Lindenfels« gehörten, das wiederum dem Detachement des Majors Graeter aus der Divison von General Haas zugeordnet wurde. Lindenfels wurde 1920 wegen Mordes der Prozess gemacht. Er wurde freigesprochen, stattdessen wurde der Witwe des Ermordeten die Rente gekürzt. Gumbel: Vier Jahre, S. 36 f. Lindenfels wurde später Brigadeführer in der SA-Gruppe Südwest und 1933 von deren Führer Hanns Ludin in den Gruppenstab berufen. Lindenfels' »Verdienste« als »Bataillonsführer der württembergischen Sicherheitstruppen« und »Teilnehmer an der Niederschlagung der Aufständischen in Bayern« wurden in der SA lobend hervorgehoben: Brigadeführer Freiherr von Lindenfels, in: SA der Gruppe Südwest, Beilage zu »Der SA-Mann«, Folge 32, 16. Ausgabe, 5.8.1938, S. 2.

64 Gumbel: Vier Jahre, S. 108 f.; Wilhelm Kohlhaas: Das Tübinger Studentenbataillon. Vortrag, gehalten auf der Deutschen Studentenhistoriker-Tagung zu Tübingen, Ostern 1934, in: Tübinger Blätter, 25 (1934), S. 51-55. S. auch Maier XV, Hans: Die Tübinger Normannia in den Nachkriegskämpfen 1919-1921, in: Normannen-Blätter, 2. Folge, Nr. 20, Stuttgart, Januar 1940, S. 487; Levsen: Elite, S. 299 f.; Heinrich Hillmayr: Roter und Weißer Terror in Bayern nach 1918. Ursachen, Erscheinungsformen und Folgen der Gewalttätigkeiten im Verlauf der revolutionären Ereignisse nach dem Ende des Ersten Weltkrieges, München 1974, S. 137 f. Hillmayr zufolge ist das Zustandekommen des Standgerichts vor allem auf das Drängen der völkischen Studenten zurückzuführen, deren Rolle der beteiligte Normanne Hans Maier XV in seinem Bericht eher bagatellisiert. Kohlhaas hingegen nimmt die Tübinger von der Verantwortung nicht aus, betont aber die angebliche Rechtmäßigkeit des Standgerichts. Manfred Schmid versuchte auf der Grundlage von Nachkriegsberichten der beteiligten Studenten nachzuweisen, dass diese keine aktive Rolle spielten. Schmid: Studentenschaft, S. 99-105. Zur Kritik dieser Darstellung s. Levsen: Elite, S. 300.

Der Heidelberger Privatdozent und bekennende Pazifist Emil Julius Gumbel thematisierte diese und viele weitere Mordfälle in seiner 1922 erschienenen Analyse *Vier Jahre politischer Mord.* Als er 1925 von einer sozialistischen Tübinger Studentengruppe zu einem Vortrag über dieses Thema eingeladen wurde, kam es in Lustnau zu schweren Auseinandersetzungen zwischen Tübinger Studenten und ortsansässigen sozialistisch gesinnten Bürgern sowie Reichsbanner-Angehörigen. Die Gegenaktionen zur Gumbel-Veranstaltung wurden vom Hochschulring Deutscher Art unter Eschenburgs Führung organisiert. Ursprünglich war geplant, die Veranstaltung direkt in Tübingen stattfinden zu lassen, was aber zuerst durch die Einflussnahme des Universitätsrektors und dann durch Störaktionen verhindert wurde. Begleitet von antisemitischen Parolen, warfen die völkischen Studenten die Scheiben der Lustnauer Gaststätte, in der die Veranstaltung schließlich durchgeführt werden sollte, ein.[65] Das württembergische Kultministerium äußerte Verständnis: »Das Auftreten einer solch gebrandmarkten Persönlichkeit in Tübingen mußte von allen Studenten mit gesunder patriotischer Empfindung als Herausforderung aufgefaßt werden.«[66] Gumbel wurde wegen einer Bemerkung im Vorjahr landesweit nachgesagt, die Schlachtfelder des Ersten Weltkriegs als »Feld der Unehre« bezeichnet zu haben.[67]

»Großdeutsch« und »antisemitisch« waren die wesentlichen Merkmale des völkischen Denkens der Weimarer Zeit. Der positive Bezug auf die eigene völkische Gemeinschaft ging einher mit der Ablehnung der vermeintlich »Fremdstämmigen«. Aufgrund der Hegemonie des Hochschulrings an den Universitäten wurden diese Ansichten bald von der zentralen Vertretung der deutschen Studenten, der Deutschen Studentenschaft, übernommen. Das zeigte sich besonders 1922 in deren offizieller Einführung des antisemitischen Abstammungsprinzips.[68] Was Tübingen anbelangt, ist argumentiert worden, dass die »gemäßigten Korporationsverbände« – zu denen auch die Normannia gezählt wurde – darauf hingewirkt hätten, dass die radikalen Kräfte im örtlichen HDA sich zurückhielten. Das sei an der weitgehenden Enthaltung des Tübinger HDA im Verfassungsstreit über das Abstammungsprinzip zu erkennen.[69] Die lokale Vorgängerorganisation des HDA, der Nationale Studentenbund Tübingen, hatte den »Arierparagraphen« allerdings bereits 1920 zur Grundlage für die

---

65 Zu den Lustnauer Vorfällen und ihren politischen Auswirkungen s. Ralph Lange: Von der »Affäre Gumbel« zum »Fall Wilbrandt«: Die »Lustnauer Schlacht«. Ein Beitrag zur politischen Kultur der Universität Tübingen in der Weimarer Republik, in: Johannes Michael Wischnath (Hrsg.): Bausteine zur Tübinger Universitätsgeschichte, Folge 9, Tübingen 1999, S. 29-54.

66 Erlaß des Kultministeriums an das Akademische Rektoramt, 1.9.1925, zit. nach Lange: Affäre, S. 46.

67 Lange: Affäre, S. 31.

68 Herbert: Best, S. 62-69.

69 Schmid: Studentenschaft, S. 152 f.

Mitgliedschaft erklärt, und Tübinger Studentenverbindungen waren nach 1918 ohnehin nicht bereit, Juden aufzunehmen.[70] Hans Gmelins spätere Verbindung Normannia führte den »Arierparagraphen« offiziell 1926 ein. Dies geschah ohne größeres Aufsehen, gemeinsam mit einigen allgemeinen Satzungsänderungen im Wintersemester 1926/27. Die Einführung fand im Vergleich zu anderen Jugendverbänden und Korporationen relativ spät statt, auch weil sich die Frage der Aufnahme von Juden in einer nach wie vor weitgehend konfessionell (evangelisch) orientierten Verbindung nicht so sehr stellte. Wie selbstverständlich dieser Schritt für alle Beteiligten war, zeigt die Bemerkung im Semesterbericht in den *Normannen-Blättern* vom April 1927, in dem nachzulesen ist, dass die Satzungsänderung keine »umstürzende[n] Neuerungen« bringe. Der »Arierparagraph« wurde dort gar nicht eigens erwähnt.[71]

Der gravierende Einschnitt, den die Übernahme des »Arierparagraphen« in der Deutschen Studentenschaft bedeutete, lag darin, dass hiermit eine staatlich anerkannte und aus öffentlichen Geldern finanzierte Vertretungskörperschaft das Staatsbürgerschaftsprinzip der Republik missachtete. Seit ihrer Gründung 1919 hatte die Deutsche Studentenschaft immer auch die Vertretung der österreichischen und sudetendeutschen Studenten erfolgreich für sich in Anspruch genommen, obwohl diese keine Staatsbürger der Weimarer Republik waren. Aus der Sicht der völkischen Studenten war die Einführung des »völkischen Prinzips«, und damit der Ausschluss der für »fremdvölkisch« und »nichtdeutsch« erklärten Juden, lediglich folgerichtig. Dass diese Position aber in der Deutschen Studentenschaft mehrheitsfähig wurde, lag an den Entwicklungen im Anschluss an die Anerkennung des Versailler Vertrags, vor allem an den Gebietsabtretungen, der Rheinlandbesetzung und den Auseinandersetzungen um Oberschlesien. Die völkisch-nationalistische und antisemitische Deutung dieser Konflikte bekam Oberwasser. In den folgenden Jahren nach der Entscheidung für den »Arierparagraphen« führte das preußische Kultusministerium einen rechtlichen und politischen Streit mit der Deutschen Studentenschaft, deren rassistisch orientierte Mehrheit auf die Unterstützung der bayerischen und württembergischen Staatsregierung bauen konnte.[72]

70 Levsen: Elite, S. 344.
71 Francesco Mammone: Dokumentation. Ergebnisse von Recherchen im Berliner Bundesarchiv, in: Ders., Albrecht Daur (Hrsg.): Eine kleine Geschichte der Verbindung Normannia, Tübingen 2007, S. 69-81, hier: S. 76; Bericht der aktiven Normannen über das W.S. 1926/1927, in: Normannen-Blätter, Nr. 7, April 1927, S. 89 f.; s. auch Martin Biastoch: Tübinger Studenten im Kaiserreich. Eine sozialgeschichtliche Untersuchung, Sigmaringen 1996, S. 225.
72 Herbert: Best, S. 68 f.; Michael Ruck: Korpsgeist und Staatsbewußtsein. Beamte im deutschen Südwesten 1928-1972, München 1996, S. 39-54, hier: vor allem S. 44.

Die Behauptung einer »gemäßigten« Haltung des Tübinger HDA und einiger der ihm angehörenden Korporationen, die auch Eingang in die Forschung gefunden hat, geht unter anderem auf Berichte von Theodor Eschenburg selbst zurück, der sich als Tübinger Politologieprofessor erstmals Mitte der 1960er Jahre zu diesem Thema äußerte. Er beschrieb die Arbeit der Reichsorganisationen der Studentenschaft als das Werk von Radikalen, von deren Politik man keineswegs auf die der örtlichen Organisationen schließen dürfe. Die meisten Studentenverbindungen hätten ihre Aufgabe ohnehin nicht in der Politik gesehen. Die antisemitische Politik des Gesamtverbands des Hochschulrings kritisierte Eschenburg im Jahr 1964. Er analysierte auch die »autoritär-konservative nationalistische Haltung eines nicht unbeachtlichen Teils der Professoren« als einen der Gründe für die wachsende Empfänglichkeit der Studenten für den aufkommenden Nationalsozialismus und bemerkte: »Die überwiegende Mehrzahl der deutschen Professoren jener Jahre war unpolitisch. Das Ressentiment überwog.« Aus verschiedenen Gründen hätten nahezu alle Professoren den Weimarer Staat abgelehnt. Das sei bei den Studenten gut aufgenommen worden, die ihrerseits größtenteils zur Rechten geneigt hätten: »Die Corps vertraten schon seit dem vorigen Jahrhundert das politische Neutralitätsprinzip im Gegensatz zur Burschenschaft, was im Grunde nichts anderes bedeutete als die konservative Respektierung der monarchischen Herrschaftsordnung. An diesem Prinzip hielten sie formal auch nach 1918 fest, was allerdings etwas anderes bedeutete, weil sie das Bekenntnis zur Monarchie nicht als politische Stellungnahme angesehen hatten, wohl aber das zur demokratischen Republik.«

Eschenburg, der sich mit der damals verbreiteten Behauptung, die »vaterländische« und »völkische« Orientierung habe nichts mit Politik im eigentlichen Sinne zu tun, sondern sei selbstverständlicher Ausdruck des Zeitgeistes, auseinandersetzte, sprach auch seinerseits den völkischen Aussagen retrospektiv jeden Charakter als politisches Argument ab und rückte sie in die Nähe bloßen Unvermögens. Dies wird deutlich in seiner Feststellung, dass die messianische Führererwartung vieler protestantischer Theologen selbstredend »nicht mehr Theologie« gewesen sei und es allgemein »an jeglichem ernsthaften politischen Gehalt« gefehlt habe. Im Hinblick auf die Studentenschaft versicherte er: »Die politische Urteilsbildung und Kenntnis war im allgemeinen höchst unzulänglich. Die nationale Gesinnung, wie man damals zu sagen pflegte, gehörte zum guten Ton, und der größte Teil der Korporationsstudenten verließ ihre Aktivitas mit einem mehr oder minder starken antidemokratischen Affekt.«[73]

---

73 Theodor Eschenburg: Aus dem Universitätsleben vor 1933, in: Andreas Flitner (Hrsg.): Deutsches Geistesleben und Nationalsozialismus. Eine Vortragsreihe der Universität Tübingen, Tübingen 1965, S. 24-46, hier: S. 40-46.

Auch wenn der Tübinger HDA im Verfassungsstreit über den »Arierpara-graphen« die radikale, völkische Lösung nicht aktiv bewarb, so widersprach er auch nicht dem Antisemitismus der Mehrzahl der Gruppen in der Deutschen Studentenschaft.[74] Eschenburg bezeichnete die vermeintlich »unpolitische« Haltung eines großen Teils der Studierenden als »Indolenz«, mit der die Politik der Radikalen weithin geduldet worden sei. Er suggerierte damit einen inneren Widerwillen der Mehrheit gegen den völkischen Antisemitismus einer ver-meintlich radikalen Minderheit, aus der er auch das schwäbische Bürgertum und die von diesem geprägten Traditionsverbindungen wie die Normannia ausgenommen sehen wollte. Eschenburg rechnete sich selbst ebenfalls dieser »indolenten« Mehrheit zu und erklärte, es sei »nicht immer ganz leicht gewe-sen«, sich gegen die Radikalen »zu behaupten«.[75]

Entgegen Eschenburgs Beteuerungen machte sich sowohl im Tübinger HDA als auch in seiner Vorgängerorganisation, dem Nationalen Studentenbund, durchaus völkischer Antisemitismus bemerkbar. Im Verlauf der jährlichen Reichsgründungsfeiern, die überall in der Weimarer Republik abgehalten und in Tübingen vom HDA veranstaltet wurden, beschworen Studenten und Pro-fessoren den Schutz des Vaterlands gegen seine Feinde. Als Feinde galten die Siegermächte, die das deutsche Volk zu »knechten« beabsichtigten, ebenso wie Sozialismus und Kommunismus.[76] Im Januar 1921 protestierte der Verein der Deutschen Studierenden jüdischen Glaubens wegen der antisemitischen Belei-digung jüdischer Kommilitonen durch den Tübinger AStA-Vorsitzenden bei der Reichsgründungsfeier einige Tage zuvor. Der AStA antwortete umgehend und wies die Behauptung der Beleidigung zurück: »Die Reichsgründungsfeier musste für uns ein Anlass sein, dem Bewusstsein Ausdruck zu geben, dass unser deutsches Volkstum die Wurzel unserer staatlichen Existenz ist. Dies Volkstum ist gegenwärtig krank. Rücksichtslose Selbstsucht, Geldgier, Ausbeutung der Volksgenossen, Parasitentum auf Kosten der Gesamtheit, krämerhafte Wertung aller Lebensgüter leben sich aus und zerstören in erschreckendem Masse deut-sches Ehrgefühl, deutsches Pflichtbewusstsein, deutsche Selbstzucht, deutsches Gemeinschaftsbewusstsein und christliche Nächstenliebe. Mit eine Ursache dieser Erscheinungen ist der in unserem Volke sich immer breiter machende Einfluss jüdischen Volkstums, dem Anlage und Geschichte es in besonderem Masse erschweren, den zersetzenden Einflüssen dieser Kräfte Widerstand zu leisten. Das berechtigt uns von jüdischem Geist und seinem verheerenden Ein-fluss auf unser Volk zu sprechen. Wir wissen uns mit den Besten des jüdischen Volkes eins im Kampf gegen diesen Geist und hoffen deshalb, dass das Fehlen

74 Levsen: Elite, S. 350 f.
75 Eschenburg: Universitätsleben, S. 42-45.
76 Levsen: Elite, S. 341. Zu den Tübinger Reichsgründungsfeiern s. auch Schönhagen: Tübingen, S. 34 f.

der an vielen anderen Hochschulen herrschenden Kämpfe zwischen Deutschen und jüdischen Kommilitonen auch weiterhin ein Vorzug unseres hiesigen akademischen Lebens bleiben möge.«[77] Hier wird klar, dass die von Eschenburg angeführte vergleichsweise milde und gemäßigte Situation in Tübingen weniger ein Zeichen für die mangelnde Bereitschaft der Studenten zu antisemitischem Aktivismus war, sondern eher die Auswirkung eines weitgehend fehlenden Widerspruchs, kurzum der breiten Akzeptanz antisemitischer, völkischer Ansichten in der Studenten- und Professorenschaft.[78] Denn angesichts der Zahlenverhältnisse an der Tübinger Universität muss der Hinweis auf das Fehlen der »Kämpfe zwischen Deutschen und jüdischen Kommilitonen« als kaum verhohlene Drohung begriffen werden. In Tübingen waren jüdische Studenten und Professoren schon vor dem Ersten Weltkrieg unterrepräsentiert, wenn die Zahlen mit dem Reichsdurchschnitt verglichen werden. Dieser Zustand verstärkte sich nach dem Krieg. Das lag zum einen an einer aktiven Ausgrenzungspolitik, die auch vom akademischen Rektoramt getragen wurde und die Ablehnung (ost)jüdischer Studierender, vor allem aber die Berufungspraxis für den Lehrkörper betraf. Zum anderen lag die geringe Zahl jüdischer Studierender auch daran, dass ihnen in Tübingen eine feindselige Stimmung entgegenschlug.[79] Der spätere hessische Generalstaatsanwalt und Ankläger im Frankfurter Auschwitz-Prozess der 1960er Jahre, Fritz Bauer, war mit Tübingen seit seiner Kindheit verbunden, weil er dort regelmäßig seine Großeltern besuchte. Er absolvierte in Tübingen ab dem Wintersemester 1923/24 seine beiden letzten Semester Jura und zusätzlich das Studienfach Evangelische Theologie. Ursprünglich hatte Bauer schon früher geplant, in Tübingen zu studieren, wurde aber vom antisemitischen und deutschnationalen Ruf der Universität abgeschreckt. Er war zu seiner Zeit

77 AStA der Universität Tübingen an den Verein deutscher Studierender jüdischer Glaubens Tübingen, 22.1.1921, Abschrift abgedruckt in: O alte Burschenherrlichkeit, S. 161.
78 Zur illiberalen Stimmung an der Tübinger Universität vor 1933 besonders hinsichtlich des Frauenstudiums, der Juden und der Demokratie s. Dieter Langewiesche: Die Eberhard-Karls-Universität Tübingen in der Weimarer Republik. Krisenerfahrungen und Distanz zur Demokratie an deutschen Universitäten, in: Zeitschrift für Württembergische Landesgeschichte, 51 (1992), S. 345-381; Rohstock: Anti-Parlamentarier, S. 40 f.
79 Levsen: Elite, S. 165-171, 342-354; Wildt: Generation, S. 91 f.; Horst Junginger: Antisemitismus in Theorie und Praxis. Tübingen als Zentrum der nationalsozialistischen »Judenforschung«, in: Urban Wiesing u. a. (Hrsg.): Die Universität Tübingen im Nationalsozialismus, Stuttgart 2010, S. 483-558, hier: S. 542 f.; Hans-Joachim Lang: Jüdische Lehrende und Studierende in Tübingen als Opfer des Nationalsozialismus, in: Wiesing u. a. (Hrsg.): Universität Tübingen, S. 609-628, hier: S. 614 f.; s. auch Biastoch: Studenten, S. 218-227.

einer von nur zehn jüdischen Studierenden und berichtete unter anderem von Gerüchten über geheime Wehrübungen und versteckte Waffen.[80] Im Anschluss an den »Abwehrkampf« gegen die französische Rheinlandbesetzung 1923 organisierte der Hochschulring Deutscher Art in Kooperation mit der Reichswehr auch in Tübingen Wehrübungen für Studenten, unter anderem im Kleinkaliberschießen.[81] Schon 1920 ist ein Oberbezirk der Organisation Consul (O. C.) in Tübingen gegründet worden. Diese Organisation prägte als terroristische Geheimorganisation den Kampf der Rechten gegen die von ihnen als »Novemberverbrecher« bezeichneten Demokraten, das Judentum und die Linke in der Weimarer Republik. Ihre Mitglieder sind für zahlreiche Morde verantwortlich. Im Jahr 1920 erwarben die Studenten Gustav Pezold und Richard Jordan, zwei ehemalige Marineoffiziere, die traditionsreiche Osiandersche Buchhandlung in Tübingen. Beide hatten im Ersten Weltkrieg vom Kriegshafen Wilhelmshaven aus Dienst getan, möglicherweise unter dem dortigen Kommandeur einer Torpedoflottille, Hermann Ehrhardt, oder unter einem Kommandeur aus dessen Umfeld. Ehrhardt stand während des »Nachkriegs« zunächst einem berüchtigten Freikorps vor, das er nach dem Scheitern des Kapp-Putsches 1920 als Organisation Consul in den Untergrund führte.[82] Nach dem Mord am Zentrumspolitiker Matthias Erzberger im Sommer 1921 wurden auch die Wohnungen der Buchhändler und Ehrhardt-Anhänger Jordan und Pezold in Tübingen von der Polizei durchsucht. Hans Gmelin wurde 1939 Schwiegersohn von Kapitänleutnant a. D. Richard Jordan, als er dessen Tochter Helge Jordan heiratete. Das bereits erwähnte Studentenbataillon, dem auch Jordan und Pezold angehörten, wurde 1921 auf Druck der Entente-Mächte aufgelöst. Pezold, der kurz zuvor zum Führer des Studentenbataillons ernannt worden war, ließ es geschlossen in der Organisation Consul aufgehen. Im Jahr 1922 stellten Jordan und Pezold ihren Freund und Kameraden aus der Kriegsmarine, Dietrich von Jagow, für ein Volontariat in der Osianderschen Buchhandlung ein. Diese Stelle diente von Jagow, der Führungsmitglied der Organisation Consul war, zur Tarnung seiner eigentlichen Tätigkeit: des Auf-

80 Irmtrud Wojak: Fritz Bauer 1903-1968. Eine Biographie, München 2009, S. 103 f.; Ronen Steinke: Fritz Bauer oder Auschwitz vor Gericht, München 2013, S. 66 ff.
81 Levsen: Elite, S. 286; Schönhagen: Tübingen, S. 40 f.
82 Schmid: Studentenschaft, S. 132-136; Schönhagen: Tübingen, S. 40 f.; Brigitte Riethmüller: 1596-1971. Die Geschichte der Osianderschen Buchhandlung, in: Dies., Konrad-Dietrich Riethmüller (Hrsg.): Osiander 1596-1971, Tübingen 1971, S. 7-65, hier: S. 51 f.; Ulrike Pfeil: Zum Tod der »Osiander«-Ahnfrau und früheren Stadträtin Brigitte Riethmüller, in: ST, 26.6.2013. Zur Geschichte der Organisation Consul s. Martin Sabrow: Der Rathenaumord. Rekonstruktion einer Verschwörung gegen die Republik von Weimar, München 1994; ders.: Die verdrängte Verschwörung. Der Rathenau-Mord und die deutsche Gegenrevolution, Frankfurt am Main 1998; Gabriele Krüger: Die Brigade Ehrhardt, Hamburg 1971.

baus der SA in Württemberg sowie der Werbung und Koordination weiterer Mitglieder für die Organisation Consul. In der Osianderschen Buchhandlung konnte von Jagow auf Geheimhaltung und Unterstützung zählen. Als die Mörder des Außenministers Walther Rathenau im Sommer 1922 auf der Flucht von der Polizei erschossen wurden, ehrte sie von Jagow, indem er in Tübingen öffentlich Trauerflor trug. Von Jagow, der später SA-Obergruppenführer und Deutscher Gesandter in Ungarn wurde, gründete mehrere Ortsgruppen der NSDAP in Württemberg.[83]

Von Jagow und seine Tübinger Kameraden organisierten die Wehrübungen der Studenten 1923 gemeinsam mit dem Hochschulring Deutscher Art. Daran waren auch Polizisten, Reichswehroffiziere und andere Staatsbeamte beteiligt.[84] Als die Nachfolgeorganisation der Organisation Consul, der Wiking-Bund, in den späten 1920er Jahren in einigen Ländern verboten wurde, begann dessen Führung Vereinigungsverhandlungen mit dem Stahlhelm – Bund der Frontsoldaten, in den von Jagow 1927 gemeinsam mit dem Württemberger Ableger des Wiking-Bunds eintrat. Auch Richard Jordan war Stahlhelm-Mitglied. Kapitän Ehrhardt wurde kurzzeitig Landesführer des württembergischen Stahlhelms, ließ sich aber dort von seinem Getreuen von Jagow vertreten. Im Jahr 1927 organisierte der württembergische Stahlhelm – der zu diesem Zeitpunkt wohl eher als Tarnorganisation des Wiking-Bunds zu betrachten ist – gemeinsam mit der Jungbauernschaft eine Saalveranstaltung in der Stuttgarter Stadthalle mit 5.000 Teilnehmern. Redner waren neben dem württembergischen Landtagspräsidenten Theodor Körner[85] drei namhafte Putschisten: der ehemalige Tübinger Doktorand und Gründer der Orgesch,[86] Forstrat Georg

---

83 Barbara Hachmann: Der Degen. Dietrich von Jagow, SA-Obergruppenführer, in: Michael Kißener, Joachim Scholtyseck (Hrsg.): Die Führer der Provinz. NS-Biographien aus Baden und Württemberg, Konstanz 1997, S. 267-287, hier: S. 270-274; Anzeige über Verheiratung, 9.3.1940, PA AA, Personalakten 4.497 (Hans Gmelin).

84 Schönhagen: Tübingen, S. 40 f.

85 Körner war als Angehöriger des Württembergischen Bauern- und Weingärtnerbundes Landtagspräsident in Württemberg und gleichzeitig für die DNVP Reichstagsabgeordneter. Friedrich Freiherr Hiller von Gaertringen: Körner, Theodor, in: Neue Deutsche Biographie 12 (1979), S. 389, URL: https://www.deutsche-biographie.de/gnd 130003670.html#ndbcontent (letzter Zugriff: 26.9.2016).

86 Vor der von Hachmann erwähnten Übernahme des Tübinger Studentenbataillons in die Organisation Consul war das Bataillon 1920 der Organisation Escherich (Orgesch), dem reichsweiten Dachverband der Einwohnerwehren, beigetreten, um einer Auflösung zuvorzukommen. Die bayerische Landesregierung unterstützte die Orgesch, in der sich aufgelöste Freikorps sammelten. S. Levsen: Elite, S. 283, und Büttner: Weimar, S. 184. Eine trennscharfe Differenzierung zwischen der Zugehörigkeit zur Orgesch oder zur Organisation Consul beziehungsweise zu deren Nachfolgeorganisationen ist in vielen Regionen Deutschlands nicht immer möglich. Als Beispiel kann die zeitgenössische Berichterstattung über die enge Verflechtung von Orgesch und Organisation Consul in Bayern gelten, die bei den Ermittlungen zum Hitler-

Escherich, Kapitän Ehrhardt und Dietrich von Jagow. Escherich und Ehrhardt prangerten in ihren Reden den vermeintlichen Einfluss des internationalen Kapitals und der »internationalen Zersetzungsarbeit« an – Formulierungen, die besonders im Kontext ihres damaligen Gebrauchs als antisemitische Chiffren zu verstehen sind.[87] Der Vereinigungsversuch von Wiking-Bund und Stahlhelm scheiterte allerdings. Im Jahr 1928 trat Ehrhardt aus dem Stahlhelm aus, bald darauf auch von Jagow und die meisten seiner Gefolgsleute.[88] Das lag auch an der sinkenden Relevanz des Wiking-Bunds, die mit dem Aufstieg von SA und NSDAP zusammenhing. Die wachsenden politischen Auseinandersetzungen auf der Straße wurden zwar gewalttätig, aber nicht militärisch ausgetragen. Viele ehemalige Ehrhardt-Anhänger wechselten zu diesem Zeitpunkt zur SA, die in Tübingen bereits eine »Waffenbruderschaft« mit dem Wiking-Bund pflegte. Andere blieben im Stahlhelm, dessen Führung in Baden und Württemberg unter Georg von Neufville vereinigt wurde. Dietrich von Jagows Arbeit stellte »ein wichtiges Bindeglied zwischen völkischen Verbänden und NSDAP her«.[89] 1930 wurde von Jagow erneut SA-Führer für den Unterbezirk Württemberg. Seine Tarnbeschäftigung bei Osiander vor dem SA-Verbot und die Immatrikulation als Gasthörer an der Universität ermöglichten ihm Anfang der 1920er Jahre den Zugang zu Studenten und Bürgern Tübingens, seine zusätzliche Beschäftigung als Handelsvertreter gab ihm Gelegenheit, darüber hinausgehende Kontakte zu knüpfen.[90]

In seiner Bilanz von 1925 schrieb der Tübinger HDA-Ortsvorsitzende Eschenburg, dass »ein gut Teil« der Arbeit des Hochschulrings »der Erhaltung des Deutschtums in den Grenzlanden« galt und bis heute gelte.[91] Unter dem Eindruck der Gebietsabtretungen und Auseinandersetzungen im Zusammenhang mit dem Versailler Vertrag wurde unter den national gesinnten Studenten der Bezug auf die Zeit der Befreiungskriege gegen die napoleonische Herrschaft zu Beginn des 19. Jahrhunderts populär. Johann Gottlieb Fichtes *Reden an die deutsche Nation* waren verbreitet und wurden oft zitiert. Während die Vergänglichkeit von Staaten und Staatsbürgerschaften an den Gebietsabtretungen offensichtlich wurde, »ließ die Betonung des ›Volkes‹ als handlungsleitender Kategorie die Zusammengehörigkeit der Deutschen jenseits der als willkürlich

---

Putsch 1923 im Zusammenhang mit der Verwicklung der bayerischen Landesregierung mit der putschistischen Rechten ans Licht kam. S. zum Beispiel den Artikel: Kahr schwer belastet. Sein Doppelspiel. – Ehrhardts Gönner, in: Prager Tagblatt, 28.2.1924, S. 1 f., ANNO/Österreichische Nationalbibliothek.

87 Ulmer: Antisemitismus, S. 277 f., 281, 428-431; Steiss: Unser Marsch, S. 10 ff.
88 Berghahn: Stahlhelm, S. 103-109.
89 Schönhagen: Tübingen, S. 380 f. (Fn. 151); Steiss: Unser Marsch, S. 13, 90 ff., 134.
90 Hachmann: Degen, S. 270-274; Krüger: Brigade Ehrhardt, S. 68-99.
91 Vorsitzer Eschenburg, Hochschulring Deutscher Art Tübingen, Oktober 1925, UA Tübingen, 117/233, abgedruckt in: O alte Burschenherrlichkeit, S. 163.

erachteten Versailler Grenzen und ungeachtet der Staatsangehörigkeit in den Vordergrund treten«.[92] Die organisatorische Einbindung der »Auslands- und Grenzlanddeutschen«, wie sie mit dem rassistischen Abstammungsprinzip in der Deutschen Studentenschaft sichergestellt werden sollte, spielte auch in der kulturpolitischen Arbeit des HDA eine Rolle. Die Tübinger Vorgängerorganisation des HDA, der Nationale Studentenbund, begann die Volkstumsarbeit 1919 mit einer Reihe von Vorträgen, in denen namhafte Wissenschaftler zu Fragen der »deutschen Grenzmarken«, der »Bedeutung des Auslandsdeutschtums für die Entwicklung des nationalen Gedankens« und anderen Themen referierten. Diese Veranstaltungen sollten für die Sammlung »aller echtdeutschen Studenten« in den Reihen des Studentenbunds werben. In diesem Zusammenhang ist auch hier darauf hinzuweisen, dass der Nationale Studentenbund sich als »nicht parteipolitisch« verstand. Einer Mitteilung von 1920 zufolge bekämpfe er »in jeder Richtung, was unwahr und nicht deutsch ist«. Damit war unter anderem eine »Verwelschung im Westen und Rassedurchseuchung im Osten« gemeint, parteipolitische Stellungnahmen wurden abgelehnt.[93] Der Nationale Studentenbund in Tübingen gründete im Wintersemester 1920/21 eine Abteilung, die sich nur mit der Grenzlandarbeit befasste und in den Weihnachtsferien »Sendboten« in alle Teile der Tschechoslowakei mit deutscher Bevölkerung schickte. Dort erfolgten Kontaktaufnahmen mit Studenten und anderen Landsleuten zum Zweck des Nachrichtenaustauschs und der Etablierung langfristiger Zusammenarbeit. Der Kehrseite des völkischen Aktivismus wurde mit der Einführung des »Arierparagraphen« im Studentenbund 1920 Rechnung getragen. Erläutert wurde sie so: »Der eigentliche Kitt dieser Gemeinschaft ist deutsches Wesen, deutsche Art. Unter Deutschen wollen wir sein, zu Deutschen wollen wir reden, deutsch wollen wir geführt sein. [...] Es muß darum offen herausgesagt werden: Der Jude gehört nicht in unsere Reihen!«[94] In derselben Sitzung Ende Dezember, in der mit dieser Erklärung der Ausschluss von Juden festgelegt wurde, beschloss der Studentenbund den Beitritt zum Hochschulring und die baldige Umbenennung in Hochschulring Deutscher Art Tübingen. Die Grenzlandarbeit wurde nun noch verstärkt.[95]

Der HDA veranstaltete Studienreisen in Gebiete, in denen das Auslandsdeutschtum in Gefahr gesehen wurde, wertete die Presse der Auslandsdeutschen aus und schrieb Zeitungsartikel über deren Lage als Minderheiten in anderen Staaten. Die Unterstützung der studentischen Verbindungen war dem Tübinger HDA dabei sicher. Selbst die wenigen Korporationen, die ihm und gerade

---

92 Herbert: Best, S. 53, 61 f.
93 Schmid: Studentenschaft, S. 63 f.
94 Akademische Blätter vom 16.12.1920, S. 212 (Semesterbericht des VDSt Tübingen), zit. nach Schmid: Studentenschaft, S. 67.
95 Schmid: Studentenschaft, S. 66 f.

auch seiner rassistisch ausgerichteten Politik kritisch gegenüberstanden, wie
beispielsweise die Verbindung Nicaria, unterstützten ihn bei seiner Grenzlandarbeit. Schon früh hatten die studentischen Korporationen auch die Zusammenarbeit mit der zentralen Organisation zur Vertretung auslandsdeutscher
Interessen, dem Verein für das Deutschtum im Ausland (VDA), gesucht.[96]
Die Ansicht, es sei notwendig, die Grenz- und Auslandsdeutschen beziehungsweise »Volksdeutschen«, wie sie bald im Unterschied zu den »Reichsdeutschen« genannt wurden, zu unterstützen, war auch in der Familie Gmelin
präsent. Hans Gmelin engagierte sich als Schüler nicht nur im Bund Jungdeutschland, der vornehmlich mit Wehrsport und Volkstumsarbeit befasst
war, sondern wurde zudem Mitglied des VDA.[97] Innerhalb des VDA war die
Zwangsläufigkeit des politischen Standpunkts, dass eine Einheit von Sied-
lungs- und Staatsraum des deutschen Volkes notwendig herzustellen sei, umstritten. Die Vorstellung einer organischen völkischen Verbindung mit den
Deutschen im Grenzraum wurde aber ebenso gepflegt wie der Kontakt zu
Deutschen in den ehemaligen Kolonialgebieten. Der VDA, der am Tübinger
Gymnasium in der ersten Hälfte der 1920er Jahre keine Aktivität entfaltete,
begann ab 1925 erneut mit der Mobilisierungs- und Informationstätigkeit unter den Tübinger Schülern. Zu diesem Zweck wurde Informationsmaterial
über Auslandsdeutsche und die Arbeit des VDA verteilt, es wurden Leseemp-
fehlungen für die Schüler gegeben und Vorträge gehalten, außerdem konnten in kurzen Abständen hohe Geldbeträge gesammelt werden. Im Frühjahr
1926 gründete sich am Tübinger Gymnasium eine Schulgruppe des VDA,
die – ebenso wie die Sammlungen und Veranstaltungen – aus der Lehrerschaft
heraus organisiert wurde. In einem Faltblatt, das am Gymnasium kursierte,
wurde der große Nutzen der Auslandsdeutschen für die Heimat betont:»Sie
erweitern die Weltgeltung deutscher Sprache und Kultur; sie sind die unent-
behrlichen Bahnbrecher und Vermittler deutscher Wirtschaftsausbreitung. Sie
sind der Deich, der uns im Reich gegen das Anbranden fremder Flut schützt
und den wir erhalten müssen. Sie sind endlich auch die berufenen Anbahner
der Völkerverständigung.«[98] Die Frage, wer Auslandsdeutscher sei, sei leicht
zu beantworten:»[A]lle Deutschen, die außerhalb der Reichsgrenzen leben,
durch Abstammung, gleiche Art, Sprache und Sitte aber sich an das Muttervolk

---

96 Levsen: Elite, S. 314 ff. Levsen betont die Übereinstimmung der Nicaria mit der
Grenzlandpolitik des HDA, Schmid weist auf die im Allgemeinen scharfe Abgrenzung der Nicaria vom HDA hin. Schmid: Studentenschaft, S. 68 ff.

97 Fragebogen der französischen Militärregierung, 17.2.1948, StA Sigmaringen, Wü 13
T 2, Nr. 2108/068.

98 VDA-Broschüre *Was jeder Deutsche vom Auslanddeutschtum wissen muß*, weitere Falt-
blätter, Veranstaltungs- und Sammlungslisten vom Gymnasium Tübingen aus dem
Jahr 1926, StadtA Tübingen, E 103/2, Bü 337.

und die alte Heimat gebunden fühlen und sich dem deutschen Kulturkreis zurechnen. Die Staatsangehörigkeit spielt dabei keine entscheidende Rolle«. Im Anschluss daran wurde in dem Informationsblatt zwischen »Grenzdeutschtum«, »Inseldeutschtum« und »Kolonialdeutschtum« unterschieden. »Grenzlandvolkstum ist in unmittelbarem Selbstbehauptungskampf stehende, mit dem Volksblock verbundene Volksfront. [...] Inseldeutschtum ist geschlossenes, seßhaftes, von fremdstämmiger Bevölkerung eingeschlossenes Siedlungsdeutschtum, vorwiegend in Osteuropa«. Das »Kolonialdeutschtum« schließlich sei an den »Weltmittelpunkten des internationalen Handels ansässig«. Das Faltblatt informierte sodann über die Schließung deutscher Schulen, vornehmlich in den Grenzlandgebieten, und terrorartige Maßnahmen gegen Deutsche in Polen, der Tschechoslowakei und Russland, wo das Deutschtum »durch Krieg, Revolution und Hungersnot an den Rand der Vernichtung gebracht« worden sei. Das Ziel des VDA sei daher die Schaffung einer über alle Grenzen hinwegreichenden »Volksgemeinschaft«, der sich jeder Deutsche im In- und Ausland zugehörig und verpflichtet fühlen müsse: »Der Krieg hat uns gelehrt, daß wir allein dastehen in der Welt und nur auf unsere eigenen Volkskräfte angewiesen sind. Im Kampfe um die Weltgeltung der Völker und Kulturen wird dasjenige Volk auf die Dauer siegreich bleiben, dessen Angehörige die größere Tatkraft und Opferwilligkeit für ihr Volkstum einsetzen. [...] Kein deutscher Mensch, kein Fußbreit deutschen Volksbodens darf in Zukunft verloren gehen.«[99]

Die Sehnsucht des Tübinger Hochschulrings nach Wiedererlangung der alten Weltgeltung des Deutschen Reiches – politisch wie geographisch – drückte sich unter anderem bei den Reichsgründungsfeiern aus. Am 18. Januar 1923 stand die Feier ganz unter dem Eindruck der wenige Tage zuvor erfolgten Ruhrbesetzung durch die französische Armee. Deutschnationale Studenten verübten im Anschluss an die Feier antisemitisch motivierte Übergriffe. In einer Lustnauer Gastwirtschaft grölten sie das Deutschlandlied und misshandelten Gäste, die sich weigerten, aufzustehen und mitzusingen. Nach Ansicht der Studenten konnte ein solcher Mangel an Vaterlandsliebe nur den Schluss übrig lassen, dass es sich bei den Gästen um Juden handle.[100]

Auch 1925 war die Reichsgründungsfeier der Tübinger Studentenschaft, die vom HDA dominiert wurde, Anlass für diverse Redner, eine autoritäre Umgestaltung der Weimarer Republik unter völkischen und konservativen Gesichtspunkten zu fordern. Der Gemeinderat und Professor für Augenheilkunde, Wolfgang Stock, zog in seiner Rede aus der damaligen politischen Situation die

99 Ebd. Zum VDA s. Jürgen Elvert: Mitteleuropa! Deutsche Pläne zur europäischen Neuordnung (1918-1945), Stuttgart 1999, S. 233-238, und Tammo Luther: Volkstumspolitik des Dritten Reiches 1933-1938. Die Auslandsdeutschen im Spannungsfeld zwischen Traditionalisten und Nationalsozialisten, Stuttgart 2004, S. 43 ff.
100 Levsen: Elite, S. 346 f.

Lehre, dass nur die einheitliche Unterordnung des Einzelnen unter das Ganze ein Volk stark machen könne und die Führung dabei den gebildeten Oberschichten zukomme. Hans Gerber, Professor für Staats- und Verfassungsrecht, betonte im Rahmen der Feier, dass »machtvolle Staaten« sich durch »zielbewußte, tatkräftige anerkannte Führung« und durch »opferfreudige Gefolgschaft« auszeichneten, die politische Entscheidung einer »anonyme[n] Majorität« sich dagegen in nichts auflöse. Gerber trat in seinen Ausführungen für die »Abschüttelung aller Ketten der inneren Zwietracht« und »leidenschaftliches Verlangen nach einem besseren deutschen Staate, nach einem machtvollen dritten Reich« ein. Der damalige Privatdozent für Literatur und Vorsitzende der Ortsgruppe des Dachverbands Vereinigte Vaterländische Verbände, Gustav Bebermeyer, beschwor die Ankunft eines »Retter[s]«, der unter »schwarz-weißroten Farben« eintreffen werde, wenn nur alle daran arbeiteten, ihm den Weg zu bereiten.[101] Unter den geladenen Gästen befand sich auch Hans Gmelins Vater, Oskar Gmelin, der damals Staatsanwalt und Mitglied der Deutschnationalen Volkspartei (DNVP) war. Gmelins Verbindung Normannia beteiligte sich regelmäßig an den Veranstaltungen des Hochschulrings und engagierte sich zeitweise auch personell im Vorstand des Tübinger HDA.[102]

Der HDA-Vorsitzende Eschenburg erklärte im Oktober 1925, dass zu diesem Zeitpunkt die Ziele des HDA als weitgehend etabliert und selbstverständlich gelten konnten. Er konstatierte, dass sich die politischen Verhältnisse inzwischen geändert hätten und »das Streben nach nationaler Gesinnung [...] eine Selbstverständlichkeit geworden« sei. Die politische Beruhigung berge aber auch Gefahren, da die persönliche Betroffenheit des einzelnen deutschen Studenten nunmehr nicht mehr allgegenwärtig sei. Es müsse daher die zukünftige Aufgabe des HDA sein, das Interesse der deutschen, nationalen Politik durch Schulungs- und Vortragsabende wachzuhalten. Das vorrangige Ziel des HDA sei nun nicht mehr, die national gesinnten Studenten zusammenzufassen – dieses Ziel habe man weitgehend erreicht –, sondern aus ihnen die künftige Elite der nationalen Politik zu schmieden.[103]

101 Schönhagen: Tübingen, S. 35 f.
102 Gästeliste der Reichsgründungsfeier im Schillersaal des Museums, 18.1.1925, UA Tübingen, 169/4; Verzeichnis der im Sommersemester 1926 in Tübingen aktiven und inaktiven Normannen, in: Normannen-Blätter. Mitteilungen der Tübinger Normannia und des Vereins Alter Tübinger Normannen, Nr. 5, Tübingen und Stuttgart, September 1926, S. 62; Bericht der aktiven Normannen über das W. S. 1927/28, in: Normannen-Blätter, Nr. 9, Januar 1928, S. 118; Bericht der aktiven Normannen über das W. S. 1927/28, in: Normannen-Blätter, Nr. 10, April 1928, S. 134; Bericht der aktiven Normannen über das W. S. 1929/30 (2. Hälfte), in: Normannen-Blätter, Nr. 16, April 1930, S. 231 f.
103 Vorsitzer Eschenburg, Hochschulring Deutscher Art Tübingen, Oktober 1925, UA Tübingen, 117/233, abgedruckt in: O alte Burschenherrlichkeit, S. 163.

Es kann unter diesen Umständen kaum verwundern, dass der Bedeutungsverlust des HDA ab Mitte der 1920er Jahre mit dem Aufstieg des Nationalsozialistischen Deutschen Studentenbunds (NSDStB) einherging. Im Nachhinein
verstand es Eschenburg, die Arbeit des Tübinger HDA in ein »liberaleres« Licht
zu rücken und zwischen der Politik des Bundesverbands und des Tübinger Ab-
legers einen wesentlichen Unterschied zu behaupten. Eschenburg hatte es zwar
damals geschafft, auch Politiker der DVP und anderer republikfreundlicher
gesinnter Parteien und Verbände als Redner für Veranstaltungen des HDA zu
gewinnen, dies ist jedoch eher als Hinweis auf eine Öffnung des rechtsdemokratischen Spektrums für die völkische Rechte zu deuten und entsprach durchaus
dem Charakter einer »Sammlungsbewegung«, als die sich der HDA betrachtete. Auch Eschenburgs persönliche Hinwendung zu Gustav Stresemann und
dessen DVP ist möglicherweise eher unter dem Aspekt von Stresemanns Revi-
sionspolitik im Hinblick auf die Versailler Ostgrenze des Reiches zu verstehen
als durch dessen Entspannungspolitik in Richtung Westeuropa. Stresemann
war es gelungen, eine Garantie der Ostgrenze in den Verträgen von Locarno zu
vermeiden. Lediglich die Versailler Westgrenze wurde in den Vereinbarungen
mit Frankreich und Großbritannien garantiert. In Anbetracht der Wichtigkeit,
die der Aktivismus um das »Grenzlanddeutschtum« für die völkischen Studenten hatte, ist hier zumindest ein Ansatz für Gemeinsamkeiten mit Stresemanns
Ambitionen als Außenminister zu erkennen.[104]

Hinsichtlich der Weimarer Republik erklärte der Tübinger HDA im Jahr
1927, dass man sich »als Erben der jungen Kriegsgeneration« betrachte und es
nicht zulassen werde, dass die alte Zeit für tot erklärt werde.»[Wir] werden
unablässig danach streben, daß dem neuen Deutschland die guten und großen
Züge unseres alten und ältesten Deutschlands […] aufgeprägt werden.« Eschenburg, der inzwischen in Berlin lebte, kritisierte diese Äußerungen, in denen er
»einen bedenklichen Richtungswandel« sah. Der HDA, den er in Tübingen
maßgeblich bestimmt hatte, übte damit allerdings eine Brückenfunktion zwischen altem und neuem Nationalismus aus.[105] Zudem war der HDA in erhöh-
tem Maß auf externe Geldgeber angewiesen, was mit dazu beitrug, dass er ab
Mitte der 1920er Jahre mehr und mehr ins Fahrwasser der DNVP geriet.[106] Die

---

104 Elvert: Mitteleuropa, S. 91 f., 233 f.; Herbert: Best, S. 56; Rohstock: Anti-Parlamen-
    tarier, S. 36. Für eine positive Beurteilung von Eschenburgs Einladungspraxis im
    Tübinger HDA s. Udo Wengst: Theodor Eschenburg. Biografie einer politischen
    Leitfigur 1904-1999, Berlin, München, Boston/Mass., 2015, S. 29-48.
105 Württembergische Hochschulzeitung, 15.11.1927, S. 6, zit. nach Levsen: Elite,
    S. 311; Wengst: Eschenburg, S. 46.
106 Stefan Breuer: Die Völkischen in Deutschland, Darmstadt 2008, S. 210; Vorsitzer
    Eschenburg, Hochschulring Deutscher Art Tübingen, Oktober 1925, UA Tübingen,
    117/233, abgedruckt in: O alte Burschenherrlichkeit, S. 163; Eschenburg: Univer-
    sitätsleben, S. 44 f.; Rohstock: Anti-Parlamentarier, S. 41-45; Herbert: Best, S. 56 f., 69.

DNVP war wiederum die Partei, der die Württemberger Beamtenschaft nahezu geschlossen angehörte, wie auch das Beispiel des 1931 zum Amtsgerichtsdirektor ernannten Oskar Gmelin zeigt.[107]

Der deutsche Nachkrieg, die Auseinandersetzungen in München, Berlin, im Ruhrgebiet und in Oberschlesien, war der wichtigste Faktor für die erfolgreiche Sammlungsbewegung im Deutschen Hochschulring. Es bildete sich ein ausgesprochenes Krisenbewusstsein heraus, das seinen Ursprung bereits in der nicht akzeptierten Kriegsniederlage hatte. Der Hochschulring und die zahlreichen anderen aus dem Boden sprießenden völkischen Vereine stellten die Begriffe »Volk« und »Gemeinschaft« in den Mittelpunkt ihrer politischen und gesellschaftlichen Bestrebungen.[108] Die völkischen Studenten, von denen die meisten erst nach dem Ersten Weltkrieg das Erwachsenenalter erreicht hatten, entwickelten ein besonderes Verständnis ihrer Generationserfahrung. Zu ihrem ideologischen Gebäude gehörten folgende Komponenten: »die Verbindung zwischen der Bedrohung von außen und der von innen; der Geist des ›Internationalismus‹ als Bindeglied zwischen beiden; das ›völkische‹ Denken als Gegenpol zu internationalistischem und universalistischem Gedankengut; ›Volk‹ als Bluts- und Kulturgemeinschaft statt des modernen Staatsbürgerprinzips – daraus folgernd Antiliberalismus, Antiparlamentarismus, Antisozialismus und vor allem Antisemitismus«.[109]

Die Anschlussfähigkeit dieser Generationserfahrung mit ihren vaterländischen und zunehmend völkisch-rassistischen Vorstellungen in breiten Teilen des preußisch-protestantisch geprägten Bildungsbürgertums älterer Generation ist jedoch nicht zu unterschätzen. Das politische »Erweckungserlebnis« dieses Milieus ist allerdings eher im August 1914 und davor als im Jahr 1918 und der Zeit danach zu suchen.

Akademiker zwischen bürgerlicher Tradition und »nationaler Erneuerung«

Die Studentenverbindung Normannia, in der Hans Gmelin 1930 zu Anfang seines Studiums Mitglied wurde, war die zweitälteste der evangelischen Stiftsverbindungen. Der 1838 gegründete Roigel und die 1841 gegründete Normannia gehörten im 20. Jahrhundert nicht mehr zu den eigentlichen Stiftsverbindungen, die stärker konfessionell geprägt waren, befanden sich aber noch

---

107 Fragebogen aus dem Entnazifizierungsverfahren Oskar Gmelins, 9.12.1946, StA Sigmaringen, Wü 13 T 2, 2089/130; Ruck: Korpsgeist, S. 54.
108 Herbert: Best, S. 51-69; Peukert: Weimar Republic, S. 73, 241 ff.; Büttner: Weimar, S. 185 f.
109 Herbert: Best, S. 87.

in enger Beziehung zu dem Stift. Die Mitglieder der beiden Verbindungen stammten größtenteils aus dem schwäbischen Bürgertum und studierten vorwiegend Evangelische Theologie und Lehramt, später auch Jura. Als (ehemalige) Stiftsverbindungen waren Normannia und Roigel nicht pflichtschlagend, aber sie gaben »Satisfaktion nach Conventsbeschluss«. Dies unterschied sie von den studentischen Korps, den Landsmannschaften, Turnerschaften und vielen Burschenschaften Tübingens. Die Theologiestudenten aus dem Stift konnten in Korps und anderen pflichtschlagenden Verbindungen nicht Mitglied werden, weil sie aufgrund der Disziplinarordnung des Stifts nicht an Mensuren und abendlichen Vergnügungsveranstaltungen teilnehmen durften. Normannia und Roigel kam eine besondere Stellung in Tübingen zu, weil sie als farbentragende Verbindungen ohne Mensurzwang regen Zulauf hatten. Die Normannia war besonders von den 1870er Jahren bis in die 1890er Jahre regelmäßig die Verbindung mit der höchsten Mitgliederzahl in der Stadt, mit bis zu 60 Personen im Semester, und auch danach zählte sie in den meisten Semestern zu den mitgliederstärksten Korporationen. Zur Aktivitas hinzu kam, wie beim Roigel und anderen württembergisch dominierten Verbindungen, eine große Anzahl Alter Herren in Tübingen und der Region.[110]

In seinem Roman *Der schwarze Obelisk* schildert Erich Maria Remarque die Einweihungsfeier eines Kriegerdenkmals im fiktiven Ort Wüstringen im Jahr 1923. Der Protagonist des Romans ist dort unfreiwilliger Gast, weil er als Angestellter in einer Grabsteinhandlung arbeitet und die Bezahlung des gelieferten Kriegerdenkmals vom Dorfvorsteher aus Gründen der Inflationsspekulation erst für den Tag der Einweihung in Aussicht gestellt wurde. Der Kriegerverein Wüstringen wurde 1918 als pazifistische Vereinigung gegründet, ist aber 1923 bereits scharf nationalistisch eingestellt. Der Vorsitzende nimmt an der Denkmaleinweihung trotz Verbots in kaiserlicher Uniform teil und befiehlt, im ganzen Dorf Schwarz-Weiß-Rot zu flaggen. »Der Krieg, den fast alle Soldaten 1918 haßten, ist für die, die ihn heil überstanden haben, langsam zum großen Abenteuer ihres Lebens geworden.« Der Vorsitzende des Kriegervereins setzte sich außerdem dafür ein, die zwei gefallenen Juden des Ortes nicht mit auf der Gedenkplatte aufzuführen, weil er der Meinung vertritt, dass die Juden an der Kriegsniederlage die Schuld trügen. Er wurde aber letztlich überstimmt. Der evangelische und der katholische Pastor segnen das Denkmal ein; »jeder für seinen Gott«. Der Kriegerverein argumentiert, dass jeder, der nicht nationalistisch gesinnt sei, das Andenken der gefallenen Helden beschmutze. Ein Tischler, der es wagt, mit den offiziellen Nationalfarben der Weimarer Demokratie zu flaggen, muss diese Freveltat gegen Ende des Festtages mit dem Leben bezahlen. Er wird von der »eisernen Garde« des Kriegervereins die Treppe hinun-

---

110 Biastoch: Studenten, S. 120, 137, 140 f., 175, 268–276; Ruck: Korpsgeist, S. 40 f., 47.

tergestoßen und stirbt in der Folge, weil er im Weltkrieg einen Lungenschuss erlitten hatte.[111] Unabhängig von den Details des Festverlaufs und dem Mord an dem Tischler charakterisierte Remarque in seinem Roman die grundsätzlichen Komponenten des Kriegergedenkens in der Weimarer Republik, wie es so oder ähnlich in vielen Orten bei Denkmaleinweihungen stattfand. Auch in Tübingen wurden in dieser Zeit mehrere Denkmäler eingeweiht. Zu den wichtigsten zählten das Kriegerdenkmal auf dem Stadtfriedhof mit römischen Säulen und Stahlhelmornament und das Gefallenendenkmal der Universität auf der Eberhardshöhe. Der Erste Weltkrieg hatte in einem Ausmaß Opfer gefordert, welches das damalige Vorstellungsvermögen weit überstieg. Allein 16.000 deutsche Studenten waren zu Tode gekommen. 40 Prozent der württembergischen Gesamtbevölkerung hatten am Krieg teilgenommen, 73.000 Männer kehrten nicht mehr zurück. Die Zahl der Gefallenen in württembergischen Bataillonen lag damit bei 6,28 Prozent, was recht deutlich über den Reichsdurchschnitt hinausragte. Aus diesem Faktum zogen die Zeitgenossen in Württemberg ein nicht unerhebliches Maß an Heldenstolz.[112] Die Tübinger Verbindung Normannia weihte im August 1921 eine eigene Gedenktafel für die 92 Kriegstoten aus ihren Reihen im Festsaal des Verbindungshauses auf dem Österberg ein. Der Vorsitzende des Altenvereins erinnerte an ein 1913 beim Bundesfest der Verbindung gesungenes Lied, in dem die Normannen schworen, das erste Aufgebot zu stellen, sofern eines Tages »des Vaterlandes Not« zu bannen sei. Die »Riesenzahl« von 92 Toten sei darauf zurückzuführen, dass alle Normannen an die Front gedrängt hätten, um dieses Versprechen einzulösen. Der Krieg verschlinge die Besten, sagte der Altenvereinsvorsitzende weiter und betonte die Mahnung, die vom Gedenken an sie ausgehe: »Wenn wir daran denken, wie unsere unerbittlichen Feinde im Osten und Westen ihr räuberisches Werk treiben, wenn wir im Innern den Landesverrat schleichen sehen [...] [E]s kann nur besser werden, wenn wir wie unsere Gefallenen unser Vaterland, unser armes, geknechtetes und zerstückeltes Vaterland mit ganzer Liebe umfassen, wenn es uns über unser Leben geht, über das eigene Wohlbehagen, über den Geldbeutel, über die Partei, wenn wir das viel mißbrauchte Lied mit gutem Gewissen und in Wahrheit singen können: ›Deutschland, Deutschland über alles!‹ Dazu helfe uns Gott!«[113]

111 Erich Maria Remarque: Der schwarze Obelisk, 4. Aufl., Berlin, Weimar 1985 (zuerst 1956), S. 129-142.

112 Levsen: Elite, S. 266-273; Thomas Schnabel: Geschichte von Baden und Württemberg 1900-1952, Stuttgart u. a. 2000, S. 79.

113 Die Feier bei der Enthüllung der Gedenktafel für die Gefallenen der Normannia am 5. August 1921 in Tübingen, in: Normannen-Blätter, Nr. 1, März 1925, S. 4-10, hier: S. 4.

Die Gedenktafel im Normannenhaus rundete ein eingraviertes Versprechen aus Friedrich Schillers *Wilhelm Tell* ab: »Wenn wir das Land befreit, dann legen wir den frischen Kranz des Siegs auf eure Bahre.« Ein Senior der Aktivitas der Normannia nahm für die Studenten feierlich die Gedenktafel entgegen und erklärte, dass dieser Spruch für sie alle Verpflichtung sei. Daraufhin begann der Universitätsprofessor und Alte Herr, Karl Müller, mit der Gedächtnisrede. »Es war wohlgetan, daß auf der Tafel, die nun vor Ihnen allen steht, auch die Opfer des Kriegs von 1870/71 mitgezählt sind. Sie gehören zusammen, die, die mit ihrem Tode des Reiches Einheit und Macht haben erstreiten helfen, und die, die ihr Leben hingegeben haben, um das Errungene zu erhalten.« Inzwischen sei das Reich tot: »Was noch da ist, ist kein Reich, sondern das Schattendasein eines Volkes, das auch die nichtswürdigsten und zuchtlosesten Nachbarn verhöhnen, plündern und schänden dürfen.« Der Professor erklärte, dass die Zeit des entspannten Studentenlebens vorbei sei. Wer das nicht erkenne, versündige sich an seinem Volk. »Die eherne Zeit, die der Krieg über uns gebracht hat, dauert fort, und nur höchste Anspannung aller sittlichen Kraft kann hindurchretten.«[114] Hier wird deutlich, was nicht nur für die Freikorps der Zeit nach 1918 eine Selbstverständlichkeit war: Der Krieg war im Bewusstsein der Nationalisten nicht zu Ende, solange Deutschland nicht gewonnen hatte.[115] Die Umstände des Versailler Vertrags, mit den bei der Gedenkveranstaltung der Normannia wiederholt verteufelten Grenzverschiebungen in Ost und West, taten dazu ein Übriges, ohne dass die maximalen Kriegsziele der deutschen Regierung im Weltkrieg in diesen Äußerungen eine Rolle spielten.[116]

Der Alte Herr der Normannia hielt die Ideale des Deutschtums hoch, die es – seiner Auffassung nach – aus der Mitte der Völker heraushoben. Es bedürfe einer Erneuerung der echten, in der Geschichte des Volkes leuchtenden Kräfte: »Idealismus des Denkens und der Tat, Fleiß und Arbeitsfreudigkeit, Treue und Pflichtgefühl, Wahrhaftigkeit und Mannesmut, statt der steten Frage nach dem eigenen vermeintlichen Recht vielmehr in erster Linie die nach der Pflicht«; kurzum gehe es darum, sich »nur [zu] beugen vor dem Echten, dem wahrhaft Großen, dem Ewigen und vor allem dem Größten, Gott selbst«. Das Lob dieses bürgerlich-nationalistischen Tugendkanons verband der Redner mit der Verdammung einer weiteren Versailler »Demütigung«. Das Verbot der Wehrpflicht bringe zum einen die »Schmach der Wehrlosigkeit« gegen die

114 Ebd., S. 4-8.
115 Klaus Theweleit: Männerphantasien, 2 Bde., Bd. 2, Reinbek bei Hamburg 1980, S. 349 f.
116 Remarque: Obelisk, S. 181 f.; Hans-Ulrich Wehler: Deutsche Gesellschaftsgeschichte, 5 Bde., Bd. 4, Bonn 2010, S. 26-38. Grundlegend zu den deutschen Kriegszielen: Fritz Fischer: Griff nach der Weltmacht. Die Kriegszielpolitik des kaiserlichen Deutschland 1914/1918, Düsseldorf 1961.

Feinde im Westen und im Osten, zum anderen werde damit das Ziel verfolgt, das deutsche Volk klein und »unmännlich« zu machen. »Man hat uns diese wundervolle Schule der Führer [...] geraubt, [...] [a]ber dafür soll unsere Jugend sich um so mehr in freiwilliger Uebung seelisch und körperlich stählen und sich von unseren Toten ebenso wie von den Lebenden erzählen lassen, was deutsche Kraft und deutsche Waffen auf den ungeheuren Kampffeldern geleistet und erduldet, was Wille, Zucht und Pflichttreue vermocht haben.«[117] Damit war selbstredend das sich ausbreitende Wehrsport- und Wehrübungswesen gemeint, das sich in den Jahren nach 1921 noch deutlich steigerte. Mit den gleichen Argumenten wurde um 1930 noch eine weitere »gemeinschaftsbildende« Maßnahme populär: der teils freiwillige, teils auch als Verpflichtung geforderte Arbeitsdienst.

Im Sommer 1931 beteiligte sich die Verbindung Normannia an einem freiwilligen Arbeitslager, das je zur Hälfte aus Arbeitslosen und Studenten bestand. Der Bericht eines Jungburschen drückt die Erfahrung des Arbeitsdiensts aus der Sicht der Akademiker aus und betont auch spezifische Vorstellungen einer völkischen Gemeinschaft, wie sie im Diskurs der Weimarer Zeit allgemein eine herausragende Rolle spielten:[118] »Die Generation vor uns durfte noch zum Militär und lebte so mit anderen Ständen längere Zeit zusammen, wenn auch vielleicht in etwas anderer Weise und unter anderen Gesichtspunkten als beim Arbeitsdienst; aber auch er ist eine Gelegenheit, bei der alle Stände ein und derselben Sache dienen. Möge bald die Zeit kommen, in der jeder Student eine Zeitlang freiwilligen Arbeitsdienst zu leisten hat! Er würde nicht nur dem Vaterland, dem er viel verdankt, ein freiwilliges Opfer bringen, sondern zugleich an seiner Persönlichkeit arbeiten und die Volksgenossen, über die er später gestellt wird, besser verstehen.«[119]

Die Arbeitsdienstlager im Jahr 1931 waren gemeinschaftlich von den Hochschulen Stuttgart und Tübingen organisiert worden. Ihr Ziel war zum einen, etwas gegen die zunehmende Arbeitslosigkeit zu unternehmen, zum anderen sollten sie aber auch dazu dienen, »die Arbeitslust« der Erwerbslosen »durch das Beispiel des gebildeten Menschen« neu zu beleben.[120]

Der Führer des württembergischen Stahlhelms, Georg von Neufville, nahm eine Vorreiterrolle in der Diskussion über Arbeitsdienste ein. Im Dezember

117 Enthüllung der Gedenktafel, in: Normannen-Blätter, Nr. 1, März 1925, S. 8.

118 Michael Wildt: Die Ungleichheit des Volkes. »Volksgemeinschaft« in der politischen Kommunikation der Weimarer Republik, in: Ders., Bajohr (Hrsg.): Volksgemeinschaft, S. 24-40.

119 Zur Frage des freiwilligen Arbeitsdienstes der Akademiker; Der freiwillige Arbeitsdienst und wie er aussah, beide Artikel in: Normannen-Blätter, Nr. 21, Januar 1932, S. 334-338.

120 Ebd.

1930 verfasste er ein Memorandum über eine – seiner Auffassung nach ge-
botene – Einführung einer Jugendarbeitsdienstpflicht. Die Anregung wurde
vielseitig aufgenommen, breit diskutiert und fand viele Anhänger.[121]

Die Debatten über einen freiwilligen Arbeitsdienst auf der einen Seite und
einen verpflichtenden auf der anderen gingen in den folgenden Jahren fließend
ineinander über. In einer Stellungnahme zum freiwilligen Arbeitsdienst erklärte
die Normannia, man sehe darin den »Versuch der Verwirklichung einer wahren Volksgemeinschaft«. Die Erfahrungen, die im freiwilligen Arbeitsdienst
gemacht würden, könnten für die Frage des »Pflichtarbeitsdienstjahres« von
besonderem Wert sein. Die Normannia sehe in der Dienstpflicht einen Ersatz
für die Wehrpflicht und trete »auf Grund dieser grundsätzlichen Erwägungen
[...] für den Arbeitsdienst ein, wiewohl wir uns über die volkswirtschaftliche
Seite der Sache kein Urteil bilden können«.[122] Von Neufville unterschied zwischen Arbeitsdienstpflicht aufgrund wirtschaftlicher Not, Dienstpflicht mit
hauptsächlich »erzieherischem Charakter« und freiwilligem Arbeitsdienst.[123]
Die Arbeitsdienstpflichtinitiative des Stahlhelms zielte nicht nur der Form,
sondern auch der Sache nach auf einen Ersatz für die verbotene Wehrpflicht.
Die Arbeitsvorhaben sollten der Landesverteidigung dienen.[124] Von Neufville
verknüpfte die Ideen zur Arbeitsdienstpflicht mit schon existierenden Arbeits-
dienstprojekten auf Artamanengütern in Nord- und Mitteldeutschland. Der
Gedanke der »Siedlung« sollte dabei eine besondere Rolle spielen und eine
Beschäftigung »ausländischer Arbeiter in deutschen Betrieben unter allen Umständen unterbunden« werden.[125] Es kann daher nicht überraschen, dass in
den tendenziell völkisch orientierten Jugendorganisationen eine Vermischung
zwischen Arbeitsdienst, auch dem freiwilligen, und sogenannter Grenzlandarbeit stattfand. Es wurden Arbeitslager in den Grenzregionen, vor allem des
Ostens, organisiert, bei denen explizit die Stärkung des Deutschtums gegen
eine Bedrängung durch fremde Kulturarbeit in den Vordergrund gestellt

---

121 Berghahn: Stahlhelm, S. 232 f.

122 Zur Frage des freiwilligen Arbeitsdienstes der Akademiker, in: Normannen-Blätter,
     Nr. 21, Januar 1932, S. 334 f.

123 Im März 1931 veröffentlichte der württembergische Stahlhelm von Neufvilles Ideen
     aus dem Dezember des Vorjahres, nachdem es in Stuttgart auf Initiative des Stahl-
     helms zu einem Treffen und zur Gründung eines Ausschusses mit Jugendverbänden
     und Personen des öffentlichen Lebens gekommen war: Denkschrift des Stahlhelm
     LV Baden-Württemberg zur Frage der Arbeitsdienstpflicht für Jugendliche, 10.3.1931,
     BArch, R 72/192, Bd. 2.

124 Wolfgang Benz: Vom freiwilligen Arbeitsdienst zur Arbeitsdienstpflicht, in: Viertel-
     jahrshefte für Zeitgeschichte, 16 (1968), H. 4, S. 317-346, hier: S. 317.

125 Denkschrift des Stahlhelm LV Baden-Württemberg zur Frage der Arbeitsdienst-
     pflicht für Jugendliche, 10.3.1931, BArch, R 72/192, Bd. 2. Der Artamanen-Bewe-
     gung gehörte auch der spätere Reichsführer-SS Heinrich Himmler an, s. Peter Lon-
     gerich: Heinrich Himmler. Biographie, München 2010, S. 109 f.

wurde. Die Regierung Brüning griff das Konzept des freiwilligen Arbeitsdienstes auf und erließ in den Jahren 1931 und 1932 mehrere Verordnungen hierzu. Von Regierungsseite sollte er allerdings in erster Linie zur Bekämpfung der Arbeitslosigkeit im Reich dienen.[126] Von Neufville erkannte neben der Artamanenbewegung zwar die freiwilligen Arbeitsdienste der Jugend- und Wandervogelbewegung (die unter völlig anderen Voraussetzungen stattfanden) als Vorläufer an, der Stahlhelm aber strebte die Bekämpfung eines angeblichen »Mangel[s] an Gemeingeist, Verantwortungsgefühl und Opfersinn« an, »dessen Ursprung«, so von Neufville, »in erster Linie in der Zerstörung staatlicher, kirchlicher und familiärer Autorität zu suchen ist und der auch das Gefühl der Volksverbundenheit, Heimat und Bodenständigkeit immer mehr schwinden läßt. Die Folge muß eine Lockerung des Gefühls der Unter- und Einordnung sein, um so mehr, als der natürliche Ausgleich der allgemeinen Wehrpflicht fehlt.«[127]

Gemeinsam mit dem organisierten Wehrsport gehörten der freiwillige Arbeitsdienst und die Grenzlandarbeit in den Bereich von Aktivitäten, denen sich Jugendliche und junge Männer während der Weimarer Republik in Freizeitlagern widmeten. Diese Aktivitäten wurden nach der Machtübernahme der Nationalsozialisten merklich gesteigert, hatten ihren Ursprung aber deutlich früher. Im Sommersemester 1933 war die gesamte Aktivitas der Normannia Mitglied der SA oder des Stahlhelms. Wehrsport wurde an der Universität nun pflichtmäßig eingeführt. »In den Ferien gehen die meisten der Bundesbrüder in ein Arbeits- oder Wehrsportlager, um die Theorie durch die Praxis zu ergänzen«, schrieb der Archivwart der Normannia im Semesterbericht der Aktivitas.[128]

Für ein besseres Verständnis der offenbar besonderen Bedeutung dieser drei Aktionsfelder jugendlicher Sozialisation in deutschnationalen Kreisen der Weimarer Republik – Wehrsport, Arbeitsdienst und Grenzlandarbeit –, die auch Gmelins zentralen Erfahrungshorizont bildeten, müssen die zugrundeliegenden spezifischen Vorstellungen von völkischer Gemeinschaft genauer untersucht werden. Wie der Bericht des Normannen nach dem Arbeitslager 1931 nahelegt, ging es bei dem Begriff der »Volksgemeinschaft«, der in der Öffentlichkeit der Weimarer Republik omnipräsent war, nicht um ein Konzept sozialer Egalität. Im Januar 1931 erschien in den *Normannen-Blättern* ein Auszug aus einer Ansprache des Professors Paul Althaus in Erlangen, der abgedruckt wurde, weil es sich um »bedeutsame Ausführungen« handle, so die Herausgeber: »Die deutsche Studentenschaft hat sich in unseren Jahren immer

126 Wildt: Generation, S. 131-137; Benz: Arbeitsdienst, S. 317.
127 Denkschrift des Stahlhelm LV Baden-Württemberg zur Frage der Arbeitsdienstpflicht für Jugendliche, 10.3.1931, BArch, R 72/192, Bd. 2.
128 Bericht der aktiven Normannen über das S. S. 1933, in: Normannen-Blätter, 2. Folge, Nr. 1, September 1933, S. 1 f.

stärker auf die völkische Verpflichtung besonnen. Die völkische Verpflichtung aber ist heute zuerst eine soziale Verpflichtung.« Die Forderung nach einem »sozialen Gewissen« der Akademiker gegenüber der Arbeiterschaft zielte hier nicht auf eine Veränderung des sozialen Gefüges, sondern auf eine völkische Abwandlung des Spruchs »Adel verpflichtet!«. Die studentische Freiheit solle zur »Rüstung zum Dienst am ganzen Volke«, zum »Bewußtsein gliedhafter Verantwortung für Geistigkeit und Geschick unseres Volkes« geführt werden. »Trägheit und Banausentum in unserem Studium sind auch soziale Schuld! [...] Die Zeit für das akademische Herrentum alten Stiles ist dahin. Heute gilt nur noch ein Herrentum in dem adligen Sinne, das sich als erster Diener am Volke weiß, ritterliches Herrentum.«[129]

Die Verwendung von Begriffen wie »Adligkeit«, »Ritter-« und »Herrentum« zeigt deutlich die nach wie vor zentrale Orientierung auf eine ständische oder vergleichbar »gegliederte« Gemeinschaft. Die aristokratischen Begriffe dürften um 1930, zum Zeitpunkt dieser Ansprache, allerdings eher als Metapher für ein nach einem Ranggefüge organisiertes Gemeinwesen zu verstehen sein. Noch deutlich wörtlicher gemeint war die Einlassung des Alten Herrn der Normannia, Karl Müller, bei der Einweihung der Gedenktafel für die Weltkriegstoten im Normannenhaus 1921. Er hatte damals bereits ganz ähnlich die Beseitigung des Trennenden zwischen den Schichten des Volkes gefordert. Professor Müller verkündete, dass das Studium nun, nach der Erfahrung des Krieges und der Niederlage, nicht mehr eine trennende Schranke gegen andere bilden dürfe. Es solle »vielmehr gerade dazu helfen, den Weg zu den anderen Schichten zu finden, die an unserem geistigen Erbe nicht teilnehmen können. Es soll dazu helfen, daß aus den zwei Völkern, die nach einem treffenden Ausdruck sich in unserem Volk gebildet hatten und einander nicht mehr verstanden, wirklich ein Volk werde, damit der Wurm, der unsere Kraft zerfressen hat, endlich sterbe und die Bahn frei werde für ein einiges Volk, das nur sich selbst als Ganzes will.«[130]

Die Frage, wer oder was mit dem »Wurm«, der die Kraft des Volkes zerfressen haben soll, gemeint war, wurde zeitgenössisch mit dem Hinweis auf Juden, Kommunisten oder sonstige »fremdvölkische« Kräfte, wahlweise auch aus dem Ausland, beantwortet. Die beschworene Klassen- oder Ständeeinheit in diesen Aussagen war unzweifelhaft neu im Milieu der studentischen Verbindungen, die sich seit Generationen als kommende gesellschaftliche Elite betrachteten. Die Betonung der »Einheit aller Stände« wurde erst nach dem Ersten Weltkrieg zu einem dominierenden Selbstanspruch in studentischen Verbindungen. Zugleich erklärte der Alte Herr: »Es darf nicht sein, daß die Demokratie, in deren

---

129 Professor Paul Althaus: Die soziale Verpflichtung des Studenten, in: Normannen-Blätter, Nr. 18, Januar 1931, S. 269 ff.
130 Enthüllung der Gedenktafel, in: Normannen-Blätter, Nr. 1, März 1925, S. 7 f.

Zeichen wir jetzt stehen, jene wahrhafte Aristokratie erdrücke, den Adel der großen Männer, die aus ihrem Volk etwas gemacht haben.«[131] Hier wird deutlich, dass die Forderung nach Überwindung der Standesgrenzen und Klassenunterschiede durchaus auch mit Vorstellungen von (neuer) Adligkeit zusammengehen konnte.[132] Die Formel »Volksgemeinschaft« war in der Weimarer Zeit quer durch fast alle Parteien und viele Verbände gebräuchlich und wurde durchaus unterschiedlich gefüllt. In Müllers Entwurf einer »Volksgemeinschaft« ging es eindeutig um die Aufrechterhaltung oder Wiederherstellung einer nach Klassen oder Ständen gegliederten Gesellschaft bei gleichzeitiger Zurückstellung der Unterschiede zugunsten des Dienstes am Gemeinwesen, dem völkisch konzipierten Vaterland. Die Gemeinsamkeit, die die Klassengrenzen transzendieren sollte, bildeten die Topoi der gemeinsamen Abstammung, der völkischen Tradition sowie des Sprach- und Siedlungsraums. Um die Rückstellung der Unterschiede zu gewährleisten, sollte die akademische Jugend von dekadenter Lebensführung und Arroganz gegenüber den arbeitenden Schichten absehen und die Arbeiterschaft ein Bewusstsein für ihren vermeintlich natürlichen Platz in der Gemeinschaft ausprägen. Die Forderung nach »Volksgemeinschaft« bedeutete nicht, dass alle Bürger sozial gleichgestellt sein sollten, vielmehr sollten sie ein Verständnis für die Unterschiedlichkeit ihrer Lebenssituation entwickeln. Die Stoßrichtung dieser Gemeinschaftsauffassung ist eindeutig. Sie wandte sich gegen alle Vorstellungen des Marxismus, der die sozialen Unterschiede in den nationalen Gesellschaften Europas mit der Klassenkampfrhetorik geradezu betonte und damit aus der Sicht der Völkischen die Zerrissenheit des Vaterlands steigerte und es somit weiter schwächte. Es sollte nicht der Fehler unterlaufen, den vermeintlichen Widerspruch zwischen klassenübergreifender Rhetorik und akademisch-bürgerlichem Statusanspruch als Ausdruck eines rein stilistischen oder vorgeschobenen propagandistischen Elements anzusehen. Soziale Gleichheitsvorstellungen konnten durchaus auch mit der Herstellung von Ungleichheit einhergehen. Das skizzierte, paradox anmutende Konglomerat aus stände- und klassenübergreifenden Ambitionen bei gleichzeitiger Betonung natürlicher Statusunterschiede und Rechtfertigung des elitären Herrschaftsanspruchs ist also in veritablen Teilen des völkischen Denkens der Weimarer Zeit nicht als Widerspruch, sondern als ambivalentes Idealbild zu verstehen.[133]

131 Ebd., S. 8.
132 Stephan Malinowski: Vom König zum Führer. Deutscher Adel und Nationalsozialismus, 3. Aufl., Frankfurt am Main 2010 (zuerst 2001), S. 293-320, 549-552.
133 Vgl. Wildt: Ungleichheit, besonders S. 26, 34 f.; s. auch Levsen: Elite, S. 180 ff., 201-205; Frank Bajohr: Dynamik und Disparität. Die nationalsozialistische Rüstungsmobilisierung und die »Volksgemeinschaft«, in: Ders., Wildt (Hrsg.): Volksgemeinschaft, S. 78-93, hier: S. 90 f.

Ein hauptsächlicher Grund, warum die Orientierung auf Überwindung von Standesgrenzen in der völkischen Gemeinschaft nach 1918 in Deutschland um sich griff, ist in der Wahrnehmung des Ersten Weltkriegs als Heldenstück und in der mythischen Verklärung einer »Frontgemeinschaft« im Schützengraben zu suchen. In der Erfahrung der Soldaten habe diese alle Gesellschaftsschichten für die gemeinsame Sache zusammengebracht. Dieser Mythos wurde ab 1918 auf das zivile Leben übertragen.[134] Gerade die Studenten, die seit Generationen als »Waffenträger« und Verteidiger der Nationalidee betrachtet wurden, sollten nun das Bewusstsein erlangen, die Würde des Vaterlands wieder herstellen zu müssen. Dazu sollten sie an erster Stelle Disziplin üben und ihren eigenen Elitedünkel zugunsten der völkischen Gemeinschaft, die es gegen die inneren und äußeren Feinde des Volkes zu bilden galt, zurückstellen. In einer Affirmation des Nationalsozialismus sagte ein Bundesbruder der Normannia im Jahr 1936, dass die Stärke des nationalsozialistischen Projekts in der »Erfassung des Volksganzen« bestehe, während die Stärke der Normannia von jeher darin gelegen habe und noch immer liege, »daß sie im Volksganzen stand und daß sie ihre Wurzeln hauptsächlich in den Boden schwäbischen Bürgertums schlug, wo der Begriff der Volksgemeinschaft so alt ist wie das Schwabenvolk selbst. Frei von Standesdünkel haben wir uns immer nur als gleichberechtigte Volksgenossen betrachtet.«[135]

Richtig an dieser Darstellung ist, dass die Verbindung Normannia ihre Mitglieder schon immer maßgeblich aus dem schwäbischen Bürgertum rekrutierte. An dieser Stelle ist auf einige historische Besonderheiten dieser Region einzugehen. Die württembergische Innenverwaltung wies eine ausgesprochene personelle Homogenität bis weit ins 20. Jahrhundert auf. Gleiches traf auch auf die regionale Geistlichkeit und Justiz zu. Staatsbeamtenschaft und protestantische Geistlichkeit lagen in Württemberg seit Jahrhunderten in den Händen einiger weniger Familien, die den Titel »Ehrbarkeit« führten.[136] Die Ehrbarkeit war eine Herrschaftselite, die ihren besonderen Status im Zusammenhang mit der Niederschlagung von Bauernaufständen im 16. Jahrhundert erhielt. Das Besondere an dieser Elite war, dass sie sich nicht durch adlige Abstammung, sondern durch ihre Amtstätigkeit abgrenzte. Es handelte sich um jene Bürger, auf die sich die Obrigkeit bei der Bekämpfung der Unruhen verlassen konnte. Diese Amtsträgerschicht verband sich im 18. Jahrhundert mit der akademischen und wirtschaftlichen Oberschicht des Landstriches zu einer festen bürgerlichen

---

134 Vgl. Thomas Kühne: Kameradschaft. Die Soldaten des nationalsozialistischen Krieges und das 20. Jahrhundert, Göttingen 2006, S. 27-67.

135 Ansprache des Bundesleiters auf dem Bundesfest-Kommers 1936, in: Normannen-Blätter, 2. Folge, Nr. 10, Oktober 1936, S. 211 ff., hier: S. 212 f.

136 Ruck: Korpsgeist, S. 30-34, 39-49. Ich danke Udo Rauch, Stadtarchiv Tübingen, für wichtige Hinweise zu diesem Thema.

Elite. Dazu zählten neben Bürgermeistern, Richtern, Amts- und Kirchenleuten auch Professoren. Die Tübinger Professorenfamilie Gmelin gehörte spätestens seit dieser Zeit zur Ehrbarkeit und damit zu den wichtigsten Familien in Stadt und Land. Sie hatte gemeinsam mit wenigen anderen Familien der Ehrbarkeit eine Mehrheit im Senat und konnte die Geschicke der Hochschule Tübingen bestimmen.[137] Das Evangelische Stift entwickelte sich seit dem 16. Jahrhundert zur »Kaderschmiede« der Ehrbarkeit. Die Söhne der Familien, die zur Ehrbarkeit gehörten, erhielten ihre Ausbildung am Stift und wurden Mitglieder in einer der regional orientierten Stiftsverbindungen. Nach ihrer Ausbildung blieben sie in der Region und stellten die protestantische Geistlichkeit und die Beamtenschaft.[138] Der typische württembergische Verwaltungsangehörige wies gegen Ende der Weimarer Republik zentrale Ähnlichkeiten mit seinem Kollegen in Preußen auf. Er war männlich, Akademiker, in der Regel konservativ, überwiegend protestantisch, Korporierter, Reserveoffizier und formbewusster Gesellschafter: »Die soziale Kooptationskraft der württembergischen Ehrbarkeit war stark genug, um die ›ständische Geschlossenheit‹ der heimatlichen Verwaltung allen Veränderungen im politischen System zum Trotz aufrecht zu erhalten. In ihrer regionalen, sozialen und mentalen Homogenität könnte die württembergische Bürokratie – auch noch die der späten 1920er Jahre – als Schulbeispiel für den modernen Topos ›Verwaltung als selbstreferentielles System‹ dienen. Der oft beschworene Korpsgeist der württembergischen Verwaltung war keineswegs bloße Ideologie – er blieb eine gesellschaftliche Tatsache, welche das (Selbst-)Bewußtsein und die Verhaltensdispositionen der administrativen Elite ungeachtet der allfälligen Rivalitäten untereinander nachhaltig prägte.«[139]

Oskar Gmelin und auch sein Sohn Hans entsprachen dieser Beschreibung des württembergischen Beamten bis ins Detail. Schaut man sich die akademische Laufbahn anderer Studenten der 1930er Jahre an, so ist es erstaunlich, dass Hans Gmelin ausschließlich in Tübingen studierte – sieht man von zwei Semestern Studienaufenthalt an der Ludwig-Maximilians-Universität in München ab. Viele Akademiker dieser Generation, etwa eine große Anzahl der späteren Angehörigen des Führungskorps im Reichssicherheitshauptamt (RSHA), wechselten mehrfach zwischen zahlreichen Universitäten im Reich. Für einen Einstieg in die regionale Beamtenschaft in Württemberg war jedoch eine juristische Ausbildung an der Universität Tübingen Voraussetzung. Zu

137 Gabriele Haug-Moritz: Die württembergische Ehrbarkeit. Annäherungen an eine bürgerliche Machtelite der Frühen Neuzeit, Ostfildern 2009, S. 2, 42 f.; Otto K. Deutelmoser: Die Ehrbarkeit und andere württembergische Eliten, Stuttgart, Leipzig 2010, S. 19 ff., 164 f.
138 Ruck: Korpsgeist, S. 47.
139 Ebd., S. 30-34, 39-49, hier: S. 58.

dieser ausschließenden Bedingung kam noch eine ausgesprochene Orientierung auf die Abstammung der Beamten hinzu. Dabei spielte, anders als in Preußen, nicht die aristokratische Herkunft eine Rolle, sondern der »Vaterberuf«. Söhne von Beamten aus der württembergischen Verwaltung und Justiz wurden vor anderen Bewerbern grundsätzlich bevorzugt. Hans Gmelin machte bei seiner Bewerbung bei der Stuttgarter Generalstaatsanwaltschaft um die Übernahme in den Probedienst als Richter beziehungsweise Staatsanwalt 1937 darauf aufmerksam, dass »folgende Richter« mit ihm verwandt seien, und zählte seinen Vater, den Amtsgerichtsdirektor in Tübingen Oskar Gmelin, und seinen Onkel Wilhelm Gauger, Landgerichtsrat in Stuttgart, auf. Auch sein Großvater väterlicherseits war Landgerichtsrat, vermutlich in Tübingen. Der Großvater mütterlicherseits war Landrat im württembergischen Kirchheim unter Teck.[140] Solche Beziehungen erwiesen sich als besonders vorteilhaft. Hinzu kamen für die Mitglieder der regional dominierten Korporationen wie der Normannia die Kontakte zu den Bürgern der Stadt. Die Studenten gehörten wie die Richter, Beamten und Angehörigen der freien Berufe, beispielsweise Ärzte und Anwälte, der führenden städtischen Bildungsschicht an. Als Akademiker kannten Letztere die typischen Umgangsformen der korporierten Studenten. Im Jahr 1900 hatte die Normannia über 20 in der Stadt ansässige Alte Herren, 1914 waren es bereits 31. Amtsgerichtsdirektor Oskar Gmelin war besonders aktiv für die Normannia. Er übte im Jahr 1933 – als seine beiden Söhne zur Aktivitas gehörten – die Funktion des »Hauswarts« aus.[141]

Oskar Gmelin stammte nicht direkt von den alteingesessenen Tübinger Gmelins ab, sondern gehörte zu den Nachkommen der Stuttgarter Linie der weitverzweigten Familie. Sowohl in dynastischer Hinsicht als auch in der politischen Orientierung erfüllte er das Idealbild des württembergischen Beamten. Für die Beamtenschaft des Kaiserreichs gehörte es zum unausgesprochenen Kodex, sich nach außen nicht politisch zu positionieren. Das galt zumindest für jede parteipolitische Aktivität. Ihrem Selbstverständnis nach sah sich die Verwaltung ausschließlich dem Monarchen und dem Gemeinwohl verpflichtet und empfand sich damit als über den Parteien stehend. Auch die Normannia hatte früh beschlossen, sich nicht auf das Programm einer Partei festlegen zu lassen. Das traf allerdings nicht auf die Verpflichtung zu, »einen gesunden und

140 Wildt: Generation, beispielsweise S. 92 f., 98, 180, 515 f.; Ruck: Korpsgeist, S. 32, 39 f.; Archiv LMU München, Studentenkartei I (Gmelin, Hans); Assessor Gmelin an Generalstaatsanwalt in Stuttgart, 9.12.1937, PA AA, Personalakten 4.500 (Hans Gmelin); Fragebogen, 9.12.1937, BArch, R 3001/57470, Bl. 19 (ehem. BDC), Personalakte RJM (Hans Gmelin, Bd. 1).

141 Biastoch: Studenten, S. 175; 30. ordentliche Mitgliederversammlung des Altenvereins und Altentag am 13. September 1933, in: Normannen-Blätter, 2. Folge, Nr. 1, September 1933, S. 5 f.

kräftigen Patriotismus in Gesinnung und Tat zu pflegen«.[142] Für die Beamtenschaft änderte sich diese Selbstverpflichtung nach 1918 grundsätzlich nicht,
wenn auch deren Bedeutung nachhaltig verschoben wurde. Die Beamtenschaft
des Kaiserreichs stand der Weimarer Parteiendemokratie ebenso fern wie die
nachwachsende »Kriegsjugendgeneration«.[143]

Die Mehrheit der württembergischen Innenverwaltung war in den späten
1920er Jahren Mitglied der Deutschnationalen Volkspartei, die Minderheit
gehörte der rechtsdemokratischen Deutschen Volkspartei an. Ausnahmen von
dieser Regel gab es nur wenige. In der Justiz dürfte es ähnlich ausgesehen haben.
Oskar Gmelin war DNVP-Mitglied, protestantisch, hatte seine Ausbildung in
Tübingen genossen, war Korporierter einer der württembergisch dominierten
Verbindungen und Abkömmling einer Familie der württembergischen Ehrbarkeit. Sein Sohn Hans machte sich mit Beginn seines Jurastudiums in Tübingen
1930 daran, diese Tradition fortzuführen.[144]

Das skizzierte Standes- und Elitebewusstsein der württembergischen Beamtenschaft deutet darauf hin, dass die Angabe des Normannen von 1936, das
schwäbische Bürgertum habe nie einen Standesdünkel gehegt, schlicht falsch
war. Die Zugehörigkeit zur Ehrbarkeit war mit diversen Privilegien nach oben
und Ausschlussmechanismen nach unten versehen. Wie bereits angemerkt,
muss das nicht zwangsläufig bedeuten, dass die Rede von der Tradition der
»Volksgemeinschaft« im schwäbischen Bürgertum völlig aus der Luft gegriffen
war. Denn es gab in der Tat eine wichtige Traditionslinie, in der die Begriffe
»Volk« und »Gemeinschaft« und ihre Verbindung mit Nationalismus in Württemberg eine wichtige Rolle spielten, und zwar handelte es sich dabei um eine
spezifische Entwicklung in der evangelischen Konfession. Der in Württemberg
besonders einflussreiche Pietismus bot gleich mehrere Anknüpfungspunkte für
völkische und nationalistische Bestrebungen.

Der Pietismus, der sich im 17. Jahrhundert als protestantische Gegenbewe-
gung zur Aufklärung herausbildete, beinhaltete die Vorstellung einer unmittelbaren, organischen Beziehung der Gläubigen zu Gott. Die Gemeinschaft der
Gläubigen bot einen Anknüpfungspunkt für die völkisch-mythischen Vorstellungen der Nationalbewegung des 19. Jahrhunderts. Trotz des gegenauf-
klärerischen Impetus gehört der Pietismus zu den modernen Bewegungen, die

142 Statuten der Normannia, ca. 1907, § 1, Archiv der Verbindung Normannia, zit. nach
    Biastoch: Studenten, S. 209.
143 Vgl. Peukert: Weimar Republic, S. 89-95.
144 W. Theodor Elwert: Gmelin, in: Neue Deutsche Biographie 6 (1964), S. 476 ff.,
    URL: http://www.deutsche-biographie.de/pnd118539914.html (letzter Zugriff:
    5.10.2016); Fragebogen über die arische Abstammung von Hans Gmelin, 1.4.1936,
    PA AA, Personalakten 4.497 (Hans Gmelin); Ruck: Korpsgeist, S. 49 f.; Fragebogen
    aus dem Entnazifizierungsverfahren Oskar Gmelins, 9.12.1946, StA Sigmaringen,
    Wü 13 T 2, 2089/130.

den Menschen in den Mittelpunkt stellten und von einem neuen Geschichts-
bewusstsein geprägt waren. Das unmittelbare Verhältnis zu Gott und die neu
erwachenden Endzeiterwartungen beförderten eine Identifikation der Nation
mit »Gottes Plan«, während die protestantische Insellage Württembergs im katholischen Süddeutschland die Identifikation mit dem preußischen Bismarck-
reich verstärkte. Die bereits angesprochene protestantische Beamtenschaft
Württembergs spielte in diesem Zusammenhang eine wichtige Rolle, denn in
der Ehrbarkeit war der Pietismus besonders verbreitet. Die Vorstellungen der
religiösen »Erweckung« im Pietismus verbanden sich untrennbar mit der nationalen »Erweckung« und schließlich mit den Kriegszielen des Kaiserreichs im
Ersten Weltkrieg. An diesen »Nationalprotestantismus« der protestantischen
Geistlichkeit konnte der Nationalsozialismus in der Weimarer Zeit schließlich
unmittelbar anknüpfen.[145] Gleichzeitig begünstigte der Pietismus mitunter
auch die Gegnerschaft gegen die nationalsozialistische Politik. Die Bedeutung
der Diakonie und des Dienstes am Menschen brachte Teile der pietistischen
Geistlichkeit in Gegensatz zur Eugenik und zum nationalsozialistischen Krankenmord, ihr Protest erreichte aber nie das Ausmaß des von katholischen Kreisen ausgehenden Widerspruchs.[146]

Die religiös intonierte Gemeinschaft der »Erweckten«, der Gleichgesinnten
im Glauben, hatte einen standesübergreifenden Anspruch, und innerhalb der
»Konventikel« schwächten sich im persönlichen Umgang die Standesgrenzen
auch tatsächlich ab. Das bedeutete aber keineswegs, dass die Stände vom Pietismus prinzipiell infrage gestellt wurden.[147] Damit bot die pietistische Gemein-
schaftsbewegung einen fruchtbaren Anknüpfungspunkt für den völkischen
Gemeinschaftssinn, wie er sich in der Rede des Alten Herrn bei der Einweihung

145 Friedhelm Groth: Die »Wiederbringung aller Dinge« im württembergischen Pietis-
mus. Theologische Studien zum eschatologischen Heilsuniversalismus württember-
gischer Pietisten des 18. Jahrhunderts, Göttingen 1984, S. 173 f.; George L. Mosse:
Geschichte des Rassismus in Europa, Frankfurt am Main 1990, S. 61 f.; Hartmut
Lehmann: Die neue Lage, in: Ders. u. a. (Hrsg.): Geschichte des Pietismus, 4 Bde.,
Bd. 3, Göttingen 2000, S. 2-25, hier: S. 15. Zur Bedeutung des Pietismus in der
Nationalbewegung s. vor allem Gerhard Kaiser: Pietismus und Patriotismus im Literarischen Deutschland. Ein Beitrag zum Problem der Säkularisation, Frankfurt am
Main 1973, besonders S. 85-108, 160-179, 245, 258. Zum Nationalprotestantismus
s. Clemens Vollnhals: Die Hypothek des Nationalprotestantismus. Entnazifizierung
und Strafverfolgung von NS-Verbrechen nach 1945, in: Geschichte und Gesellschaft, 18 (1992), H. 1, S. 51-69, hier: S. 51 ff. Zur Entwicklung in Württemberg
s. Ulmer: Antisemitismus, S. 74-92, 287-292.
146 Lehmann: Lage, S. 15 f.; Dirk Blasius: Psychiatrischer Alltag im Nationalsozialismus,
in: Detlev Peukert, Jürgen Reulecke (Hrsg.): Die Reihen fest geschlossen. Beiträge
zur Geschichte des Alltags unterm Nationalsozialismus, Wuppertal 1981, S. 367-380,
hier: S. 373 f.
147 Wolfgang Hardtwig: Genossenschaft, Sekte, Verein in Deutschland, Bd. 1, München 1997, S. 192 f.

der Gedenktafel im Normannenhaus zeigte. Statt Völkerverständigung, die
unter den bedrückenden Verhältnissen durch den Versailler Vertrag nur mit
Jämmerlichkeit gleichzusetzen sei, müsse es das Ziel der Deutschen sein, das
»Selbstgefühl unseres Volkes wieder *erwecken* und emporbringen« zu wollen.
Sie müssten daran erinnert werden, »wie es einst die größten Taten im Reich des
Geistes vollbracht, wie es erst durch seinen Luther und die Reformation sich
und der halben Welt die Freiheit im Verhältnis zu ihrem Gott errungen, dann
die Fesseln fremder Geistesmacht und eigener armseliger Enge zerbrochen und
in einer unerhörten Folge von Helden im Reich des Gedankens und der Dichtung eine neue Welt von einer Fülle und Weite, Kraft und Tiefe geschaffen hat,
wie es nur ganz wenigen Völkern in der Geschichte vergönnt war«.[148]

Bei der Wiedergabe der Gedenkrede in den *Normannen-Blättern* wurde
nicht erwähnt, dass der hier zitierte alte Normanne Karl Müller ein bekannter
Theologe und Kirchenhistoriker war. Sein unvollendetes Hauptwerk zur Kir-
chengeschichte reichte bis zum Kapitel über Pietismus und Aufklärung. Im
Jahr 1925 hielt er einen Vortrag über »die religiöse Erweckung in Württemberg
am Anfang des 19. Jahrhunderts«, die semantischen Überschneidungen mit
seiner Gedenkrede für die gefallenen Normannen werden also schwerlich ein
Zufall gewesen sein. In der mythisch verklärten Beschreibung des Opfersinns
und Heldentods der Normannen im Schützengraben wird das besonders deutlich. Müller lobte den »frommen Sinn«, der »in so mannigfacher Gestalt aus
den Briefen herausleuchtet: in dem einfachen Bewußtsein, in Gottes Hand zu
sein – in der Freude an dem Lied: ›In allen meinen Taten‹, das seinen rechten,
tiefen Sinn und Ernst erst bekomme, wenn man im Kugelregen liege und links
und rechts Kamerad um Kamerad hinsinke, oder an dem 23. Psalm: ›Der Herr
ist mein Hirte‹, den niemand bekennen könne, ohne jedes bißchen Angst zu
verlieren, – in dem Hochgefühl, durch diesen Krieg aller Menschenfurcht
entnommen worden zu sein und nur in aller Demut Gott zu fürchten, in dem
frohen Dank für wunderbare Errettung und daneben der Bitte an die Eltern:
›Ihr werdet nicht um mein irdisches Leben bitten, sondern darum, daß mich
Gott im Leben und Sterben nicht verlassen möge‹.«[149]

Besonders sticht schließlich die Orientierung auf die »Tat« hervor, die der
Pietismus mit der völkischen Bewegung der 1920er Jahre teilte. Die Glaubens-
praxis, vor allem in seelsorgerischen und missionarischen Tätigkeiten, aber
auch in der Predigt im kleinen Kreis, funktionierte im Pietismus immer als

---

148 Enthüllung der Gedenktafel, in: Normannen-Blätter, Nr. 1, März 1925, S. 8 (Her-
     vorhebung von N.K).
149 Margit Ksoll: s. v. Müller, Karl, in: Friedrich Wilhelm Bautz, Traugott Bautz (Hrsg.):
     Biographisch-Bibliographisches Kirchenlexikon, Bd. 6, Herzberg 1993, S. 294; Mi-
     chael Kannenberg: Verschleierte Uhrtafeln. Endzeiterwartungen im württember-
     gischen Pietismus zwischen 1818 und 1848, Göttingen 2007, S. 29.

Basisprozess auf Gemeindeebene. Die »Gemeinschaft der Gläubigen« stellte ihre Verbindung zum »Volksgeist« über die Sprache her. Diese wurde in der pietistischen Predigt volkstümlich angereichert, während »fremde Einflüsse« aus ihr getilgt wurden. Unter dem pietistischen Einfluss wurde die Sprache zur »Nationalseele« umgedeutet. Dieser Prozess, der im Kleinen, in den Gebetszirkeln, entstand, hatte nachhaltige Auswirkungen auf die Überzeugungskraft und die Persistenz von gemeinschaftlich geteilten Auffassungen und Erfahrungen. Es sollte daher nicht verwundern, dass in den bevorstehenden nationalistischen Auseinandersetzungen und rassistischen Ausschlusspraktiken des 20. Jahrhunderts die »Sprachgrenze« eine wiederkehrende, zentrale Rolle spielte. Da der Pietismus dazu beitrug, Volk und Staat als Ordnungen Gottes aufzufassen, war es kein großer Schritt zu der Form von vaterländischem Opfersinn und gemeinschaftlichem Untertanengeist, die in der Schilderung der Normannen in den Schützengräben des Ersten Weltkriegs zutage trat.[150]

Nicht alle Konzepte völkischer Vergemeinschaftung, die um 1933 kursierten, ließen sich vollständig auf einen Nenner bringen. Die NSDAP und besonders die SA vertraten in den 1920er Jahren und der ersten Hälfte der 1930er Jahre ein eher revolutionär orientiertes Gesellschaftsprojekt, das eine Distanz zu den restaurativen Vorstellungen deutschnationaler und einiger völkischer Kreise aufwies. Die NS-Bewegung entwickelte jedoch eine erhebliche ideologische Integrationskraft und ging in weltanschaulichen Zusammenhängen mit einem erheblichen Maß an »Offenheit« einher. Mit dieser Offenheit wurde eine Spaltung der politischen Rechten verhindert, sie ermöglichte vielmehr eine breite Anschlussfähigkeit an verschiedene politische Lager.[151] Entscheidend für die Mobilisierungskapazität des Konzepts »Volksgemeinschaft« waren schließlich weniger spezifische theoretische Ausformulierungen eher aristokratisch-restaurativ oder revolutionär-nationalistisch eingestellter Kreise als das Bewusstsein, an einem gemeinschaftlichen Projekt auf völkischer Basis zu arbeiten. Für Hans Gmelin, der sich zu Beginn der Weimarer Zeit noch im Kindes- und Jugendalter befand, war es nicht allein die vergemeinschaftende Praxis in militaristischen Jugendorganisationen und Studentenverbindungen, die Einfluss auf seine persönliche Entwicklung hatte. Vergleichbare Bedeutung kam sozialisierenden Faktoren zu, die eng mit einer spezifischen bürgerlichen Tradition Württembergs zusammenhingen. In seiner Familie und dem städtischen bürgerlichen Milieu spielten akademische Umgangsformen, sozialer Status beziehungsweise Klassenzugehörigkeit, religiöse und geschlechtsspezifische

---

150 Vgl. Kaiser: Pietismus, S. 160, 188 ff.
151 Martin Broszat hat in diesem Zusammenhang auf die persönliche Bindungsfunktion des »Führers« aufmerksam gemacht. Broszat: Motivation, S. 400 ff. S. auch Raphael: Pluralities, S. 73-86. Zur Rolle der SA in diesem Zusammenhang s. Siemens: Stormtroopers, S. 57 f.

Vorstellungen und ein besonderes Verhältnis zum preußischen Nationalstaat eine ebenso wichtige Rolle wie die jüngere Erfahrung der Infragestellung dieser Werte durch Kriegsniederlage, Revolution und Gebietsabtretungen. In Gmelins Lebensbereich entsprach die Generationserfahrung der nach dem Ersten Weltkrieg sozialisierten »Kriegsjugendgeneration« bis ins Detail den Ansprüchen, die von der älteren kaisertreuen Generation an sie herangetragen wurden: die Demütigung der Nation hinwegzufegen und ein neues Reich auf völkischer Grundlage aufzubauen.

RECHT UND »RASSE«
Juristische Ausbildung und die Konstituierung
der NS-Herrschaft in Württemberg

Jurastudium um 1933 und Studentenvertretung der »nationalen Konzentration«

Am 24. Mai 1930 schrieb sich Hans Gmelin an der Eberhard-Karls-Universität Tübingen für das Studienfach Jura ein. Nach den ersten drei Semestern folgte ein zweisemestriger Studienaufenthalt in München an der Ludwig-Maximilians-Universität. Zum Wintersemester 1932/33 kehrte er zurück nach Tübingen, wo er im Mai 1934 das Referendarexamen mit der Note »2 b« bestand, die in den außerordentlich guten Bereich »lobenswert« fiel.[1] Das Studium selbst hatte sich in diesen turbulenten Zeiten noch nicht nachhaltig verändert. Zu größeren Umgestaltungen der Lehre im nationalsozialistischen Sinne kam es erst im Juli 1934 mit der neuen Juristenausbildungsordnung des Reichsjustizministeriums und im Januar 1935 mit der vom Reichserziehungsministerium zentral erlassenen Studienordnung für das Jurastudium.[2] In der Struktur der Tübinger Hochschule war es zu dieser Zeit aber bereits zu einiger Unruhe gekommen. Zwischen den neuen nationalsozialistischen »Bevollmächtigten« sowie radikalen Studenten auf der einen Seite und den alten akademischen Verantwortungsträgern auf der anderen war aus verschiedenen Anlässen ein Kompetenzgerangel entstanden, das schließlich im November 1933 durch den Beschluss des Kultministeriums zur Umwandlung der Universität Tübingen in eine »Führeruniversität« weitgehend autoritär befriedet wurde.[3]

---

1   Einschreiblisten Sommersemester 1930, UA Tübingen, 5/48, Bl. 437; Einschreiblisten WS 1932/33, UA Tübingen, 5/49, Bl. 559; Studentenakte Gmelin, Hans jur., UA Tübingen, 364/8011; Justizprüfung Frühjahr 1934, UA Tübingen, 521/275; Archiv LMU München, Studentenkartei I (Gmelin, Hans); OLG Stuttgart an RJM Berlin, 22.12.1937, PA AA, Personalakten 4.500 (Hans Gmelin).

2   Andrea Pientka: Juristenausbildung zur Zeit des Nationalsozialismus. Dargestellt am Beispiel der Universität Tübingen und des OLG-Bezirks Stuttgart (Diss.), Freiburg 1990, S. 41-48.

3   Adam: Hochschule, S. 48-55; Mario Daniels, Susanne Michl: Strukturwandel unter ideologischen Vorzeichen. Wissenschafts- und Personalpolitik an der Universität Tübingen 1933-1945, in: Wiesing u. a. (Hrsg.): Universität Tübingen, S. 13-73, hier: S. 52.

Der Übergang zum Nationalsozialismus an der Tübinger Hochschule verlief »beinahe geräuschlos«, was auf die »nationale« Orientierung einer großen Mehrheit der Professorenschaft zurückzuführen ist.[4] Eine studentische Arbeitsgruppe in den 1960er Jahren, in der auch der spätere Alltagshistoriker Alf Lüdtke maßgeblich mitwirkte, bezeichnete die Veränderungen an der Hochschule um 1932/33 mit Karl Dietrich Brachers Begriff der »Selbstgleichschaltung«. Sie sah in den untersuchten inneruniversitären Entwicklungen weniger einen Prozess, der von »außen« oder von »oben« auf die Universität eingewirkt hatte, als ein Handeln vor Ort, »auf den lokalen ›Kommandohöhen‹ wie anderswo«.[5]

Ein Beispiel für eine lokale Initiative, die als Vorbote der kommenden Gleichschaltung der Hochschule gelten kann, war die Forderung nach Entlassung des jüdischen Assistenten Josef Weinheber, der bei dem Professor für Nationalökonomie, Wilhelm Rieger, beschäftigt sei. Der neu gewählte AStA erhob sie im Februar 1933. Die Informationen, die dieser Forderung zugrunde lagen, waren sowohl falsch als auch nicht mehr aktuell: Weder war Josef Weinheber jemals regulärer Assistent an der wirtschaftswissenschaftlichen Abteilung gewesen, noch war er im Februar 1933 noch dort angestellt. Trotzdem rief die Forderung des AStA nach seiner Entlassung erhebliche Unruhe in der Hochschulöffentlichkeit hervor. Die grundsätzlich antisemitische Berufungs- und Personalpraxis der Tübinger Universität legt nahe, dass das Unbehagen an der Forderung sich nicht an deren Inhalt, sondern an deren Form entzündete. Die Fakultäten und Ordinarien waren nicht gewillt, den Studenten ein Mitspracherecht bei der akademischen Stellenbesetzung einzuräumen, die ihr alleiniges Vorrecht war.[6]

Die AStA-Wahl hatte am 24. Januar stattgefunden, sechs Tage vor der Ernennung Adolf Hitlers zum Reichskanzler. Bei einer – im Vergleich zu heutigen Hochschulwahlen – sehr hohen Wahlbeteiligung von 66 Prozent entfielen 40 Prozent der Stimmen auf den Nationalsozialistischen Deutschen Studentenbund, 16,5 und 17,5 Prozent auf die beiden konfessionellen Wahllisten und 21 Prozent auf den Nationalen Deutschen Studentenblock, eine Listenvereinigung der Stahlhelm-Hochschulgruppe mit dem Hochschulring Deutscher Art. Auf Platz zwei dieser Liste kandidierte Hans Gmelin, der einen Sitz im AStA errang.[7]

---

4   Adam: Hochschule, S. 207.
5   Alf Lüdtke: Die »Braune Uni«. Eine studentische Arbeitsgruppe zur »Selbstgleichschaltung« der Tübinger Universität im Nationalsozialismus, in: Wiesing u. a. (Hrsg.): Universität Tübingen, S. 1063-1068, hier: S. 1064.
6   Klaus-Rainer Brintzinger: Die Wirtschaftswissenschaftliche Abteilung im Nationalsozialismus, in: Wiesing u. a. (Hrsg.): Universität Tübingen, S. 199-237, hier: S. 209 f.
7   Presseamt des AStA, Ergebnis der AStA-Wahlen an der Universität Tübingen, 24.1.1933, UA Tübingen, 169/4; mit teilweise geringfügig abweichenden Zahlen Lüdtke: Elend, S. 104. Von den 28 gewählten Mitgliedern dieses AStA gehörten 24 einer Korporation

Ein Artikel des *Schwäbischen Tagblatts* vom 30. Januar 1983 gibt aus Anlass des 50. Jahrestags der »Machtergreifung« Einblick in das Geschehen auf lokaler Ebene an jenem Tag. Die im Jahr 1983 in der Öffentlichkeit und Geschichtswissenschaft ganz selbstverständliche welthistorische Bedeutung dieses Ereignisses kontrastierte, wie der Autor scharf beobachtete, mit einem lokalgeschichtlich betrachtet eher »unscheinbar-alltäglichen Montag«, an den sich im Übrigen kaum jemand zu erinnern schien. Zu den wenigen, die sich äußern wollten, zählte der Altoberbürgermeister Hans Gmelin. Er habe sich am 30. Januar 1933 mit einer Gruppe Jurastudenten auf einer Exkursion nach Ludwigsburg zur dortigen Strafanstalt befunden. Beim Abendessen habe man die Neuigkeiten aus Berlin gehört und die Regierung aus Nationalsozialisten, Deutschnationalen und Stahlhelm gefeiert. Als er am nächsten Morgen zur Vorlesung ging, habe er durch Zufall anhand eines Aushangs am Schwarzen Brett erfahren, dass er dem neuen AStA angehöre. Ungefragt habe ihn der AStA-Vorsitzende Gerhard Schumann vom NSDStB mit dem Sportamt betraut.[8] Im Protokoll der ersten Sitzung des AStA vom 7. Februar 1933, in dem alle Amtsinhaber und Vorsitzenden (meist einstimmig) gewählt wurden, ist davon nichts vermerkt, wohl aber, dass Gmelin in den Museumsausschuss und das Ehrenstrafgericht gewählt wurde. Es ist davon auszugehen, dass für diese Wahl eine Anwesenheit in der Sitzung erforderlich war. Nach den Ämterbesetzungen standen die ersten Anträge auf der Tagesordnung. Der Vorsitzende Schumann beantragte, dass der AStA beschließen möge, die Entlassung Josef Weinhebers zu fordern. Die *Tübinger Chronik* druckte am nächsten Tag den rassistisch motivierten Beschluss ab, der mit nur einer Enthaltung im AStA gefasst worden war. Der Antrag wurde mit »der heutigen Notlage des deutschen Volkes« begründet, die es als »untragbar« empfinden lassen müsse, »dass Juden Stellungen einnehmen, die nur deutschen Volksgenossen zukommen«.[9] Der NSDStB entsprach mit diesem Antrag seinem hochschulpolitischen Programm, das seit der Gründung der Tübinger Hochschulgruppe kursierte und in dem es hieß: »An deutschen Hochschulen dürfen nur Deutschblütige lehren.« Die Tätigkeit mancher Nichtdeutscher habe zwar wohl das ein oder andere wissenschaftlich Wertvolle hervorgebracht, aber »die geistige Beeinflussung durch unserem Volkstum

---

an. Neben Gmelin wurde noch ein weiterer Normanne in den AStA gewählt, der ein Mandat für den NSDStB errang. Mitgliederliste des Tübinger AStA für das S. S. 1933, UA Tübingen, 169/4.
8 Woran man sich in Tübingen nach 50 Jahren (nicht mehr) erinnert: Der Tag war ganz alltäglich, in: ST, 29.1.1983.
9 Das Sitzungsprotokoll ist im Universitätsarchiv nur noch als einseitiges Fragment erhalten; daher ist hier leider nicht feststellbar, wie die Abstimmung über den Antrag im Detail verlief. Protokoll der AStA-Sitzung, 7.2.1933, UA Tübingen, 169/4; Brintzinger: Wirtschaftswissenschaftliche Abteilung, S. 209 f.; Lüdtke: Elend, S. 106.

Fremde« sei »für die Erziehung der Studenten zum deutschen Manne viel zu gefährlich, als daß sie geduldet werden könnte«.[10]

Mit dem »Gesetz zur Wiederherstellung des Berufsbeamtentums« schuf die Regierung Hitler-Papen bald darauf die legale Grundlage für derlei antisemitische Forderungen. Das Gesetz wurde am 7. April erlassen und führte an vielen Hochschulen zu Entlassungen von Juden. Tübingen stand mit einer sehr niedrigen Entlassungsquote an letzter Stelle im Vergleich mit anderen Universitäten. Hier zeigte sich die Wirkung der jahrelangen antisemitischen Berufungspraxis. Die Universitätsleitung und die Mehrheit der Professoren waren sehr stolz auf dieses Alleinstellungsmerkmal der Tübinger Universität.[11] Während diese Anfang Februar noch ablehnend auf die Anmaßung der Studierenden, in wichtigen Angelegenheiten ein Wort mitreden zu wollen, reagiert hatte, räumte sie ihnen im Juli 1933 weitgehende Selbstverwaltungs- und Mitbestimmungsrechte gerade auch in der Frage der Stellenbesetzung ein. Vorausgegangen waren einige Auseinandersetzungen, in deren Zusammenhang auch nationalistische Dozenten von radikalen Studenten »volkstumsfeindlicher Bestrebungen« verdächtigt wurden. Die fortan geltenden Rechte der Studentenschaft bestanden selbstredend nicht in demokratischer Mitwirkung, sondern in Mitspracheregelungen für die »Führung« der Studentenschaft durch den NSDStB und den »Kommissar für die württembergische Studentenschaft«, den AStA-Vorsitzenden Schumann. Der AStA selbst verlor sehr schnell an Bedeutung. Schumann ernannte kurz nach seiner Berufung zum »Kommissar«, dessen Aufgabe die »Gleichschaltung der Studentenschaftsvertretungen« war, am 21. April 1933 seinen NSDStB-Kameraden Martin Sandberger zum »Führer der Tübinger Studentenschaft«, der seinerseits als eine seiner ersten Amtshandlungen die gewählten Fachschaften auflöste und Fachschaftsleiter bestimmte.[12] Hans Gmelin wurde am 20. Juni 1933 Mitglied des NSDStB und arbeitete im Folgenden zeitweise als Referent im Stab von Schumann, dem derzeitigen Landesführer des NSDStB in Württemberg. Dass Gmelin diese Funktion innehatte, ist als eindeutiger Hinweis darauf zu werten, dass die Enthaltung zu Schumanns antisemitischem AStA-Antrag nicht von ihm stammen konnte.[13]

10 NSDStB-Flugblatt »Was sind wir und was wollen wir?«, o. D., UA Tübingen, 117/
    1144, Nr. 5.
11 Adam: Hochschule, S. 36 ff.; Daniels, Michl: Strukturwandel, S. 61 f.; Lüdtke: Elend,
    S. 106 f., 113 f.
12 Württembergisches Kultministerium (Mergenthaler) an Akademisches Rektoramt,
    20.4.1933, UA Tübingen, 169/4; Adam: Hochschule, S. 46-55. Besonders zu Sand-
    berger s. Michael Wildt: Von der Universität ins Reichssicherheitshauptamt. Tübin-
    ger Exekutoren der »Endlösung«, in: Wiesing u. a. (Hrsg.): Universität Tübingen,
    S. 791-807, sowie ders.: Generation, S. 89-104, 170-173.
13 Personalfragebogen, 20.5.1939, BArch, SA 177, Hans Gmelin (ehem. BDC); Hand-
    schriftlicher Lebenslauf, 14.3.1934, PA AA, Personalakten 4.500 (Hans Gmelin).

Obwohl die antisemitische Initiative des Tübinger AStA Anfang Februar 1933 noch öffentlichkeitswirksam zurückgewiesen worden war und er für diese Überschreitung traditioneller akademischer Regeln Abbitte leisten musste, stellt die Tatsache, dass er sie unternahm, doch eine wichtige Zäsur dar. Die Entlassungsforderung des AStA ging dem »Gesetz zur Wiederherstellung des Berufsbeamtentums« um zwei Monate voraus, wurde also nachträglich inhaltlich legitimiert. Im Sommer folgte die formale Legitimierung, als die Universitätsleitung der nationalsozialistischen Führung der Studentenschaft Mitbestimmungsrechte einräumen musste. Die rassistische Politik des Nationalsozialismus ist trotz der Orientierung auf hierarchische Strukturen und Führergehorsam nicht nur eine vom Kopf der Bewegung in ihre Glieder hinein durchgesetzte Politik. Das Handeln von Individuen und Gruppen vor Ort ist für die Ausgestaltung des Rassismus von entscheidender Bedeutung gewesen. Nicht Befehle und gesetzliche Direktiven aus der Zentrale, sondern das Handeln in der Provinz bereitete den Boden für die nationalsozialistische Machtübernahme und die Implementierung der rassistischen neuen Ordnung der Gesellschaft. Die Regierung aus Nationalsozialisten und Deutschnationalen weckte bei ihren Anhängern in der Studentenschaft die Erwartung, dass nun gegen Juden vorgegangen werde und dass sie selbst gefragt seien, diese Schritte voranzutreiben. Hier wie in anderen Fällen wäre die lokale Mobilisierung allerdings wirkungslos geblieben, wenn ihr Vorgehen nicht nachträglich von oben legitimiert worden wäre. Zu der Einsicht, dass lokale Prozesse für die Entwicklung der nationalsozialistischen Ausgrenzungs-, Beraubungs- und Ermordungspolitik bedeutend waren, gelangte die historische Forschung auch in diversen weiteren Bereichen des Nationalsozialismus – sei es das Gebiet der Ghettoisierung und »Arisierung« oder das der Gewaltausbrüche –, in denen solche Prozesse in ganz ähnlicher Weise abgelaufen sind.[14]

Die Bedeutung des Handelns lokaler Akteure spiegelt sich zudem in der skizzierten starken Einbindung deutschnationaler Kräfte, wie des Stahlhelms, bei der Machtübernahme in Württemberg. Andernorts, wie beispielsweise in Braunschweig, stellte sich dieser Prozess ganz anders dar. Während sich das Verhältnis zwischen SA und Stahlhelm auf dem Weg zur Macht vor Ort in Braunschweig und Tübingen völlig unterschiedlich gestaltete – in Braunschweig behauptete die SA ihre Vormachtstellung gegenüber dem Stahlhelm, in Tübingen beziehungsweise Württemberg verbanden sich beide zu gemeinsamer Kraftan-

---

14 S. Wildt: Selbstermächtigung; Dieter Pohl: Nationalsozialistische Judenverfolgung in Ostgalizien 1941-1944. Organisation und Durchführung eines staatlichen Massenverbrechens, 2. Aufl., München 1997 (zuerst 1996), S. 174 f.; Benno Nietzel: Handeln und Überleben. Jüdische Unternehmer aus Frankfurt am Main 1924-1964, Göttingen 2012, S. 63, 80; Christian Gerlach: Der Mord an den europäischen Juden, München 2017, S. 75-87.

strengung –, war das Ergebnis doch überall dasselbe. Die NS-Bewegung hat selbst viel dazu beigetragen, damit die Machtübernahme und die Umgestaltung der Weimarer Republik in das »Dritte Reich« als einheitlicher und uniformer Prozess – als Ausdruck des »völkischen Gemeininteresses« – wahrgenommen wurde. Das ist auch der Grund, warum die Bedeutung des Handelns lokaler Akteure hervorgehoben und aus den Quellen herausgearbeitet werden muss. Sie widerspricht der Alltagswahrnehmung des diktatorischen Regimes – sowohl durch die Zeitgenossen als auch durch die Nachgeborenen. Tatsächlich ist das Ende der Weimarer Republik nicht allein dem Erfolg der nationalsozialistischen Bewegung zuzurechnen. Die ersten eineinhalb Jahre nach Hitlers Ernennung zum Reichskanzler am 30. Januar 1933 regierte die NSDAP in einer Koalition mit deutschnationalen und konservativen Kräften, wenngleich dieses Bündnis nicht unbedingt mit heutigen Regierungskonstellationen vergleichbar ist. Diese alten Rechten stammten zumeist aus der (ehemaligen) DNVP und dem Stahlhelm, hatten in den Eliten in Wirtschaft, Militär und Politik Deutschlands nach wie vor erheblichen Rückhalt, und die NSDAP war auf ihre Mitarbeit angewiesen. Ungefähr bis April 1933 hegten diese konservativen und deutschnationalen Koalitionspartner die Vorstellung, den unerfahrenen Hitler und die NSDAP »einrahmen« und sich mit ihren politischen Vorstellungen gegen die NSDAP durchsetzen zu können.[15]

An dem Beispiel der antisemitischen Entlassungsforderung lässt sich ein zweiter wichtiger Aspekt aufzeigen: Die Ablehnung der Juden war nicht nur Ausdruck der Ressentiments ihrer Gegner, sondern auch Ausdruck von deren nach innen gerichtetem Gemeinschaftsprojekt. Die Begründung des NSDStB zielte darauf, eine angebliche »Überfremdung« durch Juden beziehungsweise eine »Vermischung« von Juden und Deutschen rückgängig zu machen. Die Juden sollten nicht mehr an den Universitäten beschäftigt werden, weil ihr Platz, wenn er von »Deutschstämmigen« eingenommen werde, der völkischen Gemeinschaft zu Verfügung stehe. Zudem stelle die Präsenz von jüdischen Lehrenden eine »fremdvölkische« Beeinflussung deutscher Studenten – der kommenden Führer des deutschen Volkes – durch vermeintlich negative jüdische Eigenschaften und Absichten dar. Im NSDStB-Programm wurde der Wunsch der völkischen Studenten nach einem Numerus clausus für Juden

---

15 Zum Scheitern der »Politik der Einrahmung« Hitlers und der NSDAP durch Konservative und Deutschnationale s. Karl Dietrich Bracher: Die deutsche Diktatur. Entstehung, Struktur, Folgen des Nationalsozialismus, Köln 1969, S. 244-249. Die Frage der Bedeutung der Koalition mit den Konservativen ist kürzlich von Daniel Mühlenfeld erneut aufgeworfen worden. Daniel Mühlenfeld: Rezension zu: Frank Bajohr, Jürgen Matthäus (Hrsg.): Alfred Rosenberg. Die Tagebücher von 1934 bis 1944, Frankfurt am Main 2015, in: Frank Becker, Ralf Schäfer (Hrsg.): Sport und Nationalsozialismus, Göttingen 2016, S. 261-264.

an »deutschen« Hochschulen ebenso übernommen wie die Forderungen nach dem »Arierparagraphen« und dem großdeutschen Vertretungsanspruch, die von der Deutschen Studentenschaft schon mehr als zehn Jahre zuvor erhoben worden waren. Vom Staatsbürgerschaftsprinzip nach dem Vorbild westlicher Demokratien grenzte man sich vehement ab: »Die deutsche Studentenschaft [...] muß ihrerseits in ihrem Aufbau Klarheit nach Richtung des Volksbürgerprinzips schaffen. Das ist unsere Pflicht gegenüber den gefallenen Kommilitonen des Weltkrieges.«[16]

Wie im Fall der völkischen Bewegung seit Beginn der 1920er Jahre zeigt sich auch hier, dass die *großdeutsche* und die *antisemitische* Orientierung als zwei Seiten des gleichen politischen Projekts zu betrachten sind. Beide sind primärer Ausdruck des völkischen Rassismus. Die rassistische Naturalisierung von Gruppenidentitäten und kollektiven Eigenschaften funktionierte auch deshalb so gut, weil nicht nur die ausgegrenzte, »volksfremde« Gruppe, sondern auch die eigene als essentialistische Schicksalsgemeinschaft erlebt wurde. Diese Erfahrung speiste sich nur zu einem Teil aus der Rezeption der kollektiven »Schande« durch Gebietsabtretungen, Inflation, Kriegsniederlage und Kriegsschuldvorwurf sowie Verlust des Kolonialbesitzes, die allesamt jüdischem Streben und Einfluss im In- und Ausland zugerechnet wurden. Zum anderen Teil beruhte sie auf der Gemeinschaft in Wehrsport, Arbeitsdienst, Grenzlandarbeit und anderem Zeltlager- und Dienstaktivismus, die vor allem von jungen Deutschen in den 1920er und 1930er Jahren praktiziert wurde. In den Aktivitäten der völkischen Verbände konnte der Einzelne seine Verbindung mit der Gruppe als reale Interessen- und Schicksalsgemeinschaft erfahren. Diese Prozesse kristallisierten sich bereits in der Weimarer Republik heraus und formten die NS-Bewegung. Ab 1933 bedurften die rassistischen Zuordnungen grundsätzlich nicht mehr der Rechtfertigung. In neuen gesellschaftlichen Vergemeinschaftungsformen wurden jene nichtjüdischen Deutschen, die sich bisher einer Positionierung enthalten hatten, zu einer Stellungnahme durch Teilnahme, Hinnahme oder Ablehnung gezwungen.[17]

Das »Gesetz zur Wiederherstellung des Berufsbeamtentums« ist als erster Schritt der gesetzlich organisierten rassistischen Ausgrenzung zu betrachten und war eine der wenigen Änderungen, die sich auf den formalen Studienablauf beziehungsweise -abschluss in den ersten Monaten nach der Regierungsübernahme durch die NSDAP und die Deutschnationalen auswirkten. Als einer der ersten Tübinger Studenten musste Hans Gmelin für die Zulassung zum Referendarexamen einen »Ariernachweis« erbringen. Die Verordnung des Justizmi-

---

16 NSDStB-Flugblatt »Was sind wir und was wollen wir?«, o. D., UA Tübingen, 117/ 1144, Nr. 5.

17 Besonders zum letzten Aspekt s. Bajohr, Wildt: Einleitung, S. 9-13.

nisteriums war erst wenige Wochen vor seiner Prüfung erfolgt und bezog sich auf einen Beschluss des Staatsministeriums »über den Nachweis der arischen Abstammung im Staats- und Körperschaftsdienst« vom 17. Februar 1934.[18] In den Examensfragen schlug sich die Machtübernahme noch nicht wesentlich nieder. Nur der Staatsrechtsprofessor Hans Gerber, zuständig für die theoretische Prüfung in diesem Bereich, fragte: »Was bedeutet der Grundsatz ›Autorität, nicht Majorität!‹ im Zusammenhange des nationalsozialistischen Staatsdenkens?«[19] Die Antwort hatte er selbst bereits bei der Reichsgründungsfeier der Tübinger Studentenschaft im Januar 1925 gegeben: »Deswegen sollen wir weniger von den Beratungen und Beschlüssen parlamentarischer Kommissionen, mehr von dem instinktsicheren Entschlusse erfahrener Führerpersönlichkeiten erwarten. [...] Das Geheimnis machtvoller Staaten ist zielbewußte, tatkräftige anerkannte Führung und willige, einsatzbereite, opferfreudige Gefolgschaft.«[20]

Ohne dass in der Studentenakte ein Grund angegeben wurde, kam Hans Gmelin beim Referendarexamen in den Genuss von Prüfungserleichterungen. Ebenso wie in acht weiteren Fällen wurden diese vom Landesjustizministerium auf Antrag der Kandidaten gewährt. Es ist davon auszugehen, dass der Antrag mit der nur begrenzten Lernzeit aufgrund des nach der Machtübernahme überhandnehmenden SA-Dienstes begründet wurde.[21]

Uneins waren sich Tübinger Professoren und Studenten in den ersten Wochen nach dem Machtantritt der Hitler-Regierung in der Frage, ob es sich um eine »nationale Revolution« oder eine »nationale Erneuerung« handelte. Man einigte sich dann grundsätzlich auf den Begriff der »nationalen Erneuerung«.[22] Anfangs wurde über den Grad der Zugeständnisse diskutiert, zu welchen die Universität gegenüber der neuen Regierung bereit sein solle. Für ein selbstständiges Vorgehen, ohne »auf Weisungen zu warten«, plädierte vor allem der neue »Beauftragte mit besonderen Vollmachten«, Gustav Bebermeyer, der gleichzeitig mit Gerhard Schumanns Ernennung zum Kommissar der Studentenschaft eingesetzt wurde. Gleichschaltungskommissar Bebermeyer war, eigenen Angaben zufolge, seit 1927 geheimes NSDAP-Mitglied, führte bereits 1932 das neu belebte Studentenbataillon, an dem sich auch Hans Gmelin beteiligte, und war schon seit Jahren immer wieder mit nationalistischen Tendenzen in Erscheinung getreten.[23]

18 Justizprüfung Frühjahr 1934, UA Tübingen, 521/275; Nachweis der arischen Abstammung, 9.5.1934, PA AA, Personalakten 4.497 (Hans Gmelin).
19 Prüfungsfragen Frühjahr 1934, UA Tübingen, 521/259.
20 Gerber-Rede bei der Reichsgründungsfeier in Tübingen, 18.1.1925, in: Tübinger Chronik, 19.1.1925, zit. nach Schönhagen: Tübingen, S. 35.
21 Württembergisches Justizministerium an Justizprüfungskommission Tübingen, 7.4.1934, Justizprüfung Frühjahr 1934, UA Tübingen, 521/275.
22 Lüdtke: »Braune Uni«, S. 1064.
23 Adam: Hochschule, S. 34, 53.

Im November 1933 wurde die Tübinger Universität in eine »Führeruniversität« umgewandelt, womit Bebermeyers Amt als Gleichschaltungskommissar endete. Stattdessen berief der Rektor der Universität einen Führerrat ein, dem neben einer Reihe nationalistischer und nationalsozialistischer Dozenten und Professoren der Führer der NSDAP-Fraktion im Gemeinderat, Ernst Weinmann, angehörte. Außerdem wurde mit Gerhard Schumann der Kommissar für die Studentenschaft dazugebeten und mit Eugen Steimle noch ein weiterer studentischer NS-Aktivist.[24] Der bisherige Führer der Tübinger Studentenschaft, Martin Sandberger, hatte zu diesem Zeitpunkt bereits sein Studium beendet und war durch Vermittlung des zukünftigen Leiters des Oberabschnitts Südwest des Sicherheitsdiensts der SS (SD) in Stuttgart, Gustav Adolf Scheel, nach Berlin berufen worden, um dort in der Reichsleitung der Deutschen Studentenschaft mitzuarbeiten. Scheel, der 1935 den SD-Oberabschnitt Stuttgart übernommen hatte und 1936 zudem zum Reichsstudentenführer (RSF) ernannt wurde, holte Sandberger, Steimle und eine ganze Reihe weiterer Tübinger Universitätsabsolventen zum SD. Scheel wurde der wichtigste Förderer dieser jungen Akademiker, die zumeist Jura oder geisteswissenschaftliche Fächer studiert hatten und von denen viele zum späteren Führungskorps des Reichssicherheitshauptamts gehörten.[25]

Eugen Steimle war Mitglied der Normannia und im Sommersemester 1930, als Hans Gmelin als »Fux« zur Normannia kam, bereits »Jungbursche«.[26] Er entstammte einem pietistischen Elternhaus, wurde 1932 Mitglied der NSDAP und des NSDStB, 1936 ging er zur SS und wurde Leiter des SD-Leitabschnitts Stuttgart.[27] Im gleichen Zeitraum trat er aus der Verbindung Normannia aus. Am 6. Dezember 1935 hatte Albert Derichsweiler, Scheels Vorgänger im Amt des Reichsstudentenführers, die Doppelmitgliedschaft in NSDStB und studentischen Korporationen untersagt und damit die entscheidende Phase der Gleichschaltung beziehungsweise Abwicklung der Studentenverbindungen eingeleitet.[28] Die Reichsstudentenführung, die ab November 1936 nun die

24 Ebd., S. 52 ff.
25 Wildt: Generation, S. 170-173, 203-206, 590 f.; Rainer Lächele: Vom Reichssicherheitshauptamt in ein evangelisches Gymnasium. Die Geschichte des Eugen Steimle, in: Binder (Hrsg.): Heimkehrertafel, S. 61-74. S. auch Junginger: Antisemitismus, S. 511-527, sowie Ruck: Korpsgeist, S. 227-230.
26 Verzeichnis der im S. S. 1930 aktiven und inaktiven Normannen mit Angabe der Heimatadresse, in: Normannen-Blätter, Nr. 17, September 1930, S. 248 ff.
27 Lächele: Reichssicherheitshauptamt, S. 62 f.; Michael Grüttner: Studenten im Dritten Reich, Paderborn u. a. 1995, S. 512 f.
28 Persönliche Nachrichten, in: Normannen-Blätter, 2. Folge, Nr. 8, Januar 1936, S. 178 ff.; Abdruck von Derichsweilers Mitteilung, in: Schwäbischer Merkur, 17.12.1935, StadtA Tübingen, A 150/4424; s. zum Folgenden auch Johannes Michael Wischnath: »Student sein verpflichtet« – Tübinger Studenten im Dritten Reich, in: Wiesing u. a. (Hrsg.): Universität Tübingen, S. 685-730, hier: S. 694-702.

gesamte Studentenschaft umfasste, wurde nicht zuletzt wegen Derichsweilers unnachgiebiger Haltung gegenüber den Korporationen, die ihm viele Feinde geschaffen hatte, Gustav Adolf Scheel übertragen. Die nationalsozialistische Bewegung forderte 1935/36 in einer der letzten Bastionen unabhängiger Organisationsformen die Unterordnung unter die nationalsozialistische Führung und die deutsche »Volksgemeinschaft«. In der *Tübinger Chronik* wurde Anfang Februar 1936 über eine Rede des stellvertretenden Gauleiters Friedrich Schmidt berichtet, in der er erklärte, wenn es in Deutschland »eine Opposition mit Band und Mütze« gebe, profitiere davon nur der »Bolschewismus«, der »ewige Feind des völkischen Gedankens«: »Wer sich diesen Gruppen des weltanschaulichen Widerstandes zugesellt, der muß sich ohne Protest als Bundesgenosse des Bolschewismus bezeichnen lassen, auch wenn er diesen Namen meilenweit von sich weist, denn in der Politik gilt nicht Wille oder gute Meinung, sondern allein die Auswirkung. Mehr noch als die äußere Kraft der Nation fürchten Weltjudentum, Freimaurerei und Rom die weltanschauliche Einigung des deutschen Volkes«.[29]

Die zahlreichen studentischen Verbindungen wurden letztlich zu wenigen Kameradschaften innerhalb des NSDStB zusammengefasst, und das Aktivenleben kam spätestens 1936/37 nahezu zum Erliegen. Es kostete Scheel einige Energie, die Kameradschaften als attraktive Ersatzorganisationen neu aufzubauen, von einer Fortführung des Verbindungslebens konnte keine Rede sein.[30]

Die Tübinger Korporationen hatten allerdings schon seit 1933 massiv Mitglieder verloren. Die Mitgliederzahl der Normannia halbierte sich in den Jahren 1933 bis 1935 von 116 auf 60. Zudem war ein Großteil der Korporierten selbst nationalsozialistisch aktiv in NSDAP, NSDStB und auch der SA, die ab dem Sommersemester 1933 das Bild der Universität deutlich prägte. Die Normannia sprach sich im Wintersemester 1935/36 noch formal gegen einen Beitritt zum NSDStB aus, dieser Beschluss blieb aber folgenlos in Anbetracht der politischen Entwicklungen.[31] Während also der Streit zwischen einem aktiven Teil der verbliebenen Verbindungsstudenten und der nationalsozialistischen Studentenschaft relativ scharf verlief, war ein großer Teil der bisherigen Korporierten an dieser Auseinandersetzung gar nicht mehr beteiligt. Für die nicht am aktiven Verbindungsleben teilnehmende Altherrenschaft standen die Kon-

---

29 Universität die geistige Waffenschule der Nation, in: Tübinger Chronik, 1.2.1936, StadtA Tübingen, A 150/4424.

30 Konrad H. Jarausch: Deutsche Studenten 1800-1970, Frankfurt am Main 1984, S. 165-175; Grüttner: Studenten, S. 303-331.

31 Verzeichnis betr. studentisches Verbindungswesen, StadtA Tübingen, A 150/4424; Bericht der aktiven Normannen über das W.S. 1935/36, in: Normannen-Blätter, 2. Folge, Nr. 8, Januar 1936, S. 165 ff.; Jarausch: Studenten, S. 171 f.; Schönhagen: Tübingen, S. 162.

flikte ohnehin nicht im Mittelpunkt des Interesses. Hans Gmelin absolvierte 1935/36 sein juristisches Referendariat zur Vorbereitung des Assessorexamens und war schon 1934 nach seiner Referendarprüfung vom NSDStB zum Nationalsozialistischen Rechtswahrerbund (NSRB) gewechselt. Zum 1. Juni 1937 wurde er Mitglied des NS-Altherrenbunds, und etwa im selben Zeitraum trat er auch der »Altkameradschaft« der Tübinger Kameradschaft Langemarck bei, in der die Normannia aufgegangen war. Neben ihm gehörten beispielsweise der Tübinger Erste Bürgermeister Ernst Weinmann und Eugen Steimle dieser Altkameradschaft an. Da in Gmelins Fall keine Doppelmitgliedschaft in einer Korporation und im NSDStB vorlag, konnte er die Verbindung zu den alten Bundesbrüdern wahren.[32]

Während die nationalistischen Studentenverbindungen und die nationalsozialistische Bewegung sich in der Vorstellung einer hierarchisch konzipierten »Volksgemeinschaft« weitgehend einig waren, zerschlugen die Nationalsozialisten die Erwartung der Korporierten, dass ihnen als Vertretern der alten Eliten die Führung dieser »Volksgemeinschaft« zukomme. Stattdessen sollten neu geschaffene und noch zu schaffende nationalsozialistische Eliten diese Aufgabe übernehmen. Das Idealbild des staatstreuen und weltanschaulich zuverlässigen Beamten entsprach aber sowohl der gesellschaftlichen Erwartung als auch dem traditionellen Selbstbild der deutschen Studenten. Für Führungsaufgaben in genuinen Institutionen des NS-Staates wurde meist auf junge Akademiker zurückgegriffen, die sich für die nationalsozialistische Bewegung engagiert hatten. Viele verzichteten trotz guter Chancen und Möglichkeiten darauf, die eigentlich mit ihrem Studium angestrebte Laufbahn einzuschlagen.[33] In traditionellen staatlichen Institutionengefügen, wie beispielsweise dem Auswärtigen Amt oder der bereits angesprochenen württembergischen Innenverwaltung, blieben traditionelle Karrierewege erhalten, das bisherige Personal stellte sich auf die neuen Erwartungen und Anforderungen ein, während hoch- oder niedrigqualifizierte NS-Aktivisten nur in herausgehobenen Bereichen Einzug hielten.[34]

32 Fragebogen, 22.12.1937, PA AA, Personalakten 4.500 (Hans Gmelin); Fragebogen, o. D., BArch, R 3001/57471 (ehem. BDC), Personalakte RJM (Hans Gmelin, Bd. 2); Grüttner: Studenten, S. 319 f.; Wischnath: Student, S. 700.

33 Das gilt beispielsweise für die Angehörigen des RSHA und des deutschen Beraterkorps bei der slowakischen Regierung, wobei die Arbeit der Berater in der Regel durchaus etwas mit ihrem Ausbildungsberuf zu tun hatte. S. Wildt: Generation, S. 852-855; Tönsmeyer: Das Dritte Reich, S. 83-91.

34 Ruck: Korpsgeist, S. 85-119; Döscher: Amt, S. 67-77, 157-191; Conze u. a.: Amt, S. 51-64, 138-166; s. zu diesem Thema besonders Alf Lüdtke: Funktionseliten: Täter, Mit-Täter, Opfer? Zu den Bedingungen des deutschen Faschismus, in: Ders. (Hrsg.): Herrschaft als soziale Praxis. Historische und sozial-anthropologische Studien, Göttingen 1991, S. 559-590.

Das Langemarck-Studium, ein Prestigeprojekt der Reichsstudentenführung, entsprang ganz dem »volksgemeinschaftlichen« Gedanken. Junge Männer ohne Hochschulqualifikation – besonders Angehörige der arbeitenden Schichten – wurden nach weltanschaulichen Grundsätzen ausgewählt und in einer Reihe von Lehrgängen auf ein Studium vorbereitet. Zum Leiter des Langemarck-Studiums machte Reichsstudentenführer Scheel zum 1. September 1938 einen weiteren seiner Tübinger Günstlinge. Es handelte sich um Dr. Ulrich Gmelin, den ein Jahr jüngeren Bruder von Hans Gmelin, der somit Amtsleiter in der Reichsstudentenführung wurde. Er hatte in Tübingen und Berlin Geschichte studiert und promoviert, war ebenfalls Normanne und wie sein älterer Bruder zunächst in der Stahlhelm-Hochschulgruppe, dann in der SA aktiv. Nach seiner Ernennung zum Leiter des Langemarck-Studiums trat der SA-Sturmführer Ulrich Gmelin zudem der Obersten SA-Führung (OSAF) im Erziehungshauptamt der SA bei. Im Mai 1941 folgte seine Ernennung zum »Bevollmächtigten Vertreter des Reichsstudentenführers im Kriege« durch Scheel.[35]

Der Historiker Ulrich Gmelin hatte erstmals Aufmerksamkeit auf sich gezogen, als er 1938 mit einer Gruppe Kommilitonen den »Reichsberufswettkampf« gewann. Dieser Wettbewerb stellte eine weitere weltanschauliche Einflussnahme der Reichsstudentenführung auf das Universitätsleben dar. Dadurch sollte eine »Durchdringung der Hochschule und der Wissenschaft mit nationalsozialistischem Geist« erreicht werden, wie der zuständige Leiter des Amtes Wissenschaft und Erziehung in der Reichsstudentenführung in einer Sondernummer des Mitteilungsblatts des Tübinger Studentenführers 1938 formulierte. Das Thema der von Ulrich Gmelin geleiteten »Mannschaftsarbeit« lautete »Papsttum und Germanenwelt im frühen Mittelalter« und fügte sich gut in seine Forschungsarbeit ein. Seine Doktorarbeit trug den Titel »Auctoritas. Römischer Princeps und päpstlicher Primat«. Als Berufswettkampfsieger wurde er am 1. Mai 1938 vom »Führer« empfangen.[36] In einem Artikel in der Südwest-Beilage der Zeitung Der SA-Mann berichtete Ulrich Gmelin von seinem Treffen mit Hitler und machte deutlich, dass die Gemeinschaftsarbeit als wissenschaftlicher Beitrag zum Kampf gegen den »politischen Katholizismus« gedacht war.[37]

---

35 K-Befehl RSF 10/41 (Scheel), 9.5.1941, BArch, DS, B 030 (ehem. BDC); SA-Personalfragebogen Ulrich Gmelin, 17.5.1939, BArch, SA 177, Hans Gmelin (ehem. BDC); Verbindungsführer der OSAF in der RSF (Horn) an OSAF Erziehungshauptamt (Girgensohn), 21.12.1938, BArch, SA 177, Hans Gmelin (ehem. BDC); Grüttner: Studenten, S. 96, 149-154.

36 Sondernummer des Mitteilungsblattes des Tübinger Studentenführers, 16.6.1938, StadtA Tübingen, A 150/4417; Normannen-Blätter, 2. Folge, Nr. 15, Juni 1938, S. 355; Wischnath: Student, S. 705-713.

37 Ulrich Gmelin: Um den Handschlag des Führers, in: SA der Gruppe Südwest, Beilage zu »Der SA-Mann«, Folge 24, 12. Ausgabe, 11.6.1938, S. 5.

Der Name Langemarck, mit dem das studienvorbereitende Programm bezeichnet wurde, stellte den Bezug zu einem wichtigen deutschen Kriegsmythos her. Auch die Stahlhelm-Hochschulgruppen der Weimarer Republik hießen Langemarck, genauso wie die NSDStB-Kameradschaft, in die die Verbindung Normannia schließlich eingegliedert wurde.[38] Der Kern des Mythos beschrieb den Kampf einiger junger deutscher Regimenter im November 1914 westlich von Langemarck. Trotz zahlenmäßiger Überlegenheit der Gegner seien sie mutig hervorgestürmt, hätten die Phalanx der Feinde mit der Losung »Deutschland, Deutschland über alles« durchbrochen und dabei unglaubliche Verluste in den eigenen Reihen hingenommen. Besonders durch die Kriegsniederlage wurde diese Erzählung zum zentralen sinngebenden Topos der unterlegenen Deutschen. Das Aufrechterhalten von Revancheforderungen und Kriegsverherrlichung wurde in der Zwischenkriegszeit zur Pflicht gegenüber den jungen Helden von Langemarck erklärt, die ihr Leben in selbstloser Pflichterfüllung für Volk und Vaterland hingegeben hätten. Die Nationalsozialisten machten diesen Mythos zum absoluten Ideal jugendlichen Strebens, und das Langemarck-Studium, das den unteren Klassen den Zugang zur Universität ermöglichen sollte, stellte eine Verbindung zum »gemeinsamen Opfer der ›Jugend‹ aller Klassen für das Vaterland« her.[39] Ulrich Gmelin erklärte 1941 beschwörend: »Aber um das Feldzeichen Langemarck sind nicht nur Zellen der Hoffnung aufgerichtet, sondern im wiedererwachten Deutschland auch die Besten der Jugend gesammelt worden. Aus dem Banner des Widerstandes wurde das Symbol, von dem die Erziehung ausging und ihren Maßstab nahm, um die Jugend am Beispiel der Tradition zu messen. [...] Bei Langemarck ist der Firnis des Kastengeistes abgebröckelt und die falsche Erziehung eines bürgerlichen Zeitalters zusammengebrochen: Die Substanz des Deutschen Studententums war kerngesund und hat trotz aller Absonderung und Zersplitterung mit ihren Idealen und Programmen ernst gemacht. Der Student wurde Soldat, als Soldat fand er den Weg zum Volk. Im Dreck und Blut fielen zwischen Studenten und Arbeitern die Schranken der Vergangenheit und wuchs das Bewußtsein einer großen Volksgemeinschaft. Gefühlt und ausgesprochen wurde es von den Studenten. In den wunderbaren Kriegsbriefen gefallener Studenten strömt der leidenschaftliche Wille, aus Kampf und Not einen festen Maßstab zu gewinnen und den Sinn des Todes in einer Aussaat neuen völkischen Lebens zu begreifen. In der letzten Bereitschaft erkannte und erhoffte dieses frühgereifte Studententum, daß aus der Notwendigkeit des Krieges und des Opfers die Zukunft eines neuen, reinen Lebensideales, gebildet und begründet durch den Gedan-

---

38 Unsere Bundesbrüder in der Kameradschaft Langemarck, in: Normannen-Blätter, 2. Folge, Nr. 15, Juni 1938, S. 351.
39 Gerd Krumeich: Langemarck, in: Étienne François, Hagen Schulze (Hrsg.): Deutsche Erinnerungsorte, 3 Bde., Bd. 3, München 2001, S. 292-309, hier: S. 309.

ken der Gleichachtung und der Kameradschaft, des Gottvertrauens und der Zuversicht, erstünde, daß es zu kämpfen und zu sterben gelte ›für den Glauben an ein schönes, großes, erhabenes Deutschland, in dem Schlechtheit und Eigennutz verbannt, wo Treue und Ehre wieder in ihre alten Rechte eingesetzt sind‹. [...] Daß in Langemarck – und Langemarck steht seither für alle Kämpfe des großen Krieges – die deutsche Volksgemeinschaft des kommenden Reiches erstmals wie ein Fanal leuchtend und fortan unverlierbar in Erscheinung trat, daß sie von Studenten als die tragende Grundlage der Zukunft erhofft und erkannt wurde und damit dem Studententum von morgen seinen natürlichen Platz im Volkskörper zuwies, das macht den 10. November [1914, den Tag der Meldung der Obersten Heeresleitung über das Langemarck-Gefecht, N. K.] zum Wendepunkt studentischer Geschichte und zum Richtstein seines künftigen Weges. Aus der Vielfalt studentischer Korporationen und Bünde entstand nach dem unglücklichen Ende des Weltkrieges die Deutsche Studentenschaft. Großdeutsch von Anfang an, antisemitisch ohne Kompromiß trug sie das Vermächtnis von Langemarck in ihren Reihen zum Sieg.«[40]

Schlussendlich blieben die realen Zahlen der Langemarck-Absolventen weit hinter den anvisierten zurück, und das Prestigeprojekt Vorstudienausbildung diente bald allenfalls noch dem Versuch, dem sinkenden akademischen Nachwuchs entgegenzuwirken.[41] Das von Ulrich Gmelin geleitete Projekt stellte dennoch einen gezielten Versuch einer neuen nationalsozialistischen Elitenbildung dar. Weltanschauliche Geistesleistungen traten gegenüber akademischen in den Vordergrund, und die Vorstudienausbildung wurde zu einem Ausleseprinzip nach völkischen Grundsätzen entwickelt. Berufliche Kapazitäten ergaben sich für die Absolventen nicht zuletzt aus frei gewordenen Stellen durch Verdrängung der Juden, unter anderem aus dem Hochschulbereich. Dieser rassistische Effekt machte sich, was die Aufstiegsmöglichkeiten anbelangt, in allen sozialen und beruflichen Bereichen der nationalsozialistischen Gesellschaft grundsätzlich förderlich bemerkbar.[42] Die Brüder Hans und Ulrich Gmelin gehörten jenem studentischen Milieu in Deutschland an, das in den 1930er Jahren diesen rassistischen Prozess sowohl in seinen antisemitisch-exkludierenden als auch in seinen völkisch-inkludierenden Facetten aktiv in Gang zu setzen half.

40 Ulrich Gmelin: Unser Auftrag: Langemarck!, in: Gustav Adolf Scheel (Hrsg.): Der Altherrenbund 3, Folgen 7/8, Januar/Februar 1941, S. 1 f., StadtA Tübingen, A 150/4307.
41 Grüttner: Studenten, S. 153 f.
42 Vgl. dazu Dietmar Süß, Winfried Süß: »Volksgemeinschaft« und Vernichtungskrieg, in: Dies. (Hrsg.): Das »Dritte Reich«. Eine Einführung, München 2008, S. 79-100, hier: S. 92.

Juristisches Referendariat und »Erbgesundheit«

Nach dem ersten Staatsexamen im Mai 1934 begann Hans Gmelin sein juristisches Referendariat, das er ausschließlich in Tübingen absolvierte. Den Großteil seiner dreieinhalbjährigen Ausbildung verbrachte er bei Amtsrichter Viktor Renner und bei Landgerichtsrat Carlo Schmid. Renner und Schmid spielten nach 1945 eine wichtige Rolle beim demokratischen Aufbau in Tübingen und Württemberg, Schmid darüber hinaus als Bundespolitiker in der SPD.[43] Besonders der enge Kontakt zu Renner wurde für Hans Gmelin auch nach 1945 wichtig. Er erhielt sehr gute Zeugnisse von seinen Referendariatsstationen, obwohl vor allem der überhandnehmende SA-Dienst sich bereits negativ auf seine Leistungen auswirkte. Dieser Umstand wurde allerdings immer entlastend angeführt und in der Regel als Zeichen seiner hervorragenden politischen Haltung gewertet.[44] Von seiner siebenmonatigen Station beim Oberamt Tübingen nahm er fast drei Monate nicht wahr, weil er zunächst zu einer Kurzausbildung in ein Tübinger Infanterieregiment der neuen Wehrmacht einberufen wurde, bald darauf an einer sechswöchigen Rumänienreise teilnahm und sich schließlich noch neun Tage in Nürnberg beim Reichsparteitag im September 1935 aufhielt.[45] Nach der Kurzausbildung zum Unteroffizier der Reserve beteiligte sich Gmelin während seiner Referendarzeit noch an drei weiteren Militärübungen, wodurch er weitere 14 Wochen Ausbildungszeit verlor.[46] Eine einmonatige Station seiner Ausbildungszeit beim Oberamt Tübingen verbrachte er im Sommer 1935 bei der Stadtverwaltung im Tübinger Rathaus. Ernst Weinmann, ab 1939 Oberbürgermeister Tübingens und von 1941 bis 1944 für den SD als Umsiedlungskommissar beim Militärbefehlshaber Serbien aktiv sowie verantwortlich für die Vertreibung und Deportation mehrerer Zehntausend Menschen, war zu diesem Zeitpunkt Erster Bürgermeister unter Oberbürgermeister Adolf Scheef. Er bescheinigte dem späteren

---

43 S. Hans-Otto Binder: Jeder wollte es nicht gewesen sein. Entnazifizierung und Neuanfang in Tübingen in der Besatzungszeit, in: Ders. u. a. (Hrsg.): Hemd, S. 19-44.

44 »Seine praktischen Leistungen sind jedoch hinter dem, was von ihm nach seinen Fähigkeiten erwartet werden konnte, zurückgeblieben, was wohl darauf zurückzuführen ist, dass er durch außergerichtliche Aufgaben (SA) viel in Anspruch genommen war.« Zeugnis von AGR Hipp, 27.1.1936, PA AA, Personalakten 4.498 (Hans Gmelin). »Wahrheitssinn, Gerechtigkeitsliebe und Pflichttreue sind bei ihm zu bejahen. Seine bisherige hervorragende Tätigkeit in der SA lässt erkennen, dass er in jeder Hinsicht zu persönlichem Einsatz selbstlos bereit ist.« Zusammenfassendes Zeugnis von AGR Hipp, 4.2.1936, ebd.

45 Dienstzeugnis Württ. Oberamt Tübingen, 25.10.1935, PA AA, Personalakten, 4.498 (Hans Gmelin).

46 Personalfragebogen, 20.5.1939, BArch, SA 177, Hans Gmelin (ehem BDC).

Oberbürgermeister Hans Gmelin sehr gute Leistungen als Referendar in der Kommunalverwaltung.[47]

Die Ausbildungsversäumnisse setzten sich fort und wurden nicht nachgeholt. Bei der vorgesehenen Station im Bezirksnotariat fehlte Gmelin fast drei von vier Wochen wegen Krankheit.[48] Einen weiteren mehrwöchigen Zeitraum ihrer Ausbildung hatten juristische Referendare des NS-Staats für einen Aufenthalt im Gemeinschaftslager Hanns Kerrl in Jüterbog aufzuwenden. Der Lageraufenthalt, der vor allem der weltanschaulichen Schulung und Wehrsportausbildung galt, wurde ausgehend von Preußen nach und nach auf alle deutschen Gerichtsbezirke ausgedehnt. Bis zur Schließung 1939 durchliefen circa 20.000 Referendare den Lagerdienst im brandenburgischen Jüterbog. Für den Stuttgarter Gerichtsbezirk wurde die Teilnahmepflicht 1935 eingeführt. Hans Gmelin verbrachte im Jahr 1936 dort acht Wochen und bekam ein ausgezeichnetes Zeugnis.[49] Während allein die Zeitungsmeldung über die Einführung des Gemeinschaftslagers bei dem späteren Journalisten Sebastian Haffner einen Tobsuchtsanfall auslöste – er befand sich zu diesem Zeitpunkt bereits mitten in seiner Assessorprüfung[50] –, war für Gmelin der zusätzliche Lageraufenthalt alles andere als eine Last. Er beantragte seine Einberufung für den 17. August 1936, weil er in der ersten Augusthälfte ohnehin zu den Olympischen Spielen in Berlin weilte. Mit seinen Leistungen war man in Jüterbog sehr zufrieden, auch wenn Gmelin seinen wegen des Olympia-Besuchs vorgezogenen Eintritt ins Lager als Grund für eine etwas frühere Entlassung ansah, die jedoch von der Lagerleitung nicht genehmigt wurde.[51] Während Gmelins Assessorprüfung korrespondierten der Oberlandgerichtsbezirk Stuttgart und das Reichsjustizministerium (RJM) in Berlin zur Frage seiner anschließenden Einberufung als Ausbilder in das Lager in Jüterbog, weil sich abzeichnete, dass seine Prüfung mindestens mit »gut« bewertet werden würde. Gmelin stimmte

---

47 Leistungs-Zeugnis von Bürgermeister Weinmann, 23.8.1935, PA AA, Personalakten, 4.498 (Hans Gmelin). Zu Weinmanns Karriere s. Hans-Joachim Lang: Ernst Weinmann. Tübinger Oberbürgermeister und Belgrader Deportationsminister, in: Benigna Schönhagen (Hrsg.): Nationalsozialismus in Tübingen. Vorbei und vergessen. Katalog der Ausstellung, Tübingen 1992, S. 208-220; s. auch Alexander Korb: Im Schatten des Weltkriegs. Massengewalt der Ustaša gegen Serben, Juden und Roma in Kroation 1941-1945, Hamburg 2013, S. 180f.

48 Zeugnis des Bezirksnotars, 27.11.1935, PA AA, Personalakten, 4.498 (Hans Gmelin).

49 Volker Schmerbach: Das »Gemeinschaftslager Hanns Kerrl« für Referendare in Jüterborg 1933-1939, Tübingen 2008, S. 73, 132-136; Zeugnis Gemeinschaftslager Hanns Kerrl, 10.10.1936, PA AA, Personalakten, 4.498 (Hans Gmelin).

50 Haffner: Geschichte, S. 244f. Für Haffners ausführliche Schilderung seines Aufenthalts im Gemeinschaftslager s. ebd., S. 252-290 (nur in der erweiterten Ausgabe ab 2002).

51 Stellvertretender Lagerkommandant an RJM, 30.9.1936, BArch, R 3001/57470, Bl. 6 (ehem. BDC), Personalakte RJM (Hans Gmelin, Bd. 1).

dieser geplanten Einberufung zu, äußerte aber den Wunsch, nicht nur als Sportlehrer, sondern auch für den fachlichen (juristischen) Ausbildungsteil eingesetzt zu werden. Daher wurde entschieden, dass der aller Voraussicht nach herausragende Jurist zunächst einmal zwei Jahre Praxiserfahrung sammeln solle, in jedem Fall aber der Justiz erhalten bleiben müsse. Das Gemeinschaftslager stand unter dem starken Einfluss der SA, die einen großen Teil der Ausbilder stellte. Ein Einsatz Gmelins kam daher nicht nur aufgrund seines guten Lagerzeugnisses und der positiven Stellungnahmen zu seiner Person im Reichsjustizministerium infrage, sondern auch aufgrund seiner SA-Karriere. Er war inzwischen Sturmhauptführer und hatte sein wehrsportliches Können bei NS- und SA-Kampfspielen in Stuttgart und Berlin unter Beweis gestellt.[52]

Am 20. September 1937 bestand Gmelin das Assessorexamen tatsächlich mit der hervorragenden Note »lobenswert«, womit ihm alle Möglichkeiten für die Zukunft offenstanden. Seine Personalakten und Prüfungsvorgänge wurden – wie es in solchen Fällen üblich war – dem Reichsjustizministerium mit dem Hinweis vorgelegt, dass er angegeben habe, voraussichtlich in den Justizdienst eintreten zu wollen.[53]

Das sehr gute Examensergebnis war nicht zuletzt auch dem Wohlwollen seiner ausbildenden Richter zu verdanken. Besonders Carlo Schmid, bei dem Gmelin nach wiederholten Aufenthalten über das Jahr 1936 noch seine letzten Ausbildungswochen im Sommer 1937 verbrachte, schrieb ihm in dieser entscheidenden Phase zu jeder übernommenen Gerichtssache ein Zeugnis mit der Note »lobenswert«.[54] Auch Viktor Renner, bei dem Gmelin seine Referendarzeit im Juni 1934 begonnen hatte, bewertete seine Leistung schon im März 1935 mit demselben Prädikat.[55] Während seiner Zeit bei Amtsrichter Renner war Hans Gmelin offenbar nicht ausschließlich diesem zur Seite gestellt. In den Akten des Staatlichen Gesundheitsamts Tübingen finden sich mindestens zwei Einsätze des Referendars beim Tübinger Erbgesundheitsgericht (EGG),[56]

---

52 Schmerbach: Gemeinschaftslager, S. 73; Briefwechsel zwischen LGRat Keller, OLG Stuttgart und MinRat Richter, RJM, 3. und 6.9.1937, BArch, R 3001/57470, Bl. 14 f. (ehem. BDC), Personalakte RJM (Hans Gmelin, Bd. 1). Richter notierte handschriftlich für seine Vorgesetzten: »Ich habe Gm im vergangenen Jahr im Lager kennen gelernt. Er ist ein ausgezeichneter Mann.« Personalfragebogen für SA-Führer, 20.5.1939, BArch, SA 177, Hans Gmelin (ehem. BDC).
53 Leiter des Reichs-Justizprüfungsamts Prüfungsstelle Stuttgart an RJM, 21.9.1937, BArch, R 3001/57470, Bl. 13 (ehem. BDC), Personalakte RJM (Hans Gmelin, Bd. 1).
54 PA AA, Personalakten 4.498 (Hans Gmelin).
55 AGDir Gmelin an Amtsrichter Renner, 21.2.1935, handschriftliche Antwort von Renner, 3.3.1935, PA AA, Personalakten 4.498 (Hans Gmelin).
56 Vernehmungsprotokoll in der Erbgesundheitssache des O. B., Arbeiter in B., 4.2.1935, StA Sigmaringen, Wü 66/16 T 2, Nr. 64; Vernehmungsprotokolle in der Erbgesundheitssache des J. K., Landwirt in T., 19. und 29.1.1935, StA Sigmaringen, Wü 66/16 T2, Nr. 77.

das am Amtsgericht angesiedelt war. Der Tätigkeitsbereich von Amtsrichter Viktor Renner wies keine Verbindung zu dieser neuen nationalsozialistischen Rechtsinstitution auf, Hans Gmelins Vater, Oskar Gmelin, hatte jedoch als Amtsgerichtsdirektor den Vorsitz des Erbgesundheitsgerichts gleich bei dessen Einrichtung im Januar 1934 an sich gezogen und behielt diesen prestigeträchtigen Justizbereich trotz seines seit 1940 bestehenden Pensionierungsanspruchs bis zum Kriegsende.[57]

Die Entwicklung rassenhygienischer und erbgesundheitlicher Vorstellungen war seit dem Ersten Weltkrieg eng mit dem von Gmelins Bruder Ulrich im Zusammenhang mit dem Langemarck-Studium skizzierten Heldenbild des deutschen Soldaten verbunden. Dieses Heldenbild stand schon während des Krieges in eklatantem Widerspruch zur Realität in den Lazaretten und Nervenheilanstalten, in denen sich schwer traumatisierte Verletzte und sogenannte Kriegszitterer zu Tausenden fanden. Materialschlachten mit zuvor nicht gekannten Dimensionen in Frankreich sorgten für horrende Opferzahlen auf allen Seiten und zerstörten die körperliche und mentale Gesundheit vieler Kriegsteilnehmer. Das Bild des heroischen Frontsoldaten war aber nur aufrechtzuerhalten, indem zugleich die traumatisierten Kriegsversehrten und »Kriegszitterer« als Feiglinge, Juden[58] und Homosexuelle stigmatisiert wurden. Um die Jahrhundertwende hatte die international renommierte eugenische Bewegung die sozialdarwinistische These vertreten, dass die Völker aus Kriegen gestärkt hervorgingen, weil die überlegenen Qualitäten sich gegenüber den unterlegenen durchsetzen würden. Doch schon vor dem Ersten Weltkrieg begannen die Eugeniker langsam umzudenken. Im Laufe des Weltkrieges waren es dann Ereignisse wie der Kampf bei Langemarck, die dazu beitrugen, dass sich in der eugenischen Bewegung immer mehr die Theorie behauptete, der zufolge sich Kriege »degenerierend« auf die Völker auswirkten, weil die »besten Teile des Erbgutes«, die Starken, Mutigen, Energischen und Verantwortungsbewussten, in den Schützengräben stürben, während die »Schwachen« und »Feigen« sich in Lazaretten erholten und in der Heimat Väter würden. Der Krieg wurde

---

57 Fragebogen Oskar Gmelin, StA Sigmaringen, Wü 13 T 2, Nr. 2089/130; StA Sigmaringen, Wü 30/23, Nr. 224a.

58 Den deutschen Juden wurde schon bald nach Kriegsbeginn vorgeworfen, sich vor dem Kriegsdienst zu drücken. Dieser Vorwurf wurde besonders laut vonseiten der Deutschnationalen, namentlich des Alldeutschen Verbandes, erhoben. Diese antisemitische Kampagne war erfolgreich, und 1916 ordnete das preußische Kriegsministerium die sogenannte Judenzählung an, um das Ausmaß der »jüdischen Drückebergerei« zu ermitteln. Vgl. Jacob Rosenthal: »Die Ehre des jüdischen Soldaten«. Die Judenzählung im Ersten Weltkrieg und ihre Folgen, Frankfurt am Main, New York 2007; s. auch Judith Ciminski: Die Gewalt der Zahlen. Preußische »Judenzählung« und jüdische Kriegsstatistik, in: Arndt Engelhardt u. a. (Hrsg.): Ein Paradigma der Moderne. Jüdische Geschichte in Schlüsselbegriffen. Festschrift für Dan Diner zum 70. Geburtstag, Göttingen 2016, S. 309-329.

nach 1918 gar zur »negativen Auslese« erklärt, der der Psychiater Alfred Hoche und der Jurist Karl Binding 1920 mit der Forderung nach »Freigabe der Vernichtung lebensunwerten Lebens« – so der Titel ihres viel beachteten Buches – begegnen wollten. Dieser Forderung wollte sich keineswegs eine Mehrheit der Eugeniker, geschweige denn der deutschen Öffentlichkeit anschließen, aber die Analyse der »Contraselection«, die den Tod der besten Männer auf dem Schlachtfeld und das Überleben »Minderwertiger« gefördert habe, gewann mit dem ausgehenden Ersten Weltkrieg enorm an Überzeugungskraft.[59]

Die Einführung des »Gesetzes zur Verhütung erbkranken Nachwuchses« (GzVeN), das im Juli 1933 beschlossen und zum Jahreswechsel 1933/34 in Kraft getreten war, sollte nicht nur in Deutschland, sondern auch international von anerkannten wissenschaftlichen Kreisen als mutiger und progressiver Schritt betrachtet werden. Trotzdem stießen die Zwangssterilisierungen auf recht heftigen Widerspruch in Teilen der Bevölkerung, insbesondere dann, wenn der chirurgische Eingriff zu Todesfällen führte.[60] Der NS-Jurist und spätere Generalgouverneur in Polen, Hans Frank, betonte, dass das Gesetz bewusst nicht mit strafrechtlichen Gesichtspunkten verknüpft worden sei.[61] Es sei keine Schande, »erbkrank« zu sein, aber es verstoße »gegen unsere Sittenauffassung, krankes Erbgut an künftige Geschlechter weiterzugeben. Zu dieser Auffassung mußte das deutsche Volk erzogen werden.«[62]

---

59 Stefan Kühl: The Relationship between Eugenics and the so-called »Euthanasia Action« in Nazi Germany: A Eugenically Motivated Peace Policy and the Killing of the Mentally Handicapped during the Second World War, in: Margit Szöllösi-Janze (Hrsg.): Science in the Third Reich, Oxford, New York 2001, S. 185-210; Enzo Traverso: Im Bann der Gewalt. Der europäische Bürgerkrieg 1914-1945, München 2008, S. 184, 204 ff., 236 f.; Ulrich Herbert: Traditionen des Rassismus, in: Ders. (Hrsg.): Arbeit, Volkstum, Weltanschauung. Über Fremde und Deutsche im 20. Jahrhundert, Frankfurt am Main 1995, S. 11-29, hier: S. 18-21; s. auch Nils Löffelbein: Ehrenbürger der Nation. Die Kriegsbeschädigten des Ersten Weltkriegs in Politik und Propaganda des Nationalsozialismus, Essen 2013, S. 328 ff.

60 Gisela Bock: Zwangssterilisation im Nationalsozialismus. Studien zur Rassenpolitik und Frauenpolitik, Opladen 1986, S. 80-87; Stefan Kühl: Die Internationale der Rassisten. Aufstieg und Niedergang der internationalen eugenischen Bewegung im 20. Jahrhundert, 2. Aufl., Frankfurt am Main, New York 2014 (zuerst 1997), S. 169-195; Henning Tümmers: Anerkennungskämpfe. Die Nachgeschichte der nationalsozialistischen Zwangssterilisationen in der Bundesrepublik, Göttingen 2011, S. 31 f.

61 Die Sterilisierung beziehungsweise die sogenannte Entmannung auf strafrechtlicher Grundlage war in dem ungefähr zeitgleich eingeführten »Gewohnheitsverbrechergesetz« vorgesehen. Der dortige Paragraph war eine Reaktion auf die Aussparung strafrechtlicher Sterilisationsgründe im GzVeN. Dagmar Lieske: Unbequeme Opfer? »Berufsverbrecher« als Häftlinge im KZ Sachsenhausen, Berlin 2016, S. 75 ff.

62 Hans Frank: Handbuch, abgedruckt in: George L. Mosse (Hrsg.): Der nationalsozialistische Alltag. So lebte man unter Hitler, 2. Aufl., Königstein/Ts. 1979 (zuerst 1978), S. 99.

Etwa zwei Monate nachdem das Gesetz in die Gerichtspraxis eingeführt worden war, berichtete die *Tübinger Chronik* am 10. Februar 1934 über den Vortrag eines Arztes zum Abschluss eines Mutterkurses vor der NS-Frauenschaft, in dem dieser die »Rassenfrage« und die vermeintlichen Vorteile des »Gesetzes zur Verhütung erbkranken Nachwuches« erläuterte. In dem Zeitungsartikel hieß es, dass die »Rassenfrage« bis vor Kurzem »völlig verkannt worden« sei: »Sie allein entscheidet über die Zukunft unseres Volkes und jeder Volksgenosse muß darüber aufgeklärt sein. Der Redner ging bei seinen Ausführungen von den bisherigen Forschungsergebnissen bei Pflanzen und Tieren aus. [...] Bei den Völkern gibt es keine reine Rasse. Rassevermischungen wurden durch Kriege und Auswanderungen hervorgerufen. Auch in Deutschland ist die Bevölkerung nicht reinrassig und gliedert sich in verschiedene Rassen [...]. Der nordische Mensch weist die besten Eigenschaften auf, ist aber leider im Zurückweichen. Der Redner verbreitete sich weiter über die Mischrassigkeit und führte aus, daß durch verschlechterte Erbmasse Krankheiten entstehen, die ein Volk zum Untergang führen können. Als die schlimmsten Erbkrankheiten sind zu nennen: Wahnsinn, Fallsucht, Veitstanz, Mißbildungen, Taubheit, Erblindung, Schwachsinn und Alkoholismus. Die beiden letzteren sind große soziale Schädlinge. Adolf Hitler und seine Regierung hat es fertig gebracht, durch das Sterilisierungsgesetz erbkranken Nachwuchs zu verhüten. Die Ueberwucherung der Minderwertigen wächst von Jahr zu Jahr und ist eine große Belastung für den Staat, während sich die Hochwertigen der Verantwortung der Fortpflanzung entziehen. Auch bei uns in Deutschland kann man die Erscheinungen des Zerfalls erkennen. Die klaren Ausführungen des Redners gaben den Anwesenden einen Einblick in die wichtigen Lebensfragen unseres Volkes.«[63] Alle genannten »Erbkrankheiten« fielen unter das neue Sterilisierungsgesetz.[64]

Die durch den Ersten Weltkrieg und seine vermeintlich »negative Auslese« ohnehin schon angeheizte Sorge vor »Rassenmischung« und »Degeneration« wurde durch den Einsatz nordafrikanischer Soldaten bei der französischen Besetzung des Rheinlands ab 1920 noch verstärkt. Es wurde weithin als Bruch europäischer zivilisatorischer Grundlagen und Ausschluss Deutschlands aus dem Kreis der Kulturnationen aufgefasst, dass Deutschland seine Kolonien durch den Versailler Vertrag abgeben musste, die Siegermächte bei der Besetzung Deutschlands aber eigene Kolonialtruppen einsetzten.[65] Die sogenannte schwarze Schmach wurde dann auch immer wieder im rassistischen Diskurs aufgegriffen. Schwarze Kinder von Besatzungssoldaten und deutschen Frauen

---

63 Vortrag bei der NS-Frauenschaft, in: Tübinger Chronik, 10.2.1934, StadtA Tübingen, A 150/4419.
64 Gesetz zur Verhütung erbkranken Nachwuchses, 14.7.1933, § 1, StA Sigmaringen, Wü 30/23, Nr. 224 beziehungsweise RGBl., 1933, I, Nr. 86, S. 529 ff., hier: S. 529.
65 S. Wildt: Generation, S. 60 f., und Herbert: Best, S. 32.

wurden als »Rheinlandbastarde« verächtlich gemacht und trotz ihrer geringen Anzahl als Gefahr für die »Reinheit« und Leistungsfähigkeit der deutschstämmigen Mehrheitsbevölkerung betrachtet. Sie fielen in der Zeit des Nationalsozialismus größtenteils der Zwangssterilisation zum Opfer, die juristisch allerdings nicht durch das »Gesetz zur Verhütung erbkranken Nachwuchses« gedeckt war.[66] Die Verletzung der deutschen Grenzen durch außereuropäische Soldaten stellte nicht nur die geographischen Landesgrenzen infrage, sondern wurde wie in der NS-nahen Karikaturzeitschrift *Kladderadatsch* im Oktober 1933 auch als Überschreitung geschlechtlicher und rassischer Grenzziehungen interpretiert. Die Franzosen und mit ihnen der westliche Liberalismus wurden für eine vermeintliche »Vernegerung« Europas verantwortlich gemacht, deren sich die europäischen Männer mithilfe einer »klareren Grenzziehung in rassistischer und geschlechtlicher Hinsicht und zugleich [...] einer Festigung der territorialen Außengrenzen Europas« erwehren müssten.[67]

Der Vermischungsaspekt führt ins Zentrum des Rassendiskurses, der schon seit dem 19. Jahrhundert nicht zwangsläufig auf der »Annahme ewiger Rassenunterschiede« beruhte. Für das rassistische Denken stellte »die als bedrohlich erfahrene Möglichkeit [der] Einebnung [dieser Unterschiede] den entscheidenden Ausgangspunkt« dar. Zentrales Motiv rassistischen Verhaltens war also schon zur Zeit der Etablierung rassistischer Topoi im 19. Jahrhundert nicht unbedingt die Vorstellung einer fest definierbaren »rassischen« Zugehörigkeit, sondern die Bewahrung oder Wiederherstellung vermeintlich natürlicher Unterschiede zwischen den Zuordnungen. Die befürchtete Vermischung wurde mit Degeneration und damit schleichender Vernichtung des deutschen Volkes gleichgesetzt.[68]

Der nationalsozialistische Rassismus zeichnete sich dadurch aus, dass er in der Lage war, verschiedene Strömungen und einander widersprechende rassistische Topoi zu integrieren. Das gilt besonders für die Zweigleisigkeit, mit der auf der einen Seite eine Unveränderlichkeit der »Rassen« und ihre Konstanz im Lauf der Geschichte proklamiert wurde,[69] während auf der anderen Seite

---

66 Christoph Braß: Zwangssterilisation und »Euthanasie« im Saarland 1933-1945, Paderborn 2004, S. 152; Christian Koller: »Von Wilden aller Rassen niedergemetzelt«. Die Diskussion um die Verwendung von Kolonialtruppen in Europa zwischen Rassismus, Kolonial- und Militärpolitik (1914-1930), Stuttgart 2001, hier: besonders S. 328, 349 f.
67 Claudia Bruns: Die Grenzen des »Volkskörpers«: Interrelationen zwischen »Rasse«, Raum und Geschlecht in NS-Geopolitik und Kunst, in: Feministische Studien, 34 (2015), H. 2, S. 177-196, hier: S. 186 f.
68 Geulen: Wahlverwandte, S. 62; vgl. zur Analyse dieser rassistischen Argumentation bezogen auf moderne Phänomene des Rassismus Balibar: Neo-Rassismus, S. 30 f.
69 Hitler hob im Kapitel »Volk und Rasse« in *Mein Kampf* – neben allerlei wirren Vorstellungen zur »Rassenmischung« und zu deren Folgen – den seiner Überzeugung nach unveränderlichen Gegensatz von »Ariern« und Juden hervor, der Kernbestandteil des NS-Rassismus wurde. Vgl. Roman Töppel: »Volk und Rasse«. Hitlers Quellen auf der Spur, in: Vierteljahrshefte für Zeitgeschichte, 64 (2016), H. 1, S. 1-35.

sozialdarwinistische Vorstellungen der »Rassenauslese« und eugenische Zucht-
prinzipien wie Mischung und »Degeneration« in den Vordergrund gestellt wurden, wodurch gerade die Veränderlichkeit der »Rassen« ins Zentrum nationalsozialistischen Denkens rückte. Wie das vorangegangene Zitat des ärztlichen
Vortrags vor der NS-Frauenschaft über den angeblichen Zusammenhang von
»Mischrassigkeit« und »verschlechterter Erbmasse« zeigt, wird die Zusammen-
führung einander tendenziell widersprechender Rassenkonzepte an keiner Stelle
so deutlich wie am »Gesetz zur Verhütung erbkranken Nachwuchses« vom
14. Juli 1933.[70] Der bekannteste Rassenforscher der NS-Zeit, Hans F. K. Günther, genannt »Rasse-Günther«, brachte die Grundlagen der nationalsozialistischen Rassenhygiene auf den Punkt: »Erbänderungen einzelner Erbstämme
zu bewirken, ist dem Menschen nicht möglich [...]. Eine Steigerung der leib-
lichen und seelischen Tüchtigkeit einer Bevölkerung ist möglich nur durch
Erhöhung der Kinderzahl ihrer leiblich und seelisch tüchtigen Familien bei
Hemmung der Fortpflanzung der Erblich-Minderwertigen aller Stände. Um-
weltverbesserungen können gewiß dem Einzelnen zuträglich sein; die erbliche
Beschaffenheit einer Bevölkerung können sie nicht verbessern.«[71]

Auch diese Definition war nicht in Stein gemeißelt. Neben den Sterilisierungen, die als »negative Eugenik« galten, spielten in der NS-Rassenpolitik
auch Bildung, Erziehung und Sport eine wichtige Rolle. Sie wurden, ergänzend
zur »Erhöhung der Kinderzahl«, als »rassebildende Faktoren« und damit als
»positive Eugenik« gewertet. Selbst strikte »Deterministen« wie Alfred Ploetz,
die allein Erbfaktoren und keine Umweltfaktoren als Veränderungsmöglich-
keit der »Rasse« anerkennen wollten, hatten schon vor der NS-Zeit zur Rolle
von Kultur, Politik, Kunst und Gesellschaft in der »Rassenentwicklung« publiziert.[72] In der NS-Zeit kam diese Auffassung beispielsweise in dem Propagandafilm ALLES LEBEN IST KAMPF von 1937 zum Ausdruck, in dem neben
Fortpflanzung auch Arbeit und Sport als die »Rasse« verbessernde Faktoren im
Fokus standen.[73]

Dem »Gesetz zur Verhütung erbkranken Nachwuchses« und der Verfahrenspraxis an den Erbgesundheitsgerichten kam in diesem Zusammenhang eine
wichtige Funktion in der nationalsozialistischen Rassen- und Gesellschafts-

---

70 Vgl. Mosse: Geschichte, S. 55, 99, 104 f. Mosse hebt die Unterstützung der NS-Be-
    wegung durch deutsche Rassenhygieniker hervor, die erst durch das GzVeN möglich
    wurde.
71 Günther: Rassenkunde, S. 49.
72 Christian Geulen: Geschichte des Rassismus, Bonn 2007, S. 95 f.; s. auch ders.: Erzie-
    hung als Schicksal. Paradoxien des Determinismus im 20. Jahrhundert, in: Constan-
    tin Goschler, Till Kössler (Hrsg.): Vererbung oder Umwelt? Ungleichheit zwischen
    Biologie und Gesellschaft seit 1945, Göttingen 2016, S. 83-101.
73 Rassenpolitisches Amt der NSDAP, Propagandafilm ALLES LEBEN IST KAMPF, Re-
    gie: Herbert Gerdes, 1937, ca. 25 Min.

politik zu. Hans Gmelins Vater Oskar, der dem Tübinger Amtsgericht seit 1931 als Direktor vorstand, schlug sich selbst, wie erwähnt, dem Tübinger Landgerichtspräsidenten zur Ernennung als Vorsitzender des Erbgesundheitsgerichts vor, das 1934 an das Amtsgericht angegliedert wurde. An den Gerichtsbeschlüssen waren außer dem vorsitzenden Richter zwei ärztliche Beisitzer beteiligt. Neben Oskar Gmelin leitete Amtsgerichtsrat Erich Nellmann, der spätere baden-württembergische Generalstaatsanwalt,[74] die Erbgesundheitsverfahren. Beide übernahmen in etwa die Hälfte der Verfahren. Die ärztlichen Beisitzer, vom württembergischen Innenministerium vorgeschlagen und vom Landgerichtspräsidenten nach Rücksprache mit Oskar Gmelin verfügt, wurden von Gmelin beeidigt.[75]

Die Eröffnung eines Erbgesundheitsverfahrens wurde in der Regel mit der Antragstellung des zuständigen Amtsarztes bei dem jeweiligen Erbgesundheitsgericht eingeleitet. Der Antrag enthielt zumeist ein erstes Gutachten des Amtsarztes, unter Umständen auch das eines Landesjugendarztes. Der in dem Fall vorsitzende Richter des Erbgesundheitsgerichts – Oskar Gmelin oder Erich Nellmann – nahm dann die Ermittlungen auf, ließ einen Auszug aus dem Familienregister beziehungsweise eine »Sippentafel« beibringen und gab die ärztlichen Untersuchungen in Auftrag, auf die weitere Gutachten folgten. Je nach Anlass für den Antrag auf Unfruchtbarmachung wurde damit zumeist die Tübinger Nervenklinik, in Fällen von Blindheit oder Gehörlosigkeit auch die HNO- beziehungsweise Augenklinik, beauftragt. In vielen Fällen war der gerichtliche Auftrag einer Begutachtung mit einer mehrwöchigen stationären Einweisung der Person verbunden, deren Nichtbefolgung eine polizeiliche Anordnung des Richters zur Zwangseinweisung nach sich zog. Die vermeintlich Erbkranken mussten sich Intelligenzprüfungen unterziehen, und es wurden Orientierung, Schulwissen, »allgemeines Lebenswissen« (»Was ist der Unterschied zwischen einem Bach und einem Teich?«) und »sittliche Allgemeinvorstellungen« getestet. Letztere wurden mit Fragen beispielsweise nach dem »Gegenteil von Tapferkeit« geprüft.[76] Weitere Prüfungsaufgaben, während de-

---

74　Nellmann entstanden ebenso wenig wie Oskar Gmelin nach 1945 irgendwelche Nachteile aus dieser Tätigkeit. Gmelin ging 1945 in Rente, Nellmann wurde Gmelins Nachfolger als Amtsgerichtsdirektor. In dieser Funktion war er auch Mitglied des Untersuchungsausschusses zur Entnazifizierung der württembergischen Verwaltung und wirkte beispielsweise am Spruchkammerverfahren von Hans Gmelins Onkel, Staatsanwalt Wilhelm Gauger, mit. StA Sigmaringen, Wü 13 T 2, Nr. 2076/093.

75　Korrespondenz zwischen AGDir Gmelin und LGPräs Landerer, StA Sigmaringen, Wü 30/23, Nr. 224a. Das Vorschlags- und Ernennungsverfahren wiederholte sich jedes Geschäftsjahr. Oskar Gmelin schlug sich jedes Jahr aufs Neue selbst als EGG-Vorsitzenden vor.

76　Die Fragebögen veränderten sich im Laufe der Zeit. In späteren Versionen wurde zum Beispiel nach dem Zeitpunkt des Kriegsbeginns gefragt: »Gegen wen haben wir als Erstes gekämpft?«, »Wer ist Adolf Hitler?« etc.

ren der Arzt sich Notizen zu Haltung, Mimik, Aussprache und Anteilnahme machte, hatten die Merkfähigkeit zum Gegenstand. Ergänzt wurden die Verfahrensakten durch Strafregisterauszüge und weitere Unterlagen, die für aussagekräftig erachtet wurden. Oskar Gmelin beziehungsweise Erich Nellmann ordnete gegebenenfalls die Beauftragung eines »Pflegers« an und verfügte Vernehmungen der betroffenen Person beziehungsweise ihrer Angehörigen, die entweder vor dem kompletten Gericht, also dem Richter und seinen beiden ärztlichen Beisitzern, oftmals aber nur vor dem Richter und einer Schreibkraft oder vor Referendaren stattfanden.

Insgesamt wurde in etwa 89 Prozent der Fälle für eine Sterilisierung entschieden. Diese Zahl dürfte auch bei konservativer Schätzung in Tübingen kaum unterschritten worden sein. In vielen Fällen, in denen die Sterilisierung vom Tübinger Erbgesundheitsgericht abgelehnt wurde, geschah dies, weil der Person aufgrund beginnender Wechseljahre, wegen ohnehin vorhandener Unfruchtbarkeit oder aus anderen Gründen eine sehr geringe Wahrscheinlichkeit für eine erfolgreiche Fortpflanzung bescheinigt wurde. Wenn – wie in den meisten Fällen – die Entscheidung für eine Sterilisierung fiel, wurde selbst noch der kurze ärztliche Bericht von der erfolgten Sterilisierung – mit Nennung der Art des chirurgischen Eingriffs – vom vorsitzenden Richter abgezeichnet, der das Verfahren damit von Anfang bis Ende führte und in einem Großteil der Fälle auch die Beschlussvorlage nachweislich selbst verfasste.[77]

Mit Robert Gaupp und August Mayer, den Leitern der Tübinger Nerven- beziehungsweise Frauenklinik, befanden sich auf ärztlicher Seite zwei namhafte Befürworter eugenischer Sterilisierungsmaßnahmen an einflussreicher Stelle. Gaupp hatte sich schon während des Ersten Weltkriegs massiv in die Debatte über die »Kriegshysteriker« eingebracht und eine harte Vorgehensweise gegen sie gefordert. Zudem war er gegen die Frauenrechtsbewegung eingetreten und hatte nach Kriegsende den Vorstoß von Hoche und Binding zur »Freigabe der Vernichtung lebensunwerten Lebens« publizistisch unterstützt.[78]

---

77 StA Sigmaringen, Wü 66/16 T 2, Nr. 77, exemplarisch für den Aktenbestand des Gesundheitsamts zu den Erbgesundheitsverfahren; Gesetz zur Verhütung erbkranken Nachwuchses, RGBl., 1933, I, Nr. 86, S. 529 ff. beziehungsweise StA Sigmaringen, Wü 30/23, Nr. 224 sowie Nr. 221, 224a; Beschluss des Erbgesundheitsgerichts (Amtsgerichtsdirektor Gmelin) gesendet an die Universitäts-Nervenklinik, Zwangseinweisung zur Begutachtung, 24.2.1936, StA Sigmaringen, Wü 30/23, Nr. 224a. Dass Oskar Gmelin Beschlussvorlagen selbst schrieb, zeigen unzählige von ihm handschriftlich verfasste Entwürfe in den Akten des Amtsgerichts. StA Sigmaringen, Wü 30/23, exemplarisch Nr. 220; Bock: Zwangssterilisation, S. 233.

78 Wolfgang Uwe Eckart: Medizin in der NS-Diktatur. Ideologie, Praxis, Folgen, Köln 2012, S. 72 f.; Tobias Schmidt-Degenhard: Vermessen und Vernichten. Der NS- »Zigeunerforscher« Robert Ritter, Stuttgart 2012, S. 258-266; Thorsten Doneith: August Mayer. Ein Klinik-Direktor in Weimarer Republik, Nationalsozialismus und Nachkriegszeit, Stuttgart 2008.

Auch in Tübingen begann mit der Einrichtung des Erbgesundheitsgerichts 1934 die Bekämpfung der vermeintlichen kriegsbedingten »Degenerationserscheinungen«.[79] Gleich in mehreren der ersten Erbgesundheitsverfahren veranlasste Oskar Gmelin, gemeinsam mit seinen ärztlichen Beisitzern, die Sterilisierung von Kriegstraumatisierten. Zu Beginn zeigte er noch Unsicherheiten im Umgang mit der neuen Verfahrenspraxis. Das lag vermutlich daran, dass in Erbgesundheitsverfahren nicht nur außerjuristische – nämlich der Rassenhygiene entnommene – Kategorien eine Rolle spielten, sondern ganz offen auch Begründungen angeführt wurden, die eindeutig nicht medizinischen oder wissenschaftlichen Ursprungs waren. Nicht nur »schädliches Erbgut«, sondern »Sozialschädlichkeit« sollte bekämpft werden.[80] Im Mai 1934 empfand Oskar Gmelin einen Fall als schwierig und bat deshalb Dr. Wilhelm Kinkelin,[81] einen der beiden Beisitzer in dem Verfahren, das Verfassen des Beschlusses zu übernehmen. Gmelin fragte Kinkelin, ob möglicherweise ein weiteres medizinisches Gutachten nötig sei, weil das Krankheitsbild »Schizophrenie« und »angeborener Schwachsinn« der betreffenden Person in zwei vorliegenden Gutachten als »psychischer Unfallzustand« bezeichnet werde. Kinkelin antwortete: »Nach eingehender Durchsicht der Akten des unfruchtbar zu machenden G. K. [...] sehe ich genügend klar, daß es sich hier um einen angeborenen Schwachsinn handelt. Auf der Grundlage desselben entstand sein ›Versorgungsleiden‹. Die Psychopathen pflegten ja alle auf den Krieg in einer solchen Weise zu reagieren, daß sie den Gesunden das Weiterkämpfen überließen, während sie es vorzogen, in einem Lazarett oder einer Heilanstalt das Ende des Krieges abzuwarten. Man sieht auch, daß mit Kriegsende die Anstaltsbedürftigkeit langsam aufzuhören beginnt. Klar: die Leute haben ihre Kriegsrente, die ihnen zu Hause besser zustatten kommt als in der Anstalt. Das Tragische an der ganzen Sache ist, daß diese negative Kriegsauslese noch hohe Renten bezahlt bekommt, während der

---

79 S. zur Sterilisierung Kriegsbeschädigter nach dem GzVeN Löffelbein: Ehrenbürger, S. 336-344.

80 Blasius: Alltag, S. 370, 376.

81 Der aus Pfullingen stammende Arzt Wilhelm Kinkelin ist ein Akteur, dessen Biographie beispielhaft für die Zusammenhänge in der nationalsozialistischen Rassen- und Volkstumspolitik ist. Nach seiner Tätigkeit als niedergelassener Arzt in Gönningen, in deren Rahmen er auch als Beisitzer am EGG Tübingen agierte, kam er 1935 in den Stab des Reichsbauernführers Richard Walther Darré, der ihn für Leitungsaufgaben im Rasse- und Siedlungshauptamt der SS verwandte. Ebenfalls als Vertreter Darrés war Kinkelin im Präsidium von Himmlers Forschungsgemeinschaft Deutsches Ahnenerbe aktiv. 1941 wurde Kinkelin Leiter der Abteilungen »Volkstum und Siedlung« und »Ukraine« im Reichsministerium für die besetzten Ostgebiete. Er wurde SS-Brigadeführer und war eingehend mit An- und Umsiedlungen von »Volksdeutschen« sowie Rekrutierungen für die Waffen-SS befasst. Hermann Taigel: Lokalgeschichte im »Dritten Reich«. Wilhelm Kinkelins Pfullinger Heimatbuch, in: Schwäbische Heimat, 44 (1993), S. 113-121.

Gesunde sehen konnte, wie er sich nach dem Kriege wieder allein zurechtfand. Dies ist Gegenauslese in der schlimmsten Weise und unserer nationalsozialistischen Anschauung gerade entgegengesetzt.«[82]

In diesem Sinne, wenn auch nicht in der gleichen Schärfe, verfasste Kinkelin dann den Beschluss des Erbgesundheitsgerichts, dem zufolge K. unfruchtbar zu machen sei. Dabei wird deutlich, dass er die Akte keineswegs »eingehend durchgesehen« hatte. Der Betroffene, dessen Namen er in dem Brief an Oskar Gmelin nicht einmal richtig geschrieben hatte, war nicht etwa bei Kriegsende, sondern erst zehn Jahre danach aus der Anstalt heimgekehrt: »Alle Gutachten und auch die Erhebungen des Gerichts stimmen darin überein, dass seine geistigen Fähigkeiten schon von Jugend auf gering waren. Im Jahr 1915 wurde er zum Heer eingezogen und kam im Juli 1916 ins Feld. Hier versagte er bald, im Frühjahr 1917 kam er wegen ›nervöser Ueberreizung‹ ins Lazarett, von da an war er mit Ausnahme eines zweiwöchigen Aufenthalts bei der Truppe stets in Lazaretten und Heilanstalten, bis er im Juni 1928 [im Dokument verbessert von 1918, N. K.] nach Hause entlassen wurde. Schon im Mai 1917 wurde im Kriegslazarett bei ihm ein erheblicher Schwachsinn festgestellt«.[83]

K. wurde an der Westfront verschüttet, wie er in seiner Vernehmung angab, die schon vor der Übergabe des Falls von Oskar Gmelin an Wilhelm Kinkelin stattfand. Der Zusammenhang zwischen den Kriegserlebnissen und der psychischen Beeinträchtigung des Mannes ist heute wie damals deutlich zu erkennen. Dennoch beschloss das Gericht, dass unfruchtbar zu machen sei, »[d]a ein äusserer Umstand als Ursache für den bestehenden Schwachsinn nicht nachweisbar ist«, wie die Standardformulierung lautete, wenn auf »Schwachsinn« erkannt wurde.[84] Dieses Vorgehen des Tübinger Erbgesundheitsgerichts war keineswegs ungewöhnlich. Eine äußere Verletzung oder physische Gewalteinwirkung wurde in Erbgesundheitsverfahren gegen Kriegsbeschädigte grundsätzlich höchstens als ein auslösender Faktor anerkannt. Ein ursächlicher Zusammenhang zwischen Kriegsgewalt und psychischen Traumata wurde prinzipiell abgelehnt.[85]

Im selben Zeitraum des Verfahrens gegen den verschütteten Soldaten entschied Oskar Gmelin in einem weiteren Fall für eine Sterilisierung. In der Begründung hieß es: »In der Schule lernte er gut. Nach der Schulentlassung widmete er sich dem Bäckerberuf und erstand [sic!] die Meisterprüfung mit gutem Erfolg. Beim Militär diente er von 1907-1909. Zu Beginn des Weltkrieges kam er ins Feld. Im Jahre 1916 trat ohne ersichtliche äussere Ursache eine

---

82 Briefwechsel zwischen Gmelin und Kinkelin, 4. und 8.5.1934, StA Sigmaringen, Wü 66/16 T 2, Nr. 77.
83 Beschluss des Erbgesundheitsgerichts (Amtsgerichtsdirektor Gmelin), 7.7.1934, StA Sigmaringen, Wü 30/23, Nr. 224a.
84 Ebd.
85 Löffelbein: Ehrenbürger, S. 338 f.

Veränderung seines Wesens ein: er wurde still, stumpf, ängstlich und ratlos, führte Selbstgespräche und hatte zuweilen Sinnestäuschungen. Er kam [...] in die Nervenklinik Tübingen«.[86] Während des Zweiten Weltkriegs ließ Oskar Gmelin auch vermeintliche »Versager« im neuen Krieg, die aufgrund »geistiger Mängel« aus dem Kriegsdienst entlassen wurden, mit der Begründung »angeborener Schwachsinn« sterilisieren.[87]

Oskar Gmelin wurde im Umgang mit Erbgesundheitssachen zunehmend sicherer und drängte den Landgerichtspräsidenten 1937, ihm einen ausgeschiedenen ärztlichen Beisitzer zu ersetzen. Andernfalls drohe »eine, auf diesem Rechtsgebiet besonders nachteilige, Verzögerung einzutreten«.[88] Gmelin führte den Vorsitz des Tübinger Amtsgerichts trotz seines Rentenalters ab 1940 weiter, vermutlich weil wegen des Krieges kein geeigneter Nachfolger bereitstand. Dass er sich jedoch bis 1945 immer wieder selbst als Vorsitzenden des Erbgesundheitsgerichts vorschlug, deutet darauf hin, dass ihm diese Arbeit keine moralische Last war.[89] Eine Verzögerung auf diesem Rechtsgebiet war aus der Sicht der Verantwortlichen deshalb besonders nachteilig, weil die »rassische Degeneration« aufgrund von Vermischung »minderwertiger« mit »höherwertigen« Bestandteilen schon weit vorangeschritten sei und die konsequente Anwendung des »Gesetzes zur Verhütung erbkranken Nachwuchses« als wichtigste Handhabe galt, diesem laufenden Prozess gegenzusteuern und damit den vermeintlichen Verfall des deutschen Volkes doch noch abzuwenden.

Am Erbgesundheitsgericht arbeitete Hans Gmelins Vater unter anderem mit dem führenden Protagonisten der »Erforschung« und Verfolgung von »Zigeunern«, Dr. Robert Ritter, zusammen. Ritter war unmittelbar vor seiner Freistellung für die Leitung der Rassenhygienischen Forschungsstelle in Berlin – der Schaltzentrale der nationalsozialistischen Verfolgung von Sinti und Roma – Oberarzt an der Tübinger Nervenklinik. Dabei wirkte er auch kurzzeitig als stellvertretender Amtsarzt und als Beisitzer des Erbgesundheitsgerichts.[90]

---

86 Beschluss des Erbgesundheitsgerichts (Amtsgerichtsdirektor Gmelin), 6.7.1934, StA Sigmaringen, Wü 30/23, Nr. 224a.

87 Beispielsweise Beschluss des Erbgesundheitsgerichts (Amtsgerichtsdirektor Gmelin), 18.7.1944, StA Sigmaringen, Wü 30/23, Nr. 224a.

88 Amtsgericht Tübingen (Amtsgerichtsdirektor Gmelin) an den Landgerichtspräsidenten Tübingen, 13.4.1937, StA Sigmaringen, Wü 30/23, Nr. 224a.

89 Fragebogen Oskar Gmelin, StA Sigmaringen, Wü 13 T 2, Nr. 2089/130; StA Sigmaringen, Wü 30/23, Nr. 224a.

90 Es wirft ein besonderes Licht auf die Rechtspraxis des Tübinger EGG, dass Ritter als stellvertretender Amtsarzt, also als Angehöriger der zur Sterilisierung antragsberechtigten Stelle, zugleich Beisitzer an diesem Gericht war, also im Zweifelsfall über den eigenen Antrag mitentschied. Übersendung von Fallakten durch den Obersekretär des Amtsgerichts Tübingen an Universitäts-Nervenklinik (Dr. Ritter) und Universitäts-Ohrenklinik (Dr. Schwarz), 30.1.1936, StA Sigmaringen, Wü 30/23, Nr. 224a. S. auch zum Folgenden Schmidt-Degenhard: Vermessen, S. 51-150, hier: besonders

Das »Gesetz zur Verhütung erbkranken Nachwuchses« sah keine generelle Sterilisierung von »Volksfremden« beziehungsweise Angehörigen von »Fremdrassen« vor, zu denen die Nationalsozialisten Angehörige der Minderheit der Sinti und Roma zählten. »Volksfremde« waren »Volksgenossen« vor diesem Gesetz bis 1942 gleichgestellt.[91] Zudem war, wie der NS-Jurist Hans Frank erläuterte, in dem Gesetz keine Verbindung zum Strafrecht vorgesehen.[92] Ritter verfasste seine 1937 erschienene Habilitationsschrift *Ein Menschenschlag* in seiner Tübinger Zeit und legte darin trotz fehlender gesetzlicher Grundlage die Behandlung aller Sinti und Roma nach dem »Gesetz zur Verhütung erbkranken Nachwuchses« nahe. In der relativ knappen Arbeit brachte Ritter als »Zigeuner« diskreditierte Menschen und deren Nachkommen immer wieder direkt mit Verbrechen und »Schwachsinn« in Verbindung und erweckte den Eindruck, dass ein weiteres »Einsickern fremden Blutes« in den deutschen »Volkskörper« nur durch Sterilisierung zu verhindern sei: »Überall dort, wo das Erbgut der Schwachsinnigen mit dem der Vaganten zusammen fließt, ergeben sich als Nachkommen asoziale Schwachsinnige […]. Zahlreiche von ihnen sind charakteristische Vertreter der Gruppe der ›Getarnt-Schwachsinnigen‹.« In seinem Schlusswort behauptete Ritter: »Weder Rad noch Galgen, noch Schwert, […] weder Zucht- noch Arbeitshäuser, weder Kinderheime noch Erziehungsanstalten, weder Kirche noch Schule haben diesen Menschenschlag zu ändern vermocht. Denn alle diese Maßnahmen konnten nicht rechtzeitig verhindern, daß die Glieder des Gaunerschlages sich miteinander fortpflanzten, und daß sie damit ihr geprägtes Erbgut immer wieder durch die Jahrhunderte an die folgenden Geschlechter weitergaben.«[93]

Ritter machte das »Einsickern« von »Zigeunerblut« in das deutsche Volk als Ursache für erhöhtes Kriminalitätsaufkommen, »Berufsverbrechertum«, »Asozialität« und »Schwachsinn« aus. Detlev Peukert und Gisela Bock zufolge stellte diese Behauptung Ritters den entscheidenden Zusammenhang zwischen der eugenischen Sterilisierungspraxis und der rassistischen Verfolgung von Sinti und Roma sowie Juden dar. Hier zeige sich, dass der »soziale Rassismus«, der sich vornehmlich gegen »Volkszugehörige« wandte, mit dem »ethnischen Ras-

---

S. 64 f. Schmidt-Degenhard bezeichnet Ritter zwar als »Mitglied« des EGG, jedoch nur in gutachterlicher Tätigkeit. Ärztliche Gutachter waren keine Mitglieder des EGG, aber aus den Akten des Amtsgerichts geht hervor, dass Ritter Beisitzer gewesen ist und damit nicht nur begutachtet, sondern auch mitentschieden hat.

91   Doneith: August Mayer, S. 112-116; Braß: Zwangssterilisation, S. 151 f.; Bock: Zwangssterilisation, S. 358.

92   Frank: Handbuch, abgedruckt in: Mosse (Hrsg.): Alltag, S. 99.

93   Robert Ritter: Ein Menschenschlag. Erbärztliche und erbgeschichtliche Untersuchungen über die – durch 10 Geschlechterfolgen erforschten – Nachkommen von »Vagabunden, Jaunern und Räubern«, Leipzig 1937, S. 111 und Erläuterung des Schaubilds im Anhang.

sismus« gegen »Volksfremde« eng verbunden gewesen sei. In der Tat deuten Ritters Ausführungen darauf hin, dass es diesen Zusammenhang gibt. Hinzu kommt, dass Psychiater und Anthropologen die vermeintliche Nervenkrankheit »Hysterie«, zumal die »männliche Hysterie«, der auch die »Kriegszitterer« zugeordnet wurden, schon seit dem ausgehenden 19. Jahrhundert als jüdische »Rasseneigenschaft« gedeutet hatten.[94] Das geschah auch in dem nationalsozialistischen Propagandafilm ERBKRANK von 1936, in dem außerdem ein »Mischlingskind« aus dem Rheinland als geisteskrank dargestellt wurde.[95]

Es ist in diesem Zusammenhang wichtig, darauf hinzuweisen, dass der nationalsozialistische Antisemitismus zwar in diesen eugenischen Vorstellungen eine Rolle spielte, sich aber keineswegs darauf beschränkte. Eine Verbindung zwischen »innerem/sozialem« und »äußerem/ethnischem« Rassismus lässt sich zwar in der rassenhygienischen Politik nachweisen, ob aber ein Einfluss der Eugenik, oder überhaupt der »Rassenwissenschaften«, auf die Judenverfolgung bestand, kann mit guten Gründen angezweifelt werden. Lediglich in der Frage des Umgangs mit »jüdischen Mischlingen« hatten Rassenforscher mitzureden, die sich ansonsten auf »Zigeuner«, »Erbkranke« und »Asoziale« konzentrierten. Die Judenverfolgung hingegen spielte in allen politischen, sozialen und kulturellen Bereichen des Nationalsozialismus eine herausragende Rolle.[96]

Das Tübinger Erbgesundheitsgericht folgte Ritters Auffassungen zum erbgesundheitlichen Auftrag gegenüber »Zigeunern«, »Vaganten« und »Zigeuner-

94　Detlev Peukert: Alltag und Barbarei. Zur Normalität des Dritten Reiches, in: Dan Diner (Hrsg.): Ist der Nationalsozialismus Geschichte? Zu Historisierung und Historikerstreit, Frankfurt am Main 1987, S. 51-61, hier: S. 56f.; Bock: Zwangssterilisation, S. 361-365; Sander L. Gilman: Freud, Race, and Gender, Princeton 1993, S. 94f., 116ff.; Elaine Showalter: Hysteria, Feminism, and Gender, in: Dies. u.a. (Hrsg.): Hysteria Beyond Freud, Berkeley, Los Angeles 1993, S. 286-344.

95　Rassenpolitisches Amt der NSDAP, Propagandafilm ERBKRANK, Regie: Herbert Gerdes, 1936, ca. 25 Min., hier: Min. 10 und 13.

96　Im Februar 1943 machte Hitler die Spannweite des antijüdischen Feindbildes erneut deutlich: »Die gleiche Allianz zwischen dem einstigen Organ der Frankfurter Börse und der ›Roten Fahne‹ in Berlin, die wir damals als gemeinsame Feinde vor uns hatten, zeigt sich jetzt wieder zwischen den jüdischen Bankhäusern von New York, der jüdisch-plutokratischen Führungsschicht in London und den Juden des Kremls in Moskau.« Proklamation Hitlers zur Parteigründungsfeier am 24. Februar 1943, zit. nach Max Domarus: Hitler. Reden und Proklamationen 1932 bis 1945. Kommentiert von einem deutschen Zeitgenossen, 4 Bde., Teil II, Bd. 4, S. 1990-1993, hier: S. 1992. Zur Kritik an Peukerts Ansatz zum »ethnischen/anthropologischen« und »sozialen/hygienischen« Rassismus s. Frank Bajohr: Der Nationalsozialismus als »Krankengeschichte der Moderne«. Ein kritischer Blick zurück, in: Hachtmann, Reichardt (Hrsg.): Detlev Peukert, S. 146-158, hier: S. 152f. Zum begründeten Zweifel an der Bedeutung der »Rassenwissenschaften« bei der Judenverfolgung s. Dieter Pohl: Holocaust. Die Ursachen – das Geschehen – die Folgen, Freiburg u.a. 2000, S. 29; ders.: Der Holocaust und die anderen NS-Verbrechen: Wechselwirkungen und Zusammenhänge, in: Bajohr, Löw (Hrsg.): Holocaust, S. 124-140, hier: S. 126f.

mischlingen«. Unter dem Vorsitz Oskar Gmelins, der sich kurz zuvor noch erkundigte, ob die betreffende Person tatsächlich weder schreiben und lesen noch rechnen könne, wurde im Mai 1938 die Sterilisierung eines Mannes beschlossen, der »wie die meisten seiner Vorfahren« dem »Volk der Vaganten« angehöre. Er habe mit seiner Ehefrau, einem »Zigeunerabkömmling«, elf Kinder gezeugt. Der Mann, der zu jener Zeit eine Gefängnisstrafe wegen sexuellen Missbrauchs an seiner minderjährigen Stieftochter absaß, leide »an Schwachsinn, der seinem ganzen Zustandsbild nach und mangels erkennbare[r] äussere[r] Entstehungsursachen als angeboren anzusehen ist und nach den Erfahrungen der ärztlichen Wissenschaft die Gefahr begründet, dass bei weiterer Fortpflanzung die Nachkommen P[...]s an schweren geistigen Erbschäden leiden würden. Dies muss im Interesse der Volksgesundheit verhütet werden.«[97]

Die zitierten Standardformulierungen aus den Erbgesundheitsgerichtsverfahren heben in diesem Fall hervor, dass weder wegen des Verbrechens noch wegen der vermeintlichen Zugehörigkeit zu den »Vaganten« sterilisiert wurde und dennoch beides der Grund war. Das Verbrechen fungierte hier als Indiz für »erblichen Schwachsinn«, die Abkunft von »Vaganten« und die Fortpflanzung mit einem »Zigeunermischling« als dessen Erklärung.

Der »erbgesundheitliche Auftrag« wurde mit Voranschreiten des Krieges zunehmend breiter ausgelegt, während die Anzahl der Sterilisierungsverfahren an den Erbgesundheitsgerichten zurückging. Im Jahr 1943 setzten auch in Deutschland kriegsbedingte Erschwernisse des alltäglichen Lebens der Bevölkerung ein. Gleichzeitig wurde bereits seit Jahren an einem »Gesetz über die Behandlung Gemeinschaftsfremder« gearbeitet, das letztlich nicht mehr erlassen wurde.[98] Unter diesem Eindruck fühlten sich die Erbgesundheitsrichter und ihre Beisitzer ebenso wie die antragstellenden Anstalten dazu ermächtigt, gegen Menschen, die nach der »Volksschädlingsverordnung« vom Oktober 1939 verurteilt worden waren, erbgesundheitlich vorzugehen.[99]

97 Beschluss des Erbgesundheitsgerichts (Amtsgerichtsdirektor Gmelin), 11.5.1938, StA Sigmaringen, Wü 30/23, Nr. 217.
98 Vgl. zum Entwicklungsprozess dieser Gesetzesinitiative, in der unter anderen Maßnahmen auch die Zwangssterilisation vorgesehen war, Patrick Wagner: Volksgemeinschaft ohne Verbrecher. Konzeptionen und Praxis der Kriminalpolizei in der Zeit der Weimarer Republik und des Nationalsozialismus, Hamburg 1996, S. 387, 390 f.
99 Zur Ausweitung von Maßnahmen gegen »Gemeinschaftsfremde« während des Krieges und zur Verfolgung nach der »Volksschädlingsverordnung« vgl. Lieske: Opfer, S. 163 f., und Thomas Roth: »Verbrechensbekämpfung« und soziale Ausgrenzung im nationalsozialistischen Köln. Kriminalpolizei, Strafjustiz und abweichendes Verhalten zwischen Machtübernahme und Kriegsende, Köln 2010, S. 156-165, 308-317. Zum Rückgang von Sterilisierungsverfahren während des Krieges s. Gisela Bock: Gleichheit und Differenz in der nationalsozialistischen Rassenpolitik, in: Geschichte und Gesellschaft, 19 (1993), H. 3, S. 277-310, hier: S. 297.

Im April 1943 wirkte Oskar Gmelin an der Sterilisierung eines gerade achtzehnjährigen Hilfsarbeiters aus Stuttgart wegen »erblichen Schwachsinns« mit. Der Betroffene saß gerade eine Haftstrafe wegen einiger Diebstähle »unter selbstsüchtiger Ausnützung der Kriegsverhältnisse [...], also unter besonders erschwerenden Umständen«, ab. Dadurch seien »seine Arbeitsscheu und sein Hang zur Begehung von Diebstählen und damit seine Unfähigkeit, sich nutzbringend in die Volksgemeinschaft einzufügen«, ausreichend erwiesen. »Er wurde wegen dieser verbrecherischen Tätigkeit als Volksschädling zu einer längeren Freiheitsstrafe verurteilt [...]. Es handelt sich bei ihm um eine Verkümmerung der Gesamtpersönlichkeit, die nicht nur auf dem Gebiet des Verstandes, sondern ganz besonders auf dem Gebiet des Willens und des Charakters zum Ausdruck kommt und die als Schwachsinn im Sinne des Gesetzes zur Verhütung erbkranken Nachwuchses anzusehen ist.«[100] In dem Beschluss wurde erwähnt, dass der Betroffene genau wie seine Mutter »unehelich geboren« sei. Dieser Passus findet sich häufig in den Akten der Erbgesundheitsgerichte. Es ist nicht auf den ersten Blick erkennbar, dass es sich dabei bereits um einen Teil der »Beweisführung« für die Diagnose »angeborener Schwachsinn« handelte. In der rassenhygienischen Forschung wurde argumentiert, dass zwar die Persönlichkeit der Erzeuger ausschlaggebend für »angeborenen Schwachsinn« bei den Nachkommen sei – und nicht die Frage, ob sie verheiratet waren –, aber da »schwachsinnige« junge Frauen aufgrund angeblich »gesteigerter sexueller Reizbarkeit« leichter zu einer unehelichen Schwangerschaft kämen als »normale«, seien Nachkommen aus einer unehelichen Schwangerschaft überproportional schwachsinnig.[101] Die sexuelle Fortpflanzung ist in rassenhygienischer Vorstellung der Inbegriff der »Vermischung«, denn die Sexualität befindet sich an der »Kreuzung von Körper und Bevölkerung«. Das rassenpolitische Sterilisationsgesetz hatte dementsprechend besonders nachteilige Auswirkungen für Frauen, unter anderem weil die staatlich zu regulierende Fortpflanzung ganz in jene Sphäre gedrängt wurde, die ihrem Geschlecht zugerechnet wurde.[102]

Kriegstraumatisierte, vermeintliche »Mischlinge«, Homosexuelle, Menschen mit Lernschwierigkeiten, Sinti und Roma, sogenannte Asoziale, Frauen mit einem angeblich »ungehemmten Geschlechtstrieb« und als »Volksschädlinge« bezeichnete Kleinkriminelle oder »Berufsverbrecher«: Sie alle wurden mit der weitaus häufigsten Diagnose an den Erbgesundheitsgerichten – »erblicher Schwachsinn« – der Sterilisierung zugeführt. Die Betroffenen waren meist

---

100 Beschluss des Erbgesundheitsgerichts (Amtsgerichtsdirektor Gmelin), 22.4.1943, StA Sigmaringen, Wü 30/23, Nr. 224a.
101 Bock: Zwangssterilisation, S. 407 f.
102 Michel Foucault: In Verteidigung der Gesellschaft, Frankfurt am Main 1999, S. 297 f.; Bock: Zwangssterilisation, S. 401, 465.

Landwirte, Hilfsarbeiter, Tagelöhner und deren Angehörige, hatten oft ein niedriges Bildungsniveau und sicher mehrheitlich nicht ausreichende Kenntnisse, um sich in dem begrenzt möglichen Rahmen gegen das Sterilisierungsverfahren zu wehren. Juristen, Professoren und Ärzte – ausschließlich männliche Akademiker – standen auf der anderen Seite der Anklagebank.[103]

In der gleichen Ausgabe der *Tübinger Chronik* vom 10. Februar 1934, in der über den zitierten Vortrag eines Arztes vor der NS-Frauenschaft über die vermeintlichen Vorzüge des Sterilisationsgesetzes berichtet wurde, pries die Zeitung in einem nebenstehenden Artikel die Leistungen des NS-Winterhilfswerks in Mössingen: »Wir geben für unsere notleidenden deutschen Brüder, wo sie auch sein mögen, damit sie über den strengen Winter hinwegkommen nach dem großen Wort unseres Führers Adolf Hitler. In diesem Winter darf kein Volksgenosse hungern und frieren. Es ist eine Genugtuung sagen zu können, auch ich habe mitgeholfen, um die Not unserer Volksgenossen zu mildern, um Deutschland wieder einer besseren Zukunft entgegen zu führen, daß unsere Kinder und Kindeskinder wieder auf freier Scholle leben können. Deshalb zeige ein jeder, daß er Nationalsozialist der Tat ist und nicht in Worten.«[104]

Das paradox anmutende Nebeneinander von gemeinschaftlicher Sozialtätigkeit zugunsten der frierenden, hungernden und armen »Volksgenossen« und eugenischen Maßnahmen gegen Menschen, die oftmals den gleichen von sozialer Not betroffenen Gesellschaftsschichten angehörten, ist keineswegs als Widerspruch zu verstehen. Im Gegenteil, die eugenischen Maßnahmen wurden als ökonomische Notwendigkeit für das Überleben derjenigen Teile des »Volkskörpers« dargestellt, die noch für Leistungen zum Nutzen der Gemeinschaft infrage kamen.[105] Die Pflege und Versorgung von erblich Kranken wurde so zu einer zweiten »negativen Auslese« stilisiert, denn was für die »Minderwertigen« ausgegeben werde, fehle den Leistungsträgern der »Volksgemeinschaft«. Martin Broszat machte auf eine Besonderheit der »für das NS-Regime und besonders auch für Hitler selbst so charakteristische[n] Bejahung des sozial-darwinistischen Prinzips der natürlichen Auslese der Besten und Tüchtigsten durch ständigen Kampf« aufmerksam: »Wenn dieses Prinzip auch mit rassistischer Begründung versehen wurde, so implizierte es doch zugleich eine neue Legiti-

---

103 Bock: Zwangssterilisation, S. 371; Hans-Walter Schmuhl: Rassenhygiene, Nationalsozialismus, Euthanasie. Von der Verhütung zur Vernichtung »lebensunwerten Lebens«, 1890-1945, Göttingen 1987, S. 156 f.; diverse Fälle in den Akten des Tübinger Erbgesundheitsgerichts, StA Sigmaringen, Wü 30/23, Nr. 216-224a, und des Tübinger Gesundheitsamts, StA Sigmaringen, Wü 66/16 T 2, Nr. 60-100. Homosexualität wurde als »entarteter Geschlechtstrieb« in einer Erweiterung des GzVeN im Jahr 1935 als Sterilisierungsgrund genannt. Bock: Zwangssterilisation, S. 95.

104 »Die Steinlach-Metropole und das Winterhilfswerk«, in: Tübinger Chronik, 10.2.1934, StadtA Tübingen, A 150/4419.

105 Eckart: Medizin, S. 68.

mation und zugleich auch Brutalisierung des liberalistisch-frühkapitalistischen Grundsatzes der leistungsfördernden Wirkung ungehemmter Konkurrenz. Nicht zuletzt mithilfe der neuen nationalsozialistischen Legitimation und Prämierung des Konkurrenz- und Effizienzprinzips versuchte die NS-Führung eine Umfunktionierung der überkommenen bürgerlichen Gesellschaft zu einer moralisch freigesetzten Leistungsgesellschaft.«[106] Besonders herausgestellt wird diese Klassendimension, die der nationalsozialistischen Rassenpolitik auch innewohnte, durch die Einbeziehung von Alkoholikern als »soziale Schädlinge« in den Gesetzesrahmen.[107] Auch blinde und gehörlose Menschen wurden nach dem »Gesetz zur Verhütung erbkranken Nachwuchses« verurteilt. Tatsächliche Erbkrankheiten, wie die »Bluterkrankheit«, blieben demgegenüber ausgespart.[108]

In mindestens zwei Verfahren wirkte Hans Gmelin als juristischer Referendar an Vernehmungen in Erbgesundheitssachen mit, während er im Januar und Februar 1935 seine Referendariatsstation am Amtsgericht Tübingen absolvierte. In einem der beiden Fälle handelte es sich um eine Sterilisierung aufgrund angeblich »erblicher Taubheit«. Im angeforderten Gutachten der HNO-Klinik hieß es, es handle sich um eine »beiderseitige, ziemlich hochgradige Schwerhörigkeit, die praktisch einer Taubheit gleichzusetzen ist. Da in der Verwandtschaft ebenfalls ein Fall von Taubheit bekannt ist, so ist durchaus mit der Möglichkeit zu rechnen, dass hier eine ererbte Form der Taubheit vorliegt. Die Nachforschungen sind jedoch sehr lückenhaft, so dass nicht einmal mit Wahrscheinlichkeit eine sichere Entscheidung möglich ist.«[109] Dieses unklare Gutachten ist nicht ungewöhnlich für die HNO-Klinik. Auffällig weit gefasste »Zweifel« kamen in deren Gutachten häufig vor. Nur in einem Viertel der begutachteten Fälle befürwortete die Klinik eine Sterilisierung, weshalb »fast schon von einer ›Sabotierung‹ des Gesetzes« gesprochen werden kann.[110] In der Vernehmung erklärte die Frau des angeblich Erbkranken, dass sie einer Sterilisierung nicht zustimmen werde. Obwohl die Vernehmung in der Regel aus einer einfachen Aufnahme der Aussage bestand, erlaubte sich der Refe-

106 Martin Broszat: Zur Struktur der NS-Massenbewegung, in: Vierteljahrshefte für Zeitgeschichte, 31 (1983), H. 1, S. 52-76, hier: S. 67.
107 Nicole Kramer, Armin Nolzen: Einleitung, in: Dies. (Hrsg.): Ungleichheiten im »Dritten Reich«. Semantiken, Praktiken, Erfahrungen, Göttingen 2012, S. 9-26, hier: S. 17. Daraus zu schließen, es habe sich bei den Krankenmorden und den Zwangssterilisierungen um den Versuch einer »Endlösung der sozialen Frage« gehandelt, schießt deutlich über das Ziel hinaus. Vgl. die Kritik an dieser älteren These Götz Alys bei Braß: Zwangssterilisation, S. 22 f.
108 Schmuhl: Rassenhygiene, S. 157.
109 Befund der HNO-Klinik, 14.1.1935, StA Sigmaringen, Wü 66/16 T2, Nr. 64.
110 Bernd Grün: Die Medizinische Fakultät Tübingen im Nationalsozialismus. Überblick und Problematisierungen, in: Wiesing u. a. (Hrsg.): Universität Tübingen, S. 239-277, hier: S. 263.

rendar Hans Gmelin den »Vorhalt, ob sie denn die Verantwortung übernehmen wolle, dass event. weitere Kinder schwerhörig würden oder sonst einen
geistigen Defekt hätten«.[111] Diese Initiative ist ein klassisches Beispiel dafür,
wie die Verfolgten und ihre Angehörigen vor Erbgesundheitsgerichten unter
Druck gesetzt wurden. Die Ehefrau des für die Sterilisierung vorgesehenen
Mannes gab einige Monate später – vor dem vollständig zusammengerufenen
Gericht – zu Protokoll, dass sie der Unfruchtbarmachung ihres Mannes nun
doch zustimme. Diese wurde alsbald auf der Grundlage eines zweiten Gut-
achtens der Nervenklinik wegen »Schwachsinn leichten Grades« beschlossen
und zwei Monate später vollzogen. Das Gutachten der HNO-Klinik wurde im
Beschluss ignoriert.[112]

Hans Gmelins Suggestivfrage, die er an die Ehefrau richtete, verweist –
trotz des oberflächlich betrachtet kleinen Beitrags des Referendars im Gesamt-
verfahren – auf den Kern der rassistischen Erbgesundheitspolitik: die Übertra-
gung der Verantwortung an das individuelle Handeln vermeintlicher Verbreiter
»schlechter Erbmasse«. Der Grundsatz »Gemeinnutz vor Eigennutz« war ein
geflügeltes Wort des Nationalsozialismus, das aber selten so klar zur Anwendung kam wie in der Sterilisationspolitik.[113] Das Ausspielen des vermeintlichen
»Gemeinnutzes« (Erhaltung von »Volk« und »Rasse«) gegen den »Eigennutz«
des Individuums ist ein Bekenntnis zu den rassistischen Prinzipien der »Auf-
artung« und »Ausmerze«. Hinzu kommt, dass sich dieses Verfahren, wie auch
Gmelins Nachfrage, auf einen Grenzbereich des Sterilisierungsgesetzes berief.
Schwerhörigkeit und Sehschwäche wurden im Gesetz nicht explizit genannt,
dort waren nur »erbliche Taubheit« und »erbliche Blindheit« aufgeführt. Erst
im juristischen Kommentar zum Gesetz wurde die Indikation im genannten
Sinne präzisiert.[114] Dementsprechend legte ein Rechtsanwalt in einem anderen von Oskar Gmelin entschiedenen Fall Beschwerde ein, weil »hochgradige
Schwerhörigkeit« nicht unter die im Gesetz aufgeführten Erbkrankheiten falle.[115] Hier deutet sich ein Phänomen an, das aus dem Zusammenhang der Medizin wie auch aus anderen Wissenschaftsbereichen in der Zeit des Nationalsozialismus hinlänglich bekannt ist: die Entgrenzung rechtlich und moralisch
bindender Regeln durch den großen Ermessensspielraum, den der Gesetzgeber
und staatliche Institutionen in diesen Bereichen schufen, für dessen Ausschöp-

111 Vernehmung in der Erbgesundheitssache des O. B., Arbeiter in B., 4.2.1935, StA
     Sigmaringen, Wü 66/16 T2, Nr. 64. Auch in diesem Verfahren war neben dem Vor-
     sitzenden Oskar Gmelin Wilhelm Kinkelin einer der beiden ärztlichen Beisitzer.
112 Beschluss des Erbgesundheitsgerichts (Amtsgerichtsdirektor Gmelin), 21.6.1935,
     und ärztlicher Bericht, 26.8.1935, StA Sigmaringen, Wü 66/16 T2, Nr. 64.
113 Bock: Zwangssterilisation, S. 107 f.
114 Schmuhl: Rassenhygiene, S. 156.
115 Rechtsanwalt an EGG, 8.2.1936, StA Sigmaringen, Wü 30/23, Nr. 224a.

fung es aber der Selbstermächtigung der Richter, Ärzte und – wie im genannten Fall – auch der Referendare bedurfte.[116]

Die Sterilisierungspraxis war ganz auf die Vermeidung einer noch nicht eingetretenen, jedoch zukünftig möglichen Entwicklung gerichtet und entsprang einer »rassenforschenden« Tradition, die für die letztgültige Beantwortung ihrer zentralen Frage nach den angenommenen Erbfaktoren für soziale und »rassische« Unterschiede selbst immer auf die Zukunft und zukünftige Forschungen verwies. Das war ein zentraler Aspekt ihres Bestrebens, die Wissenschaftlichkeit und Objektivität ihres Arbeitens zu beweisen. Zugleich gingen die Rassenforscher davon aus, dass ihre Forschung bis dato nicht widerlegt worden sei.[117] Das Vokabular in den Erbgesundheitsgerichtsbeschlüssen, Vernehmungen und Gutachten, in denen ununterbrochen von Eventualitäten, Wahrscheinlichkeiten und Voraussichten die Rede war, entsprach damit den Forschungsarbeiten, die »durchweg im Modus der Vermutung verfasst« waren. Die Rassenanthropologen waren durchaus dazu bereit, von Thesen, die empirisch widerlegt wurden, Abstand zu nehmen, wie es nach wissenschaftlichem Ethos üblich ist.[118] In einem Rechtsverfahren hingegen läuft so ein Vorgehen auf eine Umkehrung der Beweislast hinaus, die für die Erbgesundheitsgerichte besonders charakteristisch war und in Hans Gmelins »Vorhalt« in der Vernehmung deutlich zutage tritt.[119] Ein Hamburger Amtsarzt brachte die Erbgesundheitspraxis auf die griffige Formel »In dubio pro Volksgemeinschaft«.[120] Die Formulierung, dass ein vermeintlich »offensichtliches« Leiden »mangels erkennbare[r] äussere[r] Entstehungsursachen als angeboren anzusehen« sei, war in der Unklarheit des Gesetzes bereits angelegt. Danach war es ausreichend, wenn »nach den Erfah-

---

116 Volker Roelcke: Medizin im Nationalsozialismus. Historische Kenntnisse und einige Implikationen, in: Sigrid Oehler-Klein (Hrsg.): Die Medizinische Fakultät der Universität Gießen im Nationalsozialismus und in der Nachkriegszeit, Stuttgart 2007, S. 13-32, hier: S. 30 ff.; Wildt: Detlev Peukert, S. 60 f. S. zum Ermessensspielraum der Erbgesundheitsgerichte Martin Broszat: Der Staat Hitlers. Grundlegung und Entwicklung seiner inneren Verfassung, Wiesbaden 2007, S. 400.

117 Etzemüller: Rassenanthropologie, S. 30. Etzemüller bezieht sich zwar auf die Rassenanthropologie und nicht auf die Rassenhygiene, aber die Verallgemeinerung ist meines Erachtens hier gerechtfertigt, weil sich beide Wissenschaftszweige in ihrem Instrumentarium der Rechtfertigung nicht unterschieden. S. auch Etzemüller: Suche.

118 Thomas Etzemüller: Was können wir von der Rassenanthropologie lernen? Aus dem Maschinenraum einer untoten Disziplin, in: Merkur, 70 (2015), H. 805, S. 29-41, hier: S. 39.

119 Vgl. Schmuhl: Rassenhygiene, S. 156 f.

120 Andrea Brücks, Christiane Rothmaler: »In dubio pro Volksgemeinschaft«. Das »Gesetz zur Verhütung erbkranken Nachwuchses« in Hamburg, in: Angelika Ebbinghaus, Heidrun Kaupen-Haas, Karl Heinz Roth (Hrsg.): Heilen und Vernichten im Mustergau Hamburg. Bevölkerungs- und Gesundheitspolitik im Dritten Reich, Hamburg 1984, S. 30-36, hier: S. 31.

rungen der ärztlichen Wissenschaft mit großer Wahrscheinlichkeit zu erwarten ist, daß [die] Nachkommen an schweren körperlichen oder geistigen Erbschäden leiden werden«.[121]

Wie leichtfertig an den Erbgesundheitsgerichten Gesundheit und Leben der Betroffenen »im Interesse der Volksgesundheit« riskiert wurden, zeigt sich an einem Fall aus dem September 1936: Oskar Gmelin schickte die Akten des Verfahrens an die beiden ärztlichen Beisitzer, verbunden mit der Bitte, in diesem »dringlichen Fall«, der seiner Auffassung nach keiner mündlichen Beratung bedürfe, »den angeschlossenen Beschluss zu unterzeichnen, falls Sie ihn billigen«. Das »Gesetz zur Verhütung erbkranken Nachwuchses« sah ausdrücklich eine mündliche Verhandlung jedes Falles vor. Da einer der beiden Beisitzer verreist war, leitete der andere nach Rücksprache mit Oskar Gmelin die Akten an einen dritten Arzt weiter, den er darum bat, den Beschluss zu unterzeichnen: »Ich kenne die Kranke auch persönlich, es handelt sich sicher um eine einwandfreie Schizophrenie.« Am selben Tag schrieb die Mutter der Betroffenen einen Brief an Amtsgerichtsdirektor Gmelin, in dem sie von ihrem ursprünglichen Wunsch, dass das Verfahren schnell über die Bühne gebracht werde, abrückte. Sie äußerte nun Besorgnis über die möglichen physischen und psychischen gesundheitlichen Folgen, die eine Sterilisierung für ihre Tochter haben könnte, und erkundigte sich zudem, ob das Verfahren irgendwelche Auswirkungen auf ihre übrigen Kinder, die Geschwister der Betroffenen, habe. Der Vater legte gegen den Sterilisierungsbeschluss, der dennoch erfolgte, Beschwerde beim Erbgesundheitsobergericht in Stuttgart ein, die im Oktober abgelehnt wurde. Die Betroffene wurde im Dezember 1936 in der Frauenklinik von Professor August Mayer sterilisiert. Ihr Bruder beantragte 1941 die Ausfertigung von Eheunbedenklichkeitszeugnissen beim Gesundheitsamt Tübingen.[122]

Hier zeigt sich deutlich, wie sich der gerichtliche Ermessensspielraum in Leichtfertigkeit übersetzte, die letztlich schwere gesundheitliche Schäden bis hin zum Tod der Betroffenen in Kauf nahm. Es waren vor allem Frauen, die die Folgen sterilisierender Eingriffe nicht überlebten. Die chirurgischen Eingriffe waren für sie ungleich riskanter als für Männer. Während sie reichsweit die Hälfte der Gesamtzahl der Sterilisierten ausmachten, waren 90 Prozent der etwa 5.000 Menschen, die infolge eines Eingriffs starben, Frauen.[123] Für Tübingen wird die Gesamtzahl von 1.158 sterilisierten Personen genannt, wobei es sich um mindestens 655 Frauen und mindestens 503 Männer gehandelt hat. An der Tübinger Frauenklinik starben mindestens vier Frauen im Verlauf von Sterilisierungen.[124] Zudem konnte diese Leichtfertigkeit Folgen für die restli-

---

121 GzVeN, § 1 (1), StA Sigmaringen, Wü 30/23, Nr. 224.
122 StA Sigmaringen, Wü 30/23, Nr. 224a; StA Sigmaringen, Wü 66/16 T 2, Nr. 77.
123 Bock: Zwangssterilisation, S. 12, 374-380.
124 Grün: Fakultät, S. 262 f.; Doneith: August Mayer, S. 93.

che Familie haben. Sowohl die Sterilisierung nach dem »Gesetz zur Verhütung erbkranken Nachwuchses« als auch der spätere Krankenmord ohne gesetzliche Grundlage rückten Angehörige deutlich in die Nähe schlechten Erbguts, was schlimmstenfalls deren Sterilisierung oder ein Eheverbot nach sich ziehen konnte.[125]

Bei allen Unterschieden zur späteren Praxis des Krankenmords im Rahmen der »Aktion T4« und zu den Morden an Anstaltsinsassen im rückwärtigen Heeresgebiet der Ostfront sind das Gesetz und die Rechtspraxis zur »Verhütung erbkranken Nachwuchses« als der erste Schritt in der NS-Zeit zu betrachten, der sich direkt gegen die körperliche Unversehrtheit vermeintlicher »Erbkranker« und »Gemeinschaftsfremder« richtete. Zudem wurden von Anbeginn unter der Hand, ab 1935 dann offiziell, zwangsweise Schwangerschaftsabbrüche durchgeführt.[126] Im Unterschied zu den späteren Mord- und auch Sterilisierungsaktionen geschah dies in aller Öffentlichkeit und nach der allgemeinen Form eines rechtsstaatlichen Prozedere, das durch zwei gerichtliche Instanzen und ein »gewissenhaft« geführtes Beweisaufnahmeverfahren mit Einzelfallprüfung inszeniert wurde. In eklatantem Widerspruch zur Inszenierung von Rechtsstaatlichkeit stand die Umkehrung der Beweislast, wonach eine »äußerliche Ursache« bewiesen werden musste, um die Annahme der Erblichkeit zu entkräften und die damit drohende Sterilisierung abzuwenden. Darüber hinaus war die vorgesehene Anwendung von körperlichem Zwang während aller Verfahrensschritte unvereinbar mit der Tatsache, dass das Gesetz weder der Form noch dem Willen der Gesetzgeber nach dem Strafrecht zugerechnet worden war.

Die Anzahl verschiedener Bevölkerungsgruppen, die von der rassenpolitischen Praxis der Erbgesundheitsgerichte betroffen waren, war auf keinem anderen Gebiet so groß, und viele hatten auch nach dem Eingriff keine Ruhe vor behördlichen Übergriffen, die bis hin zum Mord reichen konnten. Ebenso breit war die Argumentationsweise gefächert: Wurde im einen Fall ausschließlich mit der »äußeren Erscheinung« argumentiert, stützte sich die »Beweisführung« im nächsten nur auf die direkte familiäre Abstammung und die Gesundheit der restlichen Familienangehörigen, während in einem dritten Fall ausschließ-

---

125 Bock: Zwangssterilisation, S. 326-339; Götz Aly: Die Belasteten. »Euthanasie« 1939-1945. Eine Gesellschaftsgeschichte, Frankfurt am Main 2012, S. 290; Braß: Zwangssterilisation, S. 60-66.

126 Hier kam erneut eine Verbindung von »ethnischem« und »sozialem« Rassismus zum Tragen, die Detlev Peukert so wichtig war. Schwangerschaftsabbrüche konnten aufgrund »rassischer Notfälle« bei Schwangerschaften mit einem jüdischen »Mischling« angeordnet werden. S. dazu Robert Jay Lifton: Ärzte im Dritten Reich, Stuttgart 1986, S. 42 f.; Schmuhl: Rassenhygiene, S. 158-162, und Winfried Süß: Der »Volkskörper« im Krieg. Gesundheitspolitik, Gesundheitsverhältnisse und Krankenmord im nationalsozialistischen Deutschland 1939-1945, München 2003, S. 37 f.; Bock: Zwangssterilisation, S. 195-208.

lich das soziale und moralische Verhalten oder die »Lebensbewährung«[127] der
Betroffenen herangezogen wurde. Die Entscheidung für eine Zwangssterilisierung wurde in der Regel nicht biologisch oder medizinisch positiv begründet, sondern nach einem abenteuerlichen Ausschlussprinzip, das sich vor allem
auf Beobachtungen des Sozialverhaltens, Bildungsgrads oder anderer Faktoren
stützte. In diesem Zusammenhang ist die Feststellung wichtig, dass es keinen
Rassismus gibt, der »an einer fiktiven (da an keiner ›rassisch‹ definierten Gruppe
erweisbaren) ›eigentlichen Biologie‹ zu messen und als ›eigentlich biologisch‹
beziehungsweise ›rassisch‹ vom realen historischen Rassismus zu unterscheiden
ist«.[128] Vielmehr trat »der Rassendiskurs dort, wo er sich zum ersten Mal im
19. Jahrhundert zu einer expliziten Rassentheorie formierte, weder essentialis-
tisch noch reduktionistisch« auf, sondern suchte »in und mit dem Begriff der
Rasse präzise das zu kennzeichnen [...], was im heutigen Verständnis als das
Gegenteil von Rasse und Natur gilt: Geschichte und Kultur«.[129] Natur und
Kultur, Biologie und Soziales, Medizin und Justiz gingen in den Beschlüssen
der Erbgesundheitsgerichte eigentümliche wechselseitige Begründungsverhält-
nisse ein. Vielleicht so deutlich wie an keiner anderen Stelle zeigt sich an der
Erbgesundheitspraxis des Nationalsozialismus, wie wenig »Rasse« und »Kultur«
einander ausschließende Begründungszusammenhänge bildeten. Vielmehr waren diese Kategorien im nationalsozialistischen Rassismus insgesamt vielfältig
miteinander »verwoben«.[130]

Letztlich war es die breite Anwendbarkeit des Rassenbegriffs, die sich als ent-
scheidender Faktor für seinen Siegeszug herausstellte.[131] Es erscheint in diesem
Kontext gerechtfertigt, von einem Primat der Praxis vor der Theorie zu spre-
chen. Daher ergibt es wenig Sinn, auf die Widersprüchlichkeit der rassistischen
Argumente zu verweisen. Durch die Flexibilität der Begründungen wird die
Aufmerksamkeit vielmehr auf die Unterscheidungspraxis gelenkt, die offenbar
von zentralerer Bedeutung war. Während das Objekt und die Begründung von
Rassismus sich durchaus verändern können, bleibt die »Überzeugung von einer
allgemeinen und ›natürlichen‹ Notwendigkeit bewußter Abgrenzungs- und
Ausgrenzung*praktiken* für das Überleben, die Sicherheit und Erhaltung der

---

127 Die »Lebensbewährung« wurde für Frauen und Männer äußerst unterschiedlich
      ausgelegt. Wurden Männer vor allem anhand ihres beruflichen Erfolgs und hand-
      werklichen Geschicks beurteilt, ging es bei Frauen um haushälterische Fähigkeiten
      und Sexualverhalten. Bock: Zwangssterilisation, S. 410-423.
128 Ebd., S. 351.
129 Geulen: Wahlverwandte, S. 70 f.
130 Vgl. Rita Chin, Heide Fehrenbach: Introduction: What's Race Got to Do with It?
      Postwar German History in Context, in: Geoff Eley, Atina Grossmann (Hrsg.): After
      the Nazi Racial State. Difference and Democracy in Germany and Europe, Ann
      Arbor 2009, S. 1-29, hier: S. 13 f.
131 Geulen: Geschichte, S. 95 f.

jeweils eigenen Identität« erhalten.[132] Das ist auch der Grund, warum Widerstand und Anpassungsverweigerung während des Kriegsverlaufs dazu führten, dass die Grenzen der nationalsozialistischen »Volksgemeinschaft« immer enger gezogen wurden und die Verfolgung sich tendenziell auf immer mehr Menschen ausweitete.[133]

Die beschriebene Rechtspraxis an den Erbgesundheitsgerichten kann unmöglich ohne Folgen für das Rechtsverständnis eines jungen Juristen im Referendariat geblieben sein. Für die biographische Entwicklung von Hans Gmelin ist die Referendariatsstation am Erbgesundheitsgericht besonders interessant, weil sie die verschiedenen Subformen des nationalsozialistischen Rassismus ebenso deutlich zutage treten lässt wie die Bedeutung der Verfahrenspraxis. Zudem markiert die Zusammenarbeit zwischen dem Vater in leitender Funktion und dem Sohn als Referendar, so kurzzeitig und geringfügig sie auch gewesen sein mag, den Übergang zwischen prägender familiärer Sozialisation und selbstständiger Handlungsentwicklung.

---

132 Geulen: Wahlverwandte, S. 17 f.; s. auch Hall: Rassismus, S. 913 f.; Balibar: Neo-Rassismus, S. 30.
133 Peukert: Volksgenossen, S. 295.

ERFÜLLUNG EINER
»VÖLKISCHEN SEHNSUCHT«
SA-Aktivismus in Württemberg und
im »Volkstumskampf«

SA-Dienst und Wehrsport

Der Führungsanspruch unter den rechten Wehrsportverbänden war mit der vollständigen Machtübernahme der nationalsozialistisch geführten Reichsregierung im März 1933 endgültig auf die SA übergegangen. Auch wenn dieser Anspruch von anderen NS-Organisationen mitunter herausgefordert oder infrage gestellt wurde,[1] gab es für den Stahlhelm nur noch die Möglichkeit, sich der Führung der SA zu unterwerfen und dabei auf weitgehende Eigenständigkeit zu hoffen oder unterzugehen. Der württembergische Landesverband hatte, wie bereits geschildert, nach der Märzwahl die SA dabei unterstützt, in Stuttgart und der Provinz die Macht für die Hitler-Regierung sicherzustellen. An anderen Orten Deutschlands versuchte der Stahlhelm allerdings, neue Mitglieder aus Organisationen hinzuzugewinnen, die nach der Machtübernahme unter scharfen Repressionsdruck gerieten. Das betraf vor allem das Reichsbanner und war keineswegs als Öffnung des Frontkämpferbunds für demokratischere Ansichten zu verstehen. Dem Stahlhelm ging es allein darum, durch einen Mitgliederzuwachs Macht zurückzugewinnen und im Vergleich zur SA nicht in völlige Bedeutungslosigkeit zu versinken. Der Stahlhelm in Braunschweig, der diese halb verdeckte Aufnahmepolitik verfolgte, musste sie mit seiner Entwaffnung und Auflösung bezahlen.[2] Der Württemberger Stahlhelm beklagte zwar unkameradschaftliches Verhalten, auch Angriffe vonseiten der nationalsozialistischen Bewegung und kritisierte die Aktion gegen die Braunschweiger Kameraden, allerdings hatte er bereits in vorauseilendem Gehorsam auf die neue Situation reagiert: Am 25. März 1933, wenige Tage vor der Auflösung des Braunschweiger Stahlhelms, wurden im Stahlhelm-Gau Stuttgart »nochmals« die »Verhaltensmaßregeln für Neuaufnahmen und für die Zusam-

---

1 Vgl. Ringo Wagner: Wehrsport und Sport in der SA, in: Müller, Zilkenat (Hrsg.): Bürgerkriegsarmee, S. 373-392, hier: S. 374. In vielen NS-Organisationen wurde Sport oder Wehrsport getrieben, nicht zuletzt auch in der SS, s. Berno Bahro: Der SS-Sport. Organisation – Funktion – Bedeutung, Paderborn 2013.
2 Hoffstadt: Frage.

menarbeit mit den Parteidienststellen« bekannt gegeben. Beitrittsgesuche, besonders in größeren Städten, sollten »der Politischen Polizei zur Stellungnahme vorgelegt« werden, sodass »unlautere Elemente, vor allem politisch Belastete«, nicht in den Stahlhelm aufgenommen würden. Denn daran habe der Frontkämpferbund »bestimmt kein Interesse«.[3]

Der baden-württembergische Landesführer Richard Wenzl gab im Mai 1933 eine ambivalente Erklärung ab, die zwischen Trotz und Leugnung zu oszillieren schien und nach deren Verlesung wohl kein Stahlhelm-Mitglied mehr gewusst haben dürfte, ob eine Existenzberechtigung des Frontkämpferbunds überhaupt noch gegeben war. Wenzl sprach den ungeheuren Druck an, der auf dem Stahlhelm laste, betonte aber, dass dieser von »innen« – aus dem Stahlhelm selbst – heraus käme. Rudolf Heß, seit April 1933 Hitlers Stellvertreter in der Führung der NSDAP, habe zwar Doppelmitgliedschaften in Stahlhelm und NSDAP »vorläufig« ausgeschlossen, aber der Bundesverband des Stahlhelms habe es seinerseits versäumt, sich auf die nun stattfindende Revolution einzustellen. Der Landesverband Württemberg habe dagegen sogleich nach dem 30. Januar alle notwendigen Entscheidungen getroffen. Die Maßgabe laute nun: »Zurück zum reinen Wehrverband!« Adolf Hitler habe mit seiner Bewegung die Macht im Staat verdientermaßen errungen und dabei in seine »Armee« aus SA und SS viele Stahlhelmer aufgenommen. Das nationale Bündnis müsse nun auf jeden Fall erhalten und der Bestand des Stahlhelms gesichert werden.[4]

Anders als der Stahlhelm in anderen Regionen und auf Reichsebene war der württembergische Stahlhelm in seinem Verhältnis zu SA und NSDAP allgemein stärker darauf bedacht, die gleichen Interessen hervorzuheben. Diese Beobachtung gilt in besonderem Maße für Gmelins Stahlhelm-Hochschulgruppe an der Universität Tübingen, wie ein Briefwechsel zwischen deren Führer und dem Führer des Tübinger Nationalsozialistischen Deutschen Studentenbunds, noch vor der Machtübernahme, zeigt. Der Stahlhelmer Grießhaber entschuldigte sich beim Führer des NSDStB, Gerhard Schumann, für den Artikel eines Stahlhelm-Mitglieds in der Regionalpresse. Dieses habe unbefugt und allein gehandelt: »Wir andern Stahlhelmer bedauern diesen Schritt und stehen keineswegs dahinter, vor allem nicht die Hochschulgruppe. Für die Wahrheit meiner Angaben bürge ich. So wie du mich im letzten Sommer kennen lerntest, wirst du wissen, denke ich, dass ich in den SA- u. SS-Leuten immer nur Kameraden im deutschen Freiheitskampf sah und mich nie für die Führung einer Gruppe hergegeben hätte, die als Ziel eine Hetze gegen die NSDAP hätte.«[5]

---

3 Steiss: Unser Marsch, S. 48.
4 Landesführerbrief Nr. 3, Stahlhelm LV Baden-Württemberg, Freiburg, 1.5.1933, StA Sigmaringen, FAS Sa A1 T1, Nr. 7.
5 Grießhaber an Schumann, 14.1.1933, BArch, NS 38/3648.

Grießhaber verwies in seinem Brief auf eine Rede des ehemaligen Badener und Württemberger Stahlhelm-Vorsitzenden Georg von Neufville, der den Stahlhelm dazu aufgerufen habe, die »Sturmbannleute« als Kameraden und nicht als Gegner zu betrachten. Schumann beantwortete den Brief kühl, aber freundlich, zeigte sich erfreut, dass Grießhaber mit der Sache nichts zu tun habe, betonte aber, dass die Veröffentlichung keine Einzelmeinung im Stahlhelm sein könne. »[E]ine solche Entgleisung müssen eben leider immer auch die anständigen Leute mitbüßen. Ich halte es für möglich und hoffe es eigentlich, daß wir mit der Stahlhelm-Hochschulgruppe unter Deiner Führung wenigstens künftig ordentlich zusammenarbeiten können.« Aufseiten der Nationalsozialisten hege man allerdings allmählich ziemlich starke Ressentiments gegen den Stahlhelm, teilte Schumann dem Stahlhelm-Hochschulführer mit. Eine Verbindungsfigur zwischen den beiden Hochschulgruppen scheint der Professor und spätere Gleichschaltungskommissar der Universität, Gustav Bebermeyer, gewesen zu sein. Wenn auch das Machtgefälle in der Kommunikation zwischen den beiden Hochschulgruppenführern eindeutig zugunsten des NSDStB ausfiel, so ist doch klar, dass sich Schumanns Kritik nicht gegen die Stahlhelm-Studenten an sich, sondern allenfalls gegen ihre Mitgliedschaft in einer Konkurrenzorganisation richtete.[6]

Im Herbst des Jahres 1933 wurde der Stahlhelm vollständig umstrukturiert. Männer bis 35 Jahre wurden zum »Wehrstahlhelm« zusammengefasst, während die Älteren den »Kernstahlhelm« bildeten. Der Wehrstahlhelm wurde im Oktober an die SA überstellt, Kernstahlhelmer unter 45 Jahren folgten bald darauf in die SA-Reserve I. Der verbleibende Rest galt formal als SA-Reserve II und nannte sich fortan Nationalsozialistischer Deutscher Frontkämpfer-Bund – Stahlhelm (NSDFB).[7] Der traditionelle Stahlhelm-Gruß »Front Heil« wurde in »Frontheil Hitler« abgeändert. Dieses Überbleibsel des Stahlhelms war aber über ein halbes Jahr später in vielen Teilen Deutschlands und trotz der starken Kooperationsbereitschaft auch in Württemberg offenbar noch manchen Anfeindungen ausgesetzt. Am 5. Juni 1934 verbot der Führer der SA-Gruppe Südwest, Hanns Ludin, strengstens jegliche Aktion gegen den NSDFB. Dieser Befehl, der kurz vor dem »Röhm-Putsch« ausgegeben wurde, fiel nicht zufällig mit dem Höhepunkt der Auseinandersetzungen zwischen Rest-Stahlhelm und SA zusammen.[8] Im April 1934 wurde in einem Brief von untergebener Stelle an den Gruppenführer Ludin beklagt, dass mit dem Stahlhelm Personen in die SA

---

6 Briefwechsel Grießhaber und Schumann, 14. und 18.1.1933, BArch, NS 38/3648.
7 Richard Bessel: Political Violence and the Rise of Nazism. The Storm Troopers in Eastern Germany 1925-1934, New Haven 1984, S. 121.
8 NSDFB KV Hohenzollern, Kreis-Erlass Nr. 1/34, Sigmaringen, 6.6.1934, StA Sigmaringen, FAS Sa A1 T1, Nr. 7; Bessel: Violence, S. 121 f.

eingegliedert worden seien, die man zuvor »wegen politischer Unzuverlässigkeit abgelehnt« habe. Der Stahlhelm habe diese Personen ohne Weiteres aufgenommen und sogar in hohe Positionen gelangen lassen, wodurch sie heute zum Teil Vorgesetzte der sie einst zu Recht ablehnenden SA-Männer seien. Dadurch werde die Kameradschaft in den SA-Stürmen zerstört.[9]

Wie groß das Ausmaß echter oder vermeintlicher Unterwanderung der SA im Frühjahr 1934 tatsächlich war, ist unklar. In der Tat hatten manche Sozialdemokraten und Kommunisten durch Eintritt in den Stahlhelm freiwillig oder unfreiwillig ihren Weg in die SA gefunden. Nicht zu klären ist jedoch, wie viele dies aus Taktik mit dem Ziel einer Unterwanderung oder aus gewandelter Überzeugung taten.[10] Nach der »Säuberung« der SA infolge des »Röhm-Putschs« im Sommer 1934 sah die Situation weitgehend anders aus: Die SA-Führung erklärte im Oktober 1934, dass ehemaligen, altgedienten Stahlhelmern, die in die SA-Reserve I aufgenommen worden waren, die »Berechtigung zum Tragen des Winkels für alte Kämpfer« zukomme.[11]

Das Ranggefüge, das innerhalb des Stahlhelms bestanden hatte, wurde bei der Eingliederung der Wehrstahlhelm-Führer berücksichtigt. Das bedeutete, dass diese nach ihrer Aufnahme in die SA befördert und mit Leitungsaufgaben betraut wurden. Hans Gmelin, der die Tübinger Stahlhelm-Hochschulgruppe im Sommersemester 1933 im Rang eines Kompanieführers leitete, wurde in der SA zum Obersturmführer ernannt. Er überführte seine Stahlhelm-Hochschulgruppe bereits am 11. September 1933 in die SA, wo sie zunächst noch unter Gmelins Führung als Sturm IV in den »selbstständigen« SA-Sturmbann 216 übernommen wurde. Dieser Sturmbann der »Studenten-SA« war direkt der SA-Untergruppe Württemberg unterstellt und nicht zuerst einer Standarte. Der Sturmbann 216 war bis Mai 1934 in den Räumen des Tübinger SA-Hochschulamtes in der Wilhelmstraße untergebracht, mit dem zusammen er in Personalunion von Gerhard Schumann geleitet wurde. Hans Gmelin, der seit 1931 an fünf Wehrsportlagern des Stahlhelms teilgenommen hatte, wurde in seinem Sturm zuständiger Referent für Wehrsport und Schießausbildung. Während des Referendarexamens übernahm er zum 1. Mai 1934 die Führung des Sturms 13 im Studenten-Sturmbann.[12]

9 Brief an SA-Gruppenführer Ludin, 17.4.1934, StA Ludwigsburg, PL 505, Bü 7.
10 Siemens: Stormtroopers, S. 158f.
11 Abt. SAR I, SA-Gruppe Südwest, 19.10.1934, StA Ludwigsburg, PL 505, Bü 7.
12 SA-Gruppe Südwest, Gruppenbefehl Nr. 31/33, 7.12.1933, StA Ludwigsburg, PL 505, Bü 2; Personalfragebogen, 20.5.1939, BArch, SA 177, Hans Gmelin (ehem. BDC); Handschriftlicher Lebenslauf, 14.3.1934, PA AA, Personalakten 4.500 (Hans Gmelin); Führer des SA-Sturmbanns 216 an Stadtgemeinde Tübingen und Fraktionsführer der NSDAP, 28.5.1934, StadtA Tübingen, A 150/5541; Schumann an Reichsführer NSDStB (Stäbel), 11.9.1933, BArch, NS 38/3697.

Das SA-Hochschulamt[13] organisierte seit seiner Gründung Ende 1933 den verpflichtenden Wehrsport, der im Sommersemester 1933 an der Universität eingeführt worden war. Nicht nur SA-Mitglieder, sondern auch alle übrigen Studenten hatten sich zur wehrsportlichen Pflichtübung zu melden, die neben dem Studium zu absolvieren war. Neu Immatrikulierte wurden ab dem Sommersemester 1933 zu einem mehrwöchigen Lageraufenthalt geschickt, an dessen Ende die Aufnahme in die Studenten-SA stand. Letztere erfolgte zwar freiwillig, aber es wurde großer Druck auf die einzelnen Studenten ausgeübt. Innerhalb kürzester Zeit häuften sich Beschwerden des Lehrkörpers über die allzu große Vereinnahmung der Studenten durch den SA-Dienst. Die Prüfungsleistungen ließen erheblich nach, was zu Debatten zwischen einzelnen Hochschullehrern und dem SA-Hochschulamt führte. Dabei ging es beispielsweise um die Frage, ob Kandidaten der Medizin, deren Examensergebnisse mangelhaft waren, dennoch ins Berufsleben entlassen werden könnten, wenn sie als Nationalsozialisten dem SA-Dienst genügt hatten. Als im Januar 1934 SA-Studenten die Vorlesung des katholischen Theologen Karl Adam störten, der ein ausgesprochener Verfechter des Nationalsozialismus war, ging es nicht nur um angeblich »judenfreundliche« Äußerungen, die Adam zugeschrieben wurden, sondern auch um die Frage, ob die Katholische Fakultät es gewagt habe, ihren Studenten die Teilnahme am Arbeits- und SA-Dienst zu untersagen. Die Studenten waren nach Aussage des Dekans tatsächlich vom SA- und Arbeitslagerdienst freigestellt worden, allerdings nicht von der Fakultät, sondern durch einen Regierungsbeschluss. Die Befreiung sei erfolgt, weil der SA-Dienst die Ausbildung an der Waffe beinhalte, die Geistlichen aber im Einsatzfall nicht zum Waffendienst, sondern zu Seelsorge und Sanitätsdienst herangezogen würden. Entsprechend seien die Studenten der Katholischen Theologie zur Teilnahme an einem Sanitätskurs als Ersatz für den SA-Dienst verpflichtet. Es bestehe aber zusätzlich die Möglichkeit, freiwillig am SA-Dienst teilzunehmen, wovon laut Dekan über 60 Prozent der Studierenden Gebrauch machen würden.[14]

Wehrsport und Schießausbildung standen in der Tat im Zentrum des SA-Diensts. Der Führer der Studenten-SA, Gerhard Schumann, hob hervor, dass das gute Funktionieren der Wehrübungen auf die enge Zusammenarbeit mit der Reichswehr zurückzuführen sei, die er selbst angestoßen habe. Im Frühjahr

---

13 Zur kurzen Geschichte der SA-Hochschulämter, denen auch bei der ideologischen Indoktrination der Studenten im Zusammenhang mit der Gleichschaltung der Universitäten eine wichtige Rolle zukam, s. Siemens: Stormtroopers, S. 145-151.

14 Briefwechsel zwischen Schumann, SA-Hochschulamt und Prof. Stolz, Dekan der Katholisch-Theologischen Fakultät, 2.-22.3.1934, StA Ludwigsburg, PL 505, Bü 364; Adam: Hochschule, S. 89-93; Schönhagen: Tübingen, S. 161-165, 238; Bericht der aktiven Normannen über das S. S. 1933, in: Normannen-Blätter, 2. Folge, Nr. 1, September 1933, S. 1 ff.

1933 hatte Schumann mit Zustimmung der SA-Gruppe Südwest und der Untergruppe Württemberg sowie der württembergischen Staatsregierung mit der Reichswehr vereinbart, dass die Unterweisung der Studenten im Schießen und in der Waffenlehre von Ausbildern der Reichswehr nach einem genauestens festgelegten Plan durchgeführt werden solle.[15]

Die Sport- beziehungsweise Wehrsportpflicht, die die SA an den Hochschulen organisierte, hatte auch eine besondere disziplinarische Bedeutung. Ebenso wie beim regulären SA-Dienst und im Gemeinschaftslager für Referendare im brandenburgischen Jüterbog war es die Kombination von weltanschaulichem Unterricht und Sport, die die jungen Männer das nationalsozialistische Konzept von Hierarchie, Gehorsam und Unnachgiebigkeit verinnerlichen ließ. Alle Methoden, Prinzipien und Rangordnungen konnten durch körperliche Praktiken eingeübt werden. Aus körperhistorischer Perspektive lässt sich dieser Prozess mit Michel Foucault als eine »Normalisierung« von Machtverhältnissen fassen, weil die Disziplinierung der Körper auf dem Weg der sportlichen Betätigung »freiwillig« internalisiert und nicht mit Repression in sie eingeschrieben wurde.[16] Dieser Effekt des Sports war keine Entdeckung der NS-Zeit, sondern ist eine zu verschiedenen Zeiten unterschiedlich stark hervortretende Begleiterscheinung des Gemeinschaftssports – ein Überschuss, bei dem es weniger auf eine offen propagierte Sinnstiftung ankommt als auf die Praxis selbst, das Spiel, die gemeinsame Anstrengung, die dem Regelwerk genügt. Es reicht für die weltanschauliche Funktion völlig aus, wenn diese Aktivitäten nur in einem weiteren Kontext Bezug zu den Inhalten haben. Es handelt sich um das Phänomen einer »stillen Pädagogik der Körpersozialisation, die den Körper als Vermittlungsinstanz zum Selbst begreift und davon ausgeht, daß Bewegungen nicht nur äußere, sondern auch innere Haltungen einschleifen«.[17] Der studentische SA-Sport, den Hans Gmelin in Tübingen – auch als Leiter des Sportamts im AStA – maßgeblich mitorganisierte, war demzufolge eine wichtige Vermittlungs- und Mobilisierungsinstanz in der Etablierungsphase der nationalsozialistischen Herrschaft, deren gemeinschaftsbildende Bedeutung zunächst nicht direkt mit nationalsozialistischen Politikinhalten verbunden zu sein schien.

Die SA-Gruppe Südwest wurde seit April 1933 von Hanns Ludin geführt, der die Nachfolge Dietrich von Jagows antrat. Ludin, der bis zu seiner Hinrichtung 1947 zu Gmelins engsten Bezugspersonen gehören sollte, war zuvor Führer der SA-Untergruppe Baden und in den ersten Wochen nach der Machtübernahme zudem Polizeipräsident in Karlsruhe gewesen. Von Jagow war der Auffassung,

---

15 Schumann an Bundesführer des NSDStB (Stäbel), 5.5.1933, BArch, NS 38/3697.
16 Vgl. Geneviève Rail, Jean Harvey: Body at Work. Michel Foucault and the Sociology of Sport, in: Sociology of Sport Journal, 12 (1995), H. 2, S. 164-179, hier: S. 165; s. auch Raphael: Pluralities, S. 85.
17 Planert: Körper, S. 553.

dass Ludin »der fähigste Gruppenführer in der Obergruppe V« sei. Das wird
der Grund gewesen sein, warum die Führung der SA-Gruppe Südwest Ludin
und nicht dem fast zehn Jahre älteren SA-Oberführer Gottlob Berger, der bis
dahin die Untergruppe Württemberg geleitet hatte, übertragen wurde. Fest
steht, dass Berger sich zurückgesetzt fühlte und die Tatsache, einem deutlich
jüngeren SA-Führer untergeben zu sein, als ehrenrührig empfand. Nach späteren, weitgehend übereinstimmenden Aussagen gerieten beide bei einem Gespräch in Ludins Büro so heftig aneinander, dass der Schaden nicht mehr zu beheben war und der rangniedrigere Berger die SA verlassen musste.[18] Ludin teilte
der SA-Gruppe im Mai 1933 mit, dass er Bergers Beurlaubung bei der Obersten
SA-Führung veranlasst habe und sich die Verbreitung von Gerüchten über den
Vorgang verbitte. Berger wurde im Juni aus der SA entlassen, und es verband
ihn fortan eine ausgeprägte Feindschaft mit Ludin, aber auch mit von Jagow
und anderen – meist jüngeren – SA-Führern aus Baden und Württemberg.[19]
Die Intimfeindschaft zwischen Berger und Ludin führte paradoxerweise dazu,
dass spätere Begegnungen und dienstliche Kooperationen zwischen ihnen stets
positiv verliefen. Der Grund dafür war vermutlich, dass beide in der festen Erwartung des Widerstands des anderen versuchten, sich möglichst unangreifbar
zu machen und Schwierigkeiten aus dem Weg zu gehen.

Hanns Ludin war trotz seines jungen Alters – er war im Frühjahr 1933 noch
keine 28 Jahre alt – eine Berühmtheit. Als junger Reichswehroffizier hatte er
gemeinsam mit seinem Freund Richard Scheringer und einem weiteren Leutnant, Hans Friedrich Wendt, eine nationalsozialistische Zelle in der Reichswehr gebildet. Die vor allem propagandistische Tätigkeit am Standort ihres
Artillerieregiments in Ulm wurde entdeckt, woraufhin den drei Offizieren in
Leipzig wegen Hochverrats der Prozess gemacht wurde. Zum »Ulmer Reichs-
wehrprozess« 1930 war Adolf Hitler als Zeuge der Verteidigung geladen, der so
Gelegenheit erhielt, eine Legalitätserklärung für seine Bewegung abzugeben,
deren Ziel die Machtübernahme blieb. Die Aussage des ehemaligen Putschisten
erfuhr große Aufmerksamkeit in der Öffentlichkeit. Hitler zeigte sich für diese
»Bühne« erkenntlich, denn der in Freiburg geborene Ludin bekam unmittelbar nach seiner vorzeitigen Entlassung aus der Festungshaft im Sommer 1931
die Führung der SA-Untergruppe Baden übertragen – offenbar als jüngster

---

18 Beurteilung Ludins durch von Jagow, 30.1.1933, BArch, R 55/21695 (ehem. ZA
    1/5695 Akte 11); Sauer: Württemberg, S. 59; Alfred Hoffmann: Der »maßlose Drang,
    eine Rolle zu spielen«. Gottlob Berger, in: Wolfgang Proske (Hrsg.): Täter, Helfer,
    Trittbrettfaher, 10 Bde., Bd. 1: NS-Belastete von der Ostalb, Münster, Ulm 2010,
    S. 21-51, hier: S. 29; Joachim Scholtyseck: Der »Schwabenherzog«. Gottlob Berger,
    SS-Obergruppenführer, in: Ders., Kißener (Hrsg.): Führer, S. 77-110, hier: S. 81.
19 SA-Gruppe Südwest, Gruppentagesbefehl Nr. 2/33, 26.5.1933, StA Ludwigsburg, PL
    505, Bü 2; Hoffmann: Drang, S. 29; Scholtyseck: »Schwabenherzog«, S. 85.

SA-Oberführer Deutschlands. In das Reich der Legenden gehört relativ sicher die Darstellung, dass Hanns Ludin von Hitler persönlich von den Erschießungen ausgenommen worden sei, als Ende Juni 1934 viele Spitzenfunktionäre der SA ermordet wurden.[20]

Ludin gehörte, wie auch sein Mentor Dietrich von Jagow, zu jenen hochrangigen SA-Führern, die sich nach dem sogenannten Röhm-Putsch nicht von der SA abwandten. Von Jagow wurde als eine Integrationsfigur beschrieben, die die Reputation der SA auch nach 1934 aufrechterhielt: »1935 stellte von Jagow dann anläßlich eines Appells im Berliner Lustgarten die Umorganisation der SA sogar als notwendig hin. Sie sei ein Neubeginn und nicht das Ende der SA, denn der Führer ›wird [sich nie] trennen von seiner SA‹. [...] Ganz im Sinne Hitlers sorgte er nun dafür, daß in seiner SA-Gruppe Disziplin und Gehorsam gegenüber dem Diktator gewahrt blieben.«[21] Ähnliches gilt für Ludin, obwohl er, wie die meisten seiner Kameraden, über die Mordaktion persönlich sehr enttäuscht gewesen ist. Für diejenigen SA-Führer, die nicht ermordet worden waren, scheint sich das persönliche Band zwischen ihnen und Hitler dadurch also eher noch verstärkt zu haben.[22]

In einem Radiovortrag zum Abschluss des ersten Reichswettkampfs der SA im September 1935 betonte Ludin, dass sich die neuorganisierte SA »in bester Form« befinde. Er stellte sie als eine Art Durchlauferhitzer für die in der Militärausbildung vermittelten »volksgemeinschaftlichen« Ideale in Friedenszeiten dar: »Die im Heere gesammelte Manneskraft der Nation, die in der Schule der Armee anerzogenen sittlichen und kämpferischen Werte *verzettelten* nach der Dienstzeit in unzählige aneinander uninteressierte, ja oft sich einander mehr oder minder feindliche Gruppen und Grüppchen und verloren dadurch ihre Stoßkraft. Demgegenüber stellte der Nationalsozialismus den Begriff der *einheitlich ausgerichteten Volksgemeinschaft*, innerlich und äußerlich in allererster Linie verkörpert und aus der Theorie in die Tat umgesetzt *in seiner SA*. – Hart, unerbittlich, heroisch ist seine Forderung an den einzelnen Deutschen: Dein Leben gehört nicht dir, sondern der Volksgemeinschaft, denn nur durch diese

20 PA AA, Personalakten 9.246 (Hanns Ludin); Malte Ludin: Hanns Elard Ludin. Führer, Vater, Kriegsverbrecher, in: Hermann G. Abmayr (Hrsg.): Stuttgarter NS-Täter. Vom Mitläufer bis zum Massenmörder, Stuttgart 2009, S. 30-38; Franz Knipping: s. v. Ludin, Hanns Elard, in: Bernd Ottnad (Hrsg.): Badische Biographien. Neue Folge, Bd. 2, Stuttgart 1987, S. 193-196; Peter Bucher: Der Reichswehrprozeß. Der Hochverrat der Ulmer Reichswehroffiziere 1929/30, Boppard am Rhein 1967; Francis L. Carsten: Reichswehr und Politik 1918-1933, Köln, Berlin (West) 1964, S. 347-360.
21 Hachmann: Degen, S. 280 ff.
22 Unter den Ermordeten war offenbar auch ein enger Freund von Ludin. Ludin: Hanns Elard Ludin, S. 35 f.

Gemeinschaft ist auch dem einzelnen und kommenden Generationen Leben und Zukunft gesichert.«[23]

Die SA sah ihre Aufgabe 1935, im Jahr der Wiedereinführung der allgemeinen Wehrpflicht, darin, auf den Wehrdienst vorzubereiten, ja sein verlängerter Arm zu sein. Der Pressereferent der SA-Gruppe Südwest, Erich Maier-Stehle, erklärte, die Armee sei der alleinige Waffenträger Deutschlands, während die SA der alleinige »Willensträger« für die »Vorbereitung zur Wehrhaftigkeit des deutschen Mannes aus dem Geiste eines politischen Soldatentums heraus« sei.[24]

Mit dem »Röhm-Putsch« wurde offensichtlich, dass die Aufgabenstellung der SA, die die zentrale Rolle in der »Kampfzeit« gespielt hatte, im NS-Staat wesentlich unklarer war. Diese Unklarheit wurde durch den »Röhm-Putsch« aber lediglich verstärkt, begonnen hatte sie bereits mit der Machtübernahme. Hanns Ludin wandelte in einer Rundfunkansprache im Dezember 1935 ein Richard-Wagner-Zitat ab: »SA.-Mann sein, heißt eine Sache um ihrer selbst willen zu tun!«[25] Was wie ein Ausdruck der nicht klar umrissenen Aufgabenstellung der SA und wie ein reines Lippenbekenntnis klingt, war tatsächlich Kennzeichen weltanschaulicher Standfestigkeit und der Überhöhung politischen Handelns. Ab Mitte der 1930er Jahre begann ein Prozess Früchte zu tragen, der schon mit der Machtübernahme eingesetzt hatte: Die SA der Bewegungszeit transformierte sich und drang erfolgreich in breitere gesellschaftliche Bereiche ein. Dabei spielte der Sport, etwa in Reit- und Schießvereinen, eine herausragende Rolle.[26]

Die Zeit der Mitgliederexpansion der SA war mit dem Juni 1934 allerdings endgültig vorbei, und es setzte eine massive Mitgliederflucht ein. Dennoch dürfte die SA-Gruppe Südwest in den Jahren vor dem Krieg immer noch mehr als 100.000 Mann in ihren Brigaden, Standarten, Sturmbannen und Stürmen umfasst haben. 235 Männer arbeiteten allein beim Gruppenstab, also bei der Leitung der SA-Gruppe Südwest, in Stuttgart.[27] Etwa seit 1936 war dort Hans

---

23 »Die SA. ist nötiger denn je!«, »NS-Kurier«, Stuttgart, 2.9.1935, BArch, R 8034-III/290 Ludin, Hanns (Hervorhebungen im Original).
24 SA und Wehrpflicht, in: Eßlinger Zeitung, 27.3.1935, zit. nach Müller: Wilhelm Schepmann, S. 523.
25 Ludin: SA.-Mann sein, heißt eine Sache um ihrer selbst willen zu tun!, in: Ders.: SA. – marschierendes Volk, München 1939, S. 15-19.
26 Siemens: Stormtroopers, S. 198-204.
27 Es ist nicht ganz einfach, die Mitgliederentwicklung der SA-Gruppe Südwest nachzuverfolgen. Das liegt vermutlich auch daran, dass die Mitgliederzahlen nach 1934 kontinuierlich zurückgingen und sich Zahlenangaben folglich nicht mehr zur Werbung eigneten. Die Schätzung beruht auf einer Meldung über einen Aufmarsch von 100.000 SA-Sportabzeichenträgern im Mai 1938. Zu diesem Zeitpunkt hatte etwa die Hälfte der Mitglieder der SA-Gruppe das SA-Sportabzeichen abgelegt. Folglich dürfte die Mitgliederzahl im Mai 1938 bei mindestens 200.000 gelegen haben. Bekenntnismarsch der 100.000, in: SA der Gruppe Südwest, Beilage zu »Der SA-Mann«, Folge 22,

Snyckers tätig, der bereits als Oberscharführer in diese Position gelangte. Im Jahr 1937 wurde er der Abteilung G – dem SA-Gericht bei der Gruppe Südwest – zugeteilt.[28] Auch Gmelin trat nach dem »Röhm-Putsch« nicht aus der SA aus, sondern verstärkte sein Engagement. Snyckers und Gmelin, der 1937 nach Stuttgart wechselte, wurden im Verlauf dieser Zeit Ludins engste Mitarbeiter, denen er offenbar großes Vertrauen entgegenbrachte und die er später als Gesandter in der Slowakei in den diplomatischen Dienst »nachzog«. Die ihm untergebenen SA-Männer verehrten Hanns Ludin sehr, Gmelin und Snyckers hielten ihm noch weit über seinen Tod hinaus die Treue.[29]

In den Jahren nach dem »Röhm-Putsch« stand zunächst die Prüfung der in der Expansionsphase eingetretenen und ab Mitte 1934 nicht ermordeten, inhaftierten oder wieder ausgetretenen SA-Führer im Mittelpunkt.[30] Zu diesem Zweck ordnete Hitler 1935 den »Reichswettkampf der SA« an.[31] In dieser Prüfungsphase erbrachte Gmelin hervorragende Leistungen und sicherte sich damit die Aufmerksamkeit seiner Vorgesetzten. Noch vor seiner Aufnahme in die SA hatte er 1930 das Reichssportabzeichen erlangt und in darauffolgenden Jahr das Reiterabzeichen. Als Mitglied der SA errang er im Januar 1935 das SA-Sportabzeichen.[32]

Gmelin nahm an drei Reichsparteitagen in Nürnberg teil. Die Parteitage 1934 und 1935, die er als Führer von Tübinger SA-Stürmen besuchte, standen für die SA noch ganz unter dem Eindruck ihrer Reorganisation nach der »Säuberung«. Der »Reichsparteitag der Einheit und Stärke« im September 1934 war geprägt von der Wiederherstellung des Vertrauensverhältnisses zwischen dem »Führer« und »seiner SA«. Hitler sprach die SA insgesamt von jeder Verantwortung für den sogenannten Röhm-Putsch frei und erklärte ihre Einheit mit der NS-Bewegung. Die SA wurde auf diesem Parteitag nicht zu einem »Traditionspflegeverein« herabgestuft, sondern wieder in den Schoß der NS-Bewegung aufgenommen. Diesen Prozess hat die Regisseurin und Filmproduzentin Leni Riefenstahl öffentlichkeitswirksam in ihrer »Dokumentation« des Parteitags, dem bekannten Propagandafilm TRIUMPH DES WILLENS, in Szene gesetzt. In

11. Ausgabe, 28.5.1938, S. 3; Bekenntnis der SA-Gruppe Südwest zum Wehrgeist, SA-Gruppe Südwest, Gruppenbefehl 16/38, 5.5.1938, StA Ludwigsburg, PL 505, Bü 2; StA Ludwigsburg, PL 505, Bü 7.
28 SA-Gruppe Südwest, Personalbefehle Nr. 5, 20.4.1936, und Nr. 13, 12.7.1938, StA Ludwigsburg, PL 505, Bü 3.
29 Siemens: Stormtroopers, S. 303.
30 Campbell: SA, S. 660 f.
31 »Die SA. ist nötiger denn je!«, »NS-Kurier«, Stuttgart, 2.9.1935, BArch, R 8034-III/290 Ludin, Hanns; s. zur Geschichte dieser SA-Wettkämpfe Hajo Bernett: Die Reichswettkämpfe der SA und ihre sportpolitische Bedeutung, in: Sozial- und Zeitgeschichte des Sports, 8 (1994), H. 3, S. 7-33.
32 Personalfragebogen, 20.5.1939, BArch, SA 177, Hans Gmelin (ehem. BDC).

einer Filmsequenz, die eine abendliche Fackelstunde zeigt, wurde die fanatische Gefolgschaft der SA gegenüber ihrem neuen Stabschef Viktor Lutze inszeniert. Gegen Ende des Films wurden die SA-Kolonnen in der großen Abschlussparade nicht nur am längsten gezeigt, sondern neben Stabschef Lutze trug auch Reichsminister und SA-Obergruppenführer Hermann Göring zu diesem Anlass SA-Uniform. Göring war einer der Hauptantagonisten Röhms in der NS-Führung gewesen und hatte eine herausragende Rolle bei der »Säuberung« im Juni 1934 gespielt, aber er blieb der SA verbunden und symbolisierte so die enge Bindung zwischen dem NS-Regime und der Organisation. Hingegen veranschaulichte die Inszenierung der SA als eine Bewegungsorganisation unter mehreren – neben Reichswehr, SS und Arbeitsdienst – den massiven Bedeutungsverlust der einstigen Speerspitze der nationalsozialistischen Bewegung. Die Gegensätze zwischen den Organisationen wurden in der filmischen Darstellung propagandistisch eingeebnet. Riefenstahls Film entfaltete in den folgenden Jahren eine enorme Bedeutung für die NS-Bewegung.[33] Das Verhältnis des »Führers« zur SA war in der Zeit nach der »Säuberung« nicht ungetrübt, aber deutlich von der Unmöglichkeit geprägt, auf jene Organisation zu verzichten, die in den entscheidenden Jahren mit der Bewegung identifiziert wurde.[34] Die SA sollte in der Folge an der kurzen Leine gehalten werden, aber keineswegs in der Bedeutungslosigkeit versinken.[35]

Der Führungsanspruch der SA nach der Machtübernahme 1933 erstreckte sich nicht nur auf den Wehrsport, sondern auf die gesamte Sportstruktur Deutschlands. Dieser Anspruch wurde durch die Ernennung des SA-Gruppenführers Hans von Tschammer und Osten zum Reichssportführer Mitte Juli 1933 unterstrichen. Der Machtverlust der SA nach dem »Röhm-Putsch« im Sommer 1934 beendete dann auch den alleinigen Führungsanspruch der Organisation auf sportlichem Terrain. Der deutsche Sport wurde in den folgenden Jahren nach einem »Drei-Säulen-Konzept« organisiert. Der Deutsche Reichsbund für Leibesübungen wachte über den Mannschafts-, Leistungs- und Wettkampfsport, die Deutsche Arbeitsfront organisierte den Betriebs- und Breitensport – den sogenannten Volkssport – und die SA den Wehrsport.[36]

---

33 Mit teils gegensätzlicher Deutung: Martin Loiperdinger: Rituale der Mobilmachung. Der Parteitagsfilm »Triumph des Willens« von Leni Riefenstahl, Opladen 1987, S. 108 f., 129; Propagandafilm TRIUMPH DES WILLENS, Regie: Leni Riefenstahl, 1935, circa 2 Stunden. Zu Görings Rolle bei der »Säuberung« der SA s. Siemens: Stormtroopers, S. 160, 163, 165-168.

34 Campbell: SA, S. 662.

35 Siemens: Stormtroopers, S. 178 f.

36 Rüdiger Hachtmann: »Bäuche wegmassieren« und »überflüssiges Fett in unserem Volke beseitigen«. Der kommunale Breitensport der NS-Gemeinschaft »Kraft durch Freude«, in: Becker, Schäfer (Hrsg.): Sport, S. 27-65, hier: S. 50 ff.; Hajo Bernett: »Schulter an Schulter mit SA und Stahlhelm«. Das politische Bündnis der Turn- und

Die SA-Gruppe Südwest gab in ihren Gruppenbefehlen fortwährend die Termine für das Kleinkaliber- und Pistolenschießen der einzelnen Standarten und Stürme bekannt. Die Teilnahme war verpflichtend, und ein Fernbleiben konnte im Wiederholungsfall mindestens eine Dienststrafe nach sich ziehen oder als Befehlsverweigerung geahndet werden. Die Schießwettkämpfe der Standarten erfolgten in ein- bis dreiwöchigen Abständen, in der Zwischenzeit wurde trainiert. Die Ergebnisse dieser Schießwettkämpfe wurden – aufgeschlüsselt nach Stürmen und Standarten – regelmäßig in den Gruppenbefehlen bekannt gegeben, die vom Stab der SA-Gruppe bis hinunter in die Stürme verteilt wurden.[37]

Der Erwerb des SA-Sportabzeichens stellte das Zentrum des von der SA getragenen Wehr- und Breitensportprogramms dar: »Um die deutschen Männer bis ins hohe Lebensalter hinein einsatzfähig und einsatzbereit zur Erhaltung der Nation zu machen, soll nach dem Willen des Führers die Pflege des wehrhaften Geistes und die kämpferische Schulung des Leibes, die das SA-Sportabzeichen fordert, in alle Teile des deutschen Volkes getragen werden.« So lautete die Aufforderung des Stabs der SA-Gruppe Südwest an alle Stürme, die Träger des Abzeichens in Teilnehmerkarteien zu erfassen, um ein Gesamtbild der wehrsportlichen Leistung aller Teile des Volkes zu erhalten.[38] Seit 1935 waren nicht mehr nur SA-Mitglieder angehalten, sich für das Abzeichen zu qualifizieren. Alle Deutschen, besonders auch »Volksdeutsche«, die sich zeitweise im Reichsgebiet aufhielten, wurden zum Ablegen der Prüfung für das SA-Sportabzeichen aufgefordert. Allerdings wurde im Ausland lebenden Deutschen »im eigenen Interesse« die Mitgliedschaft in der SA offiziell verwehrt, weil sie sich damit erfahrungsgemäß strafrechtlicher Verfolgung an ihren Heimatorten aussetzen würden. Auch das SA-Sportabzeichen und das Leistungsbuch durften an »Volksdeutsche« nur ausgehändigt werden, wenn sie endgültig im Reich blieben.[39] Gmelin war 1935 verhältnismäßig früh bereit, die Prüfung für das Abzeichen zu absolvieren. Noch im Mai 1938 hatte erst die Hälfte der Angehörigen der SA-Gruppe Südwest das Abzeichen erhalten, was die Gruppe dennoch

Sportbewegung mit den nationalsozialistischen Machthabern, in: Ommo Grupe (Hrsg.): Kulturgut oder Körperkult? Sport und Sportwissenschaft im Wandel, Tübingen 1990, S. 62-84; ders.: Reichswettkämpfe, S. 10.

37 SA-Standarte 119 (Himpel), Stabsbefehle, 2.11.1937 und 11.11.37, BArch, NS 23/12; Gruppenbefehlsblätter der SA-Gruppe Südwest, StA Ludwigsburg, PL 505, Bü 2.

38 SA-Gruppe Südwest, Gruppenbefehl 26/38, 28.7.1938, StA Ludwigsburg, PL 505, Bü 2. S. zum Folgenden und zum SA-Sportabzeichen allgemein Wagner: Wehrsport, S. 385 f.

39 Diese Regelung wurde vor Ort keineswegs eingehalten. Gerade in den Grenzregionen war die Mitgliedschaft »Volksdeutscher« in grenznahen SA-Stürmen ein gängiges Phänomen und reichte schon in die Zeit vor der Machtübernahme zurück. Vgl. Dölling: Gewalttätigkeit, S. 244 f.; SA-Gruppe Südwest, Gruppenbefehl 17/37, 16.11.1937, StA Ludwigsburg, PL 505, Bü 2.

an die Spitze des Reichsdurchschnitts brachte, der zu diesem Zeitpunkt noch bei unter 37 Prozent Abzeichenträgern lag.[40] Der Grund dafür bestand nicht zuletzt darin, dass der Erwerb des SA-Sportabzeichens nicht leicht war. Wohl etwa 400 Männer verloren bis in die zweite Hälfte des Jahres 1939 ihr Leben bei dem Versuch, es zu erringen. Die Zahl der Abzeichenträger entsprach durchaus nicht den Erwartungen der SA-Führung.[41]

Hans Gmelin zog nach dem Assessorexamen 1937 nach Stuttgart und begann den Probedienst für die Laufbahn des Richters und des Staatsanwalts bei der Staatsanwaltschaft am Landgericht Stuttgart.[42] Im selben Jahr nahm er an den SA-Kampfspielen in Berlin und den NS-Kampfspielen der SA-Gruppe Südwest in Stuttgart teil. Bei Letzteren wurde er Sieger im »Führer-Fünfkampf«. Bereits im Vorjahr war er beim »Reichsgepäckmarsch« der SA-Gruppe Südwest Führer des Siegessturms.[43] Seiner Aussage nach waren diese Erfolge der Grund dafür, dass er bald darauf dem Führer der SA-Gruppe Südwest, Hanns Ludin, vorgestellt wurde.[44] Am »Führergeburtstag« im April 1936 war Gmelin zum Sturmhauptführer befördert worden, in Stuttgart übernahm er zunächst vertretungsweise die Führung des Sturms 1 der Stuttgarter SA-Standarte 119. Zum Jahreswechsel 1937/38 betraute ihn Ludin mit einer Leitungsaufgabe in der Standartenführung. Die Standarte 119 verzeichnete, verglichen mit dem Durchschnitt der SA-Gruppe Südwest, die geringste Anzahl bestandener SA-Sportabzeichen. Mit Gmelins Wechsel nach Stuttgart stand Hanns Ludin ein hervorragender SA-Wehrsportler als »Sportmannschaftsführer« der Standarte zur Verfügung. Damit verband sich wohl die berechtigte Hoffnung, dass die Leistung der Stuttgarter Standarte aufgebessert werden würde.[45] Unter dem Kommando ihres »Sportmannschaftsführers« Gmelin wurde ihre Mannschaft im Mai 1938 als einzige der Gruppe Südwest zu den »Reichsgepäckmarsch-Meisterschaften« nach Leipzig geschickt. Zwei Monate später führte Gmelin die Standarte 119 im »Mannschaftswehrkampf« der SA-Gruppe Südwest in Karlsruhe.[46]

---

40 SA-Gruppe Südwest, Gruppenbefehl 16/38, 5.5.1938, StA Ludwigsburg, PL 505, Bü 2.
41 Wagner: Wehrsport, S. 386.
42 OLG-Präsident und Generalstaatsanwalt Stuttgart an RJM, 22.12.1937, PA AA, Personalakten 4.500 (Hans Gmelin).
43 Personalfragebogen, 20.5.1939, BArch, SA 177, Hans Gmelin (ehem. BDC).
44 Vernehmung Gmelins im Entnazifizierungsverfahren Hanns Ludins, 23.11.1949, StA Sigmaringen, Wü 13 T 2, Nr. 2660/054.
45 Personalfragebogen, 20.5.1939, BArch, SA 177, Hans Gmelin (ehem. BDC); SA-Standarte 119 (Himpel), Dienstleistungszeugnis, 10.12.1937, PA AA, Personalakten 4.498 (Hans Gmelin); SA-Gruppe Südwest, Gruppenbefehl 16/38, 5.5.1938, StA Ludwigsburg, PL 505, Bü 2.
46 Gmelin an AGPräs Stuttgart, 29.4.1938, Gmelin an LGPräs Stuttgart, 24.6.1938, PA AA, Personalakten 4.501 (Hans Gmelin), Bl. 20 und 22.

Im August 1938 wurde Gmelin zum Mitarbeiter im Referat »Aufmärsche« in der Standartenführung ernannt.[47]

1937 hatte Hitler der SA die Ausrichtung von NS-Kampfspielen im Rahmen der jährlichen Reichsparteitage aufgetragen. Im Januar 1939 widmete er das SA-Sportabzeichen zum SA-Wehrabzeichen um und übertrug der SA offiziell die gesamte vor- und nachmilitärische Wehrertüchtigung. Das war eher ein formaler Akt, denn die SA sah darin schon seit 1935 ihre hauptsächliche Aufgabe. Der offizielle Führererlass trug in der Öffentlichkeit aber zur Aufwertung der SA bei.[48] Ludin erinnerte in einem 1938 veröffentlichten »Bekenntnis der SA-Gruppe Südwest zum Wehrgeist« an die der SA übertragene Verantwortung und zitierte aus einer Ansprache Hermann Görings zu den Stuttgarter NS-Kampfspielen 1937: »Gelingt es der SA, woran ich nicht zweifle, für die Erhaltung und Stärkung der seelischen und körperlichen Wehrkraft des Volkes Bestes zu leisten, so wird die Geschichte diesen ihren zweiten entscheidenden Sieg vielleicht einmal noch höher werten als den ersten. Das SA-Sportabzeichen und die Vorbereitung der NS-Kampfspiele durch die SA sind entscheidend wichtige Mittel auf dem Weg zur einstigen Erfüllung dieser Mission. Der SA-Geist wird siegen!«[49]

»Hinter allen sportlichen Aktivitäten standen unausgesprochen die rassistisch-eugenischen und bellizistischen Prämissen der NS-Diktatur. Es war kein Selbstzweck, wenn KDF [»Kraft durch Freude«] bewusst ohne Leistungsdruck und ohne militaristische Untertöne die gesamte deutsche Bevölkerung sportlich zu mobilisieren versuchte.«[50] Diesen Teil der sportlichen Mobilisierung übernahm nämlich die SA mit ihrem auf die jungen männlichen Deutschen gerichteten Sportprogramm. Aber auch der SA-Sport diente nicht nur der Kriegsvorbereitung. In einem Artikel in der Stuttgarter Beilage zum *SA-Mann* wurde im März 1938 die gesundheitspolitische Zukunftsvision des NS-Regimes beschworen. Flankiert von einer passenden Karikatur, wurde unter dem Titel »O weh, die dicken Bäuche« die Ungläubigkeit beschrieben, mit der zukünftige deutsche Kinder auf die Erzählungen ihrer Mütter aus der alten Zeit reagieren würden, in denen es als »Zeichen der Wohlhabenheit« gegolten habe, »einen mehr oder weniger dicken Bauch in der Welt herumzutragen«. Die Kinder würden ob »solch seltsamer Lebensgewohnheiten und Maßstäbe« ungläubig den Kopf schütteln und stolz sein auf ihre Zeit, »in der ein Protektorat der

47 Personalfragebogen, 20.5.1939, BArch, SA 177, Hans Gmelin (ehem. BDC).
48 Bernett: Schulter, S. 70 ff.; ders.: Reichswettkämpfe, S. 28; Müller: Wilhelm Schepmann, S. 521; SA-Gruppe Südwest, Gruppenbefehl 40/38, 18.11.1938, StA Ludwigsburg, PL 505, Bü 2.
49 SA-Gruppe Südwest, Gruppenbefehl 16/38, 5.5.1938, StA Ludwigsburg, PL 505, Bü 2.
50 Hachtmann: Bäuche, S. 60.

Dickbäuche absolut keinen Platz mehr findet«. Es sei Aufgabe der heutigen Generation, den Weg dorthin zu bereiten, denn »wenn wir selbst Jahrhunderte warten wollten, nie könnte dieses Zeitalter der Bequemlichkeit, des Eigennutzes und des Standpunktes ›Alles dreht sich um mich‹ überwunden werden, wenn nicht der jugendfrische und lebensstarke Geist eines jungen Geschlechts mächtige Pfeiler in eine verrottete und verschlammte Erde rammte und den Lauf seines Schicksals erkennen würde«. Dieser erste Schritt sei nun getan: »Wer heute an maßgeblicher Stelle eingesetzt und auf den Kommandoturm berufen ist, hat die Schule harten Kampfes durchlaufen, hat die Prüfung bestanden, die ihn zu dieser gewaltigen Aufgabe befähigt.« Der SA-Sport sei nicht deshalb so schnell so populär geworden, weil er etwas Unbekanntes und Neues sei, sondern weil der Teilnehmer »darin das ungeheuer Wertvolle und für die Erhaltung und Stärkung der Volkskraft Entscheidende erkennt«.[51]

Der zitierte Artikel richtete sich nur an den männlichen Leser, den SA-Mann.[52] Für den SA-Breitensport wurde ein männliches Kämpferbild beschworen, welches allerdings nicht im Bild des Soldaten aufging. Es drehte sich hier, um erneut mit Foucault zu sprechen, um die Verbindung von Disziplinar- und Biomacht, um den Zugriff sowohl auf den individuellen Körper, die Fortpflanzung, die Nachkommen, als auch auf die Gesamtbevölkerung.[53] Foucault analysierte, wie eine als undiszipliniert charakterisierte Sexualität im medizinischen Wissen des ausgehenden 19. Jahrhunderts zur Ursache für individuelle Erkrankungen erklärt wurde. Zugleich habe »eine ausschweifende, pervertierte Sexualität Auswirkungen auf der Ebene der Bevölkerung, da man von dem sexuell Ausschweifenden annimmt, daß sein Erbgut, seine Nachkommenschaft ihrerseits beeinträchtigt sein werden, und das über Generationen hinweg bis ins siebente Glied und ins siebte des siebten Glieds. Es handelt sich um die Theorie der Degeneration: Die Sexualität, insofern sie ein Herd individueller Krankheiten und andererseits der Kern der Degeneration ist, repräsentiert genau diesen Verbindungspunkt des Disziplinären und Regulatorischen, des Körpers und der Bevölkerung.«[54]

51　O weh, die dicken Bäuche!, in: SA der Gruppe Südwest, Beilage zu »Der SA-Mann«, Folge 12, 6. Ausgabe, 19.3.1938, S. 2.
52　Frauen stellten dagegen über 50 Prozent der Teilnehmenden an den Programmen der »Kraft durch Freude«-Gemeinschaft. Hachtmann: Bäuche, S. 60.
53　Foucault: Verteidigung, S. 295 f., 306 f.
54　Ebd., S. 297 f. Jürgen Martschukat hat zudem auf die Bedeutung hingewiesen, die der Sexualität und sportlichen Leistungsfähigkeit für die rassistische Grenzziehung der »white supremacy« in der US-amerikanischen Gesellschaft um 1900 zukam. Vgl. Jürgen Martschukat: »His chief sin is being a Negro. Next he whipped a white man. Next he married a white woman.« Sport, Rassismus und die (In)Stabilität von Grenzziehungen in den USA um 1900, in: Historische Anthropologie, 15 (2007), H. 2, S. 259-280.

Sport ist in dieser Logik, ähnlich wie Sexualität, als Berührungspunkt von individuellem Körper und »Volkskörper« zu begreifen. Deshalb sollten zur Entfernung der »dicken Bäuche«, wie es im zitierten SA-Blatt hieß, erst »die Schlacken der Vergangenheit beseitigt und alle Spuren verwischt sein, die im Baustoff für das neue Gebäude als Fremdkörper zersetzend und zerstörend wirken mußten«.[55] Die »dicken Bäuche« standen für gleich mehrere negative Faktoren, die es für das Wohlergehen des gesamten »Volkskörpers« auszuschalten galt: Unmännlichkeit, Wehruntüchtigkeit und rassische Degeneration. Sport kam im Nationalsozialismus als wichtigem Element kollektiv geteilter Gemeinschaftserfahrung, als Aufbau und Erhaltung der Wehrkraft, als Geschlechtsidentität stiftendem Disziplinierungselement und letztlich als »rassebildender« Maßnahme für die Pflege des organisch vorgestellten »Volkskörpers« große Bedeutung zu.[56] Es ist aber entscheidend, festzustellen, dass es sich bei diesen Faktoren nicht schlicht um nationalsozialistischen Missbrauch oder Instrumentalisierung[57] handelte. Die sport- und wehrsportliche Praxis transportierte gerade durch ihre zum Teil ausgesprochen »unpolitische« Konnotation – die SA-Gruppe Südwest unterhielt etwa auch eine Handballmannschaft[58] – und eine damit verbundene Logik der Natürlichkeit und Selbstverständlichkeit ein völkisch-rassistisches Gemeinschaftskonzept, das für die teilnehmenden Sportaktivisten unmittelbar erfahrbar wurde. Zudem war es die NSDAP, die, trotz der großen Verbreitung sportlichen und sportpolitischen Engagements in allen politischen Lagern, schon in der Weimarer Republik als einzige Partei die Einführung einer »Turn- und Sportpflicht« in ihr Parteiprogramm aufnahm.[59] Es war daher naheliegend, dass Hans Gmelin nach dem Krieg behauptete, sein Engagement in der SA habe allein sportlicher Ertüchtigung und Erziehungsarbeit gegolten. Wie gezeigt wurde, ist aber die »sportliche« von der »politischen« Seite der SA keineswegs zu trennen. Beides stand im Gegenteil in einem konkreten Zusammenhang.

55 O weh, die dicken Bäuche!, in: SA der Gruppe Südwest, Beilage zu »Der SA-Mann«, Folge 12, 6. Ausgabe, 19.3.1938, S. 2.
56 S. zum Sport als »positiver Eugenik« Angelika Uhlmann: »Der Sport ist der praktische Arzt am Krankenlager des Volkes«. Wolfgang Kohlrausch (1888-1980) und die Geschichte der deutschen Sportmedizin, Frankfurt am Main 2005, S. 135-140, 260.
57 In diese Kategorie gehört meines Erachtens auch die von Ringo Wagner erwähnte Debatte über die Frage, ob es sich beim Wehrsport überhaupt um Sport handle. Dabei werden vornehmlich unterschiedliche Sinnstiftungen hervorgehoben, die für die sportliche Praxis weitgehend nachrangig sind. Wagner: Wehrsport, S. 373.
58 SA-Gruppe Südwest, Gruppenbefehl 14/38, 14.4.1938, StA Ludwigsburg, PL 505, Bü 2.
59 Vgl. auch Helen Gand: Ideologie und Inszenierung zwischen Kontinuität und Kooperation. Das 15. Deutsche Turnfest 1933 als erstes Massensportereignis im Nationalsozialismus, in: Becker, Schäfer (Hrsg.): Sport, S. 107-124, hier: S. 114-117; Frank Becker, Ralf Schäfer: Einleitung, in: Dies. (Hrsg.): Sport, S. 9-23, hier: S. 21 ff.

Foucault hat hervorgehoben, dass das Naziregime »nicht nur die Zerstörung der anderen Rassen«, sondern auch eine allumfassende »Entfesselung der Tötungsmacht« zum Ziel gehabt habe: »Die Zerstörung der anderen Rassen ist eine Seite des Plans, die andere geht dahin, die eigene Rasse der absoluten und universellen Todesgefahr auszuliefern. Das Risiko zu sterben, die Auslieferung an die totale Zerstörung ist eines der Prinzipien, die zu den grundlegenden Pflichten des Nazigehorsams und zu den entscheidenden politischen Zielen gehören. [...] Einzig diese universelle Auslieferung der Gesamtbevölkerung an den Tod wird sie tatsächlich zur überlegenen Rasse machen und im Vergleich mit jenen Rassen, die vollständig vernichtet oder endgültig unterworfen werden, definitiv erneuern.«[60] Im Zusammenhang mit dem SA-Sport deutet sich diese Komponente des »Rassenkampfs« schon in der Zahl der Todesopfer an, die die Versuche forderten, das SA-Sportabzeichen zu erwerben. Dieser Aspekt gehörte zum zentralen Erfahrungs- und Erwartungshorizont der SA. Die Parteiarmee betrieb einen Toten- und Todeskult, der eng mit der Ausübung von Gewalt zusammenhing. Diese war nicht nur ein politisches Instrument, sondern sie wurde auch zum ungeschriebenen Gesetz, zum »Inhalt des faschistischen Lebensstils«.[61] »Die Todesgefahr wurde im Sinne eines emphatisch bejahten Verständnisses vom Krieg als Schöpfer aller Dinge hingenommen. [...] Die scheinbar paradoxe Verbindung von jugendlicher Vitalität und Todesnähe war nicht Mittel zum Zweck, sondern das Ziel nationalsozialistischer Politik.«[62]

SA- und Wehrsport, die nach dem »Röhm-Putsch« zur zentralen Mission der SA wurden, waren alles andere als ein unpolitisches Breitensportprogramm, vielmehr stellten sie ein wesentliches Moment »volksgemeinschaftlicher« Integrationsprozesse dar. Aber nicht nur im Sport spielte die SA nach dem Sommer 1934 noch eine Rolle, auch bei politischen Entwicklungen von großer Tragweite war sie ein wichtiger Faktor. Es ist eindeutig, dass die SA nie wieder an die zentrale Position heranreichte, die sie in der NS-Bewegung vor der »Säuberung« innehatte, aber bereits die wichtigen Ereignisse des Jahres 1938 zeigen ihre anhaltende Bedeutung.[63]

60 Foucault: Verteidigung, S. 307.
61 Reichardt: Kampfbünde, S. 697, 719-723. Zur Verbindung von Gewalt und Toten- beziehungsweise Todeskult s. ebd., S. 355, 547-563, und Daniel Siemens: Horst Wessel. Tod und Verklärung eines Nationalsozialisten, München 2009.
62 Siemens: Horst Wessel, S. 83.
63 S. zur Geschichte der SA vor und nach dem »Röhm-Putsch« besonders Siemens: Stormtroopers; zudem Campbell: SA. Zu Detailstudien zur SA nach 1934 s. Dölling: Gewalttätigkeit; Müller: Wilhelm Schepmann.

Das Jahr 1938 und das Sudetendeutsche Freikorps

Als Adolf Hitler kurz nach dem »Anschluss« Österreichs am 1. April 1938 Stuttgart einen Kurzbesuch abstattete, erhielt Gmelin einen »Sonderauftrag« beim Empfang des »Führers«.[64] Es ist davon auszugehen, dass dieser Auftrag mit der Absicherung des Hitler-Besuches zu tun hatte. Zu diesem Anlass wurden 15.000 SA-Männer morgens mit Sonderzügen in die Stadt gebracht, um auf sieben Kilometern die Wegstrecke Adolf Hitlers mit einer durchgängigen Sperrkette abzusichern. Rechts und links der Wegstrecke jubelten Hunderttausende ihrem »Führer« zu. Die SA-Gruppe Südwest stellte 14 Abschnittsführer, die, mit Karten ausgerüstet und mit der Aufmarschleitung per Fernsprecher verbunden, die ihnen zugewiesene Teilstrecke überwachten.[65]

Gmelins dritter Besuch eines Reichsparteitags erfolgte im September 1938 als Marschteilnehmer der SA-Standarte 119.[66] Seit dem 1. Mai 1937 war er nun auch Mitglied der NSDAP, nachdem die Partei ihre nach der Machtübernahme verhängte Aufnahmesperre erstmals für Anhänger gelockert hatte, die sich in der Zwischenzeit um den Nationalsozialismus verdient gemacht hatten.[67] Nach dem »Anschluss« Österreichs im März stand der Parteitag von 1938 unter dem Motto »Großdeutschland«. Am 12. September hielt Adolf Hitler dort eine entscheidende Rede, die als Startsignal für die Sudetenkrise gelten kann. Er holte weit aus und warf schließlich den westlichen Demokratien Heuchelei vor, weil sie die Judenverfolgung in Deutschland kritisierten, selbst aber keine Juden aufzunehmen bereit seien. Zur Weimarer Zeit sei Deutschland von den Westmächten erpresst und beraubt worden, während man zugleich die Demokratie in Deutschland gelobt habe. Nun beschimpfe man Deutschland als Diktatur, obwohl es eine 99-prozentige Zustimmung seines Volkes zur Staatsführung vorzuweisen habe. Gleichzeitig könnten die Westmächte Deutschland nicht mehr ausrauben und vergewaltigen, weil der nationalsozialistische Staat das zu verhindern wisse. »Unerträglich wird diese Einstellung für uns aber in dem Augenblick«, sagte Hitler, »in dem sie dort, wo ein großer Teil unseres Volkes scheinbar wehrlos unverschämten Mißhandlungen ausgeliefert ist, den Schwall

---

64 Gmelin an AGPräs Stuttgart, 28.3.1938, PA AA, Personalakten 4.501 (Hans Gmelin), Bl. 19.

65 Großeinsatz der SA, in: SA der Gruppe Südwest, Beilage zu »Der SA-Mann«, Folge 16, 8. Ausgabe, 16.4.1938, S. 1.

66 Gmelin an LG-Präsident Stuttgart, 27.8.1938, PA AA, Personalakten 4.501 (Hans Gmelin), Bl. 26f.

67 OLG-Präsident Stuttgart, Fragebogen Hans Gmelin, 22.12.1937, PA AA, Personalakten 4.500 (Hans Gmelin); Juliane Wetzel: Die NSDAP zwischen Öffnung und Mitgliedersperre, in: Wolfgang Benz (Hrsg.): Wie wurde man Parteigenosse? Die NSDAP und ihre Mitglieder, Frankfurt am Main 2009, S. 74-90, hier: S. 74 ff.

demokratischer Phrasen gegen diese unsere Volksgenossen als Drohung erheben. Ich spreche von der Tschecho-Slowakei.« Was folgte, war eine wahre
Tirade des Hasses auf die Tschechen. Dreieinhalb Millionen Deutsche würden
vergewaltigt und gequält, die Situation sei unerträglich. Dieselben demokratischen Staaten, die, wie der ehemalige US-Präsident Woodrow Wilson, das
»Selbstbestimmungsrecht der Völker« vor sich hertrügen, würden es den Sudetendeutschen verweigern. Die Tschechoslowakei sei ein »abnormes Gebilde«
der Versailler Staatsmänner: »Zu glauben aber, daß ein solches Regime unbe-
grenzt und ewig weitersündigen kann, heißt sich einer kaum faßbaren Verblen-
dung hingeben.« Das Deutsche Reich werde »eine weitere Unterdrückung und
Verfolgung dieser dreieinhalb Millionen Deutschen nicht mehr hinnehmen«.
Hitler forderte, »daß die Unterdrückung der dreieinhalb Millionen Deutschen
in der Tschecho-Slowakei aufhört und an dessen Stelle das freie Recht auf
Selbstbestimmung tritt«. Er führte an, dass Deutschland für den europäischen
Frieden große Opfer gebracht und auf Elsaß-Lothringen verzichtet habe. Diese
»Selbstbeschränkung« sei Deutschland aber als Schwäche ausgelegt worden.
Damit sei nun Schluss: »Die Deutschen in der Tschecho-Slowakei sind weder
wehrlos noch sind sie verlassen. Das möge man zur Kenntnis nehmen. Ich
glaube, diesen Gedanken an dem Parteitag aussprechen zu müssen, an dem
zum erstenmal die Vertreter unserer deutsch-österreichischen Gaue teilnehmen. Sie werden am ehesten auch den Sinn meiner heutigen Ausführungen
erkennen. Sie werden mir auch am freudigsten zustimmen, wenn ich vor dem
ganzen Volke feststelle, daß wir nicht verdienten, Deutsche zu sein, wenn wir
nicht bereit wären, eine solche Haltung einzunehmen und die daraus folgenden Konsequenzen so oder so zu tragen.«[68] Deutschland sei kein »friedferti-
ger Emporkömmling«, fügte er hinzu und unterstrich damit nochmals seine
deutliche Angriffsdrohung, die er zuvor mit Prahlereien über die deutsche
Rüstungspolitik verbunden hatte.[69] Die Rede verschärfte die ohnehin schon
seit Monaten angespannte Atmosphäre zwischen der Tschechoslowakischen
Republik (ČSR) und dem Deutschen Reich. Große Teile der sudetendeutschen
Bevölkerung und SA-Angehörige auf der deutschen Seite der Grenze reagierten
mit Begeisterung auf die Rede. Unmittelbar danach kam es zu Ausschreitungen
gegen Tschechen und Juden. Die Hitler-Regierung und ihre sudetendeutschen
Anhänger, die sich in der Sudetendeutschen Partei (SdP) mit ihrem Führer
Konrad Henlein sammelten, hatten bis zu diesem Zeitpunkt einen genauen
Zeitplan verfolgt. Darin war die Provokation eines militärischen Konflikts mit
der tschechoslowakischen Regierung vorgesehen, den das Deutsche Reich mit

---

68 Rede Hitlers auf dem Abschlusskongress des Reichsparteitags der NSDAP, 12.9.1938,
    zit. nach Domarus: Hitler, Teil I, Bd. 2, S. 897-906.
69 Ebd.

der Besetzung und Zerschlagung der ČSR beenden würde. Die tschechoslowakische Regierung bekam die Lage in den Tagen nach der Hitler-Rede jedoch relativ schnell wieder unter Kontrolle und führte in den betroffenen Grenzgebieten das Standrecht ein. Diese Maßnahme wurde von Henlein mit der Forderung nach Abtretung der Sudetengebiete an Deutschland beantwortet. Die tschechoslowakische Regierung reagierte auf diesen Angriff gegen die staatliche Integrität der ČSR mit dem Verbot der Sudetendeutschen Partei. Henlein floh, begleitet von vielen weiteren sudetendeutschen Aktivisten, über die Grenze nach Deutschland. Der Eskalationsplan war gescheitert, weil der Unruheherd in den Sudetengebieten vorerst beseitigt war.[70]

Am 17. September 1938 rief Konrad Henlein die sudetendeutsche Bevölkerung dazu auf, ein Sudetendeutsches Freikorps entlang der Grenze zur Tschechoslowakei zu bilden. Der Aufruf erfolgte auf Anordnung Hitlers, der den Oberstleutnant Friedrich Köchling als Verbindungsführer zwischen Wehrmacht und Freikorps und als Berater zu Henlein geschickt hatte. Hitler und Köchling hatten in ihrer Unterredung festgelegt, dass der Zweck des Freikorps im »Schutz der Sudetendeutschen und [der] Aufrechterhaltung weiterer Unruhen und Zusammenstösse« liegen solle. Das Freikorps, das aus sudetendeutschen Aktivisten aufgestellt wurde, die nach Deutschland geflohen waren, sollte zur Verschleierung des staatlichen Auftrags nur mit österreichischen Waffen ausgestattet werden. Obwohl das Freikorps formell Henlein unterstand, war es letztlich Hitler persönlich, der ihm Weisung erteilte. Bereits am 19. September versandte die Oberste SA-Führung einen ersten Befehl zur Erfassung der Freiwilligen an die SA-Gruppen im Reich. Am folgenden Tag wurde eine erste Einteilung in vier Freikorps-Gruppen rund um die Grenze in den Gebieten Schlesien, Sachsen, Bayerische Ostmark und Alpenland einschließlich Donau vorgenommen. Die Freiwilligen waren telefonisch an das in Bayreuth eingerichtete Stabsquartier des Freikorps zu melden. Mit dem Hinweis, dass »[r]eichsdeutsche SA-Männer [...] *nicht* in das Freikorps aufgenommen werden« können, endete der Befehl.[71] In einem späteren Bericht über seinen Frei-

70 Broszat: Freikorps, S. 30 ff.; Dölling: Gewalttätigkeit, S. 246 ff.; Jörg Osterloh: Nationalsozialistische Judenverfolgung im Reichsgau Sudetenland 1938-1945, München 2006, S. 165-170. S. auch die eindrücklichen Schilderungen der Gewalttätigkeiten sudetendeutscher Aktivisten durch den britischen Journalisten George E. R. Gedye: Als die Bastionen fielen. Die Errichtung der Dollfuß-Diktatur und Hitlers Einmarsch in Österreich und den Sudeten. Eine Reportage über die Jahre 1927-1938, Wien 1981, S. 390-396. Allgemein zur Situation vor dem Münchner Abkommen s. Detlef Brandes: Die Sudetendeutschen im Krisenjahr 1938, München 2010.
71 Oberste SA-Führung, Schnellbrief zur sofortigen Bekanntgabe, 19.9.1938, StA Ludwigsburg, PL 505, Bü 7; Henlein ruft zum Sudetendeutschen Freikorps auf, in: Neues Wiener Tagblatt, 18.9.1938, S. 1, ANNO/Österreichische Nationalbibliothek; Adolf Hitlers Richtlinien für das Sudetendeutsche Freikorps, 18.9.1938, abgedruckt in:

korps-Einsatz betonte Hans Gmelin, dass diese letzte Anordnung erfolgte, um eine mögliche Mobilmachung durch die Wehrmacht nicht zu stören. In erster Linie sollte bei den Freikorps-Aktionen aber der Eindruck vermieden werden, dass von »reichsdeutscher« Seite die Grenze übertreten worden sei. Die Freikorps-Aktivitäten sollten nach dem Willen Hitlers als innere Auseinandersetzungen der Volksgruppen in der Tschechoslowakei wahrgenommen werden.[72]

Die SA war allerdings von Hitler dazu ausersehen worden, »die zentrale Führungs- und Koordinationsrolle bei Aufbau und Einsatz des Freikorps zu übernehmen«.[73] Sie bot sich für diese Aufgabe an, weil sie beim Aufbau der Österreichischen Legion, die ursprünglich für einen ähnlichen Zweck bei den Anschlussbemühungen in Österreich vorgesehen war, einschlägige Erfahrungen gesammelt hatte. Darüber hinaus verfügte die SA über etablierte organisatorische Strukturen im Grenzgebiet und gute lokale Verbindungen zu sudetendeutschen paramilitärischen Aktivisten. Der Einsatz der SA war zudem ein entscheidender Faktor in den Überlegungen der deutschen Staats- und Militärführung, wie das Ziel erreicht werden könne, England und Frankreich nachhaltig aus dem Konflikt herauszuhalten. Im Gegensatz zur Wehrmacht konnte im Fall der SA ansatzweise glaubhaft abgestritten werden, dass die deutsche Regierung systematisch hinter den eskalierenden Gewalttätigkeiten stand.[74] Die SA entsandte mit SA-Obergruppenführer Max Jüttner ebenfalls einen Verbindungsführer an die Stabsstelle des Freikorps in Bayreuth. Neben Musterung, Ausrüstung, Verpflegung und Bequartierung wurde der SA die Aufgabe übertragen, die Mannschaften des Freikorps so lange mit eigens dafür abgestellten SA-Führern zu betreuen, bis die Führung der einzelnen Gliederungen von Freikorps-Mitgliedern übernommen werden könne. Die SA-Führer sollten dann weiter zur Beratung der Freikorps-Einheiten abgestellt sein, ohne allerdings Befehlsgewalt auszuüben.[75]

Als »zV-Führer«[76] im Rang eines Sturmhauptführers bei der Standarte 119 führte Gmelin zu jener Zeit keinen eigenen Sturm und war daher frei verfügbar. Er war seit Jahresbeginn »Sportmannschaftsführer« der Standarte und ar-

Vaclav Král: Die Deutschen in der Tschechoslowakei 1933-1947. Dokumentensammlung, Prag 1964, Dok. 226, S. 312f.; Dölling: Gewalttätigkeit, S. 247f.

72 Gmelin, Hans, IV: Mit dem Freikorps im Sudetenland, in: Normannen-Blätter, 2. Folge, Nr. 17, Februar 1939, S. 418ff., hier: S. 418f.; Broszat: Freikorps, S. 38ff.

73 Dölling: Gewalttätigkeit, S. 249f.

74 Ebd.

75 Kommando des Sudetendeutschen Freikorps, Befehl Nr. 1, 18.9.1938, abgedruckt in: Král: Die Deutschen, Dok. 227, S. 313f.; Affidavit Gottlob Berger, Nürnberg, 22.11.1945, abgedruckt in: Ebd., Dok. 230, S. 318.

76 Als »zV-Führer« wurden SA-Führer bezeichnet, die nicht dauerhaft als Führer einer bestimmten Einheit, sondern in anderen Funktionen für Sonderaufgaben im Bereich der Standarte, Brigade oder Gruppe eingesetzt wurden. SA-Gruppe Südwest, Gruppenbefehl 5/36, 6.7.1936, StA Ludwigsburg, PL 505, Bü 2.

beitete seit kurzem in ihrem Stuttgarter Quartier für das Referat »Aufmärsche«. Er war seit Juni 1938 Reserveoffizier und hatte seit Gründung der Wehrmacht 1935 an diversen mehrwöchigen Übungen teilgenommen. Zudem besaß er das SA-Sportabzeichen und die Berechtigung, die entsprechenden Prüfungen abzunehmen.[77] Gmelin wurde die Führung einer in Stuttgart von der SA-Gruppe Südwest zusammengestellten Kompanie des Freikorps übertragen. Gemeinsam mit sieben weiteren SA-Führern musterte er am 19. September[78] sudetendeutsche Flüchtlinge in einer Stuttgarter Obdachlosenunterkunft. Nachdem circa 80 »Reichsdeutsche« aus den erwähnten Gründen nach Hause geschickt worden waren, begann er mit 220 Sudetendeutschen eine fünftägige militärische Kurzausbildung, die sich im Allgemeinen an den Vorgaben für den Erwerb des SA-Sportabzeichens orientierte. Gmelin, der bereits einige Erfahrung bei der Führung von SA-Stürmen gesammelt hatte, war zunächst schockiert bei dem Gedanken, mit dieser Gruppe aus »Zivilisten in Halbschuhen, [...] Hände in den Hosentaschen bis zum Ellenbogen«, schon bald zum Einsatz kommen zu müssen. Doch im Nachhinein zeigte er sich überzeugt, dass er in seiner Freikorps-Kompanie »Hanns Ludin« eine »Ausnahmeerscheinung« an »Dienstfreudigkeit und Einsatzwillen« gefunden hatte.[79]

Schon vor dem Parteitag in Nürnberg gab es Auseinandersetzungen im Sudetenland. Auch an der Grenze zwischen Deutschland und der Tschechoslowakei kam es immer wieder zu Zwischenfällen. Die Zusammenstöße gingen zu einem nicht unerheblichen Teil auf eigenmächtige Aktionen grenznaher deutscher SA-Verbände zurück.[80] Die SA-Gruppe Südwest hatte zwar keine Grenzberührung nach Osten, dennoch wurde erstmalig im Juli 1938 darauf hingewiesen, dass aufgrund eines Befehls der Obersten SA-Führung »mit Rück-

---

77 Personalfragebogen, 20.5.1939, BArch, SA 177, Hans Gmelin (ehem. BDC); Eidesstattliche Versicherung von Hans Snyckers im Entnazifizierungsverfahren Hans Gmelins, 12.4.1947, StA Sigmaringen, Wü 13 T 2, Nr. 2108/068.

78 Im ersten seiner beiden Erfahrungsberichte nach dem Freikorps-Einsatz nennt Gmelin hingegen den 29.9. als ersten Tag, so wie er den 20.10. als Einmarschtag und den 24./25.10. als Abzugsdatum erwähnt. Diese Angaben können jedoch nicht stimmen, und sie decken sich auch nicht mit verschiedenen anderen Zeitangaben, bei denen er für den Beginn der Kompanietätigkeit den 19.9. anführt. Der Einmarsch der Kompanie fand am 10.10. statt, die Auflösung am 15.10. Offenbar ist die 1 in der Datumsangabe jeweils durch eine 2 ersetzt worden. SA-Sturmbannführer Hans Gmelin: Drei Wochen an der Grenze, in: SA der Gruppe Südwest, Beilage zu »Der SA-Mann«, Folge 48, 24. Ausgabe, 25.11.1938, S. 2f.; »Ergänzung meiner Personalpapiere«, Hans Gmelin an Landgerichtspräsident Stuttgart, 10.11.1938, PA AA, Personalakten 4.501 (Hans Gmelin), Bl. 38.

79 Gmelin: Drei Wochen an der Grenze, in: SA der Gruppe Südwest, Beilage zu »Der SA-Mann«, Folge 48, 24. Ausgabe, 25.11.1938, S. 2; Gmelin: Mit dem Freikorps im Sudetenland, in: Normannen-Blätter, 2. Folge, Nr. 17, Februar 1939, S. 418f.; Dölling: Gewalttätigkeit, S. 251.

80 Dölling: Gewalttätigkeit, S. 244-247.

sicht auf die derzeitige außenpolitische Lage Wanderfahrten usw. von SA-Einheiten in die südöstlichen Grenzgebiete z. Zt. nicht angebracht erscheinen und infolgedessen bis auf weiteres zu unterlassen sind«.[81] Zehn Tage nach Hitlers Parteitagsrede, am 22. September 1938, gab die SA-Gruppe eine Meldung der Obersten SA-Führung bekannt, in der aus Informationen des Auswärtigen Amts mitgeteilt wurde, dass sich in letzter Zeit »Gesellschaftsreisen« in die von Deutschland nach dem Versailler Vertrag abgetretenen Gebiete häuften. Diese Reisen erfolgten in erster Linie von »Parteiorganisationen, die Schulungsstätten in der Nähe der Grenze unterhalten«. Da sie in ihrer Häufigkeit »politisch nicht zweckmäßig« seien, müsse in Zukunft seitens der Verantwortlichen der Partei oder ihrer Gliederungen jede Reise in abgetretene Gebiete wenigstens vier Wochen vorher beim Verbindungsstab der NSDAP in Berlin angemeldet werden. Über eine Zustimmung entscheide das Auswärtige Amt, die Besorgung von Quartieren, verbilligten Mittagessen etc. könne dann durch das zuständige Generalkonsulat organisiert werden.[82] Dieser Befehl, der sich wie die Bitte um Anmeldung für eine Kaffeefahrt liest, überschnitt sich zeitlich mit einer scharfen Drohung Englands und Frankreichs, die am selben Tag erfolgte. Die beiden westeuropäischen Regierungen verkündeten, man werde es als Bündnisfall betrachten, wenn sich die Meldungen fortsetzten, dass Kräfte aus dem Deutschen Reich an den Eskalationen im deutsch-tschechoslowakischen Grenzgebiet beteiligt seien. Das Freikorps war zu diesem Zeitpunkt an der Grenze bereits ausgesprochen aktiv.[83]

Gmelin erreichte sein Einsatzgebiet erst zwischen dem 24. und 26. September. Über Wien reiste er mit seiner Kompanie nach Langau im Bezirk Horn/Niederdonau an der Grenze, wo Quartier in einem Gasthaus bezogen wurde. Die Kompanie war zunächst Teil der Freikorpsgruppe IV Alpenland einschließlich Donau.[84] Diese Freikorpsgruppe war am besten mit Waffen ausgerüstet. Sie besaß offenbar mehr als 80 Prozent der Gewehre, die dem Freikorps zur Verfügung standen.[85] Im ersten Aufstellungsbefehl des Freikorps wurden die Kompanien als dessen »wichtigste Kampfeinheit« bezeichnet. Das ergebe sich aus dem Wesen der Taktik, die Freikorps-Kämpfen zugrunde liege. Die Kompanie müsse so organisiert sein, »daß sie zu vollkommen selbständigen kühnen Unternehmungen geeignet ist«. Ihr Einsatzgebiet umfasse den

81 SA-Gruppe Südwest, Gruppenbefehl 24/38, 14.7.38, StA Ludwigsburg, PL 505, Bü 2.
82 SA-Gruppe Südwest, Gruppenbefehl 33/38, 22.9.1938, StA Ludwigsburg, PL 505, Bü 2.
83 Dölling: Gewalttätigkeit, S. 255 f.
84 Gmelin: Mit dem Freikorps im Sudetenland, in: Normannen-Blätter, 2. Folge, Nr. 17, Februar 1939, S. 419; LGPräs an OLGPräs, Stuttgart, 6.10.1938, PA AA, Personalakten 4.500 (Hans Gmelin).
85 Röhr: September 1938, S. 73.

Abschnitt eines Bezirksamtes und solle ergänzt werden durch Sudetendeutsche, die aus dem gegenüberliegenden »Heimatgebiet« jenseits der Grenze stammten. Im besten Fall würde so eine genaue Ortskenntnis der Kompanie sichergestellt und zudem das Gefühl hervorgerufen, »für die engste Heimat zu kämpfen«. Alle Kompanien in einem SA-Standarten-Abschnitt diesseits der Grenze bildeten ein Bataillon des Freikorps.[86]

Entgegen dem eindringlichen und mehrfach wiederholten Befehl, dass »reichsdeutsche« SA-Männer keinesfalls selbst an Aktionen des Freikorps teilnehmen dürften und bereits ein Grenzübertritt strengstens untersagt sei, beteiligten sich die beim Freikorps eingesetzten SA-Führer massiv an den gewalttätigen Aktionen. Höherrangige SA-Führer nahmen es für einen Kampfeinsatz mitunter sogar hin, dass sie dafür auf das Kommando eines im Ranggefüge unter ihnen stehenden SA-Mannes hören mussten. Die SA zeigte hier, dass sie wie schon in den frühen 1930er Jahren zu unkontrollierter Gewaltausübung neigte und ihre Mitglieder danach strebten, ihre lang gehegten Bürgerkriegsphantasien auszuleben.[87]

Hans Gmelin verfasste zwei Erlebnisberichte von seinem Freikorps-Einsatz. Den ersten schrieb er für die Beilage der SA-Gruppe Südwest im *SA-Mann*, dem »Kampfblatt« der Obersten SA-Führung, wenige Wochen nachdem er wieder zurück in Stuttgart war. Der zweite wurde im Februar 1939 in den *Normannen-Blättern*, dem Mitteilungsblatt des Altenvereins seiner Tübinger Studentenverbindung, veröffentlicht. In beiden Berichten hob er hervor, dass in Anbetracht einer so kurzen Ausbildung die »gewaltsamen Erkundungen gegen die tschechische Bunkerlinie« mit seinen Männern durchaus ein Risiko dargestellt hätten, das nur durch eine gehörige Portion »Draufgängertum« zu bewältigen gewesen sei. Die Freikorps-Führung gab ein Soll von Aktionen vor, die jede Kompanie eigenständig zu planen und umzusetzen hatte. In den Tagen und Nächten nach ihrer Ankunft führte Gmelin mit seiner Kompanie Aktionen »ins tschechische Gebiet [durch], die meist nicht ohne erhebliche Verluste auf der Gegenseite verliefen«.[88] Im Unterschied zu anderen sudetendeutschen

---

86 Kommando des Sudetendeutschen Freikorps, Befehl Nr. 1, 18.9.1938, abgedruckt in: Král: Die Deutschen, Dok. 227, S. 313 ff., hier: S. 314.

87 Dölling: Gewalttätigkeit, S. 255-258.

88 Gmelin: Drei Wochen an der Grenze, in: SA der Gruppe Südwest, Beilage zu »Der SA-Mann«, Folge 48, 24. Ausgabe, 25.11.1938, S. 2; Gmelin: Mit dem Freikorps im Sudetenland, in: Normannen-Blätter, 2. Folge, Nr. 17, Februar 1939, S. 419; Kommando des Sudetendeutschen Freikorps, Befehl Nr. 6, 20.9.1938, abgedruckt in: Král: Die Deutschen, Dok. 229, S. 316 f. Der Verbindungsoffizier des OKW erklärte, dass zunächst befohlen wurde, dass jede der vier Freikorps-Gruppen in ihrem Bereich jede Nacht mindestens zehn Aktionen durchzuführen hatte: Bericht des Verbindungsoffiziers des OKW beim Sudetendeutschen Freikorps, StA Nürnberg, KV-Anklage Dokumente, EC-366-1, Bl. 2.

Gebieten hat das Freikorps in Südmähren um den 27. September herum kein Territorium besetzt gehalten. Allerdings lieferte es den tschechoslowakischen Sicherheitskräften dort schwere Auseinandersetzungen mit tagelangen Schusswechseln, während viele sudetendeutsche Zivilisten über die Grenze ins Reich flohen.[89]

Noch in der Nacht zum 30. September, in der die Regierungen Frankreichs, Englands, Italiens und Deutschlands die Abtretung der Sudetengebiete von der Tschechoslowakei an Deutschland beschlossen, hatte Gmelins Kompanie im südmährischen Grenzgebiet ein heftiges Gefecht, bei dem drei Personen auf der Gegenseite getötet wurden. Das Freikorps führte in diesen Tagen koordinierte Angriffe auf Zollhäuser bei Waidhofen und Schaffa (Šafov) durch, die teilweise scheiterten und auch noch am Tag nach Abschluss der Münchner Verhandlungen fortgesetzt wurden. Für 20 Uhr des 30. September hatte Henlein die Einstellung aller Aktionen an der Grenze befohlen. Am selben Tag wurde das Freikorps umgegliedert, und Gmelins Kompanie gehörte ab jetzt zur Freikorpsgruppe I Wien.[90] Gmelin betonte, seine Männer hätten trotz des Risikos, das bei bewaffneten Überfällen auf Grenzstationen bestanden habe, hervorragenden Diensteifer gezeigt. Er sei stolz, »daß ich nie anfeuern, sondern höchstens einmal zum Überlegen und Vernünftigsein auffordern mußte. Gemeinsame Gefahr schmiedet zusammen, gemeinsame Ausbildung, gemeinsames Singen und gemeinsames Wachen schafft selbst in kürzester Zeit eine Einheit, die um alle ein Band von Lebensdauer schlingt.«[91]

Bald nach dem Abschluss der Verträge wurde es an allen Grenzen des Sudetenlands überwiegend ruhig. Die Wehrmacht marschierte ab dem 1. Oktober in die Deutschland zugesprochenen Territorien ein. Der Einmarsch in das südmährische Gebiet gegenüber von Langau fand am 8. und 9. Oktober statt.[92]

Die Wehrmacht, die sich schon während der Hochphase der Sudetenkrise Ende September immer wieder an den Aktivitäten des Freikorps rieb, hoffte, es für den Einmarsch unter ihren Befehl nehmen zu können. Doch stattdessen

89 Brandes: Die Sudetendeutschen, S. 306.
90 Landgerichtspräsident an Oberlandesgerichtspräsident, Stuttgart, 6.10.1938, PA AA, Personalakten 4.500 (Hans Gmelin); Aufzeichnung Legationsrat Kordt, 29.9.1938, abgedruckt in: Hans Rothfels u. a. (Hrsg.): Akten zur deutschen auswärtigen Politik 1918-1945 (ADAP), aus dem Archiv des deutschen Auswärtigen Amts, Baden-Baden u. a., Serie D (1937-1945), Bd. II, Dok. 674, S. 810 f.; Röhr: September 1938, S. 81; Gmelin: Drei Wochen an der Grenze, in: SA der Gruppe Südwest, Beilage zu »Der SA-Mann«, Folge 48, 24. Ausgabe, 25.11.1938, S. 3.
91 Gmelin: Drei Wochen an der Grenze, in: SA der Gruppe Südwest, Beilage zu »Der SA-Mann«, Folge 48, 24. Ausgabe, 25.11.1938, S. 2.
92 Unsre Truppen marschieren, in: Kleine Volks-Zeitung, Wien, 7.10.1938, S. 1, ANNO/ Österreichische Nationalbibliothek; Volker Zimmermann: Die Sudetendeutschen im NS-Staat. Politik und Stimmung der Bevölkerung im Reichsgau Sudetenland, Essen 1999, S. 71-74.

wurde das Freikorps unmittelbar davor dem Reichsführer-SS Heinrich Himmler unterstellt. Diese Änderung fand maßgeblich auf Betreiben des neuen Leiters des Ergänzungsamtes im SS-Hauptamt, des ehemaligen württembergischen SA-Oberführers und Widersachers von Hanns Ludin, SS-Oberführer Gottlob Berger, statt. Berger war während der Sudetenkrise Verbindungsführer der SS zum Sudetendeutschen Freikorps. Nach der SS-Unterstellung stand das Freikorps der Wehrmacht nicht mehr für den Einmarsch zur Verfügung, sondern war »wie die übrigen Polizeikräfte im Benehmen mit Reichsführer SS für polizeiliche Aufgaben nachzuziehen«.[93] So bekam die Kompanie »Hanns Ludin« ihren Marschbefehl für den 10. Oktober, nachdem die Wehrmacht tags zuvor entlang ihrer Marschroute die entscheidenden Sicherungsmaßnahmen vorgenommen hatte. In einer gemeinsamen Marschgruppe mit der Nachbarkompanie des Freikorps führte Hans Gmelin etwa 400 Männer unter seinem Kommando in einen schmalen Grenzstreifen im Gebiet um Frain (Vranov nad Dyjí), wo die Tschechen der NS-Propagandapresse zufolge noch wenige Tage zuvor hatten einen Staudamm in die Luft sprengen wollen, um die Landschaft des Thayatals zu vernichten. Von Frain ging der Einmarsch der Kompanie noch bis in das 15 Kilometer westlich von Znaim (Znojmo) gelegene Liliendorf (Lesná u Znojma).[94]

Unmittelbar nach dem Einmarsch in Südmähren richtete die Wehrmacht in Znaim eine zivile Verwaltung ein, die vom österreichischen Gau Niederdonau mit Verwaltungsbeamten beschickt wurde. Die Bürgermeisterämter und Bezirkshauptmannschaften wurden mit »politisch einwandfreien« Beamten aus Südmähren oder Österreich besetzt. Die Eisenbahnverbindungen und das Postwesen wurden wiederaufgenommen. Die Nationalsozialistische Volkswohlfahrt (NSV) sorgte für die Rückführung der sudetendeutschen Flüchtlinge. Die alte Grenze wurde in den ersten Wochen aufrechterhalten, um die deutsche Übernahme aller zivilen und militärischen Stellen nicht zu stören. Handels- und Zollbeschränkungen fielen mit sofortiger Wirkung. Ende Oktober 1938 übergab die Wehrmacht die vollständige Gewalt an die Zivilverwaltung.[95]

93 IMT, Nürnberg, Vol. XXV, Dok. 388-PS (Blau-Nr. 37), S. 490; Unterstellung des Freikorps Henlein, 30.9.1938, abgedruckt in: Král: Die Deutschen, Dok. 232, S. 319; Affidavit Gottlob Berger, IMT, 22.11.1945, abgedruckt in: ebd., Dok. 230, S. 318; Broszat: Freikorps, S. 47 ff.; Hoffmann: Drang, S. 30.

94 Gmelin: Drei Wochen an der Grenze, in: SA der Gruppe Südwest, Beilage zu »Der SA-Mann«, Folge 48, 24. Ausgabe, 25.11.1938, S. 2; Einzug der Wehrmacht in Znaim, in: Neues Wiener Tagblatt, 10.10.1938, S. 1 f., ANNO/Österreichische Nationalbibliothek.

95 Die zivile Verwaltung Südmährens, in: Neues Wiener Tagblatt, 13.10.1938, S. 6, ANNO/Österreichische Nationalbibliothek; Zimmermann: Die Sudetendeutschen, S. 88 f., 153-156.

Das Kommando des Freikorps in Bayreuth gab für den Einmarsch am
1. Oktober einen Befehl aus, in dem es hieß: »Rote und Tschechen, die auf
der Flucht getroffen werden, sind zu erledigen.«[96] Tatsächlich hatte Henleins
Stellvertreter Karl Hermann Frank bei Hitler erreicht, dass dem Freikorps für
den Einmarsch in das Sudetenland drei Tage »Jagdfreiheit auf alle mißliebigen
Elemente« zugesichert wurden. Diese Abmachung kam allerdings vor dem
Münchner Abkommen zustande, als Hitler noch von einer Besetzung im Zuge
kriegerischer Handlungen und nicht von einer friedlichen Übergabe des Sudetenlands ausging. Nachdem die ersten eigenmächtigen Aktionen des Freikorps
innerhalb kürzester Zeit zu internationalen Protesten geführt hatten, wurde das
Freikorps am 4. Oktober schließlich doch noch faktisch dem Heer unterstellt.
Die SS hatte ohnehin wenig Interesse an der Führung des Freikorps gezeigt,
stattdessen aber große Teile von dessen Führungsriege für eine Mitgliedschaft
in ihren eigenen Reihen geworben, was zu erheblichen Streitigkeiten mit der
SA im Kommandostab des Freikorps führte. Schließlich wurde das Freikorps
am 9. Oktober von Henlein für aufgelöst erklärt, nachdem es bereits zu erheblichen Zerfallserscheinungen gekommen war.[97]

Gmelin behauptete, dass der Auflösungsbefehl ihn erst am 14. Oktober erreicht habe beziehungsweise dass seine Kompanie am 14./15. Oktober abgelöst
worden sei. Bis zu diesem Zeitpunkt habe sie sich im Verband der Wehrmacht
befunden und sei als letzte Kompanie der Freikorpsgruppe I Wien abgerüstet
worden, nicht ohne zuvor eine »saftige« Anerkennung des Kommandeurs zu
erhalten.[98]

Gmelins Kompanie bestand aus vier Zügen zu jeweils circa 50 Mann. Drei
der vier Züge seien nach der Besetzung mit »Grenzfestlegungs- und Grenz-
sicherungsaufgaben« beschäftigt gewesen, berichtete Gmelin. Die neue Grenze
habe überhaupt nicht oder nur vage festgestanden, sodass die Kompanie nicht
umhingekommen sei, »täglich Korrekturen vorzunehmen«. In der Tat war die
neue Grenze zunächst nicht genau festgelegt. Die Vereinbarung über ihren
exakten Verlauf war allerdings Aufgabe einer internationalen Kommission
und nicht einer Handvoll Freikorps-Männer, die »im Nehmen des politisch
Möglichen«, wie Gmelin sich ausdrückte, die »Sprachgrenze« in Form eigen-
mächtiger »Landnahme« abzustecken gedachten. Aufgrund der Willkür aufseiten der deutschen Verhandlungsführer und der chaotischen Situation in den
ersten Tagen nach der Besetzung war es durchaus möglich, durch aggressive

---

96 Befehl des SFK-Kommandos vom 1.10.1938, zit. nach Zimmermann: Die Sudetendeutschen, S. 97.
97 Zimmermann: Die Sudetendeutschen, S. 96 ff.; Broszat: Freikorps, S. 49.
98 Gmelin: Drei Wochen an der Grenze, in: SA der Gruppe Südwest, Beilage zu »Der
SA-Mann«, Folge 48, 24. Ausgabe, 25.11.1938, S. 3; Gmelin: Mit dem Freikorps im
Sudetenland, in: Normannen-Blätter, 2. Folge, Nr. 17, Februar 1939, S. 420.

Expansionsmaßnahmen Fakten zu schaffen, die dann nachträglich anerkannt wurden.[99] Gmelin beschrieb diesen Vorgang der »Landnahme« als »frisch-fröhliche Sache«, als Herausforderung, die »mit Schneid und Freude erfüllt werden« konnte, und als »lohnendste Aufgabe, die es für einen Soldaten gab. Hier konnte das Freikorps seinen eigentlichen Sinn erfüllen«.[100] Die Landnahmeaktionen wurden von Freikorps-Einheiten mancherorts mit dem Argument gerechtfertigt, dass man »den Wünschen der dort lebenden (deutschen) Bevölkerung nachgekommen« sei.[101] Zwischen dem 10. Oktober und dem 20. November wechselte noch manches Dorf die Staatszugehörigkeit. Das geschah, erstens weil die Wehrmacht teils wissentlich, teils versehentlich zu viel Territorium besetzt hatte, zweitens weil Freikorps-Männer eigenmächtig versuchten, Ortschaften zu okkupieren, und drittens weil bei den örtlichen Wehrmacht-Kommandos ebenso wie beim Internationalen Ausschuss zur Grenzfestlegung zahlreiche Wünsche deutscher Bewohner der ČSR eingingen, auch ihren Wohnort noch an das Deutsche Reich anzugliedern. Hitler befahl am 8. November, keinesfalls bereits besetzte Orte wieder an die Tschechoslowakei zurückzugeben.[102]

Es ist nur zu erahnen, was es für Gmelin und seine Freikorps-Kameraden bedeutet haben mag, an der Regelung dieser Grenzfragen teilzuhaben. An einer Grenze beziehungsweise um eine Grenze zu kämpfen, die durch den verhassten Versailler Vertrag in ihrer frühen Jugend in Kraft gesetzt worden war, sie zu überschreiten und nach völkischen Maßstäben eigenhändig zu verschieben, muss den Eindruck vermittelt haben, dass man in der Gemeinschaft in der Lage war, Geschichte zu schreiben und – nach deutscher Vorstellung – zu korrigieren. Hierin dürfte – neben der grundsätzlichen Gewaltaffinität der SA – auch der Hauptgrund dafür gelegen haben, warum die Teilnahme am Freikorps für die SA und ihre sudetendeutschen Ableger so attraktiv war. Gmelins pathetische Beschreibung des Freikorps als »›Hüter‹ der Grenze«[103] erinnerte sicher nicht zufällig an die Freikorps-Literatur der 1920er Jahre, mit der er und seine Kameraden aufgewachsen und politisch sozialisiert worden waren. Diese Anleihe, die in seinen Berichten immer wieder durchscheint, wird bei der Betrachtung einiger Passagen von Ernst von Salomons 1929 erschienenem Freikorps-Roman *Die Geächteten* deutlich: »Wo war Deutschland? War es beim Volk? Aber das schrie nach Brot und wählte seine dicken Bäuche. War

99 S. zur Arbeit des Internationalen Ausschusses und zu den vor Ort geschaffenen Fakten Röhr: September 1938, S. 157-171.

100 Gmelin: Drei Wochen an der Grenze, in: SA der Gruppe Südwest, Beilage zu »Der SA-Mann«, Folge 48, 24. Ausgabe, 25.11.1938, S. 2.

101 Zimmermann: Die Sudetendeutschen, S. 101.

102 Röhr: September 1938, S. 168f.

103 Gmelin: Mit dem Freikorps im Sudetenland, in: Normannen-Blätter, 2. Folge, Nr. 17, Februar 1939, S. 419.

es der Staat? Doch der Staat suchte geschwätzig seine Form und fand sie im Verzicht. Deutschland brannte dunkel in verwegenen Hirnen. Deutschland war da, wo um es gerungen wurde, es zeigte sich, wo bewehrte Hände nach seinem Bestande griffen, es strahlte grell, wo die Besessenen seines Geistes um Deutschlands willen den letzten Einsatz wagten. Deutschland war an der Grenze. Die Artikel des Versailler Friedens sagten uns, wo Deutschland war.«[104] Auf der nächsten Seite präzisierte von Salomon die Bedeutung, die der Grenze für die Freikorps-Männer zukam: »Wir zogen aus, die Grenze zu schützen, aber da war keine Grenze. Nun waren wir die Grenze, wir hielten die Wege offen; wir waren Einsatz im Spiel, da wir die Chance witterten, und dieser Boden war das Feld, auf das wir gesetzt.«[105]

Was an dieser Schilderung besonders auffällt, ist die Unmittelbarkeit zwischen den Soldaten und Deutschland, zwischen ihrem Handeln und der historischen Situation. Deutschland war für diese Männer nicht »etwas Gegebenes, [...] sondern etwas Zukünftiges, im Entstehen Begriffenes, das erst noch erkämpft werden mußte«.[106] Die Perspektive auf diese Unmittelbarkeit zwischen gemeinschaftlichem Handeln und historischer Situation, die aus dem Freikorps-Mythos der 1920er Jahre übernommen wurde, wird noch deutlicher, wenn man Gmelins Schilderung der sudetendeutschen Bevölkerung in Betracht zieht: »Der Einmarsch war unbeschreiblich. Ein strahlender Tag, eine strahlende Stimmung der Truppe und eine Begeisterung der befreiten deutschen Volksgenossen, die nicht mit Worten geschildert werden kann. Soviel ist sicher, eine Aktion ist lange nicht so anstrengend und ermüdend wie den ganzen Tag Begeisterung. Trotz der Anstrengung haben wir alle das beglückende Gefühl gehabt, hier im Frieden Sendboten und Soldaten eines starken Volkes zu sein, das allein durch seine innere Bereitschaft seine Gegner auf die Knie zwingt. Es ist unmöglich, alle die rührenden Beweise der Begeisterung der Deutschen dort anzuführen, aber wir alle haben in Feiern und im Gespräch empfunden, wie opferbereit und ihrem Deutschtum fanatisch ergeben die Grenzlanddeutschen sind. Der Wert der Menschen mißt sich an den Opfern, die sie für ihr Volk zu bringen bereit sind. Die Opferbereitschaft unserer sudetendeutschen Brüder und Schwestern kann aber nicht überboten werden.«[107] Dementsprechend charakterisierte er die ihm untergebenen Männer, den »Typ des Freikorpsmanns in der Kompagnie ›Hanns Ludin‹« als einen »Draufgänger mit braungebranntem, beinahe trutzigem Gesicht, stets zu allen Aufträgen bereit, körperlich ›glänzend im Schuß‹, vor allem aber immer heiter und lustig, kurz ein Kerl,

---

104 Ernst von Salomon: Die Geächteten, Reinbek bei Hamburg 1962, S. 48 ff.
105 Ebd.
106 Wildt: Generation, S. 53.
107 Gmelin: Drei Wochen an der Grenze, in: SA der Gruppe Südwest, Beilage zu »Der SA-Mann«, Folge 48, 24. Ausgabe, 25.11.1938, S. 2.

mit dem man ›Pferde stehlen‹ konnte«.[108] Vor allem aber zeige er »die stolze, wuchtige, aufrechte Haltung dessen, der das Glück hatte, mit dabei gewesen zu sein«.[109] Gmelins Beschreibung des Einmarsches mit dem Freikorps gipfelt in der Aussage: »Wir sehen unendlich glückliche Gesichter und lernten wirklich begreifen, daß die persönliche Freude, der persönliche Schmerz nur ein kleines Ding ist und ein geringer Abglanz dessen, was der empfindet, an dem und um den sich eine große völkische Sehnsucht erfüllt.«[110]

Die »Landnahme« im Sudetenland war grundsätzlich von Verschleppungen, Vertreibungen und Gewalt gegen die tschechische und jüdische Bevölkerung begleitet.[111] Es ist davon auszugehen, dass auch Gmelins Kompanie an Gewalttaten beteiligt war, denn neben den drei Zügen der Kompanie, die zur »Landnahme« eingesetzt wurden, fand der vierte Zug im »Sicherheitsdienst« Verwendung: »Im Auftrag der Gestapo mußte eine Säuberung der Gegend von allen unsicheren und unsauberen Elementen durchgeführt werden. Mit einem großen dreiachsigen Tatrawagen wurde diese Aufgabe von unserem ›Sicherheitsdirektor‹, SA-Stf. [Sturmführer] Hans Koch, in ›ganz großer‹ Weise ausgeführt.«[112] Neben dieser – zweifellos euphemistischen – Beschreibung kommentierte Gmelin in seinem Bericht in den *Normannen-Blättern* die Aktivitäten des Freikorps bei der »Landnahme« mit den Worten: »Der Phantasie des Lesers sei damit Tür und Tor geöffnet.«[113] Es sei hier auch darauf hingewiesen, dass ein großer Teil der im Sudetenland lebenden Juden, Tschechen und deutschen NS-Gegner bereits vor der Besetzung ins Landesinnere geflohen war, was nicht zuletzt auf die Gewalttätigkeit des Freikorps und die Aussicht auf seinen Einmarsch zurückzuführen ist.[114] Bemerkenswert an Gmelins Bericht ist, dass nach der Besetzung offenbar ein ganzer Zug seiner Kompanie offiziell von der Gestapo mit sicherheitspolizeilichen Aufgaben betraut wurde und gleichzeitig weiterhin in seiner Kompanie eingegliedert blieb. Bislang ist die historische Forschung davon ausgegangen, dass das Freikorps als Formation

---

108 Gmelin: Mit dem Freikorps im Sudetenland, in: Normannen-Blätter, 2. Folge, Nr. 17, Februar 1939, S. 419.

109 Gmelin: Drei Wochen an der Grenze, in: SA der Gruppe Südwest, Beilage zu »Der SA-Mann«, Folge 48, 24. Ausgabe, 25.11.1938, S. 2.

110 Gmelin: Mit dem Freikorps im Sudetenland, in: Normannen-Blätter, 2. Folge, Nr. 17, Februar 1939, S. 419.

111 Zimmermann: Die Sudetendeutschen, S. 98-102; Osterloh: Judenverfolgung, S. 198-201.

112 Gmelin: Drei Wochen an der Grenze, in: SA der Gruppe Südwest, Beilage zu »Der SA-Mann«, Folge 48, 24. Ausgabe, 25.11.1938, S. 2 f.

113 Gmelin: Mit dem Freikorps im Sudetenland, in: Normannen-Blätter, 2. Folge, Nr. 17, Februar 1939, S. 420.

114 Zimmermann: Die Sudetendeutschen, S. 100.

trotz seiner formalen SS-Unterstellung nicht nennenswert zu sicherheitspolizeilichen Aufträgen herangezogen worden ist.[115]

Nach dem »Anschluss« Österreichs im Frühjahr wurde das Sudetenland das
zweite Gebiet, in dem der Sicherheitsdienst der SS (SD) und die Gestapo jene
Kompetenzen erlernen und erproben konnten, die sie 1939 in Polen und ab 1941
in der Sowjetunion sowie an weiteren Kriegsschauplätzen radikalisieren sollten: die Verfolgung und Verschleppung – an späteren Einsatzorten dann die
Ermordung – von politischen Gegnern, Juden und weiteren Gruppen durch
mobile Sondereinheiten, die hinter der Wehrmacht in die besetzten Gebiete
nachgezogen und in Österreich und dem Sudetenland erstmals als Einsatzgruppen bezeichnet wurden.[116] Im Unterschied zum Vorgehen beim »Anschluss«
Österreichs hatte die Wehrmacht bei der Besetzung des Sudetenlands vorerst
die vollziehende Gewalt zu übernehmen. In Österreich waren sofort Einheiten der Sicherheits- und Ordnungspolizei eingerückt, die diese Aufgabe, vom
Reichsführer-SS, Heinrich Himmler, direkt aus Wien dazu ermächtigt, voll-
umfänglich übernahmen. Im Sudetenland gingen die Kommandos der beiden
Einsatzgruppen Dresden und Wien »politisch-polizeilichen Aufgaben« nach
und hatten sich dabei eng mit der Wehrmacht als eigentlichem Gewaltträger
abzustimmen. Das Konzept für diesen Einsatz stammte von der Auslands-
abteilung des SD, weil zum Zeitpunkt seiner Entwicklung noch von einer
vollständigen Besetzung der ČSR, nicht von einer Teilannexion, ausgegangen
worden war. Kompetenzstreitigkeiten zwischen Wehrmacht und SD waren im
Vorfeld nicht ausgeblieben. Als die Besetzung und Annexion des Sudetenlands
beschlossen waren, entschied sich das Geheime Staatspolizeiamt aufgrund seiner sicherheitspolizeilichen Zuständigkeit im Inland dazu, eigene Einsatzkommandos ins Sudetenland zu schicken. Die Einheiten von SD und Gestapo
sollten auf der Grundlage einer »Sonderfahndungsliste« vornehmlich politische
Gegner und andere »Reichsfeinde« festnehmen, wobei ihnen Folter und eigenmächtige Morde ausdrücklich verboten wurden. Diese Anordnung ist offenbar
auf die massiven Ausschreitungen sicherheitspolizeilicher Organe in Österreich
zurückzuführen. Eine wichtige Hilfestellung für die Einsatzkommandos waren
Denunziationen aus der sudetendeutschen Bevölkerung, auch wenn diese sich
oftmals als unzuverlässig erwiesen. Solche Hinweise kamen in vielen Fällen von
unteren Parteistellen der Sudetendeutschen Partei. In der Anfangsphase der

115 Vgl. Broszat: Freikorps, S. 49; Helmut Krausnick: Hitlers Einsatzgruppen. Die Trup-
     pen des Weltanschauungskrieges 1938-1942, Frankfurt am Main 1998, S. 22. Wer-
     ner Röhr beschreibt zwar, dass in der Freikorps-Gruppe Wien die Polizeihundert-
     schaften erst nach dem Einmarsch ausgesucht wurden, pflichtet Broszat aber darin
     bei, dass das Freikorps als Formation nicht für »polizeiliche Zwecke« eingesetzt
     worden sei. Röhr: September 1938, S. 85.
116 Krausnick: Einsatzgruppen, S. 13-17.

Besetzung wurden circa 10.000 Menschen verhaftet.[117] Die Wiener *Kronen-Zeitung* erklärte der zeitgenössischen Öffentlichkeit, die Einsatzkommandos der Gestapo seien in erster Linie mit der Aufgabe betraut, »die Reste marxistischer und reichsfeindlicher Elemente im Sudetenland aufzufinden und unschädlich zu machen«. In vielen Städten und Ortschaften habe die lokale Bevölkerung die Sicherheitspolizei um »vorbeugenden Schutz vor den ortsbekannten, vielfach noch auf freiem Fuß befindlichen, kommunistischen und landesverräterischen Elementen gebeten«. In ihrer Freizeit seien deutsche Polizisten und Soldaten im Ernteeinsatz für die sudetendeutsche Bevölkerung tätig.[118]

Um den 10. Oktober kam es zu zahlreichen Ausweisungen von Juden im südmährischen Gebiet, in dem Gmelins Kompanie genau ab diesem Zeitpunkt eingesetzt war. Südmähren fiel in die sicherheitspolizeiliche Verantwortung der Einsatzgruppe Wien. Die Gestapo wurde dabei maßgeblich von Polizei und SA unterstützt. In verschiedenen Orten Südmährens wurden Juden mit Autobussen direkt über die Grenze nach Innermähren abgeschoben.[119] Die von Gmelin geführte Kompanie war mit dem großen Tatralastkraftwagen und 50 bewaffneten Freikorps-Männern an solchen Maßnahmen beteiligt. Aus Znaim, der größten Stadt in der Region, waren alle jüdischen Bürger bereits vor der Besetzung geflohen. Die NS-Presse berichtete, die Znaimer Sudetendeutschen seien von einer brutalen Herrschaft durch 2.000 Juden befreit worden, die auf ihrer Flucht noch gestohlen hätten, was sie konnten. Es sei »begreiflich«, schrieb die *Kronen-Zeitung*, »daß diese hetzerische Brut fluchtartig das Feld räumte«, denn die Znaimer Juden hätten von den tschechischen Behörden die Erschießung der »Henleinleute« verlangt und sich damit bei der deutschen Bevölkerung verhasst gemacht.[120] Neben solch typischen antisemitischen Gerüchten und Generalisierungen waren es die grundsätzliche Gewaltaffinität von Freikorps und SA, insbesondere aber die geographische Nähe zu Wien und die Zuständigkeit der dortigen Gestapo für Südmähren, die die Situation für Juden, Tschechen und sudetendeutsche NS-Gegner besonders gefährlich machten. Die Gestapo-Mitarbeiter der Einsatzgruppe Wien verfügten mutmaßlich über einschlägige Erfahrungen, die sie im Verlauf des halben Jahres vor der Annexion des Sudetenlands bei der Vertreibung der Juden aus dem

---

117 Osterloh: Judenverfolgung, S. 191-196; Krausnick: Einsatzgruppen, S. 13; Zimmermann: Die Sudetendeutschen, S. 90-96; Herbert: Best, S. 235 f.
118 Die deutsche Polizei im Sudetenland. Sie sorgt für Ordnung und Schutz der Bevölkerung und hilft bei der Ernte, in: Illustrierte Kronen-Zeitung, Wien, 13.10.1938, S. 5, ANNO/Österreichische Nationalbibliothek.
119 Osterloh: Judenverfolgung, S. 198 f.
120 Fahrt ins befreite Land, in: Illustrierte Kronen-Zeitung, Wien, 16.10.1938, S. 4, ANNO/Österreichische Nationalbibliothek; Mit Gulaschkanonen in das befreite Znaim, in: Kleine Volks-Zeitung, Wien, 11.10.1938, S. 4, ANNO/Österreichische Nationalbibliothek.

Burgenland und weiteren, besonders brutalen antisemitischen Maßnahmen in Österreich gesammelt hatten.[121] Nach dem »Anschluss« im März ging eine Welle antisemitischer Gewalt bislang ungekannten Ausmaßes durch Österreich und von dort zurück in die nördlichen Teile des Reiches. Innerhalb weniger Tage und Wochen wurden die antisemitische Politik und Gesetzgebung, die in Deutschland in den vorhergehenden fünf Jahren eingeführt worden waren, auf Österreich übertragen und weitergetrieben. Die vorläufige antijüdische Zielsetzung der Auswanderung beziehungsweise Abschiebung möglichst aller Juden unter Zurücklassung eines großen Teils ihres Vermögens wurde in Österreich im Frühjahr 1938 durch die von Adolf Eichmann geleitete Zentralstelle für jüdische Auswanderung forciert, die als Vorbild für die anderen Reichsteile wirkte.[122]

Nach der Annexion des Sudetenlands wiederholten sich die antisemitischen Ausschreitungen und Maßnahmen, aber auch in Wien folgten judenfeindliche Krawalle, die sich von dort über das Reich ausbreiteten. Der SD schrieb diese Entwicklung einer in der Bevölkerung Deutschlands und Österreichs verbreiteten Annahme zu, wonach mit der Herstellung eines »Großdeutschen Reiches« der Zeitpunkt der »Abrechnung« mit den Juden gekommen sei.[123] Insofern kann davon ausgegangen werden, dass Volkstumspolitik und Antisemitismus als die beiden Seiten der rassistischen NS-Politik den nationalsozialistisch gesinnten Teilen der Bevölkerung 1938 bereits in Fleisch und Blut übergegangen waren.

Auch in Württemberg waren nach dem »Anschluss« Österreichs und während der Sudetenkrise die antisemitische Propaganda und judenfeindliche Maßnahmen verstärkt worden. Die Südwest-Beilage der Zeitung *SA-Mann* titelte am 30. September mit »Juden raus!« und leitete diese Vertreibungsforderung von der historischen Agitation gegen Juden in Südbaden im 16. Jahrhundert her. Auch damals habe man sich »gegen die Ausbeutung durch die Juden« zu wehren gewusst.[124] In derselben Ausgabe wurde über die Kennzeichnung jüdischer Geschäfte in Stuttgart berichtet, die zur Freude des Verfassers in zweisprachiger Ausführung deutsch/italienisch vorgenommen wurde, sodass auch italienische Stuttgart-Besucher »vor jüdischem Schwindel bewahrt« blieben.[125]

---

121 Osterloh: Judenverfolgung, S. 199.
122 Hans Safrian: Eichmann und seine Gehilfen, Frankfurt am Main 1995, S. 23 f.; Saul Friedländer: Das Dritte Reich und die Juden, München 2008, S. 262-267; Herbert: Best, S. 234.
123 Alan E. Steinweis: Kristallnacht 1938. Ein deutscher Pogrom, Stuttgart 2011, S. 22; Raphael Gross: November 1938. Die Katastrophe vor der Katastrophe, München 2013, S. 35-41.
124 Schon 1577 im Markgräflerland: Juden raus!, in: SA der Gruppe Südwest, Beilage zu »Der SA-Mann«, Folge 40, 20. Ausgabe, 30.9.1938, S. 1 f.
125 So muß es sein!, in: Ebd., S. 3.

Wie überall im Reich trieben nicht nur zentrale, sondern auch lokale Stellen sowohl die »Arisierung« jüdischer Wirtschaftsbetriebe als auch die Vertreibung der Juden aus Deutschland voran.[126]

In der ersten Hälfte des Jahres 1938 erfolgte ein neuer Schub antisemitischer Gesetze und Verordnungen, die sich nun in erster Linie gegen das Eigentum und das ökonomische Auskommen der Juden richteten. Dazu zählten nicht zuletzt die Definition, welche Betriebe als jüdisch zu gelten hatten, und die Anweisung, diese zentral zu verzeichnen.[127] Im August sah sich die SA-Gruppe Südwest zu dem Hinweis veranlasst, dass der Nähmaschinenhersteller Singer in nichtjüdischem Besitz sei und auch die Geschäftsführung von Nichtjuden besorgt werde.[128] »Arisierung« und Abschiebungspolitik führten in den Wochen und Monaten nach dem »Anschluss« Österreichs zu verstärkter Flucht, Auswanderung und Vertreibung von Juden. Nachdem auf der Münchner Konferenz die deutsche Annexion des Sudetenlands beschlossen worden war, kam es im Oktober 1938 zur ersten deutschen Massenausweisung von Juden. Noch während Wehrmacht und Freikorps in das Sudetenland einrückten, wurden die Inlandspässe der Juden im Deutschen Reich für ungültig erklärt und durch »Kennkarten« ersetzt. Reisepässe wurden erst wieder gültig, wenn sie eingereicht und mit einem »J« gestempelt worden waren.[129] Juden, die im annektierten Sudetenland in deutsches Hoheitsgebiet gerieten, hatten aufgrund der Nürnberger Rassegesetze ohnehin keine Chance auf die deutsche Staatsbürgerschaft. Gleiches galt schon ein halbes Jahr zuvor für die österreichischen Juden.[130]

Viele der vertriebenen Juden des Sudetenlands wurden auch in der Tschechoslowakei zunächst nicht aufgenommen, sodass eine große Anzahl im Niemandsland zwischen den Grenzen Österreichs, Deutschlands, Ungarns und der Tschechoslowakei hin und her geschoben wurde. Die polnische Regierung beschloss ihrerseits, dass alle polnischen Staatsbürger, die sich im Ausland aufhiel-

---

126 Vgl. zu dieser teils widersprüchlichen Doppelstrategie Wildt: Selbstermächtigung, S. 309 ff.

127 Dritte Verordnung zum Reichsbürgergesetz, 14.6.1938, abgedruckt in: Paul Sauer (Hrsg.): Dokumente über die Verfolgung der jüdischen Bürger in Baden-Württemberg durch das Nationalsozialistische Regime 1933-1945, I. Teil, ohne Dok.-Nr., S. 147 f.; Avraham Barkai: Vom Boykott zur »Entjudung«. Der wirtschaftliche Existenzkampf der Juden im Dritten Reich 1933-1943, Frankfurt am Main 1987, S. 128-133.

128 SA-Gruppe Südwest, Gruppenbefehl Nr. 29/38, 18.8.1938, StA Ludwigsburg, PL 505, Bü 2.

129 Sämtliche deutschen Reisepässe von Juden ungültig erklärt, in: Neues Wiener Tagblatt, Mittagsausgabe, 8.10.1938, S. 1, ANNO/Österreichische Nationalbibliothek; Friedländer: Das Dritte Reich, S. 285 ff.

130 Dieter Gosewinkel: Einbürgern und Ausschließen. Die Nationalisierung der Staatsangehörigkeit vom Deutschen Bund bis zur Bundesrepublik Deutschland, Göttingen 2011, S. 401 ff.

ten, sich noch im Oktober um eine Einreisegenehmigung nach Polen bemühen müssten, andernfalls werde ihr Pass ungültig. Daraufhin befahl das Deutsche Reich die Ausweisung aller polnischen Juden, die sich im Reich befanden. Damit war die Situation für Juden in Deutschland im Herbst 1938 mit einem Schlag noch prekärer geworden; selbst Juden mit deutscher Staatsangehörigkeit konnten sich ihres Status immer weniger sicher sein. Ende Oktober deportierten SS und Polizei in der sogenannten Polenaktion über 15.000 polnische Juden an die Grenze des Nachbarlands, wo sie von polnischen Grenzsoldaten zurückgewiesen wurden und tagelang unter miserablen Bedingungen zwischen den Grenzen hin und her wanderten. Der junge Jude Herschel Grynszpan erfuhr an seinem Studienort Paris, dass seiner Familie dieses Schicksal widerfahren war. Er beschloss, ein gewaltsames Zeichen gegen die unmenschliche Behandlung zu setzen, und erschoss in Paris den deutschen Diplomaten Ernst vom Rath. Den Nationalsozialisten bot sich damit ein willkommener Anlass, um noch brutaler gegen die jüdische Bevölkerung Deutschlands und der annektierten Gebiete vorzugehen.[131]

Gmelins Rückkehr nach Stuttgart Mitte Oktober 1938 erfolgte in einer Situation, in der, noch vor dem Attentat und gerade im Südwesten Deutschlands, bereits teils pogromähnliche Zustände herrschten, bei denen es zu zahlreichen gewalttätigen Übergriffen auf Juden und jüdische Einrichtungen und sogar zu spontanen Vertreibungsaktionen kam.[132]

Hans Gmelin erhielt für seinen Freikorps-Einsatz die »Medaille zur Erinnerung an den 1. Oktober 1938«, eine allgemeine Auszeichnung für alle, die beim »Anschluss« des Sudetenlands tatkräftig mitgewirkt hatten.[133] SA-Obergruppenführer Ludin belohnte ihn in »Anerkennung seiner militärischen Leistungen« – auch bei der Besetzung des Sudetenlands – mit einer Beförderung zum Sturmbannführer. Diese fand am symbolträchtigen 9. November statt.[134] Der Jahrestag des Hitler-Putsches von 1923 – ein hoher nationalsozialistischer Feiertag – wurde in Stuttgart mit Gedenkfeiern und Kranzniederlegungen für die »Blutzeugen der Bewegung« begangen. Danach marschierte der Sturm 1 der Stuttgarter Standarte, den Gmelin im Vorjahr eine Zeitlang geführt hatte, durch die Innenstadt. SA-Obergruppenführer Ludin ehrte in einer Rundfunkansprache die Toten des Weltkriegs und der NS-Bewegung, die »für Groß-

131 Friedländer: Das Dritte Reich, S. 287-290; Herbert: Best, S. 216 ff. S. auch Gedye: Bastionen, S. 426 f.
132 Wildt: Selbstermächtigung, S. 316 f.
133 Kammergerichtspräsident Berlin an Landgerichtspräsident Berlin, 20.2.1940, PA AA, Personalakten 4.502 (Hans Gmelin), Bl. 7.
134 SA-Gruppe Südwest, Personalbefehl Nr. 15, 9.11.1938, StA Ludwigsburg, PL 505, Bü 3; Landgerichtspräsident (Rieger) an Oberlandesgerichtspräsident, 21.11.1938, PA AA, Personalakten 4.501 (Hans Gmelin), Bl. 39.

deutschland, das uns durch Adolf Hitler nun geworden ist«, gestorben seien. Welche Rolle Gmelin als zV-Führer und Mitarbeiter im Referat »Aufmärsche« in der Stuttgarter SA-Standarte 119 bei den örtlichen Ausschreitungen gegen Juden während des Novemberpogroms spielte, ist aufgrund der Aktenlage nicht zu klären. In der Nacht erhielten die regionalen SA-Gruppen Informationen über das von Propagandaminister Joseph Goebbels geplante Pogrom. In ziviler Kleidung brannte die Stuttgarter SA in einer abgesprochenen Aktion die Synagoge in der Innenstadt nieder, während in Bad Cannstatt die zweite Synagoge der Stadt von der lokalen Feuerwehr in Brand gesetzt wurde. Weitere Trupps zerstörten Ladengeschäfte, gleichzeitig begann die Sicherheitspolizei mit der Festnahme zahlreicher Juden in der Stadt. Die Verhaftungswelle hielt in Stuttgart bis zum 15. November an, viele Juden wurden in das Konzentrationslager Dachau gebracht, etliche nach ihrer Entlassung in die Emigration getrieben, andere begingen Selbstmord.[135]

Im Mai 1939 forderte die Kassenverwaltung der SA-Gruppe Südwest ihre einzelnen Gliederungen auf, dem Reichskassenverwalter der SA unverzüglich zu melden, »inwieweit durch SA-Dienststellen anlässlich der im November vergangenen Jahres stattgefundenen Judenaktion bei Juden Gelder usw. beschlagnahmt wurden [...], ferner welchem Zweck der Betrag zugeführt wurde oder werden soll. Sofern Sachwerte beschlagnahmt wurden, müssen diese mitangeführt werden.«[136]

Im südmährischen Znaim war die SA derweil in die Villa eines Juden namens Löwy eingezogen, wo sie einen von drei »Aufbaustäben« der SA-Brigade Südmähren unterbrachte. Fast alle südmährischen SA-Männer hatten im Sudetendeutschen Freikorps Dienst getan.[137] Ehemalige Angehörige der Kompanie »Hanns Ludin«, die wieder mit nach Württemberg zurückgekehrt waren, durften laut Genehmigung der Obersten SA-Führung als SA-Männer ohne Ableistung der Anwärterzeit aufgenommen werden, wie die SA-Gruppe Südwest mit Gruppenbefehl vom 18. November 1938 mitteilte.[138] Hitler hatte am 10. Oktober erklärt, dass er von den Freikorps-Männern erwarte, dass sie sich ab jetzt den »Kampfformationen der Partei und des Staates« zur Pflichterfüllung zur Verfügung stellten.[139] Für die Ergänzungswahlen zum Reichstag, die nach der

---

135 Roland Müller: Stuttgart in der Zeit des Nationalsozialismus, Stuttgart 1988, S. 302-306; Hanns Ludin: 9. November 1938 (Rundfunkansprache), in: Ders.: SA, S. 103-107.

136 SA-Gruppe Südwest, Verwaltungs-Abteilung, 15.5.1939, StA Ludwigsburg, PL 505, Bü 7.

137 Beim Aufbaustab der SA-Brigade Südmähren, in: Illustrierte Kronen-Zeitung, Wien, 26.11.1938, S. 6, ANNO/Österreichische Nationalbibliothek.

138 SA-Gruppe Südwest, Gruppenbefehl 40/38, 18.11.1938, StA Ludwigsburg, PL 505, Bü 2.

139 Osterloh: Judenverfolgung, S. 214f.

Annexion des Sudetenlands Anfang Dezember abgehalten wurden, wurden die Sudetendeutschen unter den SA-Männern der Gruppe Südwest vom Dienst befreit.[140]

Die Initiierung der Pogrome durch die SA und ihre maßgebliche Beteiligung daran war ebenso wie ihr militärisches Engagement im Sudetendeutschen Freikorps Teil dessen, was als eigentliche Aufgabe der SA zu betrachten ist: Die Ereignisse des Jahres 1938 erinnerten daran, dass sie für den Nationalsozialismus Maßnahmen durchzuführen hatte, die sich außerhalb oder am Rande des legalen Rahmens bewegten.[141] Dazu bedurfte es entschlossener und vertrauenswürdiger Männer wie Gmelin, die Befehle gewissenhaft ausführten, aber vor allem auch wussten, was sie zu tun hatten.

140 SA-Gruppe Südwest, Gruppenbefehl 42/38, 2.12.1938, StA Ludwigsburg, PL 505, Bü 2.
141 Campbell: SA, S. 664f., 667.

»ZURÜCKHALTENDE« AUSSENPOLITIK IM ZEICHEN VON KRIEG UND VÖLKERMORD

Die Deutsche Gesandtschaft Pressburg[1]

Gmelins Einsatz im Sudetenland markiert einen Zeitpunkt in seiner Biographie, in dessen Folge sein politischer Aktivismus seine Karriere mehr bestimmte als seine berufliche Ausbildung, wenngleich seine hervorragenden juristischen Abschlüsse seinen Weg deutlich begünstigten. Archivalisch sehr dünn überliefert, zeigt die Zeit zwischen Gmelins Einsatz im Sudetendeutschen Freikorps im September/Oktober 1938 und seinem Dienstantritt an der Deutschen Gesandtschaft Pressburg im Januar 1941, wie viele Möglichkeiten ihm, inzwischen Ende zwanzig, offenstanden.

Am 17. Oktober 1938 trat Gmelin wieder in den Justizdienst am Landgericht Stuttgart ein. Er bat darum, die knapp drei Wochen, die er mit dem Sudetendeutschen Freikorps an der Grenze des Sudetenlands und auf dessen Territorium verbracht hatte, nicht auf seinen ordentlichen Jahresurlaub anzurechnen.[2] Da die Abreise dorthin sehr übereilt stattgefunden hatte, war er in Abwesenheit für eine Woche bis zum 3. Oktober beurlaubt worden. Am 6. Oktober legte Gmelins Onkel Wilhelm Gauger, der als Landgerichtsrat am selben Stuttgarter Gericht beschäftigt war, einen Brief Gmelins vor, den er bereits am 30. September abgeschickt hatte. Er bat darin um weitere 20 Tage Urlaub, weil seine Kompanie noch gegen tschechoslowakische Truppen eingesetzt werde. Er berichtete auch von dem Gefecht, das seine Kompanie in der Nacht auf den 30. September gehabt habe und bei dem drei Tschechen zu Tode gebracht worden seien. Der Urlaub für diesen offenen Völkerrechtsbruch wurde befürwortet.[3]

---

1 Einzelne Teile dieses Kapitels sowie der drei folgenden Kapitel wurden bereits in einem Aufsatz veröffentlicht: Niklas Krawinkel: Rassismus und Gemeinschaftserfahrung. Biographische Einblicke in die Juden- und Volkstumspolitik in der Slowakei 1941-1945, in: Jörg Osterloh, Katharina Rauschenberger (Hrsg.): Der Holocaust. Neue Studien zu Tathergängen, Reaktionen und Aufarbeitungen, Frankfurt am Main, New York 2017, S. 121-139.

2 Landgerichtspräsident (Rieger) an Oberlandesgerichtspräsident, 17.10.1938, PA AA, Personalakten 4.501 (Hans Gmelin), Bl. 36.

3 Landgerichtspräsident (Rieger) an Oberlandesgerichtspräsident, 6.10.1938, PA AA, Personalakten 4.500 (Hans Gmelin).

Ende Oktober 1938 bekam Ministerialrat Rudolf Bälz im Reichsjustizministerium vom Stuttgarter Oberlandesgerichtspräsidenten Otto Küstner den Hinweis, dass Gmelin wohl bald hauptamtlich von der SA angefordert werde. Sein Einsatz als Kompanieführer einer Einheit des Sudetendeutschen Freikorps habe zu dem Vorhaben geführt, ihn mit der hauptamtlichen Führung einer Standarte zu betrauen. Ministerialrat Bälz sprach sich dafür aus, Gmelin unverzüglich ins Reichsjustizministerium nach Berlin zu berufen, damit »Gmelin, vielleicht der beste Mann des jüngeren Nachwuchses im OLGBez. [Oberlandesgerichtsbezirk] Stuttgart, dem Justizdienst unter allen Umständen erhalten bleibt«.[4] Anfang November 1938 bestätigte Ministerialdirektor Ernst Schäfer, Leiter der Abteilung II für Strafgesetzgebung im Reichsjustizministerium, dass er Gerichtsassessor Gmelin als Ersatz für den Hilfsarbeiter Karl Dallinger in seiner Abteilung wünsche. Dem Staatssekretär im gleichen Ministerium und späteren berüchtigten Präsidenten des Volksgerichtshofs, Roland Freisler, teilte er dies in einem Schreiben mit. Gmelin wurde daraufhin im Auftrag von Reichsjustizminister Franz Gürtner zum 21. November 1938 zur Dienstleistung in seinem Ministerium nach Berlin gerufen, wo er sich bei Ministerialdirektor Schäfer zum Dienstantritt zu melden hatte.[5] Die Abteilung II und das Arbeitsgebiet von Gmelins Vorgänger Dallinger umfassten im Zuge der »Verreichlichung«, also der Gleichschaltung der deutschen Justiz auf Regional-, Landes- und Reichsebene seit 1933, im Wesentlichen Arbeiten an Entwürfen für umfassende Strafrechts- beziehungsweise Strafprozessrechtsreformen. Darüber hinaus war man nach dem »Anschluss« Österreichs mit der dortigen Rechtsangleichung beschäftigt. Abteilungsleiter Schäfer, selbst aus einem politisch liberalen Umfeld der Weimarer Republik stammend, setzte sich im Reichsjustizministerium für eine Beschleunigung und Straffung der Strafverfahren ein, die allein einen wirksamen Schutz der »Volksgemeinschaft« versprächen.[6] Im Juni 1935 hatte diese Behörde sich mit der Bitte an die Landesjustizministerien

---

4 Ministerialrat Bälz an Ministerialrat Haastert, 31.10.1938, BArch, R 3001/57470, Bl. 29 (ehem. BDC), Personalakte RJM (Hans Gmelin, Bd. 1).
5 Notiz an Staatssekretär Freisler, 9.11.1938, und RJM (gez. Gürtner) an Gmelin, 11.11.1938, BArch, R 3001/57470, Bl. 30 f. (ehem. BDC); Lothar Gruchmann: Justiz im Dritten Reich 1933-1940. Anpassung und Unterwerfung in der Ära Gürtner, 3. Aufl., München 2001 (zuerst 1988), S. 1154 f.; Robert Wistrich: s.v. Freisler, Roland, in: Ders.: Wer war wer im Dritten Reich? Ein biographisches Lexikon. Anhänger, Mitläufer, Gegner aus Politik, Wirtschaft, Militär, Kunst und Wissenschaft, überarb. und erw. von Hermann Weiß, Frankfurt am Main 1987, S. 94 f.
6 Joachim Rückert: Einige Bemerkungen über Mitläufer, Weiterläufer und andere Läufer im Bundesministerium der Justiz nach 1949, in: Manfred Görtemaker, Christoph Safferling (Hrsg.): Die Rosenburg. Das Bundesministerium der Justiz und die NS-Vergangenheit – eine Bestandsaufnahme, Bonn 2013, S. 60-87, hier: S. 70 ff.; Gruchmann: Justiz, S. 242, 260 f., 981, 1154 f.

gewandt, ihr für die anstehenden Aufgaben, besonders bei der großen Straf-
rechtsreform, ausgesprochen befähigte Juristen zu benennen. Der Grund für
die gezielte Anwerbung in den Reichsländern war der Wunsch, die hohe Per-
sonalstärke preußischer Beamter, die durch die Einverleibung des preußischen
Justizministeriums im Jahr 1934 hervorgerufen worden war, auszugleichen.[7]

Gmelin, der das zweite Staatsexamen mit der Note »lobenswert« abgeschlossen hatte, war zweifellos ein hervorragend befähigter Jurist. Er war allerdings
nur ein halbes Jahr im Reichsjustizministerium tätig. Mitte Mai 1939 erhielt er
auf Antrag Hanns Ludins eine auf zwei Jahre angesetzte Beurlaubung, um einer
Beschäftigung bei der SA-Gruppe Südwest in Stuttgart nachgehen zu können.
Ludin hatte eigens mit Staatssekretär Freisler eine mündliche Besprechung geführt, um Gmelin doch noch vom Reichsjustizministerium für die SA-Gruppe
Südwest freizubekommen.[8] Bereits Ende März 1938 hatte Gmelin versucht, aus
dem Justizdienst am Landgericht Stuttgart entlassen zu werden, weil ihm der
Oberbürgermeister von Stuttgart, Karl Strölin, eine Stelle als juristischer Hilfsarbeiter in der Hauptverwaltung zugesichert hatte. Seinen Antrag begründete
er auch mit dem Interesse der SA, ihn dauerhaft in Stuttgart als Sturmhauptführer verwenden zu können. Das Gesuch, das Oberbürgermeister Strölin mit
einem Brief an das Reichsjustizministerium bekräftigte, wurde abgelehnt, weil
Gmelin sich beim Eintritt in den Justizdienst auf fünf Jahre verpflichtet hatte.[9]
Gmelin wurde dann im Frühjahr 1939 nicht direkt beim Gruppenstab der SA
in Stuttgart, sondern für einige Monate als Führer der Standarte 113 in Freiburg
eingesetzt.[10] Im Juni 1939 wurde er vom Reichsjustizministerium als Landgerichtsrat an das Landgericht Berlin abgeordnet, was aber keinen Einfluss auf
seine Beurlaubung für die Dienste bei der SA-Gruppe Südwest hatte.[11] Er trat
die Richterstelle in Berlin letztlich nie an, weil er wenige Wochen später zum
Wehrdienst einberufen wurde.

Am 25. August 1939 erging der Aufstellungsbefehl für die 78. Infanterie-
Division der Wehrmacht. Die Phase der Mobilmachung für den Angriff auf
Polen hatte begonnen, und Tübingen war als Standort der neu zusammenzu-

7 Rückert: Bemerkungen, S. 62.
8 Bescheinigung Justizministerium, Mündliche Prüfung, 20.9.1937, PA AA, Personalakten 4.500 (Hans Gmelin), Bl. 10; RJM (gez. Gürtner) an Gmelin, 16.5.1939, ebd.,
  Bl. 64; Ludin an RJM, 6.5.1939, BArch, R 3001/57471, Bl. 15 (ehem. BDC), Personalakte RJM (Hans Gmelin, Bd. 2).
9 Gmelin an RJM, 29.3.1938, PA AA, Personalakten 4.500 (Hans Gmelin), Bl. 32;
  Strölin an RJM, 20.3.1938, BArch, R 3001/57470, Bl. 22 (ehem. BDC); Oberlandesgerichtspräsident Stuttgart an RJM, 5.4.1938, ebd., Bl. 23.
10 Handschriftlicher Lebenslauf Hans Gmelin, 25.10.1947, StA Sigmaringen, Wü 13
   T 2, Nr. 2108/068.
11 Ernennung zum Landgerichtsrat unter Berufung in das Beamtenverhältnis auf Lebenszeit, März 1939, BArch, R 3001/57470, Bl. 35 (ehem. BDC); RJM an Gmelin,
   19.6.1939, ebd., Bl. 36.

setzenden Division bestimmt. In den darauffolgenden Tagen trafen die einberufenen Offiziere, Unteroffiziere und Mannschaften in der Stadt ein, und es begannen die Ausbildung und weitere Einsatzvorbereitungen. Die Division war jedoch noch nicht für den Überfall auf Polen vorgesehen. Erst im nächsten Jahr, nach dem »Sitzkrieg« des Deutschen Reichs von September 1939 bis April 1940 mit England und Frankreich, starteten die Kampfhandlungen im Westen. Die 78. Infanterie-Division nahm im Mai und Juni als Reserve-Division am Vormarsch durch Luxemburg und Belgien und an der Besetzung Nordfrankreichs teil. Zu Kampfeinsätzen kam es dabei nicht.[12] Den September 1940 brachte die Division in der Nähe von Le Havre mit Übungen unter dem Codenamen »Möve« zu, die das Landungsunternehmen »Seelöwe« vorbereiten sollten – eine geplante Invasion Englands durch deutsche Truppen. Im Oktober fanden Gefechtsübungen südlich von Reims statt.[13] Zudem vertrieb man sich die Zeit mit Theater- und Kinobesuchen. Gmelin wurde dem Infanterie-Regiment 215 der Division als Offizier im ersten Bataillon zugeteilt, wo er zuletzt den Rang eines Oberleutnants innehatte. Das Infanterie-Regiment wurde von Oberst Ludwig Merker geführt, der später Generalleutnant und nach dem Krieg Vorsitzender des Kameradenhilfswerks der 78. Sturm- und Infanterie-Division wurde. Gmelins Vorgesetzter in der SA-Gruppe Südwest, Hanns Ludin, stand als Hauptmann einer Batterie des Artillerie-Regiments 178 in der gleichen Division vor.[14]

Mit Mitte/Ende zwanzig war Hans Gmelin bereits ein gefragter Mann. Nach seinem hervorragenden juristischen Examen 1937 wollte man ihn keinesfalls für den Justizdienst verlieren, während die SA-Gruppe Südwest, die Hauptverwaltung der Stadt Stuttgart und das Gemeinschaftslager Hanns Kerrl ihn ebenfalls gern dauerhaft in ihre Dienste gestellt hätten. Am einflussreichsten für seine weitere Entwicklung war aber sein Erfolg als SA-Führer. Im wehrsportlichen Engagement kamen politischer Aktivismus, männlich-militärische Identität und völkisches Gemeinschaftsbewusstsein zusammen, deren Feuerprobe Gmelin im sudetendeutschen »Volkstumskampf« erfolgreich absolvierte.

---

12 Rede Hans Gmelins, Gedenkfeier der 78. Sturm-Division, 25.8.1979, StadtA Tübingen, E 10/N 64, Nachlass Kameradenhilfswerk (KHW) der 78. Sturm- und Infanterie-Division; Kurzgeschichte der Division, KHW 78. Sturmdivision, 28.9.1963, StadtA Tübingen, A 200/1292.

13 78. Infanterie-Division, Lehrstab »Möve«, ca. 29.8.1940, NARA, T-315/R-1095, frame 82; Lagebericht, Divisionsübung, 25.10.1940, NARA, T-315/R-1095, frame 58.

14 Hans Gmelin an Sonderspruchkammer Interniertenlager Balingen, 28.9.1948, StA Sigmaringen, Wü 13 T 2, Nr. 2108/068; Major Pfeiffer an Sonderverteiler, 16.10.1940, NARA, T-315/R-1095, frame 46; Gmelin an Merker, 28.9.1963, StadtA Tübingen, A 200/1292; Ludin: Hanns Elard Ludin, S. 37; Programmheft, Wiedersehensfeier der 78. Sturm-Division, 28. und 29.9.1963, StadtA Tübingen, A 200/1292; Rede Gmelins bei der Feierstunde auf dem Marktplatz, 9.9.1956, ebd.

Hier entstand auch die Ergebenheit gegenüber seinem SA-Führer Hanns Ludin, der seine Loyalität damit belohnte, dass er ihn mit in die Slowakei nahm. Ludin konnte sich Gmelins Treue fortan zu jedem Zeitpunkt sicher sein.

Diplomatische Aufgabe in der Slowakei und Machtbasis im Auswärtigen Amt

Im Januar 1944, drei Jahre nachdem er seinen Dienst an der Deutschen Gesandtschaft Pressburg angetreten hatte, hielt Hans Gmelin einen Vortrag vor der Gaustudentenführung in Wien mit dem Titel »Die Slowakei – Ein Beitrag zur Neuordnung Europas«. Seine Rede war geprägt von dem Versuch, die letzten Jahre außenpolitischer Arbeit unter dem Gesandten Hanns Ludin – und damit auch den Status quo der slowakischen Politik – als vollen Erfolg darzustellen. Dementsprechend kritisierte der SD-Leitabschnitt Wien, der über den Vortrag einen längeren Vermerk anlegte, die positiven Einschätzungen und die Selbstzufriedenheit in Gmelins Ausführungen.

Gmelin lobte den Staatspräsidenten Jozef Tiso als »hervorragendsten Mann der Slowakei«, der in seiner Eigenschaft als Priester, der wöchentlich in seiner Heimatgemeinde den Gottesdienst zelebriere, den Kontakt zu allen Teilen des Volkes wahre und sich der Unterstützung der überwiegenden Mehrheit sicher sein könne. Ursprünglich habe die Politik des Reiches in der Slowakei »auf zwei Klavieren gespielt: [d]er Hlinka-Partei und der Hlinka-Garde«. Es sei jedoch lächerlich, wenn ein Achtzig-Millionen-Volk sich zweier gegeneinander ausgespielter Kräfte bedienen müsse, um gegenüber einem Zweieinhalb-Millionen-Volk seinen Willen durchzusetzen.[15]

In der Tat beherrschte eine Spaltung zwischen einem sogenannten gemäßigten und einem sogenannten radikalen Lager den slowakischen Nationalismus schon seit der Föderalisierung der Tschechoslowakei im Oktober 1938. Innerhalb der Slowakischen Volkspartei Hlinkas (HSĽS)[16] wurde die Frage einer völligen Abspaltung des autonomen Landesteils kontrovers diskutiert, aber letztlich waren es deutsche außenpolitische Interessen, die im März 1939 zur slowakischen Unabhängigkeitserklärung führten. Die Slowakei diente Hitler als »Sprengsatz, mit dem er die Tschechoslowakei auseinanderzusprengen gedachte«.[17] Auch die klerikal orientierten, »gemäßigten« Kräfte um den damaligen Ministerpräsidenten und späteren Staatspräsidenten der unabhängigen Slowakei, Jozef Tiso, hatten sich der »radikalen« Kräfte in den eigenen

---

15 SD-Bericht über Vortrag Gmelins vor der Gaustudentenführung in Wien, 18.1.1944, BArch, R 70 Slowakei/336, Bl. 42-46.
16 Slowakisch: »Hlinkova slovenská ľudová strana«, im Folgenden mit »HSĽS« bezeichnet.
17 Tönsmeyer: Das Dritte Reich, S. 42.

Reihen bedient, um Druck auf die Prager Zentralregierung auszuüben. Ihr Ziel war aber lange Zeit die Beibehaltung des Status quo als autonomer Teilstaat, wie Gmelin in Wien berichtete. Um den späteren Ministerpräsidenten Vojtech Tuka sammelten sich die stärker an Deutschland orientierten, »radikalen« Kräfte, die über eine Machtbasis in der Hlinka-Garde, einer SA-ähnlichen Parteiarmee, verfügten und eine gezielte Eskalation mit der Zentralregierung herbeiführten.[18] Nach der Unabhängigkeit, die für den tschechischen Landesteil mit dem Einmarsch Deutschlands und der Schaffung des »Protektorats Böhmen und Mähren« verbunden war, drängte das Deutsche Reich der Slowakei einen »Schutzvertrag« auf. Darin wurde festgelegt, dass die Außen- und Verteidigungspolitik im »engen Einvernehmen mit der Deutschen Regierung« zu erfolgen habe. In einem Zusatzprotokoll wurden deutsche Vorrechte auf slowakische Bodenschätze und weitere Handelsverpflichtungen geregelt.[19]

Das Spiel »auf zwei Klavieren«, das Gmelin vor der Wiener Gaustudentenführung ansprach, bezeichnet im Wesentlichen die außenpolitische Strategie unter den beiden ersten Deutschen Gesandten, Manfred von Killinger und Hans Bernard. Unter Bernard war das Deutsche Reich damit beschäftigt, eine enge Wirtschaftskooperation anzubahnen, während die Slowakei zugleich als »Visitenkarte« dienen sollte, die anderen südosteuropäischen Staaten hingehalten wurde. Die Slowakei wurde als gelungenes Modell für die Selbstbestimmung eines Volkes unter deutscher Schutzherrschaft inszeniert. Allerdings zeigte sich bald, dass der damalige Innen- und Außenminister, Ferdinand Ďurčanský, bestrebt war, in weiten Teilen, auch außenpolitisch, eine von Deutschland unabhängige Politik zu gestalten. Mit dem »Salzburger Diktat« im Juli 1940 veranlasste Reichsaußenminister Joachim von Ribbentrop die Ablösung Ďurčanskýs und verstärkte den Einfluss des »radikalen« Flügels in der Regierung durch die Einsetzung des Befehlshabers der Hlinka-Garde, Alexander »Šaňo« Mach, als Innenminister.[20]

Das Reich habe dann »für alle Gebiete der Staatsführung Berater beigestellt«, so Gmelin weiter in seinem Wiener Vortrag.[21] Diese Beraterentsendung,

---

18 S. grundlegend zu den Bedingungen und Entwicklungen der slowakischen Politik sowie den beiden politischen Lagern Hoensch: Ostpolitik, S. 60-68, 108-135, 204-239; Tönsmeyer: Das Dritte Reich, besonders S. 94-97; James M. Ward: Priest, Politician, Collaborator. Jozef Tiso and the Making of Fascist Slovakia, Ithaka/New York 2013, S. 171; SD-Bericht über Vortrag Gmelins vor der Gaustudentenführung in Wien, 18.1.1944, BArch, R 70 Slowakei/336, Bl. 42-46.

19 Jörg K. Hoensch: Die Slowakische Republik 1939-1945, in: Ders.: Studia Slovaca. Studien zur Geschichte der Slowaken und der Slowakei, München 2000, S. 221-247, hier: S. 222-225; Kaiser: Politik, S. 43-74.

20 Tönsmeyer: Das Dritte Reich, S. 63, 98, 114 f.; Kaiser: Politik, S. 134-147.

21 SD-Bericht über Vortrag Gmelins vor der Gaustudentenführung in Wien, 18.1.1944, BArch, R 70 Slowakei/336, Bl. 42-46.

die nach der Übernahme der Amtsgeschäfte durch den Gesandten von Killinger im Sommer 1940 erfolgte, markiert den Beginn stärkerer deutscher Einflussnahme in der Slowakei. Von Killinger verstand seine Aufgabe in der Stärkung des »deutschfreundlichen« Lagers um Ministerpräsident Tuka, dessen »Beratung« er selbst übernahm. Die Schwäche des »radikalen« Flügels gegenüber der tisotreuen Mehrheit in der HSĽS führte ihn jedoch in eine Sackgasse, was zu seiner Abberufung zum Jahreswechsel 1940/41 führte. Von Killingers einseitiges Engagement hatte ihn zum Mitwisser von Putschabsichten gegen Staatspräsident Tiso gemacht.[22]

Als Hanns Ludin im Januar 1941 als Gesandter in die Slowakei kam, befand sich das junge Land also in einer schweren innenpolitischen Krise. Der andauernde Machtkampf zwischen den Regierungslagern des Staatspräsidenten Tiso und des Ministerpräsidenten Tuka war auf einem neuen Höhepunkt angelangt. Im Unterschied zu seinem Vorgänger suchte Ludin den Ausgleich zwischen den Lagern. In seinem ersten Bericht an das Auswärtige Amt, wenige Tage nach seinem Eintreffen in Pressburg, referierte Ludin knapp seine von Hitler und von Ribbentrop in Berlin erhaltenen Weisungen: Die staatliche Souveränität der Slowakei sei voll aufrechtzuerhalten. Eine Verschärfung des Machtkampfes in der slowakischen Regierung sei unerwünscht, und er habe zwischen den beiden Lagern zu vermitteln. Die »Sympathien des Reiches« lägen dabei allerdings »auf Seiten der nationalsozialistischen Kreise der Slowakei«.[23]

Die Ausgleichspolitik, die die Gesandtschaft unter Ludin praktizierte, beinhaltete also die Erhaltung der im »Salzburger Diktat« durchgesetzten stärkeren Beteiligung der »deutschfreundlichen« Richtung an der Regierung. In der Praxis wirkte sich die Ausgleichspolitik der Gesandtschaft – in Anbetracht der Kräfteverhältnisse in der Regierung und der ungleichen Verankerung in der Bevölkerung – aber als eine Stärkung des Tiso-Lagers aus. Das Anwachsen der Bedürfnisse der deutschen Kriegswirtschaft mit dem Fortgang des Krieges festigte diesen Kurs, der wesentlich darauf gerichtet war, Ruhe und Ordnung in der Slowakei zu erhalten.[24]

Tiso versuchte nach dem Putschversuch allerdings, den Machtkampf in der Regierung ein für alle Mal für sich zu entscheiden, indem er die Slowakei in einen »Führerstaat« mit ihm an der Spitze umzuwandeln gedachte. Dazu wollte er das Parlament und das Amt Tukas als Ministerpräsident abschaffen. Tiso und Ludin hatten sich nach dessen Entsendung in die Slowakei schnell angenähert, im Frühjahr 1942 kam es dann aber zu ihrem einzigen größeren Zusam-

---

22 Kaiser: Politik, S. 271; Tönsmeyer: Das Dritte Reich, S. 67 f., 102, 107 f., 114-118; Jörg K. Hoensch: Grundzüge und Phasen der deutschen Slowakei-Politik im Zweiten Weltkrieg, in: Ders.: Studia Slovaca, S. 249-280, hier: S. 260-268.
23 Bericht Ludins an AA, 17.1.1941, PA AA, R 27659, 338189-338193.
24 Hoensch: Grundzüge, S. 269 ff.; Tönsmeyer: Das Dritte Reich, S. 108.

menstoß.[25] Ministerpräsident Tuka hatte zum wiederholten Mal mit Rücktritt gedroht, da er sich von Staatspräsident Tiso, der an seiner Kampagne gegen Tuka und dessen Gefolge unvermindert festhielt, beleidigt fühlte.[26] Ludin demütigte den Staatspräsidenten daraufhin öffentlich, indem er erklärte, dass er es für ausgeschlossen halte, »daß man hier einen Führerstaat aufbaut und ihn in die Hände von Pfarrern legt. Ich muß dies hier offen aussprechen, denn wenn das schief geht, nimmt einem nachher niemand die Verantwortung ab. Im übrigen kann ich noch einmal unterstreichen, daß es dem Reich selbstverständlich nur angenehm ist, wenn es sich nur wenig in die innere Entwicklung der Slowakei einschalten muß. Es ist dem Großdeutschen Reich ganz egal, welche Männer oder besser Namen die Entwicklung beeinflussen, denn das Deutsche Reich wird nicht dadurch erschüttert, ob hier ein Herr X oder Y an der Spitze des Staates steht. Wir haben ein Interesse daran, daß Männer dastehen, an deren Freundschaft zum Deutschen Reich auch nicht der geringste Zweifel bestehen kann.«[27]

Gmelin behauptete in Wien im Januar 1944, die Identität von Staatsführung und Geistlichkeit in der Slowakei werde von der Gesandtschaft als Glücksfall betrachtet. Ludins Rede, die er vor Angehörigen der deutschen Volksgruppe in Käsmark (Kežmarok) hielt, relativiert diese Darstellung deutlich. Die »deutschfreundlichen«, faschistophilen Kreise in der Regierung verstanden die Äußerungen sogleich als Unterstützung ihrer Seite. Wie der *Grenzbote*, die Tageszeitung der deutschen Minderheit, am 3. April meldete, stieß Ludins Rede im *Gardista* auf begeisterte Zustimmung: »Das Blatt der Garde begrüßt die Käsmarker Rede: ›Ludin hat genau unsere Einstellung verdolmetscht‹.«[28]

Der SD bemerkte einige Monate später, dass Tiso in den Tagen und Wochen nach der Rede sehr verärgert war und fest davon ausging, dass Ludin für diesen Affront gegen ihn vom Auswärtigen Amt als Gesandter abgelöst werde. Diese Erwartung nährte sich offenbar aus der vorangegangenen Unterstützung, die das Deutsche Reich Tiso gegen den Putschversuch und die Aktivitäten von Killingers 1940/41 gewährt hatte. Doch Ludin hatte die Rede zuvor mit Staatssekretär Ernst von Weizsäcker abgesprochen. Sie war eine kalkulierte Aktion, um Tiso zur Raison zu bringen, damit dieser seine anhaltende Feindseligkeit

25 Ward: Priest, S. 219 f.; Vermerk SD-LA Wien, 6.12.1940, BArch, R 70 Slowakei/263, Bl. 140-143.
26 Ludin an AA, 4.4.1942, PA AA, R 27659, E085903-E085907, und Ludin an AA, 19.4.1942, ebd., E085863-E085895.
27 Transkript der Rede Ludins am 29.3.1942 in Käsmark: Die Stellung des Reiches zur Slowakei, in: Grenzbote, 31.3.1942, S. 1, SNA Bratislava, NS 122.
28 »Gardista«: »Kameradschaftlicher Hinweis«. Das Blatt der Garde begrüßt die Käsmarker Rede, in: Grenzbote, 3.4.1942, SNA Bratislava, NS 122; SD-Bericht über Vortrag Gmelins vor der Gaustudentenführung in Wien, 18.1.1944, BArch, R 70 Slowakei/336, Bl. 42-46.

gegenüber dem stärker nationalsozialistisch eingestellten Regierungslager aufgab. Der SD registrierte nicht ohne Anerkennung, dass die Regierungskrise
damit maßgeblich geklärt worden sei. Nachdem Tisos Hoffnung auf Ludins
Abberufung enttäuscht worden war, blieb ihm und Tuka nichts anderes übrig,
als zurückzurudern und sich mit dem Status quo zu arrangieren.[29]

Auch dieser »Ausgleich« trug letztendlich dazu bei, dass Tiso die Hlinka-
Garde nach und nach weiter aus dem politischen Einflussbereich verdrängen
konnte. Ludins Intervention hatte lediglich verhindert, dass der Staatspräsident
sich des Ministerpräsidenten samt seinem Gefolge durch einen Befreiungs-
schlag entledigte.[30] Die Gesandtschaft hielt bis zum Slowakischen Nationalaufstand im Spätsommer 1944 an der diplomatischen Linie fest, die Tiso eine
ungleich wichtigere Rolle im slowakischen Staat zubilligte als Tuka und dessen
Anhängern. Zudem wurde die starke Beeinflussung der Regierung durch deutsche Berater unter Ludin allmählich zurückgefahren. In Politikbereichen, in
denen die Beratung – zum Teil auch die Person des Beraters – zu ständigen
Konflikten führte, bewirkte Ludin deren Einstellung. Das galt besonders für
die Beratung der Hlinka-Partei und des Erziehungswesens, also für Bereiche, die für eine »Indoktrination« durch deutsche propagandistische Inhalte
besonders anfällig waren. Nicht zuletzt war diese »Beratungsresistenz« auch
ein Ausdruck des innerslowakischen Machtkampfs und des vom »gemäßigten«
Lager angestrebten Vorrangs »slowakistischer« vor »nationalsozialistischen«
deutschen Inhalten. Während also ein »Ideologietransfer« abgelehnt wurde,
waren die slowakischen Regierungsstellen einem »Know-how-Transfer« gegenüber aufgeschlossen. Bezeichnenderweise war damit neben der wirtschaftlichen
und militärischen Zusammenarbeit besonders die Judenpolitik ein Bereich sehr
»erfolgreicher« deutscher »Beratung«.[31] Hans Gmelin konstatierte in seinem
Wiener Vortrag, es habe sich herausgestellt, »daß die Slowakei ihre Abliefe-
rungspflichten und ihren Kriegsbeitrag viel williger« erbringe, seit das Reich auf
eine Beeinflussung in innenpolitischen Bereichen sowie im Schulwesen und der
Jugenderziehung verzichte.[32]

In der Tat lag das hauptsächliche außenpolitische Interesse des Deutschen
Reiches an der Slowakei auf wirtschaftlichem und militärischem Gebiet. Bald
nach der Annexion des Sudetenlands wurde die Slowakei in die deutschen
Autarkiepläne mit einbezogen. Seit 1936 war das NS-Regime damit beschäftigt,
Deutschland binnen vier Jahren wirtschaftlich und militärisch kriegsbereit zu

29 SD-LA Wien (Herrmann) an RSHA III B (Ehlich), 1.9.1942, BArch, R 70 Slowakei/
    19, Bl. 112-115; Ludin an UStS Luther, 8.5.1942, PA AA, R 27659, Bl. 30f.
30 Hoensch: Grundzüge, S. 271; Hoensch: Republik, S. 244.
31 Tönsmeyer: Das Dritte Reich, S. 111f., 254f., 326-348; Hoensch: Grundzüge, S. 269f.
32 SD-Bericht über Vortrag Gmelins vor der Gaustudentenführung in Wien, 18.1.1944,
    BArch, R 70 Slowakei/336, Bl. 42-46.

machen. Dabei sollten nach Möglichkeit alle ökonomischen Abhängigkeiten vom Weltmarkt gekappt und Rohstoffe und Agrarerzeugnisse in unmittelbarer Zugänglichkeit genutzt werden. Es war nicht zuletzt Hermann Göring, der Chef der Berliner Vierjahresplanbehörde, der schon früh ein außenpolitisches Interesse an der Slowakei entwickelte. Die Wichtigkeit dieses Aspekts wird durch das mit dem »Schutzvertrag« vom März 1939 abgeschlossene Zusatzprotokoll über finanzielle und wirtschaftliche Zusammenarbeit unterstrichen.[33]

Militärstrategisch diente die Slowakei der deutschen Wehrmacht als »Glacis« – als kontrollierbares Vorfeld – gegen Polen und als Aufmarschgebiet für den Angriff auf das Nachbarland im August/September 1939. Zu Beginn der außenpolitischen Erwägungen über die Zukunft der Slowakei hatte die deutsche Regierung mit dem Gedanken gespielt, das Land unter Deutschland, Ungarn und Polen aufzuteilen, um im Gegenzug als »deutsch« deklarierte Siedlungsgebiete von Polen zu erhalten und Ungarn zu einer festeren Bindung an Deutschland zu bewegen. Diese Idee wurde aufgrund der Entwicklung der diplomatischen Beziehungen mit den beiden Ländern aufgegeben. Für den Angriff auf Polen konnte die Slowakei dagegen erneut von propagandistischem Nutzen für Deutschland sein: Indem die deutsche Wehrmacht die Slowaken ehemalige slowakische Gebiete erobern ließ, sollte das Bild des »Nationalitätenkonflikts« gestützt werden, das die Deutschen auch bei dieser außenpolitischen Aggression beständig bemühten.[34]

Mit Kriegsbeginn verstärkten sich die wirtschaftlichen Ansprüche an die Slowakei. Im Dezember 1939 wurde ein Abkommen über die Heranziehung slowakischer Arbeitskräfte in Deutschland und im Januar 1940 ein Vertrag über die Nutzbarmachung kriegswirtschaftlicher Rohstoffvorkommen und Industrieunternehmen für die deutsche Kriegswirtschaft geschlossen. Die Slowakei wurde damit zu einem wichtigen Faktor der deutschen Rüstungsindustrie. Mit dem Überfall auf die Sowjetunion im Sommer 1941, an dem sie militärisch durch die Entsendung der »Schnellen Division« und einer Sicherungsdivison teilnahm, verschob sich das deutsche Interesse endgültig auf die Priorität ihres wirtschaftlichen und militärischen Kriegsbeitrags. Gmelin erklärte der Wiener Gaustudentenführung 1944, die slowakischen Soldaten seien »unter deutscher Führung hervorragend« und hätten »bei dem Vormarsch in den Osten auch ganz gut mitgetan«. Die Slowakei erhoffte sich durch die Teilnahme am Ostfeldzug, dass das Deutsche Reich sich der lange geforderten Rückgabe der

---

33 Hoensch: Ostpolitik, S. 190, 215, 269, 345 f.; Tönsmeyer: Das Dritte Reich, S. 48 f., 192 ff. Zur nationalsozialistischen Autarkie- und Kriegswirtschaftspolitik s. Tim Schanetzky: »Kanonen statt Butter«. Wirtschaft und Konsum im Dritten Reich, München 2015, S. 84-97, 147-160.
34 Kaiser: Politik, S. 75-81, 97-118.

von Ungarn annektierten Gebiete in der Südslowakei annehme, was aber nicht der Fall war.[35]

Innenpolitisch beschränkte sich die deutsche Einflussnahme unter dem Gesandten Ludin weitgehend auf zwei Bereiche, die aber meist den wirtschaftlichen und militärischen Interessen untergeordnet wurden: Erstens sollte die slowakische Anerkennung der deutschen Minderheit im Land als eigene völkische Entität mit besonderem Verhältnis zum Deutschen Reich ein Vorbild für andere Länder Südosteuropas werden, in denen nennenswerte deutsche Minderheiten lebten. Gmelin betonte gegenüber der Wiener Gaustudentenführung, es sei Aufgabe der Slowakeideutschen, »die Slowaken zu erziehen und Brückenpfeiler zum Reich zu bilden«. Zweitens verlangten die Deutschen, dass die slowakischen Maßnahmen gegen die jüdische Bevölkerung des Landes über kurz oder lang analog zur Situation im Reich geregelt werden. Die Wiener Leitstelle des SD kritisierte im Januar 1944, dass Gmelin die aus ihrer Sicht unvollständige »Arisierung« und das Verbleiben einer Anzahl Juden in der Slowakei mit dem Ausspruch kommentiert hatte: »Die beste Flak von Pressburg sind die Juden.« Gmelin erklärte damit einen Status quo zum Idealzustand, den die Deutsche Gesandtschaft tatsächlich immer wieder zu ändern versuchte. Doch die Erfahrung mit den slowakischen Stellen hatte bis zu diesem Zeitpunkt gezeigt, dass deutscher Druck in der »Lösung der Judenfrage« nicht zwingend notwendig war.[36] Die Judenpolitik gehörte zu denjenigen Politikfeldern, in denen sich eine weitgehende Kongruenz des »radikalen« und des »gemäßigten« Lagers zeigte. Die Vertreter des »radikalen« Lagers – allen voran Šaňo Mach, der 1938 das neu errichtete Propagandaamt führte – machten es sich zwar zur zentralen Aufgabe, eine möglichst radikale »Lösung der Judenfrage« zu fordern, aber ohne die grundsätzliche Bereitschaft des Staatspräsidenten Tiso und seiner Anhänger wären die soziale Ächtung und der systematische Ausschluss der Juden aus der slowakischen Gesellschaft nicht möglich gewesen. Dieser begann zudem nicht erst mit der Staatsgründung 1939, sondern schon in der Zeit der autonomen Slowakei seit Oktober 1938. Der Antisemitismus in der Slowakei ist keineswegs als deutscher Import zu betrachten.[37]

---

35 Tatjana Tönsmeyer: Die Bedeutung der Slowakei für das Deutsche Reich in den Jahren 1939-1945, in: Bohemia, 37 (1996), S. 79-97, hier: S. 88 ff.; Martin Broszat: Das deutsch-slowakische Verhältnis 1939/40 und seine Rückwirkung auf die slowakische Judenpolitik, in: Gutachten des Instituts für Zeitgeschichte, Bd. 1, München 1958, S. 221-229, hier: S. 221 ff.; SD-Bericht über Vortrag Gmelins vor der Gaustudentenführung in Wien, 18.1.1944, BArch, R 70 Slowakei/336, Bl. 42-46.

36 S. dazu die beiden folgenden Kapitel dieser Arbeit. SD-Bericht über Vortrag Gmelins vor der Gaustudentenführung in Wien, 18.1.1944, BArch, R 70 Slowakei/336, Bl. 42-46.

37 Ich folge in dieser Argumentation Nižňanský und Tönsmeyer: Eduard Nižňanský: Die Deportationen der Juden in der Zeit des autonomen Landes Slowakei im Novem-

Noch in den ersten beiden Monaten des Jahres 1939 kam es zu Pogromen in Teilen der Slowakei, die wesentlich auf das Konto der Hlinka-Garde gingen, an deren Initiierung sich aber auch Angehörige der deutschen Minderheit beteiligten. Die antijüdischen Ausschreitungen nahmen nach der Staatsgründung im März 1939 kaum ab und steigerten sich erneut im Spätsommer und im Zusammenhang mit dem Beginn des Krieges gegen Polen. Ab März 1939 wurde eine Reihe von Regierungsverordnungen erlassen, die zur Definition des Begriffs »Jude« dienten und Ausschlüsse aus den freien Berufen und Zugangsbeschränkungen für Hochschulen sowie zahlreiche weitere repressive Maßnahmen festlegten. Tausende von Juden wurden in den folgenden Monaten in die Emigration getrieben. Nachdem es seit 1939 auch zu einer Fülle erster wirtschaftlicher Beschränkungen gekommen war, beschloss das slowakische Parlament zum 1. Juni 1940 ein »Arisierungsgesetz«, mit dem eine gesetzliche Grundlage für die Verdrängung der Juden aus dem slowakischen Wirtschaftsleben geschaffen wurde.[38]

In den folgenden Jahren waren zunächst überwiegend zwei neu geschaffene Institutionen mit der »Lösung der Judenfrage« befasst. Das Zentralwirtschaftsamt (ÚHÚ – Ústredný Hospodárský Úrad) war für den ökonomischen und sozialen Ausschluss der jüdischen Bevölkerung zuständig, deren Besitz in »arische« Hände überging. Die Judenzentrale (ÚŽ – Ústredňa Židov) wurde als alleinige Vertretung der slowakischen Juden gegründet, sie war dem Zentralwirtschaftsamt untergeordnet und zur Mitarbeit verpflichtet.[39]

Die deutschen Berater bei der slowakischen Regierung unterstanden offiziell der Deutschen Gesandtschaft, tatsächlich bestand aber ein Weisungsverhältnis mit den sie entsendenden Institutionen in Berlin – zu nicht geringem Teil dem Reichssicherheitshauptamt. Diese »Doppelunterstellung« ist für einen diplo-

ber 1938, in: Jahrbuch für Antisemitismusforschung, 7 (1998), S. 20-45, hier: S. 36 ff.; Tönsmeyer: Das Dritte Reich, S. 137 ff., 155-159. Eine abweichende, aber verbreitete Deutung, der zufolge Tiso von Deutschland und den »Radikalen« in der Judenpolitik massiv unter Druck gesetzt worden sei und er diesem bis 1942 weitgehend widerstanden habe, vertritt Hoensch: Ostpolitik, S. 135 ff.

38 Ivan Kamenec: On the Trail of Tragedy. The Holocaust in Slovakia, Bratislava 2007, S. 58 ff., 67-96; Tönsmeyer: Das Dritte Reich, S. 138 f.; Bericht SD-EK 7 Teilkommando Waag Neustadt, 19.4.1939, und Aktenvermerk SD Pressburg (Urbantke), 12.8.1939, BArch, R 70 Slowakei/36, unfol. Zur »Arisierung« in der Slowakei s. Tatjana Tönsmeyer: Der Raub des jüdischen Eigentums in Ungarn, Rumänien und der Slowakei, in: Constantin Goschler, Philipp Ther (Hrsg.): Raub und Restitution. »Arisierung« und Rückerstattung des jüdischen Eigentums in Europa, Frankfurt am Main 2003, S. 73-91, und Eduard Nižňanský, Jan Hlavinka (Hrsg.): Arizácie [Arisierung], Bratislava 2010, sowie dies. (Hrsg.): Arizácie v regiónoch Slovenska [Arisierung auf slowakischem Gebiet], Bratislava 2010.

39 Livia Rothkirchen: The Situation of Jews in Slovakia between 1939 and 1945, in: Jahrbuch für Antisemitismusforschung, 7 (1998), S. 46-70, hier: S. 49; Ladislav Lipscher: Die Juden im Slowakischen Staat 1939-1945, München 1980, S. 60 ff.

matischen Attaché nichts Ungewöhnliches. Einige der Berater hatten zusätzlich zu ihrer Beratungsfunktion bei der slowakischen Regierung für die deutsche Außenpolitik auch eine Attachéposition in der Gesandtschaft inne. Da die politische »Beratung« in ihrer Konzeption jedoch deutlich über die Befugnisse eines Attachés hinausging, war die Gefahr einer außenpolitischen Mehrgleisigkeit der deutschen Diplomatie in der Slowakei eine dauerhafte Realität.[40]

Dennoch ist hervorzuheben, dass die Deutsche Gesandtschaft bis zum Ausbruch des Slowakischen Nationalaufstands im August 1944 die einzige offizielle Vertretung in der von Deutschland weitgehend abhängigen Slowakei war. Auch nach dem Ausbruch des Aufstands und der folgenden Besetzung durch deutsche Truppen blieb die Gesandtschaft – ebenso wie die formal eigenständige slowakische Regierung – erhalten, wenn auch unter deutlich beschränkten Bedingungen. Der Gesandtschaft Pressburg kam insgesamt eine viel stärkere Position zu, als sie deutschen Auslandsvertretungen in anderen Ländern gegeben war. Im Jahr 1941 hatte die klassische Außenpolitik für Deutschland bereits erheblich an Bedeutung verloren, weil der Fortgang des Zweiten Weltkriegs den Abbruch eines Großteils der diplomatischen Beziehungen mit sich brachte. In vielen Ländern, in denen noch diplomatische Vertretungen bestanden, mussten sich diese mit weiteren zivilen oder militärischen deutschen Institutionen arrangieren, die ebenfalls in diversen Politikbereichen Einfluss für sich reklamierten. In besetzten oder teilbesetzten Ländern hatte sich die Diplomatie grundsätzlich dem militärischen Oberbefehl unterzuordnen, wie es in der Slowakei erst ab Spätsommer 1944 der Fall war. Die Deutsche Gesandtschaft Pressburg musste sich zwar auch gegen einzelne Bestrebungen »reichsdeutscher« Institutionen durchsetzen, ihre grundsätzliche Zuständigkeit und Dominanz stand aber außer Frage. Dessen ungeachtet mussten gerade hinsichtlich der Berater immer wieder Absprachen mit einzelnen Behörden getroffen werden. Probleme, die im Zusammenhang mit der »Beratung« entstanden, gingen aber in der Regel nicht auf Auseinandersetzungen zwischen Gesandtschaft und »Beratung« zurück, sondern auf den Widerstand der Slowaken. Eine Ausnahme bildete die Dienststelle Hahn, auf deren Konflikte mit der Gesandtschaft noch einzugehen sein wird.[41]

Die Entsendung Ludins als Gesandter in die Slowakei im Januar 1941 gehört in den Zusammenhang eines größeren Revirements in der deutschen Außenpolitik. Das Auswärtige Amt ernannte in diesem Zeitraum eine ganze Reihe von hohen SA-Führern zu Gesandten in Südosteuropa. Sie stellten innerhalb

---

40 Tönsmeyer: Das Dritte Reich, S. 67 f., 72, 77 f. Zum Problem der »Doppelunterstellung« s. auch Peter Longerich: Propagandisten im Krieg. Die Presseabteilung des Auswärtigen Amtes unter Ribbentrop, München 1987, S. 193 f.

41 Kaiser: Politik, S. 154-164; Conze u. a.: Amt, S. 167-171; Eckart Conze: Das Auswärtige Amt. Vom Kaiserreich bis zur Gegenwart, München 2013, S. 95-98; Tönsmeyer: Das Dritte Reich, S. 91 f., 121-124.

des Auswärtigen Amts eine Art Gegengewicht zur SS dar, die bis dahin bereits weit in den diplomatischen Dienst vorgedrungen war. Während das Ausgreifen der SS ins Auswärtige Amt wesentlich dadurch bestimmt war, dass Karriere-diplomaten zu SS-Mitgliedern gemacht wurden, handelte man hinsichtlich der SA andersherum, indem man SA-Führer zu Diplomaten berief. Während Reichsaußenminister von Ribbentrop im Prinzip eine gleichgewichtige Hereinnahme von SA- und SS-Mitgliedern anstrebte, verzichtete Himmler darauf, entsprechende Personalvorschläge zu machen. Die Ernennung von ho-hen SA-Führern zu Diplomaten hatte neben diesem Machtausgleich noch zwei weitere Gründe: Hitler traute diesen »Alten Kämpfern« zu, etwaigen Widerstand aus den Reihen der Karrierediplomaten des Auswärtigen Amts gegen neue außenpolitische Richtlinien im Keim zu ersticken. Sein Misstrauen gegen die Diplomaten der Wilhelmstraße stellte sich allerdings als unbegründet heraus. Außerdem erwartete der »Führer«, dass die SA-Männer, anders als das Oberkommando der Wehrmacht, das die militärischen Interessen in den Vordergrund rückte, die ideologischen Ziele der NS-Bewegung nicht aus den Augen verloren. Als Ludin in Pressburg seinen Dienst antrat, wurde sein dor-tiger Vorgänger, Manfred von Killinger, als Gesandter nach Bukarest (Rumä-nien) beordert. Nach der Unabhängigkeitserklärung Kroatiens einige Wochen später trat Siegfried Kasche in Agram/Zagreb seinen Posten an. Im Juli 1941 folgte die Entsendung der SA-Führer Dietrich von Jagow und Adolf Beckerle. Von Jagow ging nach Budapest (Ungarn), Beckerle nach Sofia (Bulgarien).[42]

Das Revirement war maßgeblich von Unterstaatssekretär Martin Luther angeregt worden, der selbst SA-Oberführer und von Ribbentrop bei dessen Amtsantritt als Reichsaußenminister 1938 aus der Dienststelle Ribbentrop mit-gebracht worden war. Luther war das Zentrum einer Strömung im Auswärtigen Amt, die von der SS als »SA-Politik« bezeichnet wurde. Er gewann in relativ kurzer Zeit beträchtlichen Einfluss im Auswärtigen Amt. Das gelang ihm durch geschickte Veränderungen in der Struktur des Amtes. Er unterstellte mehrere Ressorts, darunter den Großteil der Kulturpolitischen Abteilung und das kom-plette Referat Deutschland – das unter anderem für »Judenangelegenheiten« zuständig war –, ab Mai 1940 seiner Führung in der neu gegründeten Abtei-lung Deutschland. Zu Luthers Machtbasis im Auswärtigen Amt gehörten die SA-Gesandten in Südosteuropa, zu denen er sehr gute Beziehungen pflegte.[43]

---

42 Siemens: Stormtroopers, S. 280-284; Conze: Das Auswärtige Amt, S. 90-93; Conze u. a.: Amt, S. 162-166; Döscher: Amt, S. 114-118, 205 f.

43 Browning, »Endlösung«, S. 40-44; ders.: Unterstaatssekretaer Martin Luther and the Ribbentrop Foreign Office, in: Journal of Contemporary History, 12 (1977), H. 2, S. 313-344; Conze u. a.: Amt, S. 166. Der Chef des SS-Hauptamts, Gottlob Berger, verwendete den Begriff »SA-Politik« in einem Bericht über ein Gespräch mit dem Leiter der Abteilung D VIII im AA, Helmut Triska. Berger an Himmler, 28.5.1941, BArch, NS 19/3872, Bl. 3-6.

Die Diplomaten in der Slowakei, in der auch während des Krieges noch viele Waren günstiger verfügbar waren als im Reich, schienen für freundschaftliche Beziehungen offenbar besonders geeignet. Die Handakten des Unterstaatssekretärs geben Auskunft über den regen Warenverkehr, den Ludin und Gmelin für Luther, dessen verwundeten Sohn im Kriegslazarett und Staatssekretär Ernst von Weizsäcker organisierten. Vor allem Zigaretten und Alkohol, aber auch Uhren und weitere Wertgegenstände wurden nach Deutschland geschickt. Im Oktober 1941 lud Ludin den Unterstaatssekretär nach Pressburg ein, nachdem er von Gmelin erfahren hatte, dass Luther mit einigen seiner Mitarbeiter ein paar Tage freizunehmen gedachte. Er bat ausdrücklich darum, die Herren Ewald Krümmer, Walter Büttner, Manfred Garben, Walther Kieser und Helmut Triska mitzubringen – allesamt enge Mitarbeiter Luthers in der Abteilung Deutschland. Triska war Leiter des Referats D VIII für Deutschtumsfragen im Ausland, Garben leitete D V, das Referat für Auslandsreisen. Zusätzlich bat Ludin, den Chef der Personalabteilung des Auswärtigen Amts, Ministerialdirektor Hans Schroeder, einzuladen.[44] Auch ein weiterer enger Mitarbeiter Luthers, der Leiter des Referats D III für Judenfragen in der Abteilung Deutschland, Franz Rademacher, erinnerte sich nach dem Krieg daran, Ludin persönlich gekannt zu haben. Dessen »Stellvertreter« Gmelin habe er bei dessen Besuchen in der Zentrale des Auswärtigen Amts in Berlin kennengelernt.[45] Während Rademacher im Frühjahr 1934 aus der SA ausgetreten war, blieb Gerhard Todenhöfer, der bis zum Juli 1941 sein Stellvertreter im Judenreferat war, SA-Mitglied. Todenhöfer, der nach seiner Tätigkeit im Judenreferat zunächst Vertreter des Auswärtigen Amts bei Generaloberst Nikolaus von Falkenhorst in Norwegen wurde, wechselte im November 1941 in das Referat Organisationsfragen des Auswärtigen Dienstes (»Sonderreferat Krümmer«) und arbeitete dort mit dem Schwerpunkt »Auslandspropaganda«. Er fungierte zudem als Verbindungsführer des Auswärtigen Amts zur Obersten SA-Führung und zum Reichsministerium für Volksaufklärung und Propaganda.[46]

44 Vorzimmer Gesandter Ludin (Benda) an Vorzimmer UStS Luther (Marx), 8.10.1942; Gmelin an Luther, 10.9.1942; Gmelin an Vorzimmer UStS Luther (Marx), 10.1.1942; Luther an Ludin, 8.1.1942; Luther an Ludin, 30.12.1941; Vorzimmer UStS Luther (Marx) an Gmelin, 8.12.1941; Gmelin an Vorzimmer UStS Luther (Marx), Luther an Gmelin, 25.10.1941; Luther an Ludin, 6.10.1941; Ludin an Luther, 3.10.1941, PA AA, R 27659, E085848 f., E085922-E085924, E085928-E085933, E085939-E085941; Organigramm des Auswärtigen Amtes, Dezember 1941 bei Browning: »Endlösung«, S. 262-265; s. v. Garben, Manfred, in: Auswärtiges Amt (Hrsg.): Biographisches Handbuch des deutschen Auswärtigen Dienstes 1971-1945, Bd. 2, Paderborn 2005, S. 11; s. v. Triska, Helmut, in: Ebd., Bd. 5, Paderborn 2014, S. 69 f.
45 Aussage Rademacher, 6.2.1968, Vorermittlungsverfahren gegen Hauskrecht u. a., BArch, B 162/1827.
46 Browning: »Endlösung«, S. 49; Liste der Verbindungsführer der Obersten SA-Führung, 7.12.1942, PA AA, R 27646, 475387-475392; s. v. Todenhöfer, Gerhard, in: Auswärtiges Amt (Hrsg.): Biographisches Handbuch, Bd. 5, S. 54 f.

Mit Todenhöfer, der nach dem Krieg in Tübingen lebte, war Gmelin seit der Zeit im Auswärtigen Dienst befreundet. Ein gemeinsamer Freund war neben dem damaligen stellvertretenden Leiter der Rundfunkpolitischen Abteilung des Auswärtigen Amts und späteren Bundeskanzler, Kurt Georg Kiesinger, auch der Wiener Willfried Gredler, der ab September 1942 im Referat D VIII für Deutschtumsfragen arbeitete und nach dem Krieg seine diplomatische Karriere für den österreichischen Staat fortsetzte. Auch Gredler war SA-Mitglied.[47]

Die besten Kontakte Ludins und seiner engsten Mitarbeiter ins Auswärtige Amt existierten also zunächst über die »SA-Politik« und – eng damit zusammenhängend – über Unterstaatssekretär Luther und die Abteilung Deutschland. Alle SA-Gesandten in Südosteuropa, aber nur einige von Luthers engeren Mitarbeitern in der Zentrale des Auswärtigen Amts überstanden Luthers Putschversuch gegen Reichsaußenminister von Ribbentrop im Jahr 1943, mit dem sich der machtbewusste Diplomat deutlich verkalkulierte. Luther gehörte seit Jahrzehnten zum nächsten Umfeld von Ribbentrops und hatte dessen Aufstieg zum Reichsaußenminister maßgeblich mitgestaltet. Im Verlauf des Krieges schwand der Einfluss des Auswärtigen Amts zugunsten der Kriegs- und Besatzungsinstitutionen des Reiches, und Luther machte von Ribbentrops politische Schwäche für diese Entwicklung verantwortlich. Er suchte die Unterstützung des Reichsführers-SS, Heinrich Himmler, für den Versuch, den Reichsaußenminister ins Abseits zu stellen, doch der ließ ihn kurzfristig fallen. Luther wurde in ein Konzentrationslager eingewiesen und die Abteilung Deutschland in einer abermaligen Umstrukturierung in die neuen Abteilungen Inland I und II aufgelöst. Luthers engere Mitarbeiter und Mitverschwörer im Auswärtigen Amt wurden entlassen oder in die Waffen-SS an der Ostfront versetzt. Die SA-Diplomaten überstanden Luthers Intrige, verloren mit der Zerschlagung der Abteilung Deutschland aber deutlich an Rückhalt im Auswärtigen Amt.[48]

47 S. v. Gredler-Oxenbauer, Willfried, in: Auswärtiges Amt (Hrsg.): Biographisches Handbuch, Bd. 2, S. 90 f.; Philipp Gassert: Kurt Georg Kiesinger 1904-1988. Kanzler zwischen den Zeiten, München 2006, S. 108 f., 124; Einstige Weggefährten erinnern sich, in: ST, 10.3.1988.
48 Conze u. a.: Amt, S. 144 f.; Döscher: Amt, S. 256-261; Browning: Unterstaatssekretaer, S. 313-344; Siemens: Stormtroopers, S. 301.

Innere Struktur der Gesandtschaft und Auseinandersetzung mit dem SD

Das Hauptgebäude der Deutschen Gesandtschaft Pressburg (DGP) in der Moyzesgasse 1 (Moyzesova ulica) wurde gegen Jahresende 1939 bezogen. Die Stadt Pressburg hatte eigens zu diesem Zweck den jüdischen Eigentümer der großen Villa enteignet.[49] Die Gesandtschaft vergrößerte sich in den folgenden Jahren kontinuierlich und übernahm unter anderem nach dem Überfall auf die Sowjetunion auch das Dienstgebäude der Russischen Gesandtschaft. Im Mai 1942 verfügte sie über nicht weniger als sieben Dienstgebäude in der Stadt, die sich alle in Fußnähe zueinander im Diplomatenviertel und in unmittelbarer Nähe zum Präsidentenpalais befanden.

Die Gesandtschaft bestand neben den bereits erwähnten Abteilungen für Berater und Attachés aus Konsulats- und Passabteilung, Politischer Abteilung, Handels- und Kulturabteilungen sowie einem Pressereferat und einem Referat für Protokoll und Versorgung. Während die Leitung und Verwaltung der Gesandtschaft mit dem Gesandten und zwei von drei Gesandtschaftsräten im Hauptgebäude untergebracht waren, verteilten sich die anderen Abteilungen auf die weiteren Dienstsitze. Der Kanzler und Verwaltungschef der Gesandtschaft, Max Göring, hatte sein Büro ebenfalls im Hauptgebäude. Im Nachbargebäude befand sich neben den Dienstzimmern der Handelsabteilung eine Vierzimmer-Dienstwohnung im ersten Obergeschoss, in der Gesandtschaftsrat Gmelin mit seiner Familie residierte.[50]

Die Leitung der Konsulatsabteilung oblag seit September 1939 dem Konsulatssekretär I. Klasse, Karl Dannenberg. Die Abteilung war unter anderem für Aus- und Einbürgerungen, »Heimschaffungen«, Devisengenehmigungen,

---

49 Bernard an AA, 5.11.1939, PA AA, Pressburg 22; Kanzler Göring an Devisenstelle Wien, 7.11.1939, ebd. Die meisten Mitarbeiter der Gesandtschaft lebten und arbeiteten in »arisierten« Häusern. Mehrere Dienstwohnungen befanden sich in einer »arisierten« Immobilie in der Kuzmánygasse (Kuzmányho ulica) 1a. Hier bezog auch Dieter Wisliceny seine Wohnung. DGP an MZV, 12.8.1942, SNA Bratislava, MZV, kr. 217; Fragebogen für den Antrag auf Erteilung eines Sichtvermerks zur Reise nach Deutschland, ausgefüllt von Wisliceny, 21.10.1940, PA AA, Pressburg 22.

50 Belegung der Dienstgebäude der Gesandtschaft, DGP an AA, 4.5.1942, PA AA, Pressburg 22; Göring an Goltz, 24.9.1941, ebd. Die beiden Gebäude in der Moyzesgasse wurden unter den Adressen Schillerstrasse 1 und 3 geführt. Warum die Straße – wenigstens im deutschen Gebrauch – umbenannt wurde, ist unklar. In einem Bericht über die Inbesitznahme der Russischen Gesandtschaft sprach Ludin über Vorrichtungen, die darauf hindeuteten, dass die Sowjetunion in ihrer Pressburger Vertretung ein GPU-Gefängnis mit elektrischen Folterinstrumenten betrieben habe. Der Bericht, dem Fotos beigelegt wurden, war für eine mögliche propagandistische Verwendung verfasst worden. Ludin an AA, 14.11.1941, PA AA, Pressburg 22.

Aufenthalts- und Arbeitsbewilligungen sowie für Genehmigungen von Sichtvermerken zuständig. Zu ihr gehörte eine im selben Gebäude untergebrachte
Passstelle.[51] Nach dem »Salzburger Diktat« im Sommer 1940 wurde die Konsulatsabteilung der Pressburger Gesandtschaft durch ein in der ostslowakischen
Stadt Preschau (Prešov) eröffnetes Konsulat ergänzt. Dort amtierte Konsul
Peter Freiherr von Woinovich, der sich während der Judendeportationen 1942
und bereits davor die Pässe von Juden mit deutscher Staats- oder mit Protektoratsangehörigkeit, die in der Slowakei lebten, vorgeblich zur Verlängerung
einschicken ließ. Anfragen von Juden, ob eine Verlängerung grundsätzlich
möglich sei, beantwortete er mit der Bitte, die Papiere umgehend einzusenden,
nur um die Pässe nach Erhalt einzuziehen. Er teilte den betreffenden Personen mit, dass sie aufgrund der 11. Verordnung zum Reichsbürgergesetz vom
25. November 1941 oder – bei Protektoratsangehörigen – durch Paragraph 2
der Verordnung vom 2. November 1942 über den Verlust der Protektoratsangehörigkeit ihre Staatsbürgerschaft verloren hatten. Das bedeutete in der Konsequenz, dass die Betroffenen dem Schicksal der Deportation und Ermordung
noch schutzloser ausgeliefert waren als manche slowakische Juden.[52] Mitunter
verschleppte Woinovich die Ausstellung eines Passes offenbar so lange, bis die
gesetzliche Grundlage für die Aberkennung der Protektorats- beziehungsweise
Reichsangehörigkeit geschaffen war.[53] Darüber hinaus nutzte die Gesandtschaft
Woinovichs Stellung in der Ostslowakei für Berichterstattungen über die politische Lage vor Ort, welche mit dem Ausbruch des Slowakischen Nationalaufstands im Herbst 1944 noch zusätzlich an Bedeutung gewannen.[54]

Die Leitung der Politischen Abteilung der Gesandtschaft oblag dem Gesandtschaftsrat Max Ringelmann, einem Karrierediplomaten, der 1926 in den
Auswärtigen Dienst berufen worden war. Er kam im März 1940 an die Ge-

---

51 Personalbestand der Deutschen Gesandtschaft in Preßburg, 7.8.1942, PA AA, Press-
burg 24; Dannenberg an das slowakische Aussenministerium (MZV), 8.1.1941, SNA
Bratislava, MZV, kr. 216. Die Konsulatsabteilung wurde später von Legationssekretär
Schumbelt übernommen (Vorname und Antrittsdatum unbekannt); Aussage Ludins
vor dem Prokurator des Nationalgerichts in Bratislava, Michal Gerö, 10.12.1946
(Fortsetzung vom 23.10.1946), SNA Bratislava, NS 122, Bl. 5.

52 Ribbentrop an von Killinger, 29.7.1940, PA AA, R 29737, 248454f.; Woinovich an
Felix S., 20.2.1942, PA AA, Pressburg 37. Es folgen unzählige Passentzüge von Juden
in der Akte, ebenso in Pressburg 38. Briefwechsel Armin G. und Woinovich,
30.1.1942-20.2.1942, PA AA, Pressburg 38.

53 So geschah es im Fall der Antragstellerin Kamilla L., deren Antrag vom Oktober 1941
über ein Jahr nicht bearbeitet wurde, bis er wenige Wochen nach Erlass der gesetzlichen Verordnung zum Verlust der Protektoratsangehörigkeit abgelehnt wurde. Woinovich an Kamilla L., 23.11.1942, und Kamilla L. an DGP, 24.10.1941, PA AA,
Pressburg 37.

54 Beispielsweise Woinovich an DGP, 30.6.1941 und 31.7.1941, PA AA, Pressburg
169, D634495-D634497, D634511-D634513; Woinovich an DGP, 22.3.1944,
SNA Bratislava, Fond S, kr. 6 (S-47-80), Bl. 3 ff.

sandtschaft Pressburg, die seine fünfte konsularische beziehungsweise diplomatische Auslandsstation war. Die »politisch-diplomatischen Angelegenheiten«, mit denen er betraut war, umfassten die ständige Fühlungnahme mit dem Auswärtigen Amt in Berlin sowie die laufende Beaufsichtigung des diplomatischen Schriftverkehrs der anderen Abteilungen der Gesandtschaft und die Berichterstattung darüber. Alle Rechtsangelegenheiten, der Abschluss zwischenstaatlicher Verträge und Abkommen auf militärischem Gebiet, wie auch die Aufsicht über die Konsulatsabteilung fielen in Ringelmanns Wirkungsbereich.[55]

Hans Gmelin, der seit Ludins Ankunft im Januar 1941 Persönlicher Referent des Gesandten war, führte zunächst die Dienstbezeichnung Landgerichtsrat weiter, bevor er im August 1941 im Rang eines Legationssekretärs in den Auswärtigen Dienst aufgenommen wurde. Im April des darauffolgenden Jahres wurde er in den Dienstrang eines Gesandtschaftsrats befördert.[56] Zum Aufgabengebiet des Persönlichen Referenten zählten die »Vorbereitung sämtlicher Ein- und Ausgänge, Erledigung von Sonderaufträgen, Besucherorganisation, Adjutantur«. Offizieller Stellvertreter des Gesandten war Gesandtschaftsrat Anton Endrös, der die Geschäfte übernahm, wenn der Gesandte auf Reisen war.[57] Endrös, ein Mediziner, der seit der »Kampfzeit« NSDAP-Mitglied war und am Hitler-Putsch 1923 teilgenommen hatte, wurde im August 1940 als Propagandaberater bei der slowakischen Regierung in den Auswärtigen Dienst nach Pressburg berufen. Ende März 1941 wurde er zum Gesandtschaftsrat ernannt.[58]

Anton Endrös' Beförderung zum Gesandtschaftsrat steht in der Amtsführung Ludins für ein gewisses Maß an politischer Kontinuität in der Gesandtschaft. Der Propagandaberater und Nationalsozialist der ersten Stunde war in die Politik des vorherigen Gesandten, Manfred von Killinger, fest eingebunden gewesen und repräsentierte unter der neuen Führung nach außen die fortdauernde Sympathie der deutschen Außenpolitik für den »radikalen« Flügel in der slowakischen Regierung. Die Linie der einseitigen Unterstützung des Tuka/Mach-Flügels, die Ludins Vorgänger in der Slowakei verfolgt hatte,

---

55 Ringelmann konnte seine Diplomatenkarriere im Auswärtigen Amt der Bundesrepublik nahtlos fortsetzen. Personalbestand der Deutschen Gesandtschaft in Preßburg, 7.8.1942, PA AA, Pressburg 24; s. v. Ringelmann, Max, in: Auswärtiges Amt (Hrsg.): Biographisches Handbuch, Bd. 3, Paderborn 2008, S. 676f.

56 Ludin an AA, 14.1.1941, PA AA, Personalakten 4.504 (Hans Gmelin); DGP an MZV, 2.8.1941, SNA Bratislava, MZV, kr. 216; DGP an MZV, 28.4.1942, SNA Bratislava, MZV, kr. 217.

57 Personalbestand der Deutschen Gesandtschaft in Preßburg, 7.8.1942, PA AA, Pressburg 24; Gmelin an MZV (Belnai), 8.7.1941, SNA Bratislava, MZV, kr. 216.

58 Lebenslauf Anton Endrös, 30.12.1940, PA AA, Personalakten 3.255 (Anton Endrös); Ernennung durch Ribbentrop, 28.3.1941, ebd. S. zu Endrös' Personendaten auch Tönsmeyer: Das Dritte Reich, S. 349f. Zu seiner Beratungstätigkeit beim slowakischen Propagandaamt und seiner Unterstützung der Von-Killinger-Linie in der DGP s. ebd., S. 276-289.

sollte zwar in dieser Form nicht weitergeführt werden, dennoch wollte man nicht grundsätzlich, sondern nur graduell von den im »Salzburger Diktat« getroffenen Entscheidungen abrücken. Das galt auch für die Fortsetzung der Politik der »Beratung«.[59] Gesandtschaftsrat Max Ringelmann stand als Karrierediplomat für eine Kontinuität in fachlich-diplomatischer Hinsicht. Der dritte Gesandtschaftsrat, Hans Gmelin, war ganz eindeutig – und trotz seiner hervorragenden juristischen Qualifikation – in erster Linie der Mann Ludins in der Leitung der Gesandtschaft.

Der umfangreichste »Sonderauftrag«, den der Gesandte Gmelin anvertraute, war das Volkstumsreferat, das er im Frühjahr 1941 übernahm. Die Aufgabe des Volkstumsreferenten lag in der »Verbindung zur deutschen Volksgruppe« und der »Erledigung sämtlicher Volkstumsfragen«.[60] Nach der Aufnahme in den Auswärtigen Dienst und spätestens mit seiner Beförderung zum Gesandtschaftsrat 1942 zog Gmelin allmählich immer umfangreichere Kompetenzen an sich.[61] Sämtliche Korrespondenz des Gesandten ging über seinen Tisch, er knüpfte wichtige Kontakte zu Ministern und slowakischen Regierungsbeamten, wie etwa dem Sekretär des Staatspräsidenten, Karol Murín. Die Kommunikation mit einzelnen Reichsbehörden, nicht zuletzt mit SS-Dienststellen wie der Volksdeutschen Mittelstelle oder dem SD-Leitabschnitt Wien, wurde umfänglich von ihm übernommen. Während sein zusätzlicher Posten als Berater für Studentenfragen ab Dezember 1941 wohl weniger wichtig und arbeitsintensiv war, machte Ludin ihn bei Ausbruch des Slowakischen Nationalaufstands 1944 zum Knotenpunkt der Kommunikation zwischen sich und dem militärischen Deutschen Befehlshaber, der mit dem Einmarsch deutscher Truppen in der Slowakei installiert wurde.[62] Die Staatspolizeileitstelle Brünn im Protektorat erklärte im Herbst 1944, es sei unmöglich, »an den Deutschen

59 Tönsmeyer: Das Dritte Reich, S. 276-289; Ludin an AA, 29.1.1941, PA AA, R 27659, 338170.
60 S. das folgende Kapitel.
61 Personalbestand der Deutschen Gesandtschaft in Preßburg, 7.8.1942, PA AA, Pressburg 24. Gegenüber dem SD spotteten Polizeiattaché Goltz und Ministerialrat Grüninger 1944, dass Gmelin nach Snyckers' Weggang möglicherweise die Kulturabteilung und damit »wohl auch noch die Information übernehmen würde!«. Vermerk Böhrsch (SD-LA Wien), 24.4.1944, BArch, R 70 Slowakei/60, Bl. 490 f.
62 Personalbestand der Deutschen Gesandtschaft in Preßburg, 7.8.1942, PA AA, Pressburg 24; Gesprächsnotiz Gmelins, 1.10.1944, BArch, R 70 Slowakei/313, Bl. 104-107; Vermerk Böhrsch (SD, Einsatzgruppe H), 26.10.1944, BArch, R 70 Slowakei/25, Bl. 234; Vermerk SD-LA Wien, 20.10.1942, BArch, R 70 Slowakei/60, Bl. 237 f.; DGP an MVZ, 5.12.1941, SNA Bratislava, MZV, kr. 217; Affidavit Hans Gmelin, 15.6.1948, StA Nürnberg, KV-Anklage Dokumente, NO-5921.

Gesandten heranzukommen, ohne den Weg über Herrn Gmelin zu gehen«, der das Sprachrohr des Gesandten sei.[63]

Zur Arbeitsweise in der Gesandtschaft ist grundsätzlich zu bemerken, dass die Zusammenarbeit zwischen dem Gesandten und den beiden Gesandtschaftsräten im Hauptgebäude – seinem Persönlichen Referenten Gmelin und dem stellvertretenden Gesandten Endrös – überaus eng war. Schriftstücke und Telegramme, die die Gesandtschaft verschickte und die mit Ludins Namen oder mit »gez. Ludin« unterschrieben waren, wurden in der Regel von einer oder mehreren dieser drei Personen aus der Leitungsebene abgefasst. Zum Teil gilt dieser Sachverhalt auch für den Leiter der Politischen Abteilung, Gesandtschaftsrat Ringelmann, besonders in den ersten Jahren von Ludins Amtszeit. Gmelin bestätigte diese »Kollektivarbeit« grundsätzlich in Bezug auf einen Vorgang im SS-Hauptamt, als er als Zeuge im Nürnberger Wilhelmstraßenprozess angab, dass nach der »deutschen Vorstellung der Unterstellung« der Vorgesetzte immer berechtigt sei, für das, was in seinem Zuständigkeitsbereich vorgeschlagen wird, »das Wort ›Ich‹ zu gebrauchen, wenn er nach oben berichtet«, unabhängig davon, welcher seiner Mitarbeiter der wirkliche Verfasser ist.[64] Folglich ist in den meisten Fällen aus der Aktenüberlieferung in der Zentrale des Auswärtigen Amts nicht zu erschließen, wer welches Telegramm tatsächlich formuliert hat. In manchen Fällen lässt sich dagegen anhand der Aktenüberlieferung der Gesandtschaft nachvollziehen, dass ein mit »Ludin« gezeichnetes Telegramm handschriftlich von Gmelin verfasst und mit »Ludin« unterschrieben wurde. Ludin trug mit seinem Namen die Verantwortung für alles, was unter seiner Ägide geschrieben und mitgeteilt wurde. Auch Berater und Attachés waren – bei Themen, für die sie qualifiziert waren – in den Entstehungsprozess von Mitteilungen eingebunden, besonders was die Textgrundlage anbetraf. Oftmals zeichnete Ludin die Entwürfe nur noch mit seiner Paraphe ab, mitunter erst nach Abgang des Telegramms, oder er verzichtete vollständig auf eine Vorlage und Prüfung. Eingehende und abgehende Mitteilungen wurden meist dem Gesandten und den zuständigen Referenten, Legations- oder Gesandtschaftsräten vorgelegt, bevor sie zu den Akten genommen oder versandt wurden. Wichtige Anweisungen oder Informationen wurden über den »kleinen Umlauf« durch die jeweilige Abteilung oder über den »großen Umlauf« durch die ganze Gesandtschaft geleitet, wobei jeder Empfänger mit seiner Paraphe die Kenntnisnahme zu bestätigen hatte. Zur besseren Übersichtlichkeit wurden teilweise verschiedene Farben verwendet, außerdem ging in regelmäßigen Ab-

---

63 StL Brünn an RSHA IV B 2 (Pommerening), BdS Prag (Erwin Weinmann) und Chef der Einsatzgruppe H (Witiska), 30.10.1944, BArch, R 70 Slowakei/60, Bl. 376 ff.
64 Aussage Hans Gmelins vor dem Militärgerichtshof IV, 18.6.1948, StA Nürnberg, KV-Prozesse, Fall 11, A87, Bl. 9484.

ständen eine Liste der »kleinen Umläufe« und des »großen Umlaufs« herum, auf der jeder Gesandtschaftsmitarbeiter seiner Paraphe zugeordnet wurde.[65]

In ihrem sozialen Leben orientierten sich die Gesandtschaftsmitarbeiter und ihre Familien stark an den Hauptleitern der Deutschen Partei, der Minderheitenpartei der »Volksdeutschen« in der Slowakei. Die Dienststellen des SD registrierten in ihren Berichten Freundschaften, Teeeinladungen und Feste, Alkoholexzesse und außereheliche Liebesverhältnisse zwischen Mitgliedern und Familienangehörigen der Gesandtschaft und denen der Führung der Deutschen Partei.[66]

Die Kulturabteilung wurde auf Betreiben Ludins im Januar 1942 von einem weiteren engen Mitarbeiter aus der SA-Gruppe Südwest übernommen. Hans Snyckers, viele Jahre dem Stab der SA-Gruppe Südwest zugehörig, war seit 1934 hauptamtlicher SA-Führer und hatte 1940 durch die Veröffentlichung seines *Tagebuchs eines Sturmführers* einige Bekanntheit in SA-Kreisen erlangt. Im selben Jahr erschien seine Abhandlung *SA-Wehrmannschaften – wehrbereites Volk. Die Bedeutung des Führererlasses über die SA-Wehrmannschaften für die deutsche Wehrerfassung und für die staatsrechtliche Stellung der SA*, die er seinem SA-Chef Hanns Ludin widmete. Aufgrund dieser Veröffentlichungen wurde Snyckers zur Dienstleistung in die Oberste SA-Führung berufen. Nach seiner zweieinhalbjährigen Tätigkeit in der Slowakei kehrte er – offenbar angefordert von SA-Stabschef Wilhelm Schepmann – zum 1. Juni 1944 wieder dorthin zurück. Der SD berichtete, dass Ludin sich wegen eines Dienstunfalls, bei dem Snyckers ein Bein verloren hatte, für ihn verantwortlich fühlte. Es wurde vermutet, dass Ludin an dem Unfall nicht ganz unschuldig war.[67] Die Kulturabteilung, die bis Juli 1941 von Waldemar Müller geleitet wurde, war im Wesentlichen ein Propagandainstrument der deutschen Außenpolitik. Spätestens mit Snyckers'

---

65 Beispiel für eine Mitteilung im kleinen Umlauf: AA an DGP, 13.6.1942, PA AA, Pressburg 172; Beispiel für eine Weisung Gmelins, bei der Ludin auf Abzeichnung verzichtete: DGP an AA, 6.9.1941, PA AA, Pressburg 38; Beispiel für ein von Gmelin handschriftlich verfasstes Telegramm, das mit »Ludin« abgesendet wurde: Ludin/ Gmelin an AA (Schroeder), 4.4.1942, PA AA, Pressburg 6; Listen für »großen Umlauf« und Umläufe in allen Abteilungen der Gesandtschaft, PA AA, Pressburg 171.

66 Vermerk Böhrsch (SD-LA Wien), 9.11.1943, BArch, R 70 Slowakei/370, unfol.; SD-Bericht, 23.3.1944, BArch, R 70 Slowakei/60, Bl. 477-482.

67 Mitteilung UStS Luther an Gesandten Krümmer, 17.12.1941, PA AA, R 27628, Bl. 105; DGP an MZV, 15.1.1942, SNA Bratislava, MZV, kr. 216; Hans Snyckers: Tagebuch eines Sturmführers, München 1940; ders.: SA-Wehrmannschaften – wehrbereites Volk. Die Bedeutung des Führererlasses über die SA-Wehrmannschaften für die deutsche Wehrerfassung und für die staatsrechtliche Stellung der SA, München 1940; Snyckers' juristische Doktorarbeit, in der er sich mit Weinbau in Baden befasste, war 1938 erschienen. Ders.: Die Eingliederung des Weinbaues in den landwirtschaftlichen Einzelbetrieb in Baden, Leipzig 1938; SD-Bericht, 23.3.1944, BArch, R 70 Slowakei/60, Bl. 477-482; Vermerk Böhrsch, 24.4.1944, BArch, R 70 Slowakei/60, Bl. 490 f.

Übernahme der Abteilung verfügte sie über einen großen Mitarbeiterstab in verschiedenen Ressorts. Neben dem eigentlichen Kulturreferat, das für alle Angelegenheiten der Slowakisch-Deutschen Gesellschaft, der Deutschen Akademie, des DAAD und des slowakischen Schul-, Hochschul-, Kirchen-, Sport- und Theaterwesens zuständig war, gab es einen Propagandasachbearbeiter mitsamt technischem Apparat. Hier wurde maßgeschneiderte NS-Propaganda für die jeweiligen slowakischen Zielgruppen erarbeitet und verbreitet. Das Referat des »Schrifttumsprüfers« beobachtete sämtliche slowakischen Veröffentlichungen. Darüber hinaus beschäftigte die Kulturabteilung Sachbearbeiter für Rundfunk und Film, die sowohl slowakische Sendungen auswerteten als auch deren deutsche Beeinflussung sicherstellten. Zudem wurden Ausstellungen und Veranstaltungen organisiert, die die kulturelle Verbindung Deutschlands mit der Slowakei stärken sollten.[68]

An Snyckers' Amtsführung wurde immer wieder massiv Kritik geübt. Er gebe zu viel Geld aus, erziele kaum Wirkung und sei ein Aufschneider, so die Einschätzungen, die die SD-Dienststellen weitergaben. Als aufrechter Verfechter der Ludin-Linie und der damit verknüpften Prämisse der innenpolitischen Zurückhaltung achtete Snyckers die politische und kulturelle Eigenständigkeit der Slowakei weitgehend. Auch dieser Umstand kann das Missfallen von SS-Dienststellen erregt haben. Es besteht allerdings die Möglichkeit, dass Snyckers sich mit Plädoyers für leise Töne in der Propaganda vor allem gegen den Vorwurf des geschäftigen und teuren Nichtstuns verteidigen wollte.[69]

Ebenfalls im Frühjahr 1942 und durch genauso vehemente Bemühungen des Gesandten kam Hans-Albrecht Grüninger in die Slowakei. Er wurde in Berlin von seiner Arbeit in der von Reichsleiter Philipp Bouhler geführten Kanzlei des Führers (KdF) freigestellt.[70] Auch er war ein langjähriger Freund Hanns Ludins, noch aus Freiburger Tagen. Ministerialrat Grüningers Bedeutung für den Gesandten kann kaum überschätzt werden. Woher die gegenseitige umfassende Loyalität stammte, ist unklar. In seiner Funktion als Berater des slowakischen Ministerpräsidenten, aber auch als Strippenzieher in der Gesandtschaft, im Umgang mit den Beratern und bei der Kommunikation mit dem SD war er ein institutionell und strategisch gewandter Verwaltungspolitiker.[71]

---

68 DGP an AA, 28.7.1942, PA AA, Pressburg 24.
69 SD-Bericht über Kulturreferat der DGP, 11.1.1943, BArch, R 70 Slowakei/60, Bl. 243-250; SD-LA Prag (Jacobi) an RSHA III B 1 (Hummitzsch) und SD-LA Wien (Chlan), 18.2.1943, BArch, R 70 Slowakei/60, Bl. 263-267; Zwei SD-Berichte, 3.9.1943, BArch, R 70 Slowakei/60, Bl. 275-281.
70 Mitteilungen UStS Luther an Gesandten Krümmer, 27.10.1941 und 17.12.1941, PA AA, R 27628, Bl. 105 und 116; DGP an MZV, 2.2.1942, SNA Bratislava, MZV, kr. 217.
71 Ludin sagte über Grüninger, er sei sein »persönlicher Vertrauens- und Verbindungsmann bei Ministerpräsident Dr. Tuka«, und erklärte, Grüninger habe »in der Ge-

Grüninger hatte seine Karriere 1933 als Mitarbeiter des Badischen Ministers des Kultus und Unterrichts, SS-Oberführer Otto Wacker, begonnen.[72] Im Januar 1934 hatte der damalige Regierungsrat Grüninger mit Bischöfen in Freiburg über die Anzeigepflicht in Sterilisierungsverfahren diskutiert, die das neue Erbgesundheitsgesetz auch für katholische Geistliche vorsah.[73] Am 11. Oktober 1935 hatte er dem Rektor der Universität Freiburg im Auftrag des Ministers mitgeteilt, dass »mit sofortiger Wirkung die nichtbeamteten jüdischen Dozenten, die von drei oder vier der Rasse nach volljüdischen Großelternteilen abstammen, von der Ausübung ihrer Lehrberechtigung zu beurlauben« seien.[74] Als Persönlicher Referent folgte Grüninger 1937 Wacker nach Berlin ins Reichserziehungsministerium, wo dieser vertretungsweise das Amt Wissenschaft leitete.[75] Hier wurde Viktor Brack, Leiter des Amts II in der Kanzlei des Führers, auf ihn aufmerksam und forderte den gefragten Verwaltungsbeamten 1939 zur zeitweisen Dienstleistung an, wobei Grüninger die Stelle kriegsbedingt erst 1940 antrat.

Die Kanzlei des Führers entwickelte sich in den ersten Jahren des NS-Regimes zur zentralen Stelle, von der aus Hitler alle direkt an ihn gerichteten Gnadengesuche bearbeiten ließ. Das war offenbar auch Grüningers hauptsächlicher Arbeitsbereich. Sein Chef Viktor Brack leitete hingegen bald die »Aktion T 4«, die Ermordung von Patienten psychiatrischer Kliniken, mit deren Organisation Hitler im Oktober 1939 Philipp Bouhler und die Kanzlei beauftragt hatte. Die »Aktion T 4« wurde in deren Abteilung II b geplant und organisiert. Grüninger, dessen Dienst in der Kanzlei des Führers immer wieder durch Kriegseinsätze unterbrochen wurde, gab in einer späteren Vernehmung an, davon nichts mitbekommen zu haben, obwohl er in genau dieser Abteilung einge-

sandtschaft selbst meine persönliche Informationsstelle übernommen, die sämtliche Nachrichten sammelt und vor allem die laufenden Berichte der Berater berichtsmässig für das Auswärtige Amt auswertet«. Grüninger sei nur auf seine persönliche Bitte und durch die »besondere Freundlichkeit des Chefs der Kanzlei des Führers, Reichsleiter Bouhler, freigegeben« worden. Ludin an AA, 12.2.1942, PA AA, Pressburg 6; SD-LA Wien (Böhrsch) an RSHA III B (Ehlich), 20.3.1944, BArch, R 70 Slowakei/60, Bl. 468-476.

72 Berechnung des Besoldungsdienstalters von Hans-Albrecht Grüninger, 11.11.1937, PA AA, Personalakten 4.959 (Hans-Albrecht Grüninger). Zu Otto Wacker s. Katja Schrecke: Otto Wacker. Badischer Minister des Kultus, des Unterrichts und der Justiz, in: Kißener, Scholtyseck (Hrsg.): Führer, S. 705-732.

73 Ernst Klee: »Euthanasie« im Dritten Reich. Die »Vernichtung lebensunwerten Lebens«, Frankfurt am Main 2010, S. 47.

74 Minister des Kultus und Unterrichts (Grüninger) an Rektor der Universität Freiburg, 11.10.1935, abgedruckt (Faksimile) in: Sauer (Hrsg.): Dokumente, I. Teil, S. 123.

75 Schrecke: Otto Wacker, S. 724; Personalfragebogen Hans-Albrecht Grüninger, 6.3.1939, BArch, R 9361/III/527737 (ehem. BDC – SSO 40-A); Berechnung des Besoldungsdienstalters von Hans-Albrecht Grüninger, 11.11.1937, PA AA, Personalakten 4.959 (Hans-Albrecht Grüninger).

setzt war. Sein direkter Vorgesetzter, Hans Hefelmann, dessen Stellvertreter, Richard von Hegener, und der Leiter von Amt II, Viktor Brack, gehören zu den Haupttätern und wichtigsten Organisatoren des Krankenmords. Grüninger gab in seiner Nachkriegsvernehmung lediglich zu, dass Brack ihn einmal in ein hypothetisches Gespräch über die moralischen und juristischen Implikationen einer »Tötung lebensunwerten Lebens« verwickelt habe, in dem er seine klare Ablehnung zum Ausdruck gebracht habe. Nichtsdestoweniger ist festzustellen, dass Grüninger, der der Kanzlei des Führers unterstellt blieb, auch noch in seiner Pressburger Zeit bei einem Berlin-Besuch 1942 mit Werner Blankenburg, Bracks Stellvertreter, zusammentraf. Wenige Wochen später reiste Richard von Hegener zu Besprechungen mit Grüninger nach Pressburg, und noch im September 1944 bat der Reichsleiter der NSDAP, Bouhler, Grüninger zu einer Besprechung nach Berlin.[76]

Seit Sommer 1933 war Grüninger SS-Mitglied, im Juni 1938 wurde er zum SS-Untersturmführer befördert und als »ehrenamtlicher Mitarbeiter« in der Abteilung II im Referat für »Gegnerforschung« unter Franz Six im SD-Hauptamt aufgenommen. Six erklärte, Grüninger arbeite »mit dem Sicherheitsdienst auf das engste zusammen und hat stets in loyalster Weise die Verbindung zwischen dem Sicherheitsdienst und SS-Oberführer Wacker wahrgenommen«.[77] Grüninger wurde auch im August 1944 noch als »Ehrenamtlicher« im Amt VII für »weltanschauliche Forschung und Gegnerforschung« des Reichssicherheitshauptamts geführt und zum SS-Obersturmbannführer ernannt.[78] SS-Oberführer Franz Six war inzwischen ebenfalls in den Auswärtigen Dienst gewechselt, wo er seit 1943 die Kulturpolitische Abteilung in der Zentrale in Berlin leitete.[79]

Ludin hatte somit bis zum Frühjahr 1942 drei enge Vertraute in die Gesandtschaft Pressburg »nachgezogen«, wobei Snyckers und Grüninger als Kulturreferenten und Regierungsberater keine diplomatischen Dienstränge bekleideten.

76 Grüninger an Ludin, 2.3.1942, PA AA, Pressburg 6; AA an DGP, 30.4.1942, ebd.; DGP an AA, 21.9.1944, ebd.; Zeugenvernehmung Grüninger, 29.6.1961, BArch, B 162/28760, Bl. 26-35; Henry Friedländer: The Origins of Nazi Genocide. From Euthanasia to the Final Solution, Chapel Hill, London 1995, S. 41, 67-70; Brack, Blankenburg und von Hegener kommunizierten über die Scheininstitution »Reichsausschuß zur wissenschaftlichen Erfassung von erb- und anlagebedingten schweren Leiden« mit Anstaltsleitern über »Anerkennungsbeträge« und Weihnachtsgeld für Personal von »Kinderfachabteilungen«. BArch, NS 51/227; Aly: Die Belasteten, S. 26, 43, 110-113.
77 Six an Zentralabteilung I 2 (SD-HA), 28.1.1939, BArch, R 9361/III/527737 (ehem. BDC – SSO 40-A).
78 Lebenslauf Hans-Albrecht Grüninger, 1.6.1938, BArch, R 9361/III/527737 (ehem. BDC – SSO 40-A); Beförderungsvorschlag von Six an SD-HA, 13.6.1938, ebd.; RSHA an SS-Personalhauptamt, 22.8.1944, ebd. Zu Six s. Lutz Hachmeister: Der Gegnerforscher. Die Karriere des SS-Führers Franz Alfred Six, München 1998.
79 Döscher: Amt, S. 192 f.

Ludin setzte auf eine Handvoll enger Freunde und Mitarbeiter, um sich in der Gesandtschaft, die durch die Beraterabteilung bereits ein deutlich erhöhtes Personalaufkommen hatte, eine loyale Hausmacht aufzubauen. Mit Grüninger kam auf diese Weise ein fähiger und erfahrener Verwaltungsbeamter in die Slowakei, mit Gmelin ein ehrgeiziger und vertrauenswürdiger NS-Jurist, mit Snyckers ein ergebener und leutseliger, aber auch Ärger verursachender NS-Schriftsteller. Wenn auch die Beziehungen zwischen diesen drei Ludin-Gefolgsleuten, die sich alle schon lange aus der Stuttgarter SA-Zeit kannten, mitunter als schwierig beschrieben wurden, waren sie sich in ihrer Unterstützung Hanns Ludins einig.[80]

Die Gesandtschaft, die vor dem Krieg aus 21 Mitarbeitern bestand, vergrößerte sich bis Juli 1942 auf 186 ständig Beschäftigte, darunter zahlreiche Angestellte, Schreibkräfte und 33 Beamte. Nur 14 dieser Beamten entsandte das Auswärtige Amt, die restlichen 19 waren überwiegend Berater, die von den verschiedenen Ministerien, der Reichsbank, dem Reichssicherheitshauptamt, dem Reichsarbeitsdienst und weiteren Institutionen in die Slowakei geschickt wurden.[81] Die meisten von ihnen hatten ihren Dienstsitz im Beraterhaus in der Kuzmánygasse 5 (Kuzmányho ulica).[82]

In Ludins zweitem Bericht nach Berlin Ende Januar 1941 wird die gewandelte Auffassung der Rolle der »beratenden« Einflussnahme deutlich, die er seit seinem Amtsantritt durchzusetzen versuchte. Die Aufgabe der Berater bestehe darin, »im Rahmen der augenblicklich gegebenen und ausschliesslich durch den Gesandten zu korrigierenden politischen Situation sachliche und fachliche Arbeit im Aufbau des slowakischen Staates und seiner Organe zu leisten. Im Erfolg der Beratertätigkeit, in der praktischen Auswirkung ihrer Tätigkeit auf administrativem, wirtschaftlichem und sozialem Gebiet sehe ich die beste und

---

80 Auch das SD-Mitglied Grüninger wurde von Snyckers zu der »SA-mässigen Zusammengehörigkeit von der alten Gruppe Südwest« gezählt. Wie genau Grüninger mit der SA verbunden war, ist unklar. Er ist jedenfalls nicht mit dem Verwaltungsstandartenführer Grüninger identisch, der in der Kassenverwaltung der Gruppe Südwest arbeitete. Snyckers an Prof. Kohl-Larsen (Universität Tübingen), 19.10.1942, PA AA, Pressburg 36; Internes Rundschreiben Grüningers (SA-Gruppe Südwest Verwaltungs-Abteilung), 15.5.1939, StA Ludwigsburg, PL 505, Bü 7. »Mit Gmelin ist Snyckers übers Kreuz«, schrieb der SD-LA Prag (Jacobi) an RSHA III B 1 (Hummitzsch) und SD-LA Wien (Chlan), 18.2.1943, BArch, R 70 Slowakei/60, Bl. 263-267. Zur verbreiteten Praxis des »Nachziehens« s. Tönsmeyer: Das Dritte Reich, S. 89 f., und Jens Banach: Heydrichs Elite. Das Führerkorps der Sicherheitspolizei und des SD 1936-1945, 3. Aufl., Paderborn u. a. 2002 (zuerst 1998), S. 249 f.
81 Personalbestand der Deutschen Gesandtschaft in Preßburg, 8.7.1942, PA AA, Pressburg 24. In diesem Abschnitt werden nur jene Berater thematisiert, die im weiteren Verlauf der Arbeit eine Rolle spielen. Für eine systematische Analyse aller Berater und ihrer Tätigkeiten s. Tönsmeyer: Das Dritte Reich.
82 Belegung der Dienstgebäude der Gesandtschaft, DGP an AA, 4.5.1942, PA AA, Pressburg 22.

wirkungsvollste Propaganda für die nationalsozialistische Idee und die europäische Konzeption des Führers.«[83]

Zwei Berater, die bei slowakischen Regierungsstellen angesiedelt waren, waren zugleich Attachés an der Gesandtschaft. Polizeiattaché Franz Goltz war einer der Polizeiberater, die beim slowakischen Innenministerium eingesetzt wurden, und Forstattaché Franz Wechselberger fungierte als Berater für Forstwirtschaft am slowakischen Wirtschaftsministerium.[84] Kein Berater war Helmut von Schulmann, der im Sommer 1941 Erich Gebert als Handelsattaché beerbte, während dieser sich fortan auf seine Beratertätigkeit beim slowakischen Wirtschaftsministerium konzentrierte.[85] Der Militärattaché, Oberst Heinrich Becker, hatte ebenfalls keine Beraterfunktion am slowakischen Verteidigungsministerium. Dessen Beratung oblag der Deutschen Militärmission und war bereits im Oktober 1939 im Anschluss an die deutsche Besetzung einer »Schutzzone« in der Westslowakei aufgenommen worden.[86]

Zu den einflussreichen Beratern zählten Albert Smagon, der für Sozialpolitik, Viktor Nageler, der für die Hlinka-Garde, und Dieter Wisliceny, der für die »Judenfrage« zuständig war, sowie bis Juli 1941 Ludwig Hahn, der als Sonderbeauftragter des Reichsführers-SS Chef der Polizeiberater und auch Wislicenys und Nagelers war. Alle vier waren SS-Führer und hatten ihren Einsatzort im unmittelbaren Umfeld des slowakischen Innenministers und Befehlshabers der Hlinka-Garde, Alexander »Šaňo« Mach.[87] Schon wenige Monate nach Ludins Dienstantritt in Bratislava kam es zum offenen Konflikt mit der Dienststelle Hahn.

Im August 1940 hatte der Sicherheitsdienst der SS (SD) in Bratislava offiziell seine Arbeit aufgenommen. Der »Sonderbeauftragte des RFSS«, Ludwig Hahn, sollte dort explizit politische Aufgaben übernehmen, denn der SD behandelte die Slowakei grundsätzlich als »Inland«.[88]

Damit waren spätere Konflikte – vor allem mit der veränderten Gesandtschaftslinie unter Ludin – vorprogrammiert. Der SD berichtete nach Berlin, dass Ludin im Prinzip nichts gegen die SD-Arbeit in der Slowakei einzuwenden habe. Er wünsche jedoch, »dass der SD in der Slowakei keine Politik mache«. Der Stein des Anstoßes für das Zerwürfnis mit Hahn schien in Berichten zu

---

83 Ludin an AA, 29.1.1941, PA AA, R 27659, 338183.
84 Tönsmeyer: Das Dritte Reich, S. 78.
85 Ebd., S. 205.
86 Ebd., S. 293 ff.
87 Ebd., S. 114-191, besonders S. 121-125.
88 Ebd., S. 121; dies.: »Das verspätete Erwachen« – Die Slowakeideutschen 1939-1945, in: Jerzy Kochanowski, Maike Sach (Hrsg.): Die »Volksdeutschen« in Polen, Frankreich, Ungarn und der Tschechoslowakei. Mythos und Realität, Osnabrück 2006, S. 225-234, hier: S. 229.

liegen, die der SD unter Umgehung der Gesandtschaft ins Reich geschickt[89] und worin er die Situation in der Slowakei nach Meinung der Diplomaten falsch dargestellt hatte. Die Gesandtschaft, die die Dienste des SD mitunter selbst in Anspruch nahm, warf diesem vor, die Berichte seien hauptsächlich mit Informationen aus Quellen des »radikalen Lagers« und in dessen Sinne verfasst worden.[90]

Tatsächlich war dieser Konflikt aber nicht der eigentliche Grund für die Abberufung des SD aus Pressburg im Spätsommer 1941. Sie war vielmehr Ausdruck einer grundsätzlichen Auseinandersetzung des Auswärtigen Amts mit dem Reichssicherheitshauptamt, und die konkrete Situation in der Slowakei spielte dabei höchstens eine Nebenrolle. Die Beziehungen zwischen dem Auswärtigen Amt und dem Reichssicherheitshauptamt in Berlin – und namentlich zwischen dessen Chef Reinhard Heydrich und Reichsaußenminister Joachim von Ribbentrop – hatten sich wegen der politischen Ambitionen des SD überall in Europa maßgeblich verschlechtert. Die Unterstützung eines Putschversuchs faschistischer Milizen in Rumänien zur Jahreswende 1940/41 durch den SD ist als Tiefpunkt des Verhältnisses zwischen Auswärtigem Amt und Reichssicherheitshauptamt zu betrachten. Während die Situation in der Slowakei durchaus Ähnliches befürchten ließ, waren es vor allem die allgemeine Lage und das Ereignis in Rumänien, die Ribbentrops Handeln herausforderten. Er zog Zugeständnisse des Auswärtigen Amts für die SD-Arbeit im Ausland zurück, die 1939 beschlossen worden waren. Nach längeren Auseinandersetzungen wurde im August 1941 eine Vereinbarung getroffen, die sämtliche SD-Dienststellen im Ausland verpflichtete, sich jeder außenpolitischen Tätigkeit zu enthalten. Das galt besonders für Einmischungen in die Innenpolitik des Gastlandes.[91]

Der Konflikt zwischen der Gesandtschaft und dem SD in der Slowakei datierte schon seit der Amtszeit von Killingers, der den SD nur zu unterstützen bereit war, wenn dieser sich nicht komplett dem Einfluss des Gesandten entzog. Der Sonderbeauftragte Himmlers, Ludwig Hahn, schaffte es nicht, seine zahlreichen Ambitionen zu verwirklichen, und arbeitete auch mit den slowakischen Stellen nicht erfolgreich zusammen. Er wurde bereits Ende Juli 1941 aus der Slowakei nach Warschau versetzt, wo er als Kommandeur der Sicherheitspolizei über sehr viel mehr Mitarbeiter verfügte und 1942 für die Deportation

---

89 Die unabhängige Nachrichtenübermittlung war dem SD im Oktober 1939 allerdings ausdrücklich vom Auswärtigen Amt gestattet worden. Wildt: Generation, S. 647.
90 SD-LA Wien an RSHA III B, 18.2.1942, BArch, R 70 Slowakei/346, Bl. 5; Kaiser: Politik, S. 491; Tönsmeyer: Das Dritte Reich, S. 122.
91 Wildt: Generation, S. 646-650; Kaiser: Politik, S. 488 f.

von etwa 230.000 Juden aus dem Warschauer Ghetto in die Vernichtungslager Treblinka und Auschwitz verantwortlich war.[92]

Der Grund für die Abberufung des SD aus der Slowakei lag zwar nicht in dem Konflikt mit der Gesandtschaft vor Ort, aber die Auseinandersetzung bekam dort zusätzlich eine persönliche Note. Kurz vor der Auflösung der Dienststelle Hahn erhielt die Gesandtschaft Kenntnis von einem SD-Bericht, in dem der Gesandte und seine engsten Mitarbeiter gemeinsamer Bordellbesuche mit slowakischen Politikern bezichtigt wurden. Als Urheber wurden die SD-Mitarbeiter Heinz Lämmel und Ernst Hayde verdächtigt. Zum 1. September 1941 stellte der SD seine Arbeit in Pressburg in vergifteter Atmosphäre ein. Ludin wünschte Lämmel, der die Dienststelle seit Hahns Weggang geleitet hatte, persönlich alles Gute, betonte aber, er solle sich bei ihm melden, wenn er wieder einmal in die Slowakei komme. In der Leitung der Gesandtschaft wurde seither die Auffassung vertreten, der SD habe die Slowakei wegen der »unerhörten« Berichte, »selbst über den Gesandten«, verlassen müssen. Lämmel wurde nach seiner Abberufung aus Pressburg zur SD-Arbeit ins »Protektorat« versetzt, und die Ablehnung zwischen den ehemaligen Mitarbeitern der Dienststelle Hahn und den Pressburger Diplomaten war gegenseitig und nachhaltig, wie spätere Auseinandersetzungen mit dem SD-Leitabschnitt Prag zeigen.[93] Nur ein »Tarnbüro« des SD blieb nach dem September 1941 in Pressburg bestehen. Es handelte sich um eine Handelsauskunftei, die er 1940 erworben hatte und die der Gesandtschaft entweder zunächst unbekannt blieb oder aufgrund ihres rein nachrichtendienstlichen Charakters geduldet wurde. Sie wurde von SS-Obersturmführer Wilhelm Urbantke geleitet.[94]

Die Verdrängungspolitik der Gesandtschaft gegen den SD in der Slowakei richtete sich keineswegs gegen alle SS-Berater. Die Zusammenarbeit mit den meisten SS-Führern unter den Beratern – auch mit jenen, die zuvor der Dienststelle Hahn unterstellt waren – verlief nach der Abberufung des SD problemlos. Ludin und Gmelin setzten sich etwa für den Verbleib des Beraters der Ordnungspolizei, Hauptmann Kurt Güdler, ein. Güdler habe mit den »schwebenden Verhandlungen« zwischen Reichssicherheitshauptamt und Auswärtigem Amt nichts zu tun, weil er dem Hauptamt Ordnungspolizei unterstehe, schrieb die Gesandtschaft an das Auswärtige Amt. Des Weiteren sei Güdler in der Slowakei nicht entbehrlich, weil unter seiner Anleitung wichtige ordnungspoli-

---

92 Tönsmeyer: Das Dritte Reich, S. 121-125.

93 Vermerk SD Pressburg (Lämmel), 14.8.1941, BArch, R 70 Slowakei/265, Bl. 30; Vermerk SD Pressburg (Lämmel), 1.9.1941, BArch, R 70 Slowakei/265, Bl. 31; SD-Bericht über Kulturreferat der DGP, 11.1.1943, BArch, R 70 Slowakei/60, Bl. 243-250; Tönsmeyer: Das Dritte Reich, S. 126 (Fn. 65).

94 Kaiser: Politik, S. 490; SD-Bericht Pressburg (Urbantke), 2.4.1940, IfZ-Archiv, BdS Slowakei, MA 559/1, Bl. 2400-2403.

zeiliche Neuerungen im Gange seien.[95] Mit dem ebenfalls verbliebenen Polizeiattaché Franz Goltz gestaltete sich die Zusammenarbeit der Gesandtschaft
fortan sehr gut. Die Zuständigkeit des SD für die Slowakei ging nach dem
Abzug der offiziellen Mitarbeiter auf den SD-Leitabschnitt Wien über, und
auch dorthin konnte die Gesandtschaft bald gute Beziehungen aufbauen.[96]

Polizeiattaché Goltz verfügte zwar über eine eigene Fernschreiberverbin-
dung zum Reichssicherheitshauptamt, die täglichen Ein- und Ausgänge wurden allerdings von Gmelin kontrolliert. Unterstaatssekretär Luther versuchte
im September 1942 durchzusetzen, dass Goltz' Fernschreiber aus dem Beraterhaus in das Hauptgebäude der Gesandtschaft verlegt wird, aber da es sich
nicht um Besitz des Auswärtigen Amts handelte, konnte Goltz seine Direkt-
verbindung nach Berlin behalten. Die Gesandtschaft war mit dieser Regelung
einverstanden, weil sie den eigenen Fernschreiber angenehm entlastete – die
Überprüfung war durch Gmelin ohnehin gewährleistet.[97]

Der Leiter des Judenreferats im Auswärtigen Amt, Franz Rademacher, sollte
nach dem Krieg aussagen, dass die »Judenberater« der deutschen Auslandsvertretungen ihre Berichte vor Abgang dem Gesandten zur Kenntnis bringen
mussten. Der Gesandte habe diese abgezeichnet, aber nicht das Recht gehabt,
sie zu verändern. Adolf Eichmann, der Leiter des Judenreferats im Reichssicherheitshauptamt, habe es darüber hinaus verstanden, mit seinen Mitarbeitern direkt zu kommunizieren, indem er die »Judenberater« entweder zu
Besprechungen nach Berlin rief oder sich telefonisch meldete. Rademacher
erklärte, die »Judenberater« hätten zudem über den Fernschreiber des Polizeiattachés eine von der Gesandtschaft nicht überwachte Verbindung zur Polizei-
attaché-Abteilung im Reichssicherheitshauptamt und von dort ins Judenreferat
unterhalten können. Die Überwachung dieses Fernschreibers durch Gmelin
lässt also auf einen besonders starken Zugriff der Pressburger Gesandtschaft
sowohl auf die Kommunikation des Polizeiattachés Goltz als auch des »Judenberaters« Wisliceny schließen.[98]

Viele SS-Dienststellen vertraten die Auffassung, dass die Slowakei und die
Slowaken über kurz oder lang »germanisiert« und dem Deutschen Reich einverleibt würden. Aufgrund dessen betrachtete der SD die Slowakei als »Inland«

---

95 Ludin (verfasst von Gmelin) an AA, 17.8.1941, PA AA, Pressburg 21.
96 RSHA III B 1 Rundschreiben, 27.5.1942, BArch, R 70 Slowakei/346, Bl. 10; SD-LA
   Wien an RSHA III B, 18.2.1942, BArch, R 70 Slowakei/346, Bl. 5. Zur neuen Zusammenarbeit mit dem SD s. den Abschnitt »Die deutsche Besatzung und der Verbindungsmann der Gesandtschaft« im Kapitel »Bedeutungsverlust der Diplomatie
   und Radikalisierung der Gewalt«.
97 DGP an AA (Luther), 27.7.1942, PA AA, R 27659, Bl. 20 f.; DGP an AA, 13.8.1942
   und 7.9.1942, PA AA, R 29738, 249650, 249674 f.
98 Aussage Rademacher, 6.2.1968, Voruntersuchungsverfahren gegen Hauskrecht u. a.,
   BArch, B 162/1827.

und hegte eigene politische Ambitionen gegen den außenpolitischen Alleinvertretungsanspruch der Gesandtschaft. Ludin und seine Mitarbeiter hatten demgegenüber die Einstellung, dass der Slowakei auch in Zukunft ein eigener Platz in der deutschen Großraumpolitik eingeräumt werde. Nachdem die Slowakei bis etwa zur Jahreswende 1942/43 die ihr zugedachten Aufgaben zufriedenstellend erfüllt hatte, sah man sich in der Gesandtschaft durchaus darin bestätigt, den Slowaken in ihrer innenpolitischen Organisation einen relativ großen Handlungsspielraum zu lassen. Alle Bedrohungen der slowakischen Eigenständigkeit und des nationalen Selbstbewusstseins mussten daher als Gefahren für die erfolgreiche Nutzbarmachung der Slowakei für Krieg und Kriegswirtschaft begriffen werden. Hans Snyckers sagte laut einem SD-Bericht im November 1942, dass mit jedem Zeitungsartikel, in dem von »Pangermanismus« und von »germanischen Freiwilligen« für die Waffen-SS die Rede sei, seine Arbeit einer propagandistischen Beeinflussung der Slowaken im deutschen Sinne sabotiert werde.[99] Der von Snyckers, Ludin und Gmelin verfolgte politische Entwurf war auf amorphe Vorstellungen eines »neuen Europas« unter deutscher Führung ausgerichtet. Diese Auffassung unterschied sich deutlich von den Germanisierungsvorstellungen, die in Teilen der SS-Organisationen kursierten, war allerdings nicht weniger völkisch-rassistisch.

Der weltanschauliche Fluchtpunkt solcher Vorstellungen ist in der von Carl Schmitt formulierten Neuordnung Europas nach den Großraumbedürfnissen des Deutschen Reiches zu sehen. Schmitt hatte einen Vortrag zu diesem Thema, den er unter dem Eindruck der Zerschlagung der Tschechoslowakei 1939 verfasst hatte, während des Krieges mehrfach überarbeitet und der Ausbreitung des deutschen »Großraums« angepasst. Er hielt den universalistischen Raumvorstellungen des liberaldemokratischen Westens ein organisches Raumkonzept entgegen, dem zufolge ein Großraum aus einem Reich und seinem Einflussgebiet bestehe – also zusätzlichen Herrschaftsbereichen, die sich jenseits der eigenen Landesgrenzen befinden. Den Staaten dieser »Pufferzonen« komme kein eigener, gleichwertiger Machtanspruch zu, sie hätten sich vielmehr den Interessen ihres mächtigen Nachbarn zu beugen. Ausgehend von Schmitts Überlegungen entwickelten NS-Funktionäre wie der politische Architekt des Reichssicherheitshauptamts und Besatzungsfunktionär in Westeuropa, SS-Gruppenführer Werner Best, eigene völkische Großraumtheorien, in denen anderen Völkern und Staaten durchaus eine Existenzberechtigung zugestanden wurde, allerdings in einem klaren Hegemonieverhältnis zugunsten des Deutschen Reiches. Juden existierten schon in Schmitts Großraumvorstellung nur als Fremdkörper.[100]

---

99 SD-Bericht über Kulturreferat der DGP, 11.1.1943, BArch, R 70 Slowakei/60, Bl. 243-250; Hoensch: Grundzüge, S. 269 f.
100 Carl Schmitt: Völkerrechtliche Großraumordnung mit Interventionsverbot für raumfremde Mächte. Ein Beitrag zum Reichsbegriff im Völkerrecht (4. Aufl. 1941),

Die Politik der Gesandtschaft während Ludins Amtszeit war geprägt von dem Versuch, einen Ausgleich zwischen den beiden verfeindeten slowakischen Regierungslagern herzustellen. Die Eigenstaatlichkeit der Slowakei sollte gewahrt bleiben, daher sei von einer größeren innenpolitischen Einmischung Deutschlands abzusehen. Wenn die innere Entwicklung der Slowakei eine politische Intervention des Reiches erforderlich machen sollte, dann sei dies allein Aufgabe des Gesandten. Während ein gewisser Grad an politischer Mehrgleisigkeit in der slowakischen Regierung, also die Förderung beider Regierungslager, zu den Zielen der deutschen Außenpolitik gehörte, wollte man eine Mehrgleisigkeit aufseiten der deutschen Institutionen unbedingt vermeiden. Auch die Haltung der Gesandtschaft gegenüber der politischen Vertretung der deutschen Minderheit wurde von diesen Parametern geprägt. Die »Volksdeutschen« in der Slowakei konnten im Rahmen der »europäischen Völkergemeinschaft« – wie die nationalsozialistische Großraumvision oft bezeichnet wurde[101] – als eine Art Testfall gelten.

in: Ders.: Staat, Großraum, Nomos. Arbeiten aus den Jahren 1916-1969, hrsg. von Günter Maschke, Berlin 1995, S. 269-320. S. dazu Herbert: Best, S. 271-298; Tönsmeyer: Das Dritte Reich, S. 332 f.; Lothar Gruchmann: Nationalsozialistische Großraumordnung. Die Konstruktion einer »deutschen Monroe-Doktrin«, Stuttgart 1962, S. 103 ff.

101 Gruchmann: Großraumordnung, S. 142 f.

DIE HERSTELLUNG
»VÖLKISCHER« DIFFERENZ
Karpatendeutsche in der Diplomatie des Reichs

Eine Sonderrolle unter den Beratern in der Slowakei kam dem Berater der deutschen Minderheit zu. Eine halbe Schreibkraft, die Hans Gmelin zur Unterstützung für dieses Referat zustand, wurde aus dem Beraterfonds bezahlt, und auch der Aufbau des Volkstumsreferats gehört eindeutig in den Kontext der Beraterentsendung in die Slowakei. Gegenüber der politischen Führung der Minderheit wurde der Beratungscharakter allerdings geleugnet.[1] Zudem war die Slowakei nicht das einzige Land, in dem das Auswärtige Amt ein Volkstumsreferat aufbaute. Etwa zeitgleich wurden bis Mitte 1941 in den teils besetzten, teils mit den Achsenmächten verbündeten Ländern, in denen nennenswerte deutsche Minderheiten lebten, Volkstumsreferate bei den Deutschen Gesandtschaften beziehungsweise bei den Bevollmächtigten des Deutschen Reiches eingerichtet. Das betraf die Staaten Südosteuropas, Ungarn, Rumänien, Kroatien und Serbien, sowie Dänemark. Ein weiterer Unterschied zu den Beratern in anderen Bereichen war, dass das Auswärtige Amt den Volkstumsreferenten entsandte beziehungsweise ernannte und keine weitere entsendende Institution im Reich in Erscheinung trat. Das Aufgabegebiet des Volkstumsreferenten betraf also explizit die Außenpolitik des Deutschen Reiches, während der Fokus der anderen Berater in erster Linie auf der Innenpolitik der Slowakei lag.[2]

»Der Volksdeutsche im Ausland ist der erste Gegenstand der Reichsaußenvertretung, das germanische Element oder der germanisch Nahe ihr zweiter Gegenstand.« Dieser Satz, der aus der undatierten Denkschrift »Zur Dynamik der Reichsaussenvertretung in Europa«[3] in den Handakten von Unterstaatssekretär Luther stammt, suggeriert einen hohen Stellenwert der Volkstumspolitik in

---

1 Personalbestand der Deutschen Gesandtschaft in Preßburg, 7.8.1942, PA AA, Pressburg 24; Tönsmeyer: Das Dritte Reich, S. 316.
2 Volkspolitische Tagung im September 1941, PA AA, R 100898.
3 Aufgrund inhaltlicher Überschneidungen handelt es sich möglicherweise um eine Schrift aus dem Umfeld eines Dr. Otto aus Budapest, der ein ähnliches Dokument im Herbst 1941 an die Oberste SA-Führung sandte. Diese Zeitangabe könnte in etwa auch für die besagte Denkschrift zutreffen. Siemens: Stormtroopers, S. 286.

der Außenpolitik des Deutschen Reiches: »An die Stelle der Staaten treten die Volkskörper als Objekte der diplomatischen Tätigkeit.«[4]

Die Minderheitenfrage in der Slowakei gehörte zu den wichtigen Politikbereichen, von denen die deutsche Außenpolitik sich eine Signalwirkung im Sinne der slowakischen »Visitenkarte« erwartete: Dem Beispiel der Slowakei und ihrer vorbildlich zu gestaltenden Behandlung der »Volksdeutschen« sollten weitere Staaten Südosteuropas folgen. Hitler erklärte dem slowakischen Gesandten Matúš Černák bei dessen Antrittsbesuch in Berlin, dass der Umgang mit der deutschen Minderheit im Land die Einstellung Deutschlands zur Slowakei maßgeblich beeinflussen werde. Tatsächlich lag die Priorität der deutschen Außenpolitik in der Slowakei aber von Anfang an auf anderem Gebiet. Die slowakische Souveränität war spätestens mit Ludins Übernahme der Gesandtschaft ins Zentrum des deutschen Interesses gerückt, weil sie als zuverlässigstes Mittel erschien, den slowakischen Kriegsbeitrag – wirtschaftlich und militärisch – sicherzustellen. Ein weitgehend souveräner Staat war aber mit den Mitteln klassischer Außenpolitik zu beeinflussen, womit ausgeschlossen war, dass der »Volkskörper« statt des Staates zum Objekt der Außenpolitik erhoben wurde. Während aufgrund des »Schutzvertrags« der Slowakei mit Deutschland also verhältnismäßig großer Raum zur Selbstorganisation für die deutsche Minderheit entstand, wurden ihren politischen Ambitionen darüber hinaus enge Grenzen gesetzt.[5]

Die »Volksdeutschen« und das Volkstumsreferat des Auswärtigen Amts in der Slowakei

Die deutsche Minderheit in den slowakischen Gebieten der Tschechoslowakei hatte bis in die 1930er Jahre hinein weder auf politischem noch auf wirtschaftlichem Gebiet nennenswerte Gemeinsamkeiten mit der deutschen Minderheit in den tschechischen Gebieten des Landes. Die drei Millionen Sudetendeutschen in der Tschechoslowakei lebten in Grenzgebieten – man sprach von einem geschlossenen Siedlungsraum mit Deutschland –, die knapp 130.000 Karpatendeutschen in den slowakischen Gebieten hingegen in »Streusiedlungen« und »Siedlungsinseln« in den westlichen und mittleren Landstrichen der späteren Slowakei. Sowohl die tschechischen als auch die slowakischen Gebiete der Tschechoslowakei gehörten vor dem Ersten Weltkrieg zum Habsburgerreich, jedoch zu unterschiedlichen Landesteilen. Die slowakischen Gebiete

---

4 Denkschrift »Zur Dynamik der Reichsaussenvertretung in Europa«, o. D., PA AA, R 27666, 428261-428275, hier: 428268 f.
5 Tönsmeyer: Erwachen, S. 227, 230 f.; Hoensch: Grundzüge, S. 255 f., 269 f.

waren dem Königreich Ungarn und die tschechischen dem österreichischen Kaiserreich zugeordnet. Die Nationalisierung der politischen Kommunikation und die politische Organisierung als nationale Gruppe, die im Sudetenland seit dem ausgehenden 19. Jahrhundert zum bestimmenden Prinzip wurde,[6] kam in den karpatendeutschen Gebieten erst nach und nach auf – nicht zuletzt als sudetendeutscher Exportartikel. Die meisten Deutschen in den ehemals ungarischen Gebieten orientierten sich in der seit 1918 existierenden Tschechoslowakei nationalpolitisch weiterhin an Ungarn. Jahrhunderte des Zusammenlebens und der ungarischen Assimilierung hatten deutliche Spuren hinterlassen. Erst 1927 gründete eine kleine Gruppe um den sudetendeutschen Ingenieur Franz Karmasin die Karpatendeutsche Volksgemeinschaft, die zwei Jahre später in Karpatendeutsche Partei (KdP) umbenannt wurde. Erst im Bündnis mit der Sudetendeutschen Partei (SdP) Konrad Henleins konnte Karmasin 1935 ein Parlamentsmandat in Prag erringen. Unter Berücksichtigung der Bevölkerungsstruktur bedeutete das jedoch, dass die KdP mit ihren deutschnationalen Positionen innerhalb kurzer Zeit zur wichtigsten deutschen Partei in den slowakischen Landesteilen geworden war. Die slowakischnationalen Autonomie- oder gar Abspaltungsbestrebungen gegenüber der Prager Zentralmacht waren für slowakeideutsche Parteien grundsätzlich keine Option.[7]

Nach der nationalsozialistischen Machtübernahme in Deutschland wurde der »Anschluss« *aller* deutschen Siedlungsgebiete in der Tschechoslowakei an das Deutsche Reich das Ziel der Deutschnationalen im Karpatenraum.[8] Die NS-Propaganda dichtete den deutschnationalen und slowakischnationalen Bestrebungen in der Tschechoslowakei retrospektiv eine übereinstimmende Zielsetzung an. Der gemeinsame Feind Prag habe zu einer politischen Einigung

---

6 Vgl. Peter Haslinger: Nation und Territorium im tschechischen politischen Diskurs 1880-1938, München 2010.

7 Egbert Jahn: Die parteipolitische Vertretung der Deutschen in der Slowakei, in: Karl Bosl (Hrsg.): Die Erste Tschechoslowakische Republik als multinationaler Parteienstaat, München, Wien 1979, S. 203-216; Lumans: Minority, S. 272 f.; Jörg K. Hoensch: Voraussetzungen und Ablauf der nationalsozialistischen Gleichschaltungspolitik bei den Slowakeideutschen, in: Ders. (Hrsg.): Studia Slovaca, S. 281-298. S. auch Kokorák: Minderheit; Günter Schödl: »Karpatendeutsche« Reintegration zwischen Preßburg und Käsmark, in: Ders. (Hrsg.): Land an der Donau, Berlin 1995, S. 627-641; Ondrej Podolec: Slowakische Nationalitätenpolitik und die deutsche Minderheit in den Jahren 1938-1945, in: Burkhard Olschowsky, Ingo Loose (Hrsg.): Nationalsozialismus und Regionalbewusstsein im östlichen Europa, München 2016, S. 305-327.

8 Hoensch: Grundzüge, S. 256. Karmasin machte bereits während der Maikrise 1938 im Sudetenland bei einem ungebetenen Besuch im Auswärtigen Amt deutlich, dass *alle* Deutschen in der Tschechoslowakei den »Anschluss« forderten. Vermerk Legationsrat Günther Altenburg, 19.5.1938, abgedruckt in: ADAP, Serie D, Bd. II, Dok. 167, S. 229.

geführt.[9] Der Parteiführer Andrej Hlinka bezeichnete die Deutschen in der Slowakei hingegen als trojanisches Pferd und warnte bis zu seinem Tod 1938 vor zu engen Kontakten mit der Minderheit. Seine Partei lehnte Angebote zur Zusammenarbeit ab, die Henlein und sein Stellvertreter Karmasin unterbreiteten. Sie waren trotz der karpatendeutschen Vorbehalte gegen die slowakischen Unabhängigkeitsbestrebungen zustande gekommen, weil die KdP ihre Interessen denen der weitaus stärkeren Mutterpartei SdP unterzuordnen hatte.[10]

Mit der Annexion des Sudetenlands änderte die HSĽS ihre Einstellung zur deutschen Politik. Nach der Autonomieerklärung der Slowakei Anfang Oktober 1938 kehrte Karmasin aus dem Reich zurück, wohin er nach dem Verbot von SdP und KdP während der Sudetenkrise geflohen war. In Gesprächen mit Minister Ďurčanský erreichte er, dass die nationalsozialistische Weltanschauung für die deutsche Volksgruppe anerkannt wurde, dass die von Prag verbotene Partei als Deutsche Partei zum 10. Oktober wiedergegründet werden durfte, dass der deutschen Volksgruppe Autonomie auf der Grundlage der Volksschutzgesetze garantiert und dass mit sofortiger Wirkung ein Staatssekretariat für die Belange der deutschen Volksgruppe eingerichtet wurde, das zukünftig in ein Ministerium mit einem Sitz im slowakischen Ministerrat umgewandelt werden sollte. Die Leitung des Staatssekretariats übernahm Karmasin selbst.[11] Die einzige Funktion in der ersten Reihe der politischen Entwicklung erhielt Karmasin, als er mehrere Treffen zwischen hohen deutschen und slowakischen Politikern im Herbst und Frühjahr 1938/39 vermittelte. Nur an einigen davon durfte er selbst teilnehmen, bei anderen fungierte er als Dolmetscher.[12]

Trotz der im Oktober 1938 eingeführten weitgehenden Mitspracherechte, die die slowakische Autonomieregierung ihr einräumte, hoffte die politische Führung der deutschen Minderheit in den slowakischen Gebieten noch immer auf einen »Anschluss« ihrer Siedlungsgebiete an das Deutsche Reich. Diese Hoffnungen wurden am 14. März 1939 enttäuscht, als die Slowakei im Zuge der »Zerschlagung der Resttschechei« die Unabhängigkeit erlangte. Ein weiterer Rückschlag für die Führung der »Volksdeutschen« war es, dass die verspro-

9 Fritz Fiala: Die Deutschen in der Slowakei, in: Nationalsozialistische Landpost, 8.1.1943, BArch, R 8034-III/512 Karmasin, Franz, Reichslandbund Pressearchiv.

10 Hoensch: Voraussetzungen, S. 291-295; ders.: Die Slowakische Volkspartei Hlinkas, in: Ders. (Hrsg.): Studia Slovaca, S. 199-220, hier: S. 219; Tönsmeyer: Erwachen, S. 227.

11 Karmasin an Seyß-Inquart, 9.10.1938, abgedruckt in: Michal Schvarc, Martin Holák, David Schriffl (Hrsg.): Das »Dritte Reich« und die Entstehung des Slowakischen Staates. Dokumente I, Bratislava 2008, Dok. 37, S. 91 f.; Dieter A. Binder: s.v. Seyß-Inquart, Arthur, in: Neue Deutsche Biographie 24 (2010), S. 302 f., URL: http://www.deutsche-biographie.de/pnd118764934.html (letzter Zugriff: 17.6.2016).

12 Tönsmeyer: Erwachen, S. 228; Hoensch: Ostpolitik, S. 213, 226; Kaiser: Politik, S. 11; Aufzeichnung Legationsrat Walter Hewel, 12.2.1939, abgedruckt in: ADAP, Serie D, Bd. IV, Dok. 168, S. 183 ff.

chene Umwandlung des Staatssekretariats für die »volksdeutschen« Belange in ein Ministerium nicht stattfand. Stattdessen wurde es zu einer weitgehend wirkungslosen Beschwerdestelle degradiert, und der vorgesehene Sitz im Ministerrat wurde ebenfalls nicht zugestanden.[13]

Nach der Unabhängigkeit setzten Karmasin und seine Anhänger offenbar inoffiziell auf eine Protektoratslösung, die nach dem Vorbild des »Protektorats Böhmen und Mähren« in Gang gesetzt würde, wenn die politischen Verhältnisse in der Slowakei in Berlin für Unbehagen sorgen sollten. Wie der »Judenberater« Dieter Wisliceny Mitte Januar 1941 an das Reichssicherheitshauptamt meldete, hatte die slowakische Regierungskrise zwischen dem »germanophilen« und dem »slowakistischen« Lager in der deutschen Volksgruppe erneut Hoffnungen auf eine deutlich engere Bindung an Deutschland geweckt. Karmasin und die Deutsche Partei unterstützten das »germanophile« Lager um Ministerpräsident Tuka und die Hlinka-Garde, deren Kommandeur Alexander Mach von Karmasin als sein engster Verbündeter betrachtet wurde. Zu den indirekten Folgen der slowakischen Regierungskrise von 1940/41 zählt daher auch die Schaffung des Volkstumsreferats, zu dessen Aufgaben es gehörte, die deutsche Minderheit in der Slowakei stärker an die Reichspolitik und deren Prämissen zu binden.[14]

Im Auswärtigen Amt wechselten die Zuständigkeiten für die Volkstumsreferate mit den Restrukturierungen der Abteilungen und Referate mehrfach. Das Referat Kult A der Kulturpolitischen Abteilung, das zunächst verantwortlich war, wurde unter der Leitung von Helmut Triska am 1. Mai 1941 als Referat D VIII der Abteilung Deutschland zugeteilt, die bereits ein Jahr zuvor auf Betreiben des Unterstaatssekretärs Martin Luther gegründet worden war. Dem Referat D VIII oblagen die politischen Angelegenheiten der deutschen Minderheiten im Ausland, während das Referat D IX (ehemals Kult B) deren wirtschaftliche Fragen zu bearbeiten hatte. Nach Luthers unfreiwilligem Rückzug im Februar 1943 und der folgenden Reorganisation der Abteilung Deutschland in die Abteilungen Inland I und II übernahm Eberhard Reichel,[15] der seit November 1942 bereits dem Referat D IX vorstand, sämtliche Volkstumsangelegenheiten als Leiter der neuen Abteilungen Inland II C (Volkstumspolitik) und II D (volksdeutsche Wirtschaftsfragen). Helmut Triska hatte bereits

13 Tönsmeyer: Das Dritte Reich, S. 315; Hoensch: Grundzüge, S. 256; Kaiser: Politik, S. 170 f.

14 Wisliceny an RSHA-Chef Heydrich und Abt. III (Ohlendorf), 15.1.1941, BArch, R 70 Slowakei/368, unfol.; Hoensch: Republik, S. 236; ders., Grundzüge, S. 257, 259, 267 f.

15 Reichel war wie Gmelin Tübinger Juraabsolvent und gehörte zu den Günstlingen des Reichsstudentenführers und SD-Funktionärs Gustav Adolf Scheel. Er legte ebenso wie Gmelin 1934 das Referendar- und 1937 das Assessorexamen ab. Zudem war er ein Protegé Gottlob Bergers, der ihm als Chef des SS-Hauptamts wohl beim Einstieg in den Auswärtigen Dienst behilflich war. Döscher: Amt, S. 287 f.

kurz vor Luthers Putschversuch gegen den Reichsaußenminister seinen Wehrdienst bei der Waffen-SS angetreten.[16]

Die Volkstumspolitik des Deutschen Reiches wurde von Institutionen beherrscht, die dem Befehl des Reichskommissars für die Festigung deutschen Volkstums (RKF) und Reichsführers-SS, Heinrich Himmler, unterstanden. Dazu zählten im Besonderen die Volksdeutsche Mittelstelle und das Rasse- und Siedlungshauptamt (RuSHA) sowie weitere Stellen, die vor allem im Zusammenhang mit Umsiedlungen in Erscheinung traten, wie etwa die Einwandererzentralstelle (EWZ).[17] Wissenschaftliche Einrichtungen, wie die Südostdeutsche Forschungsgemeinschaft und regionale Forschungsinstitute, spielten eine wichtige Rolle bei der Mobilisierung völkischer Bestrebungen unter den Auslandsdeutschen und der Planung volkstumspolitischer Maßnahmen.[18]

Bei den »Volksdeutschen« sind drei verschiedene Gruppen zu unterscheiden. Die erste Gruppe lebte in Gebieten, die vom Deutschen Reich annektiert wurden. Mit Ausnahme der Österreicher und der Sudetendeutschen wurde diese Gruppe anhand der »Deutschen Volksliste« in vier verschiedene Kategorien unterteilt, die über ihre »Eindeutschung« oder »Wiedereindeutschung« entschieden. Das galt beispielsweise für »Volksdeutsche« im polnischen Wartheland und im Elsass. Die zweite Gruppe umfasst umgesiedelte »Volksdeutsche«, die in den Umsiedlerlagern der Einwandererzentralstelle einem ähnlich komplizierten Einbürgerungs- und Klassifizierungsverfahren zugeführt wurden. Als dritte Gruppe sind schließlich jene »Volksdeutschen« zu betrachten, die dauerhaft in verbündeten Staaten wie der Slowakei, Ungarn oder Rumänien verblieben.[19]

---

16 Vgl. Browning: »Endlösung«, S. 42 ff.; ders.: Unterstaatssekretaer, S. 323, 339 f.; Döscher: Amt, S. 118, 208, 261, 287 ff.; Luther an Reichel, 3.11.1942, PA AA, R 27635, Bl. 163.

17 Zur EWZ s. Markus Leniger: Nationalsozialistische »Volkstumsarbeit« und Umsiedlungspolitik. Von der Minderheitenbetreuung zur Siedlerauslese, Berlin 2006, und Andreas Strippel: NS-Volkstumspolitik und die Neuordnung Europas. Rassenpolitische Selektion der Einwandererzentralstelle des Chefs der Sicherheitspolizei und des SD 1939-1945, Paderborn u. a. 2011. Zur VoMi s. Lumans: Auxiliaries; zum Rasse- und Siedlungshauptamt s. Heinemann: Rasse.

18 Michael Fahlbusch: Wissenschaft im Dienst der nationalsozialistischen Politik? Die »Volksdeutschen Forschungsgemeinschaften« von 1931-1945, Baden-Baden 1999; Mathias Beer, Gerhard Seewann (Hrsg.): Südostforschung im Schatten des Dritten Reiches. Institutionen – Inhalte – Personen, München 2004. Für die Slowakei s. Christof Morrissey: Das Institut für Heimatforschung in Käsmark (Slowakei) 1941-1944, in: Beer, Seewann (Hrsg.): Südostforschung, S. 115-122.

19 Alexa Stiller: Zwischen Zwangsgermanisierung und »Fünfter Kolonne«. »Volksdeutsche« als Häftlinge und Bewacher in den Konzentrationslagern, in: Akim Jah, Christoph Kopke, Alexander Korb (Hrsg.): Nationalsozialistische Lager. Neue Beiträge zur NS-Verfolgungs- und Vernichtungspolitik und zur Gedenkstättenpädagogik, Münster 2006, S. 104-124, hier: S. 105-109; dies.: Politik. Zur »Deutschen Volksliste« s. im Besonderen Wolf: Ideologie.

Obwohl das Auswärtige Amt sich an den ersten größeren Umsiedlungsmaßnahmen von »Volksdeutschen« durch den Abschluss zwischenstaatlicher Abkommen unterstützend beteiligt hatte,[20] stand das Referat D VIII der Umsiedlungspolitik seit 1942 weitgehend ablehnend gegenüber. Hauptkritikpunkt war, wie Referatsleiter Triska im Januar 1943 bemerkte, die völlige strategische Unberechenbarkeit der Volkstumspolitik in Südosteuropa, wo die verantwortlichen SS-Dienststellen Umsiedlungen immer wieder überraschend und weitgehend unvorbereitet forcierten. Alle Beteiligten – von den fremden Regierungen bis hin zu Himmlers Dienststellen selbst – seien angesichts des unklaren Kurses so verwirrt, »daß heute niemand mehr sagen kann, ob in dem einen oder anderen Land die Volksgruppe geführt werden soll im Hinblick auf eine kommende Aussiedlung oder Festigung oder politische und wirtschaftliche Expansion. Das Auswärtige Amt hat zumindest die Erhaltung des Status quo in politischer, wirtschaftlicher und kultureller Hinsicht im Sinne der Beibehaltung der bisherigen Generallinie der Volkstumsarbeit, nämlich Erhaltung des Deutschtums in den Siedlungsgebieten, als unterste Linie aufgestellt und befolgt. Demgegenüber hat die Reichsführung-SS Maßnahmen ergriffen, eingeleitet oder befürwortet, die einer Expansion, solche, die der Erhaltung und solche, die dem Abbau, d. h. der Aussiedlung dienten. Wie erwähnt, eine klare politische Linie ist in diesen Maßnahmen nicht ersichtlich.«[21]

Die Frage der Umsiedlung der slowakischen »Volksdeutschen« war lange Zeit unentschieden. Zumindest die Führung der Volksgruppe lehnte größere Umsiedlungen ab, was nicht zuletzt in den immer wieder aufflammenden Anschlussforderungen sichtbar wurde. Die Slowakeideutschen verließen ihre Dörfer schließlich erst mit der Zwangsevakuierung in den letzten Kriegsmonaten und infolge der ebenfalls mit Gewalt durchgeführten Vertreibung durch die tschechoslowakische Regierung nach 1945.[22]

Die Arbeitsteilung zwischen den Dienststellen des Reichskommissars für die Festigung deutschen Volkstums und dem Auswärtigen Amt charakterisierte

20 Die Umsiedlungen der Jahre 1939/40 und bis zum Krieg gegen die Sowjetunion wurden vom Auswärtigen Amt in enger Abstimmung mit der VoMi mitgetragen. Sie betrafen – im Zuständigkeitsbereich des Auswärtigen Amtes – vor allem die Baltendeutschen und große Teile der Rumäniendeutschen. Leniger: »Volkstumsarbeit«, S. 59 f., S. 66-90.
21 Aufzeichnung von Legationsrat Triska für Unterstaatssekretär Luther, 7.1.1943, abgedruckt in: ADAP, Serie E (1941-1945), Bd. V, Dok. 19, S. 34-39.
22 Zur Zwangsevakuierung s. Rudolf Melzer: Die Evakuierung der Karpatendeutschen. Eine zusammenfassende Darstellung nach Berichten und Archiven, in: Karpaten-Jahrbuch, 37 (1986), S. 32-51, und Podolec: Nationalitätenpolitik, S. 325. Zu den Karpatendeutschen nach der Vertreibung s. Christof Morrissey: Die Karpatendeutschen aus der Slowakei. Kollektive Erinnerung und Integration in der Bundesrepublik Deutschland 1945-1975, in: Kochanowski, Sach (Hrsg.): Die »Volksdeutschen«, S. 353-366.

Triska im Januar 1943: »Während es das dienstliche Interesse der Reichsführung-SS sein muß, die deutschen Volksgruppen immer mehr in die gesamte deutsche Volksgemeinschaft durch organisatorische und erzieherische Maßnahmen einzugliedern, ist es die dienstliche Aufgabe des Reichsaußenministers, das Tempo dieses Vorgangs mit Rücksichtnahme auf die allgemeine Außenpolitik zu bestimmen.«[23]

In der Slowakei wurde bis Kriegsende eine »betreuende« Volkstumspolitik wirksam, die der organisierten Volksgruppe im Wesentlichen mit Kulturarbeit und Finanzierung zur Seite stand und sie im Sinne des Reiches beeinflusste. Entscheidend für die Bedeutung der Volkstumsreferate war dabei, inwieweit es dem jeweiligen Referenten gelang, sich in der täglichen Arbeit vor Ort als erster Ansprechpartner für Fragen der Volkstumspolitik des Reiches durchzusetzen.

In der Deutschen Gesandtschaft Pressburg übernahm im Januar 1941 zunächst Legationssekretär und Propagandaberater Anton Endrös die Aufgaben des Volkstumsreferenten.[24] Es war folgerichtig, dass der Gesandte Ludin nach seinem Amtsantritt seinen engen Vertrauten Hans Gmelin für diese Aufgabe vorsah. Auf diesen gingen die Geschäfte von Endrös noch im Lauf des ersten Halbjahres 1941 über. Aufgrund seines Einsatzes für das Sudetendeutsche Freikorps verfügte Gmelin über ausreichend praktische Erfahrung in Fragen des »Volkstums im Ausland«. Der Volksgruppenführer der Karpatendeutschen, Franz Karmasin, war selbst gebürtiger Sudetendeutscher. Nachdem er im September 1938 nach Wien geflohen war, versuchte er dort ein Karpatendeutsches Freikorps aufzubauen.[25] Mehrere hochrangige Funktionäre und Hauptleiter der Deutschen Partei, wie beispielsweise der Landesführer der Freiwilligen Schutzstaffel (FS), Walter Donath, hatten ebenfalls im Sudetendeutschen Freikorps gekämpft.[26]

Trotz dieser erfahrungsmäßigen Nähe stand das Verhältnis zwischen Volkstumsreferent und Volksgruppenführer zu Beginn des Jahres 1941 unter keinem guten Stern. Das lag nur zum Teil an den enttäuschten Hoffnungen auf einen »Anschluss« der deutschen Siedlungsgebiete der Slowakei oder auf ein deutsches Protektorat. Ein weiteres Problem entstand, weil der Volkstumsreferent als Berater für die deutsche Volksgruppe in der Slowakei eingeführt werden sollte, wie die Gesandtschaft unter der Führung von Killingers dem Volksgrup-

23 Aufzeichnung von Legationsrat Triska, die Unterstaatssekretär Luther vorgelegt wurde, 7.1.1943, abgedruckt in: ADAP, Serie E, Bd. V, Dok. 19, S. 34-39, hier: S. 35.

24 Telegramm von Ringelmann an Luther, 7.1.41, PA AA, Pressburg 38; von Killinger an AA, 3.1.1941, PA AA, R 29737, 248511.

25 Schvarc, Holák, Schriffl (Hrsg.): Das »Dritte Reich«, Dok. Nr. 37, S. 91 f.

26 Nachruf auf Donath. Ein nationalsozialistischer Kämpfer gefallen, in: Südostdeutsche Tageszeitung – Ausgabe Banat, 9.5.1943, S. 3, ANNO/Österreichische Nationalbibliothek.

penführer gegenüber äußerte. Karmasin, die Deutsche Partei und das Staatssekretariat betrachteten sich allerdings selbst als deutsche Interessenvertretung bei der slowakischen Regierung. Da ein »Anschluss« der karpatendeutschen Gebiete vom Reich nicht in Erwägung gezogen wurde und die unabhängige Regierung mithilfe von deutschen Beratern in den Ministerien indirekt beeinflusst werden sollte, befand man in der Deutschen Partei, dass die eigene Aufgabe nun in der Beratung der Berater bestehe. Es stieß auf vehementen Widerstand, dass die Volksgruppe selbst zum Objekt »reichsdeutscher« Beratung werden sollte. Karmasin wusste seine Kontakte ins Reich – nicht zuletzt zum Reichsführer-SS Heinrich Himmler – zu nutzen, um seiner Empörung Ausdruck zu verleihen. Das Auswärtige Amt beeilte sich zu erklären, dass der Volkstumsreferent in keiner Weise ein Berater wie die anderen sei. Im Auftrag Triskas, des Leiters von Referat Kult A, wurde Anfang Januar 1941 richtiggestellt, dass es sich um einen »Sachbearbeiter für volkspolitische Fragen« handle, den der Gesandte »bei sich« zu ernennen habe.[27] Im Dienstgebrauch setzte sich schnell in allen betreffenden Institutionen die Bezeichnung »Volkstumsreferent« durch, die auch aus dem Auswärtigen Amt geläufig war.[28]

Dem Volkstumsreferat bei der Gesandtschaft kam wie überall im Südosten Europas die Rolle zu, über alle »volksdeutschen« Belange stets informiert zu sein und gegebenenfalls Entscheidungen im Einvernehmen mit »reichsdeutschen« Behörden herbeizuführen. In der Regel wurde das Referat D VIII im Auswärtigen Amt verständigt, welches daraufhin die Kommunikation mit den Institutionen in Berlin übernahm. Die Volksdeutsche Mittelstelle war bereits vor dem Einbau der Volkstumsreferate in die Gesandtschaften in der Region aktiv, sodass Gmelin in den ersten Monaten seiner Tätigkeit die verschiedenen »volksdeutschen« Stellen dazu verpflichtete, ihre Kommunikation mit ihr und anderen Stellen im Reich in Zukunft nur noch über ihn abzuwickeln.[29] Die Volksdeutsche Mittelstelle unterstützte diesen Anspruch des Volkstumsreferenten und merkte gegenüber Karmasin an, dass wiederholt »Volksdeutsche« mit Behörden und Unternehmen im Reich Verhandlungen führten. Über die Gesandtschaft ließ man Karmasin ausrichten, dass in Zukunft jeder Besuch von Slowakeideutschen im Reich oder jeder Kontakt mit Behörden und Institutionen im Reich von der Volksgruppenführung an die Volksdeutsche Mittelstelle zu melden sei. Diese werde nach einer Prüfung ihrerseits eine Befürwortung, beispielsweise des Besuchs eines »reichsdeutschen« Wirtschaftsunternehmens, ausstellen. Die alleinige Entscheidung über Ein- und Ausreise-

---

27 Triska an DGP, 4.1.1941, PA AA, Pressburg 38; Tönsmeyer: Das Dritte Reich, S. 312-316.
28 Triska an DGP, 8.1.1941, PA AA, Pressburg 38.
29 Mitteilung des Gesandten verfasst von Gmelin an die Fachschaft der deutschen Hotel- und Baudenbesitzer in der Slowakei vom 1.8.1941, PA AA, Pressburg 37.

genehmigungen lag dann aber bei der Gesandtschaft und dem Auswärtigen Amt.[30] Im Unterschied zu Branchenverbänden und ähnlichen, untergeordneten Einrichtungen der Slowakeideutschen war der Kommunikationsweg der Volksgruppenführung mit der Volksdeutschen Mittelstelle nicht ausschließlich auf die Vermittlung der Gesandtschaften und des Auswärtigen Amts begrenzt. Aber insbesondere wegen der Unsicherheit der Kommunikation und der Gefahr, die Position der Volksgruppe gegenüber der Landesregierung zu schwächen, wenn Kommunikation nach außen drang, wurde veranlasst, ausschließlich die sicheren Kommunikationswege über die Gesandtschaft einzuhalten.[31]

Dem Volkstumsreferenten kam so eine Schlüsselposition in der Volkstumspolitik des Reiches in der Slowakei zu. Die Volksdeutsche Mittelstelle arbeitete politisch und kulturell an der Unterstützung der Volksgruppen und war auch für deren finanzielle Ausstattung zuständig, wodurch sie erheblichen Einfluss auf die kulturelle und politische Entwicklung nahm und in der Lage war, langfristige volkstumspolitische Strategien zu verfolgen. Ihr kam damit eindeutig hegemonialer Status in der Volkstumspolitik des Deutschen Reiches zu. Demgegenüber waren das Referat D VIII im Auswärtigen Amt und die Volkstumsreferate in den Gesandtschaften grundsätzlich für alle politischen Fragen in den »volksdeutschen« Angelegenheiten zuständig, die in irgendeiner Weise die Außenpolitik des Reiches tangieren könnten. In einem formal selbstständigen Staat wie der Slowakei war das fast immer der Fall. Zusätzlich prüfte das Auswärtige Amt auch die finanzielle Mittelvergabe der Volksdeutschen Mittelstelle an Volksgruppen in Fällen, die die Außenpolitik berührten. Die Geldmittel für die deutsche Volksgruppe in der Slowakei wurden anfangs zudem in der Gesandtschaft deponiert. Sofern sich der Volkstumsreferent also gegenüber der Volksgruppenführung, der Volksdeutschen Mittelstelle und allen anderen Stellen im Reich und im Gastland behaupten konnte, war er in der täglichen Arbeit mit der Volksgruppe vor Ort tonangebend.[32] Er war demzufolge auch in alle Abläufe, Verfahrensweisen und Entwicklungen innerhalb der Volksgruppe involviert oder wenigstens darüber orientiert. Das schließt die Judenverfolgung

---

30 VoMi (Behrends) an Karmasin durch VoMi (Kubitz) an DGP gesendet, 21.1.1941, PA AA, Pressburg 38.

31 AA D VIII (Triska) an VoMi und Gesandtschaft Agram (Zagreb), 26.7.1941, Abschrift an die weiteren Südost-Vertretungen, PA AA, Pressburg 38.

32 AA D VIII (Triska) an die Gesandtschaften in den Südost-Staaten, 20.8.1941, PA AA, Pressburg 38. Karmasin war zumindest zeitweise auch in der Lage, zusätzliche finanzielle Zuwendungen von Reichsstatthalter Arthur Seyß-Inquart für die Volksgruppe zu erhalten. Aufzeichnung Unterstaatssekretär Woermann vom 29.11.1939, PA AA, R 35489, F3 516 (in diesem Dokument ist noch vom Volksbund für das Deutschtum im Ausland [VDA] die Rede, der die Volksgruppe finanziere. Er war aber bereits vor dem Krieg unter die Kontrolle der VoMi gebracht worden, vgl. Lumans: Auxiliaries, S. 62 ff.); zum Verhältnis von VoMi, AA und anderen SS-Dienststellen in der Volkstumspolitik s. auch Lumans: Minority, S. 276 f.

und den »Volkstumskampf« vonseiten der Volksgruppe genauso ein wie ihre nach innen gerichteten Integrations- und Ausgrenzungsprozesse.

Die Volksdeutsche Mittelstelle schickte in regelmäßigen Abständen einen Mitarbeiter in die Slowakei, der dort mit Karmasin und Gmelin zu Besprechungen über die aktuelle Lage der Volksgruppe zusammenkam und sich gegebenenfalls bei einem Ausflug in die deutschsprachigen Gebiete der Mittelslowakei ein eigenes Bild der Lage verschaffte.[33] Der Volkstumsreferent saß – durch die Kontrolle über den Großteil der Kommunikation – gegenüber der Mittelstelle oft am längeren Hebel, was durch seine unmittelbare »Fühlungnahme« mit der Volksgruppenführung noch verstärkt wurde. Gmelin lehnte beispielsweise eigenmächtig die Erteilung von Sichtvermerken zum Grenzübertritt für Vertreter der Volksdeutschen Mittelstelle ab, wenn er deren Reise zum jeweiligen Zeitpunkt für nicht sinnvoll erachtete – etwa, weil Karmasin auf Reisen und daher nicht erreichbar war. Solche Entscheidungen traf er nach eigenem Ermessen, ohne Kenntnisse über Details der Reise oder ob überhaupt ein Zusammentreffen mit Karmasin geplant war.[34]

Im Dezember 1941 bekräftigte das Auswärtige Amt seinen Anspruch noch einmal, zu allen Fragen der Volksgruppenpolitik im Ausland das letzte Wort zu haben: Alle Anweisungen innerdeutscher Dienststellen an die Volksgruppenführungen, die außenpolitische Implikationen haben könnten, seien durch die Volkstumsreferate nur dann an die Volksgruppen weiterzureichen, wenn ein Genehmigungsschreiben von ihm beiliege. Wenn das Schreiben fehle, müsse vor der Weitergabe das Auswärtige Amt konsultiert werden. Gleiches gelte auch für alle Reisen von Volksgruppenführern und Amtsleitern der Volksgruppe ins Reich. Die Gesandtschaften wurden angehalten, keine Dauersichtvermerke für Grenzübertritte an diese Personen auszustellen. Gmelin informierte Karmasin im Februar 1942, dass auch die Kommunikation mit dem Amt des Reichsprotektors in Böhmen und Mähren nur über ihn zu laufen habe.[35]

Es war in nahezu allen Fällen von Besuchsvorhaben Reichsangehöriger üblich, dass der Volkstumsreferent, wenn er positiv darüber entschied, sich ausbat, dass die Reisenden sich bei ihm in der Gesandtschaft meldeten. Das galt zum Beispiel auch für den Besuch des Bruders des Volkstumsreferenten. Der Vertreter des Reichsstudentenführers im Kriege, SA-Sturmbannführer Dr. Ulrich Gmelin, besuchte die Slowakei im August 1941 mit einer Delegation des NSDStB im Gefolge von Reichserziehungsminister Bernhard Rust, um

---

33 AA (Lehmann) an DGP, 28.2.1942, PA AA, Pressburg 38.
34 AA D VIII (Garben) an DGP, 24.7.1941, darauf handschriftliche Antwort Gmelins, AA D VIII (Garben) an die DGP vom 5.8.1941 mit handschriftlicher positiver Antwort Gmelins, PA AA, Pressburg 38.
35 AA D VIII an die Südost-Gesandtschaften und den Bevollmächtigten des Reiches in Kopenhagen, 11.12.1941, PA AA, Pressburg 38; Gmelin an Karmasin, 25.2.1942, ebd.

an den ersten Studententagen der »Volksdeutschen« in Käsmark (Kežmarok) teilzunehmen. Auch Volkstumsreferent Hans Gmelin war als Vertreter des Gesandten bei der Veranstaltung anwesend. In seiner Ansprache betonte Ulrich Gmelin die völkische Geschlossenheit der deutschen Studenten. Die großdeutsche Studentenschaft sei überall dort, wo der deutsche Student den Befehlen des »Führers« gemäß handle.[36]

Die Politik des Volkstumsreferats war darauf gerichtet, die Interessen der Volksgruppenführung zu unterstützen, beinhaltete aber durchaus auch Elemente, die diesen deutlich entgegenstanden. Karmasin war der Auffassung, dass er am Zustandekommen des slowakischen Staates einen beträchtlichen Anteil hatte. Er suchte immer wieder nach Gelegenheiten, daraus entspringende Ansprüche anzumelden, indem er die Bedeutung der Volksgruppe im slowakischen Staat betonte und ihr Mitgestaltungsrecht in allen politischen Belangen mehr oder weniger offen einforderte.[37] Seine Ambitionen wurden wiederholt enttäuscht, die slowakische Regierung gestand der Minderheit zwar einen gewissen Status zu, sah aber nicht ein, dass die deutsche Volksgruppenführung die Geschicke des Staates zentral mitentscheiden sollte.[38] Karmasin beklagte sich im Herbst 1941 beim SD, dass die »Volksdeutschen« in der Slowakei in allen Belangen zurückgesetzt würden. Der Gesandte Ludin sei ihm keine Unterstützung, weil er die Linie des Tiso-Flügels der Regierung unterstütze. Karmasin suchte erneut den direkten Kontakt zu Himmler, um seinem Ärger Luft zu machen. Es trug nicht zur Verbesserung seines Verhältnisses – sowohl zur Gesandtschaft als auch zu den SS-Dienststellen – bei, dass er dabei den Dienstweg vermied und die zuständigen »reichsdeutschen« Institutionen vor Ort und im Reich überging.[39]

Der neue Gesandte Ludin war durch den Konflikt der beiden Regierungslager durchaus ausgelastet und hatte weder Interesse daran, dass die deutsche Minderheit zusätzliche Probleme in der Slowakei verursachte, noch daran, dass Karmasin seine eigene Rolle als Gesandter überflüssig zu machen suchte. Er hatte sich vor seiner Entsendung von Hitler nicht nur ausdrücklich bestätigen lassen, dass die Souveränität der Slowakei auf jeden Fall erhalten bleiben müsse, sondern auch, dass er befugt sei, dem Volksgruppenführer in dieser Hinsicht

---

36 AA D VIII (Garben) an DGP, 7.8.1941, PA AA, Pressburg 38; Käsmarker Festtage: Der erste deutsche Studententag am 16. und 17. August 1941, in: Karpathen-Post, 23.8.1941, S. 1; Richtunggebende Ansprachen vor den Studenten, in: Grenzbote, 18.8.1941, BArch, R 70 Slowakei/39, Bl. 179.

37 Franz Karmasin in Neutra: Schluss mit dem Zwittertum!, in: Deutsche Stimmen, 7.12.1940, und: Grundlagen des Zusammenlebens, in: Deutsche Stimmen, 23.10.1940, SNA Bratislava, NS 136, unfol.

38 Tönsmeyer: Das Dritte Reich, S. 315.

39 Mitteilungen des Pressburger SD (Urbantke) an SD-LA Wien, 30.10. und 5.11.1941, BArch, R 70 Slowakei/258, Bl. 122-126.

Weisung zu geben.[40] Aufgrund von Karmasins Versuch, Kontakt mit Himmler aufzunehmen, kulminierte die Auseinandersetzung über den Wirkungsbereich des Volksgruppenführers im November 1941. Als sich Karmasin in einer Aussprache bei Ludin darüber beschwerte, dass die Gesandtschaft ihn weder informiere noch in politischen Dingen um Rat frage, reagierte der Gesandte mit einer Standpauke, in der er ihn anwies, sich aus allen politischen Bereichen herauszuhalten, die nicht direkt die Volksgruppe betrafen. Diese habe über die Slowaken nicht zu richten, weil ihr Horizont viel zu eng sei, um sich ein ausgewogenes Urteil zu bilden. Die Beeinflussung der slowakischen Politik sei Aufgabe des Reiches und damit des Gesandten.[41]

Der schlechte Start mit Karmasin veranlasste Ludin noch im April 1942 in einem ausführlichen Bericht über die Berater in der Slowakei zu der Erklärung, es dürfe nicht übersehen werden, dass die Volksgruppe durchaus ein Hindernis für deren Tätigkeit darstellen könne. Jede Förderung der kulturellen und wirtschaftlichen Entwicklung der slowakischen Mehrheit werde der deutschsprachigen Minderheit »als Schwächung der eigenen Position erscheinen können«. Es sei daher seine Aufgabe als Gesandter, durch »führende und dauernde Fühlungnahme« mit der Volksgruppe Schwierigkeiten zu überwinden. Diese Fühlungnahme sah er für die Slowakei zurzeit als gegeben an.[42]

Die Eindämmungspolitik der Gesandtschaft[43] gegenüber Karmasin war erfolgreich. In einer Mitteilung an den SD in Wien im November 1943 erklärte er, dass er im Reich keinerlei Fürsprecher mehr habe und in der Slowakei außerhalb des Volksgruppenbereichs nichts bewirken könne.[44] Damit kennzeichnete Karmasin präzise, was die Gesandtschaft erreichen wollte. Diese Behandlung, die Karmasin kränkte, bedeutete aber keineswegs, dass die Gesandtschaft der Volksgruppe und ihrem Führer insgesamt ablehnend gegenüberstand. Es ging lediglich darum, Karmasin auf seinen Platz zu verweisen und zu verhindern, dass er der Außenpolitik des Reiches in der Slowakei ins Gehege kam. Karmasin und die Deutsche Partei wurden damit auf ihre weitreichenden Befugnisse in der Selbstorganisation der Volksgruppe festgelegt. Das entsprach zwar

40 Bericht Ludin an AA, 17.1.1941, PA AA, R 27659, 338189-338193, hier: 338189.
41 SS-Ustuf Urbantke an SS-Hstuf Herrmann, SD-LA Wien, 5.11.1941, BArch, R 70 Slowakei/258, Bl. 124 ff.
42 Ludin an AA, 13.4.1942, Gedanken über das Berater-System, PA AA, R 29857, 70382-70398, hier: 70395 f.; Tönsmeyer: Erwachen, S. 231.
43 Diese Politik wurde auch von der Volksdeutschen Mittelstelle mitgetragen. Das zeigt zum Beispiel ein Ereignis im Herbst 1941: Karmasin wollte das dreijährige Jubiläum des Deutschen Staatssekretariats bei der slowakischen Regierung feiern, indem er vier Volksgruppenführer aus anderen Südoststaaten einlud. Gmelin überbrachte ihm das Verbot der Einladung durch das AA, und die VoMi untersagte später noch die Feier in kleinerem Rahmen. BArch, R 70 Slowakei/2, Bl. 6 f.
44 Besprechungsnotiz von SS-Hstuf Böhrsch, SD-LA Wien, 17.11.1943, BArch, R 70 Slowakei/370, unfol.

nicht Karmasins Vorstellung, der verlängerte Arm des Reiches zu sein, führte aber zu einem vergleichsweise hohen Grad an Selbstmobilisierung in der karpatendeutschen Volksgruppe.

In der täglichen Zusammenarbeit vor Ort gewöhnten sich Karmasin und Gmelin schnell aneinander. Karmasin sprach nach dem Krieg davon, mit Gmelin »sehr gut befreundet« und auch mit Ludin »per Du« gewesen zu sein. Mit beiden habe er sich auch privat getroffen.[45] Am 24. Januar 1941 stattete der Gesandte Ludin dem Volksgruppenführer einen Antrittsbesuch im Anker-Palais, dem Sitz der Deutschen Partei in Bratislava, ab und ließ sich dabei von seinem persönlichen Referenten Gmelin begleiten.[46] Im März desselben Jahres besuchten Ludin und Gmelin gemeinsam mit Karmasin und einigen Amtsleitern der Volksgruppe sowie Viktor Nageler, dem Berater der Hlinka-Garde, auf einer dreitägigen Reise die deutschen Siedlungen in den Regionen Hauerland und Zips. Im Zentrum der Reise stand am 22. März 1941 die feierliche Eröffnung des Instituts für Heimatforschung in Käsmark.[47] Dessen Aufgabe war es, ein einheitliches deutsches Volksbewusstsein innerhalb der deutschen Volksgruppe in der Slowakei herzustellen. Diese völkische »Legitimationswissenschaft« diente der Gleichschaltung der Minderheit und ihrer Ausrichtung auf einen rassistisch konnotierten »Volkstumskampf«. Im Stiftungsrat saßen neben einem Vertreter der Volksdeutschen Mittelstelle, der Führungsspitze der Deutschen Partei und führenden Volkstumswissenschaftlern aus dem Reich auch der Gesandte Ludin und sein Volkstumsreferent Gmelin.[48]

Die Umkehr der »Magyarisierung«, wie die Assimilation tatsächlich oder vermeintlich deutschstämmiger Menschen an Kultur und Identität der ungarischen Volksgruppe genannt wurde, war ein zentrales Ziel der Volksgruppenführung und ihrer Unterstützer in den Ämtern des Reichskommissars für die Festigung deutschen Volkstums und im Auswärtigen Amt. Auf Karmasins Initiative hatte bereits im Juni 1940 ein Mitarbeiter des Rasse- und Siedlungshauptamts die Slowakei besucht und einen Bericht an Himmler verfasst. Darin

---

45 Beschuldigtenvernehmung Franz Karmasin, 28. und 30.10.1969, BArch, B 162/4290, Bl. 1201-1240, hier: Bl. 1215 f.

46 Gesandter Ludin bei Franz Karmasin, in: Grenzbote, 25.1.1941, BArch, B 162/28758, Bl. 43.

47 Zur Eröffnungsfeier reisten außerdem Regierungsrat Goeken vom Referat D VIII des AA, zwei Delegierte des Deutschen Auslandsinstituts Stuttgart sowie weitere Gäste aus dem Reich an. Käsmarker Festtage im Zeichen der Heimatforschung, in: Karpathen-Post, 29.3.1941, S. 1 ff.; Anordnungen und Zeitplan der Reise von der DP-Hauptleitung, SNA Bratislava, MV, Fond 125 Deutsche Partei, kr. 27-4, Bl. 77-80.

48 Christof Morrissey: Heimatkunde, Wissenschaft und die NS-Volkstumspolitik. Die Entwicklung des Instituts für Heimatforschung in der Slowakei 1941-44, in: Mariana Hausleitner, Harald Roth (Hrsg.): Der Einfluss von Faschismus und Nationalsozialismus auf Minderheiten in Ostmittel- und Südosteuropa, München 2006, S. 253-264.

bezeichnete er die ganze Slowakei als »einen riesigen Friedhof deutschen Volkstums«. Die schärfsten Gegner der deutschen Volksgruppe seien die »Magyaronen«: »Diese Blutdeutschen magyarischen Volkstums in der Slowakei werden von den Deutschen der Volksgruppe [...] von Grund auf verachtet.« Es handle sich bei ihnen um die »besseren Kreise«, die sich zur ungarischen Zeit vor dem Ersten Weltkrieg durch Assimilation Vorteile und sozialen Aufstieg erhofften. Karmasin habe es aber in jüngster Zeit geschafft, »einen hohen Anteil bereits dem Deutschtum Verlorengegangener und deren Kinder wieder zum Deutschtum zurückzugewinnen«. Wenn man Juden, »Zigeuner«, Ungarn und »Magyaronen« entferne, könne schließlich das ganze Land »voll dem Deutschtum zurückgewonnen werden«. Die Ansiedlung von 100.000 deutschen Familien reiche aus, um »einen starken Wall gegen das ungarische Volkstum« zu bilden und »den Slowaken eine neue Führerschicht zu geben, die sie endgültig mit dem Deutschen Volk verbindet«.[49]

Solche weitreichenden Germanisierungspläne standen im Widerspruch zur deutschen Außenpolitik unter dem Gesandten Ludin, deren Leitlinie die Souveränität der Slowakei war. Auch Himmler war solchen Ideen für die Slowakei vorerst nicht zugetan. Er zeigte im November 1941 aber Interesse an Informationen über die »Volksdeutschen«, die sich immer »als Deutsche bekannten«, und jene, »die neu hinzugekommen sind«.[50] Karmasin hatte im Vorfeld der slowakischen Volkszählung 1940 eine aggressive Kampagne geführt, um »Entnationalisierte« für ein »Bekenntnis zum Volkstum« zu begeistern. In der Wochenzeitung der Volksgruppenführung *Deutsche Stimmen* ließ er verlautbaren, dass ungarische und tschechische Zermürbungsstrategien in der Vergangenheit dazu geführt hätten, dass der »sogenannte ›völkische Friede‹ auf Kosten des deutschen Volkstums« gegangen sei. Jene, die »nunmehr keine klaren Grenzen zwischen staatlichem und völkischem Denken finden«, müssten zu ihrem deutschen »völkischen Denken« zurückfinden. Die »Habaner«, verkündete Karmasin, seien »ein typisches Beispiel für das deutsche Schicksal hier im Südosten«. Sie sprächen und verstünden zwar kein Hochdeutsch, seien aber zweifellos deutscher Herkunft. Andere Deutsche seien durch »falsche Erziehung« für die Volksgruppe verloren gegangen.[51]

Die »Habaner« waren Nachkommen einer während der Reformationszeit nach Osten geflohenen protestantischen Sekte, die seit Jahrhunderten in der Slowakei lebten, deren Nachkommen allgemein als Slowaken betrachtet wur-

49 Pancke (RuSHA) an Himmler, 18.6.1940, abgedruckt in: Král: Die Deutschen, Dok. 308 b, S. 405-408; s. dazu auch Tönsmeyer: Erwachen, S. 232 f.
50 SD in Pressburg (Urbantke) an SD-LA Wien, 12.11.1941, BArch, R 70 Slowakei/258, Bl. 130 f.
51 Franz Karmasin: Wir wollen nur, was uns gehört, in: Deutsche Stimmen, 16.11.1940, SNA Bratislava, NS 136.

den. Ihre Auswanderung aus Deutschland lag zeitlich noch deutlich vor der der Hugenotten aus Frankreich, die im 20. Jahrhundert auch nicht mehr als Franzosen galten. Karmasin und die Führung der Deutschen Partei versuchten vehement, die Anzahl der »Volksdeutschen« so schnell wie möglich zu vergrößern. Der »Volkstumskampf« zwischen deutscher Minderheit und slowakischer Mehrheit wurde vor allem in Schulen und Kirchen geführt.[52] Bezeichnenderweise hatte es in der Slowakei bereits 1938 eine Volkszählung gegeben, die für die deutsche Volksgruppenführung weit hinter den Erwartungen zurückgeblieben war. Die Regierung hatte mit dem kurzfristig ausgerufenen Zensus tatsächlich versucht, die Slowakeideutschen zu überrumpeln und aufgrund des Ergebnisses den »volksdeutschen« Anteil am Wirtschaftsaufkommen der Slowakei zu verkleinern. Nachdem Karmasin interveniert hatte, erklärte die Regierung die Ergebnisse im Nachhinein für unverbindlich.[53] Vor der Volkszählung 1940 berichtete Karmasin in einem Brief an Himmler, dass es gelungen sei, »das deutsche Volkstum in der Slowakei, das durch die jahrzehntelange Magyarisierung und Tschechisierung geschwächt, zum Teil sogar verschüttet war, zu stärken, bezw. wieder zu gewinnen«. Für die Volkszählung werde jetzt »alles, was deutsch war«, aufgerufen, sich in die Reihen der Volksgruppe zu stellen. Er sei zuversichtlich, Himmler nach der Volkszählung berichten zu können, »dass, bis auf wenige Spuren, wirklich das gesamte Karpatendeutschtum in der Volksgemeinschaft steht«. Als Mittel zur Stärkung dieser Volkszugehörigkeit sei es dienlich, »die Volksgruppe mit tunlichst vielen Verbindungen an das Muttervolk zu ketten und den Blutstrom deutschen Lebens bis in die letzte Sprachinsel [...] zu leiten«. Diese Verbindungen gewährleisteten besonders die »volksdeutschen« Organisationen, deren engen Kontakt mit ihren Pendants im Deutschen Reich es zu pflegen gelte.[54]

Doch auch mit den Ergebnissen der Volkszählung von 1940 waren die Deutsche Partei, die Volksdeutsche Mittelstelle und der Volkstumsreferent der Gesandtschaft nicht zufriedengestellt. Gmelin berichtete im Januar 1942 an den Gesandten, die slowakische Regierung plane, einen Paragraphen des Volksschulgesetzes zu präzisieren. Dieser gestattete der deutschen Minderheit, selbstständig Schulen zu errichten und diese zu verwalten. Jedoch enthielt er keine genaue Festlegung, wer als Volksgruppenangehöriger zu betrachten sei. Die Volksgruppe habe in den letzten zwei Jahren erhebliche Anstrengungen zur »Rückvolkung verloren gegangenen Volkstums« unternommen. Wenn nun

---

52 Yeshayahu Jelinek: The Parish Republic. Hlinka's Slovak People's Party 1939-1945, New York 1976, S. 105; Susanne Lachenicht: Hugenotten in Europa und Nordamerika. Migration und Integration in der Frühen Neuzeit, Frankfurt am Main, New York 2010, S. 481 f.
53 Ward: Priest, S. 173; Hoensch: Voraussetzungen, S. 295.
54 Karmasin an Himmler, 6.12.1940, BArch, NS 19/1846, Bl. 3-6.

das Bekenntnis zum Volkstum anhand der letzten Volkszählung zum Kriterium für den Besuch einer deutschen Schule werde, »so würde dadurch für die Volksgruppe eine erhebliche Schädigung und ein starker Rückschlag in den Dissimilations-Anstrengungen eintreten«. Damit seien nicht zuletzt auch »reichsdeutsche« Investitionen in Schulen und Kindergärten gefährdet. Die Gesandtschaft habe seinerzeit auf Weisung Berlins verhindert, dass die Slowakei ein Volksgruppenkataster einführt, weil die Volksgruppe damit in ihrem Umfang festgelegt worden wäre. Das Auswärtige Amt habe noch nie die bestehende Anweisung der Volksdeutschen Mittelstelle an alle Volksgruppen infrage gestellt, die besage, dass »mit allen Mitteln die Rückvolkung zu betreiben« sei. Dementsprechend sei die Initiative der slowakischen Regierung zu verhindern, denn »es würde bestimmt in Berlin Erstaunen auslösen, wenn bei dem starken Einfluss, den die Gesandtschaft auf die slowakische Regierung hat, hier eine Verordnung erlassen würde, die diese Anweisung der Volksdeutschen Mittelstelle neutralisiert«.[55]

Die Äußerungen Karmasins und Gmelins bringen deutlich zum Ausdruck, was Doris L. Bergen treffend als »tenuousness and tenacity« bezeichnet hat. Obwohl prekär, dünn und flüchtig in seiner Definition des Deutschtums, wurde das Konstrukt »Volksdeutsche« von den Nationalsozialisten mit Beharrlichkeit und Radikalität als politisches Projekt vorangetrieben.[56] Diese Beharrlichkeit wird auch dadurch unterstrichen, dass das Bekenntnis zur Volkszugehörigkeit mit der »richtigen« Angabe bei der Volksabstimmung keineswegs erledigt war: Die Identifikation als »Volksdeutscher« war gleichbedeutend mit der Mitgliedschaft in der Deutschen Partei (DP) und der Parteieintritt daher mit erheblichem sozialem Druck verbunden.[57] Aber auch damit war der Volkszugehörigkeit noch nicht Genüge getan. Die DP-Mitglieder wurden analog zu den NS-Massenorganisationen im Deutschen Reich in einer Reihe von Parteiorganisationen erfasst, die teils den Charakter von Dachorganisationen hatten, meist aber aktives Diensttun oder anderweitiges Engagement von ihren Mitgliedern verlangten. Trotz der Omnipräsenz von Begriffen wie »Blut«, »Abstammung« und »Herkunft« wurden die »Volksdeutschen« also in erster Linie durch das »richtige« Bekenntnis, die »richtige« Haltung und das »richtige« Verhalten definiert. Die Volkszugehörigkeit der DP-Mitglieder wurde mithilfe eines zweiseitigen Fragebogens erhoben. Neben dem »Nationalitätsbekenntnis« der Eltern und Geschwister sowie der Umgangssprache in der Familie stand die Frage im

---

55 Aktennotiz Gmelins für Ludin, 23.1.1942, PA AA, Pressburg 41. Zur dilatorischen Behandlung der slowakischen Vorhaben für ein Volksgruppenkataster, mit dem die Bestimmung der Volkszugehörigkeit festgeschrieben werden sollte, s. Kaiser: Politik, S. 171 f.
56 Vgl. Bergen: Tenuousness; dies.: Nazi Concept.
57 Hoensch: Voraussetzungen, S. 294.

Zentrum, welcher Nationalität man sich bei den Volkszählungen 1930, 1938 und 1940 zugerechnet habe. Es ist davon auszugehen, dass nicht nur Menschen aufgenommen wurden, die in jeder Spalte »deutsch« ankreuzten, wären doch in diesem Fall die Bemühungen um die Rückkehr vermeintlich verlorener »Volksgenossen« wirkungslos gewesen. Ohnehin wurden die Fragebögen eher nach Belieben ausgewertet und beurteilt, die Angaben nicht überprüft.[58] Zur Bestimmung der Volkszugehörigkeit Deutscher im Elsass und in Lothringen genügten dem Reichs- und Preußischen Ministerium des Innern beispielsweise lediglich zwei deutsche Großeltern, wie in einer Verordnung von 1942 festgelegt wurde.[59]

Tatsächlich stellte Karl Hauskrecht, der Hauptleiter für Presse und Propaganda der Deutschen Partei, im Herbst 1942 fest, dass die Wege, die gegangen werden mussten, um das Zugehörigkeitsbewusstsein von Neumitgliedern zu wecken, »nicht immer dem berechtigten Stolz unseres Deutschtums angemessen« gewesen seien. Manche habe man erst zurückgewinnen können, »nachdem diese sich überzeugt hatten, dass der Eintritt in unsere Volksorganisation ihrem persönlichen Vorteil entspricht«.[60]

Das Hauptorganisationsamt der DP teilte den politischen Leitern der Partei im Vorfeld der Volkszählung 1940 mit, dass in den deutschen Siedlungsgebieten lebende »Zigeuner« bei der Volkszählung als »Zigeuner« zu zählen seien. Die Frage, wer als solcher zu gelten hatte, war dabei offenbar von der Entscheidung der Verantwortlichen vor Ort abhängig.[61] Nur die Abgrenzung von Juden war relativ klar geregelt, denn die Eltern von »Volksdeutschen« mussten selbstredend »arischer« Herkunft sein. Auch hier seien die Angaben aber nicht überprüft worden, behauptete der Hauptorganisationsleiter der DP, Julius von Marsó, in einer späteren Aussage. Er und Karmasin hätten beispielsweise nie einen Ariernachweis erbracht.[62] Die Volksdeutsche Mittelstelle gab erst im August 1942 Richtlinien für die deutschen Minderheiten in Südosteuropa aus, welche festlegten, wer als Deutscher zu gelten hatte. Dieser von Himmler selbst

---

58 Fragebogen über die Volkszugehörigkeit, ausgefüllt am 2.11.1942, Yad Vashem Archives, M 5/31, Bl. 24f.; Zeugenvernehmung Julius Marsó, 24.4.1968, BArch, B 162/4287, Bl. 991-999, hier: Bl. 994.

59 Bergen: Nazi Concept, S. 575.

60 Appell der politischen Leiter, Oktober oder November 1942, PA AA, Pressburg 41, Datum und Urheberschaft aus den umliegenden Dokumenten erschlossen.

61 DP-Hauptorganisationsamt (Marsó), Weisung 0-18/40, 7.12.1940, SNA Bratislava, MV, Fond 125 Deutsche Partei, kr. 4-1, Bl. 50.

62 Die Frist zur Erbringung des »Ariernachweises« wurde für die politischen Leiter einiger Kreise Ende 1940 nochmals bis Ende März 1941 verlängert. DP-Hauptorganisationsamt (Marsó), Weisung 0-17/40, 30.11.1940, SNA Bratislava, MV, Fond 125 Deutsche Partei, kr. 4-1, Bl. 47ff.; Zeugenvernehmung Julius Marsó, 24.4.1968, BArch, B 162/4287, Bl. 991-999.

erarbeitete Leitfaden konzentrierte sich aber ebenfalls fast ausschließlich auf die Frage der jüdischen »Mischlinge« in den Volksgruppen.[63]

Die Feststellung, dass die rassistischen Kategorien der Nationalsozialisten gemessen an den von ihnen formulierten Ansprüchen mehr als unklar waren, weil das persönliche Bekenntnis darin ähnlich schwer wog wie die Abstammung, schmälert keineswegs die Bedeutung des Prozesses dieser Kategorisierung selbst. Denn die Kategorisierung um den Dreh- und Angelpunkt »Rasse« war trotz allem zentral für die Politik der Ungleichheit, die das NS-Regime und seine Unterstützer umsetzten. Die Verfahren und Praktiken der Klassifikation von Bevölkerungsgruppen bildeten in der NS-Zeit ein »Grundmuster der Vergesellschaftung«.[64] Der Schwerpunkt liegt im Folgenden daher auf den Praktiken der Herstellung völkischer Differenz in der täglichen Volkstumsarbeit vor Ort und den damit verbundenen Inklusions- und Exklusionsprozessen.[65] Der vehemente Aktivismus zur »Rückvolkung« ist Ausdruck des rassistischen Strebens zur »Wiederherstellung« vermeintlich natürlicher Unterschiede.

»Volksgemeinschaft« im Kleinen

Die deutsche Minderheit in der Slowakei wurde in der Deutschen Partei erfasst, die Franz Karmasin nach dem Führerprinzip aufbaute und führte. Er war zugleich Staatssekretär für die Belange der deutschen Volksgruppe bei der slowakischen Regierung. Die DP war laut Satzung die alleinige »Repräsentantin des politischen Willens der ganzen deutschen Volksgruppe in der Slowakei«, was ihren Landesleiter automatisch zum Volksgruppenführer machte. Dieser Titel wurde den Führern der Minderheiten in Südosteuropa von der Volksdeutschen Mittelstelle verliehen, die Wahl des Volksgruppenführers auf Lebenszeit durch Wahlmänner der Volksgruppe trug eher formalen Charakter. Gemäß ihrem dritten Satzungsparagraphen verkörperte die DP »in ihrem Wesen, ihrer Grundeinteilung und ihrem Wirken die nationalsozialistische deutsche Weltanschauung«. Sie wahre die Rechte der Volksgruppe und sichere ihre »politische, kulturelle, wirtschaftliche und soziale Entfaltung«. Die DP war also als direktes Pendant zur NSDAP gebildet worden. Im Unterschied zur Mutterpartei im Reich, die alle Deutschen in ihren angeschlossenen Verbänden, nicht

---

63 Christof Morrissey: National Socialism and Dissent among the Ethnic Germans of Slovakia and Croatia, 1938-1945, University of Virginia 2006 (Ph.D.-Diss., bislang unveröffentlicht), Kap. 5, S. 6.

64 Kramer, Nolzen: Einleitung, S. 16-19; Bergen: Nazi Concept, S. 577.

65 Michael Wildt: Volksgemeinschaft. A Modern Perspective on National Socialist Society, in: Steber, Gotto (Hrsg.): Visions, S. 43-59, hier: S. 52-56.

aber in der Partei selbst, zu organisieren suchte, sollten alle Slowakeideutschen Mitglied der Deutschen Partei werden. Die DP-Leitungsebene bestand aus verschiedenen Hauptämtern, die nach Ressorts gegliedert waren und deren Leiter von Karmasin ernannt wurden. Ebenso verhielt es sich mit den Kreisleitern, die die nächste Gliederungsebene in den deutschen Siedlungsinseln Pressburg-Stadt und -Land, Waag- und Neutratal, Hauerland, Ober- sowie Unterzips darstellten. Von dort gliederte sich die DP weiter in Ortsgruppen, Kameradschaften und Nachbarschaften.

Die wichtigsten Hauptleiter waren Julius von Marsó für Organisation und Personal, Dr. Karl Hauskrecht für Presse und Propaganda, Eugen Reisinger für Wirtschaft, Hans Friedl – der ab 1942 zugleich Karmasins Stellvertreter war[66] – für Kultur und Dr. Tibor Toth für Volkswohlfahrt. Ende 1939 kam Anton Oldofredi als Leiter des Hauptamts für Militär- und Arbeitsdienst hinzu. Karmasins Stabsleiter und Stellvertreter war Eduard Herrmann, bis er 1942 zum Kriegsdienst einrückte. Daneben besaßen auch der Landesführer der Freiwilligen Schutzstaffel, Walter Donath, und der Landesjugendführer der Deutschen Jugend, Ferdinand Klug, Hauptleiterstatus. Darüber hinaus verfügte die DP über einen volksgruppeneigenen Nachrichtendienst, der in der Hauptleitung untergebracht war. Das Amt wurde von Fritz Wepner geleitet und arbeitete eng mit dem »reichsdeutschen« SD zusammen, bis dieser seine offizielle Arbeit in der Slowakei im Herbst 1941 einstellte. Neben der Freiwilligen Schutzstaffel und der Deutschen Jugend, die SA und Hitlerjugend entsprachen, verfügte die DP über weitere Pendants zu »reichsdeutschen« Massenorganisationen, die alle Bereiche des Alltags der deutschen Minderheit zu erfassen suchten. Die Deutsche Frauenschaft, der Zentralverband für die deutschen Genossenschaften, die Arbeitsfront der Volksdeutschen, die Karpatendeutsche Ärzteschaft und weitere Organisationen versuchten die Identität und Lebensweise der Slowakeideutschen mitzugestalten.[67]

Das Staatssekretariat für die Belange der deutschen Volksgruppe, das nicht die Wirkung auf die slowakische Regierungspolitik entfalten konnte, die Karmasin sich bei dessen Aufbau erhofft hatte, wurde maßgeblich von Kanzleileiter

---

66 SD Pressburg (Böhrsch) an RSHA III B (Ehlich), 26.1.1945, BArch, R 70 Slowakei/5, Bl. 199.

67 Satzung und Organisationsplan der DP, 28.2.1940 und 4.7.1941, Yad Vashem Archives, M 5/30; Michal Schvarc: Organizačná Štruktúra [Organisationsstruktur] Deutsche Partei 1938-1945, in: Michal Šmigeľ, Peter Mičko (Hrsg.): Slovenská republika 1939-1945 očami mladých historikov IV [Die Slowakische Republik 1939-1945 in den Augen junger Historiker IV], Banská Bystrica 2005, S. 101-118; Lumans: Minority, S. 277, 282 f.; Zeugenvernehmung Julius Marsó, 24.4.1968, BArch, B 162/ 4287, Bl. 991-999. Zur NSDAP s. Armin Nolzen: The NSDAP's Operational Codes after 1933, in: Steber, Gotto (Hrsg.): Visions, S. 87-100, hier: S. 91 f.

Dr. Ludwig Dostal/Dollmann geführt.[68] Die engste Beziehung entwickelte
der Volkstumsreferent Hans Gmelin zum Propagandaleiter der DP, Karl
Hauskrecht. Nach Aussage Gmelins blieb die Freundschaft zu ihm auch nach
dem Krieg bestehen, als Hauskrecht in Stuttgart lebte. Hauskrecht gehörte
zu den engsten Mitarbeitern Karmasins. Gmelin nutzte die guten Kontakte, die
er ab 1942 zum SD-Leitabschnitt in Wien aufbaute, um 1943 gegen eine negative Bewertung von Hauskrechts Person zu intervenieren, die in die Akten des
SD gelangt war. Hauskrecht sei, so Gmelin, ein ausgezeichneter Kenner Südosteuropas, ein fähiger Propagandist, dessen Dienste auch der Gesandte Ludin oft
in Anspruch nehme. Etwaige negative Tatsachen zu seiner Person lägen schon
lange zurück, und man müsse seine positive Arbeit stärker wertschätzen. Nachdem auch das Propagandaamt Wien sich positiv über Hauskrecht geäußert
hatte, kam es zu einer engen Zusammenarbeit des SD mit Hauskrecht, die
neben intensivem Informationsaustausch auch in gemeinsame Propaganda-
aktionen mündete.[69] Hauskrecht wurde nach dem Krieg von einem tschechoslowakischen Gericht zu einer Haftstrafe von 25 Jahren wegen »Propagierung
des Nazismus« verurteilt und kam Ende 1955 im Zuge einer Amnestie frei. Er
war Schriftleiter der Wochenzeitung *Deutsche Stimmen*, deren Redaktion Teil
seines DP-Hauptamts für Presse und Propaganda war. Zudem kontrollierte er
die Arbeit von Fritz Fiala, dem Schriftleiter des *Grenzboten*, der Tageszeitung
der deutschen Minderheit.[70] Hauskrecht verantwortete zahlreiche antisemitische Artikel, sprach auf judenfeindlichen Kundgebungen und pflegte, seiner
eigenen Aussage nach, ein grundsätzliches Misstrauen gegen Slowaken.[71]

Das Hauptamt für Presse und Propaganda der DP gab zweimal wöchentlich
die »Deutschen Pressebriefe aus der Slowakei« (DPS) heraus, die vor allem an
Zeitungen, aber auch an andere Stellen im Deutschen Reich geschickt wurden. Neben einer »Zeitungsschau«, in der ausgewählte Artikel der wichtigsten
slowakischen Zeitungen referiert wurden, beinhalteten die Pressebriefe auch
einen »Zeitspiegel«, in dem die von Hauskrecht geleitete Redaktion die aus

---

68 Beschuldigtenvernehmung Franz Karmasin, 28. und 30.10.1969, BArch, B 162/4290,
   Bl. 1201-1240, hier: Bl. 1226; Dostal nannte sich später Dollmann. Kaiser: Politik,
   S. 170 f.
69 Zeugenvernehmung Hans Gmelin, 8.4.1964, BArch, B 162/28758, Bl. 50-54; SD-
   LA Wien an RSHA III B (Ehlich), 20.9.1943, IfZ-Archiv, SD-LA Wien, MA 650/1,
   Bl. 4970-4974; Vermerke SD-LA Wien (Böhrsch), 29.9.1943, 30.9.1943, 11.11.1943,
   BArch, R 70 Slowakei/370, unfol.; sowie Vermerk SD-LA Wien (Böhrsch), 3.12.1943,
   BArch, R 70 Slowakei/363, unfol.
70 Beschuldigtenvernehmung Franz Karmasin, 28. und 30.10.1969, BArch, B 162/4290,
   Bl. 1201-1240, hier: Bl. 1228 f.; Zeugenvernehmung Karl Hauskrecht, 31.3.1964,
   BArch, B 162/1825, Bl. 38-43, hier: Bl. 38 f.
71 Hauskrecht an Tuka, 4.9.1939, Yad Vashem Archives, M 5/37, Bl. 40-46; Secret Ser-
   vice in Aktion, in: Deutsche Stimmen, 11.5.1940, S. 3, SNA Bratislava, NS 136;
   Vermerk SD-LA Wien (Böhrsch), 3.12.1943, BArch, R 70 Slowakei/370, unfol.

ihrer Sicht wichtigsten Zeitthemen in der Slowakei für deutsche Interessenten erklärte. Es kam dabei durchaus vor, dass Hauskrecht über eigene antisemitische Reden berichten ließ, etwa im September 1941 anlässlich des neu erlassenen »Judenkodex«, als er »unter stürmischem Beifall der Anwesenden« gesprochen habe. Im Juli 1939 begann das DP-Hauptamt für Presse und Propaganda auch »Slowakische Pressebriefe« herauszugeben, die slowakische Zeitungen, wichtige Persönlichkeiten und die Kommandanten der Hlinka-Garde mit Informationen über das Deutsche Reich versorgen und »jüdischer Propaganda« über die schlechten Erfolgsaussichten des deutschen Krieges entgegenwirken sollten.[72] Zu den Sprachregelungen, die in »volksdeutschen« Presseerzeugnissen zu verwenden waren, sollte Hauskrecht täglich einen Boten von Gesandtschaftsrat Endrös in dessen Funktion als Berater beim slowakischen Propagandaamt empfangen, wie bei einer Besprechung mit Gmelin Ende August 1941 festgelegt wurde.[73]

Die wichtigste Teilorganisation der DP war die Freiwillige Schutzstaffel. Sie sollte nicht nur der Wehrerziehung dienen, sondern war als Kaderschmiede für zukünftige politische Leiter der DP konzipiert. Die Freiwillige Schutzstaffel sei »Kern der Volksgruppe« und »Stoßtrupp des Nationalsozialismus im Osten«, erklärte Karmasin bei einer Beförderung von Unterscharführern.[74] Die nach dem Vorbild der SA organisierte Schutzstaffel wurde nach der Autonomieerklärung der Slowakei im Oktober 1938 gegründet. Sie war Nachfolgerin der Karpatendeutschen Partei und des Freiwilligen Schutzdienstes der Sudetendeutschen, der auch in den slowakischen Gebieten seit Anfang 1938 gegen die tschechoslowakische Republik aktiv gewesen war. Vorgängerorganisation des Freiwilligen Schutzdienstes war ein Ordnerdienst, der sich aus Mitgliedern der KdP und Turnern rekrutierte.[75]

Die Freiwillige Schutzstaffel bestand aus Mitgliedern der Deutschen Partei im Alter von 18 bis 35 Jahren, die ihre »arische« Abstammung bis in die dritte Generation nachweisen mussten. Im Jahr 1942 zählte sie 7.500 Mitglieder. Zu ihren Hauptschwierigkeiten gehörte permanent der abnehmende Nachwuchs, da viele junge Männer zunächst als Arbeitskräfte ins Reich gingen und später zur Waffen-SS gerufen wurden. Eine Sonderstellung in der Freiwilligen Schutzstaffel nahm der Sturmbann-ET (Einsatztruppe) ein, der in erster

---

72 Deutsche Pressebriefe aus der Slowakei, 24.9.1941, Yad Vashem Archives, M 5/40, Bl. 77 ff.; Bericht Hauskrechts, 21.3.1940, BArch, R 70 Slowakei/7, Bl. 125 ff.
73 Aktenvermerk Gmelins für Endrös, 22.8.1941, PA AA, Pressburg 38.
74 Unsere FS – Kern der Volksgruppe, in: Deutsche Stimmen, 5.5.1940, SNA Bratislava, NS 136.
75 Walter Donath, der Landesführer-FS, war nebenbei auch Landesleiter des Deutschen Turn- und Sportverbandes, Bericht des Landesleiters des DTSV, 31.3.1940, SNA Bratislava, MV, Fond 125, kr. 4-1, Bl. 10.

Linie der Mobilisierung »Volksdeutscher« für die Waffen-SS diente. Zu diesem Zweck war er direkt vom SS-Hauptamt – unter Umgehung von Gesandtschaft und Auswärtigem Amt – aufgebaut worden. Daraus folgte eine direkte Unterstellung des Sturmbann-ET unter SS-Gruppenführer Ernst Kaltenbrunner in Wien. Der Leiter des Volkstumsreferats im Auswärtigen Amt, Legationsrat Triska, erfuhr von diesen Umständen erst im Januar 1943, während Gmelin bereits bei seinem Dienstantritt in der Slowakei von der SA-Gruppe Sudeten darüber unterrichtet worden war, die die finanzielle Ausstattung der Freiwilligen Schutzstaffel gewährleistete.[76]

Nachdem der Landesführer der Freiwilligen Schutzstaffel, Walter Donath, bei seinem Einsatz für die Waffen-SS im April 1943 an der Ostfront gefallen war, entbrannte ein Machtkampf zwischen Karmasin und dem »reichsdeutschen« SS-Hauptsturmführer Heinz Riegler, dem Führer des Sturmbann-ET. Mit Gmelins Unterstützung gelang es Karmasin, den SS-Einfluss zurückzudrängen und den Sturmbann-ET stärker an die Volksgruppenführung zu binden. Er ernannte den bisherigen Landesjugendführer Ferdinand Klug zum Landesführer der Freiwilligen Schutzstaffel und vereitelte damit Rieglers Versuch, sie als Ganzes unter seinen Befehl zu stellen. Lediglich ihre Unterstellung unter die Volksdeutsche Mittelstelle, die auf Rieglers Initiative hin in Berlin beschlossen worden war, konnte nicht rückgängig gemacht werden. Karmasins Oberbefehl über die Freiwillige Schutzstaffel wurde wenige Wochen später allerdings durch seine Ernennung zum Hauptsturmführer der Waffen-SS bestätigt.[77]

---

76 Michal Schvarc: Heimatschutz, medzi realitou a ilúziou (Organizácia a formovanie nemeckej domobrany) [Heimatschutz, zwischen Realität und Illusion (Organisation und Formation der deutschen Miliz)], in: Slovenská republika 1939-1945 očami mladých historikov III. (Povstanie roku 1944). Zborník príspevkov z tretieho sympózia Katedry histórie Filozofickej fakulty UCM Trnava. Lúka 21.-22. mája 2004 [Die Slowakische Republik 1939-1945 in den Augen junger Historiker III. (Der Aufstand im Jahr 1944). Beiträge zum dritten Symposium des Instituts für Geschichte an der Philosophischen Fakultät der UCM Trnava. 21.-22. Mai 2004], Trnava 2004, S. 301-325, hier: S. 301 f.; Kokorák: Minderheit, S. 184 f., 226 ff.; FS-Landesführungsbefehl 0/8-41, 28.2.1941, SNA Bratislava, MV, Fond 125 Deutsche Partei, kr. 27-8, Bl. 24; Aufzeichnung von Legationsrat Triska, die Unterstaatssekretär Luther vorgelegt wurde, 7.1.1943, abgedruckt in: ADAP, Serie E, Bd. V, Dok. 19, S. 34-39, hier: S. 36; Notiz Gmelins, 15.1.1941, PA AA, Pressburg 171; Thomas Casagrande u. a.: The Volksdeutsche. A Case Study from South-Eastern Europe, in: Jochen Böhler, Robert Gerwarth (Hrsg.): The Waffen-SS. A European History, Oxford 2017, S. 209-251, hier: S. 218 f.

77 FS-Landesführungsbefehl 0/54-42, 18.5.1942, SNA Bratislava, MV, Fond 125 Deutsche Partei, kr. 27-3, Bl. 2; Berger an Himmler, 30.4.1943, BArch, NS 19/1847, Bl. 5 f.; Vermerke SD-LA Wien (Herrmann), 19.5. und 7.6.1943, BArch, R 70 Slowakei/370, unfol.; SD-LA Wien (Böhrsch) an RSHA III B (Ehlich), 20.9.1943, IfZ-Archiv, SD-LA Wien, MA 650/1, Bl. 4970-4974; Bericht SD-LA Wien (Böhrsch) an RSHA III B (Ehlich), 20.9.43, BArch, R 70 Slowakei/336, Bl. 1-5.

Aufgrund ihrer starken rechtlichen Verankerung wurde die Freiwillige Schutzstaffel insgesamt weniger häufig Gegenstand von Aktivitäten des Volkstumsreferats. Die slowakische Regierung hatte am 21. Dezember 1939 zwei parallele gesetzliche Anordnungen über die Rechte und Pflichten der Hlinka-Garde und der Freiwilligen Schutzstaffel erlassen und beide Organisationen damit weitgehend einander gleichgestellt.[78] Als SA-Obersturmbannführer mit ausgiebiger Wehrsporterfahrung kontrollierte Gmelin die ordnungsgemäße Abnahme der SA-Wehrabzeichen bei der Freiwilligen Schutzstaffel. Das Abzeichen hatte sich zum Ausbildungsziel nationalsozialistischer Gewaltakteure im In- und Ausland entwickelt, wie bereits die Orientierung des Ausbildungsprogramms beim Sudetendeutschen Freikorps zeigte.[79] Im Ausbildungsprogramm der Freiwilligen Schutzstaffel war das erfolgreiche Ablegen des SA-Wehrabzeichens Voraussetzung, um die Scharführerprüfung zu bestehen, und hatte daher sogar einen höheren Stellenwert als in der SA.[80] Daneben gehörte es zu den Aufgaben des Volkstumsreferenten, die Freiwillige Schutzstaffel bei Versammlungen, Kundgebungen und Feierstunden an ihre Pflichten zu erinnern: »Der Führer hat befohlen, die deutsche Mannschaft des Südostens körperlich zu stählen, sie weiterzubilden, Gehorsam und Disziplin zu üben. Die Augen müssen immer auf das gigantische Werk des Führers gerichtet sein.« Gmelin erklärte auf diesem Schulungsabend der Freiwilligen Schutzstaffel im Oktober 1941, dass Deutschland »nach diesem gewaltigen Kriegsgeschehen endlich den Lebensraum gefunden haben [werde], der ihm gebührt«. Aus der »Zerrissenheit des deutschen Volkes« habe der Nationalsozialismus »ein willensmäßig einiges und geschlossenes Machtinstrument« gemacht. »Die deutsche Mannschaft im Südosten hat bereit zu sein, dem Befehl des Führers zu folgen.«[81]

Die Freiwillige Schutzstaffel der Karpatendeutschen bekam erst mit ihrer offiziellen Einschaltung in die Verfolgung und schließlich Deportation der slowakischen Juden ab Herbst 1941 eine Aufgabe, die über die innere Formierung der Volksgruppe hinausging. Gmelin verharmloste die paramilitärischen Formationen der Volksgruppe nach dem Krieg, indem er behauptete, diese hätten aufgrund der geringen Zahl der Slowakeideutschen und der dementspre-

78 Anordnung mit Gesetzesmacht über die Hlinka-Garde sowie Anordnung mit Gesetzesmacht über die Freiwillige Schutzstaffel und Deutsche Jugend, 21.10.1939, abgedruckt in: Herder-Institut (Hrsg.): Dokumente und Materialien zur ostmitteleuropäischen Geschichte. Themenmodul »Slowakei im Zweiten Weltkrieg«, bearb. von Stanislava Kolková, URL: https://www.herder-institut.de/resolve/qid/2765.html und https://www.herder-institut.de/resolve/qid/2767.html (letzter Zugriff: 27.11.2017).
79 S. dazu Dölling: Gewalttätigkeit, S. 251.
80 DGP an AA, 2.7.1941, PA AA, Pressburg 171; Unterlagen für die FS-Scharführerprüfung, August 1940, SNA Bratislava, MV, Fond 125 Deutsche Partei, kr. 27-5, Bl. 4 und 28 f.
81 Schulungsabend der FS, in: Grenzbote, 28.10.1941, BArch, B 162/28758, Bl. 34.

chenden Größe von Freiwilliger Schutzstaffel und Sturmbann-ET »mehr den
Charakter eines Spielzeugs gehabt«.[82]

Der zentrale Auftrag des Volkstumsreferenten war die Unterstützung »volksdeutscher« Anliegen und Beschwerden gegenüber slowakischen Stellen. Diese
Anliegen waren breit gefächert. Zum Teil wurden sie seitenlang und hochtra-
bend begründet, obwohl es sich nur um Kleinigkeiten handelte. In solchen Fällen liegt die Vermutung nahe, dass Interventionen auch dazu dienten, grundsätzliche Zwecke der Volksgruppe voranzutreiben, Druck aufzubauen oder
auszutesten, welche Möglichkeiten die politische Situation für den Umgang
mit der Gesandtschaft sowie den slowakischen Behörden in sich barg.[83] Es ist
nicht verwunderlich, dass der Gesandte Ludin sich mitunter nach Vorträgen
seines Volkstumsreferenten dazu entschied, wegen bestimmter Anliegen der
Deutschen Partei oder des Deutschen Staatssekretariats nicht bei den slowakischen Behörden zu intervenieren, auch wenn dies von »volksdeutscher« Seite
wiederholt gefordert wurde.[84] Im August 1941 schrieb Ludin an Unterstaatssekretär Luther, dass Bedenken gegen den Umbau des Burgviertels in Bratislava, die von »volksdeutscher« Seite geäußert wurden, unberechtigt seien. In
dem Stadtteil stünden zweifellos historisch wertvolle Gebäude, ein Umbau sei
aber durchaus angebracht, so Ludin, denn es »befindet sich dort auch das geradezu grauenhafte Judenviertel, in dem leider auch einige Deutsche wohnen.
Das Ganze ist sowohl vom ästhetischen wie vom hygienischen Standpunkt aus
eine durchaus unerfreuliche Angelegenheit.« Man solle »sich nicht unnötig
durch zweifellos übersteigerte volksdeutsche Interessen und Jeremiaden beeinflussen lassen«.[85]

Das alte Pressburger Judenviertel lag unterhalb der Burgruine vor der Stadt-
mauer. In einem Bericht über die soziale Lage der deutschen Jugend in der
Slowakei schrieb die Salzburger Jungmädelring-Führerin Liesl Bauernberger,

---

82 Aussage Hans Gmelins vor dem Militärgerichtshof IV, 18.6.1948, StA Nürnberg,
    KV-Prozesse, Fall 11, A87, Bl. 9485.

83 Im März 1941 brachte Karmasin der Gesandtschaft eine Beschwerde der deutschen
    Mitglieder des Beratungskörpers bei der Pressburger Stadtverwaltung zur Kenntnis.
    Der »schwerwiegendste Vorwurf«, der in dem Papier zur Sprache kam (das unter an-
    derem mit der historischen Gründung der Stadt durch Deutsche argumentierte), war
    der, dass slowakische Stellen ohne weitere Absprache ein Rettungsauto für die Feuer-
    wehr bestellt hatten. Karmasin an Ludin, 1.3.1941, PA AA, Pressburg 169.

84 So zum Beispiel im Juli 1942, nachdem von »volksdeutscher« Seite mehrfach Be-
    schwerden eingegangen waren über die vom Innenministerium verfügte Zwangs-
    ausweisung eines »Volksdeutschen«, der zurück in seine Heimatgemeinde geschickt
    worden war. Er hatte versucht, angeblich deutschstämmige Slowaken zum Partei-
    wechsel von der HSĽS zur DP zu überreden und ihre Kinder in deutsche Schulen zu
    schicken. Gmelins negative Mitteilung an das Deutsche Staatssekretariat, 20.7.1942,
    PA AA, Pressburg 169.

85 Ludin an Luther, 13.8.1941, PA AA, R 27659, E085955.

dass die »Stadtteile Dornkappel und Judenviertel [...] noch heute von vielen Volksdeutschen bewohnt [seien], die unter den elendsten Verhältnissen wohnen. Sie wohnen hauptsächlich in den Kellerwohnungen des Judenviertels und in Dornkappel in Bretterbuden, die in Erdgruben gestellt sind, mit Dachpappe gedeckt. Doch gerade diese Leute haben die meisten Kinder, sind aber die ärmsten.« Neben dem Rassismus und Sozialchauvinismus, der in Ludins Aussage zutage tritt, wird hier der Blick auf die wirtschaftliche Not vieler Angehöriger der deutschen Minderheit gelenkt. Nicht nur in der Hauptstadt, sondern besonders in agrarisch, handwerklich oder proletarisch geprägten deutschen Siedlungen im Hauerland und Teilen der Zips herrschte erhebliche Armut unter der Bevölkerung.[86]

Der Volkstumsreferent griff aufgrund dieser ökonomischen Schwierigkeiten in den »volksdeutschen« Siedlungsgebieten immer wieder ein, geriet in diesem Zusammenhang aber auch in Konflikte mit der Volksdeutschen Mittelstelle und Karmasin. Im September 1941 kam es zu einem Engpass in der Lebensmittelversorgung im Hauerland. Gmelins Volkstumsreferat konnte die Situation für die dort lebenden »volksdeutschen« Gemeinden bald erheblich bessern, indem durch Gesandtschaftskanäle Einfluss auf das slowakische Verteilungssystem genommen wurde. Inzwischen hatte die von Karmasin alarmierte Volksdeutsche Mittelstelle eine großangelegte Hilfsaktion geplant, die die Transferierung eines Millionenbetrags vorsah. Die Gesandtschaft weigerte sich aber, bei slowakischen Stellen eine Ausnahme in der Verteilungsorganisation durchzusetzen. Die ebenfalls unter der Notlage leidende slowakische und ungarische Bevölkerung werde dadurch so deutlich benachteiligt, dass die Feindpropaganda leichtes Spiel habe zu behaupten: »Die Slowaken arbeiten für den deutschen Magen.« Das geplante Vorgehen sei zudem geeignet, bei der Volksgruppe den Glauben zu wecken, dass laufende größere Zuwendungen aus dem Reich eine Selbstverständlichkeit seien. Tatsächlich wolle man die Volksgruppe aber dazu veranlassen, sich wirtschaftlich stärker auf eigene Kräfte zu stützen. Karmasin sei im Übrigen mehrfach nahegelegt worden, »sich vermehrt mit volksdeutschen Kräften an der Gesamtverwaltung des slowakischen Staates zu beteiligen«. Das sei mit dem Argument des Personalmangels bisher unterblieben.[87]

---

86 Bauernberger an von Killinger, Bericht über die soziale Lage der volksdeutschen Jugend in der Slowakei, 20.11.1940, PA AA, Pressburg 38; Kokorák: Minderheit, S. 33, 35, 38 f.; Hoensch: Voraussetzungen, S. 283 f., 286; Tönsmeyer: Das Dritte Reich, S. 317.

87 Gmelin an die deutsche Volksgruppenführung, 11.9.1941; DGP an AA, 19.9.1941; DGP an AA D IX, 13.10.1941 (Abgangsdatum, das eigentliche Schreiben ist falsch datiert); VoMi (Rimann) an AA D IX (Reichel), 22.9.1941; von Schulmann an Gmelin, 7.10.1941; Gebert an Gmelin, 8.10.1941, PA AA, Pressburg 38.

Im Kontrast zu dieser Meinungsverschiedenheit waren sich alle deutschen Stellen im Frühjahr 1942 über die Notwendigkeit einig, die »volksdeutschen« Erzieher in der Slowakei, deren wirtschaftliche Notlage sie zum Nebenverdienst zwang, zu unterstützen. Wie Gmelin an Triska schrieb, werde die Hilfe für die Lehrer »der Deutschen Schule in der Slowakei einen im Augenblick noch nicht übersehbaren neuen Auftrieb geben«. Die Lehrer seien dann in der Lage, »sich stärker als bisher in der politischen Aufgabe der Volksgruppe zu betätigen«.[88]

Der endgültig positive Wendepunkt in den Beziehungen zwischen Volkstumsreferat und Volksgruppenführung war in der gemeinsamen Abwehr einer »Meuterei« gegen Karmasin im Herbst 1942 erreicht. Ein aus der Zips stammender Prager Student und Aktivist in der Studentenschaft, der zudem im Dienst des Prager SD stand, hatte einen Brief an den Reichsstudentenführer Gustav Adolf Scheel geschrieben, in dem er sich massiv über die Volksgruppenführung und Karmasin beschwerte und dessen Abberufung nahelegte. Obwohl dem Studenten Egon Kehler und seinen Unterstützern beim SD in Prag klar war, dass der Reichsstudentenführer »im Kriege« von seinem Schützling Dr. Ulrich Gmelin, dem Bruder des Volkstumsreferenten der Deutschen Gesandtschaft Pressburg, vertreten wurde, war man offenbar der Auffassung, Scheel direkt erreichen zu können. Der Brief gelangte dann tatsächlich an Hans Gmelin statt an Scheel, und er kam sehr schnell zu dem Schluss, dass es sich um eine geplante Aktion des Prager SD handelte. Der Student war als V-Mann in Prag dem SD-Mitarbeiter Heinz Lämmel zugeteilt worden, der im Vorjahr die SD-Dienststelle in Pressburg, unter anderem wegen anhaltender Feindseligkeiten gegen die deutschen Diplomaten, schließen musste.

Gmelin lud den Studenten Kehler in der Gesandtschaft vor und forderte den SD-Leitabschnitt Wien zur Stellungnahme auf. Am 20. Oktober 1942 fand eine abschließende Besprechung zwischen den führenden Mitarbeitern des SD-Leitabschnitts Wien und Gmelin sowie Gesandtschaftsrat Endrös statt. Gmelin bezichtigte den Prager SD-Mann Heinz Lämmel und den dortigen Dienststellenleiter Walter Jacobi der Stimmungsmache gegen Karmasin unter Beauftragung des Studenten Kehler, was von den drei Herren des Wiener SD abgestritten wurde. Gmelin betonte, der Angelegenheit keinen offiziellen Anstrich geben zu wollen, sondern eine interne Lösung anzustreben. Er betonte den Wunsch der Gesandtschaft, dass sich der Prager SD aus der Politik in der Slowakei heraushalte und ausschließlich der SD-Leitabschnitt Wien die nachrichtendienstliche Zuständigkeit für die Slowakei ausübe, da man hier die besten Erfahrungen in der Zusammenarbeit gemacht habe. SS-Hauptsturmführer Ernst Chlan machte daraufhin den Vorschlag, in Zukunft monat-

---

88 DP-Hauptamt für Kultur (Friedl) an Gmelin und Gmelin an AA D VIII (Triska), 18.4.1942 und 28.5.1942, PA AA, Pressburg 41.

lich dem Gesandten Vortrag zu erstatten und darüber hinaus regelmäßige Besprechungen mit Gmelin abzuhalten. Damit zeigten sich die beiden Gesandtschaftsräte sehr einverstanden, und Gmelin sicherte dem SD für die Zukunft jede Unterstützung zu.[89]

Karmasin begriff die Aktion des SD-Leitabschnitts Prag im Zusammenhang mit schon länger bestehenden Bemühungen von Teilen des SD im Reich, ihn zu entmachten oder wenigstens seine Führungsebene einer politischen Säuberung zu unterziehen. Er beurteilte die Situation nun als einen »Totalangriff gegen die gesamte Volksgruppe«.[90] Umso mehr hatte Gmelins Umgang mit dieser Affäre zur Folge, dass sich Karmasin der Unterstützung durch die Gesandtschaft in Zukunft sicher war. Ein weiteres Ergebnis der Angelegenheit war, dass Gmelin begann, eine dauerhafte Verbindung zum SD-Leitabschnitt Wien aufzubauen, die sich in den folgenden Jahren und besonders mit dem Slowakischen Nationalaufstand 1944 intensivieren sollte.

Der Hauptgrund für die »Rebellion« gegen Karmasin ist in der Verärgerung über die Schließung der unabhängigen Käsmarker Wochenzeitung *Karpatenpost* zu finden. Die Zeitung war bis 1942 das einzige deutsche Presseorgan, das außerhalb des Einflussbereichs der Deutschen Partei in der Slowakei existierte. Wiederholte Versuche Karmasins und seines Pressehauptleiters Hauskrecht, sich die Zeitung zu unterwerfen, schlugen fehl. Die *Karpatenpost* verfolgte in den meisten Themenbereichen eine nationalsozialistische Linie, die sich an den Propagandaerzeugnissen orientierte, die vom Volksbund für das Deutschtum im Ausland und von der Gesandtschaft zur Verfügung gestellt wurden. Sie vertrat aber in einigen Artikeln auch eine »deutschungarische« Linie, die den Ansichten der teils ungarisch assimilierten, teils regionalistisch orientierten Zipser Deutschen entsprach und gelegentlich mit Kritik an der Deutschen Partei verbunden war. Als im April 1942 erneut Artikel erschienen, die Karmasin missfielen, ließ er die Zeitung durch das slowakische Innenministerium einstellen, nachdem er über Gmelin Ludins Einverständnis eingeholt hatte. Gmelin hatte sich daraufhin noch mehrmals mit dem Herausgeber und den Unterstützern des Blatts auseinanderzusetzen, aber die Gesandtschaft unterstützte klar den Gleichschaltungskurs Karmasins und Hauskrechts.[91]

---

89 Kehler an Reichsstudentenführer Scheel, 9.9.1942, PA AA, R 100953, unfol.; SD Pressburg (Urbantke) an SD-LA Wien III B (Herrmann), 2.10.1942, BArch, R 70 Slowakei/6, Bl. 30 f.; SD-LA Wien (Chlan) an SD-LA Prag, 9.10.1942, ebd., Bl. 39; SD-LA Prag (Jacobi) an RSHA III B (Hummitzsch) und SD-LA Wien (Chlan/Böhrsch), 10.10.1942, ebd., Bl. 41 f.; SD-LA Prag (Jacobi) an RSHA III B (Hummitzsch) und SD-LA Wien (Chlan), 20.10.1942, ebd., Bl. 38; Vermerk SD-LA Wien, 20.10.1942, BArch, R 70 Slowakei/60, Bl. 237 f.; DGP an AA, 17.10.1942, PA AA, R 100953, unfol.

90 Karmasin an VoMi, 30.9.1942, PA AA, R 100953, unfol.

91 Kokorák: Minderheit, S. 248-251; Karmasin an VoMi, 30.9.1942, PA AA, R 100953.

Auch unter Gesandtschaftsmitarbeitern wurde die Zips als »magyaronisch verseucht« betrachtet, wie eine Bemerkung in der Antwort des Wirtschaftsberaters Erich Gebert auf eine Anfrage Gmelins im April 1943 zeigte. Die Gesandtschaft pflegte zwar immer wieder losen Kontakt zum Volksgruppenführer der ungarischen Minderheit in der Slowakei, János Esterházy, sah aber eine etwaige Häufung ungarischer Besuche gerade in der Zips als Gefahr für die dortigen Deutschen und die politische Gesamtsituation an. Gebert kam zu dieser Einschätzung, weil er der Auffassung war, dass sich »ein Grossteil der Gäste zweifellos aus Juden rekrutiert«. Gmelin beauftragte daraufhin Polizeiattaché Franz Goltz mit der Überprüfung der Erklärung offizieller slowakischer Stellen, dass nur 500 Einreisevisa an Ungarn vergeben würden und Juden überhaupt keine Visa bekämen.[92] Zwei Jahre zuvor entschied Gmelin, eine Initiative von János Esterházy nicht zu beachten, der die Gesandtschaft gebeten hatte, auf eine bessere Behandlung der in der Zips lebenden Ungarn durch die deutsche Volksgruppe hinzuwirken.[93]

Der rassistische »Volkstumskampf« der deutschen Minderheit und ihrer »reichsdeutschen« Unterstützer äußerte sich etwa in der Forderung, Reisevisa für ungarische Staatsbürger zu begrenzen, im Ringen um deutsche Schulen mit der slowakischen Regierung oder in der Kampagne für das »richtige« Volkstumsbekenntnis und die »Rückvolkung«. Am heftigsten richtete sich der Rassismus gegen die Juden der Slowakei, was sich nicht nur in den Presseerzeugnissen Karl Hauskrechts zeigte. Auch innerhalb der Volksgruppe wurde mit Gewalt und Repression gegen Abweichler und »Unerwünschte« vorgegangen. Das betraf im Besonderen politische Gegner und sogenannte Gemeinschaftsfremde – wobei diese Kategorien zuweilen fließend ineinander übergingen. Die Bedeutung des Topos der »Vermischung« für den Rassendiskurs seit dem 19. Jahrhundert[94] wird gerade im »Volkstumskampf« außerhalb des deutschen Kernsiedlungsgebiets deutlich, wo Assimilation oder »Degeneration« der »Erbmasse« durch »Vermischung« und damit der vermeintliche Verlust der völkischen und »rassischen« Identität noch stärker drohten. Tatsächlich wurde diese Identität erst durch die Praktiken der Abgrenzung und die »Pflege« der Gemeinschaft hergestellt. Dazu gehörten die Dienste und Aktivitäten in den Parteiverbänden der DP, die bei den Mitgliedern ein Gefühl der gemeinschaftlichen »Selbstermächtigung« entfachten, das in die Bemühungen um »Rückvolkung« und die gewaltsame Ausgrenzung des »Fremden« und »Unerwünschten« mündete. Das Paradigma des »Volkstumskampfs« als primärer Interpretationsrahmen für

---

92 Vermerke Geberts für Gmelin, 5.4.1943 und 6.4.1943, sowie handschriftliche Notiz Gmelins für Goltz, 7.4.1943, PA AA, Pressburg 37 unfol.; SD-Bericht (Wahl), 17.11.1943, BArch, R 70 Slowakei/60, Bl. 454; SD-Bericht, 18.4.1944, ebd., Bl. 489.
93 Notiz der Sekretärin des Gesandten (Benda), 7.8.1941, PA AA, Pressburg 38.
94 Geulen: Wahlverwandte, S. 62.

Auseinandersetzungen führte auch dazu, dass politisch oppositionelle Handlungen und Strömungen fast immer dem negativen Einfluss einer oder mehrerer Volksgruppen in der Slowakei zugeordnet wurden – in der Regel Juden, Tschechen, Ungarn oder »Magyaronen«. Das galt in verstärktem Maße für die Zeit nach dem Ausbruch des Slowakischen Nationalaufstands ab Herbst 1944.[95]

Dieser Interpretationsrahmen zeigte sich auch im Umgang mit dem kommunistischen Widerstand in der Slowakei. In der Tschechoslowakei der Zwischenkriegszeit war die Kommunistische Partei die einzige größere Partei, die multinational organisiert war. Inmitten der starken nationalen Bewegungen dieser Zeit war sie damit besonders für kleinere Volksgruppen attraktiv. Auf dem Gebiet der späteren Slowakei waren daher überdurchschnittlich viele Ungarn, Juden und auch Deutsche Mitglieder der Kommunistischen Partei.[96] Gesandtschaftsmitarbeiter waren wiederholt in die Verfolgung kommunistischer Propaganda involviert. Im Oktober 1941 wies Gmelin Konsul Woinovich in Prešov an, von der Deutschen Partei bei einem tschechischen Professor in Leutschau (Levoča) beschlagnahmtes Propagandamaterial »jüdischer Komsomolzen« dem Abwehroffizier der Deutschen Heeresmission in Prešov, Leutnant Ovszarek, zu übergeben.[97] Gmelin beteiligte sich zudem an Nachforschungen zu den Besitzverhältnissen einer Firma, in der es nach einem Bericht der Abwehrstelle wiederholt zu »kommunistischen Umtrieben« gekommen sei.[98] In einem weiteren Fall im Juni 1942 schrieb Gmelin an den Ortsleiter der Deutschen Partei in Glaserhau (Sklené), dass nicht näher genannte Vorwürfe, die dieser gegen zwei »Volksdeutsche« erhoben habe, nicht haben bestätigt werden können. Allerdings sei festgestellt worden, dass einer von beiden »als kommunistisch gesinnte Person bekannt ist«. Eine »weitere Überwachung der Vorgänge« sei angeordnet.[99]

Neben politischer Abweichung wurde auch sexuelle Abweichung in der deutschen Volksgruppe verfolgt. Im Februar 1942 wurde ein »Volksdeutscher« aus dem engsten Familienkreis heraus bei der Deutschen Partei wegen Vergehen

---

95 Der Deutsche Befehlshaber gab während des Aufstands Ende September 1944 einen Befehl heraus, dem zufolge »[b]ei Anschlägen gegen deutsche Belange durch die Zivilbevölkerung […] sich die notwendigen Gegenmassnahmen […] nur gegen deutschfeindliche Elemente zu richten« haben. Dazu zählen »in erster Linie Juden, Tschechen, Kommunisten, Slowaken evangelischen Glaubens«. Witiska an EK 13 und 14, 24.9.1944, BArch, R 70 Slowakei/170, Bl. 12 f. Diese »völkische Deutung« politischer Gegnerschaft steht auch im Zusammenhang mit der Identifikation von Juden mit Partisanen, s. dazu Gerlach: Mord, S. 279 ff.

96 Jahn: Vertretung, S. 206.

97 Woinovich an DGP, 16.10.1941; Gmelin an Woinovich, 24.10.1941, PA AA, Pressburg 169.

98 Abwehrstelle im Wehrkreis XVII an DGP (Grüninger), 12.11.1942, SNA Bratislava, Fond S, kr. 6 (S-47-72), Bl. 277.

99 Gmelin an Ortsleiter der DP Glaserhau, 20.6.1942, PA AA, Pressburg 36.

gegen den Homosexuellen-Paragraphen 175 denunziert. Der zuständige Kreisgeschäftsführer leitete den Fall weiter, ergänzt um die Bemerkung, der betreffende Hilfsarbeiter und Kameradschaftsleiter einer Pressburger Ortsgruppe sei »teilweise arbeitsscheu«. Zwei Wochen später legte Gmelin dem Gesandten den Fall zur Entscheidung vor, »ob K. in Deutschland oder in der Slowakei wegen Paragraph 175 abgeurteilt werden soll«. Karmasin wolle nach dem »Fall Kowal« von einer Überstellung ins Reich nichts wissen. Gmelin erklärte, er »teile aus grundsätzlichen Erwägungen seine Ansicht«. Gegen eine Aburteilung in der Slowakei könne allerdings sprechen, dass im Reich »eine viel eingehendere Bekämpfung« der Paragraph-175-Fälle stattfinde »und damit die Unschädlichmachung des K. sicher steht«, argumentierte Gmelin weiter.[100] Ludin, der den Fall im April an das Auswärtige Amt meldete, riet Karmasin letztlich zur Ahndung der »Verfehlungen« in Wien. Er erklärte, dass Karmasin die betreffende Person inzwischen ihrer Position als politischer Leiter enthoben habe und der Verdächtige seitdem »genaustens überwacht« werde. »Damit ist dafür Sorge getragen, dass er nicht die Gelegenheit hat, sich in der nächsten Zeit im Sinne seiner Veranlagung zu betätigen«, so Ludin weiter.[101]

Mit dem »Fall Kowal« war eine seit Herbst 1941 stattfindende und noch andauernde Ermittlung des Wiener SD gegen einige Angehörige der Volksgruppe gemeint, denen ebenfalls Vergehen gegen den Paragraphen 175 nachgesagt wurden. Darunter befanden sich auch engste Mitarbeiter Karmasins aus der DP-Hauptleitung, wie Schatzmeister Leo Kowal und Hauptorganisationsleiter Julius von Marsó, die laut Karmasin von dem eigentlichen Homosexuellen, dessen Verhaftung und Verschleppung nach Wien er selbst erwirkt hatte, unrechtmäßig denunziert worden seien. Marsó behauptete nach dem Krieg, es sei eine gezielte politische Aktion gewesen, und gewisse Stellen im Reich hätten am liebsten Karmasin selbst loswerden wollen. Die angebliche Homosexualität sei nur ein Vorwand gewesen, um politisch missliebige DP-Leute zu entfernen.[102]

Die These, der Vorwurf der Homosexualität sei nur zur Verschleierung von Säuberungen gegen politische Abweichler verwendet worden, hat auch Eingang in die frühe historische Forschung zur Homosexuellenverfolgung im Nationalsozialismus gefunden. Auch wenn in einigen prominenten Fällen tatsächlich andere Zwecke erreicht werden sollten, so verstellte die Wahrnehmung der Homosexuellenverfolgung als »Vorwand« einerseits den Blick auf die breit angelegte Verfolgungskampagne gegen gleichgeschlechtliche sexuelle Orien-

---

100 Aktenvermerk des DP-Kreisgeschäftsführers Pressburg Stadt, 6.2.1942, und Notiz Gmelins für Ludin, 20.2.1942, PA AA, Pressburg 36.
101 Ludin an AA, 19.4.1942, PA AA, R 100952, E232948.
102 Karmasin an VoMi, 28.11.1941, von Gmelin an Ludin gegeben, 29.11.1941, PA AA, R 100952, unfol.; Zeugenvernehmung Julius Marsó, 24.4.1968, BArch, B 162/4287, Bl. 991-999, hier: Bl. 997f.

tierungen und war geeignet, die Gewalterfahrung ihrer Opfer abzuwerten.[103] Zugleich entstand andererseits ein Mythos vom »schwulen Nazi«, der eng mit der SA verknüpft wurde, seinerseits bis in die Nachkriegshistoriographie hineinreichte und ebenfalls zur Marginalisierung der Erfahrung verfolgter Homosexueller beitrug.[104] Der »Röhm-Putsch« ist ein deutliches Beispiel dafür, dass der Homosexualitätsvorwurf als »Vorwand« und als Ausdruck unmittelbarer Antihomosexualität für das NS-Regime nutzbringende Verbindungen eingehen konnte. Neben der vermeintlichen Verschwörung in der SA war der Vorwurf der Homosexualität der einzige in der Propaganda verwendbare Anlass für den Schlag gegen die SA-Führung, da der interne Machtkampf zwischen SA und Reichswehr sich für öffentliche Erklärungen nicht eignete. Wenn also hier der »Vorwand« durchaus eine Rolle spielte, so ist es bemerkenswert, dass gerade die propagandistisch ausgeschlachtete Szene des angeblich in flagranti erwischten SA-Führers Edmund Heines das Fanal für die allgemeine Verfolgung von Homosexualität im »Dritten Reich« darstellte, die von jetzt an der »rücksichtslosen Ausrottung« anheimfallen sollte, wie das Deutsche Nachrichtenbüro Hitler zitierte. Die Verfolgung Homosexueller hatte zwar schon unmittelbar nach der Machtübernahme begonnen, allerdings mit viel geringerer Energie als die Aktionen gegen Juden und politische Gegner. Diese Tatsache ist nicht zuletzt darauf zurückzuführen, dass Ernst Röhm Forderungen nach einem verschärften Vorgehen gegen »Sittenverstöße« entschieden abwehrte. Erst mit dem »Röhm-Putsch« nahmen antihomosexuelle Maßnahmen und Propaganda erheblich zu.[105]

Im Fall der Ermittlungen gegen die Hauptleiter der Deutschen Partei scheint eine ähnliche Mischung aus antihomosexueller Verfolgung und der Verschleierung politischer Entmachtungsbestrebungen in Gang gesetzt worden zu sein. Der »reichsdeutsche« Repressionsapparat hatte nur begrenzte Möglichkeiten, sich politischer Funktionäre im Ausland zu entledigen, die ihr Vorgesetzter auf ihrem Posten halten wollte. Das traf sich mit der grundsätzlichen Überzeugung Karmasins und Ludins, dass es für das Ansehen der Volksgruppe in der Slowakei äußerst schädlich sei, wenn politische Leiter der DP in der Slowakei wegen Homosexualität abgeurteilt würden. Daher begrüßten sie im Prinzip eine

103 Vgl. Alexander Zinn: »Das Glück kam immer zu mir«. Rudolf Brazda – das Überleben eines Homosexuellen im Dritten Reich, Frankfurt am Main, New York 2011, S. 18.

104 Siemens: Stormtroopers, S. 172-175; Andreas Pretzel: Schwule Nazis. Narrative und Desiderate, in: Michael Schwartz (Hrsg.): Homosexuelle im Nationalsozialismus. Neue Forschungsperspektiven zu Lebenssituationen von lesbischen, schwulen, bi-, trans- und intersexuellen Menschen 1933 bis 1945, München 2014, S. 69-76.

105 Burkhard Jellonnek: Homosexuelle unter dem Hakenkreuz. Die Verfolgung von Homosexuellen im Dritten Reich, Paderborn 1990, S. 82 f., 95 ff., 110-115.

Ahndung durch Stellen im Reich, während Karmasin die Entführung seiner Mitarbeiter natürlich ablehnte. Als die Festnahme und Verschleppung »volksdeutscher« slowakischer Staatsbürger ins Reich nicht mehr nur Einzelfälle betraf, erweckte dieses Vorgehen auch den Ärger der slowakischen Behörden, wie Ludin in einem Schreiben an Luther mitteilte.[106] Legationsrat Triska merkte 1943 an, es sei die gleichzeitig von mehreren SS-Dienststellen betriebene »ungünstige Personalpolitik« gewesen, die zu Festnahmen in der Volksgruppenführung geführt habe. Die Formulierung »ungünstige Personalpolitik« lässt möglicherweise bewusst die Frage offen, ob davon Betroffene aufgrund ihrer politischen oder ihrer sexuellen Orientierung als »ungünstig« betrachtet wurden.[107]

Marsós Auslegung der Ereignisse als politische Säuberungsaktion unter dem Vorwand der Homosexuellenverfolgung ist allerdings nicht leicht von der Hand zu weisen. Ein nicht geringer Teil der sudetendeutschen Führungsriege war bereits 1939 unter der Anschuldigung einer »planmäßigen Zersetzung des sudetendeutschen Volkskörpers«, wie es der Chef der Sicherheitspolizei und des SD, Reinhard Heydrich, ausdrückte, verhaftet worden. Der dabei massenhaft erhobene Vorwurf homosexueller Aktivitäten war eindeutig aus politischen Interessen vorgeschoben, denn die meisten Verhafteten waren ehemalige Aktivisten des Kameradschaftsbundes (KB), dem eine Nähe zu den ständestaatlichen Ideen Othmar Spanns nachgesagt wurde. Für Henlein war die Säuberungsaktion ein Desaster, das sein ganzes politisches Umfeld in »Verruf« brachte. Einer der Hauptverantwortlichen für die Aktion gegen die Sudetendeutschen vor Ort war der Leiter des SD-Leitabschnitts Prag, Walter Jacobi.[108] Aus diesem Grund begab sich Karmasin, der ebenfalls ehemaliges KB-Mitglied war, nach der Festnahme seiner Leute durch den Wiener SD im Frühjahr 1942 nach Berlin, um zu erfahren, ob es sich um eine Aktion handle, die seine Absetzung als Volksgruppenführer zum Ziel habe. Als Jacobi und der Prager SD ein halbes Jahr später tatsächlich unter Einsatz des Zipser Studentenaktivisten Egon Kehler gegen Karmasin agierten, stellte dieser sofort erneut den Zusammenhang her und erkundigte sich bei der Volksdeutschen Mittelstelle, ob sein Verbleiben gewünscht sei und man gegen die Aktion des Prager SD vorgehen werde oder ob er seinen Posten zu räumen habe. Bei seinem Besuch in Berlin 1942, den er zur Klärung der 175er-Vorwürfe gegen seine Hauptleiter unternahm, wurde ihm die Zusage abgenommen, dass er einen Großteil seiner Parteileitung

---

106 Ludin an Luther, 4.12.1941, PA AA, R 100952, unfol.; Karmasin an VoMi, 28.11.1941, von Gmelin an Ludin gegeben, 29.11.1941, ebd.
107 Aufzeichnung von Legationsrat Triska, die Unterstaatssekretär Luther vorgelegt wurde, 7.1.1943, abgedruckt in: ADAP, Serie E, Bd. V, Dok. 19, S. 34-39, hier: S. 36.
108 Zimmermann: Die Sudetendeutschen, S. 236-240.

austauschen werde.[109] Im SD lief diese Maßnahme unter dem Begriff »Sonderaktion gegen die Deutsche Partei«. Der Volksdeutschen Mittelstelle zufolge sollte der Austausch der Hauptleiter nach und nach geschehen, um Unruhe in der deutschen Minderheit zu vermeiden. Während Karmasin und Gmelin, was den Austausch der Hauptleiter anbelangte, dem SD zustimmten, ist davon auszugehen, dass die zeitliche Unbestimmtheit der Maßnahmen als Hintertür genutzt wurde, um die »Sonderaktion« letztlich zu hintertreiben. Marsó war noch über ein halbes Jahr später mit der »Abwicklung« seiner Hauptleiterstelle beschäftigt, und die meisten anderen Hauptleiter meldeten sich nach und nach ohnehin zur Waffen-SS, sodass sich die Angelegenheit weitgehend von selbst erledigte.[110]

Für den DP-Schatzmeister Kowal nahm die Sache ein schlechtes Ende. Er und einige andere Mitglieder der Volksgruppe wurden in ein Konzentrationslager eingewiesen. Um die Freilassung des geständigen Homosexuellen Kowal kümmerte sich fortan weder die Volksgruppe noch der Volkstumsreferent. Anders sah es im Fall eines ehemaligen Gesandtschaftsmitarbeiters aus, der aus der Sicht der Gesandtschaft zu Unrecht der Homosexualität beschuldigt worden war. Gmelin sprach sogar mehrfach zu seinen Gunsten im Reichssicherheitshauptamt in Berlin vor, und Ludin erreichte schließlich die Freilassung aus deutscher KZ-Haft.[111]

Die Verfolgung nach Paragraph 175 unter den »Volksdeutschen« in der Slowakei scheint also beiden Zwecken gedient zu haben: DP-Führer unter Druck zu setzen und aus dem Verkehr zu ziehen, die unter dem Verdacht standen, politisch unzuverlässig zu sein, und gezielt gegen sogenannte krankhaft Veranlagte nach rassenpolitischen Maßstäben vorzugehen. In Karmasins Intervention für Marsó, die er an die Volksdeutsche Mittelstelle sandte, kam dies deutlich zum Ausdruck. Er verwahrte sich dagegen, »dass diese kriminellen Dinge mit der politischen Beurteilung meiner Mitarbeiter« in Zusammenhang gebracht würden, und erklärte zugleich, dass er »auch weiterhin das brennendste Interesse daran [habe], dass krankhaft Veranlagte nicht nur aus exponierten Stellen,

---

109 Karmasin an VoMi, 30.9.1942, PA AA, R 100953, unfol.; Triska an VoMi, 30.4.1942, PA AA, R 100952, E232946f.; Tobias Weger: »Volkstumskampf« ohne Ende? Sudetendeutsche Organisationen 1945-1955, Frankfurt am Main 2008, S. 605.

110 VoMi an AA D VIII, 6.7.1942, PA AA, R 100952, E232937f.; SD-LA Wien an RSHA III B (Ehlich), 20.9.1943, IfZ-Archiv, SD-LA Wien, MA 650/1, Bl. 4970-4974; Vermerk SD-LA Wien (Herrmann), 7.2.1943, BArch, R 70 Slowakei/370, unfol.; SD in Pressburg (Urbantke) an SD-LA Wien (Herrmann), 21.8.1942, BArch, R 70 Slowakei/6, Bl. 21 f.

111 RSHA an AA, 3.6.1942, PA AA, R 100952, E232942; Ludin an SS-Gruf Müller, 12.4.1943, ebd., unfol.; Eidesstattliche Erklärung Wolfgang Mühlbergers im Spruchkammerverfahren Hans Gmelins, 10.6.1948, StA Sigmaringen, Wü 13 T 2, Nr. 2108/068.

sondern überhaupt aus der Volksgruppe ausgeschieden werden«. In beiden Anliegen wurde er tatkräftig von der Gesandtschaft unterstützt.[112]

Gleiches galt für die »Aussiedlung« von 623 sogenannten Asozialen deutscher Volkszugehörigkeit, für die sich Karmasin im Sommer 1942 bei Himmler persönlich bedankte. Die Gesandtschaft habe sich für diese Aktion besonders stark eingesetzt.[113] Einem Bericht des Beauftragten der Volksdeutschen Mittelstelle zufolge handelte es sich um »Familien mit asozialem Elternteil, schwererziehbare Jugendliche, arbeitsunfähige und kranke, alleinstehende Personen«. Die Gesandtschaft und die Volksgruppenführung hätten »[d]ie Tatsache, daß volksdeutsche Männer unter slowakischen Aufsehern als Straßenkehrer in Preßburg arbeiten, und das Vorhandensein von arbeitsscheuen und asozialen Elementen deutscher Abstammung [...] als untragbar für das Ansehen des Deutschtums und störend für die Aufbauarbeit der Volksgruppe empfunden«. Der Großteil der 600 bis 800 Personen aus dem ganzen Land, die nach Schätzung der Gesandtschaft zu den »Asozialen« der Volksgruppe zählten, wurde mit einem Schiff auf der Donau nach Krems in Österreich gebracht. Von dort wurde eine Anzahl in Anstalten eingeliefert und ermordet, die Übrigen wurden in Lager gebracht und zur Zwangsarbeit herangezogen. Nur eine verschwindend geringe Anzahl erhielt als »Umsiedler« eine Chance auf Einbürgerung.[114] Das Volksgericht in Bratislava, das Karmasin nach dem Krieg in Abwesenheit zum Tode verurteilte, legte ihm unter anderem diese Deportation und deren tödliche Folgen zur Last. Die Außenstelle Krems des SD-Leitabschnitts Wien beklagte im August 1942 den unklaren Status der Deportierten und dass der Großteil dieser »Idioten, Halbidioten und Asozialen« nach seiner Ankunft in Krems zunächst vom Gaueinsatzleiter Kubelka im Stift Göttweig untergebracht worden sei. Die »schlimmsten Fälle« seien zwar bereits in »Narrenanstalten« abtransportiert worden, aber der Gaueinsatzleiter Kubelka sei »wahrscheinlich nicht hart genug, [...] die vollkommen wertlosen Menschen sofort herauszusuchen um sie vernichten zu lassen«.[115]

---

112 Karmasin an VoMi, 28.11.1941, von Gmelin an Ludin gegeben, 29.11.1941, PA AA, R 100952, unfol.

113 Zu diesem Vorgang s. Schvarc: »Heim ins Reich« und ders.: Die Aussiedlung der sog. »Asozialen« deutscher Volkszugehörigkeit aus der Slowakei Ende Juli 1942, in: Bohumila Ferenčuhová, Jean-Louis Georget (Hrsg.): Political and Cultural Transfers between France, Germany and Central Europe (1849-1945). The Case of Slovakia, Bratislava 2010, S. 338-353; Karmasin an Himmler, 28.7.1942, Yad Vashem Archives, M 5, 33, Bl. 48 ff.

114 VoMi (Behrends) an AA mit Bericht VoMi (Lackmann) an RFSS, 17.3.1942, BArch, NS 19/3399, Bl. 1 ff.; Schvarc: »Heim ins Reich«, S. 248 f.

115 Belastungen/Aus dem Urteil des Volksgerichts Bratislava, 22.6.1948, BArch, B 162/4284, Bl. 250; SD-LA Wien Hauptaußenstelle Krems, 21.8.1942, BArch, R 70 Slowakei/11, Bl. 79 f.

Die Radikalisierung der »rassenhygienischen« Verfolgung von abweichenden Lebensstilen war auch eine Folgeerscheinung des Krieges und der Vorstellung, die man sich in NS-Kreisen von der »Heimatfront« machte. Man betrachtete »arbeitsscheues« Verhalten zunehmend als Bedrohung der »Wehrkraft des deutschen Volkes«.[116] Die deutsche Volksgruppe in der Slowakei verstand sich als »Vortrupp des Deutschtums«,[117] daher ist der Zusammenhang zwischen der Ausweitung des Krieges durch den Überfall auf die Sowjetunion im Sommer 1941 und der rassenhygienischen Verfolgung hier besonders evident. Die »strikte Orientierung an der ›Brauchbarkeit‹ des Menschen« bewirkte, dass »in den letzten Kriegsjahren bereits geringfügige Verfehlungen oder durchschnittliche Außenseiterbiografien den Ausschluss aus der ›Volksgemeinschaft‹ nach sich ziehen konnten.«[118] In diesem zeitlichen Kontext sind des Weiteren die Judendeportationen anzusiedeln, die im Frühsommer 1942 ihren Höhepunkt erreichten.[119] Auch hier sind Radikalisierungsprozesse nach »innen« analytisch naheliegend. Im November 1942 wurde in der slowakeideutschen Volksgruppe ein Strafkatalog bis hin zur Todesstrafe für Verstöße gegen bestehende Gemeinschaftsvorstellungen eingeführt. Nach einer gemeinsamen Arbeitstagung der Volksgruppenführung mit Ludin, Gmelin und Vertretern der Volksdeutschen Mittelstelle verkündete Karmasin: »Da dieser Krieg ein Ringen auf Biegen und Brechen ist und da das Schicksal unserer Gemeinschaft auf dem Spiele steht und nicht etwa nur das irgend eines einzelnen, muß vom ersten bis zum letzten Deutschen in unserem Lebensgebiet erkannt werden, worum es geht. [...] Wir werden die, die sich außerhalb der Gemeinschaft stellen, nicht weil sie sich etwa an einem Amtswalter, sondern weil sie sich damit am gesamten Deutschtum versündigen, bestrafen. Wir werden hier auch vor dem völkischen Todesurteil, wenn es sein muß, nicht zurückschrecken.«[120]

116 Roth: Verbrechensbekämpfung, S. 228 f.
117 Grenzbote, 17.6.1940, zit. nach Kaiser: Politik, S. 174.
118 Roth: Verbrechensbekämpfung, S. 229. In diesen Zusammenhang passen auch die weiteren »kleinen Umsiedlungen« in Bulgarien, Griechenland und Serbien, in deren Kontext Schvarc die Deportation der slowakeideutschen »Asozialen« einordnet. Schvarc: »Heim ins Reich«.
119 Schvarc: Aussiedlung, S. 353.
120 Totale Verantwortung für jeden Deutschen, in: Südostdeutsche Tageszeitung – Ausgabe Banat, 19.11.1942, ANNO/Österreichische Nationalbibliothek.

»Freiwillige«, »Drückeberger« und die Mobilisierung für die Waffen-SS

Hans Gmelin war in seiner Funktion als Volkstumsreferent ab 1942 auch an der Mobilisierung »volksdeutscher« Waffen-SS-Rekruten in der Slowakei beteiligt. Ähnlich wie im Fall der zwischenstaatlichen Vereinbarungen zur Deportation der slowakischen Juden trug die Deutsche Gesandtschaft dafür Sorge, dass die Waffen-SS-Mobilisierung diplomatisch so erfolgreich geregelt wurde wie in keinem anderen Land Südosteuropas. Gmelin setzte sich schließlich für die rücksichtslose Einziehung von Verweigerern ein.

Die organisatorische Verantwortung für die Ergänzung der Waffen-SS lag bei SS-Gruppenführer Gottlob Berger, der nach seiner persönlichen Auseinandersetzung mit Hanns Ludin seinen Posten als SA-Führer in Württemberg hatte aufgeben müssen und 1936 in die SS eingetreten war. Aufgrund seines engen Vertrauensverhältnisses mit Heinrich Himmler wurde Berger, der bereits seit 1938 das Ergänzungsamt im SS-Hauptamt führte, im Dezember 1939 Chef des SS-Hauptamts.[121] Die Waffen-SS rekrutierte sich mehrheitlich aus Freiwilligen, darunter zahlreiche »Volksdeutsche« fremder Staatsangehörigkeit. Der Zugriff war hier insbesondere durch Himmlers Stellung als Reichskommissar für die Festigung deutschen Volkstums erleichtert. Aber auch Berger war für die Mobilisierung »Volksdeutscher« prädestiniert. Er war 1938 Verbindungsmann der SS zum Sudetendeutschen Freikorps gewesen, hatte 1939 den Völkischen Selbstschutz in Polen aufgebaut, und sein Schwiegersohn Andreas Schmidt war Volksgruppenführer der deutschen Minderheit in Rumänien. Der Grad an Freiwilligkeit unter den Rekruten der Waffen-SS variierte stark.[122]

Die Mobilisierung »Volksdeutscher« für die Waffen-SS begann in der Slowakei schon 1939 verdeckt und illegal mithilfe der Einsatztruppe (ET) als Sondereinheit innerhalb der Freiwilligen Schutzstaffel, die maßgeblich von Berger für diesen Zweck initiiert worden war.[123] Es ist bezeichnend für den Eifer und

121 Scholtyseck: »Schwabenherzog«, S. 80-85.
122 Zur Geschichte der Waffen-SS s. insbesondere Bernd Wegner: Hitlers Politische Soldaten. Die Waffen-SS 1933-1945, 9. Aufl., München 2010 (zuerst 1982), S. 127, 195 f., 269-277; Heinz Höhne: Der Orden unter dem Totenkopf. Die Geschichte der SS, München 1990, S. 268, 420-428; Lumans: Minority, S. 287 f.; Christian Jansen, Arno Weckbecker: Der »Volksdeutsche Selbstschutz« in Polen 1939/1940, München 1992, S. 48 f.; Erlaß des Führers und Reichskanzlers zur Festigung deutschen Volkstums, 7.10.1939, abgedruckt in: IMT, Vol. XXVI, Dok. 686-PS, S. 255 ff.
123 Besonders zur ersten Phase der Mobilisierung unter den Slowakeideutschen s. Casagrande u. a.: Volksdeutsche, S. 217-220. Eine Reihe verdeckter Annahmeuntersuchungen unter Mitgliedern der Sturmbann-Einsatztruppe fand in Absprache mit Viktor Nageler im März 1941 statt. Sturmbann-ET (Riegler) an Deutsche Partei,

Ehrgeiz Karmasins, dass die massive Einflussnahme seitens der Waffen-SS auf den Sturmbann-ET, den er 1943 nur mit Mühe wieder an sich binden konnte, auch auf seine eigenen Bemühungen zurückzuführen ist. In einem Schreiben an Himmler vom 6. Dezember 1940 dankte er dem Reichsführer-SS für dessen Unterstützung beim Aufbau der Einsatztruppe der Freiwilligen Schutzstaffel und für deren enge Verbindung mit der Waffen-SS, die durch Schulungsaufenthalte und Austausch von Mitarbeitern gewährleistet werde. Gleichzeitig äußerte er die Hoffnung, dass sie »in eine SS« umgebildet werden könne und es dann möglich sei, durch eine echte Angleichung weiterer Organisationen der deutschen Minderheit an die entsprechenden Reichsorganisationen die Volksgruppe noch stärker »an das Muttervolk zu ketten«.[124] Hinter diesem Drängen Karmasins, der Reichsführer-SS möge sich stärker in die Volkstumspolitik in der Slowakei einbringen, stand erstaunlicherweise seine Sorge, von der SS aus seiner Position verdrängt zu werden, wie aus einem Bericht Bergers an Himmler hervorgeht. Denn inzwischen hatte Berger seinen engen Vertrauten Viktor Nageler, der zudem Leiter der SS-Ergänzungsstelle Donau[125] in Wien war, als Berater der Hlinka-Garde in die Slowakei entsandt. Karmasin sei darüber »aufgebracht«, so Berger, »dass die Hlinka-Garde durch die SS organisiert« werde. Er mache den Männern des Sturmbann-ET seither »in jeder Form Schwierigkeiten«.[126] Inzwischen hatte der slowakische Staat, der die »Volksdeutschen« in der Waffen-SS bisher als Deserteure betrachtet hatte, eine nachträgliche generelle Genehmigung erlassen. Von nun an konnte der Waffen-SS-Einsatz auf den Wehrdienst in der slowakischen Armee angerechnet werden.[127] Im Februar 1941 erfolgte Karmasins nächster Versuch, die Bindung an den Reichsführer-SS zu stärken. Er äußerte den Wunsch, eine eigene »volksdeutsche« Waffen-SS-Kompanie in der Slowakei aufzustellen, die dann über kurz oder lang zur Keimzelle einer großen »volksdeutschen« Waffen-SS werden und an die Stelle der bisherigen deutschen Abteilungen in der Armee der Slowakei und anderer südosteuropäischer Staaten treten könne.[128] Himmler bezeichnete diese Antizipation des tatsächlichen Wehrpflichtvertrags des Deutschen Reichs mit der Slowakei, der 1944 geschlossen werden sollte, als »verfrüht« – »[s]o viel Schönes und Gutes Ihr Vorschlag an sich hat«.[129]

Hauptamt für Wehr- und Arbeitsdienst (Oldofredi), 20.2.1941, SNA Bratislava, MV, Fond 125 Deutsche Partei, kr. 29-2, Bl. 27 f.

124   Karmasin an Himmler, 6.12.1940, BArch, NS 19/1846, Bl. 3-6.

125   Diese dienstliche Position Nagelers geht aus einem Schreiben des Rasse- und Siedlungshauptamtes an Himmler hervor, 30.10.1940, BArch, NS 19/1846, Bl. 12 ff.

126   Berger an Himmler, 12.12.1940, BArch, NS 19/1846, Bl. 8.

127   Casagrande u. a.: Volksdeutsche, S. 219 f.; Karmasin an Himmler, 27.2.1941, BArch, NS 19/1846, Bl. 22 ff.

128   Karmasin an Himmler, 27.2.1941, BArch, NS 19/1846, Bl. 22 ff.

129   Himmler an Karmasin, 17.3.1941, BArch, NS 19/1846, Bl. 25.

Mit dem Angriff auf die Sowjetunion bekam die Mobilisierung für die Waffen-SS innerhalb kürzester Zeit einen viel höheren Stellenwert. Sie erhielt gerade in der Außenpolitik gegenüber den verbündeten Staaten des Südostens eine neue, sich im Kriegsverlauf steigernde Bedeutung, die eine Abstimmung des Auswärtigen Amts mit dem SS-Hauptamt sowie gegebenenfalls weiteren SS-Dienststellen nötig machte. Eine Woche nach dem Überfall auf die Sowjetunion fand am 30. Juni 1941 eine Sitzung im Auswärtigen Amt statt, bei der Vertreter des Amts, des Oberkommandos der Wehrmacht, des SS-Hauptamts und anderer Dienststellen die Rekrutierung von Freiwilligen für den Kampf gegen die Sowjetunion besprachen. Das Auswärtige Amt ging aus dieser Unterredung mit der Aufgabe heraus, in der nächsten Zeit Abkommen mit verbündeten Staaten über die Möglichkeit beziehungsweise Erleichterung solcher Rekrutierungen zu schließen.[130]

Diese Absprache bezog sich nicht nur auf die »Volksdeutschen« dieser Länder. Am 20. Oktober 1941 einigten sich die slowakischen Spitzenpolitiker Vojtech Tuka, Jozef Tiso und Alexander Mach bei einem Besuch des Führerhauptquartiers mit Heinrich Himmler, künftig auch Hlinka-Gardisten – also »Volksslowaken« – als Freiwillige in die Waffen-SS aufzunehmen. Der Gesandte Hanns Ludin hatte in dem Gespräch vermittelt, der Innenminister und Oberkommandierende der Hlinka-Garde Mach war von der Idee begeistert. Himmler wies Berger im Folgenden an, behutsam vorzugehen, nicht zu viele Slowaken zu nehmen und bei der Auswahl »rassisch den allerstrengsten germanischen Maßstäben« gerecht zu werden.[131] Auch wenn der Erfolg der Werbung von Slowaken für die Waffen-SS gering war,[132] wird Karmasin über diese Regelung nicht erfreut gewesen sein. Er war ohnehin darüber erzürnt, dass die »volksdeutschen« Einheiten in der slowakischen Armee in den ersten Kriegsmonaten nicht an der Front eingesetzt wurden. Das empfand er als »ungerechtfertigte Zurücksetzung«, und er bat den Chef der Volksdeutschen Mittelstelle, SS-Obergruppenführer Werner Lorenz, Himmler dazu zu drängen, sich für eine Verwendung der »volksdeutschen« Einheiten im Fronteinsatz zu engagieren.[133]

---

130 Protokoll der Sitzung im AA, 30.6.1941, StA Nürnberg, KV-Anklage Dokumente, NG-4652; Runderlass Botschafter Karl Ritter, 10.7.1941, abgedruckt in: ADAP, Serie D, Bd. XIII, Erster Halbband, Dok. 96, S. 104 f.; Lumans: Minority, S. 288.

131 Himmler an Berger, 29./21.10.1941, BArch, NS 19/1846, Bl. 36. Das Dokument ist wegen späterer Abzeichnung fälschlich auf den 29.10.1941 datiert, wie aus der Edition von Himmlers Dienstkalender hervorgeht. Peter Witte u. a. (Hrsg.): Der Dienstkalender Heinrich Himmlers 1941/42, Hamburg 1999, S. 240 f. Eintrag vom 20.10.1941.

132 Lagebericht des SD, 14.12.1942, BArch, R 70 Slowakei/180, Bl. 325 f.

133 Lorenz an Himmler, 23.9.1941, BArch, NS 19/1846, Bl. 33. Tatsächlich befand sich, nach einem frühen Einsatz im Juni 1941, die ganze »schnelle Division« der

Die bis Ende 1940 inoffizielle und danach von der slowakischen Regierung akzeptierte Überstellung »Volksdeutscher« aus dem Sturmbann-ET zur Waffen-SS war bis dahin allerdings auch nicht sonderlich ertragreich. Bis Ende des Jahres 1941 konnten lediglich etwa 600 Rekruten gewonnen werden, wie Ludin an das Auswärtige Amt berichtete.[134] Im August 1942 verständigte Unterstaatssekretär Luther den Gesandten in der Slowakei, dass in Berlin darüber nachgedacht werde, eine Vereinbarung mit der Slowakei zu treffen, mit der das slowakische Ministerium für Nationale Verteidigung[135] ohne Verletzung des slowakischen Wehrgesetzes der Möglichkeit zustimmen könne, dass »Volksdeutsche« ihre Wehrpflicht in der Waffen-SS ableisten. Diese Abmachung würde sich nur auf solche wehrpflichtigen Deutschen beziehen, die noch nicht in Frontverbänden der slowakischen Armee Dienst taten. Ludin sollte hierzu seine allgemeine Einschätzung geben, jedoch noch nicht bei der slowakischen Regierung vorfühlen.[136]

Viktor Nageler, der neben seiner Aufgabe als Berater der Hlinka-Garde Leiter des Ersatzkommandos der Waffen-SS für die Länder des europäischen Südostens war, hatte die Rekrutierung, die sich seiner Angabe nach zunächst auf ungefähr 5.000 Mann belaufen sollte, bereits am 1. August mit Karmasin besprochen, der seine volle Unterstützung zugesagt hatte. Die Freiwillige Schutzstaffel der Deutschen Partei bereitete sich ohnehin schon seit Längerem auf den Waffen-SS-Einsatz vor. Schon im März 1942 hatte ihr Landesführer, Walter Donath, ihren Ortsgruppen die bis dato gültigen Modalitäten für die Meldung zum Fronteinsatz mitgeteilt.[137] Nach Angabe des Fürsorgeoffiziers der Waffen-SS für die Slowakei, SS-Unterstumführer Josef Besendorfer, war zum Zeitpunkt der Einigung zwischen Nageler und Karmasin noch ungewiss, ob die »Freiwilligen« sich tatsächlich freiwillig melden oder ob sie nach Jahrgängen einberufen werden sollten. Solche Details seien in der kommenden ersten Augustwoche von der Gesandtschaft mit der slowakischen Regierung zu klären.[138] Der Leiter der Volkstumspolitischen Abteilung im Auswärtigen

slowakischen Armee in den ersten Monaten des Ostfeldzugs nicht im Kampfeinsatz. Rolf-Dieter Müller: An der Seite der Wehrmacht. Hitlers ausländische Helfer beim »Kreuzzug gegen den Bolschewismus«, Berlin 2007, S. 101 f.

134 Ludin an AA D VIII, 21.1.1942, PA AA, R 101012, E221650.

135 Slowakisch: Ministerstvo národnej obrany – MNO.

136 Luther an Ludin, 4.8.1942, PA AA, R 101012, E312120f.

137 Landesführungsbefehl 0/41-42 der FS (Donath), 16.3.1942, SNA Bratislava, MV, Fond 125 Deutsche Partei, kr. 27-3, Bl. 38.

138 Aktenvermerk des Fürsorgeoffiziers der Waffen-SS für die Slowakei, Besendorfer, über die Besprechung mit Karmasin, 1.8.1942, PA AA, R 101012, E312118f. Die »Volksdeutschen« wurden auf vielfältige Weise in den Rekrutierungsprozess eingebunden. Einen Tag nach dem Treffen mit Karmasin nahm der Fürsorgeoffizier mit ihm Kontakt auf, um die Abstellung von »Volksdeutschen« für die Dienststelle des Fürsorgeoffiziers in der Slowakei und für die Aufgaben der DP bei der Musterung

Amt, Helmut Triska, reiste vom 7. bis 14. August zu den Besprechungen nach Bratislava.[139]

Ludin schrieb am 12. August nach Berlin, dass er die Idee der Ableistung der Wehrpflicht der »Volksdeutschen« in der Waffen-SS für »sehr begrüssenswert« halte und vermute, dass die slowakische Regierung zustimmen und sogar ebenfalls erfreut sein werde. Er riet dazu, die wirtschaftlichen und politischen Positionen der Volksgruppe durch die Einberufung zu großer Teile nicht zu gefährden, und empfahl daher, zunächst vier Jahrgänge einzuziehen und beliebig viele Freiwillige hinzuzunehmen. Das entspreche seiner Rechnung nach 2.500 bis 3.000 Männern. Bei einer Durchführung der Einberufungen nach Reichsmaßstäben hielt er bis zu 15.000 Männer für möglich.[140] Luther empfahl dem Reichsaußenminister daraufhin, Ludins Vorschlag zu wählen und gleichzeitig darauf zu verzichten, bereits im Einsatz stehende »Volksdeutsche« aus der slowakischen Armee herauszuholen. Von Ribbentrop gab Ende August 1942 seine Zustimmung, dass Ludin die Verhandlungen mit der Slowakei in diesem Sinne in die Wege leiten solle.[141] Die Abteilung Deutschland im Auswärtigen Amt ernannte den Volkstumsreferenten der Gesandtschaft, Hans Gmelin, zu seinem Sonderbeauftragten für die Aushebung und Freiwilligenwerbung. Zu Gmelins Pendant vonseiten des Reichsführers-SS wurde Viktor Nageler bestimmt. Beide sollten zu den Gesprächen mit der slowakischen Regierung hinzugezogen werden und die Regelungen für die Ergänzung der Waffen-SS maßgeblich mit aushandeln. Der Gesandtschaft wurde außerdem mitgeteilt, dass der Volksgruppenführer über etwaige UK-Stellungen[142] zu entscheiden habe, sich dabei aber nach den Weisungen der Volksdeutschen Mittelstelle zu richten habe, die wiederum vorher mit dem Auswärtigen Amt Rücksprache zu halten habe. Die Gesandtschaft solle von Anfang an entsprechenden Einfluss auf Karmasin nehmen.[143]

Am 10. September schickte Ludin einen ersten Entwurf einer Vereinbarung über die Ableistung der Wehrpflicht der Slowakeideutschen in der Waffen-SS an das Auswärtige Amt, der in der Gesandtschaft ausgearbeitet worden war. Dieser Vorschlag fand die Zustimmung Berlins und wurde daraufhin der

---

in den abgelegeneren Gemeinden zu klären. Besendorfer an Karmasin, 2.8.1942, PA AA, R 101012, E312113-E312116.

139 Antrag Triskas auf Genehmigung der Dienstreise, 4.8.1942, PA AA, R 100385, Bl. 170 f.

140 Ludin an AA D VIII, 12.8.1942, PA AA, R 101012, E312122 f.

141 Vortragsnotiz von Luther über Dienstweg an Ribbentrop, 17.8.1942, PA AA, R 101012, E312108-E312111; Büro RAM (Lohmann) über Dienstweg an Luther, 29.8.1942, ebd., E312107.

142 »UK«-gestellt zu sein bedeutete, dass der Betreffende unabkömmlich und daher für bestimmte oder unbestimmte Zeit vom Wehrdienst freizustellen war.

143 Luther an DGP (verfasst von Triska), 1.9.1942, PA AA, R 101012, E312100 ff.

slowakischen Regierung überbracht. Es konnte jedoch keine Einigung erzielt werden, weil von slowakischer Seite gefordert wurde, dass eine einheitliche Besoldung aller slowakischen Staatsangehörigen – ob in der eigenen Armee oder in der Waffen-SS – sichergestellt sein müsse. Die deutsche Seite bestand darauf, dass die Versorgung der Eingezogenen nach den Grundsätzen der Versorgung der Waffen-SS-Angehörigen zu erfolgen habe. Die Gesandtschaft schlug daraufhin nach Rücksprache mit Nageler vor, dass man auf eine Einziehung von Wehrpflichtigen verzichte und die Waffen-SS-Werbung stattdessen auf freiwilliger Basis stattfinden solle. Auch die Besoldung fiel damit in den deutschen Zuständigkeitsbereich. Dieser Regelung wurde aus Berlin zugestimmt. Das zentrale Ergebnis der folgenden Verhandlungen mit der slowakischen Regierung war, dass die Besoldung der Waffen-SS-Soldaten nach Reichsgrundsätzen, aber unter der Bereitstellung von Devisen seitens der Slowakei erfolgen solle. Da Devisen in Deutschland seit Jahren knapp waren, war dies ein besonders wichtiger Aspekt. Die Sicherung der Versorgung der Familien von Waffen-SS-Mitgliedern war eine sensible Angelegenheit, die starken Einfluss auf die Zahl der Freiwilligenmeldungen hatte. In vielen anderen Ländern konnte die deutsche Verhandlungsführung keine so eindeutige Zusicherung hinsichtlich der Devisenbeschaffung erreichen. Der erfolgreiche Abschluss der Verhandlungen wurde am 20. November 1942 nach Berlin gemeldet. Die Werbungen sollten drei Tage später beginnen, die »Einschaltung des Volkstumsreferenten« sei »in allen Fragen gewährleistet«. Gmelin war in die Verhandlungen so fest eingebunden, dass er Mitte Oktober um die Verschiebung seiner geforderten Berlin-Reise gebeten hatte, weil die Verhandlungen mit Ministerpräsident Tuka über die Werbung zur Waffen-SS kurz vor dem Abschluss stünden.[144]

Obwohl die Wehrpflicht in der Waffen-SS zu diesem Zeitpunkt nicht eingeführt werden konnte, war man sowohl im Auswärtigen Amt als auch im SS-Hauptamt in Berlin mit dem Ergebnis der Verhandlungen zufrieden, denn hinsichtlich der Freiwilligenzahlen machte man sich zunächst keine Sorgen. Gesandtschaftsrat Endrös berichtete Anfang Dezember 1942 an das Auswärtige Amt nach Berlin, dass man ersten Meldungen zufolge mit einem beinahe hundertprozentigen Zulauf rechnen könne: »Die Zusammenarbeit zwischen Volksgruppe und Volkstumsreferent der Gesandtschaft war von Anfang an gut und reibungslos.«[145] Gmelin gab 1948, als er als Zeuge im Wilhelmstraßen-

---

144 Vermerk von AA D VIII (Triska) an Luther, 15.10.1942, PA AA, R 100386, Bl. 41; Ludin an AA D VIII, 10.9.1942, PA AA, R 101012, E312092 ff.; Ludin an AA D VIII, 16.10.1942, ebd., E312068 ff.; AA D VIII (Goeken) an DGP, 20.10.1942, ebd., E312064 f.; Ludin an AA D VIII, 29.10.1942, ebd., E312062 f.; Ludin an AA D VIII, 20.11.1942, ebd., E312059; s. auch Tönsmeyer: Das Dritte Reich, S. 179 f.; Lumans: Minority, S. 289 f.

145 DGP (Endrös) an AA D VIII, 4.12.1942, PA AA, R 101012, E312046 f.

prozess zu dem Vorgang befragt wurde, an, dass die Volksgruppenführung es »ihren Volksgruppen-Angehörigen zur moralischen Pflicht« gemacht habe, »sich als Freiwillige [...] zur Verfügung zu stellen«.[146]

Dementsprechend hatte Karmasin direkt nach der mit der slowakischen Regierung getroffenen Vereinbarung einen Aufruf an die Volksgruppe gerichtet, in dem er verlautbaren ließ, dass sich ab dem 23. November jeder Deutsche im Alter von 17 bis 35 unaufgefordert den Annahmeuntersuchungen zu stellen habe: »Die waffenfähigen Männer unserer Volksgruppe werden an die Front eilen.«[147] Angesichts dieser Formulierung und unter Berücksichtigung der dichten Kontrolle, die die Volksgruppenführung über die »Volksdeutschen« in der Slowakei auszuüben versuchte, muss dieser Aufruf als Versuch der Deutschen Partei verstanden werden, durch moralischen und sozialen Druck doch noch eine faktische Wehrpflicht einzuführen. Dem Beginn der Annahmeuntersuchungen wurde eine Pressekampagne vorausgeschickt, in der das Einrücken zur Waffen-SS selbst nicht explizit im Fokus stehen sollte. Stattdessen sollten nach dem Wunsch von Dr. Karl Hauskrecht, des Hauptleiters der Deutschen Partei für Presse und Propaganda, die »seelischen Voraussetzungen für die freiwillige Meldung« geschaffen werden. Dazu wurden Erlebnisberichte von »volksdeutschen« Soldaten der Waffen-SS und entsprechendes Fotomaterial in den Schaukästen der DP-Ortsgruppen ausgehängt und in den Zeitungen *Grenzbote* und *Deutsche Stimmen* abgedruckt. Mit Vorträgen des Militärattachés der Gesandtschaft sowie des Fürsorgeoffiziers der Waffen-SS sollte in Versammlungen die geeignete Stimmung hergestellt werden. In den Turnstunden der Deutschen Jugend und Freiwilligen Schutzstaffel habe man sich in nächster Zeit vor allem auf das »Wehrturnen« und beim Singen auf Soldatenlieder zu konzentrieren. Auch im Radio müsse genügend Sendezeit für Erlebnisberichte von SS-Soldaten eingeräumt werden.[148]

Die Schwierigkeiten bei der Waffen-SS-Ergänzung begannen dennoch, schon bevor der erste offizielle Transport mit Waffen-SS-Rekruten Mitte Januar 1943 die Slowakei verließ, und sie kamen aus mehreren Richtungen. Am 1. Dezember 1942 meldete das SS-Hauptamt an Triska, dass Heimaturlauber der Waffen-SS beim Grenzübertritt in die Slowakei behindert würden, was sich negativ auf ihre Urlaubszeit auswirke.[149] Die slowakische Regierung bot

146 Zeugenvernehmung Hans Gmelin vor der Kommission des Militärgerichtshofes IV, 18.6.1948, StA Nürnberg, KV-Prozesse, Fall 11, A87, Bl. 9441-9486, hier: Bl. 9462.
147 Aufruf des Volksgruppenführers zur Annahmeuntersuchung für die Waffen-SS, 20.11.1942, PA AA, R 101012, E312052.
148 Wochenbericht Hauptamt für Presse und Propaganda der DP (Dr. Hauskrecht), 28.11.1942, PA AA, Pressburg 41, unfol.
149 SS-Hauptamt, Amt VI Germanische Leitstelle an AA D VIII (Triska), 1.12.1942, PA AA, R 100386, Bl. 147.

Ende November an, auch deutsche Offiziere im aktiven Dienst an die Waffen-SS zu überstellen. Gmelin sah darin den Versuch, »volksdeutsche Offiziere im slowakischen Heer loszuwerden«, und ließ in einem Schreiben des Referats D VIII an die Volksdeutsche Mittelstelle, das SS-Hauptamt und das SS-Führungshauptamt mitteilen, dass diese Übernahme seiner Auffassung nach nur zu deutschen Bedingungen stattfinden dürfe.[150]

Das größte Problem der Waffen-SS-Werbung war allerdings, wie in allgemeinen Lageberichten des SD im Dezember 1942 beklagt wurde, dass die Freiwilligenmeldungen nur nach außen einen erfolgreichen Anschein erweckten. Karmasins Aufruf entsprechend seien zwar viele Slowakeideutsche zu den Annahmeuntersuchungsterminen erschienen, weil sie sie als Pflicht begriffen hätten. Der tatsächlichen Einberufung, die nun bald folgen sollte, wollten viele aber nicht Folge leisten, weil sie Kenntnis davon erhalten hatten, dass die mit der slowakischen Regierung getroffene Regelung die Werbung auf freiwilliger Basis vorsah. Der SD berichtete weiter, dass andere »Volksdeutsche« der »Assentierung« – wie die Musterung nach altösterreichischer Tradition genannt wurde – ganz ferngeblieben seien. Einige hätten ärztliche Atteste vorgelegt, die, wie der SD bemerkt haben wollte, nicht selten von jüdischen Ärzten stammten. Einige der Verweigerer verkündeten öffentlich, sich keinesfalls zwingen lassen zu wollen und bereit zu sein, alle Konsequenzen seitens der Deutschen Partei zu tragen. Zum Schrecken der Volksgruppenführung und ihrer Unterstützer aus dem Reich erklärten sie kurzerhand, eher einer anderen Volksgruppe beitreten zu wollen, als sich zur Waffen-SS zu melden. Die mühsame »Rückvolkung« der vorangegangenen Jahre zeigte hier erneut ihre Brüchigkeit. Es ist daher nicht überraschend, dass der Schwerpunkt der Weigerung, an den Annahmeuntersuchungen teilzunehmen, sich in deutschen Ortschaften in der Unterzips befand, die als ausgesprochen »magyarisiert« galt. Dort seien bis zu 90 Prozent der Assentierung ferngeblieben und auch durch den angedrohten Ausschluss aus der Deutschen Partei nicht zu überzeugen gewesen. Der SD meldete, dass es bereits zu vereinzelten freiwilligen Parteiaustritten von Verweigerern gekommen sei. Die Gründe für die Weigerungen seien vielfältig, aber grundsätzlich überall dieselben. Man befürchte, dass die Versorgung – besonders die der Angehörigen – durch den Status der Freiwilligkeit nicht gesichert sei. Es verbreiteten sich Gerüchte, dass Familien von »volksdeutschen« Freiwilligen nach deren Invalidität oder Ableben weder von der Slowakei noch vom Reich versorgt würden. Nur eine ordentliche Einberufung könne in dieser Hinsicht Klarheit schaffen. Zudem weigerten sich viele, weil sie Bedenken hätten, die Slowakei werde ebenso

---

150 Slowakisches Außenministerium an DGP, 27.11.1942, PA AA, R 101012, E312043; AA D VIII (Fleißner) an VoMi, SS-Hauptamt und SS-Führungshauptamt, 24.12.1942, ebd., E312040.

wie Ungarn handeln und den Freiwilligen die Staatsbürgerschaft entziehen.
Diese Gerüchte seien auch von slowakischer Seite genährt worden, sodass
inzwischen sogar eine mögliche Enteignung des Privatbesitzes von Waffen-SS-
Freiwilligen befürchtet werde. Der SD sah das größte Problem darin, dass viele
Deutsche nicht genug oder gar kein Vertrauen in die Deutsche Partei hätten.[151]
Der »erhebliche moralische Druck auf jeden Einzelnen«, der bei den »Frei-
willigenwerbungen« ausgeübt wurde, wie Ludin in einer Meldung an Berger
berichtete,[152] führte tatsächlich zu fehlender Motivation, mangelnder militärischer Qualität sowie zu Führungsschwächen bei den »volksdeutschen« Formationen. Dies trug mit dazu bei, dass die Waffen-SS an der Ostfront starke
Verluste zu verzeichnen hatte und parallel dazu die Desertionen stiegen.[153]
Auch wenn gleichzeitig der Mythos der Waffen-SS als Eliteeinheit gepflegt
wurde und der Einsatz dort finanzielle Vorteile gegenüber dem bei der slowakischen Armee hatte, führten solche Nachrichten nicht zu einer Steigerung
der Rekrutierungsbereitschaft.[154] Der SD berichtete, dass durch die Zensur
geschmuggelte Briefe von Waffen-SS-Freiwilligen Nachrichten über »ausseror-
dentlich hohe und nicht immer notwendige Verluste« in die Slowakei brachten.
Darüber hinaus wurde die Waffen-SS offenbar schon zu diesem Zeitpunkt
von vielen als »Fremdenlegion« betrachtet, in der »Volksdeutsche« außerdem
schlecht und unkameradschaftlich behandelt würden.[155] Für deutsche Männer
in der Slowakei gab es also viele Gründe, sich der Musterung oder Einberufung
zur Waffen-SS zu entziehen. Längst nicht alle davon sind als »Widerstand«
oder »Resistenz« in dem Sinne zu qualifizieren, dass die Weigerung mit einer
grundsätzlichen oder teilweisen Ablehnung von Krieg und Nationalsozialismus
verbunden war. Einige hielten sich fern, weil sie der Meinung waren, dass *die
Waffen-SS nicht deutsch genug war*, wie die Bezeichnung als »Fremdenlegion«
suggeriert, und versuchten sich zur regulären deutschen Wehrmacht zu melden. Andere wollten nicht zur Waffen-SS einrücken, weil *sie sich selbst nicht
deutsch genug fühlten* und lieber Ungarn oder Slowaken wurden, wenn ihnen
das eine Einberufung in die Waffen-SS ersparte. Die Gründe, warum jemand
im Einberufungsfall kein Deutscher mehr sein wollte, sich zuvor aber zur
deutschen Volksgruppe bekannt hatte, werden vor dem Hintergrund deutlich,
dass der Sonderstatus der deutschen Minderheit in der Slowakei neben Zwän-
gen auch viele Vorteile für den Einzelnen bot. Die Vielzahl unterschiedlich zu

---

151 Lagebericht des SD, 14.12.1942, BArch, R 70 Slowakei/180, Bl. 325 f., und Lage-
     bericht des SD, 28.12.1942, ebd., Bl. 339 ff.
152 Ludin an Berger, 11.12.1943, PA AA, R 100388, Bl. 171 f.
153 Wegner: Soldaten, S. 278-283.
154 Ebd.; Tönsmeyer: Das Dritte Reich, S. 179 f.
155 SD Pressburg (Urbantke) an SD-LA Wien (Herrmann), 28.8.1942, BArch, R 70
     Slowakei/17, Bl. 1 f.; Bericht SD Pressburg, 19.5.1944, ebd., Bl. 29.

qualifizierender Gründe für die Weigerung ändert nichts an der Tatsache, dass zahlreiche »Drückeberger«, wie sie verächtlich genannt wurden, in die Mühlen des nationalsozialistischen Verfolgungsapparates gerieten. Karmasin drohte beispielsweise mit Einweisungen in Konzentrationslager.[156]

Gleich nach Aufnahme der Annahmeuntersuchungen begannen die Ortsgruppen der Deutschen Partei damit, Listen mit »Volksdeutschen« zu erstellen, die nicht zur Musterung erschienen. Sie sollten einzeln schriftlich zu einem Untersuchungstermin vorgeladen werden.[157] Mitglieder der Freiwilligen Schutzstaffel, die der Annahmeuntersuchung ferngeblieben waren, wurden »mit Schande« aus dieser Organisation ausgeschlossen.[158] Auch von ihnen erklärten sich Einzelne öffentlich zu Slowaken, um nicht einrücken zu müssen, wie im September 1942 in Zipser-Neudorf (Spišská Nová Ves). Der SD-Leitabschnitt Wien berichtete außerdem, dass in einem Pressburger Sturm kein Einziger der Freiwilligen Schutzstaffel seine Bereitschaft zum Einrücken erklärt habe, was sich auch durch persönliche Einzelaufrufe nicht ändere. Die Gründe lagen zum Teil auch darin, dass die einfachen Angehörigen der Schutzstaffel erwarteten, dass erst höhere Parteimitglieder der Deutschen Partei und Leute, die sich durch ihr Deutschtum Vorteile verschafft hatten, mit ihrem Beispiel vorangingen. Sturmbann-ET-Männer und ältere Mitglieder der Deutschen Jugend rückten in der Regel bereitwillig ein, ebenso habe sich eine große Zahl deutscher Arbeiter gemeldet. Studenten und Intellektuelle wiederum seien nicht zahlreich zum Wehrdienst bereit. Einige hätten schon UK-Stellungen und Bestätigungen über Herzfehler oder Ähnliches eingeholt. Slowakeideutsche Studenten in Brünn, Wien und Prag sicherten sich Stellen in kriegswichtigen Betrieben oder meldeten sich zur Wehrmacht, um der Waffen-SS zu entgehen.[159]

Ungeachtet dieser Probleme konnte die Gesandtschaft steigende Zahlen von Rekruten, die ab Januar 1943 zur Ausbildung ins Reich abtransportiert wurden, nach Berlin melden. Am 14. Januar schrieb die Gesandtschaft an das Referat D VIII, beginnend mit dem Abgang des ersten Transports am folgenden Tag würden bis Februar etwa 3.000 Mann und bis März bis zu 4.700 Mann »freiwillig« einrücken.[160] Fast ein Jahr später, im Dezember 1943, teilte der

156 Casagrande u. a.: Volksdeutsche, S. 234.
157 Beispielsweise Meldungen der DP-Ortsgruppe St. Georgen vom 20.12.1942 und 15.2.1943, SNA Bratislava, MV, Fond 125 Deutsche Partei, kr. 29-1, Bl. 4 und 24.
158 Beispielsweise Ausschlussmitteilungen der FS-Landesführung gegen zwei FS-Männer aus Krickerhau (Handlová), 15.12.1943, SNA Bratislava, MV, Fond 125 Deutsche Partei, kr. 27-4, Bl. 81 und 83.
159 Vermerk SD-LA Wien (Herrmann), 28.9.1942, BArch, R 70 Slowakei/17, Bl. 5; SS-Ustuf Kripsch, SD-ASt Wien an RSHA III C 1, 13.12.1943, BArch, R 70 Slowakei/39, Bl. 210.
160 DGP an AA D VIII, 14.1.1943, PA AA, R 100386, Bl. 208; DGP (Endrös) an AA zu den Zahlen der Transporte im Januar und Februar 1943, 2.2.1943 und 2.3.1943,

Gesandte Ludin in einem persönlichen Brief an SS-Obergruppenführer Berger mit, dass bis dato 5.500 »Volksdeutsche« aus der Slowakei im Dienst der Waffen-SS stünden. Obwohl dieses Ergebnis unter den Erwartungen gelegen haben dürfte, bezeichnete Ludin die Waffen-SS-Aktion als Erfolg. Die Zusammenarbeit zwischen den Dienststellen der Waffen-SS, der Volksgruppe und der Gesandtschaft sei gut und loyal, die Feldpost funktioniere, die Versorgung klappe planmäßig, und die Staatsangehörigkeitsfrage sei seitens der Slowakei zugunsten einer doppelten Staatsbürgerschaft positiv geklärt worden. Der »moralische Druck«, den die Volksgruppenführung zur Unterstützung der Freiwilligenwerbung ausgeübt habe, erreiche nun aber seine Grenze. Es seien im Moment 1.600 Mann zum Einrücken freigegeben, von denen allerdings 800 schon dreimal der Einberufung nicht Folge geleistet haben. Zusätzlich hätten etwa 2.000 bis 2.500 Männer im entsprechenden Alter die Aufrufe zur Annahmeuntersuchung ignoriert. Ludin schätzte, dass darunter 1.500 bis 2.000 Taugliche seien. Zusammen mit den 1.000 Mann, die nach wie vor in der slowakischen Wehrmacht eingesetzt seien, ergebe das circa 4.000 Mann, die noch für die Waffen-SS erreichbar seien. Bei den meisten von ihnen lägen aber erhebliche »charakterliche und haltungsmässige Mängel« vor, sodass Berger entscheiden müsse, ob diese Männer für die Waffen-SS überhaupt von Nutzen seien. Sofern er positiv entscheiden sollte, könne auf diese Männer aber nur durch eine Veränderung der Einberufungspraxis zugegriffen werden.

Aus diesem Grund habe bereits ein Gespräch zwischen Karmasin, Gmelin und dem Kommandeur der Ersatzkommission Südost der Waffen-SS, SS-Obersturmbannführer Ernst Letsch, über die Einführung einer völkischen Wehrpflicht stattgefunden. Dabei handle es sich um die Wiederbelebung des ursprünglichen deutschen Verhandlungsziels von 1942, das damals nicht zu einer Einigung mit der slowakischen Regierung führte, aber nach wie vor durchaus erwägenswert sei. Ludin ging davon aus, dass Letsch den Vorschlag verabredungsgemäß bereits an das SS-Hauptamt berichtet hatte, und schilderte nun aus der Sicht der Gesandtschaft, welche Dinge dabei zu berücksichtigen seien: Erstens würde eine »irgendwie geartete Erfassung der sogenannten Drückeberger« eine Entlastung für die Volksgruppe bedeuten, deren Stimmung durch sie derzeit gestört werde und Gerede, Neid und Missgunst zur Folge habe. Nachteilig sei jedoch, dass mit einer Erhöhung der Waffen-SS-Mitglieder der bisherige finanzielle Rahmen der Bereitstellung von Slowakischen Kronen in Höhe von 90 Millionen gesprengt werde, was bei der derzeitigen Verschuldung des Reiches bei der Slowakei, die vier Milliarden Kronen betrage, durchaus ein politisches Hindernis darstelle. Zusätzlich könne bei Verhandlungen für einen

---

PA AA, R 101012, E312035 und E312022. Diese Mitteilungen wurden in den folgenden Monaten fortgesetzt, s. ebd.

Wehrpflichtvertrag erneut ein alter Streitpunkt auftauchen, da die Slowaken weiterhin zu der Position tendierten, dass alle slowakischen Staatsangehörigen den gleichen Sold erhalten müssten, während die deutsche Seite nach wie vor den Standpunkt vertrete, dass allen Waffen-SS-Rekruten der gleiche Sold zustehe. Der letzte Punkt, den Ludin zur Debatte stellen wollte, betraf die Entscheidung darüber, ob die Volksgruppe »ausschliesslich Menschenreservoir für die Waffen-SS« sein solle oder ob »nicht eines Tages die Aktivisten der Volksgruppe als machtpolitische Positionen des Reiches« benötigt werden könnten und daher zu einem gewissen Prozentsatz in der Slowakei erhalten bleiben müssten.[161]

Die Gesandtschaft hatte bereits im August 1942 ihre Sorge um die wirtschaftlichen Positionen der »Volksdeutschen« in der Slowakei geäußert, die durch eine zu starke Herausnahme von Deutschen infrage gestellt würden. Es bestehe außerdem die Gefahr, dass eine zwangsweise Rekrutierung gerade erst mühsam »Rückgedeutschte« dazu bringen werde, die Volksgruppe wieder zu verlassen. Die Gesandtschaft befürchtete bei Misslingen der Waffen-SS-Aktion zudem eine schwere Blamage für die Volksgruppe und das Deutsche Reich.[162] Hans Gmelin wies erneut im September 1943 in einer Unterredung mit dem Wiener SD auf den möglichen »Substanzverlust« der Volksgruppe in der Slowakei hin, der durch zu starke Beanspruchung durch Waffen-SS, Organisation Todt und Arbeitsdienst entstehen könne. Die deutschen Volksgruppen im Südosten Europas würden als Instrument der Reichspolitik in Zukunft wieder eine größere Rolle spielen, und es müsse überall in der Region auch wieder mit stärkeren Reibungen zwischen Staatsvolk und deutschen Minderheiten gerechnet werden.[163]

Obwohl auch Karmasin Anfang 1942 noch die Ansicht teilte, dass eine starke Beanspruchung durch die Waffen-SS-Rekrutierung zu einer Schwächung der Volksgruppe führen könnte,[164] unterstützte er die Mobilisierung genauso eifrig wie die Gesandtschaft. Sein engster Mitarbeiter und Chef des Hauptamts für Presse und Propaganda, Karl Hauskrecht, zeigte erhebliche Begeisterung, als er im Oktober 1942 die wehrtauglichen Mitarbeiter seines Amtes an das Hauptorganisationsamt der Deutschen Partei meldete. Von den 13 wehrtauglichen Mitarbeitern zwischen 18 und 40 Jahren in seinem Amt, zu denen er auch sich selbst zählte, würden nur fünf für den weiteren Betrieb des Amtes gebraucht. Die Inhaber zweier weiterer Stellen seien bereits über

161 Ludin an Berger, 11.12.1943, PA AA, R 100388, Bl. 171-175.
162 SD Pressburg (Urbantke) an SD-LA Wien (Herrmann), 28.8.1942, BArch, R 70 Slowakei/17, Bl. 1 f.
163 SD-LA Wien (Böhrsch) an RSHA III B (Ehlich), 20.9.1943, BArch, R 70 Slowakei/60, Bl. 297-301.
164 Casagrande u. a.: Volksdeutsche, S. 232 f.

40 Jahre alt. Hauskrecht lehnte es ab, auch nur einen seiner Männer »UK« stellen zu lassen, und empfahl, die wenigen notwendigen Stellen im Propagandaamt mit zwei Gruppen im Wechsel zu besetzen. Während die eine Gruppe für eine festgesetzte Zeit im Amt arbeite, solle die andere in den Fronteinsatz.[165] Dieses Vorgehen wurde schließlich auf die gesamte Hauptleitung der Deutschen Partei ausgedehnt, weil sich nahezu alle ihre Amtswalter freiwillig zur Waffen-SS gemeldet hatten. Andernfalls wäre der gesamte Organisationsapparat der Volksgruppe mit einem Schlag unterbrochen worden, wie die Gesandtschaft im November 1943 an das Auswärtige Amt berichtete.[166] Als sie den Wehrpflichtvorschlag schließlich Mitte März 1943 offiziell der slowakischen Regierung unterbreitete, berief man sich in der Begründung auf eine herausragende Bereitschaft der Volksgruppe: »In der Erkenntnis des gegenwärtigen schicksalhaften Ringens um die Zukunft der europäischen Völker hat sich die deutsche Volksgruppe in der Slowakei bereiterklärt, in noch stärkerem Masse als bisher ihre Kräfte im Waffendienst für den Sieg der deutschen Waffen einzusetzen.«[167]

Nach der Besprechung mit Bergers Mitarbeiter Ernst Letsch Ende 1943 nahm Gmelin bald direkte Verhandlungen über eine Wehrpflichtvereinbarung mit der Slowakei auf. Bevor er offiziell grünes Licht dafür bekam, kümmerte er sich bereits um Fragen der finanziellen Versorgung der Angehörigen und der Feldpostorganisation mit der slowakischen Regierung und dem Fürsorge- und Versorgungsamt der Waffen-SS.[168] In seinem Bericht über eine neuerliche Besprechung mit Ludin und Gmelin schrieb Letsch am 19. Januar 1944 an Berger, dass unabhängig von einer »eventuell zur Durchführung kommenden Einführung der Wehrdienstpflicht [...] sowohl von Seiten der Deutschen Gesandtschaft wie auch von Seiten der deutschen Volksgruppe Bestrebungen [laufen], um die bisherigen Drückeberger – ein oder mehrmal [sic!] der Einberufung keine Folge geleistet – durch Mithilfe der slowakischen Behörden zwangsweise zur Einberufung zu bringen. Ob diese Absicht Erfolg hat, muss noch abgewartet werden.« Sowohl die Gesandtschaft als auch die Volksgruppe seien der Meinung, dass zudem alle »Volksdeutschen« aus der slowakischen Wehrmacht in die Waffen-SS überstellt werden müssen. Nach Ansicht des Gesandten sei

---

165 Hauskrecht an Marsó, 28.10.1942, SNA Bratislava, MV, Fond 125 Deutsche Partei, kr. 29-7, Bl. 22 f.

166 DGP an AA, 2.11.1943, PA AA, R 100388, Bl. 132 f.

167 Verbalnote DGP an Slowakisches Außenministerium, 15.3.1943, IfZ-Archiv, BdS Slowakei, MA 559/1, Bl. 1861 f.

168 Übersendung der Verbalnoten an das Slowakische Außenministerium, DGP an AA D VIII, 22.12.1942, PA AA, R 100386, Bl. 169-178; Übersendung des Vorschlags für eine Ausführungsanweisung über die Gewährung von Angehörigenunterhalt an das Fürsorge- und Versorgungsamt der Waffen-SS, DGP an AA D VIII, 2.3.1943, PA AA, R 100387, Bl. 7-11.

für die Einführung der Wehr- und Arbeitsdienstpflicht die Lösung der Fürsorgefrage entscheidend. Letsch empfahl dahingehend die Einschaltung des Auswärtigen Amtes und des Reichswirtschaftsministeriums. Der Gesandte habe sich trotz aller Schwierigkeiten zur Wehrdienstpflicht bekannt. Sofern Berger sich dafür entscheide, werde er »ohne Hemmungen mitziehen«.[169]

Letsch bemerkte zu Ludins vorgenanntem Schreiben an Berger, dass aus seiner Sicht allein aus den Jahrgängen 1908 und jünger noch etwa 4.000 wehrfähige Männer in der Volksgruppe vorhanden seien. Bei einer Ausdehnung der Wehrpflicht auf das 45. Lebensjahr sei mit weiteren 4.000 bis 5.000 Mann zu rechnen. Die Stellung des Volksgruppenführers werde durch die Einführung der Wehrpflicht erleichtert, weil das Problem der »Drückeberger« damit angegangen werde. Im Moment nehme die slowakische Polizei bereits Fahnenflüchtige fest und liefere sie der Waffen-SS aus. Wenn die Wehrpflichtigen sehen würden, dass zwangsweise ergriffen wird, wer der Einberufung nicht Folge leistet, werde sich das Problem der Verweigerung bald auf Einzelfälle beschränken, erklärte Letsch. Er habe bereits mit Karmasin besprochen, dass eine »SS-Streife« aus »Volksdeutschen« die Festnahmen der Fahnenflüchtigen und die Überwachung der SS-Urlauber übernehmen und die slowakische Polizei von dieser Aufgabe entbinden solle. Ein zu großer Substanzverlust der Volksgruppe lasse sich durch die Möglichkeit einer Zurückstellung einzelner »Volksdeutscher« durch den Volksgruppenführer in Absprache mit der SS-Ersatzinspektion Südostraum verhindern.[170] Wenige Tage später legte Berger Himmler den Wehrpflichtvorschlag mit der Bitte um Zustimmung und Regelung der Devisenfrage mit Ribbentrop vor. Erst einen Monat später erklärte Himmlers Mitarbeiter, SS-Hauptsturmführer August Meine, in seiner Antwort, dass Himmler mit dem Vorschlag einverstanden sei, Berger die Verhandlung mit dem Auswärtigen Amt aber selbst führen und sich zu diesem Zweck am besten mit Staatssekretär Gustav Adolf Steengracht von Moyland in Verbindung setzen solle.[171]

Das lange Zögern der Reichsführung-SS ließ das Abkommen zur Wehrdienstpflicht beinahe scheitern. Am 2. Februar 1944 veröffentlichte das slowakische Verteidigungsministerium einen Befehl, mit dem es seine Zustimmung zur Werbung »volksdeutscher« Freiwilliger in slowakischen Wehrmachtseinheiten bekannt gab und alle diese Freiwilligen verpflichtete, sich schon sieben Tage später beim Ergänzungsbezirkskommando 1 zu melden. Dieser Termin sei »unter allen Umständen« einzuhalten.[172] Der SD war bald überzeugt, dass es

---

169 Letsch an Berger, 19.1.1944, BArch, NS 19/1847, Bl. 17f.
170 Ebd.
171 Berger an Himmler, 24.1.1944, und Persönlicher Stab Reichsführer-SS (Meine) an Berger, 21.2.1944, BArch, NS 19/1847, Bl. 15f. und 23.
172 Vertraulicher Befehl Nr. 4 des slowakischen Infanterie-Regiments 1, 2.2.1944, Anlage zu SD-Meldung (Hofer), 9.2.1944, BArch, R 70 Slowakei/17, Bl. 12f.

sich bei dem Befehl um den Versuch gehandelt haben müsse, die Waffen-SS-Übernahme durch eine viel zu kurze und unabgesprochene Meldezeit seitens des Verteidigungsministeriums zum Scheitern zu bringen. Wie zu erwarten war, gab es innerhalb der kurzen Zeitspanne keine Meldungen, und der Befehl wurde in der slowakischen Armee offenbar auch kaum bekannt gemacht. Der SD vermutete, dass im Nachhinein mit Hinweis auf das vermeintliche Scheitern der Aktion jeder weitere Versuch einer Übernahme der deutschen Armeeangehörigen in die Waffen-SS verhindert werden sollte. Die Deutsche Partei setzte sich, sofort nachdem sie von dem Befehl erfahren hatte, mit Gmelin in Verbindung, der der Deutschen Partei die Weisung gab, sich ruhig zu verhalten. Er werde »die ganze Angelegenheit noch rechtzeitig abzubiegen« wissen.[173]

Der genaue Ablauf der Verhandlungen über das Wehrpflichtabkommen zwischen der Gesandtschaft und der slowakischen Regierung wurde in der Abteilung Inland II des Auswärtigen Amts offenbar nicht richtig abgelegt, sodass gegen Ende der Beratungen Unstimmigkeiten hinsichtlich des Auftrags der Gesandtschaft aufkamen. Aus diesem Grund fasste Ludin in einem Brief an Reichsaußenminister von Ribbentrop am 15. Mai 1944 die Verhandlungen der Vormonate noch einmal zusammen: Nachdem die Entscheidung Himmlers über den Vorschlag aus dem SS-Hauptamt Ende Februar 1944 positiv ausgefallen war, hatte Gmelin am 8. März als zuständiger Referent der Deutschen Gesandtschaft an einer Besprechung mit dem zuständigen Referenten des SS-Hauptamts im Referat Inland II in der Wilhelmstraße in Berlin teilgenommen. Dort erhielt er den später schriftlich bestätigten Auftrag, sofort mit den Verhandlungen mit der slowakischen Regierung über eine völkische Wehrpflicht zu beginnen. Nach einer Verbalnote der Gesandtschaft an die slowakische Regierung Mitte März wurde Gmelin zu einer Besprechung mit Ministerpräsident und Außenminister Tuka am 24. März gebeten. An diese Unterredung schlossen sich zehn weitere Verhandlungstermine an. Schon bald sprach der Ministerpräsident den Wunsch aus, dass das Wehrpflichtabkommen reziprok geschlossen werde. Das heißt, er wünschte, dass die Einführung einer völkischen Wehrpflicht »Volksdeutscher« in der Slowakei bei der Waffen-SS auch eine Wehrpflicht von »Volksslowaken« in Deutschland in der slowakischen Armee zur Folge haben sollte. Wie bald zugesichert wurde, habe dieser Passus aber nur »optische« Gründe, und es sei slowakischerseits nicht geplant, eine Einberufung durchzuführen.

Ludin berichtete weiter, dass das Oberkommando der Wehrmacht und der Reichsführer-SS dem Verhandlungsergebnis am 31. März zugestimmt hatten und die Gruppe Inland II von Gmelin laufend unterrichtet worden sei, sodass

---

173 SD-Meldung (Hofer), 9.2.1944, und V-Mann-Bericht des SD (Wahl), 17.2.1944, BArch, R 70 Slowakei/17, Bl. 12 und 14 f.

die Verzögerung des Informationsflusses nicht durch die Gesandtschaft entstanden sei. Am 11. Mai wurde die Vereinbarung im slowakischen Ministerrat gebilligt.[174] Der Staatsvertrag auf der Grundlage der formalen Gegenseitigkeit wurde am 7. Juni 1944 unterzeichnet.[175] Das Auswärtige Amt schätzte die Wehrpflicht der »Volksdeutschen« in der Slowakei zwar als wichtiges Anliegen ein, mancher Diplomat war allerdings verärgert, dass die Vereinbarung in Form eines offiziellen Staatsvertrags getroffen wurde. Da die Einführung der völkischen Wehrpflicht nicht gegen das slowakische Wehrgesetz verstoße, hätte man eine Einigung auf untergeordneter diplomatischer Ebene und eine Durchführung mithilfe eines slowakischen Gesetzes vorgezogen. Durch den slowakischen Wunsch nach formaler Gegenseitigkeit des Abkommens war das aber unmöglich geworden. Aus diesem Grund gab der Leiter der Abteilung Inland II C, Legationsrat Reichel, sofort seine Zustimmung zum Vorgehen Gmelins.[176]

Während im Auswärtigen Amt keine vollständige Genugtuung über das Zustandekommen des Abkommens herrschte, war Gottlob Berger mit der Arbeit Gmelins und Ludins bei der Waffen-SS-Aktion zufriedener, als man sich in der Gesandtschaft Pressburg vorstellen konnte. Berger erwartete von Ludin Widerstand aufgrund ihrer alten Feindschaft aus Württemberger Zeiten und war sehr erfreut darüber, dass dieser ausblieb. Bereits nach der positiven Regelung des Werbeabkommens mit der slowakischen Regierung im Herbst 1942 schrieb Berger an Himmler, dass die Musterungen gut vorankämen und Ludin »sich sehr gut gehalten« habe. Er werde für seine gute Zusammenarbeit mit der SS entsprechend schlecht von Unterstaatssekretär Luther behandelt. Deshalb sah Berger es als erforderlich an, bei Himmler ein gutes Wort für den Gesandten einzulegen, falls gegen Ludin »auch einmal beim Reichsführer-SS geschossen werden sollte«. Im Februar 1944 schrieb Berger an SS-Obersturmbannführer Rudolf Brandt im Persönlichen Stab des Reichsführers-SS, dass die Gesandtschaft in Pressburg sich »in hervorragender Art und Weise« für die Wehrpflicht aller »Volksdeutschen« aus der Slowakei in der Waffen-SS eingesetzt habe.[177] Der für Berger unerwartet positive Eindruck des Gespanns Ludin/Gmelin sollte sich während des Slowakischen Nationalaufstands 1944 für die Gesandtschaft bezahlt machen.

---

174 Ludin an Ribbentrop, 15.5.1944, PA AA, R 100954, E403018-E403022.

175 Inland II C (Reichel) an Leiter Inland II (Wagner), 7.6.1944, PA AA, R 100954, unfol.

176 Inland II C an Leiter Inland II (Wagner), 27.5.1944, PA AA, R 100954, unfol.; Altenburg an Wagner, 23.5.1944, ebd.; Ludin an von Ribbentrop, 15.5.1944, ebd., R 100954, E403018-E403022.

177 Berger an Himmler, 1.12.1942, StA Nürnberg, KV-Anklage Dokumente, NO-1655; Berger an Brandt, 11.2.1944, ebd., NO-3066.

Bergers Begeisterung ist auch vor dem Hintergrund zu verstehen, dass die Regelung der Waffen-SS-Rekrutierungen in anderen Ländern Südosteuropas sehr schwierig vonstattenging. Der Chef des SS-Hauptamts war sowohl in Ungarn als auch in Kroatien mit dem Auswärtigen Amt und zum Teil auch mit der Volksdeutschen Mittelstelle über die Anwerbung der »Volksdeutschen« in Konflikt geraten. Weder die fremden Regierungen noch die deutschen Diplomaten in diesen Ländern waren ähnlich kooperativ hinsichtlich der Rekrutierungen wie in der Slowakei. Lediglich in Rumänien hatten die Anwerbungen von »Volksdeutschen« für die Waffen-SS auf institutioneller Ebene vergleichbar reibungslos wie in der Slowakei begonnen. Dies galt allerdings nur für die Zusammenarbeit zwischen örtlicher Volksgruppenführung und SS-Hauptamt. Bergers Zugriff war dort erleichtert, weil sein Schwiegersohn Andreas Schmidt seit 1940 Volksgruppenführer der Rumäniendeutschen war. Die Werbungen in Rumänien verliefen dann allerdings die meiste Zeit illegal – gegen ein ausdrückliches Verbot der Regierung. Auch der Volkstumsreferent der dortigen Gesandtschaft wurde umgangen. Die Waffen-SS-Rekrutierungen in Ungarn und Kroatien waren mit dem Verlust der Staatsbürgerschaft für die »volksdeutschen« Rekruten verbunden. Das stellte für Himmler allerdings kein größeres Problem dar. Er plante ohnehin, die Ungarndeutschen nach dem Krieg in den Warthegau umsiedeln zu lassen. Himmlers Indifferenz wurde aber nicht notgedrungen vom SS-Hauptamt, geschweige denn von den Volksgruppenführungen, geteilt. Der weitgehend problemlose institutionelle Ablauf der Waffen-SS-Aktion in der Slowakei war also ein Alleinstellungsmerkmal und neben dem besonderen Verhältnis der Abhängigkeit der Slowakei vom Deutschen Reich und einer sehr kooperativen Volksgruppenführung vor allem auf die reibungslose Mitarbeit der Pressburger Gesandtschaft zurückzuführen. Die Rekrutenzahlen aus der Slowakei blieben dennoch teilweise weit hinter denen anderer deutscher Volksgruppen in Südosteuropa zurück, was aber nur zum kleineren Teil an den Verweigerern und zum größeren Teil an der geringen Bevölkerungszahl der Slowakeideutschen lag.[178]

Zum Jahreswechsel 1943/44 herrschte zwischen allen mit der Volkstumspolitik in der Slowakei befassten Dienststellen Einigkeit darüber, dass die

---

178 S. Casagrande u. a.: Volksdeutsche, hier vor allem S. 216. Über die Konflikte um die Werbung kroatischer und ungarischer »Volksdeutscher« für die Waffen-SS geben zudem Aufzeichnungen und Schriftwechsel aus den Handakten von Unterstaatssekretär Luther Aufschluss, PA AA, R 27654, Bl. 84-99 und 117-124; Aufzeichnung von Legationsrat Triska für Unterstaatssekretär Luther, 7.1.1943, abgedruckt in: ADAP, Serie E, Bd. V, Dok. 19, S. 34-39, hier: S. 39. S. auch George Stein: Geschichte der Waffen-SS, Düsseldorf 1967, S. 152-157; Longerich: Himmler, S. 634ff. Joachim Scholtyseck deutet an, dass Gottlob Berger Himmlers Plänen für die Neuordnung (Ost-)Europas mitunter distanziert gegenüberstand. Scholtyseck: »Schwabenherzog«, S. 88f.

Verpflichtung der »Volksdeutschen« zum Wehrdienst in der Waffen-SS die richtige Entscheidung sei. An der verbreiteten Weigerungshaltung vieler Slowakeideutscher änderte das allerdings nichts. Der Vorschlag des Kommandeurs der Ersatzkommission Südost der Waffen-SS, Ernst Letsch, ein SS-Streifenkommando aus »Volksdeutschen« zur Festnahme von Wehrdienstverweigerern zu bilden, wurde im Staatsvertrag nicht berücksichtigt, nachdem die Slowakei zugesagt hatte, dass sie im Fall von Weigerungen polizeilich aktiv werden würde.[179]

Das neue Wehrpflichtabkommen galt formal sofort nach seiner offiziellen Vereinbarung am 7. Juni 1944. Auch wenn die Ratifizierung durch die zuständigen Stellen noch Zeit brauchte, waren alle beteiligten Behörden sofort bereit, die Geltung des Vertrags anzuerkennen. Gmelin nahm am 14. Juni an einer Hauptleiterbesprechung der Deutschen Partei teil, um der Volksgruppenführung die Einzelheiten der Wehrpflichteinführung zu erläutern. Besonders die von der slowakischen Wehrmacht für den Dienst in der Waffen-SS übergebenen Soldaten waren oft alles andere als begeistert. Erneut kam es vor, dass Einzelne versuchten, sich als Slowaken oder Ungarn zu bekennen, um der Überstellung zu entgehen. Zudem sorgten UK-Stellungen einiger Angehöriger der Volksgruppe abermals für Neid und Missgunst.[180] Am 19. Juli 1944 berichtete die von Kurt Hofer geleitete SD-Dienststelle bei der Deutschen Partei, dass in Drexlerhau (Janová Lehôta) nur sechs Soldaten, die in einer größeren Gruppe von der slowakischen Wehrmacht zur Waffen-SS wechseln sollten, dort auch tatsächlich angekommen seien. Die restlichen Soldaten wurden nach zwei Tagen von der slowakischen Gendarmerie nach Pressburg gebracht. Der angebliche Rädelsführer wurde in Ketten gelegt und rief auf der Lastwagenfahrt nach Pressburg Passanten zu: »Das ist die Freiwilligkeit!« Die anderen Verweigerer sangen unterdessen slowakische Lieder. In einem zweiten Bericht derselben Dienststelle war von einer Intervention der Ungarischen Partei zugunsten von vier zur Waffen-SS einberufenen Männern die Rede, die sich bei der Volkszählung von 1940 als Ungarn gemeldet haben sollen und danach gegen ihren Willen in die deutsche Volksgruppe aufgenommen worden seien.

179 Aussage Gmelins vor der Kommission des Militärgerichtshofes IV, 18.6.1948, StA Nürnberg, KV-Prozesse, Fall 11 A87, Bl. 9470.
180 In einem SD-Bericht vom 23.3. wird über die Beschwerden eines »volksdeutschen« Weingärtners berichtet, der aufgrund seines Waffen-SS-Dienstes seine Weinberge nicht bewirtschaften konnte. Er ersuchte um seine Versetzung von seiner bisherigen Dienststelle – dem KZ Buchenwald – zum Ersatzkommando der Waffen-SS nach Pressburg, weil die DP sich nicht wie versprochen um das Wohlergehen seiner Wirtschaft und Familie kümmerte. V-Mann-Bericht, 24.3.1944, BArch, R 70 Slowakei/17, Bl. 18 f.; DP-Hauptorganisationsamt (Abt) an DP-Kreisgeschäftsführung Pressburg (Luptowitsch), 10.6.1944, SNA Bratislava, MV, Fond 125 Deutsche Partei, kr. 29-1, Bl. 43.

Der zuständige DP-Kreisleiter wies die Intervention der Ungarischen Partei ab, woraufhin sich der Volksgruppenführer der ungarischen Minderheit, Graf János Esterházy, an die Deutsche Gesandtschaft wandte. Gesandtschaftsrat Gmelin bat daraufhin die UK-Kommission der Deutschen Partei, »jegliche Intervention des ungarischen Volksgruppenführers zurückzuweisen«. Die genannten Beschwerden hätten in den letzten vier Jahren jederzeit gegenüber dem slowakischen Statistikamt geltend gemacht werden können. Der slowakische Staat wäre, nach Gmelins Auffassung, »wahrscheinlich jederzeit bereit gewesen, bei Vorliegen einer Nötigung eine Berichtigung vorzunehmen«. Es gebe keine Veranlassung, »auf Grund von Interventionen Befreiungen vom Wehrdienst auszusprechen«.[181]

Hans Gmelin fiel 1948 bei seiner Zeugenaussage im Nürnberger Wilhelmstraßenprozess besonders das Wort »Drückeberger« unangenehm auf, das Letsch in einem Bericht über ein gemeinsames Treffen mit ihm und Ludin gebraucht hatte. Er erklärte, dass Letsch damit wohl die »Volksdeutschen« gemeint habe, die sich trotz der »moralischen Verpflichtung« nicht freiwillig gemeldet hatten, und erweckte vor Gericht den Eindruck, als höre er diesen Begriff zum ersten Mal. Vier Jahre zuvor, im August 1944, hatte Gmelin sich veranlasst gesehen, die Zusendung der Ratifizierungsurkunde des Wehrpflichtvertrags im Auswärtigen Amt anzumahnen, »weil wir dann mit einem Schlag durch die Gendarmerie die Drückeberger und Wehrdienstverweigerer holen lassen könnten«. Ihre Anzahl schätzte Gmelin auf 1.200.[182] Der SD zeigte sich beeindruckt von Gmelins Forderung nach »rücksichtsloser« Einziehung der »Volksdeutschen«, »auch wenn es mit Gewalt sein wird«.[183]

Eine Woche nach Gmelins Anmahnung der Ratifizierung in Berlin berichtete Karmasin an Himmler, dass in einigen Orten »von der slowakischen Armee entlassene deutsche Männer, die in der Armee bolschewistisch verhetzt worden sind, statt zur Waffen-SS einzurücken, in die Wälder gegangen« seien. Es war Karmasin wichtig, zu betonen, dass es sich »höchstens« um 25 bis 30 Männer handle, die »weder zu den Partisanen gegangen sind, noch sich sonst irgendwie

181 Zwei Berichte der SD-Dienststelle bei der DP (Hofer), 19.7.1944, BArch, R 70 Slowakei/17, Bl. 53-58.
182 Gmelin an Reichel, 12.8.1944, PA AA, R 100954, E403098; Zeugenvernehmung Hans Gmelin vor der Kommission des Militärgerichtshofes IV, 18.6.1948, StA Nürnberg, KV-Prozesse, Fall 11, A87, Bl. 9441-9486, hier: Bl. 9470. Der Begriff »Drückeberger« wurde sowohl von der Volksgruppenführung als auch von allen anderen Dienststellen seit dem Auftreten des Phänomens verwandt. Gmelin benutzte ihn zum Beispiel bereits im Februar 1944, als er den SD über die bevorstehende Wehrpflichtvereinbarung informierte. Dabei bezifferte er die Zahl dieser »Drückeberger« auf 1.200. Bericht über eine Besprechung zwischen SD-LA Wien (Chlan, Böhrsch) und Gmelin, 1.2.1944, BArch, R 70 Slowakei/302, Bl. 30 f.
183 SD-Vermerk, Pressburg, 28.10.1944, BArch, R 70 Slowakei/60, Bl. 510-513.

kämpferisch betätigen«.[184] Partisanenangriffe waren in den Regionen östlich der Hauptstadt Bratislava inzwischen an der Tagesordnung, und entgegen Karmasins Beteuerungen waren daran durchaus Waffen-SS-Verweigerer beteiligt.

Das Wehrpflichtabkommen, das Gmelin aushandelte, kam nicht umhin, endgültig festzulegen, wer als Deutscher zu gelten hatte. In Anbetracht der vehementen »Rück-« und »Umvolkung«, die die Volksgruppenführung, unterstützt von Volksdeutscher Mittelstelle und Gesandtschaft, betrieb, ist es erwähnenswert, dass für den Wehrpflichtvertrag keine andere Option infrage kam, als die Ergebnisse der jüngsten Volkszählung von 1940 zugrunde zu legen.[185] Weder die Volksgruppenführung noch die Gesandtschaft hatten sich in den Vorjahren damit zufriedengegeben, wenn die Volksgruppe in ihrem Umfang auf die Ergebnisse dieser Volkszählung begrenzt werden sollte. Bis in die entlegensten Regionen sollte der »Blutstrom deutschen Lebens« als Abstammungsgemeinschaft wiederbelebt werden. Konfrontiert mit den dringenden Rekrutierungsbedürfnissen der Waffen-SS, wurde allerdings erneut die pragmatischste Lösung gewählt: Statt Abstammung und völkischem Traditionsbewusstsein wurde die richtige Gesinnung in der Volkstumsfrage zum Indikator des Deutschtums. An dieser Stelle wurde außerdem noch ein besonders kurzer Zeitraum volkstümlicher Loyalität gewählt – im Wissen, dass das Bekenntnis vieler »magyarisierter« Deutscher kurz vor der Volkszählung noch anders ausgefallen war. Diese Brüchigkeit der völkischen Zugehörigkeit, die durch die »Drückeberger« noch unterstrichen wurde, die einfach die Volksgruppe wechselten, als es um die Einberufung ging, wirkte ihrerseits auf den Waffen-SS-Dienst zurück. Die Meldung zur Waffen-SS, zur Teilnahme am »Schicksalskampf« der deutschen Nation, wurde zum stärksten Symbol der völkischen Zugehörigkeit, das das Engagement in allen anderen Teilorganisationen der Deutschen Partei in den Schatten stellte. Für die Volksgruppenführung wurde eine hohe Zahl von Rekruten zu einer Frage des völkischen Ehrgefühls.

---

184 Karmasin an Himmler, 19.8.1944, BArch, R 70 Slowakei/83, Bl. 60-64.
185 Niederschrift AA Inland II C, 27.3.1944, PA AA, R 100954, E403029.

»VÖLKERRECHTLICH NICHT ZU BEANSTANDEN«

Die Rolle der Deutschen Gesandtschaft in der antijüdischen Politik der Slowakei

»Volkstumspolitik« und Antisemitismus

Die Führung der deutschen Minderheit in der Slowakei gehörte von Beginn an zu den politischen Kräften des neuen Landes, die auf eine möglichst schnelle und radikale »Lösung der Judenfrage« drängten. Antisemitische Propagandawellen, Ausschreitungen und Verfolgungsmaßnahmen standen in der Slowakei in einem gut erkennbaren Zusammenhang mit dem Kriegsausbruch und dem späteren Verlauf des Krieges, besonders im Osten. Kurz nach dem Überfall auf Polen kam es zu Ausschreitungen gegen Juden, die maßgeblich von »Volksdeutschen« und deren Freiwilliger Schutzstaffel ausgingen. Am 4. September 1939 sprach der Hauptleiter für Presse und Propaganda der Deutschen Partei, Karl Hauskrecht, auf einer antijüdischen Kundgebung, die seine Partei gemeinsam mit der Hlinka-Garde in Pressburg organisiert hatte. Vor etwa 4.000 bis 5.000 Demonstranten, die größtenteils der deutschen Volksgruppe angehörten, betonte er die Dringlichkeit einer Verabschiedung von weiteren Judengesetzen durch die slowakische Regierung. In einer Resolution, die von der Menge angenommen wurde und die Hauskrecht bereits an den Ministerpräsidenten und damaligen Innenminister Vojtech Tuka geschickt hatte, entfaltete sich der ganze Kanon radikal-antisemitischer Forderungen. Mit dem Argument, dass die slowakische Regierung einer legitimen »Selbsthilfe« der deutschen Bevölkerung, die durch zahlreiche jüdische »Provokationen« zum Handeln gezwungen sei, entgegenwirken müsse, verlangte Hauskrecht in seiner Resolution eine Menge antisemitische Sofortmaßnahmen: die Kennzeichnung aller jüdischen Geschäfte, eine Anmeldepflicht für sämtliche jüdischen Besitztümer und deren Übergabe in »arische Hände«, ein absolutes Schächtverbot, die Ausgrenzung der Juden aus dem gesamten öffentlichen Leben sowie dem Staats- und Wirtschaftsleben nach »rassischen Gesichtspunkten«, Entzug aller Radios, Führer- und Waffenscheine, Einzug aller jüdischen Männer im Alter von 18 bis 50 Jahren zu nichtentlohnter Zwangsarbeit, die Todesstrafe für Sabotage, Hamsterei und Wucher. All diese Forderungen seien schnellstens umzusetzen, zudem müsse eine »Arbeitsgemeinschaft für die Entjudung der

Slowakei« gebildet werden, die der Regierung weitere »geeignete Vorschläge zur Lösung der Judenfrage unterbreitet und die Durchführung der zu treffenden gesetzlichen Massnahmen überprüfen wird«. Andernfalls, so Hauskrecht weiter, drohe eine schwere Schädigung der »Staats- und Volksgemeinschaft« durch das »schamlose Treiben« der Juden, die darauf drängten, »sich an dem Blute unserer Söhne zu bereichern, unsere Frauen zu quälen, unsere Mädchen zu schänden und über unsere Väter Unglück zu bringen«. Die Juden würden die durch den Kriegsausbruch hervorgerufene kritische Lage im Innern der Slowakei ausnutzen, während »das slowakische Volk seine Söhne an die Front sende, um dort zusammen mit den Söhnen des deutschen Volkes und der deutschen Volksgruppe für die Durchsetzung eines neuen und besseren Europa ihr Leben einzusetzen, eines Europa, das auf dem Gedanken der nationalen Freiheit und der sozialen Gerechtigkeit aufgebaut sein soll«. Tuka nahm die Resolution am folgenden Tag entgegen und sagte die sofortige gesetzliche »Lösung der Judenfrage« nach Prüfung der einzelnen Punkte zu.[1] Erst ein Jahr später berichtete der *Grenzbote* von jetzt neu erfolgten antijüdischen Maßnahmen, dem Radioverbot, dem Entzug der Führerscheine und der Pflicht zur Anzeige von Hauseigentum.[2]

Auch auf Gemeindeebene nahm die Deutsche Partei eine antisemitische Vorreiterstellung ein. Im November 1939 wurden diejenigen ihrer Ortsgruppen, die noch keine entsprechenden Verordnungen erlassen hatten, aufgefordert, ein Ansiedlungsverbot für Juden in ihrer Gemeinde zu verhängen. Diese Maßnahme wurde vor allem in Dörfern mit einer »volksdeutschen« Bevölkerung von über 80 Prozent durchgeführt.[3] Im Mai 1940 forderte Karmasin die Aussiedlung der Juden aus Ortschaften mit mehrheitlich deutscher Bevölkerung.[4] Als im Frühsommer 1941 Diskussionen über eine neue Judenverordnung in der Slowakei begannen, kritisierte die Deutsche Partei die Vorschläge hierzu als nicht weitreichend genug und prangerte eine Besserstellung von getauften Juden an.[5]

Wie stark integrierende und exkludierende Faktoren der völkischen Vergemeinschaftung zusammenhingen, lässt sich besonders anschaulich am deutschen Genossenschaftswesen in der Slowakei nachvollziehen. Die Sparwoche 1942 stand unter dem Motto »Sparen hilft siegen!«. Die Teilnahme sei ein Bekennt-

---

1 Hauskrecht an Tuka, 4.9.1939, Yad Vashem Archives, M 5/37, Bl. 40 ff., 44 ff.; Regelung der Judenfrage, in: Grenzbote, 6.9.1939, BArch, R 70 Slowakei/37, Bl. 41.
2 Neue Maßnahmen gegen Juden, in: Grenzbote, 14.9.1940, PA AA, Pressburg 221.
3 Diverse Mitteilungen von DP-Ortsgruppen im November und Dezember 1939, SNA Bratislava, MV, Fond 125 Deutsche Partei, kr. 4-2, Bl. 2-6, 9, 12, 20, 23, 28, 32, 38, 42 f.
4 Lipscher: Juden, S. 52.
5 SD Pressburg (Lämmel) an RSHA III B, 16.5.1941, BArch, R 70 Slowakei/37, Bl. 83 ff.

nis zu Volk und kämpfender Front, hieß es in den Flugblättern: »Diese Gelder
ruhen aber keineswegs in irgendwelchen Tresoren, sondern sie dienen in Form
von Darlehen den einzelnen Genossenschaftsmitgliedern zur Ausgestaltung
ihrer Wirtschaftsbetriebe oder sie fließen als Kredite den verschiedenen Be-
triebsgenossenschaften zu.«[6] Franz Karmasin pries noch 1956 die Erfolge des
deutschen Genossenschaftswesens in der Slowakei, das er als Beispiel gemeinschaftlichen Wirtschaftens wie aus dem Lehrbuch darstellte und gänzlich seiner
politischen Bedeutung entkleidete.[7] In einer Beschuldigtenvernehmung der
Staatsanwaltschaft München meinte er sich noch 1969 mit dem antisemitischen
Argument verteidigen zu können, dass das Genossenschaftswesen »beispielsweise ein Mittel zur Emanzipation von der jüdischen Beherrschung des Mark-
tes« gewesen sei.[8] Auch die überlieferten Akten legen den Schluss nahe, dass
die Erfolge der »volksdeutschen« Genossenschaften nicht zuletzt auf dem Raub
jüdischen Eigentums beruhten. Die »Arisierung jüdischer Gross- und Kleinver-
teiler« war eine der »Notizmässigen Richtlinien für eine Arbeitsgemeinschaft
der Genossenschaftsverbände«, die Karmasin dem slowakischen Wirtschaftsminister Anfang Juni 1940 vorschlug.[9] Sein DP-Hauptleiter für Wirtschaft,
Eugen Reisinger, hatte bereits Ende März 1940 von wilden »Arisierungen«
berichtet, die der Volksgruppe noch ohne gesetzliche Grundlage gelungen
seien.[10] Bald darauf gingen zwei jüdische Banken in deutschen Besitz über.
Im Zusammenhang mit dieser Bankenübernahme »arisierte« die Volksgruppe
auch eine Reihe von Industrieunternehmen.[11] Etwa zur gleichen Zeit berichtete
der Zentralverband für die deutschen Genossenschaften, dass eine Einkaufsge-
nossenschaft für Lebens- und Genussmittel in Angriff genommen werde. Der
Großhandel dieser Branche sei noch weitgehend in der Hand von Juden. Mit
der Genossenschaft sollten sie in Zukunft aus dem Wettbewerb verdrängt werden: »Es ist dem Zentralverband mit Rücksicht auf die in Gründung begriffene
Genossenschaft schon in Einzelfällen gelungen, Kontingentzuweisungen aus
jüdischen Händen wegzunehmen und diesem Kaufmann [einem »Volksdeutschen«, N. K.] zuteilen zu lassen. Zweifellos kann diese Genossenschaft für die
deutschen Kaufleute und die einschlägigen Handwerksbetriebe wirtschaftlich

6 Flugblatt »Deutsche Sparwoche 1942«, gez. Karmasin, SNA Bratislava, MV, Fond
  125 Deutsche Partei, kr. 27-1, Bl. 51.
7 Franz Karmasin: War es so richtig, Vater Raiffeisen? Das deutsche Genossenschaftswesen in der Slowakei, München 1956.
8 Beschuldigtenvernehmung Franz Karmasins, 1.12.1969, BArch, B 162/4290, Bl. 1313.
9 Zentralverband der deutschen Genossenschaften in der Slowakei an slowakisches
  Wirtschaftsministerium, 4.6.1940, PA AA, Pressburg 74.
10 Bericht des DP-Hauptleiters für Wirtschaft, 31.3.1940, SNA Bratislava, MV, Fond
   125 Deutsche Partei, kr. 4-1, Bl. 27 f.
11 Bericht zur Arbeit des DP-Wirtschaftsamts und des Handels- und Gewerbeverbands,
   o. D., PA AA, R 100565, Bl. 335.

von sehr grosser Bedeutung werden und auch innerhalb der deutschen Volksgruppe zu einer wirklichen Arisierung viel beitragen.«[12]

Einer undatierten Abschrift aus den Akten des Reichswirtschaftsministeriums zufolge wurden Genossenschaften und andere Einrichtungen des »öffentlichen Interesses« bei der Vergabe von jüdischen Häusern bevorzugt. Allerdings gehe jüdisches Hauseigentum zum 1. November 1941 in Staatsbesitz über, und eine Weitergabe sei erst nach Kriegsende zu erwarten.[13]

Mit dem slowakischen »Arisierungsgesetz«, das zum 1. Juni 1940 in Kraft trat, wurden die verschiedenen Regierungsverordnungen zu Juden und jüdischem Eigentum, die seit der Unabhängigkeit im März 1939 erlassen wurden, in eine systematische Form gebracht, um die »Arisierung« ab jetzt vehementer vollziehen zu können als bisher. Trotzdem wurden diese Bestrebungen in der Slowakei immer wieder gebremst. Das lag in erster Linie daran, dass Kapital und Fachkräfte zur Übernahme der Unternehmen fehlten und die Behörden mit der Organisation der »Arisierung« überfordert waren. Erst mit der Ankunft des »Judenberaters« Dieter Wisliceny im August 1940 wurden die »Arisierungen« in der Slowakei merklich ausgeweitet. Wisliceny wirkte maßgeblich an der Schaffung des Zentralwirtschaftsamts (ÚHÚ) im September 1940 mit, das unter der Leitung des Tuka-Vertrauten Augustín Morávek stand und fortan zentral für die »Arisierungen« und alle weiteren Fragen der Vertreibung der Juden aus dem wirtschaftlichen und sozialen Leben zuständig war. Dies wurde mit dem zweiten »Arisierungsgesetz« im November 1940 bekräftigt. Grundlage für diese Maßnahmen war ein Ermächtigungsgesetz des slowakischen Parlaments, das die Regierung beauftragte, alle als erforderlich erachteten antijüdischen Maßnahmen zu treffen.[14]

Im Wettstreit um jüdisches Eigentum sah sich die deutsche Minderheit von den Slowaken fortwährend übervorteilt. Der »Judenberater« Wisliceny setzte in Verhandlungen mit den slowakischen Stellen eine gemischte slowakisch-deutsche Kommission durch, die in strittigen Fällen entscheiden sollte. Seiner Aussage zufolge sei ursprünglich vorgesehen gewesen, die deutsche Volksgruppe zu einem Drittel an den »Arisierungen« zu beteiligen. Dies sei aber von Karmasin abgelehnt worden, der nur Interesse an bestimmten Objekten geäußert habe, um die dann mit slowakischen Interessenten gestritten worden sei.[15] Für die meisten slowakischen Verantwortungsträger war die »Arisierung« der

---

12 Auszug Bericht Dr. Hinz (Zentralverband), o. D., BArch, R 2/15688, Bl. 76 f.

13 Abschrift, o. D., BArch, R 2/15688, Bl. 299.

14 Kaiser: Politik, S. 407 f.; Lipscher: Juden, S. 60; Tönsmeyer: Das Dritte Reich, S. 141 f.; Kokorák: Minderheit, S. 264; DGP an AA, 28.5.1940, PA AA, Pressburg 172; Wisliceny-Bericht, 17.12.1940, BArch, R 70 Slowakei/35, unfol.

15 Tönsmeyer: Raub, S. 77; Kaiser: Politik, S. 411; Verhör Wisliceny, IMT Nürnberg, 6. und 7.5.1946, SNA Bratislava, NS 136.

Wirtschaft der wichtigste Aspekt bei der »Lösung der Judenfrage«. Die Volksgruppe, die bei der Übernahme jüdischer Unternehmen ähnliche Probleme
wie die Slowaken hatte, was die Beschaffung von Kapital und qualifizierten
Fachkräften anbelangte, versuchte gezielt, eine Übernahme von Firmen durch
Deutsche aus dem Reich zu arrangieren.[16] Die Slowakei plante hingegen, mit
der »Arisierung« die slowakische Wirtschaft zu stärken und den Reichtum der
Slowakei und der Slowaken zu vermehren. Die unterentwickelte slowakische
Wirtschaft sollte zudem nicht durch vorschnelle Enteignungen in wichtigen
Industrie- und Handelszweigen gefährdet werden, denn ein nicht unerheblicher Teil volkswirtschaftlich bedeutsamer Firmen befand sich in jüdischem
Eigentum.[17]

Über den Herbst 1940 baute sich der Konflikt um den »volksdeutschen«
Anteil an der »Arisierung« immer weiter auf, bis im Dezember 1940 die Streitigkeiten nahezu eskalierten, als der DP-Amtsleiter im Deutschen Staatssekretariat, Ludwig Dostal (später Dollmann), einen ungehaltenen Brief an Morávek,
den Leiter des ÚHÚ, schrieb. Dostal wies Morávek auf dessen gesetzlich geregelte Verpflichtung hin, in allen Angelegenheiten, die die deutsche Volksgruppe betrafen, mit ihm zusammenzuarbeiten. Er müsse jedoch zu seinem
größten Bedauern feststellen, »dass von Ihrer [Moráveks, N. K.] Seite aus bisher nicht der geringste Wille zu einer Zusammenarbeit mit dem hiesigen Amte
bekundet wurde«. Auf die nahezu 200 schriftlich überreichten Befürwortungen
deutscher Bewerbungen für »Arisierungen« sei vom ÚHÚ nicht einmal geantwortet worden. In diversen Fällen habe das Zentralwirtschaftsamt »andersnationale Verwalter (Arisatoren)« in Firmen eingesetzt, für die ihm bereits vom
Deutschen Staatssekretariat weitergeleitete Bewerbungen vorgelegen hätten.
Im Auftrag Karmasins verlangte Dostal die Rücknahme der »rechts- und verabredungswidrigen Massnahmen« und forderte Morávek ultimativ auf, ihm im
Laufe dieses Tages eine Antwort zukommen zu lassen. Für den Fall, dass Morávek erneut nicht antworte, stelle er »geeignete Massnahmen in Aussicht«.[18] Wie
nicht anders zu erwarten war, verbat sich Morávek sowohl den Ton als auch
den ultimativen Charakter von Dostals Schreiben. Er bot jedoch an, dass alle
Forderungen bei einem gemeinsamen Gespräch mit seinem Berater Wisliceny
geklärt werden könnten.[19]

16 Kokorák: Minderheit, S. 260-263.
17 Barbara Hutzelmann: Die deutsche Volksgruppe und die Enteignungen der Juden in
  der Slowakei 1939-1945, in: Olschowsky, Loose (Hrsg.): Nationalsozialismus, S. 229-
  248, hier: S. 238.
18 Dostal an Morávek, 11.12.1940, Yad Vashem Archives, M 5/33, Bl. 20-23; mehrere
  Briefe und Aufzeichnungen aus 1940 von Hugo Magerl, Mitarbeiter im DP-Haupt
  amt für Wirtschaft, BArch, R 142/12.
19 Morávek an Dostal, 12.12.1940, Yad Vashem Archives, M 5/33, Bl. 19.

Nicht zuletzt diese Antwort wird die Führung der Deutschen Partei in der Auffassung bestärkt haben, dass Wisliceny ihr keine Hilfe bei der Durchsetzung ihrer Interessen gegen die Slowaken sei. Die Enttäuschung über seine Tätigkeit war groß, weil die »Volksdeutschen« eine deutliche Verbesserung ihres Ausgangspunktes bei der »Arisierung« erwartet hatten, als Wisliceny in die Slowakei kam.[20] Der Hauptschriftleiter des *Grenzboten*, Fritz Fiala, behauptete, Wisliceny habe ihm gegenüber erklärt, die deutsche Minderheit könne insgesamt nur kleine Unternehmen »arisieren«, die größeren würden den Slowaken zustehen.[21] Karmasin suchte und fand auch in dieser Angelegenheit die Unterstützung Himmlers. Wisliceny wurde nach Berlin bestellt und bekam im Reichssicherheitshauptamt die Mitteilung, dass ein Gespräch Himmlers mit Karmasin, Dostal und Hauskrecht stattgefunden habe, die sich über alle Berater, besonders aber über ihn, beschwert hätten. Wisliceny hatte sich gegen diese Vorwürfe schriftlich zu rechtfertigen.[22] Die bereits beschlossene deutschslowakische Kommission zur Beilegung der Streitfälle in der »Arisierung« nahm im Januar 1941 schließlich ihre Arbeit auf. Im April 1941 berichtete Wisliceny, diese sei ein voller Erfolg für die Volksgruppe. In fast allen Streitfällen sei es geglückt, die deutsche Position durchzusetzen. Bald stieß die Tätigkeit der Kommission aber auf neue Schwierigkeiten, weil Morávek sich nun gegen Vorwürfe zu behaupten hatte, er bevorzuge die »Volksdeutschen« vor den Slowaken.[23]

Die Auseinandersetzung um die »Arisierung« zum Jahreswechsel 1940/41 gehört auch in den »Entsendungszusammenhang« des Volkstumsreferenten. Der Gesandte von Killinger sagte nach Karmasins Beschwerde bei Himmler eine Einladung der Volksgruppe ab, da »in Berlin in unerhörter Weise« gegen die Berater »geschossen« worden sei. Entgegen den Problemen, die die Volksgruppenführung mit Wisliceny hatte, war man in der Gesandtschaft von dessen Unersetzlichkeit überzeugt. Immer wieder forderten später auch Ludin, Gmelin, Grüninger und Endrös die Belassung Wislicenys in Bratislava beziehungsweise seine erneute Entsendung, da er unentbehrlich sei und die vorzeitige Beendigung seiner Tätigkeit den »vollständigen Stillstand in Judenfragen herbeiführen« würde und zudem die Gefahr bestehe, »dass antijüdische Maßnahmen heimlich rückgängig gemacht« würden.[24]

---

20 Aufzeichnung in der DP-Hauptleitung, 14.9.1940, BArch, R 142/49.
21 Hutzelmann: Volksgruppe, S. 240.
22 Verhör Wisliceny, IMT Nürnberg, 6. und 7.5.1946, SNA Bratislava, NS 136.
23 Wisliceny-Bericht, 4.4.1941, BArch, R 70 Slowakei/31, Bl. 40 ff.; Kokorák: Minderheit, S. 268 f.; Hutzelmann: Volksgruppe, S. 241.
24 Endrös an AA, 3.12.1942, PA AA, Pressburg 22; ähnliche Schreiben von den genannten Gesandtschaftsmitarbeitern von 1941 und 1943, ebd.; Ludin an AA, 11.8.1944, PA AA, R 100887, Bl. 38-45; Tönsmeyer: Das Dritte Reich, S. 145; von Killinger an AA, 3.1.1941, PA AA, R 29737, 248511; Schvarc: Organizačná Štruktúra, S. 118.

Wisliceny, der seiner eigenen Angabe zufolge bei seinem Eintreffen in der Slowakei im Sommer 1940 mit den Gegebenheiten der »Arisierung« weder dort noch im Deutschen Reich vertraut war, war stets hervorragend informiert, wenn vonseiten der Gesandtschaft Bitten an ihn herangetragen wurden. Innerhalb weniger Tage beantwortete er spezifische Anfragen zu bestimmten Firmen mit intimer Kenntnis der bereits erfolgten »Arisierungsbestrebungen« und der bisherigen Hindernisse, der in naher Zukunft zu erwartenden Entscheidungen des ÚHÚ sowie von Details zu den Unterschieden zwischen den Verfahren zur »Arisierung« in Reich und Protektorat und dem slowakischen Vorgehen. Neben Wisliceny waren vonseiten der Gesandtschaft vor allem Handelsattaché Helmut von Schulmann und Wirtschaftsberater Erich Gebert an solchen Verfahren beteiligt.[25] Hans Gmelin wurde als Persönlicher Referent des Gesandten aktiv, wenn sich »Reichsdeutsche« mit »Arisierungsabsichten« direkt an Ludin wandten. Er übergab diese Anfragen an von Schulmann beziehungsweise an Gebert, damit diese den Bewerber bei den slowakischen Stellen einführten. Zudem leitete er auch Interventionen zugunsten »volksdeutscher« »Arisierungsbewerber« mit der Bitte um weitere Veranlassung beim Zentralwirtschaftsamt an Wisliceny weiter.[26] In einigen Fällen, in denen »Reichs-« oder »Volksdeutsche« sich aufgrund von Schwierigkeiten mit slowakischen Behörden im Zusammenhang mit Enteignungen jüdischen Immobilienbesitzes an die Gesandtschaft wandten, setzte Gmelin das Deutsche Staatssekretariat in Kenntnis und bat dort um weitere Veranlassung, falls dem Anliegen zugestimmt werde. Jüdischer Hausbesitz kam zwar zunächst nicht zur Verteilung, aber es wurden Zwangsverwalter eingesetzt, deren Posten äußerst begehrt waren. Auch hier kam es zu Streitigkeiten und Benachteiligungsvorwürfen.[27]

Als Gmelin Ende August 1941 aus einer Hauptleiterbesprechung der Deutschen Partei mitgeteilt wurde, dass die slowakische Regierung eine Art staatliches Vorkaufsrecht für jüdisches Grundeigentum erlassen wolle, intervenierte er sofort bei Werner Brocke, dem deutschen Berater bei der inneren Verwaltung im Innenministerium: »Die deutsche Volksgruppe fürchtet, dadurch in der Frage der Erweiterung des deutschen Grundbesitzes ins Hintertreffen zu kommen.« Brockes Informationen zufolge war nichts dergleichen geplant, die gesetzliche Grundlage für ein staatliches Vorgehen in diesem Sinne bestehe

25 Verhör Wisliceny, IMT Nürnberg, 6. und 7.5.1946, SNA Bratislava, NS 136; Wisliceny an von Schulmann, 23.10.1942, PA AA, Pressburg 221; diverse andere Fälle, ebd. Zur Rolle des Wirtschaftsberaters Gebert bei der »Entjudung« der slowakischen Wirtschaft s. insbesondere Tönsmeyer: Das Dritte Reich, S. 196-201.
26 Gmelin an den Generalinspektor für das deutsche Straßenwesen, 8.7.1941, PA AA, Pressburg 221; Gmelin an Güterdirektor E., 17.6.1941, ebd.
27 Gmelin an das Deutsche Staatssekretariat in der Slowakei, 18.7.1942, F. an DGP, 9.7.1942; Gmelin an das Deutsche Staatssekretariat in der Slowakei, 14.7.1942, PA AA, Pressburg 36; Hutzelmann: Volksgruppe, S. 244.

aber schon länger. Die Volksgruppe müsse sich jedoch keine Sorgen machen, laut eines Grundsatzes des Staatspräsidenten solle sie dem Prozentsatz ihres Bevölkerungsanteils gemäß an der »Arisierung« beteiligt werden.[28] Auf einen fehlerhaften Bericht, der ins Auswärtige Amt gelangt war, reagierte Gmelin im Februar 1943 mit der Erklärung, dass die »Volksdeutschen« bei der »Arisierung« mit einem Anteil von 8,6 Prozent vertreten gewesen seien. Das sei zwar nicht viel, aber mehr, als sich nach dem Bevölkerungsschlüssel (5,1 Prozent) ergeben würde.[29] Vergleicht man Gmelins Angaben mit denen der Abteilung »Arisierung« im DP-Hauptamt für Wirtschaft, so entsprach der von ihm genannte Prozentsatz in etwa dem zahlenmäßigen Anteil an den verteilten Unternehmen. Wertmäßig hatte die Volksgruppe laut ihrer »Arisierungsabteilung« 10,9 Prozent des Profits aus »Arisierung« und Liquidation jüdischen Eigentums erhalten.[30]

Es ist nicht davon auszugehen, dass diese Fakten dazu geführt haben, dass die Volksgruppenführung in der Slowakei mit ihrem Anteil an der »Arisierung« zufrieden war. Das Narrativ der Benachteiligung wurde auch bei den Versteigerungen von beweglichem jüdischem Eigentum während der Deportationen 1942 bemüht. Die Freiwillige Schutzstaffel und die Hlinka-Garde hatten als die ausführenden Organe der Beschlagnahmungen auch die erste Wahl bei den Versteigerungen. Dennoch fühlte sich die Schutzstaffel in der Regel von der Garde übervorteilt. Die Verantwortung lag auf slowakischer Seite nun nicht mehr beim Zentralwirtschaftsamt ÚHÚ, sondern bei der 14. Abteilung des Innenministeriums, das für die Deportationen zuständig war.[31]

Nicht nur »volksdeutsche« Privatpersonen profitierten von dem jüdischen Eigentum. Vielmehr kam dieses, über die Genossenschaften, auch gemeinschaftlichen Zwecken zugute. Das erhöhte die Komplizenschaft und die innere Geschlossenheit der Volksgruppe. Die soziale und wirtschaftliche Ausgrenzung der Juden wirkte durch die Teilnahme der einzelnen Slowakeideutschen integrierend, produzierte aber zugleich auch Ausschlüsse innerhalb der Volksgruppe. Denn nicht alle, die zur Volksgruppe gezählt wurden, beteiligten sich in gleichem Maße daran. Die Beschäftigung von Juden in »volksdeutschen« Betrieben – und sei es nur zur Einarbeitung der neuen Eigentümer nach einer erfolgten »Arisierung« – führte zu kritischen Nachfragen der örtlichen DP-Stellen

---

28 Aktennotiz Gmelins, 1.9.1941, und Brocke an Gmelin, 19.9.1941, PA AA, Pressburg 71.
29 Notiz Gmelins für Handelsattaché von Schulmann, 5.2.1943, PA AA, Pressburg 169.
30 Darstellung der »Arisierung« in der Slowakei, DP-Hauptamt für Wirtschaft, März 1942, PA AA, Pressburg 221. Die Abteilung »Arisierung« bezifferte den zahlenmäßigen Anteil an den verteilten Unternehmen mit 8,3 Prozent.
31 DP-OG Kleine Karpaten an DP-Hauptamt für Presse und Propaganda, 2.10.1942, SNA Bratislava, MV, Fond 125 Deutsche Partei, kr. 29-9, Bl. 60; Hutzelmann: Volksgruppe, S. 245.

und brachte die Betreffenden in den Verdacht der »Judenbegünstigung«.[32] Die Volksgruppenführung verfolgte bei der »Arisierung« den Grundsatz, dass potenzielle Bewerber politisch im Sinne der Deutschen Partei zuverlässig sein müssten. Wegen des Mangels an Kapital und Fachkräften kamen aber auch Entscheidungen zugunsten weniger »einwandfreier« Bewerber zustande.[33] Im *Grenzboten* wurde am 20. Oktober 1940 aus Anlass der Vorführung des antisemitischen Propagandafilms DIE ROTHSCHILDS in Bratislava verkündet, dass es »gerade in der Judenfrage keine, aber auch schon gar keine Kompromisse geben darf. Verwandtschaftliche Beziehungen, persönliche Bindungen, die heute diesem oder jenem Privatmann eine kompromißlose Stellung erschweren, sind ja wesentliche Mittel der Juden, wenigstens teilweise oder getarnt an der Macht zu bleiben.«[34] Männer der Freiwilligen Schutzstaffel wurden mit sofortiger Wirkung aus ihr ausgeschlossen, wenn sich herausstellte, dass sie mit jüdischen Frauen verheiratet waren, was mitunter Ehescheidungen nach sich zog. Schon eine Ehe mit einer »Halbjüdin« konnte zu einem Ausschluss aus der Deutschen Partei führen, was im Einzelfall von Karmasin zu entscheiden war.[35]

Auch Gmelin bestellte als Volkstumsreferent wiederholt in der Slowakei lebende »Reichsdeutsche« in die Gesandtschaft ein, um sie mit Vorwürfen zu konfrontieren, die von »Volksdeutschen« gegen sie vorgebracht worden waren. Es ging dabei um positive Äußerungen über Juden, die Anstellung von Juden in Firmen oder anderweitige als nichtnationalsozialistisch empfundene Haltungen und Handlungen. Sah er »die Notwendigkeit des Eingreifens« als gegeben an und konnte er ausschließen, dass es bei den Beschwerden um persönliche Reibereien ging, verwarnte er den Betreffenden und erinnerte ihn an seine »besonderen Verpflichtungen gegenüber dem deutschen Volk und der nationalsozialistischen Bewegung«.[36]

Das Verhalten »Volks-« und »Reichsdeutscher« gegenüber Juden war auch mehrfach Thema bei Besprechungen zwischen Volksgruppenführer und Volkstumsreferent. Im Januar 1942 machte Karmasin Gmelin auf den Ausgang eines Prozesses wegen Verleumdung der Präsidentenkanzlei aufmerksam, der offenbar auf eine Information Gmelins zurückging. Gmelin erklärte dem Gesand-

32 DP-Hauptorganisationsamt an das Deutsche Staatssekretariat in der Slowakei, 4.9.1942, Briefwechsel des DP-Hauptorganisationsamts und des DP-Ortsgruppenleiters Trentschin, 14.7.1942 und 28.7.1942, Yad Vashem Archives, M 5/37, Bl. 66, 165, 170; s. auch Hutzelmann: Volksgruppe, S. 247.

33 Kokorák: Minderheit, S. 271 f.

34 Schutz des Blutes, in: Grenzbote, 20.10.1940, PA AA, Pressburg 169.

35 DP-Kreisstelle VI an Rechtsamt der DP, 14.8.1939; DP-Dienststelle Pressburg-Stadt an DP-Hauptpersonalamt, 14.10.1941; FS-Landesführung an zwei FS-Männer, 20.7.1942, Yad Vashem Archives, M 5/37, Bl. 38, 59, 166 f.

36 Gmelin an Militärattaché Becker, 24.10.1941, PA AA, Pressburg 169; Notiz Gmelins für Snyckers, 27.2.1943, PA AA, Pressburg 41.

ten, es handle sich um »die Behauptung eines Juden – die B. weitergegeben
hatte – die Präsidentenkanzlei habe Möbel bei diesem Juden anfertigen lassen.
In Wirklichkeit hatte der Jude mir erklärt, höchste Herrn liessen bei ihm arbeiten.« Im Prozess war festgestellt worden, dass nicht die Präsidentenkanzlei,
sondern der Vorsitzende des Parlaments bei dem betreffenden Juden Möbel
bestellt hatte. Der wegen der verleumderischen Behauptung der »Judenbegünstigung« Angeklagte kam mit einer Spende an das Winterhilfswerk davon.[37]

Im April 1942 schrieb Gmelin an Polizeiattaché Goltz, dass er in zwei Angelegenheiten mit Karmasin konferiert habe. Im einen Fall werde Karmasin
veranlassen, dass eine bestimmte Person »nun endgültig Ruhe gibt oder über
Mach nach Illava [sic!] kommt« – also vom Innenminister in ein Konzentrationslager eingewiesen werde. Im zweiten Fall habe sich nach Ermittlungen
der Volksgruppe ergeben, dass zwar ein Kind, das im Haushalt von jemandem
lebe, aus der Verbindung mit einer Jüdin stamme, der Betreffende aber inzwischen mit einer anderen Frau zusammenlebe, die ebenfalls ein Kind von ihm
erwarte. Bis zur weiteren Klärung der Situation habe Karmasin befohlen, dass
dieser Mann nicht zu Veranstaltungen der Volksgruppe herangezogen werde.
Gmelin schrieb an Goltz: »Ich möchte Sie nun bitten, feststellen zu lassen, ob
diese Frau [M.] tatsächlich nicht mit der Jüdin [E.] identisch ist. Sollte sich
dies herausstellen und auch die Frage geklärt werden können, was mit dem
Kind [E.] geschieht, so könnte ich endgültig mit der Volksgruppe wegen der
Behandlung [K.s] in Verbindung treten.«[38] Weitere Informationen zu diesen
beiden Verfolgungsmaßnahmen sind nicht überliefert.

Nachdem die Gesandtschaft einen Hinweis der DP-Ortsgruppe in Bad
Pistyan erhalten hatte, verhängte Gmelin im Juni 1944 ein Besuchsverbot für
»Reichsdeutsche« in einer örtlichen Gaststätte, die von einem »Halbjuden«
betrieben wurde. Er bat die Ortsgruppe, ihm »etwaige Verstösse« mitzuteilen.[39]

Das Einschreiten aufgrund von Verstößen gegen antijüdische Verbote
und Maßnahmen gehörte seit Jahren zum Aufgabenbereich »volksdeutscher«
Dienststellen, der auch staatlich sanktioniert wurde. Im Herbst 1941 hatte die
Profilierung der Deutschen Partei und ihres Wehrverbands als schärfste Verfechter antisemitischer Maßnahmen in der Slowakei – neben der germanophilen Hlinka-Garde – allgemeine Anerkennung erfahren.

---

37 Karmasin an Gmelin, 30.1.1942, sowie dessen handschriftlicher Vermerk für Ludin,
    PA AA, Pressburg 38, unfol.
38 Gmelin an Goltz, 14.4.1942, PA AA, Pressburg 38, unfol.
39 DP-Ortsgruppe Bad Pistyan an DGP, 28.3.1944, Gmelin an DP-Ortsgruppe Bad
    Pistyan, 9.6.1944, PA AA, Pressburg 171, unfol.

Das »slowakische Modell« für den Massenmord in Europa

Die antijüdische Politik in der Slowakei wurde mit dem Überfall auf die Sowjetunion im Juni 1941 deutlich radikalisiert. Obwohl die Slowakei aus Sicherheitsgründen sehr spät über die Angriffspläne informiert wurde, hatten die slowakischen Politiker es sehr eilig, ihre Beteiligung an dem Feldzug zuzusichern. Am 23. Juni erklärte die Slowakei der Sowjetunion den Krieg, und bald darauf überschritten slowakische Einheiten gemeinsam mit deutschen die Grenze zu sowjetischem Gebiet. Noch am 22. Juni 1941, dem Tag des deutschen Überfalls, wurden 110 slowakische Kommunisten verhaftet. Der Antisemitismus, der von beiden Flügeln der slowakischen Regierung getragen wurde, umfasste schon seit der Zeit der Autonomie des slowakischen Landesteils in der Tschechoslowakei 1938/39 das Konstrukt des »Judeo-Bolschewismus«, also die Vorstellung einer wesensmäßigen Verbindung von Judentum und Bolschewismus. Mit dem Überfall auf die Sowjetunion begann eine bis dato beispiellose antisemitische Propagandawelle in der Slowakei.[40]

Auch an dieser Weichenstellung sollte die Führung der deutschen Minderheit verschärfenden Anteil haben. Am 22. Juni kam es in Bratislava zu einer antirussischen Demonstration, in deren Verlauf zahlreiche Juden angegriffen wurden. Der Sturmbann-ET, die spezielle Einsatztruppe der Freiwilligen Schutzstaffel, zettelte die Aktionen im Auftrag Hauskrechts und Karmasins an, nachdem zunächst die Idee kursiert hatte, die russische Gesandtschaft in die Luft zu sprengen. Vor dem Gebäude der russischen Vertretung warfen Mitglieder des Sturmbann-ET ein Fahrzeug der russischen Gesandtschaft um und setzten es in Brand. Nachdem die Menge von der Polizei abgedrängt worden war, zog sie vor die deutsche Gesandtschaft und sang Lieder der NS-Bewegung. Der Sturm 1 des Sturmbann-ET ging nach der Demonstration den Palisadenweg hinauf in die Stadtteile am Fuß der Burgruine, die auch von Juden bewohnt wurden. Dort misshandelten sie jüdische Bürger, deren sie habhaft werden konnten, drei mussten von Rettungskräften abgeholt werden. Als die slowakische Polizei eintraf, waren die Angreifer bereits wieder verschwunden.[41]

Von seinem ostslowakischen Dienstsitz in Preschau (Prešov) berichtete der deutsche Konsul Woinovich in den Wochen nach dem Angriff auf die Sowjetunion an die Gesandtschaft und bezichtigte ortsansässige Juden der beunruhigenden Stimmungsmache gegen die deutschen und slowakischen Kriegsanstrengungen. Woinovich hob den angeblichen Ärger der Bevölkerung über

---

40 Kaiser: Politik, S. 536 f., 540-544, 566; Müller: Seite, S. 39 f., 58 f.
41 Zwei Berichte des Sturms 1, Sturmbann-ET, 22.6.1941, SNA Bratislava, NS 136.

den »Mangel einer durchgreifenden Initiative in der Judenfrage« hervor. Als Beispiel führte er an, dass ein vor 1918 getaufter Jude in der Nähe von Prešov es geschafft habe, seine zwei Pkws vor den Beschlagnahmungen des Militärs zu verbergen, während Ärzte und Gutsbesitzer, die ihre Fahrzeuge nötiger hätten, diese hätten abgeben müssen. Der Gesandte Ludin gab Gmelin daraufhin die Weisung, in dieser Angelegenheit eine Mitteilung an Innenminister Mach abzusetzen. Einige Wochen später teilte Gmelin dem Konsul in Prešov mit, dass dem betreffenden Juden und seinem Bruder Fahrtbewilligungen und Bezugsscheine für Benzin entzogen wurden.[42]

Im *Grenzboten*, dem Organ der Deutschen Partei, wurde bereits 1940 die Forderung nach einem slowakischen »Blutschutzgesetz« nach dem Vorbild der Nürnberger Gesetze erhoben. Nach dem Überfall auf die Sowjetunion erneuerten die »germanophilen« Kräfte um die Hlinka-Garde und die Deutsche Partei die Forderung nach einem allgemeinen Judengesetz auf ausschließlich rassischer Grundlage, das die »Besserstellung« getaufter Juden beenden würde.[43] Die Verschlechterung der Versorgungslage in den Wochen nach dem Beginn des Ostfeldzuges gab antisemitischen Bestrebungen zusätzlich Auftrieb, da die Juden bezichtigt wurden, der Bevölkerung Lebensmittel vorzuenthalten. Während in der Deutschen Gesandtschaft durchaus bekannt war, dass die Mangelversorgung auf Fehler in der slowakischen Verteilungsorganisation zurückzuführen war, machte Ludin in einem Bericht an das Auswärtige Amt zudem »feindliche Propaganda« für die Engpässe verantwortlich. Diese stamme von Juden, »Tschechophilen«, Ungarn und auch einigen »Volksdeutschen«. Die »bolschewistische und die Judenfrage« stünden in einem »inneren Zusammenhang«, da »die Juden weitgehend die Träger der kommunistischen Propaganda waren und sind«. Das rigorose Vorgehen der slowakischen Regierung gegen die Kommunisten zeige aber deutliche Wirkung in der Bevölkerung, und die »Judenfrage« stehe kurz vor einer formalen Lösung durch die Einführung einer »sehr weitgehende[n] Judengesetzgebung ähnlich den Nürnberger Gesetzen«. Was die gewünschten praktischen Auswirkungen anging, war Ludin skeptisch, aber er erblickte in der stärkeren Verankerung nationalsozialistischer Grundsätze in der Slowakei auch einen persönlichen Erfolg. Er habe mit Staatspräsident Tiso eingehend über die »Judenfrage« gesprochen »und dabei eine völlige Zustimmung gefunden«. Es könne, so Ludin, in der Außenpolitik »zu gegebener Zeit auf die Tatsache hingewiesen werden, dass ein Staat, an dessen Spitze

42 Woinovich an DGP, 30.6.1941 und 31.7.1941, PA AA, Pressburg 169, D634495 ff., D634511 ff.; Gmelin an Woinovich, 24.9.1941, ebd., D634518.

43 Schutz des Blutes, in: Grenzbote, 20.10.1940, PA AA, Pressburg 169; Bericht SD-LA Wien (Par/Herrmann), September 1943, BArch, R 70 Slowakei/36, 9392191.

ein katholischer Geistlicher steht, eine so konsequente Haltung gegenüber der Judenfrage« einnehme.[44]

Der sogenannte Judenkodex, den Ludin damit angesprochen hatte, wurde am 9. September 1941 verabschiedet und war eines der umfassendsten Gesetze überhaupt, die der slowakische Staat erließ. In 270 Paragraphen wurden bestehende Judenverordnungen zusammengefasst, novelliert und ergänzt. Zentraler Punkt war die Definition des »Juden« auf »rassischer Grundlage«. Als Jude sollte fortan gelten, wer mindestens drei jüdische Großeltern hatte. Wenn auch die Frage der Religion dadurch lediglich um zwei Generationen nach hinten verschoben wurde, war doch entscheidend, dass damit ein vor einem bestimmten Datum Getaufter nicht mehr von der Judengesetzgebung ausgenommen werden konnte, wie es in der Slowakei bis dahin weitgehend üblich war.[45]

Auch die Nürnberger Gesetze kamen nicht ganz ohne Religion aus, was erneut auf die definitorische Unzulänglichkeit von Abstammungs- und Rassenkategorien verweist. In den Ausführungsbestimmungen für die Hlinka-Garde und die Freiwillige Schutzstaffel zur Durchführung der im »Judenkodex« vorgesehenen Maßnahmen wurde erklärt, dass als »jüdische« Großelternteile alle zu gelten hatten, die irgendwann in ihrem Leben einmal Angehörige der jüdischen Religion gewesen waren, egal ob sie als Jude geboren und als Christ gestorben oder als Christ geboren und als Jude gestorben waren. Um Zweifelsfälle auszuräumen, wurde die denkbar umfassendste Definition gewählt. Dass diese nicht ohne den Verweis auf ein Religionsbekenntnis auskam, deutet darauf hin, dass die Grenze zwischen christlichem Antijudaismus und völkisch-rassistischem Antisemitismus poröser war, als in der historischen Forschung oft angenommen wird. Dadurch wird eine analytische Auflösung der »starre[n] Dichotomie zwischen Antijudaismus und Antisemitismus«[46] nahegelegt. Die definitorische Unzulänglichkeit in der Frage der völkisch-rassistischen Abgrenzung führte dazu, dass Letztere in der Praxis nur umso radikaler durchgeführt wurde. Wenn die theoretische Definition die Fakten nicht schaffen konnte, wurden sie in der Praxis – durch die breit gefassten Ausführungsbestimmungen des Gesetzes – hergestellt.[47]

---

44 Ludin an AA, 23.8.1941, PA AA, R 27659, Bl. 117-123; Lipscher: Juden, S. 79 f.

45 Lipscher: Juden, S. 80.

46 Manfred Gailus, Armin Nolzen: Einleitung. Viele konkurrierende Gläubigkeiten – aber eine »Volksgemeinschaft«?, in: Dies. (Hrsg.): Zerstrittene »Volksgemeinschaft«. Glaube, Konfession und Religion im Nationalsozialismus, Göttingen 2011, S. 7-33, hier: S. 11-15.

47 Richtlinien für die Mitglieder der FS und HG, 28.11.1941, SNA Bratislava, MV, Fond 125 Deutsche Partei, kr. 27-3, Bl. 82; 198. Verordnung vom 9.9.1941 über die Rechtsstellung der Juden, Übersetzung aus: Slowakisches Gesetzblatt, Folge 52, 10.9.1942, PA AA, Pressburg 172; Erste Verordnung zum Reichsbürgergesetz, 14.11.1935, RGBl., 1935, I, Nr. 125, S. 1333. Für eine detaillierte Darstellung der antijüdischen Politik in der Slowakei s. jetzt Barbara Hutzelmann, Souzana Hasan, Mariana Hausleitner: Einleitung, in: Susanne Heim u. a. (Hrsg.): Die Verfolgung

Über individuelle Befreiungen von der Judengesetzgebung konnte der Staatspräsident verfügen. Auch für die Nürnberger »Blutschutz«-Gesetze vom September 1935 war in den Ausführungsbestimmungen eine Ausnahmeregelung vorgesehen, über die letztlich Hitler entschied.[48] Der Propagandaleiter der Deutschen Partei, Karl Hauskrecht, erklärte auf einer Kundgebung, er hoffe, dass der Staatspräsident von dieser Ausnahmeregelung ebenso wenig Gebrauch machen möge, wie es im Deutschen Reich der Fall sei.[49]

Der Russlandfeldzug hatte nicht nur Einfluss auf die Verschärfung antijüdischer Gesetze und Maßnahmen in der Slowakei, sondern führte auch bei den damit befassten Stellen im Deutschen Reich zur Entwicklung neuer Konzepte zur »Lösung der Judenfrage«. Von Anfang an war der Feldzug als »Vernichtungskrieg« geplant, waren Morde außerhalb der Kriegsgerichtsbarkeit fest einkalkuliert, wovon insbesondere Juden, die mit bolschewistischen Kommissaren gleichgesetzt wurden, betroffen waren. Die Wehrmacht kooperierte dabei eng mit den Kommandos der Einsatzgruppen.[50] Das slowakische Außenministerium erkundigte sich im August 1941 bei der Deutschen Gesandtschaft nach einem in der Sowjetunion von Deutschen verhafteten slowakischen NKWD-Mann, der ihren Informationen zufolge in einem SS-Gefängnis in Lemberg sitze und den man gern in der Slowakei verhören würde. Unterstaatssekretär Luther beantwortete die Anfrage im Oktober und erklärte, dass der Betreffende nach Angaben des Reichssicherheitshauptamts »kürzlich verstorben« sei.[51]

Innerhalb kürzester Zeit eskalierte die Mordpolitik im Hinterland der gesamten Ostfront, während parallel dazu die Todesraten in den Ghettos und Lagern des annektierten Warthelands und des Generalgouvernements Polen durch Hunger, Krankheiten und Morde massiv anstiegen. Neben Juden und vermeintlichen oder tatsächlichen Kommunisten zählten zu diesem Zeitpunkt

---

und Ermordung der europäischen Juden durch das nationalsozialistische Deutschland 1933-1945, Bd. 13: Slowakei, Rumänien, Bulgarien, bearb. von dens., Berlin 2018, S. 13-95, hier: S. 18-45.

48 Lipscher: Juden, S. 80; Reichsbürgergesetz und Gesetz zum Schutze des deutschen Blutes und der deutschen Ehre, 15.9.1935, RGBl., 1935, I, Nr. 100, S. 1146f. sowie die beiden ersten Ausführungsbestimmungen, 14.11.1935, ebd., Nr. 125, S. 1333-1336.

49 Deutsche Pressebriefe aus der Slowakei, 24.9.1941, Yad Vashem Archives, M 5/40, Bl. 77ff.

50 Richtlinien für das Verhalten der Truppe in Rußland, OKW, 19.5.1941, abgedruckt in: VEJ, Bd. 7, Dok. 3, S. 120f.; Christian Streit: Keine Kameraden. Die Wehrmacht und die sowjetischen Kriegsgefangenen 1941-1945, Bonn 1997, S. 28-61; Richard J. Evans: Das Dritte Reich, 3 Bde., Bd. 3, München 2010, S. 278; Dieter Pohl: Die Herrschaft der Wehrmacht. Deutsche Militärbesatzung und einheimische Bevölkerung in der Sowjetunion 1941-1944, Frankfurt am Main 2011, S. 70-77. Besonders zur Ausführung des sogenannten Kommissarbefehls s. Felix Römer: Der Kommissarbefehl. Wehrmacht und NS-Verbrechen an der Ostfront 1941/42, Paderborn 2008.

51 MZV an DGP, 20.8.1941, Luther an DGP, 8.10.1941, PA AA, Pressburg 74.

bereits Hunderttausende von sowjetischen Kriegsgefangenen, Sinti und Roma, Insassen von Krankenanstalten, polnischen Intellektuellen und weiteren Personengruppen zu den Opfern der Mordpolitik des Deutschen Reiches und der mit ihm verbündeten Staaten. Die Massenerschießungen waren bald mit seelischen Belastungen für die Ausführenden und seuchenhygienischen Problemen verbunden. Daher fanden binnen Kurzem erste Versuche mit Massentötungen durch Gaswagen im Vernichtungslager Chełmno im Wartheland statt. Seit dem Sommer 1941 existierten Vorbereitungen zur Deportation der Juden aus dem Deutschen Reich »nach Osten«, die Federführung übernahm das Eichmann-Referat IV B 4 im Reichssicherheitshauptamt.[52]

Der Massenerschießung von circa 23.600 jüdischen Männern und erstmals auch Frauen und Kindern im ukrainischen Kamenez-Podolsk Ende August 1941 fielen auch Jüdinnen und Juden zum Opfer, die aus der Karpatenukraine stammten, einem Landstrich, den die Slowakei nach dem Wiener Schiedsspruch 1938 an Ungarn abtreten musste. Ungarn hatte diese und andere »staatenlose« Juden in die westliche Ukraine deportiert, wo sie von SS-Einheiten innerhalb weniger Tage getötet wurden. Die slowakische Bevölkerung erfuhr von diesen Ereignissen noch im Sommer von Soldaten auf Heimaturlaub, und der Militärkaplan Michal Buzalka informierte den apostolischen Gesandten in der Slowakei, Giuseppe Burzio. Staatspräsident Tiso machte im Herbst 1941 einen Besuch bei slowakischen Soldaten in der Ukraine, nachdem er zunächst in Hitlers Feldhauptquartier in Ostpreußen vorgesprochen hatte. Er traf sich mit ukrainischen Zivilisten, die ihm von stalinistischen Gräueln und der Hungersnot der Jahre 1932/33 berichteten. Wie Tiso nach dem Krieg vor Gericht angab, war es diese Erfahrung, die ihn zu dem Schluss brachte, dass ein sowjetischer Sieg das Ende der Zivilisation und der Christenheit bedeuten würde. Verteidigungsminister Čatloš habe ihn über »Missverständnisse« zwischen Slowaken und Deutschen informiert, die daraus resultierten, dass die Deutschen Verhaltensweisen verlangten, die nicht mit dem Kriegsrecht vereinbar waren. Später habe er mit dem Gesandten Ludin gesprochen und ihn gebeten, in Berlin mitzuteilen, dass sich slowakische Soldaten nicht an solche Weisungen halten würden. An Tisos vermeintlich entschiedener Haltung sind Zweifel angebracht. Seine Reise führte ihn auch nach Žitomir, wo die slowakische Armee im Oktober 1941 ein Garnisonshauptquartier eingerichtet hatte. Auf dem Vormarsch nach Kiew hatten SS- und Wehrmachtseinheiten dort im August Hunderte von Juden ermordet, im September tötete das Sonderkommando 4a nach Absprache mit der Wehrmacht weitere 3.145 Juden. Slowakische Soldaten

---

52 Dieter Pohl: Der Holocaust und die anderen NS-Verbrechen. Wechselwirkungen und Zusammenhänge, in: Bajohr, Löw (Hrsg.): Holocaust, S. 124-140; Gerlach: Mord, S. 75-87; Friedländer: Das Dritte Reich, S. 616f.

hatten von solchen Ereignissen nicht nur Kenntnis, sondern sie übernahmen im Frühjahr 1942 auch Wachdienste bei Massenerschießungen und beteiligten sich im Raum Bobrujsk in Weißrussland an den Massakern. Sowohl Verteidigungsminister Ferdinand Čatloš als auch General Jozef Turanec gaben nach dem Krieg an, Staatspräsident Tiso spätestens im Februar 1942 über die Massenerschießungen informiert zu haben. Die Erfahrung der Ukraine-Reise animierte das slowakische Staatsoberhaupt allerdings nicht zu stärkerer Zurückhaltung, sondern zu einer radikaleren Haltung in der »Judenfrage«. Er verteidigte die »rassische« Grundlage des »Judenkodex« öffentlich als legitimen Verteidigungskampf gegen »Parasiten« am »Volkskörper«.[53]

Die »Arisierung« des jüdischen Eigentums in der Slowakei führte rasch zu einer voranschreitenden Verarmung der jüdischen Bevölkerung. Diese Entwicklung empfand die slowakische Regierung bald als Belastung und begann, sich nach Lösungsmöglichkeiten umzuschauen. Anfang Juli 1941 begab sich der »Judenberater« Dieter Wisliceny gemeinsam mit dem Berater für soziale Fragen, Albert Smagon, dem ÚHÚ-Präsidenten Augustín Morávek, dem Präsidialchef im Innenministerium, Izidor Koso, und weiteren slowakischen Regierungsvertretern auf eine Reise »zur Besichtigung jüdischer Zwangsarbeitslager in Oberschlesien«. Bei einem Teeempfang erklärte der oberschlesische NSDAP-Gauleiter Fritz Bracht seinen Gästen, dass er kürzlich den »Führer« besucht habe, der ihm von der bevorstehenden Aussiedlung der Juden aus Europa nach dem Krieg berichtet habe. Diese Mitteilung habe Koso und Morávek sichtlich beeindruckt, vermerkte Wisliceny in seinem Reisebericht. Allerdings habe ihm der mitreisende Gaukommandant der Hlinka-Garde, Krichniak, in einer ruhigen Minute mitgeteilt, dass Koso die Behandlung der jüdischen Zwangsarbeitskräfte als unchristlich bezeichnet habe. Durch diese Reise gelangten slowakische Regierungsvertreter zu der Überzeugung, dass eine Unterbringung in deutschen Arbeitslagern über kurz oder lang den Tod bedeute.[54]

Eine mögliche Deportation aller slowakischen Juden wurde auf zwischenstaatlicher Ebene erstmals bei einer Teebesprechung Himmlers mit dem slowakischen Staatspräsidenten Tiso, Ministerpräsident Tuka und Innenminister Mach zur Sprache gebracht. Das Treffen, an dem auch Außenminister Ribbentrop und der Gesandte Ludin teilnahmen, kam während des erwähnten Besuchs

53 Ward: Priest, S. 226f.; Rothkirchen: Situation, S. 52f.; Ereignismeldung UdSSR Nr. 106, 7.10.1941, abgedruckt in: Klaus-Michael Mallmann u. a. (Hrsg.): Die »Ereignismeldungen UdSSR« 1941. Dokumente der Einsatzgruppen in der Sowjetunion, Darmstadt 2011, Bd. 1, S. 634-646, hier: S. 642f.; Pohl: Herrschaft, S. 285.
54 Wisliceny-Bericht, 12.7.1941, BArch, R 70 Slowakei/32, Bl. 17ff.; Lipscher: Juden, S. 99; Tönsmeyer: Das Dritte Reich, S. 157.

Tisos im Feldhauptquartier Hitlers am 20. Oktober 1941 zustande.[55] Kurzfristig wurde zunächst eine Konzentrierung der slowakischen Juden innerhalb des Landes ins Auge gefasst. Dabei sollten größere Landstriche – nicht zuletzt die Hauptstadt Pressburg – von Juden geräumt und deren Neuansiedlung in Ghettos nach dem Vorbild des Generalgouvernements durchgeführt werden.[56] Das Treffen im Führerhauptquartier im Oktober resultierte zudem in der deutschen Zusage an die slowakische Regierung, Hilfe beim Aufbau von Konzentrationslagern für Juden in der Slowakei zu leisten. Innenminister Mach, der die entsprechende Bitte äußerte, wurde dabei ausdrücklich vom Gesandten Ludin unterstützt. Dieses Vorhaben kam zunächst aber nicht zur Ausführung, wofür Ludin innenpolitische Hindernisse verantwortlich machte.[57] Bald nach den Besprechungen im Führerhauptquartier fragte das Reichssicherheitshauptamt beim Auswärtigen Amt nach, ob bei der anstehenden Abschiebung der Juden aus Deutschland auch die dort ansässigen Juden slowakischer, rumänischer und kroatischer Staatsbürgerschaft mit erfasst werden könnten. Laut Mitteilung der Gesandtschaft vom 4. Dezember 1941 war die slowakische Regierung mit einer Abschiebung slowakischer Juden aus Deutschland einverstanden, es sei allerdings zugesichert worden, dass »berechtigte slowakische Interessen an jüdischen Vermögenswerten deutscherseits sicher im Rahmen des Möglichen gewahrt würden«.[58]

Ende Januar 1942 fand in Berlin die Wannsee-Konferenz statt, bei der hohe Funktionäre und Beamte aller mit der »Judenfrage« in Berührung stehenden Institutionen des NS-Regimes eine Koordinierung ihrer Tätigkeiten unter der Führung des im Reichssicherheitshauptamt angesiedelten Eichmann-Referats besprachen. Unterstaatssekretär Luther nahm für das Auswärtige Amt an der Unterredung teil. Durch die ersten fünf Tätigkeitsberichte der Einsatzgruppen in der Sowjetunion, die der Chef des Reichssicherheitshauptamts, Reinhard Heydrich, ihm hatte zukommen lassen, war er, ebenso wie alle anderen höheren Beamten des Auswärtigen Amts, umfassend über den Tötungsprozess im Bilde. In der Villa am Wannsee wurde festgestellt, dass der »Beginn der einzelnen größeren Evakuierungsaktionen« aufgrund der in der Slowakei und in Kroatien bereits gelösten »Kernfragen in dieser Hinsicht« in diesen Ländern »nicht mehr allzu schwer« sein werde. Trotz dieser optimistischen Einschätzung verfolgte das Eichmann-Referat einen vorsichtig vortastenden Kurs in

---

55 Himmler an Berger, 29./21.10.1941, BArch, NS 19/1846, Bl. 36. Das Dokument ist fehldatiert wegen späterer Abzeichnung, vgl. Witte u. a. (Hrsg.): Dienstkalender, S. 240 f.

56 DGP (Endrös) an AA, 22.10.1941, PA AA, Pressburg 172.

57 Ludin an AA, 6.12.1941 und 13.1.1942, PA AA, R 101141, 498617 f.

58 Ludin an AA, 4.12.1941, PA AA, Pressburg 172; Raul Hilberg: Die Vernichtung der europäischen Juden, Frankfurt am Main 1990, 3 Bde., Bd. 2, S. 776.

der Frage der Deportationen in Südosteuropa. Knapp drei Wochen nach der Wannsee-Konferenz ließ das Reichssicherheitshauptamt über das Auswärtige Amt und die Gesandtschaft anfragen, ob die slowakische Regierung bereit sei, 20.000 jüdische Arbeitskräfte aus der Slowakei »nach dem Osten« bringen zu lassen. Ludin holte innerhalb kürzester Zeit die Zustimmung ein und teilte vier Tage später mit, die slowakische Regierung habe den »Vorschlag mit Eifer aufgegriffen« und man könne mit den Vorbereitungen beginnen.[59] Wisliceny sagte nach dem Krieg aus, dass der Anfrage des Reichssicherheitshauptamts ein Angebot der slowakischen Regierung an den Vertreter des Reichsarbeitsministeriums in der Slowakei vorausgegangen sei, jüdische Arbeitskräfte nach Deutschland zu entsenden. Daraufhin habe Eichmann ihn beauftragt, die Verhandlungen an sich zu ziehen. Schon zu diesem Zeitpunkt, so Wisliceny, sei aufseiten der slowakischen Verantwortlichen im Innenministerium auch der Wunsch geäußert worden, die Familien der Arbeitskräfte gleich mit zu deportieren. Diesen Wunsch habe er aufgrund des klaren Befehls Eichmanns zunächst ablehnen müssen.[60]

Die Bereitwilligkeit der Slowaken führte dann aber dazu, dass Unterstaatssekretär Luther am 23. März 1942 auf Vorschlag Himmlers anbot, dass das Deutsche Reich nicht nur die besagten 20.000 Arbeitskräfte, sondern alle slowakischen Juden »nach dem Osten« abtransportieren würde. Ludin bestätigte am 29. März telefonisch, dass der slowakische Staatsrat in der Frage der »Evakuierung der Juden aus der Slowakei« positiv entschieden habe. Es würden nur Juden ausgenommen werden, die vor einem noch festzulegenden Stichtag getauft wurden. Inzwischen seien bereits drei »Evakuierungszüge« abgefahren. Sobald die »20.000 Arbeitsjuden evakuiert seien, könne mit der Evakuierung der restlichen circa 70.000 Juden begonnen werden«, notierte Luther nach dem Gespräch mit Ludin.[61]

Am 1. April teilte die Gesandtschaft dem Auswärtigen Amt mit, dass der Vatikan im November des letzten Jahres bei der slowakischen Regierung gegen die Bestimmungen des »Judenkodex« protestiert habe. Auch das slowakische Episkopat hatte in einem Memorandum an Staatspräsident Tiso die »Ideologie des sogenannten Rassismus« im Gesetzestext kritisiert, die im »direkten Gegensatz« zur Lehre der katholischen Kirche von der »Gleichheit aller Menschen« vor Gott« stehe. Allerdings forderte das Memorandum lediglich die Ausnahme

---

59 Protokoll der Besprechung am Großen Wannsee, 20.1.1942, PA AA, R 100857, Bl. 166-180; Luther an DGP, 16.2.1942, Ludin an AA, 20.2.1942, PA AA, Pressburg 172; Browning: »Endlösung«, S. 103-109, 120.

60 Verhör Wisliceny, IMT Nürnberg, 6. und 7.5.1946, SNA Bratislava, NS 136.

61 Aufzeichnung Luther, 21.8.1942, PA AA, R 100857, Bl. 110-128; Aufzeichnung Luther, 29.3.1942, PA AA, R 29738, 249540; Verhör Wisliceny, IMT Nürnberg, 6. und 7.5.1946, SNA Bratislava, NS 136; Browning: »Endlösung«, S. 120-126.

getaufter Juden vom »Judenkodex«. Ludin erklärte, dass die slowakische Regierung hinsichtlich der »Aussiedlung der Juden in die Ostgebiete« gegenüber dem Vatikan die Auffassung vertreten wolle, dass es sich dabei um einen Arbeitseinsatz handle, der durch die Kriegsnotwendigkeiten bedingt sei, »ähnlich, wie ja auch 120.000 slowakische Arbeiter dem Arbeitseinsatz, allerdings im Reichsgebiet, zugeführt worden seien«. Die Mitnahme der Familien sei gestattet, damit diese nicht zerrissen würden. »Darüber, daß der Vergleich der Judenabschiebung mit dem Einsatz slowakischer Arbeiter im Reichsgebiet schief ist, ist man sich hier selbstverständlich klar, man glaubt jedoch dem Vatikan gegenüber auf dieses Argument nicht verzichten zu sollen«, so Ludin weiter.[62] Trotz des kirchlichen Protests erklärten sich die slowakische Regierung und der Staatspräsident mit dem »Abtransport aller Juden aus der Slowakei ohne jeden deutschen Druck einverstanden«, wie Ludin am 6. April nach Berlin meldete. Die etwa 2.000 »Rassejuden«, die außerhalb des »Judenkodex« stünden, weil sie vor 1938 getauft wurden, würden in Lagern im Lande konzentriert, wie Tiso ihm mitgeteilt habe. Die Verhandlungen mit der Slowakei waren für das Deutsche Reich der erste erfolgreiche Testlauf für die Deportation aller europäischen Juden in die Vernichtungslager im Osten. Die Slowakei war damit der erste Staat, der seine jüdischen Bürger an das Deutsche Reich auslieferte.[63]

Modellcharakter sollte auch der finanziellen Regelung des Abtransports der slowakischen Jüdinnen und Juden zukommen. Das Reichssicherheitshauptamt forderte für jeden Abgeschobenen einen »Ansiedlungsbetrag« in Höhe von 500 Reichsmark vom slowakischen Staat. Nach Beginn der Deportationen strebte Unterstaatssekretär Luther eine schriftliche Stellungnahme der slowakischen Regierung zu dieser Vereinbarung an. Wisliceny verfasste den Entwurf für eine Verbalnote auf der Grundlage einer Vorlage aus dem Reichssicherheitshauptamt, die in der Gesandtschaft umgearbeitet und von Hans Gmelin am 29. April abgesandt wurde. In der Note wurde das Zustandekommen des Betrags erläutert: »Die Unterbringung, Verpflegung, Bekleidung und Umschulung der Juden einschliesslich ihrer Angehörigen verursachen Kosten, die vorläufig aus der anfänglich nur geringen Arbeitsleistung der Juden nicht gedeckt werden können, da sich die Umschulung erst nach einiger Zeit auswirken wird und da nur ein Teil der abbeförderten und noch abzubefördernden Juden arbeitsfähig ist.«[64] Ministerpräsident Tuka schlug dem Gesandten Ludin zunächst

---

62 Ludin an AA, 1.4.1942, Rademacher (D III) an DGP, 23.3.1942 (Übersendung einer Übersetzung des Memorandums an den Staatspräsidenten Tiso vom 5.11.1941), PA AA, Pressburg 172.

63 Ludin an AA, 6.4.1942, PA AA, Pressburg 172; Browning: »Endlösung«, S. 120, 124; Gerlach: Mord, S. 102.

64 Luther an DGP, 20.3.1942 und 11.4.1942; Wisliceny an DGP, 25.4.1942; DGP (Gmelin) an MZV, 29.4.42, PA AA, Pressburg 172.

vor, über die »Evakuierung der Juden aus der Slowakei« einen Staatsvertrag zwischen der Slowakei und dem Deutschen Reich zu schließen. Darin solle das Reich zusichern, dass es die Juden grundsätzlich nicht in die Slowakei zurückbringen werde und dass es keinen Anspruch auf das Vermögen der evakuierten Juden »bisher slowakischer Staatszugehörigkeit« erheben werde. Ludin lehnte einen Staatsvertrag ab, aber die gewünschten Versicherungen wurden dem slowakischen Außenministerium am 1. Mai 1942 mit einer Verbalnote übermittelt.[65]

Währenddessen liefen die Deportationen in den ersten Monaten reibungslos, und das Reichssicherheitshauptamt meldete Mitte Mai an das Auswärtige Amt, dass »mit einer Evakuierung von monatlich etwa 20.000 bis 25.000 Juden aus der Slowakei« nach Auschwitz und Lublin zu rechnen sei, wo die ersten 20.000 bereits eingetroffen seien.[66] Am 15. Mai 1942 verabschiedete der slowakische Landtag ein Verfassungsgesetz über die Aussiedlung der Juden, dem rückwirkende Geltung zukam. Alle ausgesiedelten Juden verloren damit die slowakische Staatsangehörigkeit.[67]

Auf slowakischer Seite war im Wesentlichen die 14. Abteilung des Innenministeriums für die Organisation der Deportationen zuständig, deren Leiter Gejza Konka Anfang April durch Anton Vašek abgelöst wurde. Auf deutscher Seite war der »Judenberater« Wisliceny mit allen Aspekten der Judendeportation befasst und koordinierte die ganze Aktion. Die im Herbst 1941 von der 14. Abteilung in der Slowakei eingerichteten »Judenlager« in Nováky, Vyhne und Sereď, die anfangs für die Konzentration und Zwangsarbeit der slowakischen Juden im Land gedacht waren, dienten während der Deportationen neben verschiedenen lokalen Sammelzentren als Durchgangslager für die Transporte.[68]

Bereits Ende August 1941 erging eine Anordnung des Chefs der slowakischen Staatssicherheitszentrale (Ústredňa Štátnej Bezpečnosti – ÚŠB) an die Polizeibehörden, dass sich alle polizeilichen Kräfte bei den antijüdischen Maßnahmen der Hlinka-Garde unterzuordnen hatten.[69] Im November 1941 wurden sowohl die Hlinka-Garde als auch die »volksdeutsche« Freiwillige Schutzstaffel zur

---

65 Ludin an Luther, 18.4.1942, PA AA, R 29738, 249566, DGP (Endrös) an MZV, 1.5.1942, PA AA, Pressburg 172.
66 RSHA IV B 4 an AA D III, 15.5.1942, PA AA, Pressburg 172.
67 Lipscher: Juden, S. 111 ff.
68 Nach dem Abbruch der Deportationen im Spätsommer 1942 wuchs die Zahl der in diesen Arbeitslagern inhaftierten Juden durch stete Neueinweisungen aus dem ganzen Land an, und die Lager wurden wirtschaftlich produktiv gemacht. Lipscher: Juden, S. 91, 103 f., 138-143; Jirmejahu Oskar Neumann: Im Schatten des Todes. Ein Tatsachenbericht vom Schicksalskampf des slowakischen Judentums, Tel Aviv 1956, S. 123 ff.; Tönsmeyer: Das Dritte Reich, S. 147 ff.
69 Ebd., S. 179.

»Ausübung der Aushilfskontrolle bei der Einhaltung der antijüdischen Maßnahmen« herangezogen. Die Kennzeichnung mit dem »Judenstern« und das
Einhalten einer Vielzahl antisemitischer Verbote – Kino- und Theaterbesuche
oder soziale Kontakte mit nichtjüdischen Bürgern betreffend – waren nun von
Männern der Hlinka-Garde und der Freiwilligen Schutzstaffel im Hilfspolizeidienst zu überwachen. Ihre Mitglieder wurden angehalten, die Kontrolle in
ihrem Zuständigkeitsgebiet selbstständig und »aus eigenem Antriebe« auszuüben. Sie wurden verpflichtet, »bei jeder gelegentlichen Feststellung und Beobachtung einer Verletzung der Anordnungen [...] zu handeln«. Beide Organisationen waren berechtigt, die Ausweise jedes Juden und auch jedes Nichtjuden,
der gegen die antijüdischen Vorschriften verstieß, zu kontrollieren. Darüber
hinaus sollten sie jedes der Öffentlichkeit zugängliche Lokal und bei Verfolgung eines Juden oder bei Verzugsgefahr auch Unternehmen oder Privatwohnungen von Juden betreten dürfen. In allen anderen Fällen sowie bei der
Vornahme von Leibesvisitationen war die Mithilfe eines zweiten »Hilfsorgans«
nötig. Juden, die sich nicht ausweisen konnten oder wegen einer Übertretung
der Vorschriften aufgegriffen wurden, waren den Richtlinien zufolge »sicherzustellen« und dem nächsten Gendarmerie- oder Polizeiamt vorzuführen. Dort
hatte das »Aushilfsorgan«, also die jeweilige »volksdeutsche« oder slowakische
paramilitärische Einheit, die die Übertretung festgestellt hatte, Anzeige zu
erstatten.[70]

Auch mit der Umsetzung der Deportationen – dem Aufspüren, Festnehmen
und Versammeln der slowakischen Juden – wurden die Hlinka-Garde und die
Freiwillige Schutzstaffel beauftragt. Für Erstere bot der Einsatz bei den Judendeportationen die Chance, aus ihrer weitgehenden politischen Bedeutungslosigkeit auszubrechen, in die sie nach mehreren verlorenen Machtkämpfen mit
dem Tiso-Lager geraten war.[71] An jede Einheit der Schutzstaffel erging die Weisung, sich, »soweit sie von den Bezirksbehörden hiezu aufgefordert wird, bei
der Aktion der Einziehung der Juden in Konzentrationslager nach Möglichkeit
einzuschalten«.[72] Mit der unabdingbaren Aufforderung durch die Behörden
nahmen es viele Angehörige der Schutzstaffel offenbar nicht so genau. Mehrfach wies deren Landesführung »aus gegebener Veranlassung« darauf hin, dass

---

70 Richtlinien für die Mitglieder der FS und HG, 28.11.1941, SNA Bratislava, MV,
    Fond 125 Deutsche Partei, kr. 27-3, Bl. 81-85; Lipscher: Juden, S. 61, 83; Barbara
    Hutzelmann: Slovak Society and the Jews. Attitudes and Paterns of Behaviour, in:
    Frank Bajohr, Andrea Löw (Hrsg.): The Holocaust and European Societies. Social
    Processes and Social Dynamics, London 2016, S. 167-185, hier: S. 170; Tönsmeyer:
    Das Dritte Reich, S. 143, 158; Kamenec: Trail, S. 188 ff.
71 SD-LA Wien an RSHA, o.D. (ca. Spätsommer 1942), BArch, R 70 Slowakei/19,
    Bl. 112-115; Kaiser: Politik, S. 308 f., 426 ff.
72 FS-Landesführungsbefehl 0/43-42, 20.3.1942, SNA Bratislava, MV, Fond 125 Deut-
    sche Partei, kr. 27-3, Bl. 36.

eine Anmaßung polizeilicher Befugnisse bei eigenmächtigen Aktionen nicht gestattet sei und zu Schwierigkeiten mit slowakischen Behörden führe. »Hilfspolizeidienst bei etwaigen Haussuchungen« sei nur in Gegenwart behördlicher Organe zulässig.[73] Die fortwährende Missachtung dieses Befehls lässt auf ein hohes Maß an Eigeninitiative der Freiwilligen Schutzstaffel bei der Judenverfolgung schließen. Die äußerst vagen Formulierungen in den Richtlinien für ihre Mithilfe und die der Hlinka-Garde bei den antijüdischen Maßnahmen, die das Innenministerium herausgegeben hatte, konnten als Ermutigung zu eigenmächtigem Handeln aufgefasst werden.

Auf dem Höhepunkt der Deportationen Ende April 1942 besuchte Gesandtschaftsrat Gmelin im Gefolge des Oberbefehlshabers der Garde, Mach, eine Arbeitskonferenz ihrer Führung am Fuß des Tatra-Gebirges in der Ostslowakei. Führer aller Kommandoebenen berieten dort über ihre praktischen Erfahrungen mit den Deportationen, über versteckte Juden und einen konstatierten Rückgang des Widerstands gegen den Abtransport. Dem Oberkommandierenden und seinen Begleitern wurde nach Abnahme einer Parade Bericht über das Treffen erstattet. Im Anschluss demonstrierten die Führer einige Beispiele aus der Wehrsport- und Kampfausbildung der Gardisten. Bevor Mach mit Gmelin und der restlichen Entourage wieder abreiste, erklärte er in seiner Abschlussrede, dass man in einigen Jahrzehnten über vieles nicht mehr sprechen werde, dass man sich aber immer an den 25. März 1942 erinnern werde als den Tag, an dem die »Aussiedlung« der Juden aus der Slowakei begann. Das oberste Gesetz sei jetzt: »Abtransport aller Juden«.[74]

Obwohl die Mehrheit der slowakischen Bevölkerung den antisemitischen Verfolgungen indifferent gegenüberstand, führten die Gewalttätigkeiten, mit denen Hlinka-Garde und Freiwillige Schutzstaffel die jüdische Bevölkerung sammelten, zu wachsender Ablehnung.[75] Die Brutalität, mit der sie Juden in Neusohl (Banská Bystrica) in Konzentrations- und Sammellager brachten, fand sogar Eingang in die Diskussion über das slowakische »Aussiedlungsgesetz«. Das Mitglied des Staatsrats Ján Balko war deren Zeuge geworden und thematisierte die Unmenschlichkeit der Deportationen im Staatsrat. Der katholische Bischof und Vizepräsident des Staatsrats, Ján Vojtaššák, lehnte die Debatte mit dem Hinweis ab, dass die Zusicherung bestehe, dass getaufte Juden nach der Deportation von den anderen getrennt würden. Ludin hob Vojtaššáks Inter-

---

73 Befehls- und Verordnungsblatt der FS-Landesführung 1/42, 20.10.1942 und 2/42, 10.11.1942 sowie FS-Landesführungsbefehl 0/65-42, 12.10.1942, SNA Bratislava, MV, Fond 125 Deutsche Partei, kr. 27-2, Bl. 14, 29, 78.

74 Najvyšší zákon HG: vyviezť všetkých Židov! [Oberstes Gesetz der HG: Abtransport aller Juden!], in: Gardista, 28.4.1942, abgedruckt in: Friedrich (Bedrich) Steiner (Hrsg.): The Tragedy of Slovak Jewry, Bratislava 1949, S. 81.

75 Rothkirchen: Situation, S. 54f.

vention wohlwollend hervor, als er am 6. April die Zustimmung der Regierung »ohne jeden deutschen Druck« nach Berlin meldete.[76]

Ähnlich wie schon im Fall der »Arisierung« beschwerte sich das Deutsche Staatssekretariat auch anlässlich der Einschaltung von Hlinka-Garde und Freiwilliger Schutzstaffel bei den Judendeportationen über Benachteiligungen der »Volksdeutschen« durch die Slowaken. Im Mai 1942 schrieb der zuständige Amtsleiter der Deutschen Partei, Ludwig Dostal, an ÚHÚ-Präsident Augustín Morávek, dass das von ihm geleitete Zentralwirtschaftsamt die Hlinka-Garde mit Beschlagnahmungen von jüdischem Eigentum beauftragt habe, nicht aber die Freiwillige Schutzstaffel. Er ärgerte sich über die Ungleichbehandlung der beiden Organisationen bei den antijüdischen Maßnahmen, obwohl ihnen durch Gesetzeskraft dieselben Aufgaben in ihrem jeweiligen Bereich zugeteilt werden müssten.[77] Für deutsche Stellen war ohnehin klar, dass der Hlinka-Garde bei den Deportationen weniger zu trauen sei als der »volksdeutschen« Schutzstaffel. Der SD meldete im September 1942, die Garde sei »der Korruption völlig verfallen«, was besonders für die höheren Führer gelte. Die Schutzstaffel hingegen verhalte sich sehr gut und habe »in vielen Einzelfällen durch ihr Eingreifen erreicht, dass die Juden tatsächlich in die Lager gebracht wurden«.[78]

Mit dem ersten Zug am 26. März wurden 999 Frauen aus Poprad, einer ostslowakischen Stadt mit fast einem Drittel »volksdeutscher« Einwohnerschaft, nach Auschwitz verschleppt. Wenige Tage später wurde mit der Deportation ganzer Familien begonnen. Die Insassen der ersten Transporte wurden auf Ghettos und Lager des Distrikts Lublin im Generalgouvernement verteilt oder nach Auschwitz überführt. Keiner der deportierten Jüdinnen und Juden aus diesen ersten Transporten wurde direkt nach der Ankunft ermordet, aber insbesondere in Auschwitz starben die meisten nach wenigen Monaten infolge der schlechten Verhältnisse und brutalen Behandlung. Die erste »Selektion« von Neuankömmlingen in Auschwitz, mit der ein Teil der Deportierten sofort nach der Ankunft in Gaskammern ermordet wurde, traf einen Transport mit slowakischen Juden am 4. Juli 1942. In den folgenden Wochen und Monaten stieg die Zahl der umgehend ermordeten Jüdinnen und Juden stark an. Einige der Transporte aus der Slowakei, die in den Distrikt Lublin gingen, wurden ab dem 1. Juni direkt in die Vernichtungslager der »Aktion Reinhardt« verbracht. Unter diesem Namen firmierte die seit Mitte März 1942 stattfindende Ermordung der jüdischen Bevölkerung Polens. Die ortsansässigen Juden des Distrikts Lublin wurden im Lager Bełżec ermordet, auch um in den Ghettos und Lagern

---

76 Lipscher: Juden, S. 104-107; Ludin an AA, 6.4.1942, PA AA, Pressburg 172.
77 Dostal an Morávek, 18.5.1942, Yad Vashem Archives, M 5/33, Bl. 27.
78 SD Pressburg (Urbantke) an SD-LA Wien III B (Herrmann), 3.9.1942, BArch, R 70 Slowakei/208, Bl. 57 ff.

Platz für die Neuankömmlinge, vor allem aus der Slowakei, zu schaffen. Die reibungslose zwischenstaatliche Einigung und Organisation der Deportation der slowakischen Juden beschleunigte somit auch die Ermordung der ansässigen jüdischen Bevölkerung im Generalgouvernement. Die Gaskammern in Bełżec waren für die Ermordung der Deportierten aus den großen Transporten zu klein, sodass spätere Transporte mit slowakischen Juden mit dem Ziel Lublin nach Sobibór gingen, wo alle Insassen sofort ermordet wurden.[79]

Viele slowakische Juden ahnten bereits vor Beginn der Deportationen, dass ihnen Schlimmes bevorstand. Anfang März waren die Abmessungen des »Judensterns« vergrößert worden, und der jüdischen Bevölkerung wurde untersagt, ihren Wohnort zu wechseln. Die gleichen Vorschriften waren auch den Verschleppungen aus dem Deutschen Reich unmittelbar vorausgegangen, sodass der Befehl zur Deportation für informierte Kreise zu diesem Zeitpunkt erwartbar war.[80] Viele Juden versuchten sich dem Abtransport zu entziehen, indem sie sich versteckten oder nach Ungarn flohen, wo Juden zunächst vor Deportationen sicher waren. Andere versuchten in den Besitz von Ausnahmeregelungen zu gelangen. Einige katholische und evangelische Geistliche konnten slowakische Juden vor den Deportationen schützen, indem sie Taufen durchführten und die Taufscheine vordatierten. Einige Repräsentanten der slowakischen Juden beschlossen, ein Memorandum auszuarbeiten, mit dem sie die höchsten Regierungsvertreter und Landtagsabgeordneten zu einer Ablehnung der Transporte bewegen wollten. Außerdem versuchten Rabbiner der jüdischen Gemeinden Kontakt zum katholischen Klerus herzustellen, damit dieser eine Verschleppung der Juden verhindere.[81]

Die slowakische Jüdin Adriana Stark aus Preschau (Prešov) war für den ersten Transport jüdischer Frauen aus Poprad nach Auschwitz vorgesehen. Wie etwa 20 andere junge Frauen ihrer Stadt täuschte sie Krankheitssymptome

79 Rothkirchen: Situation, S. 54; Gerlach: Mord, S. 84, 104 f.; Stephan Lehnstaedt: Der Kern des Holocaust. Bełżec, Sobibór, Treblinka und die Aktion Reinhardt, München 2017; Deportationen im Jahr 1942, abgedruckt in: Herder-Institut (Hrsg.): Dokumente und Materialien zur ostmitteleuropäischen Geschichte. Themenmodul »Slowakei im Zweiten Weltkrieg«, bearb. von Stanislava Kolková, URL: https://www.herder-institut.de/resolve/qid/2695.html (letzter Zugriff: 27.6.2017); Bogdan Musial: Deutsche Zivilverwaltung und Judenverfolgung im Generalgouvernement. Eine Fallstudie zum Distrikt Lublin 1939-1944, Wiesbaden 1999, S. 230, 262; Sybille Steinbacher: Auschwitz. Geschichte und Nachgeschichte, München 2004, S. 49 f.; Markus Roth: Eine deutsche Beamtenkarriere im »Zeitalter der Extreme«. Helmut Weihenmaier, in: Wolfgang Proske (Hrsg.): Täter, Helfer, Trittbrettfahrer, 10 Bde., Bd. 3: NS-Belastete aus dem östlichen Württemberg, Reutlingen 2014, S. 236-243, hier: S. 240 ff.; Verzeichnis der deutschen Orte in der Slowakei bei Kokorák: Minderheit, S. 315.
80 Hilberg: Vernichtung, Bd. 2, S. 778.
81 Kamenec: Trail, S. 220, 236; Lipscher: Juden, S. 122 f.

vor und erreichte so einen temporären Aufschub. Als sie bereits zum dritten Mal von Hlinka-Garde und Gendarmerie zu Hause aufgesucht wurde, holte man sie mit Gewalt. Auf der Wache täuschte sie einen Anfall vor und erhielt durch einen Arzt eine erneute Verschonung um wenige Tage, die sie in einem jüdischen Spital verbringen sollte. Aus Platzmangel wurde sie dann doch nach Hause geschickt, wo sie am nächsten Tag von einem Bauern abgeholt wurde, der ihr im Auftrag ihrer Schwester über die ungarische Grenze half. In Budapest traf sie ihre Schwester und konnte am 5. Januar 1943 mit der Alijah nach Palästina auswandern.[82]

Ähnlich wie andere Judenräte und Judenälteste, die von den Nationalsozialisten vielerorts zur Mitarbeit an der antijüdischen Politik genötigt wurden, spielte auch die seit Herbst 1940 bestehende slowakische Judenzentrale (ÚŽ) bei den Deportationen eine ambivalente Rolle. Die Abteilung für besondere Aufgaben unter der Leitung von Karol Hochberg stand in engem Zusammenhang mit der Organisation der Transporte und entsandte Mitarbeiter in die einzelnen Konzentrationslager, um dort Listen dafür anzufertigen. Vor der Abfahrt mussten die Juden eine vorbereitete Schenkungsurkunde unterzeichnen, in der ihr gesamtes Vermögen der Judenzentrale – und damit dem slowakischen Staat – zugesprochen wurde. Hochberg selbst fungierte als Informant Wislicenys in der Judenzentrale.[83] Zugleich kann die slowakische Judenzentrale auch als Zentrum des jüdischen Widerstands gelten. Die ÚŽ gab einen Großteil der Zwangsbeiträge, aus denen sie sich finanzierte, und der Spenden der jüdischen Hilfsorganisation American Jewish Joint Distribution Committee für die soziale Unterstützung derjenigen aus, deren Lage sich insbesondere durch die »Arisierung« immer weiter verschlechtert hatte. Aufgrund der geringen Möglichkeiten und der stetigen Verschärfung der Judenpolitik waren diese Bemühungen von wenig Erfolg gekrönt. Dennoch versuchte die Judenzentrale, auch jüdischen Menschen außerhalb der Slowakei zu helfen, die sich teilweise in einer noch deutlich schlechteren Situation befanden. Über die in Bratislava und Budapest ansässigen Gesandtschaften neutraler Staaten bemühte sich die ÚŽ, Möglichkeiten für eine jüdische Auswanderung zu schaffen. Die Arbeitsgruppe, die von Gisi Fleischmann ins Leben gerufen wurde, bestand zu einem nicht geringen Teil aus Mitgliedern der Judenzentrale.[84] Die Gruppe versuchte, mit Bestechungszahlungen über Wisliceny eine Beendigung der Deportationen nicht nur aus der Slowakei, sondern aus ganz Europa zu erreichen. Wisliceny nahm das Geld zwar an, gab es aber an das Eichmann-Referat weiter, ohne ak-

82 Memoirs of Adriana Stark from Prešov, o. D., Yad Vashem Archives, O 7 SL/64.
83 Lipscher: Juden, S. 85 f., 108 f. Vgl. zur Diskussion über die Judenräte Lisa Hauff: Zur politischen Rolle von Judenräten. Benjamin Murmelstein in Wien 1938-1942, Göttingen 2014, S. 33-52.
84 Kamenec: Trail, S. 171-180; Lipscher: Juden, S. 76.

tiv zu werden. Der Leiter der für die Deportation zuständigen 14. Abteilung des slowakischen Innenministeriums, Anton Vašek, war zwar korrupt, unternahm aber nichts zur Beendigung der Transporte. Erfolgreicher waren die Bestechungen einzelner slowakischer Beamter. Wisliceny, der sich nach dem Krieg positiv auf seine eigene Bestechung berief und behauptete, im Verbund mit der Arbeitsgruppe eine Bestechung Adolf Eichmanns versucht zu haben, bemühte sich in Wirklichkeit darum, die flächendeckende Korruption und Vorteilsnahme slowakischer Stellen zu stoppen. Die jüdische Arbeitsgruppe schaffte es sogar, den Weg der ersten Deportierten nachzuverfolgen und Nahrungsmittel, Wertsachen und Kleidung in verschiedene Ghettos in Polen zu schmuggeln.[85]

Hans Gmelin gab in seiner späteren Zeugenvernehmung im Nürnberger Wilhelmstraßenprozess 1948 an, dass die Deportationen innerhalb der Gesandtschaft näher besprochen worden seien, weil der Vatikan in zwei Noten an den slowakischen Ministerpräsidenten Tuka erklärt habe, dass es nicht zutreffe, »dass die Juden in das Generalgouvernement zur Arbeit geschickt würden, sondern dass sie dort vernichtet werden«. Daraufhin habe der Gesandte Ludin unverzüglich durch Wisliceny im Reichssicherheitshauptamt nachgefragt, ob diese Informationen stimmten. Für den Fall, dass sich die Gerüchte bewahrheiten sollten, habe er weitere Deportationen unterbinden wollen. Das Reichssicherheitshauptamt habe daraufhin angeboten, eine deutsch-slowakische Journalistenkommission an den Aufenthaltsort der slowakischen Juden im Generalgouvernement zu entsenden, um sich vor Ort selbst ein Bild zu machen und darüber Artikel zu veröffentlichen.[86]

Tatsächlich hatten slowakische Politiker auf der Entsendung einer Kommission bestanden, da bereits im Sommer erste Juden, die aus Transporten hatten fliehen können, in die Slowakei zurückkehrten und von schwersten Misshandlungen berichteten. Auch auf anderen Wegen gelangten zahlreiche Meldungen über das schreckliche Schicksal und die Ermordung vieler Juden in die Slowakei. Die Judenzentrale versuchte, diese Informationen einer möglichst breiten Öffentlichkeit bekannt zu machen und Unterstützung zu organisieren. Die Arbeitsgruppe war bereits im Spätsommer im Besitz detaillierter Berichte, die von Rabbi Abba Avraham Frieder auch Staatspräsident Tiso vorgetragen werden konnten. Die Berichte von jüdischer Seite ließen Tiso jedoch kalt.[87]

Im Verlauf des Sommers häuften sich dann aber kirchliche Interventionen zugunsten einzelner Jüdinnen und Juden, denen die Abschiebung drohte, wäh-

---

85 Rothkirchen: Situation, S. 57 f.; Tönsmeyer: Das Dritte Reich, S. 151 f.; Friedländer: Das Dritte Reich, S. 756; Hutzelmann: Slovak Society, S. 172; Neumann: Schatten, S. 106 f.

86 Zeugenvernehmung Hans Gmelin, NMT Nürnberg, 14.6.1948, StA Nürnberg, KV-Anklage, Interrogations, G-45, Bl. 66/8.

87 Kamenec: Trail, S. 241 f.; Ward: Priest, S. 234.

rend der Vatikan und einige slowakische Bischöfe und Priester die Deportationen generell kritisierten. Letztere fühlten sich besonders von den Ausschreitungen bei der Konzentration der Juden abgestoßen, die ihrer Empfindung nach nicht mit dem Christentum vereinbar waren.[88] Die slowakische Regierung reagierte früh auf die wachsende Unruhe und Kritik an den Deportationen. Schon Ende März 1942 hielt Innenminister Mach eine auf allen Kanälen gesendete Rundfunkansprache. Die Gesandtschaft berichtete nach Berlin, Mach habe erklärt, dass eine »vom Judentum gereinigte innere Front« in der Slowakei »Stärke und Garant des Sieges der Kampffront« in der Sowjetunion sei. Man lasse sich nicht »durch die von den Juden zur Erregung irgendeines Mitleids in die Welt gesetzten Reden« beirren: »Den Juden drohe angeblich das schrecklichste Geschick, sie würden in die Sümpfe getrieben, gequält, gefoltert, aufgehängt, erschossen und dergleichen«. Mach behauptete, dass ihnen in Wirklichkeit nichts davon bevorstehe, »lediglich das Eine: sie müssen arbeiten«. Der calvinistische Prediger Puskás, der massenhaft Juden getauft habe, sei inzwischen in das KZ Ilava gebracht worden. Mach drohte jedem, »der durch Interventionen oder die Verbreitung von Alarmgerüchten die Lösung der Judenfrage unmöglich machen« wolle, mit der Einweisung in ein Konzentrationslager.[89]

Auch die Führung der katholischen Kirche in der Slowakei wandte sich gegen die zunehmenden Taufen. Gmelin gab Ende April 1942 die Übersetzung eines Kommuniqués des katholischen Pressebüros an den zuständigen Referenten des *Völkischen Beobachters* in Wien mit der Bitte um Verwertung im »besprochenen Sinne« – also zur propagandistischen Nutzung. Das Ausmaß der Massentaufen durch katholische Geistliche wurde darin in Abrede gestellt. Die Taufe dürfe nur gewährt werden, wenn der Täufling aufrichtig um sie ersuche, und nicht, wenn er dadurch »zeitliche, politische oder materielle Vorteile zu erringen« hoffe. Nur diejenigen Juden, die sich taufen ließen, als ihnen noch keine »Vorteile« daraus erwuchsen, seien als Christen anzuerkennen. Die »Tragödie des jüdischen Volkes« liege in seiner Weigerung, Christus anzuerkennen, und der daraus folgenden Zerstreuung, wie unter Berufung auf antijudaistische Überlieferungen erklärt wurde. Die Juden hätten sich immer wieder an Christenverfolgungen beteiligt und auch in der Slowakei sei der »Einfluss des Judentums […] nicht nur wirtschaftlich, sondern auch kulturell und moralisch schädlich« gewesen. Die Kirche könne »also nichts dagegen haben, wenn die staatliche Macht derartige gesetzliche Massnahmen durchführt, durch welche dieser schädliche Einfluss der Juden unmöglich gemacht wird«. Dabei dürfe

---

88 Lipscher: Juden, S. 135, 193.
89 DGP an AA, 26.3.1942, PA AA, Pressburg 172.

nur nicht vergessen werden, »dass auch die Juden Menschen sind, und deshalb soll mit ihnen menschlich verfahren werden«.[90]

Von »skandalösen Vorfällen« sprach das Deutsche Nachrichtenbüro im August 1942 aufgrund der anhaltenden Taufbewegung, die auch in der slowakischen Presse einhellig angeprangert würde.[91] Diese antisemitische Berichterstattung war Ausdruck einer von Innenminister Mach angestoßenen Kampagne: Machs Ziel war es, ein öffentliches Klima zu erzeugen, das ihm die Anordnung einer Überprüfung der Ausnahmeregelungen für Juden ermöglichen sollte. Dieses Vorgehen, so berichtete der SD nach Berlin, habe Mach mit Staatspräsident Tiso abgesprochen. Die Presseberichterstattung über »Judenskandale« in der Slowakei, die auch vom *Völkischen Beobachter* aufgegriffen wurde, war für die Deutsche Gesandtschaft allerdings äußerst unangenehm. Der SD begegnete der Haltung der deutschen Außenpolitik, in der Frage der Abschiebung der Juden keinen Druck auf die Slowakei auszuüben, mit Unverständnis. Die Gesandtschaft stelle sich »eigenartigerweise auf den Standpunkt, an der Judenaussiedlung nicht besonders interessiert zu sein«.[92]

Die Gesandtschaft war jedoch keineswegs desinteressiert an den Deportationen. Bereits am 26. Juni 1942 sandte Gmelin ein Telegramm an das Auswärtige Amt, in dem Kritik daran geäußert wurde, dass die »Durchführung der Evakuierung der Juden aus der Slowakei [...] im Augenblick auf einem toten Punkt angelangt« sei. Durch kirchliche Interventionen und Korruption seien etwa 35.000 Juden an Sonderlegitimationen gekommen, die sie vor der Deportation schützten. Die Abschiebungen seien in der slowakischen Bevölkerung sehr unpopulär, was durch eine in den letzten Tagen »scharf einsetzende englische Gegenpropaganda noch verstärkt« werde. Ministerpräsident Tuka plädiere dennoch für die Fortsetzung der Judendeportationen und bitte um »scharfen diplomatischen Druck des Reiches«.[93] Dieses Telegramm resultierte aus einer Besprechung, die Ludin tags zuvor mit Wisliceny beim slowakischen Ministerpräsidenten Tuka abgehalten hatte. Wisliceny hatte dort berichtet, dass sich die »Judenaktion« im »Stadium des Abschlusses« befinde: 52.000 Juden seien abtransportiert worden, der Rest sei im Besitz von Schutzbriefen. Tuka sicherte zu, dass die Erteilung von Schutzbriefen fortan grundsätzlich

---

90 Gmelin an Ronneberger, 24.4.1942; An die katholische Öffentlichkeit, Actio Catholica, 22.4.1942, PA AA, Pressburg 172.

91 DNB-Vertretung Pressburg, 12.8.1942, PA AA, R 99437, unfol. Der *Grenzbote* titelte am 12.8. mit der Behauptung, dass das »Judenproblem« zum »Judenskandal« geworden sei. Judentaufen und Unentbehrlichkeitszeugnisse gebe es am laufenden Band. Das Judenproblem wird zum Judenskandal, in: Grenzbote, 12.8.1942, BArch, R 70 Slowakei/180, Bl. 252.

92 SD Pressburg (Urbantke) an SD-LA Wien III B (Herrmann), 22.8.1942, BArch, R 70 Slowakei/208, Bl. 46-50.

93 DGP an AA, 26.6.1942, PA AA, Pressburg 172.

dem Innenminister Mach zur Revision vorgelegt werden müsse. Der Gesandte Ludin riet in dieser Sitzung »zu einer 100%igen Lösung der Judenfrage«.[94] Staatssekretär von Weizsäcker beantwortete das Telegramm aus Pressburg am 29. Juni mit dem Hinweis, man könne Tuka die erbetene Unterstützung in der Weise geben, dass man Staatspräsident Tiso gegenüber »gelegentlich« zum Ausdruck bringe, die Einstellung der »Judenaussiedlung und insbesondere die im Drahtbericht geschilderte Ausschließung [von] 35.000 Juden von [der] Abschiebung würde in Deutschland überraschen umsomehr als [die] bisherige Mitwirkung [der] Slowakei in der Judenfrage hier sehr gewürdigt worden sei«. Das Wort »überraschen« wurde erst nachträglich eingefügt, ursprünglich hatte Weizsäcker geschrieben, die Ausnahmen von der Judendeportation würden in Deutschland »einen sehr schlechten Eindruck hinterlassen«. Mit dieser Antwort, die noch vor der Absendung abgeschwächt wurde, konnte von einem »scharfen diplomatischen Druck des Reiches«, den Tuka erbeten hatte, also keine Rede sein.[95]

Erst im September 1942 kam es zu der Reise einer Journalistenkommission in den Distrikt Lublin. Am 1. September schrieb die Gesandtschaft nach Berlin, dass wegen der »Judenaussiedlung dauernd erhebliche Greuelpropaganda feststellbar« sei. Darum sei eine Reise des Schriftleiters des DP-Organs *Grenzbote*, Fritz Fiala, und eines Mitarbeiters des deutschen Beraters beim slowakischen Presse- und Propagandaamt geplant. Wisliceny werde den Besuch von »Auffangghettos für slowakische Juden« begleiten, und im Anschluss sei eine »umfassende propagandistische Auswertung« geplant. Tatsächlich handelte es sich also um eine Reise deutscher und »volksdeutscher« Propagandainstitutionen und nicht einer »deutsch-slowakischen Journalistenkommission«, wie Gmelin später in Nürnberg behauptete.[96] Dementsprechend war die slowakische Seite mit dieser Reise nicht zufriedengestellt. Es vergingen zudem Wochen, bis Fialas Artikelserie zur Veröffentlichung freigegeben wurde. Himmler persönlich hatte deren Prüfung übernommen und zahlreiche Änderungen verlangt. Anfang November 1942 erschienen drei Artikel im *Grenzboten*, die in klassischem antisemitischen Stil gehalten waren. Fiala beschrieb Juden aus der Slowakei und anderen Ländern Europas beim Arbeiten, Essen und beim Zeitvertreib in Wohnbaracken. Er sei überrascht gewesen, wie freundlich die Juden behandelt würden, und sprach von einer »phantastisch redlichen Haltung des deutschen Menschen gegenüber diesem, meist verdammt subversiv aussehenden Judengeschmeiss«. Fiala zeigte sich überzeugt, dass nun eine historische Gerechtigkeit vollzogen werde: »[U]nd wenn der ›französische‹, der ›deutsche‹, oder der

---

94 Abschrift DGP für AA D III, 30.6.1942, PA AA, R 99437, E402519.
95 StS Weizsäcker an DGP, 29.6.1942, PA AA, R 29738, 249624; vgl. Tönsmeyer: Das Dritte Reich, S. 156.
96 DGP an AA, 1.9.1942, PA AA, R 100887, Bl. 10.

›slowakische‹ Jude in seinem Leben dem französischen, dem deutschen oder dem slowakischen Volk in der Vergangenheit Schäden jeder Art zugefügt hat, so sühnen alle diese Juden in absolut humaner und menschlicher Form heute allen diesen Völkern gegenüber dadurch, dass sie für den Wiederaufbau und die Neugestaltung Europas mitarbeiten müssen.« Für die Bebilderung der Artikel wurden vor allem Fotografien ausgewählt, die Juden bei der Arbeit in Betrieben zeigten. Slowakische Zeitungen druckten Übersetzungen und Auszüge der Artikelserie nach. Obgleich Fiala mit Wisliceny unter anderem das Lager Auschwitz besucht hatte, vertrat er nach dem Krieg die Auffassung, er sei getäuscht worden und man habe ihm auf der Reise ein »Potemkin'sches Dorf« gezeigt. Er habe die Reportage »im guten Glauben« veröffentlicht und erst danach erfahren, dass die Juden zu diesem Zeitpunkt bereits systematisch vernichtet wurden.[97]

Die Artikelserie vermochte es jedoch nicht, den authentischen Berichten über den Massenmord, die sich bereits weit verbreitet hatten, propagandistisch etwas entgegenzusetzen. Wenn überhaupt, war die Serie nur geeignet, deutsche und regierungstreue Kreise zufriedenzustellen, die von der Richtigkeit der Deportationen ohnehin bereits überzeugt waren. Gmelin erklärte in Nürnberg, er habe nach der Lektüre dieser Artikel »deutlich das Gefühl« gehabt, »dass die Zusagen eingehalten wurden, die bei der Deportation gemacht wurden«.[98] Zum Zeitpunkt des Erscheinens der Artikelserie im *Grenzboten* im November 1942 waren die Deportationen bereits eingestellt worden. Schon Ende Juni, als die Gesandtschaft den »toten Punkt« beklagt hatte, waren die Transporte deutlich rückläufig. Im August wurden sie ausgesetzt und im Oktober schließlich der vorerst letzte Transport durchgeführt. Die Revision von Ausnahmepapieren, Arbeitsbewilligungen und Taufscheinen, die Juden vor der Deportation schützten, wurde ab dem Spätsommer 1942 und in den folgenden zwei Jahren immer wieder diskutiert. Es kam aber nicht zu einer Wiederaufnahme der Deportationen unter slowakischer Regie, obwohl die Transporte im Herbst 1942 nur aufgrund des Wetters gestoppt worden waren und das Vorhaben bestand, sie im Frühjahr wiederaufzunehmen. Von den insgesamt 57.628 Juden, die im Jahr 1942 abtransportiert wurden, überlebten nur wenige bis Kriegsende.[99]

97 Affidavit Dieter Wisliceny, Nationalgericht Bratislava, 4.4.1947, Yad Vashem Archives, M 5/156, Bl. 1 ff.; Zeugenvernehmung Fritz Fiala, 22.9.1965, BArch, B 162/1825, Bl. 120 f.; Fritz Fiala: Bei den Juden im Osten, in: Grenzbote, 7. und 8.11.1942, BArch, B 162/28758, Bl. 46 f. Ein dritter Artikel erschien am 10.11.1942. Lipscher: Juden, S. 135.
98 Zeugenvernehmung Hans Gmelin, NMT Nürnberg, 14.6.1948, StA Nürnberg, KV-Anklage, Interrogations, G-45, Bl. 66/8.
99 Hutzelmann: Slovak Society, S. 171; Ward: Priest, S. 234 f.; Tönsmeyer: Das Dritte Reich, S. 151 f.; Vertrauliche Meldung des Deutschen Nachrichtenbüros, 23.8.1942, PA AA, R 99437, unfol.

Die vorläufige Einstellung der Deportationen hatte eine Vielzahl von Gründen.[100] Zu den wesentlichen Entwicklungen, die dazu führten, gehört das öffentliche Bekanntwerden der Massenmorde an den Bestimmungsorten der Transporte. Im Zusammenwirken mit der Kriegswende im Winter 1942/43 gaben die Berichte, die in die Slowakei gelangten, den Ausschlag für die Weigerungs- und Verzögerungshaltung einflussreicher Regierungskreise in der Deportationsfrage. Dies gilt analog für weitere (teil)unabhängige Staaten, die mit dem Deutschen Reich verbündet waren. Auch in Rumänien, Italien und Frankreich nahm zeitgleich in der zweiten Hälfte des Jahres 1942 das Tempo der Deportationen ab oder die Bereitschaft, diese überhaupt zu beginnen. Es ging dabei zunehmend auch um die Frage der Souveränität dieser Länder, denn sie alle gerieten wegen der Transporte verstärkt international in die Kritik. Wenn diese Staaten sich dabei allein auf deutschen Druck berufen hätten, wäre ihre Souveränität nach außen untergraben worden. Offensiv selbst die volle Verantwortung zu übernehmen, hätte bedeutet, Nachteile bei einer deutschen Kriegsniederlage zu riskieren. Es war also nicht Menschenfreundlichkeit, die zu den Haltungsänderungen in der Deportationsfrage führte, sondern die Angst vor Bestrafung.[101]

Die Bedeutung der Kriegswende wird im slowakischen Fall besonders deutlich, weil der kirchliche Widerstand seinen Höhepunkt erst im März 1943 erreichte, als die Deportationen bereits eingestellt waren und der Rückzug der deutschen Armeen im Nordkaukasus und im südlichen Russland begonnen hatte.[102] In einem Hirtenbrief, der in allen Kirchen zu verlesen war, ergriff ein wesentlicher Teil der katholischen Priesterschaft erstmals ausdrücklich auch für nicht getaufte Juden Partei. Zudem kam unter Hinweis auf die »unendliche Barmherzigkeit Gottes« erstmals eine gewisse Indifferenz gegenüber der Taufbewegung als Schutzmaßnahme für Juden zum Ausdruck.[103]

Die Gesandtschaft, die den Hirtenbrief wenige Wochen nach seiner Veröffentlichung an das Auswärtige Amt weiterleitete, mühte sich zu betonen, wie gering die Auswirkungen des Appells seien und dass er in Teilen der slowakischen Öffentlichkeit sogar das Gegenteil des Beabsichtigten erreicht habe: »Die aus Erfahrung grundsätzlich antisemitische Einstellung des slowakischen Volkes sowie die in den letzten Jahren konsequent durchgeführte und von uns gesteuerte antisemitische Propaganda hat doch einen Boden geschaffen, der für derartige oberhirtliche Auslassungen nicht mehr geeignet scheint.« Minister-

---

100 Für eine breitere Darstellung der Gründe s. Hutzelmann u. a.: Einleitung, S. 38 ff. sowie die ältere Darstellung, in der Entwicklungen außerhalb der Slowakei kaum Berücksichtigung finden, bei Lipscher: Juden, S. 129-136.

101 Gerlach: Mord, S. 108, 346 f., 372-375.

102 Pohl: Herrschaft, S. 321.

103 Liebe Gläubige in Christo!, 8.3.1943, PA AA, R 100887, Bl. 13-16.

präsident Tuka seien von Bischöfen allerhand »Greuelmärchen« zugetragen worden, in denen von Erschießungen jüdischer Männer, Frauen und Kinder durch Deutsche in der Ukraine die Rede sei. An der durchweg positiven Einstellung slowakischer Regierungskreise zur Deportation aller Juden habe der Hirtenbrief aber nichts geändert, vielmehr seien mehr und mehr Regierungsvertreter bereit, eine Fortführung der Transporte zu unterstützen. Tuka habe den Protest des päpstlichen Nuntius Giuseppe Burzio kürzlich nicht einmal entgegengenommen und »auf die rein politische Natur dieser Angelegenheit hingewiesen, die die Interessen des Heiligen Stuhls nicht berühre«. Appellen an sein katholisches Gewissen sei Tuka mit der positiven Stellungnahme seines Beichtvaters zur Judenaussiedlung entgegengetreten, dem er erklärt hatte, dass diese im Interesse der Nation liege. Aufgrund der »Greuelmärchen« unterstütze Ludin den Wunsch Tukas nach Entsendung einer slowakischen Abordnung in eines der Lager, in denen die Juden untergebracht waren. Nachdem dieser vom Eichmann-Referat abgelehnt worden war, betonte er, dass der slowakische Innenminister Mach »mit grössten, wenn nicht unüberwindlichen Widerständen« gegen weitere Deportationen zu kämpfen habe, wenn eine Besichtigungsfahrt nicht stattfinde. Schließlich einigte man sich auf einen Besuch des »Altersghettos« Theresienstadt. Die meisten slowakischen Juden waren zu diesem Zeitpunkt längst ermordet worden.[104]

Die Gesandtschaft und das Auswärtige Amt ließen in der folgenden Zeit wiederholt Nachforschungen nach abgeschobenen slowakischen Juden, die von deren Angehörigen und slowakischen Stellen getätigt wurden, ins Leere laufen und beteiligten sich an der Vertuschung des Schicksals der Deportierten durch das Eichmann-Referat. Im Juni 1943 übergab die Gesandtschaft dem Auswärtigen Amt mehrere Gesuche eines Vaters sowie des Bischofs von Neutra (Nitra), in denen sie sich nach einer deportierten slowakischen Jüdin erkundigten. Da die slowakische Regierung »Anfragende nach dem Schicksal deportierter Juden« an die Gesandtschaft verweise, bitte man um Instruktionen, »wie die Gesandtschaft sich in diesem und in mit Sicherheit zu erwartenden weiteren gleichgelagerten Fällen verhalten soll«. Die Anfragen nach der Frau, die zum Zeitpunkt ihrer Deportation 1942 minderjährig gewesen war, wurden über ein Jahr verschleppt, bis das Eichmann-Referat im Oktober 1944 an das Judenreferat des Auswärtigen Amts schrieb, dass »die Ermittlungen nach ihrem jetzigen Aufenthaltsort [...] ergebnislos verlaufen« seien. Mit dieser Standard-

---

104 DGP an AA, 13.4.1943, PA AA, R 100887, Bl. 11-12b; RSHA IV B 4 an AA Inland II A, 2.6.1943, ebd., Bl. 20f.; DGP an AA, 22.11.1943, ebd., Bl. 25; AA Inland II an DGP, 14.1.1944, ebd., Bl. 32; AA Inland II A an RSHA IV B 4, 14.1.1944, ebd., Bl. 33; Notiz LGRat von Thadden, AA Inland II A, ebd., Bl. 34; Eichmann an von Thadden, 7.2.1944, ebd., Bl. 35; Igor-Philip Matić: Edmund Veesenmayer. Agent und Diplomat der nationalsozialistischen Expansionspolitik, München 2002, S. 176.

formulierung wurde auf fast alle Anfragen nach dem Verbleib jüdischer Deportierter geantwortet. In einigen Fällen wurde die Mitteilung um die Bemerkung ergänzt, dass »mit einer Rückkehr der Juden nach der Slowakei nicht mehr zu rechnen« sei. Das Auswärtige Amt verzichtete in seiner Verbalnote an die Slowakische Gesandtschaft Berlin auf diesen Passus und erklärte stattdessen, dass »eine Zentralkartei der Juden aus kriegsbedingten Gründen nicht mehr besteht« und sich folglich »leider auch karteimässig nicht feststellen« lasse, »an welchem Ort sich die fraglichen Juden an den gewünschten Stichtagen zum Arbeitseinsatz befunden haben«.[105]

Der »Judenberater« der Deutschen Gesandtschaft Pressburg, Dieter Wisliceny, war 1943 zunächst nach Griechenland und – nach einer kurzen Rückkehr in die Slowakei zur Jahreswende 1943/44 – im Frühjahr 1944 nach Ungarn abkommandiert worden, wo er an den Deportationen der dortigen Juden beteiligt war. Himmler hatte die Entsendung Wislicenys zur Organisation von Transporten in Ungarn bereits im November 1942 in einem Briefwechsel mit dem Reichsaußenminister vorgeschlagen, weil Wisliceny »die technische Durchführung zur Freimachung der Slowakei von Juden im besten Einvernehmen mit Deinen [von Ribbentrops, N. K.] Herren in Preßburg bearbeitet« habe.[106] Im Juli 1944 berichtete die Gesandtschaft Pressburg nach Berlin, dass Wisliceny zum Fall einer Deportierten Stellung genommen habe, die nach ihrem Abtransport in das Lager Theresienstadt nachträglich in ihrem Heimatort zur »Arierin« erklärt worden war. Wisliceny erklärte, dass es sich »offenbar um eine Schiebung« handle. Er empfahl, der slowakischen Regierung mitzuteilen, dass ohne stichhaltigen Nachweis über die »arische« Abkunft und ohne eine entsprechende gerichtliche Feststellung keine Freilassung erfolgen könne. Die Gesandtschaft schloss sich dieser Empfehlung ausdrücklich an.[107]

Im August 1944 – in ihrem letzten Bericht zur »Judenfrage« vor dem Slowakischen Nationalaufstand – forderte die Deutsche Gesandtschaft erneut die sofortige Rückkehr Wislicenys nach Pressburg. Die Entwicklung in der »Judenfrage« sei »rückläufig«, der Leiter der Abteilung 14 im slowakischen Innenministerium schütze zwar Geschäftigkeit vor, halte aber doch nur die Arbeitslager in Gang. Die hohe Produktivität in Nováky, Sereď und Vyhne

105 DGP (Endrös) an AA, 8.6.1943, PA AA, R 99438, unfol.; Slowakische Gesandtschaft Berlin an AA, 20.3.1944, ebd.; RSHA IV B 4 an AA Inland II A, 19.10.1944, ebd.; RSHA IV B 4 an AA Inland II A, 28.11.1944, ebd.; AA an Slowakische Gesandtschaft Berlin, 19.12.1944, ebd.

106 Himmler an Ribbentrop, 30.11.1942, PA AA, R 100890, E 310765 ff.; RSHA IV B 4 an AA Inland II A, 8.1.1944, PA AA, R 100887, Bl. 31; Safrian: Eichmann, S. 270 ff., 295-307.

107 RSHA IV B 4 an AA Inland II A, 12.11.1943, PA AA, R 99438, unfol.; Vertreter des AA beim Reichsprotektor in Böhmen und Mähren an BdS Prag, 3.12.1943, ebd.; DGP an AA, 27.7.1944, ebd.

sei für das slowakische Innenministerium ein ausgezeichnetes Geschäft, und die »weitgehende Freiheit«, die die Juden dort besäßen, würde eher die Bezeichnung »jüdische Produktionszentren« rechtfertigen. Die »einschränkenden Bestimmungen für die persönliche Freiheit der Juden«, die im »Judenkodex« enthalten seien, würden auch nicht annähernd umgesetzt. Trotz anderslautender Versicherungen, die Staatspräsident Tiso auch dem Sonderbeauftragten des Reichsaußenministers, Edmund Veesenmayer, gemacht habe, sei jede Initiative zur Erneuerung der Deportationen von der slowakischen Regierung unterblieben. Der Gesandte Ludin selbst habe »in persönlichen Gesprächen mit massgebenden slowakischen Persönlichkeiten immer wieder auf die staatspolitische Notwendigkeit einer *totalen* Lösung hingewiesen«. Einen »diplomatischen Auftrag« habe er dazu nicht gehabt. Stets habe er, entsprechend den Abmachungen mit dem Auswärtigen Amt, gegenüber den slowakischen Regierungsvertretern betont, »dass irgend ein Druck deutscherseits nicht beabsichtigt sei«. Ob ein solcher Druck deutscherseits mit dem Ziel, »die Juden aus der Slowakei restlos zu evakuieren«, möglicherweise doch sinnvoll sei, könne er nicht beurteilen. Es müsse damit gerechnet werden, dass sich dagegen »erhebliche Widerstände geltend machen würden«. Die »laxere Handhabung der Bestimmungen« in der »Judenfrage« sei durch die Abwesenheit Wislicenys wesentlich erleichtert worden, weshalb seine erneute Entsendung in die Slowakei »dringend geboten« sei. Mit Wisliceny, der die Verhältnisse in der Slowakei bestens kenne, könne wenigstens »eine genauere Handhabung der von der slowakischen Regierung gegen die Juden erlassenen gesetzlichen Bestimmungen, eine Überprüfung der Ausnahmebewilligungen und eine vermehrte Konzentrierung der Juden in entsprechend geleiteten und beaufsichtigten Arbeitslagern« erreicht werden.[108]

Die Federführung für die Deportationen lag 1942 in den Händen des Reichssicherheitshauptamts und der slowakischen Regierung. Aber es war die Einschaltung der Deutschen Gesandtschaft und ihr Austausch von Verbalnoten mit dem slowakischen Außenministerium, die den Anschein erwecken sollten, es handle sich bei den Vereinbarungen, die zur Enteignung, Entrechtung und Deportation sowie schließlich zur Ermordung der slowakischen Juden führten, um völkerrechtlich legale Maßnahmen. Die Gesandtschaft trug maßgeblich zum Erfolg der Verhandlungen zwischen der deutschen und der slowakischen Regierung bei, unter anderem, indem Gmelin die Bedingungen des Reichssicherheitshauptamts für den Abtransport der Jüdinnen und Juden an das slowakische Außenministerium weiterreichte. Seine Paraphe auf dem Telegramm, mit dem die Gesandtschaft im Juni 1942 einen »toten Punkt« bei den Judendeportationen beklagte und dafür Korruption und die Einflussnahme der Kirche verantwortlich machte, erklärte er in einer späteren Zeugen-

108 DGP an AA, 11.8.1944, PA AA, R 100887, Bl. 38-45.

aussage damit, dass er den Abgang dieses Telegramms nur überwacht und von seinem Inhalt Kenntnis gehabt habe.[109] Da sich sein Kürzel aber direkt unter dem Namen Ludins findet und er selbst das Dokument den beiden anderen Gesandtschaftsräten zur Kenntnisnahme weiterleitete, lässt sich – besonders unter Berücksichtigung der sonstigen Arbeits- und Abzeichnungsabläufe in der Gesandtschaft – feststellen, dass er an der Abfassung des Telegramms zumindest beteiligt gewesen sein dürfte. Die Vermeidung von zu starkem diplomatischen Druck auf die slowakische Regierung entsprang rein taktischem Kalkül. Der Gesandtschaft lagen bereits im Sommer 1942 die entscheidenden Informationen über die Ermordung der Juden in Polen vor. Bemühungen des Auswärtigen Amts und der Gesandtschaft um Besichtigungsreisen oder beschwichtigende Informationen für die slowakische Öffentlichkeit sind in diesem Zusammenhang nicht als Unkenntnis oder Naivität misszuverstehen, sondern als Partizipation an der Vertuschung des Massenmords. Zudem dienten diese Bestrebungen immer dem Zweck, die slowakische Regierung letztlich doch noch zu einer Fortführung der Deportationen zu bewegen. Auf den Entschluss, dass die abtransportierten Juden nicht in die Slowakei zurückkehren würden, hatten sich alle Beteiligten von Beginn an geeinigt.

---

109 Zeugenvernehmung Hans Gmelin im Ermittlungsverfahren gegen Franz Karmasin, 5.3.1970, BArch, B 162/28758, Bl. 119.

BEDEUTUNGSVERLUST DER DIPLOMATIE UND RADIKALISIERUNG DER GEWALT

Der Slowakische Nationalaufstand und
die zweite Phase der Mordpolitik

Die deutsche Besatzung und der Verbindungsmann der Gesandtschaft

Seit Jahresbeginn 1944 erregte die zunehmende Partisanenaktivität in der Ostslowakei mehr und mehr die Aufmerksamkeit der deutschen Dienststellen in der Slowakei. Die Untergrundaktivitäten offenbarten, dass aufseiten der Gesandtschaft ein erheblicher Bedarf an nachrichtendienstlichen Erkenntnissen bestand. Der Sicherheitsdienst des Reichsführers-SS war im September 1941 aus der Slowakei verdrängt worden, woran die Gesandtschaft alles andere als unbeteiligt war. Bereits ein knappes Jahr später änderte sich die Einstellung der Diplomaten zur nachrichtendienstlichen Tätigkeit des SD. Die Gesandtschaft war offenbar während der slowakischen Regierungskrise im Frühjahr 1942 sehr schlecht über interne Entwicklungen und Vorkommnisse in der Slowakei informiert und geriet dadurch in unangenehme Situationen. Zu diesem Zeitpunkt dürfte ihr die fehlende Berichterstattung des SD erstmals bewusst geworden sein. Im Zuge der »Affäre Kehler«, des Putschversuchs des Prager SD gegen den Volksgruppenführer Karmasin im Herbst 1942, bemühte sich die Gesandtschaft schließlich um gute Beziehungen zum SD-Leitabschnitt in Wien.[1] Im November 1942 vermerkte der Wiener SD, dass seit etwa vier Wochen ein »Hofieren« des SD durch deutsche Dienststellen in der Slowakei festzustellen sei und die Deutsche Gesandtschaft eine Zusammenarbeit angeboten habe. Der Gesandte Ludin habe gegenüber dem Schriftleiter des *Grenzboten*, Fritz Fiala, den er (zutreffend) der SD-Mitarbeit verdächtigte, geäußert, dass die »seinerzeitige Lösung mit der Dienststelle Hahn wohl die beste gewesen wäre und er es bedauere, dass dies heute nicht mehr der Fall sei«. In Wien wurde aufgrund dieser Informationen ein Neuaufbau des SD in der Slowakei mit Zentrale in Pressburg und Außenstellen in weiteren Städten geplant. Die

---

1 SD-LA Wien (Herrmann) an RSHA III B (Ehlich), Mai 1943, BArch, R 70 Slowakei/346, Bl. 57-63.

Zuständigkeit des SD-Leitabschnitts Wien sollte dabei beibehalten werden.[2] Im Januar 1943 regte die Gesandtschaft sogar an, dass der SD den Informationsdienst für sie mit wahrnehmen solle. Dazu kam es jedoch nicht, weil das Reichssicherheitshauptamt wegen anhaltender Schwierigkeiten mit dem Auswärtigen Amt gegen eine zu enge Kopplung des SD mit der Gesandtschaft entschied.[3] Im Oktober 1943 befürwortete Gmelin die Erteilung eines der seltenen Dauersichtvermerke zur Ein- und Ausreise in die Slowakei für seinen Kontaktmann beim SD-Leitabschnitt Wien, SS-Hauptsturmführer Dr. Herbert Böhrsch, weil die Zusammenarbeit mit ihm bisher gut sei und er zugesagt habe, die Gesandtschaft laufend zu informieren.[4]

Nachdem der Einspruch des Reichssicherheitshauptamts eine Verzahnung des SD mit der Gesandtschaft verhindert hatte, beraumte der Wiener SD eine enge Kooperation mit der Führung der deutschen Minderheit in der Slowakei an. Karmasin selbst bot das Amt des Nachrichtendienstes in der Volksgruppenführung an, woraufhin der SD im Laufe des Jahres 1943 fest in der Hauptleitung der Deutschen Partei verankert wurde. Nach außen wurde er als Statistisches Amt der Volksgruppe getarnt.[5] Die Zusammenarbeit zwischen SD und Volksgruppe konnte an frühere Jahre anknüpfen. Der SD hatte 1940 besagten Nachrichtendienst der Deutschen Partei mit aufgebaut und betrieb Filialen in den unteren regionalen Gliederungsebenen der Volksgruppenorganisation. Das entsprach seiner Vorgehensweise im Reich, wo er NSDAP-Kreisleitungen als Außenstellen nutzte, die die Zentrale mit Informationen versorgten. Der SD suchte die Slowakei »lebensgebietsmäßig« zu erfassen und bediente sich dabei der Ortskenntnis und weitreichenden Struktur der Organisation der deutschen Minderheit. Der Nachrichtendienst der Deutschen Partei, der von Fritz Wepner geleitet wurde, erhielt vom SD monatlich hohe Geldbeträge zur Förderung seiner Spionagearbeit.[6] Nach der Verdrängung des SD aus der Slowakei im Herbst 1941 stellte das Amt Wepner in der Volksgruppenführung seine Arbeit ebenfalls ein. Im Februar 1943 wurde die Nachrichtentätig-

2 Vermerk SD-LA Wien, 11.11.1942, BArch, R 70 Slowakei/346, Bl. 23.
3 Vermerk RSHA III B (Ehlich), 19.1.1943, BArch, R 70 Slowakei/346, Bl. 43-46; RSHA III B an SD-LA Wien, 7.5.1943, ebd., Bl. 55 f.
4 AA (von Thadden) an DGP und DGP (Gmelin) an AA, 8. und 9.10.1943, PA AA, Pressburg 66.
5 Vermerk RSHA III B (Ehlich), 19.1.1943, BArch, R 70 Slowakei/346, Bl. 43-46; Besprechungsvermerk SD-LA Wien, 6.5.1943, ebd., Bl. 54.
6 Tönsmeyer: Erwachen, S. 229; Kaiser: Politik, S. 490; Schvarc: Organizačná Štruktúra, S. 107. Für ein Beispiel aus dem Reich (hier die NSDAP-Kreisleitung Waiblingen und die SD-Zentrale in Stuttgart) s. Christine Arbogast, Bettina Gall: Aufgaben und Funktionen des Gauinspektors, der Kreisleitung und der Kreisgerichtsbarkeit der NSDAP in Württemberg, in: Cornelia Rauh-Kühne, Michael Ruck (Hrsg.): Regionale Eliten zwischen Diktatur und Demokratie. Baden und Württemberg 1930-1952, München 1993, S. 151-169, besonders S. 157 f.

keit im Anker-Palais, dem Dienstsitz der Deutschen Partei, von dem »Volks-deutschen« und ehemaligen Übersetzer für die Deutsche Gesandtschaft, Kurt Hofer, wiederaufgenommen. Den Auftrag dazu erhielt er vom SD. Aufgrund der »Sonderaktion« des Sicherheitsdienstes gegen Karmasins Hauptleiter in der Deutschen Partei war man in Wien von der bereitwilligen Kooperation des Volksgruppenführers überrascht. Der SD forderte nach wie vor die Absetzung des Hauptleiters für Presse und Propaganda, Dr. Karl Hauskrecht, und des Hauptleiters für Kultur, Hans Friedl, die zu Karmasins wichtigsten Mitarbei-tern zählten.[7]

Über den Einbau des Sicherheitsdienstes in die Volksgruppenführung wurde zwischen Karmasin und den Wiener SD-Männern strenges Stillschwei-gen vereinbart, dementsprechend überrascht zeigte sich der SD in einem Be-richt über eine Besprechung mit Gmelin im September 1943, der sich bei SS-Hauptsturmführer Herrmann nach der Kooperation mit der Volksgruppe erkundigte, »als habe er genaue Kenntnis von der seit kurzem angebahnten Zusammenarbeit zwischen SD und Karmasin«. Gmelin riet dem SD zu rück-sichtsloser Offenheit im Umgang mit Karmasin. Allein durch seine intime Kenntnis der Vorgänge signalisierte der Volkstumsreferent dem Sicherheits-dienst, dass die enge Zusammenarbeit mit Karmasin bedeute, dass in allen slowakischen Angelegenheiten des SD kaum ein Weg an ihm vorbeiführe.[8]

Bei einer Besprechung, die Gmelin am 1. Februar 1944 mit den SS-Haupt-sturmführern Chlan und Böhrsch abhielt, war es Zeit, eine Bilanz ihrer Koope-ration zu ziehen. Auf die Nachfrage, ob er irgendwelche Wünsche, Bedenken oder Beschwerden hinsichtlich der Kollaboration mit dem SD habe, erklärte Gmelin laut SD-Bericht, »dass er die Zusammenarbeit als erfreulich gut an-sehe, dass er vor allem durch die nun auch von Berlin (Auswärtiges Amt) ein-gesehene Dezentralisierung ein Näherrücken beider Dienststellen gewährleistet sehe und dass man gerade in Pressburg einmal beweisen könne, dass es mitein-ander auch gehe und nicht immer gegeneinander vorgegangen werden müsse. Auch die Zusammenarbeit zwischen SD und Volksgruppenführung betrachte er durchaus als positiv.« Zum Abschluss des Treffens wurde vereinbart, von nun an alle zwei, wenigstens aber alle drei Wochen zu Unterredungen zusam-menzukommen. Der letzte Punkt auf der Besprechungsliste des SD waren an-haltende Partisanenüberfälle in der Ostslowakei, die Böhrsch als »ausserordent-lich bedenklich« bezeichnete. Gmelin empfand diese Entwicklung ebenfalls

---

7 Karmasin an VoMi, 22.1.1943, abgedruckt in: Král: Die Deutschen, Dok. 406, S. 503; Zeugenvernehmung Kurt Hofer, 30.4.1968, BArch, B 162/4287, Bl. 936-946; Aufzeichnung SD-LA Wien (Herrmann), 7.2.1943, BArch, R 70 Slowakei/370, unfol.

8 Vermerk SD-LA Wien (Herrmann), 7.7.1943, BArch, R 70 Slowakei/370, unfol.; SD-LA Wien (Böhrsch) an RSHA III B (Ehlich), 20.9.1943, IfZ-Archiv, SD-LA Wien, MA 650/1, Bl. 4970-4974.

als »unerfreulich«, betonte aber, dass man es »mit latenten, keineswegs mit akuten Stimmungszuständen« zu tun habe. Dennoch dürfe die Partisanenbewegung in der Ostslowakei »nicht zu leicht genommen werden«.[9]

Im August 1944 – wenige Wochen vor Ausbruch des Aufstands – schickte Böhrsch eine tabellarische Auflistung von Partisanenüberfällen nach Berlin. Die fast 60 Seiten lange Liste, in der auch einige Anschläge im Jahr 1943 und ein Vorfall aus dem Jahr 1942 aufgezählt wurden, kulminierte in einer Aufstellung von fast täglichen und immer waghalsigeren Angriffen in den letzten drei Monaten seit Mai 1944. Die zumeist bewaffneten Aktivitäten wurden von Partisanengruppen ausgeführt, die über bis zu 200 Mitglieder verfügten. Diese größeren Banden waren nach SD-Informationen straff unter der Führung sowjetischer Militärangehöriger organisiert. Die Widerstandsgruppen seien insgesamt aber vielfältig. Neben Flüchtlingen aus dem Generalgouvernement befänden sich sowjetische Fallschirmspringer, geflüchtete Kriegsgefangene sowie slowakische und deutsche Deserteure darunter. Insgesamt belaufe sich die Stärke der Banden im Karpatenraum auf 3.000 bis 5.000 Personen. Die Partisanen würden Sabotageakte und Sprengungen an Eisenbahnlinien und anderen Verkehrswegen durchführen, kleinere Überfälle zur Erbeutung von Waffen und Verbreitung von Unruhe begehen, neue Mitglieder anwerben und längerfristig Verstecke anlegen sowie auf Weisung warten, um größere Aktionen zu starten. Die Versorgung erfolge durch Fallschirmabwurf aus der Luft oder durch Einwohner kleinerer Ortschaften, die entweder aus Sympathie oder aus Angst kooperierten.[10]

Mitte August wandte sich Reichsführer-SS Heinrich Himmler an den Volksgruppenführer Franz Karmasin, weil er von kommunistischen Umtrieben unter Beteiligung »Volksdeutscher« in der Slowakei Meldung bekommen hatte. Karmasin verneinte die Existenz ganzer Ortschaften, die kommunistisch eingestellt seien, und betonte, dass die Volksgruppe vielmehr bevorzugtes Angriffsziel der Partisanen sei. Ein SS-Mann und ein »Volksdeutscher« seien kürzlich verschleppt worden, die Leiche des einen sei inzwischen gefunden worden, vom anderen fehle jede Spur. Karmasin hatte zu diesem Zeitpunkt bereits die Bildung des Deutschen Heimatschutzes angeordnet, der die Freiwillige Schutzstaffel ersetzen und gegen die Gefährdung der deutschen Siedlungen einschrei-

---

9 Vermerk SD-LA Wien (Böhrsch), 1.2.1944, BArch, R 70 Slowakei/302, Bl. 30 f.
10 SD-LA Wien III B (Böhrsch, Zoltner) an RSHA III B (Ehlich), August 1944, BArch, R 70 Slowakei/83, Bl. 71-119. Zu den Partisanenaktivitäten und weiteren wichtigen Aspekten des Nationalaufstands, die hier nicht alle im Einzelnen berücksichtigt werden können, s. den Sammelband von Martin Zückert, Jürgen Zarusky, Volker Zimmermann (Hrsg.): Partisanen im Zweiten Weltkrieg. Der Slowakische Nationalaufstand im Kontext der europäischen Widerstandsbewegungen, Göttingen 2017.

ten sollte. Die Heimatschutz-Männer wurden über die Waffen-SS einberufen und über das SS-Hauptamt versorgt.[11]

Die deutschen Siedlungsgebiete waren tatsächlich besonders stark von Partisanenangriffen betroffen, die sich auch gegen Zivilpersonen richteten. Der Grund dafür dürfte in der Annahme gelegen haben, dass die »Volksdeutschen« als fünfte Kolonne die ergebensten Anhänger des Deutschen Reiches und des von ihm gestützten slowakischen Regimes seien. Auch wenn diese Annahme in vielen Fällen zutreffend war, so ist sie in dieser Pauschalität keineswegs aufrechtzuerhalten. Neben den verschiedenen Formen abweichenden Verhaltens vonseiten »Volksdeutscher«, die in den vorangegangenen Kapiteln skizziert wurden, befanden sich – im Gegensatz zu Karmasins Versicherung gegenüber Himmler – durchaus auch Slowakeideutsche in offener Rebellion gegen die NS-treue Herrschaft in der Slowakei. Kommunisten und »Drückeberger«, die nicht zur Waffen-SS eingerückt waren, schlossen sich in einer eigenen, nach Ernst Thälmann benannten Gruppe den Partisanen an. Nach Informationen deutscher Dienststellen wurde diese Gruppe von einem Juden angeführt. Ungeachtet dieser Unterschiede innerhalb der deutschen Minderheit verübten Aufständische besonders im September 1944 schreckliche Verbrechen an »Volksdeutschen« in den mittelslowakischen Aufstandszentren – in denen auch das Hauerland lag –, bei denen Hunderte von meist männlichen Dorfbewohnern ermordet wurden. Durch die Streuung der deutschen Siedlungen waren diese relativ leicht erreichbar, weitgehend ungeschützt und ein lohnendes Ziel für Plünderungen.[12]

Wenige Tage vor Beginn des Aufstands erhielt das Auswärtige Amt über den Chef der Volksdeutschen Mittelstelle, Lorenz, der gerade von einer Reise in die Slowakei zurückgekehrt war, Kenntnis von »ernsten Befürchtungen« des Gesandten Ludin. Dieser sei der Auffassung, dass die slowakische Wehrmacht im Kampf gegen die Banden nicht als zuverlässig angesehen werden könne, und forderte daher, in Berlin 600 Karabiner und einige Maschinenpistolen für die Bewaffnung des Heimatschutzes in den deutschen Dörfern zu beschaffen. Staatssekretär Steengracht stimmte dem zu, sofern die Verteilung der Waffen und die Einrichtung des Selbstschutzes von Ludin übernommen würden.[13] Somit war neben der Volksgruppenführung und dem SS-Hauptamt auch die Gesandtschaft in die Aufstellung des Heimatschutzes involviert, der bald nicht mehr nur den Schutz vor Partisanenüberfällen übernahm, sondern sich auch wieder in die Judenverfolgung einschaltete.

---

11 Karmasin an Himmler, 19.8.1944, BArch, R 70 Slowakei/83, Bl. 60-64.
12 Lenka Šindelářová: Finale der Vernichtung. Die Einsatzgruppe H in der Slowakei 1944/1945, Darmstadt 2013, S. 169 ff.; EK zbV 27 (Paufler) an BdS Krakau (Bierkamp), 14.12.1944, BArch, R 70 Slowakei/320, Bl. 152-155.
13 Aktennotiz StS Steengracht, 26.8.1944, PA AA, R 100390, Bl. 91.

Bereits am 24. August hatte Staatspräsident Tiso im Gespräch mit Ludin seine Zustimmung zur Entsendung deutscher Truppen in die Slowakei gegeben. Den Anlass für den Einmarsch bot schließlich die Ermordung von Angehörigen der deutschen Militärmission am 28. August. Die Militärs waren auf der Rückreise aus Rumänien in der Mittelslowakei aus einem Zug heraus entführt worden. Die verantwortliche Partisanengruppe handelte auf eigene Rechnung und löste damit die deutsche Besetzung aus, die am 29. August begann. Der oppositionelle Slowakische Nationalrat, der in enger Verbindung mit der tschechoslowakischen Exilregierung in London stand und seit Dezember 1943 an der Vorbereitung eines bewaffneten Umsturzes in der Slowakei arbeitete, war nun zum Handeln gezwungen, obwohl die Vorbereitungen für einen Aufstand alles andere als abgeschlossen waren. In den ersten Tagen verlief der Aufstand in einem regional begrenzten, aber relativ großen Bereich im Zentrum des Landes erfolgreich, nicht jedoch in der Hauptstadt Pressburg. Dort und in der Ostslowakei konnten die einmarschierenden deutschen und regimetreue slowakische Truppen einen Teil der aufständischen Armeeteile kampflos entwaffnen. Die Aufständischen setzten sich aus einer vielfältigen Mischung aus slowakisch-protestantischen und tschechischen, zum Teil auch deutschen und jüdischen Bevölkerungskreisen zusammen, die sich vor allem in der Ablehnung des deutschen Einflusses und dem Wunsch nach einem slowakischen Ausstieg aus dem Krieg einig waren. Teile des slowakischen Militärs und der Beamtenschaft waren über den ganzen Zeitraum der Slowakischen Republik hin stets tschechoslowakisch gesinnt geblieben. Diese Kräfte konnten seit der Kriegswende 1942/43 erheblich an Boden gewinnen und beteiligten sich am Aufstand ebenso wie kommunistisch eingestellte Teile der Bevölkerung. Daneben existierten dauerhaft panslawistische Tendenzen in Teilen der slowakischen Bevölkerung, die sich ebenfalls am Aufstand beteiligten. Die Verankerung der Aufstandsbewegung in Staat und Verwaltung zeigte sich nicht zuletzt im Abtransport der Geldmittel der Slowakischen Nationalbank in das Aufstandszentrum Banská Bystrica (Neusohl). Im Militär reichte die Verschwörung bis in den Generalstab, und selbst Verteidigungsminister Ferdinand Čatloš setzte sich in den ersten Tagen nach Ausbruch der Kämpfe in das Aufstandsgebiet ab.[14]

---

14 Šindelářová: Finale, S. 43 ff.; Hoensch: Grundzüge, S. 275-279; Tönsmeyer: Das Dritte Reich, S. 136, 210, 238 f., 300, 305; Ward: Priest, S. 247; Der Aufstand in der Slowakei und seine politischen Zusammenhänge, Presseabteilung Auswärtiges Amt P XII Einsatzdienst, 28.11.1944, BArch, R 70 Slowakei/320, Bl. 177-187. Das Einsatzkommando 13 der Einsatzgruppe H exhumierte Mitte Oktober die 19 Leichen der deutschen Militärmission und zweier Zivilisten. Einsatzgruppe H III C an den Deutschen Befehlshaber Slowakei II a (Lorenz-Meyer), 30.10.1944, BArch, R 70 Slowakei/289, Bl. 130 f.

Unmittelbar nach Beginn des Aufstands nahm Hans Gmelin an einem Bedeckungskommando zum Schutz eines Waffentransports zur Ausrüstung des »volksdeutschen« Heimatschutzes im Hauerland teil. Über den Verlauf des Einsatzes kursierten mehrere Versionen. Ein SD-Bericht vermeldete, dass 200 Mann der SS-Standarte Feldherrnhalle mit Karmasin und Gmelin losgefahren und zwischen Neutra (Nitra) und Goldmorawitz (Zlaté Moravce) von Partisanen überfallen worden seien. Über ihr weiteres Schicksal war in Pressburg dann zunächst nichts bekannt.[15]

In den Familien Ludin und Gmelin war – entgegen den Tatsachen – von einem Rettungskommando für Kinder in der Kinderlandverschickung, die im Aufstandsgebiet eingeschlossen seien, die Rede. Erla Ludin sei aufgrund der Vermisstennachricht zu Helge Gmelin geeilt, um die vermeintliche Witwe zu trösten.[16] In einem Bericht von Anfang September 1944 schrieb das Sicherungskommando bei der Deutschen Gesandtschaft Pressburg an den dortigen Militärattaché Oberstleutnant Alfred Elger, dass die Kraftfahrtechnische Lehranstalt der SS in Wien das Bedeckungskommando unter der Führung Gmelins eingesetzt habe. Der Waffentransport, der von Gmelin und 43 Untergebenen in drei Lkws und zwei Pkws geschützt werden sollte, sei von Pistyan nach Kremnitz (Kremnica) geplant gewesen und bei Zlaté Moravce von einer entgegenkommenden Kolonne slowakischer Soldaten unter Feuer genommen worden. Ein Lkw aus der eigenen Kolonne sei aus ungeklärten Gründen während des Gefechts auf die Gegenseite gefahren und verschwunden.[17] Karmasin und Gmelin trafen noch am selben Tag wieder in Neutra ein und kehrten schnellstmöglich nach Pressburg zurück.[18] Neben der Aufregung um den einige Stunden verschollenen Volksgruppenführer Karmasin und seine Begleiter sowie den gescheiterten Waffen- und Munitionstransport waren es vor allem die sieben Toten auf deutscher Seite – gegenüber fünf gefallenen slowakischen Soldaten –, die den Vorfall bedeutsam machten. Unter den Gefallenen befand sich auch der Führer des erst kürzlich aufgestellten Heimatschutzes, der frühere Landesjugendführer der Deutschen Partei und Landesführer der Freiwilligen Schutzstaffel, Ferdinand Klug.[19] Da Klug sich unter den Slowakeideutschen

---

15 SD Pressburg (Böhrsch) an RSHA (Kaltenbrunner, Ohlendorf) und Inspekteur der Sicherheitspolizei Wien (Mildner), 31.8.1944 (Datum aus dem Zusammenhang erschlossen), BArch, R 70 Slowakei/194, Bl. 1 ff.

16 Alexandra Senfft: Schweigen tut weh. Eine deutsche Familiengeschichte, ungekürzte Ausgabe, 2. Aufl., Berlin 2009 (zuerst 2008), S. 84.

17 Sicherungskommando bei der DGP an Militärattaché bei der DGP, 3.9.1944, BArch, R 70 Slowakei/170, Bl. 8.

18 SD Pressburg (Böhrsch) an RSHA (Kaltenbrunner, Ohlendorf, Ehlich) und IdS Wien (Mildner), 31.8.1944, R 70 Slowakei/194, Bl. 4.

19 Paul Brosz: Das letzte Jahrhundert der Karpatendeutschen in der Slowakei, Stuttgart 1992, S. 60.

außerordentlicher Beliebtheit erfreute, machten bald Gerüchte die Runde, Karmasin und Gmelin hätten sich in die Felder geschlagen, während Klug erschossen wurde.[20] In der Wagenkolonne befand sich auch der Heimatschutz-Mann Gustav Hauskrecht. Der jüngere Bruder des Hauptleiters für Presse und Propaganda, Dr. Karl Hauskrecht, begleitete den Korso jedoch nur bis Pistyan und kehrte dann nach Pressburg um. Gustav Hauskrecht wurde wenige Wochen später von Karmasin mit einer »Spezialaufgabe« betraut: Ihm oblag fortan die Leitung der »Judensammelstelle«, in die Pressburger Juden im Herbst und Winter 1944/45 verschleppt wurden.[21] SS-Obergruppenführer Gottlob Berger verlieh Gmelin für seinen Einsatz im Gefecht bei Zlaté Moravce das Eiserne Kreuz II. Klasse.[22]

Die deutsche Besatzung veränderte die Situation in der Slowakei nachhaltig. Wenn auch die Selbstständigkeit des Landes weiterhin gewahrt werden sollte, so übernahm doch faktisch das deutsche Militär einen Großteil der Entscheidungsgewalt. Zur Niederschlagung des Aufstands wurde der Deutsche Befehlshaber als zentraler Machtträger in der Slowakei installiert. Diese Aufgabe wurde zunächst dem Leiter des SS-Hauptamts und General der Waffen-SS, Gottlob Berger, übertragen, der am 31. August 1944 in Pressburg eintraf. Der Gesandte Ludin musste davon ausgehen, dass diese Personalwahl die für ihn schlechteste unter allen möglichen Varianten gewesen war, denn Berger und ihn verband eine alte persönliche Feindschaft aus den Tagen der SA-Gruppe Südwest. Ein Konflikt zwischen dem Gesandten und dem Befehlshaber schien zudem vorprogrammiert, weil der Gesandtschaft bisher die alleinige Zuständigkeit in allen Fragen der Reichsaußenpolitik in der Slowakei zugekommen und die Frage des Verhältnisses zum militärischen Oberkommando ungeklärt war. Der Aufgabe des Befehlshabers schien in Anbetracht des Aufstands das Primat zuzufallen. Er sollte in allen militärischen Fragen bestimmend sein, was durchaus auch ein Eingreifen in politische Entscheidungen in der Slowakei beinhalten konnte. Für den ständigen Kontakt zum Befehlshaber setzte Ludin seinen Vertrauten Gmelin als Verbindungsmann ein, offenbar auch, um die direkte Interaktion mit Berger gering zu halten.[23] Gmelin, der erst nach der Auseinandersetzung zwischen Berger und Ludin Mitglied der SA-Gruppe Südwest geworden und daher von deren Konflikt unbelastet war, hatte ohnehin regelmäßig Kontakt mit SS-Dienststellen wie der Volksdeutschen Mittelstelle und dem SD. Zudem hatte er nicht zuletzt auch bei der Mobilisierung der

---

20 V-Mann-Bericht des SD, 5.9.1944, BArch, R 70 Slowakei/60, Bl. 308.
21 SD-Bericht Pressburg, 31.8.1944, BArch, R 70 Slowakei/84, Bl. 108 f.; Šindelářová: Finale, S. 94 f.
22 Ludin an AA, 22.9.1944, PA AA, Personalakten 4.503 (Hans Gmelin).
23 Affidavit Hans Gmelin, 15.6.1948, StA Nürnberg, KV-Anklage, Dokumente, NO-5921; Affidavit Hanns Ludin, 14.2.1947, ebd., NO-3058; Šindelářová: Finale, S. 48.

»Volksdeutschen« für die Waffen-SS hervorragend mit Bergers SS-Hauptamt zusammengearbeitet. Diese gute Kooperation der Pressburger Gesandtschaft hatte wiederum Berger so positiv überrascht, dass er Ludin keinerlei Schwierigkeiten zu machen gedachte und die Zusammenarbeit zwischen Gesandtschaft und Befehlshaber in der Slowakei reibungslos verlief, solange Berger den Posten innehatte. Gmelin nahm an den täglichen Lagebesprechungen teil, in denen die militärische Entwicklung, aber auch Maßnahmen besprochen wurden, die von der slowakischen Regierung zu treffen waren und die Gmelin weiterzuleiten hatte. Größere politische Fragen wurden im direkten Gespräch zwischen Berger und Ludin geklärt, der wiederum Gmelin informierte. Eine weitere neue Machtinstanz kam mit SS-Obersturmbannführer Josef Witiska nach Pressburg. Witiska, der am selben Tag wie Berger in der Stadt eintraf, war zum Chef der Einsatzgruppe H der Sicherheitspolizei und des SD ernannt worden, die gemeinsam mit den deutschen Truppen in die Slowakei einrückte.[24]

Die Aufgabe der Einsatzgruppe wurde am 1. September in der ersten Lagebesprechung in Bergers Dienststelle umrissen, an der der Gesandte Ludin, Erich Ehrlinger als Vertreter des Reichssicherheitshauptamts, der Befehlshaber der Sicherheitspolizei in Prag, Erwin Weinmann, und weitere hochrangige SS-Führer teilnahmen. Die Einsatzgruppe H sei für die »Judenfrage« verantwortlich, die »radikal gelöst« werden müsse. Sie habe sofort »behelfsmässige Lager« zu errichten, in die die verbliebenen Juden zu verbringen seien. Zur Bewachung der Lager solle die Hlinka-Garde herangezogen werden. Ein weiterer Teilnehmer der Sitzung war Gmelins Kontaktmann im SD-Leitabschnitt Wien, Herbert Böhrsch. Er wechselte nun nach Pressburg und wurde Leiter der Abteilung III (Sicherheitsdienst) im Stab der Einsatzgruppe H. Damit übernahm die Einsatzgruppe auch die von Kurt Hofer geleitete Dienststelle des SD im Sitz der Volksgruppenführung in Pressburg.[25] Wenige Tage nach der Aufnahme seiner Tätigkeit wurde Berger gemäß den Richtlinien des deutschen Sicherheitsapparats als Höherer SS- und Polizeiführer (HSSPF) installiert. Der Führer der Einsatzgruppe H, Witiska, erhielt im November den Titel Befehlshaber der Sicherheitspolizei (BdS).[26]

Der Streit um die Abgrenzung der Zuständigkeiten zwischen Gesandtem und Befehlshaber eskalierte erst, als Berger Ende September 1944 von SS-Ober-

---

24 Affidavit Hans Gmelin, 15.6.1948, StA Nürnberg, KV-Anklage, Dokumente, NO-5921; Affidavit Hanns Ludin, 14.2.1947, ebd., NO-3058; Vernehmung Hans Gmelin, 14.6.1948, ebd., Interrogations G-45, Bl. 66/1-66/14.

25 SD-Vermerk, 1.9.1944, BArch, R 70 Slowakei/194, Bl. 5-9; Šindelářová: Finale, S. 46 f., 50 f.

26 Tatjana Tönsmeyer: Die Einsatzgruppe H in der Slowakei, in: Joachim Hösler, Wolfgang Kessler (Hrsg.): Finis mundi – Endzeiten und Weltenden im östlichen Europa. Festschrift für Hans Lemberg zum 65. Geburtstag, Stuttgart 1998, S. 167-188, hier: S. 172; Šindelářová: Finale, S. 48 f.

gruppenführer Hermann Höfle abgelöst wurde. Nachdem Witiska gegenüber Gmelin die Auffassung verfochten hatte, dass die »Vertretung deutscher Reichsinteressen auf slowakischem Gebiet vornehmlich auf [den] Deutschen Befehlshaber übergegangen sei«, weil die slowakische Regierung den militärischen Schutz des Reiches herbeigerufen habe, erbat Ludin bei Reichsaußenminister von Ribbentrop die Klärung des Stellungsverhältnisses zwischen ihm und dem Befehlshaber.[27] Ribbentrop ließ Ludin wissen, dass »nur er in Preßburg die politische Verantwortung dem Deutschen Reich gegenüber« habe und dass er »sich nicht in die Kommandogewalt des Polizeiführers einmischen« solle.[28] Die damit unzureichend geklärte Frage der Kompetenzabgrenzung führte in einer der ersten Lagebesprechungen des neuen Befehlshabers zum Streit zwischen Höfle und Gmelin und hatte zur Folge, dass dieser zu den weiteren Besprechungen nicht mehr hinzugezogen wurde. Höfle setzte sich zudem für dessen Abberufung aus Pressburg ein. Witiska meldete diese Empfehlung Höfles an Otto Ohlendorf im Reichssicherheitshauptamt. Im November schrieb SS-Standartenführer Rudolf Brandt vom Persönlichen Stab des Reichsführers-SS an Horst Wagner, den Leiter der Abteilung Inland II im Auswärtigen Amt, dass Himmler empfehle, die Gesandtschaft in der Slowakei »erheblich durchzukämmen«. Insbesondere sei der seit vier Jahren UK-gestellte Gesandtschaftsrat Gmelin zu entfernen, »da er bereits alter Slowake zu werden scheint«. Im Dezember hakte Brandt bei Wagner nach, aber Gmelin wurde auch daraufhin nicht abberufen. Ludin und Höfle stritten sich in der Folge auch um symbolische Fragen wie die Sitzordnung bei öffentlichen Veranstaltungen. Ludin versuchte, seinen Anspruch als Vertreter des »Führers« in der Slowakei zu bewahren. Schließlich wurden beide nach Berlin zitiert, um von Himmler und Ribbentrop ihre Streitigkeiten schlichten zu lassen. Schlussendlich war die Ankunft deutscher Besatzungstruppen mit einem erheblichen Verlust an Einflussmöglichkeiten für die Deutsche Gesandtschaft verbunden.[29]

Auch wenn Höfle gegenüber Ohlendorf den Anschein erwecken wollte, dass die Unstimmigkeiten lediglich aufgrund von Gmelins »Arroganz« bestünden, steht fest, dass die Probleme von einem strukturellen Widerspruch herrührten: Die staatliche Souveränität der Slowakei wurde erhalten, und dementsprechend blieb die Diplomatie das erste Mittel der Außenpolitik. Zugleich erfolgte eine militärische Besetzung des verbündeten Landes, unter der die Zivilbevöl-

---

27 Ludin an Ribbentrop, 29.9.1944, BArch, R 70 Slowakei/60, Bl. 403 f.
28 Aufzeichnung im AA, 14.10.1944, PA AA, Personalakten 9.246 (Hanns Ludin).
29 BdS Slowakei (Witiska) an RSHA III (Ohlendorf), 6.11.1944, BArch, R 70 Slowakei/60, Bl. 525; SD-Vermerk (Witiska), 7.11.1944, ebd., Bl. 526; BdS Slowakei (Witiska) an RSHA III B (Ehlich), 1.1.1945, BArch, R 70 Slowakei/198, Bl. 159; Brandt an Wagner, 7.11. und 5.12.1944, BArch, R 9354/601 (ehem. BDC); Tönsmeyer: Einsatzgruppe H, S. 172.

kerung zu leiden hatte und die elementare Rechte der Regierung beschnitt. Weiterer Konfliktstoff entstand, weil der Gesandtschaft von vielen deutschen Stellen vorgeworfen wurde, Probleme in der Slowakei nicht rechtzeitig erkannt oder bagatellisiert zu haben, die letztlich zum Ausbruch des Aufstands geführt hätten. Auch Karmasin, der gegenüber SS-Dienststellen ohnehin einen notorischen Anbiederungskurs verfolgte, äußerte sich in Gesprächen mit dem SD negativ über die Gesandtschaft. Ludin gestand gegenüber Witiska ein, hinsichtlich der slowakischen Wehrmacht und ihres »staatshaltenden Faktors« einer Fehleinschätzung unterlegen zu sein. Eine deutsche Einflussnahme auf die slowakische Jugend wäre notwendig gewesen, aber von den Slowaken verhindert worden. Er habe in seinen Berichten an Ribbentrop allerdings immer wieder »auf die abgleitenden Verhältnisse hingewiesen«, was in Berlin jedoch keine Konsequenzen nach sich gezogen habe.[30]

Gmelin machte es sich in den folgenden Wochen zur Aufgabe, den omnipräsenten Anschuldigungen gegen die Gesandtschaft überall entschieden entgegenzutreten. Er argumentierte mit den genannten Berichten nach Berlin, in denen er selbst auf eine völlige Zersetzung des Offizierskorps mit deutschfeindlichen, panslawistischen und tschechoslowakischen Elementen hingewiesen habe. Die Gesandtschaft habe bereits Anfang August deutsche Truppen angefordert, die jedoch zu spät und in zu geringer Zahl bewilligt worden seien. Er habe zudem alles in seiner Macht Stehende zur Rettung der »Volksdeutschen« in den bandengefährdeten Gebieten getan, habe bereits vor Monaten deren Umsiedlung in die militärische Schutzzone im Westen des Landes gefordert, sei dabei aber auf taube Ohren gestoßen. Inzwischen seien 2.500 »Volksdeutsche« den Partisanen zum Opfer gefallen.[31] Nicht zuletzt behauptete Gmelin, dass er gegenüber Gottlob Berger und dem SS-Hauptamt die Belassung der »Volksdeutschen« als »Ordnungsfaktor« in der Slowakei gefordert habe, statt sie in der Waffen-SS an anderen Fronten einzusetzen. Diese Behauptung ist wenig überzeugend angesichts seines vehementen Engagements für die Waffen-SS-Mobilisierung, seiner Durchsetzung eines rigorosen Vorgehens gegen »Drückeberger« und seiner eher zaghaften Hinweise darauf, dass zwischen dem Ziel, eine möglichst hohe Freiwilligenzahl für die Waffen-SS zu rekrutieren, und dem Bestreben, einen »Substanzverlust« der Volksgruppe zu vermeiden, ein Widerspruch bestehe.[32] Tatsächlich hatte Gmelin unterschiedliche Signale

---

30 Vermerk Witiska, 20.9.1944, BArch, R 70 Slowakei/365, unfol.; SD-LA Prag (Lämmel) an RSHA III B 2 (Hinrich) und Einsatzgruppe H (Böhrsch), 26.9.1944, BArch, R 70 Slowakei/60, Bl. 302.
31 Diese Zahl ist wohl deutlich zu hoch gegriffen. Karmasin sprach Mitte Dezember 1944 von bis zu 1.200 ermordeten »Volksdeutschen«. Šindelářová: Finale, S. 169.
32 Aktenvermerk Einsatzgruppe H, III D (Schönfeld), 15.11.1944, BArch, R 70 Slowakei/60, Bl. 319; Walter Kalweit (SS-Standarte Kurt Eggers) an BdS Pressburg (Witiska),

gesendet, aber gegenüber Böhrsch vom Wiener SD schon im September 1943 erörtert, dass die Gesandtschaft in Anbetracht der veränderten Kriegslage »unangenehme Überraschungen in der Slowakei durchaus nicht ausserhalb jeglicher Möglichkeit« sehe.[33]

Obwohl Gmelin nach dem Konflikt mit Höfle nicht mehr an den täglichen Lagebesprechungen teilnahm, blieb er der Verbindungsmann des Gesandten zum Befehlshaber. Auch das ist ein Hinweis auf die Grundsätzlichkeit des Problems zwischen den Dienststellen, das nicht durch eine Personalveränderung hätte beigelegt werden können. Um weiteren Konflikten aus dem Weg zu gehen, bevorzugte es Gmelin bald, im Allgemeinen den Weg zum Deutschen Befehlshaber über den Befehlshaber der Sicherheitspolizei, Witiska, zu gehen. Höfle hatte Witiska nach seinem Eintreffen zum Chef seines politischen Stabs ernannt, sodass es naheliegend war, dass Gmelin ihm Vorgänge zu »Kenntnisnahme und Vortrag beim Deutschen Befehlshaber« zukommen ließ. Der Konflikt um Zuständigkeiten dehnte sich nur bedingt auf Witiska aus, auch wenn dieser dem Gesandten noch Ende November 1944 erklärte, dass das Verhältnis zum Befehlshaber »lediglich durch die Person des Gesandtschaftsrates Gmelin getrübt würde, der durch sein Verhalten SS-Ogruf. Höfle verletzt habe«. Die »Beseitigung dieses Hindernisses« würde für eine sofortige Verbesserung des Verhältnisses sorgen, so Witiska. Doch Ludin erwiderte, Gmelin »aus einem Treueverhältnis heraus« unmöglich fallen lassen zu können.[34] Weder Gmelin noch der Gesandte hatten jedoch ein schlechtes Verhältnis zu Witiska. Ludin ermutigte ihn sogar, sicherheitspolizeiliche Dinge selbst in die Hand zu nehmen, da auf die Slowaken hierbei kein Verlass sei.[35]

Gmelin wurde somit zu einer Vermittlungsinstanz zwischen den »sicherheitspolizeilichen« Interessen der Einsatzgruppe H, die der deutschen Besatzung entsprangen, auf der einen Seite und den slowakischen Souveränitätsinteressen, die dem außenpolitischen Auftrag entsprachen, auf der anderen Seite. Im Kontext der Aufstandsbekämpfung kam dabei der Verfolgungspolitik der Einsatzgruppe ein eindeutiges Primat zu. Die Gesandtschaft stand unter dem Druck, sich gegen die Behauptungen, dass die »duldsame« Außenpolitik den Aufstand begünstigt habe, zur Wehr setzen zu müssen. Dadurch sah sie ihre Aufgabe immer öfter darin, deutsche Forderungen und Maßnahmen gegen-

---

18.10.1944, ebd., Bl. 371; SD-LA Wien (Böhrsch) an RSHA III B (Ehlich), 20.9.1943, IfZ-Archiv, SD-LA Wien, MA 650/1, Bl. 4970-4974.
33 SD-LA Wien (Böhrsch) an RSHA III B (Ehlich), 27.9.1943, BArch, R 70 Slowakei/336, Bl. 6.
34 Vermerk Witiska, 21.11.1944, IfZ-Archiv, SD-LA Wien, MA 650/1, Bl. 5398 f.
35 Gmelin an Witiska, 28.11.1944, BArch, R 70 Slowakei/171, Bl. 104 f.; Vermerk Witiska, 2.9.1944, BArch, R 70 Slowakei/363, unfol.; Ludin an Ribbentrop, 29.9.1944, BArch, R 70 Slowakei/60, Bl. 403 f.

über der slowakischen Regierung durchzusetzen. Ihre grundsätzliche Linie, sich aus den innenpolitischen Angelegenheiten der Slowakei nach Möglichkeit herauszuhalten, war damit überholt. Diese Linie war in den dreieinhalb Jahren seit dem Amtsantritt des Gesandten Ludin weitgehend durchgehalten worden, wobei Ausnahmen die Regel bestätigten. Im Mai 1941 machte Gmelin den Gesandten darauf aufmerksam, dass Ferdinand Ďurčanský, dessen Entfernung aus allen politischen Ämtern ein zentrales Ergebnis des »Salzburger Diktats« von 1940 gewesen war, nach wie vor dritter Vizepräsident der Slowakischen Volkspartei HSĽS sei. Die Einhaltung der Salzburger Bestimmungen war die Voraussetzung für die innenpolitische Nichteinmischung.[36]

In den ersten Tagen nach Beginn der Kampfhandlungen im Herbst 1944 wurde eine Regierungsumbildung veranlasst, auf die die Gesandtschaft in enger Absprache mit dem Deutschen Befehlshaber Berger maßgeblichen Einfluss nahm. Ministerpräsident Vojtech Tuka – inzwischen in hohem Alter und von den Kämpfen mit Staatspräsident Jozef Tiso nachhaltig geschwächt – war handlungsunfähig. Das Amt des Ministerpräsidenten wurde nun einem Cousin Tisos, dem Juristen Dr. Štefan Tiso, angetragen, dem zudem das Justizministerium zufiel. Der Vorschlag Štefan Tiso kam von Berger, der die Empfehlung aus einem Kreis alter Hlinka-Gardisten bekam. Das seit Čatloš' Flucht zu den Rebellen vakante Verteidigungsministerium ging an Štefan Haššík. Die umstrittenste neue Personalie war der Versuch Bergers und Ludins, Ottomar Kubala als Innenminister durchzusetzen. Kubala war ein Protegé Viktor Nagelers, des Beraters der Hlinka-Garde, und nach der festen Überzeugung Jozef Tisos maßgeblich in die Putschvorbereitungen der Hlinka-Garde zum Jahreswechsel 1940/41 verwickelt gewesen. Der Staatspräsident erklärte Ludin, dass er bei Hitler um seine Demission in ein deutsches Kloster bitten werde, für den Fall, dass man ihn zwinge, Kubala zum Innenminister zu ernennen.[37]

Der Plan, Kubala als handlungsfähigen Sicherheitchef zu etablieren, war in der ersten Lagebesprechung bei Berger am 1. September entstanden. Ludin und die SS-Offiziere hatten zunächst vor, dass deutsche Stellen sich etwas im Hintergrund halten und die Slowaken handeln lassen sollten. Für das Gelingen dieser Strategie war es nach ihrer Auffassung notwendig, Führer der Hlinka-Garde in Schlüsselpositionen zu bringen. Ein neu zu schaffendes Staatssekretariat für Sicherheitswesen sollte von Kubala geleitet werden, dem zugleich die Führung der Hlinka-Garde zukommen sollte, die man überall im Land den Einsatzkommandos der Sicherheitspolizei und des SD angliedern wollte. Auch die

---

36 Aktenvermerk Gmelin, 31.5.1941, PA AA, Pressburg 171, D634991.
37 Vermerk Witiska, 2.9.1944, BArch, R70 Slowakei/363, unfol.; SD Pressburg (Böhrsch) an RSHA III B (Ehlich), 10.9.1944, BArch, R70 Slowakei/25, Bl. 229; Ward: Priest, S. 249.

für Judenfragen zuständige Abteilung 14 im Innenministerium sollte Kubalas Staatssekretariat für Sicherheitswesen angeschlossen werden. Doch dieses Vorhaben scheiterte am vehementen Widerstand des Staatspräsidenten, und auch Verteidigungsminister Haššík wehrte sich gegen diese Art Parallelstruktur zu seinem Ministerium. Gmelin, der in dieser Frage sehr aktiv war, regte weitere Besprechungen des Beraters der Hlinka-Garde, Viktor Nageler, mit Berger an, um die Garde doch noch fest in die Sicherheitspolitik der Slowakei einzubinden. Schließlich mussten die deutschen Dienststellen sich mit dem Kompromiss abfinden, dass Kubala unter Haššíks Leitung das Sicherheitswesen betreute und gleichzeitig Chef der Hlinka-Garde wurde. Ihm unterstanden damit neben dieser auch Polizei, Gendarmerie und die Staatssicherheitszentrale ÚŠB.[38]

Im Oktober 1944 gab Gmelin einen Bericht über die Aufstellung bewaffneter Einheiten der Hlinka-Garde an Witiska. Kubala hatte, bald nachdem er mit deren Führung betraut worden war, in engem Einvernehmen mit Berger die Bildung von Bereitschaftseinheiten der Garde (Pohotovostné Oddiele Hlinkovej Gardy – POHG) verfügt. In dem Bericht wurde hervorgehoben, dass die Garde sich in den August- und Septembertagen »durch besonders gute Haltung ausgezeichnet« habe und fehlende staatliche Strukturen im Sicherheitswesen in den ersten Wochen nach Beginn des Aufstands wesentlich von ihr übernommen worden seien. Anfang Oktober waren bereits in 16 Bezirken der Slowakei bewaffnete Einheiten der Hlinka-Garde im Einsatz, die unter anderem »zu örtlichen Unternehmungen gegen Banden im Rahmen der Einheiten der deutschen Wehrmacht und der Einsatzgruppen des SD« herangezogen wurden.[39]

Die Entsendung des Deutschen Befehlshabers und die damit zusammenhängenden schweren Eingriffe in die Souveränität des slowakischen Staates, die von der Gesandtschaft mitgetragen wurden, verstand man von slowakischer Seite als »kleines Salzburg«.[40] Die Gesandtschaft sah ihre Aufgabe nun weniger in einer Politik des Ausgleichs zwischen zwei konkurrierenden Kräften in der Slowakei und den Interessen des Reiches, sondern verstärkt in der Durchsetzung deutscher Interessen. Eine Angelegenheit, in der sie noch versuchte, die Interessen des unabhängigen Staates gegenüber den deutschen Besatzungsorganen zu verteidigen, betraf die Frage der Beuteregelung. Gmelin unterstützte die

---

38 SD-Vermerk, 1.9.1944, BArch, R 70 Slowakei/194, Bl. 5-9; Witiska an RSHA III B (Ehlich), 4.9.1944, ebd., Bl. 25; SD Pressburg (Böhrsch) an RSHA III B (Ehlich), 10.9.1944, BArch, R 70 Slowakei/25, Bl. 229; Vermerk Witiska, 4.9.1944, ebd., Bl. 204; Vermerk Witiska, 6.9.1944, BArch, R 70 Slowakei/340, Bl. 43-46; Ward: Priest, S. 249.
39 Gmelin an Witiska, 10.10.1944, BArch, R 70 Slowakei/148, Bl. 217; Berger an Himmler, 2.9.1944, StA Nürnberg, KV-Anklage, Dokumente, NO-3063; Šindelářová: Finale, S. 150-154; Ward: Priest, S. 250, 253.
40 Ward: Priest, S. 249.

Auffassung des slowakischen Außenministeriums, dass »Kriegsbeute nur aus feindlichem Eigentum entstehen« könne und demzufolge das Eigentum eines verbündeten Staates und seiner Bürger nicht Kriegsbeute werden könne. Er bemühte sich um eine einheitliche Regelung und Definition dieses Begriffs und intervenierte gegen Fälle von Requirierungen durch die deutschen Truppen, die ohne Entschädigung erfolgten. Zudem forderte er erfolglos die Rückgabe von 313 Millionen slowakischen Kronen, die bei der Einnahme des Aufstandszentrums Banská Bystrica beschlagnahmt worden waren und aus dem Eigentum der Slowakischen Nationalbank stammten.[41] Der Deutsche Befehlshaber Höfle untersagte weitere Plünderungen und unrechtmäßige Beschlagnahmungen von Vieh und Gegenständen und befahl eine Entschädigung der Leidtragenden. Er stimmte schließlich auch der Auffassung zu, dass die Slowakei nicht Feindesland sei und dort daher keine Kriegsbeute gemacht werden könne. Allerdings habe jener Teil der Slowakei, der »mit Tschechen und Sowjets einen brutalen Kampf« gegen die Deutschen geführt habe, seine »feindliche Einstellung gegen uns klar unter Beweis gestellt«. In diesen Bereichen solle das Privateigentum der slowakischen Bevölkerung zwar geachtet werden, aber alles, was von Partisanen requiriert »und diesen unter erheblichen deutschen Verlusten im Kampf abgenommen worden« sei, gelte als Kriegsbeute. Der slowakische Staat habe es nicht geschafft, »sein Eigentum und das seiner Staatsbürger vor den Partisanen zu schützen«, daher werde die Beute nun »zur Wiederherstellung der slow[akischen] Souveränität in ihrem eigenen Raum« verwendet.[42]

Selbst die Einsatzgruppe H meldete vereinzelt Plünderungen von Privatwohnungen durch Wehrmachtsangehörige an den Befehlshaber der Sicherheitspolizei in Krakau. Die Stimmung entwickle sich aus diesem Grund »ausgesprochen deutschfeindlich«. Gmelin betonte in einer Meldung an Witiska Ende November 1944, dass diese »Übergriffe der deutschen Wehrmacht in der Ostslowakei gegenüber der slowakischen Bevölkerung« die Menschen dazu veranlassten, eine baldige Ankunft der Russen herbeizuwünschen.[43]

Im Januar 1945, als die deutschen Truppen sich bereits auf dem Rückzug vor der heranrückenden Roten Armee befanden, mehrten sich Berichte über niedergebrannte Ortschaften und vertriebene oder ermordete Zivilisten.

---

41 Slowakisches Außenministerium an DGP, 7.11.1944, BArch, R 70 Slowakei/340, Bl. 1-4; SD-Vermerk (Böhrsch), 12.11.1944, BArch, R 70 Slowakei/302, Bl. 85-90; SD-Vermerk (Witiska), 15.11.1944, BArch, R 70 Slowakei/60, Bl. 109 f.; Gmelin an Greiner und Witiska, 28.11.1944, BArch, R 70 Slowakei/171, Bl. 104-113; SD-Vermerk (Witiska), 4.12.1944, ebd., Bl. 117.

42 Ebd. und Höfle an DGP, 11.12.1944, BArch, R 70 Slowakei/292, Bl. 200 f.; Höfle an Verteiler, 10.11.1944, SNA Bratislava, NS 125.

43 Vermerk Witiska, 24.11.1944, und Einsatzgruppe H (Hoppe) an BdS Krakau (Bierkamp), 1.12.1944, BArch, R 70 Slowakei/171, Bl. 102, 116.

Ministerpräsident Štefan Tiso bat Höfle, ihn über einen besonders eklatanten Vorfall »gefällig näher [...] informieren zu wollen«, weil »diese Nachricht mir unglaublich scheint«. In dem Dorf Kľak hatte die Abwehrgruppe 218, eine SS-geführte Einheit aus »Hilfswilligen« vieler Nationen, 84 Dorfbewohner ermordet, weil Partisanen dort eine kurze Rast eingelegt hatten.[44] Spätestens zu diesem Zeitpunkt hatten deutsche Einheiten also Vorgehensweisen, die sie an anderen Frontabschnitten bereits seit Jahren im »Partisanenkampf« gegen die Zivilbevölkerung anwendeten, auf den Partnerstaat Slowakei übertragen.[45] Der Deutsche Befehlshaber Höfle hatte bei seiner Ankunft Ende September 1944 grundsätzlich entschieden, dass sich »Vergeltungsmassnahmen« der deutschen Truppen »nach Möglichkeit nur gegen deutschfeindliche Elemente zu richten« hatten. Darunter seien »in erster Linie Juden, Tschechen, Kommunisten, Slowaken evangelischen Glaubens zu verstehen.« Gegen Deutschland eingestellt sei ferner »ein grosser Teil der slowakischen Intelligenz und der Beamten, einschliesslich [der] Gendarmerie«.[46]

»Sicherheitspolizeiliche Interessen« und die letzten Deportationen nach Auschwitz

Am vehementesten richtete sich die Politik aller deutschen Dienststellen gegen die in der Slowakei verbliebenen Juden. Diese Entwicklung zeichnete sich schon durch die Ereignisse im Nachbarland Ungarn nach dem deutschen Einmarsch im März 1944 ab, als mit ungarischer Unterstützung im Sommer 1944 etwa 438.000 Juden nach Auschwitz deportiert und fast ausnahmslos sofort ermordet wurden.[47] Diese Vorgänge hatten in mehrerlei Hinsicht Einfluss auf die Situation in der Slowakei. Viele Juden waren seit Beginn der Deportationen 1942 aus der Slowakei ins Nachbarland geflohen. Diese Fluchtbewegung hielt an und war auch im Januar 1944 noch festzustellen. Die deutsche Besetzung Ungarns drehte das Verhältnis von relativer Sicherheit für Juden in Un-

---

44 zbV-Kommando 29 an BdS Pressburg Abt. III, 29.1.1945, BArch, R 70 Slowakei/ 321, Bl. 162; Š. Tiso an Höfle, 22.1.1945, BArch, R 70 Slowakei/60, Bl. 346; Gedenkstätte Deutscher Widerstand, Historisches Institut der Slowakischen Akademie der Wissenschaften (Hrsg.): »Es lebe unsere gerechte Sache!« Der Slowakische Nationalaufstand, 29. August bis 27. Oktober 1944, Ausstellungskatalog, Berlin 2016, S. 101, 108 f.; Šindelářová: Finale, S. 67, 106.

45 S. zum Partisanenkrieg gegen die Zivilbevölkerung in den östlichen Besatzungsgebieten Pohl: Herrschaft, S. 283-304.

46 Befehl des Deutschen Befehlshabers, o. D., und Witiska an Höfle, 24.9.1944, BArch, R 70 Slowakei/170, Bl. 13 ff.

47 S. dazu Götz Aly, Christian Gerlach: Das letzte Kapitel. Der Mord an den ungarischen Juden 1944-45, Frankfurt am Main 2004.

garn und relativer Gefahr in der Slowakei von einem Tag auf den anderen um, und mehrere Tausend Juden versuchten nun in die Slowakei zu gelangen.[48]

Auf Bitten des Reichsbevollmächtigten in Ungarn, Edmund Veesenmayer, forderte der Gesandte Ludin die slowakische Regierung auf, den Grenzübertritt von ungarischen Juden zu verhindern. Die ungarische Regierung berief sich gegenüber Deutschland auf die »milde Behandlung« der Juden in der Slowakei, die sie vor der Weltöffentlichkeit in ein schlechtes Licht rücke. Der Leiter der Abteilung Inland II im Auswärtigen Amt, Horst Wagner, und sein »Judenreferent« Eberhard von Thadden baten deshalb die Gesandtschaft in Pressburg, sowohl die Abschiebung in die Slowakei geflohener ungarischer Juden von der slowakischen Regierung zu verlangen als auch erneut die Möglichkeit einer schärferen Handhabung der »Judenfrage« in der Slowakei zu prüfen. Zur Beratung dieser Angelegenheit wurde ein Treffen zwischen Veesenmayer und Ludin anberaumt.[49]

Zum Ärger des Reichsbevollmächtigten Veesenmayer hatte die slowakische Regierung gegenüber der ungarischen ihr Interesse an der Freilassung und Repatriierung slowakischer Juden gezeigt, die in Ungarn von den »durchgeführten Judenmaßnahmen« betroffen waren. Die Deutsche Gesandtschaft Pressburg forderte den slowakischen Innenminister Mach nachdrücklich auf, sein kategorisches Desinteresse an in Ungarn befindlichen Juden – egal welcher Staatsangehörigkeit – zu erklären.[50]

Nach Auffassung der Gesandtschaft ging es bei dem Interesse der slowakischen Regierung an slowakischen Juden nur darum, die staatliche Souveränität gegenüber Ungarn zu betonen. Allerdings seien trotz des verschärften Grenzwachdienstes mehrere Tausend Juden aus Ungarn in die Slowakei geflüchtet und nur in wenigen Fällen von der Polizei erfasst und in Arbeitslager überwiesen worden. Die meisten hätten wohl »bei Verwandtschaft Unterschlupf gefunden«, so Ludin. Er habe nicht den Eindruck, »dass die slowakische Regierung sich grundsätzlich für Juden in Ungarn einsetzen will«, allerdings sei eine Unterstützung durch untergeordnete Stellen vorstellbar. Um dies nachzuweisen und zu verhindern, forderte Ludin zum wiederholten Mal die Wiederentsendung Wislicenys in die Slowakei.[51]

---

48 Aktenvermerk aus Handakten Viktor Nagelers, Lagebericht Januar 1944, SNA Bratislava, Fond S, kr. 6 (S-47-85), Bl. 5; Hutzelmann: Slovak Society, S. 171; Gila Fatran: Deportation der Juden aus der Slowakei 1944-45, in: Bohemia, 37 (1996), S. 98-119, hier: S. 98 f.

49 Affidavit Hanns Ludin, 12.6.1947, StA Nürnberg, KV-Anklage, Dokumente, NG-1824; AA an Ludin, 16.6.1944, ebd., NG-2261; AA Inland II (Wagner) an DGP, Juli 1944, PA AA, R 100891, Bl. 97.

50 Veesenmayer an AA, 13.6.1944, StA Nürnberg, KV-Anklage, Dokumente, NG-2563; Ludin an Mach, 24.6.1944, SNA Bratislava, NS 122.

51 DGP an AA, 4.8.1944, PA AA, R 100891, Bl. 108.

Die Betonung der staatlichen Souveränität der Slowakei gegenüber Ungarn stellte in allen Fragen des bilateralen Mit- und Gegeneinanders der beiden Länder tatsächlich den Hauptbeweggrund dar. Bereits zu Beginn der Deportationen aus Ungarn, als der »Judenreferent« des Auswärtigen Amts, Eberhard von Thadden, darauf hinwies, dass der Großteil der Transporte zum »Arbeitseinsatz in die Ostgebiete« durch die Slowakei geleitet werde, bat die Gesandtschaft in Pressburg, »das Gebiet der Slowakei möglichst nicht zu berühren«.[52] Die Bitte aus Pressburg wurde auf der Fahrplankonferenz für diese Deportationen aus Zeitgründen nicht mehr berücksichtigt. Eine Leitung der Züge über Lemberg (Lwiw) wurde genauso wenig in Erwägung gezogen wie über Budapest und Wien. Entgegen den politischen Bedenken der Deutschen Gesandtschaft entschied man sich für die Route durch die Ostslowakei, und ab dem 15. Mai 1944 fuhren täglich vier Deportationszüge durch Prešov.[53]

Anfang Juni wurden in der Slowakei Zwischenfälle während der Durchfahrt von Deportationszügen aus Ungarn bekannt. Die slowakische Staatssicherheitszentrale berichtete von einem Vorfall auf dem slowakischen Bahnhof Kysak, als deutsche Transportbegleiter »in die Waggons gingen und die Juden durch Erschießen zwangen, Ihnen [sic!] Schmuck und andere Wertgegenstände« zu geben. Mit dem geraubten Geld betranken sich »die begleitenden deutschen Organe des Transportes Nr. 6332317« im Bahnhofsrestaurant. Zudem hätten Juden während der Fahrt über slowakisches Gebiet allerlei Wertsachen aus den Waggons geworfen. Die Vorfälle, bei denen eine Person ermordet worden war, hatten in der slowakischen Öffentlichkeit bereits einiges Aufsehen erregt. Die Gesandtschaft schrieb umgehend nach Berlin, weil durch derartige Berichte das »deutsche Ansehen geschädigt« werde und eine politische Rückwirkung, »besonders bei [der] Lösung der Judenfrage durch [die] slowakische Regierung«, zu befürchten sei. Ludin bat telegrafisch »um entsprechende Aufklärung und Veranlassung«, damit eine »Wiederholung derartiger Vorfälle unmöglich« werde.[54] Auf Nachfrage des Innenministers Mach zog Ludin die Glaubwürdigkeit des Berichts des zentralen slowakischen Nachrichtendienstes in Zweifel und sprach von »unbestätigten Meldungen«. Einige Wochen später bekräftigte die Deutsche Gesandtschaft in Budapest deren Wahrheitsgehalt. Der Urheber der Nachricht sei zur Rechenschaft gezogen worden.[55]

52 AA Inland II (von Thadden) an DGP, 2.5.1944, PA AA, R 100891, Bl. 220; DGP an AA Inland II, ebd., Bl. 221.
53 AA Inland II (von Thadden) an DGP, 5. und 6.5.1944, PA AA, R 100891, Bl. 222 f. und 227.
54 ÚŠB an Slowakisches Innenministerium, 14.6.1944, SNA Bratislava, NS 122; DGP an AA, 14.6.1944, PA AA, R 100891, Bl. 189; Aly, Gerlach: Kapitel, S. 277 f.
55 Mach an Ludin, 18.7.1944, Ludin an Mach, 26.7.1944, SNA Bratislava, NS 122; Dokument: Auswärtiges Amt des 3. Reiches in Berlin – Deutsche Gesandtschaft Pressburg, BArch, B 162/4288, Bl. 11; Aly, Gerlach: Kapitel, S. 278.

Das Verhalten der deutschen Diplomaten in der Slowakei zu den Deportationen aus Ungarn zeigt deutlich ihre fortdauernde Unterstützung der antijüdischen Gewaltpolitik. Eine offizielle Meldung des slowakischen Nachrichtendienstes zusammen mit deren nachträglicher Bestätigung durch die eigene
Institution konnten unmöglich als »Greuelmärchen« oder »Feindpropaganda«
abgetan werden.

Nach Beginn des Aufstands in der Slowakei wurden Berger und Ludin im
September 1944 ins Führerhauptquartier zu einer Besprechung mit Hitler geladen, der ihnen erklärte, dass nunmehr die »Notwendigkeit radikalen Durch-
greifens« in der »Judenfrage« bestehe. Von Interventionen der slowakischen
Regierung solle man sich dabei nicht beirren lassen. Es habe sich herausgestellt,
dass sie in dieser Frage »nicht aufrichtig« sei, so Hitler.[56] Die Gesandtschaft
erhöhte im Verlauf des Septembers merklich den Druck auf Ministerpräsident
Štefan Tiso. Nach der ersten Sitzung des slowakischen Parlaments seit Beginn
des Aufstands kritisierte Ludin mit scharfen Worten, dass darin über belanglose
Dinge entschieden worden sei, während alle Teile der slowakischen Bevölkerung eine deutliche Grundsatzerklärung zu den aktuellen Ereignissen erwartet
hätten. Das Reich habe trotz der herben Enttäuschung durch einen Teil des
slowakischen Volkes dem Land in der Not geholfen. Man könne erwarten,
dass »die slowakische Regierung nun auch mit rückhaltloser Tatkraft das ihrige
zum Gelingen beiträgt«. Ludin gab einige klare »Empfehlungen« für Gesetze
ab, die unverzüglich zu erlassen seien, darunter »ein Gesetz über die Konstituierung eines Sondergerichts, das die am Aufstand beteiligten Verbrecher
abzuurteilen hat«, ein Gesetz über die »Bevollmächtigung der Regierung zur
radikalen Lösung der Juden- und Tschechenfrage« und ein weiteres über die
gerechte Verteilung »beschlagnahmten jüdischen und tschechischen Besitzes«.
Des Weiteren seien »ein Gesetz gegen Schieber und Preistreiber« und eines,
das »die Beschlagnahme des privaten Vermögens der Aufständischen und dessen gerechte Verteilung an die Kämpfer für den Staat und an die durch den
Aufstand geschädigten Opfer« regeln soll, auf den Weg zu bringen.[57] Wenige
Tage später forderte Ludin erneut, endlich alle geflüchteten Beamten und
Offiziere zu bestrafen und zudem deren Angehörige festzunehmen und in
Anhaltelager zu überführen. Gmelin setzte Witiska von dieser Forderung nach
Sippenhaft in Kenntnis und beklagte eine Woche später, dass der Vorschlag
zur Schaffung einer Art Sondergericht »immer noch nicht zur Verwirklichung
gekommen« sei. In der gleichen Meldung bat er um die »Anordnung sicher-
heitspolizeilicher Massnahmen« gegen »Reichsdeutsche« in der Slowakei, die

---

56 Einsatzgruppe H Abt. III (Böhrsch) an RSHA III (Ohlendorf, Ehlich), 21.9.1944,
     BArch, R 70 Slowakei/198, Bl. 96 f.; Šindelářová: Finale, S. 70.
57 Ludin an Š. Tiso, 20.9.1944, BArch, R 70 Slowakei/60, Bl. 405-409.

die slowakische Staatsangehörigkeit beantragt hatten und sich der deutschen
Wehrpflicht zu entziehen suchten. Soweit solche Einbürgerungen erfolgt und
die entsprechenden Personen nun »Volksdeutsche« seien, sprach er sich dafür
aus, »diese umgehend und ohne Rückstellungsmöglichkeit zum Heimatschutz
einzuberufen«.[58]

Die »Tschechenfrage«, die nun häufig in einem Atemzug mit der »Judenfrage« genannt wurde, sollte maßgeblich durch Abschiebungen ins Protektorat
sowie Beschlagnahme des persönlichen Eigentums »gelöst« werden. In einer
Verbalnote, die Gmelin Witiska zur Kenntnis gab, forderte der Gesandte Ludin
von Ministerpräsident Tiso, auf die »Eliminierung tschechischer Volksange-
höriger aus der Slowakei in der nächsten Zeit« sein besonderes Augenmerk
zu richten. Tschechen, denen die slowakische Staatsangehörigkeit entzogen
werden könne, seien gemeinsam mit Tschechen mit Protektoratsangehörigkeit
schnellstens dorthin abzuschieben. Die dafür nötigen Regelungen würde die
Gesandtschaft beziehungsweise der Befehlshaber der Sicherheitspolizei aus-
arbeiten.[59] Der Ministerpräsident machte sich diese Empfehlungen zu eigen,
wies allerdings darauf hin, dass jene Tschechen, denen man die Staatsangehörigkeit aberkennen könne, staatenlos würden. Es sei zu prüfen, ob das Reich
diese Staatenlosen übernehme oder ob sie an Ort und Stelle »konfiniert« würden. In jedem Fall sei die Lösung der »Tschechenfrage« eine »brennende Angelegenheit«, denn es bestehe »kein Zweifel, dass sowohl die Tschechen als
auch die Juden am Unglücke des Slowakischen Staates schuld seien«.[60] Die
unterschiedliche Behandlung von Juden und Tschechen machte sich nicht nur
an der Möglichkeit einer Abschiebung ins Protektorat bemerkbar, die im Fall
der slowakischen Juden nicht infrage kam. Witiska verabredete mit dem Deutschen Befehlshaber Höfle und SS-Obergruppenführer Karl Hermann Frank,
dem Staatsminister für Böhmen und Mähren, dass tschechische Protektoratsangehörige, die in der Slowakei kriegswichtige Arbeiten verrichteten, »ausgetauscht« würden gegen andere, »verlässliche« Protektoratsangehörige, um
auf diese Weise bestehende Verbindungen zur Widerstandsbewegung zu zer-
reißen. Ein Vorgang, der in der rassistisch geprägten »Judenfrage« undenkbar
gewesen wäre.[61]

Auch die Deutsche Partei machte hier einen Unterschied. Karmasin erneu-
erte bei einer Kundgebung in Bratislava Anfang September 1944 seine Forderung nach einer »schnelle[n] Liquidierung der Judenfrage« und verlangte zu-

---

58 Ludin an Š. Tiso, 3.10.1944, von Gmelin an Witiska gegeben, BArch, R 70 Slowakei/
    60, Bl. 401 f.; Vermerk Gmelins für Witiska, 10.10.1944, BArch, R 70 Slowakei/209,
    Bl. 54 ff.
59 Ludin an Š. Tiso, 25.9.1944, BArch, R 70 Slowakei/209, Bl. 46.
60 Š. Tiso an Witiska, 26.9.1944, ebd., Bl. 47.
61 Vermerk Witiska, 30.9.1944, ebd., Bl. 49.

dem die »Entfernung der staatsfeindlichen Tschechen« – hier allerdings mit einer Qualifizierung, die er hinsichtlich der jüdischen Bevölkerung nicht für nötig hielt. Auf die Anforderung der Volksgruppenführung hin erstellten die Ortsgruppen der Partei in der ersten Septemberhälfte Listen von Juden, die in ihrem Ort lebten. Sofort begannen sie damit, auch versteckte Juden zu denunzieren. Die Listen wurden von der SD-Dienststelle Hofer in der Volksgruppenführung an die SD-Abteilung der Einsatzgruppe H weitergereicht.[62] Das Deutsche Staatssekretariat hatte schon vor dem Aufstand immer wieder beklagt, dass die slowakischen Polizei- und Bezirksämter »gegen Juden nicht richtig vorgehen«. Besonders verärgert war man darüber, dass Jüdinnen und Juden, die von »volksdeutschen« Hilfspolizeieinheiten der Freiwilligen Schutzstaffel festgenommen und den Behörden übergeben worden waren, nach dreitägigen Arreststrafen wieder freikamen.[63] Dementsprechend war die Übernahme der Judenmaßnahmen durch die Einsatzgruppe H eine Genugtuung für die Volksgruppenführung. Deren SD-geführter Nachrichtendienst unter Kurt Hofer wurde nun zu einer Drehscheibe der Judenverfolgung.

Der Deutsche Heimatschutz der Volksgruppe wurde Anfang September offiziell von Berger als SS-Organisation aufgestellt und seinem Kommando untergeordnet. An seine Spitze setzte er den Volksgruppenführer Franz Karmasin, auf den die Gründung des Heimatschutzes Ende August zurückging. Die Zustimmung des Staatspräsidenten zu dieser Organisation hatte die Gesandtschaft eingeholt, die auch in Berlin um deren Bewaffnung gebeten hatte.[64] Der SD hatte im Frühjahr 1944 im Zuge der Waffen-SS-Musterungen »Volksdeutsche« für die SD-Arbeit geworben. Hans Gmelin erklärte damals, dass gegen »die Heranziehung dieser Männer zu Aufgaben des Chefs Sipo seitens der Gesandtschaft keine Bedenken« bestünden. 800 wie die Waffen-SS-Rekruten vom Ersatzkommando Südost der Waffen-SS erfasste »Volksdeutsche« sollten für »Bewachungszwecke« eingesetzt werden. Die Listen mit »volksdeutschen« SD-Mitarbeitern wurden Gmelin zur Zustimmung unterbreitet.[65] Er war dadurch besser darüber informiert, welcher Slowakeideutsche im Dienst des SD stand, als manche Stellen der Deutschen Partei. In Einzelfällen fragte

---

62 Witiska an RSHA u. a., 10.9.1944, BArch, R 70 Slowakei/194, Bl. 83; Hofer an SD-Zentrale Slowakei, 14.9.1944, BArch, R 142/49; DP-Ortsgruppe Donauried, 9.9.1944, ebd.; diverse Meldungen weiterer Ortsgruppen, ebd.

63 Deutsches Staatssekretariat (Dostal/Dollmann) an Amt des Volksgruppenführers (Hofer), 10.7.1944, BArch, R 70 Slowakei/207, Bl. 46.

64 Vortragsnotiz Inland II (Wagner) über Staatssekretär Steengracht an Reichsaußenminister von Ribbentrop, 12.9.1944, PA AA, R 100953, unfol.; DGP (Endrös) an AA, 7.9.1944, ebd., 393261-393264.

65 Hofer an SD Pressburg, 2.3.1944, BArch, R 142/14; Vermerk Lehmann, 17.2.1944, ebd.; DGP an AA Inland II, 13.1.1944, PA AA, R 100390, Bl. 16 f.

deren UK-Kommission, die bei Zurückstellungen vom Dienst in der Waffen-SS mitzureden hatte, bei Gmelin nach, ob die betreffende Person tatsächlich SD-Mitarbeiter sei.[66]

Im September begannen in verschiedenen Teilen des Landes Festnahmen und Razzien gegen Juden. Die Einsatzkommandos der Einsatzgruppe H ergriffen dabei die Initiative, wurden aber bei der Ausführung von Hlinka-Garde und »volksdeutschem« Heimatschutz unterstützt. Das hatte zum einen mit ihrer mangelnden Ortskenntnis zu tun, vor allem aber damit, dass sie selbst nicht über genügend Personal verfügten.[67] In Pressburg blieben größere Aktionen zunächst aus, die »Untätigkeit« der slowakischen Staatssicherheitszentrale ÚŠB und der deutschen Sicherheitspolizei rief im September bereits vereinzelte Proteste von Angehörigen der Hlinka-Garde hervor.[68] Auf einer Pressekonferenz im slowakischen Propagandaamt erklärte Gesandtschaftsrat Endrös am 11. September, dass die »Judenfrage [...] jetzt kompromisslos und endgültig gelöst« werde. Ein SD-Mitarbeiter notierte, Endrös sei bei allen Pressevertretern bedeutend beliebter als Gesandtschaftsrat Gmelin, der immer Ausflüchte gebrauche, nichts Konkretes sage und im besten Fall bereits bekannte Dinge erzähle. Gmelin habe bei der Konferenz lediglich zur militärischen Lage sinnvolle Informationen beigetragen, wobei er den Fehler gemacht habe, vor der Presse zu erklären, dass die Operationen vorläufig stillstünden, da in den bereits zurückeroberten Gebieten noch »Säuberungsaktionen« liefen. Nach Ansicht des SD-Mitarbeiters hätte Gmelin besser von jenen Abschnitten sprechen sollen, in denen Erfolge erzielt worden seien.[69]

Endrös' Aussage zur »Judenfrage« war zutreffend, denn auch in Pressburg liefen inzwischen Vorbereitungen für eine »Judenaktion«. Witiska besuchte am 13. September gemeinsam mit Polizeiattaché Goltz den slowakischen Verteidigungsminister Haššík, der ihnen erklärte, dass die etwas längere Vorbereitungszeit damit zu tun habe, dass man die Aktion zur vollen Zufriedenheit der Deutschen ausführen wolle. Auf dem »flachen Lande würden die Festnahmen der Juden schon im Großen durchgeführt«, und sein Ministerium räume der »Ausschaltung der Juden und Tschechen« Priorität ein.[70] Während einer internen Lagebesprechung in der Gesandtschaft am 21. September warf Gesandtschaftsrat Endrös die Frage nach dem »Start von Exekutivmassnahmen« in der Stadt auf. Gesandtschaftsrat Gmelin »erklärte unter Achselzucken, über

66 Vermerk Hofer, 15.2.1944, BArch, R 70 Slowakei/267, Bl. 23.
67 Šindelářová: Finale, S. 88 ff., 92 f.; Vermerk Einsatzgruppe H Abt. III (Nagel), 10.9.1944, BArch, R 142/126; Hofer an SD Pressburg, 15.9.1944, BArch, R 142/49.
68 Vermerk Einsatzgruppe H Abt. III (Hoppe), 14.9.1944, BArch, R 70 Slowakei/207, Bl. 99.
69 SD-Vermerk, 14.9.1944, BArch, R 70 Slowakei/56, Bl. 85-88.
70 Vermerk Witiska, 13.9.1944, BArch, R 70 Slowakei/224, Bl. 81 f.

den Zeitpunkt auch nichts zu wissen«.[71] Dass eine größere Aktion unmittelbar bevorstand, wusste Gmelin, weil er Witiska von Ministerpräsident Tiso ausgerichtet hatte, »dass er es sehr begrüssen würde, wenn grössere Aktionen gegen Tschechen und Juden unter der Initiative der deutschen Dienststellen stattfinden würden«. Witiska besuchte den Ministerpräsidenten daraufhin in Begleitung von Polizeiattaché Goltz und dem Leiter der Gestapo-Abteilung im Stab der Einsatzgruppe. Im Gespräch beklagte er sich über die Untätigkeit Haššíks, der »trotz vielfacher Versprechungen« bisher »keine energischen Massnahmen gegen die Staatsfeinde« unternommen habe. Tiso erklärte, diese Maßnahmen seien deshalb bislang noch nicht erfolgt, weil die Beamten des Staates mit den Juden »gesellschaftlich verfilzt« seien. Witiska beklagte weiter, dass die von der Einsatzgruppe angeregten Aktionen von den Slowaken »ohne jede Liebe« durchgeführt würden. Man müsse davon ausgehen, dass sie vorzeitig verraten würden. Ministerpräsident Tiso regte einen weiteren Besuch Witiskas bei Haššík an, der ihm erklärte, dass die Juden nach einer Aufforderung des Judenrates »freiwillig nach Sereď abwandern« würden. Er werde aber dennoch »ein scharfes Vorgehen gegen die in Pressburg lebenden Juden anordnen«. Bei Witiska setzte sich durch diese Gespräche der Eindruck fest, dass sowohl Štefan Tiso als auch Štefan Haššík sich zwar »ernstlich bemüht« geben, aber in Wirklichkeit nicht bereit seien, sich zu exponieren, »um allenfalls eine Schuld durch energisches Vorgehen auf sich zu laden«. Es bleibe nur bei Versprechungen, und es werde nur unter deutschem Druck gehandelt.[72]

Das Vorhaben, die slowakischen Stellen zum Vorgehen gegen die noch in der Hauptstadt lebenden Juden zu drängen, wurde damit fallen gelassen. Nun wurde der neue Mann Eichmanns in der Slowakei aktiv: Statt des von der Gesandtschaft mehrfach angeforderten »Judenberaters« Dieter Wisliceny wurde SS-Hauptsturmführer Alois Brunner Mitte September in die Slowakei beordert. Brunner, der sich bereits in Wien und Berlin, Griechenland und Frankreich einen zweifelhaften Ruf als »Deportationsexperte« erarbeitet hatte, übernahm die Aufgabe, die »Judenfrage« in der Slowakei zu einem endgültigen Abschluss zu bringen. Er ergriff die Leitung des ehemaligen Arbeitslagers Sereď, das schon 1942 als Durchgangslager für Verschleppungen in Konzentrations- und Vernichtungslager diente, und machte daraus ein Deportationslager im Stil der Lager Drancy und Saloniki, die er entsprechend betrieben hatte. Die Bewachung des Lagers wurde zunächst vom Deutschen Heimatschutz übernommen, der sich im September 1944 schwerer Misshandlungen an den dorthin verschleppten Juden schuldig machte. Die dort herrschende Gewalt erreichte in

---

71 Vermerk Einsatzgruppe H, 21.9.1944, BArch, R 70 Slowakei/30, Bl. 65.
72 Vermerk Witiska, Höfle vorgelegt, 23.9.1944, BArch, R 70 Slowakei/224, Bl. 125-128; Witiska an RSHA, BdS Prag, Krakau und Budapest, StL Wien und Brünn, SD-LA Wien, 20.9.1944, BArch, R 70 Slowakei/194, Bl. 164.

der sogenannten Bartholomäusnacht Ende September ihren Höhepunkt. Die »volksdeutschen« Wachmannschaften schlugen die Lagerinsassen mit Peitschen und Stöcken und ermordeten mindestens vier Menschen. Wenige Tage danach war eine Delegation der Judenzentrale in der Lage, das Lager zu besuchen, und bemerkte zahlreiche verletzte Häftlinge sowie weitere Gewalttaten.[73]

In Pressburg führte Brunner seine Großrazzia in der Nacht vom 28. auf den 29. September durch. Mitglieder des Heimatschutzes waren wenige Tage zuvor in die Judenzentrale eingebrochen und hatten dort eine Kartei gestohlen, in der getaufte Juden gelistet waren. Die Einsatzgruppe H griff auf 600 Mann des Heimatschutzes und der Hlinka-Garde zurück, die sich zu etwa gleichen Teilen an der Razzia beteiligten und die Häuser des Judenviertels und angrenzender Stadtteile durchsuchten. Am Morgen wurden mindestens 1.600 Jüdinnen und Juden, die in den Straßen vor der Judenzentrale zusammengetrieben worden waren, nach Sered' verschleppt. Bereits am nächsten Tag verließ der erste Transport mit 2.000 jüdischen Menschen das Lager Sered' mit dem Ziel Auschwitz.[74]

Allem Anschein nach benutzte Brunner für die Koordinierung der Razzia in Pressburg das ehemalige Büro Wislicenys im Beraterhaus der Gesandtschaft in der Kuzmánygasse 5. Nach einem Bericht aus dem Kreis des jüdischen Widerstands wurden Dr. Tibor Kovács und Rabbiner Michael Dov Weissmandel, zwei wichtige Mitarbeiter der Judenzentrale und der Arbeitsgruppe, am Abend des 28. September von Brunner in die Gesandtschaft bestellt und dort verhaftet.[75] Brunner hatte die jüdischen Aktivisten unter Vortäuschung falscher Tatsachen dorthin gelockt und behauptet, es gehe um eine weitere Besichtigungsfahrt ins Lager Sered'. Die Einbestellung war lediglich eine Vorsichtsmaßnahme zur Geheimhaltung der Razzia. Sie mussten in Brunners Büro bleiben und beobachten, wie unentwegt Boten kamen, um Mitteilung zu machen, und wie der SS-Hauptsturmführer, der die aus der Judenzentrale gestohlenen Karteikarten vor sich ausgebreitet hatte, seine Mitarbeiter mit neuen Befehlen wieder losschickte.[76] Die Arbeitsgruppe hatte im April 1944 den ersten genauen Bericht über die Verhältnisse in Auschwitz und Birkenau, das Schicksal der Häftlinge aus ganz Europa und den Vernichtungsprozess erhalten. Er war ihr von den slowakischen Juden Rudolf Vrba und Alfréd Wetzler diktiert worden,

73 Neumann: Schatten, S. 226-230; Safrian: Eichmann, S. 308 f.; Šindelářová: Finale, S. 96 f.

74 Šindelářová: Finale, S. 89 f.; Safrian: Eichmann, S. 310; Lagebericht Nr. 23 der Einsatzgruppe H, 29.9.1944, BArch, R 70 Slowakei/194, Bl. 268 ff.; Bericht R. A. (Heimatschutz), 28.9.1944, BArch, R 70 Slowakei/207, Bl. 114; Jitzchak H.: Jüdisches Los, Yad Vashem Archives, O 33/198, S. 3 f.

75 Bericht über die Lage in der Slowakei seit April 1944 bis Ende des Jahres 1944, o. D., Yad Vashem Archives, M 5/167, S. 14.

76 Neumann: Schatten, S. 231-238.

denen die Flucht aus Auschwitz gelungen war. Die Informationen wurden über mehrere Kanäle ins Ausland gebracht und öffentlich gemacht.[77]

Wenige Tage nach der Großrazzia gegen die Pressburger Juden Ende September wurde die Judenzentrale in der Edlgasse in eine »Judensammelstelle« umgewandelt. Wo zuvor unter anderem Hilfeleistungen für Juden und Bestechungen zu ihrer Rettung organisiert worden waren, die in ihrer Wirkung oft weit über die Grenzen der Slowakei hinausgingen, wurden nun Juden, die aus ihren Verstecken in Pressburg verschleppt worden waren, verhört, gefoltert und nach Sereď gebracht. In Einzelfällen wurden dort auch Menschen ermordet. Die Mitarbeiter der Judenzentrale wurden nun ebenfalls deportiert, wenn sie sich nicht in »Bunkern« verbergen konnten. Tibor Kovács und die Gründerin der Arbeitsgruppe, Gisi Fleischmann, konnten ihre Hilfsarbeit für die Festgenommenen in der Edlgasse zunächst fortsetzen, aber im Oktober wurde auch Gisi Fleischmann nach Auschwitz verbracht. Sie hatte sich geweigert, in Bratislava versteckte Juden zu verraten, und wurde aufgrund einer von Brunner mitgeschickten Notiz sofort nach ihrer Ankunft in Auschwitz ermordet.[78]

Zu dem Vorschlag, die Judenzentrale dem Heimatschutz zur Verfügung zu stellen, kam es bereits am Vortag der Großrazzia, als ein unbekannter Berichtschreiber des SD über den Einbruch und den Diebstahl der Karteikarten informierte. Das Haus sei als Stützpunkt des Heimatschutzes besonders geeignet, weil es zentral und »verhältnismäßig nahe den deutschen Militärkommandostellen, wie auch der Deutschen Gesandtschaft« gelegen sei.[79] Die »Judensammelstelle« wurde von dem Heimatschutz-Mitglied Gustav Hauskrecht geleitet, der dafür niemals juristisch belangt wurde. Er lebte nach dem Krieg wie sein Bruder Karl, der frühere Hauptleiter für Presse und Propaganda der Deutschen Partei, in Stuttgart. In einem Vorermittlungsverfahren der Zentralen Stelle der Landesjustizverwaltungen zur Aufklärung nationalsozialistischer Verbrechen in Ludwigsburg in den 1960er Jahren leugneten die Brüder jede Beteiligung Gustav Hauskrechts an Verbrechen und die Tatsache, dass er der Chef der Einrichtung gewesen war. In einer Korrespondenz, die auf eine Denunziation folgte, die Karl Hauskrecht im November 1944 an den SD weitergegeben hatte, erläuterte er dem SD, dass es mit dem Generalsekretär der Hlinka-Partei zu einer Namensverwechslung gekommen sei. Dieser habe ihn mit den Worten »Du bist doch der Judenkönig von Pressburg« angesprochen, damit aber offensichtlich seinen Bruder gemeint. Diesen Beinamen hatte sich Gustav Hauskrecht

---

77 Bericht über die Lage in der Slovakei seit April 1944 bis Ende des Jahres 1944, o. D., Yad Vashem Archives, M 5/167, S. 5 f.; Friedländer: Das Dritte Reich, S. 997 f., 1009.

78 Neumann: Schatten, S. 240-248; Šindelářová: Finale, S. 93 ff.

79 Bericht R. A. (Heimatschutz), 28.9.1944, BArch, R 70 Slowakei/207, Bl. 114.

als Leiter der »Judensammelstelle« erworben.[80] Die Einsatzgruppe H stellte drei
Mitarbeiter zur »Judensammelstelle« ab, der Rest bestand aus Heimatschutz-
Mitgliedern, die im Zuge der Waffen-SS-Mobilisierung für die SD-Mitarbeit
geworben und dementsprechend von Gmelin abgesegnet worden waren. Es gibt
Hinweise darauf, dass Karmasin zumindest Gustav Hauskrecht für die Leitung
der »Judensammelstelle« selbst ausgesucht hat. Formal wurden die Slowakei-
deutschen vom Ersatzkommando Südost der Waffen-SS zum Dienst in der
Edlgasse beordert.[81]

Hlinka-Garde und Heimatschutz brachten laufend Juden in die »Judensammelstelle«, die von dort in regelmäßigen Abständen nach Sereď transportiert wurden. Die Informationen über versteckte Juden in Pressburg erhielt die
»Judensammelstelle« oft von der von Kurt Hofer geleiteten SD-Dienststelle
in der Volksgruppenführung. Hofers Mitarbeiter Alois Seilinger war der Bruder eines in der »Judensammelstelle« beschäftigten Heimatschutz-Mannes und
hielt sich dort oft auf. Es kam auch vor, dass er an Festnahmen von Juden oder
Wohnungsdurchsuchungen, die Gustav Hauskrecht durchführte, teilnahm.
In einigen Fällen beauftragte Alois Brunner die Dienststelle Hofer direkt mit
Festnahmen, was für die enge Kooperation zwischen ihm und der Volksgruppenführung bei der »Judenjagd« spricht. Zudem bekam die Dienstelle laufend
Denunziationen aus der »volksdeutschen« Bevölkerung und den Ortsgruppen
der Deutschen Partei, die schon im September Listen mit jüdischen Mitbürgern abgegeben hatten. Oftmals wurden die Angehörigen der »Judensammelstelle« auch aus eigener Initiative aktiv und kontrollierten und verhafteten
Juden in den Straßen. In der Edlgasse wurden die Festgenommenen verprügelt
und nach Informationen befragt.[82]

80 Vernehmung Gustav Hauskrecht, 3.3.1970, BArch, B 162/4290, Bl. 1430-1439 und
6.4.1964, BArch, B 162/1825, Bl. 44-49; Vernehmung Karl Hauskrecht, 31.3.1964,
ebd., Bl. 38-43; Korrespondenz zwischen SD und Hauskrecht, 19.11.1944 sowie
5. und 11.3.1945, BArch, R 70 Slowakei/306, Bl. 16-21; Šindelářová: Finale, S. 93 ff.,
darin Liste der Angehörigen der »Judensammelstelle«, S. 94.
81 Vernehmung Gustav Hauskrecht, 6.4.1964, BArch, B 162/1825, Bl. 44-49; Šindelářová: Finale, S. 93 ff.
82 In Pressburg existierten aufgrund der relativ hohen Zahl ansässiger »Volksdeutscher«
mehrere Ortsgruppen der Deutschen Partei. Vermerk Einsatzgruppe H Abt. IV (Hen-
schel), 4.10.1944, BArch, R 70 Slowakei/197, Bl. 9; Vermerk Hofer, 10.10.1944,
BArch, R 70 Slowakei/224, Bl. 244; Vermerk Einsatzgruppe H Abt. III (Hoppe),
25.10.1944, ebd., Bl. 332; mehrere Vermerke von Hoppe (Einsatzgruppe H) und
Dienststelle Hofer, 3., 11. und 25.10.1944, BArch, R 142/126; Vermerk Seilinger,
BArch, R 70 Slowakei/229, Bl. 371-374; Šindelářová: Finale, S. 94; Neumann: Schatten, S. 242 f.; Vernehmung Hans Seilinger, 6.8.1968, BArch, B 162/1877, Bl. 187 f.
Hans Seilinger leugnete die Beteiligung seines Bruders Alois an der »Judensam-
melstelle«. Judensammelstelle (Hauskrecht) an das Amt des Volksgruppenführers
(Hofer), 5.1.1945, BArch, R 70 Slowakei/207, Bl. 171; Zeugenvernehmung Karl B.,
17.9.1968, BArch, B 162/1828, Bl. 604-613, hier: Bl. 607.

Während die »Judensammelstelle« in den ersten zwei Monaten abwechselnd von Heimatschutz und Hlinka-Garde bewacht wurde, zog die Führung der Letzteren ihre Männer zurück, nachdem sie während ihres Dienstes in der Nacht auf den 15. November von »Volksdeutschen« entwaffnet worden waren. Der Heimatschutz warf der Hlinka-Garde Korruption und »Judenbegünstigung« vor und bewachte die Juden von nun an allein.[83] Gmelin berichtete am selben Tag an den SD, dass laut ihm vorliegenden Meldungen »unhaltbare Zustände« in der Hlinka-Garde herrschten. Er forderte eine »starke Überwachung«, denn dort sammelten sich »Elemente, die sich als eine grosse Gefahr entwickeln können«.[84]

Im Oktober 1944 kam es zu einem schwerwiegenden Überfall der Dienststellen Brunners und Hofers auf ein Lager für US-amerikanische Staatsangehörige in Marianka (Mariatal) nahe Pressburg. Das Bezirksamt Pressburg hatte das Lager im Einvernehmen mit der Staatssicherheitszentrale ÚŠB und dem slowakischen Verteidigungsministerium geschaffen. SD und Gesandtschaft waren sich seit Längerem im Klaren darüber, dass die dort internierten Menschen größtenteils Juden waren. Am 13. Oktober berichtete die SD-Dienststelle Hofer in der Volksgruppenführung, dass wiederholt festgestellt worden sei, dass ein Pressburger Kaufmann die Versorgung der in Marianka internierten Juden mit Lebensmitteln organisiere. Nachdem am 11. Oktober erneut eine Meldung eingegangen sei, dass der betreffende Kaufmann im Begriff sei, einen Lkw nach Marianka zu schicken, »unternahm die hiesige Dienststelle unter Führung des Hstuf.'s Brunner eine Kontrolle des Lagers«. Bei der Razzia habe man festgestellt, dass sich dort »ausschliesslich bekannte Pressburger Juden« befanden. 171 slowakische Juden, die sich mit falschen Papieren ausgewiesen hätten, seien festgenommen und nach Sereď gebracht worden. Nur eine dreiköpfige Familie mit echten US-amerikanischen Dokumenten sei in Marianka zurückgeblieben. Mit Brunners Einverständnis habe die Dienststelle Hofer »die zurückgelassenen Güter der Juden [...] beschlagnahmt und dem Amt für Volkswohlfahrt der DP übergeben«. Der Mitarbeiter des jüdischen Hilfskomitees, Oskar Neumann, berichtete, dass nur einer der in Marianka versteckten Juden nach Pressburg entkommen konnte. Brunner sei über die »Schwindler« besonders aufgebracht gewesen, und die ganze Gruppe sei schon im dritten Transport, der von Sereď nach Auschwitz ging, deportiert worden.[85] Einen Monat später schickte der Leiter der SD-Abteilung der Einsatzgruppe, Herbert

---

83 Zeugenvernehmung Karl B., 24.7.1968, BArch, B 162/4287, Bl. 1095-1110; Vermerk Seilinger/Hofer, 4.12.1944, BArch, R 70 Slowakei/226, Bl. 22 f.; Mitteilung Hauptkommando der Hlinka-Garde, 15.11.1944, BArch, R 70 Slowakei/225, Bl. 150.
84 Vermerk Witiska, 15.11.1944, IfZ-Archiv, SD-LA Wien, MA 650/1, Bl. 4764.
85 Vermerk Witiska, 4.10.1944, BArch, R 70 Slowakei/30, Bl. 67; Vermerk Dienststelle Hofer (Seilinger, Hofer), 13.10.1944, ebd., Bl. 69 f.; Neumann: Schatten, S. 242.

Böhrsch, seinem Kontaktmann in der Gesandtschaft, Hans Gmelin, eine Liste amerikanischer Juden, die sich in Marianka befanden. Gmelin hatte die Auflistung offenbar am selben Tag telefonisch angefordert.[86]

Es ist davon auszugehen, dass Gmelins Interesse am Lager Marianka sich aus der Welle internationaler Proteste erklärt, die sich sehr schnell nach der Wiederaufnahme der Deportationen Ende September 1944 erhob und die slowakische Regierung unter Druck setzte. Doch auch slowakische Regierungsstellen intervenierten zahlreich zugunsten der jüdischen und anderen Personen, die im Rahmen der Aufstandsbekämpfung festgenommen wurden. Die slowakische Regierung setzte für die Bearbeitung der Interventionen eigens einen Sachbearbeiter ein. Der Sekretär des Staatspräsidenten, Karol Murín, erhielt die Aufgabe, die Fälle in der Deutschen Gesandtschaft mit Gmelin zu erörtern, der die Eingaben der slowakischen Stellen an die deutschen Organe weiterzuleiten hatte. Gmelin hob bei seiner Entnazifizierung nach dem Krieg hervor, dass er durch seine »laufenden Interventionen beim deutschen Befehlshaber und beim Befehlshaber der Sicherheitspolizei und des SD in Pressburg« mehr als »zweihundert politischen Gefangenen der deutschen Polizei – Slowaken, Tschechen, Juden, Deutschen, Aufständischen und Soldaten [...] – aus dem KZ Sered in der Slowakei« geholfen habe. Er konnte erreichen, dass die Spruchkammer einen »Persilschein« von Karol Murín in ihre Erhebungen mit einbezog, in dem dieser bestätigte, dass Gmelin sich »besonders der Internierten, wozu neben Slowaken auch Juden und Partisanen gehörten, angenommen« habe. Muríns Tätigkeit habe »die volle Unterstützung des Herrn Gmelin genossen«, und es seien »durch sein persönliches Einschreiten gegen zweihundert Personen aus deutscher Haft entlassen« worden.[87] Selbstverständlich vergaß Gmelin weder bei seiner Aussage im Nürnberger Wilhelmstraßenprozess 1948 noch bei späteren Vernehmungen durch Staatsanwälte der Ludwigsburger Zentralen Stelle, auf diese Schilderungen hinzuweisen.

In der Tat finden sich in der Aktenüberlieferung des Befehlshabers der Sicherheitspolizei in der Slowakei einige Interventionen, die Gmelin an Witiska weitergab. Besonders viele Interventionen übermittelte er am 8. Oktober. Das Sozialinstitut der Hlinka-Partei bat um Freilassung von sechs Juden, »die zur Durchführung des Internatsbaues der slowakischen Studentenschaft [...] dringend benötigt würden«. Gmelin erklärte allerdings: »Ich gebe die Bitte weiter, habe jedoch Dr. Murín mitgeteilt, dass ich die Intervention für aussichtslos halte.« SS-Hauptsturmführer Helmut Hoppe, Mitarbeiter in der SD-Abteilung

86 Böhrsch an Gmelin, 13.11.1944, BArch, R 70 Slowakei/174, Bl. 21.
87 Eidesstattliche Erklärung Karol Murín im Spruchkammerverfahren Hans Gmelins, 19.7.1948, StA Sigmaringen, Wü 13 T 2, Nr. 2108/068; Gmelin an Sonderspruchkammer für das Interniertenlager Balingen, 28.9.1948, ebd.; Fatran: Deportation, S. 108-113.

der Einsatzgruppe, reichte die Angelegenheit mit dem Hinweis »ablehnen!« an die Gestapo-Abteilung weiter. Des Weiteren gab Gmelin Witiska bekannt, dass der Gesundheitschef im slowakischen Innenministerium, Dr. František Šubík, gefragt habe, »ob grundsätzlich jüdische Ärzte und Apotheker aus dem Lager Sered entlassen werden könnten, wenn sie zur Zeit nicht ersetzbar seien, d. h., wenn bei ihrem Fernbleiben ganze Gebiete ohne ärztliche Betreuung seien«. Auch hier vermerkte Gmelin auf dem Schreiben, er habe Murín mitgeteilt, »dass ich persönlich die Sache für aussichtslos halte, sei [sic!] jedoch bereit, die Anfrage weiterzugeben. BdS wird um Stellungnahme gebeten.« Gmelin leitete an diesem Tag auch die Information an Witiska weiter, dass Murín mit Gesundheitschef Šubík darüber verhandeln wolle, »dass die bei jüdischen Ärzten in Sillein [Žilina] beschlagnahmten Medikamente für das deutsche Wehrmachtslazarett in Vrútky freigegeben und zur Verfügung gestellt werden«.[88] Gmelins zusätzliche Bemerkungen, in denen er sich über die Erfolgsaussichten der Interventionen äußerte, weisen darauf hin, dass er sich zumindest in diesen Fällen nicht sonderlich für die Freilassung von Juden engagiert hat. Erst recht ist nicht erkennbar, dass er versucht hat, diese durchzusetzen. Anders verhielt es sich in einem Fall Anfang Januar 1945, der allerdings keine Juden, sondern »arische« Slowaken betraf. Gmelin forderte im Auftrag Ludins und in scharfem Tonfall, dass der SD unverzüglich den Kommandanten des Lagers in Sereď anweisen solle, den Bürgermeister der Stadt, zwei Ärzte und einen Notär (österr. für Notar) freizulassen, denen Sabotage an Befestigungsarbeiten vorgeworfen werde. Solche Angelegenheiten seien ausschließlich vom slowakischen Verteidigungsministerium zu klären. Die geforderte Freilassung war zu diesem Zeitpunkt allerdings schon erfolgt.[89]

Karol Murín teilte in seiner eidesstattlichen Erklärung für Gmelins Spruchkammerverfahren mit, dass der gewünschte Erfolg seiner eigenen Interventionstätigkeit ausgeblieben sei, weshalb er diese bereits nach wenigen Wochen aus Protest wieder eingestellt habe. Die deutschen Militärstellen hätten den Beschwerden, »die die volle Unterstützung von Herrn Gmelin fanden«, nicht in genügendem Maße entsprochen.[90] Es sei dahingestellt, für wie glaubwürdig die Aussage eines hochrangigen slowakischen Regierungsbeamten nach dem Krieg zu halten ist. Murín befand sich zu diesem Zeitpunkt im Exil in Deutschland, und sein früherer Chef, Staatspräsident Jozef Tiso, war 1947 wie Gmelins ehemaliger Vorgesetzter, der Deutsche Gesandte Hanns Ludin, hingerichtet worden. Er machte in späteren Jahren immer wieder Versuche, das

---

88 Vermerke Witiska, 8.10.1944, BArch, R 70 Slowakei/224, Bl. 227, 231, 233.
89 Gmelin an Witiska und SD-Vermerk, 4.1.1945, BArch, R 70 Slowakei/206, Bl. 28.
90 Eidesstattliche Erklärung Karol Murín im Spruchkammerverfahren Hans Gmelins, 19.7.1948, StA Sigmaringen, Wü 13 T 2, Nr. 2108/068.

Andenken Tisos von dessen Mitschuld an der Deportation der slowakischen Juden reinzuwaschen.[91]

Gmelin fügte weiterzugebenden Interventionen nicht nur abschlägige Zusatzbemerkungen hinzu, er übermittelte der Einsatzgruppe H in seiner Funktion als Verbindungsmann der Gesandtschaft zum Befehlshaber der Sicherheitspolizei auch Informationen über vermeintliche Aufständische. So berichtete er am 5. Oktober, dass Innenminister Mach sich über die Festnahme des slowakischen Abgeordneten Peter Zaťko beschwert und erklärt habe, dass dieser eine Zusammenarbeit mit den Partisanen nicht riskieren würde. Dieser Einschätzung widersprach Gmelin: »Ich persönlich teile die Auffassung Machs nicht und halte Zaťko für einen der Drahtzieher des Aufstandes, der sich jetzt möglicherweise nach schlechten Erfahrungen auf der Partisanenseite einen Rückweg öffnen will.« Zaťko wurde aufgrund seiner Mitarbeit im Slowakischen Nationalrat gemeinsam mit einer größeren Gruppe Putschisten Anfang Januar 1945 zum Tode verurteilt. Zuvor hatte das Reichsaußenministerium über die Gesandtschaft gegen zu geringe Strafen in der ersten Instanz protestiert und eine Inhaftierung der verantwortlichen Richter im KZ Ilava durchgesetzt. Das Todesurteil gegen Zaťko wurde aufgrund des Kriegsendes nicht mehr vollstreckt.

In der gleichen Mitteilung berichtete Gmelin unter Bezugnahme auf eine »absolut vertrauenswürdige Person«, dass Baron Rudolf Tarnóczy in Nováky »während der Partisanenzeit mit den Aufständischen zusammengearbeitet« und insbesondere »nahe Beziehungen zu den führenden Juden bei den Partisanen gehabt« habe. Der Baron habe es nach der »Befreiung« des Gebietes durch deutsche Truppen verstanden, »mit deutschen Offizieren in gesellschaftlichen Verkehr zu treten, um sich so zu tarnen«. Diese Information gab Gmelin »mit Bitte um Kenntnis und weitere Veranlassung« an Witiska. Wie der handschriftlichen Notiz »EK 14« am Rand des Dokuments zu entnehmen ist, gelangte Gmelins Hinweis an die zuständige Exekutivstelle der Einsatzgruppe in dem betreffenden Gebiet. Das Einsatzkommando 14 war das beweglichste und aktivste der sechs Kommandos der Einsatzgruppe. Es hatte unter seinem Führer Georg Heuser auch die höchsten Opferzahlen zu verantworten.[92]

91 Ebd.; Tönsmeyer: Das Dritte Reich, S. 114. In späteren Jahren lebte Murín in Montreal, Kanada, wo eine größere Exilgemeinde nationalistischer Slowaken existierte. Gmelin lud ihn noch 1981 zu seinem 70. Geburtstag ein. StadtA Tübingen, A 200/ 4019; Catherine Bainbridge, Howard Goldenthal, Albert Nerenberg: »Sinister Secret«, The McGill Daily, Montréal, 11.4.1985, Vol. 74, Nr. 72, S. 20 ff., in: Archive. org, URL: https://archive.org/details/McGillLibrary-mcgill-daily-v74-n072-april-11-1985-12701?q=charles+murin (letzter Zugriff: 22.12.2017); Murín: Remembrances, S. 43 f., 75.

92 Gmelin an Witiska, 5.10.1944, BArch, R 70 Slowakei/60, Bl. 444 f.; Šindelářová: Finale, S. 52, 54 ff., 139 f.

Die Deutsche Gesandtschaft hatte Anfang September ein Ersuchen des slowakischen Außenministeriums um Wiederaufnahme der Produktion in den slowakischen »Judenlagern« ignoriert. Nachdem am Ende des Monats die Deportationen von Sereď nach Auschwitz begonnen hatten, fragte Ministerpräsident Štefan Tiso den Gesandten Ludin, warum die Juden aus der Slowakei abtransportiert würden, obwohl Ludin ihm versichert habe, dass eine Konzentrierung innerhalb des Landes ausreichend sei. Die Wiederaufnahme der Deportationen mache Proteste des Vatikans und der Schweiz wahrscheinlich. Ludin antwortete, dass die »Judenfrage« seines Erachtens »jetzt auf alle Fälle radikal gelöst werden« müsse und die Slowakei im Falle auswärtiger Proteste einfach auf das Reich verweisen solle, das dies vom slowakischen Staat verlange. Deutschland übernehme »für die hier getroffenen Judenmassnahmen die Verantwortung«. Das Auswärtige Amt, das Ludin über seine Antwort informiert hatte, forderte, dass die Verantwortung wenigstens zum Teil von der slowakischen Regierung mitgetragen werde. Immerhin sei man sich mit allen Beteiligten in der Einschätzung einig, dass die Aufstände eine außerordentliche Beteiligung von Juden aufwiesen. Darunter seien auch solche, die mithilfe der Präsidentenausnahme von den bisherigen Judengesetzen und Deportationen verschont worden seien.[93]

Während per Fernschreiben noch Sprachregelungen zwischen Gesandtschaft und Auswärtigem Amt debattiert wurden, hatte Gmelin in einem Gespräch mit Murín bereits dargelegt, »dass infolge der Gefährdung des Judenlagers in Sered dieses ins Reich abtransportiert würde, um dort beim Aufbau einer wichtigen Industrie eingesetzt zu werden. Herr Dr. Murín wurde gebeten, dies dem Ministerpräsidenten mitzuteilen, vor allem mit dem Hinzufügen, dass auf das Lager in Sered ein Überfall der Partisanen befürchtet werden musste, nachdem Beziehungen zwischen den Lagerinsassen und den Partisanen festgestellt worden sind.«[94] Allein bis Mitte November 1944 wurden erneut 8.500 Juden nach Auschwitz deportiert.[95]

Am 11. November unterrichtete Gmelin den Stab des Befehlshabers der Sicherheitspolizei, dass eine Verbalnote der Schweizer Regierung »über die Behandlung der Judenfrage in der Slowakei« die slowakische Regierung erreicht habe.[96] Das Schweizer Generalkonsulat erklärte, »daß die Nachrichten über die in der Slowakei von neuem in die Wege geleitete Verfolgung der jüdischen Bevölkerung in der schweizerischen Öffentlichkeit größte Beunruhigung hervorgerufen haben. Der schweizerische Bundesrat gibt der Befürchtung Aus-

---

93 Ludin an AA, 4.10.1944, und von Thadden an RAM, 5.10.1944, PA AA, R 100887, 477144 ff.; Fatran: Deportation, S. 104, 106.
94 Gmelin an Ludin, Witiska u. a., 4.10.1944, BArch, R 70 Slowakei/171, Bl. 35.
95 Šindelářová: Finale, S. 102.
96 Vermerk Böhrsch, 12.11.1944, BArch, R 70 Slowakei/302, Bl. 85-90.

druck, daß diese Maßnahmen eine schwerwiegende Belastung in den gegenseitigen Beziehungen der beiden Länder zur Folge haben könnten.« In der Note, die die Gesandtschaft nach Berlin weiterleitete, wurde des Weiteren darauf hingewiesen, dass eine Reihe der von Verfolgung betroffenen Personen Angehörige in der Schweiz hätten. Die Schweiz machte darauf aufmerksam, »daß eine allfällige Deportation der Betroffenen in der schweizerischen Öffentlichkeit einen katastrophalen Eindruck machen würde«. Der Schweizer Bundesrat forderte, dass die in Gewahrsam gehaltenen Juden wenigstens von neutralen Vertretern oder Abgesandten des Internationalen Komitees des Roten Kreuzes betreut werden sollten. Darauf folgte eine Liste von Personen, die mit Schweizer Bürgern verwandt waren. In einem persönlichen Brief erinnerte der slowakische Ministerpräsident den Gesandten Ludin an seinen früheren Hinweis auf mögliche Schwierigkeiten mit der Schweiz wegen des Abtransports der Juden. Er bat Ludin darum, bei den deutschen Sicherheitsbehörden in der Slowakei darauf hinzuwirken, dass die in der Verbalnote genannten Personen, »an denen die Schweiz so besonderes Interesse zeigt, nicht aus der Slowakei ausgesiedelt werden«. Štefan Tiso zeigte sich überzeugt, dass »die Belassung der kaum bedeutenden Anzahl von Juden in der Slowakei den deutschen Truppen nur wenig Sorge machen wird und es wird damit mindestens eine der Ursachen für die schweizerischerseits angedeutete Spannung beseitigt«. Ludin schrieb dem Auswärtigen Amt, Witiska habe erklärt, dass die in der Verbalnote aufgeführten Juden – darunter ein zehnjähriges Kind – bereits in den letzten Wochen vom Lager Sereď »nach dem KL Auschwitz verbracht worden« seien. Er schlug vor, die slowakische Regierung über den Verbleib der betreffenden Juden anzulügen und zu erklären, dass die »Angelegenheit in Untersuchung sei und die Untersuchung voraussichtlich einige Zeit in Anspruch nähme«.[97]

Der Leiter des Judenreferats im Auswärtigen Amt, Eberhard von Thadden, hielt aufgrund dieses Telegramms am 14. November eine telefonische Besprechung mit Gmelin ab und bat noch um eine telegrafische Stellungnahme des Gesandten Ludin.[98] Ludin stimmte im darauf folgenden Telegramm der Anweisung des Reichssicherheitshauptamts an die Einsatzgruppe H zu, »ungeachtet des schweizerischen Einspruches [die] Judenaktion fortzusetzen«. Lediglich Menschen mit gültigen Schweizer Papieren sollten von zukünftigen Deportationen ausgenommen werden. Er begründete sein Plädoyer für diese Vorgehensweise damit, dass »im gegenwärtigen Moment [eine] weitere Schädigung deutscher Interessen nicht zu befürchten« sei.[99]

---

97 Ludin an AA, 11.11.1944, PA AA, R 100887, Bl. 61 ff.
98 Aktennotiz von Thadden, 15.11.1944, ebd., Bl. 59.
99 Ludin an AA, 15.11.1944, ebd., Bl. 67.

Neben der Schweizer Regierung unternahm auch der Vertreter des in der Schweiz ansässigen Internationalen Komitees des Roten Kreuzes, Georges Dunand, Rettungsversuche in der Slowakei. Gmelin erfuhr im Oktober durch Murín von Dunands Ankunft in Pressburg und informierte sofort das Amt des Befehlshabers der Sicherheitspolizei. Von dort gelangte die Nachricht augenblicklich zu Alois Brunner.[100] Das Internationale Rote Kreuz hatte 1944 größere Hilfsaktionen für die Juden Europas begonnen. Auch der Deutschen Gesandtschaft Pressburg war seit der Deportation der ungarischen Juden klar, dass die Vertreter dieser Organisation versuchten, Deportationen zu verhindern oder wenigstens Kinder davor zu bewahren. Dunand begriff während seines Aufenthalts in Pressburg schnell, dass Interventionen nur bei deutschen Stellen Aussicht auf Erfolg haben konnten. Im November bat er den Deutschen Gesandten Ludin, die Festnahmen von Juden einzustellen und die bereits konzentrierten nicht mehr zu deportieren. In jedem Fall wollte er erreichen, dass Ludin dafür Sorge trägt, dass Arbeitsunfähige, Frauen, Kinder und Kranke nicht deportiert werden. Ludin redete sich mit dem Verweis auf die Zuständigkeit des Reichssicherheitshauptamts heraus.[101] Auch mit Eichmanns Deportationsexperten Alois Brunner traf Dunand zusammen. Er forderte, das Lager Sereď besichtigen zu dürfen, was Brunner ebenfalls mit dem Hinweis auf die Zuständigkeit Berlins abwehrte. Dunand konnte Brunner nicht einmal die Zusage abringen, Hilfspakete in das Lager zu lassen.[102] Nachdem Brunner im Oktober durch Gmelins Mitteilung von der Anwesenheit Dunands in Pressburg erfahren hatte, verbot er den Mitarbeitern der »Judensammelstelle« jeglichen Kontakt mit ihm.[103] Im Januar 1945 versuchte Dunand, von der slowakischen Regierung und der Deutschen Gesandtschaft die Erlaubnis zur Errichtung eines »Asyls für jüdische Kinder, Greise und Kranke unter dem Schutz [des] Internationalen Roten Kreuzes« zu erhalten. Er setzte sich zudem dafür ein, dass bei einer geplanten Evakuierung im Falle einer sowjetischen Besetzung Pressburgs die »Irrenanstalten« davon ausgenommen werden sollten. Die Gesandtschaft informierte die Abteilung Inland II über Dunands Bemühungen und erklärte mit gehöriger Menschenverachtung: »Dunand wurde von hier aus zu verstehen gegeben, dass Aussichten für Errichtung jüdischen Asyls wohl kaum bestünden, da Judentum nachweisbar ohne Unterschied des Alters und Geschlechts an Aufstand in der Slowakei massgebend beteiligt und unmit-

100 SD-Vermerk (Hoppe), 8.10.1944, BArch, R 70 Slowakei/224, Bl. 235.
101 Gerald Steinacher: Humanitarians at War. The Red Cross in the Shadow of the Holocaust, Oxford 2017, S. 54-58, 61-70; Lipscher: Juden, S. 181 f.
102 Georges Dunand: Ne perdez pas leur trace, Boudry, Neuchâtel 1950, S. 147-151.
103 Oskar Neumann, Tibor Kovacs, Vojtech Winterstein: Protokoll über die Tätigkeit des Hauptsturmführers Brunner in der Slovakei. September 1944 bis 30.3.1945, Bratislava, 27.10.1945, BArch, B 162/1826, Bl. 283-296, hier: Bl. 288.

telbar Gefahr bestünde, dass derzeitiges Asyl sofort als neues jüdisches Widerstandszentrum benützt werden würde. Dunand bat trotzdem, seine Bitte um Errichtung eines jüdischen Asyls an zuständige Reichsstellen weiterzuleiten.«[104] In der Nacht vom 17. auf den 18. März 1945, nur wenige Wochen vor dem Eintreffen der Roten Armee in Pressburg, wurden zwei Jüdinnen, die mit Dunand in Verbindung standen, vom Chef der »Judensammelstelle«, Gustav Hauskrecht, festgenommen. Er wurde dabei von dem SD-Mitarbeiter im von Kurt Hofer geleiteten Nachrichtendienst der Volksgruppenführung, Alois Seilinger, begleitet, der für diese Aktion nach dem gemeinsamen Abendessen in der »Judensammelstelle« blieb. Bei den Jüdinnen fanden die SD-Männer Blankostaatsbürgerschaften, Taufscheine und Dienstsiegel slowakischer Staatsämter. Im Verlauf des Verhörs stellte der SD fest, dass die jüdische Hilfsorganisation American Jewish Joint Distribution Committee über das Internationale Rote Kreuz Hilfsgelder für die verfolgten Juden in die Slowakei brachte. Am nächsten Morgen verschafften sich Hauskrecht und Seilinger Zugang zur Wohnung Dunands, der sich auf Reisen in der Schweiz befand. Bei der heimlichen Durchsuchung stießen sie auf weitere Blankoformulare und slowakische Staatsbürgerschaften in einem Koffer.[105]

Dunand hatte gemeinsam mit einer Untergrundgruppe knapp tausend Juden unterstützt, die sich in »Bunkern« in Pressburg versteckt hielten. Als er bald nach der Durchsuchung aus der Schweiz zurückkam, entging er nur knapp der Verhaftung, die Witiska vom SD-Leitabschnitt Wien untersagt wurde. Brunner und Witiska sahen Dunands Unterstützung von versteckten Juden als erwiesen an. Die meisten von Dunands jüdischen Freunden und Mitstreitern wurden mit dem letzten Transport nach Theresienstadt gebracht. Sie hatten vor ihrer Entdeckung mit falschen Papieren in Bratislava gearbeitet. Im ironischen Sprachgebrauch der Untergetauchten galten diese Juden als »arisiert«.[106]

Der slowakische Jude Filip Müller kam mit einem der ersten Transporte im Rahmen der Deportationen im Jahr 1942 aus seiner Heimatstadt Sereď nach Auschwitz. Er wurde in den 1960er Jahren ein wichtiger Zeuge der Anklage im Frankfurter Auschwitz-Prozess und trat später als Zeitzeuge in Claude Lanzmanns Film SHOAH auf. Im Mai 1942 wurde er in das »Sonderkommando« versetzt und musste fortan Leichen aus den Gaskammern in den Verbrennungsöfen der Krematorien, zunächst im Stammlager Auschwitz I und später in Auschwitz II – Birkenau, einäschern. Müller erinnerte sich nach dem Krieg

104 Ludin an AA Inland II, 20.1.1945, PA AA, R 100887, Bl. 76.
105 Vermerk Seilinger, BArch, R 70 Slowakei/229, Bl. 371-374.
106 Lipscher: Juden, S. 182; Dunand: Ne perdez pas leur trace, S. 209; Neumann: Schatten, S. 269 f.; Bericht über die Lage in der Slowakei seit April 1944 bis Ende des Jahres 1944, o. D., Yad Vashem Archives, M 5/167, S. 21.

an die Ankunft der slowakischen Jüdinnen und Juden aus der zweiten Deportationswelle im Herbst 1944. Gleichzeitig mit ihnen trafen noch einige Transporte mit jüdischen Menschen aus Theresienstadt sowie Sinti und Roma in Auschwitz ein. Diese letzten Vernichtungstransporte waren in ihrem Umfang nicht zu vergleichen mit dem schrecklichen Inferno, das Müller im Sommer desselben Jahres erleben musste, als die Vernichtung der ungarischen Juden die Kapazität der Verbrennungsöfen überstieg und Tausende von Ermordeten in offenen Gruben auf dem Lagergelände verbrannt wurden. Da es sich nun um slowakische Juden handelte, stieg die Wahrscheinlichkeit wieder, dass er persönliche Bekannte unter den Opfern finden würde. Müller hatte bereits von seinem Vater, der in Auschwitz an Fleckfieber erkrankte, im Krematorium Abschied nehmen müssen. In einer kleinen Gruppe entdeckte er nun drei Bekannte aus seinem Heimatort Sereď, die bei der Selektion nach der Ankunft dem Tod zunächst entgangen waren, aber bei der Aufnahme ins Lager doch noch zur Ermordung selektiert wurden. Von ihnen erfuhr Müller, dass sein Onkel wenige Tage zuvor mit weiteren jüdischen Männern in einem Wald bei Sereď ermordet worden war. Damit war ihm klar, dass er der letzte Überlebende seiner Familie war: »Nun fing Erwin Klug an, mir Fragen zu stellen. Er hatte keine Ahnung von der lebensbedrohlichen Lage, in die sie geraten waren, und wollte wissen, wo sie seien und was sie für ein Schicksal erwartete. Was sollte ich darauf antworten? Die Gedanken jagten sich in meinem Hirn, während meine Landsleute mich gespannt und erwartungsvoll ansahen. Aber ich war nicht fähig, ihnen ohne Umschweife zu erklären, daß ihre letzte Stunde geschlagen hatte. Während nebenan im Auskleideraum die letzten Vorbereitungen zu ihrer Erschießung getroffen wurden, wandte ich mich von ihnen ab und forderte sie beim Weggehen mit tränenerstickter Stimme auf, den Kaddisch zu beten. Dann ging ich, ohne mich noch einmal umzusehen, hinaus, zurück zu den Öfen. Es dauerte nicht lange, bis ihre Leichen in den Verbrennungsraum herübergeschleift wurden.«[107]

Zwischen dem 30. September 1944 und dem 31. März 1945 wurden etwa 12.000 slowakische Juden deportiert, zudem wurden etwa 2.000 Juden auf slowakischem Gebiet ermordet.[108]

Seit Ende September 1944 thematisierten Gmelin und Witiska mehrfach die Frage der brachliegenden staatlichen Verwaltung in der Ost- und Mittelslowakei, weil dort im Herbst 1944 praktisch keine Verbindung mehr zur Regierung in Pressburg existierte. Auf diplomatischen Druck der Gesandtschaft ernannte

---

107 Filip Müller: Sonderbehandlung. Drei Jahre in den Krematorien und Gaskammern von Auschwitz, München 1979, S. 44, 76 f., 84, 259 ff.; Raphael Gross, Werner Renz (Hrsg.): Der Frankfurter Auschwitz-Prozess (1963-1965). Kommentierte Quellenedition, Frankfurt am Main, New York 2013, S. 89, 673, 728, 733, 751, 757 ff. u. a.
108 Fatran: Deportation, S. 118 f.

die slowakische Regierung dort zwei Regierungsbeauftragte, bei denen es sich zur Genugtuung der Gesandtschaft und des Befehlshabers der Sicherheitspolizei um Hlinka-Gardisten handelte, die sich in den ersten Aufstandstagen besonders ausgezeichnet hatten. Im Zuge ihrer Entsendung ließ Gmelin eine von Murín stammende Liste mit Verwaltungsmitarbeitern einer sicherheitspolizeilichen Überprüfung unterziehen. Im Wissen um die feste Verbindung zwischen der Nachrichtenabteilung Karmasins und der SD-Abteilung des Befehlshabers der Sicherheitspolizei bat Gmelin darum, dass Witiska sich für diesen Zweck der Kenntnisse der Volksgruppe bedienen möge. Das Ergebnis dieser Überprüfung war, gemessen an nationalsozialistischen Maßstäben, durchwachsen, der SD machte mehrere kommunistisch oder deutschfeindlich gesinnte Personen aus, bemängelte Judenkontakte Einzelner und wies auf einen »Halbjuden« hin.[109]

Einen Monat später war Gmelin nach wie vor unzufrieden mit der Verwaltung in der Ostslowakei. Im Gespräch mit Böhrsch bezeichnete er die Situation als nicht so, »wie es in einem geordneten Staatswesen üblich« sei. Aus diesem Grund müsse man sich deutscherseits überlegen, ob eine Verbesserung durch »einen Druck von den hiesigen deutschen Stellen auf die slowakische Regierung, auch durch untere deutsche Exekutivstellen«, erreicht werden könne.[110] Einige Tage später beklagte Gmelin, dass »die von der Slowakischen Regierung bestellten Verwaltungskommissionen vielfach deshalb nicht in Aktion treten können, weil sie von der deutschen Wehrmacht und den deutschen Dienststellen nicht genügend unterstützt werden«. Witiska richtete sofort einen Befehl an alle Einsatzkommandos, dass die Verwaltungskommissionen nach Kräften zu protegieren seien.[111]

Der Erfolg dieser Forderung stellte sich bald ein. Durch »engste Zusammenarbeit« mit dem Sonderkommando 7a machte der Regierungsbeauftragte in Rosenberg (Ružomberok) am 12. Dezember kund, dass alle am Aufstand beteiligten Personen sich freiwillig zu stellen hätten, was mildernde Umstände bei der Bestrafung nach sich ziehe. Zugleich ordnete er an, dass alle Juden in ihren Wohnorten zu bleiben hatten. Diejenigen, die sie nach Beginn des Aufstands verlassen hatten, erhielten eine zweiwöchige Frist, um sich auf den Notariatsämtern ihrer Wohnorte zu melden. »Der Jude, welcher dieser Anord-

---

109 Witiska an Gmelin, 30.9.1944, BArch, R 70 Slowakei/194, Bl. 279 ff.; Witiska an Gmelin, 11.10.1944, BArch, R 70 Slowakei/316, Bl. 54; Gmelin an Witiska, 1.10.1944, BArch, R 70 Slowakei/198, Bl. 101; Witiska an Gmelin, 3.10.1944, BArch, R 70 Slowakei/313, Bl. 23; Š. Tiso an Ludin (von Gmelin an Witiska gereicht), 9.10.1944, BArch, R 70 Slowakei/60, Bl. 394 ff.; Gmelin an Witiska, 10.10.1944, BArch, R 70 Slowakei/148, Bl. 217; Gmelin an Witiska, 12.10.1944, BArch, R 70 Slowakei/202, Bl. 107; SD-Vermerk, 23.10.1944, ebd., Bl. 122 f.
110 Vermerk Böhrsch, 12.11.1944, BArch, R 70 Slowakei/302, Bl. 85-90.
111 Vermerk Witiska, 23.11.1944, BArch, R 70 Slowakei/202, Bl. 172.

nung nicht Folge leistet, wird als freiwilliger Teilnehmer am Putsch angesehen und es wird mit ihm nach seiner Festnahme entsprechend verfahren werden«, hieß es in der Anordnung weiter. Schlussendlich wurde jedes »Verborgenhalten von Juden und jedwede Mithilfe und Unterstützung versteckter Juden« ebenfalls mit strengster Strafandrohung belegt.[112] Das Sonderkommando 7a fuhr mit einem Lautsprecherwagen durch einzelne Ortschaften und forderte die Bürger auf, untergetauchte Juden auszuliefern. Sollte die Gestapo später noch Juden in Haushalten finden, wurde mit der Erschießung der ganzen Familie, bei der sie Zuflucht gefunden hatten, gedroht. Mitte Januar 1945 entdeckte das Sonderkommando 7a sieben Juden in einem Haus und erschoss sie und die Hausbesitzerin, die ihnen geholfen hatte, an Ort und Stelle. Danach wurde das Gebäude in Brand gesetzt.[113]

Anfang Dezember 1944 machte sich Gmelin bei einem einwöchigen Besuch der Ostslowakei selbst ein Bild der Lage. Er begann seine Rundreise in Prešov. Der dortige Konsul Woinovich begleitete ihn bei den meisten Terminen, die er in den folgenden Tagen in der Ostslowakei wahrnahm. Er traf sich mit Generaloberst Gotthard Heinrici, der sich zu diesem Zeitpunkt mit der 1. Panzerarmee der Heeresgruppe A bereits auf dem Rückzug vor der Roten Armee befand. Zudem hatte Gmelin Besprechungen mit SS-Brigadeführer Walther Bierkamp in Kežmarok, der als Befehlshaber der Sicherheitspolizei in Krakau im Gebiet der Heeresgruppe A aktiv war. Besonders eingehende Besprechungen führte er mit Militärverwaltungsoberrat Molsen, der dem slowakischen Regierungsbeauftragten Anton Sabol-Palko in Prešov zur Seite gestellt war, mit dem von der Volksgruppenführung in die Ostslowakei geschickten ehemaligen Kanzleileiter des Deutschen Staatssekretariats, Ludwig Dollmann (ehemals Dostal), sowie mit SS-Obersturmbannführer Karl Hermann Rabe und SS-Hauptsturmführer Dr. Elmar Paufler. Rabe führte das Einsatzkommando zbV 27 in der Ostslowakei, während Paufler dessen Stützpunkt in Kežmarok leitete. Dieses Einsatzkommando war bis Januar 1945 organisatorisch nicht der Einsatzgruppe H, sondern dem Befehlshaber der Sicherheitspolizei Krakau, Bierkamp, unterstellt.

Gmelins Besuch hatte einerseits den Zweck, sich vor Ort ein Bild von der Zusammenarbeit der deutschen und slowakischen Dienststellen sowie den Ver-

---

112 Kundmachung des Regierungsbeauftragten in Rosenberg (Ladislav Kniha), 12.12.1944, BArch, R 70 Slowakei/202, Bl. 177; Sonderkommando 7a an Einsatzgruppe H Abt. III, 20.12.1944, ebd., Bl. 180. Das Sonderkommando 7a war zuvor bereits der Einsatzgruppe B in der Sowjetunion angegliedert und ermordete unter der Führung von Gmelins Studienfreund Eugen Steimle mindestens 500 Menschen zwischen Anfang September und Anfang Dezember 1941. Lächele: Reichssicherheitshauptamt, S. 64.

113 Šindelářová: Finale, S. 110.

hältnissen in der deutschen Volksgruppe zu verschaffen. Andererseits diente er als Vortragsreise, um die dortigen deutschen Dienststellen über die deutsche Slowakeipolitik zu informieren. Hauptsächliche Themen der Gespräche waren Fragen der verwaltungsmäßigen Zusammenarbeit zwischen der deutschen Militärverwaltung, vertreten durch Molsen, den slowakischen unteren Verwaltungsstellen, dem Regierungsbeauftragten sowie dem Einsatzkommando der Sicherheitspolizei und des SD. Als eines der schwerwiegenden Probleme wurde die Schwäche der slowakischen Gendarmerie hervorgehoben. Gmelin unterstützte die Forderung Bierkamps, die slowakische Gendarmerie im ostslowakischen Operationsgebiet der Heeresgruppe A der deutschen Feldgendarmerie zu unterstellen. Zudem sei die Gendarmerie durch Hlinka-Garde und Heimatschutz zu verstärken. Gmelin erklärte den Vertretern des Einsatzkommandos zbV 27, dass die Gesandtschaft, und auch er persönlich, der Auffassung sei, dass die von den deutschen Dienststellen verfolgte Politik richtig sei. Er nannte besonders die Unterstellung der slowakischen Gendarmerie unter deutsches Kommando und die »Erfassung der Arbeitskräfte« in der Ostslowakei. Allerdings bat er darum, dass er »in allen diesen Fragen aus dem Gesichtspunkt der deutschen Außenpolitik berichtmässig eingeschaltet werden möge«, damit er gegenüber der slowakischen Regierung in Pressburg »das Spiel der ›Scheinsouveränität‹ der Slowakei spielen könne«, wie das Einsatzkommando berichtete.

Die Politik der innenpolitischen Zurückhaltung, die die Gesandtschaft in den Vorjahren verfolgt hatte, verteidigte Gmelin bei seinem Besuch in der Ostslowakei zwar, er wies aber darauf hin, dass diese unter der Voraussetzung funktioniert habe, dass die slowakische Regierung in der Lage war, ihre Politik auch bis in die untersten staatlichen Glieder durchzusetzen. Dies sei seit Mitte 1943 nicht mehr der Fall gewesen. Im Jahr 1944 habe sich dann in der slowakischen Wehrmacht und auch der Regierung die Absicht durchgesetzt, »vom Reich abzufallen und sich der Gegenseite anzugliedern«. Hitler persönlich setze jedoch weiter darauf, dass die Souveränität der Slowakei der Welt zeigen möge, dass das Reich »auch den kleinen Völkern im Rahmen eines europäischen Aufbaus volle Lebensmöglichkeiten gibt«. Die Gesandtschaft sei deshalb der Auffassung, dass die Deutschen nicht die Alleinverantwortung übernehmen sollten, sondern besonders im Operationsgebiet Ostslowakei die slowakischen Stellen durch deutschen Druck zur Mitarbeit gebracht werden müssten. Diplomatische Mittel seien dabei wirkungslos, stattdessen müsse die Gesandtschaft durch die deutschen Exekutivstellen ständig informiert sein, um gegenüber der slowakischen Regierung erklären zu können, dass alle Maßnahmen deutscher Dienststellen »kriegsnotwendig« seien. Zum Abschluss der Besprechung mit dem Einsatzkommando erklärte Gmelin, dass er sich einen gewissen Einblick in die in der Ostslowakei verfolgte Politik habe verschaffen können. Er sei »grundsätzlich mit der von dem Kdo. zbV 27 eingehaltenen Linie einverstanden«.[114]

Das Einsatzkommando zbV 27 hatte im Gefängnis von Prešov eine der »Judensammelstelle« in Pressburg vergleichbare Institution aufgebaut. Gemeinsam mit bewaffneten Einheiten der Hlinka-Garde (POHG) hatte das Kommando besonders im November des Jahres 1944 zahlreiche Juden festgenommen und dort gefoltert, um noch mehr Verstecke von Juden zu erfahren. Mindestens 275 Menschen erschoss das Einsatzkommando an Ort und Stelle, bis zu 1.000 Menschen wurden allein Ende November von Prešov aus deportiert. Das Einsatzkommando organisierte die Deportationen dort selbstständig, weil das Lager Sered' zu weit entfernt war. Der letzte Transport, der laut tschechoslowakischen Ermittlern die Ostslowakei verließ, ging am 16. Dezember ab, zwei Tage nachdem Gmelin seinen Ostslowakei-Besuch beendet hatte. Das Gefängnis in Prešov wurde am 20. Dezember durch einen Bombenangriff zerstört, und das Einsatzkommando begab sich auf den Rückzug nach Westen.[115] Diese Dinge waren nicht Thema in den Besprechungen, die Gmelin mit dem Einsatzkommando und dem Befehlshaber der Sicherheitspolizei, Bierkamp, führte. Dennoch ist es unwahrscheinlich, dass ihm diese hauptsächliche Tätigkeit des Einsatzkommandos – Festnahmen als »notwendige Massnahmen der militärischen Abwehr und Sicherheit«[116] – verborgen blieb, als er sich einen »Einblick« in die Politik des Einsatzkommandos zbV 27 in der Ostslowakei verschaffte.

Die deutsche Wehrmacht begann nun auch mit der Zwangsevakuierung des rückwärtigen Heeresgebiets in der Ostslowakei. Bis zu acht Kilometer hinter der Front wurden alle sechzehn- bis sechzigjährigen Männer zwangsweise erfasst, um über Lager in der Westslowakei zur Zwangsarbeit ins Reich gebracht oder den Baukompanien der slowakischen Heimwehr (Domobrana) in der Westslowakei zugeteilt zu werden. Eine dritte Gruppe wurde direkt im Operationsgebiet der 1. Panzerarmee für Schanzarbeiten eingesetzt. Gmelin überwachte bei seinem Besuch in der Ostslowakei auch diese Maßnahmen und nahm die Bitte der Wehrmacht mit zurück nach Pressburg, dass die Gesandtschaft mit der slowakischen Regierung im Fall einer weiteren Rückverlagerung der Front »ein Zurückfliessen« der Zwangsarbeiter verhindern oder im besten Fall eine slowakische Zustimmung zu deren Abtransport ins Reich erwirken möge. Die slowakische Verwaltung in der Ostslowakei sei, so Gmelin, nicht in der Lage, die Befehle zur Evakuierung, Räumung, Einberufung und zum

---

114 Gmelin an Witiska, 19.12.1944, BArch, R 70 Slowakei/268, Bl. 352-360; Einsatzkommando zbV 27 (Paufler) an BdS Krakau (Bierkamp), 8.12.1944, BArch, R 70 Slowakei/60, Bl. 437-442; Šindelářová: Finale, S. 58 f.

115 Fatran: Deportation, S. 113 f.; Šindelářová: Finale, S. 59, 104, 106.

116 BdS Krakau an Einsatzgruppe H, 2.1.1945, BArch, R 70 Slowakei/22, Bl. 57.

Abtransport der Bevölkerung »ohne ein helfendes Eingreifen der deutschen Wehrmacht« zu erzwingen.[117]

Das »Spiel der Scheinsouveränität« gegenüber der Slowakei wurde besonders in solchen Fällen schwierig, in denen sich die deutschen Stellen offensichtlich über Anordnungen und Interventionen der slowakischen Regierung hinwegsetzten. Spätestens im Frühjahr 1945 ließ der kriegsbedingte deutsche Bedarf an Arbeitskräften die Frage der slowakischen Souveränität nahezu vollständig in den Hintergrund treten. Fritz Sauckel, der Generalbevollmächtigte für den Arbeitseinsatz, hatte im Mai 1942 verfügt, dass die »Anwerbung der ausländischen Arbeitskräfte« grundsätzlich »auf der Grundlage der Freiwilligkeit« erfolgen solle. In besetzten Gebieten, wo der Appell an die Freiwilligkeit nicht ausreiche, sollten jedoch »unter allen Umständen Dienstverpflichtungen und Aushebungen vorgenommen werden«. Für die Anwerbung waren allein Sauckels Beauftragte in den jeweiligen Ländern zuständig. Die Missionschefs des Auswärtigen Amts – sofern es sie im betreffenden Gebiet gab – waren in allen Fragen von politischer Bedeutung zu konsultieren. Der Gesandte hatte das letzte Wort, war aber dazu angehalten, den Beauftragten Sauckels im Verkehr mit ausländischen Stellen zu unterstützen.[118] In der Slowakei hatte sich diese Anordnung zunächst nicht besonders ausgewirkt, denn aufgrund eines Abkommens aus dem Dezember 1939 waren bereits zwischen 100.000 und 200.000 Slowaken für Industrie- und Landwirtschaftsarbeiten in Deutschland angeworben worden. Damit war nach Auffassung von Oberregierungsrat Sager, Sauckels Beauftragtem in der Slowakei, das Maximum erreicht.[119]

Ende Februar 1945 intervenierte Innenminister Mach gegen den zwangsweisen Abtransport slowakischer Arbeiter ins Reich ohne Zustimmung der slowakischen Regierung. Der Zug stehe schon im Grenzort Kúty. Auf Nachfrage Witiskas erklärte der Stabschef des Deutschen Befehlshabers, Greiner, dass der Abtransport mit dem deutschen Berater für Sozialpolitik Smagon und Gesandtschaftsrat Gmelin abgesprochen sei. Smagon habe die Zustimmung der slowakischen Regierung einholen wollen, die Wehrmacht sei nur für die Transportbegleitung zuständig. Nachdem weder Smagon noch Gmelin erreichbar gewesen seien, habe Gesandtschaftsrat Endrös vorgeschlagen, den Zug bis zur Klärung des Sachverhalts stehen zu lassen.[120] Albert Smagon trug seit Beginn des Aufstands Ende August 1944 die Verantwortung für die Organisa-

---

117 Gmelin an Witiska, 19.12.1944, BArch, R 70 Slowakei/268, Bl. 352-360; s. hierzu Melzer: Evakuierung.

118 Anordnung Nr. 4 des Generalbevollmächtigten für den Arbeitseinsatz, 7.5.1942, PA AA, Pressburg 75.

119 Tönsmeyer: Das Dritte Reich, S. 194; Sager an Ludin, 12.5.1942, PA AA, Pressburg 75.

120 Vermerk Witiska, 23.2.1945, BArch, R 70 Slowakei/71, Bl. 88.

tion des Stellungsbaus in der Slowakei und ärgerte sich schon länger über den in der slowakischen Bevölkerung verbreiteten Widerwillen gegen den zwangsweisen Schanzeinsatz. Da auch die slowakische Regierung ihm immer wieder Steine in den Weg legte, war er entrüstet darüber, dass der Zug an der Grenze aufgehalten wurde. In mehreren Mitteilungen an Witiska erklärte er den ganzen Vorgang: Erstens bestehe bereits seit Monaten eine grundsätzliche Abmachung, dass überschüssige Arbeitskräfte ins Reich zu bringen seien, und zweitens handle es sich bei den Arbeitern um Personen, die sich trotz Aufforderung nicht aus dem frontnahen Bereich entfernt hätten und die daher verdächtigt würden, zu den Partisanen übergehen zu wollen. Gmelin hatte vor der Abfahrt des Zuges eine slowakische Intervention für acht Akademiker zur Überprüfung an die Dienststelle des Befehlshabers der Sicherheitspolizei gegeben, Smagon aber signalisiert, dass in dieser Sache wohl nichts weiter unternommen werde. Daraufhin setzte sich der vollständige Transport zwei Tage später in Bewegung. Als Innenminister Mach die Übergabe des an der Grenze stehenden Transports an das slowakische Verteidigungsministerium forderte, widersprach ihm Ludin vehement, schlug dann aber vor, dass die slowakische Regierung den Transport übernehme und geschlossen halte, bis sich die zuständigen Stellen geeinigt hätten. Kurz darauf gab es in Kúty einen Fliegeralarm, und 100 Personen konnten aus dem Zug fliehen. Die Wehrmacht entschied nun, den Zug zur besseren Bewachung über die Grenze auf deutsches Hoheitsgebiet zu ziehen. Daraufhin gab Ludin die Anweisung, dass der Transport entgegen den slowakischen Interventionen zu seinem Bestimmungsort im Reich weiterfahren solle.[121]

Während seines Besuchs in der Ostslowakei Anfang Dezember informierte sich Gmelin besonders über den Stand der Umsiedlung der »Volksdeutschen« aus der Zips in den westslowakischen Raum. Mit Verbalnote vom 23. Dezember 1944 teilte die Deutsche Gesandtschaft dem slowakischen Außenministerium »nunmehr den bereits mündlich mehrfach dem Herrn Ministerpräsidenten durch den Deutschen Gesandten und den Führer der Deutschen Volksgruppe überbrachten Wunsch und Befehl des Reichsführers-SS an die Deutsche Volksgruppe in der Slowakei« mit, dem zufolge eine Evakuierung der deutschen Siedlungsgebiete in der Zips durchgeführt werden solle. Tatsächlich war diese Umsiedlung längst im Gange. Ministerpräsident Štefan Tiso hatte bereits im November seiner Verwunderung über die Umsiedlungspläne Himmlers Ausdruck gegeben, da er die »Volksdeutschen« als slowakische Staatsbürger betrachtete und der Auffassung war, dass eine deutsche Dienststelle nicht derart einschneidende Verfügungen in der Slowakei erlassen könne. Gmelin erklärte

---

121 Tönsmeyer: Das Dritte Reich, S. 164 f.; Vermerk Witiska, 24.2.1945, BArch, R 70 Slowakei/71, Bl. 89 f.; Smagon an Witiska, 26.2.1945, BArch, R 70 Slowakei/205, Bl. 103-110.

dem SD, dass man daran ablesen könne, »wie stark formaljuristisch auch der Ministerpräsident eingestellt und gebunden sei«. Doch wie ihre slowakischen Nachbarn räumten auch die meisten »Volksdeutschen« in der Ostslowakei ihre Häuser und Dörfer nicht freiwillig. Die Volksdeutsche Mittelstelle entsandte ein Räumungskommando, und Gmelin bat sowohl die Wehrmacht als auch das Einsatzkommando zbV 27 »um Unterstützung der Volksgruppenführung in der Durchführung dieses Reichsführerbefehls«. Den Grund für die »Evakuierungsunlust« machte Gmelin in der bolschewistischen Anfälligkeit von Teilen der bäuerlichen Bevölkerung, besonders aber in der »aus madjarischer Quelle stammende[n] Gegenpropaganda« aus. Somit endete die völkische Mobilisierung unter den Slowakeideutschen so, wie sie angefangen hatte: mit der Klage, »dass sich zurzeit viele Deutschblütige von der Deutschen Partei abwenden und sich plötzlich als Madjaren bekennen«.[122] Auch fünf bis sechs Jahre völkische Vergemeinschaftungsprozesse konnten die Brüche im Konzept »Volksdeutsche« nicht überbrücken.

Die Besetzung der Slowakei durch deutsches Militär im Zuge der Aufstandsbekämpfung hatte für die Gesandtschaft auf der einen Seite deutliche Machteinbußen mit sich gebracht, die das Ende des Anspruchs auf alleinige Vertretung der Reichsinteressen in der Slowakei bedeuteten und mit dem partiellen Souveränitätsverlust der slowakischen Regierung zusammenhingen. Gmelin persönlich kam auf der anderen Seite als Verbindungsmann zwischen Gesandtschaft, slowakischer Regierung und den SS-Dienststellen nun eine wichtige Mittlerfunktion zu, die in vielen Punkten in der Durchsetzung, mindestens aber der Unterstützung deutscher »sicherheitspolizeilicher« Interessen bestand. Konflikte mit dem Deutschen Befehlshaber waren eher formaler, institutioneller oder persönlicher Art und führten zu einer engeren Zusammenarbeit mit dem Befehlshaber der Sicherheitspolizei. Die im Vorjahr von Gmelin unterstützte Reetablierung des SD in der Volksgruppenführung stellte sich nach der Besetzung als fatal für viele untergetauchte Juden heraus. Gmelin gab zwar Interventionen slowakischer Stellen für festgenommene Juden und Aufständische an den SD weiter, unterstützte diese aber bestenfalls halbherzig und half zudem bei der Verfolgung tatsächlicher oder vermeintlicher Widerstandskämpfer. Schlussendlich rechtfertigte Gmelin die Deportation der Insassen des Lagers Sereď mit der Behauptung, die Juden hätten Kontakt mit Partisanen gehabt und würden ins Reich gebracht, um dort in der Industrie eingesetzt zu werden – Formulierungen, die der weiteren Verschleierung des Massenmords dienten.

---

122 DGP an MZV, 23.12.1944, SNA Bratislava, MZV, kr. 216; VoMi (Lorenz) an OKW (Räder) und DGP, 6.11.1944, PA AA, R 100952, unfol.; Vermerk Böhrsch, 12.11.1944, BArch, R 70 Slowakei/302, Bl. 85-90; Gmelin an Witiska, 19.12.1944, BArch, R 70 Slowakei/268, Bl. 352-360.

Die slowakische Regierung wurde Ende März und Anfang April 1945 aus Pressburg in das niederösterreichische Stift Kremsmünster evakuiert. Mit ihr ging ein Teil der Deutschen Gesandtschaft, darunter auch der Gesandte Ludin. Hans Gmelin erklärte sich bereit, nach der Evakuierung der Staatsspitze noch zurückzubleiben und die Betreuung der »Reichs-« und »Volksdeutschen« in Pressburg zu übernehmen.[123] Am 7. Mai wurde Gmelin in Marquartstein in Oberbayern von amerikanischen Streitkräften verhaftet. Seine zum vierten Mal schwangere Frau Helge Gmelin hatte sich mit den Kindern bereits im März dorthin auf den Weg gemacht.[124]

123 Funkspruch Witiska, 28.3.1945, BArch, R 70 Slowakei/351, Bl. 150; SD-Vermerk, 10.2.1945, BArch, R 70 Slowakei/71, Bl. 36; Jörg K. Hoensch: Die Slowakei im Jahre 1945, in: Ders.: Studia Slovaca, S. 299-350, hier: S. 303 f.; Lebenslauf von Hanns Ludin, verfasst von Erla Ludin, 10.11.1948, StA Sigmaringen, Wü 13 T 2, Nr. 2660/054.

124 Lebenslauf Hans Gmelin, 25.10.1947, StA Sigmaringen, Wü 13 T 2, Nr. 2108/068; Helge Gmelin an Viktor Renner, 26.11.1947, ebd.; Personalbogen Hans Gmelin, 10.9.1954, StadtA Tübingen, A 510 Personalakten Hans Gmelin.

»RECHT AUF POLITISCHEN IRRTUM« ODER »WIEDERKEHR DES NATIONALSOZIALISMUS«?

Aus der Internierungshaft ins Tübinger Rathaus

Entlastungsstrategien in der Zeit von Internierung und Entnazifizierung

Nach seiner Festnahme im oberbayrischen Marquartstein wurde Hans Gmelin zunächst für knapp drei Monate im Freilager Neu-Ulm interniert. Ende Juli 1945 wurde er in das amerikanische Lager für Zivilinternierte Nr. 74 in einer vormaligen Flak-Kaserne im Ludwigsburger Stadtteil Oßweil verlegt. In dieser frühen Internierungsphase existierte noch kein großflächiger Arbeitseinsatz der Internierten, ihr Alltag vollzog sich größtenteils in den Baracken des Lagers. Gmelin beteiligte sich in Ludwigsburg am freiwilligen Arbeitsdienst als Barackenleiter und Mitarbeiter in der »Zeitgestaltung«. Die Lagerleitung erkannte bei ihm ein großes Pflichtbewusstsein. Er habe »im ständigen Wechsel der Belegung mehrere Tausend Menschen zu vertreten und zu betreuen gehabt« und diese Aufgabe sehr gut gelöst. Im März 1946 stellte Gmelin seinen ersten Freilassungsantrag, in dem er die elterliche Adresse in Tübingen als Heimatanschrift angab.[1]

Tübingen lag jedoch nicht in der amerikanischen, sondern in der französischen Besatzungszone. Im November 1947 wurde er daher im Zuge eines Austauschs von Internierten zwischen diesen beiden Zonen in ein Lager überstellt, das die französische Militärregierung in Bisingen betrieb. Bisingen wurde zu einem neuen Außen- und Durchgangslager des eigentlichen Hauptlagers für Zivilinternierte der französischen Zone in Balingen.[2] Beide Ortschaften gehören heute zum Zollernalbkreis in Baden-Württemberg. Balingen war das

---

1 Freilassungsantrag Hans Gmelin, 11.3.1946, StA Sigmaringen, Wü 13 T 2, Nr. 2108/068; Bescheinigung Third US Army Internment Camp No. 74, 13.2.1947, ebd.; Paul Sauer: Demokratischer Neubeginn in Not und Elend. Das Land Württemberg-Baden von 1945 bis 1952, Ulm 1978, S. 170f.; Gassert: Kiesinger, S. 164.
2 Liste der Internierten im Lager Bisingen, 6.1.1948, StA Sigmaringen, Wü 40 T 9, Nr. 35; Geschäftsbericht Abteilung XV des Innenministeriums Württemberg-Hohenzollern, 4.12.1947, ebd., Nr. 11; Abschlussbericht für das Interniertenlager Balingen, 31.1.1949, ebd., Nr. 3.

zentrale Lager für Personen, die in der französischen Zone im Rahmen des »automatical arrest« interniert wurden. Das betraf dort ursprünglich 2.000 bis 3.000 Personen, von denen aber bereits im September 1947 der Großteil entlassen worden war. Zum Zeitpunkt von Gmelins Einlieferung in den Lagerkomplex befanden sich noch etwa 700 Internierte in Balingen. Der »automatical arrest« griff im Fall von Funktionären in der NSDAP und den Parteiorganisationen. Die meisten Insassen in Balingen waren NS-Funktionäre der Ortsgruppen- und Kreisebene sowie mittlere Dienstgrade von SA und SS. Höhere Funktionäre waren entweder geflohen, untergetaucht oder wurden im Kriegsverbrecherlager der französischen Zone in Reutlingen inhaftiert.[3]

Die Verhältnisse im Internierungslager Balingen waren zunächst relativ schlecht. Vor dem Jahreswechsel 1946/47 soll es mitunter zu Übergriffen auf Internierte durch Angehörige der französischen Wachmannschaft, zu Kollektivstrafen und Nachtappellen gekommen sein. Es wurde wenig geheizt, und die Verpflegung war unzureichend. Bereits im Januar 1947 seien diese Verhältnisse allerdings behoben worden, gab die zuständige Abteilung im Innenministerium des Landes Württemberg-Hohenzollern aus Anlass einer Beschwerde im Frühjahr 1947 zur Kenntnis.[4] Im Abschlussbericht der ärztlichen Abteilung des Lagers wurde vermerkt, dass bis zur Schließung der Einrichtung im Januar 1949 insgesamt 13 Internierte im Lager, bei der Arbeit oder auf dem Hin- oder Rückweg gestorben oder tödlich verunglückt seien. Acht davon seien im Krankenhaus verstorben, andere hätten bei der Arbeit einen plötzlichen Herztod erlitten, ein weiterer habe bei einem Eisenbahnunfall sein Leben verloren. Schwerwiegender als die konkrete Situation im Lager stellte sich für die meisten Internierten die Lage ihrer Familien zu Hause dar. Durch die lange Abwesenheit der Männer und Väter in ohnehin schweren Zeiten ergaben sich erhebliche wirtschaftliche Schwierigkeiten für die Familien. Diese seelische Belastung wirkte sich auch auf die Gesundheit der Internierten aus.[5] Im Oktober 1948 entschied sich ein Internierter aufgrund seines langwierigen Entlassungsprozesses und der schwierigen Situation zu Hause zu seiner »Selbstentlassung«. Die Fahndung nach ihm wurde nach der Schließung des Lagers einige Monate später eingestellt.[6] Wie schon diese »Selbstentlassung« vermuten lässt, waren die Verhältnisse besonders in den letzten Monaten des Lagers nicht mehr sehr rigide. Im März 1948 notierte der

3 Klaus-Dietmar Henke: Politische Säuberung unter französischer Besatzung. Die Entnazifizierung in Württemberg-Hohenzollern, Stuttgart 1981, S. 40f.; Berghoff, Rauh-Kühne: Fritz K., S. 225 f., 235.
4 Abteilung VI der Landesdirektion des Innern (Hackemann) an Staatssekretär Renner, 29.5.1947, StA Sigmaringen, Wü 40 T 9, Nr. 15.
5 Abschlussbericht der Ärztlichen Abteilung, Interniertenlager Balingen/Bisingen, 11.1.1949, StA Sigmaringen, Wü 40 T 9, Nr. 3.
6 Internierter G. an das Interniertenlager Balingen (Schwegler), 15.10.1948, und Folgedokumente, StA Sigmaringen, Wü 40 T 9, Nr. 15.

Beauftragte für das Lager Balingen im Innenministerium, dass »die Balinger Internierten in jeder Hinsicht besser stehen als alle übrigen Internierten der französischen Zone«.[7]

Mit dem 1. September 1947 war die Leitung des Balinger Lagers in deutsche Verwaltung übergegangen. Es wurde fortan von wechselnden Abteilungen des Innenministeriums der Landesregierung Württemberg-Hohenzollern betreut. Die französische Militärregierung behielt die Oberaufsicht und entschied über Urlaubserteilungen und Entlassungen. Der Innenminister des Landes, Viktor Renner, betrachtete das Internierungslager von nun an als »selbstständige Landesbehörde«. Die deutsche Lagerverwaltung erklärte, dass sie die Internierten stets als »ihre eigenen Landsleute sehen, nach demokratischen Grundsätzen arbeiten und jeden einzelnen Fall eingehend, gerecht und mit menschlichem Wohlwollen prüfen« wolle.[8] Das Bisinger Außenlager blieb unter französischer Verwaltung, lediglich für die Wachmannschaft sollte die deutsche Verwaltung des Lagers Balingen Personal stellen. Nachdem im Jahr 1948 viele Internierte entlassen worden waren, zog das ganze Lager Balingen im November 1948 nach Bisingen um.[9]

Die Tübinger Richter Viktor Renner und Carlo Schmid hatten sich sofort nach Kriegsende in Tübingen in der Demokratischen Vereinigung – einem der sogenannten Antifa-Ausschüsse der unmittelbaren Nachkriegszeit – engagiert und beim Aufbau der deutschen Verwaltung unter französischer Besatzung tatkräftig mitgeholfen. Schmid stand seit September 1945 als Staatsrat dem Staatssekretariat für Württemberg-Hohenzollern – der vorläufigen Landesregierung – vor. Nachdem Renner 1945/46 zeitweise Tübinger Oberbürgermeister und Landrat gewesen war, trat er im Juli 1947 als Innenminister in die neu gewählte Landesregierung von Württemberg-Hohenzollern unter Staatspräsident Lorenz Bock (CDU) ein. Er war ebenso wie Carlo Schmid, der stellvertretender Staatspräsident wurde und zudem das Justizministerium übernahm, inzwischen Mitglied der wieder zugelassenen SPD. Das Amt des Wirtschaftsministers trat Eberhard Wildermuth an, der Mitglied der württembergischen Demokratischen Volkspartei (später FDP) war. Die Antifa-Ausschüsse, die anfangs einen räteähnlichen politischen Gestaltungsanspruch erhoben, waren zu diesem Zeitpunkt längst wieder aufgelöst worden. Trotz ihrer ehrenamt-

---

7 Aktennotiz Nr. 41 des deutschen Beauftragten für das Internierungslager, 19.3.1948, zit. nach Henke: Säuberung, S. 41.

8 Anordnung I/47, Interniertenlager Balingen, 4.9.1947, StA Sigmaringen, Wü 40 T 9, Nr. 8; Innenministerium Abteilung XV an Interniertenlager Balingen, 25.11.1947, ebd., Nr. 1.

9 Geschäftsbericht Abteilung XV, Innenministerium Württemberg-Hohenzollern, 4.12.1947, ebd., Nr. 11; Aktennotiz Nr. 72 Abteilung III, Innenministerium Württemberg-Hohenzollern, 11.11.1948, ebd., Nr. 2; Abschlussbericht für das Interniertenlager Balingen, 31.1.1949, ebd., Nr. 3.

lichen Verdienste konnte die Demokratische Vereinigung letztlich nur geringe Wirkung entfalten und kam über eine Steigbügelfunktion für einzelne ihrer Mitglieder nicht hinaus. Renner und Schmid begannen ihre politische Karriere dort, setzten sie aber in der SPD fort und sahen sich den Wünschen des Tübinger Ausschusses nicht verpflichtet. Auch der Anspruch auf Mitsprache der Antifa-Ausschüsse bei der politischen Säuberung der Nachkriegsgesellschaft vom Nationalsozialismus wurde enttäuscht.[10]

Ministerialrat in Renners Innenministerium wurde 1947 Theodor Eschenburg, der in dieser Funktion regelmäßig mit der Lagerleitung in Balingen korrespondierte. Der frühere Verbindungsstudent und zeitweilige Vorsitzende des Tübinger Hochschulrings Deutscher Art sollte bald einen Lehrstuhl an der Universität Tübingen erhalten und eine wichtige Rolle als Vorreiter der deutschen Politikwissenschaft spielen.[11]

Hans Gmelin hat im Lager sowohl alte Bekannte wiedergetroffen als auch neue Personen kennengelernt. Der frühere Kreispropagandaleiter der Tübinger NSDAP und spätere Pressefotograf Alfred Göhner war dort ebenfalls interniert und gehörte auch noch in späteren Jahren zu den wenigen Menschen, mit denen sich Gmelin duzte.[12] Es ist wahrscheinlich, dass Gmelin im Ludwigsburger Lager Kurt Georg Kiesinger begegnete, der wie er im Juli 1945 dorthin überstellt wurde, wenn er nicht bereits zuvor im Auswärtigen Amt seine Bekanntschaft gemacht hatte.[13] Im Ludwigsburger Lager traf er außerdem Fritz Kiehn, der nach einem Aufenthalt im Kriegsverbrecherlager in Reutlingen einige Wochen vor Gmelin nach Balingen verlegt wurde. Kiehn wurde während des Nationalsozialismus in der Region Württemberg zu einer sehr bekannten und geachteten Persönlichkeit. Er war als Besitzer der Efka-Werke in Trossingen nicht nur ein wichtiger Industrieller, sondern zudem ein hochrangiger Wirtschaftsfunktionär der NSDAP und gehörte zum Freundeskreis Reichsführer-SS. In diesem Zusammenhang wurde Kiehn einer der größten und erfolgreichsten »Arisierer« im Württemberg der NS-Zeit.[14]

---

10 Binder: Entnazifizierung, S. 21-27; Henke: Säuberung, S. 38 ff., 42, 149-153; zu den Antifa-Ausschüssen s. Lutz Niethammer: Aktivität und Grenzen der Antifa-Ausschüsse 1945. Das Beispiel Stuttgart, in: Vierteljahrshefte für Zeitgeschichte, 23 (1975), H. 3, S. 297-331. Für eine klare Darstellung und Einschätzung zu Schmids Biographie s. Kristina Meyer: Carlo Schmid, in: Norbert Frei (Hrsg.): Wie bürgerlich war der Nationalsozialismus?, Göttingen 2018, S. 317-333.
11 Aktenvermerk Nr. 12, Hauptabteilung VI, Innenministerium Württemberg-Hohenzollern, 30.7.1947, StA Sigmaringen, Wü 40 T 9, Nr. 2; Wengst: Eschenburg.
12 OB Gmelin an den Vorstand der TSG Tübingen (Göhner), 1.4.1966, StadtA Tübingen, A 200/6281; Interniertenliste Stand am 15.9.1948, Interniertenlager Balingen, StA Sigmaringen, Wü 40 T 9, Nr. 23.
13 Gassert: Kiesinger, S. 164.
14 Berghoff, Rauh-Kühne: Fritz K., S. 86 f., 119-140, 224 f.

Gmelins persönliche Bekanntschaft mit Kiehn begann aber nicht in Württemberg, sondern bei dessen Reise in die Slowakei. In den 1940er Jahren betreute Gmelin den »hochgeschätzten Gast aus dem Schwabenland« als Besucher seines »noch immer unvergessenen Chefs«, des Gesandten Ludin, wie er bei Kiehns 85. Geburtstag im Oktober 1970 zum Besten gab. Gmelin erklärte in seiner Festansprache auf den »erfolgreiche[n] Unternehmer«, »Kommunalpolitiker«, »Patrioten und Soldaten«, »Sanges-, Jagd- und Naturfreund« nicht, welchem Zweck Kiehns damalige Reise diente, aber es ist durchaus möglich, dass sein Besuch wirtschaftliche oder wirtschaftspolitische Gründe hatte. »Reichsdeutsche« Wirtschaftsgrößen machten allerlei Geschäfte in der mit Wirtschaftsverträgen an Deutschland gebundenen Slowakei, waren an »Arisierungen« beteiligt und suchten dabei in der Regel den Weg über den Deutschen Gesandten. In den Lagern Ludwigsburg und Balingen habe er, so Gmelin weiter, »die vorbildliche, aufrechte, bescheidene, verantwortungsbewusste Haltung Fritz Kiehns miterlebt«, während dieser sich tatsächlich die knappen Rationen in Balingen durch regelmäßige Lebensmittellieferungen eines Trossinger Mitarbeiters aufbessern ließ. Kiehn war schon während seiner Internierungszeit mit Restitutionsklagen aufgrund seiner »Arisierungen« konfrontiert. Er zeigte sich sowohl während der Restitutionsverhandlungen als auch in den Jahren danach ungerührt vom bedauernswerten Schicksal der jüdischen Unternehmerfamilien, denen er die Lebensgrundlage entzogen hatte. Mit einem nachträglich politisch hochumstrittenen Drei-Millionen-Kredit der Landesregierung Württemberg-Hohenzollern konnte sich Kiehn seine unternehmerische Nachkriegsexistenz aufbauen. Wann immer die Frage nach seinen »Arisierungen« aufkam, ließ er ein Unrechtsbewusstsein vermissen, drückte dafür aber viel Geringschätzung für die berechtigten Ansprüche aus, die gegen ihn erhoben worden waren. Diese Dinge taten dem guten Verhältnis zwischen Gmelin und Kiehn keinen Abbruch. Gmelin freute sich über Kiehns »freundschaftliche Anteilnahme« an seiner Wahl in Tübingen 1954 und ging mit seiner Ehefrau 1970 gemeinsam mit dem Großwildjäger und dessen Frau auf Fotosafari nach Ostafrika. Gmelin ließ keine Gelegenheit aus, seinem Freund öffentliches Lob und Ehre zu erweisen. Bei der erwähnten Geburtstagsfeier Kiehns erklärte er, er könne nur aus »persönlichen Bemerkungen, die Sie mir schon gemacht haben«, erahnen, welch hohes Maß von »menschlichen Enttäuschungen« nach Kriegsende über Kiehn »hereingebrochen« sei, wie viel »Missgunst, Neid und Schadenfreude, bis der Neubeginn gelungen war«.[15]

---

15 Hans Gmelins Festansprache zu Fritz Kiehns 85. Geburtstag, 16.10.1970, StadtA
   Tübingen, A 200/5652; Berghoff, Rauh-Kühne: Fritz K., S. 226, 234-249, 323, 333 f.;
   Aktennotiz Nr. 62, Abteilung XV, Innenministerium Württemberg-Hohenzollern,

Gmelin musste während seines Lageraufenthalts zeitweise schwere Arbeiten verrichten. Die meisten Internierten, die aus der amerikanischen Zone nach Bisingen überstellt wurden, ließ das französische Militär entweder frei oder nach und nach in das Lager in Balingen bringen. Im Lager Bisingen wurde nur eine kleinere Stammmannschaft aus Internierten aufgebaut, und es diente zur Unterbringung mehrerer Außenarbeitskommandos. Gmelin wurde in ein Kommando eingeteilt, das mit Wasserleitungsbau beschäftigt war. Ihr Einsatzort war der neu angelegte Ehrenfriedhof auf dem Gelände eines früheren Konzentrationslagers in Bisingen.[16] Im Zuge des aussichtslosen Versuchs, Treibstoffalternativen für die deutschen Kriegsanstrengungen zu gewinnen, wurden in den letzten Kriegsmonaten KZ-Häftlinge in Bisingen und anderen Lagern des Unternehmens »Wüste« zu Schwerstarbeit bei der Gewinnung von Ölschiefer gezwungen. Tausende von ihnen wurden dabei ermordet oder starben an den Folgen der schweren Arbeit und der Mangelversorgung.[17]

Gmelin, der Anfang Mai 1948 Kommandoführer seines Arbeitstrupps war, bemühte sich aufgrund der harten Arbeit bei schlechter Ernährungslage auf dem KZ-Friedhof um ein besseres Arbeitskommando. Der Tübinger Transportunternehmer und Schwager Gmelins, Konrad-Dietrich Riethmüller, beantragte Mitte Mai beim deutschen Direktor des Internierungslagers, ihm den Internierten Gmelin als Hilfsarbeiter in Entringen für sein Fuhrunternehmen zur Verfügung zu stellen. Lagerleiter Erfurth war einverstanden, offenbar bestand ein freundschaftliches Verhältnis zu Gmelins und Riethmüllers Schwiegervater Richard Jordan, dem Besitzer der Tübinger Buchhandlung Osiander, dem der Lagerleiter Grüße ausrichten ließ. Jordan war kurz nach Kriegsende ebenfalls für eineinhalb Jahre interniert worden.[18] Gmelin konnte nun als Lkw-Fahrer unter der Woche bei seiner Familie in Entringen wohnen und musste nur am Wochenende ins Lager nach Balingen zurückkehren. Die Wiedervereinigung mit der Familie hielt zunächst aber nicht lange an. Am 10. Juni wurde

---

15.6.1948, StA Sigmaringen, Wü 40 T 9, Nr. 2; Korrespondenz Amtsgericht Balingen und Interniertenlager Balingen, 28.6.1948, ebd., Nr. 32; Amtsgericht Ulm an Interniertenlager Balingen, 12.7.1948, ebd.

16 Bericht Nr. 40, Interniertenlager Balingen Abt. Arbeitseinsatz, 17.3.1948, StA Sigmaringen, ebd., Nr. 76; Interniertenlager Bisingen an Interniertenlager Balingen Abt. Arbeitseinsatz, 15./16.3.1948, ebd., Nr. 78; Berghoff, Rauh-Kühne: Fritz K., S. 226.

17 Christine Glauning: Entgrenzung und KZ-System. Das Unternehmen »Wüste« und das Konzentrationslager in Bisingen 1944/45, Berlin 2006; Daniel Bonnard, Marburg/Winterthur, arbeitet an einer Dissertation zur justiziellen Aufarbeitung von NS-Verbrechen in der französischen Besatzungszone, die sich unter anderem mit Verfahren im Zusammenhang mit dem Unternehmen »Wüste« befasst.

18 Akten-Notiz, Interniertenlager Balingen Abt. Arbeitseinsatz, 7.5.1948, StA Sigmaringen, Wü 40 T 9, Nr. 76; Riethmüller an Direktor des Interniertenlagers Balingen, 12.5.1948, ebd., Nr. 74; Interniertenlager Balingen Abt. Arbeitseinsatz an Riethmüller, 25.5.1948, ebd.; Riethmüller: Geschichte, S. 54 f.

Gmelin völlig überraschend von der französischen Militärpolizei abgeholt und als Zeuge im Wilhelmstraßenprozess vor dem Kriegsverbrechertribunal nach Nürnberg transportiert. Dort verbrachte er erneut einige Wochen in Lagerhaft, weil er sich dem Gericht zur Verfügung halten musste.[19]

Nachdem die beiden Außenminister der NS-Zeit, Konstantin Freiherr von Neurath und Joachim von Ribbentrop, bereits im Hauptkriegsverbrecherprozess 1945/46 vor dem Internationalen Militärtribunal in Nürnberg abgeurteilt worden waren, diente der Nachfolgeprozess Nr. 11, der bald im Deutschen unter dem Namen »Wilhelmstraßenprozess«, im Englischen unter dem Namen »The Ministries Trial« firmierte, der strafrechtlichen Verfolgung verschiedener weiterer Minister und hoher Beamter des NS-Staates. Zudem wurde über mehrere Wirtschaftsvertreter und hochrangige SS-Akteure verhandelt. Unter den insgesamt 21 Angeklagten des unter amerikanischer Leitung geführten Prozesses befanden sich mehrere namhafte Vertreter und Multifunktionäre des NS-Regimes wie Richard Walter Darré und Hans Heinrich Lammers. Aus dem Auswärtigen Amt waren Staatssekretär Ernst von Weizsäcker – als Hauptangeklagter des Prozesses – und sein Nachfolger Gustav Adolf Steengracht von Moyland angeklagt; darüber hinaus der Staatssekretär für besondere Aufgaben Wilhelm Keppler, der Chef der Auslandsorganisation der NSDAP Ernst Wilhelm Bohle, der Leiter der Politischen Abteilung Ernst Woermann und sein Stellvertreter Otto von Erdmannsdorff, der Botschafter zur besonderen Verwendung Karl Ritter sowie Edmund Veesenmayer, der als Bevollmächtigter des Reiches unter anderem in der Slowakei und in Ungarn aktiv war. Obwohl Gmelin selbst Beamter des Auswärtigen Dienstes gewesen war, wurde er als Zeuge zu einem Angeklagten vernommen, der nicht in dieser Behörde tätig gewesen war: zum Chef des SS-Hauptamtes Gottlob Berger. Gmelin konnte vor allem zu zwei Anklagepunkten gegen Berger Informationen beitragen: Erstens wurde er zur Rekrutierung von »Volksdeutschen« für die Waffen-SS in der Slowakei befragt und zweitens zur Wiederaufnahme der Deportationen der slowakischen Juden nach Beginn des Slowakischen Nationalaufstands im Herbst 1944. Darüber hinaus gab er auch eine knappe Beschreibung der Judenpolitik in der Slowakei in den Jahren zuvor zu Protokoll, die in der Forschung zum Holocaust in der Slowakei bis heute recht oft zitiert wird.[20]

---

19 Riethmüller an Interniertenlager Balingen (Erfurth), 12.6.1948, StA Sigmaringen, Wü 40 T 9, Nr. 74.

20 Als zusammengefasstes Affidavit ist Gmelins Aussage als Nürnberger Dokument NG-5921 bekannt. Raul Hilberg verwies darauf bereits in seiner 1961 in den USA erschienenen Pionierstudie: Hilberg: Vernichtung, Bd. 2, S. 791; Šindelářová: Finale, S. 48; Dirk Pöppmann: Im Schatten Weizsäckers? Auswärtiges Amt und SS im Wilhelmstraßen-Prozess, in: Kim Christian Priemel, Alexa Stiller (Hrsg.): NMT. Die Nürnberger Militärtribunale zwischen Geschichte, Gerechtigkeit und Rechtschöpfung,

Gmelins Aussage vor den amerikanischen Anklägern der »Ministries Division« entlastete Berger deutlich, besonders in der Frage der Deportationen 1944. Er erklärte, dass die »Judenfrage« in den militärischen Lagebesprechungen unter Bergers Leitung, denen er beigewohnt hatte, nie thematisiert worden sei. Zudem seien die Interventionen slowakischer Stellen gegen die Behandlung der »Judenfrage«, die er vom Sekretär des Staatspräsidenten, Karol Murín, erhielt, erst nach Bergers Ablösung Anfang Oktober, frühestens Ende September eingegangen. Die Verantwortung für diese Phase der antijüdischen Maßnahmen lastete Gmelin mit dieser Aussage allein dem Chef der Einsatzgruppe H sowie Befehlshaber der Sicherheitspolizei und des SD, Josef Witiska, sowie Bergers Nachfolger Hermann Höfle an. Beide waren zu diesem Zeitpunkt bereits tot. Gmelin gab an, Witiska nach den Judenverfolgungen gefragt zu haben, worauf dieser erklärt habe, »er hätte den Auftrag, alles was verdächtig ist mit den Aufständischen zu sympathisieren zu internieren und nach Sered zu bringen«. Auf Nachfrage der Ankläger, ob sich diese Aufgabe, die Witiska für sich reklamierte, nur auf die Verdächtigen unter den Juden oder auf Juden allgemein bezogen habe, erklärte er: »Sowohl Aufständische, als auch Juden. – Das ist seine Antwort fast wörtlich.«[21]

Gmelin war zunächst von zwei Anklägern vernommen worden, die aus seiner Aussage eine eidesstattliche Erklärung formulierten. Einige Tage später folgte ein Kreuzverhör des Zeugen in der Hauptverhandlung. Gmelin, der angab, vom Gesandten mit der Erforschung der Ursachen des Aufstands in der Slowakei beauftragt worden zu sein, bestritt in der Verhandlung, dass damals die Bezeichnung »Judenaufstand« verbreitet gewesen war. Er sagte, dass sich zwar Juden in allen am Aufstand beteiligten Gruppen befunden hätten, behauptete aber, nie davon gehört zu haben, dass Juden als eigene Formationen oder überhaupt in besonderer Weise im Aufstand in Erscheinung getreten seien. Wie im vorangehenden Kapitel gezeigt werden konnte, wurde in der dienstlichen Kommunikation wie auch in der Öffentlichkeit nicht nur ständig eine besonders hohe Beteiligung von Juden am Aufstand hervorgehoben, sie wurden sogar maßgeblich für dessen Ausbruch verantwortlich gemacht. Auch Gmelin hatte an die Einsatzgruppe H geschrieben, dass ein Slowake, den er hiermit

---

Hamburg 2013, S. 320-352. Ribbentrop wurde zum Tode verurteilt und hingerichtet, Neurath erhielt eine 15-jährige Haftstrafe und wurde 1955 krankheitsbedingt entlassen. Priemel, Stiller: NMT, S. 761 ff., 784-787.

21 Vernehmung Hans Gmelin, 14.6.1948, StA Nürnberg, KV-Anklage, Interrogations, G 45, Bl. 66/1-14; Jens Rüggeberg: Vom Nazi-Diplomaten zum Nachkriegsoberbürgermeister. Hans Gmelin und die Vergangenheit, die nicht vergeht, 2011, URL: http://tuebingen.vvn-bda.de/2017/12/12/vom-nazi-diplomaten-zum-nachkriegs oberbuergermeister-hans-gmelin-und-die-vergangenheit-die-nicht-vergeht/ (letzter Zugriff: 9.2.2018), S. 4 f., StadtA Tübingen, O 1244/02.

denunzierte, »nahe Beziehungen zu den führenden Juden bei den Partisanen« gepflegt habe. Gmelin profitierte in der Situation vor Gericht davon, dass er nur als Zeuge vernommen wurde, sodass eingehendere Nachfragen ausblieben. Das Gericht war daran interessiert, das Verhalten Bergers in den fraglichen Zusammenhängen zu klären. Dementsprechend lag ein Schwerpunkt der Befragung auf dem genauen Zeitpunkt des Eintreffens der ersten Interventionen gegen die Inhaftierung beziehungsweise Deportation slowakischer Juden und ein weiterer auf der Frage, ob von Berger beziehungsweise Höfle zu Witiska ein Weisungsverhältnis bestanden habe – insbesondere bei den von Witiska unternommenen Aktionen gegen Juden. Gmelin sagte aus, dass Witiska befehlsmäßig nicht dem Befehlshaber, sondern direkt dem Reichssicherheitshauptamt unterstanden habe und dementsprechend Interventionen bei Höfle »in Judenfragen keinen Sinn hatten«. Diese Aussage ist zum Teil richtig. Die Befehlshaber der Sicherheitspolizei waren grundsätzlich direkt Berlin unterstellt, wie auch die Einsatzgruppen direkt von dort befehligt wurden. Da aber die Höheren SS- und Polizeiführer – diesen Titel erhielt Berger schon kurz nach seiner Ankunft – einen unmittelbaren Dienstweg zum Reichsführer-SS hatten, waren sie durchaus in der Lage, sich in das Weisungsverhältnis zwischen Reichssicherheitshauptamt und Einsatzgruppe beziehungsweise Befehlshaber der Sicherheitspolizei hineinzudrängen. Das galt sicher in besonderem Maße für Höfle, der Witiska gleich nach seinem Eintreffen in der Slowakei zum Chef seines politischen Stabs machte.[22]

Ein weiterer zentraler Punkt der Befragung war Bergers Rolle bei der Aufstellung der Waffen-SS-Einheiten. Gmelin berichtete von der Klärung der Freiwilligenmeldungen zur Waffen-SS, die die Slowakei zuvor als Desertionen betrachtet habe. Zudem erklärte er, dass die Volksgruppe es ihren Angehörigen zur »moralischen Pflicht« gemacht habe, sich freiwillig zu melden. Darauf folgte ein längerer Klärungsprozess zwischen Anklage und Verteidigung, ob es sich bei den Freiwilligen um Rekruten gehandelt habe, die sich tatsächlich aus freien Stücken gemeldet hatten, oder ob die Bezeichnung »Freiwilliger« wie im amerikanischen militärischen Sprachgebrauch nur ein formaler Titel, vergleichbar dem »volunteer«, sei, der mit der Geisteshaltung der so bezeichneten Rekruten nicht deckungsgleich sein müsse. Nachdem klargestellt worden war, dass es den formalen Titel »Freiwilliger« im Deutschen nicht gibt und demzufolge alle durch eine Wehrpflicht Eingezogenen keine Freiwilligen sein können, legte Gmelin dar, dass es später ein Abkommen über die »volksdeutsche« Wehrpflicht in der Waffen-SS mit der Slowakei gegeben habe, das aber – wie er betonte – reziprok gewesen sei. Er erwähnte nicht, dass dieser Passus nur aus »kosmetischen Gründen« in den Vertrag aufgenommen wurde und die Slowa-

22 Banach: Elite, S. 209-212.

kei keine Anstalten machte, »Volksslowaken« deutscher Staatsangehörigkeit in ihre Wehrmacht einzuziehen. Ebenso verschwieg er seine eigene Rolle bei der Verfolgung der »Drückeberger« und entlastete Berger in einer weiteren Frage: Der Ankläger wollte im Protokoll vermerken lassen, dass Gmelin fälschlicherweise mehrfach »Letsch« gesagt hatte, obwohl das betreffende Schriftstück von Berger stamme. Daraufhin erklärte Gmelin, dass das Dokument dennoch auf Letsch – der im Krieg gefallen war – zurückgehe. Der Vorgesetzte sei »nach der deutschen Vorstellung der Unterstellung […] immer berechtigt für das, was in seinem Bezirk, seiner Zuständigkeit vorgeschlagen wird […] das Wort ›Ich‹ zu gebrauchen, wenn er nach oben berichtet«. Allerdings nur, wie Gmelin auf Nachfrage bestätigte, wenn der Vorgesetzte den Vorschlag auch guthieß.[23]

Berger wurde vom Vorwurf der Mithilfe bei der Ermordung der slowakischen Juden freigesprochen, wobei das Gericht Gmelins positive Stellungnahme zur Rolle Bergers im Urteil nicht erwähnte. Aufgrund anderer Anklagepunkte wurde der ehemalige Chef des SS-Hauptamts allerdings für schuldig befunden und erhielt die höchste Strafe des elften Nürnberger Nachfolgeprozess. Seine Haftzeit wurde vom amerikanischen Hohen Kommissar John J. McCloy zunächst von 25 Jahren auf zehn verringert, und schließlich wurde Berger aufgrund guter Führung bereits 1951 in die Freiheit entlassen.[24]

In der Hauptverhandlung des Wilhelmstraßenprozesses hat sich niemand für die Details von Gmelins Erzählung zu den Interventionen für Juden interessiert, die er auf Bitten der slowakischen Stellen an Witiska gegeben hatte. Nur dem Zeitpunkt von deren Eintreffen schenkten die Ankläger Beachtung. In der vorangegangenen Vernehmung durch die beiden Anklagevertreter hatte Gmelin aber erwähnen können, dass von etwa 600 Interventionen, die er vorgebracht habe, an die 200 erfolgreich gewesen seien. Gmelin beharrte nach der Vernehmung vehement darauf, dass er dringend eine Kopie des gesamten Protokolls brauche, weil er noch vor der Entnazifizierung stehe und den Nachweis führen können müsse, dass gegen ihn nichts Belastendes vorliege. Sein Abtransport nach Nürnberg habe »bei der Spruchkammer grosses Aufsehen erregt«, und er sei dadurch »in den Geruch eines Kriegsverbrechers gekommen«.[25]

In der Tat hatte die französische Militärregierung auf die amerikanische Anforderung Gmelins für den Wilhelmstraßenprozess mit einer Verschärfung seines Internierungsstatus reagiert. Mit der Übernahme des Lagers Balingen

23 Zeugenvernehmung Hans Gmelin, Militärgerichtshof IV, 18.6.1948, StA Nürnberg, KV-Prozesse, Fall 11, A87, Bl. 9441-9486.
24 Pöppmann: Schatten, S. 323, 345 f.; Das Urteil im Wilhelmstraßen-Prozess, mit Einführungen von Robert Kempner und Carl Haensel, Schwäbisch Gmünd 1950, S. 115 f.
25 Zwei Vernehmungen Hans Gmelins, 15.6.1948, StA Nürnberg, KV-Anklage, Interrogations, G 45, Bl. 66/15 ff.

in deutsche Verwaltung im Herbst 1947 wurden Kategorien eingeführt, nach denen entschieden wurde, ab wann aus welcher Gruppe von Internierten Personen entlassen werden könnten. Gruppe I umfasste Internierte, die als »gering belastet« eingeschätzt wurden und daher nach Auffassung der Überprüfungskommission aus Vertretern der Parteien und Gewerkschaften »keine Gefahr für die öffentliche Sicherheit darstellen«. Diese Personen schlug die Kommission der französischen Militärregierung zur Entlassung vor. Zu Gruppe II zählten Inhaftierte, »deren politische Betätigung eine schärfere Beurteilung bedingt und die dadurch erst in zweiter Linie zur Entlassung vorgeschlagen werden können«. In die dritte und letzte Gruppe wurden Internierte eingeordnet, »deren Belastung eine Entlassung jetzt noch nicht ermöglicht«. Darunter fielen alle hauptamtlich Tätigen in der Partei und ihren Gliederungen. Personen, »die durch ihre berufliche Tätigkeit einen Rang verliehen bekamen [...] der dem Offiziersrang entsprach«, seien im Einzelfall zu überprüfen und angemessen einzustufen.²⁶ Die Gruppe III wurde nachträglich auf Anordnung der Militärregierung erneut unterteilt. Alle SS-Angehörigen, egal ob aktiv, ehrenhalber oder später ausgetreten, waren in die Liste III b einzureihen. Die Liste III c umfasste alle Internierten, die irgendwann, auf welche Weise auch immer, mit dem SD oder der Gestapo zu tun hatten oder im Elsass tätig waren. Die Angehörigen der Liste III c würden voraussichtlich als Belastete entnazifiziert werden. Alle weiteren Internierten der Gruppe III waren in der Liste III a erfasst.²⁷

Diese Einteilung hatte noch nichts mit der eigentlichen Entnazifizierung zu tun, wenn auch die Zuordnung der Internierungskategorie vom jeweiligen Kreisuntersuchungsausschuss (KRUA) des Heimatkreises des Internierten vorgenommen werden sollte und sie die grundsätzliche Reihenfolge (von leichten zu schweren Belastungsfällen) der Entnazifizierungsverfahren festlegte. Für den Kreis Tübingen erledigte die Einteilung Landrat Hermann Zahr, da der dortige Kreisuntersuchungsausschuss zu jenem Zeitpunkt keinen Vorsitzenden hatte.²⁸ Gmelin wurde von Zahr – mit dem er als Oberbürgermeister in späteren Jahren noch viel zusammenarbeiten sollte – der Liste III a zugeordnet. Dies erfolgte aus formalen Gründen, denn als Standartenführer in der SA hatte Gmelin einen hohen Offiziersdienstgrad inne, der dem Oberst im Militär entsprach. Kurz bevor er an seiner Arbeitsstelle abgeholt und nach Nürnberg

---

26 Aktennotiz Nr. 4, Hauptabteilung VI, Landesdirektion des Innern Württemberg-Hohenzollern, 14.5.1947, StA Sigmaringen, Wü 40 T 9, Nr. 2.

27 Vermerk Abteilung XV, Innenministerium Württemberg-Hohenzollern, 8.6.1948, ebd., Nr. 13.

28 Vermerk Abteilung XV, Innenministerium Württemberg-Hohenzollern, 10.2.1948, ebd., Nr. 53; Einleitende Bemerkungen zur Pressebesichtigung des Lagers Balingen, Innenministerium Württemberg-Hohenzollern, 13.1.1948, ebd., Nr. 13. Zur Arbeit der KRUAS s. Henke: Säuberung, S. 48-56.

gebracht wurde, ordnete die Militärregierung an, dass Gmelin auf die Liste III c zu setzen sei. Damit gehörte er der für ihn ungünstigsten Kategorie unter den Zivilinternierten an, was seine Entlassung zunächst in weite Ferne rücken ließ. Sein Außendienst bei Riethmüller war dadurch nicht gefährdet, und er konnte ihn nach seiner Rückkehr aus Nürnberg fortsetzen.[29]

Zum Zeitpunkt von Gmelins Verlegung in die französische Besatzungszone in Württemberg-Hohenzollern war das »südwürttembergische Entnazifizierungsmodell« bereits Geschichte. An keinem anderen Ort im besetzten Deutschland war in so kurzer Zeit »eine so umfassende politische Überprüfung möglich gewesen […] wie in Württemberg-Hohenzollern«.[30] Das südwürttembergische Modell ging maßgeblich auf Vorschläge zurück, die das Staatssekretariat von Württemberg-Hohenzollern unter der Leitung von Carlo Schmid der französischen Militärregierung im Frühjahr 1946 unterbreitet hatte. Im Unterschied zum System der Spruchkammern, das gleichzeitig in der amerikanischen Zone eingeführt wurde, war das Verfahren in Südwürttemberg nicht gerichtsähnlich, sondern ein reines Verwaltungsverfahren. Es trug damit der Vorstellung Rechnung, dass die Säuberung eine explizit politische und keine juristische Angelegenheit sei. Der Staatskommissar für die politische Säuberung, zu dem der Reutlinger NS-Gegner und Sozialdemokrat Otto Künzel ernannt wurde, entschied über alle zu treffenden Maßnahmen in den Verfahren, die allerdings erst nach Rücksprache mit der Militärregierung Gültigkeit erhielten. Die Kreisuntersuchungsausschüsse hatten nur Ermittlungen zu den einzelnen Tatbeständen anzustellen und Empfehlungen zu geben. Dieses südwürttembergische System hatte im Ergebnis objektive Vorteile. Die Entnazifizierung ging nicht nur schneller vonstatten, sie war zumeist auch gründlicher und gerechter – zumindest was die Ebene der staatlichen Verwaltung anbelangte – als in anderen Regionen Deutschlands. Mit der Zeit mehrten sich jedoch die Stimmen, die eine Angleichung aller Entnazifizierungsmodelle in den westlichen Besatzungszonen forderten. Mit der Übernahme des US-amerikanischen Systems der Spruchkammerverfahren im Herbst 1947 begann auch in Südwürttemberg die »monströse Rehabilitierungskampagne«, die bereits in der amerikanisch besetzten Zone im Gange war. Alle Entscheidungen in den vorangegangenen »Künzel-Bescheiden« wurden revidiert und vor den nun eingerichteten deutschen Spruchkammern neu verhandelt. In der überwiegenden Mehrheit der Fälle ist auch hier der Begriff der »Mitläuferfabriken« gerechtfertigt.[31]

29 Abt. XV im Innenministerium an den Vorsitzenden des KRUA Tübingen, 5.6.1948, StA Sigmaringen, Wü 40 T 9, Nr. 53.

30 Henke: Säuberung, S. 118.

31 Lutz Niethammer: Entnazifizierung in Bayern. Säuberung und Rehabilitierung unter amerikanischer Besatzung, Frankfurt am Main 1972, S. 654; Henke: Säuberung, S. 80-87, 118-125.

Im Internierungslager Balingen fanden zu keinem Zeitpunkt Maßnahmen zur »staatsbürgerlichen Umerziehung« statt,[32] allerdings wurden 1948 Vorträge aller politischen Parteien veranstaltet. Zu diesem Zeitpunkt war die grundsätzliche Kritik der meisten Deutschen an der Internierung und Entnazifizierung bereits weitgehend einhellig. Das lag nicht nur daran, dass die Bevölkerung die Besatzung allgemein als Unrecht empfand, sondern auch an den französischen Besatzungsbehörden, die durch ihre mehrfachen Richtungswechsel und teils als willkürlich empfundenen Eingriffe in die Entnazifizierung diese Ablehnung verstärkten. Auch die KPD-Vertreterinnen und -Vertreter, die bei ihrer Veranstaltung in Balingen damit konfrontiert wurden, dass ihre Partei 1945 »die Triebfeder zu der Verhaftung der meisten Internierten« gewesen sei, vertraten die Auffassung, dass alle »kleinen Pg.[33] entlassen, die grossen Pg. durch Spruchkammern abgeurteilt werden« sollten. Diese Formulierung beinhaltete bereits die weitverbreitete Kritik an der Entnazifizierung, der zufolge »Kleine« bestraft, »Große« jedoch laufen gelassen würden. Offene Kritik an der Militärregierung und dem Staatsministerium war bei den Vorträgen im Lager allerdings verboten. Im persönlichen Gespräch mit dem Beauftragten des Innenministeriums fragte eine Vertreterin der KPD sogar nach den geplanten Entschädigungsmaßnahmen für die Internierten. In der Meldung an seine Vorgesetzten merkte der Lagerbeauftragte des Innenministeriums an, dass die Festsetzung einer Entschädigung für die Internierten sicher auf Widerstand bei den politisch Verfolgten des »Dritten Reiches« stoßen werde, immerhin sei über die Höhe der Entschädigungen für ehemalige KZ-Häftlinge noch immer nicht entschieden worden. Die Bemerkungen der KPD-Vertreterin entsprächen aber deren öffentlichkeitswirksamen Bemühungen um die Internierten in der letzten Zeit.[34]

Nach einer Besichtigung des Balinger Lagers durch Pressevertreter wurde auch in Zeitungen unterschiedlicher politischer Richtungen die Auffassung geäußert, dass die Internierung einerseits keine Aussicht auf Besserung der Internierten mit sich bringe und andererseits nur wenige der Internierten tat-

---

32 Berghoff, Rauh-Kühne: Fritz K., S. 226; Aktennotiz Nr. 4, Hauptabteilung VI, Innenministerium Württemberg-Hohenzollern, 14.5.1947, StA Sigmaringen, Wü 40 T 9, Nr. 2.

33 »Parteigenossen« der NSDAP.

34 Vermerk Abteilung XV, Innenministerium Württemberg-Hohenzollern, 31.5.1948, StA Sigmaringen, Wü 40 T 9, Nr. 16; Aktennotiz Nr. 60, Abteilung XV, Innenministerium Württemberg-Hohenzollern, 7.6.1948, ebd., Nr. 2; »Stacheldraht, Baracken, Wachmannschaften«, in: Das Heimatecho, 16.1.1948; Cornelia Rauh-Kühne: Die Unternehmer und die Entnazifizierung der Wirtschaft in Württemberg-Hohenzollern, in: Dies., Michael Ruck (Hrsg.): Regionale Eliten zwischen Diktatur und Demokratie. Baden und Württemberg 1930-1952, München 1993, S. 304-331, hier: S. 327-331; Conze: Suche, S. 31.

sächlich belastet seien. Die sozialdemokratische Zeitung *Der Württemberger* ging so weit, die Internierungslager in einem Atemzug mit deutschen Konzentrationslagern zu nennen. Es gebe »wohl keinen Fall [...] in dem die angeblich zur Erziehung eingerichteten Nazi-KZ aus einem Antifaschisten einen überzeugten Nazi gemacht hätten«. Stattdessen, so die SPD-Zeitung, haben diese Lager »Schimpf und blutige Schande über den deutschen Namen« gebracht. Es sei aus diesem Grund »ein bedrückendes Gefühl, daß die stacheldrahtumzäunten Lager nicht mit dem fluchbeladenen Regime zugleich auf immer von deutschem Boden verschwunden sind«.[35]

Diese Interpretation sprach bereits Bände über die Ansichten über den Nationalsozialismus, die bald nach Kriegsende um sich griffen. In dem zitierten Artikel wurde zwar noch darauf hingewiesen, »daß es heute die Amtsträger jener Macht sind, die etwas davon am eigenen Leibe verspüren, was sie früher für die Gegner ihrer ›Weltanschauung‹ für richtig befanden«. Zugleich wurde dabei aber der qualitative Unterschied zwischen Internierung und KZ-Haft eingeebnet. In diesem sozialdemokratischen Artikel werden drei Ebenen der Deutung des Nationalsozialismus deutlich, die in der unmittelbaren Nachkriegszeit enorme Wirkung entfalteten: erstens eine erstaunliche Abwesenheit des Rassismus als zentrales Charakteristikum des Nationalsozialismus, dabei dienten die Konzentrationslager doch nicht zuletzt auch der rassistischen Verfolgung, deren Opfer keineswegs zur »Erziehung« dorthin gebracht wurden; zweitens die Vorstellung, der Nationalsozialismus habe im Wesentlichen versucht, Zustimmung zu erzwingen und sich nicht – bei gleichzeitiger Beseitigung seiner Gegner – auf eine breite freiwillige Zustimmung stützen können; und drittens die Auffassung, dass der Nationalsozialismus eine Art Oberflächenphänomen gewesen sei, das im Mai 1945 »mit dem fluchbeladenen Regime« so schnell verschwand, wie es 1933 aufgetaucht war.

Diese Deutungsschemata spielten in den Entnazifizierungsverfahren bereits eine wichtige Rolle. Für das Lager Balingen wurden Sonderspruchkammern eingerichtet, die diejenigen Internierten einer Entnazifizierung unterziehen sollten, die zunächst nicht entlassen und daher nicht von den Spruchkammern ihrer Heimatkreise entnazifiziert wurden. Die erste Lagerspruchkammer nahm im November 1947 ihre Arbeit auf. Im April des folgenden Jahres wurde ihr eine zweite und im Juni eine dritte zur Seite gestellt. Grundsätzlich sollten zunächst die leichteren und dann die schwereren Belastungsfälle behandelt werden, zunächst also die Gruppen I, II und dann die Gruppen III a, III b und zuletzt die Gruppe III c. Obwohl die Reihenfolge der Verhandlungen im Prinzip klar geregelt war, wurde sie immer wieder missachtet. Das dürfte zum

---

35 Der Weg zur Demokratie, in: Der Württemberger, 17.1.1948, StA Sigmaringen, Wü 40 T 9, Nr. 13.

Teil organisatorische, oft auch politische Gründe gehabt haben. Ganz sicher spielten dabei aber persönliche Verbindungen eine Rolle.[36] Gmelin sollte nun seine Bekanntschaft mit Viktor Renner zugutekommen. Sein ehemaliger ausbildender Richter war inzwischen Innenminister Württemberg-Hohenzollerns, bekam Kenntnis von seiner Lage und verfolgte die Verhandlung seines Falls persönlich. Gmelins Spruchkammerverfahren begann bereits in Ludwigsburg in der amerikanischen Zone. Die ersten Ermittlungen ergaben, dass seine Personalakten nicht zu beschaffen waren. Aus seiner Personalakte im Justizministerium in Stuttgart konnten nur Abschriften von Dienstzeugnissen zur Verfügung gestellt werden. Umfangreiche Dokumente zu seiner Arbeit vor und während des Auswärtigen Dienstes lagerten in den Personalakten des Auswärtigen Amts und waren nicht zugänglich.[37] Daher stützte sich die Spruchkammer im Wesentlichen auf Gmelins Selbstauskunft und Erklärungen von Personen, die mit ihm bekannt waren. Im ersten Ermittlungsbericht im August 1947 tauchte eine Stellungnahme eines Richters am Landgericht Stuttgart auf, den der zuständige Ermittler, ein Tübinger Polizeioberkommissar, eher zufällig ausfindig gemacht hatte. Der Oberlandesgerichtsrat sagte aus, Gmelin zwar nicht persönlich zu kennen, aber mit der Familie Gmelin in Tübingen gut bekannt zu sein. Diese sei mit dem Nationalsozialismus »sehr verwachsen« gewesen, was sich auch daran zeige, dass der Bruder von Hans Gmelin »in der Reichsstudentenführung eine hervorragende Rolle« gespielt habe. Genauso habe Hans Gmelin sich »in hohem Maße politisch betätigt, wie aus seinem aussergewöhnlich schnellen Aufstieg hervorgeht und durch die verschiedenen Aemter und Dienstgrade der NS-Gliederungen ersichtlich ist«.[38]

Diese Aussage war für Gmelin in besonderem Maße gefährlich, weil sie nahelegte, dass er nicht wegen seiner Qualifikation, sondern als Nutznießer

---

36 Tätigkeitsberichte für das 1. und 2. Vierteljahr 1948, Staatskommissariat für die politische Säuberung, 15.4.1948 und 20.7.1948, StA Sigmaringen, Wü 40 T 9, Nr. 3; Einleitende Bemerkungen zur Pressebesichtigung des Lagers Balingen, Innenministerium Württemberg-Hohenzollern, 13.1.1948, ebd., Nr. 13.

37 Sämtliche verfügbaren Akten des Politischen Archivs des Auswärtigen Amts, die unmittelbar nach Kriegsende in einem Außenlager im Harz aufgefunden wurden, waren von Amerikanern und Briten beschlagnahmt worden und befanden sich 1947 in der Auswertung und Verfilmung. Im Herbst 1948 wurden sie schließlich nach Whaddon Hall in England außer Landes gebracht. Die Personalunterlagen des Amtes waren zwar unter den ersten Akten, die zurückgegeben wurden, dies geschah aber erst zum Neuaufbau des Auswärtigen Amts und zudem sehr lückenhaft ab dem Jahreswechsel 1950/51. Von einer eigentlichen Aktenrückgabe kann erst ab 1956 gesprochen werden. Astrid M. Eckert: Kampf um die Akten. Die Westalliierten und die Rückgabe von deutschem Archivgut nach dem Zweiten Weltkrieg, Stuttgart 2004, S. 9 f., 77 ff., 116 f., 160-170.

38 HStA Stuttgart, EA 4/150, Bü 416; Ermittlungsbericht zu Hans Gmelin, Spruchkammer Ludwigsburg, 23.8.1947, StA Sigmaringen, Wü 13 T 2, Nr. 2108/068.

aufgrund seiner politischen Konformität in der NS-Zeit beruflich aufgestiegen war. Diese Beurteilung legte eine Entnazifizierung in der Kategorie der Belasteten nahe, die neben der der Hauptschuldigen die einzige Kategorie war, in der nach dem »Gesetz zur Befreiung von Nationalsozialismus und Militarismus« ernsthafte Sanktionen folgten. Belasteten drohten bis zu fünf Jahre Arbeitslager, Einzug des Vermögens, Verlust aller Rechtsansprüche auf Rentenzahlungen und weitere schwerwiegende Einschränkungen.[39]

Aufgrund dieser negativen Aussage wandte sich Helge Gmelin an Innenminister Renner, um für ihren Mann zu intervenieren. Auf einen persönlichen Besuch folgte ein Schreiben, das keinen spezifischen Wunsch an Renner enthielt, sondern eine Richtigstellung des Nutznießervorwurfs. Helge Gmelin schilderte den Lebenslauf ihres Mannes und betonte, dass er seine Stellung als Gesandtschaftsrat »keineswegs seinem Rang in der SA« zu verdanken habe, »sondern seinem beruflichen Können und seinem guten Examen«. Des Weiteren sei er immer tolerant gegenüber Andersdenkenden gewesen, was durch Zeugen bestätigt werden könne, die sie in dem Schreiben nannte. Weitere Entlastungszeugnisse befänden sich im Besitz ihres Mannes. Renner gab die Angaben Helge Gmelins an den Beauftragten seines Ministeriums für das Lager Balingen weiter und erklärte, dass Gmelin früher bei ihm Referendar gewesen sei und die Angaben von dessen Ehefrau den Tatsachen entsprächen: »Ich bitte, das Schreiben zu den Akten des Dr. Gmelin zu geben, damit die falsche Auskunft des Pol. Oberkommissars in Tübingen richtig gestellt wird.«[40]

Es ist erstaunlich, dass Renner, der die Aussage des Richters des Stuttgarter Oberlandesgerichts vor dem Hintergrund seiner persönlichen Kenntnis Gmelins und seiner Examensleistungen korrigierte, den Angaben der Ehefrau volle Richtigkeit attestierte, obwohl er hier derjenige war, der über keinerlei eigenes Wissen über Gmelins Berufung in den Auswärtigen Dienst verfügte. Der von Gmelin als Entlastungszeuge genannte Präsident des Stuttgarter Oberlandesgerichts und Alte Herr der Normannia, Hermann Steidle, war in diesem Punkt präziser. Er gab in seinem kurzen Statement zu Gmelins Person an, dass er nur über dessen Justizdienst in Stuttgart, der in die Jahre 1937 und 1938 fiel, Auskunft geben könne, und machte deutlich, dass Gmelin nationalsozialistischer Gesinnung gewesen sei, er darüber hinaus aber nichts über sein NS-Engagement wisse. Gmelin sei seine Ablehnung der NSDAP bekannt gewesen,

39 Gesetz Nr. 104 zur Befreiung von Nationalsozialismus und Militarismus, 5.3.1946, auszugsweise abgedruckt in: Clemens Vollnhals (Hrsg.): Entnazifizierung. Politische Säuberung und Rehabilitierung in den vier Besatzungszonen 1945-1949, München 1991, Dok. Nr. 78, S. 262-272.
40 Renner an Hackemann, 29.11.1947, StA Sigmaringen, Wü 13 T 2, Nr. 2108/068; Helge Gmelin an Renner, 26.11.1947, ebd.

aber er habe nie wahrgenommen, dass er sich Andersdenkenden gegenüber »gehässig« benommen habe.[41]

In dem »Persilschein« Renners tauchte auch erstmals die fälschliche Zuordnung eines Doktortitels auf, die in dem Entnazifizierungsverfahren danach immer wieder abgeschrieben und nie berichtigt wurde. Der fälschlich zugewiesene Titel dürfte Gmelin im bürgerlichen Südwesten jedenfalls nicht geschadet haben. Verschiedene handschriftliche Notizen deuten darauf hin, dass Renner sich auch nach Gmelins Rückkehr aus Nürnberg und der damit zusammenhängenden Verschärfung seines Internierungsstatus durch die französische Militärregierung im Sommer 1948 erneut für ihn einsetzte. In den Akten des Innenministeriums findet sich ein einzelner handgeschriebener Notizzettel: »Gmelin – Tübingen, LGRat, war Gesandtschaftsrat in Pressburg will mich sprechen«. Es ist nicht eindeutig, wer diesen Zettel geschrieben hat. Infrage kommt der Lagerbeauftragte des Innenministeriums, denkbar wären aber auch Ministerialrat Eschenburg oder Innenminister Renner persönlich.[42]

Aufgrund der Empfehlung des Kreisuntersuchungsausschusses Tübingen vom 13. Juli 1948 entschied die Lagerspruchkammer in Balingen am 5. Oktober, Gmelin als Minderbelasteten einzustufen.[43] Die Minderbelasteten waren eine Bewährungsgruppe, deren Angehörige in fast allen Fällen nach einer gewissen Zeit in die Gruppe der Mitläufer umgestuft wurden. Bis August 1948 ordneten die Lagerspruchkammern in Balingen von 599 verhandelten Fällen nur neun den Belasteten zu, während über 90 Prozent als Minderbelastete entnazifiziert wurden. Nach Abschluss der Entnazifizierung in ganz Württemberg-Hohenzollern waren 79.168 Personen Nichtbetroffene/Unbelastete und 2.627 Entlastete. Ihnen standen 57.303 Mitläufer und nur 235 Minderbelastete, 80 Belastete und acht Hauptschuldige gegenüber.[44]

Gmelin erhielt eine Bewährungszeit von zwei Jahren, in denen er sich nicht politisch betätigen durfte. Das Wahlrecht wurde ihm nicht aberkannt. Anfang November 1950 wurde er zum Mitläufer herabgestuft.[45] Drei Tage nach der Entscheidung der Lagerspruchkammer im Oktober 1948 hatte die Verwaltung des

41 OLG-Präsident Stuttgart Steidle an KRUA Tübingen, 2.6.1948, StA Sigmaringen, Wü 13 T 2, Nr. 2108/068; Mitgliederverzeichnis des Altenvereins der Tübinger Normannia, Teil 1, o. O., 1971, S. 47.
42 Handschriftliche Notiz, Sommer 1948 (aus weiteren Daten auf dem Zettel erschlossen), StA Sigmaringen, Wü 40 T 9, Nr. 3.
43 KRUA Tübingen, 13.7.1948, StA Sigmaringen, Wü 13 T 2, Nr. 2108/068; Sonderspruchkammer für die Internierten des Lagers Balingen, 5.10.1948, ebd.
44 Henke: Säuberung, S. 121 f.; Vermerk Abteilung III B, Innenministerium Württemberg-Hohenzollern, 10.8.1948, StA Sigmaringen, Wü 40 T 9, Nr. 3.
45 Niederschrift, Staatskommissariat für die politische Säuberung, 2.11.1950, StA Sigmaringen, Wü 13 T 2, Nr. 2108/068; Sonderspruchkammer für die Internierten des Lagers Balingen, 5.10.1948, ebd.

Lagers Balingen bereits seine umgehende Freilassung bei der Militärregierung beantragt. Über diesen Schritt informierte der Lagerbeauftragte Innenminister Renner persönlich. Ein außergewöhnlicher Vorgang, der darauf hindeutet, dass Renner seine laufende Unterrichtung über Gmelins Fall veranlasst hatte. Für ein Engagement Renners spricht zudem, dass Gmelins Spruchkammerverfahren aufgrund seiner Einordnung in die Interniertenkategorie III c zwar relativ spät zum Abschluss kam, allerdings noch vor einigen Angehörigen der als geringer belastet geltenden Gruppe III a. Gmelins guter Bekannter Alfred Göhner befand sich Anfang Januar 1949 unter der letzten Handvoll Internierter des Lagers Balingen/Bisingen, die entlassen wurden. Er gehörte der Kategorie III a an und wäre daher vor Gmelin an der Reihe gewesen. Zudem war er als Kreispropagandaleiter, selbst formal betrachtet, weniger belastet als Gmelin, der am 25. November des Vorjahres aus Bisingen entlassen wurde.[46]

Der formale Grund für Gmelins Entnazifizierung als Minderbelasteter war sein hoher Dienstgrad in der SA, der bereits zu seiner Einstufung in die Gruppe III der Internierten geführt hatte. In seinem Wahlkampf zur Oberbürgermeisterwahl in Tübingen einige Jahre später behauptete Gmelin, dass dieser hohe Dienstgrad sich in erster Linie aus seinen »sportlichen Erfolgen als Leichtathlet, Fünfkämpfer und Wehrsportler« nach der »politischen Entmachtung« der SA erkläre. Dieses Entlastungsnarrativ war ihm von offizieller Seite, nämlich vom Tübinger Kreisuntersuchungsausschuss, abgesegnet worden. In seiner Beschlussempfehlung ging dieser nach dem Ausschlussprinzip vor. Als SA-Standartenführer gelte Gmelin als Aktivist und daher als belastet. Seine Stellung als Gesandtschaftsrat stelle allerdings keine Grundlage dafür dar, ihn als Hauptschuldigen zu betrachten. Der Gesandtschaftsrat stehe seiner vormaligen Dienststellung als Landgerichtsrat im Justizdienst gleich. Dementsprechend sei nur zu prüfen gewesen, ob er diese Stellung als Nutznießer erreicht habe. Es bestehe zwar kein Zweifel daran, dass sein hoher SA-Rang bei seiner Berufung in den Auswärtigen Dienst eine Rolle gespielt habe, ausschlaggebend sei aber seine hohe fachliche Eignung gewesen. In keinem Fall sei er nur aufgrund seiner Zugehörigkeit zur NSDAP in diese Stellung gelangt. Die Stellung als Standartenführer werde wiederum dadurch abgeschwächt, dass er »ein hervorragender Sportler war und sich bei Wettkämpfen auszeichnete«, was zu seiner schnellen Beförderung in der SA geführt habe. Gmelin sei ein Mensch »von untadeligem, sauberem Charakter« und habe in seiner Eigenschaft als

---

46 Sonderspruchkammer für die Internierten des Lagers Balingen, 5.10.1948, StA Sigmaringen, Wü 40 T 9, Nr. 53; Innenministerium Württemberg-Hohenzollern, Abteilung III B an KRUA Tübingen, 27.11.1948, ebd.; Innenministerium Württemberg-Hohenzollern, Abteilung III B an KRUA Tübingen, 17.1.1949, ebd.; Angaben des Internierten Göhner, o. D., ebd.; Abschlussbericht für das Interniertenlager Balingen, 31.1.1949, StA Sigmaringen, ebd., Nr. 3.

Gesandtschaftsrat »viel Gutes getan«. Er habe beispielsweise »die Freilassung verschiedener Slowaken, die in KZ-Lager verbracht worden sind, erreichen können«. Gmelin sei zwar ein »überzeugter Nationalsozialist« gewesen, der sich zu seiner Gesinnung auch nach außen hin bekannte. Gleichzeitig sei er »aber trotzdem gegen die Fehler und falschen Methoden der NSDAP kritisch eingestellt« gewesen. Er sei zudem kein Fanatiker gewesen, »sondern glaubte nur durch positive Arbeit erreichen zu können, dass die Partei wieder in gemässigte und vernünftige Bahnen kommen könne«. Aufgrund seiner »charakterlichen Qualitäten« erscheine er dem Kreisuntersuchungsausschuss »einer milderen Beurteilung würdig«. Es könne erwartet werden, »dass er nach Bewährung in einer Probezeit seine Pflichten als Bürger eines friedlichen, demokratischen Staates erfüllen wird«.[47] Der Kreisuntersuchungsausschuss hatte im Mai 1948 verschiedene Personen angeschrieben, die Gmelin größtenteils selbst als Zeugen vorgeschlagen hatte. Sie wurden gebeten, »Auskunft zu geben, ob sich Dr. Gmelin sehr stark für den Nationalsozialismus eingesetzt hat insbesondere, ob er Propaganda für die NSDAP betrieben und ob er sich Andersdenkenden gegenüber gehässig benommen hat«.[48]

An all diesen Formulierungen wird deutlich, dass die Kategorien, anhand deren die deutschen Spruchkammern nach 1945 die Entnazifizierung besorgten, sich deutlich von dem unterscheiden, was die historische Forschung heute über die Involvierung einzelner Akteure in den Nationalsozialismus weiß. Die zitierten Stellen zeigen aber auch, dass es nicht Ziel der Entnazifizierung war, juristische Schuld nachzuweisen oder gar zu verstehen, wie es zu den Verbrechen des Nationalsozialismus hat kommen können. Das Ziel bestand ursprünglich in einer explizit politischen Säuberung, der Fokus verschob sich aber schon bald nach Beginn der Entnazifizierung auf die Absicht, die mehr oder weniger Belasteten möglichst bald wieder als »Bürger eines friedlichen, demokratischen Staates« zur Mitarbeit heranzuziehen. Diese Entwicklung wurde zum Teil von den Besatzungsmächten mitgetragen, blieb vor allem aber unwidersprochen, was nicht zuletzt auf den beginnenden Ost-West-Konflikt zurückzuführen ist.[49]

Es ist jedoch festzuhalten, dass sich in der Entnazifizierung gebildete Legenden über den Nationalsozialismus in das kollektive Bewusstsein einfraßen und noch Jahrzehnte danach ihre Wirkung entfalteten. Dazu zählt die abwegige Vorstellung aus Gmelins Beurteilung durch den Kreisuntersuchungsausschuss, dass die NSDAP sich irgendwann in ihrer Geschichte einmal in »gemässigte[n] und vernünftige[n] Bahnen« bewegt habe. Ähnlich unhaltbar, aber folgenreich

47 KRUA Tübingen, 13.7.1948, StA Sigmaringen, Wü 13 T 2, Nr. 2108/068.
48 KRUA Tübingen an OLG-Präsident Stuttgart Hermann Steidle, 28.5.1948, ebd. Weitere Anschreiben ebd.
49 Cornelia Rauh-Kühne: Die Entnazifizierung und die deutsche Gesellschaft, in: Archiv für Sozialgeschichte, 35 (1995), S. 35-70, hier: S. 56-58, 64.

war die Auffassung, dass ein Mensch »von untadeligem, sauberem Charakter« keine Verantwortung oder Mitverantwortung für fürchterliche Gewalttaten tragen könne. Die starke Fokussierung auf Nutznießer, die nur aufgrund von Parteikonformität in bedeutende Stellungen gelangt seien, verdeckte den Blick darauf, dass es sich gerade bei der Funktionselite des Nationalsozialismus oft um hochqualifizierte Akademiker handelte, die zusätzlich zu ihrer hervorragenden Ausbildung auch im Nationalsozialistischen Deutschen Studentenbund und im SA-Dienst außerordentliche Haltungsnoten erzielten. Der Nationalsozialismus bot gut ausgebildeten jungen Männern Möglichkeiten, »die Grenzen des Machbaren und Kontrollierbaren enorm, vielleicht grenzenlos zu erweitern«, und bezog aus dem »Herstellen uneingeschränkter Verfügbarkeit über die Natur wie über Menschen, über einzelne, Klassen und Völker« einen großen Teil seiner Attraktivität.[50]

Hohe berufliche Qualifikation kann mitnichten als Indiz dafür gelten, dass sich jemand politisch nichts zuschulden hat kommen lassen. Auch einzelne Hilfeleistungen für Kritiker des Nationalsozialismus und seiner Anhänger oder deren moralische Unterstützung sprechen zwar für einen integren Charakter, bedeuten aber keinesfalls, dass sich dieselbe Person nicht an einem anderen Ort, unter anderen Umständen und auf einer eventuell weniger persönlichen Ebene an Verbrechen beteiligte. Es gehörte gerade zum »generationellen Stil« jener nationalsozialistischen Funktionsträger, die nach dem Ersten Weltkrieg politisch sozialisiert worden waren, ihre völkischen und rassistischen Ambitionen nicht mit Emotionalität, sondern mit einer betonten »Sachlichkeit« zu verfolgen. Die in den Entnazifizierungsverfahren eine wichtige Rolle spielende Frage nach einer besonderen »Gehässigkeit« gegenüber Andersdenkenden ging also deutlich am Gegenstand vorbei.[51]

Neben »Persilscheinen« von ehemaligen Kollegen in der Gesandtschaft – wie Kulturattaché Hans Snyckers, Handelsattaché Helmut von Schulmann, Militärattaché Heinrich Becker, Pressereferent Wolfgang Mühlberger und der Leiter der Volkstumsabteilung im Auswärtigen Amt Helmut Triska – erhielt Gmelin durchaus auch positive Stellungnahmen von Personen, die dem Nationalsozialismus schon vor 1945 ablehnend gegenüberstanden. Der Tübinger Postrat Arno Göhring war zu Beginn von Gmelins Studienzeit Vorsitzender der sozialdemokratischen Hochschulgruppe an der Universität Tübingen und bescheinigte ihm Toleranz gegenüber Andersdenkenden. In einer Diskussion, bei der er sich abfällig über Hitler geäußert habe, sei ihm Gmelin gegen Angriffe vonseiten anderer Referendare argumentativ zu Hilfe gekommen. Ebenso wie Gmelin habe auch er damals die Auffassung vertreten, dass Widerstand gegen

---

50 Lüdtke: Funktionseliten, S. 564.
51 Herbert: Best, S. 44 f. und passim.

die NSDAP keinen Sinn habe. Man könne nur abseitsstehen oder versuchen, in eine einflussreiche Position zu gelangen, um das Feld nicht »Fanatikern« und »Ehrgeizlingen« zu überlassen. In leichtem Widerspruch dazu erklärte Göhring, der in der Debatte über Gmelins Kandidatur als Oberbürgermeister bald auch öffentlich das Wort für ihn ergreifen sollte, dass Gmelin aufgrund seiner sportlichen Gewandtheit in der SA in Positionen gelangt sei, »nach denen er selbst nicht strebte«.[52] Auch der Tübinger Gemeinderat Karl Klett, der in der Weimarer Republik Mitglied der liberalen DDP war, äußerte sich sehr positiv über Gmelin. Klett kannte ihn aus seiner Tätigkeit als Sportlehrer an der Universität, und auch er wusste von einer politischen Auseinandersetzung zu berichten, bei der Gmelin sich für ihn eingesetzt habe.[53] Für eine Stellungnahme zu Gmelin war auch der Justizinspektor Karl Schuster erreichbar. Schuster, der Mitglied der Demokratischen Vereinigung, ein enger Freund Viktor Renners und späterer Gemeinderat war, bestätigte Diskussionen unter den Referendaren, denen er entnommen habe, dass Gmelin »anfänglich ein scharfer Gegner« des Nationalsozialismus gewesen sei. Auch er erklärte, Gmelins Beförderung in der SA sei auf seine sportlichen Erfolge zurückzuführen. Von Gmelin verübte Gehässigkeiten seien ihm nicht bekannt geworden. Er könne aber über die spätere Zeit, »nachdem er Tübingen verlassen hat, insbesondere über seine Tätigkeit in Pressburg [...] naturgemäß nichts angeben«.[54]

Gmelins Unterstützung durch Viktor Renner erscheint nur auf den ersten Blick erklärungsbedürftig. Carlo Schmid hat sich für den ungleich stärker belasteten ehemaligen Referendar und Einsatzgruppenführer Martin Sandberger deutlich weiter aus dem Fenster gelehnt.[55] Für Renner und Schmid zählte, wie für die meisten anderen Deutschen nach dem Krieg, allein das Hier und Jetzt. Retrospektiv erscheinen die Schwierigkeiten, in denen sich die Mehrheit der deutschen Bürger nach 1945 befand, vernachlässigbar im Vergleich zu dem Leid, das ihr politisches Verhalten oder Nichtverhalten vor 1945 über andere Menschen brachte. Das bedeutet jedoch nicht, dass die menschliche Not von Familien, die teilweise seit Jahrzehnten miteinander bekannt waren, nicht auch über politische Meinungsunterschiede hinweg zur persönlichen Unterstützung motivierte. Dabei kam es offenbar nicht darauf an, warum jemand in Schwierigkeiten geraten war. Gerade unter württembergischen Beamten ist dieses Verhalten kaum überraschend. Seit Jahrhunderten herrschte dort eine ausge-

---

52 Arno Göhring an KRUA Tübingen, 12.7.1948, StA Sigmaringen, Wü 13 T 2, Nr. 2108/068.
53 Erklärung Karl Klett, 14.6.1948, ebd.
54 Aktennotiz zu mündlicher Erklärung von Karl Schuster, 3.6.1948, ebd.; Dankesrede Viktor Renners zur Verleihung des Ehrenbürgerrechts, Gemeinderats-Protokoll, 21.6.1965, StadtA Tübingen, A 200/379.
55 Vgl. Frei: Vergangenheitspolitik, S. 298 ff.

prägte Klientelwirtschaft. Man kannte sich, man blieb weitgehend unter sich, und man legte sich gegenseitig keine Steine in den Weg. Aus welchem anderen Grund sollte Gmelin Hermann Steidle als Entlastungszeugen benennen, der ihn offensichtlich kaum kannte. Steidle war alter Normanne, aber kein Freund des Nationalsozialismus, sein Wort als Präsident des Oberlandesgerichts hatte Gewicht, und er war ganz sicher gut mit Gmelins Vater bekannt, der vier Jahre vor ihm Mitglied der Normannia wurde und auch nach dem Studium der Aktivitas verbunden blieb.[56]

Wie auch die Empfehlung des Kreisuntersuchungsausschusses belegt, waren Zeugnisse zu Gmelins Interventionen gegen Festnahmen von Slowaken und Juden während des Nationalaufstands in der Slowakei das wirkungsvollste Entlastungsargument. Eine deutsche Bibliothekarin aus Pressburg berichtete der Spruchkammer von Gmelins Engagement für zwei slowakische Brüder, die aufgrund des Verdachts, dass sie Juden seien, festgenommen wurden. Er habe ihre Freilassung nach sechswöchiger Haft in Sereď erreicht.[57] Besonders auf die bereits erörterte eidesstattliche Erklärung von Karol Murín, der sich zu dieser Zeit in Braunau am Inn aufhielt, wies Gmelin in einer Eingabe an die Spruchkammer zu seiner Verteidigung hin. Diese hob Muríns Aussage dann in ihrer Entscheidung hervor, wenn sie auch Gmelins vorgebrachtem Wunsch nicht folgen wollte: Er hatte die Kammer gebeten zu prüfen, ob seine »Hilfeleistungen für politisch Verfolgte [...] nicht den Tatbestand der *Entlastung* [...] erfüllen«.[58]

Ein Jahr später versuchte Gmelin, auch seinen ehemaligen Vorgesetzten Hanns Ludin vor einer deutschen Spruchkammer mit dem Hinweis auf Interventionen zu entlasten. Ludin habe sich in der Slowakei »keinerlei Verbrechen gegen das Völkerrecht oder die Humanität zuschulden kommen« lassen. Er gelte bis heute »bei den verschiedensten Menschen aller Nationen und unterschiedlicher politischer Einstellung als Typ eines persönlich sauberen, um Gerechtigkeit und Humanität ernstlich bemühten Mannes«.[59] Ludin war inzwischen seit zwei Jahren tot. Er war, nachdem er sich in Österreich den Amerikanern gestellt hatte, zunächst im amerikanischen Internierungslager Natternberg festgehalten worden. Dort traf er den Freikorps-Schriftsteller Ernst von Salomon, der in der Zwischenkriegszeit der nationalistischen Terrorgruppe

---

56 Mitgliederverzeichnis des Altenvereins der Tübinger Normannia, Teil 1, o. O., 1971, S. 44, 47.

57 Eidesstattliche Erklärung E. L., 7.10.1947, StA Sigmaringen, Wü 13 T 2, Nr. 2108/068.

58 Sonderspruchkammer für die Internierten des Lagers Balingen, 5.10.1948, ebd.; Eidesstattliche Erklärung Karol Murín, 19.7.1948, ebd.; Gmelin an Sonderspruchkammer für das Interniertenlager Balingen, 28.9.1948, ebd.

59 Niederschrift, Staatskommissariat für die politische Säuberung, 23.11.1949, StA Sigmaringen, Wü 13 T 2, Nr. 2660/054.

Organisation Consul angehört hatte. Die beiden freundeten sich an, und von Salomon setzte Ludin bald darauf ein schriftstellerisches Denkmal in seinem Bestseller *Der Fragebogen*. Er gab Ludin darin die Rolle des heimlichen Helden und Prototyps des »sauber gebliebenen Nazis«. Der ehemalige Gesandte war im Oktober 1946 an die Tschechoslowakei ausgeliefert, am 3. Dezember 1947 zum Tode verurteilt und wenige Tage später hingerichtet worden.[60]

Sein Freund, der Jurist Hans Gmelin, versuchte vor der Spruchkammer im November 1949, die Rechtmäßigkeit des Urteils zu entkräften. Das Urteil habe auf der Konstruktion beruht, dass die Slowakei kein legitimes Staatswesen gewesen sei und die Tschechoslowakei völkerrechtlich zwischen 1939 und 1945 weiterexistiert habe. Nur dadurch sei es möglich geworden, einen Diplomaten anzuklagen. Gmelin argumentierte, dass eine Reihe von Staaten die Slowakische Republik anerkannt hatte, dass der Vatikan und die Sowjetunion (zumindest bis Sommer 1941) dort Vertretungen unterhielten. Im Einzelnen sei Ludin aufgrund von vier Anklagepunkten verurteilt worden, referierte Gmelin: »1. Mitwirkung bei der Zwangsverschleppung ausländischer Arbeitskräfte nach Deutschland, 2. Mitverantwortung für Partisanen- und Geiselerschiessungen, 3. Mitwirkung bei der Einberufung Volksdeutscher zur Waffen-SS, 4. Beteiligung an der Ermordung slowakischer Juden.«

Ohne das tschechoslowakische Urteil im Einzelnen bewerten zu wollen, kann hier auf die vorangehenden Kapitel verwiesen werden, um zu zeigen, dass Ludin und Gmelin gleichermaßen mit allen diesen Anklagepunkten zu tun hatten und an den Vorgängen alles andere als unbeteiligt waren. In seiner Aussage wies Gmelin die alleinige Verantwortung für die einzelnen Vorgänge anderen deutschen Stellen zu: Slowakische Arbeiter seien ausschließlich auf freiwilliger Basis von dem Generalbevollmächtigten Fritz Sauckel angeworben worden, die Einberufung »Volksdeutscher« zur Waffen-SS sei unmittelbar durch die Waffen-SS erfolgt, Partisanen- und Geiselerschießungen seien während des Aufstands unter alleiniger Verantwortung des militärischen Befehlshabers geschehen, die zivile Verwaltung sei zu diesem Zeitpunkt vollständig ausgeschaltet gewesen. Zum letzten Anklagepunkt – der Beteiligung an der Ermordung slowakischer Juden – sagte Gmelin zunächst, dass Ludin auch hieran nicht mitgewirkt habe. Er habe sich vielmehr bemüht, Juden von der Verschickung nach Polen auszunehmen. Er könne darüber besonders gut Auskunft geben, weil er Ludin sehr viele Fälle persönlich vorgetragen habe und »Ludin sich stets darum bemüht hat, den slowakischen Juden zu helfen«. Damit machte Gmelin die Interventionen slowakischer Stellen auch zum Entlastungsnarrativ für seinen

---

60 Senfft: Schweigen, S. 165-170; Ernst von Salomon: Der Fragebogen, Hamburg 1951, S. 394-399, 716-806; Knipping: s. v. Ludin.

verstorbenen Freund und Vorgesetzten Ludin. Die Wirkung dieser Erzählung auf die Witwe und die Nachkommen Ludins ist in dem viel beachteten Film 2 ODER 3 DINGE, DIE ICH VON IHM WEISS, den Ludins jüngster Sohn Malte Ludin 2005 veröffentlicht hat, zu beobachten. Er setzt sich darin mit seinen Geschwistern und weiteren Familienangehörigen über das Vermächtnis seines Vaters auseinander. Die Erzählung über die vermeintliche Judenhilfe Ludins taucht dabei immer wieder auf und reiht sich in ein umfassendes Verleugnungs- und Verteidigungsnarrativ ein, das die Familie bis in die dritte Generation hinein prägte.[61]

Doch Gmelin ging vor der Spruchkammer noch einen Schritt weiter. Er erklärte in eindeutigem Kontext zur Judenverfolgung in der Slowakei, dass »die Vereinbarungen zwischen der deutschen und der slowakischen Regierung völkerrechtlich nicht zu beanstanden« seien und dass »der slowakische Staats-Präsident Tiso selbst die Internierung der Juden veranlasst« habe, »da die Juden während des Krieges als natürliche Gegner der gemeinsamen deutschen und slowakischen Kriegsführung eine Gefahr darstellten«. Die weitere Erklärung, dass sich Ludin und die slowakische Regierung mehrfach hätten versichern lassen, dass die Juden an ihrem Bestimmungsort »korrekt und ordnungsgemäß behandelt« würden, bestätigt nur, dass er die rassistische Maßnahme der Internierung und Deportation aller Juden der Slowakei rechtfertigte und lediglich von der Ermordung nichts gewusst haben wollte.[62]

Für die Analyse dieser Bemerkungen sind mehrere Sachverhalte von Bedeutung. Erstens handelte es sich hierbei um den (erfolglosen) Versuch, Ludin als minderbelastet einordnen zu lassen, damit seiner Witwe der Weg offensteht, Rentenansprüche anzumelden. Das war für Erla Ludin und ihre sechs Kinder, die sich seit dem Tod Hanns Ludins in wirtschaftlichen Schwierigkeiten befanden, eine außerordentlich wichtige Angelegenheit. Für Gmelin, der zeit seines Lebens für Kriegerwitwen und Kriegsversehrte eintreten sollte, war es auch eine Frage der persönlichen Treue zu Ludin, sich für dessen Angehörige nach Kräften einzusetzen. Während seiner Internierungshaft versicherte er Ludin in einem Brief ins Gefängnis nach Bratislava, dass er mit großer Dankbarkeit auf die Arbeit an seiner Seite zurückblicke und dass er ihm selbstverständlich zur Verfügung stehe, sofern Ludin von seiner Unterstützung Gebrauch machen wolle. Fünf Jahre nach Ludins Tod half Gmelin der Familie Ludin dabei, eine neue Bleibe in Tübingen zu finden, da sie den Schlösslehof, den Ludin noch

---

61 2 ODER 3 DINGE, DIE ICH VON IHM WEISS, Malte Ludin, SvarcFilm GbR, Dokumentarfilm, Deutschland 2005, 85 Min.; Niederschrift, Staatskommissariat für die politische Säuberung, 23.11.1949, StA Sigmaringen, Wü 13 T 2, Nr. 2660/054.

62 Niederschrift, Staatskommissariat für die politische Säuberung, 23.11.1949, StA Sigmaringen, Wü 13 T 2, Nr. 2660/054.

während des Krieges erstanden hatte, verkaufen musste.[63] Der rechte Publizist Wolfgang Venohr, der für sein Buch über den Slowakischen Nationalaufstand 1968 und 1969 mit Gmelin Gespräche führte und korrespondierte, wusste von mehreren Fluchtplänen zu berichten, die Gmelin mit Ernst von Salomon, Ludins Freund Richard Scheringer und Hans Kettgen, einem der Kommandeure der Waffen-SS während des Aufstands in der Slowakei, für Ludin schmiedete, die dieser aus Verantwortungsbewusstsein ausgeschlagen habe.[64]

Aufgrund dieser engen persönlichen Bindung an die Familie Ludin ist davon auszugehen, dass Gmelin sich bei seiner Aussage etwas weiter aus der Deckung wagte, als er es in anderen Vernehmungen tat. Hierin liegt dann aber das eigentliche Paradoxon, denn die unzweifelhaft rassistische Kollektivzuschreibung Gmelins – alle Juden seien Kriegsgegner der Deutschen und Slowaken gewesen – sollte der Verteidigung dienen. Gmelin benutzte eine rassistische Zuschreibung, um zu erklären, dass das Handeln der Verantwortlichen gerade nicht rassistisch motiviert, sondern an den kriegsbedingten Notwendigkeiten orientiert – also unpolitisch – gewesen sei. Das ist an und für sich schon bemerkenswert. Zentral daran ist aber, dass der Adressat dieses Narrativs eine deutsche Spruchkammer war. Anders als bei den amerikanischen Anklägern im Nürnberger Wilhelmstraßenprozess meinte Gmelin offenbar bei Deutschen die geteilte Erfahrung voraussetzen zu können, dass die Juden – und zwar alle Juden – Kriegsgegner gewesen seien. Gmelin spekulierte dabei – möglicherweise unbewusst – auf den Effekt der inkludierenden und exkludierenden Gemeinschaftsprozesse der nationalsozialistischen »Volksgemeinschaft«. Erst durch die partizipativen Handlungen innerhalb der eigenen Gemeinschaft, durch die ein gemeinsamer Erfahrungsraum hergestellt wurde, konnten solche Kollektivzuschreibungen einfach und widerspruchsfrei etabliert werden. Sie wurden »naturalisiert«. Gmelin hatte wenige Jahre zuvor noch »Reichsdeutsche« in die Gesandtschaft einbestellt, um sie auf ihre »besonderen Verpflichtungen gegenüber dem deutschen Volk und der nationalsozialistischen Bewegung« aufmerksam zu machen, weil ihnen nachgesagt wurde, sie hätten sich positiv über Juden geäußert. Er konnte in der unmittelbaren Nachkriegszeit bei »Volksgenossen«, die Krieg und Nationalsozialismus im selben völkischen Kollektiv wie er erlebt hatten, auf den durch Gemeinschaftsprozesse in die Individuen eingeschriebenen Rassismus zählen. Dieser musste keineswegs offen zutage treten, sondern konnte sich im Alltagsbewusstsein relativ »unpolitisch«

---

63 Gmelin an Ludin, Datum unleserlich, SNA Bratislava, NS 123; Senfft: Schweigen, S. 122-125, 164, 195 f. Erla Ludin führte ab 1953 einen zehnjährigen erfolglosen Rechtsstreit mit dem Auswärtigen Amt, um doch noch eine Hinterbliebenenversorgung zu erlangen, PA AA, B 100/10.

64 Wolfgang Venohr: Aufstand der Slowaken. Der Freiheitskampf von 1944, Frankfurt am Main, Berlin 1992 (Neuausgabe), S. 35 f., 305 f.

artikulieren, weil er auf vermeintliche Selbstverständlichkeiten rekurrierte.[65] Dadurch konnte ein derartiges Argument unmittelbar einleuchten und wurde nicht als das erkannt, was es zweifellos war: die Rechtfertigung antisemitischer Maßnahmen mit antisemitischen Kollektivzuschreibungen.[66]

Zum Zeitpunkt seiner Aussage in Ludins Spruchkammerverfahren war Gmelin bereits wieder auf dem Weg zurück in die Beamtenlaufbahn. Er wurde im Juli 1949 im Wirtschaftsministerium des Landes Württemberg-Hohenzollern als juristischer Sachbearbeiter in der Preisaufsichtsstelle eingestellt.[67] Zunächst als Angestellter im Höheren Dienst beschäftigt, wurde der »Gesandtschaftsrat zur Wiederverwendung« am 4. Januar 1952 zum Regierungsrat ernannt.[68] Diese Rückkehr in den Beamtendienst wurde durch seine Herabstufung in die Kategorie Mitläufer ebenso begünstigt wie durch das nach dem entsprechenden Grundgesetzartikel benannte 131er-Gesetz, das der Bundestag im April 1951 verabschiedete. Es gestattete die Rückkehr fast aller »verdrängter Beamter«, die nach Kriegsende ihre Stellung verloren hatten.[69] Zusätzlich zu seinem Status als »131er« wurde Gmelin in der Personalstandstatistik des Wirtschaftsministeriums als Heimatvertriebener geführt. Die Familie Gmelin hatte bei ihrer Flucht aus der Slowakei »nicht wie viele andere die eigenen Sachen in Sicherheit gebracht, sondern wie jeder anständige Deutsche in der Slowakei alles bis auf das Reisegepäck zurückgelassen«, wie Gmelin gegenüber der Spruchkammer geltend gemacht hatte. Das berechtigte theoretisch zu Leistungen nach dem »Soforthilfegesetz« von 1949. Da die Erbringung dieser Leistungen aber nach der aktuellen Bedürftigkeit bemessen wurde und Gmelins Frau und Kinder von der erweiterten Familie unterstützt wurden, wird kein Anspruch bestanden haben.[70]

---

65 Vgl. Hall: Rassismus, S. 913 f.

66 Auch Jozef Tiso versuchte sich in seinem Prozess mit einem ähnlichen antisemitischen Argument zu verteidigen. Er erklärte, die Schädigung der Slowakei durch die Juden sei so vehement gewesen, dass an eine Konsolidierung der Verhältnisse unter Umgehung des »Judenproblems« nicht zu denken gewesen sei. Tönsmeyer: Das Dritte Reich, S. 155.

67 Aufstellung über die im Monat Juli 1949 im Bereich des Wirtschaftsministeriums vorgenommenen Einstellungen, Land Württemberg-Hohenzollern, 3.8.1949, StA Sigmaringen, Wü 140 T 1, Nr. 254; Geschäftsverteilungsplan, Wirtschaftsministerium Württemberg-Hohenzollern, o. D., ebd., Nr. 277.

68 Wirtschaftsministerium Württemberg-Hohenzollern an Staatskanzlei Tübingen, 4.1.1952, ebd.

69 Christina Ullrich: »Ich fühl' mich nicht als Mörder«. Die Integration von SS-Tätern in die Nachkriegsgesellschaft, Darmstadt 2011, S. 127 ff.; »Gesetz zur Regelung der Rechtsverhältnisse der unter Artikel 131 des Grundgesetzes fallenden Personen«, 11.5.1951, BGBl., Teil I, Nr. 22 (1951), S. 307-322.

70 Personalstand, Finanzstatistik des Wirtschaftsministeriums, 2.9.1950, StA Sigmaringen, Wü 140 T 1, Nr. 254; Gmelin an Sonderspruchkammer für das Interniertenlager Balingen, 28.9.1948, StA Sigmaringen, Wü 13 T 2, Nr. 2108/068; Gmelin an Ludin, Datum unleserlich, SNA Bratislava, NS 123; Conze: Suche, S. 173.

Es ist nicht unwahrscheinlich, dass Viktor Renner auch bei Gmelins Einstellung im Wirtschaftsministerium eine Rolle spielte. Das war keineswegs unüblich. Anfang März 1948 übermittelte Renner dem Wirtschaftsministerium drei Namen von ehemaligen Landräten und einem Doktor, wobei er darum bat, einen der Herren dauerhaft im Wirtschaftsministerium anzustellen. Das Innenministerium werde seinerseits einen der Herren übernehmen.[71]

Nach der Bildung des Südweststaates Baden-Württemberg 1952 wurde Gmelin als Berichterstatter in das Wirtschaftsministerium des neuen Bundeslandes in Stuttgart übernommen. Im Mai 1953 wurde er zum Oberregierungsrat ernannt. Seit dem Wintersemester 1952/53 übernahm er zudem einen Lehrauftrag an der Universität Tübingen, beginnend mit einer Vorlesung über die »Praxis der Gemeindewirtschaft«.[72]

Das Kriegsende war für Gmelin mit dem vorläufigen Karriereende, dreieinhalb Jahren Internierung, finanziellen Einbußen und mit einer ungewissen Zukunft für sich und seine Familie verbunden. Es stellte sich jedoch schnell heraus, dass das familiäre und soziale Netz in Württemberg trug und dass er mit Unterstützung und Verständnis rechnen konnte. Internierung und Entnazifizierung wurden bald quer durch alle politischen Lager der deutschen Öffentlichkeit als Unrecht empfunden, und dem Großteil der davon Betroffenen sollte der Weg zurück in ihr altes Leben erleichtert werden. Die Entnazifizierung durch die Spruchkammern verfolgte weder den Zweck einer juristischen Ahndung noch den der Aufklärung von Verbrechen, vielmehr entpuppte sie sich als »institutionalisierte Drehtür«,[73] nach deren Durchschreiten ehemalige Nationalsozialisten unbelastet in ein neues Leben starten konnten. Im Verlauf dieses Prozesses wurden entlastende Narrative und Legenden über die jüngste Vergangenheit gebildet, die sich schnell verbreiteten und hartnäckig im kollektiven Gedächtnis einnisteten. Die Spezifik des nationalsozialistischen Rassismus wurde weitgehend ignoriert, während die breite Zustimmung und Unterstützung der NS-Herrschaft durch den Hinweis auf die allgemeine Unfreiheit negiert wurde. Die NS-Herrschaft und folglich auch die Kriegsniederlage wurden als Ergebnis des Unvermögens der politischen Nutznießer, die ohne berufliche Qualifikation in hohe Stellungen gelangt seien, betrachtet. Vielen galt dementsprechend schon als entlastet, wer akademische Erfolge und persönliche Fürsprecher vorweisen konnte. Nur so konnte die Vorstellung um sich greifen, dass die negativen Auswirkungen des Nationalsozialismus mitsamt diesen Konformisten sofort nach 1945 verschwunden seien, während diejeni-

---

71 Renner an Wirtschaftsministerium (Mostaf), 2.3.1948, StA Sigmaringen, Wü 140 T 1, Nr. 254.
72 Personalbogen Hans Gmelin, 10.9.1954, StadtA Tübingen, A 510 Personalakten Hans Gmelin; Von der Landesuniversität, in: ST, 17.11.1952.
73 Ullrich: Integration, S. 83 f.

gen, die versucht hätten, das Schlimmste zu verhindern, nun bestraft würden. Tatsächlich zeigte sich aber auch in den Entnazifizierungsverfahren, dass die Tiefenwirkung der völkisch-rassistischen Gemeinschaftsprozesse der NS-Zeit unmittelbar nach dem Krieg anhielt. Gmelin konnte rassistische Kollektivzuschreibungen vor einer deutschen Spruchkammer vorbringen, ohne dass deren Plausibilität infrage gestellt wurde. Antisemitische Maßnahmen konnten als unpolitische Kriegsnotwendigkeit dargestellt werden, weil die völkischen Integrations- und Ausgrenzungsprozesse nicht nur durch den Staat, durch Gesetze und einige wenige Akteure, sondern durch eine Vielzahl alltäglicher Entscheidungen und Handlungen hergestellt worden waren.

Die Wahl zum Oberbürgermeister 1954

»Eine richtige Wahl«, freute sich im August 1954 eine Tübingerin oder ein Tübinger in einem Leserbrief im *Schwäbischen Tagblatt*. Mit »Genugtuung« habe man lesen können, dass sich neben dem Amtsinhaber Wolf Mülberger[74] noch ein weiterer Kandidat für den Posten des Oberbürgermeisters in Tübingen beworben habe. In vielen anderen Orten gebe es eine »Ein-Mann-Wahl«, die sich kein demokratischer Bürger wünschen könne, weil es sich um eine »verdächtige Kopie aus dem ›tausendjährigen Reich‹« handle. Nunmehr könne man sich in Tübingen auf den Wahlkampf freuen.[75] In den folgenden Wochen sollten noch weitere Kandidaten hinzukommen, die für die im Oktober stattfindende Direktwahl des Tübinger Oberbürgermeisters ihren Hut in den Ring warfen. Die rechtlichen Rahmenbedingungen der Wahl sahen vor, dass der künftige Oberbürgermeister durch absolute Mehrheitswahl zu bestimmen sei, was eine Stichwahl wahrscheinlich machte. Oberregierungsrat Hans Gmelin reichte seine Bewerbung einen Monat vor der Wahl ein. Es sollte allerdings bald von verschiedenen Seiten bezweifelt werden, dass der Wahlkampf Grund zur Freude sei.[76]

Wenige Tage nachdem ein Bewerber sich frühzeitig aus dem Rennen verabschiedet hatte, meldete Regierungsrat Karl Heuer – ein höherer Beamter des örtlichen Regierungspräsidiums und späterer Landespolizeipräsident – als vierter und letzter Bewerber seine Kandidatur an. Neben Gmelin, Heuer und Amtsinhaber Mülberger kandidierte auch der Tübinger Oberstaatsanwalt Richard

---

74 Die Namensähnlichkeit mit dem Pressereferenten der Deutschen Gesandtschaft Pressburg, Wolfgang Mühlberger, ist zufällig.
75 Eine richtige Wahl, in: ST, 23.8.1954, StadtA Tübingen, A 150/415.
76 Der vierte Bewerber, in: ST, 11.9.1954, StadtA Tübingen, A 150/415; Wer kann Bürgermeister werden?, in: ST, 23.9.1954, ebd.

Krauß.[77] Keiner der vier Kandidaten gehörte einer politischen Partei an. Startschuss für den Wahlkampf war die Kandidatenvorstellung am 24. September im Tübinger Lokal »Museum«. Die Veranstaltung traf auf gewaltiges Interesse in der Bürgerschaft, die Säle waren überfüllt. Die Kandidaten stellten sich der Reihe nach persönlich vor und nannten einige – vor allem kommunalpolitische – Themen, denen sie sich nach ihrer Wahl widmen wollten. Diese drehten sich um die wirtschaftliche und industrielle Aufbauarbeit, die Beseitigung des Wohnraummangels, Sport- und Kulturförderung, die Beziehung zwischen Stadt und Universität sowie das Vertrauensverhältnis zwischen städtischer Verwaltung und Bürgerschaft. Aufgrund einer Losentscheidung sprach Oberstaatsanwalt Krauß als Letzter. Vor ihm war Gmelin an der Reihe, dessen Ausführungen am häufigsten durch den Beifall der Zuhörer unterbrochen wurden, wie das *Tagblatt* berichtete. Krauß widmete seine Rede der Kritik an der bisherigen städtischen Verwaltungspraxis. Er stellte heraus, dass die Bürgervertretung gegenüber der Verwaltung weitgehend machtlos und zum »Objekt der Gemeindeverwaltung geworden« sei. Der Amtsinhaber Mülberger hatte in der Tat zuvor erklärt, dass er die Aufgabe des Oberbürgermeisters darin sehe, »mit der Fackel in der Hand und schöpferischen Ideen voranzugehen, statt als Diener hinterher, der dem Gemeinderat die Schleppe trägt«. Tags darauf hieß es im *Tagblatt*, dass die Ausführungen des letzten Bewerbers, Krauß, »bedauerlicherweise allzu häufig in der Bewegung des Auditoriums verloren« gegangen seien. Aufgrund längerer Vorbemerkungen habe sich Krauß' Vortrag in die Länge gezogen, und viele Zuhörer hätten sein Ende nicht abgewartet.[78]

Während das *Tagblatt* nahelegte, dass die Störung von Krauß' Vortrag an seiner langen Vorrede gelegen habe, schrieb Krauß einige Tage später einen wütenden, andere Gründe aufführenden Leserbrief. Er habe inzwischen von Freunden erfahren, »in welch flegelhafter Weise meine Ausführungen bei der offiziellen Vorstellung der Kandidaten am Freitagabend schon nach wenigen Minuten aus dem Hintergrund systematisch gestört und unhörbar gemacht worden sind«. Die Befürworter seiner Kandidatur hätten von seinen Bemerkungen so gut wie nichts verstehen können. »Sind wir schon wieder so weit? Welcher Terror macht sich in offiziellen öffentlichen Versammlungen schon wieder so frech breit?«, fragte Krauß in deutlicher Anspielung auf die NS-Zeit.[79] Krauß, der wenige Jahre zuvor in seiner Funktion als Oberstaatsanwalt mit der Aufgabe betraut war, die letzte Hinrichtung in Westdeutschland abzuwickeln, nahm seine Kandidatur schließlich einige Tage vor der Wahl zurück. Er habe

---

77　Nur noch drei Bewerber, in: ST, 20.9.1954, StadtA Tübingen, A 150/415; Doch noch ein vierter Bewerber, in: ST, 24.9.1954, ebd.
78　Vier Männer stellen sich den Wählern, in: ST, 25.9.1954, StadtA Tübingen, A 150/415.
79　Die Kandidatenvorstellung, in: ST, 27.9.1954, ebd.

für seine Anliegen keine breite Öffentlichkeit gewinnen können. Die »Fronten im Wahlkampf« hätten sich in anderer Richtung gebildet.[80]

Trotz drängender sozialer Probleme wie Wohnungsnot und knapper öffentlicher Kassen waren es Gmelins Bemerkungen zu seiner politischen Vergangenheit im Rahmen der Kandidatenvorstellung, die das größte Interesse und am meisten Leidenschaft hervorriefen. Bald dominierte die NS-Vergangenheit den ganzen Wahlkampf. Am 2. Oktober nutzte Gmelin zwei Zeitungsseiten, die jedem Kandidaten im *Tagblatt* zur Verfügung gestellt wurden, um »auf vielseitigen Wunsch« seine Rede aus der Kandidatenvorstellung im »Museum« zu veröffentlichen.[81] In der Glosse »Florian« schrieb ein Redaktionsmitglied des *Tagblatts* in der für diese Textform üblichen leicht spöttischen Form über die Diskussionen in den Wahlveranstaltungen: »Da kann man zuweilen Sachen erleben. Wie beispielsweise ein Bewerber ins Wespennest sticht, wie Diskussionsredner das gleiche Argument gleich corpsweise vorbringen, wie die Zuhörer ihrem Herzen im Beifall oder in Mißfallensäußerungen Luft machen – manchmal als wollten sie sagen: hört doch mit dem alten Quatsch auf –, wie mit demagogischen Unterstellungen gearbeitet wird und wie man schließlich eine peinliche Befragung der Kandidaten anstellt. Da fragte neulich eine Dame, sie habe gehört, der Bewerber sei nicht in der Kirche, er sei aus der Kirche ausgetreten, er sei wieder eingetreten, er sei nicht kirchlich getraut und seine Kinder seien nicht getauft. Der Stadttratsch geht um. Er entzündet sich bezeichnenderweise an Äußerlichkeiten. Er befaßt sich mit Autounfällen, Schwiegermüttern und Vereinsbesuchen.«[82]

Bis auf das Thema des »Autounfalls«, bei dem es Berichten zufolge um eine Trunkenheitsfahrt des Amtsinhabers Mülberger mit seinem Dienstwagen ging, deren Kosten die Stadtkasse trug, wie der Gemeinderat in nichtöffentlicher Sitzung vereinbarte,[83] dürfte es sich bei fast allen beschriebenen Diskussionen um Beispiele aus Gmelins Wahlveranstaltungen handeln. Laut eines zusammenfassenden Berichts über die Wahlversammlungen, den das *Tagblatt* am Vortag der Wahl veröffentlichte, kam es bei den anderen beiden Bewerbern nicht zu nennenswerten Debatten. Gmelin, der, wie er betonte, der einzige Kandidat sei, der »seine politische Vergangenheit ganz offen dargelegt habe«, musste sich gegen Vorwürfe wehren, er habe die Parole ausgegeben: »Die alten Nazis

---

80 Bewerbung zurückgenommen, in: ST, 5.10.1954, ebd.; Hans-Joachim Lang: Richard Schuh, Ihr Leben ist verwirkt!, in: Die Zeit, 11.2.1999.
81 Sonderseiten Hans Gmelin, in: ST, 2.10.1954, StadtA Tübingen, ZGS 1 – Gmelin, Hans.
82 Glosse »Florian«, in: ST, 8.10.1954, StadtA Tübingen, A 200/5369.
83 Notiz des Tübinger Stadtarchivars Udo Rauch über einen Bericht des ehemaligen KPD-Stadtrats Gerhard Bialas, der die Angelegenheit in einer Wahlversammlung öffentlich gemacht hatte, 16.9.2003, StadtA Tübingen, ZGS – 1 Gmelin, Hans.

wählen Gmelin.« Mit dieser Unterstellung unterschätzten seine Gegner seine Intelligenz, erklärte Gmelin, weil er seiner Kandidatur mit so einer Parole doch nur selbst schaden würde. Die darauf folgende Diskussion wurde »lebhaft«, berichtete das *Tagblatt*. Diskussionsredner stellten die Frage, wie wohl das »Ausland auf die Wahl eines ehemaligen Studenten-SA-Führers zum Oberbürgermeister« reagieren würde. Diese Frage müsse, wie einige annahmen, der Kandidatur Gmelins abträglich sein. Postrat Arno Göhring, der Gmelin schon bei seiner Entnazifizierung unterstützt hatte und nun seine Wahlveranstaltung leitete, erklärte, die Franzosen »hätten ihm mit Bezug auf die Tübinger Oberbürgermeisterwahl gesagt, daß sie nicht danach fragten, was einer gewesen sei, sondern was einer für ein Mensch ist, ob er in taktvoller Weise seine Ansicht durchzusetzen vermöge«. Göhring berichtigte seine Aussage später in einem Leserbrief dahingehend, dass ihm diese Mitteilung nicht im Rahmen der Wahl, sondern in anderen Zusammenhängen gemacht worden sei. Die Franzosen würden demgegenüber Wert darauf legen, sich nicht in die Wahl einzumischen oder dazu Stellung zu nehmen. Gmelin selbst hatte bei anderer Gelegenheit darauf hingewiesen, dass »selbst in der Bundesregierung ehemalige Nationalsozialisten säßen, ohne daß die Weltöffentlichkeit dagegen protestiert hätte oder daß es zu außenpolitischen Verwicklungen gekommen wäre«.[84]

Die Wahl am 10. Oktober ergab, dass Gmelin und Mülberger mit 41,01 und 41,46 Prozent sehr dicht beieinanderlagen und Heuer mit 17,44 Prozent weit weniger Stimmen auf sich vereinigen konnte. Die Tübinger standen dicht gedrängt auf dem Marktplatz, wo die Ergebnisse aus den Wahlbezirken verkündet wurden und Gmelin und Mülberger sich ein Kopf-an-Kopf-Rennen lieferten. Die Christliche Arbeiterjugend bejubelte die Stimmen für Mülberger, buhte und pfiff, wenn Gmelin in einem Bezirk vorn lag. Die Gmelin-Anhänger drohten, nach der Erinnerung eines damaligen Mülberger-Anhängers, damit, »eins auf die Gosch« zu verteilen, und nur die Polizei, die dazwischenging, habe eine Schlägerei verhindert. Das Ergebnis machte eine Stichwahl zwischen Gmelin und Mülberger nötig, da keiner von beiden die erforderliche absolute Mehrheit im ersten Wahlgang erhalten hatte. Die Stichwahl wurde auf den 24. Oktober festgesetzt, womit die zweite Runde des Wahlkampfs eingeläutet wurde.[85]

---

84 Die Kandidaten haben gesprochen, in: ST, 9.10.1954, StadtA Tübingen, A 200/5369; Mit Bezug auf die Oberbürgermeisterwahl, in: ST, 12.10.1954, StadtA Tübingen, A 150/415.

85 Am 24. Oktober Stichwahl zwischen Dr. Mülberger und Hans Gmelin, in: ST, 11.10.1954, StadtA Tübingen, A 150/415; Amtliche Bekanntmachungen. Ergebnis der Oberbürgermeisterwahl, in: ST, 12.10.1954, ebd.; Manfred Hantke: Wenn schon wieder Nazibuben ..., in: ST, 20.10.2012.

Das *Tagblatt* hatte sich schon vor dem ersten Wahltag auf eine Linie in seiner Berichterstattung festgelegt, mit der es Kritik Tür und Tor öffnete. Anlässlich des Leserbriefs von Oberstaatsanwalt Krauß, in dem dieser sich über die Störung seiner Rede im »Museum« beklagt hatte, erklärte die Zeitung, dass sie sich im Wahlkampf »völlig neutral verhalten« wolle und daher weder Leserbriefe zum Thema Oberbürgermeisterwahl noch Kritik an der amtierenden Stadtverwaltung veröffentlichen werde. Da man nun aber die Erklärung von Krauß abgedruckt habe, sei der Redaktion eine Antwort zugekommen, in der sich Wähler in »durchaus gemäßigter Weise dagegen verwahren, daß ihnen ›flegelhaftes Verhalten‹ und ›Frechheit‹ vorgeworfen« werde. Da die Zuschrift aber anonym sei, könne sie nicht publiziert werden.[86] Darauf bekam die Zeitung am nächsten Tag zwei Leserbriefe unter Nennung des vollen Namens, die auszugsweise und mit Initialen gezeichnet abgedruckt wurden. Im ersten Brief wurde erklärt, die Ausführungen von Krauß seien »lächerlich« gewesen und er habe das Publikum brüskiert. Der zweite Brief unterstützte zwar Krauß' Position, wird ihm aber keinen Nutzen gebracht haben, weil darin im Grunde jene »Publikumsbeschimpfung« betrieben wurde, die der erste Brief kritisiert hatte: Das Publikum sei den Anforderungen des Mitdenkens nicht gewachsen.[87]

Die Lokalzeitung sah sich am 6. Oktober veranlasst, erneut die Neutralität des Blattes hervorzuheben. Die Bürger hätten das Leserbriefmoratorium zur Wahl durchaus verstanden, nur eine Einzelperson – die Leiterin des Staatsbürgerinnenkurses an der Volkshochschule – habe dagegen protestiert und gefordert, dass das *Tagblatt* alle Leserbriefe in einer Sonderbeilage abdrucke. Die Redaktion wies diese Forderung als abwegig zurück, weil so eine Beilage »kein Forum für echte Meinungsbildung« geworden wäre, sondern »ein Tummelplatz der persönlichen Polemik«.[88] Nach dem ersten Wahlgang protestierte das Presseamt der Universität in scharfer Form gegen Formulierungen, mit denen das *Tagblatt* die bevorstehende Stichwahl kommentiert hatte. In der Ausgabe vom 11. Oktober schrieb die Redaktion im Hauptartikel zum Ergebnis der ersten Wahlrunde: »Der Wahlkampf hatte verhältnismäßig harmlos begonnen. Gegen Mitte der Woche wurde er allerdings auf das politische Gebiet abgedrängt, und zwar nicht von dem Kandidaten, der sich in der Vergangenheit politisch am meisten exponiert und das auch bekannt hatte, sondern von den zu einem großen Teil jugendlichen Gegnern seiner Kandidatur. Das hätte aber u[nseres] E[rachtens] keineswegs berechtigt, von einer politischen Wahl zu sprechen. Bei einer Oberbürgermeisterwahl stehen kommunale Fragen im Vordergrund, über die freilich nicht immer jene am besten zu urteilen ver-

---

86 Erklärung, in: ST, 28.9.1954, StadtA Tübingen, A 200/5369.
87 Die Kandidatenvorstellung, in: ST, 29.9.1954, ebd.
88 In eigener Sache: Neutralität im Wahlkampf, in: ST, 6.10.1954, StadtA Tübingen, A150/415.

mögen, für die Tübingen nur eine Etappe auf dem Weg zur Seßhaftigkeit ist, die aber dennoch in den Wahlversammlungen als Diskussionsredner glauben, dem seßhaften Teil der Bevölkerung Empfehlungen geben zu müssen.«[89]

Ein paar Absätze weiter hieß es, die noch unentschlossenen Wähler hätten sich am Samstag durch die Wahlanzeigen eine Meinung bilden können. Darüber hinaus gab es eine Beilage, so die Redaktion, »in der sich 31 Persönlichkeiten, darunter zwei, die schon in den nächsten Tagen ihren Wohnsitz von Tübingen wegverlegen werden, für einen Kandidaten einsetzten. In dieser Beilage sollten durch die Anführung der Funktionen, die einige Unterzeichner in Vereinen einnehmen, die vielen Tübinger angesprochen werden, die dem einen oder anderen Verein angehören. Es wird gesagt, daß diese Praxis noch zu internen Nachspielen in den Vereinen führen wird. Neben diesen letzten Versuchen der Wahlbeeinflussung gingen auch Plakataktionen einher.«[90]

Mit diesem Artikel gab das *Tagblatt* seine »Neutralität« im Wahlkampf eindeutig zugunsten von Gmelins Kandidatur auf. Die Wahlempfehlung der 31 Personen, über die die Zeitung in denunziatorischer Manier berichtete, war zugunsten von Wolf Mülberger veröffentlicht worden. Dies geschah auf den zwei Zeitungsseiten, die jedem Kandidaten für Wahlwerbung zur Verfügung gestellt wurden und die Gmelin für den Abdruck seiner Rede verwendet hatte. Für die Nennung der Vereinsmitgliedschaften entschuldigten sich Mülberger und sein Wahlausschuss bald darauf. Die Vereinszugehörigkeiten hätten nichts mit der Stellungnahme der Mitglieder zu tun.[91] Das Presseamt der Universität war hingegen außer sich wegen der Berichterstattung des *Tagblatts*. Der Versuch, die Wahlberechtigten in »Seßhafte« und »Nichtseßhafte« aufzugliedern, verbunden mit einer »daraus abgeleiteten Beschränkung politischer Kompetenzen«, ziele auf jüngere Dozenten und Assistenten, von denen »insbesondere in den Wahlversammlungen des Herrn Gmelin kritische Diskussionsfragen zur Person des Kandidaten gestellt worden« seien. Die Formulierung, dass Menschen »schon in den nächsten Tagen ihren Wohnsitz von Tübingen wegverlegen werden«, konstituiere »offenbar eine Gruppe von Wählern minderen Rechts«. Da sich diese Unterscheidung »bei der Erhebung der Tübinger Einwohnersteuer jedoch nicht auswirkt«, sehe sich die Universitätsleitung veranlasst, »in aller Form Protest zu erheben gegen die Diskriminierung ihrer Mitglieder, die von ihrem Recht als Staatsbürger Gebrauch machen«. Die Redaktion des *Tagblatts* stellte sich ahnungslos. Sie habe von ihren Ausführungen nichts zurückzunehmen. Es sei bislang »überhaupt nicht bekannt gewesen«,

---

89 Am 24. Oktober Stichwahl zwischen Dr. Mülberger und Hans Gmelin, in: ST, 11.10.1954, ebd.
90 Ebd.
91 Aufruf zur Oberbürgermeisterwahl, in: ST, 9.10.1954, ebd.; Bedauern und Klarstellung, in: ST, 13.10.1954, ebd.

dass Angehörige des universitären Lehrkörpers in den Wahlversammlungen als Diskussionsredner aufgetreten seien. Die daraus abgeleiteten »Unterstellungen« des Presseamtes müsse die Zeitung daher als »Versuch, unsere Meinungsäußerung zu unterdrücken, zurückweisen«. Die Redaktion habe als »nicht seßhaft« nur Studenten und junge Menschen, die in Tübingen ihre Berufsausbildung abschließen, bezeichnet. Diese hätten ohne kommunalpolitische Kenntnis die Diskussion auf »das allgemeine politische Gebiet verlegt«. Das habe das *Tagblatt* hervorgehoben, »*ohne* jedoch dabei ihre Rechte als Staatsbürger zu bezweifeln«.[92]

Der Wahlkampf war damit endgültig in die heiße Phase eingetreten. Bereits in der Nacht vor dem ersten Wahlgang hatten Unbekannte[93] Gmelin-Plakate abgerissen oder mit selbst gedichteten Versen überklebt: »Wenn schon wieder Nazi-Buben bei uns kandidieren, wird sicher der Gemeinderat im Gleichschritt bald marschieren!«, »Wenn er erst OB ist, kann er richtig protzen, mit dem ›Stahlhelm‹ auf dem Kopf, allen Stürmen trotzen! Tandaradei!«, hieß es da unter anderem.[94] Damit dürften auch Gmelins Anhänger erneut in Rage versetzt worden sein. Der Kandidat selbst sah sich nun zu einer Stellungnahme veranlasst, in der er seine Vergangenheit erneut offensiv aufgriff und zum Thema machte. Während er sich mit der »Klebekolonne und deren Hintermänner[n]« nicht befassen wolle, weil deren Methoden gegen sie selbst sprächen, sah er Klärungsbedarf mit »denjenigen Kreisen der Tübinger Bevölkerung, die sich meiner Kandidatur aus der ernstlichen Sorge heraus entgegenstellen, der Nationalsozialismus, der über die ganze Welt so schweres Leid gebracht hat, könnte mit meiner Wahl erneut aufs Rathaus einziehen und das gemeindliche Leben beeinflussen«. Ein weiterer Teil sei der Auffassung, eruierte Gmelin, dass nicht unbedingt er selbst, sondern seine Wähler das Problem seien. Sie hätten ihn zu ihrem Idol erkoren und meinten, als »Feinde der demokratischen Ordnung [...] nach der Wahl ihr Haupt erheben« zu können. Ein dritter Teil der Bürgerschaft sei gegen seine Kandidatur, weil seine Wahl im Ausland »ungünstig wirken« könne. »Über diese Fragen muß man ehrlich und offen sprechen«, erklärte Gmelin. Dies sei auch der Grund, warum er seine politische Entwicklung bei der Bewerbervorstellung offen erörtert habe. »Ich habe mich auch rückhaltlos zu dem politischen Irrtum bekannt, dem ich, wie die meisten meiner Mitbürger – zum Unglück unseres Vaterlandes – verfallen war«, sagte der umstrittene Kandidat und eröffnete damit sein Entlastungsnarrativ: »Ein Bekenntnis zu Fehler [sic!] und Irrtümern ist keine Schande. Daß ich persönlich Unrecht getan hätte, wirft mir niemand

---

92 Ein Brief der Universität, in: ST, 19.10.1954, ebd.
93 Erst Jahrzehnte später wurde bekannt, dass es sich um drei junge Tübinger handelte, die der Christlichen Arbeiterjugend angehörten. Manfred Hantke: Wenn schon wieder Nazibuben ..., in: ST, 20.10.2012.
94 StadtA Tübingen, A 200/5369.

vor und kann mir auch niemand vorwerfen. Verwahren muß ich mich aber gegen die Unterstellung, ich hätte aus der Vergangenheit nichts gelernt. Jeder einsichtige Mensch hat erkannt, daß eine autoritäre Staatsform verhängnisvoll ist, und daß die demokratischen Freiheiten und Regeln die Voraussetzung für ein gedeihliches politisches Leben auf allen Ebenen sind. Wenn ich mit Recht in dem Verdacht stünde, noch immer innerlich dem Nationalsozialismus oder seinen Methoden anzuhängen, hätten mich wohl kaum so anerkannte Demokraten wie die Wirtschaftsminister Wildermuth und Dr. Veit zu wichtigen Aufgaben in ihren Ministerien herangezogen.«

Gmelin erteilte auch eine »klare und unzweideutige Absage« an die Hoffnung, dass durch seine Wahl eine »Rückkehr autoritärer Methoden auf das Rathaus« ermöglicht werde, sofern sich unter seinen Wählern solche befinden sollten, die in ihm »den Repräsentanten einer vergangenen Zeit« sähen. Seiner Auffassung nach könne die Stadt nur »auf einem freien, auf gegenseitiger Achtung aufgebauten Austausch der Anschauungen und Meinungen [...] gedeihen«. Die Sorge um das Ansehen Deutschlands im Ausland beruhe lediglich auf einer Überschätzung des Amts des Tübinger Oberbürgermeisters, seiner Person und seiner früheren Tätigkeiten. An diese Worte schloss Gmelin den Kern seiner Erklärung an, mit der er dieser Wahl endgültig den Stempel aufdrückte: »Eines scheinen meine Gegner vergessen zu haben: Wir müssen alle den Blick nach vorwärts richten. Die große Aufbauarbeit, die zu leisten ist, kann nicht gemeistert werden, wenn man große Teile der im Kriege dezimierten Generation, die 1933 jung war, von der Mitarbeit an verantwortlicher Stelle ausschließt. Selbstgerechtigkeit ist verhängnisvoller als ein erkannter Irrtum.«

Schlussendlich bat er darum, einen Bewerber in erster Linie danach zu beurteilen, was er für Tübingen zu leisten vermöge. Wenn ihm die Tübinger ihr Vertrauen schenkten, würden die Bedenken bald verstummen. Er werde mit allen Bevölkerungsteilen – auch jenen, die ihm jetzt noch mit Vorbehalten oder öffentlicher Gegnerschaft entgegenträten – vertrauensvoll zusammenarbeiten.[95]

Gmelins Gegner hatten noch vor dem ersten Wahlgang eine Anzeige im *Tagblatt* geschaltet, in der es hieß: »Wer aus der Vergangenheit gelernt hat, kann nur Mülberger oder Heuer wählen. Viele Tübinger«. Gmelins Wahlausschuss antwortete nun vor der Stichwahl mit der Anzeige: »*Weil* wir aus der Vergangenheit gelernt haben, wählen wir Hans Gmelin. Die Wählerfreunde von Hans Gmelin«.[96] Der unterlegene Kandidat Heuer wollte seiner Anhängerschaft kei-

---

95 Erklärung zur Oberbürgermeisterwahl, 16.10.1954, StadtA Tübingen, ZGS – 1 Gmelin, Hans.

96 Wahlanzeige Wahlausschuss Gmelin, in: ST, 23.10.1954, StadtA Tübingen, A 150/ 415; beide Wahlanzeigen sind als Faksimile abgedruckt in: Hans-Joachim Lang: Die rechte Hand des Botschafters, in: ST, 28.4.2005.

nen Kandidaten empfehlen, riet ihr aber nachdrücklich dazu, der Wahl nicht fernzubleiben. Die Tübinger CDU, die ebenso wie die anderen Parteien vor dem ersten Wahlgang erklärt hatte, dass sie keine Empfehlung zur Wahl abgeben wolle, entschied sich bei Mitgliederversammlungen in der Woche vor der Stichwahl zur Unterstützung des Kandidaten Mülberger »in Anerkennung für geleistete 6jährige Aufbauarbeit«.[97]

Gmelin versuchte weiter zu polarisieren und sprach in Wahlanzeigen bestimmte Bevölkerungsgruppen direkt an: »Tübinger Sportler. Ihr wollt als Oberbürgermeister einen Mann, der eure Ziele tatkräftig fördert und der euch als warmherziger Freund gegenübersteht. Diese Gewähr bietet euch euer alter Sportkamerad Hans Gmelin. Gebt ihm am Sonntag eure Stimme!« Neben den Sportlern wandte sich Gmelin in seinem Klientelwahlkampf an weitere Gruppen: »Heimatvertriebene und Kriegsgeschädigte! Es gibt kein herausgelöstes Problem der Heimatvertriebenen, Kriegsgeschädigten und Flüchtlinge. Eure Sorgen und Nöte können nur von der ganzen Stadt gemeinsam gelöst werden. Ein enger Kontakt des Oberbürgermeisters mit allen Schichten der Bevölkerung ist dazu notwendig. Darum wählt Hans Gmelin.«[98] Gmelin hatte nach dem ersten Wahlgang zudem um Einsicht in die Wählerverzeichnisse gebeten. Die Stadtverwaltung versagte ihm diesen Wunsch mit dem Hinweis, dass die Verzeichnisse vertraulich zu behandeln seien. Es sei bisher noch von keinem Bewerber ein Antrag auf Einsichtnahme in die Wählerverzeichnisse gestellt worden.[99]

Am 21. und am 23. Oktober – am Tag vor der Stichwahl – erhielten beide Kandidaten noch zweimal Gelegenheit, sich im *Tagblatt* zu äußern. Gmelin sprach in seinem Beitrag am 21. Oktober ausschließlich von seinem inzwischen zentralen Wahlkampfthema: seiner NS-Vergangenheit und den Konsequenzen, die sich daraus seiner Auffassung nach ableiten beziehungsweise *nicht* ableiten ließen. Mülberger versuchte hingegen, erneut die Erfolge seiner ersten Amtszeit hervorzuheben und sich gegen Kritik zu rechtfertigen. Besonders wehrte er sich gegen den Vorwurf, für die Belange der Bürger kein offenes Ohr gehabt zu haben. Es sei nicht zu schaffen gewesen, 2.600 Wohnungen in Tübingen zu bauen und gleichzeitig eine tägliche Bürgersprechstunde abzuhalten. Er bedauerte aber den fehlenden Kontakt und gelobte Besserung, da die Stadt nun aus den größten Schwierigkeiten heraus sei und er somit künftig Zeit haben werde, mit den Tübingern mehr ins Gespräch zu kommen. Mülberger äußerte auch Kritik

97 Wahlanzeige Ortsverband CDU und Erklärung zur Oberbürgermeisterwahl (Heuer), in: ST, 21.10.1954, StadtA Tübingen, A 150/415.
98 Wahlanzeigen, in: ST, 23.10.1954, ebd.
99 Stadtdirektor Asmuß an Oberregierungsrat Gmelin, 15.10.1954, StadtA Tübingen, A 200/5369.

an Gmelins Darstellungen über fehlende Bemühungen der Stadt zur Industrieansiedlung. Gmelin habe in seiner Funktion im Wirtschaftsministerium in den vergangenen Jahren die besten Möglichkeiten gehabt, Industrieansiedlung in Tübingen zu fördern.

Gmelin ging in seinem Beitrag mit keinem Wort auf seinen Kontrahenten ein. Er habe seine Vorstellungen von den wichtigen Aufgaben, die im nächsten Jahrzehnt auf die Stadt und den Stadtvorstand zukämen, in der Bewerbervorstellung, seinen Wahlversammlungen und Beiträgen im *Tagblatt* hinreichend deutlich gemacht. Stattdessen wolle er zu einigen grundsätzlichen Fragen Stellung nehmen, die im Wahlkampf immer wieder aufgetreten seien. Hierzu gehöre der Vorwurf, »es sei eine grobe politische Geschmacklosigkeit und Taktlosigkeit, wenn sich ein Mann meiner politischen Entwicklung um ein Amt bewerbe, das im Gegensatz zu einer Tätigkeit in einem Ministerium stärker im Rampenlicht der Öffentlichkeit liegt«. Gmelin hielt diesem Einwand entgegen, dass das Amt des Oberbürgermeisters nicht in erster Linie ein politisches Amt sei, sondern das eines »Verwaltungsfachmannes«. Angesichts der Kritik am Amtsinhaber Mülberger, der den Kontakt mit der Bevölkerung habe vermissen lassen, ist das eine widersinnige Interpretation seiner zukünftigen Aufgaben, zumal der Oberbürgermeister in Baden-Württemberg sowohl Chef der Stadtverwaltung ist als auch Vorsitzender des Gemeinderats, eines explizit politischen Gremiums.[100]

Seine Kandidatur, erklärte Gmelin, sei in Wahrheit nicht eine Takt- oder Geschmacksfrage, sondern eine Gewissens- und eine Generationenfrage. Er behauptete, die Vorstellung, dass durch seine Wahl »versteckte Feinde der demokratischen Ordnung« aus ihren Verstecken hervorkommen würden, sei falsch. Sofern dies doch zutreffen sollte, ziehe er seine Bewerbung sofort zurück. Gmelin sprach nun für diejenigen, die er wie sich selbst unter einen Generalverdacht gestellt sah: »Unser Volkskörper ist noch nicht von den Schlägen gesundet, die ihm in den vergangenen 40 Jahren beigebracht worden sind. Die Menschen reagieren auf Grund von Verbitterungen, Sentiments und Ressentiments, Verhetzungen und nach schwersten sozialen Umschichtungen empfindlicher und hitziger als in normalen Zeiten.« Damit stellte er klar, dass er nicht oder wenigstens nicht nur vom Nationalsozialismus sprach und schon gar nicht von den Menschen, die besonders unter ihm gelitten hatten. Er sprach von der Zeit seit 1914, den verlorenen Kriegen, dem einfachen Deutschen und seinen Leiden. Er hatte nicht die Millionen Toten, die aus dem »Volkskörper« ausgegrenzt und nur deshalb ermordet wurden, vor Augen. Stattdessen versuchte er Verständnis für die verhetzte Atmosphäre in seinen Wahlversammlungen zu

---

100 Zuständigkeitsordnung der Stadtverwaltung Tübingen, 20.12.1960, StadtA Tübingen, A 200/4424.

wecken: »Die jungen Kritiker meiner Person, die sicher ein ernstes Anliegen vertreten, haben vor allem in der ersten Versammlung in der Marquardtei nicht beachtet, daß es notwendig ist, die eigenen Gedanken in der richtigen Form und mit dem gebotenen Takt vorzutragen. Wenn man selbst zugibt, man habe provozieren wollen, darf man sich nicht über eine hitzige Reaktion wundern und darf jedenfalls nicht seine aufgebrachten Zuhörer zu potentiellen Feinden der Demokratie erklären. Andere haben nun grobschlächtige Unmutsäußerungen weitergetragen und verallgemeinert und mir auf Grund dieser Verallgemeinerung unterstellt, ich schaffe bewußt ein unfaires und intolerantes Klima.«[101]

In der Leserbriefdebatte im Anschluss an die Wahl wurden einige der »hitzigen Reaktionen« beschrieben: Ein Gmelin-Anhänger soll einem Gmelin-Gegner in einer Wahlversammlung entgegengerufen haben, dass die Nazis vergessen hätten, ihn aufzuhängen. In einem anderen Leserbrief wurde berichtet, dass ein älterer Herr, dem es »bitter ernst« gewesen sei, in einer von Gmelins Wahlversammlungen niedergeschrien worden sei. Eine dritte Leserbriefschreiberin bat darum, ihren Brief nur mit Initialen gekennzeichnet zu veröffentlichen, weil sie »die Anhänger Gmelins in ihrer ganzen unbeherrschten und primitiven Art gesehen und gehört« habe.[102] Gmelin hielt den Vorwürfen entgegen, es sei »eine große Kunst, unsere innerlich in den vergangenen Notzeiten schwer verwundeten Menschen anzusprechen und sie zu aufgeschlossenen, vertrauensbereiten Mitarbeitern an einer demokratischen Ordnung zu gewinnen.«[103]

Auch in dieser Veröffentlichung nahm er wieder das »Recht auf politischen Irrtum« für sich in Anspruch, das der ehemalige Häftling des KZ Buchenwald und bekannte Nachkriegsintellektuelle Eugen Kogon 1947 in den *Frankfurter Heften* postulierte und das in den folgenden Jahren zum »vergangenheitspolitische[n] Grundgesetz der Bundesrepublik« wurde.[104] Kogon hatte mit diesem Begriff die Entnazifizierung kritisiert und erklärt, dass Bürger nur mit echter demokratischer Beteiligung von der Demokratie überzeugt werden könnten und nicht durch ihren Ausschluss aus politischen Gründen.[105] Gmelins Beteiligung am Nationalsozialismus ging allerdings deutlich über eine einfache politische Anhängerschaft, die in der Tat immer die Möglichkeit des Irrtums beinhaltet,

---

101 Die Kandidaten haben noch einmal das Wort, in: ST, 21.10.1954, StadtA Tübingen, A 150/415.

102 Gerhard Ebeling: Wiederkehr des Nationalsozialismus, in: ST, 27.10.1954, StadtA Tübingen, ZGS – 1 Gmelin, Hans; Mit Christentum nichts zu tun/Hundertprozentig einverstanden, Leserbriefe, in: ST, 2.11.1954, ebd.

103 Die Kandidaten haben noch einmal das Wort, in: ST, 21.10.1954, StadtA Tübingen, A 150/415.

104 Frei: Vergangenheitspolitik, S. 405.

105 Eugen Kogon: Das Recht auf den politischen Irrtum, in: Frankfurter Hefte, 2 (1947), S. 641-655.

hinaus. Im Unterschied zu einer Haltung der Gläubigkeit gegenüber der Staatsführung, wie man sie wohlwollend bei vielen Deutschen vermuten könnte, die
die NS-Zeit in zivilen Berufen oder auch in der Wehrmacht verbrachten, hatte
Gmelin an konkreten politischen Praktiken Anteil, die mit der gewaltsamen
Durchsetzung völkisch-rassistischer Prinzipien in Europa verbunden waren.
Das war keine Angelegenheit, die nach dem Trial-and-Error-Prinzip wieder
geradezurücken war.

Von seiner Tübinger Anhängerschaft, die in Teilen aus ehemaligen Mit-
läufern des Nationalsozialismus bestand, die sich im Unterschied zu Gmelin
nicht im Umfeld zentraler Schaltstellen der politischen Macht des NS-Regimes
befunden hatten,[106] wollte er nun gerade dieses Bekenntnis zum politischen
Irrtum nicht fordern. Stattdessen empfahl er, offenem Hass und Intoleranz
in den Wahlversammlungen mit Verständnis und Einfühlsamkeit zu begegnen. Die Mehrheit der ehemaligen NS-Anhänger sei nur auf diesem Weg von
der Überlegenheit demokratischer Verfahrensweisen zu überzeugen. Hier war
nichts mehr zu spüren von Kogons Bedingung: »wer sich geirrt hat *und die
Konsequenzen daraus zieht,* wird freiwillig tun, was in seiner Kraft liegt, um zur
Wiedergutmachung beizutragen; er mag gerechterweise dazu auch veranlaßt
werden, wenn er sich nicht selber getrieben fühlt«.[107] Stattdessen entwickelte
Gmelin eine frühe Version des Arguments, das Hermann Lübbe 1983 vertreten
sollte: Die »gewisse Stille« und »Diskretion«, mit der das Erbe des Nationalso-
zialismus in der Nachkriegszeit behandelt wurde, habe erst die stillschweigende
»Verwandlung« der ehemaligen NS-Anhänger in Bürger des demokratischen
Staates ermöglicht.[108]

Im Zusammenhang mit der Atmosphäre seiner Wahlversammlungen empfand Gmelin die Äußerung des Presseamts der Universität als »erstaunlich«,
weil man sich dort offenbar »nicht die Mühe gegeben hat, dem meiner Meinung nach berechtigten Grund der Rüge nachzugehen, die sich die angesprochenen wenigen Studenten und Assistenten wegen ihrer Verkennung der
wahren Sachlage von seiten des Schwäbischen Tagblatts zugezogen haben«.[109]
Gmelin äußerte also nicht nur vollstes Verständnis für die »hitzigen Reaktio-

106 Gmelin berichtete dem rechten Publizisten Wolfgang Venohr von zwei Besuchen des
    slowakischen Staatspräsidenten Tiso bei Hitler im Führerhauptquartier, denen er
    beigewohnt hatte. Venohr: Aufstand, S. 56.
107 Kogon: Recht, S. 651 (Hervorhebung im Original).
108 Axel Schildt: Zur Durchsetzung einer Apologie. Hermann Lübbes Vortrag zum
    50. Jahrestag des 30. Januar 1933, in: Zeithistorische Forschungen/Studies in Con-
    temporary History, Online-Ausgabe 10 (2013), H. 1, URL: http://www.zeithisto
    rische-forschungen.de/1-2013/id=4679 (letzter Zugriff: 9.2.1018), Druckausgabe:
    S. 148-152.
109 Die Kandidaten haben noch einmal das Wort, in: ST, 21.10.1954, StadtA Tübin-
    gen, A 150/415.

nen« und »grobschlächtigen Unmutsäußerungen« seiner Anhänger gegenüber Kritikern seiner Kandidatur, er teilte auch die grundsätzliche Infragestellung der Legitimität der Kritiker. Es bleibt im Unklaren, was unter dem »gebotenen Takt« zu verstehen sein soll, den Gmelins Kritiker seiner Auffassung nach hatten vermissen lassen. Nach Aussage des Presseamtes handelte es sich um kritische Nachfragen zu seiner Person und nach Auffassung des *Schwäbischen Tagblatts* um die Verlegung der Diskussion von der kommunalpolitischen auf die allgemeinpolitische Ebene. Ein Wort der Distanzierung von hasserfüllten Äußerungen, zu denen es in seinen Versammlungen kam, sucht man vergeblich in Gmelins Stellungnahmen. Sein Schwager Konrad-Dietrich Riethmüller teilte später in einer »Richtigstellung« mit, den bereits genannten Ausruf, die Nazis hätten vergessen, den betreffenden Diskussionsredner aufzuhängen, hätten weder er selbst noch andere Teilnehmer an Gmelins Wahlversammlungen, mit denen er gesprochen habe, gehört.[110]

Gmelin erklärte die Auseinandersetzung zudem zu einer »Generationenfrage«: Es sei »das Recht und die Pflicht der jungen Menschen, sich für Ideale zu begeistern und einzusetzen, ohne zu fragen, ob die Ideale später verzerrt werden könnten, ob die Entwicklung vielleicht einmal in Richtungen verläuft, die im Unglück und im Zusammenbruch enden«. Es muss hier nur an die Forderung der Entlassung des jüdischen Universitätsmitarbeiters erinnert werden, die der Tübinger AStA Anfang Februar 1933 erhob, um erneut darauf hinzuweisen, dass zu keinem Zeitpunkt vor und nach 1933 unklar gewesen ist, dass die Juden im deutschen Einflussgebiet mit der Durchsetzung des Nationalsozialismus keinem einfachen Schicksal entgegengehen würden.

»Wenn«, so Gmelin weiter, »der Bundeskanzler die heutige Jugend zur Verteidigung der abendländischen Kultur« aufriefe, würde ein Großteil dazu bereit sein, »ohne nach dem Ende zu fragen«. Er bezweifelte, dass man dies verurteilen dürfe. Vor allem aber stellte er die Frage, wer dazu berechtigt sein könnte. Seiner Auffassung nach nur diejenigen, die 1933 »aufrecht die Jugend von damals gewarnt haben und sich der Flut, die das ganze Volk überschwemmt hat, mit Mut und Würde entgegengestemmt haben«. Er erinnere sich nur an »verhältnismäßig wenige Persönlichkeiten in Tübingen in den Jahren 1930 bis 1934, von denen man dies sagen kann«. Wenn man sich nun »nach 1945 – im Gegensatz zu anderen – keine neonazistische[n] oder extremistische[n] Eskapaden auf politischem Gebiet leistet: wo liegt da die Berechtigung, zu sagen, du sollst wegen deiner Jugendwege auf alle Zeiten abgestempelt sein?!«. Seine Generation habe den Nationalsozialismus im Übrigen weder erfunden noch getragen, er persönlich sei von einem Tübinger Studentenpfarrer der älteren Generation

---

110 Konrad-Dietrich Riethmüller: Richtigstellungen, in: ST, 30.10.1954, StadtA Tübingen, ZGS – 1 Gmelin, Hans.

vom Nationalsozialismus überzeugt worden.[111] Der Hinweis, dass Gmelin sich
»im Gegensatz zu anderen« keine neonazistischen Eskapaden geleistet habe, war
ein Seitenhieb auf seinen Gegenkandidaten, der an dieser Stelle zwar nicht genannt, aber dann doch einmal Thema seiner Ausführungen wurde. Mülberger
zeigte sich im »letzten Wort« der Kandidaten zwei Tage später verwundert
darüber, dass Gmelin seine Kandidatur im Jahr 1952 auf der Esslinger Liste der
Deutschen Gemeinschaft – Block der Heimatvertriebenen und Entrechteten,
einer zweifellos neonazistischen Liste, hervorgeholt hatte.[112] Mülberger mühte
sich, die nur zwei Jahre zurückliegende Kandidatur als alten Hut abzutun, was
kaum überzeugen kann. Er wies allerdings mit Recht darauf hin, dass er selbst
niemals Gmelins NS-Vergangenheit zum Thema gemacht hatte.[113]

Gmelin beendete seine vorletzte Äußerung im *Tagblatt* mit der Bemerkung,
dass der Wahlkampf von den Kandidaten zwar fair geführt worden sei, beklagte sich dann aber über die Art, wie die Freunde seines Mitbewerbers ihn,
seine Vergangenheit und sogar seine Frau mit Schmutz beworfen hätten. Er
habe allerdings die Erfahrung gemacht, dass diese Methoden »von allen anständigen Menschen abgelehnt werden«. Letztlich hoffe er, dass die Entscheidung
»eine[r] große[n] politische[n] Partei« – der CDU –, ihre bisherige Neutralität
aufzugeben und den Gegenkandidaten zur Wahl zu empfehlen, nicht auf der
Grundlage »unüberprüfter Gerüchte und selbstgerechter Empfindlichkeiten
zustande gekommen ist«.

Gmelin war sich absolut der Bedeutung bewusst, die er der Wahl durch die
offensive Thematisierung seiner NS-Vergangenheit gegeben hatte. Er erklärte,
dass der Wähler am Sonntag bestimme, welchen Bewerber er für vertrauenswürdiger und fähiger halte. »Er wird zudem darüber entscheiden, ob man auch
in Tübingen unter die Vergangenheit einen Strich zieht und die Menschen nur
danach beurteilt, wie sie sich zur Gegenwart und zur Zukunft einstellen und
was sie für unsere Stadt Tübingen zu leisten vermögen.« Damit war die Wahl
endgültig nicht nur eine Entscheidung über den zukünftigen Oberbürgermeister, sondern ein Tübinger Plebiszit zur deutschen »Vergangenheitspolitik«.
Diesen Aspekt hob Gmelin auch 20 Jahre später hervor, als er erklärte, in seine
Wahl 1954 habe die Frage hineingespielt, »ob nun Leute wie ich, die sich in der
Jugendzeit als SA-Leute, als Nationalsozialisten in Tübingen betätigt haben, ob
die nun endgültig, für ihr ganzes restliches Leben, aus einer aktiven Verantwortung ausgeschlossen sein sollten, obwohl nichts persönlich Belastendes an ih-

---

111 Die Kandidaten haben noch einmal das Wort, in: ST, 21.10.1954, StadtA Tübin-
      gen, A 150/415.
112 Richard Stöss: Die extreme Rechte in der Bundesrepublik. Entwicklung – Ursa-
      chen – Gegenmaßnahmen, Opladen 1989, S. 109-117.
113 Das letzte Wort der Kandidaten, in: ST, 23.10.1954, StadtA Tübingen, A 150/415.

nen hängen geblieben war«. Bei einer hohen Wahlbeteiligung von 71,6 Prozent erzielte Gmelin in der Stichwahl am 24. Oktober 54,82 Prozent der Stimmen.[114] Mit der Wahloption, die Gmelin zur Debatte stellte, »ob man auch in Tübingen unter die Vergangenheit einen Strich zieht«, bezog er sich auf den gesellschaftlichen Prozess der »Vergangenheitspolitik« in der frühen Bundesrepublik, der 1954 bereits weitgehend abgeschlossen war. Sofort mit der Konstituierung des Bundestags 1949 begannen die von allen Fraktionen mitgetragenen Bemühungen, mit denen zunächst die alliierten Säuberungsanstrengungen beendet und sodann in großen Teilen zurückgenommen wurden. Die Parteien entsprachen damit einer in der Bevölkerung nahezu kollektiv geteilten Erwartung. Die politischen Maßnahmen trafen nicht nur auf überwältigende Zustimmung, sie waren in vielen Fällen durch die Initiativen von Interessengruppen angestoßen worden.[115] Neben dem bereits genannten Gesetz zugunsten der »131er«, das 1951 erlassen wurde und selbst schwer belasteten NS-Tätern die erfolgreiche Wiederaufnahme ihrer Beamtenlaufbahn ermöglichte,[116] verabschiedete der Bundestag 1949 und 1954 umfassende Straffreiheitsgesetze, mit denen unzählige NS-Verbrecher amnestiert wurden.[117] Diejenigen, die in den Nürnberger Prozessen zu Haftstrafen verurteilt oder deren Todesstrafen nachträglich in Haftstrafen umgewandelt worden waren, wurden bis auf sieben Verurteilte aus dem Hauptkriegsverbrecherprozess in den frühen 1950er Jahren aus der Haft entlassen.[118]

Gmelins Argument, die Aufbauarbeit der kommenden Jahre könne nicht geleistet werden, wenn man einen Großteil seiner Generation von der Mitarbeit an verantwortlicher Stelle ausschließe, war unmittelbar einer Debatte entnommen, die davon ausging, dass die junge Bundesrepublik unter einem personalpolitischen Vakuum leide, das nur durch die Reintegration ehemaliger Nationalsozialisten in den Staatsapparat gefüllt werden könne. In dieser Diskussion wurde ignoriert, dass bereits in den ersten fünf Jahren eigenverantwortlicher Verwaltung in der Bundesrepublik ein umfangreicher Austausch zentraler gesellschaftlicher Funktionsträger stattgefunden hatte. Zahlreiche NS-Gegner, mit denen die Alliierten unmittelbar nach 1945 zusammengearbei-

---

114 Die Kandidaten haben noch einmal das Wort, in: ST, 21.10.1954, StadtA Tübingen, A 150/415; Hans Gmelin ab 1. Januar Tübinger Oberbürgermeister/Ergebnis nach Wahlbezirken, in: ST, 25.10.1954, ebd.; Und diese Angriffslust habe ich, in: ST, 21.12.1974, StadtA Tübingen, ZGS – 1 Gmelin, Hans.

115 Frei: Vergangenheitspolitik, S. 13-17.

116 S. dazu Ullrich: Integration.

117 Frei: Vergangenheitspolitik, S. 18; Andreas Eichmüller stellt die von Frei beschriebenen starken Auswirkungen des Gesetzes von 1954, das zur Einstellung vieler strafrechtlicher Verfahren geführt habe, in Abrede. In Bayern etwa sei kein Erlahmen der Strafverfolgung zu beobachten gewesen. Andreas Eichmüller: Keine Generalamnestie. Die Strafverfolgung von NS-Verbrechen in der frühen Bundesrepublik, München 2012, S. 127 f.

118 Ullrich: Integration, S. 113.

tet hatten, wurden nach 1949 systematisch durch sogenannte amtsverdrängte »131er« ersetzt, die nicht selten stark in den Nationalsozialismus involviert gewesen waren. Das immer wieder bemühte und auch zeitgenössisch heftig diskutierte Beispiel für diese Politik war Konrad Adenauers Kanzleramtschef Hans Globke, der zudem noch eine der maßgeblichen Triebkräfte dieser Personalpolitik in Bonn war. Es handelte sich um einen vorsätzlichen Personalaustausch durch die Bevorzugung von Belasteten, denn es gab durchaus fähiges Personal, das bereit war – oder bereit gewesen wäre –, Verantwortung zu übernehmen.[119] In Gmelins Fall ist das Argument des Personalmangels bei der Aufbauarbeit besonders widersinnig, weil in unterschiedlichen Phasen des Wahlkampfs bis zu drei fachkundige Alternativkandidaten für das Amt des Oberbürgermeisters bereitstanden, die deutlich weniger in die Politik des NS-Staates involviert gewesen waren.

Im Unterschied zur Wiedereinstellung zahlreicher NS-Belasteter in die staatliche Verwaltung oder zu ihrer Versorgung mit Renten ging die Entschädigung von NS-Opfern äußerst schleppend voran und war im Wesentlichen eine Reaktion auf Druck aus dem Ausland. Im Jahr 1953 hatte der Bundestag schließlich ein erstes Entschädigungsgesetz beschlossen, das wegen vieler Mängel 1956 als Bundesentschädigungsgesetz neu gefasst werden musste. Zahlreiche Opfergruppen waren von der Entschädigung ganz oder größtenteils ausgeschlossen worden, darunter die meisten der als »Asoziale« und als »Zigeuner« Verfolgten, die nach wie vor strafrechtlich verfolgten Homosexuellen und auch die nach dem Erbgesundheitsgesetz zwangssterilisierten Personen. In den frühen 1950er Jahren flammte die Debatte über die eugenische Zwangssterilisierung mancherorts sogar wieder auf. Dabei wurde als Argument bemüht, dass die Alliierten nach der Kapitulation das Gesetz nicht aufgehoben, sondern durch das Verbot der dafür vorgesehenen Gerichte nur außer Vollzug gesetzt hatten. Die Wiedergutmachung wurde landläufig als »Holschuld« und nicht als »Bringschuld« betrachtet.[120]

Die Vergangenheitspolitik umfasste aber nicht nur diese legislative und politische Ebene. Es handelte sich auch um einen psychosozialen Prozess in der Bevölkerung. Dabei ging es zentral um das Verständnis der jüngsten Vergangenheit und die Frage, wer dafür die Verantwortung trug und wer nicht. Mit der Tübinger Wahl war die Entscheidung über den zukünftigen Oberbürgermeister gefallen, der Höhepunkt der Debatte stand aber noch bevor. Am Mittwoch nach der Wahl veröffentlichte das *Schwäbische Tagblatt* einen Leserbrief des Tübinger Professors für Evangelische Theologie, Gerhard Ebeling, mit

---

119 Rigoll: Staatsschutz, S. 14, 20, 22-27, 63.
120 Constantin Goschler: Schuld und Schulden. Die Politik der Wiedergutmachung für NS-Verfolgte seit 1945, Göttingen 2005, S. 151 f., 187-190, 196 f., 199 f.; Zeit zu debattieren, in: Der Spiegel, Nr. 33 (1950), S. 7.

der Überschrift »Wiederkehr des Nationalsozialismus«. Ebeling äußerte seinen Vorwurf klar und deutlich: »Die Tübinger Bürgerschaft hat bei der Oberbürgermeisterwahl in ihrer Mehrheit einem Kandidaten die Stimme gegeben, dessen frühere Rolle als nationalsozialistischer Funktionär allgemein bekannt war. Sie hat damit den Beweis erbracht, daß für sie Bedenken in dieser Hinsicht zumindest nicht maßgebend sind, wenn nicht gar für einen erheblichen Teil der Wähler solche Vergangenheit eine Empfehlung bedeutet.« Gmelins Verhalten verwunderte Ebeling weniger. Es füge sich nicht überraschend in die Charakterzüge eines NS-Aktivisten, dass er sich für den Posten des Stadtoberhaupts beworben habe. Ebelings Kritik richtete sich nicht nur gegen die Stimmung in den Wahlversammlungen, die ihn an die Atmosphäre des Jahres 1932 erinnert habe. Der Zuruf an einen Gmelin-Kritiker, dass die Nazis vergessen hätten, ihn aufzuhängen, sei keine »zufällige Entgleisung irgendeines Unbelehrbaren«, sondern Ausdruck dessen, dass zahlreiche Deutsche eben nichts aus der Vergangenheit gelernt hätten. Inzwischen würden sie sich nach kurzem Winterschlaf wieder emporrecken: »Wir befinden uns in einem rapiden Gefälle der Renazifizierung.«[121]

Ebeling bezog sich damit auf eine seit Anfang der 1950er Jahre mit den Stichwörtern »Restauration« und »Renazifizierung« operierende, kritische Debatte, die sich im Wesentlichen mit den Folgen der Wiedereingliederung der »131er« und dem Ausbleiben sowohl einer differenzierten Auseinandersetzung mit dem Nationalsozialismus als auch eines grundsätzlichen Umdenkens im gesellschaftlichen Zusammenleben nach 1945 befasste. Dazu gehörte zudem die Kritik an der bevorstehenden »Remilitarisierung« der Bundesrepublik. Diese Debatte – maßgeblich angestoßen und geführt von Walter Dirks und Eugen Kogon in den *Frankfurter Heften* – repräsentierte aber nur einen relativ kleinen Teil der deutschen Öffentlichkeit, der ebenso wie die beiden Protagonisten dem eher linksliberalen oder linkskatholischen intellektuellen Spektrum zuzuordnen war. In den meisten Fällen handelte es sich dabei um ehemalige NS-Verfolgte oder NS-Gegner, zu denen auch Gerhard Ebeling zu zählen ist, der in Berlin Pfarrer der Bekennenden Kirche war und mit dem Widerstandsaktivisten Dietrich Bonhoeffer in Kontakt gestanden hatte.[122] Zu Kogons be-

---

121 Gerhard Ebeling: Wiederkehr des Nationalsozialismus, in: ST, 27.10.1954, StadtA Tübingen, ZGS – 1 Gmelin, Hans.

122 Rigoll: Staatsschutz, S. 12, 22-26; Ullrich: Integration, S. 111; Ossip Kurt Flechtheim: Blick zurück im Zorn. Westdeutschland 1945 bis 1960, in: Axel Eggebrecht (Hrsg.): Die zornigen alten Männer. Gedanken über Deutschland seit 1945, Reinbek bei Hamburg 1979, S. 29-70; Albrecht Beutel: Gerhard Ebeling. Eine Biographie, Tübingen 2012, S. 64-79, 88 ff.; zur Diskussion des Restaurationsbegriffs s. insbesondere Claudia Fröhlich: Restauration. Zur (Un-)Tauglichkeit eines Erklärungsansatzes westdeutscher Demokratiegeschichte im Kontext der Auseinandersetzung mit der NS-Vergangenheit, in: Glienke, Paulmann, Perels (Hrsg.): Erfolgsgeschichte, S. 17-52.

kanntesten Veröffentlichungen in diesem Zusammenhang gehört sein Artikel »Beinahe mit dem Rücken an der Wand«, der knapp zwei Monate vor Ebelings Leserbrief erschienen war.[123] Mit der Überschrift seines Leserbriefes bezog sich Ebeling auf den »Die Wiederkehr des Nationalsozialismus« betitelten Artikel in den *Frankfurter Heften*, mit dem Eugen Kogon im Juni 1951 auf den Wahlerfolg der neonazistischen Sozialistischen Reichspartei (SRP) bei den Landtagswahlen in Niedersachsen im Vormonat reagiert hatte. Die SRP war mit 16 Abgeordneten viertstärkste Kraft geworden.[124]

Es erscheint paradox, dass sich der Kandidat Gmelin mit dem »Recht auf politischen Irrtum« genauso auf Eugen Kogon bezog wie der Gegner seiner Wahl Ebeling. Neben der schon dargestellten Fehlinterpretation von Kogons Text als moralische Generalamnestie aller ehemaligen NS-Aktivisten verweist dieser Umstand auch auf die allgemeine Situation von NS-kritischen Intellektuellen in der Nachkriegszeit. Einerseits hofften sie, dass die Gesellschaft des Landes sich nach 1945 grundsätzlich ändern würde, andererseits waren sie sich durchaus bewusst, dass die Mehrheit der Deutschen den Nationalsozialismus unterstützt hatte. Der Versuch, ihnen eine goldene Brücke zu bauen, endete wenige Jahre später in wachsender Desillusionierung und einer tiefen Enttäuschung, die Kogon – ebenso wie viele andere NS-Gegner – auch 30 Jahre später nicht verwunden hatte.[125]

Die Reaktion auf Ebelings Leserbrief ließ nicht lange auf sich warten. Eine heftige Erwiderung war aufgrund des aufgeheizten Wahlkampfklimas erwartbar, sie überschritt Ebelings Befürchtungen aber deutlich. Eine wahre Flut von Leserbriefen ergoss sich mehrere Tage lang über das *Schwäbische Tagblatt*, das der Debatte am zweiten Tag nach Ebelings Wortmeldung eine Obergrenze setzte. Am Freitag wurde in der Zeitung mitgeteilt, dass nur noch Leserkommentare zu diesem Thema abgedruckt würden, die die Redaktion bis Samstagabend erreichten. Am 28., 29. und 30. Oktober sowie am 2. November veröffentlichte das *Tagblatt* insgesamt 68 teilweise stark gekürzte Leserbriefe, von denen sich eine überwältigende Mehrheit in mitunter scharfer Form gegen den Beitrag von Gerhard Ebeling wandte. Zudem erhielt Ebeling in diesen Wochen private Zuschriften, in denen seine Auffassung bisweilen emphatisch unterstützt wurde, häufiger aber Ablehnung und in einigen Fällen kaum verhohlene Gewaltdrohungen und antisemitische Ressentiments zum

---

123 Eugen Kogon: Beinahe mit dem Rücken an der Wand, in: Frankfurter Hefte, 9 (1954), S. 641-645.

124 Eugen Kogon: Die Wiederkehr des Nationalsozialismus, in: Frankfurter Hefte, 6 (1951), S. 377-382; Frei: Vergangenheitspolitik, S. 324 f.

125 S. Eugen Kogon: Dreißig Jahre – wohin?, in: Eggebrecht (Hrsg.): Männer, S. 71-102; auch die weiteren zehn Beiträge in diesem Sammelband bieten Einblick in diese fundamentale Enttäuschung. Rigoll: Staatsschutz, S. 25 f.

Ausdruck kamen. Ein anonymer Tübinger, der vermutete, dass es sich bei Ebeling um »einen Pharisäer und Schriftgelehrten« handle, schrieb: »Ich rate Ihnen, packen Sie beizeiten Ihr Bündel, wandern Sie aus zum Volk Israel, dort gehören Sie hin.«[126] Auch mit Telefonanrufen und persönlichen Begegnungen machte Ebeling unangenehme Erfahrungen.[127] In einem Brief an seine Eltern beschrieb er, wie seine Zuschrift an das *Tagblatt* zum Stadtgespräch wurde und es fast zu Prügeleien an öffentlichen Orten gekommen sei: »Wir wären nicht überrascht gewesen, wenn man uns die Fenster eingeworfen hätte.«[128] Viele der persönlichen Schreiben an Ebeling erfolgten ohne Absender, andere waren mit vollem Namen gezeichnet. Dazu zählt etwa ein Brief, in dem Ebeling erklärt wurde, dass »es hier früher in der sogenannten ›guten alten Zeit‹ drunten in der Gogerei[129] üblich war, dass man ab und zu ein Studentlein, oder auch ein Professerle, das sich guten alten Tübingern gegenüber etwas arg mausig gemacht hatte eine gehörige Tracht Prügel verabreichte«. Dem Unterzeichneten schien es »kein Fehler wenn man diesen guten alten Brauch wieder aufleben lassen würde«.[130] Ähnlich dem Tenor in Kogons Artikel »Beinahe mit dem Rücken an der Wand« vom September 1954 belegen zustimmende Zuschriften an Ebeling, dass so manche NS-Gegner Mitte der 1950er Jahre wieder auf gepackten Koffern saßen – in der Befürchtung, bald erneut mit Gewalt und Verfolgung konfrontiert zu sein. Der Marburger evangelische Theologe Werner Georg Kümmel, der nach den Nürnberger Gesetzen »Nichtarier« gewesen war, schrieb Ebeling, dass die Tübinger Debatte und weitere Fälle aus seinem Umfeld ihn derartig erschreckten, dass er sich frage, ob es für ihn und seine Familie sicherer sei, wenn er einem Ruf an eine US-Universität folge.[131] Menschen, die öffentlich kritisch Position bezogen, waren erheblichen Anfeindungen ausgesetzt. Besonders in diesem Zusammenhang wiegt es schwer, dass verbale Entgleisungen gegen Kritiker, wie sie etwa in den Wahlversammlungen zu beobachten waren, nicht auf das Schärfste verurteilt wurden. Gerade öffentliche Personen wie der Oberbürgermeisterkandidat Gmelin, die erklärten, sich einer offenen Debatte

---

126 Anonym an Ebeling, 27.10.1954, UA Tübingen, 633 – Nachlass Gerhard Ebeling/624.
127 Beutel: Gerhard Ebeling, S. 201-205.
128 Ebeling an Eltern Ebeling, 2.11.1954, zit. nach Beutel: Gerhard Ebeling, S. 203 f.
129 Im Unterschied zur historischen Oberstadt, in der gutsituierte Bürger wohnten, wurde damit die Tübinger Unterstadt bezeichnet, die von ärmeren Bevölkerungsteilen bewohnt wurde, die oft vom Weinbau lebten.
130 H. B. an Ebeling, 29.10.1954, UA Tübingen, 633 – Nachlass Gerhard Ebeling/624.
131 Kümmel an Ebeling, 3.11.1954, ebd.; Eberhard Röhm: s. v. Werner Georg Kümmel, in: Ders., Hartmut Ludwig (Hrsg.): Evangelisch getauft – als »Juden« verfolgt. Theologen jüdischer Herkunft in der Zeit des Nationalsozialismus, Stuttgart 2014, S. 188 f.

nicht entziehen zu wollen, hätten klar Stellung beziehen müssen, wenn es ihnen mit einer ehrlichen Auseinandersetzung ernst war.

Bereits am Tag, als sein Leserbrief erschien, erhielt Ebeling eine Zuschrift des Vorsitzenden des Bunds der vom Nationalsozialismus Verfolgten in Württemberg-Hohenzollern, der ihm im Namen der durch die »Renazifizierung enttäuschten und benachteiligten Kameraden« seinen Dank für den Mut aussprach, den er durch seine öffentliche Äußerung bewiesen habe. Er machte aber zudem darauf aufmerksam, dass das *Schwäbische Tagblatt* Gerhard Ebeling womöglich eine »Pyrrhus-Gefälligkeit« erwiesen habe, denn den wütenden Reaktionen der Gmelin-Unterstützer wurde danach ungleich breiterer Raum gegeben.[132] Das *Tagblatt* schrieb in einer kurzen Einleitung zu den letzten Leserbriefen, die auf zwei vollen Seiten am 2. November abgedruckt wurden, dass viele Kommentare »so viel bösartiges Gezänk« enthielten, dass man sich im Nachhinein voll darin bestätigt sehe, während des Wahlkampfs keine Leserzuschriften abgedruckt zu haben. Da man sich jedoch nicht dem Vorwurf aussetzen wolle, irgendeine Meinung unterdrückt zu haben, seien sogar aus Briefen, die den Boden der Sachlichkeit vollständig verlassen hätten, wenigstens diejenigen Sätze veröffentlicht worden, die noch einigermaßen vertretbar gewesen seien. Die ganze Affäre diene nach Meinung der Redaktion vor allem »feindlich gesinnte[n] Kreise[n] im Ausland«. Insbesondere der für seine kritischen Artikel über Deutschland bekannte britische Journalist Sefton Delmer müsse sich nun für seine nächsten Artikel nicht mehr besonders bemühen, sondern nur zitieren, was in einer deutschen Zeitung stand.[133] Der baden-württembergische Landesjugendvikar, der Ebeling noch von seinem Examen kannte, bat das *Schwäbische Tagblatt* im November, eine Richtigstellung zu den vielen »halb-, viertels- oder antichristlichen Begriffe[n]« veröffentlichen zu dürfen, die in den Reaktionen auf den Brief eines evangelischen Theologen massenhaft auftauchten. In einem Antwortschreiben erklärte sich das *Tagblatt* zwar dazu bereit, einen Beitrag des Vikars zu publizieren, wies aber den von ihm erhobenen Kritikpunkt entschieden zurück, dass die Redaktion durch den Abdruck der Antworten auf Ebelings Leserbrief auf das Niveau der *Bild*-Zeitung gesunken sei. Die Zuschrift von Ebeling sei »ausgesprochen provokatorisch« gewesen. Man habe von einem Intellektuellen erwarten können, dass er sich »aus der Enttäuschung über den Ausgang der Wahl« nicht zu »solchen Formulierungen hinreissen lasse«. Ebelings Äußerungen seien »nicht verantwortlich und auch nicht gerade klug« gewesen. Es wäre nach Auffassung

132 Beutel: Gerhard Ebeling, S. 204; Landesvorsitzender des Bunds der vom Nationalsozialismus Verfolgten Württemberg-Hohenzollern e.V. an Ebeling, 27.10.1954, UA Tübingen, 633 – Nachlass Gerhard Ebeling/624.

133 Gibt es eine Gefahr der Renazifizierung?, in: ST, 2.11.1954, StadtA Tübingen, ZGS – 1 Gmelin, Hans.

der Redaktion nicht richtig gewesen, »die uns zum Teil ungehörig erscheinende Auslassung eines Theologen [zu] veröffentlichen und die Antworten darauf [zu] unterdrücken«.[134]

Hier kommt erneut eine unverkennbare Tendenz im Mantel der neutralen Berichterstattung zum Ausdruck, die sich in den folgenden Jahren noch verstärken sollte. Die Tübinger Historiker Martin Ulmer und Hans-Otto Binder vertraten 2010 bei einer Podiumsdiskussion die Auffassung, dass das *Schwäbische Tagblatt* in den 1950er und 1960er Jahren unter dem Chefredakteur Ernst Müller das Thema Nationalsozialismus wenn nicht ignoriert, so doch sehr allgemein abgehandelt habe, während Veranstaltungen zu Kriegsheimkehrern und -veteranen sowie Heimatvertriebenen breiten Raum in der Zeitung einnahmen. In der Redaktion seien zwar zwei verschiedene politische Strömungen präsent gewesen, aber im Lokalteil zum Beispiel sei der Nationalsozialismus so gut wie kein Thema gewesen, über Prozesse gegen NS-Täter sei sehr distanziert geschrieben worden.[135] Dieses Vorgehen kann kaum überraschen, denn bis August 1968 war mit Alfred Leucht, der sich schon 1933 in der Vorgängerzeitung *Tübinger Chronik* für die Entlassung des jüdischen Leiters des Anzeigenteils eingesetzt hatte, damit die Redaktion »judenfrei« würde, ein ehemaliger Propagandaschreiber für die Waffen-SS leitender Lokalredakteur.[136] Die Formulierungen in dem Schreiben an den Landesjugendvikar, mit denen Gerhard Ebelings Leserbrief so scharf kritisiert wurde, stammten allerdings vom damaligen stellvertretenden *Tagblatt*-Chef und zeitweisen Tübinger Stadtrat Karl Lerch, den der Hamburger *Spiegel* einige Jahre später politisch als rechtskonservativ einordnete.[137]

134 Schmid an Ebeling, 9.11.1954, UA Tübingen, 633 – Nachlass Gerhard Ebeling/624; Schmid an Schwäbisches Tagblatt, 9.11.1954, ebd.; Schwäbisches Tagblatt an Schmid, 10.11.1954, ebd.

135 »Warum gab es dieses große Schweigen?« Podiumsgespräch am 8.7.2010 in der VHS Tübingen, in: Hans-Otto Binder u. a. (Hrsg.): Hemd, S. 231 ff.

136 Hans-Joachim Lang: In Polen ein Herrenmensch, in: ST, 23.4.2014; Chronik der Universitätsstadt Tübingen, in: Bürgermeisteramt (Hrsg.): Verwaltungsbericht 1966-1970, S. 16, StadtA Tübingen, UM 252a/7.

137 Der *Spiegel* berichtete im Zusammenhang mit einer Kritik an der Berichterstattung des *Schwäbischen Tagblatts* über die *Spiegel*-Affäre 1962, dass der »rechtskonservative« Redakteur Lerch geschrieben habe, dass in der Debatte über die Maßnahmen gegen den *Spiegel* gelogen, aufgeputscht und übertrieben werde, um »aller Welt weiszumachen, daß es in der Bundesrepublik an Rechtssicherheit und Freiheit um keinen Deut besser bestellt sei als im Dritten Reich Adolf Hitlers«. Acht namhafte Tübinger Professoren protestierten entschieden gegen diese Darstellung und erklärten, dass Lerch »autoritär, nicht demokratisch« denke. Der Chefredakteur Ernst Müller zeigte in dieser Angelegenheit Einsehen, lobte den Mut und die Logik der Professoren und sah in ihrem Einspruch einen notwendigen Diskussionsbeitrag und eine Korrektur der Berichterstattung seiner Zeitung. Schwäbisches Tagblatt. Soviel Mut, in: Der Spiegel, Nr. 47 (1962), S. 68. Fünf Jahre zuvor hatte Lerch in der

Die Leserbriefe, in denen der Theologe Ebeling kritisiert wurde, enthielten in der Tat eine große Anzahl von christlichen Pseudoweisheiten. In kaum einer Zuschrift fehlte ein triumphierender Hinweis auf das Gebot der Nächstenliebe, das Verbot des falschen Zeugnisses, das Gleichnis vom verlorenen Sohn oder das geflügelte Wort »Wer unter euch ohne Sünde ist, der werfe den ersten Stein«. Ein anderer wiederkehrender Kritikpunkt bezog sich auf Ebelings Behauptung, anhand der Stimmenanteile in den einzelnen Wahlbezirken ließen »sich auch über die soziologische Schichtung der für Gmelin stimmenden Kreise beachtliche Feststellungen treffen«, nämlich dass »die Angehörigen der Universität sich offenbar überwiegend gegen ihn erklärten«. Dieser Hinweis war sicher von den Auseinandersetzungen des Presseamts der Universität mit dem *Schwäbischen Tagblatt* während des Wahlkampfs beeinflusst. Trotzdem bot er den Gegnern Ebelings unnötige Angriffsfläche. In vielen Leserbriefen wurde ihm akademische Überheblichkeit vorgeworfen. Mitunter gab es sogar eine (zutreffende) Anspielung darauf, dass die Angehörigen der Universität während des Nationalsozialismus keineswegs unbeteiligt gewesen seien.[138]

Die ständig wiederholte Berufung auf die Tradition der Vergebung im Christentum und die rhetorische Frage, ob es nicht an der Zeit sei, »einander verzeihend die Hand zu reichen und vorwärts zu blicken«, wurden nicht selten mit dem Hinweis auf die eigene Kriegserfahrung – Verlust von Angehörigen, Verwundung, Kriegsgefangenschaft oder Vertreibung – verknüpft. Während diese Leiderfahrung in den Leserzuschriften in der Regel mit einer grundsätzlichen Ablehnung des NS-Regimes gekoppelt wurde, spielten die Millionen ermordeten Juden, Sinti und Roma, Kranken, Kriegsgefangenen und viele andere, die die primär Leidtragenden des Nationalsozialismus gewesen waren, in den Äußerungen der Gmelin-Unterstützer überhaupt keine Rolle. Die in den Leserbriefen oft bemühte Erklärung, dass Gmelin aus »jugendlichem Idealismus« heraus ein Anhänger des Nationalsozialismus geworden sei, ging mit keiner Silbe darauf ein, dass es durchaus junge Leute mit idealistischen Motiven gegeben hatte, die keine Nationalsozialisten geworden waren, die nicht mitgemacht, ja teilweise sogar opponiert hatten oder das Land hatten verlassen müssen. Die eigentlichen Leidtragenden der nationalsozialistischen Gewaltherrschaft verschwanden hinter dem eindringlich vorgetragenen Leid

Tübinger Studentenzeitung *Notizen* einen Artikel unter dem Titel »Nationalismus und deutscher Osten« veröffentlicht, in dem er von der letzten Million »Volksdeutscher« in Polen berichtete, die sich seit 1945 in einem »Volkstumskampf sondergleichen« gegen die Polonisierung befinde. Der Kampf »um Zugehörigkeit zum deutschen Volkstum« sei kein »tadelnswerter Nationalismus«. Karl Lerch: Nationalismus und deutscher Osten, in: Notizen, Nr. 2 (Dezember 1957), UA Tübingen, HZ 209.
138 Diese und die folgenden Zitate stammen aus der Leserbrief-Debatte in der Rubrik »Thema des Tages« und der Leserbrief-Spalte des *Schwäbischen Tagblatts* vom 28., 29., 30.10. und 2.11.1954, StadtA Tübingen, ZGS – 1 Gmelin, Hans.

derjenigen, die wie Gmelin erst nach dem Ende des Nationalsozialismus zu Leidenden geworden waren, nachdem sie dessen Politik zuvor erheblich unterstützt hatten. Das Paradox der damit verbundenen Aufforderung zur Vergebung stellte Theodor W. Adorno 1959 in einem Vortrag über die »Aufarbeitung der Vergangenheit« heraus: »Der Gestus, es solle alles vergessen und vergeben sein, der demjenigen anstünde, dem Unrecht widerfuhr, wird von den Parteigängern derer praktiziert, die es begingen.«[139]

Lediglich zwei Unterstützer von Ebelings Position nahmen mittelbar Bezug auf Opfer der NS-Rassenpolitik. Ein Jurastudent wies darauf hin, »welch bedenkliche und beschämende Äußerungen [...] man heute etwa über die Männer des 20. Juli, über die Judenverfolgung und über die Wiedergutmachung in aller Offenheit hören« könne. Der Verleger Hans Georg Siebeck war der Einzige, der nahelegte, dass es in Gmelins Fall keineswegs in erster Linie um seine Tätigkeit als SA-Student oder seine NSDAP-Mitgliedschaft zu gehen habe, sondern um seine Rolle im Auswärtigen Dienst: »Herr Gmelin wird kaum behaupten können, daß ihm seine Tätigkeit in der Slowakei nicht Einblick in Dinge gewährt hätte, die heute jeden anständigen Deutschen mit Scham und Schauder erfüllen.«[140]

Die in den Zuschriften allgegenwärtige Behauptung, Hans Gmelin und seine Wähler hätten aus der Vergangenheit gelernt, bedeutete also nicht, dass man den Opfern der nationalsozialistischen Kriegs- und Rassenpolitik Anerkennung und Wiedergutmachung zukommen lassen wollte. Stattdessen pflegte die Mehrzahl der Leserbriefschreiber rhetorisch einen doppelten Opfermythos. In erster Linie sah man die Mehrheit der Deutschen als »Verführte«, die aus hehren Motiven dem Nationalsozialismus gefolgt seien. Diese »Verführten« waren, der allgemeinen Auffassung nach, von einer kleinen Machtelite um Adolf Hitler belogen und missbraucht worden. Die eigentlichen NS-Täter waren – so die verbreitete Ansicht – bereits in Nürnberg von den Alliierten verurteilt worden: »Die führenden Männer der Partei haben wohl im Laufe der Zeit viele Fehler gemacht, und zwar so schwerwiegender Art, daß diese unweigerlich zur Katastrophe führen mußten. Die Verantwortlichen sind hierfür bestraft worden«, schrieb ein Gmelin-Unterstützer. Die Besonderheiten des rassenideologischen Vernichtungskriegs und des Völkermords wurden unter den Opfernarrativen der eigenen Gemeinschaft begraben: »[W]ollen Sie, Herr Prof. Ebeling, allen denjenigen jungen Leuten, [...] die in das Dritte Reich hineingewachsen sind [...] absprechen, auch heute wieder in aufrichtiger Liebe zur Heimat mit ihren ganzen Kräften der Allgemeinheit und dem Wiederaufbau der Heimat

---

139 Theodor W. Adorno: Was bedeutet Aufarbeitung der Vergangenheit, in: Ders.: Eingriffe. Neun kritische Modelle, Frankfurt am Main 1963, S. 125-146, hier: S. 125.

140 S. dazu auch den *Tagblatt*-Artikel von Hans-Joachim Lang: Die rechte Hand des Botschafters, in: ST, 28.4.2005.

dienen zu wollen, nur deshalb, weil sie damals im guten Glauben, der in heutiger Sicht gesehen mißbraucht worden ist, begeistert mitgemacht, dafür im Kriege in vorderster Linie ihr Leben eingesetzt und z. T. in jahrelanger Gefangenschaft mit gelitten haben?« Nachdem die Deutschen also zunächst Opfer des Missbrauchs durch die NS-Führung geworden waren, seien sie danach durch Zerstörung, Entnazifizierung und Internierung für deren Fehler bestraft worden. Für die Opfer der nationalsozialistischen Gewalt- und Rassenpolitik war in dieser »Opfergemeinschaft« ebenso wenig Platz wie zuvor im Ideal der »Volksgemeinschaft« – auf Gewalt, Vertreibung und Mord folgte Ignoranz.[141]

Gmelin hatte schon nach dem ersten Wahlgang erklärt, dass er aus der Vergangenheit gelernt habe, eine »autoritäre Staatsform« ablehne und »demokratische Freiheiten und Regeln Voraussetzungen für ein gedeihliches Leben« seien.[142] Nach Ebelings Kritik nahmen nun auch einige Leserbriefschreiber diesen Aspekt auf. Ein Gmelin-Unterstützer hoffte, dass »die ehemaligen Nazis und die politisch Unreifen nicht am Ende noch bessere Demokraten werden, als jene, die mit einer amtlich bestätigten demokratischen Vergangenheit glauben, die Demokratie für heute und auch für die Zukunft für sich gepachtet zu haben«. Ein anderer schrieb, dass er der Auffassung sei, »daß das deutsche Volk in seiner Gesamtheit auch den Nationalsozialismus überwunden hat und auf dem besten Wege ist, sich in einem demokratischen Staatswesen seine eigene Meinung zu bilden und daraus Schlußfolgerungen zu ziehen, was auch die Bevölkerung Tübingens in imponierender Weise getan hat«.[143]

Aus der Vergangenheit gelernt zu haben, bedeutete also Mitte der 1950er Jahre, die Demokratie zu befürworten. Die Bereitschaft zu »sachlicher Diskussion« diente dabei lediglich als Lippenbekenntnis, weil zugleich der Einwand Ebelings als »undemokratisch« abqualifiziert wurde. Diese Zustimmung zur Demokratie war nicht mit einem liberalen und pluralistischen politischen Klima verbunden. Den Beweis für eine grundsätzliche Abkehr vom Nationalsozialismus sah man in den 1950er Jahren im Wesentlichen darin, dass man zur Wahl gehen und sich selbst zur Wahl stellen konnte. Das war in der Tat ein erheblicher Unterschied zur NS-Diktatur. Neben allen positiven Aspekten, die in der Unterstützung der demokratischen Verfahrensformen zum Ausdruck kamen, diente die Auffassung, dass diese im Gegensatz zum Nationalsozialismus stünden, auch der individuellen und kollektiven Entlastung: Sie gründete auf der Annahme, dass der Nationalsozialismus darauf beruht habe,

---

141 Zwei Leserbriefe, in: ST, 28.10.1954, StadtA Tübingen, ZGS – 1 Gmelin, Hans; Conze: Suche, S. 218 f.
142 Erklärung zur Oberbürgermeisterwahl, 16.10.1954, StadtA Tübingen, ZGS – 1 Gmelin, Hans.
143 Zwei Leserbriefe, in: ST, 28. und 29.10.1954, ebd.

dass eine Minderheit der Mehrheit ihren Willen aufgezwungen hatte. Wenn nun die Bürgerbeteiligung in der Demokratie so in den Vordergrund gerückt wurde, so täuschte dies darüber hinweg, dass auch der NS-Staat auf Teilhabe und Mittun der Deutschen gebaut hatte. Auch wenn das individuelle und das kollektive Handeln in der NS-Zeit nicht immer auf freien Entscheidungen basierten, konnte das NS-Regime doch über die längste Zeit seines Bestehens auf die Bereitschaft zur Teilnahme zählen.

Die Erinnerung an das gesellschaftliche Erleben im Nationalsozialismus wurde nach Kriegsende zweigeteilt: Die unbestreitbaren Verbrechen wurden mit den »schlechten Zeiten« während des Krieges assoziiert, die mit den vorherigen »guten Zeiten« und der »vermeintliche[n] Normalität des Alltags des ›kleinen Mannes‹« nichts zu tun gehabt hätten. Auf diese Weise konnte man sich »der Frage nach dem Wissen über die oder gar der Mitverantwortung an der Massenvernichtung im ›Osten‹ entziehen«.[144] Diese Aufspaltung zeigte sich auch in statistischen Erhebungen in der frühen Bundesrepublik. Viele Deutsche betrachteten die Zeit von 1933 bis 1941 als Wiederherstellung von gesellschaftlich und wirtschaftlich geordneten Verhältnissen nach dem »Chaos« der Weimarer Republik, während sie die Jahre 1942 bis 1948 – also neben dem Bombenkrieg auch die Nachkriegszeit bis zur Währungsreform – als »schlechte Zeit« deuteten. Noch 1955 war fast die Hälfte der Deutschen der Auffassung, ohne Krieg wäre Hitler einer der größten Staatsmänner geworden.[145]

Die Abgrenzung von *dem* Nationalsozialismus war dennoch gleich nach der Niederlage weitgehend einhellig. Entscheidend ist aber, welche Bestandteile des gesellschaftlichen Lebens vor 1945 der nationalsozialistischen Ideologie zugerechnet wurden und welche nicht. Der Inbegriff dessen, was man als »spezifisch nationalsozialistisch« ansah, wurde in der unmittelbaren Nachkriegszeit sehr eng gefasst. Auch ehemals leitenden Beamten des Regimes fiel daher die Distanzierung nicht schwer. Als spezifisch nationalsozialistisch erachtete man autoritäre Verhaltensweisen sowie Judenverfolgung und Rassenlehre. Diese beiden Aspekte wurden allerdings aus ihrem rassenpolitischen Kontext und ihrer Verbindung mit den anderen Massenverbrechen der nationalsozialistischen Kriegs- und Besatzungspolitik, die sie in der Praxis aufwiesen, herausgelöst. Die Verfolgung der Sinti und Roma, der Homosexuellen und anderer Gruppen – im Grunde aller, die keinen Anspruch nach dem Bundesentschädigungsgesetz hatten – hingegen galt nicht als spezifisch nationalsozialistisch. Auch die Kriegsführung und das Verhalten der Wehrmacht an der Ostfront wurden nicht als verbrecherisch charakterisiert.[146] Hinzu kommt, dass »übersteigerter

---

144 Peukert: Alltag, S. 53 ff.
145 Conze: Suche, S. 216; Schildt: Ankunft, S. 90 f.
146 Ulrich Herbert: Liberalisierung als Lernprozeß. Die Bundesrepublik in der deutschen Geschichte – eine Skizze, in: Ders. (Hrsg.): Wandlungsprozesse in West-

Nationalismus, die Negierung gesellschaftlicher Interessenkonflikte und die auf Ausgrenzung von Minderheiten basierende Betonung der Gemeinschaft und Pflege ideologischer Feindbilder« ihrerseits »keine Spezifika des ›Dritten Reichs‹« waren, sondern »schon vor 1933 Konjunktur gehabt [hatten] und [...] noch in der deutschen Nachkriegsgesellschaft viele Gegner mit ehemaligen Anhängern des Nationalsozialismus« verbanden.[147]

Diese aufgespaltene Erinnerung an den Nationalsozialismus war fatal, weil sie die zentralen Etablierungsfaktoren der völkischen Vergemeinschaftung, mit denen die rassistische Politik des Nationalsozialismus erst ihre Durchschlagskraft erhalten hatte, beiseiteschob. Es waren gerade vermeintlich »unpolitische« Tätigkeiten, in denen die völkische Abgrenzung gemeinschaftlich in der Praxis vollzogen worden war. Die alltäglichen Ausgrenzungsprozesse wurden in der Nachkriegszeit verdrängt und die Judenfeindschaft zu einer ausschließlich vom Regime implementierten, letztlich aufgezwungenen Politik deklariert, der die Mehrheit der Deutschen kritisch bis ablehnend gegenübergestanden habe. Daraus erklärt sich auch, warum die Anerkennung des verbrecherischen Charakters der Judenverfolgung nach 1945 kaum positive Wirkung entfalten konnte. Die offensive Befürwortung der Demokratie diente der Abgrenzung von der NS-Diktatur und bot zugleich die Möglichkeit, den Anteil breiter Bevölkerungsgruppen an der Etablierung und Durchsetzung des NS-Unrechts zu verdrängen. Gmelins Aussage im Spruchkammerverfahren zu Hanns Ludin fünf Jahre zuvor, in der er die Juden als Kriegsgegner der Deutschen bezeichnet hatte, lag unter diesen neuen Umständen nicht mehr im Bereich des Sagbaren. Er hätte damit inzwischen den Eindruck erweckt, die Maßnahmen des NS-Regimes rechtfertigen zu wollen. Stattdessen sagte man sich nun von den »Auswüchsen« an der Spitze des NS-Staates los, während man die tragenden Säulen der staatlichen rassistischen Ausgrenzungspolitik – die Unterstützung durch die Mehrheit der Bevölkerung und die gemeinschaftlichen Inklusions- und Exklusionsprozesse – jeder Verantwortung enthob.

Das Ergebnis dieser ersten Phase der gesellschaftlichen Verarbeitung von Krieg und Nationalsozialismus war also einerseits das Bekenntnis zu formaldemokratischen Umgangsformen und andererseits ein auf die eigene Erfahrung und Wahrnehmung konzentriertes Opfer- und Entlastungsnarrativ, das die Ausgrenzung der tatsächlichen Opfer der nationalsozialistischen Politik erinnerungskulturell wie gesellschaftlich fortsetzte. Im Herbst 1954 war dieser vergangenheitspolitische Prozess bereits nahezu abgeschlossen. Es ist nur dem Engagement einiger problembewusster Tübinger zu verdanken, dass bei dieser

deutschland. Belastung, Integration, Liberalisierung 1945-1980, Göttingen 2002, S. 7-49, hier: S. 16 f.; Peukert: Alltag, S. 56.
147 Rauh-Kühne: Entnazifizierung, S. 41.

Oberbürgermeisterwahl die Frage des kritischen Umgangs mit der NS-Vergangenheit überhaupt thematisiert wurde. Die Debatte war eines der letzten Rückzugsgefechte jener NS-Gegner, die, wie Eugen Kogon wenige Wochen zuvor bilanziert hatte, im Grunde schon verloren hatten.[148]

Hans Gmelin gehörte zu den vielen Profiteuren der deutschen Vergangenheitspolitik und wusste seine persönliche Vergangenheit zu seinem Vorteil einzusetzen. Nach seiner Wahl verstummte die Kritik recht bald, wie er es in einem seiner Wahlkampfbeiträge im *Tagblatt* vorhergesagt hatte. Am 3. Januar 1955 wurde er als neuer Oberbürgermeister eingeführt. Acht Jahre später hatte Gmelin sein Amt erneut in einer Wahl zu verteidigen. Obwohl sich kein Gegenkandidat fand, warben seine Unterstützer für eine möglichst hohe Beteiligung, um ihrem Oberbürgermeister das Vertrauen auszusprechen. Gmelin erhielt 1962 als einziger Bewerber 98,55 Prozent der Stimmen, bei einer Wahlbeteiligung von 51,7 Prozent. Die Wiederwahl erfolgte auf zwölf Jahre.[149]

---

148 Kogon: Rücken.
149 Aufruf an die Tübinger Mitbürger, in: ST, 13.10.1962, StadtA Tübingen, ZGS – 1 Gmelin, Hans; Verwaltungsbericht 1961-1965, Universitätsstadt Tübingen, S. 30, StadtA Tübingen, UM 252a/6; Gemeinderatsprotokoll, 3.1.1955, StadtA Tübingen, A 200/326.

»NIEMAND MÖGE MIT SEINER SPENDE BEISEITE STEHEN«

Zum Umgang mit Krieg, Nationalsozialismus und »Ehemaligen« in Tübingen

»Kriegsverurteilte« und »NS-Belastete« in der Sicherheit lokaler Netzwerke

In seiner Rede bei der Kandidatenvorstellung für die Oberbürgermeisterwahl im »Museum« im September 1954 hatte Gmelin erklärt, dass durch das »Dritte Reich«, den Krieg und den »Zusammenbruch« Spaltungen zwischen den Menschen entstanden seien, die es zu heilen gelte: »Die innere Versöhnung unseres Volkes ist das große Anliegen unserer Zeit; dieser Aufgabe werde ich meine ganze Kraft widmen. Es soll jeder Bedrängte, mag es sich um eine Kriegerwitwe handeln, um einen Flüchtling, um einen Vertriebenen, um einen Evakuierten, um einen Besatzungsgeschädigten, um Kriegsversehrte, um Heimkehrer oder – das möchte ich besonders hervorheben – um irgendeinen anderen notleidenden Bürger unserer Stadt, der nicht unter die gesetzlich anerkannten Sondergruppen fällt, jeder dieser Bedrängten soll wissen, daß die Tübinger Stadtverwaltung, ob sie nun im Einzelfall zuständig ist oder nicht, aus Leuten besteht, die mit offenem Herzen mit Rat und Tat zur Seite stehen.«[1]

Mit diesem Programm umriss Gmelin schon sehr genau, wie der Umgang mit den Folgen von Krieg und Nationalsozialismus in den nächsten Jahren ablaufen würde. Im Mittelpunkt stand die Mehrheit der Tübinger Bürger. Eine Auseinandersetzung mit nationalsozialistischem Unrecht, das von Deutschland, auch von Tübingen, ausgegangen war und dem auch Tübinger Bürger zum Opfer gefallen waren, fand so gut wie nicht statt.

Bereits im April 1951 stellte der Freundeskreis Junge Bürgerschaft Tübingen gemeinsam mit dem Tübinger Heimkehrerverband[2] eine Holztafel an der Mauer der Stiftskirche auf dem zentralen Tübinger Holzmarkt auf. Auf der Tafel sollten die Namen von Tübingern geführt werden, die nach dem Krieg

---

1 *Tagblatt*-Sonderseiten Wahlkampf Hans Gmelin, in: ST, 2.10.1954, StadtA Tübingen, A 200/5369.

2 Zur Geschichte des Verbands der Heimkehrer s. Birgit Schwelling: Heimkehr, Erinnerung, Integration. Der Verband der Heimkehrer, die ehemaligen Kriegsgefangenen und die westdeutsche Nachkriegsgesellschaft, Paderborn u. a. 2010.

noch nicht aus der Gefangenschaft in ihren Heimatort zurückgekehrt waren. Auf einer solideren Ausführung der Tafel, die zwei Jahre später die alte ersetzte, wurden 59 Personen genannt. Entgegen dem bisherigen Brauch, den Namen bei der Empfangszeremonie des betreffenden Heimkehrers auf der Tafel durchzustreichen, wurde auf der neuen Tafel nur das Heimkehrdatum hinter dem Namen ergänzt.[3]

Kaum einen Monat nach seinem Amtsantritt konnte Gmelin Anfang Februar 1955 seinen ersten Heimkehrer, Walter Keilpflug, bei einer Empfangszeremonie an der Heimkehrertafel begrüßen. Der letzte Tübinger »Kriegsgefangene« in »westlichen Gewahrsamsländern«, wie Gmelin erklärte, war kein einfacher Kriegsgefangener, sondern von einem französischen Kriegsgericht wegen Mordes, ungesetzlicher Festnahmen und Diebstahls zu lebenslanger Zwangsarbeit verurteilt worden. Bereits im Oktober 1953 hatte sich der damalige Stadtdirektor Asmuß bei einem mit dem Fall befassten Rechtsanwalt erkundigt, ob »tatsächlich kriminelle Tatbestände vorliegen, oder ob es sich wie in so vielen anderen Fällen um ein tendenziöses Urteil« handle. Gmelins Vorgänger Mülberger reichte im Oktober 1954 ein Gnadengesuch für Keilpflug ein.[4] Keilpflug selbst hatte zu den Anklagepunkten erklärt, im Rahmen des Kriegsrechts gehandelt zu haben. Er sei als Oberfeldwebel der Feldgendarmerie in den französischen Alpen im Sommer 1944 gegen die französische Résistance eingesetzt gewesen. Nach dem damaligen OKW-Befehl sei er verpflichtet gewesen, einen offensichtlichen Freischärler in Zivilkleidung, bei dem er Waffen gefunden habe, sofort zu erschießen. Das habe er aus menschlichen Gründen und weil er auf der Suche nach verschleppten Deutschen war, zu denen er sich Informationen erhoffte, unterlassen. Während eines anschließenden Gefechts mit Résistancekämpfern habe der Mann versucht, zu den feindlichen Linien zu flüchten. Er habe auf den Flüchtenden schießen müssen, weil er sonst vor ein deutsches Kriegsgericht gestellt worden wäre. Erst später habe er erfahren, dass er den Mann nur verwundet hatte und einer seiner Mitarbeiter dem Verletzten den »Gnadenschuss« gegeben habe. Des Weiteren erklärte Keilpflug, dass er vom örtlichen Sicherheitsdienst der SS wiederholt zu Absperr- und Sicherungskommandos bei der Erschießung von Résistancekämpfern durch SD-Mitarbeiter angefordert worden sei. Er habe erst vor Ort erfahren, was der Zweck seiner Anforderung gewesen sei, und man habe ihm versichert, dass es sich sämtlich um Partisanen, die »mit der Waffe in der Hand« angetroffen worden seien,

---

3 Udo Rauch: Zur Geschichte der Heimkehrertafel am Holzmarkt, in: Binder (Hrsg.): Heimkehrertafel, S. 11-14.

4 Binder: Entnazifizierung, S. 39; Gemeinderatsprotokoll, 24.1.1955, StadtA Tübingen, A 200/1289; Einer kehrte zurück – und die andern?, in: ST, 7.2.1955, ebd.; Asmuß an Rechtsanwalt K.B., 7.10.1953, ebd.; Übersetzung des Urteils, 17.8.1945, ebd.

handle.[5] Ohne die Rechtmäßigkeit des Urteils gegen Keilpflug bewerten zu wollen, steht fest, dass Gmelin die Verurteilung nicht thematisierte und sie auch in der öffentlichen Diskussion über die Heimkehrer keine Rolle spielte.

Auf der Heimkehrertafel wurden mehrere Personen genannt, die keine regulären Kriegsgefangenen waren. Die Stadt Tübingen und ihr Oberbürgermeister verwischten aktiv die Grenze zwischen einfachen Soldaten und wegen eines Verbrechens Verurteilten. Am 17. Juni 1955 begrüßte Gmelin den Spätheimkehrer Ludwig Griesinger bei einer Zeremonie an der Tafel. Griesinger war von 1939 bis Kriegsende als Gestapo-Mitarbeiter im annektierten Teil Böhmens tätig gewesen. Auch er war für seine NS-Tätigkeit in der Tschechoslowakei verurteilt worden. Während des Empfangs berichtete er, dass dort noch rund 2.000 Gefangene in Lagern festgehalten würden. Im ehemaligen KZ Ilava im slowakischen Landesteil seien 450 Schwerkranke untergebracht. Seinen Angaben nach handelte es sich bei den Insassen in Ilava um Sudeten- und Karpatendeutsche. Gmelin war das Lager Ilava aus seiner Zeit in der Slowakei ein Begriff, und er kannte mit Sicherheit viele der dort festgehaltenen Karpatendeutschen. Mit der Gestapo-Tätigkeit im Sudetenland während der NS-Zeit war Gmelin zudem durch seinen Freikorps-Einsatz nach der Annexion im Oktober 1938 vertraut.[6] Der Heimkehrerempfang für Griesinger fiel auf den zweiten Jahrestag des Volksaufstands in der DDR vom 17. Juni 1953. Gmelin sagte in seiner Rede, dass an diesem Tag überall der Deutschen gedacht werde, die um ihres Deutschtums willen leiden müssten. Dem heimgekehrten »Kriegsgefangenen« überreichte er neben einem Blumenstrauß einen Umschlag mit einer »ersten Hilfe« und versicherte ihm, dass die Stadtverwaltung und der Gemeinderat alles in ihrer Kraft Stehende zu seiner Unterstützung unternehmen würden.[7]

Der Name eines »Kriegsgefangenen« auf der Heimkehrertafel war Gmelin aus seiner persönlichen Vergangenheit besonders gut bekannt. Sein Verbindungsbruder aus der Normannia, Eugen Steimle, der über den Stuttgarter SD-Chef und Reichsstudentenführer Gustav Adolf Scheel den Weg ins Reichssicherheitshauptamt gefunden hatte, war im Nürnberger Einsatzgruppenprozess 1949 zum Tode verurteilt worden. Man wies ihm die Anordnung und Leitung von mehreren Massenerschießungen in der Sowjetunion durch von ihm ge-

---

5 Stellungnahme Keilpflug, 22.2.1951, StadtA Tübingen, A 200/1289.
6 Die Deutsche Gesandtschaft Pressburg hatte in den 1940er Jahren mit der Stapo-Leitstelle Brünn (Brno) und dem SD-LA Prag zu tun, die allerdings beide im Protektorat Böhmen und Mähren und nicht im annektierten Teil Böhmens lagen, weshalb er mit Griesinger persönlich nicht in Kontakt gekommen sein wird.
7 Wieder kehrte einer zurück, in: ST, 18.6.1955, StadtA Tübingen, A 200/1289; Jens Kolata, Fritz Bauer Institut Frankfurt, ehemals Mitarbeiter am Lern- und Dokumentationszentrum zum Nationalsozialismus (LDNS) Tübingen erforscht im Rahmen des Projekts »Tübinger NS-Akteure« des LDNS und der Tübinger Geschichtswerkstatt den Werdegang Ludwig Griesingers.

führte Einsatzkommandos nach. Die veränderte Position der westlichen Alliierten gegenüber der Bundesrepublik in den 1950er Jahren, die vom Ost-West-Konflikt, von der Westintegration der Bundesrepublik und dem Beschluss zur Wiederbewaffnung geprägt war, ermöglichte es deutschen Interessengruppen, deren Einfluss bis zu Bundeskanzler Adenauer reichte, Zugeständnisse der Alliierten in der Kriegsverbrecherfrage zu erreichen. Steimle wurde nach verschiedenen Gnadengesuchen 1951 zunächst zu 20 Jahren Haft begnadigt und im Juni 1954 schließlich aus Landsberg entlassen. Er kehrte nach Tübingen zurück und bemühte sich um die Wiedererlangung des Beamtenstatus als Lehrer, der ihm, trotz zahlreicher Fürsprecher, aufgrund der schweren Verurteilung verweigert wurde. Bereits 1955 erhielt er indes eine Anstellung als Lehrer an einer privaten Schule in Wilhelmsdorf, einer pietistischen südwürttembergischen Gemeinde. Im August 1957 wandte sich Steimle in einer Wohnungsangelegenheit seiner Schwiegermutter an seinen alten Verbindungsbruder Gmelin und erbat dessen Unterstützung. Er redete ihn dabei mit seinem in der Normannia gebräuchlichen Spitznamen »Hanni« an. Neben der Wohnungssache ersuchte Steimle auch um Unterstützung für Heinz Franz, einen »Freund aus der Studentenführung«, der wie Gmelins Bruder Ulrich zu den engsten Mitarbeitern des Reichsstudentenführers Gustav Adolf Scheel gezählt hatte. Zudem erklärte er in dem Schreiben, dass »sich die Sache Peiper von selbst erledigt« habe. Durch Gehaltsverbesserung und einen Wechsel ins Exportgeschäft habe sich dessen Lage zum Guten verändert. Mit der »Sache Peiper« könnte der Ritterkreuzträger Joachim Peiper gemeint gewesen sein, der als SS-Standartenführer bei der Leibstandarte Adolf Hitler für ein Massaker im italienischen Ort Boves im Piemont verantwortlich gewesen war. Darüber hinaus war er an der Ermordung amerikanischer Kriegsgefangener bei Malmedy beteiligt. Auch er war zum Tode verurteilt, 1951 zu lebenslanger Haft begnadigt und 1956 entlassen worden. Im Jahr 1976 kam Peiper bei einem Racheakt ums Leben, als sein Haus in Frankreich angezündet wurde. Während sich die Frage, was Steimle, Gmelin und Peiper verband, aus den Unterlagen nicht beantworten lässt, geht der private Kontakt zwischen den Familien Steimle und Gmelin aus einem Brief von Steimles Frau Margarete an das Tübinger Wohnungsamt im April 1958 hervor. Darin berichtete Frau Steimle von der »seit über 20 Jahren« währenden Freundschaft mit der Familie Gmelin. Erst kürzlich sei sie dort zu »einem völlig privaten Besuch« gewesen. Oberbürgermeister Gmelin hatte ihn allerdings sogleich zum Anlass genommen, wegen der Wohnungsangelegenheit ihrer Mutter beim Wohnungsamt anzurufen.[8]

8 Lächele: Reichssicherheitshauptamt, S. 64, 68 f. Zur »Kriegsverbrecherfrage« s. besonders Frei: Vergangenheitspolitik, S. 302 f.; Herbert: Best, S. 440-461; Peter Reichel: Vergangenheitsbewältigung in Deutschland. Die Auseinandersetzung mit der NS-Diktatur in Politik und Justiz, 2., aktual. und überarb. Neuaufl., München 2007

Lutz Hachmeisters »Entdeckung« des Namens von Eugen Steimle auf der Heimkehrertafel – der dort Jahrzehnte unbemerkt stand – veranlasste die Tübinger Stadtverwaltung 2003 dazu, die Heimkehrertafel abzuhängen und ins Stadtmuseum bringen zu lassen. Der Tübinger Jurist und Aktivist der Vereinigung der Verfolgten des Naziregimes/Bund der Antifaschisten, Jens Rüggeberg, hatte bereits fünf Jahre zuvor auf die Identität des auf der Tafel verzeichneten Otto Abetz hingewiesen, der als Deutscher Gesandter in Paris an der Deportation von Juden beteiligt und rechtskräftig verurteilt worden war.[9]

Ähnlich wie an anderen Orten der damaligen Bundesrepublik wurde in Tübingen in den 1950er Jahren nicht nur der Unterschied zwischen regulären Kriegsgefangenen und verurteilten Kriegsverbrechern aktiv verwischt, Stadtverwaltung und Gemeinderat engagierten sich auch für die (teils posthume) Begnadigung von Kriegsverbrechern und gegebenenfalls für deren berufliche Reintegration. Durch diese Solidarisierungskampagne machten sich breite Bevölkerungsgruppen in der Bundesrepublik mit den Interessen der »Kriegsverurteilten« gemein, was als »sekundäre Bestätigung« der nationalsozialistischen »Volksgemeinschaft« verstanden werden kann.[10] Insbesondere für die wirtschaftliche Absicherung der Angehörigen waren posthume Begnadigungen relevant, denn wenn der Vater oder Ehemann nach den Entnazifizierungskategorien als Belasteter oder Hauptschuldiger galt, bestanden für sie keinerlei Rentenansprüche auf der Grundlage des 131er-Gesetzes.[11]

Bereits 1953 befürwortete der Tübinger Gemeinderat erstmals ein Gnadengesuch der Witwe Ernst Weinmanns, des ehemaligen Oberbürgermeisters der Stadt von 1939 bis 1945. Weinmann hatte sich im Krieg während des größten Teils seiner Amtszeit im Rathaus vertreten lassen. Er selbst war als Umsiedlungskommissar beim Militärbefehlshaber in Belgrad für die Deportation mehrerer Zehntausend Menschen in Tod und Elend verantwortlich. Er wurde 1946 nach Jugoslawien ausgeliefert, dort zum Tode verurteilt und 1947 hingerichtet. Im Jahr 1958 schloss sich der Gemeinderat auf Vorschlag der Verwaltung erneut

---

(zuerst 2001), S. 115-124; V. C. F. N.! Mitgliederverzeichnis Normannia Tübingen, Tübingen 1924, S. 57; Grüttner: Studenten, S. 96, 507; Steimle an Gmelin, 8.8.1957, StadtA Tübingen, ZGS – 1 Steimle, Eugen; Margarete Steimle an Wohnungsamt Tübingen, 16.4.1958, ebd.

9 Jens Rüggeberg: Eugen Steimle und die »Heimkehrertafel«, in: ST, 23.8.2003, StadtA Tübingen, ZGS – 1 Steimle, Eugen; Rauch: Geschichte, S. 11-14; Barbara Lambauer: Der deutsche Botschafter in Paris, ein Kriegsverbrecher?, in: Binder (Hrsg.): Heimkehrertafel, S. 75-93.

10 Frei: Vergangenheitspolitik, S. 304.

11 »Gesetz zur Regelung der Rechtsverhältnisse der unter Artikel 131 des Grundgesetz fallenden Personen«, 11.5.1951, in: BGBl., Teil I, Nr. 22 (1951), S. 307-322, hier: S. 308 (§3).

einem Gnadengesuch der Witwe Weinmanns an den Ministerpräsidenten an.[12] Als schließlich das Bundessozialgericht 1964 entschied, dass den Hinterbliebenen Weinmanns Versorgungsbezüge zustünden, weil die Verurteilung des SS-Offiziers aufgrund eines erst nach der Straftat erlassenen Gesetzes erfolgt sei, unternahm das Bürgermeisteramt Tübingen mit einem Brief an das Regierungspräsidium abermals einen Schritt zur Unterstützung der Witwe. Gmelin bekräftigte darin die bisherige Befürwortung der Gnadengesuche durch die Stadt Tübingen und erklärte die von Frau Weinmann angestrebte politische Umstufung ihres Mannes für gerechtfertigt. Nachdem inzwischen gerichtlich festgestellt worden sei, dass »die gegen Dr. Weinmann in Jugoslawien verhängte Todesstrafe nach deutschem Recht zu Unrecht erfolgt ist«, sei auch nicht auszuschließen, dass »das Spruchkammerurteil vom 6.7.1950 unter dem Einfluß des jugoslawischen Todesurteils zustande gekommen ist«. Um seinen Erläuterungen Nachdruck zu verleihen, schloss Gmelin noch eine Beurteilung Weinmanns an: »Der frühere Oberbürgermeister von Tübingen, Dr. Ernst Weinmann entstammt einer angesehenen Familie. Seine hochbetagte Mutter, Frau Albertine Weinmann, Hauptlehrers-Witwe, und sein Bruder Oskar Weinmann, Verlagsangestellter, leben in Tübingen. Beide sind sehr gut beleumundet. Dr. Weinmann selbst hat sein Amt als Bürgermeister und Oberbürgermeister uneigennützig und zur vollen Zufriedenheit seiner vorgesetzten Dienststellen geführt. Es ist auch nichts darüber bekannt geworden, daß Dr. Weinmann sich während seiner Amtszeit dienstlich oder außerdienstlich etwas hätte zuschulden kommen lassen.«[13]

In einem ersten Entwurf des Briefes hatte Gmelin noch bestimmter behauptet, der SS-Führer, der Beisitzer des Standgerichts in Belgrad war und in seinem Prozess den Beinamen »Henker von Belgrad« erhielt, habe sich »[w]ährend seiner ganzen Amtszeit [...] weder dienstlich noch außerdienstlich irgendetwas zuschulden kommen lassen«. Spätestens durch das Urteil gegen Weinmann 1946 war in Tübingen bekannt geworden, dass diesem vorgeworfen wurde, sich während seiner Amtszeit schwerer Verbrechen schuldig gemacht zu haben. Zudem hatte er bereits während des Krieges seinem Kornwestheimer Oberbürgermeisterkollegen und Stellvertreter im Amt des Tübinger Oberbürgermeisters, Alfred Kercher, von einer Erschießung berichtet, der er beigewohnt hatte: Eine Jüdin habe ihr eigenes Grab ausheben und sich ausziehen müssen, sie habe ihn um ihr Leben angefleht, sei aber dennoch erschossen worden.[14]

12 Lang: Ernst Weinmann; Gemeinderatsprotokoll, 15.9.1958, StadtA Tübingen, A 200/ 1135.
13 Gmelin an Regierungspräsidium Tübingen, 29.4.1965, ebd.
14 Lang: Ernst Weinmann, S. 216, 219; Binder: Entnazifizierung, S. 39; Zu Unrecht hingerichtet, in: ST, 26.8.1964, StadtA Tübingen, A 200/1135; Gmelin an Regierungspräsidium Tübingen, 29.4.1965, ebd.

In der Aufzählung der »gut beleumundeten« Familie Ernst Weinmanns –
mit deren gesellschaftlichem Ansehen das Verhalten des Betreffenden in Jugoslawien freilich nichts zu tun hatte – ließ Gmelin einen jüngeren Bruder Weinmanns aus, der ebenfalls nach dem Ende des Nationalsozialismus nicht nach
Tübingen zurückgekehrt war. Auch Erwin Weinmann hatte seine NS-Karriere
als Studentenaktivist in Tübingen begonnen, war durch Vermittlung Scheels in
das Reichssicherheitshauptamt gelangt, hatte zeitweise ein Einsatzkommando
geführt und war schließlich Befehlshaber der Sicherheitspolizei in Prag geworden. Nach dem Krieg wurde verbreitet, dass er ums Leben gekommen sei, es
gab jedoch auch Hinweise, dass er sich nach Ägypten abgesetzt habe.[15]

Gmelin setzte sich zudem für den ehemaligen NSDAP-Kreisleiter Hans
Rauschnabel ein, der 1949 wegen Brandstiftung zu zweieinhalb Jahren Haft
verurteilt worden war, weil er während des Novemberpogroms 1938 den Befehl
zum Anzünden der Tübinger Synagoge gegeben hatte. Gmelin und der Gemeinderat forderten 1955 die Wiederbeschäftigung Rauschnabels als Lehrer.[16]
Im März 1956 schrieb Rauschnabel an Gmelin: »Gestatten Sie, dass ich Ihnen
und den Herren des Tübinger Gemeinderats für deren Entschliessung vom
11. Mai 55, die sicherlich als eine wichtige Intervention in der schwebenden Angelegenheit meiner Wiederverwendung mit von ausschlaggebender Bedeutung
war, auf diesem Wege meinen Dank sage.«[17] In der Gemeinderatssitzung, in
der der Beschluss zur Unterstützung Rauschnabels gefasst wurde, hatte Gmelin
erklärt, dass ihm »persönliche Klugheit [...] in vorliegendem Falle Schweigen
gebieten würde«. Rauschnabel habe sich aber, wie er aus Unterlagen erfahren
haben wollte, maßgeblich um die friedliche Übergabe Tübingens an die französische Armee verdient gemacht, indem er entschied, die Kreisleitung aus
der Stadt heraus zu verlegen. Das habe dazu beigetragen, dass es in Tübingen
bei Kriegsende nicht zu Kämpfen und Zerstörungen gekommen sei. Obwohl
er gerade noch selbst festgestellt hatte, dass er besser schweigen sollte, statt als
ehemaliger NS-Aktivist in diesem Fall Forderungen zu stellen, fuhr Gmelin
fort: »Zehn Jahre nach diesen Ereignissen sollte man jedoch zu einem Versöh-
nungsschritt bereit sein.«[18]

Gleichzeitig mit dem Engagement für Rauschnabel setzte sich der Gemeinderat auch für eine Hinterbliebenenversorgung von Hanns Ludins Angehörigen

15 Wildt: Generation, S. 99, 178 f., 738.
16 Martin Ulmer: Verdrängte Verbrechen und gefallene Helden. Wie sich Tübingen in
den 1950er und 1960er Jahren an den Nationalsozialismus erinnerte, in: Binder u. a.
(Hrsg.): Hemd, S. 47-76, hier: S. 52; Binder: Entnazifizierung, S. 37.
17 Rauschnabel an Gmelin, 4.3.1956, StadtA Tübingen, A 200/1133, um Rechtschreibfehler bereinigt.
18 Gemeinderatsprotokoll, nichtöffentlich, 9.5.1955, ebd.

ein.[19] Gmelin hatte der Familie seines ehemaligen Vorgesetzten bereits 1952, noch vor seiner Amtszeit als Oberbürgermeister, zu einer Wohnung in Tübingen verholfen. In Anbetracht des erheblichen Wohnraummangels, der in Tübingen in der Nachkriegszeit herrschte, wird das kein leichtes Unterfangen gewesen sein. Die beiden Familien blieben noch auf Jahrzehnte eng verbunden.[20] Die Fürsorge für die Nachkommen Ludins war vielen seiner alten Freunde und Kollegen ein wichtiges Anliegen. Sie waren von der Unrechtmäßigkeit des tschechoslowakischen Urteils gegen Ludin überzeugt, nicht zuletzt, weil sie damit ihre eigene Verstrickung in die Verbrechen des Nationalsozialismus verleugnen oder abschwächen konnten. Eine wichtige Rolle spielte sicher auch das schlechte Gewissen derer, die ohne größere Schwierigkeiten in der Bundesrepublik wieder Anschluss gefunden hatten, während Ludin für das Vorgehen deutscher Dienststellen in der Slowakei zur Verantwortung gezogen worden war.

Anhand eines Briefes, in dem Erika Ludin, die 1933 geborene älteste Tochter von Hanns Ludin, ihrer Mutter Erla berichtete, wie es ihr auf einer Reise durch Deutschland ergangen war, lässt sich die Funktionsweise dieses Unterstützungsnetzwerks gut nachvollziehen. Erika hatte kurz zuvor ihre Schulbildung im Internat Salem unweit des Bodensees abbrechen müssen und zog im Oktober 1950 nach Drumbergen in der Nähe von Hamburg zu Hans Snyckers, dem ehemaligen SA-Kameraden Ludins und Gmelins, und dessen Frau. Wenig später ging sie nach Hamburg und nahm eine Ausbildung als Fotografin auf. Sie begann die Reise nach Hamburg auf dem heimischen Schlösslehof in Ostrach im Süden Baden-Württembergs, den Hanns Ludin noch zu Pressburger Zeiten erstanden hatte. Die erste Station der siebzehnjährigen jungen Frau war das Haus der Familie Gmelin in Tübingen. Gmelins Frau Helge holte sie mit ihren vier Kindern vom Bahnhof ab, und zum Mittagessen kam auch Hans Gmelin hinzu. Nach dem Essen gesellte sich Gerhard Todenhöfer zum Kaffee zu der Runde. Erika schrieb, dass auch er früher beim Auswärtigen Amt gewesen und »ein alter Nazi« sei – »zwar sehr vorsichtig, aber das glaubte ich doch zu merken«. Mit Todenhöfer wurde Erikas Weiterreise für den nächsten Morgen verabredet. Nachdem Hans Gmelin und Todenhöfer nachmittags das Haus verlassen hatten, ging Helge Gmelin mit Erika zum Frisör und abends ins Kino. Danach holte Hans Gmelin die beiden ab und führte sie in ein Restaurant aus. Im Anschluss besuchten sie die Eltern von Helge Gmelin – den Buchhändler Richard Jordan und seine Frau – und tranken Rotwein. Am nächsten Morgen holte Todenhöfer die junge Frau um halb acht ab. Frau Gmelin drückte ihr zum Abschied zehn Mark in die Hand und lud sie zu einem längeren Aufenthalt auf ihrer nächsten Durchreise ein. Die zweite Station der Reise, an der

---

19 Aktenvermerk Bürgermeisteramt, 14.6.1955, ebd.
20 Senfft: Schweigen, S. 164, 183.

auch Frau Todenhöfer teilnahm, war Frankfurt am Main. Dort traf sich die Gesellschaft mit drei »gutangezogenen Herren«, die sehr erfreut waren, einer »kleine[n] Ludin« zu begegnen. Einer begrüßte sie mit den Worten: »Guten Tag Fräulein Ludin, ich kenne Ihren Herrn Vater gut und war sehr oft bei Ihnen in Preßburg, mein Name ist Triska.« Neben dem ehemaligen Leiter der Volkstumspolitischen Abteilung im Auswärtigen Amt war auch Waldemar Müller mit von der Partie, der bis Sommer 1941 als Vorgänger von Hans Snyckers Kulturreferent in der Deutschen Gesandtschaft Pressburg gewesen war und einen besonders guten Eindruck auf Erika machte. Die »Kavaliere« führten die Tochter von Hanns Ludin in ein teures Restaurant, wo Todenhöfer die Rechnung übernahm. Erst am späten Nachmittag ging die Reise weiter über Eppstein im Taunus, wo sie Müllers Eltern besuchten, nach Essen. Dort zahlte Waldemar Müller das Abendessen. Immer wenn Erika Anstalten machte, ihr Essen selbst zu zahlen, lehnten die Herren ab und erklärten, dass sie so viele schöne Stunden im Hause Ludin verbracht hätten und es ihnen nun eine besondere Freude sei, sie einzuladen. Sie alle hatten inzwischen gute Jobs in der Industrie oder tätigten anderweitige Geschäfte. Die Nacht verbrachte Erika im Hause Müllers in Essen, der sie am nächsten Tag zum Zug nach Hamburg brachte, wo sie Hans Snyckers in Empfang nahm, dem Müller ihre Ankunftszeit telegrafiert hatte.[21]

Auch Ludins Vertreter bei Ministerpräsident Tuka, Ministerialrat Hans-Albrecht Grüninger, der sich inzwischen in München niedergelassen hatte, kümmerte sich um Erika und die restliche Familie und mühte sich, Unterstützung für die Klage auf Rentenansprüche zu organisieren. Bei ihrem Besuch Grüningers in München traf sich Erika zudem mit der in Rehabilitierungsfragen versierten Witwe Generaloberst Alfred Jodls, des im Nürnberger Hauptkriegsverbrecherprozess verurteilten und hingerichteten Chefs des Wehrmachtführungsstabes im Oberkommando der Wehrmacht.[22] Es kann kaum verwundern, dass Erika Ludin von allen niedergelassenen Ärzten Hamburgs ausgerechnet bei Gustav Adolf Scheel in Behandlung war. Der ehemalige Reichsstudentenführer und Chef des SD-Oberabschnitts Stuttgart stellte ihr bei einem Behandlungstermin den Arzt Heinrich Kunstmann vor, einen führenden Funktionär der neonazistischen Deutschen Reichspartei. Beide erzählten viel von ihrem »Vati« und ließen Grüße an ihre Mutter ausrichten. Weder Scheel noch Kunstmann erschienen Erika sonderlich sympathisch, obwohl sie versuchten, äußerst nett zu ihr zu sein.[23]

---

21 Ebd., S. 144-147, 150 f.; Erika Ludin an ihre Mutter Erla Ludin, 9.10.1950, Privatbesitz Alexandra Senfft.
22 Erika Ludin an Erla Ludin, 27.4.1954, Privatbesitz Alexandra Senfft; Luise Jodl: Jenseits des Endes. Leben und Sterben des Generaloberst Alfred Jodl, Wien, München 1976.
23 Erika Ludin an Erla Ludin, 4.6.1951, Privatbesitz Alexandra Senfft.

Zwei Jahre später wurde Scheel von der britischen Militärpolizei festgenommen, weil er zu den führenden Mitgliedern des sogenannten Naumann-Kreises um den ehemaligen Staatssekretär in Goebbels' Propagandaministerium, Werner Naumann, gehörte. Im Umfeld des rechtsnationalen Flügels der nordrheinwestfälischen FDP und der Kampagne für eine Generalamnestie aller NS-Verbrecher hatten ehemalige Nationalsozialisten aus der zweiten Führungsebene des »Dritten Reiches« ein Netzwerk gebildet, das eine flächendeckende nationalsozialistische Unterwanderung der FDP plante. Ihre Ziele waren von dem »Streben nach juristischer, politischer und historischer Rehabilitierung des Nationalsozialismus im Allgemeinen, der eigenen Person im Besonderen« und der »Vorstellung vom deutschen Wiederaufstieg in einem neutralen, autoritär geführten starken Machtstaat« geprägt, wie Ulrich Herbert beschrieben hat. Die englische Besatzungsverwaltung entschied sich nach der zögerlichen Haltung deutscher Behörden zur Verhaftung der meisten Mitglieder, um eine »Wiederergreifung der Macht in Westdeutschland« zu verhindern. Die beiden Hauptverfechter der Generalamnestiekampagne, der ehemalige Reichskommissar in Dänemark und Strippenzieher beim Aufbau der Gestapo, Werner Best, und der Essener Rechtsanwalt und frühere Botschaftsrat an der Deutschen Botschaft Paris, Ernst Achenbach, entgingen der Inhaftierung, obwohl sie zum engsten politischen Umfeld der Verhafteten gehörten. Die folgende öffentliche Debatte in Deutschland drehte sich vor allem um die Skandalisierung der britischen Einmischung in die westdeutsche Politik, für die Vergleiche mit dem Gebaren von Kolonialmächten gezogen wurden.[24]

Achenbach, der als enger Mitarbeiter des Botschafters Otto Abetz an der Deportation der Juden aus Frankreich beteiligt gewesen war und sich nach Kriegsende zum profiliertesten Anwalt ehemaliger Nationalsozialisten entwickelt hatte, vertrat auch Erla Ludin und ihre Kinder zu Beginn ihres Rechtsstreits um Versorgungsleistungen mit dem Auswärtigen Amt.[25]

Mit dem Naumann-Kreis hatte Hans Gmelin relativ sicher keinen Kontakt. Dennoch zeigt die Episode, wie kurz der Weg von ehemaligen Nationalsozialisten, die sich wie Gmelin vom »Irrtum« ihrer Vergangenheit abgrenzten, zu ehemaligen Nationalsozialisten war, die sich wie Scheel um die vollständige Rehabilitierung der Vergangenheit bemühten. Auch die anderen früheren Bekannten Hanns Ludins, die Erika Ludin auf ihrer Reise traf, waren alles andere als

24 Frei: Vergangenheitspolitik, S. 361-396; Herbert: Best, S. 461-476; Kristian Buchna: Nationale Sammlung an Rhein und Ruhr. Friedrich Middelhauve und die nordrheinwestfälische FDP 1945-153, München 2010; Ernst Klee: s. v. Kunstmann, Heinrich, in: Ders.: Personenlexikon, S. 353.
25 Herbert: Best, S. 253, 308-315, 458; Achenbach an das Auswärtige Amt, 26.4.1952, PA AA, B 100/10.

unbeschriebene Blätter. Der Leiter der Volkstumspolitischen Abteilung D VIII des Auswärtigen Amts, Helmut Triska, mit dem Gmelin als Volkstumsreferent engen Kontakt hatte und von dem er für sein Spruchkammerverfahren einen »Persilschein« erhielt, schrieb im Mai 1942 nach einem Besuch der deutschen Volksgruppe in Transnistrien an den Leiter des Judenreferats D III im Auswärtigen Amt, Franz Rademacher, dass 28.000 Juden, die in deutsche Dörfer gebracht wurden, inzwischen »liquidiert« worden seien. Diese Notiz wurde ein zentrales Beweisstück in der (dennoch weitgehend erfolglosen) juristischen Verfolgung Franz Rademachers nach dem Krieg.[26]

Gerhard Todenhöfer war von August 1940 bis Juli 1941 Stellvertreter Rademachers im Judenreferat.[27] Im November 1941 wurde er Mitarbeiter im Sonderreferat Krümmer der Abteilung Deutschland, wo er maßgeblich mit Fragen der Auslandspropaganda befasst war und Verbindungsführer zu Goebbels' Propagandaministerium wurde. Dieser Aufgabe widmete er sich gemeinsam mit drei anderen Mitarbeitern des Auswärtigen Dienstes, darunter der Mitarbeiter der Rundfunkpolitischen Abteilung Kult R, Kurt Georg Kiesinger. Der spätere baden-württembergische Ministerpräsident und Bundeskanzler verteidigte sich in den 1960er Jahren gegen Anfeindungen mit dem Argument, seine Arbeit habe im Wesentlichen aus Kompetenzkämpfen mit dem Goebbels-Ministerium bestanden. Während diese Behauptung in Bezug auf die Rundfunkpolitische Abteilung zutreffend sein mag, kann zumindest für Todenhöfers Verbindungsführung zwischen Sonderreferat Krümmer und Goebbels' Ministerium wohl kaum von einem Dauerkonflikt die Rede sein. Goebbels äußerte sich in seinen Tagebüchern ausschließlich positiv über Todenhöfer, den er 1943 zu seinem Verbindungsoffizier zu Generaloberst Ferdinand Schörner machte.[28] Schörner, der »brutalste aller Befehlshaber Hitlers«,[29] ließ auf dem Rückzug an der Ostfront reihenweise Soldaten wegen »Defätismus« und »Feigheit« hinrichten. Zu Goebbels' Freude half sein Mitarbeiter Todenhöfer dem General bei

---

26 Browning: »Endlösung«, S. 123, 252, 260.
27 Ebd., S. 49. Christopher Browning zählt Todenhöfer nicht zu den eigentlichen »Judenreferenten« des Auswärtigen Amts, weil er vornehmlich mit Nationalitätenbewegungen im Ausland befasst gewesen sei und Rademacher die Judenangelegenheiten meist selbst übernommen habe. Todenhöfer teilte aber beispielsweise im Mai 1941 dem RSHA mit, dass das Auswärtige Amt Meldung erhalten habe, dass zwei Juden hohe Geldbeträge vor den deutschen Behörden verborgen hielten. Todenhöfer an RSHA, 12.5.1941, PA AA, R 100855, Bl. 7.
28 Conze u. a.: Amt, S. 653; Gassert: Kiesinger, S. 115-129; Lutz Hachmeister: Schleyer. Eine deutsche Geschichte, München 2004, S. 175; Senfft: Schweigen, S. 145; s.v. Todenhöfer, Gerhard, in: Auswärtiges Amt (Hrsg.): Biographisches Handbuch, Bd. 5, S. 54f.
29 Ian Kershaw: Das Ende. Kampf bis in den Untergang. NS-Deutschland 1944/45, Bonn 2011, S. 146.

diesen Maßnahmen, indem er Befehle und Aufrufe formulierte.[30] Todenhöfer blieb auch nach dem Krieg einer der engsten Freunde Kiesingers und zählte zu Gmelins Privatgästen bei dessen Amtseinführung als Oberbürgermeister im Jahr 1955.[31] Durch seine Verbindung zu Goebbels war Todenhöfer auch mit dessen Staatssekretär Naumann bekannt. Er half dem kurz nach dem Krieg Untergetauchten und baldigen NS-Verschwörer 1950 durch seine Kontakte in Württemberg und mithilfe falscher Angaben zum legalen Neustart in der französischen Zone.[32]

Ein weiterer gemeinsamer Freund von Todenhöfer und Gmelin war der ehemalige Mitarbeiter in Triskas Volkstumspolitischer Abteilung des Auswärtigen Amts, Willfried Gredler. Im Jahr 1944 wurde Gredler zudem Verbindungsführer zum Reichskommissar für die Festigung deutschen Volkstums, Heinrich Himmler. Der aus Wien stammende Gredler war in den 1950er und frühen 1960er Jahren Abgeordneter der nationalistischen FPÖ im österreichischen Nationalrat und später Botschafter Österreichs beim Europarat in Straßburg.[33] In dieser Funktion lud ihn Gmelin 1969 ein, bei einer »Jungbürgerfeier« in Tübingen zu sprechen. Mit diesen Feiern wurden jährlich die in das Wahlalter tretenden Tübingerinnen und Tübinger in der Bürgerschaft begrüßt. Dort sollte ihnen mitgeteilt werden, »welche Aufgaben und Pflichten ihrer harren, nachdem sie ja in der Schule und in ihrer unruhigen Entwicklungszeit über ihre Rechte und Freiheiten ausreichend unterrichtet worden sind«, schrieb Gmelin seinem Freund. Gredler hatte ihm einen Vortrag angeboten, denn er lebe »nicht so gefährlich wie ein Bürgermeister in einer deutschen Universitätsstadt«: »Wenn es Dir lustig ist, mich alten Kampfhahn dort einmal zu verheizen mit irgend einem europäischen Thema, so komme ich ohne weiteres. Wenn Du zu wenig Polizei gegen Deine lokalen Dutschkes hast, dann eben nicht. Mir machen einige faulen Eier nichts«.[34] Gmelin verabredete mit Gredler, dass dieser zum Thema »Europa, Vision oder Realität« sprechen werde, und beide freuten

---

30 Ebd., S. 82; Joseph Goebbels: Tagebücher 1945. Die letzten Aufzeichnungen, Hamburg 1980, Eintrag vom 9.3.1945, S. 138. In seiner Funktion als Persönlicher Referent General Schörners hielt sich Todenhöfer Mitte März 1945 zu einem Besuch in Pressburg auf. SS-Standarte Kurt Eggers an BdS Witiska, 16.3.1945, BArch, R 70 Slowakei/315, Bl. 112 f.

31 Falscher Weg, in: Der Spiegel, Nr. 2 (1968), S. 17; Einladungsliste für die Amtseinsetzung des Oberbürgermeisters, StadtA Tübingen, A 200/326.

32 CIA, Special Collection, Nazi War Crimes Disclosure Act, Naumann, Werner, Nr. 4 (Freedom of Information Act Electronic Reading Room).

33 S. v. Gredler-Oxenbauer, Willfried, in: Auswärtiges Amt (Hrsg.): Biographisches Handbuch, Bd. 2, S. 90 f.; s. v. Gredler-Oxenbauer, Willfried, in: Rudolf Agstner: Handbuch des Österreichischen Auswärtigen Dienstes, Bd. 1: 1918-1938. Zentrale Gesandtschaften und Konsulate, Wien 2015, S. 332.

34 Gredler an Gmelin, 26.4.1968, StadtA Tübingen, A 200/476; Gmelin an Gredler, 10.4.1969, ebd.

sich auf »ein geruhsames Stündchen zu gemeinsamen Gesprächen mit Freund Todenhöfer«.[35] Die erwarteten Störungen durch die Studentenbewegung bei der Veranstaltung blieben aus. Gredler konnte die jungen Leute mit Selbstironie und Witz für sich einnehmen und ein flammendes Plädoyer für Europa halten: »Als guter Europäer muß man ein guter Deutscher, Franzose usw. sein, und als guter Deutscher, Franzose muß man heute ein guter Europäer sein.«[36]

Gredler war ein herausragender Verfechter der europäischen Integration, die in der frühen FPÖ auch Ausdruck deutschnationaler Verbundenheit gegen die österreichische Neutralitätspolitik war. Er hatte gegen Ende des Krieges in Wien mit adlig-konservativen Widerstandskreisen in Kontakt gestanden.[37] Als FPÖ-Abgeordneter sträubte er sich noch 1956 vehement gegen eine Wiedergutmachung des NS-Unrechts. Als das Hilfsfondsgesetz im Januar 1956 im österreichischen Nationalrat debattiert wurde, hielt ein inzwischen fraktionsloser früherer Parteifreund Gredlers aus der FPÖ-Vorgängerorganisation Verband der Unabhängigen (VdU) eine haarsträubende antisemitische Rede, in der er Opfer zu Tätern erklärte. Der kommunistische Abgeordnete Ernst Fischer war außer sich und erklärte, aus der Rede spreche »die verbrecherische Gesinnung, die Millionen Menschen in einen entsetzlichen Tod getrieben hat«, nämlich »die kannibalische Auffassung des Antisemitismus, die mit den kannibalischen Gaskammern in den Konzentrationslagern geendet hat«. Als letzter Redner kam Gredler an die Reihe, der die Ansicht äußerte, dass das Gesetz an dem »Prinzip der Unteilbarkeit des Leides« vorbeigehe. Er stellte sich auf einen allgemeinen Standpunkt und kritisierte, dass die Maßnahmen sich »lediglich und in erster Linie auf eine Gruppe, etwa die politisch Verfolgten, etwa die rassisch Verfolgten«, erstreckten. Das Gesetz gehe »an der Tatsache vorbei, daß eine unendliche Fülle verschiedener schwer geschädigter Menschen vorhanden ist, etwa Kriegsopfer, etwa Besatzungsgeschädigte, etwa Bombengeschädigte«. Die Lösung könne nur in einem allgemeinen Lastenausgleichsgesetz bestehen, das ohne »Ausnahmeklauseln« auskomme. Gredler vertrat die Auffassung, dass eine Entschädigung von NS-Opfern ungerecht sei, weil ehemalige Nationalsozialisten davon ausgeschlossen wurden. Mit dieser Begründung führte Gredler in erstaunlicher Weise vor, wie schnell ein vermeintlich neutraler oder allgemeiner (Rechts-)Standpunkt zur kalten Apologie werden kann. Doch damit nicht

---

35 Gmelin an Gredler, 23.4.1969, ebd.

36 Bereitschaft zum Dialog muß wachsen, in: ST, 9.7.1969, StadtA Tübingen, A 200/476.

37 Die nationale Bewegung in Österreich (1. Teil), in: Nikolaus J. Ryschkowsky (Hrsg.): Studien von Zeitfragen. Analysen und Berichte, 7 (1960), Nr. 9/10, 25.5.1960, S. 6 f.; zur Gründungsgeschichte der FPÖ s. jetzt Margit Reiter: Die Ehemaligen. Der Nationalsozialismus und die Anfänge der FPÖ, Göttingen 2019; Peter Broucek: Militärischer Widerstand. Studien zur österreichischen Staatsgesinnung und NS-Abwehr, Wien u. a. 2008, S. 402.

genug: Der ehemalige Volkstumsdiplomat echauffierte sich über die Kritik des Kommunisten Fischer an dem »kannibalischen Antisemitismus« seines Vorredners und erklärte in Bezug auf die Vertreibung aus den Ländern des Ostblocks, »daß die gleiche kannibalische Gesinnung bei der Verfolgung zum Beispiel der Volksdeutschen geherrscht« habe. Ein kritisches Wort gegen die offen antisemitische Rede seines früheren Parteikollegen blieb dagegen aus.[38] Neben Gredlers kurzer Episode im Widerstand haben vermutlich solche »neutralen« Standpunkte dazu beigetragen, dass er zum »liberalen Flügel des nationalliberalen Lagers in Österreich« gezählt wurde.[39]

Der engste kommunalpolitische Mitarbeiter des Oberbürgermeisters war der Erste Bürgermeister. Er war sein ständiger allgemeiner Stellvertreter, nahm seine Interessen in den meisten ständigen Ausschüssen und in der Aufsicht über zentrale Ämter der Stadtverwaltung wahr. Zudem oblag ihm die allgemeine Rechtsberatung und Rechtsprüfung aller städtischen Angelegenheiten. Im Dezember 1955 wurde Helmut Weihenmaier zunächst als Stadtdirektor in Tübingen eingestellt.[40] Die Stelle des Ersten Bürgermeisters wurde erst im darauffolgenden Jahr geschaffen und durch Gemeinderatswahl mit Weihenmaier besetzt. Dieses Amt vereinigte nun den Posten des Stadtdirektors und des Beigeordneten, dessen Stelle zuvor ehrenamtlich besetzt worden war. Gmelin bestand deshalb schon bei der Entscheidung für den Stadtdirektor auf einer außerordentlich hohen Qualifikation des Bewerbers. Sämtliche 58 Kandidaten wurden von Gemeinderat und Verwaltung für unqualifiziert befunden, weshalb Helmut Weihenmaier für die Stelle angefragt wurde. Er erklärte jedoch nur seine Bereitschaft für den Posten des Ersten Bürgermeisters. Daraufhin ermächtigte Gmelin den Gemeinderat, Verhandlungen mit Weihenmaier bezüglich der Übernahme der Stelle des Stadtdirektors aufzunehmen und ihm die Wahl zum Ersten Bürgermeister im kommenden Frühjahr in Aussicht zu stellen. Sollte Weihenmaier dazu bereit sein, sei, so Gmelin, keine Probezeit erforderlich.[41]

38 92. Sitzung des Nationalrates der Republik Österreich, VII. Gesetzgebungsperiode, 18.1.1956, Stenographisches Protokoll, Bl. 4523-4536; Christian Thonke: Hitlers langer Schatten. Der mühevolle Weg zur Entschädigung der NS-Opfer, Wien u. a. 2004, S. 64; Christian Pape: Verband der Unabhängigen (Österreich), in: Wolfgang Benz (Hrsg.): Handbuch des Antisemitismus, Judenfeindschaft in Geschichte und Gegenwart, 8 Bde., Bd. 8: Nachträge und Register, Berlin 2015, S. 288 f.

39 Robert Kriechbaumer (Hrsg.): Die Ära Josef Klaus. Österreich in den »kurzen« sechziger Jahren, 2 Bde., Bd. 2, Wien u. a. 1999, S. 38.

40 Stadtdirektor Weihenmaier eingeführt, in: ST, 20.12.1955, StadtA Tübingen, A 200/333; Geschäftsverteilungsplan des Bürgermeisteramts, in: Verwaltungsbericht 1961-1965, Universitätsstadt Tübingen, S. 23, StadtA Tübingen, UM 252a/6.

41 Gemeinderatsprotokoll, nichtöffentlich, 10.10.1955, StadtA Tübingen, A 200/333; Ein begehrter Posten, in: ST, 15.12.1954, ebd.; Gemeinderatsprotokoll, nichtöffentlich, 24.10.1955, ebd.; Universitätsstadt Tübingen, Personalamt an Gemeinderat,

Wer war also dieser Verwaltungsbeamte, den der Gemeinderat – und offenbar besonders der Oberbürgermeister – für diesen wichtigen Posten unbedingt haben wollte? Helmut Weihenmaier arbeitete zu diesem Zeitpunkt als Regierungsdirektor im Regierungspräsidium Nordwürttemberg in Stuttgart. Zuvor war er im Regierungspräsidium Südwürttemberg-Hohenzollern tätig, das seinen Sitz in Tübingen hatte. Vor der Bildung des Südweststaats 1952 war er im Wirtschaftsministerium des Landes Württemberg-Hohenzollern als Oberregierungsrat für Gewerbewirtschaft und Industrie sowie Restitutionsfragen zuständig. Er arbeitete im Wirtschaftsministerium also gewissermaßen Tür an Tür mit Hans Gmelin. Außerdem war er als Tübinger Jurastudent Mitglied der Normannia, zu Gmelins Studienzeiten allerdings schon als Alter Herr. Im Jahr 1933 trat er der SA und NSDAP bei.[42] Weihenmaier wurde als Mitläufer entnazifiziert. Allerdings erging dieser Spruch erst nach der Revision des ersten Beschlusses des Reutlinger Untersuchungsausschusses vom 12. Februar 1946, der besagte, dass Weihenmaier aufgrund starker politischer Belastung »[d]erzeit im öffentlichen Dienst nicht tragbar« sei.[43]

Der Hauptgrund für diese Beurteilung waren Weihenmaiers Aktivitäten als Kreishauptmann in Zamość im Distrikt Lublin im damaligen Generalgouvernement von Oktober 1939 bis Juni 1944. Weihenmaier konnte in seinem Spruchkammerverfahren unzählige Zeugnisse vorlegen, die ihn als ausgesprochenen Freund der polnischen Bevölkerung kennzeichneten.[44] Ein gegenteiliges Zeugnis liefern seine eigenen Ausführungen im Juni 1940, als er seinen obersten Dienstherrn, Generalgouverneur Hans Frank, zu einem Besuch empfing. Weihenmaier pries die Schönheit des örtlichen Marktplatzes mit seinen Renaissancefassaden und beschrieb Polen als »Land der Gegensätzlichkeit«. Denn wenn man »einen Schritt hinter die Tür« mache, »dann findet man auch hier wieder Dreck und Gestank. Das ist eben Polen. [...] Wer kennt

---

24.10.1955, ebd.; Gemeinderatsprotokoll, nichtöffentlich, 28.3.1955, ebd.; Gmelin an Weihenmaier, 31.8.1956, StadtA Tübingen, A 510 Personalakten Beamte/Weihenmaier, Helmut.

42 Personalbogen, 11.12.1955, StadtA Tübingen, A 510 Personalakten Beamte/Weihenmaier, Helmut; Personalbogen, 4.5.1937, BArch, ZA VI, 0175 A.16 (ehem. NS-Archiv des MfS der DDR); Staatskommissariat für die politische Säuberung, Spruchkammer II Tübingen-Lustnau, 13.7.1948, StA Sigmaringen, Wü 13 T 2, Nr. 2685/148; Geschäftsverteilungsplan, Wirtschaftsministerium Württemberg-Hohenzollern, o. D., StA Sigmaringen, Wü 140 T 1, Nr. 277; Persönliche Nachrichten, in: Normannen-Blätter, Nr. 25, April 1933, S. 425; V. C. F. N.! Mitgliederverzeichnis Normannia Tübingen, S. 53.

43 Untersuchungsausschuß für den Kreis Reutlingen zur Säuberung der Verwaltung von nationalsozialistischem Einfluß, Protokoll-Auszug, 11.2.1946, StA Sigmaringen, Wü 13 T 2, Nr. 1600/270; Staatskommissariat für die politische Säuberung, Spruchkammer II Tübingen-Lustnau, 13.7.1948, ebd., Nr. 2685/148.

44 Diverse Erklärungenen, ebd., Nr. 1600/270.

nicht die Stimmungen, die uns hier packen, wenn uns etwas quer gegangen ist, wenn uns die Polen mit ihrer Trägheit, Faulheit und Dummheit das Leben sauer gemacht haben und wenn wir schon nahe dran sind, den Karren umzuschmeißen! [...] Aber es ist merkwürdig: mit einem Schlage faßt uns dann plötzlich wieder ein Hochgefühl, eine freudige Stimmung. Da hat etwas geklappt, da war alles in Ordnung, da sind wir wie zu Hause in diesem Lande, das unsere Truppen in einem großen Feldzug erobert hat [sic!]. Dann ist alles wieder vergessen, was schlecht und schwierig war, dann sind wir die Herren und alles ist schön.«[45] Diese Äußerungen stehen exemplarisch für die Verachtung der polnischen Bevölkerung und das »Herrenmenschen-Gefühl«, das die Angehörigen der deutschen Zivilverwaltung im Generalgouvernement erfüllte.[46] Bereits im Dezember 1939 versuchte Weihenmaier, 550 Juden, die aus Włocławek in seinen Kreis deportiert worden waren, über die Grenze in den russisch besetzten Teil Polens abschieben zu lassen. Im April 1941 strengte er aus eigenem Antrieb die Umsiedlung der jüdischen Bevölkerung aus der Stadt Zamość in die Vorstadt Nowa Osada an, um die knapp 8.000 Menschen dort zu ghettoisieren. Weihenmaier presste dem örtlichen Judenrat bis zu 300.000 Złoty »Kontributionen« ab. Während der Fleckfieberepidemie im Spätsommer 1941 verbot er jeglichen Verkehr mit der jüdischen Bevölkerung und erließ Aufenthaltsverbote für Juden.[47]

Als im März 1942 die »Aktion Reinhardt« – die systematische Ermordung der polnischen Juden – im Distrikt Lublin begann, war Weihenmaier bald umfassend über den Vernichtungsprozess informiert. Er hatte bereits zuvor »straffällig« gewordene Juden und Polen in das Arbeitslager Bełżec bringen lassen, das innerhalb seines Kreises lag. Als dort das Vernichtungslager gebaut wurde, richtete er ein eigenes Straflager in Zarudzie ein. Im Zusammenhang mit der »Aktion Reinhardt« fand im Distrikt Lublin eine »Austauschaktion« statt. Zunächst wurden die einheimischen Jüdinnen und Juden von Weihenmaier und seiner Kreiskommandantur erfasst und Arbeitsfähige ausgesondert. Danach verabredeten die Mitarbeiter der Zivilverwaltung mit dem Einsatzstab der »Aktion Reinhardt« unter dem SS- und Polizeiführer Odilo Globocnik einen Termin für den Abtransport der Juden in das Vernichtungslager Bełżec. In die auf diese Weise geräumten Durchgangsghettos – im Kreis Zamość war eines in Krasnobród eingerichtet worden – wurden ausländische Juden, vor allem aus der Slowakei, gebracht, die dann ihrerseits bald abtransportiert und

45 Kreishauptmann Weihenmaier in einer Ansprache anlässlich des Besuchs von Generalgouverneur Frank am 28.7.1940 in Zamość, zit. nach Roth: Beamtenkarriere, S. 236 f.

46 Ebd.; ders: Herrenmenschen. Die deutschen Kreishauptleute im besetzten Polen – Karrierewege, Herrschaftspraxis und Nachgeschichte, Göttingen 2009.

47 Musial: Zivilverwaltung, S. 128, 136, 140 f.; Roth: Beamtenkarriere, S. 241, 243.

ermordet wurden. Weihenmaiers Referent für Bevölkerungswesen und Fürsorge (BuF) erklärte nach dem Krieg, dass Weihenmaier ihm im April 1942 die
Anweisung gegeben habe, dem Judenrat in Zamość mitzuteilen, dass sich eine
bestimmte Anzahl Menschen am folgenden Morgen auf dem Marktplatz zur
»Umsiedlung« einzufinden habe. Er beteuerte, sich dabei sehr schlecht gefühlt
zu haben, weil er aus einer vorherigen Mitteilung gewusst habe, dass die Juden
ermordet würden. Bei späteren Deportationen aus dem Kreis Zamość übernahm die Verwaltung noch mehr Verantwortung, führte Selektionen durch,
organisierte die Abriegelung von Ghettos und ließ Massengräber außerhalb
des jeweiligen Ortes ausheben. Der ehemalige Referent sagte weiter aus, dass
Weihenmaier ihn mehrfach damit beauftragt habe, Jüdinnen und Juden für
den Abtransport zusammenzustellen, die dann der SS übergeben werden sollten. In einem Fall hielt er es für möglich, dass Weihenmaier selbst bei der
Zusammenstellung eines Transportes vor Ort war. Im November 1943 verpflichtete Weihenmaier die nichtjüdische Bevölkerung des Kreises Zamość,
ihnen bekannte Verstecke von Juden der nächsten Polizeistelle zu melden. Bei
Zuwiderhandlungen oder Versuchen, Juden Unterschlupf zu gewähren, drohte
er scharfe »sicherheitspolizeiliche Maßnahmen« an.[48]

Im Anschluss an die Ermordung der Juden wurden im Raum Zamość auch
zahlreiche nichtjüdische Polen auf Befehl des Stabs der »Aktion Reinhardt«
vertrieben und teilweise ermordet.[49] Im Zusammenhang mit der »Aktion
Zamość«, dem großdimensionierten Umsiedlungs- und Germanisierungspro-
gramm mit dem Ziel, die Region zu einem Musterbeispiel völkischer Ostsied-
lung zu machen, kooperierte Weihenmaier auf das Engste mit den damit be-
trauten SS-Dienststellen. Er empfing dabei seine Befehle direkt von Himmler
und unterstützte die Vertreibung von Polen sowie die Ansiedlung von »rassisch
wertvollen Volksdeutschen« aus ganz Europa.[50] Weihenmaier bat darum, für
die »Aussiedlung dieser nicht-deutschen Elemente« einen »möglichst entfernt
liegenden Ort« zu wählen, »damit es diesen Ausgesiedelten nicht zu leicht gemacht wird, sich wieder ihren verlassenen Besitzungen zu nähern, um hier ein
ständig störendes Element zu bilden«.[51] Im Dezember 1941 berichtete er an den
Distriktgouverneur in Lublin, dass die SS die Bewachung und Versorgung von
zwei »Evakuiertenlagern« in Zamość und dem Nachbarkreis Hrubieszów einfach eingestellt habe. In den Lagern seien polnische und ukrainische Familien

---

48 Roth: Beamtenkarriere, S. 240 ff.; Musial: Zivilverwaltung, S. 235 f., 260 f., 309.
49 Pohl: NS-Verbrechen, S. 132.
50 Heinemann: Rasse, S. 403-415; Vernehmung Weihenmaiers, 27.11.1962, BArch,
    B 162/1042, Bl. 681 ff.
51 Kreishauptmann Zamość (Weihenmaier) an Distriktgouverneur Lublin (Zörner),
    4.4.1942, USHMM, RG 15.068 M, Reel 1, File 3. Ich danke Isabel Heinemann,
    Münster, für den Hinweis auf dieses Dokument.

untergebracht, die »aus den deutschen Siedlungen im Kreis Zamość evakuiert worden waren«. Da man ihn erst im Nachhinein informiert habe, seien die meisten »Evakuierten«, die eigentlich für die Besiedlung von »Judengehöften« im Distrikt vorgesehen waren, aus den Lagern entwichen. Die restlichen Familien habe er zunächst von dem ihm unterstellten »Sonderdienst«, der sich aus »Volksdeutschen« zusammensetzte, bewachen und in den nächsten zwei Tagen auf verschiedene polnische und ukrainische Gemeinden verteilen lassen, wo sie bei »gleichvölkischen Bauern« untergebracht worden seien.[52]

Weihenmaier gab in einer Vernehmung durch Staatsanwälte der Ludwigsburger Zentralen Stelle 1962 an, dass es in Zamość, »ähnlich wie nach 1945 in Westdeutschland«, oft darum gegangen sei, »Aufnahmeräume und Unterkünfte vorzubereiten und Betreuung der Eingetroffenen zu schaffen«.[53] Diese Tätigkeiten ließen ihn also organisatorische Fähigkeiten erwerben, die ihm bei seiner späteren Arbeit als Erster Bürgermeister von Nutzen sein konnten, denn zu seinen Aufgaben gehörte in den 1950er Jahren die Bekämpfung der Tübinger Wohnraumknappheit, die durch den Zuzug von Vertriebenen und Flüchtlingen erhebliche Ausmaße angenommen hatte. Das Handwerkszeug für all das hatte Weihenmaier sich in den rassistischen Prozessen der Vertreibung, Germanisierung und des Völkermords in Polen angeeignet. Besonders zynisch erscheint dabei die Tatsache, dass der spätere Oberbürgermeister von Tübingen an den diplomatischen Übereinkünften beteiligt war, die zur Deportation der slowakischen Juden führten, während sein späterer Erster Bürgermeister einen Teil dieser deportierten Juden im Distrikt Lublin in Empfang nahm und in den Ghettos einquartierte, die zuvor mit polnischen Juden belegt waren, ehe sie dem Massenmord zum Opfer fielen.

In der Tübinger Öffentlichkeit dürfte die Vergangenheit des Ersten Bürgermeisters nicht bekannt gewesen sein. Das *Tagblatt* hatte bei seiner ersten Vorstellung 1955 die Berufsstationen Weihenmaiers während des Nationalsozialismus im Ungefähren gehalten.[54] Die Stadtverwaltung wusste selbstverständlich über seine Tätigkeit als Kreishauptmann Bescheid. Als Weihenmaier 1957 in der Strafsache »Otto Busse gegen den Innenminister des Landes Nordrhein/Westfalen« vorgeladen wurde, erteilte ihm Gmelin die Aussagegenehmigung.[55] Ge-

---

52 Kreishauptmann Zamość (Weihenmaier) an Distriktgouverneur Lublin (Zörner), 27.12.1941, ebd. Ich danke Isabel Heinemann, Münster, für den Hinweis auf dieses Dokument; Musial: Zivilverwaltung, S. 30.

53 Vernehmung Weihenmaiers, 27.11.1962, BArch, B 162/1042, Bl. 676.

54 Roth: Beamtenkarriere, S. 242 f.; Hans-Joachim Lang: In Polen ein Herrenmensch, in: ST, 23.4.2014.

55 Worum es in dem Verfahren ging, ist unklar. Eventuell ist die Bezeichnung »Strafsache« unzutreffend und es handelte sich um eine Klage auf Wiederverwendung nach dem 131er-Gesetz. 1968 nahm sich Busse, der Kreishauptmann in Hrubieszów war, das Leben. Die Hildesheimer Staatsanwaltschaft war im Begriff, das Hauptverfahren

gen Helmut Weihenmaier wurde zwar bis 1974 ermittelt, und er sagte auch mehrfach aus, die Staatsanwaltschaft eröffnete aber kein Hauptverfahren gegen ihn. Zum Zeitpunkt der Ermittlungen war Weihenmaier schon nicht mehr in Tübingen. Er ließ sich am 1. Juni 1960 zum Landrat in Freudenstadt wählen, verbrachte aber seinen Lebensabend in Tübingen, wo er 1995 verstarb.[56] Mit Gmelin verband ihn spätestens seit seiner Amtszeit als dessen Stellvertreter auch eine persönliche Freundschaft. Zum Abschied 1960 verlieh der Gemeinderat dem scheidenden Ersten Bürgermeister als erstem Empfänger die neu geschaffene Bürgermedaille in Silber. Auf Fotos von der Abschiedsfeier sieht man Gmelin und Weihenmaier gemeinsam singen, rauchen und Bier trinken. Man ließ ihn nicht gerne gehen. Mit Weihenmaiers Nachfolger war der Oberbürgermeister trotz passabler Zusammenarbeit noch zehn Jahre später beim »Sie«.[57]

Ein Mitbewerber Weihenmaiers bei der Wahl zum Landrat in Freudenstadt war der Oberregierungsrat Eberhard Doege, der bis Oktober 1959 Erster Landesbeamter am Landratsamt Freudenstadt gewesen war. Der aus Kulm (Chełmno[58]) in Westpreußen stammende Doege wurde aber nicht zur Wahl zugelassen. Nachdem er in das Regierungspräsidium Südwürttemberg-Hohenzollern nach Tübingen versetzt worden war, bewarb er sich um die dort frei werdende Stelle als Erster Bürgermeister. Regierungspräsident Willi Birn und Innenminister Viktor Renner verabredeten in Absprache mit dem neuen Landrat Weihenmaier, dass Doege für den Fall, dass er in Tübingen nicht zum Ersten Bürgermeister gewählt werden würde, die Rückkehr als Erster Landesbeamter im Landratsamt Freudenstadt ermöglicht werden solle.[59] Dazu kam es nicht, denn Doege erhielt im ersten Wahlgang eine absolute Mehrheit im Gemeinderat und trat am 16. September 1960 Weihenmaiers Nachfolge in Tübingen an.[60]

gegen ihn zu eröffnen, und sie hatte erdrückende Beweise für seine maßgebliche Beteiligung an der Deportation Tausender von Juden seines Kreises in Vernichtungslager gesammelt. Musial: Zivilverwaltung, S. 254, 371, 383; Gmelin an Geschäftsstelle des Amtsgerichts Tübingen, 22.11.1957, StadtA Tübingen, A 510 Personalakten Beamte/ Weihenmaier, Helmut.

56 Roth: Beamtenkarriere, S. 242 f.; ders.: Herrenmenschen, S. 509; Musial: Zivilverwaltung, S. 397.

57 Silbermedaille für Helmut Weihenmaier, in: ST, 1.6.1960, StadtA Tübingen, A 200/ 333; Glosse »Florian«, in: ST, 31.5.1960, ebd.; Gemeinderatsprotokoll, 30.5.1960, ebd.; Fotos Alfred Göhner, StadtA Tübingen, D 170/8516; Man sieht es ihm nicht an, in: ST, 12.3.1970, StadtA Tübingen, A 510 Personalakten Beamte/Doege, Eberhard.

58 Der Ort im damaligen Westpreußen ist nicht mit dem gleichnamigen Vernichtungslager im Wartheland identisch.

59 Aktennotiz Regierungspräsidium Südwürttemberg-Hohenzollern, 25.7.1960, StA Sigmaringen, Wü 42 T 127, Nr. 879; Personalbogen, 9.6.1960, StadtA Tübingen, A 510 Personalakten Beamte/Doege, Eberhard.

60 Gemeinderatsprotokoll, nichtöffentlich, 25.7.1960, StadtA Tübingen, A 510 Personalakten Beamte/Doege, Eberhard; Personalamt an Gmelin, 6.3.1970, ebd.

Auch Doege war 1933 NSDAP- und SA-Mitglied geworden. Der damals in Berlin lebende ehrenamtliche »Sippenforscher«, mit Ausweis des Sachverständigen für Rasseforschung im Reichsministerium des Innern, war ebenfalls Jurist. Er wirkte als Organisationsleiter in seiner NSDAP-Ortsgruppe und als Rechtsberater der Schöneberger SA-Standarte 18.[61] Nach seiner Assessorprüfung im April 1938 wurde Doege Sachbearbeiter für Beamten-Dienststrafsachen im Reichsministerium des Innern. Zu diesem Zweck wurde er an das Amt für Gnadensachen in der Kanzlei des Führers abgeordnet, wo er bis Sommer 1943 angestellt blieb, seit September 1941 als Regierungsrat. Bei dieser Tätigkeit lernte er mit Sicherheit Hans-Albrecht Grüninger kennen, den späteren Berater des slowakischen Ministerpräsidenten und engen Freund Hanns Ludins, der ebenfalls Gnadensachen in der Kanzlei bearbeitete. Unterbrochen wurde Doeges dortiger Dienst durch seinen Kriegseinsatz von September 1939 bis 1940 und erneut ab Juni 1943. Im Herbst 1943 meldete sich Doege zum Dienst als kommissarischer Landrat in Mogilno im Regierungsbezirk Hohensalza im annektierten Wartheland – eine Stelle, die er aufgrund des Kriegsdienstes allerdings nie antrat. Der Warthegau sollte nach den deutschen Großraumvorstellungen vollständig »germanisiert« werden. Knapp 537.000 »Volksdeutsche«, vor allem aus dem Baltikum, hatte man hierher umgesiedelt, während fast 800.000 Polen in das Generalgouvernement deportiert worden waren. Von den 435.000 Juden aus der Region überlebten nur 10.000 bis 15.000 den Holocaust. Im Jahr 1945 geriet Doege in sowjetische Gefangenschaft, aus der er erst im Oktober 1953 heimkehrte.[62]

---

61 Dienstleistungszeugnis, NSDAP-Ortsgruppe Merseburger Straße, 28.4.1938, BArch, ZB VI, 0197 A.07 (ehem. NS-Archiv des MfS der DDR); Polizeipräsident Berlin an Reichs- und Preußischen Minister des Innern, 21.7.1938, ebd.; Reichs- und Preußischer Minister des Innern an Reichsminister der Justiz, 5.5.1938, ebd.; Sippenforscher-Mitgliedsausweis Nr. 547, BArch, ZB II, 3151 A.01 (ehem. NS-Archiv des MfS der DDR).

62 Melde- und Personalbogen für Unterbringungsteilnehmer gemäß Bundesgesetz zu Art. 131 GG, 26.10.1953, HStA Stuttgart, EA 2/150, Bü 238; Eignungsbericht, 25.2.1959, StA Sigmaringen, Wü 42 T 127, Nr. 879; Lebenslauf, 9.3.1954, ebd.; Ingo Loose: Wartheland, in: Wolf Gruner, Jörg Osterloh (Hrsg.): Das »Großdeutsche Reich« und die Juden. Nationalsozialistische Verfolgung in den »angegliederten« Gebieten, Frankfurt am Main, New York 2010, S. 229-258.

»Kameradentreffen« und Opfergemeinschaft
am Volkstrauertag

Eberhard Doege pflegte aufgrund seines Status als Spätheimkehrer stets gute Kontakte zum Verband der Heimkehrer, war acht Jahre lang dessen Ortsvorsitzender in Freudenstadt und seit 1956 Mitglied des Landesbeirats des Verbands in Baden-Württemberg.[63] Hans Gmelin fühlte sich aus seiner persönlichen Vergangenheit heraus einer anderen Vereinigung besonders verbunden. Er engagierte sich – seit 1964 auch als Vorsitzender und ab 1983 als Ehrenvorsitzender – für das Kameradenhilfswerk seiner ehemaligen Wehrmachtseinheit, der 78. Sturm- und Infanterie-Division, die 1939 in Tübingen aufgestellt worden war. Das Kameradenhilfswerk wurde 1952 gegründet, und im Mai desselben Jahres trafen sich die Veteranen der Division das erste Mal zu einem Kameradschaftstreffen in Tübingen. Knapp 6.000 Personen kamen in die Stadt, darunter 5.000 Veteranen und 1.000 Angehörige von Vermissten und Gefangenen.[64] Im darauffolgenden Jahr fand erneut ein Treffen mit 3.000 Teilnehmern statt. Aufgrund der schlechten Wetterlage in den Vortagen erschienen nur halb so viele Teilnehmer wie im Vorjahr, und es kam zu Unstimmigkeiten zwischen dem Kameradenhilfswerk und der Stadtverwaltung wegen der vorgesehenen Kostenteilung. Ab jetzt wurden die Treffen meist in einem Drei-Jahres-Rhythmus abgehalten.[65] Nach Gmelins Amtsantritt im Rathaus im Januar 1955 blieben weitere Verhandlungen über die Kostenübernahme oder -teilung offenbar aus. In den städtischen Akten finden sich für die Organisation der nachfolgenden Treffen zwar noch Listen mit Leistungen, für die die Stadt zuständig sein sollte, allerdings wurde darin die Frage der Finanzierung meist ausgespart. Gmelin schrieb zum fünften Treffen der Division 1963 in einem Aktenvermerk, dass die entstehenden Kosten dem Kulturamt zur Verrechnung mit Haushaltsmitteln mitzuteilen seien. Die Stadt weitete ihre Beteiligung ab dem dritten Kameradschaftstreffen 1956 deutlich aus. Während Gmelins

63 Ein »Ja« ohne Zögern, in: ST, 30.4.1974, StadtA Tübingen, A 510 Personalakten Beamte/Doege, Eberhard; Mitgliedschaften von Bürgermeister Doege, o. D., ebd.
64 Ulmer: Verbrechen, S. 54 f.; Tage der 78. Sturmdivision, in: ST, 21.8.1979, StadtA Tübingen, E 10/N 64; Für stumme Kameraden sprechen, in: ST, 23.9.1985, ebd.; Traueranzeige des Kameradenhilfswerks, in: ST, 29.7.1991, StadtA Tübingen, ZGS – 1, Gmelin, Hans.
65 Landespolizei Württemberg-Hohenzollern, Kommissariat Tübingen an Amt für öffentliche Ordnung, 13.7.1953, StadtA Tübingen, A 200/5482; Amt für öffentliche Ordnung an den Organisationsausschuss der 78. Sturmdivision, 9.5.1953, ebd.; Verkehrsvorschriften für das Treffen der 78. Sturmdivision in Tübingen, Amt für öffentliche Ordnung, 8.7.1953, ebd.; Aktennotiz Kulturamt, 8.7.1953, StadtA Tübingen, A 200/1292; Gemeinderatsprotokoll, nichtöffentlich, 28.9.1953, ebd.

Amtsvorgänger Mülberger sich auf eine kurze Begrüßung der Teilnehmer bei der großen Gedenkstunde auf dem Marktplatz beschränkt hatte, lud Gmelin in mehreren Jahren anschließend bis zu 150 Personen zu einem Empfang in das Rathaus ein. Die Innenstadt wurde mit Fahnen und Spruchbändern geschmückt.[66] Zudem wurde 1956 eine Ausstellung im Haus der Studentenverbindung Roigel eröffnet, die die Einsatzwege württembergischer und badischer Divisionen im Zweiten Weltkrieg nachzeichnete. Nachdem der Schirmherr der Wiedersehensfeier des Jahres 1956, Ministerpräsident Gebhard Müller, nur für die Gedenkstunde auf dem Marktplatz, nicht aber für die Eröffnung der Ausstellung hatte zusagen können, übernahm Gmelin kurzerhand auch diese Aufgabe.[67]

Hans Gmelin haderte anfangs mit der öffentlichen Wahrnehmung der deutschen Soldaten nach 1945. In seiner ersten Rede als Oberbürgermeister bei den Treffen der Division im September 1956 sagte er, dass seit dem ersten Zusammensein 1952 »gewisse Gefühle des Unbehagens zerstreut« worden seien, »die man weithin solchen kameradschaftlichen Treffen entgegenbrachte«. Dabei sei von Anfang an klar gewesen, dass es bei den Zusammenkünften nicht um eine »politische Demonstration oder gar eine Werbeveranstaltung für eine Wiedererrichtung der Wehrmacht«, sondern hauptsächlich um die »Aufklärung ungeklärter Kameradenschicksale« gegangen sei. Sollten die Treffen doch einen politischen Sinn haben, sagte Gmelin, dann sei es dieser: »Wir haben als Verband und als Einzelne in schwerer Zeit unsere soldatische Pflicht getan, wir haben uns als Kameraden gegenseitig kennen und schätzen gelernt, wir sind uns im Kampf für die Heimat als Verband eine ›Heimat‹ gewesen. Man hat unsere selbstverständliche Pflichterfüllung im Zerrbild der Nachkriegszeit als Militarismus, Nationalismus und Fanatismus verkannt und unsere Opfer in den Schmutz getreten. Wir wollen und brauchen es nicht, dass dieselben Sprecher diese falschen Auffassungen widerrufen, aber wir wollen uns ehrlich darüber freuen dürfen, dass sich die Wahrheit durchgesetzt hat und dass die Beurteilung von Mühsal, Kampf und Tod aus ehrlicher Liebe zu Volk und Heimat wieder gerechter geworden ist.« Während des ersten Divisionstreffens 1952 habe »die französische Garnison bis zu den Zähnen bewaffnet in höchster Alarmstufe« gelegen, berichtete Gmelin.[68]

---

66 Liste der von der Stadt zu übernehmenden Leistungen, OB Gmelin, 13.8.1956, StadtA Tübingen, A 200/1292; Merker an Gmelin, 11.9.1958, ebd.; Notiz für Empfang am 10.10.1959, ebd.; Aktenvermerk Bürgermeisteramt, 21.8.1963, ebd.; Programmheft 2. Treffen der 78. Sturmdivision 1953, StadtA Tübingen, E 10/N 64.

67 Programmheft 3. Treffen der 78. Sturmdivision 1956, StadtA Tübingen, A 200/1292; Das Hohelied der Kameradschaft, in: ST, 10.9.1956, StadtA Tübingen, E 10/N 64.

68 Rede Gmelins bei der Feierstunde auf dem Marktplatz, 9.9.1956, StadtA Tübingen, A 200/1292.

Zudem hatte das Kameradenhilfswerk die Tübinger Polizei damals um besonderen Schutz der Festzelte und Parkplätze gebeten, weil ihm »von verschiedenen Seiten her zugeflüstert wurde, dass von einem gewissen Kreis der KPD Provokationen hinsichtlich unseres Treffens angekündigt worden sind«.[69] Es ist gut möglich, dass diese Hinweise von Richard Scheringer kamen. Der enge Freund und Mitverschwörer Hanns Ludins aus den Tagen der nationalsozialistischen Umtriebe der Ulmer Reichswehroffiziere um 1930 war während seiner Festungshaft von Mithäftlingen von kommunistischen Ideen überzeugt worden. Scheringer mühte sich nach seiner Freilassung in den frühen 1930er Jahren ergebnislos um eine nationalbolschewistische Querfront und die »zweite Revolution« mit »revolutionär« gesinnten Teilen der NS-Bewegung, vor allem in der SA, deren sich die Nationalsozialisten in den Säuberungen nach dem »Röhm-Putsch« 1934 entledigten. Nachdem er wiederholt in Schwierigkeiten mit dem NS-Regime geraten und mit Ludins Hilfe mehrfach aus dem Gefängnis freigekommen war, wurden beide 1939 in die 78. Infanterie-Division eingezogen. Scheringer wurde der von Ludin geführten Artillerie-Batterie zugeteilt, deren Kommando er übernahm, als Ludin zum Jahreswechsel 1940/41 Gesandter in der Slowakei wurde. Nach dem Krieg wurde Scheringer Führungsmitglied der KPD und später der DKP in Bayern. Seinen »soldatischen Idealen« blieb er zeit seines Lebens treu, so wie er auch nach 1945 einen stramm nationalistischen Kurs in der KPD vertrat.[70]

Proteste und Provokationen blieben indes aus. Erst zum vierten Divisionstreffen 1959 druckte der Verband der Kriegsdienstverweigerer sehr moderate Flugblätter, deren Verteilung das Amt für öffentliche Ordnung trotz frühzeitiger Anmeldung streng nach Zeit und Ort reglementierte. Nur an zwei Zuwegen zum Marktplatz wurde die Verteilung erlaubt, auf dem Marktplatz war sie für den Zeitraum der Feierstunde verboten.[71] Im Protestjahr 1968 kam es zu Aktionen von Studenten gegen das Veteranentreffen. Der Oberbürgermeister und Vorsitzende des Kameradenhilfswerks, Hans Gmelin, informierte den Vorstand bei einer Mitgliederversammlung, dass während der Feierstunde auf dem Marktplatz ein Teach-in geplant sei, für »Mittel und Wege zur Abwehr

69 Festausschuss der ehemaligen 78. Sturmdivision an Polizeikommissariat Tübingen, 15.5.1952, StadtA Tübingen, A 200/5482.
70 Timothy S. Brown: Richard Scheringer, the KPD and the Politics of Class and Nation in Germany, 1922-1969, in: Contemporary European History, 14 (2005), H. 3, S. 317-346; Richard Scheringer: Das große Los. Unter Soldaten, Bauern und Rebellen, Rostock 2004 (zuerst 1959), S. 227-231. S. auch Thilo Vogelsang: Der sogenannte »Scheringer-Kreis«, in: Gutachten des Instituts für Zeitgeschichte, Bd. 2, Stuttgart 1966, S. 469-471.
71 »Was sagen wir zum Treffen der Sturmdivision?«, Flugblatt Verband der Kriegsdienstverweigerer Tübingen 1959, StadtA Tübingen, A 200/1292; Amt für öffentliche Ordnung an Waldeyer, 10.10.1959, StadtA Tübingen, A 200/5482.

von Tätlichkeiten im gegebenen Fall« aber gesorgt sei. Er bat darum, sich nicht provozieren zu lassen, denn etwaige Tätlichkeiten dürften »keinesfalls durch eigene Leute begonnen werden«. Auf dem Marktplatz kam es dann zu gewalttätigen Übergriffen von Veteranen auf Studenten. Gmelin entschuldigte sich bei den Gästen für die Störaktionen und wiederholte seine Empfehlung, sich nicht provozieren zu lassen.[72]

Die Ausstellung, die im Rahmen des Veteranentreffens 1956 eröffnet wurde, widmete sich ausschließlich der Manövergeschichte der württembergischen und badischen Divisionen. Dabei lag der Schwerpunkt der Darstellung auf den harten Kämpfen an der Ostfront. Das *Schwäbische Tagblatt* teilte mit, es bedürfe »wohl kaum des Hinweises, daß in der Ausstellung eine ernste und dringende Mahnung für die Zukunft erblickt werden soll«.[73] Hans Gmelin, der ehemalige Freikorps-Kompanieführer und UK-gestellte Reserveoffizier, der während des Ostfeldzugs im Auswärtigen Dienst in der Slowakei war, erklärte in seiner Eröffnungsrede: »Die Stärke der Ausstellung besteht gerade in der ungeschminkten, tendenzfreien Darstellung des Erlebnisses im Wechsel von Angriff und Verteidigung, von langwieriger und wohl geplanter Bereitstellung und blitzschneller improvisierter Aktion.« Niemand könne sich dem Eindruck entziehen, »dass es wirklich so gewesen ist«. Für die Kriegsteilnehmer sei diese Ausstellung ein erneuter Aufruf, »die damals gegründete und bewährte Kameradschaft weiter zu pflegen und zu vertiefen«. Nach dieser kaum verhohlenen Freude an militärischen Manövern und am Soldatenleben kam Gmelin auf jene Opfer des Krieges zu sprechen, um die es hier ging: »In besonderem Masse hat mich die Darstellung der Verluste beeindruckt […]. Wenn wir uns diese schweren Opfer vor Augen halten, wenn uns in der Erinnerung all die lieben und vertrauten Gesichter wieder auferstehen, die uns heute fehlen, wenn wir an die vielen prächtigen Menschen denken, die ihr Leben für Volk und Heimat geopfert haben, und die doch heute so dringend benötigt wären, so erkennen wir die Mahnung an uns alle, unsere ganze Kraft dafür einzusetzen, dass in unserer Zeit nicht erneut solche Opfer von unserem Volk verlangt werden müssen.«[74]

Die Opfer des Krieges, die hier zur Mahnung herhalten sollten, waren ausschließlich die eigenen Toten. Die Veteranentreffen und nicht zuletzt Gmelins Ansprache waren geprägt von einem Opfermythos, der sich bei solchen Gele-

---

72 Protokoll der Mitgliederversammlung des Kameradenhilfswerks, 7.9.1968, StadtA Tübingen, E 10/N 64; Er ging an meiner Seite …, in: ST, 9.9.1968, ebd.; Studenten stören Soldatentreffen, 9.9.1968 (Ausschnitt ohne Kennzeichnung, aus welcher Zeitung), ebd. Die Anzeigen der Studenten wegen Körperverletzung und unterlassener Hilfeleistung gegen einen Polizisten führten nur zu Verfahrenseinstellungen. Gleicher als andere, in: Notizen, Nr. 89 (April 1969), UA Tübingen, HZ 209.
73 Eine ernste Mahnung für die Zukunft, in: ST, 7.9.1956, StadtA Tübingen, E 10/N 64.
74 Rede Gmelins bei der Ausstellungseröffnung, 8.9.1956, StadtA Tübingen, A 200/1292.

genheiten als Fortsetzung nationalen Heldengedenkens entpuppte.[75] Erst im Zusammenhang mit der Debatte über die Verbrechen der Wehrmacht, die die Ausstellung des Hamburger Instituts für Sozialforschung in den 1990er Jahren auslöste, wurde in Tübingen bekannt, dass auch die 78. Infanterie-Division Verbrechen in der Sowjetunion begangen hatte. Im Rahmen der Rückzugsaktion »Winterreise« im Januar 1942 vor Moskau wurden zahlreiche Dörfer niedergebrannt, wodurch deren Bewohner bei Temperaturen von bis zu 30 und 40 Minusgraden der Witterung schutzlos ausgeliefert wurden. Zu Jahresbeginn 1944 war die Division am Fluss Dnjepr in Weißrussland stationiert und ließ Wege, die von deutschen Truppen befahren wurden, täglich von sämtlichen Ortsbewohnern – auch Frauen und Kindern – »abtrampeln«, um potenzielle Minen auszulösen. Wer sich weigerte, wurde erschossen.[76] Bei den Tübinger Veteranentreffen wurde demgegenüber mit Formeln wie der »selbstverständliche[n] Pflichterfüllung« und »ehrliche[n] Liebe zu Volk und Heimat« an der Legende der »sauberen Wehrmacht« gestrickt.

Wie es zu erreichen sei, dass »in unserer Zeit nicht erneut solche Opfer von unserem Volk verlangt werden müssen«, war für die meisten Veteranen im Jahr 1956 – unter dem Eindruck des Kalten Krieges – ein klarer Fall. Der Wunsch nach Frieden lasse sich nur durch das Drohpotenzial einer wiederbewaffneten Bundesrepublik erfüllen. Das städtische Amt für öffentliche Ordnung berief einen Monat nach dem Veteranentreffen die erste Gruppe von Wehrpflichtigen des Geburtsjahrgangs 1937 zur Anmeldung in ihre Amtsstube ein.[77] Im Juli 1956 hatten Tübinger Studenten noch gegen die Einführung der Wehrpflicht demonstriert. Gemeinsam mit beträchtlichen Teilen der deutschen Öffentlichkeit erblickten sie in der Wiederbewaffnung der Bundesrepublik ein Hindernis auf dem Weg zur Wiedervereinigung.[78]

Die Wiederbewaffnung und die neue »Wehrmacht«, wie sie bei den Rednern noch durchgängig hieß, waren beim Veteranentreffen 1956 in aller Munde. Man konnte unter den Teilnehmern schon die eine oder andere Uniform ausmachen. In diesem Zusammenhang kam es zu einer weitreichenden Reha-

75 Ulmer: Verbrechen, S. 55.
76 Jens Rüggeberg: Streit um ein Denkmal – Streit um das Gedenken. Die 78. Infanteriedivision und ihr Tübinger Gefallenendenkmal, in: Geschichtswerkstatt Tübingen e. V. (Hrsg.): Erinnern gegen den Schlußstrich: Zum Umgang mit dem Nationalsozialismus (= Geschichtswerkstatt 29), Freiburg 1997, S. 157-170, hier: S. 158 f.; Die Wege nach Minen abtrampeln, in: ST, 9.12.2000.
77 Aufforderung an die in Tübingen wohnhaften Wehrpflichtigen des Geburtsjahrganges 1937 zur persönlichen Anmeldung, in: ST, 15.10.1956, StadtA Tübingen, A 200/1538.
78 Carmen Palm: Studentische Demonstration gegen die Einführung der Wehrpflicht, 3.7.1956, in: Udo Rauch, Antje Zacharias (Hrsg.): Tübinger Szenenwechsel 1950-1970. Alfred Göhner und seine Pressefotos, Tübingen 2006, S. 44 f.; Conze: Suche, S. 73 f.

bilitierung von Angehörigen der alten Wehrmacht und ihres Offizierskorps, von denen viele in der Bundeswehr erneut Karriere machten.[79] Generaloberst a. D. Gotthard Heinrici, in dessen Armeeverband die 78. Infanterie-Division gekämpft hatte und mit dem Gmelin bei seiner Ostslowakeireise im Dezember 1944 Besprechungen geführt hatte, fand zwar keine Wiederverwendung in der Bundeswehr, aber er erklärte beim Veteranentreffen des Kameradenhilfswerks 1956, es sei gut, dass es einen Wandel der Gesinnung gebe und die Wehrmacht in Zukunft die Freiheit beschütze, die in der Bundesrepublik herrsche.[80] Gmelin behauptete noch in seiner Rede zum Veteranentreffen im Jahr 1979, dass »wir Überlebenden« das »Recht und auch noch nach 40 Jahren die Pflicht« hätten, darauf hinzuweisen, dass »in der Erziehung unserer Kinder und Enkel in der Verantwortung für Freiheit und soziale Gerechtigkeit [...] und vor allem in der Erhaltung des Verteidigungswillens, der Wehr- und Verteidigungskraft unseres eigenen Volkes« ständiges Bemühen notwendig sei. Ansonsten »werden wir ganz gewiß nur Opfer aller kommenden kleinen oder großen, konventionell oder nuklear drohende[n] Verwicklungen und Auseinandersetzungen sein«. Die Ende der 1960er Jahre zunehmende Zahl von Wehrdienstverweigerern konnte Gmelin nur als Ausdruck von mangelndem Verantwortungsbewusstsein wahrnehmen.[81]

Gmelin hatte sich Mitte der 1950er Jahre erfolglos um die Errichtung einer Heeresakademie in Tübingen bemüht. Da der Großteil eines dort stationierten französischen Regiments ohnehin in Algerien im Einsatz war, nahm man an, dass die französische Armee bereit sein würde, eine Kaserne zu räumen. Bald darauf wurden die Tübinger Kasernen aber wieder vollständig mit französischen NATO-Soldaten belegt, sodass nicht die »geringste Aussicht besteht, die französischen Verbände hier aus Tübingen wegzubekommen«, wie Gmelin noch 1963 bemängelte.[82]

Soldaten der Bundeswehr beteiligten sich erstmals am Veteranentreffen 1959 in Kompaniestärke. Mit dem Fallschirmjäger-Bataillon 251, das in der Böblinger Fliegerhorstkaserne stationiert war, wurde eine Traditionsverbindung geschlossen. Es schickte fortan regelmäßig Abordnungen zu den 78er-Treffen.[83]

79 Conze: Suche, S. 94 f.
80 Das Hohelied der Kameradschaft, in: ST, 10.9.1956, StadtA Tübingen, A 200/5482.
81 Gedenkrede Gmelins am Gedenkstein der 78. Sturmdivision, 25.8.1979, StadtA Tübingen, E 10/N 64; Die zornigen Söhne der »Ohne-mich«-Väter, in: Stuttgarter Zeitung, 15.1.1969, StadtA Tübingen, A 200/1467. Gmelin kommentierte diesen Artikel zustimmend am Rand.
82 Aktenvermerk Gmelin, 2.4.1956, StadtA Tübingen, A 200/5662; Gemeinderatsprotokoll, nichtöffentlich, 12.9.1955, ebd.; Gemeinderatsprotokoll, 11.10.1963, StadtA Tübingen, A 75/206, Gemeinderatsprotokoll 1963, 3. Bd., S. 998 f.
83 Kommandeur des Fallschirmjäger-Bataillons 251 an Gmelin, 16.10.1959, StadtA Tübingen, A 200/1292.

Im Beisein der Bundeswehr wurde bei der Feierstunde am Marktplatz ein
»Oberst von Neufville-Fonds« gegründet, der an den »tapfersten und belieb-
testen Regimentskommandeur« der Division erinnern sollte, der im November
1941 in Russland gefallen war. Oberst von Neufville war außerdem Freikorps-
Kämpfer in der Weimarer Republik gewesen und hatte als Führer des württembergischen Stahlhelms – wie bereits dargestellt, unter Umgehung des Versailler
Wehrverbots – paramilitärische Sportkorps aufgebaut. Die Bundeswehrsolda-
ten nahmen auch aktiv am Höhepunkt des Veteranentreffens von 1959 teil,
bei dem sie den Ehrenzug stellten. Anlässlich des zwanzigsten Jahrestags der
Aufstellung der Division wurde ein Gedenkstein auf der Neckarinsel enthüllt,
den Gmelin im Namen der Stadt in Obhut nahm. Im Verwaltungsausschuss
und im Gemeinderat hatte es Diskussionen darüber gegeben, ob der Antrag
des Kameradenhilfswerks sinnvoll sei, ob nicht andere Gruppen, wie die Heimatvertriebenen, dadurch benachteiligt würden und ob Gmelin dem Kameradenhilfswerk schon vor der Entscheidung des Gemeinderats Zusicherun-
gen gemacht habe. Alle Einwände wurden von Gmelin und seinem Vertreter
Weihenmaier zurückgewiesen und der Antrag auf Aufstellung des Steins ohne
Änderungen beschlossen.[84]

Den kollektiven Gedenkpraktiken, wie bei den Veteranentreffen, lagen natürlich individuelle Schicksale zugrunde. Wenn Hans Gmelin als Oberbürgermeister das Wort bei Gedenkveranstaltungen ergriff, befanden sich unter den
Tübinger Zuhörerinnen und Zuhörern nicht nur die Angehörigen seines hingerichteten Freundes Hanns Ludin, sondern auch die Witwe und die Tochter
seines jüngeren Bruders Ulrich Gmelin. Der Vertreter des Reichsstudentenführers im Kriege war, nach über einem Jahr des Ringens um seine Freistellung
für die Arbeit im Reichserziehungsministerium, im Spätsommer 1943 eingezogen worden. Ende Juni 1944 fiel er, der so oft den Heldentod vor Langemarck
gepriesen hatte, westlich von Mogiljow in Weißrussland.[85] Wie die meisten
Deutschen der Nachkriegszeit hatte sich auch Hans Gmelin mit dem Verlust
naher Freunde und Angehöriger auseinanderzusetzen und sah sich in der Verantwortung für das Schicksal ihrer Familien. Der Einsatz des Oberbürgermeisters für Kriegshinterbliebene und Veteranen hatte immer auch diese persönliche Komponente. Seit 1952 sollten das individuelle und das gemeinschaftliche
Gedenken im bundesweit begangenen Volkstrauertag Raum bekommen. Der

---

84 Stumme Mahnung der Toten und Vermißten, in: ST, 12.10.1959, StadtA Tübin-
    gen, A 200/5482; Gemeinderatsprotokoll, 16.3.1959, StadtA Tübingen, A 200/1292;
    Protokoll des Verwaltungsausschusses, nichtöffentlich, 23.2.1959, StadtA Tübingen,
    A 200/2773.
85 Deutsche Dienststelle für die Benachrichtigung der nächsten Angehörigen von Gefal-
    lenen der ehemaligen deutschen Wehrmacht an Document Center Berlin, 1.10.1953,
    BArch, R 4901/24655 (ehem. BDC).

Volksbund deutsche Kriegsgräberfürsorge (VdK) betrieb die Wiederaufnahme dieser Gedenktradition, die bereits in der Weimarer Republik etabliert worden war. Mit Unterstützung der beiden Kirchen und im Einvernehmen mit den Bundesländern wurde der Sonntag zwei Wochen vor dem ersten Advent als zentraler Gedenktag für die Kriegstoten eingeführt. Dem Rückbezug auf Weimar entsprechend und im Einklang mit der allgemeinen Tendenz, die deutschen Kriegsteilnehmer als »unpolitisch« – jedenfalls aber als unabhängig von der Politik des NS-Regimes – anzusehen, wurden die Toten als Opfer für die Gemeinschaft begriffen. Der Volkstrauertag war damit ein zentraler Ausdruck der »Transformation der *Volksgemeinschaft* in eine *Volksopfergemeinschaft*«.[86]

Gmelin knüpfte mit seiner ersten Rede zum Volkstrauertag bei der Gedenkfeier auf dem Tübinger Bergfriedhof Mitte November 1955 an seine Ausführungen bei der Kandidatenvorstellung zur Oberbürgermeisterwahl etwa ein Jahr zuvor an. Er hatte damals erklärt, dass es durch das »Dritte Reich«, den Krieg und den »Zusammenbruch« Spaltungen zwischen den Menschen gegeben habe, die es zu heilen gelte. In einer seiner letzten Wortmeldungen vor der Wahl im *Schwäbischen Tagblatt* hatte er geschrieben, dass »unser Volkskörper noch nicht von den Schlägen gesundet [ist], die ihm in den vergangenen 40 Jahren beigebracht worden sind«. Zum Volkstrauertag 1955 sagte er nun: »Es ist sicher ein Zeichen langsamer Gesundung unseres Volkskörpers, dass wir heute in so grosser Zahl uns um dieses schlichte Ehrenmal[87] versammeln und damit bekunden, dass wir nicht nur als Einzelne, sondern als Gemeinschaft, als Gemeinde, als Volk wieder ein klares Verhältnis zu unseren Toten gefunden haben.« Er schloss die Frage an, wer »unsere Toten« seien, und zählte die Gefallenen des 1870er-Krieges und der beiden Weltkriege auf, die »ihr Leben für uns, für die Heimat gegeben« hätten. Gmelin erklärte, man gedenke aber auch der »vielen Millionen von Menschen, die während unserer Zeit zum Opfer von Not, Diktatur, Vertreibung, Gefangenschaft und Unterdrückung geworden

---

86 Alexandra Kaiser: Von Helden und Opfern. Eine Geschichte des Volkstrauertags, Frankfurt am Main, New York 2010, S. 226 f.

87 Seit einigen Jahren wurde in Tübingen über ein neues Ehrenmal für die Kriegstoten diskutiert. Die Tübinger Arbeitsgemeinschaft der Kriegsfolgeverbände wollte ein Denkmal, das auch der Vermissten, der nicht in Friedhofserde ruhenden Toten und der Opfer der Vertreibung aus den Ostgebieten gedachte. Mit Gmelins Wahl im Herbst 1954 verschwand der Widerstand gegen diese Pläne, zu dem Denkmal kam es aber dennoch nicht, weil man sich nicht über dessen Gestaltung einigen konnte. Viele, die wie Gmelin mit dem Heldengedenken an die Kriegstoten des Ersten Weltkriegs aufgewachsen waren, empfanden das Denkmal auf dem Bergfriedhof, das aus drei einfachen Steinkreuzen im Wald bestand, als nicht ehrenvoll genug. Zu den erinnerungspolitischen Implikationen der Tübinger Denkmaldebatte s. Oonagh Hayes: »Den Toten zur Ehr, uns zur Mahnung«. Die Opfer-Darstellung in der Entwicklung zweier Tübinger Denkmäler während der Nachkriegszeit, in: Binder u. a. (Hrsg.): Hemd, S. 131-157, hier besonders S. 135 f.

sind. Sie sind stellvertretend für uns alle gestorben oder irgendwo verdorben. Möchte doch endlich einmal die Zeit des stellvertretenden Leidens unschuldiger Mitmenschen zu Ende sein.«[88]

Sieht man einmal davon ab, dass hier weder Opfer noch Täter beim Namen genannt wurden, befremdet an dieser Darstellung insbesondere die Vorstellung, dass auch die im Nationalsozialismus Verfolgten und Ermordeten »stellvertretend« zu Tode gekommen seien. Sie wurden schließlich nicht, wie die Soldaten der Wehrmacht, dazu aufgefordert, ein »Opfer« zu bringen, sondern wurden gezielt und systematisch verfolgt und ermordet, weil sie im Namen und unter Mithilfe derer aus dem »Volkskörper« ausgesondert wurden, die sie nun nachträglich in ihm zu vereinnahmen suchten. Diese Sichtweise war nichts Ungewöhnliches. Auch in Veröffentlichungen von Bundesministerien wurden in den 1950er Jahren die Unterschiede zwischen Soldaten, Bombenopfern und politisch oder »rassisch« Verfolgten eingeebnet. Sie alle seien »für die höheren Güter der Menschheit« gestorben, so der Tenor.[89] In seiner Rede zum Volkstrauertag im Jahr 1958 übernahm Gmelin eine ähnliche Formulierung aus dem »Merkblatt«, das der Volksbund deutsche Kriegsgräberfürsorge jährlich veröffentlichte. In den offiziellen Ausführungen über den Sinn des Volkstrauertags wurden die Toten aufgezählt, zu denen neben den Soldaten auch die in Konzentrationslagern Gestorbenen gezählt wurden. Diese Toten seien ungleich in ihren Zielen und in ihrem Glauben gestorben, »gleich aber im Opfer ihres Lebens und im Leid«.[90] Solche »Nivellierungsformeln« führten nicht nur zur »Viktimisierung« der deutschen Kriegstoten, sondern auch zu einer »Sakrifizierung« der NS-Verfolgten, deren Tod auf diese Weise nachträglich ein Sinn für die Allgemeinheit verliehen wurde.[91]

Während Gmelin in seiner Rede im Jahr 1955 immerhin zwischen den Opfern des Krieges und denen von Verfolgung unterschied, trug seine Formulierung nun unverkennbar Züge der Totalitarismustheorie. Die Erklärung, dass das »stellvertretende Leiden« nicht vorbei sei, bezog sich auf deutsche Vertriebene, auf deutsche Kriegsgefangene – inklusive jener verurteilten Kriegsverbrecher, die man mit unter diesem Begriff fasste – und nicht zuletzt auf diejenigen Deutschen, die nun in der Ostzone sowjetischer Unterdrückung und Diktatur ausgesetzt waren. Die ungenannten, aber mitgemeinten NS-Opfer wurden dieser Reihe der unterschiedslos Leidenden einverleibt. Gmelin schloss seine

---

88 Rede Gmelins am Volkstrauertag auf dem Bergfriedhof, 13.11.1955, StadtA Tübingen, A 200/5658.
89 Kaiser: Helden, S. 222.
90 Volkstrauertag 1958, VdK Landesverband Oberrhein (Baden-Württemberg), 10.11.1958, StadtA Tübingen, A 200/22; Rede Gmelins am Volkstrauertag auf dem Bergfriedhof, 16.11.1958, StadtA Tübingen, A 200/5658.
91 Kaiser: Helden, S. 290.

Ausführungen mit der Mutmaßung, die Toten – »vor allem die Opfer der Unterdrückung« – riefen den Lebenden zu: »Vergesst die Freiheit nicht, für sie sind wir gestorben. Sie ist unser höchstes Gut, für uns als Menschen und als Volk.« Die Toten riefen, so Gmelin, dass man nicht vergessen möge, »dass wir ein Volk, ein einig Volk, nicht nur Einzelmenschen sind, ein und dasselbe Volk diesseits und jenseits willkürlicher Grenzziehungen«.[92]

So schnell war die Brücke geschlagen zwischen der nationalsozialistischen Diktatur der Vergangenheit, den Leiden der Nachkriegszeit und der Vertreibung sowie der Diktatur der Gegenwart in der DDR. Das deutsche Volk wurde auf diese Weise nicht nur ebenfalls zum Opfer, es stand nun im Zentrum des Opfergedenkens, hielt doch sein Leiden noch an, während das der anderen mit dem vielbeschworenen Schlussstrich zu Ende gegangen sein soll. Nebenbei bot dieser Opferdiskurs die Möglichkeit, mit einem Volksbegriff zu operieren, dem zufolge Grenzen und existierende Staaten keinen Einfluss auf die Zusammensetzung des Volkes hatten. Das Volk wurde als eine überhistorische und natürliche Konstante betrachtet, der das Artifizielle der Grenzziehung durch die Siegermächte beziehungsweise die Sowjetunion entgegengestellt wurde. Erneut rückte, wie so oft in der deutschen Geschichte, der Volksbegriff des »Ethnos«, der organischen Einheit, und nicht der des »Demos«, des Volks der Staatsbürger, das sich durch eine gemeinsame Anerkennung der Werte in seiner Verfassung auszeichnet, in den Mittelpunkt. In dieser Hinsicht sind die Gemeinsamkeiten mit dem Heldengedenken der Weimarer Zeit augenfällig.[93]

Es gab aber auch wichtige Unterschiede. Dieser Volksbegriff wurde nun nicht mehr mit einer militärischen Revancheforderung verbunden. Die Toten, so wurde behauptet, hätten vielmehr für den Frieden in ihrer Zeit ihr Leben gegeben. In Anbetracht dessen, dass »Vernichtungswaffen die ganze Welt bedrohen«, gelte »die Sehnsucht aller Mütter und Frauen, die Hoffnung unserer Kinder [...] dem Frieden«, erklärte Gmelin.[94] Die »Leitvokabeln« am Volkstrauertag lauteten »Mahnung«, »Frieden« und »Versöhnung«.[95] Diese veränderte

---

92 Rede Gmelins am Volkstrauertag auf dem Bergfriedhof, 13.11.1955, StadtA Tübingen, A 200/5658.

93 Zur Unterscheidung der verschiedenen Volksbegriffe, zu denen als dritter Begriff »Plebs« – das »einfache« Volk, die unteren Schichten der Gesellschaft – gehört, s. Jörn Retterath: »Die Staatsgewalt geht vom Volke aus«. Volks- und Volksgemeinschaftsvorstellungen in der Weimarer Republik, in: Einsicht. Bulletin des Fritz Bauer Instituts, 18, Herbst 2017, S. 18-24.

94 Rede Gmelins am Volkstrauertag auf dem Bergfriedhof, 13.11.1955, StadtA Tübingen, A 200/5658.

95 Harald Schmid: Deutungsmacht und kalendarisches Gedächtnis – die politischen Gedenktage, in: Ders., Peter Reichel, Peter Steinbach (Hrsg.): Der Nationalsozialismus – Die zweite Geschichte. Überwindung – Deutung – Erinnerung, Bonn 2009, S. 175-216, hier: S. 187.

Einstellung hing mit einem weiteren Unterschied zur Weimarer Zeit zusammen. Die Situation der deutschen Teilung wurde in aller Regel nicht der eigenen Regierung angelastet, wohingegen die demokratischen Regierungen der Weimarer Republik von der politischen Rechten als »Novemberverbrecher« gebrandmarkt worden waren. Nicht einmal alle ehemaligen Kriegsgegner wurden für die Teilung verantwortlich gemacht, sondern nur die Sowjetunion. Im Zusammenhang mit der Blockkonfrontation zwischen Ost und West nach dem verlorenen Krieg mussten Gmelin und viele seiner Generation die deutsche Teilung als volkstumspolitische Ohnmacht erfahren, nachdem sie in der Vergangenheit – wie etwa in der Sudetenkrise – wiederholt selbst und gemeinschaftlich aktiv geworden waren, um das Schicksal des deutschen Volkes in ihrem Sinne mitzubestimmen.

Auch wenn Gmelins Auffassung in vielerlei Hinsicht verallgemeinerbar für das Totengedenken in der Bundesrepublik der 1950er und 1960er Jahre war, gab es durchaus andere Stimmen, die sich der Sinnstiftung des Opfertods für Freiheit, Frieden und Einheit von Volk und Vaterland nicht anschließen mochten. Auch bei Gmelin selbst waren bald Ambivalenzen und achtbare Entwicklungen erkennbar: Im Jahr 1964 begann der Gedenktag vormittags mit Gmelins Ansprache auf dem Bergfriedhof, in der er die Bilanz von 3.000 Toten aus beiden Weltkriegen, die die Stadt Tübingen zu beklagen habe, vorrechnete: 882 Tübinger habe der Erste Weltkrieg gefordert, über 1.900 seien auf den Schlachtfeldern des Zweiten Weltkriegs gestorben, 50 bei Luftangriffen ums Leben gekommen, und »14 jüdische Mitbürger wurden umgebracht, das Schicksal von 40 ihrer Glaubensgenossen ist ungewiß«, während mehrere Hundert weitere Tübinger als Opfer von Gewaltmaßnahmen anzusehen seien. In dieser Ansprache nannte Gmelin sowohl die Betroffenen als auch ihr Schicksal klar und deutlich beim Namen. Zudem bezog er sich dabei nicht auf die Schicksalsgemeinschaft des ethnisch definierten Volkes oder gar des »Volkskörpers«, sondern machte die Bürgerschaft Tübingens zu seinem Bezugspunkt, wie es sich für einen Bürgermeister geziemt. Seit 1961 wurde im »Merkblatt« des Volksbunds deutsche Kriegsgräberfürsorge zum Volkstrauertag die Mitteilung des Innenministers von Baden-Württemberg abgedruckt, dass »der Volkstrauertag auch dem Gedenken an die Opfer des nationalsozialistischen Regimes gewidmet ist« und darum gebeten werde, »bei den Feiern und Kranzniederlegungen an diesem Tag auch die Grab- und Gedächtnisstätten dieser Toten miteinzubeziehen«. In Tübingen wurden NS-Opfer erst ab 1963 bei Kranzniederlegungen mitberücksichtigt.[96] Ein weiterer Aspekt, der Gmelins Rede positiv beeinflusst

---

96 Merkblatt des VdK zum Volkstrauertag 1961, StadtA Tübingen, A 550/165; Martin Ulmer: Kranz am Gräberfeld X auf dem Stadtfriedhof, niedergelegt am Volkstrauertag 1963, in: Rauch, Zacharias (Hrsg.): Szenenwechsel, S. 25.

haben könnte, war ein Gedenkmarsch zur Erinnerung an die Zerstörung der Synagoge im November 1938, den Tübinger Studierende wenige Wochen zuvor organisiert hatten.

Nach der Ansprache Gmelins zum Volkstrauertag 1964 sagte einer der Dekane der beiden christlichen Kirchen in seiner Rede, dass das lateinische Sprichwort »dulce et decorum est pro patria mori« (»süß und ehrenvoll ist es, für das Vaterland zu sterben«) nicht der Wahrheit entspreche. Das Sterben sei keinesfalls süß, sondern eine sehr ernste und harte Angelegenheit. Einen Sinn bekomme es erst, wenn die Lebenden dem Tod der Gefallenen nachträglich einen solchen verliehen, indem sie der Verantwortung den Toten gegenüber durch die Liebe des Brüderlichen nachkämen. Gmelin widersprach dieser Auffassung am Nachmittag bei der Gedenkfeier am Ehrenmal der 78. Infanterie-Division und bezeichnete die Äußerung des Dekans als »verhängnisvollen Irrtum«. Der Vers drücke mit Recht die Verehrungswürdigkeit desjenigen aus, der sein Leben für das Vaterland einsetze und opfere. In diesem Sinne habe der Spruch, der auch auf dem Gefallenendenkmal der Tübinger Universität auf der Eberhardshöhe eingehauen sei, nach wie vor seine Gültigkeit.[97] Gmelin behauptete in einem späteren Briefwechsel, dass das *Schwäbische Tagblatt* seine Äußerungen falsch wiedergegeben habe. Es sei ihm nur um eine »Ergänzung für die Hinterbliebenen« gegangen, denen sie Trost spenden sollte, da die Äußerung des Dekans bei ihnen für Unruhe gesorgt habe. Er sei sich sicher, dass das auch ganz im Sinne des Dekans gewesen sein müsse.[98] Auch wenn Gmelin im Nachhinein den Widerspruch zu schmälern versuchte, ist doch klar erkennbar, dass er die Bemerkungen des Dekans rundum ablehnte. Das belegt nicht zuletzt sein positiver Bezug auf das Gefallenendenkmal der Universität, das in den 1920er Jahren vom Hochschulring Deutscher Art mitfinanziert wurde.[99] Erst im Frühjahr 1964 war anlässlich der notwendigen Renovierungsarbeiten über den Spruch auf diesem Gefallenendenkmal diskutiert worden. Der pazifistisch gesinnte AStA schlug den Abbruch des alten und die Errichtung eines neuen Denkmals vor, das weniger kriegsverherrlichend sein müsse. Auch der Rektor der Universität schrieb in einem Brief an Oberbürgermeister Gmelin, dass er es für »politisch unklug« halte, »gerade den Opfertod der Soldaten in besonderer Weise zu manifestieren«. Die Renovierung erfolgte schließlich aus Mitteln der Stadtverwaltung und ohne die Gestaltung des Denkmals zu

---

97 Trauer bedeutet Verpflichtung, in: ST, 16.11.1964, StadtA Tübingen, A 200/21. Ich danke Hans-Otto Binder, Tübingen, für den Hinweis auf diesen Artikel.
98 Sedlmeier an Gmelin, 17.11.1964, ebd.; Gmelin an Sedlmeier, 23.11.1964, ebd.
99 Hochschulring Deutscher Art Tübingen an den Rektor des Tübinger Gymnasiums, 9.11.1921, StadtA Tübingen, E 103/2, Bü 337.

ändern. Gmelin hatte sich unter Berufung auf Zuschriften, die er aus der Bevölkerung erhalten habe, offensiv dafür eingesetzt.[100] Die Ausrichtung der Volkstrauertage – an denen im Gegensatz zu heute noch Hunderte von Bürgerinnen und Bürgern teilnahmen – war in den 1950er und 1960er Jahren im Wesentlichen eine Aufgabe der Stadt. Es wurden Kränze bei der Gärtnerei bestellt, die Beflaggung der öffentlichen Gebäude angeordnet, Einladungskarten zur Gedenkfeier verschickt, Kerzen bestellt, eine Lautsprecheranlage organisiert und Stühle sowie ein Rednerpult zum Bergfriedhof verfrachtet. An den Samstagen des jährlichen Gedenkwochenendes fuhr ein hoher Vertreter der Stadtverwaltung, meistens der Oberbürgermeister, sein Stellvertreter oder der Leiter des Kulturamts, mit städtischen Fahrzeugen und jeweils ein bis zwei Vertretern des Soldatenbundes, der Heimatvertriebenen- und Flüchtlingsorganisationen, des Heimkehrerverbands, des Volksbunds deutsche Kriegsgräberfürsorge und des Kameradenhilfswerks der 78. Sturm-Division eine Route mit vier Stationen im Stadtgebiet ab, um Ehrenkränze niederzulegen. Am Samstagabend gingen Schulkinder auf die beiden Friedhöfe der Stadt und stellten bei einer kurzen Andacht mit Mitgliedern des Gemeinderats Kerzen ab. Am Sonntagvormittag fand dann die Gedenkfeier auf dem Bergfriedhof statt, während gleichzeitig in den Teilorten Derendingen und Lustnau eigene Gedenkfeiern abgehalten wurden. Die Ansprache hielt Gmelin nicht jedes Jahr, meist wechselte er sich mit dem Landrat und dem Regierungspräsidenten ab, manchmal sprach auch der Rektor der Universität. In den meisten Jahren schloss sich nachmittags noch eine kleinere Feierstunde am Gedenkstein der 78. Infanterie- und Sturmdivision an.[101]

Bürgermeister Doege stand nicht nur dem Heimkehrerverband nahe, nicht zuletzt als Mitglied von dessen Landesbeirat, er war zudem seit 1965 Vorsitzender der Tübinger Ortsgruppe des Volksbunds deutscher Kriegsgräberfürsorge und ab 1961 für einige Jahre auch des Kreiskuratoriums Unteilbares Deutschland.[102] Gmelin hatte seinen Stellvertreter beauftragt, den Vorsitz der VdK-Ortsgruppe zu übernehmen, als dieser vakant wurde, sodass Doege diese Aufgabe als Vertreter der Stadtverwaltung wahrnahm.[103] Gmelin und er schalteten regelmäßig Anzeigen in der Zeitung, mit denen die Bevölkerung dazu

100 Hayes: Opfer-Darstellung, S. 147; Von Engelhardt an Gmelin, 14.4.1964, zit. nach ebd.; Hermann L. Gremliza: Pro Patria Mori, in: Notizen, Nr. 52 (Januar 1964), UA Tübingen, HZ 209.
101 Kulturamt an Bürgermeisteramt, 2.11.1966, StadtA Tübingen, A 200/21; weitere Beispiele von Feierlichkeitsvorbereitungen aus anderen Jahren ebd.; Das Leid soll nicht vergebens sein, in: ST, 20.11.1967, ebd.; Anzeige Feierstunde 78. Sturmdivision, in: ST, 14.11.1962, StadtA Tübingen, A 550/165.
102 Mitgliedschaften von Bürgermeister Doege, StadtA Tübingen, A 510 Personalakten Beamte/Doege, Eberhard.
103 Aktenvermerk Kulturamt, 5.5.1964, StadtA Tübingen, A 550/165.

aufgerufen wurde, dem VdK bei seinen Haus- und Straßensammlungen zu spenden. Darin wurde erklärt, dass der VdK stellvertretend für das deutsche Volk die »Ehrenpflicht« erfülle, die Gräber der Toten, die es in fast jeder Familie gegeben habe, zu pflegen.[104]

Der verbreiteten Auffassung nach handelte es sich beim Gedenken für die Kriegstoten um Verantwortung für die Gemeinschaft, um einen unpolitischen Akt: »Über alle uns trennenden Schranken persönlicher, sozialer, wirtschaftlicher, konfessioneller, politischer oder sonstiger Gegensätze hinweg stehen wir zusammen vor den Gräbern«, sagte Gmelin in seiner Ansprache zum Volkstrauertag 1958.[105] Diese Formulierung entsprach dem offiziellen Sprachgebrauch und findet sich fast wortgleich in der Handreichung des Volksbunds deutsche Kriegsgräberfürsorge und des Landes Baden-Württemberg zum Volkstrauertag 1958, aus der Gmelin hier offenbar seine Inspiration zog.[106] Die Betonung der Gemeinschaft und die inszenierte Überparteilichkeit befreiten die Toten wie die Lebenden von ihrem politischen Kontext und hatten deutliche Auswirkungen auf die Gedenkpraxis. In Gmelins Verteidigung des ehrenvollen Opfers der Gefallenen, mit der er dem Dekan widersprach, wird das Beharren auf der unpolitischen Opfergemeinschaft besonders deutlich, weil er im Nachhinein leugnete, dass es überhaupt einen Dissens zwischen ihnen gegeben hatte. Im Sinne des gemeinschaftlichen Gedenkens mussten Meinungsverschiedenheiten in der Gedenkpraxis beiseitegeschoben werden. Noch deutlicher zeigt sich dies in den Spendenaufrufen, mit denen die einzelnen Bürger auf ihre Verantwortung für die Gemeinschaft hingewiesen wurden: »Niemand möge mit seiner Spende beiseite stehen«, schrieb Gmelin im Aufruf zur VdK-Sammlung 1963. Das sei eine Frage des Danks und der Treue gegenüber den Gefallenen.[107] Die städtischen Angestellten wurden von ihrem obersten Dienstherrn aufgefordert, sich freiwillig zu melden, um mit den Sammelbüchsen von Haus zu Haus zu gehen. Zu diesem Zweck reichte Gmelin eine Liste herum, die ihm die Vorstände der jeweiligen städtischen Ämter ausgefüllt zurückzuschicken hatten.[108] Auch der Oberbürgermeister selbst ging mit gutem Beispiel voran und mit der Sammelbüchse von Haus zu Haus.[109] Dementsprechend empört war Gmelin, wenn Tübinger Bürger sich einer Gabe verweigerten. Im Gemeinderat erzählte

104 Unsere Kriegstoten sind nicht vergessen, in: ST, 5.11.1966, StadtA Tübingen, A 200/21.
105 Rede Gmelins am Volkstrauertag auf dem Bergfriedhof, 16.11.1958, StadtA Tübingen, A 200/5658.
106 Volkstrauertag 1958, VdK Landesverband Oberrhein (Baden-Württemberg), 10.11.1958, StadtA Tübingen, A 200/22.
107 Aufruf zur Sammlung des Volksbundes deutsche Kriegsgräberfürsorge von Oberbürgermeister Gmelin, 6.11.1963, StadtA Tübingen, A 550/165.
108 Bürgermeisteramt an alle städtischen Ämter, 21.10.1963, ebd.
109 Versöhnung über die Gräber hinweg, in: ST, 30.10.1963, ebd.

er von »erschreckenden Berichten«, die er erhalten habe, »wie die Sammler an den Glastüren teilweise abgefertigt worden seien«. Er werde zu gegebener Zeit darauf zurückkommen.[110] Der moralische Druck, der hier deutlich wurde, fand sich ähnlich bei den Sammlungen für das Komitee Unteilbares Deutschland. Dieser Druck ist ein untrügliches Zeichen für den Prozess der Vergemeinschaftung, der eng mit dem in diesem Kontext gepflegten Volksbegriff zusammenhing.

110 Gemeinderatsprotokoll, 16.11.1964, ebd.

DIE VERANTWORTUNG FÜR DIE GEMEINSCHAFT UND WO SIE ENDETE
Konsens und Konflikt in der Erinnerungskultur

Der »Deutsche Osten« und die fehlende Erinnerung an NS-Opfer

Nicht nur im Fall der Kriegserinnerung, auch in kommunalen Initiativen zur Deutschlandpolitik wurden Spenden gesammelt und Zeitungsannoncen geschaltet. Gmelin und Landrat a. D. Hermann Zahr forderten die Tübinger Bürgerinnen und Bürger auf, grüne Gedenkkerzen zu erwerben, die sie – für alle Mitbürger sichtbar – in ihre Fenster stellen sollten. Die vom Roten Kreuz bereitgestellte Kerze sollte »ein Zeichen der Verbundenheit mit unseren Landsleuten im anderen Teil unseres gemeinsamen Vaterlandes sein und ein Zeichen der Hoffnung und Zuversicht, daß wir uns bald ohne trennende Mauer die Hand reichen können«.[1] Gmelin sprach zweimal anlässlich der Gipfelkonferenzen der Siegermächte 1955 in Genf und 1960 in Paris bei Kundgebungen zur Deutschlandfrage. Die Tübinger Parteien, der Volksbund deutsche Kriegsgräberfürsorge, der Bund der Vertriebenen und weitere Vereine hatten 1955 zu einer Kundgebung auf dem Marktplatz aufgerufen und Gmelin gebeten zu sprechen. Er sagte, dass er der Aufforderung gern gefolgt sei, »weil gerade an einem solchen Tage die uns alle verbindenden und die uns allen gemeinsamen Sorgen unserer nationalen Existenz im Vordergrund stehen und weil unser Bekenntnis an einem solchen Tage nicht durch verschiedenartige parteipolitische Auffassungen und verschiedene Methoden abgeschwächt werden darf«.[2] In klarem Bezug auf den Volksbegriff des »Ethnos« erklärte Gmelin 1955, dass die Garantie für eine besonnene Entwicklung der Deutschen in der Welt umso größer sei, je »weniger offene Wunden am Volkskörper bestehen bleiben«. Eine »dauernde Spaltung eines 70-Millionen-Volkes« sei demgegenüber »ein ständiger Unruheherd«, den es im Sinne des Sicherheitsbedürfnisses der Großmächte in Ost und West zu vermeiden gelte. Diese Ausführungen enthielten noch die

---

1 Die Gedenkkerze des Roten Kreuzes, in: ST, 12.11.1963, StadtA Tübingen, A 550/165.
2 Dieses und die weiteren Zitate aus der Ansprache Gmelins auf dem Marktplatz, 18.7.1955, StadtA Tübingen, A 200/5649, um Tippfehler bereinigt.

implizite Warnung, wenn nicht gar Drohung, vor einem Wiederaufflammen der Volkstumskämpfe der 1920er und 1930er Jahre, Gmelin trat zugleich aber entschlossen für ein »System der kollektiven Sicherheit« in der Westintegration der Bundesrepublik ein, damit Deutschland nicht »weiterhin Spielball der Weltkonflikte« bleibe.

Fünf Jahre später, während der Pariser Gipfelkonferenz, war das Bewusstsein für die Ohnmacht der Deutschlandpolitik in der Blockkonfrontation stärker ausgeprägt. Gmelin berief sich nun im Kern seiner Ausführungen auf das »Selbstbestimmungsrecht der Völker«, das der sowjetische Staatschef Nikita Chruschtschow den Deutschen vorenthalte. Chruschtschow beschimpfe die Westdeutschen als Revanchisten, Friedensstörer und Kriegshetzer, weil sie »die Verbundenheit aller Deutschen betonen« und »die Freiheit für alle unsere Brüder« forderten: »Was den eben aus der Kolonialherrschaft befreiten Völkern Asiens und Afrikas von Chruschtschow selbstverständlich zugebilligt wird, soll für uns Deutsche nicht gelten, weil es Chruschtschow nicht will«. Stattdessen verlange der sowjetische Staatschef, dass die Deutschen »eine neue und dann dauernde Zwei- oder Dreiteilung Deutschlands« hinnähmen. Niemals werde man dazu schweigen.

Gmelin bezog sich in seiner Rede auf einen Briefwechsel zwischen Chruschtschow und Adenauer, in dem sich Chruschtschow in bigotter Weise auf das Selbstbestimmungsrecht berufen und erklärt hatte, dass es in Deutschland zwei souveräne Staaten gebe, deren Völker ihr Schicksal in freien Wahlen selbst bestimmten. Er stützte sich damit – wie scheinheilig auch immer – auf den Volksbegriff des »Demos«, der freien Staatsbürger. In der deutschen Hallstein-Doktrin hingegen waren »Demos« und »Ethnos« miteinander verknüpft. Die DDR wurde nicht als legitimes eigenes Staatswesen anerkannt, und demzufolge hatte nur die Bundesrepublik das Recht, die Interessen aller Deutschen in Ost und West zu vertreten. So unrealistisch diese Darstellung auch schon Mitte der 1950er Jahre war, wurde sie dennoch bis weit in die 1960er Jahre beibehalten. Gmelin brachte die Identität der beiden Volksbegriffe im westdeutschen Alleinvertretungsanspruch auf den Punkt, indem er erklärte, man widerspreche der deutschen Teilung »als Bürger« und »als Volk«.[3]

Der Volksbegriff in der westdeutschen Politik ging aber zu keinem Zeitpunkt im behaupteten gemeinsamen »Demos« mit der Bevölkerung der DDR auf. Es wurde nicht nur die Wiedervereinigung mit der Ostzone gefordert, sondern auch die Oder-Neiße-Linie als Grenze mit Polen abgelehnt und auf der Rückgabe der ehemals deutschen Ostgebiete bestanden. Deutschland- und Vertriebenenpolitik waren bis in die späten 1960er Jahre nahezu deckungsgleich. Auch zu diesem Thema konnte es nach der damals vorherrschenden Auf-

3 Ansprache Gmelins auf dem Marktplatz, 16.5.1960, ebd.; Conze: Suche, S. 92 f.

fassung keine zwei Meinungen geben. Margarete und Alexander Mitscherlich führten diese Sagbarkeitsgrenze auf die gemeinschaftliche Verleugnung der Geschehnisse im »Dritten Reich« und deren Folgen zurück. Man verhalte sich so, »als ob es sich um einen belanglosen kriegerischen Konflikt gehandelt hätte«. Daraus ließen sich dann vermeintlich berechtigte Ansprüche ableiten. Das Beharren auf den verlorenen Ostgebieten jenseits der Oder-Neiße-Linie sei eine abwegige Phantasie, argumentierten die Mitscherlichs: »Denn es ist leicht abzusehen, in welcher Weise ein nationalsozialistischer Staat, wenn ihm der Sieg zugefallen wäre, die östlichen Staaten behandelt hätte – wir aber bringen nach all dem ›Rechtsansprüche‹ vor, Rechtsansprüche, die wir selbst, wären wir die Mächtigen geblieben, nie als verbindlich anerkannt hätten.« Die Vorstellung, dass man Gebiete zurückerhalten werde, die nur »provisorisch« unter fremder Verwaltung stünden, sei eine Illusion, in der das »Dritte Reich« und der Krieg nur ein Traum gewesen seien. Aus der Illusion, so die Mitscherlichs, sei ein Tabu entstanden, das verbiete, gegenwärtige Grenzen als Faktum zu diskutieren.[4]

Ein auf »Ethnos« basierender Volksbegriff bot vor allem im Zusammenhang mit den Heimatvertriebenen und den verlorenen Ostgebieten in Polen und der Tschechoslowakei in den 1950er und 1960er Jahren Anknüpfungspunkte. Gerade in den Volkstumskonflikten vor dem Zweiten Weltkrieg hatten sich die völkisch-nationalistischen Bewegungen maßgeblich auf das Selbstbestimmungsrecht der Völker bezogen. Die Annexionen Österreichs und des Sudetenlands im Jahr 1938 waren damit begründet worden. Der Tübinger Stadtrat und Vertriebenenfunktionär Emil Franz Lindner lud den Oberbürgermeister 1958 zu einer Feierstunde der Sudetendeutschen Landsmannschaft an der Universität Tübingen ein, die unter dem Motto »40 Jahre Ringen um das Selbstbestimmungsrecht« stand. Gmelin dankte und sagte sein Kommen zu – sofern er es zeitlich einrichten könne.[5] Ganz so, als habe es keine Sudetenkrise 1938, keinen Einsatz des Sudetendeutschen Freikorps, keine Annexion und keinen Zweiten Weltkrieg gegeben, wurde eine Kontinuität der Unterdrückung der Sudetendeutschen von 1918 bis 1958 behauptet. Ein Jahr später nahm Gmelin, zusammen mit Weihenmaier, den Gemeinderäten, dem Landrat und dem Regierungspräsidenten, an einer Feier der Sudetendeutschen Landsmannschaft teil, bei der mit einer Ansprache des Vertriebenenfunktionärs und Bundesver-

4 Alexander Mitscherlich, Magarete Mitscherlich: Die Unfähigkeit zu trauern. Grundlagen kollektiven Verhaltens, München 1968, S. 14 f. Zum Zeitpunkt der erstmaligen Veröffentlichung 1967 war dieses Tabu bereits deutlich zurückgedrängt worden. Tobias Freimüller: Alexander Mitscherlich. Gesellschaftsdiagnosen und Psychoanalyse nach Hitler, Göttingen 2007, S. 307 f.
5 Lindner an Gmelin, 17.4.1958, und Gmelin an Lindner, 21.4.1958, StadtA Tübingen, A 200/1916.

kehrsministers Hans-Christoph Seebohm der »Märzgefallenen« des Jahres 1919 im Sudetenland gedacht wurde. Der für seine »Sonntagsreden« berüchtigte Rechtsaußen der Bundesregierung sagte, dass hinter den damaligen Schüssen auf sudetendeutsche Demonstranten und der heutigen Auseinandersetzung zwischen Ost und West die gleiche geschichtliche Entwicklung stehe: der Kampf zwischen Recht und Gewalt. Der Bundesminister erklärte die »Märzgefallenen« bei dieser Veranstaltung zu den ersten Toten des Zweiten Weltkriegs, der seiner Auffassung nach niemals ausgebrochen wäre, wenn im Versailler Vertrag nur gestattet worden wäre, dass die Sudetendeutschen »friedlich mit ihren deutschen Brüdern im Westen zusammenarbeiten«.[6]

Gmelin unterstützte die Vertriebenenverbände nach Kräften. Im September und Oktober 1955 wurde im Rittersaal des Schlosses Hohentübingen die Ausstellung »Der deutsche Osten – Vom gemeinsamen Weg unseres Volkes« gezeigt. Sie stellte die verschiedenen ehemaligen deutschen Siedlungsgebiete vor, auf die nach wie vor Anspruch erhoben wurde. Auf Antrag des Bundes der Vertriebenen (BdV) beschloss der Gemeinderat einen Zuschuss für die Wanderausstellung in Höhe von 500 Mark, den Gmelin nach erfolgter Abrechnung noch einmal um mehr als 200 Mark aus den Verfügungsmitteln des Oberbürgermeisters erhöhte.[7] Warum Gmelin die Unterstützung der Vertriebenenverbände als besonders wichtig erachtete, hatte er bereits in seinem Wahlkampf 1954 dargelegt: »Nicht nur die Vertriebenen und Flüchtlinge haben ihre Heimat verloren. Die verlorenen Gebiete haben wir alle verloren. Diese Gebiete sind ein Teil unserer gemeinsamen Heimat.«[8] Im Juni 1957 begrüßte Gmelin die Landsmannschaft der Pommern zu ihrem in Tübingen abgehaltenen »Tag der Pommern«. Die Stadt und ihre Bürger wüssten sich mit ihr einig »im Kampf um die Wiedervereinigung«, erklärte der Oberbürgermeister. Veranstaltungen dieser Art zogen in jenen Jahren Tausende von Teilnehmerinnen und Teilnehmern aus ganz Deutschland an, die auf dem Marktplatz forderten: »Hat uns auch Gewalt aus der Heimat verbannt – den Pommern gehört das Pommernland!« Auch bei diesem Anlass wurden die Ehrengäste zu einem Empfang im Rathaus geladen.[9] Gmelins Äußerungen bei solchen

---

6 Freiheit nur durch Kampf für das Recht, in: ST, 23.3.1959, ebd.; Wenn Seebohm redet, in: Der Spiegel, Nr. 12 (1956), S. 13.

7 Protokoll der Kulturabteilung, nichtöffentlich, 27.10.1955, StadtA Tübingen, A 200/1916; Protokoll der Inneren und Technischen Abteilung, nichtöffentlich, 19.9.1955, ebd.; Carmen Palm: Ausstellung »Der deutsche Osten« im Rittersaal von Schloss Hohentübingen, September 1955, in: Rauch, Zacharias (Hrsg.): Szenenwechsel, S. 53.

8 *Tagblatt*-Sonderseiten Wahlkampf Hans Gmelin, in: ST, 2.10.1954, StadtA Tübingen, A 200/5369.

9 Bekenntnis zur alten und zur neuen Heimat, in: ST, 18.6.1957, StadtA Tübingen, A 200/1916; Landestreffen der Pommern, in: ST, 17.5.1957, ebd.; Ulmer: Verbrechen, S. 61.

Gelegenheiten unterschieden sich rhetorisch kaum von seinen Berichten über den Einmarsch ins Sudetenland 1938, als er von der Erfüllung einer »großen völkischen Sehnsucht« sprach.

Die Zusammenarbeit mit den Vertriebenenverbänden verlief aber nicht immer spannungsfrei. Wenige Wochen nach dem Volksaufstand in der DDR am 17. Juni 1953 wurde der Tag der Deutschen Einheit bundesweit als gesetzlicher Feiertag auf dieses Datum gelegt. In Tübingen fand erstmals im Jahr 1956 eine eigene größere Veranstaltung am 17. Juni statt.[10] Der Gedenktag wurde von den verschiedenen Parteien der Bonner Republik mit unterschiedlichen Schwerpunkten begangen. Die FDP stellte das nationale Opfergedenken in den Vordergrund, die SPD würdigte den Anteil der Arbeiter am Kampf um die Freiheit, während CDU und CSU den Antikommunismus ins Zentrum rückten.[11] In Tübingen wurde die jährliche Feierstunde auf dem Marktplatz auf Einladung des Rathauses in gemeinsamen Gesprächsrunden aller Parteien und Verbände geplant. In den Vorbesprechungen einigte man sich auf einen geeigneten Gastredner. Sofern kein prominenter Gast aus dem Bundesgebiet gewonnen werden konnte, griff man auf lokale Prominenz von bundesweiter Bedeutung zurück – wie etwa auf den CDU-Bundestagsabgeordneten Kurt Georg Kiesinger.[12] Grundsätzlich bemühte man sich jedoch darum, »überparteiliche« Redner einzuladen. Im Jahr 1958 beschloss die Tübinger Vorbereitungsrunde für den Tag der Deutschen Einheit, den Bundesvorsitzenden des Kuratoriums Unteilbares Deutschland, Wilhelm Wolfgang Schütz, als Redner anzufragen. Für den Fall, dass er ablehnte, sollte nach allgemeiner Auffassung in diesem Jahr ein SPD-Politiker an die Reihe kommen, da im Vorjahr Kiesinger gesprochen hatte. Gmelin schlug Carlo Schmid vor, doch die Vertreter der Vertriebenenverbände sträubten sich vehement dagegen. Schmid hatte wenige Wochen zuvor vor Studierenden an der Warschauer Universität betont, dass im Namen des deutschen Volkes in Polen zahllose Verbrechen begangen wurden und »unendliches Leid« zugefügt wurde, das »durch nichts aufgerechnet werden kann«. Nach Ansicht der Tübinger Vertriebenenvertreter hatte er damit »die Legitimation verloren, als Repräsentant des Anliegens des deutschen Volkes bei einer solchen Feier aufzutreten«. Schließlich einigte man sich darauf, Viktor Renner zu fragen, falls Schütz nicht als Redner zur Verfügung stehe.

---

10 17. Juni wird gesetzlicher Feiertag, in: ST, 4.7.1953, StadtA Tübingen, A 200/18; Aktenvermerk Bürgermeisteramt, 3.5.1956, ebd.

11 Conze: Suche, S. 85; Edgar Wolfrum: Geschichtspolitik in der Bundesrepublik Deutschland. Der Weg zur bundesrepublikanischen Erinnerung 1948-1990, Darmstadt 1999, S. 85-107.

12 Arbeitsgemeinschaft der Kriegsfolgeverbände Tübingen an Gmelin, 13.4.1956, StadtA Tübingen, A 550/164; Aktennotiz Kulturamt/Bürgermeisteramt, 3.5.1956, ebd.

Im ersten Artikel über die vorbereitende Sitzung, in der die Heimatvertriebenen gegen Schmid als Redner protestierten, kolportierte der Schreiber, dass auf
Gmelins Vorschlag hin alle Anwesenden zugestimmt hätten, bei der Feier alle
drei Strophen des Deutschlandlieds zu singen. Wie das *Tagblatt* nach zwei kritischen Leserbriefen vermelden musste, war diese Information ein »Kuckucksei«,
denn der Vorschlag stammte nicht von Gmelin. Viktor Renner wandte sich
telefonisch an seinen früheren Referendar Gmelin, der ihm in einem längeren
Brief die Dinge zu erklären versuchte. Er habe sofort gegen die Vorwürfe gegen
Schmid protestiert. Schütz habe zudem inzwischen als Redner zugesagt, und
daher sei die Frage eines Ersatzredners vom Tisch. Den Beschluss zum Deutschlandlied dementierte Gmelin.[13] Es ist unklar, ob Gmelins Schreiben Renner
nicht mehr rechtzeitig erreichte oder ob es ihn nicht überzeugte. Jedenfalls ließ
er am nächsten Tag eine Stellungnahme im *Tagblatt* veröffentlichen, in der er
erklärte, nicht für eine Rede auf der Feier zur Verfügung zu stehen, nachdem
Carlo Schmid aufgrund seiner Äußerungen in Warschau abgelehnt worden
war. Zudem spreche er nicht auf Veranstaltungen, auf denen drei Strophen des
Deutschlandliedes gesungen würden, und nehme an solchen auch nicht teil.
Davon habe er auch dem Bürgermeisteramt Kenntnis gegeben. Die Tübinger
SPD erklärte in einer weiteren Stellungnahme, sich aufgrund der geschilder-
ten Vorgänge nicht an den diesjährigen Vorbereitungen zur Veranstaltung am
17. Juni zu beteiligen.[14]
    Zur Frage des Deutschlandliedes hatte Gmelin in seinem Brief an Renner
eine eindeutige Stellungnahme vermieden. Er schrieb, der Autor des *Tagblatt*-
Artikels habe aus einer »im Trubel des Aufbruchs in aller Eile hingeworfenen
Bemerkung [...] einen einstimmigen Beschluss dieses (gar nicht zu einem
Beschluss berufenen) Gremiums gemacht, man habe, gegen die allgemeine
Übung, nur den 3. Vers des Deutschlandliedes zu singen, aus nationalen oder
chauvinistischen Erwägungen das Absingen aller drei Strophen des Deutschlandliedes einstimmig beschlossen«.[15] Gmelin gab dem Innenminister gegenüber weder an, aus welcher Richtung der Vorschlag gekommen war, noch,
wie er von den Anwesenden aufgenommen wurde. Zudem versuchte er, die
Bemerkung als Unbedachtheit abzutun. Die offizielle Regelung, welcher Teil
des Liedes die Nationalhymne der Bundesrepublik war, bedurfte tatsächlich
keiner Interpretation, aber es war keineswegs »allgemeine Übung«, nur diese
dritte Strophe zu singen. Das zeigt die »längere Diskussion« über diese Frage in

---

13 Wieder gemeinsame Feier am 17. Juni, in: ST, 19.5.1958, ebd.; Glosse »Florian«, in:
    ST, 20.5.1958, StadtA Tübingen, A 200/18; Brief an Florian, Leserbrief, in: ST,
    21.5.1958, ebd.; Schwamm drüber?, Leserbrief, in: ST, 22.5.1958; ebd.; Gmelin an
    Renner, 21.5.1958, ebd.
14 Mitteilungen der Parteien, in: ST, 22.5.1958, StadtA Tübingen, A 200/18.
15 Gmelin an Renner, 21.5.1958, ebd.

der Vorbereitungssitzung für den zehnten Jahrestag des Volksaufstands im Jahr 1963, ebenso wie das wiederholt vorkommende »spontane« Absingen weiterer Strophen des Deutschlandliedes bei Veranstaltungen, deren Ablauf weniger genau durchgeplant war. Schon wenige Tage nach der im *Tagblatt* geführten Hymnendiskussion wurden bei einer Sonnwendfeier die erste und die dritte Strophe gesungen, was durchaus als Statement zu der Debatte verstanden werden muss, da im Vorfeld explizit nur das Absingen der dritten Strophe in der Zeitung angekündigt worden war.[16] Die Bürgerinnen und Bürger Tübingens, darunter viele Heimatvertriebene, waren wie üblich mit Fackeln auf den Galgenberg gezogen, wo unter Fanfarenstößen das Feuer entzündet wurde. Das *Tagblatt* berichtete, dass Gmelin, der an diesem Abend die »Feuerrede« hielt, an die Tradition der Sonnwendfeiern erinnerte, die ein alter Brauch aus den »deutschen Landen« seien und »besonders bei den Deutschen, die nicht im Bismarckschen Reich lebten, immer Bedeutung als Bekenntnis zur gemeinsamen Volkszugehörigkeit gehabt« hätten. Vor allem im Sudetenland, den Karpatenländern und im Buchenland habe man die Sonnwende gefeiert, aber auch in Tübingen sei der Brauch bereits Mitte des 19. Jahrhunderts bekannt gewesen. Gmelin wünschte, dass an diesem Abend das Feuer »weit hinausleuchten möge zu den Brüdern jenseits des Eisernen Vorhangs und der Oder-Neiße-Linie, als Symbol der Liebe zur Heimat, des Gedenkens derjenigen die in fremden Landen gelitten haben und der Hoffnung auf eine gemeinsame Zukunft«.[17] Noch bis Ende der 1960er Jahre wurden Sonnwendfeiern in Tübingen abgehalten, die sich offenbar nicht trotz, sondern wegen ihres völkisch-nationalistischen Charakters einiger Beliebtheit erfreuten.[18]

Dieses vielseitige und beständige Engagement für Heimkehrer, Kriegsverbrecher und Veteranen, das Andenken an die Gefallenen und die Unterstützung für die Angehörigen, die »Brüder und Schwestern« in der Ostzone und in den verlorenen Ostgebieten waren immer mit der Einforderung von Verantwortungsbewusstsein gegenüber der Gemeinschaft verbunden. Das Mitgutem-Beispiel-Vorangehen war gepaart mit Entrüstung, wenn Einzelne sich widersetzten oder nicht teilnahmen. Gerade in seinen Reden am Volkstrauertag und zur Wiedervereinigung hob Gmelin immer wieder hervor, dass man in Anbetracht des Wirtschaftswunders und der besser werdenden Lebensumstände jetzt bloß nicht bequem und »träge« werden dürfe. Das sei man den Toten und den Unterdrückten schuldig. Die Forderung, »Lauheit« und »Selbstzufriedenheit« zu überwinden, wurde gepaart mit Kulturkritik. Die Teilhabe am

---

16 Ulmer: Verbrechen, S. 61 ff.; Am Samstag Sonnwendfeier, in: ST, 19.6.1958; Aktenvermerk Kulturamt, 24.4.1963, StadtA Tübingen, A 550/164.
17 Lodernde Fackeln und schmetternde Fanfaren, in: ST, 23.6.1958.
18 Ulmer: Verbrechen, S. 61.

Wirtschaftswunder und an den »flüchtigen Genüssen unserer Zeit« sei keine ausreichende Erfüllung des Lebenszwecks.[19]

Die Elemente des vermeintlich »unpolitischen« Gemeinschaftsdiskurses bestanden in der Aufforderung, die Dinge aktiv mitzugestalten, in der Ablehnung von Müßiggang, im Vorrang der Gemeinschaft vor dem Individualinteresse, im Einebnen von Widersprüchen und schließlich in einem klar am »Ethnos« und nicht am »Demos« orientierten Volksbegriff. Alle diese Vorstellungen und Praktiken waren tatsächlich in hohem Maße politisch, und eine frühzeitige, kritische Auseinandersetzung mit ihnen wäre mehr als nötig gewesen. Sie knüpften nahtlos an einen Begriff an, um den der Gemeinschaftsdiskurs der 1920er und 1930er Jahre kreiste und der auch in der Nachkriegszeit nicht viel von seinem Glanz eingebüßt hatte: den Begriff der »Volksgemeinschaft«. Das Postulat der »inneren Versöhnung« entsprach integrativen Prozessen, mit denen die völkische und nationalsozialistische Bewegung in der Zwischenkriegszeit Widersprüche politischer, sozialer und konfessioneller Art zu negieren suchte. Sie wurden in den gemeinschaftlichen Praktiken des Umgangs mit den Kriegsfolgen nach 1945 mit neuem Leben gefüllt. Die westdeutsche Gesellschaft der frühen Nachkriegszeit ist daher mit dem Begriff der postnationalsozialistischen »Volksgemeinschaft« treffend beschrieben.[20]

Der ausgrenzende Charakter, der vor allem für den nationalsozialistischen, rassistischen Gemeinschaftsbegriff konstitutiv war, scheint auf den ersten Blick nicht mehr zur Gemeinschaftspraxis der Nachkriegszeit gehört zu haben. Auf den zweiten Blick wird jedoch deutlich, dass dort, wo man Verantwortung gegenüber den Angehörigen des eigenen Volkes einforderte, die Verantwortung gegenüber den Opfern des Nationalsozialismus offen negiert wurde. Das eklatanteste Tübinger Beispiel dafür ist Gmelins Reaktion im Gemeinderat auf den offenen Brief eines Repetenten des Evangelischen Stifts an der Tübinger Universität. Hans Geißers Brief, den er auch dem Oberbürgermeister direkt zusandte, wurde am 10. November 1958 im *Tagblatt* abgedruckt. Er war der Meinung, dass die Stadtverwaltung eine Gedenkfeier zum 9. November an der ehemaligen Tübinger Synagoge hätte veranstalten sollen, ähnlich wie es in anderen Städten der Fall war. Gmelin vertrat im Gemeinderat hierzu die Auffassung, »daß es nicht Aufgabe einer Stadtverwaltung sei, bildende und erziehende Feierstunden für die Bevölkerung zu veranstalten«. Man könne ihm zwar entge-

---

19 Ansprache Gmelins auf dem Marktplatz, 18.7.1955, StadtA Tübingen, A 200/5649; Rede Gmelins am Volkstrauertag auf dem Bergfriedhof, 16.11.1958, StadtA Tübingen, A 200/5658.

20 Zu ähnlichen Ergebnissen am Beispiel des lokalen Bombengedenkens in den späten 1940er und 1950er Jahren kommt Malte Thießen: Schöne Zeiten? Erinnerungen an die »Volksgemeinschaft« nach 1945, in: Bajohr, Wildt (Hrsg.): Volksgemeinschaft, S. 165-187, hier: S. 171-177.

genhalten, dass die Stadt sich am 17. Juni beteilige und er beim Volkstrauertag spreche. Die Stadt wirke in diesen Zusammenhängen jedoch in erster Linie bei der Koordination mit und leiste »organisatorische Hilfsdienste«, es handle sich dabei nicht um »originäre Aufgaben« der Stadtverwaltung.[21] In der nächsten öffentlichen Sitzung des Gemeinderats war auch die Mehrheit der Stadträte der Ansicht, dass der Verwaltung und dem Gemeinderat kein Versagen vorgeworfen werden könne. Neben apologetischen Äußerungen zur »Kollektivschuld« und Versuchen, das Anliegen mit dem Hinweis, dass am Volkstrauertag »dieser Toten« gedacht werde, abzuwehren, empfanden einige Stadträte den Brief als wertvolle Diskussionsanregung. Gmelin und Weihenmaier wiesen wiederholt darauf hin, dass sie zweifellos bereit seien, an einer solchen Gedenkveranstaltung teilzunehmen, wenn sie denn dazu eingeladen würden.[22] Als die CDU-Fraktion ein halbes Jahr später im Gemeinderat beantragte, zum Jahrestag des Novemberpogroms eine Gedenkplatte an der Stelle der ehemaligen Synagoge anzubringen, notierte Weihenmaier auf das Schreiben: »Warum immer die Behörde und nicht die freie Bürgerinitiative?« Gmelin bemerkte, man müsse zunächst den Besitzer des Grundstücks um sein Einverständnis bitten.[23] Da dieser die Anbringung einer Tafel ablehnte, war die Diskussion vorerst beendet, denn Gmelins Auffassung nach lag die Initiative nun wieder bei der CDU-Fraktion. Eine FDP-Stadträtin nutzte erneut die Gelegenheit, um Widerspruch dagegen anzumelden, dass »die Stadt als Initiator der künftig abzuhaltenden Feiern« auftrete. Diese Aufgabe komme den ortsansässigen Organisationen und Verbänden zu, insbesondere der »israelische[n] Gemeinde«. Der Tübinger AStA und die deutsch-israelische Studiengruppe waren es schließlich, die 1963 zum 25. Jahrestag der Pogromnacht einen Schweigemarsch vom Synagogenplatz zur Universität mit anschließender Gedenkfeier im Audimax veranstalteten. Der Gemeinderat wurde herzlich eingeladen. Eine jüdische Gemeinde gab es in Tübingen seit der NS-Zeit nicht mehr. Die knapp 100 Mitbürgerinnen und Mitbürger, die Ende Januar 1933 dem jüdischen Glauben angehörten oder dazu

---

21 Gemeinderatsprotokoll, nichtöffentlich, 17.11.1958, StadtA Tübingen, A 200/2006. Ausführliche Darstellungen zum Umgang mit dem Synagogengedenken in Tübingen finden sich bei Hans-Joachim Lang: Tübingen nach dem Holocaust: Wie sehr die Stadt ihre Juden vermisste, in: Binder: Heimkehrertafel, S. 95-114, hier: S. 101-104 und 110 ff.; Martin Ulmer: Gedenken in einer Universitätsstadt: Gartenstraße – Denkmal Synagogenplatz Tübingen, in: Rauch, Zacharias (Hrsg.): Szenenwechsel, S. 372-375; Adelheid Schlott: Die Geschichte der Geschichten des Tübinger Synagogenplatzes. Mit Beiträgen von Ulrike Baumgärtner, Daniel Felder, Martin Ulmer und Michael Volkmann, Tübingen 2009; Benigna Schönhagen, Wilfried Setzler: Jüdisches Tübingen. Schauplätze und Spuren, Haigerloch 1999.

22 Gemeinderatsprotokoll, nichtöffentlich, 17.11.1958, StadtA Tübingen, A 200/2006; Gemeinderatsprotokoll, öffentlich, 24.11.1958, ebd.

23 CDU-Fraktion im Gemeinderat, 3.6.1959, ebd.

gezählt wurden, sind entweder ausgewandert oder deportiert worden, 20 von ihnen wurden ermordet.[24]

Während der Oberbürgermeister persönlich mit der Sammelbüchse umherging und von seinen Mitbürgern Verantwortung für das Schicksal der Ostdeutschen, Vertriebenen und Kriegsbeschädigten einforderte, für verurteilte Kriegsverbrecher das Wort ergriff, Kriegsveteranen zu Empfängen auf dem Rathaus einlud und dort bewirten ließ, war die Stadt seiner Meinung nach nicht für die Erinnerung an die Vertreibung und Ermordung ihrer jüdischen Mitbürger verantwortlich. Diese Ausschlusspraxis existierte bis auf wenige Ausnahmen überall in der Bundesrepublik in ähnlicher Weise und setzte sich in Tübingen auch in den folgenden Jahren fort. Das Schicksal der vertriebenen Jüdinnen und Juden Tübingens weckte – mit einer rühmlichen Ausnahme – nicht das geringste Interesse. Die Tübingerin Lilli Zapf erforschte seit Anfang der 1960er Jahre in langer, ehrenamtlicher und unvergüteter Recherchearbeit die Schicksale der Tübinger jüdischen Gemeinde, baute Kontakte mit Emigrantinnen und Emigranten auf und konnte ihre Forschungsergebnisse erst Jahre später nach mühevoller Verlagssuche publizieren. Erst nach fast zehnjähriger Recherche informierte sie den Oberbürgermeister über ihre geplante Buchveröffentlichung. Aufgrund seiner Vergangenheit als Gesandtschaftsrat in der Slowakei traute sie ihm nicht über den Weg und fand es »unbegreiflich«, dass er überhaupt gewählt worden war. Sie war es auch, die später die Bemühungen um ein Erinnerungszeichen an der ehemaligen Synagoge wieder aufgriff.[25]

In einer Programmvorschau auf die Sendung »Unser Heimatspiegel« vom 9. November 1964 schrieb das Südwestfunklandesstudio Tübingen, dass »wenigstens« in solchen Sendungen die Erinnerung an die einst in Tübingen lebenden jüdischen Mitbürger, die Geschichte ihrer Synagoge und ihres Friedhofs in Wankheim wachgerufen werden solle, »wenn schon die Universitätsstadt Tübingen – im Gegensatz zu anderen Gemeinden – bislang kein Zeichen der Mahnung aufgerichtet hat. Nicht einmal eine Gedenktafel markiert hier die

---

24 Gemeinderatsprotokoll, nichtöffentlich, 18.6.1959, ebd.; Gemeinderatsprotokoll, 4.11.1963, StadtA Tübingen, A 75/206, Gemeinderatsprotokoll 1963, 3. Bd., S. 1061; Ulmer: Verbrechen, S. 49; Lang: Tübingen, S. 95, 104; Lilli Zapf: Die Tübinger Juden. Eine Dokumentation, Tübingen 1974, S. 73; Annegret H. Brammer: »Die Züge fahren pünktlich ...«. Deportationen in die Todeslager, in: Geschichtswerkstatt Tübingen e.V. (Hrsg.): Zerstörte Hoffnungen. Wege der Tübinger Juden, Tübingen 1995, S. 383-396.

25 Thießen: Erinnerungen, S. 326; Michael Jaesrich: »... ich habe nicht den Doktortitel und bin eine ganz einfache und unverheiratete Frau, also Fräulein Lilli Zapf.« Lilli Zapf und ihr Buch über die Tübinger Juden, Tübingen 2013, hier besonders S. 28, 51; Lang: Tübingen, S. 109 f.

Stelle, an der die braune Gewalt im November 1938 das jüdische Gotteshaus zerstörte.«[26]

Gmelin war über diese Darstellung äußerst ungehalten. Er betonte in einem Schreiben an den zuständigen Studioleiter, dass die geplante Sendung über die Tübinger Juden von ihm lebhaft begrüßt werde. Allerdings sei die Kritik an der Stadtverwaltung seiner Auffassung nach »voreilig und unberechtigt«. Man habe sich im vergangenen Jahrzehnt mehrfach aufgrund »eines von mir veranlassten Gemeinderatsbeschlusses« an den Grundstücksbesitzer gewandt, um eine Gedenktafel an dem Haus anzubringen. Dieser habe sich jedoch nachdrücklich geweigert und auch die Abhaltung einer Gedenkstunde abgelehnt.[27] Tatsächlich war es erstmals vor fünf und nicht vor zehn Jahren zu Bemühungen seitens des Gemeinderats gekommen. Der Gemeinderatsbeschluss, der nicht von Gmelin, sondern von der CDU vorgeschlagen worden war, blieb aber aus, weil Gmelin nach der Weigerung des Grundstücksbesitzers die CDU-Fraktion als Antragstellerin in der Pflicht sah, eine Einigung mit diesem zu erzielen.[28] In seinem Brief an den Studioleiter schrieb er, dass man sich aufgrund der Rechtslage entschieden habe, das Mahnmal auf dem Bergfriedhof mit einer Inschrift zu versehen, »die alle Opfer des Krieges und der nationalsozialistischen Gewaltherrschaft und damit auch die ehemaligen jüdischen Bürger unserer Stadt umfasst«. Dies komme zudem bei den jährlichen Volkstrauertagen zum Ausdruck. In einem ersten Entwurf des Schreibens hatte Gmelin noch hinzugesetzt, dass es deswegen »nicht notwendig« gewesen sei, ein »besonderes ›Zeichen der Mahnung‹ [...] aufzustellen«. Diesen Satz strich er später, so wie er auch einige im Ärger getroffene Formulierungen entschärfte. Gmelin machte schließlich darauf aufmerksam, dass die Stadt Tübingen mit zahlreichen ehemaligen Mitbürgern in Verbindung stehe, denen zu Weihnachten und anderen Terminen »Erinnerungsgaben« gesandt würden. Darunter seien auch zahlreiche ehemalige Mitbürger jüdischen Glaubens.[29]

Nur ein einziges Mal hatten emigrierte Tübinger Juden eine Ausgabe des Lokalmagazins *Tübinger Blätter* erhalten. Da die Sendung kein besonderes Anschreiben enthielt, nahmen viele Empfänger an, dass Lilli Zapf ihnen die Zeitschrift geschickt habe. Tatsächlich war diese Anregung von ihr gekommen. Es dauerte noch bis 1980, bis das erste Mal ehemalige Tübinger Juden zu einem Besuch in die Stadt eingeladen wurden.[30]

26 Südwestfunk Landesstudio Tübingen, 9.11.1964, StadtA Tübingen, A 200/2007.
27 Gmelin an Arthur Georg Richter, 2.11.1964, ebd.; Lang: Tübingen, S. 110.
28 Gemeinderatsprotokoll, nichtöffentlich, 18.6.1959, StadtA Tübingen, A 200/2006.
29 Gmelin an Arthur Georg Richter, 2.11.1964, ebd.
30 Lang: Tübingen, S. 110; Die Universitätsstadt Tübingen berichtet. 1975-1981, Verwaltungsbericht, S. 20 f., StadtA Tübingen, UM 252a/9.

Gmelin gab in dem Schreiben an das Südwestfunklandesstudio auch erneut seiner Auffassung Ausdruck, dass es fraglich sei, ob es zu den Aufgaben einer Stadtverwaltung gehöre, »Mahnzeichen zu errichten«. Er sei der Meinung, »dass gerade hier die Initiative der Bürgerschaft zu Wort kommen sollte«. Dann erinnerte er an die Errichtung eines kleinen Gedenksteins im Garten des Tübinger Schlosses für die Vermissten des Zweiten Weltkrieges. Dieser sei »zum grössten Teil aus Spenden der Vermisstenangehörigen errichtet« worden. Er »halte es für zu billig, immer der ›öffentlichen Hand‹ Vorwürfe zu machen, wenn angeblich etwas nicht geschieht«. Es gebe in Tübingen bürgerschaftliche und politische Institutionen, die »sich dieser Fragen annehmen müssten«.[31]

Gmelin war fünf Jahre nach seiner ersten Reaktion auf die Frage des Synagogengedenkens noch nicht zu neuen Schlüssen gekommen, auch hatte er das Missverhältnis im finanziellen, menschlichen und politischen Verantwortungsbewusstsein seiner »öffentlichen Hand« nicht überdacht. Im Mai 1963 hatte der Gemeinderat zudem über die Anbringung einer Gedenktafel für die »Anatomie-Leichen« im »Gräberfeld X« auf dem Stadtfriedhof diskutiert. Im hintersten Teil des Areals waren zwischen 1939 und 1945 Leichen anonym bestattet worden, die im Rahmen der verschiedenen Gewalt-, Terror- und Vernichtungsmaßnahmen des Nationalsozialismus ermordet worden waren. Aus mehreren Lagern, Gefängnissen und Tötungsanstalten im Umland waren Leichen von Ermordeten zu Forschungszwecken in die Tübinger Anatomie gebracht worden. Auf Initiative der Vereinigung der Verfolgten des Naziregimes (VVN) beschloss der Tübinger Gemeinderat 1952, drei kleine Steinkreuze an der Grabstelle aufzustellen. Außer der Inschrift »1939-1945« deutete nichts auf den Hintergrund der Grabstätte hin. Nachdem die Kreuze gesetzt worden waren, verschwand das Gräberfeld X aus dem Bewusstsein der Stadtverwaltung. Das änderte sich, als die Stuttgarter Hilfsstelle für Rasseverfolgte, die bei der Evangelischen Gesellschaft eingerichtet worden war, Anfang der 1960er Jahre wiederholt auf den verwahrlosten Zustand und die fehlende Erläuterung zu den dort Begrabenen aufmerksam machte.[32] Der FDP-Stadtrat Helmut Weber stellte deshalb im Gemeinderat einen Antrag, am Gräberfeld X einen Gedenkstein oder eine Gedenkplatte »für die aus KZ-Lagern kommenden Anatomie-Leichen« anzubringen. Schon der erste Entwurf für den Text enthielt den Hinweis, dass die gestorbenen Menschen im Grunde nichts mit Tübingen zu tun gehabt hätten: »Hier ruhen die sterblichen Reste von mehreren Hundert Menschen (Deutsche und Ausländer) die in Lagern außerhalb Tübingens starben oder hingerichtet wurden.« Gmelin war, laut Protokoll des Kulturausschusses,

---

31 Gmelin an Arthur Georg Richter, 2.11.1964, StadtA Tübingen, A 200/2007.
32 Benigna Schönhagen: Das Gräberfeld X. Eine Dokumentation über NS-Opfer auf dem Tübinger Stadtfriedhof, Tübingen 1987, S. 8-14, 119, 121.

dennoch der Auffassung, man müsse »zunächst noch eine Erklärung darüber abgeben, um welche Toten« es hier gehe. Es lägen Listen vor, wonach es sich »nicht um Opfer« handle, die »in Tübingen verstorben« seien. Deswegen sei die Frage, »ob es Sache der Stadt Tübingen« sei, »in dieser Angelegenheit besonders aktiv zu werden«. Er sei aber der Meinung, man solle sich »hier nicht Vorwürfen aussetzen, sondern durch eine geeignete würdige Inschrift auf diese Situation hinweisen«. Der Stadtrat der unabhängigen Wählergemeinschaft Junge Stadt und *Tagblatt*-Redakteur, Karl Lerch, betonte, »daß die Universitätsstadt Tübingen eine gewisse moralische Verpflichtung hierfür« habe.[33]

Die Frage, warum diese Toten überhaupt nach Tübingen gebracht worden waren, nämlich damit die dortige Universität noch einen wissenschaftlichen Nutzen aus den Gewaltverbrechen ziehen konnte, spielte keine Rolle. Stattdessen wurde erneut die Frage aufgeworfen, ob die Stadt irgendetwas mit den NS-Verbrechen zu tun habe und deswegen »besonders aktiv werden« müsse. Über die vielen Ideen, wie man verdeutlichen könne, dass diese Menschen nicht in Tübingen gestorben waren, wurde bei einigen Vorschlägen sogar der Hinweis darauf vergessen, dass es sich um Opfer staatlicher Gewalt handelte. Nur in einem Vorschlag des – ansonsten nicht für progressive Positionen bekannten – Stadtrats Lerch wurde klar benannt, worum es ging: »Hier ruhen Opfer von Willkür, Gewalt und Rassenhaß. Sie fanden 1939 bis 1945 in Lagern und Anstalten außerhalb Tübingens den Tod.« Nach kurzer Diskussion einigte man sich auf einen anderen Vorschlag: »Hier ruhen einige 100 Menschen verschiedener Völker, die in Lagern und Anstalten unseres Landes einen gewaltsamen Tod fanden.« Die Gedenkplatte wurde verlegt und die Grabstätte nun auch in die jährliche Runde der Kranzniederlegungen am Vorabend des Volkstrauertags einbezogen.[34]

Konfrontationen mit der NS-Vergangenheit in den 1960er Jahren

Wie bei offiziellen kommunalpolitischen Anlässen wurde Gmelin mitunter auch persönlich mit seiner NS-Vergangenheit konfrontiert. Im Streit mit einzelnen Bürgern kam es vor, dass er darauf hingewiesen wurde, dass man heute nicht mehr im »Dritten Reich« lebe, worauf er mit lautstarker Entrüstung reagierte. Solche Vorwürfe, mit denen man ihm in Anspielung auf seine NS-Vergangenheit autoritäre Methoden unterstellte, wurden in der Regel aber

---

33 Kulturausschuss, nichtöffentlich, 2.5.1963, StadtA Tübingen, A 550/164, um Tippfehler bereinigt.
34 Schönhagen: Gräberfeld X, S. 12 ff.; Gemeinderatsprotokoll, 27.5.1963, StadtA Tübingen, A 75/206, Gemeinderatsprotokoll 1963, 1. Bd., S. 571-574.

erst dann vernehmlich, wenn jemand aus einem anderen Grund bereits unterschiedlicher Meinung mit ihm war.[35] Auch im Rahmen der Studierenden-
proteste in Tübingen kamen mehrmals Beschuldigungen gegen Gmelin im
Zusammenhang mit seiner NS-Vergangenheit zur Sprache, deren Wahrheitsgehalt im Allgemeinen nicht überprüfbar ist.[36]

Deutlich konkreter wurde das Interesse an Gmelins Engagement während
des Nationalsozialismus in Ermittlungen der 1958 gegründeten Zentralen Stelle
der Landesjustizverwaltungen zur Aufklärung nationalsozialistischer Verbrechen in Ludwigsburg. Im Februar 1966 begann aufgrund seiner Tätigkeit als
Gesandtschaftsrat in der Slowakei ein Vorermittlungsverfahren gegen ihn. Die
Ludwigsburger Staatsanwälte trugen Informationen zu möglichen NS-Verbrechen und Aussagen von infrage kommenden Tätern und Zeugen zentral
zusammen. Wenn eine Ermittlung hinreichende Erfolgsaussichten hatte, gaben sie ihre Akten an die zuständige Staatsanwaltschaft, die dann das Hauptverfahren eröffnete oder die Ermittlungen einstellte. In Gmelins Fall stellte
die Zentrale Stelle im Januar 1972 die Vorermittlungen ein, weil sich »keine
Anhaltspunkte dafür ergeben [haben], daß Hans Gmelin an NS-Verbrechen,
insbesondere der Deportierung der slowakischen Juden beteiligt war«.[37] Neben
Gmelin wurde im Zusammenhang mit der Deutschen Gesandtschaft Pressburg
auch gegen Ludins Verbindungsmann zu Ministerpräsident Tuka, Hans-Albrecht Grüninger, und Polizeiattaché Franz Goltz ermittelt. Auch diese Vorer-

---

35 Aktenvermerk über eine Besprechung im Amtszimmer des Oberbürgermeisters,
   28.1.1969, StadtA Tübingen, A 200/935; Dienstaufsichtsbeschwerde eines Architek-
   ten, 3.2.1969, ebd.
36 Die Studentenzeitung *Notizen* unterstellte, dass beim Veteranentreffen der 78. Sturm-
   Division 1968 in Gmelins Anwesenheit das Horst-Wessel-Lied gesungen worden sei.
   Es entspann sich eine lokale Diskussion, Gmelin dementierte. Aus dem Lande der
   Richter und Henker IV. Gleicher als andere, in: Notizen, Nr. 89 (April 1969); Gmelin
   und die alten Kameraden, in: Notizen, Nr. 90 (Juni 1969). Im Sommer 1969 warf
   man ihm »Pogromhetze« gegen Studenten vor. Gmelins Prügeljubiläum. 1934-1969,
   in: Rote Notizen. Streik-Info, Nr. 8, 8.7.1969. Das DDR-Organ *Neues Deutschland*
   berichtete Ende 1970, dass Gmelin und Todenhöfer Mitglieder des rechtsradikalen,
   gegen die Studentenbewegung gegründeten Demokratischen Clubs Tübingen e.V.
   seien, der von der Robert Bosch GmbH finanziert wurde. Die Information ging auf
   eine Rote Zelle (ROZ) Bosch zurück, und auch das Ministerium für Staatssicherheit
   registrierte die Meldung. Bosch finanziert Rechtsradikale, in: Neues Deutschland,
   17.12.1970, BStU, MfS HA IX/11 PA, Nr. 3146 (Hans Gmelin, OB von Tübingen),
   Bl. 29; Flugblatt »Entlassungen« von der ROZ Bosch, StadtA Tübingen, A 510 Personalakten Beamte/Gmelin, Hans; Nikolai Wehrs: Protest der Professoren. Der Bund
   »Freiheit der Wissenschaft« in den 1970er Jahren, Göttingen 2014, S. 232f.
37 Verfügung, 9.2.1966, BArch, B 162/28758, Bl. 6; Vermerke des ermittelnden Staatsanwalts, 22.5.1967 und 20.1.1972, ebd., Bl. 33 und 89; Annette Weinke: Eine Gesellschaft ermittelt gegen sich selbst. Die Geschichte der Zentralen Stelle in Ludwigsburg 1958-2008, 2., um ein Vorw. erw. Aufl., Darmstadt 2009 (zuerst 2008),
   S. 20-29.

mittlungsverfahren verliefen im Sande.[38] Die umfangreichsten Verfahren zum Komplex der NS-Verbrechen in der Slowakei betrafen die Einsatzgruppe H und die »Judensammelstelle« in Pressburg mit dem Hauptverdächtigen Gustav Hauskrecht. Damit zusammenhängend geriet auch der Volksgruppenführer Franz Karmasin in den Fokus der Staatsanwälte, dem eine ganze Reihe schwerwiegender Vorwürfe gemacht wurde. Ermittlungen gegen den »Judenjäger« Alois Brunner liefen bereits in anderen Kontexten, da er sich aber nach Syrien abgesetzt hatte, stellte man sie in Hauskrechts Verfahren zunächst ein.[39]

Im März 1965 erhielten die Ludwigsburger Staatsanwälte einen Hinweis aus der Bevölkerung, dessen Verfasser sie auf die Spur eines »Schreibtischtäters« bringen wollte. Ein gewisser Tübinger »Stadtverwaltungsrat« machte in dem Schreiben auf seinen »Dienstherrn« Oberbürgermeister Hans Gmelin aufmerksam, der von 1941 bis 1944 als Gesandtschaftsrat in der Slowakei tätig gewesen sei, wo er »aktiv an der Verfolgung des jüdischen Bevölkerungsteils teilgenommen haben soll«. Dies sei auch der Grund, warum er in der Tschechoslowakei in der Kriegsverbrecherliste zu finden sei.[40] Einen Monat später bestätigte ein Staatsanwalt den Eingang des Schreibens und erklärte, »das Erforderliche veranlassen« zu wollen, er weise aber schon im Voraus darauf hin, dass die Zentrale Stelle Privatpersonen keine Auskunft über das Ergebnis von Nachforschungen erteilen könne. Doch das Schreiben wurde an die Zentrale Stelle zurückgesandt. Der Empfänger, der den Titel »Stadtoberamtmann« trug, erklärte, dass er den Brief erhalten und geöffnet habe, er aber nicht für ihn bestimmt sei. Er habe das Einwohnermeldeamt bemüht, und das habe festgestellt, dass es in Tübingen keinen »Namensvetter« gebe, zudem existiere auch die angegebene Adresse in seiner Straße nicht.[41] Offensichtlich wollte jemand, der die Tübinger Verhältnisse relativ gut kannte, die Ludwigsburger Ermittler auf Gmelins NS-Vergangenheit aufmerksam machen, traute sich aber nicht, mit seinem eigenen Namen zu unterzeichnen. Da der Name des Kommunalbeamten, dessen Personendaten verwendet wurden, nicht allgemein bekannt gewesen sein dürfte, dürfte der Brief aus dem direkten Umfeld der Stadtverwaltung oder dem persönlichen Umfeld des Stadtoberamtmanns stammen.

Dieser Brief war jedoch nicht der Grund, warum die Zentrale Stelle sich mit Gmelin befasste. Dieser war bereits im Dezember 1961 als Zeuge im Vorunter-

---

38 Vermerk des ermittelnden Staatsanwalts, 26.7.1973, BArch, B 162/28760, Bl. 105.
39 Ullrich: Integration, S. 259, 273; Šindelářová: Finale, S. 271-289, 314; Zeugenvernehmung Franz Karmasin im Hauskrecht-Verfahren, 21.2.1969, BArch, B 162/4290, Bl. 1294-1300; Staatsanwaltschaft beim Landgericht München II an Karmasin, 6.11.1969, ebd., Bl. 1242-1246; Willi Dreßen: Der Holocaust in der Slowakei und die deutsche Justiz, in: Jahrbuch für Antisemitismusforschung, 7 (1998), S. 93-102.
40 Schreiben an die Zentrale Stelle Ludwigsburg, 1.3.1965, BArch, B 162/28758, Bl. 1.
41 Schreiben der Zentralen Stelle Ludwigsburg mit handschriftlicher Antwort, 5.4.1965, ebd., Bl. 3.

suchungsverfahren gegen den Leiter der Abteilung Inland II im Auswärtigen Amt, Horst Wagner, und im Oktober 1964 auch dem gegen den Leiter des Judenreferats in besagter Abteilung, Eberhard von Thadden, vernommen worden.[42] Zu einer ausführlicheren Aussage Gmelins kam es erstmals im April 1964 als Zeuge im Verfahren gegen Gustav Hauskrecht. Gmelin wiederholte dabei die zentralen Aussagen, die er schon im Wilhelmstraßenprozess in Nürnberg gemacht hatte, hob die Interventionen zur Freilassung von Inhaftierten hervor und erklärte, dass die Gesandtschaft in die Deportationen der slowakischen Juden 1942 »nicht eingeschaltet« gewesen sei. Die ihm genannten Hauptangeklagten seien ihm nicht bekannt. Auf Nachfrage gab er an, Karl Hauskrecht zu kennen, der ein enger Mitarbeiter Karmasins gewesen und mit dem er seit seiner Zeit in Pressburg befreundet sei. Dieser habe in der Volksgruppenführung zu den »gemässigten Volkstumspolitikern« gehört. Er kenne keinen Bruder Gustav des Karl Hauskrecht und wisse auch nicht, dass dieser in der »Judensammelstelle« in der Edlgasse beschäftigt gewesen sei. Die Existenz der »Judensammelstelle« sei ihm ebenfalls unbekannt.[43]

Sechs Jahre später wurde Gmelin erneut zu einer Zeugenvernehmung vorgeladen. Nachdem ihn die Staatsanwälte im Jahr 1964 noch im Rathaus aufgesucht hatten, machte er seine Aussage 1970 im Tübinger Amtsgericht. Die Vernehmung bezog sich jetzt auf Franz Karmasin und dauerte mit einer Unterbrechung für die Mittagspause vom frühen Morgen bis in den Nachmittag. Gmelin wurde nun deutlich eingehender befragt, und man konzentrierte sich auf die Involvierung Karmasins in die Judenverfolgung in der Slowakei. Gmelin bestätigte seinen damaligen engen Kontakt mit Karmasin und dessen Kooperation mit dem SD. Es sei aber für mehrjährige Phasen fraglich, ob diese Zusammenarbeit gut war, denn Karmasin sei mehrfach vom SD »angeschossen und bekämpft« worden. Diese Probleme mit dem SD bestanden aber lediglich mit dessen Leitabschnitt in Prag und einigen Abteilungen des Reichssicherheitshauptamts in Berlin. Spätestens ab 1943 verlief die Zusammenarbeit Karmasins mit dem Wiener SD ausgezeichnet. Auf die Frage, ob Karmasin auch bei den Judendeportationen mit dem SD kooperiert habe, antwortete Gmelin, dass der Wiener SD, mit dem Karmasin »gute nachrichtendienstliche Verbindungen« unterhalten habe, »mit der Judendeportation nichts zu tun« gehabt habe. Das gilt aber nur für die Deportationen des Jahres 1942. Gmelin verschwieg, dass die nachrichtendienstliche Arbeit des Wiener SD in der Slowakei mitsamt seinem Personal im Spätsommer 1944 von der Einsatzgruppe H übernommen

---

42 Zeugenvernehmung Hans Gmelin im Wagner-Verfahren, 21.12.1961, Landesarchiv NRW, Gerichte Rep. 237, Nr. 26; Zeugenvernehmung Hans Gmelin im Von-Thadden-Verfahren, 29.10.1964, ebd.

43 Zeugenvernehmung Hans Gmelin im Hauskrecht-Verfahren, 8.4.1964, BArch, B 162/28758, Bl. 50-54.

wurde. Die enge Zusammenarbeit mit der Volksgruppenführung, deren Nachrichtenwert insbesondere für die Suche nach versteckten Juden zentral für die Einsatzgruppe war, blieb dabei erhalten.[44]

Zu den Deportationen von 1942 erklärte Gmelin nun, dass diese auf deutscher Seite Angelegenheit des Reichssicherheitshauptamts gewesen seien, »das sich teilweise des Gesandten Ludin in dieser Frage sowie des Auswärtigen Amtes bedient hat«. Diese Aussage unterscheidet sich deutlich von seiner Stellungnahme sechs Jahre zuvor, dass die »Deutsche Gesandtschaft [...] in diese Sache nicht eingeschaltet« war.[45] Der Grund für die Präzisierung dürfte sein, dass die Staatsanwälte sehr gut vorbereitet waren und Gmelin in der Vernehmung immer wieder Dokumente vorgelegt wurden. Konfrontiert mit seiner Notiz vom 4. Oktober 1944, aus der hervorging, dass er dem Sekretär des slowakischen Staatspräsidenten, Karol Murín, mitgeteilt hatte, »dass infolge der Gefährdung des Judenlagers Sered dieses ins Reich abtransportiert würde, um dort beim Aufbau einer wichtigen Industrie eingesetzt zu werden«, sagte Gmelin, er müsse wiederholen, dass er nicht gewusst habe, was mit den aus Sereď abtransportierten Juden geschehen würde. Man hielt ihm auch das Dokument vor, in dem er wenige Tage später berichtet hatte, dass Murín um die Freilassung jüdischer Ärzte und Apotheker gebeten habe, und dem man entnehmen konnte, dass er Murín gesagt hatte, er »persönlich [halte] die Sache für aussichtslos«. Gmelin betonte daraufhin erneut, auf diese Weise 300 Juden – bis dahin war immer von 200 Personen die Rede gewesen – vor dem Abtransport bewahrt zu haben. Als ihm schließlich das Dokument gezeigt wurde, in dem er vom Chef der SD-Abteilung der Einsatzgruppe H eine Auflistung der Juden mit amerikanischer Staatsangehörigkeit im Lager Mariatal erhielt, wurde er offenbar langsam nervös. Er habe schon erklärt, dass seine Aufgabe während des Aufstands darin bestanden habe, Interventionen slowakischer Stellen an den Befehlshaber weiterzugeben. In diesem Zusammenhang gehöre das Schreiben, es lasse nach seiner Auffassung »keinen Schluss zu über eine Einschaltung meiner Person in irgendwelche polizeilichen Vollzugsmassnahmen«. Nachdem er in vorherigen Vernehmungen mehrfach ausgesagt hatte, nichts über eine »Judensammelstelle« in Pressburg zu wissen, behauptete er nun, dass er davon nach dem Krieg erfahren habe, als er den ehemaligen »Judenberater« Wisliceny als Zeuge im Wilhelmstraßenprozess in Nürnberg getroffen habe. Zu seinem Telefonat mit dem »Judenreferenten« des Auswärtigen Amts, Eberhard von Thadden, in dem dieser mitteilte, dass das Reichssicherheitshauptamt

44 Zeugenvernehmung Hans Gmelin im Karmasin-Verfahren, 5.3.1970, ebd., Bl. 116-128. Ich danke Daniel Siemens, Newcastle, für die Überlassung ergänzender Seiten dieser Vernehmung.

45 Zeugenvernehmung Hans Gmelin im Karmasin-Verfahren, 5.3.1970, ebd., Bl. 122; Zeugenvernehmung Hans Gmelin im Hauskrecht-Verfahren, 8.4.1964, ebd., Bl. 53.

dem Chef der Einsatzgruppe H Anweisung gegeben habe, die »Judenaktionen« fortzusetzen, erklärte Gmelin, dass auch dieses im Kontext seiner Interventionstätigkeit stehe, er sich aber im Einzelnen nicht an den Vorgang erinnern könne. In Wirklichkeit erfolgte das Telefonat im Kontext der Intervention der Schweiz, über die Gmelin die Einsatzgruppe in Kenntnis gesetzt hatte. Nach dem Gespräch des Auswärtigen Amts mit Gmelin, nahm Ludin dazu Stellung und stimmte der Fortführung der »Judenaktionen« ausdrücklich zu, da »im gegenwärtigen Moment [eine] weitere Schädigung deutscher Interessen nicht zu befürchten« sei.[46]

Der Jurist Gmelin machte gegenüber den Staatsanwälten keine Falschangaben, verschwieg aber einige Aspekte, die ihn selbst stärker in die Nähe von Verfolgungsmaßnahmen gerückt hätten. Gmelins Aussage ist nicht zu entnehmen, ob er nach dem Krieg mit Franz Karmasin in Kontakt stand. Karmasin besann sich nach Kriegsende auf seine Ursprünge als Sudetendeutscher und engagierte sich in deren Vertriebenenorganisation statt in der Karpatendeutschen Landsmannschaft, die ihre Zentrale in Stuttgart aufgebaut hatte. Es ist gut möglich, dass sein Wechsel weniger mit dem entsprechenden »Heimatgefühl« zu tun hatte als mit der politischen Ausrichtung. Er gehörte zum Führungszirkel und war Ende der 1960er Jahre Geschäftsführer des völkisch gesinnten und am äußersten rechten Rand des Vertriebenenspektrums angesiedelten Witiko-Bundes, der in der Sudetendeutschen Landsmannschaft tonangebend war und seinen Sitz in München hatte, wo auch Karmasin seit Kriegsende lebte.[47]

Spätestens seit der Veröffentlichung von zwei langen *Spiegel*-Artikeln im Dezember 1959 und im Mai 1961 war die völkische Orientierung des Witiko-Bundes allgemein bekannt. Im Juni 1966 druckte die *Zeit* unter dem Titel »Der ›ehrenwerte‹ Karmasin« eine Recherche über den Witiko-Geschäftsführer und ehemaligen »Staatssekretär aus Hitlers Diensten«.[48] Weitere Führungsmitglieder des Witiko-Bundes waren Albert Smagon, der ehemalige Berater für Sozialpolitik in der Slowakei, sowie der Abgeordnete des Gesamtdeutschen Blocks/Bund der Heimatvertriebenen und Entrechteten (GB/BHE) und spätere SPD-

---

46 Zeugenvernehmung Hans Gmelin im Karmasin-Verfahren, 5.3.1970, ebd., Bl. 125 ff., um Tippfehler bereinigt.

47 Beschuldigtenvernehmung Franz Karmasin, 28.10.1969, BArch, B 162/4290, Bl. 1201; Weger: Volkstumskampf, S. 186-203. Die Karpatendeutsche Landsmannschaft mit ihrem Bundessitz in Stuttgart pflegte engen Kontakt mit dem in München ansässigen Slowakischen Nationalrat im Ausland, der die in Deutschland lebenden Exilslowaken unter der Führung von Franz/Franjo Tiso, einem Bruder Štefan Tisos und Cousin Jozef Tisos, vertrat. Er gab ein deutschsprachiges Mitteilungsblatt heraus. Slowakische Korrespondenz, 6 (1958), Nr. 3, S. 3 f.; Slowakische Korrespondenz, 7 (1959), Nr. 5, S. 3.

48 Thilo von Uslar: Der »ehrenwerte« Karmasin, in: Die Zeit, 24.6.1966; Oberländer: Drittes Reich im Kleinen, in: Der Spiegel, Nr. 49 (1959), S. 29-42; Sudetendeutsche. Das Mysterium, in: Der Spiegel, Nr. 21 (1961), S. 36-46.

Politiker, Frank Seiboth. Seiboth schrieb 1954 an den Bundesvertriebenenminister Theodor Oberländer, es sei das Ziel seiner Vereinigung, »den Nationalismus alter Prägung zu entpolitisieren, um an seine Stelle freie Volkstümer als Grundelemente einer neuen politischen Ordnung in Europa zu setzen«.[49] Als Verlagsleiter des Frankfurter Heimat-Verlags wandte sich Smagon mehrfach an Gmelin, um Sonderausgaben des *Ost-West-Kuriers* zum Tag der Deutschen Einheit zu verbreiten. Er bat Gmelin um Empfehlungsschreiben zu seiner Bewerbung oder um Abnahme von Exemplaren für die Verteilung an Schulen.[50] In einer Sonderausgabe zum 17. Juni 1959 erschien ein Beitrag über Tübingen und die dortige Bautätigkeit, industrielle Entwicklung und Eingliederung der Flüchtlinge. Gmelin wies in seiner Empfehlung darauf hin, dass die Wochenzeitung *Ost-West-Kurier* »überparteilich« sei und es sich, nach ihm vorgelegter Empfehlung des »Herrn Ministers Eduard Fiedler«, um »ein anerkanntes und förderungswürdiges Nachrichtenorgan der Heimatvertriebenen« handle.[51] Eduard Fiedler, der demokratische Minister, der Empfehlungen für eine Zeitung aussprach, die der ehemalige SS-Obersturmbannführer und damalige »Witikone« Albert Smagon zu verantworten hatte, war baden-württembergischer Minister für Vertriebene und Flüchtlinge, Landtagsabgeordneter für den GB/BHE und ehemaliger Bürgermeister von Komotau (Chomutov) im annektierten Sudetengau. Er entstammte demselben politischen Milieu wie viele der Witiko-Mitglieder.[52] Der *Ost-West-Kurier* fand allerdings tatsächlich quer durch das politische Spektrum der Bundesrepublik Anklang. Er war das bedeutendste Organ der Vertriebenenpresse und versuchte inhaltlich über die Vertriebenenfrage hinaus eine allgemein »gesamtdeutsche« Politik zu vertreten. Daher wurde er auch von der Bundesregierung gefördert und hatte zu seiner Hochzeit 1952 eine Auflage von 73.000 Exemplaren.[53]

Der deutschlandpolitische Konsens der Bundesrepublik, das Tabu der Oder-Neiße-Grenze, blieb zwar lange erhalten, wie Margarete und Alexander Mit-

---

49 Zit. nach Weger: Volkstumskampf, S. 187; ebd., S. 192 ff. Unter anderem zum Führungsmitglied des Witiko-Bundes und hessischen MdL Frank Seiboth s. Schneider: Demokraten.

50 Smagon an Gmelin, 4.5.1957, StadtA Tübingen, A 550/164; Empfehlungsschreiben Gmelins für den Ost-West-Kurier, 15.5.1957, ebd.; Smagon an Bürgermeisteramt, 29.5.1958, StadtA Tübingen, A 550/163; Stadtinspektor Grob an Smagon, 6.6.1958, ebd.

51 Empfehlungsschreiben Gmelins für den Ost-West-Kurier, 9.4.1959, StadtA Tübingen, A 200/18.

52 s. v. Fiedler, Eduard, in: Rudolf Vierhaus, Ludolf Herbst (Hrsg.): Biographisches Handbuch der Mitglieder des Deutschen Bundestages 1949-2002, 3 Bde., Bd. 1, München 2002, S. 208.

53 Hans-Jürgen Gaida: Die offiziellen Organe der ostdeutschen Landsmannschaften. Ein Beitrag zur Publizistik der Heimatvertriebenen in Deutschland, Berlin 1973, S. 35.

scherlich noch 1967 diagnostizierten, es entwickelte sich aber schon in den frühen 1960er Jahren vereinzelt Widerspruch gegen allzu offensichtliche deutsche Territorialforderungen, die sich auf Polen und die Tschechoslowakei bezogen. Im Oktober 1964 wurde im Tübinger Gemeinderat über den Antrag des Stadtrats und Kreisvorsitzenden des Bundes der Vertriebenen, Emil Franz Lindner, diskutiert, einen Wegweiser aufzustellen, der in die Richtung von Städten in den ehemaligen deutschen Ostgebieten zeigen sollte. Der SPD-Stadtrat Georg Melchers hatte Gesprächsbedarf angemeldet, da auf dem Wegweiser auch die Stadt Eger (Cheb) in der Tschechoslowakei ausgewiesen werden sollte. Da das Sudetenland nicht zu Deutschland in den Grenzen von 1937 gehörte, sah Melchers darin eine politische Demonstration. Lindner machte seinem Ärger über Melchers' Einspruch als Erster Luft. Er beklagte, die deutsche Öffentlichkeit als Ganzes zeige zu wenig Interesse am »deutschen Osten«. Es sei nicht nur eine Sache der Heimatvertriebenen, sich für die »Rückgewinnung ihrer Heimat« einzusetzen, diese sei »entscheidend für das gesamte Schicksal des Volkes«. Er verstehe nicht, warum das Sudetenland eine »anstößige Angelegenheit« sei und warum sich »die Deutschen immer selbst irgendwelche unnötigen Beschränkungen und Verzichte auferlegen« würden und »man immer den Grenzen von Versailles das Wort« rede. Die Sudetendeutschen würden in unsachlicher Weise mit dem Nationalsozialismus in Verbindung gebracht, obwohl sie sich schon immer zu Deutschland bekannt hätten. Melchers betonte für die SPD-Fraktion, dass er die Erinnerung an Gebiete, die zu Deutschland gehört hatten oder von Deutschen besiedelt waren, für berechtigt halte. Die SPD fordere auch keine Verzichtserklärung auf diese Gebiete, aber der Wegweiser biete Missdeutungen Raum und könne als aggressives Statement verstanden werden. CDU-Stadtrat Gerhard Weng vertrat die Position, es gehe nicht um ein außenpolitisches Symbol. Der Wegweiser sei ein »ostkundliches Zeichen« und habe von daher Bildungscharakter. Die Nennung von Eger sei keine Provokation, sondern ein einfacher Hinweis darauf, dass die Stadt »im deutschen Siedlungsgebiet« liege.[54]

Nun ergriff der Oberbürgermeister selbst das Wort. Er erklärte, in dieser Frage »relativ unbefangen« zu sein, da er in der vorigen Sitzung abwesend war und die erste Diskussion verpasst hatte. In Anbetracht seiner aktiven Beteiligung an der Annexion des Sudetenlands entbehrt diese Aussage nicht einer gewissen Ironie. Gmelin sagte, dass er dankbar wäre, wenn die SPD-Fraktion ihre Aussage überdenke, der zufolge der Wegweiser eine »Aggressivitätsfrage« darstelle und einer friedlichen Völkerverständigung im Wege stehen könne. Man befinde sich heute in einer »eigenartigen Phase [...] der Entwicklung

---

54 Ulmer: Verbrechen, S. 66-70; Gemeinderatsprotokoll, nichtöffentlich, 21.9.1964, StadtA Tübingen, A 200/1920; Gemeinderatsprotokoll, 5.10.1964, ebd.

des Bewußtseins von Staat und Volk im eigenen Lande«, denn »aufgrund der pausenlosen Propaganda des Ostens« müsse sich jeder als Revanchist empfinden, der aus dem Osten stamme und den Namen seiner Heimat erwähne. Die Erinnerung an die Heimat stehe »außerhalb jeglicher spekulativer Betrachtung«, sie sei nicht nur die Heimat des Einzelnen, sondern der »Gesamtheit des deutschen Volkes«. Seiner Auffassung nach würde es der friedlichen Verständigung der Völker dienen, »wenn ein eigenes Volksverständnis und ein besseres Nationalbewußtsein in Deutschland wieder eingekehrt« sei. Es handle sich um eine »Krise dieser Vorstellungen«, wenn die Menschen »nicht mehr unmittelbar und natürlich genug« seien, »um in diesen Dingen nicht sofort Bedenken und Schwierigkeiten zu sehen, wo gar keine seien«. Stadtrat Melchers griff diesen Hinweis auf und erklärte, »die natürliche Reaktion, die man auf Seiten gewisser Leute verspüre«, solle seiner Meinung nach »zurückgedrängt werden zu Gunsten einer vernünftigen und einer überlegten Reaktion«. Man solle »nicht einfach die natürlichen Gefühle, die so lange das deutsche Vaterland beherrscht hätten, [sich] weiterhin austoben lassen«. Damit gewann die Diskussion an Schärfe. Lindner warf der SPD vor, sie lasse die Heimatvertriebenen im Stich, obwohl unter ihnen auch Sozialdemokraten seien. Stadtrat Peter Goeßler von der SPD wies diese Anschuldigung zurück und fuhr fort, Lindner habe bei seinen historischen Ausführungen über das Sudetenland die Hitlerzeit nicht erwähnt und »andere Redner hätten das auch völlig vergessen«. Angesichts der Berichte aus den Konzentrationslagern überkomme ihn auch heute noch »ungeheure Scham«, und im Angesicht dessen solle man nicht »von nationaler Würde« sprechen. In Anbetracht von einer Million Gastarbeitern und genug Beschäftigung für alle Heimatvertriebenen handle es sich bei den östlichen Gebieten nicht um eine »Existenzfrage«, auch wenn die SPD das Heimatrecht unterstütze. Schließlich stellte Gmelin den Antrag zur Abstimmung, er wurde mit 18 Stimmen dafür und acht dagegen angenommen. Gmelin erklärte, dass die Wahl des Standortes für den Wegweiser nicht Aufgabe des Gemeinderats sei, weil die »Aufstellung eines unpolitischen Wegweisers, auch eines unpolitischen Symbols« Sache der Stadtverwaltung sei. Dem widersprach selbst CDU-Stadtrat Weng und plädierte dafür, die Frage des Standorts im Verwaltungsausschuss zu klären. SPD-Stadtrat Erwin Geist entgegnete Gmelin, dass seine Fraktion, nachdem ihr Antrag gescheitert sei, daran interessiert sei, wenigstens »Gröbstes zu vermeiden«. Gmelin erläuterte, der Hauptsatzung zufolge sei das nicht notwendig und er überlege sich »allein geschäfts-ökonomisch, ob die Frage bedeutend genug für das Plenum« sei. Schließlich wurde beschlossen, dass der Verwaltungsausschuss den Ort aussuchen und den Wegweiser aufstellen lassen solle.[55] Doch dazu kam es nicht. In den nächsten Tagen berichteten

---

55 Gemeinderatsprotokoll, 5.10.1964, ebd.

das *Schwäbische Tagblatt,* der *Schwarzwälder Bote* und die *Stuttgarter Zeitung* über die Diskussion im Tübinger Gemeinderat, die bald auch überregional Kreise ziehen sollte.[56]

Der Rektor der Universität, Hermann Diem, schrieb an Gmelin und warnte in Anspielung auf jüngste Diskussionen an der Universität, dass es nicht schön wäre, wenn Stadt und Universität unter einer unliebsamen Auseinandersetzung leiden müssten, die auch außerhalb Tübingens keine positive Wirkung entfalten würde. Des Weiteren befürchte er, dass Gmelin den Wegweiser unter Polizeischutz stellen müsse, weil er selbst sonst als Disziplinarvorgesetzter der Studenten allerlei zu tun bekäme: »Könnte uns das nicht erspart werden?«[57] Da die Angelegenheit so viel Aufmerksamkeit bekam, empfahl Gmelin im Verwaltungsausschuss, mit der Aufstellung des Wegweisers »etwas zuzuwarten«.[58] Aber die Lage beruhigte sich nicht. Im November übte die Tübinger Studentenzeitung *Notizen* massive Kritik und druckte neben einem Artikel und einer Abbildung des geplanten Wegweisers eine kleine Karikatur ab, die einen Mann und ein Kind in Häftlingskleidung mit »Judenstern« zeigte, welche ein Schild mit der Aufschrift »Auschwitz 767 km« hielten.[59] Im Dezember 1964, knapp zwei Monate nach dem Gemeinderatsbeschluss, erreichte Gmelin in seiner Funktion als Vorsitzender des Gemeinderats ein offener Brief, den fast alle Tübinger politischen Studierendenorganisationen vom CDU-nahen Ring Christlich-Demokratischer Studenten bis zum Sozialistischen Deutschen Studentenbund unterzeichnet hatten. Der Gemeinderatsbeschluss habe bei der Studentenschaft »erhebliches Befremden« ausgelöst. Besonders der Zusatz »des Reiches Hauptstadt«, der sich hinter dem Namen Berlin auf dem Wegweiser befinde, wecke die Assoziation, dass die nachfolgend genannten Städte »Teile eines wiederherzustellenden großdeutschen Reiches« seien und dass »territoriale Ansprüche« darauf erhoben würden. Zudem entspreche der Wegweiser »Kunstnormen«, die »zwischen 1933 und 1945 galten«. Er sei deshalb nach »Form und Inhalt« geeignet, »Erinnerungen an Zeiten aggressiver deutscher Außenpolitik wachzurufen«. Man bitte den Gemeinderat, seinen Beschluss aufzuheben.[60] Die Alte Straßburger Burschenschaft Germania zu Tübingen veröffentlichte eine Entgegnung auf den offenen Brief der Studierendenorganisationen, in dem es hieß, diese hätten nicht für die Studentenschaft gesprochen. Berlin sei »des Reiches Hauptstadt« und bleibe es auch. Man wende sich mit

---

56 Von Tübingen nach Eger, in: Stuttgarter Zeitung, 9.10.1964, ebd.; Hamletfrage: Ostkunde oder Aggression, in: ST, 7.10.1964, ebd.; Am Wegweiser schieden sich die Geister, in: Schwarzwälder Bote, 7.10.1964, ebd.

57 Diem an Gmelin, 12.10.1964, ebd.

58 Verwaltungsausschuss, nichtöffentlich, 9.11.1964, ebd.

59 Faksimile des *Notizen*-Artikels in Ulmer: Verbrechen, S. 68.

60 Offener Brief an Gmelin, 10.12.1964, StadtA Tübingen, A 200/1920.

aller Entschiedenheit gegen »die Verzichtspolitik einer gewissen sozialistischen studentischen Minderheit und ihrer Steigbügelhalter«.[61]

Die öffentliche Debatte weitete sich nun bundesweit aus, die Hamburger *Zeit* und andere Zeitungen berichteten, der Gemeinderat erhielt viele Zuschriften, wobei sich die Kritik an ihm und der Studentenschaft in etwa die Waage hielt.[62] Das *Tagblatt* stellte sich in einer Glosse gegen die Studenten und suggerierte, dass sie von »Mentoren« und »Einbläsern« gesteuert würden und die Interessen der Sowjetunion und Polens betrieben. Diese beiden Staaten seien es, die Gebiete zu annektieren versuchten, nicht die Bundesrepublik.[63]

Obwohl die Fertigung des Wegweisers von Stadtrat Lindner, der auch dessen Gestaltung allein zu verantworten hatte, in Auftrag gegeben worden war, verteidigte Gmelin den Gemeinderatsbeschluss und erklärte in der Abendschau des Südwestfunks am 29. Dezember, dass dabei »kein Gedanke an territoriale Ansprüche, kein Gedanke an die Wiederherstellung des Großdeutschen Reiches, keine Spur von Aggression oder Provokation, die nun der Mehrheit des Gemeinderats nachträglich und listig unterstellt wird«, eine Rolle gespielt habe. Der Südwestfunk stellte fest, dass das äußere Erscheinungsbild des Wegweisers kaum überraschen könne, da der von Lindner beauftragte Bildhauer ein Vorstandsmitglied der vor Kurzem gegründeten Nationaldemokratischen Partei Deutschlands (NPD) sei.[64] Im Januar 1965 entschied Gmelin, dass er mit 400 Mark aus den Verfügungsmitteln des Oberbürgermeisters knapp zwei Drittel der Kosten übernehmen werde, obwohl die Gestaltung nicht abgesprochen war.[65]

Erst im April 1966, knapp eineinhalb Jahre nach dem Gemeinderatsbeschluss, brachte Gmelin das Thema im Verwaltungsausschuss wieder auf die Tagesordnung. Er habe ein Schreiben der Landsmannschaft Schlesien – Ortsgruppe Tübingen erhalten, in dem gefordert werde, dass die Stadt den genehmigten Wegweiser endlich aufstelle. Gmelin machte jetzt den Vorschlag, ihn »von gewissen Emblemen zu befreien, die zu Fehldeutungen Anlaß geben könnten«. Dazu zähle er eine Eichenlaubverzierung und die Ergänzung »des Reiches Hauptstadt« zu Berlin. Diese Dinge könnten »den Gedanken nahelegen, als sei dieser Wegzeiger ein Hinweis auf eine staatliche Wiederherstellung des ehemaligen Deutschen Reiches«. Zudem schlug Gmelin vor, den Wegweiser, statt wie geplant am Omnibusbahnhof, 30 bis 40 Meter vom Ufer entfernt

61 Entgegnung der Alten Straßburger Burschenschaft Germania zu Tübingen, o. D., ebd.
62 Der Egerländer Marsch, in: Die Zeit, 25.12.1964; weitere Artikel und Zuschriften an den Gemeinderat in StadtA Tübingen, A 200/1920.
63 Notizen, in: ST, 16.12.1964, StadtA Tübingen, A 200/1920.
64 Transkript des Beitrags in der Abendschau des Südwestfunks, 29.12.1964, ebd.
65 Lindner an Gmelin, 18.1.1965, ebd.; Gmelin an Lindner, 25.1.1965, ebd.

im nahe gelegenen Anlagensee aufzustellen, um »Vorhaben gewisser Studenten-kreise, den Wegweiser, sowie er aufgestellt werde, abzusägen«, zu erschweren. An diesem skurrilen Vorschlag ist schon abzulesen, dass es Gmelin nach den publizistischen Auswirkungen des Gemeinderatsbeschlusses keineswegs mehr so dringlich damit war, den Wegweiser aufzustellen. Er erklärte, die Folgen des Beschlusses seien in der damaligen Sitzung wohl nicht ganz absehbar gewesen und es habe sich inzwischen auch »in manchen Bereichen der hiervon berühr-ten Grundsatzfragen manches geändert«.[66]

Gmelin sprach damit die »Friedensnote« vom 25. März 1966 an, die von der Bundesrepublik an alle Staaten mit Ausnahme der DDR gesendet wurde. Sie enthielt eine Formulierung, die besagte, dass das Münchner Abkommen, mit dem das Sudetenland 1938 vom Deutschen Reich annektiert wurde, »von Hitler zerrissen« worden sei. Damit wurde angedeutet, dass die westdeutsche Regie-rung im Falle einer Wiedervereinigung mit der DDR nicht auf einer Grenz-revision mit der Tschechoslowakei bestehen würde. Mit der Note machte die von Ludwig Erhard geführte Bundesregierung einen ersten Schritt in Richtung Entspannungspolitik, nachdem die USA seit der Kubakrise 1962 bereits einen Deeskalationskurs in der Blockkonfrontation eingeschlagen hatten.[67] Gmelins Vorschlag zur Veränderung des Wegweisers wurde im Verwaltungsausschuss zugestimmt, und danach wurde nie wieder davon gesprochen. Der Wegweiser wurde nicht aufgestellt, vor einigen Jahren stand er offenbar noch in einem Schrank im Tübinger Rathaus.[68]

Die Diskussion über den Wegweiser zeigt vor allem eine Veränderung in der Haltung des Großteils der organisierten Studentenschaft, die mit ihrem Protest deutlich ein Tabu brach.[69] Noch wenige Jahre zuvor waren Konflikte über die Deutschlandpolitik nur andersherum skandalisierbar: Der Eindruck, jemand vertrete eine abweichende Meinung in der Deutschlandfrage, musste mit allem Nachdruck vermieden werden. Nachdem der Bund der Vertriebenen 1962 mit Erlaubnis der Stadt Plakatschilder mit der Parole »Dreigeteilt? Niemals!« hatte aufstellen lassen, wurde vor dem Klubhaus der Studierenden ein Schild wieder entfernt. Das Studentenwerk und der AStA wurden im *Schwäbischen Tag-blatt* scharf für die Entfernung des Plakates angegriffen. Die Empörung hielt an, obwohl der Leiter des Studentenwerks und schließlich auch der damalige Universitätsrektor Theodor Eschenburg versicherten, dass die Entfernung nur deshalb erfolgt sei, weil keine Genehmigung für die Aufstellung des Schildes vorgelegen habe. Der Leiter des Studentenwerks sagte, der Inhalt der Plakat-aufschrift finde die »als selbstverständlich erachtete vorbehaltlose Billigung

---

66 Verwaltungsausschuss, nichtöffentlich, 25.4.1966, ebd.
67 Ebd.; Conze: Suche, S. 305, 322.
68 Ulmer: Verbrechen, S. 70.
69 Ebd., S. 69.

von Studentenwerk und AStA«. Auch Eschenburg erklärte, dass die »in dem Plakat zum Ausdruck kommende politische Zielsetzung eine Meinungsverschiedenheit ausschliesst«. Die besondere Emotionalität und Vehemenz, mit der jede Tendenz zu einer abweichenden Position zurückgewiesen wurde, ist nicht zuletzt durch die damals noch frischen Erfahrungen der Berlin-Krise und des Mauerbaus zu erklären. Stadtrat Lindner behauptete wiederholt, AStA und Studentenwerk benützten Verlegenheitsausreden und das Plakat sei in Wirklichkeit wegen seines Inhalts entfernt worden.[70]

Auch in die Auseinandersetzung über die Verbrechen des Nationalsozialismus kam nun Schwung von studentischer Seite. Im Februar 1963 veranstaltete der AStA eine Gedenkfeier zum 20. Todestag von Sophie und Hans Scholl, an der sich 3.000 Studierende beteiligten, und am 9. November desselben Jahres den erwähnten Schweigemarsch zum Gedenken an die in Brand gesetzte Synagoge.[71] Die Studentenzeitung *Notizen* veröffentlichte dazu einen kritischen Artikel, in dem sich der Verfasser Holger Oehrens unter anderem an dem »Klappern der Sammelbüchsen für die Kriegsgräberfürsorge« in umliegenden Straßen störte, das »vielen Älteren unliebsame Erinnerungen an eine Zeit gebracht« habe, in der »zuviel gesammelt« worden sei: »noch einen Groschen für das nächste Massengrab«. Im Mittelpunkt des Artikels stand die Rede des Germanistikprofessors Klaus Ziegler, der wie eine Reihe weiterer Professoren an dem Gedenkmarsch teilgenommen hatte. Oehrens bemängelte, dass Ziegler während der Gedenkfeier eine Art Erlebnisbericht vorgetragen habe, mit dem er »an seinem Beispiel die Hilflosigkeit eines Menschen« demonstriert habe, »der durch seine politische Naivität schließlich nur noch mit in der Tasche geballter Faust untätiger Zeuge des herrschenden Terrors werden mußte«. Zieglers Darstellung habe vollständig auf eine Analyse von Fakten und Symptomen verzichtet, »die leider bis heute ihre Aktualität nicht verloren haben«. Seine Auseinandersetzung mit dem Nationalsozialismus sei zu abstrakt, und nur ganz am Ende habe er kursorisch auf den »latenten Antisemitismus« und die »Gefahr des Obrigkeitsdenkens der Deutschen« Bezug genommen. In diesem Zusammenhang nannte der Autor die aktuelle Verbreitung nationalistischer Presseerzeugnisse, nach wie vor tätige Richter, die ihre Karriere in der NS-Zeit begonnen hatten, rechte Hochschullehrer und auch die noch ausstehende diplomatische Anerkennung Israels als Beispiele.[72]

Der damalige Chefredakteur der *Notizen* und langjährige Herausgeber der linken Monatszeitschrift *konkret*, Hermann L. Gremliza, unternahm einige

70 Tübinger Studentenwerk an Lindner, 5.2.1962, StadtA Tübingen, A 200/1920; Eschenburg an Lindner, 4.5.1962, ebd.
71 Ulmer: Verbrechen, S. 64.
72 Holger Oehrens: Lasset uns gedenken …, in: Notizen, Nr. 51 (Dezember 1963), UA Tübingen, HZ 209.

Monate später den Versuch einer weniger abstrakten »Bewältigung der Vergangenheit« anhand eines konkreten Falls. Unter dem Titel »Die braune Universität« veröffentlichten die *Notizen* einen Bericht über an der Universität Tübingen lehrende Hochschullehrer, die sich als Nationalsozialisten exponiert hatten. Das Titelblatt der Ausgabe zeigte ein Ölgemälde des Rektors der Universität in den Jahren 1938 bis 1944, Professor Hermann Hoffmann, der sich als SA-Sturmhauptführer in Uniform mit Hakenkreuzarmbinde hatte malen lassen.[73] In seinem Artikel ging Gremliza besonders auf die Rolle des Gleichschaltungskommissars Bebermeyer ein, der in den 1960er Jahren als inzwischen emeritierter Professor nach wie vor an der Universität tätig war. Er benannte eine Reihe von Professoren, die als »ehrlich Überzeugte« und »Idealisten« die erste Garde der Nationalsozialisten unter den Professoren gestellt hatten. Dazu zählte er unter anderen den 1957 von Gmelin als »Genius Loci« aus dem Gemeinderat verabschiedeten Philosophieprofessor Theodor Haering und zwei Juraprofessoren, denen Gmelin noch 1954 für ihre »besondere berufliche Förderung« dankte: Walther Schönfeld, der vor 1933 Stahlhelm-Führer war, und Georg Eißer, der immer noch den Lehrstuhl für Römisches, Bürgerliches und Handelsrecht innehatte.[74] In der folgenden Ausgabe der *Notizen* im Mai 1964 erschien ein Artikel über Studenten um 1933, zudem wurde der Debatte, die über die vorige Ausgabe entbrannt war, breiter Raum gegeben. Gremliza zitierte genüsslich aus beleidigenden Briefen, die ihm vor allem aus den Reihen der Professoren zukamen. Sieht man von diesen Reaktionen ab, wurde die Diskussion der Professorenschaft mit den Studierenden bald zunehmend sachlicher geführt. Der AStA bemühte sich um die Organisation einer Ringvorlesung zur Geschichte der deutschen Hochschulen von 1933 bis 1945 im kommenden Semester, für die Professoren als Redner über ihre jeweiligen akademischen Fächer gewonnen wurden.[75]

Die Initiative der *Notizen* entstand nicht im luftleeren Raum. In den frühen 1960er Jahren waren es vor allem viel beachtete Gerichtsprozesse, die das Interesse der nachwachsenden Generation am Nationalsozialismus weckten – vom Ulmer Einsatzgruppenprozess von 1958, der maßgeblich zur Gründung der Zentralen Stelle der Landesjustizverwaltungen zur Aufklärung nationalsozialistischer Verbrechen in Ludwigsburg beitrug, über die Entführung Adolf

---

73 Ulmer: Verbrechen, S. 65; Hermann L. Gremliza: Die braune Universität, in: Notizen, Nr. 53 (Februar 1964), UA Tübingen, HZ 209.

74 Hermann L. Gremliza: Die braune Universität, in: Notizen, Nr. 53 (Februar 1964), UA Tübingen, HZ 209; *Tagblatt*-Sonderseiten Wahlkampf Hans Gmelin, in: ST, 2.10.1954, StadtA Tübingen, A 200/5369; Patricia Gebhart: Der Fall Theodor Haering. Geschichte eines Tübinger Ehrenbürgers. Vom Umgang mit der NS-Vergangenheit in Tübingen, Tübingen 2008, S. 84 f.

75 Notizen, Nr. 54 (Mai 1964), UA Tübingen, HZ 209.

Eichmanns in Argentinien und den anschließenden Prozess in Jerusalem 1961 bis hin zum ersten Frankfurter Auschwitz-Prozess ab 1963. Es begann eine neue Phase der justiziellen Aufarbeitung des Nationalsozialismus, die größere Aufmerksamkeit in der Öffentlichkeit fand. Der hessische Generalstaatsanwalt Fritz Bauer erhoffte sich ausdrücklich eine erzieherische Wirkung im demokratischen Sinne, die von den Auschwitz-Prozessen ausgehen sollte, wobei unklar ist, ob dieses Ziel tatsächlich erreicht wurde.[76] Es ist in diesem Zusammenhang auch darauf hinzuweisen, dass der baden-württembergische Generalstaatsanwalt Erich Nellmann, der eine wichtige Rolle für das Zustandekommen sowohl des Ulmer Prozesses als auch der Zentralen Stelle spielte, in Tübingen an Hunderten von Sterilisierungen beteiligt war, die er als Amtsrichter und Stellvertreter von Hans Gmelins Vater, Oskar Gmelin, am dortigen Erbgesundheitsgericht anordnete. Nellmann war ein enger Freund Viktor Renners und am demokratischen Wiederaufbau nach 1945 beteiligt. Sein früheres Wirken wurde in keinem Zusammenhang thematisiert, vor allem aber wurden die Sterilisierungen nach dem »Gesetz zur Verhütung erbkranken Nachwuchses« noch lange nach 1945 nicht zu den NS-Verbrechen gezählt.[77]

Ein weiterer Faktor, der die NS-Verbrechen im öffentlichen Diskurs hielt, war die seit 1960 geführte Verjährungsdebatte über die Frage der Verlängerung der fünfzehnjährigen Verjährungsfrist für Mord, die schließlich 1969 ganz aufgehoben wurde. Im Bundestag wurde diese Frage angesichts noch nicht juristisch gesühnter NS-Verbrechen sehr intensiv und kontrovers diskutiert.[78] Aufgrund der Hakenkreuzschmierereien an der Kölner Synagoge in der Weihnachtsnacht 1959 ging eine Welle der Empörung durch Westdeutschland, die dann ihrerseits eine Welle von Nachahmungstaten nach sich zog, die erst in den ersten Wochen des Jahres 1960 langsam wieder abebbte. Die »Schmierwelle«

76 Werner Renz: Der 1. Frankfurter Auschwitz-Prozess 1963-1965 und die deutsche Öffentlichkeit. Anmerkungen zur Entmythologisierung eines NSG-Verfahrens, in: Jörg Osterloh, Clemens Vollnhals (Hrsg.): NS-Prozesse und deutsche Öffentlichkeit. Besatzungszeit, frühe Bundesrepublik und DDR, Göttingen 2011, S. 349-362; Claudia Fröhlich: Der »Ulmer Einsatzgruppen-Prozess« 1958. Wahrnehmung und Wirkung des ersten großen Holocaust-Prozesses, in: Osterloh, Vollnhals (Hrsg.): NS-Prozesse, S. 233-262, hier: S. 235; Peter Krause: »Eichmann und wir«. Die bundesdeutsche Öffentlichkeit und der Jerusalemer Eichmann-Prozess 1961, in: Osterloh, Vollnhals (Hrsg.): NS-Prozesse, S. 283-306.

77 Fröhlich: Einsatzgruppen-Prozess, S. 255; Annette Weinke: »Bleiben die Mörder unter uns?« Öffentliche Reaktionen auf die Gründung und Tätigkeit der Zentralen Stelle Ludwigsburg, in: Osterloh, Vollnhals (Hrsg.): NS-Prozesse, S. 263-282, hier: S. 273; Dankesrede Viktor Renners zur Verleihung der Tübinger Ehrenbürgerwürde, Gemeinderatsprotokoll, 21.6.1965, StadtA Tübingen, A 200/379; Tümmers: Anerkennungskämpfe, S. 265.

78 Peter Reichel: Der Nationalsozialismus vor Gericht und die Rückkehr zum Rechtsstaat, in: Schmid, Steinbach (Hrsg.): Nationalsozialismus, S. 22-61, hier: S. 53-58.

fand weltweit Beachtung in den Medien und verstärkte das Bewusstsein in Teilen der Bevölkerung, dass nach Kapitulation und Entnazifizierung längst nicht alle nationalsozialistischen Tendenzen der Vergangenheit angehörten. Versuche, die antisemitischen Vorfälle ostdeutschen Provokateuren zuzuschieben, schlugen fehl. Eine gleichzeitige Kampagne der DDR-Führung zur Diffamierung ehemaliger NS-Aktivisten in Justiz, Politik und Verwaltung der Bundesrepublik verschärfte den öffentlichen Druck zusätzlich. Denn auch über die Braunbücher aus »Pankow« berichtete die ausländische Presse westlicher Länder, insbesondere die britische. Ab Juni 1960 bemühten sich Tübinger Studierende, eine Ausstellung in der Stadt zu organisieren, die sich auf Dokumente aus einer Wanderausstellung mit dem Titel »Ungesühnte Nazi-Justiz« stützte. Mitglieder des Sozialistischen Deutschen Studentenbunds (SDS) stellten mit Material zur Sondergerichtsjustiz des NS-Staates Verbindungen zu Richtern und Staatsanwälten in der Justiz der Bundesrepublik her. Zahlreiche Namen von Richtern, die wegen geringster Vergehen Todesurteile verhängt hatten und danach wieder Dienst tun konnten, ohne größer belangt worden zu sein, wurden in der Dokumentation an die Öffentlichkeit gebracht. Wie schon in den anderen Städten traf die geplante Ausstellung in Tübingen auf vehementen Widerstand. Trotz prominenter Fürsprecher aus der Professorenschaft konnte sie nur in deutlich entschärfter Form und unter dem harmloseren Titel »Dokumente zur NS-Justiz« gezeigt werden.[79]

Die Ringvorlesung zum Nationalsozialismus an der Hochschule, die im Wintersemester 1964/65 in Tübingen stattfand, war bundesweit die erste ihrer Art. Ihrem Beispiel folgten bald weitere Universitäten. Die Tübinger Ringvorlesung ist allein durch ihre prominente Besetzung schon eine geschichtswissenschaftliche Fundgrube: Den Auftakt im November 1964 bildeten Hermann Diems Ausführungen zum Thema Kirche und Antisemitismus. Es folgte Hans Rothfels mit einem Vortrag über die Geschichtswissenschaft in den 1930er Jahren. In der Woche danach sprach Theodor Eschenburg über das Universitätsleben vor 1933. Im Dezember behandelte Ralf Dahrendorf die Soziologie der 1930er Jahre, und im Februar 1965 hielt Walter Jens einen Vortrag über Deutsche Literatur und volkhafte Dichtung. Damit sind nur einige der bekanntesten Redner genannt.[80] Nicht nur die *Notizen*, auch das *Schwäbische*

---

79 Stephan Alexander Glienke: Clubhaus 1960: Szenen einer Ausstellung. Konfliktlinien der Tübinger Ausstellung »Dokumente zur NS-Justiz« als Vorgeschichte des studentischen Faschismusdiskurses, in: Binder (Hrsg.): Heimkehrertafel, S. 115-132; Werner Bergmann: Antisemitismus in öffentlichen Konflikten. Kollektives Lernen in der politischen Kultur der Bundesrepublik 1949-1989, Frankfurt am Main, New York 1997, S. 235-249.

80 Ringvorlesung zur »Braunen Universität«, in: Notizen, Nr. 57 (November 1964), UA Tübingen, HZ 209; Andreas Flitner (Hrsg.): Deutsches Geistesleben und Nationalsozialismus. Eine Vortragsreihe der Universität Tübingen, Tübingen 1965; Wolfgang

Tagblatt und mitunter die *Stuttgarter Zeitung* berichteten teilweise ausführlich über die Vorlesungen und die anschließenden Diskussionen.[81]

Für den Tenor dieser wissenschaftlichen Auseinandersetzung mit dem Nationalsozialismus an der Hochschule sind insbesondere die einleitenden Bemerkungen von Hans Rothfels charakteristisch. Er sprach von der »schließlich siegreichen nationalsozialistischen Flutwelle«, der die Geschichtswissenschaft »widerstehend, kompromißwillig oder unterwürfig« begegnet sei.[82] Die von Rothfels verwendete Metapher der »Flutwelle«, die über die Wissenschaft hereingebrochen sei, taucht in nahezu jedem Beitrag der Ringvorlesung in der einen oder anderen Form auf. Für alle Vortragenden kam der Nationalsozialismus von außen und hatte mit ihrem Fach und ihrer akademischen Arbeit im Grunde nichts zu tun. Die darin enthaltene Behauptung, Wissenschaftler hätten sich nicht aktiv an der Etablierung und Durchsetzung der nationalsozialistischen Herrschaft beteiligt, steht im Kontext der verbreiteten Auffassung dieser Zeit, dass nur eine kleine Elite, die zudem »pöbelhaft« und antiintellektuell[83] gewesen sei, den Nationalsozialismus wirklich vertreten habe. Dabei waren gerade einige namhafte Historiker als »Ostforscher« besonders hervorgetreten und hatten nationalsozialistischen Expansions- und »Umvolkungs«-Plänen intellektuell zugearbeitet. Rothfels, der nach den Nürnberger Gesetzen als Jude galt und in den 1930er Jahren von seinem Lehrstuhl in Königsberg vertrieben wurde, hatte in der Weimarer Zeit selbst Neuordnungsvorstellungen Ostmitteleuropas unter deutscher Vorherrschaft vertreten, von denen sich allerdings nicht unbedingt eine Linie zur Herrschaftspraxis der Nationalsozialisten in Osteuropa ziehen lässt.[84]

Noch in seinem Beitrag zur Ringvorlesung erklärte Rothfels, immerhin mit retrospektiver Distanz, dass sich, »so paradox das klingen mag, gewisse Hoffnungen an den Rassengedanken« geknüpft hätten. Wenn auch die These des »Herrenvolks« außenpolitisch Schlimmes habe befürchten lassen, so bedeute

Fritz Haug: Der hilflose Antifaschismus. Zur Kritik der Vorlesungsreihen über Wissenschaft und NS an deutschen Hochschulen, 2. Aufl., Frankfurt am Main 1968 (zuerst 1967), S. 9 f.; s. auch den kritischen Blick zurück bei Andreas Flitner: Die Tübinger Vortragsreihe »Deutscher Geist und Nationalsozialismus« 1964/65, in: Wiesing u. a. (Hrsg.): Tübinger Universität, S. 1059-1062.

81 Ausschnitte in UA Tübingen, 169/63.

82 Hans Rothfels: Die Geschichtswissenschaft in den dreißiger Jahren in: Flitner (Hrsg.): Geistesleben, S. 90-107, hier: S. 90.

83 Ein Beispiel in der Tübinger Vorlesungsreihe lieferte Ralf Dahrendorf, der erklärte, dass der Soziologe Hans Freyer kein »rabiater Nazi« gewesen sein könne, weil er dafür »zu intelligent« gewesen sei. Ralf Dahrendorf: Soziologie und Nationalsozialismus, in: Flitner (Hrsg.): Geistesleben, S. 108-124, hier: S. 117.

84 Jan Eckel: Hans Rothfels. Eine intellektuelle Biographie im 20. Jahrhundert, Göttingen 2005, S. 120-128, 175-183; Ingo Haar: Historiker im Nationalsozialismus. Deutsche Geschichtswissenschaft und der »Volkstumskampf« im Osten, Göttingen 2000.

die Theorie der Unveränderlichkeit der »biologischen Substanz« doch, wenn man sie ernst nehme, dass alle Befürchtungen von »Denationalisierung« in der »Vielvölkerzone Ostmitteleuropas« unbegründet seien und das »kulturelle Eigenleben mehrerer Volkstümer nebeneinander in einem Staat oder einem Staatenverbund möglich« sei. Dieser Gedanke habe sich jedoch als »illusionär« erwiesen.[85]

Weitgehender Konsens unter den Vortragenden der Ringvorlesung war ein Eingeständnis des Biologen und SPD-Stadtrats Georg Melchers, eines entschiedenen Befürworters der Auseinandersetzung mit der NS-Vergangenheit: Der Wissenschaft müsse vor allem der Vorwurf gemacht werden, dass »der Widerstand gegen den Mißbrauch scheinbarer Wissenschaftlichkeit [...] viel zu schwach war«.[86] Wie ein roter Faden zog sich die Unterscheidung zwischen der »reinen«, wertfreien Wissenschaft und ihrem Missbrauch durch politische Einflussnahme durch alle Vorträge der Ringvorlesung. Diese Unterscheidung enthielt für fast alle Redner die Antwort auf die drängendste Frage, die in den Diskussionen nach den Vorträgen immer wieder eine Rolle spielte, nämlich wie eine Wiederholung einer totalitären »Flutwelle«, die über die Wissenschaft hereinbricht, künftig zu vermeiden sei. Der Kulturwissenschaftler und Volkskundler Hermann Bausinger erklärte, der Wissenschaftler habe sich in »Gefühlsaskese« zu üben und müsse mit »kühler Distanz« urteilen.[87] Auch der Zeithistoriker Gerhard Schulz, der bereits im Sommersemester 1964 gewissermaßen im Vorprogramm zur Ringvorlesung gesprochen hatte, bedauerte in seinem Vortrag, dass die Beziehung zwischen Politik und Wissenschaft sich in Deutschland als so labil erwiesen habe. In der Diskussion nach Schulz' Ausführungen war man sich weitgehend einig, dass die »wertfreie Wissenschaft in Krisenzeiten stark gefährdet« sei. Professor Ludwig Raiser zeigte sich zwar erschüttert darüber, dass seine damaligen Kollegen nicht schon vor 1933 gegen die sich anbahnende Entwicklung protestiert hatten, man müsse aber sehen, dass sie in keiner Weise auf die Politik vorbereitet gewesen seien: »Sie trieben ja wertfreie Wissenschaft«. Als man sie zum politischen Engagement aufforderte, seien sie anfällig für den Nationalsozialismus geworden.[88]

Zur Vorbeugung gegen nationalsozialistische Tendenzen, so die einhellige Meinung, habe sich die »reine« und »wertfreie« Wissenschaft also der politischen

---

85 Rothfels: Geschichtswissenschaft, S. 93 ff.; s. zu Rothfels' Äußerung auch Eckel: Hans Rothfels, S. 338 f.

86 Georg Melchers: Biologie und Nationalsozialismus, in: Flitner (Hrsg.): Geistesleben, S. 59-72, hier: S. 71.

87 Hermann Bausinger: Volksideologie und Volksforschung, in: Flitner (Hrsg.): Geistesleben, S. 125-143, hier: S. 141 f.

88 Die Hochschulen waren ratlos. Prof. Schulz über die deutschen Universitäten zu Beginn der NS-Zeit, in: ST, 20.5.1964, UA Tübingen, 169/63.

Instrumentalisierung zu erwehren, indem sie noch objektiver, noch neutraler und wertfreier und damit letztlich unpolitischer arbeite. Jahre später sollte Hermann Bausinger diese Auffassung revidieren. In einer Tübinger Podiumsdiskussion erklärte er 2010: »Damals ist der Irrtum entstanden, Wissenschaft könne unpolitisch betrieben werden, man muss sich nur zurückhalten und explizit keine politischen Äußerungen machen. In Wirklichkeit hat man sich damit natürlich dem jeweiligen Mainstream ohne weiteres ergeben.«[89]

Zu diesem Irrtum kommt hinzu, dass die Tatsache, dass die Wissenschaft und in ähnlichem Sinne auch der Sport bestimmte Funktionen für den Nationalsozialismus erfüllt haben, nicht zwangsläufig von den Zeitgenossen als solche wahrgenommen wurde. Im Gegenteil, sogar der Nationalsozialistische Deutsche Studentenbund wandte sich vor 1933 gegen eine Instrumentalisierung der Wissenschaft durch die Politik. Nicht Politik, sondern »völkischen Überlebenskampf« schrieben sich die Nationalsozialisten auf die Fahnen. Politik wurde mit »parteipolitischer Zersetzung«, mit Diskussion und Demokratie gleichgesetzt. Nach der Machtübernahme wurde diese Art von Politik abgeschafft und der Begriff neu besetzt. Entsprechend der Behauptung des Nationalsozialistischen Deutschen Studentenbundes, dass seine Positionen »eigentlich schon keine Politik mehr« seien, wurde der Begriff »Politik« nun mit den Begriffen »Führerschaft, Tat, Idee« neu gefüllt.[90] In den Vorträgen der Ringvorlesung Mitte der 1960er Jahre wurde er schließlich mit der nationalsozialistischen Ideologie gleichgesetzt. Der marxistische Politologe Wolfgang Fritz Haug machte darauf bereits in seinem 1968 erschienenen Band *Der hilflose Antifaschismus* aufmerksam, in dem er mehrere der Ringvorlesungen zum Thema Hochschule und Nationalsozialismus analysierte.[91] Wie Wolfgang Abendroth, der 1966 in der Ringvorlesung an der Freien Universität in Berlin gesprochen hatte, wies er auf das »Syndrom des Unpolitischen« hin, das sich durch die Vortragsreihen zog. Abendroth stellte eine Verbindung zwischen der bildungsbürgerlichen Identifikation mit dem Staat und der Macht seit dem Kaiserreich, die sich jenseits jeder Politik verortete, und dem Anspruch auf objektive, reine Wissenschaftlichkeit her – eine Verbindung, die sich seinem Empfinden nach erneut im Aufwind befand: »Das Syndrom der ›unpolitischen‹ Universität, die vor rationaler Überprüfung ihrer politischen Hintergründe, ihrer politischen Funktion und der politischen Voraussetzungen und Wirkungen ihrer Forschung und Lehre zurückschreckt, droht sich zu restaurieren [...]. Aber mit der Restauration dieses Syndroms wäre die durch rationale Kritik unbeschränkte Vorherrschaft unge-

---

89 »Warum gab es dieses große Schweigen?«, Podiumsgespräch, S. 227.
90 Flugblatt des NSDStB »Was sind wir und was wollen wir?«, UA Tübingen, 117/1144, Nr. 5; Wildt: Generation, S. 854.
91 Haug: Antifaschismus, S. 69 f.

klärter Vorurteile wiederhergestellt, die zwar vielleicht ihre Form, aber kaum ihren Inhalt gewandelt hätten.«[92]

Es ist augenfällig, dass Abendroths zeitgenössische Diagnose keine guten Aussichten auf politische Diskussion oder gar Veränderung an der Hochschule und in der Gesellschaft eröffnete. Das fiel auch der *Notizen*-Redaktion auf, als die Tübinger Vorlesungsreihe im Herbst 1965 im Druck erschien. Sehr häufig tauche in dem Band »die Absage an utopische Konzepte auf«, und diese erfolge in »auffälliger Nähe zum Gewesenen«. Die Redaktion vertrat demgegenüber die Auffassung, dass zwischen den »›völkisch-utopischen‹ Entwürfen von einst und denen, die solche endgültig zu überwinden trachten«, ein deutlicher Unterschied bestehe. Kritische Utopien in einem Atemzug mit völkischen zu nennen, grenze an eine »Apologie des Faschismus«.[93]

Besonders Ralf Dahrendorf hatte erklärt, »Utopie« sei »eine ›Krankheit‹, ein Irrweg des Geistes«.[94] Als er bald darauf seine scharfe Analyse *Gesellschaft und Demokratie in Deutschland* veröffentlichte, widmete er darin auch einige Seiten dem »unpolitischen Deutschen«, den er als ein Stereotyp über die Demokratie in Deutschland bezeichnete. Er wies dieses Stereotyp hauptsächlich mithilfe einer auf Wahlbeteiligungen, Meinungsumfragen und Statistiken über das Engagement in Initiativen basierenden Untersuchung zunächst zurück. Bei näherer Betrachtung zeige sich jedoch, dass »der Deutsche« das politische Verhalten als etwas Äußerliches, als Pflicht begreife, die er ähnlich der Kehrwoche zu erledigen habe.[95] Diese Analyse des »Unpolitischen« geht an dem hier wiederholt skizzierten Phänomen, dass politische Ambitionen als Allgemein- oder Volksinteresse verschleiert und abweichende Meinungen beiseitegedrängt wurden, vorbei. Dieses alles andere als unpolitische Verhalten gehört jedoch zum »Syndrom des Unpolitischen«, das Abendroth und Haug beschrieben haben und das sich in den verschiedensten gesellschaftlichen Zusammenhängen und zeitlichen Kontexten wiederfindet.

Als an deutschen Universitäten wenige Jahre nach der Tübinger Ringvorlesung Unruhe ausbrach, politische Diskussionen, Demonstrationen und Aktionen stattfanden, reagierte ein Großteil von Politik, Justiz und Professorenschaft darauf mit Ablehnung und Repression. Einer politischen Auseinandersetzung wurde mit Hinweis auf die Aufrechterhaltung der Ordnung vielfach aus dem

92 Wolfgang Abendroth: Das Unpolitische als Wesensmerkmal der deutschen Universität, in: Freie Universität Berlin (Hrsg.): Universitätstage 1966. Nationalsozialismus und die Deutsche Universität, Berlin 1966, S. 189-208, hier: S. 204 ff.
93 Wolfram Burisch, Jürgen Peters: Zum letztenmal (?) Braune Universität, in: Notizen, Nr. 64 (November 1965), UA Tübingen, HZ 209.
94 Dahrendorf: Soziologie, S. 116.
95 Ralf Dahrendorf: Gesellschaft und Demokratie in Deutschland, München 1971 (zuerst 1965), S. 345-360.

Weg gegangen. In diesen Kontext gehören auch die wiederholten Diskussionen über ein »politisches Mandat« des AStA. Im Jahr 1958 hatte der Rektor Theodor Eschenburg eine studentische Vollversammlung in Tübingen noch überzeugen können, dass sie auf eine Umfrage (keine Stellungnahme) zu einer atomaren Bewaffnung der Bundesrepublik lieber verzichten sollte. Als Standesorganisation habe sich der AStA politischer Fragen zu enthalten. Das Engagement des AStA zum 17. Juni oder zum Ungarnaufstand sei damit nicht vergleichbar, denn in diesen Fällen gebe es keine Meinungsverschiedenheiten, in der Frage der Atombewaffnung hingegen schon.[96]

Statt die um 1968 stattfindenden politischen Auseinandersetzungen in der Gesellschaft und an den Hochschulen zuzulassen, versuchte man, die anstehende Hochschulreform zu nutzen, um ein Ordnungs- und Disziplinarrecht an den Universitäten einzuführen und die Störungen des regulären Veranstaltungsbetriebs zu unterdrücken. Viele Studierende reagierten auf diese und weitere Konflikte mit der Kontinuitätsthese, dass der Faschismus aus den staatlichen Institutionen heraus agiere. Die *Notizen* parallelisierten die ordnungsrechtlichen Forderungen des Tübinger Stadtrats und CDU-Landtagsabgeordneten Gerhard Weng 1969 mit dem Strafkatalog, der 1935 an den Hochschulen erlassen wurde.[97] Die repressive Ahndung der studentischen Aktionen führte zu einer noch direkteren Konfrontation mit ehemaligen NS-Juristen und verstärkte die Wahrnehmung von vermeintlichen »Faschisierungstendenzen«. Teile der Presse und der älteren Generation reagierten auf die Störung von Ruhe und Ordnung durch die Studierenden ihrerseits mit dem Vorwurf des »Linksfaschismus«.[98]

Die Verschärfung dieser Auseinandersetzungen ist auch als Folge des Status quo der »Vergangenheitsbewältigung« bis in die 1960er Jahre zu betrachten. Der Umgang mit den Kriegsfolgen war geprägt von einer beständigen Beschwörung des Gemeinschaftsinteresses und der Verantwortung des einzelnen Bürgers für Volk und Gemeinde. Der moralische Druck, der mit dem Anspruch auf Konsens in der Gemeinschaft einherging, schuf Tabus und Unverständnis bei Abweichung sowie eine Atmosphäre, in der kein Platz für diejenigen war, die durch die rassistischen Verfolgungen der NS-Zeit zu den eigentlichen Opfern

---

96 AStA Tübingen bleibt politisch neutral, in: ST, 25.6.1958; Stephan Leibfried: Demokratisch agierende oder autoritär politisierte Universität? Resümee zum politischen Mandat, in: Notizen, Nr. 87/88 (Januar/Februar 1969), UA Tübingen, HZ 209.

97 Heute wie im Dritten Reich – Faschismus bleibt sich immer gleich, in: Notizen, Nr. 91 (Juli 1969), ebd.

98 Oskar Negt: Studentischer Protest – Liberalismus – »Linksfaschismus«, in: Kursbuch, 13 (Juni 1968), S. 179-189; Aus dem Land der Richter und Henker (II). Die Mörder sind unter uns, in: Notizen, Nr. 87/88 (Januar/Februar 1969), UA Tübingen, HZ 209; Spendet für den Rechtshilfe-Fonds, in: Notizen, Nr. 89 (April 1969), ebd.; Judenschule, in: Notizen, Nr. 85 (November 1968), ebd.

geworden waren. Das gemeinschaftliche »Einüben« von Verhaltens- und An-
schauungsweisen, die politische Haltungen als unpolitisches Allgemeininteresse kaschierten, war dabei deutlich näher an den Gemeinschaftsprozessen der
NS-Zeit, als es den gesellschaftlichen Akteuren bewusst gewesen sein mag. Eine
dringend notwendige, kritische Auseinandersetzung über die Grundlagen des
gesellschaftlichen Zusammenlebens wurde so zunächst unmöglich gemacht,
stattdessen konnte die Anrufung der Gemeinschaft als Inbegriff des Demokratischen gelten. Der Umgang mit den Opfern des Nationalsozialismus in
dieser Zeit belegt, dass die Befürwortung der Demokratie de facto nicht im
Gegensatz zu gemeinschaftlichen Ausgrenzungsprozessen stand.

LERNPROZESSE UND ABWEHRHALTUNGEN

Das Demokratie- und Politikverständnis
des Oberbürgermeisters

Demokratischer Aufbruch und Illiberalität in der Kommunalpolitik

Als Hans Gmelin sich 1954 seinen Wählern präsentierte, zeigte er sich überzeugt, dass die »Mitarbeit an einer lebendigen Demokratie« eine bessere Variante des menschlichen Zusammenlebens sei als die Diktatur der NS-Zeit: »Es muß jedem klar geworden sein, daß das demokratische System – mag es mancherlei Unvollkommenheiten haben – als das System des Gesprächs und des Ausgleichs, und zwar nicht nur als formale Spielregel, sondern in seiner vollen Wirklichkeit die ehrlichste, zweckmäßigste und letztlich auch gerechteste Form der Ordnung des menschlichen Zusammenlebens als Volk und als Gemeinde ist. Von mir dürfen Sie jedenfalls, obwohl ich keiner politischen Partei angehöre, die feierliche Erklärung entgegennehmen, daß ich seit Jahren ein ehrlicher Partner in einer demokratischen Ordnung bin und auch künftig sein werde.«[1]

Als Zeichen einer neu beginnenden Demokratieerziehung kann ein 1954 in Tübingen eingeführter jährlicher Brauch betrachtet werden. Im Rahmen der sogenannten Jungbürgerfeiern wurden die neu ins Wahlalter eingetretenen jungen Frauen und Männer als vollwertige Mitglieder in der Gemeinde begrüßt und mit ihren Rechten und Pflichten als Staatsbürger vertraut gemacht. Letztlich ging es dabei eher um die Aufgaben und Pflichten, denn die Rechte und Freiheiten, die man als Mensch in der Bundesrepublik genoss, hatten die jungen Erwachsenen nach Gmelins Auffassung als Jugendliche bereits zur Genüge kennengelernt.[2]

Es kann nicht überraschen, dass diese »Demokratiefeiern«, die von der Stadt gemeinsam mit dem Bürger- und Verkehrsverein und weiteren Initiativen organisiert wurden, anfangs mitunter etwas holprig waren. Bei der Vorbereitung der dritten Feier im Jahr 1957 mussten von der engeren Auswahl von sechs

---

1 *Tagblatt*-Sonderseiten Wahlkampf Hans Gmelin, in: ST, 2.10.1954, StadtA Tübingen, A 200/5369.
2 Gmelin an Gredler, 10.4.1969, StadtA Tübingen, A 200/476; Der Staat – das sind wir alle, in: ST, 11.7.1957, ebd.

Vorschlägen für den Hauptredner des Abends zwei wegen ihrer jeweiligen »politischen Gegenwart beziehungsweise Vergangenheit« ausgeschlossen werden. Aufgrund der damals eher laxen Vorstellungen von politischer Belastung durch den Nationalsozialismus kann es sich nur um äußerst eindeutige Fälle gehandelt haben. Ein dritter Kandidat wurde ohne Angabe von Gründen gestrichen. Unter den drei übrigen Vorschlägen waren zwei der wichtigsten »Gründungsväter« der Politikwissenschaft in der Bundesrepublik, die Freiburger und Tübinger Professoren Arnold Bergstraesser und Theodor Eschenburg. Die beiden Politikwissenschaftler setzten sich unter anderem erfolgreich für die Einführung des Schulfachs Gemeinschaftskunde in Baden-Württemberg ein und verstanden ihre Disziplin als »Demokratiewissenschaft«. Die Rednerwahl fiel in diesem Jahr schließlich aber auf den Landrat Hermann Zahr. An der Vorbereitungssitzung nahm auch die Leiterin der Staatsbürgerkurse an der Volkshochschule Tübingen teil, die während des Oberbürgermeisterwahlkampfs 1954 eine Auseinandersetzung mit dem *Schwäbischen Tagblatt* hatte, weil sie dessen Entscheidung gegen den Abdruck von Leserbriefen nicht billigte. Sie empfahl in der Sitzung, auf der Rückseite der Programme die dritte Strophe des Deutschlandliedes abzudrucken, »damit zum Schluss der Feier nicht wieder von der Mehrzahl der Teilnehmer die erste Strophe des Liedes gesungen« werde.[3]

Der Geburtsjahrgang 1936, der wegen Vollendung seines 21. Lebensjahrs 1957 zur Jungbürgerfeier geladen wurde, nahm immerhin zu knapp 50 Prozent, mit 320 von 770 Personen, an der Feier teil.[4] Dieser Prozentsatz ließ sich noch bis 1967 halten, ging aber in den nächsten beiden Jahren infolge der Protestbewegung auf weniger als ein Drittel zurück. Die Hälfte der Geburtsjahrgänge 1947 und 1948 antwortete noch nicht einmal mehr auf die Einladung. Mit letzterem Jahrgang wurden die Jungbürgerfeiern 1969 eingestellt.[5]

In den bewegten Jahren 1968/69 kam niemand auf die Idee, die geringe Teilnahme an den Jungbürgerfeiern als fehlendes politisches Bewusstsein der Jugend zu interpretieren.[6] In den Jahren zuvor hatte sich die Tendenz bemerkbar gemacht, das als mangelnde Verantwortungsbereitschaft für »gemein-

---

3 Protokoll über eine Vorbesprechung der Jungbürgerfeier 1957, Büro des Verkehrsvereins, 14.5.1957, StadtA Tübingen, A 200/464; Wilhelm Bleek: Geschichte der Politikwissenschaft in Deutschland, München 2001, S. 263, 303, 305.

4 Protokoll über eine Vorbesprechung der Jungbürgerfeier 1957, Büro des Verkehrsvereins, 25.6.1957, StadtA Tübingen, A 200/464; Zur Jungbürgerfeier, in: ST, 9.7.1957, ebd.

5 »Wir hoffen auf Sie!«, in: ST, 10.7.1967, ebd.; Eigene Meinung, aber auch Verantwortung, in: ST, 9.7.1968; ebd.; Bereitschaft zum Dialog muß wachsen, in: ST, 9.7.1969, ebd.; Klaus Geiger: Oberbürgermeister Gmelin bei der Jungbürgerfeier, 9. Juli 1965, in: Rauch, Zacharias (Hrsg.): Szenenwechsel, S. 151.

6 Übrigens … Einmal anders?, in: ST, 10.7.1969, StadtA Tübingen, A 200/476.

schaftliche Belange« gedeutete Fernbleiben darauf zurückzuführen, dass es den Menschen »zu gut« ginge. Solche Argumente waren besonders im Zusammenhang mit den Bemühungen in der Deutschlandpolitik verbreitet. Gmelin hatte 1960 in seiner Rede auf dem Marktplatz zur Pariser Gipfelkonferenz gesagt, viele Bürger der Bundesrepublik lebten »in der kindlichen Meinung, sie könnten sich und die ihren dem Geschick des Ganzen entziehen und nur im Privaten Unterschlupf finden. Sie lesen keine Zeitung und lassen alles auf sich zukommen, sie freuen sich des Wohlstandes, den sie ihrer Tüchtigkeit zuschreiben und machen die Augen zu. Das deutsche Volk kann sich aber einen Dornröschenschlaf nicht leisten.«[7] Es war gerade die bald nach der Währungsreform 1948 einsetzende enorme wirtschaftliche Entwicklung, die erheblich dazu beitrug, dass die westliche Demokratie im Bewusstsein der Bürgerinnen und Bürger der Bundesrepublik als überlegenes Gesellschaftsmodell Bestand hatte, obwohl viele »vergangenheitspolitische« Entwicklungen in den frühen 1950er Jahren darauf zunächst nicht hindeuteten.[8] Vor diesem Hintergrund ist es paradox, dass das beginnende Wirtschaftswunder zeitgenössisch als Gefahr für das demokratische Engagement verstanden wurde.

Gmelins gesamte Amtszeit war von dieser beispiellosen wirtschaftlichen Aufwärtsbewegung geprägt, die erst Anfang der 1970er Jahre mit einem »Erdrutsch« zu Ende ging.[9] Seine Aufgabe als Oberbürgermeister wurde dadurch erheblich erleichtert, wie retrospektiv festgestellt werden kann. Zu Gmelins größten kommunalpolitischen Erfolgen gehört die Aushandlung der »Generalverträge« zwischen den drei damaligen baden-württembergischen Universitätsstädten und der Landesregierung unter Kiesinger im Jahr 1962. Die Finanzausgleichsregelung brachte der Stadt eine erhebliche Erhöhung ihres Haushalts. Auch das war nur möglich, weil das Land Baden-Württemberg insgesamt Anfang der 1960er Jahre als wichtiger Wirtschaftsstandort bereits zu erheblichem Wohlstand gekommen war.[10] Wenige Jahre zuvor wurde die gute wirtschaftliche Entwicklung noch keineswegs so wahrgenommen, und 1957 waren längst nicht alle Probleme gelöst. Die jungen Leute sollten sich nicht von den vollen Schaufenstern täuschen lassen, mahnte Gmelin bei der Jungbürgerfeier. Ein Drittel des Jahreshaushalts der Stadt Tübingen werde noch für soziale Aus-

---

7   Ansprache Gmelins auf dem Marktplatz, 16.5.1960, StadtA Tübingen, A 200/5649.

8   Conze: Suche, S. 157-165, 214 ff.; Schildt: Ankunft, S. 25-33, 90-96.

9   Anselm Doering-Manteuffel: Nach dem Boom. Brüche und Kontinuitäten der Industriemoderne seit 1970, in: Vierteljahrshefte für Zeitgeschichte, 55 (2007), H. 4, S. 559-581.

10 Paul Sting: Allzeit Fuchs und Has'. Hans Gmelin prägte 20 Jahre Tübinger Kommunalgeschichte, in: Tübinger Blätter, 62 (1975), S. 51 ff.; Fred Sepaintner: Baden-Württemberg 1960-1992, in: Kommission für geschichtliche Landeskunde in Baden-Württemberg (Hrsg.): Handbuch der Baden-Württembergischen Geschichte, 5 Bde., Bd. 4: Die Länder seit 1918, Stuttgart 2003, S. 591-896, hier: S. 627 f.

gaben aufgewendet. Hinter den Schaufenstern verberge sich »unendliche Not«, die er darauf zurückführte, dass viele Männer entweder nicht oder versehrt aus Krieg und Gefangenschaft zurückgekehrt waren. Es sei also notwendig, dass die Jungbürger nicht aus Äußerlichkeiten ihre Schlüsse ziehen, sondern den Dingen selbst auf den Grund gehen. Sie sollten nicht alles glauben, was ihnen gesagt würde und was in der Presse stehe. Die schweren Aufgaben der Zukunft seien nur durch die Mitarbeit aller zu lösen. Nicht etwa »der Bundeskanzler, der Landtag, der Regierungspräsident, der Oberbürgermeister oder die kommunale Verwaltung« seien der Staat, »sondern der Staat sind Sie und wir alle zusammen«. Gmelin betonte, es sei nicht nur das Recht, sondern auch die Pflicht der jungen Bürger, »den Oberbürgermeister und die Presse aufzumöbeln und aufzurütteln, wenn etwas nicht gefällt und mit Vorschlägen und Anregungen zu kommen, dass wir gesunde, klare und saubere Verhältnisse in unserer Stadt haben«. Er gab offen zu, dass er und die meisten der Älteren hinsichtlich der sicheren »Gestaltung der politischen Geschicke unseres Volkes und Vaterlandes« nicht viel klüger seien als die Jungen. Sie hätten zwar mehr Lebenserfahrung, stünden aber aufgrund der »bewegten Entwicklung« der Vorjahre ebenso an einem Neuanfang wie die Bürger, die gerade erst das Wahlalter erreichten.[11]

Gmelin war sich offenbar bewusst, dass die marktwirtschaftlichen Erfolge der freiheitlich-westlichen Ordnung die fehlende demokratische Tradition nicht ersetzen konnten. In diesem Zusammenhang war es hilfreich, wenn man lokale Bezüge identifizieren konnte, mit denen Tübingen auch als eine Art Wiege der Demokratie in Deutschland dargestellt werden konnte. Die Jungbürgerfeiern fanden immer um den 8. Juli herum statt. Damit sollte an das historische Datum des 8. Juli 1514 erinnert werden, an dem der Tübinger Vertrag unterzeichnet worden war. Der württembergische Herzog Ulrich hatte, wie Gmelin den jungen Leuten erklärte, »eine ziemlich willkürliche Herrschaft im württembergischen Lande aufgezogen«. Als es im Remstal zum Aufstand kam, habe Ulrich in Tübingen Ritterschaft und Geistlichkeit sowie die Landschaft[12] – die eine »Zusammenfassung der Städte und Gemeinden« gewesen sei – zusammenrufen müssen. Im Tübinger Vertrag seien dem Herrscher erstmals »gewisse Grundforderungen« aufgezwungen worden, »die die Freiheit des Einzelnen begründet haben«. Gmelin betonte, die politischen und historischen Verhältnisse seien damals natürlich grundlegend anders gewesen. Dennoch habe »mit diesem Tag eine Entwicklung eingesetzt, die mit eine Grundlage für unsere heutige Ordnung und Vorstellung ist«.[13]

11 Ansprache Oberbürgermeister Gmelin bei der Jungbürgerfeier, 9.7.1957, StadtA Tübingen, A 200/464.
12 In Gmelins Manuskript irrtümlich »Landwirtschaft« genannt.
13 Ansprache Oberbürgermeister Gmelin bei der Jungbürgerfeier, 9.7.1957, StadtA Tübingen, A 200/464.

Als im Jahr 1964 das 450-jährige Jubiläum des Tübinger Vertrags mit mehrtägigen Festivitäten und vielen wichtigen Gästen begangen wurde, behauptete Gmelin, der Vertrag habe erstmals »Festlegungen von Rechten und Freiheiten für *alle*« enthalten. Er hob besonders die Rolle der Ehrbarkeit hervor, die an der Aushandlung des Vertrags maßgeblich beteiligt gewesen war. Durch diese bürgerliche Elite war nicht mehr nur Tübingen mit dieser Demokratietradition verbunden, sondern auch die Familie Gmelin, die zu den wichtigsten Familien der Württemberger Ehrbarkeit gehörte. Gmelins Auffassungen zur Verfassungstradition des Vertrags fanden in den Reden von Ministerpräsident Kiesinger und von dessen Vorgänger Gebhard Müller, der inzwischen Präsident des Bundesverfassungsgerichts war, grundsätzliche Unterstützung. Müller betonte allerdings, dass von einer »Demokratisierung im heutigen Sinne« keine Rede sein könne. Es handle sich im Wesentlichen um eine Gewaltenteilung zwischen Landständen und Herzog. Dieses angebliche Frühwerk der Demokratie sicherte eben nicht Grund- und Menschenrechte für *alle*, sondern in erster Linie Mitspracherechte für die Oberschicht. Diese zeigte sich dem Herzog dadurch erkenntlich, dass sie ihn bei der Tilgung seiner Schulden durch die Durchsetzung von Steuererhöhungen für untere Einkommensschichten unterstützte und den Aufstand im Remstal blutig niederschlug. Die Ehrbarkeit war nicht Teil der Lösung für die württembergischen Untertanen, sondern ihr Hauptproblem. Der Aufstand im Remstal war Ausdruck einer Modernisierungskrise, die sich an der Zentralisation der Verwaltung, dem Wandel des Rechtsverständnisses und dem Aufkommen der neuen Elite – der Ehrbarkeit – entzündete. Der Tübinger Vertrag sah zwar Freizügigkeit und das Recht auf ein Gerichtsverfahren für jeden Untertanen vor, beides kann aber eher als Ventil für die mit der Steuererhöhung belasteten »gemeinen Leute« gelten und war an eine ganze Reihe Bedingungen geknüpft. Das Verlassen Württembergs, ohne eine Nachsteuer zahlen zu müssen, war erst nach 20 Jahren vorgesehen.[14] Die Ehrbarkeit hatte sich damit auf Hunderte von Jahren hinaus einen entscheidenden Anspruch auf Machtpositionen in Württemberg gesichert und stellte unter anderem Beamte, Geistliche und Professoren.

Auch wenn das Ergebnis also wenig überzeugend war, kann anerkannt werden, dass der Versuch, sich eine demokratische Tradition zu erfinden, im Sinne der Stabilität der demokratischen Nachkriegsordnung durchaus sinnvoll war.

---

14 Jan Ziekow: Über Freizügigkeit und Aufenthalt. Paradigmatische Überlegungen zum grundrechtlichen Freiheitsschutz in historischer und verfassungsrechtlicher Perspektive, Tübingen 1997, S. 70-73; Ansprachen Gmelins zum 450-jährigen Jubiläum des Tübinger Vertrags, 7. und 8.7.1964, StadtA Tübingen, A 200/5657; Udo Rauch: 450 Jahre Tübinger Vertrag. Festansprache Gebhard Müllers im Festsaal der Neuen Aula, 8. Juli 1964, in: Ders., Zacharias (Hrsg.): Szenenwechsel, S. 154; Deutelmoser: Ehrbarkeit, S. 28.

Mit Gmelins positivem Bezug auf die Ehrbarkeit wird die Aufmerksamkeit aber auf die spezifische Kontinuität des »selbstreferentiellen Systems« der württembergischen Verwaltung gelenkt, die erst in den späten 1960er Jahren mithilfe eines Generationenwechsels gebrochen wurde. Den Wechsel der politischen Regime in der ersten Hälfte des 20. Jahrhunderts überstanden die Staatsbeamten im Südwesten weitgehend unverändert. Der tatsächliche Einfluss des jeweiligen politischen Systems auf die Rekrutierung von Verwaltungseliten war äußerst gering, während zugleich wenig grundsätzliches Umdenken bei den Beamten nötig war. Der südwestdeutschen Beamtenschaft ermöglichte diese Traditionslinie, den Nationalsozialismus als »Überfall des preußischen Zentralismus« auf den »liberal-demokratischen Südwesten« zu begreifen. Dieser Mythos erleichterte nicht nur die Einpassung in die neue Ordnung, sondern auch die breite Zustimmung zur Westintegration der Bundesrepublik. Die von Gmelin in diesem Zusammenhang geknüpfte Traditionslinie zum Tübinger Vertrag diente schließlich nicht nur zur Anbindung der eigenen Bevölkerung an das noch junge Staatswesen, sondern auch zur Manifestation des »besseren Deutschlands« gegenüber den ausländischen Gästen aus den Partnerstädten bei der Jubiläumsfeier.[15]

Tübingen begann schon bald nach dem Zweiten Weltkrieg mit dem Aufbau freundschaftlicher Kontakte mit Städten des westeuropäischen Auslands. Die erste Städtepartnerschaft kam 1959 mit Monthey im französischsprachigen Teil der Schweiz zustande. In der Verpflichtungsurkunde beider Städte, die sich ein freies, vereintes Europa zum Ziel setzten, heißt es:»Im Bewußtsein, dass die Wiege der Kultur des Westens einst in unseren alten Gemeinden stand und dass der Freiheitsgeist dort seine ersten Flammenzeichen schrieb, wo sie es verstanden hatten sich Freiheitsrechte zu erwirken, […] gehen wir die feierliche Verpflichtung ein: Immerwährende Freundschaft zwischen unseren Städten zu schließen«.[16] Während der Bezug auf die Schweizer Eidgenossenschaft auf der Seite von Monthey nahelag, berief man sich auf Tübinger Seite offenkundig auf den Tübinger Vertrag als Beginn der freiheitlichen Tradition. Als 14 Jahre später die Partnerschaft zwischen Tübingen und Montheys Nachbarschaft Aigle geschlossen wurde, verwendete man nahezu denselben Wortlaut in der Urkunde.[17]

Im Jahr 1960 folgte die »Jumelage« mit Aix-en-Provence in Südfrankreich. Gegenüber dem ehemaligen Kriegsgegner wurde offenbar weitgehend darauf verzichtet, die vermeintliche demokratische Tradition Tübingens hervorzuhe-

---

15　Ruck: Korpsgeist, S. 263-266; Rauch: 450 Jahre.
16　Abschrift der Verpflichtungsurkunde, Verbrüderung Monthey-Tübingen, 14.6.1959, StadtA Tübingen, A 200/601.
17　Partnerschaftsverpflichtung, Aigle-Tübingen, 12.10.1973, Faksimile abgedruckt in: Universitätsstadt Tübingen, Verwaltungsbericht 1971-1974, S. 12b, StadtA Tübingen, UM 252a/8.

ben. Der Bürgermeister von Aix, Henri Mouret, war als Résistancekämpfer in KZ-Haft gewesen, und auch andere Bürger der Stadt hatten es nach den noch frischen Erfahrungen im Zweiten Weltkrieg mit der »Verbrüderung« mit einer deutschen Stadt nicht ganz so eilig wie die Tübinger. Die Kontaktaufnahme war bereits 1955 von Tübingen aus erfolgt, nachdem der Vorschlag dazu von der Universität gekommen war. Die Hochschulen beider Städte hatten schon seit Längerem eine Verbindung gepflegt.[18]

Da sich der angestrebten Partnerschaft immer wieder Schwierigkeiten in den Weg gestellt hatten, war Gmelins Ansprache anlässlich der Feier der Städteverbindung in Aix 1960 von Demut geprägt: »Wir freuen uns, dass die Schatten, die noch in unserer Zeit über den Beziehungen unserer Völker lagerten, für Sie kein Hinderungsgrund sind, uns die Freundeshand entgegenzustrecken. Was vor 30 Jahren noch undenkbar erschien, ist Wirklichkeit geworden: die Repräsentanten zweier Städte, die in ihrer Struktur und Geschichte viel Übereinstimmendes aufweisen, wollen das Trennende vergessen, die schwere Vergangenheit bewältigen, wollen die gemeinsame Verantwortung für unsere europäische Kultur und Freiheit sehen und die zu ihrer Festigung und Erhaltung notwendigen hundertfältigen menschlichen Kontakte und Freundschaften einleiten. [...] Ich bin sicher, dass Sie bei aller Verschiedenheit, bei allem Bewusstsein des Eigenen, das Gefühl der Gemeinsamkeit erfreuen und in Ihrem Entschluss bestärken wird, in eine Freundschaftsbeziehung zu uns getreten zu sein.«[19]

Besonders zu Aix-en-Provence, aber auch zu den nachfolgenden Partnerstädten, werden bis heute enge Beziehungen gepflegt. Es fanden Schüleraustausche statt, Delegationen kamen zu Besuch zu Festen und Feierlichkeiten, und nicht zuletzt hielten der Oberbürgermeister und seine Familie engen persönlichen Kontakt mit ihrer jeweiligen Partnerseite. Auch der Tübinger Heimkehrerverband organisierte Treffen mit ehemaligen französischen Kriegsgefangenen aus Aix-en-Provence.[20] Die Beteiligung von Kriegsteilnehmern und Widerstandskämpfern aus dem Zweiten Weltkrieg war auf französischer Seite unerlässlich für die zivilgesellschaftliche Annäherung und Verständigung mit Deutschland

---

18 Pierre-Paul Sagave: Hirschbraten und Bouillabaisse, in: Tübinger Blätter, 82 (1996), S. 115 ff.; Carmen Palm: Oberbürgermeister Gmelin wird Ehrenbürger der französischen Partnerstadt Aix-en-Provence, 4. Juni 1966, in: Rauch, Zacharias (Hrsg.): Szenenwechsel, S. 191; Auszug aus den Berichten der französischen Presse anlässlich der Jumelage zwischen Aix-en-Provence und Tübingen, 20. und 21.10.1960, StadtA Tübingen, A 200/3701.

19 Ansprache von Oberbürgermeister Gmelin anlässlich der Jumelage zwischen Aix und Tübingen, 20.10.1960, ebd.

20 Einen Schritt weitergekommen, in: ST, 23.5.1964, StadtA Tübingen, A 200/601; Drei Brücken der Verständigung, in: ST, 10.8.1962, ebd.; Tonfiguren als Gastgeschenk, in: ST, 30.8.1972, StadtA Tübingen, A 200/3701.

durch Städtepartnerschaften. Niemand sonst hätte in Frankreich die moralische Legitimität gehabt, auf die Deutschen zuzugehen. Insbesondere in den
deutsch-französischen Beziehungen gelten die Städtepartnerschaften seit den
1950er Jahren als Meilensteine der Verständigung.[21]
   Eine weitere Städtepartnerschaft mit einer Stadt unter französischer Kontrolle kam nicht zustande. Bevor die Städtepartnerschaft mit dem schweizerischen Monthey geschlossen wurde, war ein Partnerschaftsverbund mit mehreren Städten gleichzeitig geplant. Die Idee dazu entstand im Rahmen des
transnationalen Kommunalverbands Rat der Gemeinden Europas, dessen Aufgabe in der Förderung internationaler Beziehungen auf kommunaler Ebene
bestand. Auf Einladung des Rates wurden die Bürgermeister der Städte Bougie
in Französisch-Nordafrika, Ivrea in Italien, Monthey in der Schweiz, Jambes-
Namur in Belgien und Tübingen in Deutschland im Dezember 1954 zu Besprechungen nach Genf eingeladen. Da alle Beteiligten an der Aufname eines
engen Kontakts interessiert waren, stellte man die feierliche »Jumelage« für
Ende Mai 1955 in Bougie in Aussicht.[22] Bei einem kurzfristig anberaumten
Treffen am 1. Mai 1955 wurden die inzwischen fest geplanten Feierlichkeiten in
Bougie abgesagt. Die offizielle Begründung war, dass die Stadt Jambes-Namur
sich aus den Partnerschaftsplanungen zurückgezogen habe. Da der Bürgermeister von Bougie aber stattdessen vorschlug, die Feier im Juli 1955 in Tübingen
nachzuholen, ist davon auszugehen, dass der eigentliche Grund darin lag, dass
der im November 1954 ausgebrochene militärische Konflikt zwischen der Kolonialmacht Frankreich und der algerischen Unabhängigkeitsbewegung Front de
Libération Nationale (FLN) sich inzwischen verstetigt hatte. Im April 1955 war
der Ausnahmezustand über das Aurès- und Kabylie-Gebirge verhängt worden,
das große Teile des gebirgigen Hinterlands der Küstenstadt Bougie (Bejaia)
ausmacht. Der Tübinger Gemeinderat entschied, nicht als »Lückenbüßer« herhalten zu wollen, womit die Städtepartnerschaft auf unbestimmte Zeit verschoben wurde. Da einem Jugendaustausch mit Bougie aber grundsätzlich
zugestimmt wurde, traf im kommenden Sommer eine Gruppe Jugendlicher
von dort in Tübingen ein.[23] Der Gegenbesuch, zu dem der Oberbürgermeister
von Bougie im März 1960 einlud, kam dann allerdings nicht mehr zustande.
Das Tübinger Kulturamt hatte zweifellos richtig erkannt, dass aufgrund der

---

21 Corine Defrance: Die deutsch-französischen Städtepartnerschaften, in: Infobrief des
    Deutsch-Französischen Jugendwerks, Nr. 38 (Januar 2012), S. 11 f.; Lucie Filipová:
    Erfüllte Hoffnung. Städtepartnerschaften als Instrument der deutsch-französischen
    Aussöhnung 1950-2000, Göttingen 2015.
22 Aktennotiz Oberbürgermeister Mülberger, 18.12.1954, StadtA Tübingen, A 200/601.
23 Gemeinderatsprotokoll, 9.5.1955, ebd.; Fabian Klose: Menschenrechte im Schatten
    kolonialer Gewalt. Die Dekolonisierungskriege in Kenia und Algerien 1945-1962,
    München 2009, S. 106 f.

»unsicheren politischen Lage« erhebliche Gefahren für die Tübinger Jugend-lichen bestehen könnten.[24]

Im Januar 1963 wandte sich der ehemalige französische Bürgermeister von Bougie an Gmelin. Er erklärte, dass er nach der Unabhängigkeit Algeriens von einem Sonderausschuss der neuen Regierung im August 1962 als Bürgermeister abgesetzt und durch seinen ehemaligen Beigeordneten, einen Algerier, ersetzt worden sei. Er bleibe der Stadt aber verbunden, und obwohl die Unabhängig-keit der Bevölkerung dort »viel Freude« gebracht habe, sei die Lage inzwischen nicht sehr gut, und es herrsche hohe Arbeitslosigkeit. Er bat um Hilfe aus der Stadt Tübingen, deren Freigebigkeit er schon einmal anlässlich einer Flut-katastrophe in Bougie im Jahr 1957 erleben durfte. Gmelin setzte sich daraufhin beim Landrat und beim Roten Kreuz für die Sammlung von Kleidern und Medikamenten ein. Im Gemeinderat beantragte er die Erlaubnis, 5.000 Mark zur Unterstützung Bougies (inzwischen Bejaia) bereitstellen zu dürfen.[25]

Der Algerienkrieg barg für die Bundesrepublik eine Unannehmlichkeit in sich, die zur Gefahr für die guten deutsch-französischen Beziehungen zu werden drohte. Die Franzosen forderten unbedingte Solidarität ihrer deutschen Partner, und die deutsche Außenpolitik behandelte den Algerienkrieg daher weitgehend als »innerfranzösische Angelegenheit«. Aus Rücksicht auf die französischen Partner und eine erfolgreiche Westintegration der Bundesrepublik vermied man das Wort »Krieg« in Stellungnahmen des Auswärtigen Amts.[26] Aber diese Posi-tion war prekär, denn die Bundesrepublik berief sich mit ihrer Forderung nach Wiedervereinigung gegenüber der Sowjetunion auf das Selbstbestimmungs-recht der Völker, das im Dekolonialisierungsprozess eine wichtige Rolle spielte. Auch Gmelin wies anlässlich der Pariser Gipfelkonferenz 1960 auf diesen Zu-sammenhang hin.[27] Aufgrund dieser Situation kam es zu reichlich ambivalen-ten Stellungnahmen, wenn beispielsweise der Staatssekretär im Auswärtigen Amt, Albert-Hilger van Scherpenberg, bei einem Treffen der Internationalen Bürgermeister-Union (IBU) 1958 in Freudenstadt sagte, dass die Deutschen in der Frage der Wiedervereinigung eingesehen hätten, dass »der Versuch, Fragen

---

24 Kulturausschuss, 24.3.1960, StadtA Tübingen, A 200/601.

25 Gemeinderatsprotokoll, 28.1.1963, ebd.

26 Jean-Paul Cahn: Die Bundesrepublik Deutschland, Frankreich und der Algerienkrieg (1954-1962), in: Eckart Conze (Hrsg.): Die Herausforderung des Globalen in der Ära Adenauer, Bonn 2010, S. 147-155, hier: S. 148.

27 Ansprache Gmelins auf dem Marktplatz, 16.5.1960, StadtA Tübingen, A 200/5649; Marc Frey: Die Bundesrepublik und der Prozess der Dekolonisierung, in: Conze (Hrsg.): Herausforderung, S. 179-192, hier: S. 187. Auch die nationalistischen Exil-slowaken, die 1945 in den Westen geflohen waren, beriefen sich auf das Selbstbestim-mungsrecht der Völker und parallelisierten ihre Bestrebungen mit der Dekolonisation. Die Vizekolonie einer Kolonie der Antikolonialisten, in: Slowakische Korrespondenz, Nr. 12 (Dezember 1962).

der Außenpolitik [...] mit kriegerischen Mitteln zu lösen, der schlechteste Weg ist«. Ein paar Sätze später wünschte er, dass Frankreich – dessen Militär sich inzwischen schwerer Kriegsverbrechen schuldig gemacht hatte – »für sein Algerienproblem bald eine Lösung finden möge«.[28] Der Alleinvertretungsanspruch war die zentrale außenpolitische Leitlinie der Adenauer'schen Bundesrepublik. Eine zu offene Unterstützung der französischen Kolonialmacht barg die Gefahr, dass dekolonisierte Staaten, die sich mit der algerischen Unabhängigkeitsbewegung solidarisierten, oder sogar ein späteres unabhängiges Algerien selbst, die DDR diplomatisch anerkannten. Letztlich nahm das unabhängige Algerien mit der Bundesrepublik diplomatische Beziehungen auf.[29]

Der Algerienkrieg reichte nicht nur durch die Frage der Städtepartnerschaft und des Jugendaustauschs mit Bougie bis nach Württemberg. Die Anwesenheit deutscher Freiwilliger in der französischen Fremdenlegion führte zu einer politischen Debatte, insbesondere in der französischen Besatzungszone. Da sie in den gleichen Zeitraum fiel wie die Fragen der Städtepartnerschaft und des Jugendaustauschs zwischen Tübingen und Bougie, kann es nicht verwundern, dass ein Stadtrat die Auffassung vertrat, es sei absurd, Tübinger Jugendliche zur Erholung nach Nordafrika zu schicken, während dort Deutsche in der Fremdenlegion festgehalten würden. Gerade in einer der letzten Gemeinderatssitzungen habe man über eine »Abwehraktion« gegen die Fremdenlegion beraten.[30] In der Tat hatte Gmelin zwei Wochen zuvor berichtet, dass ihm gemeldet worden sei, Tübinger Jugendliche hätten sich im März 1955 bei der französischen Gendarmerie zur Fremdenlegion gemeldet. Stadtrat Kohler behauptete, dass jede oder jede zweite Woche ein Transport mit Freiwilligen von Tübingen abfahre. Die deutsche Verwaltung hatte wenig Handhabe gegen Rekrutierungen. Gmelin unterrichtete den französischen Delegierten des Kreises Tübingen über den Vorfall und erklärte, die deutsche Bevölkerung reagiere sehr empfindlich auf das Bestehen einer Sammelstelle der Fremdenlegion in Tübingen. Im Gemeinderat sagte er, dass er durch die offene Ansprache eine Peinlichkeit bei den Franzosen habe hervorrufen wollen und denke, dass ihm das gelungen sei. Doch der französische Delegierte gab bei einer anschließenden Aussprache zu bedenken, dass er das Schreiben weitergegeben habe, ihm aber im Vertrauen mitteilen könne, dass die militärischen Dienststellen nicht darauf reagieren würden. Gmelin verkündete, den Vorfall an das Auswärtige Amt melden zu wollen. Er gehe davon aus, dass mit der Wiedererlangung der deutschen Souveränität der französischen Anwerbung ein Riegel vorgeschoben

---

28 Protokoll des 9. Internationalen Bürgermeister-Kongresses anlässlich des 10. Jahrestages der Gründung der IBU in Freudenstadt/Schwarzwald, 12.-13.5.1958, StadtA Tübingen, A 550/431; Cahn: Bundesrepublik, S. 149 f.
29 Frey: Bundesrepublik, S. 180 f., 184 f.; Cahn: Bundesrepublik, S. 151, 154.
30 Gemeinderatsprotokoll, 9.5.1955, StadtA Tübingen, A 200/601.

werde.[31] Die Jusos in der SPD betrieben seit 1952 in Südwestdeutschland eine Kampagne gegen Rekrutierungen für die französischen Kolonialkriege. Die tatsächliche Zahl der deutschen Fremdenlegionäre wurde in der deutschen Öffentlichkeit wohl erheblich überschätzt, weil lange Zeit keine Kontrolle über die Anwerbung gewährleistet war. Hinzu kam, dass die Fremdenlegion eine Aura des Geheimnisvollen umgab, sodass man auch realistischen Zahlenangaben der Franzosen kein Vertrauen schenkte.[32] Nach Inkrafttreten der Pariser Verträge und dem Ende des Besatzungsstatus wurden die Anwerbebüros am 5. Mai 1955 offiziell geschlossen. Die öffentliche Debatte hielt dennoch weiter an.[33]

Das zentrale Argument Frankreichs vor der Weltöffentlichkeit, das mehr und mehr zur verzweifelten Rechtfertigung des brutalen Vorgehens wurde, war die Gefahr einer sowjetischen Expansion. Bei dem erwähnten Internationalen Bürgermeisterkongress 1958 in Freudenstadt sagte der damalige französische Marinestaatssekretär, Alain Poher, dass man in Frankreich der Auffassung sei, »in Algerien nicht nur die Zivilisation und den Wohlstand [zu] verteidigen, den wir dorthin gebracht haben; wir glauben, daß dort auch die Freiheit der westlichen Welt zu verteidigen ist«. Zu diesem Zeitpunkt war der Algerienkrieg auf seinem blutigen Höhepunkt angekommen. Zwei Monate zuvor war Jean-Paul Sartres lautstarke Kritik am systematischen Einsatz von Folter durch die französische Armee auch in der deutschen *Zeit* veröffentlicht worden.[34]

Während die Frage der Rekrutierung für die Fremdenlegion die Unanehm-lichkeiten der zehn Jahre während französischen Besatzung in Südwestdeutsch-land offenlegte, standen auf kommunaler Ebene mit den Städtepartnerschaften in erster Linie Versöhnung und Westintegration im Fokus. Frankreich sah seine offene Flanke zur Sowjetunion in Algerien, wohingegen die Bundesrepublik ihre in der streng an Moskau orientierten KPD erblickte. Der westdeutsche Antikommunismus war aber nicht nur auf den Ost-West-Konflikt zurück-zuführen, auch wenn dieser eine entscheidende Rolle spielte. Er knüpfte an Strömungen an, die in der deutschen Nationalkultur seit 1917 fest verankert waren. Auf dieser Basis konnten viele ehemalige Nationalsozialisten mit zusätz-lichem Verständnis rechnen, und auch das nationalsozialistische Vorgehen ge-gen Kommunisten im Inland und der Feldzug gegen die Sowjetunion erschienen damit nachträglich womöglich in einem weniger schlechten Licht. Die Geg-

---

31 Gemeinderatsprotokoll, 25.4.1955, StadtA Tübingen, A 200/1540.

32 Christian Koller: Die Fremdenlegion. Kolonialismus, Söldnertum, Gewalt. 1831-1962, Paderborn u. a. 2013, S. 67; Eckard Michels: Deutsche in der Fremdenlegion 1870-1965. Mythen und Realitäten, Paderborn u. a. 1999, S. 333.

33 Keine Anwerbungen auf deutschem Boden, in: ST, 5.5.1955, StadtA Tübingen, A 200/1540; Werbebüros für die Fremdenlegion?, in: ST, 26.6.1956, ebd.; Innen-ministerium Baden-Württemberg an Regierungspräsidien, 2.7.1955, StadtA Tübin-gen, A 200/3779.

34 Jean-Paul Sartre: Wenn wir es sind, die foltern …, in: Die Zeit, 13.3.1958.

nerschaft zum Kommunismus wirkte sich als das zentrale »Integrationsmittel« aus, »welches erlaubte, an Weimar anzuknüpfen, mit den alten Nazis in der Nachkriegsgesellschaft milde umzugehen und sich zugleich politisch und ideell nach Westen zu orientieren«.[35]

Die Berlinblockade und der Koreakrieg, vor allem aber die Zwangsvereinigung von SPD und KPD und die Niederschlagung des Volksaufstands im Juni 1953 in der DDR hatten katastrophale Auswirkungen auf die Wahlergebnisse der KPD und führten zu starken Mitgliederverlusten. Hinzu kam, dass die KPD unter dem Eindruck fehlender Wählerzustimmung und unter den Bedingungen der deutschen Teilung mit einem sozialistischen Staat auf der anderen Seite einen strammen Nationalkurs einschlug. In der Person des Nationalbolschewisten und Ludin-Freundes Richard Scheringer in der bayrischen KPD war die Kontinuität dieser Strategie von den 1930er bis in die 1950er Jahre offensichtlich. Scheringer schrieb 1952 mit am »Programm zur Nationalen Wiedervereinigung« der KPD, das 1956 als maßgebliches Argument für das Verbot der Partei diente, weil sie darin einen »revolutionären« Kurs einschlug. Das Programm strebte eine Wiedervereinigung Deutschlands nach ostdeutschen Vorstellungen an und rief zum Sturz des »Adenauer-Regimes« auf, das des »nationalen Verrats« bezichtigt wurde. Die KPD und ihre Mitglieder waren in der Öffentlichkeit zahlreichen Angriffen ausgesetzt. Ihre Büros und Schaukästen wurden demoliert, ihre Redner misshandelt, während von ihr selbst kaum oder überhaupt keine Gewalt ausging, schon gar nicht im Sinne eines bewaffneten Aufstands, zu dem sie gar nicht in der Lage gewesen wäre. Mit ihrem Verbotsantrag entsprach die Bundesregierung der Logik ihrer »antitotalitären« Ausrichtung. Im Jahr 1952 war bereits die neonazistische Sozialistische Reichspartei verboten worden. Beide Parteiverbote entsprangen der vorherrschenden Lehre aus der Weimarer Republik, der zufolge die Demokratie im gleichzeitigen Angriff von links und von rechts unterging. Hiermit wurde aber die entscheidende Rolle nationalkonservativer Kräfte bagatellisiert, die der nationalsozialistischen Bewegung zur Macht verholfen und sie in den ersten Jahren gestützt hatten. Das KPD-Verbot wirkte sich nachhaltig auf alle linken Organisationen und Positionierungen in der Bundesrepublik aus, die dadurch dauerhaft diskreditiert wurden. Das betraf elf Jahre nach Kriegsende auch viele ehemalige NS-Verfolgte.[36]

In Tübingen war der ehemalige Kreishauptmann von Zamość und damalige Erste Bürgermeister, Helmut Weihenmaier, mit der Schließung des örtlichen KPD-Parteibüros und der Beschlagnahmung von Sparkonten der Ortsgruppe

---

35 Anselm Doering-Manteuffel: Wie neu war der Neubeginn 1945?, in: Binder (Hrsg.): Heimkehrertafel, S. 43-60, hier: S. 54 f.

36 Brown: Richard Scheringer, S. 338-341; Conze: Suche, S. 147-154; Rigoll: Staatsschutz, S. 134-140.

befasst. Davon betroffen waren der Buchenwald-Überlebende Albert Fischer und Ferdinand Zeeb, der 1933 in Schutzhaft genommen und 1945 als Mitglied der Demokratischen Vereinigung zum vorläufigen Chef der Tübinger Kriminalpolizei ernannt worden war. Das von Zeeb verwaltete Sparkonto wurde eingezogen, nachdem er selbst bereits verstorben war.[37] Diese Konstellation ist keine bloße Anekdote, denn vor dem Hintergrund der Tatsache, dass im öffentlichen Dienst die NS-Gegner, mit denen die Alliierten zusammengearbeitet hatten, gegen ehemalige NS-Anhänger ausgetauscht worden waren, die somit nach Gründung der Bundesrepublik ab 1949 in öffentliche Positionen zurückgelangten, wird deutlich, dass die in der westdeutschen Verwaltung und Justiz tätigen NS-Belasteten ein »materielles Interesse« an der Beseitigung und Diskreditierung ihrer kommunistischen Kritiker hatten.[38] Auch wenn in Tübingen zwei Jahre nach dem Wahlkampfstreit über Gmelins NS-Vergangenheit diese Debatte nicht so prominent gewesen sein mag, weil die »49er« zuerst die Wahl und dann die Leserbriefdebatte gewonnen hatten, agierte man dort nicht losgelöst vom bundesweiten Diskurs, in dem sich in den 1950er Jahren immer wieder ehemalige NS-Verfolgte kritisch zu Wort meldeten. Die Tatsache, dass die beiden ehemaligen Mitglieder der Demokratischen Vereinigung, Viktor Renner und Carlo Schmid, inzwischen Innenminister Baden-Württembergs beziehungsweise Vizepräsident des Bundestages waren, während ihr früherer Mitstreiter, der Kommunist Zeeb, mittlerweile als Verfassungsfeind galt, unterstreicht, wie weit sich der politische Mainstream der Bundesrepublik vom »antifaschistischen Konsens« im Jahr 1945 zum »antitotalitären Konsens« im Jahr 1956 verschoben hatte.[39]

Während das politische Vorgehen gegen Kommunisten und die, die man dafür hielt, von der Bundesregierung und dem Bundesverfassungsgericht ausging, hatte man in anderen Bereichen mehr kommunalpolitischen Handlungsspielraum. Im Oktober 1963 hielt der Tübinger Gemeinderat eine gemeinsame Arbeitssitzung mit dem Gemeinderat der Stadt Konstanz ab, der mit einer Delegation unter Oberbürgermeister Bruno Helmle die Stadt besuchte. Helmle, der seine Beteiligung an der »Verwertung« und Verteilung jüdischen Eigentums während des Nationalsozialismus bei seiner Wahl verschwiegen hatte, stand seit 1959 an der Spitze der Stadt am Bodensee.[40] Nachdem man sich bereits über einige kommunalpolitische Probleme ausgetauscht hatte, fragte Helmle,

---

37 Weihenmaier an Regierungspräsidium Südwürttemberg-Hohenzollern, 14.7.1958, StadtA Tübingen, A 200/3780; Verfügung Bürgermeisteramt, 3.10.1956, ebd.; Michael Hahn: KPD-Verbot: Illegale Treffen als Familienfeiern getarnt, in: ST, 17.8.2006; Michaela Häffner: Die Demokratische Vereinigung 1945-1946. Eine Studie zur Nachkriegsgeschichte am Beispiel Tübingens, Tübingen 1997, S. 27 f.
38 Rigoll: Staatsschutz, S. 15.
39 Ebd., S. 8, 15, 94-114.
40 Burchardt, Klöckler, Seibel: Gutachten, S. 28-31.

was »unsere lieben Tübinger Freunde« hinsichtlich eines anderen »öffentlichen Problems« unternommen hätten: »Die Frage der Asozialen sei damit angesprochen.« Die Konstanzer Stadtverwaltung beschäftige sich seit geraumer Zeit mit der Frage, wie man »die negative Auslese unserer Bürger« möglichst kostengünstig unterbringen könne. Keine Gegend wolle der Stadt »diese Asozialen« abnehmen, man habe aber auch Bedenken, ein »asoziales Getto« in der Stadt zu schaffen. Vor allem wolle man nicht einige Hunderttausend Mark »ausgerechnet für einen solchen Zweck [...] opfern, wo wir doch dieses Geld bitter nötig für den sozialen Wohnungsbau für unsere anständigen Bürger brauchen«.

Diese deutlich in rassenhygienischem Vokabular gehaltene Ansprache war Gmelin in der öffentlichen Sitzung äußerst unangenehm: »Meine Damen und Herren, verzeihen Sie, wenn ich in der öffentlichen Sitzung den Sprachgebrauch noch etwas verändere, der jetzt gerade in Ihrer Frage zum Ausdruck kam. Ich glaube, wir sollten von sozial Gefährdeten, von Obdachlosen in diesem Zusammenhang sprechen, denn selbstverständlich können wir in einer öffentlichen Sitzung nicht von Wertungen unserer Bürger in verschiedenen Klassen ausgehen, was auch sicherlich im Sinne Ihrer Anfrage gelegen ist.« Zur Sache sagte er, dass es selbstverständlich auch in Tübingen Mieter gebe, die »schwer unterzubringen« und »schwer verträglich« seien, Familien, die sich an die Gemeinde wenden, weil sie kein privater oder öffentlicher Eigentümer zur Miete bei sich haben wolle. In Tübingen habe man mit der gemeinnützigen Wohnungsgesellschaft zunächst 50 »relativ einfache Wohnungen« hinter dem Gaswerk »im sogenannten Gewand Backofen« gebaut. Gmelin sagte, er selbst benutze den Ausdruck »Backofen« nicht gern, weil dieser »schon zu einem Wertigkeitsbegriff geworden ist«. Es habe sich bald herausgestellt, dass die Abstufung von normalen Wohnungen des sozialen Wohnungsbaus zu »Einfachwohnungen« und »Schlichtwohnungen« nicht ausreiche, »um den Drang zur Resozialisierung, also zum Herauskommen aus diesen Wohnungen zu erzeugen«. Es sei notwendig gewesen, berichtete Gmelin, dass der Gemeinderat etwa sechs Jahre später mit dem Bau von »Einfachstwohnungen« noch eine Stufe nach unten hinzufügte. In den gebauten Häusern seien immer sieben Zimmer zusammen gruppiert, wobei eine Familie in einem Zimmer untergebracht sei. Diese Einraumwohnungen würden für diejenigen verwendet, »die einfach nicht bereit waren oder dazu gebracht werden konnten, sich im normalen nachbarschaftlichen Bereich nun gut zu halten«. Gmelin erklärte: »Die Möglichkeit abzuschrecken durch Herunterstufung ist heilsam, und hier haben wir gute Erfahrungen gemacht.« Aus der ersten Stufe, deren Angehörige zu 50 Prozent »einwandfrei« zu nennen seien, sei man inzwischen wieder bereit, Familien in frei werdenden Wohnungen »innerhalb der Stadt« aufzunehmen. Von der zweiten, untersten Stufe habe man erst in zwei Fällen Personen in die erste Stufe hochsetzen können, dazu müsse noch »experimentiert« werden.

Man habe erhebliche Haushaltsmittel ausgegeben, um die Wohnungen zu bauen, und bezweifele nur gelegentlich, dass es klug war, eine »Konzentrierung dieser gefährdeten Bevölkerungsteile« vorzunehmen. So sei es zwar »polizeilich besser übersehbar, falls es ein polizeilicher Tatbestand ist«, aber »für die Allgemeinheit« sei es viel besser »zu verdauen, wenn diese Familien in der ganzen Stadt immer wieder einzeln und nicht mit der Möglichkeit des Zusammenschlusses, des schlechten Beispiels, der sich daraus ergebenden Organisation der Lustbarkeiten der verschiedensten Art« beherbergt würden. Wenn man die ganze Sache noch einmal planen müsste, so Gmelin, würde man vermutlich auf die Konzentrierung verzichten. Nun sei es aber, wie es ist, und man könne nicht mehr tun, als »denjenigen, welche wir als eindeutig resozialisierbar ansehen, die Chance zu geben, aus dieser Umgebung herauszukommen«.[41]

Schon bei der Eröffnung der Siedlung mit den Wohnungen, die Gmelin als »Einfachwohnungen« der ersten Stufe bezeichnete und die schon vor seiner Amtszeit gebaut worden waren, protestierte das Innenministerium gegen diese Art der Unterbringung und äußerte Bedenken gegen die geplante Erweiterung der Siedlung. Das Gesundheitsamt wies auf die Gesundheitsgefährdung durch die mangelhafte Entsorgung der Abwässer hin, denn deren offene Ableitung endete einfach in der Talsohle. Die ersten Wohnungen, die dort gebaut wurden, verfügten noch über zwei Räume, eine Küche und einen Keller. Die Toilette befand sich in einem Holzanbau.[42] Der offizielle Einspruch macht deutlich, dass es sich bei dieser Art der Unterbringung Bedürftiger nicht um einen allgemeinen Trend handelte. Die politische Integration der Nachkriegsgesellschaft in der Bundesrepublik war nicht nur aufgrund des Wirtschaftswunders so erfolgreich, sondern auch, weil seit Beginn der 1950er Jahre mit einer neuen, nachhaltigen Sozialpolitik Massennotstand und soziale Missstände erfolgreich bekämpft wurden. Die wirtschaftliche Entwicklung machte diese Umverteilungen möglich, aber es brauchte den politischen Integrationswillen der Adenauer-Regierung, um sie durchzuführen. Dazu gehörte auch ein Wohnungsbaugesetz, das 1950 verabschiedet wurde und staatliche Subventionen für Wohnungsbaugesellschaften an Mitspracherechte bei der Frage der Größe und Ausstattung der Sozialwohnungen, der Miethöhe und des Kreises der Bezugsberechtigten knüpfte.[43]

Ohne an dieser Stelle einen Vergleich mit anderen Kommunen vornehmen zu können, ist also davon auszugehen, dass diese Umgangsweise mit sozialen

---

41 Gemeinderatsprotokoll, 11.10.1963, StadtA Tübingen, A 75/206, Gemeinderatsprotokoll 1963, 3. Bd., S. 1000 ff.

42 Udo Rauch: Städtische Neubausiedlung im Gewann Backofen, April 1953, in: Ders., Zacharias (Hrsg.): Szenenwechsel, S. 110 f.

43 Hans Günter Hockerts: Der deutsche Sozialstaat. Entfaltung und Gefährdung seit 1945, Göttingen 2011, S. 34-41.

Missständen nicht unbedingt ein Signum der Bundesrepublik der späten 1950er und frühen 1960er Jahre war. Die Einraumwohnungen der untersten Stufe, die zu Gmelins Amtszeit trotz des Einspruchs des Innenministeriums und des Gesundheitsamts gebaut wurden, verfügten nicht einmal über eine Küche. Im November 1964 schrieben Bewohner des »Backofens« einen Brief, den Gmelin in der Gemeinderatssitzung zur Kenntnis gab: »Wir bedanken uns für die Instandsetzung der Backofenstraße; wir sind wirklich froh darüber! Noch hätten wir eine Bitte, für die Sie Ihr Verständnis uns nicht abschlagen wollen: ›Das Wohnen, Schlafen und vor allem Kochen in einem Raume ist für die Gesundheit nicht gerade von Vorteil! Die Betten werden feucht und dies verursacht sehr oft Rheumatismus. Wir meinen daher, daß eine Küche und ein Wohnschlafzimmer kein Überfluß wären. Bitte, erhören Sie unsere dringenden Anliegen. Bitte, gewähren Sie uns dieses Wohnen, das einem Menschen unserer Zeit, in der es bekanntlich ›allen so gut‹ geht, lebensnotwendig ist.‹ Vielen Dank für Ihre Hilfe, die Sie uns zuteil werden lassen. Wir grüßen Sie hochachtungsvoll! Die Bewohner des Backofens«.

Gmelin sagte, er gehe davon aus, dass der Verwaltungsausschuss diese Angelegenheit behandeln werde. CDU-Stadtrat Ludwig Hönle wusste zu berichten, dass die Klage eines Bewohners über feuchte Räume von der Stadtverwaltung dahingehend beantwortet worden sei, dass er »auf seine Kosten das Haus isolieren lassen« möge. Nach dem eingeholten Kostenvoranschlag würde das 900 Mark kosten, was nach Auffassung Hönles nicht zumutbar sei. Wenn bauliche Veränderungen notwendig seien, bitte er darum, dass die Stadt die Verbesserungen vornehmen lasse. Gmelin erbat sich daraufhin nähere Angaben zu diesem Sachverhalt.[44] Ob es zu einer Verbesserung kam, ist unklar. Schließlich waren die Wohnungen mit voller Absicht in so schlechtem Zustand erbaut worden, um einen »Anreiz« zu schaffen, sie möglichst rasch wieder verlassen zu wollen.

Der menschenverachtende Ausdruck der »negativen Auslese«, den der Konstanzer Oberbürgermeister verwendete, enthält einen deutlichen Bezug zur nationalsozialistischen Rassenhygiene. Völkische und rassistische Konzepte wurden nach 1945 aus der Sozialpolitik getilgt, aber der mentalitätsgeschichtliche Wandel in der Bevölkerung ließ auf sich warten.[45] Umso wichtiger ist Gmelins recht deutliche Kritik an der Wortwahl seines Amtskollegen. Er selbst sprach nicht von »Asozialen«, sondern von »sozial Gefährdeten«, was sich insbesondere vor dem Hintergrund seiner Erfahrungen mit der Erbgesundheitspraxis des Nationalsozialismus als Lernprozess verstehen lässt. Dennoch wiegt es schwer, dass in den Wirtschaftswunderjahren der Bundesrepublik in Tübingen

44 Gemeinderatsprotokoll, 16.11.1964, StadtA Tübingen, A 550/165.
45 Hockerts: Sozialstaat, S. 54.

eine Sozialunterbringung geschaffen wurde, die mit Leistungsanreiz und Verelendungsdruck arbeitete, wo Menschen Hilfe nötig gehabt hätten. Dieses
System, mit dem man »gute Erfahrungen« gemacht habe, war nach Auffassung
Gmelins nur durch die Drohung mit Herabstufung erfolgreich. Zu denken
gibt insbesondere seine Bemerkung, dass eine »Höherstufung« von Menschen
in der schlechtesten Wohnstufe bislang nur in zwei Fällen möglich gewesen
sei, weil das bedeutet, dass in der Realität eben kein Weg aus dem Elend her-
ausführte. Bereits 1958 erschien ein Artikel im *Schwäbischen Tagblatt*, in dem
über die »Backofenkinder« berichtet und um Verständnis für die Bewohner
des Viertels geworben wurde, die vielfach unverschuldet in Not geraten seien
und dringend sozialer Betreuung bedürften. Erst Mitte der 1970er Jahre, nach
dem Ende von Gmelins Amtszeit, wurde die Siedlung abgerissen und durch
Neubauten ersetzt.[46]

Nicht nur Personen, die sich sozial abweichend verhielten, wurden in den
1960er Jahren gegängelt, auch »sittliche Abweichung« wurde bestraft. Erst im
Winter 2017 wurde in Tübingen bekannt, dass Oberbürgermeister Gmelin
im September 1961 das städtische Personalamt beauftragt hatte, einen Brief an
die Landeskriminalhauptstelle zu geben. »Nach dem Inhalt des Briefes«, so
Gmelin, »könnte eine strafbare Handlung gemäß Paragraph 175 Strafgesetzbuch beabsichtigt gewesen sein.«[47] Erst seit kurzer Zeit existieren auf offizieller Ebene Bestrebungen, Homosexuelle zu entschädigen, die in der Bundesrepublik nach Paragraph 175 verurteilt wurden. In diesem Zusammenhang
berichtete der Tübinger Helmut Kress für das Geschichtsprojekt »LSBTTIQ
in Baden und Württemberg«,[48] das von dem Historiker Karl-Heinz Steinle
betrieben wird, von seinen Erfahrungen in den frühen 1960er Jahren. Der
damals Fünfzehnjährige war Lehrling am Technischen Rathaus, wo er eine
Ausbildung als Bauzeichner absolvierte. Er ließ den Liebesbrief, der für einen
anderen jungen Mann gedacht war und den Gmelin stattdessen an die Polizei
gab, in der Schublade seines Schreibtisches liegen. Offenbar durchsuchte sein
direkter Vorgesetzter seinen Arbeitsplatz, fand den Brief und reichte ihn an den
Oberbürgermeister weiter, der als oberster Dienstherr des Rathauses die letzte
Entscheidung in allen Personalangelegenheiten zu treffen hatte. Ob Gmelin
selbst die Idee zu der Anzeige hatte oder die Initiative vom »Lehrherrn« des
Jugendlichen ausging, ist zweitrangig, denn der Beschluss dazu lag allein in
Gmelins Verantwortungsbereich.

46 Rauch: Neubausiedlung, S. 111.
47 Gmelin an Amtsgericht Tübingen, 18.10.1961, zit. nach Christiane Hoyer: In Hand-
    schellen abgeführt, in: ST, 10.2.2017.
48 Projekt zur Geschichte lesbischer, schwuler, bisexueller, transgender, trans- und inter-
    sexueller sowie queerer Menschen in Baden und in Württemberg, URL: http://www.
    lsbttiq-bw.de (letzter Zugriff: 12.12.2019).

Dieser Vorgang konnte erst nach der Veröffentlichung des Falls geklärt werden, weil der Tübinger Stadtarchivar Udo Rauch in den Personalakten des Rathauses recherchierte. Helmut Kress wusste bis dahin nicht, wer ihn denunziert hatte. Er wurde eines Tages von der Kriminalpolizei bei der Arbeit festgenommen und den ganzen Tag über auf der Polizeiwache verhört. Die Polizei versuchte dabei, nicht nur seine »Straftaten« aufzuklären, sondern außerdem möglichst viele Informationen über die Tübinger Homosexuellenszene zu erlangen. Im anschließenden Prozess wurde der junge Mann zu vierzehn Tagen Jugendarrest wegen »fortgesetzter Unzucht unter Männern« verurteilt. Seine Lehre im Technischen Rathaus wurde »im gegenseitigen Einvernehmen« beendet, und er galt bis Juli 2017 als vorbestraft. Mit seinem Vater kam es aufgrund von dessen Moralvorstellungen zum Kontaktabbruch.[49]

Angesichts der Tatsache, dass Gmelin die Verfolgung Homosexueller in der deutschen Volksgruppe in der Slowakei unterstützt hatte, liegt es nahe, bei diesem Ereignis von einer Kontinuität mit seinem früheren Verhalten im Nationalsozialismus auszugehen. Immerhin war es sogar derselbe Strafgesetzbuchparagraph, der seit seiner Verschärfung 1935 unverändert Gültigkeit hatte. Die Homosexuellenverfolgung stand im »Dritten Reich« aber in einem breiteren rassenpolitischen Kontext. Homosexualität wurde als eine »rassische Degenerationserscheinung« neben anderen verfolgt und sollte aus dem »Volkskörper« ausgemerzt werden. Wenngleich sie auch in den 1950er Jahren vielfach noch als »soziale Krankheit«, »Abnormität« und Gefahr für die Gesellschaft begriffen wurde,[50] fiel der breitere rassenpolitische Kontext in der Bundesrepublik ebenso weg wie die deutlich schärferen Urteile und die Konzentrationslagerhaft, die viele Homosexuelle in der NS-Zeit das Leben kostete. Nichtsdestoweniger gab es hier Zusammenhänge, die über die Zäsur 1945 hinaus Bestand hatten. Dazu zählt in erster Linie, dass die Verfolgung von Homosexuellen während des Nationalsozialismus auch nach 1945 nicht grundsätzlich als Unrecht begriffen wurde.[51] Gmelin wusste Bescheid darüber, was Homosexuellen in der NS-Zeit widerfahren war, immerhin hatte er sich um die Freilassung

---

49 Christiane Hoyer: In Handschellen abgeführt, in: ST, 10.2.2017; Karl-Heinz Steinle: »… i hab au nie irgendwie a Doppelleben geführt, und des möcht i au net« (Helmut Kress), Video-Zeitzeugenbericht, LSBTTIQ in Baden und Württemberg, URL: http:// www.lsbttiq-bw.de/zeitzeuginnen-interviews/hab-au-nie-irgendwie-doppelleben-gefuehrt-und-des-moecht-au-net-helmut-kress/ (letzter Zugriff: 13.10.2017). »Gesetz zur strafrechtlichen Rehabilitierung der nach dem 8. Mai 1945 wegen einvernehmlicher homosexueller Handlungen verurteilten Personen«, 17.7.2017, BGBl., Teil I, Nr. 48 (2017), S. 2443 f.

50 Etwa in Helmut Schelskys *Soziologie der Sexualität* von 1955. Vgl. Sybille Steinbacher: Wie der Sex nach Deutschland kam. Der Kampf um Sinnlichkeit und Anstand in der frühen Bundesrepublik, München 2011, S. 226 f.

51 Jellonnek: Homosexuelle, S. 11 f.; Johannes Wasmuth: Strafrechtliche Verfolgung Homosexueller in BRD und DDR, in: Burkhard Jellonnek, Rüdiger Lautmann

eines »zu Unrecht« der Homosexualität bezichtigten Kollegen in der Deutschen Gesandtschaft Pressburg aus KZ-Haft bemüht und war dafür mehrfach nach Berlin gereist, um im Reichssicherheitshauptamt vorzusprechen.

Zu den über 1945 hinausreichenden Denk- und Handlungsmustern der Antihomosexualität gehörte auch die Vorstellung der »Wehrkraftzersetzung«, die den Anstieg der gemeldeten und verfolgten Verstöße gegen Paragraph 175 ab 1955, dem Jahr der Wiederbewaffnung, erklärt. Die Zahl der bei der Polizei gemeldeten Fälle von Homosexualität war seit 1959 aber wieder leicht rückläufig, und im Jahr 1961, als Gmelin den Fall zur Anzeige brachte, bereits um fast 1.300 Fälle auf 7.445 zurückgegangen. Dieser Trend setzte sich in den Folgejahren fort, sodass die Feststellung gerechtfertigt erscheint, dass der Straftatbestand immer weniger verfolgt wurde.[52] Dieser Prozess ging aber nur sehr langsam voran, und noch in den späteren 1960er Jahren wurde von staatlicher Seite auf der Beibehaltung der Strafbarkeit aller Formen von männlicher Homosexualität beharrt. Die Frage der »Wehrkraftzersetzung« trat besonders bei der ersten Modifizierung des Paragraphen 175 im Jahr 1969 zutage. Denn obwohl sexuelle Beziehungen zwischen Männern nun weitgehend außer Strafe gesetzt waren, galt dies nicht für Männer im Alter zwischen 18 und 21 Jahren, was vonseiten der CDU offen mit der vermeintlichen Gefahr homosexueller Aktivität in der Bundeswehr gerechtfertigt wurde. Nach der ersten Entschärfung des Homosexuellenparagraphen im Jahr 1969 und einer weiteren 1973 dauerte es noch 21 Jahre, bis er 1994, vier Jahre nach der Wiedervereinigung, schließlich ersatzlos gestrichen wurde. Schon seit den 1950er Jahren war die Strafbarkeit von Homosexualität umstritten, und es existierten immer wieder Bemühungen um deren Entkriminalisierung. Seit den 1960er Jahren wurde das repressive und illiberale Sexualstrafrecht der Bundesrepublik von einer »progressive alliance« aus Wissenschaftlern, Theologen und Juristen zunehmend mit der NS-Vergangenheit in Zusammenhang gebracht und seine demokratische Liberalisierung gefordert.[53] Der hessische Generalstaatsanwalt Fritz Bauer schrieb 1966 in der *Zeit*: »Der Pluralismus unserer Gesellschaft, der nicht nur besteht, sondern auch vom Grundgesetz anerkannt wird, gebietet eine Beschränkung der Normen auf das ›ethische Minimum‹. Die Auffassungen von Minoritäten werden dadurch geschützt. Dabei wird niemandem verwehrt, selber nach seinen strengeren ethischen Normen oder kollektiven Glaubenssätzen oder religiösen Ge-

---

(Hrsg.): Nationalsozialistischer Terror gegen Homosexuelle. Verdrängt und ungesühnt, Paderborn u. a. 2002, S. 173-186, hier: S. 180-183.

52 Hans-Georg Stümke, Rudi Finkler: Rosa Winkel, Rosa Listen. Homosexuelle und »Gesundes Volksempfinden« von Auschwitz bis heute, Reinbek bei Hamburg 1981, S. 508.

53 Clayton J. Whisnant: Male Homosexuality in West Germany. Between Persecution and Freedom 1945-69, New York 2012, S. 83-111, 193, 201 ff.; Wasmuth: Verfolgung, S. 175, 177, 180.

boten zu leben; sie werden aber nicht Andersdenkenden – jedenfalls nicht mit Strafsanktionen – aufgezwungen.«

Bauer kritisierte die Orientierung des Strafrechts an der Mehrheitsmeinung. Ein damals debattierter Strafrechtsentwurf der Bundesregierung enthielt die Formulierung: »Der Begriff der Schuld ist im Volke lebendig.« Bauer hielt dem entgegen: »Was ist nicht schon alles ›im Volke‹, in unserem Volke lebendig gewesen!«[54]

»Unpolitische« Stadtverwaltung

Ähnlich illiberal wie das Sexualstrafrecht wurde in den 1960er Jahren das Grundrecht auf Versammlungsfreiheit ausgelegt. Am 8. Februar 1968 kam es in Tübingen zu einer unangemeldeten Demonstration gegen den Vietnamkrieg. Wenige Tage zuvor hatte in Südvietnam die Tet-Offensive mit dem Sturm auf die amerikanische Botschaft in Saigon begonnen. Das bekannte Bild von der Erschießung eines Vietcong-Gefangenen durch den Polizeichef von Saigon wurde von der Antikriegsbewegung als sichtbarster Ausdruck des brutalen und ungerechten Vorgehens der Amerikaner und ihrer südvietnamesischen Verbündeten aufgefasst. Erstmals zeichnete sich mit der Tet-Offensive ab, dass der Krieg für die US-Armee möglicherweise nicht mehr zu gewinnen war.[55] Ungefähr 300 Tübinger Studentinnen und Studenten demonstrierten am späteren Nachmittag kaum länger als eineinhalb Stunden mit einer Fahne des Vietcong in der Tübinger Innenstadt. Dabei kam, wie Bürgermeister Doege am 12. Februar im Gemeinderat berichtete, der Verkehr auf mehreren Straßen immer wieder zum Erliegen und musste von der Polizei spontan umgeleitet werden. Vor dem Amerika-Haus in der Karlstraße, das das Ziel der Demonstranten war, hielt sich die Gruppe fast eine Stunde auf und blockierte dabei zunächst eine Fahrrichtung und später die ganze Straße. Schließlich zogen die Demonstranten weiter zum Marktplatz, wo mithilfe eines Megafons eine Rede gehalten wurde.

Der Benutzer des Megafons konnte von der Landespolizei ermittelt werden. Es handelte sich um den 22-jährigen Klaus Behnken, gegen den das Bürgermeisteramt Tübingen umgehend Strafantrag wegen Vergehen gegen das Versammlungsgesetz stellte. Oberbürgermeister Gmelin begründete den Strafantrag damit, dass es bei der Demonstration gegen den Vietnamkrieg »zu erheblichen Verkehrsstörungen gekommen« sei. Zum weiteren Verständnis schilderte er dem Gemeinderat die Rechtslage: Eine Demonstration müsse nach den Be-

---

54 Fritz Bauer: Sexualität, Sitte und ein neues Recht, in: Die Zeit, 11.2.1966.
55 Norbert Frei: 1968. Jugendrevolte und globaler Protest, Bonn 2008, S. 65 f.

stimmungen des Versammlungsgesetzes vom 24. Juli 1953 spätestens 48 Stunden vorher ordnungsgemäß angemeldet werden. Wenn eine Demonstration nicht angemeldet sei, könne sie aufgelöst werden. Auch eine angemeldete Demonstration könne verboten werden, wenn sie die öffentliche Ordnung oder Sicherheit zu gefährden drohe. Verstöße gegen diese Gesetzesordnung würden überwiegend mit Gefängnis oder Geldstrafe geahndet. Der Oberbürgermeister sei in der staatlichen Auftragsverwaltung für Ruhe und Ordnung verantwortlich und habe die Landespolizei in seinem Auftrag einzusetzen. Gemeinsam mit den anderen Verantwortlichen habe er über schärfere Maßnahmen während der halb- bis einstündigen Verkehrsbehinderung nachgedacht. Man habe aber von einem harten Durchgreifen abgesehen, weil »Gewalttätigkeiten gegen Personen, Kraftfahrzeuge und Gebäude nicht erfolgt seien«. Des Weiteren erklärte Gmelin, dass er dem Gemeinderat diesen Bericht in öffentlicher Sitzung erstattet habe, »damit in der Presse eine klare, öffentliche Warnung ausgesprochen werden könne«. Sie gelte denjenigen, die in Zukunft die Absicht hätten, unangemeldet zu demonstrieren. Andererseis bestehe die »Pflicht, angemeldete Demonstrationen zu genehmigen«, wenn diese keinen »erkennbaren verfassungs- oder staatsfeindlichen Charakter« besäßen. Gmelin bat nun, seinen Bericht nicht in öffentlicher Sitzung zu diskutieren, um möglichen unangemeldet Demonstrierenden »keine Munition durch Überlegungen aus dem internen Bereich zu liefern«.[56]

In der folgenden nichtöffentlichen Sitzung teilte Gmelin mit, dass weder Polizei noch Stadtverwaltung an jenem 8. Februar auf die Situation vorbereitet gewesen seien. Es habe an Polizeikräften gefehlt, und die nächsten Wasserwerfer, die in Göppingen stationiert seien, seien an diesem Tag in Freiburg im Einsatz gewesen. Es habe somit die Möglichkeit zu einem harten Durchgreifen gefehlt, auch wenn ein Eingreifen vom Rechtsstandpunkt her möglich gewesen wäre. In der anschließenden Diskussion überschlugen sich die Stadträte mit Forderungen nach der Verhinderung weiterer Vorkommnisse dieser Art. Die Bevölkerung sei empört, und einzelne Bürger hätten erklärt, der Gemeinderat tauge nichts, wenn er sich von ein paar Studenten auf der Nase herumtanzen lasse. Gmelin berichtete, einige Bürger hätten an ihn den Gedanken herangetragen, eine Art »Einwohnerselbstschutz« zu bilden. Das halte er persönlich für falsch, aber bei einer Verschärfung der Situation seien solche Reaktionen nicht zu verhindern. Später stellte er die Frage in den Raum, wie wohl die Öffentlichkeit reagieren würde, wenn solche Störungen von der NPD ausgingen. Der Stadtrat und CDU-Landtagsabgeordnete Gerhard Weng hatte bereits in öffentlicher Sitzung eine Thematisierung im Landtag angekündigt und gab

---

56 Gemeinderatsprotokoll, 12.2.1968, StadtA Tübingen, A 75/211, Gemeinderatsprotokoll 1968, 1. Bd., S. 100-106.

nun zu bedenken, dass die Rechtsgleichheit bedroht sei, wenn Studenten Sonderrechte durch Duldung ihrer Rechtsverstöße eingeräumt würden. Gmelin entgegnete, dass »bei den Demonstrationswilligen sehr schnell eine gewisse Ernüchterung eintreten« werde, wenn »die Betroffenen durch Strafanträge oder Klagen zur Rechenschaft gezogen« würden. Er habe daher empfohlen, »alle Demonstrationszüge zu fotografieren«, damit die »Identifizierung der Demonstrationsteilnehmer wesentlich erleichtert« werde.

Es war schließlich an dem Gast der Gemeinderatssitzung, Polizeihauptkommissar Karl Starrock, darauf hinzuweisen, »daß die Meinungsfreiheit im Grundgesetz verankert« sei und das Demonstrationsrecht dazugehöre. Die Bürgerschaft müsse »Demonstrationen, welche friedlich und ohne Gewalttätigkeiten verlaufen«, in Kauf nehmen, und es sei Aufgabe der Polizeibeamten, die »Verhältnismäßigkeit der Behinderung der Bevölkerung zu der Demonstration« im Auge zu behalten. Gmelin widersprach laut Protokoll der Ansicht, dass die Polizei die Verantwortung trage, denn die trage allein er ab dem Moment, in dem er die Polizei einsetze. Nur wenn die Polizei aus eigener Initiative eingreife, treffe Starrocks Darstellung zu.[57]

Anders als von Gmelin erhofft, setzte mit der Strafverfolgung von Demonstranten wegen Verkehrsbehinderung keine »Ernüchterung« ein. Der »Vietnam-Prozess« gegen Behnken und seine Mitstreiter wurde vielmehr zu einer der wichtigsten politischen Auseinandersetzungen der Tübinger Studentenbewegung, an der sich verschiedene Aspekte der studentischen Kritikpunkte an der Bundesrepublik jener Jahre herauskristallisierten. Noch vor Prozessbeginn intensivierten sich die Debatten über das Versammlungsrecht zwischen Stadtverwaltung und Studentenbewegung. Im Mai 1968 stellte der Sozialistische Deutsche Studentenbund beim Tübinger Amt für öffentliche Ordnung einen Antrag auf Genehmigung des Einsatzes eines Lautsprecherwagens an den drei Tagen vor der letzten Lesung der Notstandsgesetze im Bundestag am 30. Mai 1968. Der SDS wollte an diesen Tagen von 12 bis 14 Uhr in der Innenstadt und von 16 bis 17 Uhr vor den Werkstoren größerer Betriebe in Tübingen über die Notstandsgesetze und die Kritik an ihnen informieren. Gmelins Vertreter Doege lehnte den Antrag in Absprache mit dem Stadtoberinspektor ab, weil die Straßenverkehrsordnung »eine Genehmigung zum Betrieb von Lautsprechern auf öffentlichen Straßen nur dann vorsieht, wenn ein überwiegendes Interesse der Allgemeinheit an dem Einsatz dieses Informationsmittels vorliegt«, wie Gmelin später der Polizei zu Protokoll gab. Durch Abwägung des Interesses der Hochschulgruppe, die Bevölkerung über ihre Ansichten zur Notstandsgesetzgebung zu informieren, und des »Interesse[s] der Verkehrsteilnehmer an

---

57 Gemeinderatsprotokoll, nichtöffentlich, 12.2.1968, ebd., S. 1067-1072; Gemeinderatsprotokoll, 12.2.1968, ebd., S. 100-106.

der Leichtigkeit und Sicherheit des Straßenverkehrs« sei die Verwaltung zur ablehnenden Entscheidung gekommen. Das Informationsbedürfnis und die Ausübung der freien Meinungsäußerung könne in diesem Zeitraum auf andere Art, beispielsweise durch Flugblätter und Kundgebungen, erreicht werden.

Eine kurzerhand einberufene studentische Versammlung beschloss am Abend, spontan vor Gmelins Wohnhaus zu ziehen, um gegen die Entscheidung zu protestieren. Gmelin empfing eine kleinere Gruppe, lehnte es aber ab, sich vor der Demonstration von 500 Studenten auf der Straße zu erklären. Stattdessen vereinbarte er einen Termin am nächsten Morgen im Rathaus, wo er mit einer Delegation der Studenten prüfen wollte, ob sich ein Ermessensspielraum in der Lautsprecherfrage finden ließ. Doch auch am nächsten Tag forderten die Studenten, dass Gmelin seine Haltung vor einer Versammlung vor dem Rathaus begründe. Als er sich weigerte, drangen 300 Studenten über die Hintertreppe in das Rathaus ein und versammelten sich im Vorraum zu Gmelins Dienstzimmer, der sich nun – aus Angst um das Mobiliar – der Diskussion in größerer Gruppe stellte. Er schlug mehrere Varianten vor, wie eine eingeschränkte Nutzung des Lautsprecherwagens seiner Ansicht nach möglich wäre, und versuchte, dafür eine Mehrheit unter den Studenten zu finden. Keiner seiner Vorschläge wurde angenommen, wie er später der Polizei berichtete: »Man wollte einfach nicht zur Kenntnis nehmen, daß ihre Vorstellung von ihrer Mission durch Aufklärung der Bevölkerung über den Schaden der Notstandsgesetzgebung überhaupt ins Verhältnis gesetzt würde zu der Frage des Straßenverkehrs, seiner Flüssigkeit und seiner Leichtigkeit.« Die Studenten beschlossen stattdessen, das Lautsprecherfahrzeug auch ohne Genehmigung und ohne zeitliche und örtliche Begrenzung vom 27. bis 29. Mai, an den fließenden Verkehr angepasst, einzusetzen. Nach fast drei Stunden verließ die Gruppe das Rathaus, ohne nennenswerte Schäden zu hinterlassen.

Auf Antrag von Bürgermeister Doege stellte das Bürgermeisteramt am 31. Mai Strafanzeige wegen »unbefugten Eindringens in das Rathaus Tübingen«. Gegen fünf Studenten, die als Rädelsführer herausgegriffen wurden, wurde zudem Anzeige »wegen schweren Hausfriedensbruchs in Tateinheit mit Landfriedensbruch und wegen Nötigung« erstattet. Damit endete das Rathaus-Go-in weniger versöhnlich, als es in der Berichterstattung des *Schwäbischen Tagblatts* am folgenden Montag den Anschein hatte. Die Zeitung schrieb, einige Studenten hätten nach Besen und Handkehrer verlangt, nachdem die Frau des Oberbürgermeisters ihnen zugerufen hatte: »So nun gehen Sie, und den Dreck lassen Sie liegen!« In dem Flugblatt »Notstand im Rathaus?«, das in den folgenden Tagen verteilt wurde, warfen die Studenten Gmelin Bevormundung und undemokratisches Verhalten vor, weil er den Lautsprechereinsatz reglementieren wollte. Da der Staat seiner Aufklärungspflicht über die Notstandsgesetze nicht nachgekommen sei, müsse diese Aufklärung von den

Bürgern selbst übernommen werden. Gmelin habe im privaten Gespräch bekannt, dass er die Notstandsgesetze persönlich ablehne.[58] Die Reaktion des Oberbürgermeisters auf das Rathaus-Go-in wurde im Gemeinderat kontrovers debattiert. Gmelin erklärte, er habe den Studenten gesagt, dass er zu den Notstandsgesetzen zwar eine persönliche Meinung habe, ihnen aber hier nicht als Staatsbürger, sondern als Leiter einer Verwaltungsbehörde entgegentrete: »Eine Verwaltungsbehörde hat nicht das Recht, sich in einer Verwaltungsangelegenheit politisch zu engagieren. Das ist, außer in den Fällen, in denen es sich um den Bestand der Demokratie handelt, also um Grundforderungen, eine einseitige Stellungnahme, zu der eine Verwaltungsbehörde nicht legitimiert ist.«

In der Diskussion zeichnete sich deutlich eine Veränderung der Haltung der politikerfahreneren Mitglieder des Gemeinderats ab. Oberbürgermeister Gmelin und der CDU-Landtagsabgeordnete Gerhard Weng, die im Februar beide noch für die ganze Härte des Gesetzes wegen einer kleinen Verkehrsbehinderung plädiert hatten, vertraten nun gemäßigtere Positionen. Nachdem mehrere Stadträte erklärt hatten, dass sie eine polizeiliche Räumung des Rathauses angebracht gefunden hätten und nicht verstehen könnten, dass Gmelin sich auf eine Diskussion eingelassen hatte, erklärte Weng, dass man die Auseinandersetzung mit den Studenten nicht allein polizeilich oder strafrechtlich lösen könne. Es gelte, in Anbetracht der Ereignisse im Pariser Mai, der Osterunruhen nach den Schüssen auf Rudi Dutschke und der vielen anderen gesellschaftlichen Streitfragen vom Vietnamkrieg bis zur Hochschulreform auch psychologisch und politisch klug zu handeln. Rechtsverletzungen müssten geahndet werden, aber man müsse auch die sachliche Diskussion suchen, um zu einer Beruhigung beizutragen, wo es denn ginge. Diese Position teilte Gmelin im Prinzip. Das grundsätzliche Problem bestehe aber darin, dass »gewisse Gruppen von Staatsbürgern gewisse Vorrechte für sich in Anspruch nehmen, die wir nicht zulassen können unter dem Gesichtspunkt der verfassungsmäßigen Gleichbehandlung«. Die Einhaltung von Recht und Gesetz dürfe nicht als autoritär bezeichnet werden. Das Eindringen ins Rathaus sei eine Machtprobe gewesen, der man mit einer klaren Haltung zum Rechtsstaat begegnen müsse. Gmelin blieb auf seinem Standpunkt, der ihn mit den Studenten nicht zusammenbringen konnte: Die Stadtverwaltung sei keine politische Institution,

---

58 Aussage Hans Gmelin, Kriminalhauptstelle Tübingen, 28.6.1968, StadtA Tübingen, A 200/1469; Doege an Staatsanwaltschaft beim Landgericht Tübingen, 31.5.1968, ebd.; Über die Hintertreppe, in: ST, 27.5.1968, ebd.; Flugblatt »Notstand im Rathaus?«, gezeichnet: AStA, Sozialistischer Deutscher Studentenbund, Liberaler Studentenbund Deutschland, Sozialdemokratischer Hochschulbund, Studentische Linke, ebd.

sondern eine an Recht und Gesetz gebundene, vollziehende Behörde.[59] Die Studenten wollten diesen »unpolitischen« Standpunkt nicht gelten lassen und bestanden auf Gmelins politischer Verantwortung. Nicht zuletzt sei ihm als Oberbürgermeister in der neuen Gesetzgebung die Aufgabe zugedacht, Notstandsübungen in seiner Gemeinde zu organisieren.[60]

Gmelin wandte sich in der Gemeinderatsdiskussion mit aller Deutlichkeit gegen Forderungen, »den starken Max‹ zu markieren«. Die Stadt könne kein Interesse an einer Verschärfung der Lage haben, das müsse man auch gegenüber einigen Vorgesetzten in Stuttgart deutlich machen, die »von dort aus sehr gern bereit sind, zu sagen, jetzt zeigt's denen mal«. Er wies erneut die Idee eines »Einwohnerselbstschutzes« zurück, die nur zur Eskalation der Emotionen führe: »Ich würde immer noch den Standpunkt vertreten, lieber lasse ich mich persönlich verunglimpfen und kann trotzdem mit gutem Gewissen sagen, daß ich für einen Rechtsstaat eingetreten bin, nehme also ein Unrecht hin, als daß ich meine Hand dazu gebe, daß ein Unrecht oder Unrechtsverhältnisse mit meiner Zustimmung oder mit meiner Hilfe geschaffen werden.«[61] Aus dem Stuttgarter Innenministerium war am selben Tag die Forderung überbracht worden, in Tübingen mit allen Mitteln gegen den ungenehmigten Einsatz des Lautsprecherwagens vorzugehen und den Wagen zu beschlagnahmen. In Absprache mit dem Landespolizeipräsidenten Karl Heuer entschied Gmelin sich allerdings gegen ein gewaltsames Einschreiten und wollte stattdessen im Fall einer Übertretung der in Aussicht gestellten Teilgenehmigung des Lautsprechereinsatzes Strafanzeige gegen die Verantwortlichen stellen.[62]

Im Juni 1968 besetzten Studenten das Tübinger Büro des Luftschutzhilfsdienstes (LSHD), das in den frühen Morgenstunden von der Polizei geräumt wurde. Da der Luftschutzhilfsdienst zum Dienstbereich des Regierungspräsidenten Willi Birn zählte, trug er die Verantwortung für den Polizeieinsatz, der im Gemeinderat unisono gutgeheißen wurde. Gmelin vertrat die Auffassung, »daß es jetzt an der Zeit wäre, daß man von den Gerichten ein Echo hör[t]«. Wenn »den Rechtsbrechern auf die Dauer keine gebührende Antwort von den Gerichten erteilt« werde, müssten alle Versuche »zur Abwehr dieser Gewalttätigkeiten« von vornherein erfolglos bleiben.[63]

---

59 Gemeinderatsprotokoll, 27.5.1968, ebd.
60 Flugblatt »Kundgebung auf dem Marktplatz«, gez. Studentenschaft von Tübingen, ebd.
61 Gemeinderatsprotokoll, 27.5.1968, ebd.
62 Aktenvermerk Doege, 27.5.1968, ebd.
63 Besetzung des Luftschutzbüros, in: Stuttgarter Zeitung, 22.6.1968, StadtA Tübingen, A 200/1467; Entscheidung im Morgengrauen, in: ST, 24.6.1968, ebd.; Fraktur im Gemeinderat, in: ST, 26.6.1968, ebd.; Gemeinderatsprotokoll, 24.6.1968, StadtA Tübingen, A 75/211, Gemeinderatsprotokoll 1968, 1. Bd., S. 511-527.

Im Herbst des Jahres 1968 rollte nun eine wahre Prozesslawine gegen die Protestierer an. Zunächst wurden 124 Strafbefehle gegen die Besetzer des Luftschutzbüros erlassen. Die Studierenden wurden mit drei Wochen Gefängnis auf Bewährung belegt und die Bewährung mit 90 Mark Geldbuße verbunden. Da fast alle Betroffenen Widerspruch gegen diesen Strafbefehl einreichten, begann am 17. Oktober die Hauptverhandlung vor dem Amtsgericht wegen Landfriedensbruch und Nötigung.[64] Am 8. Oktober begann der Prozess gegen Klaus Behnken und zwei weitere SDS-Mitglieder wegen der Verkehrsbehinderung bei der Vietnam-Demonstration im Februar. Etwa 150 Studenten drangen mit einer Vietcong-Fahne in das Justizgebäude ein. Auch am folgenden Prozesstag kam es zu größeren Demonstrationen vor dem Gericht und in der Innenstadt. Amtsgerichtsdirektor Alfred Haile ließ schon vormittags den Gerichtssaal räumen, wobei die Polizei auch gegen einzelne Pressevertreter handgreiflich wurde.[65] Ein ähnliches Bild mit Störungen, Demonstrationen, Befangenheitsanträgen, Saalverweisen, Ordnungsstrafen und kompletten Saalräumungen bot der parallele Prozess gegen die Besetzer des Luftschutzbüros.[66]

Am vierten Verhandlungstag des »Vietnam-Prozesses« kam es zum Eklat: Als einer der Angeklagten den Richter um eine Begründung dafür bat, dass er ihm bis auf Weiteres das Rederecht entzogen hatte, sagte einer der Schöffen: »Es geht hier zu wie in einer Judenschule.« Anders als die Angeklagten und Zuhörer konnten Gericht und Staatsanwaltschaft daran nichts Verwerfliches erkennen. Ein Befangenheitsantrag gegen den Schöffen wurde abgelehnt. Als der Prozess weiterging, protestierte ein Zuschauer, den der Richter daraufhin aus dem Saal entfernen ließ. Kurz vor der Tür rief er: »Sind wir denn wieder im Nazistaat!« Richter Haile verhängte deswegen zwei Tage Ordnungshaft gegen den Studenten. Das *Schwäbische Tagblatt* wusste zu berichten, dass der Großvater des Inhaftierten im KZ Buchenwald ermordet worden war.[67] Erst nachdem das Gericht von diesem Umstand erfahren hatte, räumte es dem Studenten in Ordnungshaft eine rechtliche Anhörung ein. Seine Erklärung wurde vom Gericht als objektives, nicht als subjektives Werturteil eingestuft und eine vorzeitige Haftentlassung angeordnet. Die Studentenzeitung *Notizen* druckte die Stellungnahme ab, in welcher der Student zunächst darlegte, warum der Begriff »Judenschule« ähnlich wie »Judenrepublik« in ein antisemitisches und

---

64 124 Strafbefehle, in: ST, 28.8.1968, StadtA Tübingen, A 200/1467; Herbe Perspektiven, in: ST, 11.9.1968, ebd.; Die Justiz am Zug, in: ST, 30.9.1968, ebd.; Prozeßlawine im Anrollen, in: ST, 5.10.1968, ebd.

65 »Unsere Fahne flattert uns voran …«, in: ST, 9.10.1968, ebd.; Die Justiz kam nicht zum Zug, in: ST, 10.10.1968, ebd.; Rote Nelke im Knopfloch, in: ST, 17.10.1968, ebd.

66 Quo vadis, Justitia?, in: ST, 18.10.1968, ebd.

67 »Wie in einer Judenschule«, in: ST, 23.10.1968, ebd.

antidemokratisches Repertoire gehöre. Der junge Mann beklagte, dass »die Sprache und damit das ganze öffentliche Bewußtsein ohne Erinnerung, ohne zu begreifen, ohne Scham über den Mord an sechs Millionen Juden hinweggeht«. Die Studenten würden »auf jeder Demonstration« mit dem Spruch konfrontiert: »Euch müßte man vergasen«. Im Folgenden parallelisierte er den Holocaust mit dem Vietnamkrieg und verkündete, die Studenten hätten aus der Geschichte gelernt: »Angesichts des Völkermordes in Vietnam haben wir uns dazu verpflichtet, das, was an individuellem Mut und an Kraft des einzelnen in unserer Bewegung vorhanden ist, zu sammeln und gegen Verschleierung und Mitbeteiligung am Völkermord zu aktivieren.« Dies sei eine Aufgabe, die die ältere Generation im Angesicht von Auschwitz versäumt habe.[68]

Der Vorfall im Tübinger Amtsgericht schaffte es sogar in das auflagenstarke Hamburger Nachrichtenmagazin *Der Spiegel*, weil das nachsichtige Verhalten des Richters gegenüber dem Schöffen so deutlich mit dem harten Vorgehen gegen den Zwischenrufer, aber auch mit dem einige Tage später verhängten Urteil über die Angeklagten kontrastierte. Wegen der halbstündigen Verkehrsblockade verurteilte Amtsgerichtsdirektor Haile die drei Beschuldigten zu drei Monaten Gefängnis ohne Bewährung. Er hatte sich dabei, wie der *Spiegel* zitierte, »auch von dem Gedanken der Abschreckung, der Sühne und der Erziehung leiten« lassen.[69]

Während der Prozess noch lief, war Amtsgerichtsdirektor Haile für die CDU in den Gemeinderat gewählt worden. Die Doppelfunktion, die den baden-württembergischen Oberbürgermeistern generell zukommt, wirkte sich in diesem Fall besonders bedenklich aus. Gmelin hatte als oberster Dienstherr der Stadtverwaltung den Strafantrag gegen die Studenten gestellt und war zugleich Vorsitzender des Gemeinderats, dem jener Richter, der die Studenten mit Haftstrafen belegte, als Stadtrat angehörte. In späteren Fällen ließ sich Gmelin die Entscheidung für einen Strafantrag sogar vom Verwaltungsausschuss des Gemeinderats bestätigen.[70]

Das Urteil stieß nicht nur in der liberalen Presse der Bundesrepublik auf Unverständnis. Eine Reihe Tübinger Professoren und Dozenten der Universität protestierte in einem offenen Brief an den Justizminister von Baden-Württemberg, den Landgerichtspräsidenten und das Amtsgericht gegen die »Politisierung der Justiz«. Die Unterzeichner hätten, so berichtete das *Schwäbische Tagblatt*, in dem Urteil den Versuch entdeckt, »eine bestimmte politische Opposition auszuschalten und unbequemes politisches Engagement in kriminelle Aktionen Einzelner umzumünzen, die man als vermeintliche Rädelsführer herausgreift«.

---

68 »Judenschule«, in: Notizen, Nr. 85 (November 1968), UA Tübingen, HZ 209.
69 Über Maß, in: Der Spiegel, Nr. 45 (1968), S. 76f.
70 Übersicht über den Gemeinderat Tübingen, seine Abteilungen, Ausschüsse usw. im Jahr 1968, StadtA Tübingen, A 75/211, Gemeinderatsprotokoll 1968, 1. Bd., S. 4.

Das Abschreckungsurteil sei schärfer als manches Urteil wegen fahrlässiger Tötung, und der ganze Prozess »nähre den Verdacht, daß Demonstrationen nur dann erlaubt und hingenommen werden sollen, wenn sie im Einklang mit der gegenwärtigen Staatspolitik stünden«. Das werde dadurch offenbar, dass wegen einer Demonstration vor der sowjetischen Botschaft in Rolandseck anlässlich des Einmarsches der Sowjetunion in der Tschechoslowakei wenige Wochen zuvor kein Verfahren eröffnet worden sei, obwohl dort der Verkehr in viel größerem Umfang behindert worden und es sogar zu Sachbeschädigungen gekommen sei. Auch der FDP-Kreisverband kritisierte das Urteil.[71] Der Juraprofessor und damalige Rektor der Universität, Ludwig Raiser, bot Studenten, die in Rechtsnot gerieten, Rechtsberatung an und erklärte, nötigenfalls auch deren Verteidigung übernehmen zu wollen. Sollte es dadurch zu einem Konflikt mit seinem Rektoramt kommen, würde er dieses niederlegen.[72]

Der Prozess wegen der Besetzung des Luftschutzhilfsdienstes ging im Dezember 1968 mit drei Verurteilungen zu Geldstrafen in Höhe von 360 Mark wegen gemeinschaftlichen Hausfriedensbruchs zu Ende.[73] Im Verfahren wegen des Rathaus-Go-ins reichte die Staatsanwaltschaft im Januar 1969 die Anklageschrift wegen Land- und Hausfriedensbruchs gegen 14 Personen ein, die sie für »hinreichend verdächtig« hielt, sich daran beteiligt zu haben. Erneut war Amtsgerichtsdirektor und Stadtrat Haile für die Führung des Prozesses vorgesehen. Gmelin, der Vorsitzende des Gemeinderats, dem Haile angehörte, hatte den Prozess als Chef der Stadtverwaltung angestrengt.[74] Die harten Urteilssprüche Hailes im »Vietnam-Prozess« wurden im Juni 1969 in der Berufungsverhandlung aufgehoben und die Angeklagten freigesprochen.[75] Einige Monate später hob das Frankfurter Oberlandesgericht ein Urteil gegen Daniel Cohn-Bendit wegen Landfriedensbruchs und Aufruhrs auf. Die *Stuttgarter Zeitung* schrieb, die Aufhebung sei mit einer Begründung erfolgt, »nach der in Zukunft die Verurteilung eines Demonstranten wegen Aufruhrs und Landfriedensbruchs nur sehr schwer möglich sein wird«. Das Gericht hatte erklärt, dass es die alte Auslegung der Aufruhr- und Landfriedensbruchparagraphen 115 und 125 im Strafgesetzbuch »für überholt ansieht, da die frühere Auslegung bereits in jeder Zusammenrottung eine abstrakte Bedrohung, das Grundgesetz heute jedoch im kollektiven Handeln eine Selbstverständlichkeit sehe«.[76]

71 Den Anfängen wehren, in: ST, 14.11.1968, StadtA Tübingen, A 200/1467; Unbehagen über Studentenprozesse, in: Reutlinger Generalanzeiger, 6.11.1968, ebd.
72 Raiser: Hartes Urteil, in: ST, 29.10.1968, ebd.
73 Geldstrafen verhängt, in: ST, 3.12.1968, ebd.
74 Das Rathaus-go-in, in: ST, 22.1.1969, ebd.
75 Freispruch im Vietnam-Prozeß, in: ST, 21.6.1969, StadtA Tübingen, A 200/1468.
76 Urteil gegen Cohn-Bendit aufgehoben, in: Stuttgarter Zeitung, 23.10.1969, ebd.

Das Rathaus-Go-in kam schließlich nicht mehr zur Verhandlung, weil die neue sozialliberale Bundesregierung im Mai 1970 ein Straffreiheitsgesetz verabschiedete, das Demonstrationen und damit zusammenhängende Ereignisse in den Jahren 1965 bis 1969, die zur Meinungsäußerung oder Meinungsbildung in öffentlichen Angelegenheiten bestimmt waren, insgesamt außer Strafe setzte.[77] Gleichzeitig verabschiedete die Bundesregierung das »Dritte Gesetz zur Reform des Strafrechts«, mit dem das Demonstrationsrecht deutlich liberalisiert wurde. Der Aufruhrparagraph wurde ersatzlos gestrichen und die Definition von Landfriedensbruch wesentlich enger gefasst.[78]

Der Vergleich mit der Duldsamkeit gegenüber der Demonstration vor der sowjetischen Botschaft deutet darauf hin, dass die Liberalisierung des Demonstrationsrechts nicht nur eine Entwicklung aus der westdeutschen Gesellschaft heraus war. Sie geschah auch vor dem Hintergrund einer deutlichen Abgrenzung von der DDR und den Ostblockstaaten, die gerade erst mit der Niederschlagung des Prager Frühlings vorgeführt hatten, wovon man sich im Westen unterscheiden wollte. Schon im Juni 1967 waren im Rahmen der Gedenkfeiern zur Erinnerung an den Volksaufstand am 17. Juni 1953 vereinzelt Stimmen laut geworden, die zwischen dessen blutiger Niederwerfung und der Tötung des Studenten Benno Ohnesorg durch einen Polizisten in Westberlin wenige Tage zuvor einen Zusammenhang herstellten.[79]

Während viele der Rechtsreformen der sozialliberalen Koalition schon in der vorhergehenden Großen Koalition unter Kurt Georg Kiesinger vorbereitet worden waren, wurde gerade um die Liberalisierung des Demonstrationsrechts heftig zwischen Regierung und konservativer Opposition gestritten.[80] Auch wenn in dieser Reform das Primat der Versammlungs- und Demonstrationsfreiheit vor anderen Gesetzesordnungen nicht explizit festgeschrieben wurde, deutete sich doch eine Höherbewertung dieses Grundrechts vor der Straßenverkehrsordnung oder anderen Ordnungs- und Ruhebestimmungen an, die durch die Verankerung im Grundgesetz bereits angelegt war. Immerhin existierte kein Grundgesetzartikel für das Recht auf die »Leichtigkeit des Stra-

---

77 Einstellungsverfügung, Staatsanwaltschaft beim Landgericht Tübingen, 22.6.1970, StadtA Tübingen, A 200/1469.

78 »Drittes Gesetz zur Reform des Strafrechts«, 20.5.1970, BGBl., Teil I, Nr. 45 (1970), S. 505-508.

79 Die FDP-Politikerin und damalige Staatssekretärin im hessischen Kultusministerium Hildegard Hamm-Brücher sagte auf einer studentischen Kundgebung, es gebe »seit dem 2. Juni […] keinen Grund mehr, den 17. Juni 1953 mit der pharisäerhaften Überheblichkeit und Selbstgerechtigkeit westdeutscher Freiheitsapostel zu begehen«. Eine Gleichsetzung beider Ereignisse lag ihr sicher fern. Hildegard Hamm-Brücher: Kämpfen für eine demokratische Kultur. Texte aus vier Jahrzehnten, München 1986, S. 22, 118, 120.

80 Conze: Suche, S. 402; Herbert: Geschichte, S. 877.

ßenverkehrs«. Erst 1985 erfolgte mit dem Brokdorf-Beschluss des Bundesver-fassungsgerichts eine unmissverständliche Höherbewertung der Demonstra-tions- und Versammlungsfreiheit vor staatlichen oder sonstigen Interessen und Bestimmungen.[81]

Die sozialliberale Koalition holte mit der Liberalisierung des Strafrechts 1970 nach, was viele Gerichte bereits 1968 und 1969 erkannt hatten: Die Ge-setzeslage zu Demonstrationen und Versammlungen, die, wie viele Teile des Strafrechts, noch auf das Reichsstrafgesetzbuch von 1871 zurückging, war nicht oder nur bedingt mit dem Grundgesetz vereinbar. Diese Entwicklung wurde schon in dem *Spiegel*-Artikel über das Urteil im Tübinger »Vietnam-Prozess« vorgezeichnet, indem der Autor das Tübinger Urteil mit Freisprüchen von drei Richtern in Frankfurt, Köln und dem nahe gelegenen Esslingen in derselben Woche verglich. In Frankfurt hatte ein Amtsgerichtsrat zwei Studenten wegen Demonstrationen gegen die *Bild*-Zeitung während der Osterunruhen 1968 freigesprochen. Der *Spiegel* zitierte aus der Urteilsbegründung: »Auf der einen Seite stand die Pressefreiheit, das heißt das Recht Springers auf ungehinderte Verbreitung seiner Blätter. Auf der anderen Seite das Recht der Demonstran-ten, die Öffentlichkeit auf die Gefährdung der Meinungsbildung durch den Springer-Konzern aufmerksam zu machen. Dem Demonstrationsrecht war in diesem Falle der Vorzug zu geben.« Laut *Spiegel* waren die freisprechenden Rich-ter zwischen 33 und 45 Jahre alt.[82] Hier wird deutlich, dass die Liberalisierung dieser Grundrechtsfragen von einem Generationenwechsel in der Justiz ihren Ausgang nahm. Die Demokratisierung in der Bundesrepublik wurde zwar von breiten Schichten der Bevölkerung akzeptiert und unterstützt, aber »erst im Generationswechsel ergaben sich neue Schübe der Verankerung demokrati-scher Werte«.[83] Die neu in die Institutionen eingetretene »Generation der 45er« erwies sich nicht zuletzt im Umgang mit der jüngeren »Generation der 68er« als die eigentliche Triebkraft hinter der Liberalisierung der 1960er Jahre.[84]

Die Judikative ging im Fall der Liberalisierung des Demonstrationsrechts der Legislative voraus. Indem sie unhinterfragt auf positiv geltende Strafrechts- und Demonstrationsrechtsbestimmungen pochten, machten sich Gmelin und der Großteil der älteren Generation zu Verteidigern illiberaler Auffassungen

---

81 Anselm Doering-Manteuffel, Bernd Greiner, Oliver Lepsius: Der Brokdorf-Beschluss des Bundesverfassungsgerichts 1985, Tübingen 2015.
82 Über Maß, in: Der Spiegel, Nr. 45 (1968), S. 76f.; Fritz Bauer: Gedanken zur Straf-rechtsreform. Wie steht die SPD zum Entwurf der Großen Strafrechtskommission? (1959), in: Ders.: Die Humanität der Rechtsordnung. Ausgewählte Schriften, hrsg. von Joachim Perels, Irmtrud Wojak, Frankfurt am Main, New York 1998, S. 233-247, hier: S. 240f.
83 Schildt: Ankunft, S. 33.
84 Conze: Suche, S. 356.

über das Grundrecht auf Versammlungsfreiheit. Es wäre an der Legislative in Bund und Ländern gewesen, diese Probleme zu beheben, stattdessen vertraten die meisten politischen Verantwortungsträger die Meinung, die Studenten seien eine Minderheit, die die Funktionsweise der Demokratie nicht richtig verstanden habe. Bundeskanzler Kiesinger sagte nach den Osterunruhen im Bundestag, dass sich in einer Demokratie die Minderheit der Entscheidung der Mehrheit beugen müsse. Nichtsdestoweniger gebe es Minderheitenrechte, die sicherstellten, dass jede Meinung nicht nur toleriert, sondern geachtet werde. Seiner Auffassung nach war der Grund für die Unruhe der jüngeren Generation in verbreiteten Irrtümern über die Demokratie zu suchen. Deshalb müsse man nun umso mehr versuchen, diese für die Studenten »einleuchtender« zu machen, was durchaus zu Überlegungen über Veränderungen in den Institutionen führen könne.[85]

Gmelin vertrat genau diese Position. Bei der Jungbürgerfeier 1969 erklärte er, der Gesprächsfaden zwischen Jugend und älterer Generation dürfe nicht abreißen, dabei müsse man sich aber auch von der Jugend etwas mehr sagen lassen, ohne gleich emotional zu reagieren. Damit griff er fast im Wortlaut Kiesingers Stellungnahme nach den Osterunruhen im Vorjahr auf.[86] Zwei Jahre später hingegen bezweifelte er die Legitimation von Jugendlichen, die einen »herrschaftsfreien Raum« in Tübingen forderten: »politisches oder ideologisches Engagement ist ja noch keine Legitimation«. Die Sprecher der Jugendlichen sollten aber – wenn sie sich denn schon äußerten – nicht darauf spekulieren, mit einem Konfrontationskurs ihre Forderungen durchzusetzen, sondern mit Sachargumenten diejenigen zu überzeugen versuchen, die nach Gemeindeverfassung und unmittelbarer Wahl über das Geld zu verfügen hätten.[87]

Der Grundwiderspruch bestand somit darin, dass Kiesinger, Gmelin und andere der Jugend zwar eine Meinung zugestanden, aber kaum dazu bereit waren, auf das Argument einzugehen, dass an grundsätzlichen gesellschaftlichen Verfahrensregeln und Rechtsnormen etwas verkehrt sein könnte, sofern es nicht von der Mehrheit legitimiert wurde. Kiesinger selbst hatte sich der verbreiteten Rede von der »kleinen, radikalen Minderheit« immer wieder bedient und den Protest damit delegitimieren wollen. Auch die Idee eines »mehrheitsbildenden« Wahlrechts, das Kiesinger und Teile der Unionsparteien in der Großen Koalition erfolglos durchzusetzen versuchten, muss im Zusammenhang mit diesem Demokratieverständnis gesehen werden. Kleinere Parteien – namentlich die FDP – wären damit faktisch aus der politischen

---

85 5. Deutscher Bundestag, 169. Sitzung, 30.4.1968, Stenographischer Bericht, Bl. 9026-9031.

86 Bereitschaft zum Dialog muß wachsen, in: ST, 9.7.1969, StadtA Tübingen, A 200/476.

87 Hans Gmelin: Wie wär's: statt Pauke gute Argumente?, in: ST, 16.7.1971.

Landschaft verdrängt worden.[88] Das Bestreben, Protest zu delegitimieren, fand dementsprechend schon in der Bundestagsdebatte nach den Osterunruhen 1968 im FDP-Politiker Walter Scheel seinen entschiedensten Gegner: »Meine Damen und Herren, die Gefahr ist deswegen so groß, weil wir es nach meiner Auffassung bis heute noch nicht gelernt haben, uns mit Andersdenkenden auseinanderzusetzen. [...] Wir haben noch kein demokratisches Gefühl entwickelt, mit Minderheiten zu leben.«[89]

Auch Teile der jüngeren Juristengeneration waren deutlich offener dafür, Ungerechtigkeiten und legislativen Handlungsbedarf zu erkennen, um Minderheitenpositionen zu ihrem verfassungsmäßigen Recht zu verhelfen. Diese Richter entschieden bereits vor den Änderungen des Demonstrationsrechts gegen bestehende Rechtsgrundlagen, die den demokratischen Auseinandersetzungen im Weg standen. Das wäre für die kommunalpolitische Exekutive, die Stadtverwaltung und den Gemeinderat durchaus auch möglich gewesen. Allerdings muss man konstatieren, dass Gmelin unter dem Druck von Teilen des Gemeinderates und der städtischen Öffentlichkeit, zum Teil sogar aus dem Stuttgarter Innenministerium stand, die ein härteres und kompromissloseres Vorgehen gegen die Studenten forderten. Diesem Druck hielt er erfolgreich stand und gab kein einziges Mal seine Zustimmung zu einem gewalttätigen Polizeieinsatz. Seine Begründung, sich lieber verunglimpfen zu lassen, »als daß ich meine Hand dazu gebe, daß ein Unrecht oder Unrechtsverhältnisse mit meiner Zustimmung oder mit meiner Hilfe geschaffen werden«, ist bemerkenswert. Es fällt schwer, in dieser Haltung nicht eine Konsequenz aus persönlichen Fehlern im Nationalsozialismus zu sehen. Andererseits hatte er in der Vergangenheit mehrfach betont, dass er persönlich niemals Unrecht getan, sondern lediglich geirrt habe. Das war seine zentrale Überzeugung, mit der er nicht nur seine eigene Nachkriegskarriere begründete, sondern auch das Andenken seines Freundes Hanns Ludin bewahrte. Möglicherweise zog er die zitierte Konsequenz auch aus dem Unrecht, für das in seinen Augen andere Nationalsozialisten verantwortlich waren. Das würde erklären, warum sich ein solches Unrechtsbewusstsein ausschließlich im Bereich polizeilich-exekutiver Gewaltmaßnahmen zeigte und nicht etwa in der Gedenk- und Erinnerungspolitik.

Problematisch blieb Gmelins strenge Auffassung von der »unpolitischen« Verwaltung. Im Juni 1969 veranstaltete der Tübinger Kreisverband der Deutsch-Südafrikanischen Gesellschaft ein Gastspiel einer weißen südafrikanischen Volkstanzgruppe in der städtischen Festhalle im Tübinger Ortsteil Lustnau.

---

88 Zeugen des Jahrhunderts, Kurt Georg Kiesinger im Gespräch mit Horst Schättle, 2. Teil, ZDF 1983, URL: https://www.zeitzeugen-portal.de/videos/v0mqxWX7x4k (letzter Zugriff: 18.11.2019).
89 5. Deutscher Bundestag, 169. Sitzung, 30.4.1968, Stenographischer Bericht, Bl. 9026-9031.

Der SDS und die Afrikanische Studenten-Union Tübingen riefen mit Unterstützung des Kreisjugendrings zum Protest gegen die südafrikanische Apartheidpolitik auf. Daraufhin beschlossen die Veranstalter ein strenges Einlassregiment und verwehrten äußerlich erkennbaren, protestierenden Studenten, Presse- und Rundfunkvertretern und allen Schwarzen Afrikanern kurzerhand den Zutritt.[90] An dieser Maßnahme wirkte die Polizei, die mit 30 Beamten vor Ort war, aktiv mit und hinderte die 100 Protestierenden und alle anderen, auf die die Beschreibung passte, am Betreten des Gebäudes.[91] Der Charakter der Veranstaltung entsprach durch diese »Whites only«-Entscheidung nicht nur symbolisch, sondern ganz konkret dem südafrikanischen Rassismus. In einer Zuschrift an das *Tagblatt* rechtfertigte der Kreisvorsitzende der Deutsch-Südafrikanischen Gesellschaft diese Maßnahme offensiv. Immerhin sei das Flugblatt gegen die Veranstaltung auch von der Afrikanischen Studenten-Union Tübingen unterzeichnet gewesen: »So konnte es nicht verwunderlich sein, wenn Schwarz-Afrikaner nicht zugelassen wurden.«[92] Einige Demonstranten versuchten, die Veranstaltung zu verhindern, warfen Scheiben ein und versprühten Tränengas. Die Polizei räumte den Vorplatz unter Schlagstockeinsatz.[93]

Bürgermeister Doege, der noch am Abend nach Lustnau gefahren war, um sich ein Bild der Lage zu machen, berichtete drei Tage nach den Ereignissen dem Verwaltungsausschuss. Gmelin sagte, an und für sich sei er als Oberbürgermeister selbst für die Stellung eines Strafantrags wegen Sachbeschädigung an der städtischen Festhalle zuständig. Wegen des »politischen Akzent[s] dieser Sache« wolle er jedoch die Meinung des Verwaltungsausschusses dazu hören. Nach kurzer Diskussion entschied dieser einstimmig, dass ein Strafantrag gestellt werden solle. Doege hatte geschildert, dass aufgrund der Proteste die öffentliche Veranstaltung zu einer nichtöffentlichen erklärt worden war. Er verfügte über Informationen dazu aus erster Hand, kannte den Namen desjenigen, der die Entscheidung getroffen hatte, und wusste auch sonst genau Bescheid über den Besuch der südafrikanischen Gruppe. Auf den rassistischen Charakter der Zugangsbeschränkung wurde in der Sitzung mit keinem Wort eingegangen, obwohl die eindeutige Berichterstattung im *Tagblatt* als bekannt vorausgesetzt werden kann und Gmelin den »politischen Akzent« des Ereignisses herausgestellt hatte. An anderer Stelle wies Gmelin darauf hin, dass der Vorsitzende des Kreisjugendrings auch unter den Demonstranten in Lustnau

---

90 Das Adjektiv »schwarz« wird im Folgenden großgeschrieben, weil es sich hier nicht um eine biologische Beschreibung handelt, sondern um einen politischen Begriff und eine Selbstbezeichnung Schwarzer Menschen. Noah Sow: Deutschland Schwarz Weiß. Der alltägliche Rassismus, 4. Aufl., München 2009 (zuerst 2008), S. 19 f.
91 SDS ante portas, in: ST, 13.6.1969.
92 Notabene, in: ST, 14.6.1969.
93 Zwei Welten, in: ST, 14.6.1969.

gewesen sei, und implizierte, dass diese Tatsache Einfluss auf die weitere Zusammenarbeit mit ihm haben könnte. Der Ausschluss Schwarzer Menschen von Veranstaltungen in städtischen Gebäuden zog dagegen keine Konsequenzen nach sich. Dieser eklatante Verstoß gegen den verfassungsmäßigen Gleichbehandlungsgrundsatz wurde in Stadtverwaltung und Gemeinderat noch nicht einmal diskutiert. Er war offenbar keine Angelegenheit für die »unpolitische Verwaltung«.[94]

Die Aktion gegen die Veranstaltung in Lustnau gehört in einen breiteren Kontext antirassistischen Engagements in der deutschen Studentenbewegung. Bereits 1963 hatte in Tübingen eine Solidaritätskampagne für den südafrikanischen Antiapartheidaktivisten Neville Alexander begonnen, der Anfang der 1960er Jahre in Tübingen seine Doktorarbeit in Germanistik über Gerhart Hauptmann geschrieben hatte. Nach Aussage des langjährigen Tübinger SDS-Aktivisten Peter Langos war es Neville Alexander, der als SDS-Mitglied den Verein »aufmischte« und aus einem »Zirkel von Linksintellektuellen« eine aktivistische Gruppe machte.[95] Nach Beendigung seiner Promotion ging Alexander zurück nach Südafrika und fiel im Juli 1963 einer der großen Verhaftungswellen im Apartheidstaat zum Opfer. Sofort kurbelten seine Tübinger Freunde eine öffentliche Kampagne an und sammelten Geld für seine Anwaltskosten. Das »Sabotage-Gesetz«, nach dem Alexander angeklagt wurde, stehe genauso außerhalb aller sittlichen Normen wie die Nürnberger Rassengesetze, erläuterte Hermann L. Gremliza in den *Notizen*.[96] Im Mai 1965 berichtete die Studentenzeitung, dass Neville Alexander zu zehn Jahren Straflager auf der Gefängnisinsel Robben Island verurteilt worden war. Nach Berichten von inzwischen entlassenen Insassen wurden er und seine Mitgefangenen dort von Aufsehern misshandelt.[97]

Auch in den Metropolen der Studentenbewegung kam es zu antirassistischen Aktionen. Die Aufführung des als Dokumentarfilm bezeichneten rassistischen Kinofilms AFRICA ADDIO war 1966 in Westberlin von heftigen Protesten begleitet. Der Film von zwei italienischen Regisseuren gab vor, die Realität der Dekolonisation in Afrika abzubilden, und bemächtigte sich dabei einer Bildsprache, die nicht nur als Apologie des Kolonialismus zu verstehen

---

94 Verwaltungsausschuss, nichtöffentlich, 16.6.1969, StadtA Tübingen, A75/212, Gemeinderatsprotokoll 1969, 3. Bd., S. 2831-2834, 2896.

95 Ernst Bauer: Ein früher 68er erinnert sich, in: ST, 25.9.2015; Neville E. Alexander: Afrikanischer Nationalismus, in: Notizen, Nr. 27 (Juni 1960), UA Tübingen, HZ 209.

96 Hermann L. Gremliza: Das Opfer eines Unrechtsstaates, in: Notizen, Nr. 50 (November 1963), ebd.

97 Wolfgang Müller: Zehn Jahre Straflager für Dr. Alexander – oder Sturz der Regierung Verwoerd, in: Notizen, Nr. 61 (Mai 1965), ebd.

war, sondern mit abstoßenden rassistischen Klischees und exploitativen Darstellungen arbeitete. Die gegen den Film agitierenden Studentinnen und Studenten stellten viele Bezüge zur NS-Vergangenheit her. Sie parallelisierten die koloniale und rassistische Gewalt mit dem Nationalsozialismus, ähnlich wie der Vietnamkrieg während des Tübinger Prozesses mit ihm verglichen worden war. Diese Parallelisierung hatte in mehrerlei Hinsicht negative Konsequenzen. Einerseits führte sie dazu, dass sich die Studenten in dieser antirassistischen Auseinandersetzung auch in historischer Perspektive als NS-Gegner und NS-Opfer imaginierten. Als im Laufe der Proteste gegen den Film Studenten angeklagt wurden, forderten Protestierende auf Flugblättern, dass der Richter, der ein früheres NSDAP-Mitglied war, »sich andere Juden suchen« solle.[98] Im Diskurs der Studentenbewegung wurde diese Opferidentifikation so weit getrieben, dass beispielsweise Oskar Negt behauptete, die vehemente mediale Kritik an den Studenten zeige gemeinsame Merkmale mit der »Hetzjagd« auf die Juden im »Dritten Reich«.[99] Andererseits führte der Bezug auf den Nationalsozialismus dazu, dass bald nicht mehr von den Anliegen der antikolonialen Bewegungen die Rede war, sondern es fast nur noch um die Deutung der eigenen jüngeren Geschichte und die Entlarvung vermeintlicher oder tatsächlicher Kontinuitäten ging.[100]

Allerdings – und das ist das Entscheidende in diesem Zusammenhang – machten die Studierenden mit ihrem Protest auf den Umstand aufmerksam, dass der Rassismus nicht mit dem Nationalsozialismus verschwunden war.[101] Immerhin hatten sie das Vokabular des NS-Vergleichs nicht erfunden, sondern es entstammte den antikolonialen Bewegungen selber. Aktivisten und Intellektuelle, wie Frantz Fanon und Aimé Césaire, prägten die analytische Verbindung zwischen kolonialer, rassistischer Unterdrückung und nationalsozialistischen Verbrechen, und auch Jean-Paul Sartre hatte die Folterpraktiken der französischen Armee in Algerien mit denen der Gestapo in Paris verglichen. Fanon und Césaire vertraten die Auffassung, dass der Nationalsozialismus als nach Europa zurückgekehrte Kolonialpraxis zu betrachten sei.[102]

Inzwischen wurde diese Frage in der Geschichtswissenschaft wiederholt diskutiert. Dabei wurde viel Energie darauf verwendet, nationalsozialistische

---

98 Quinn Slobodian: Foreign Front. Third World Politics in Sixties West Germany, Durham, London 2012, S. 137-149; Kai Nowak: Der Schock der Authentizität. Der Filmskandal um Africa Addio (1966) und antikolonialer Protest in der Bundesrepublik, in: WerkstattGeschichte, 69 (2015), S. 37-53.

99 Negt: Protest.

100 Nowak: Schock, S. 52 f.

101 Slobodian: Foreign Front, S. 138.

102 Frantz Fanon: Die Verdammten dieser Erde, Frankfurt am Main 2008 (dt. zuerst 1966), S. 79; Aimé Césaire: Über den Kolonialismus, Berlin 1968, S. 12 f.; Jean-Paul Sartre: Wenn wir es sind, die foltern …, in: Die Zeit, 13.3.1958.

Anleihen beim Kolonialismus und bei den Kolonialverbrechen nachzuweisen oder auszuschließen.[103] Erstaunlicherweise hat noch niemand andersherum gefragt, ob es nicht sein könnte, dass die Dekolonisation die »Aufarbeitung der Vergangenheit« in Deutschland in den 1950er und 1960er Jahren beeinflusst hat.[104] Denn die studentische Thematisierung des Rassismus im Zusammenhang mit der nationalsozialistischen Vergangenheit ist weniger naheliegend, als es den Anschein hat. Es wurde hier schon auf die weitgehende Abwesenheit eines Bewusstseins für die rassistischen Ausgrenzungsprozesse der NS-Zeit in der deutschen Bevölkerung nach dem Zweiten Weltkrieg hingewiesen. Die Judenfeindschaft und die Rassenlehre, mit denen der überwiegende Teil der Bevölkerung nichts zu tun gehabt habe, wurden als Projekte der NS-Elite »verinselt«. Die Tatsache, dass die von einer breiten gesellschaftlichen Mehrheit getragene rassistische Ausgrenzung und ihre Folgen nicht wahrgenommen wurden, führte dazu, dass eine Auseinandersetzung mit Rassismus als gesellschaftlichem Problem nach 1945 grundsätzlich nicht stattfand. Rassismus war damit nicht in der Form diskreditiert, wie er es heute zu Recht ist. Gerade die Dinge, die nicht als »spezifisch nationalsozialistisch« betrachtet wurden, wie die Ablehnung, Ausgrenzung und Kriminalisierung von Homosexuellen, Sinti und Roma sowie viele Aspekte der eugenischen Forschung, wurden nach 1945 unter teils anderen Vorzeichen fortgeführt, ohne deren Bedeutung innerhalb der NS-Rassenpolitik zu reflektieren. Die Frage der »Rassenmischung« konzentrierte sich in den Nachkriegsjahren auf sogenannte Mischlingskinder Schwarzer US-Soldaten und deutscher Frauen. Zwar wurde die »Vermischung« nicht mehr prinzipiell als Ursache »degenerativer« Erscheinungen angesehen, doch die Behauptung, dass es natürliche Unterschiede gebe, galt weiterhin als unproblematisch, weil damit vermeintlich keine Wertung oder Ausgrenzung

---

103 S. die Überblicksdarstellung bei Sybille Steinbacher: Sonderweg, Kolonialismus, Genozide. Der Holocaust im Spannungsfeld von Kontinuitäten und Diskontinuitäten der deutschen Geschichte, in: Bajohr, Löw (Hrsg.): Holocaust, S. 83-101; außerdem Birthe Kundrus: Kontinuitäten, Parallelen, Rezeptionen. Überlegungen zur »Kolonialisierung« des Nationalsozialismus, in: WerkstattGeschichte, 43 (2006), S. 45-62; Jürgen Zimmerer: Nationalsozialismus postkolonial. Plädoyer zur Globalisierung der deutschen Gewaltgeschichte, in: Zeitschrift für Geschichtswissenschaft, 57 (2009), H. 6, S. 529-548; Robert Gerwarth, Stephan Malinowski: Der Holocaust als »kolonialer Genozid«? Europäische Kolonialgewalt und nationalsozialistischer Vernichtungskrieg, in: Geschichte und Gesellschaft, 33 (2007), H. 3, S. 439-466.

104 Michael Rothberg hat zu einem ähnlichen Thema gearbeitet, konzentrierte sich aber auf das »mehrdimensionale Gedächtnis«, also auf die Bezüge zwischen den Erinnerungskulturen bei Kolonialismus und Holocaust, wobei sich die Erinnerung an den Kolonialismus eher auf die Erinnerung an den Holocaust bezieht als umgekehrt. Michael Rothberg: Multidirectional Memory. Remembering the Holocaust in the Age of Decolonization, Stanford 2009.

einherging.[105] In Südafrika, wo Beziehungen über »Rassengrenzen« hinweg verboten waren, nahmen die Weißen für ihre Gesellschaft ebenfalls in Anspruch,
dass vermeintlich natürliche Unterschiede keine Wertung transportierten. Der
südafrikanische Präsident Hendrik Verwoerd prägte den zynischen Ausdruck
von der »guten Nachbarschaft«, um der Weltöffentlichkeit den Rassismus in
seinem Land näherzubringen.[106]

Auch ein paternalistischer Bezug auf Afrika mit klaren kolonialromantischen
Facetten war noch in den 1950er Jahren in der Bundesrepublik alles andere als
diskreditiert. Der Tübinger CDU-Bundestagsabgeordnete Gustav-Adolf Gedat
bereiste Afrika »in der christlichen Mission, den Kontinent vor einer Beeinflussung nicht nur durch den Kommunismus, sondern auch durch den Islam
zu bewahren«. Gedat hatte sich schon in den 1930er Jahren als »Afrikaexperte«
einen Namen gemacht. Als seine rassenpolitischen Schriften aus der NS-Zeit
im Bundestagswahlkampf 1957 bekannt wurden, schadete ihm das nicht. Er
errang, wie schon 1953 und erneut 1961, das Direktmandat in seinem Tübinger
Wahlkreis.[107]

Den Endpunkt dieser Vorstellungen, Bevormundungen und Ausschlusspraktiken markierte also nicht das Bekanntwerden des rassistischen Massenmords während des Zweiten Weltkriegs, sondern eine Veränderung setzte erst
mit den Protestbewegungen und Dekolonisationsprozessen der 1950er und
1960er Jahre ein. Das war eine historisch wichtige »Schwellenphase, in der rassistische und chauvinistische Traditionen des imperialen 19. Jahrhunderts sich
vor allem dadurch auflösten, daß ihr fundamentaler Widerspruch zu den offiziell geltenden Normen der modernen Demokratie deutlich wurde«. Das gilt
für die »Bürgerrechtsbewegung in den USA ebenso wie für die Proteste gegen
den Algerienkrieg in Frankreich oder für die Studentenbewegung in Deutschland«. Erst nach dieser »Phase transnationaler Protestbewegungen«, hatte der
Rassismus den »Status einer unzeitgemäßen Ideologie«: »Damit erhielt auch
der Dekolonisationsprozeß einen unumkehrbaren Status, konnten zumindest
die westlichen Staaten hinter einen bestimmten Standard im rechtlichen und

105 Zur Frage der »Rasse« und »Mischlingskinder« nach dem Krieg s. Heide Fehren-
    bach: Black Occupation Children and the Devolution of the Nazi Racial State, in:
    Chin, Eley, Grossmann (Hrsg.): State, S. 30-54, hier: S. 40 ff. S. auch dies., Chin:
    Introduction, S. 13.
106 Henry Kenney: The Architect of Apartheid. H. F. Verwoerd – An Appraisal, Johan-
    nesburg 1980, S. 23, 203.
107 Dirk van Laak: Entwicklungspolitik, Entwicklungshilfe und Entwicklungskoopera-
    tion in der Ära Adenauer, in: Conze (Hrsg.): Herausforderung, S. 156-178, hier:
    S. 164; ders.: Imperiale Infrastruktur. Deutsche Planungen für eine Erschließung
    Afrikas 1880 bis 1960, Paderborn u. a. 2004, S. 301 f.; Klaus Geiger: Der Bundes-
    tagsabgeordnete Gustav-Adolf Gedat im Gespräch mit Kindern der Volksschule in
    Pfrondorf, Juli 1955, in: Rauch, Zacharias (Hrsg.): Szenenwechsel, S. 149.

politischen Umgang mit ethnischer oder kultureller Differenz nicht mehr zurück und wurden rassistische Systeme wie in Südafrika politisch isoliert.«[108]

Es ist ein Verdienst der Studentenbewegung in Deutschland, dass über den Umweg der internationalen Solidarität ein breiteres Rassismusverständnis in die deutsche Auseinandersetzung mit der NS-Vergangenheit gelangte. Leider war damit keine Thematisierung der verschiedenen, miteinander verwobenen gesellschaftlichen Ausgrenzungs- und Integrationsprozesse, die dem NS-Rassismus zugrunde lagen, verbunden. Stattdessen prangerte der Großteil der Studentenbewegung eine »Faschisierung der Bundesrepublik« an und kultivierte ein ausgeprägtes Freund-Feind-Schema, in dem auf der einen Seite der westdeutsche Staat und seine Verbündeten als imperialistische Kontinuität des Nationalsozialismus standen und auf der anderen die »nationalen und sozialistischen revolutionären Bewegungen der Dritten Welt«, mit denen die Studenten solidarisch sein wollten. Es ist deshalb nicht verwunderlich, wenn auch dadurch nicht weniger tragisch, dass große Teile der Studentenbewegung den jüdischen Staat im Nahen Osten, der zur Zuflucht vieler Holocaustüberlebender wurde, nur als imperialen Vorposten verstehen konnten. Der Tübinger SDS-Aktivist Klaus Behnken rechtfertigte in einem Leserbrief im *Schwäbischen Tagblatt* im Juli 1969 die Störungen, die zum Abbruch eines Vortrags des israelischen Botschafters Asher Ben-Natan in Frankfurt geführt hatten. Er bezeichnete den Zionismus als »rassistische Ideologie« eines »autoritären Staates«, der »jederzeit mit dem Imperialismus kollaboriert«. Gegen die »antizionistischen« Proteste werde eine »Pogromsituation« geschaffen, so Behnken. Man muss Klaus Behnken zugutehalten, dass er diese Auffassungen in späteren Jahren gründlich revidiert hat und zu einem der profiliertesten Kritiker linker Israelgegner geworden ist.[109]

Die »Eigenwelt« des Sports

»Unpolitische« Positionierungen im Zusammenhang mit rassistischer Diskriminierung, wie im Fall der Veranstaltung in Lustnau, waren auch in einem anderen Wirkungsbereich Hans Gmelins problematisch. Gmelin etablierte sich besonders in den 1970er Jahren ehrenamtlich als Multifunktionär des westdeutschen Sports. Seit 1961 war er Präsident des Württembergischen Landessportbunds (WLSB) und seit 1970 Vizepräsident des Deutschen Sportbunds (DSB), des Dachverbands aller regionalen Sportbünde und ihrer Sportfachver-

108 Geulen: Geschichte, S. 103 f.
109 Klaus Behnken: Antizionismus ist nicht Antisemitismus, in: ST, 18.7.1969, StadtA Tübingen, A 200/1468; ders.: Blöde Lämmer, schwarze Schafe, in: Jungle World, 6.3.2008.

bände in der Bundesrepublik. Im Jahr 1973 wurde, maßgeblich auf Gmelins Initiative, ein Dachverband der drei baden-württembergischen Sportbünde, des WLSB, des Badischen Sportbunds Freiburg und des Badischen Sportbunds Nord, gegründet. Seitdem war er zusätzlich Präsident des neu geschaffenen Landessportverbands (LSV) Baden-Württemberg. Ab 1975, als er seine Präsidentschaft im WLSB aufgab, engagierte er sich außerdem für die Deutsche Sporthilfe als Stellvertreter ihres Vorsitzenden Josef Neckermann.[110]

Eine von Gmelins Haupttätigkeiten im Deutschen Sportbund war der Vorsitz im Ausschuss für internationale Aufgaben. Im Februar 1973 beantwortete der Ausschuss eine Anfrage der Deutschen Presse-Agentur mit folgender Stellungnahme: »Vizepräsident Hans Gmelin, im Präsidium des Deutschen Sportbundes verantwortlich für überfachliche internationale Aufgaben, hat die Mitgliederorganisationen des DSB an eine Empfehlung aus dem Jahre 1970 erinnert und ihnen weiterhin Zurückhaltung im repräsentativen Sportverkehr mit der Republik Südafrika empfohlen, wenn auch eine Reihe internationaler Fachverbände ihren Mitgliedern in dieser Hinsicht keine Beschränkungen auferlegt. Die während der Südafrikanischen Spiele geplanten Begegnungen sind nach Auffassung Gmelins keine Treffen von repräsentativen Mannschaften.«[111]

Aufgrund der rassistischen Apartheidpolitik der weißen südafrikanischen Regierung bemühten sich nichtweiße[112] Südafrikaner seit den späten 1950er Jahren zunächst um eine Repräsentation Nichtweißer bei internationalen Turnieren und ab Mitte der 1960er Jahre um den Ausschluss der südafrikanischen Mannschaften von internationalen Sportereignissen. Diese Kampagne wurde von den Staaten Afrikas, die erst kürzlich ihre Dekolonisation und Unabhängigkeit erlangt hatten, massiv unterstützt. Auch die Sowjetunion und die Staaten des Ostblocks forderten den Ausschluss Südafrikas. Die südafrikanische Mannschaft durfte bereits 1964 nicht an der Olympiade teilnehmen, darum stellte sie 1968 eine »gemischte« Mannschaft auf. Diese wurde zunächst zugelassen und erst aufgrund der Drohung der meisten Länder Afrikas, die Olympischen Spiele wegen der anhaltenden Apartheid in Sport und Gesellschaft Südafrikas zu boykottieren, wieder ausgeladen. Die Staaten der westlichen Welt, die in den internationalen Sportorganisationen unangefochtene Domi-

110 Reinhold Appel: Abschied vom WLSB-Ehrenvorsitzenden Hans Gmelin, in: Der Sport, 45, Nr. 31, 1.8.1991, S. 5, StadtA Tübingen, A 200/4543; »Steckbrief« Hans Gmelin, in: Sport-Report, Nr. 4 (April 1990), S. 16, StadtA Tübingen, A 200/5564.
111 DSB-Ausschuss für Internationale Aufgaben, Protokoll, 20.2.1973, StadtA Tübingen, A 200/4543.
112 Die Diskriminierung in Südafrika betraf in verschiedenen Abstufungen mehrere nach »rassischen« Zuschreibungen definierte Bevölkerungsgruppen, die hier der Einfachheit halber als »Nichtweiße« gefasst werden. Deborah Posel: Race as Common Sense. Racial Classification in Twentieth-Century South-Africa, in: African Studies Review, 44 (2001), H. 2, S. 87-113.

nanz ausübten, verteidigten Südafrika zunächst gegen die Ausschlussinitiativen. Der Präsident des Internationalen Olympischen Komitees (IOC), Avery Brundage, erklärte, man solle sich nicht mit »politischen Fragen« befassen. Die Olympischen Spiele dürften nicht zum Mittel für Interessen werden, die dem Sport äußerlich seien. Die Apartheid betrachtete er als innere Angelegenheit der südafrikanischen Regierungspolitik. Afrikanische Sportfunktionäre erinnerten ihn regelmäßig an die olympische Idee, die er selbst als Schüler Pierre de Coubertins vertrat: den Mythos, dass Sport »rassische«, religiöse und politische Vorurteile überwinde und soziale Integration und Zusammenhalt fördere.[113]

Auch der Deutsche Sportbund war und blieb gegen den Boykott, dem man sich nur aufgrund der Resolutionen der Vereinten Nationen und der entsprechenden Empfehlungen der Bundespolitik beugte. Im Herbst 1973 wurde im Ausschuss für internationale Aufgaben die Frage debattiert, wie sich der vor Kurzem erfolgte UN-Beitritt der Bundesrepublik auf die Sportbeziehungen zu Südafrika auswirken werde. Dabei wurde festgehalten, dass nach wie vor die Empfehlung einer »gewissen Zurückhaltung« gelte, da aber erfahrungsgemäß auf den jährlichen UN-Generalversammlungen immer schärfere Resolutionen gegen Südafrika und Rhodesien erlassen würden, könne es passieren, dass die Bundesregierung eines Tages alle Reisen in diese Länder verbiete. Zurzeit seien die Fachverbände Badminton, Boxen, Hockey, Leichtathletik, Schwimmen und Turnen des DSB an Beziehungen mit Südafrika sehr interessiert. Von deren internationalen Föderationen hätten nur Boxen und Schwimmen ihre südafrikanischen Mitgliedsverbände suspendiert.

Bald darauf gab das Bundesinnenministerium neue Anweisungen zum Sportkontakt mit Südafrika. Gmelin wies im Dezember 1973 im Ausschuss für internationale Aufgaben auf die Ungereimtheit hin, dass Begegnungen von Nationalmannschaften verboten, Vereinsbegegnungen aber erlaubt seien. Ein anderer Kollege erklärte, da man mit weiteren Verboten seitens der Bundesregierung rechnen müsse, werde man sie darauf hinweisen, dass die internationalen Fachverbandföderationen unabhängig und an UN-Beschlüsse nicht gebunden seien. Zudem müsse man betonen, dass die Stimmung in der Föderation »allgemein für eine Beibehaltung der Beziehungen ist«.[114]

Die Teilnahme deutscher Sportler an den Südafrikanischen Spielen 1973, mit deren Einführung die Sportnation Südafrika auf ihren Ausschluss von den Olympischen Spielen reagiert hatte, sah Gmelin als unproblematisch an. Bereits 1969 planten westdeutsche Athleten und ihre Fachverbände eine Teil-

---

113 Douglas Booth: Hitting Apartheid for Six? The Politics of South African Sports Boycott, in: Journal of Contemporary History, 38 (2003), H. 3, S. 477-493; Richard Espy: The Politics of the Olympic Games, Berkeley u.a. 1981, S. 93-106.
114 DSB-Ausschuss für Internationale Aufgaben, Protokolle, vor 1.11.1973 (erschlossen aus umliegenden Dokumenten) und 27.12.1973, StadtA Tübingen, A 200/4543.

nahme an diesen Ersatzspielen. Erst als der wichtigste afrikanische Sportdachverband, der Supreme Council for Sport in Africa, mit dem Boykott der Olympischen Spiele in München 1972 drohte, zog man die Zusage für das »Whites only«-Turnier zurück.

Nach der Münchner Olympiade fiel dieses Druckmittel gegen eine Teilnahme an den Südafrikanischen Spielen 1973 weg. Aus der Bundesrepublik meldete sich die größte Delegation ausländischer Sportler an. Der UN-Generalsekretär hatte zu diesem Zeitpunkt längst dazu aufgerufen, alle sportlichen Verbindungen mit Südafrika zu kappen. Im Jahr 1970 war das Land aus dem IOC ausgeschlossen worden. Gmelins Erklärung, dass es sich bei der geplanten Teilnahme deutscher Teams nicht um repräsentative Begegnungen handle, kam einer Umgehung des internationalen Boykotts gleich. In der Öffentlichkeit konnten sich der DSB und das Nationale Olympische Komitee (NOK) jedoch auf die Autarkie der jeweiligen Fachverbände zurückziehen und auf ihre ausdrückliche Empfehlung zur Zurückhaltung verweisen. Der Supreme Council for Sport in Africa protestierte vehement gegen das Antreten westlicher Mannschaften bei den Südafrikanischen Spielen 1973. Die Regierung Südafrikas versuchte, die Weltöffentlichkeit bewusst hinters Licht zu führen, indem sie ihre Spiele von 1973 als »multi-racial« bezeichnete. Die FIFA zog ihre Zusage zu einem geplanten Fußballturnier im Rahmen der Spiele sofort zurück, als sich herausstellte, dass mit »multi-racial« keineswegs gemeint war, dass Menschen verschiedener »rassischer« Zuschreibung in denselben Mannschaften spielen sollten. Es war vielmehr beabsichtigt, mehrere Mannschaften auf der Basis der »Rassenzugehörigkeit« aufzustellen und die Stadien für Weiße und Nichtweiße zu segregieren. Die Spiele von 1973 stellten den bis dahin umfassendsten Versuch Südafrikas dar, den internationalen Sportboykott zu durchbrechen, ohne dafür gesellschaftliche Reformen durchführen zu müssen.[115]

Gmelins Stellvertreter im DSB-Ausschuss für internationale Aufgaben, der Vorsitzende des Deutschen Leichtathletik-Verbands Max Danz, ließ sich bereits 1959 bei einem Besuch Südafrikas in einer lokalen Zeitung mit den Worten zitieren: »Die Rassentrennung wird im Ausland vielfach mißverstanden. Apartheid ist notwendig, weil die Weißen in der Minderheit sind und weil sie

---

115 Espy: Politics, S. 125 f.; Chris Bolsmann: White Football in South Africa. Empire, Apartheid and Change, 1892-1977, in: Ders., Peter Alegi (Hrsg.): South Africa and the Global Game. Football, Apartheid and Beyond, London, New York 2010, S. 29-45, hier: S. 41; Sifiso Mxolisi Ndlovu: Sports as Cultural Diplomacy. The 2010 FIFA World Cup in South Africa's Foreign Policy, in: Bolsmann, Alegi (Hrsg.): South Africa, S. 144-153, hier: S. 144 f.; Im schönsten Licht, in: Der Spiegel, Nr. 13 (1973), S. 134 f.; Scharfe Proteste, in: ST, 15.3.1973, StadtA Tübingen, A 200/4542; Vorlage »Beziehungen zu Südafrika« für die DSB-Präsidialsitzung am 11./12.10.1974, ebd.

die Verantwortung für die Entwicklung des Landes tragen.«[116] In den 1970er Jahren hätte sich kein deutscher Sportfunktionär zu einem so politischen Statement hinreißen lassen. Die Erlaubnis der Teilnahme »nichtrepräsentativer« Mannschaften und die Ablehnung des Boykotts beruhten auf der Behauptung, dass Sport unpolitisch sei. Als »politisch« galten demgegenüber die Boykotte, die die betroffenen Athleten daran hinderten, miteinander Sport zu treiben. Wenn internationale Athleten gegen südafrikanische Mannschaften antraten, obwohl nichtweiße Sportler in dem Land systematisch unterdrückt und an ihrem gesellschaftlichen und sportlichen Vorankommen gehindert wurden, lief dies auf eine Legitimierung des politischen Rassismus hinaus. Nichtweiße südafrikanische Sportler durften nicht nur nicht in der Nationalmannschaft mitspielen, sie wurden regelmäßig auch an der Teilnahme an internationalen Sportereignissen gehindert, indem man ihnen die Ausreise verweigerte.[117]

Angesichts dieser Situation ist es bemerkenswert, dass die westdeutschen Sportfunktionäre, die nach dem Krieg den »unpolitischen« Charakter des Sports betonten, dies als Reaktion auf den »instrumentalisierten Sport in der Zeit des NS« auffassten. Sport wurde als grundsätzlich »zweckfreies Tun sich selbst organisierender Mannschaften mit Eigenweltcharakter« imaginiert. Lediglich ein von außen kommender politischer Faktor habe während des Nationalsozialismus zur »völligen Zerstörung der moralischen Substanz des Sports« führen können, wie der Präsident des deutschen NOK, Willi Daume, im Jahr 1970 erläuterte.[118]

Diese Vorstellung des »unpolitischen« und »neutralen« Sports drohte auch die Überlebenden des nationalsozialistischen Massenmords und ihre Nachkommen zu benachteiligen. In der Sitzung des geschäftsführenden Bundesvorstands des Württembergischen Landessportbunds am 24. Februar 1969 kam es zu einer denkwürdigen Fehlleistung: Das Gremium beschloss in seiner Vorbereitung des außerordentlichen DSB-Tages in Bremen, dass der WLSB gegen eine Aufnahme des wenige Jahre zuvor wiedergegründeten jüdischen Makkabi Deutschland e. V. stimmen werde, »da der Makkabi-Verband satzungsmäßig Aufgaben erfüllt, die im Widerspruch zur WLSB-Satzung stehen«.[119]

---

116 Interview in der Zeitung *Die Vaderland*, zit. nach Max Danz, in: Der Spiegel, Nr. 48 (1959), S. 87.
117 Booth: Apartheid, S. 479 ff.
118 Andreas Luh: Entstehung und Ausbreitung des modernen Sports in Deutschland im 20. Jahrhundert – ein Überblick, in: Michael Krüger, Hans Langenfeld (Hrsg.): Handbuch Sportgeschichte, Schorndorf 2010, S. 187-198, hier: S. 194. S. auch die überzeugende Analyse bei Uta Andrea Balbier: Kalter Krieg auf der Aschenbahn. Der deutsch-deutsche Sport 1950-1972, Paderborn u. a. 2007, S. 32 ff., 250.
119 Protokoll der Sitzung des geschäftsführenden Bundesvorstands des Württembergischen Landessportbunds, 24.2.1969, Archiv des Instituts für Sportgeschichte Baden-Württembergs in Maulbronn, VB 2, Nr. 17.

Der Vorsitzende des WLSB, Hans Gmelin, war in dieser Sitzung nicht anwesend. Es gibt Hinweise darauf, dass er dieser Entscheidung widersprochen hätte, wenn er präsent gewesen wäre. In der letzten Sitzung des Bundesvorstands, knapp zwei Wochen zuvor, hatte Gmelin Vorschläge zur Neufassung der WLSB-Satzung unterbreitet, damit diese in Zukunft dem Neutralitätsabsatz der DSB-Satzung entspreche. Die bisherige Fassung der Neutralitätsbestimmung des WLSB lautete: »Parteipolitische, konfessionelle und rassische Bestrebungen werden nicht geduldet.« Der Vorschlag zur Neufassung, den Gmelin vorbrachte, besagte: »Der WLSB ist parteipolitisch neutral. Er räumt allen Rassen die gleichen Rechte ein. Er vertritt im Grundsatz religiöse und weltanschauliche Toleranz und lehnt den Mißbrauch des Sports zu sportfremden Zwecken ab.« Auch wenn dieser Vorschlag zur Neufassung exakt dem Sportverständnis entsprach, mit dem der Südafrikaboykott abgelehnt wurde, so enthielt er mit dem Grundsatz weltanschaulicher und religiöser Toleranz immerhin die Möglichkeit, »konfessionell« gefasste Sportvereine wie Makkabi aufzunehmen, was 24 Jahre nach dem Holocaust eine Selbstverständlichkeit hätte sein sollen. Stattdessen argumentierte der Großteil des Bundesvorstands, die alte Fassung sei »klarer und eindeutiger« und »mit einer Aufweichung dieser Bestimmung und der Duldung der Toleranz [folge] ein Einbruch in die gewünschte Neutralität des Sports«. Auch von Gmelins Einwand, dass die alte Fassung gegen das Grundgesetz verstoßen könnte, ließ sich die Mehrheit nicht überzeugen. Mit elf Gegenstimmen wurde der Antrag auf Änderung der Neutralitätsbestimmung abgelehnt. Nur Gmelin selbst hatte dafür gestimmt.[120]

Die Vorstellungen des »neutralen« und »unpolitischen« Sports, die keinen Raum für den »konfessionell« organisierten Makkabi ließen, wurden letztlich völlig ad absurdum geführt, als man in der gleichen Sitzung, in der man die Neufassung der Neutralitätsbestimmung ablehnte, beschloss, alle Landtagsfraktionen und damit ausdrücklich auch die seit 1968 im baden-württembergischen Landtag vertretene rechtsradikale NPD zum Landessportbundtag einzuladen.[121]

Solche abwegigen Vorstellungen von Neutralität und »unpolitischem Sport« konnten sich hinsichtlich der Aufnahme des Makkabi Deutschland in den DSB nicht durchsetzen. Dafür wird nicht zuletzt der erste DSB-Präsident Willi Daume Sorge getragen haben. Es war Daume, der den DSB bereits 1957 davon überzeugte, 50.000 Mark für eine Sporthalle im israelischen Dorf Kfar Makkabiah zu spenden, und das Geld gemeinsam mit dem späteren Vorsitzenden des Zentralrats der Juden in Deutschland, Werner Nachmann, persönlich dort

---

120 Protokoll der Sitzung des Bundesvorstands des Württembergischen Landessportbunds, 11.2.1969, ebd.
121 Ebd.

übergab. Lange bevor die deutsche Regierung diplomatische Beziehungen mit Israel aufnahm, baute Daume Kontakte in das Land auf und wirkte 1965 auch an der Wiedergründung des Makkabi Deutschland mit. Er überzeugte die deutsche Bundesregierung 1971 zudem, Restitutionsansprüche des von den Nationalsozialisten aufgelösten Makkabi anzuerkennen. Mit dieser Unterstützung des israelischen und des jüdischen Sports in Deutschland erreichte Daume auch, dass die letztlich erfolgreiche Münchner Olympia-Bewerbung für 1972 in Israels Abgesandtem im IOC einen Fürsprecher gewann.[122]

Der IOC-Präsident Avery Brundage machte es sich auch während der Münchner Spiele zur Aufgabe, über »politische Einflußnahme im Sport« zu schimpfen. Dass er dabei die Geiselnahme und Ermordung fast der ganzen israelischen Olympiamannschaft durch Terroristen mit der durch afrikanische Boykottdrohungen erzwungenen Abreise der rhodesischen Mannschaft auf eine Stufe stellte, sorgte weltweit für Empörung. Einige Tage später bezog er noch das Verhalten von einigen Schwarzen US-Sportlern während der Medaillenverleihung im Staffellauf in seine Kritik mit ein, denen ein Protest gegen rassistische Diskriminierung in den USA mehr unterstellt wurde, als dass dieser tatsächlich stattfand. Brundage und das IOC bestraften diesen vermeintlichen Regelverstoß mit lebenslanger Olympiasperre. Was das Massaker an den Israelis, die Abreise der Rhodesier und weitere Ausschlüsse während des Turniers – erstmalig auch wegen Dopings – anbelangt, erklärte Brundage: »Alle diese Dinge sind bedauerlich, aber gegen die immer stärker in das Bewußtsein der Menschen eindringenden olympischen Werte ist das nur eine Kleinigkeit.« Brundage hatte nach der Ermordung des Großteils der israelischen Mannschaft durch ein palästinensisches Terrorkommando und der Abreise der überlebenden Sportler die Devise »The Games must go on« ausgegeben. Die Entscheidung stieß auf breite Zustimmung und wurde wegen ihres »Mutes« gelobt. Nicht nur in Brundages Wahrnehmung der Morde von München, die den israelischen Opfern überhaupt nicht gerecht wurde, zeigte sich eine fatale Fokussierung auf die Bedeutung der Olympischen Spiele. Auch der Präsident des Nationalen Olympischen Komitees, Willi Daume, sorgte an dieser Stelle für Irritationen auf israelischer Seite, als er in seiner Ansprache den Mord an unschuldigen Sportlern in die Nähe eines Gottesurteils rückte. Von arabischen Organisationen und Sportvertretern schlug Daume hingegen breite Zustimmung entgegen. Einzig Bundespräsident Gustav Heinemann fand unmissverständliche Worte, verurteilte die Terrorgruppe Schwarzer September als kriminelle Vereinigung und

---

122 Kay Schiller, Christopher Young: The 1972 Munich Olympics and the Making of Modern Germany, Berkeley u. a. 2010, S. 189 f.; Robin Streppelhoff: Gelungener Brückenschlag. Sport in den deutsch-israelischen Beziehungen, Sankt Augustin 2012, S. 83-103.

sprach auch die Mitverantwortung derjenigen arabischen Staaten an, die die Terroristen nicht an ihren Anschlägen hinderten, sondern ihnen sichere Häfen boten. Angesichts der Inkompetenz, mit der deutsche Behörden auf die Geiselnahme reagierten, ist aber auch dieses Statement nicht frei von Entlastungstendenzen.[123]

Gmelins größter sportpolitischer Erfolg war die Unterzeichnung des deutsch-deutschen Sportprotokolls 1974. Er gehörte bereits seit Jahren der Delegation des DSB an, die mit dem Deutschen Turn- und Sportbund (DTSB) der DDR und weiteren Dachverbänden von Ostblockstaaten über eine Annäherung auf der Ebene sportlicher Begegnungen verhandelte. Diese Vereinbarungen sind als sportpolitisches Pendant zu den Ostverträgen zu betrachten, die von der Brandt-Regierung angeschoben wurden. Aufgrund der Entscheidung des Deutschen Fußball-Bunds, das mit der DDR ausgehandelte Programm der Jahresbegegnungen nicht mittragen zu wollen, sah sich der amtierende DSB-Präsident Wilhelm Kregel Anfang April 1974 zum Rücktritt gezwungen. So kam es, dass Gmelin als geschäftsführender Präsident des DSB Gelegenheit hatte, die Verträge mit der DDR unter Dach und Fach zu bringen, an deren Aushandlung er maßgeblich beteiligt war.[124]

Im Hinblick auf eine sportliche Annäherung zwischen der Bundesrepublik und der Sowjetunion schrieb Gmelin im September 1971 – ganz im Sinne der Neuen Ostpolitik – an Bundesinnenminister Hans-Dietrich Genscher, dass »im Rahmen des deutsch-sowjetischen Vertrages« bereits davon gesprochen werde, dass »auch auf dem Gebiete des Sports neue Initiativen ergriffen werden sollen, um die menschliche Begegnung zwischen den beiden Völkern mit dem Ziele größeren gegenseitigen Verständnisses zu vertiefen«. Er nehme an, dass Genscher mit ihm übereinstimme, dass es richtig sei, »wenn der Deutsche Sportbund davon ausgeht, daß die nunmehr bevorstehenden Verhandlungen vom DSB als dem Sprecher des Sports geführt werden«. Diesen Auftrag begründete er in erster Linie damit, dass Genscher und er »sicherlich gemeinsam Wert auf die Darstellung der aus unserer demokratischen Ordnung entstandenen Aufgabenverteilung zwischen den staatlichen Institutionen und bestimmten gesellschaftlichen Organisationen« legten. Dies solle »insbesondere gegenüber

---

123 Schiller, Young: Munich Olympics, S. 16, 208; Brundage: »München war ein Sieg für Olympia«, in: Stuttgarter Zeitung, 13.9.1972, Archiv des Instituts für Sportgeschichte Baden-Württembergs in Maulbronn, VB 2, Nr. 186; Daume: »Makaber, wie schnell vergessen wird«, in: Stuttgarter Zeitung, 12.9.1972, ebd.; Hübsch und gelöst: Monika schlägt Rita/Pfiffe für amerikanischen Olympiasieger, in: Stuttgarter Zeitung, 8.9.1972, ebd.

124 Bericht des Präsidenten (Gmelin), DSB-Bundestag, 24./25.5.1974, StadtA Tübingen, A 200/4543; s. die Darstellung von Hans-Dieter Krebs: Das deutsch-deutsche Sportprotokoll 1974. Entwicklungsgeschichte und politische Bedeutung. Eine quellenhistorische Analyse, Universität Mainz 2001 (Diss.).

den sozialistischen Ländern mit ihrem staatlichen und politischen Dirigismus« deutlich gemacht werden.[125]

Das größte Hindernis auf dem Weg des Aufbaus sportlicher Beziehungen zu den Ländern des Ostblocks war die Berlin-Frage. Der Vertretungsanspruch des Deutschen Sportbunds und des westdeutschen NOK für Westberlin bestand bereits seit Gründung beider Organisationen, wurde aber von der DDR und ab Mitte der 1960er Jahre auch von den anderen Ostblockstaaten abgelehnt. Das Viermächteabkommen der ehemaligen Besatzungsmächte über Berlin von 1971 bestätigte, dass Westberlin kein »konstitutiver Teil« der Bundesrepublik war, und gab der ostdeutschen Ablehnung der sportlichen Repräsentation Westberlins durch die westdeutschen Organisationen neue Nahrung. Andererseits schrieb das Abkommen fest, dass die Bundesrepublik die Interessen der Westsektoren Berlins in internationalen Organisationen vertreten könne.[126] Mit diesen Bestimmungen war genügend Zündstoff für jahrelange Verhandlungen vorhanden. Bereits im Mai 1971 waren Gespräche einer DSB-Delegation, an der Gmelin teilnahm, in Moskau an der Berlin-Frage gescheitert.[127]

Die Haltung des Deutschen Sportbunds, einerseits den »unpolitischen Sport« als Markenkern der Sportorganisationen der Bundesrepublik zu etablieren und andererseits stets auf Tuchfühlung mit der Bundesregierung zu bleiben, war in sich schon widersprüchlich.[128] Im Vorfeld der Olympischen Spiele in München bat das Auswärtige Amt den DSB ganz offen, zu testen, wie viel die Zusage der Sowjetunion, Westberliner Sportlern, die für westdeutsche Mannschaften an Sportbegegnungen im Osten teilnehmen wollten, keine Schwierigkeiten bei der Visa-Erteilung zu machen, wert sei. Da diese Zusage der bisherigen Praxis widerspreche, riet das Auswärtige Amt Berliner Sportlern dazu, ihre Visa immer mit dem grünen Pass der Bundesrepublik bei der sowjetischen Botschaft in Bonn zu beantragen.[129] Vor dem Hintergrund dieser engen Verbindung zwischen Regierung und DSB und der Tatsache, dass Letzterer sich durchaus als Interessenvertreter der Bundespolitik auf dem Parkett der internationalen Sportbeziehungen sah, kann die Legende des »unpolitischen«

---

125 Gmelin an Genscher, 25.9.1971, StadtA Tübingen, A 200/4541.
126 Karl Doehring: Rechtsfragen der Einbeziehung Westberlins in den internationalen Sportverkehr der Bundesrepublik Deutschland und ihrer Sportorganisationen. Rechtsgutachten, erstattet im Auftrag des Deutschen Sportbundes, Universität Heidelberg, MPI für ausländisches öffentliches Recht und Völkerrecht, 18.3.1974, StadtA Tübingen, A 200/4542.
127 Moskauer Veto für Berliner Sportler, in: Süddeutsche Zeitung, 18.5.1971, StadtA Tübingen, A 200/4541; Gmelin an Regierungspräsidium Südwürttemberg-Hohenzollern, 10.5.1971, StadtA Tübingen, A 510 Personalakten Beamte/Gmelin, Hans.
128 Balbier: Kalter Krieg, S. 34.
129 Auswärtiges Amt an Generalsekretär des DSB, 15.3.1971, StadtA Tübingen, A 200/4542.

und »zweckfreien« Sports vor allem als Mittel der rhetorischen Abgrenzung von der DDR verstanden werden.[130] In Gmelins Brief an Genscher kommt dieser Umstand deutlich zum Tragen.

Da die westdeutsche Politik und Sportpolitik am Abbruch der deutsch-deutschen Sportbeziehungen in den 1960er Jahren durchaus nicht unschuldig war, ist der Erfolg der Verhandlungen mit der DDR, zehn Jahre nachdem zuletzt eine gesamtdeutsche Mannschaft bei Olympischen Spielen angetreten war, besonders hoch zu bewerten. Gmelin berichtete Jahre später, dass der schon fertige Vertrag im letzten Moment noch an der Berlin-Frage zu scheitern drohte. Im persönlichen Gespräch bei einem Parkspaziergang habe er dann dem DTSB-Präsidenten Manfred Ewald vorgeschlagen, die Nennung Ost- und Westberlins im Vertrag durch die Austragungsorte Olympiastadion und Seelenbinderhalle zu ersetzen. Nachdem sich Ewald die Zustimmung Erich Honeckers abgeholt habe, sei der Vertrag unterschrieben worden. Zur deutschen Wiedervereinigung 1990, etwa acht Monate bevor er verstarb, schimpfte Gmelin gegenüber dem *Schwäbischen Tagblatt* über taktische Spielchen der DDR-Delegation, die den DSB damals »vorgeführt« und Willi Daume als »Totengräber der deutschen Sportgemeinschaft« angeklagt habe. In Anbetracht der bevorstehenden Verschmelzung des DTSB mit dem DSB im Zuge der Wiedervereinigung machte Gmelin seinem Ärger über ein DDR-Delegationsmitglied Luft, das als Aufpasser im Auftrag des Ministeriums für Staatssicherheit an den Gesprächen beteiligt gewesen sei. Der Funktionär Günter Heinze sitze inzwischen für die DDR im IOC und wolle dort auch nach der Wiedervereinigung bleiben. Gmelin forderte seinen Rücktritt. Heinze reichte tatsächlich bald darauf ein Rücktrittsgesuch ein, womit er das Problem der Überrepräsentation des vereinigten Deutschlands im IOC löste. Aufgrund seiner früheren treuen Gefolgschaft unter dem DDR-Sportchef Ewald war seine Mitarbeit im deutschen Sport nicht mehr gefragt. Allerdings bezeichnete Willi Daume Heinzes Rücktrittsentscheidung als »honorig«, und sein Einsatz für DDR-Sportler wurde weithin anerkannt.[131] In diesem Kontext stellt sich die Frage, ob Gmelin bereit gewesen wäre, Heinze ein »Recht auf politischen Irrtum« einzuräumen, wenn dieser es für sich in Anspruch genommen hätte.

In Gmelins politischer Entwicklung markieren die sportpolitischen Verhandlungen mit dem Ostblock eine Zäsur. Während seine Stellungnahmen zur Deutschland- und Vertriebenenpolitik in den 1950er und 1960er Jahren noch deutlich in der Tradition volkstumspolitischer Ambitionen seit der Zwischen-

130 Balbier: Kalter Krieg, S. 34.
131 Wanzen vor der Wende, in: ST, 2.10.1990, StadtA Tübingen, ZGS – 1 Gmelin, Hans; Michael Rosentritt: Was macht eigentlich Günther Heinze?, in: Monika Zimmermann (Hrsg.): Was macht eigentlich …? 100 Jahre DDR-Prominente heute, Berlin 1994, S. 95 ff.; Balbier: Kalter Krieg, S. 121-127.

kriegszeit gestanden hatten, zeigten die späteren Erfahrungen in den persönlichen Verhandlungen deutlich ihre Wirkung. Es ist zwar zu konstatieren, dass Sportfunktionäre immer für die Pflege von Sportkontakten eintraten. Das galt, wie dargestellt, auch im Fall Südafrikas. In Gmelins Äußerungen zur Frage des Boykotts der Olympischen Spiele in Moskau 1980 durch westliche Staaten mischte sich aber auch ein anderer Aspekt: die Überzeugung, dass persönliche Begegnungen für eine Annäherung und dauerhafte Friedenserhaltung im Ost-West-Konflikt unerlässlich sind, also die kompromisslose Befürwortung der sozialliberalen Neuen Ostpolitik. Nachdem US-Präsident Jimmy Carter aufgrund des sowjetischen Einmarschs in Afghanistan einen Boykott der Olympischen Spiele ins Gespräch gebracht hatte, fragte das *Schwäbische Tagblatt* den in Tübingen ansässigen Spitzenfunktionär des deutschen Sports und ehemaligen Oberbürgermeister nach seiner Meinung. Gmelin zeigte sich ungehalten über die »Unfähigkeit« Jimmy Carters und anderer, deren politische Unbedachtsamkeit Folgen haben werde, die im Moment noch gar nicht abzusehen seien. Die erfolgreichen Bemühungen vieler Jahre würden kaputt gemacht, zeigte sich Gmelin überzeugt als jemand, »der über Jahre hinweg immer die bilateralen Sportverhandlungen mit den Ostblockvertretern geführt hat und weiß, wie schwer es ist, auch nur einen Zentimeter Boden zu gewinnen und zu halten«.[132]

Bereits in seiner Rede zum Volkstrauertag am 19. November 1972, dem Tag der Bundestagswahl, die die sozialliberale Koalition »zum Plebiszit über die Neue Ostpolitik« erklärt hatte,[133] sagte Gmelin: »Gerade an einem Tag, der vielleicht entscheidende Folgen für die politische und persönliche Zukunft von uns allen auslöst, ist die ernste Auseinandersetzung mit dem Opfer aller unserer Toten für uns notwendig und wertvoll. Wenn ich den Anruf recht verstehe, so wollen sie uns doch sagen: Ihr sollt den Frieden gewinnen und festigen, Ihr sollt Versöhnung und Verständigung im Innern und zwischen den Völkern ausbauen, Ihr sollt mit einander reden und nicht aufeinander schießen, Ihr sollt Toleranz und Duldsamkeit üben. Ihr sollt einander helfen, den Familien der Opfer, den Nachbarn, den Ausländern, den Jungen, den Randgruppen unserer Gesellschaft ebenso wie dem Freund. Ihr sollt also selbst mithelfen, mitgestalten, mitverantworten, Ihr sollt Euch auch über Euren persönlichen Bereich hinaus einsetzen um die Zukunft, um die bessere, lebenswerte Zukunft zu gewinnen.«[134]

Die Unterschiede zur Rede am Volkstrauertag 1955 treten hier ganz offen zutage. Damals hatte Gmelin die Toten »rufen« lassen: »Vergesst nicht, dass wir ein Volk, ein einig Volk, nicht nur Einzelmenschen sind, ein und dasselbe

---

132 Ohne Titel, in: ST, 14.4.1980, StadtA Tübingen, ZGS – 1 Gmelin, Hans.
133 Conze: Suche, S. 406.
134 Rede Gmelins am Volkstrauertag auf dem Bergfriedhof, 19.11.1972, StadtA Tübingen, A 200/5658.

Volk diesseits und jenseits willkürlicher Grenzziehungen.«[135] Die Betonung der Volks- vor der Staatszugehörigkeit ersetzte er durch den »Wandel durch Annäherung«, mit dem die Deutschland- und Ostpolitik der Bundesrepublik unter der Führung Willy Brandts und Egon Bahrs grundlegend reformiert wurde. Sowohl die Hallstein-Doktrin und der Alleinvertretungsanspruch der Bundesrepublik als auch die Ablehnung der Oder-Neiße-Grenze wurden mit den Ostverträgen faktisch aufgegeben. Das war nicht weniger als einer der umfassendsten politischen Paradigmenwechsel in der Geschichte der Bundesrepublik. Diese Frage polarisierte die Gesellschaft so stark wie kaum je zuvor oder danach.[136] Für Gmelin, der 1960 der DDR-Führung noch jede eigene Handlungsrationalität abgesprochen und die Aufstellung des umstrittenen Wegweisers für »unpolitisch« erklärt hatte, weil für ihn die Ablehnung der Oder-Neiße-Grenze selbstverständlich war, muss dieser Anschauungswandel ein ähnlich großer Schritt gewesen sein wie die Hinwendung zu demokratischen Verfahrensformen nach 1945, wobei Letztere in Anbetracht der politischen Entwicklung weitgehend »alternativlos« gewesen war.

Von der Ostpolitik, in der Gmelin eine große gesellschaftliche Richtungsverschiebung mitgemacht hat, lohnt es, den Blick auf einen Bereich zu richten, in dem er die geringste politische Beweglichkeit zeigte. Auch hier war die persönliche Erfahrung das entscheidende Kriterium, das einer Veränderung in diesem Fall jedoch entgegenstand. Am 25. August 1979 hielt Gmelin die jährliche Ansprache als Ehrenpräsident des Kameradenhilfswerks der 78. Sturm-Division auf dessen inzwischen neuntem Veteranentreffen in Tübingen. Das Datum, der 25. August, fiel auf den 40. Jahrestag der Mobilmachung besagter Division. »Getreu dem Fahneneid, sicherlich die wenigsten mit großer, flammender Begeisterung, aber erzogen im fast blinden Glauben an die Redlichkeit der Staatsführung und überzeugt, zum Schutz einer eben in der Entstehung begriffenen Volksgemeinschaft, nicht eines Unrechtsstaates, gegen seine Feinde aufgerufen zu sein, sind wir 1939 eingerückt.«[137] Unter den Elementen, die Gmelin hier implizit und explizit anführte, um das Verhalten junger Wehrmachtssoldaten bei Kriegsbeginn zu erklären und die er auch 1979 noch grundsätzlich positiv bewertete, sticht der Begriff der »Volksgemeinschaft« heraus. Diese Rede ist ein typisches Beispiel dafür, wie Gmelin versucht hat, »offen« mit der NS-Vergangenheit umzugehen. Umso mehr dürfte ihn überrascht haben, dass es gerade dieser Teil seiner Rede war, der Kritik hervorrief. In insgesamt fünf Briefen von meist jüngeren Lesern des *Schwäbischen Tagblatts* wurden die verschiedenen Reden bei der Veranstaltung inhaltlich kritisiert und der Zeitung vorgeworfen,

---

135 Rede Gmelins am Volkstrauertag auf dem Bergfriedhof, 13.11.1955, ebd.

136 Conze: Suche, S. 417-458.

137 Gedenkrede Gmelins am Gedenkstein der 78. Sturmdivision, 25.8.1979, StadtA Tübingen, E 10/N 64.

zu unkritisch berichtet zu haben. Zwei der Leser störten sich an Gmelins Verwendung des Begriffs »Volksgemeinschaft«. Einer der beiden schrieb, dass die Nationalsozialisten »nur ihre Leute« zur »Volksgemeinschaft« gezählt hatten: »Nachdem sie Millionen als ›jüdischplutokratisch-marxistischbolschewistische Untermenschen‹ ausgebürgert, eingesperrt oder ermordet hatten, sowie alle anderen, die sonst nicht ganz ›angenehm‹ waren, 1939 als Kanonenfutter eingezogen hatten zur Wehrmacht, war ihre Volksgemeinschaft komplett.«[138]

Der Leserbriefschreiber traf mit dieser eigenwilligen Formulierung einen zentralen Punkt, nämlich dass die vermeintlich »guten Seiten« des Nationalsozialismus, die Gmelin mit dem Begriff der »Volksgemeinschaft« zu fassen suchte, nicht von den »schlechten Seiten«, die er mit dem Begriff »Unrechtsstaat« bezeichnete, zu trennen waren. Die oft genannten positiven Elemente, wie eine vermeintlich niedrigere Kriminalitätsrate, eine Stärkung gemeinschaftlicher Werte, Ordnung und Disziplin sind im Grunde nicht anders zu betrachten denn als ein apologetisches Gegenstück zur KZ-Einweisung sogenannter Arbeitsscheuer, zur »Säuberung« der Landstraßen von »Zigeunern« und zu den »rassen-« und »sozialhygienischen« Maßnahmen der Zwangssterilisierung, die neben vermeintlich oder tatsächlich psychisch Kranken auch Alkoholiker, Kleinkriminelle und andere »Gemeinschaftsfremde« trafen.[139]

Gmelin konnte persönlich nicht zurück hinter die Aufspaltung der Erinnerung an die NS-Vergangenheit in jene »spezifisch nationalsozialistischen« Verbrechen, die die Führungsspitze des NS-Staates zu verantworten habe, und in den »unpolitischen« Alltag der einfachen Leute sowie das vermeintlich normale Funktionieren der Behörden und Ministerien wie des Auswärtigen Amts. Sein Selbstbild beruhte auf der Überzeugung, dass er in seinem Wirkungsbereich nichts Unrechtes getan hatte. Diese Auffassung wurde bei den Veteranentreffen in regelmäßigen Abständen gemeinschaftlich zelebriert. Das Jahr 1979 markierte aber einen der Wendepunkte der gesellschaftlichen Auseinandersetzung mit dem Nationalsozialismus in Deutschland. Im Januar hatte die Ausstrahlung der amerikanischen Fernsehserie HOLOCAUST ein bis dahin nicht erreichtes Interesse an den Einzelheiten des Mordes an den europäischen Juden und Schockreaktionen bei der deutschen Bevölkerung hervorgerufen. Dabei zeigte sich, dass die Beschäftigung mit dem Holocaust bis dato zumindest in der Öffentlichkeit relativ oberflächlich gewesen war. Ab jetzt wurde sie zu einem Massenphänomen.[140]

138 Leserbrief, in: ST, 3.9.1979, ebd., um Rechtschreibfehler bereinigt.
139 Peukert: Alltag, S. 56.
140 Norbert Frei: Deutsche Lernprozesse. NS-Vergangenheit und Generationenfolge seit 1945, in: Ders. (Hrsg.): 1945 und wir. Das Dritte Reich im Bewußtsein der Deutschen, München 2009, S. 38-55, hier: S. 41, 52; Peter Reichel: Erfundene Erinnerung. Weltkrieg und Judenmord in Film und Theater, Frankfurt am Main 2007, S. 261.

In der Fernsehserie lag der Schwerpunkt auf der Verfolgung der Juden, andere
Opfergruppen sparte sie weitgehend aus. Allerdings kam der Krankenmord
in der Anstalt Hadamar in der Serie vor, zudem wurden einige Häftlingskate-
gorien in Buchenwald – »Politische«, »Asoziale«, Homosexuelle, »Zigeuner«,
Zeugen Jehovas und »Schwachsinnige« – thematisiert. Jüngere Historikerinnen
und Historiker begannen dann in den frühen 1980er Jahren, sich mit diesen
sogenannten vergessenen Opfern zu beschäftigen. Dabei wurde nun allerdings
der Mord an den Juden weitgehend ausgeklammert – in der unzutreffenden
Annahme, dass er bereits hinreichend erforscht sei.[141]

Rückblickend war die kognitive Aufspaltung der Verbrechen im »Dritten
Reich« in »spezifisch nationalsozialistische« und andere, nicht grundsätzlich
abzulehnende Aspekte jener Zeit nach dem Krieg nachteilig für alle Opfergruppen. Indem die Verantwortung für die Judenverfolgung auf die Führungsspitze des NS-Regimes abgeschoben und damit die Vielzahl der Ausgrenzungsprozesse innerhalb der Bevölkerung negiert wurde, konnte weder das
Ausmaß der antijüdischen Verfolgung und Gewalt erfasst werden noch deren
Einbettung in einen weiteren rassenpolitischen Zusammenhang. Das schadete
sowohl der Auseinandersetzung mit der Judenverfolgung und dem Gedenken
daran als auch dem berechtigten Bedürfnis der anderen Opfer der NS-Rassenpolitik nach Anerkennung und Entschädigung. Letztendlich erlaubte diese
fehlende gesellschaftliche Reflexion über die rassistischen Exklusionsprozesse,
dass rassistische Vorstellungen und Praktiken nach 1945 weitgehend unhinterfragt fortbestanden und erst mit der Dekolonisation und unter dem Druck
der Betroffenen selbst nach und nach zurückgedrängt wurden. Gerade in der
heutigen Zeit im Zusammenhang mit Globalisierung und Migration zeigt sich,
dass das Bedürfnis nach gesellschaftlicher Homogenität, »ethnischen« oder
»kulturellen« Grenzziehungen und damit nach Ausgrenzung von Gruppen, die
sich wahlweise auf Geburtsorte, Hautfarben oder vermeintlich oder tatsächlich
abweichende Verhaltensweisen bezieht, ein anhaltendes Problem gesellschaftlichen Zusammenlebens darstellt. Dies hängt eng mit der Geschichte des Rassismus zusammen, denn der heute virulente Diskurs der »Überfremdung« ist
so alt wie die Rassentheorien des 19. Jahrhunderts, in denen die »Vermischung«
bis zur vermeintlichen Vernichtung des »Autochthonen« die zentrale Rolle
spielte. Dass sich die Agitation oftmals »nur« gegen eine bestimmte »Kultur«
richtet, ändert nichts an ihrem rassistischen Gehalt, denn auch die Verwoben-
heit biologischer, kultureller und sozialer Argumente der Abgrenzung ist ein

---

141 Alf Lüdtke: »Coming to Terms with the Past«. Illusions of Remembering. Ways of
     Forgetting Nazism in West Germany, in: The Journal of Modern History, 65 (1993),
     S. 542-572, hier: S. 544; Gerald Green: Holocaust. Endlösung (Roman zur Serie),
     München 1987, S. 69; Bajohr: Nationalsozialismus, S. 153.

dauerhaftes Phänomen der immer historisch spezifischen rassistischen Ausgrenzungspraktiken.[142]

Gesellschaftspolitisch bedeutete das gesteigerte öffentliche Interesse an Nationalsozialismus und Holocaust um 1979, dass die Generation Gmelins, die im NS-Staat wichtige Positionen bekleidet und im Nachkriegsdeutschland wiedererlangt hatte, endgültig die Deutungshoheit über die »guten« und »schlechten« Seiten der NS-Zeit verlor. Das nächste Treffen der Veteranen der 78. Infanterie-Sturm-Division fand 1982 nur noch am Denkmal in der Platanenallee statt – auf die Kundgebung auf dem Marktplatz wurde ab jetzt verzichtet. Das lag natürlich auch an den sinkenden Teilnehmerzahlen, da viele Veteranen verstorben waren oder aufgrund ihres Alters nicht mehr teilnahmen. Aber an der Berichterstattung im *Tagblatt* und auch an dem geringen Gewicht, das dem Veteranentreffen fortan vonseiten der Stadtverwaltung noch beigemessen wurde, lässt sich ablesen, dass sich das ehrende Soldatengedenken innerhalb kürzester Zeit in eine gesellschaftlich randständige Traditionsveranstaltung verwandelt hatte. In den 1990er Jahren wurde der Gedenkstein im Zuge der Diskussion über neue Erkenntnisse zu den Verbrechen der Wehrmacht auf ein Privatgelände außerhalb Tübingens gebracht, wo die Treffen der Veteranen von nun an stattfanden.[143]

---

142 Geulen: Geschichte, S. 105, 113 f.; Yasemin Shooman: Zur Debatte über das Verhältnis von Antisemitismus, Rassismus und Islamfeindlichkeit, in: Katharina Rauschenberger, Werner Konitzer (Hrsg.): Antisemitismus und andere Feindseligkeiten. Interaktionen und Ressentiments, Frankfurt am Main, New York 2015, S. 125-156.

143 Rüggeberg: Streit; Staatsbürgerliche Pflicht erfüllt, in: ST, 20.9.1982, StadtA Tübingen, E 10/N 64; Die 78er treffen sich, in: ST, 17.9.1985, ebd.; Mit Gott Soldat für Europa, in: ST, 5.9.1988, ebd.; Michael Hahn: Rückzug auf die Alb: Tübingen verliert sein Wehrmachts-Denkmal, in: ST, 16.11.1998; Sepp Weis: Vom Ehren- zum Schandmal/Rückzug in die Abstellkammer, in: ST, 9.8.1999.

FAZIT

Die Wahl Hans Gmelins zum Oberbürgermeister von Tübingen im Herbst 1954 war ein konkreter Ausdruck davon, wie die Vergangenheit des National-sozialismus in die Demokratie der Bundesrepublik hineinragte. Es war keines-wegs ungewöhnlich, dass ein ehemaliger NS-Aktivist ein höheres Staats- oder Verwaltungsamt übernahm. Außergewöhnlich war auch nicht, dass die städti-sche Bevölkerung ihm dieses Amt durch Direktwahl verschaffte. Die Besonder-heit lag vielmehr darin, dass Gmelin seine Zeit als NS-Funktionär aktiv zum Wahlkampfthema machte und die Oberbürgermeisterwahl damit zum Tübin-ger Plebiszit über den Umgang mit der NS-Vergangenheit erhob. Während andernorts nur hinter vorgehaltener Hand über derartige politische Vergangen-heiten gesprochen wurde, kam es in Tübingen zu einem offenen Schlagabtausch über Gmelins Kandidatur und deren Aufladung mit vergangenheitspolitischer Schlussstrichrhetorik. Diese Debatte legt die Widersprüche, aber auch uner-wartete Synergien zwischen NS-Vergangenheit und Demokratisierung in der frühen Bundesrepublik frei.

Es gelang Gmelin, für seine Forderung nach einer »zweiten Chance« die mehrheitliche Zustimmung der Tübinger Bevölkerung zu finden. Einer der Gründe dafür liegt im bundespolitischen Trend der vorangegangenen fünf Jahre, der davon geprägt war, dass die alliierte Entnazifizierungspolitik fast vollständig revidiert wurde. Diese »Vergangenheitspolitik« wurde im Bundes-tag mit großen parteiübergreifenden Mehrheiten auf den Weg gebracht. Die Parteien entsprachen damit Erwartungen und Forderungen, die in der Bevöl-kerung breit verankert waren.[1] Zugleich war Gmelins Wahl das Resultat einer authentischen Demokratisierung, die sich beim Kandidaten wie bei seinen Wählern jedoch in erster Linie auf den formalen Prozess des Wählens selbst beschränkte. Diese positive Annahme der Demokratie diente auch einer Ab-grenzung von der NS-Vergangenheit, während Liberalität und Pluralismus wenig ausgeprägt waren. Gmelins Vergangenheit als NS-Aktivist, so die zen-trale These, stellte sich Mitte der 1950er Jahre keineswegs als Belastung heraus, vielmehr ergab sich aus dem spezifischen Zusammenwirken von Demokratisie-rung und »Vergangenheitspolitik« seine politische Chance. Zu den wichtigsten Ergebnissen dieser Studie gehört daher die Erkenntnis, dass für den Übergang zu demokratischen Verfahrensformen nach 1945 deutlich weniger grundsätz-

1 Frei: Vergangenheitspolitik, S. 13-24.

liches Umdenken notwendig war, als man annehmen müsste. Erst recht war
dafür keine »ehrliche Auseinandersetzung« mit der NS-Vergangenheit erforderlich, wie Gmelin sie für sich in Anspruch nahm. Entscheidend war vielmehr
die Durchsetzung eines Bildes von der nationalsozialistischen Herrschaft, in
dem die Lebensrealität der einfachen Bevölkerung – und auch vieler ehemaliger
Anhänger und Aktivisten des Nationalsozialismus – von den politischen Entwicklungen jener Zeit weitgehend abgekoppelt wurde. So konnten die Unterstützer von Gmelins Kandidatur in der Endphase des Wahlkampfs 1954 geltend
machen, dass sie Gmelin wählten, *weil* sie aus der Vergangenheit gelernt hatten.

Die Leitfragen dieser Studie befassten sich mit der Anknüpfungsfähigkeit
und den Bindungskräften der NS-Bewegung in den Phasen der Mobilisierung, Konstituierung und Radikalisierung des Nationalsozialismus sowie mit
dem Fortwirken und der Transformation der NS-Erfahrung in der demokratischen Gesellschaft der Nachkriegszeit. Insbesondere die rassistischen und
antisemitischen Ausgrenzungsdynamiken, die eng mit integrativen Prozessen
zur Herstellung einer homogenen »Volksgemeinschaft« verbunden waren und
maßgeblich zum nationalsozialistischen Massenmord beitrugen, galt es in
Gmelins unmittelbarem Lebensumfeld herauszuarbeiten, aber auch nach dem
Ende der NS-Herrschaft weiterzuverfolgen. Es spricht analytisch nichts für die
Voraussetzung, dass Rassismus und Ausgrenzung mit der Niederlage des Regimes gewissermaßen über Nacht verschwanden. Was Gmelins Tätigkeit in der
Slowakei während des Krieges anbelangt, waren Binnenstruktur, Verwaltungsabläufe sowie außenpolitischer Rahmen und institutionelle Kooperationen der
Deutschen Gesandtschaft Pressburg auszuloten, um ihre Rolle in Krieg und
Völkermord zu ermessen. Erst vor diesem Hintergrund konnte nach dem Prozess der Abgrenzung vom Nationalsozialismus nach 1945 gefragt werden, der
sowohl Gmelin als Person als auch den Großteil der deutschen Bevölkerung
betraf und der eine entscheidende Rolle für die Demokratisierung der westdeutschen Gesellschaft spielte.

Das Ziel dieses Forschungsprojekts war es also, den Übergang von der NS-
Diktatur zur Demokratie der Bundesrepublik zu analysieren und am Beispiel
von Hans Gmelin und der Tübinger Stadtbevölkerung zu untersuchen. Die
verschiedenen thematischen Stränge meiner Argumentation lassen sich unter
den Begriffen Gemeinschaft, Demokratie und Rassismus zusammenfassen und
einordnen.

Gemeinschaft

Zu den prägnantesten Konstanten des Gemeinschaftsdiskurses auch nach 1945 gehörte die Volkstumspolitik, die ihre Fortsetzung – unter deutlich veränderten Rahmenbedingungen – in der Deutschlandpolitik der 1950er und 1960er Jahre fand. Die »Deutsche Frage« beschäftigte Gmelin, wie viele seiner Altersgenossen, seit seiner Jugend in der Weimarer Republik. Nach 1945 verschob sich zwar der Inhalt dieser Frage, aber die begriffliche Kontinuität seit der Zwischenkriegszeit trug auch zur Verharmlosung der nationalsozialistischen Expansionspolitik bei, die dadurch eine gewisse unausgesprochene Legitimität behielt. Neben Wehrsport und Arbeitsdienst waren es insbesondere Grenzland- und Volkstumsarbeit, die die Gruppenaktivitäten der politischen Rechten der Weimarer Zeit prägten und das Zentrum einer geteilten Erfahrung und praktischen Vergemeinschaftung bildeten. Nach dem verlorenen Krieg und den Gebietsabtretungen im Rahmen des Versailler Vertrags strebten breite gesellschaftliche Kreise die Revision des Friedensvertrags an und beabsichtigten, alle Deutschen unabhängig von territorialen Grenzziehungen in einer »Volksgemeinschaft« zusammenzuführen. In Gmelins Studentenverbindung Normannia zeigte sich, dass das Bedürfnis nach einer nationalen Wiedergeburt und der Überwindung der Weimarer Demokratie nicht auf die sogenannte Kriegsjugendgeneration, der Gmelin angehörte, beschränkt war. Die ältere Generation der kaisertreuen und nationalkonservativen Bürger und Beamten, darunter Gmelins Vater, Amtsgerichtsdirektor Oskar Gmelin, machte es den jungen Leuten zur Aufgabe, den Anbruch dieser »neuen Zeit« herbeizuführen.

Es spielte eine nachrangige Rolle, dass es in den Vorstellungen der »Volksgemeinschaft« durchaus unterschiedliche Ideen gab, denn die Zugkraft dieses Ideals ergab sich aus der Praxis. Sie war geprägt von Lageraufenthalten im Grenzgebiet, Kulturveranstaltungen zum »Grenzlanddeutschtum«, freiwilligen Arbeitsdiensteinsätzen gemeinsam mit Arbeitslosen und von Schieß- und Wehrsportübungen, die unablässig stattfanden. Dabei war die Annahme entscheidend, dass in der gemeinschaftlichen Betätigung die Unterschiede in religiöser, sozialer und politischer Hinsicht im deutschen Volk überbrückt werden könnten. Damit war keineswegs an eine revolutionäre Umgestaltung der sozialen Verhältnisse gedacht, vielmehr wurde der »vaterländische« und »völkische« Aktivismus, dessen einziger Zweck das Wohl der Gemeinschaft sei und an dessen grundsätzlicher Rechtschaffenheit es keinen Zweifel geben könne, auf diese Weise als »überparteilich« und »unpolitisch« inszeniert. Dieses Gemeinschaftsbild ermöglichte es Gmelins konfessionell evangelisch orientierter und seit Generationen von der regionalen Bürgerelite dominierter Studentenverbindung Normannia, Anknüpfungspunkte an die völkische Rechte zu finden, die auch

aus der württembergischen Tradition eines pietistisch geprägten Nationalprotestantismus erwuchsen. Auch Gmelins Stahlhelm-Hochschulgruppe schlug
in Württemberg die Brücke zu SA und NSDAP über das völkische Gemeinschaftsbewusstsein.

Die NS-Bewegung gewann ihre Anziehungskraft daraus, dass sie es verstand,
sich in der politischen Praxis als Anwalt der Interessen des ganzen Volkes zu
inszenieren. Sie formulierte zwar einen Führungsanspruch in der deutschen
Rechten und setzte ihn gegen konkurrierende Organisationen durch, stellte
aber das Gemeinsame in den Vordergrund und behielt dadurch ihre politische
Offenheit, auf die einzelne Gruppen und Personen verschiedene Inhalte pro-
jizieren konnten. Im gemeinschaftlichen Aktivismus wurde ein Erfahrungsraum hergestellt, mit dessen Hilfe Kollektivzuschreibungen gegenüber Juden
einfach und widerspruchsfrei etabliert werden konnten. Sie wurden nicht nur
über Propaganda, sondern vor allem auch über gemeinsame Handlungen in
der eigenen Gruppe »naturalisiert«. Gemeinschaft wurde durch gemeinsam
begangene Gewalt, aber auch durch ganz alltägliche, vermeintlich unpolitische
Praktiken hergestellt.

Gmelin nahm nach 1945 in Reden zum Volkstrauertag Bezug auf die völkischen Gemeinschaftsvorstellungen, deren Bedeutung er in der Zwischenkriegszeit verinnerlicht hatte. Ausgehend von der Unterdrückung der Deutschen
in der Ostzone, mahnte er die Einigkeit des deutschen Volkes »diesseits und
jenseits willkürlicher Grenzziehungen« an. Damit zog er deutliche Parallelen
zwischen den territorialen Entwicklungen nach dem zweiten von Deutschland
verursachten Weltkrieg und der Situation nach dem Versailler Vertrag. Er
knüpfte an Vorstellungen einer »organischen« Verbundenheit des Volkes an,
die ihn während der Sudetenkrise 1938 motiviert hatten, als Freikorps-Kämpfer
selbst mit Gewalt in das politische Geschehen einzugreifen. Während einer
Sonnwendfeier im Jahr 1958, zu der er als Oberbürgermeister die »Feuerrede«
hielt, stellte er das »Bekenntnis zur gemeinsamen Volkszugehörigkeit« in eine
lange Tradition, die sich von den Deutschen, die außerhalb des Bismarckreiches
lebten, bis in die Gegenwart zu den »Brüdern jenseits des Eisernen Vorhangs
und der Oder-Neiße-Linie« ziehe. Über die nationalsozialistischen Verbrechen
an anderen völkisch definierten Gruppen ging er bei solchen historischen
Herleitungen des deutschen Gemeinschaftsbewusstseins konsequent hinweg.

Wie schon vor 1945 wurde auch nach dem Krieg das Bekenntnis zur Gemeinschaft insbesondere durch gemeinsame Rituale und Praktiken hergestellt. Auf
den Friedhöfen, an den Grabmalen für die Gefallenen und bei den Kundgebungen und Aktionen im Zusammenhang mit der deutschen Teilung forderte
Gmelin immer wieder dazu auf, unterschiedliche Interessen ruhen zu lassen,
damit die gemeinsame Treuebekundung für die Toten und Unterdrückten nicht
geschwächt werde. Er hielt dazu an, dass sich alle für die gemeinsamen Opfer

verantwortlich fühlen müssten und sich niemand den Gedenk- und Mahn-
feiern entziehen solle. Das vermeintlich Unpolitische und Überparteiliche blieb
ein Kernelement der Herstellung von Gemeinschaft. Die Gedenkveranstaltungen der 1950er und 1960er Jahre wurden von Straßen- und Haussamm-
lungen, Spendenaufrufen und Bekenntnissen durch grüne Kerzen im Fenster
begleitet. Sie waren – das zeigt das Tübinger Beispiel deutlich – mit einem
starken moralischen Druck verbunden. Der Oberbürgermeister und seine engsten Mitarbeiter gingen bei Haus- und Straßensammlungen mit gutem Beispiel
voran und forderten die städtischen Angestellten auf, es ihnen gleichzutun. Mit
der Autorität des Amtes sollte mangelnder Spendenbereitschaft in Teilen der
Bevölkerung entgegengewirkt werden. Kritik an der einheitlichen Ausrichtung
der Gedenkpraktiken traf auf Ablehnung und wurde marginalisiert.

In ganz ähnlich moralisch-verpflichtender Weise waren die Sammlungen des
Winterhilfswerks und die damit verbundene Mobilisierung der »Heimatfront«
während des Zweiten Weltkriegs verlaufen. In Gmelins Wirkungsbereich als
Volkstumsreferent in der Slowakei war es insbesondere die völkische Mobilisierung der karpatendeutschen Minderheit, in der solche Gemeinschaftspraktiken
erfolgten. Die Sparwochen für »volksdeutsche« Genossenschaften, zu denen
die Angehörigen der Minderheit von ihrer Volksgruppenführung verpflichtet wurden, standen in engem Zusammenhang mit den Kriegsanstrengungen und nicht zuletzt der Judenverfolgung und »Arisierung« in der Slowakei.
Die gemeinschaftlich finanzierten »volksdeutschen« Genossenschaften über-
führten »arisierte« Banken und Großhändler in ihren Besitz. Während sich
der moralische Druck in die Gemeinschaft hinein nach 1945 fortsetzte, kam
die Gruppenmobilisierung nun ohne die gemeinsam begangene Gewalt nach
»außen«, gegen Juden und andere »Volks-« oder »Gemeinschaftsfremde« aus,
die den völkischen Integrations- und Ausgrenzungsprozessen der NS-Zeit erst
den Charakter unumkehrbarer Erfahrungen gegeben hatte.

Die Ausgrenzung aus der »Volksgemeinschaft« der NS-Zeit fand sich aber
in den kollektiven Gedenkpraktiken der frühen Bundesrepublik mit anderen
Mitteln und Konsequenzen wieder. Während Oberbürgermeister Gmelin im
Rahmen von Veteranentreffen seiner Wehrmachtsdivision zu Empfängen ins
Rathaus einlud, stellten er und seine Mitarbeiter die städtische Verantwortung
für das Gedenken an Novemberpogrom und ermordete KZ-Häftlinge, die
anonym auf dem Tübinger Stadtfriedhof bestattet worden waren, wiederholt
infrage. Obwohl die Körper der Ermordeten in der Tübinger Anatomie für
wissenschaftliche Zwecke verwertet worden waren, warf Gmelin im Kulturausschuss die Frage auf, »ob es eine Sache der Stadt Tübingen« sei, »in dieser
Angelegenheit besonders aktiv zu werden«. Schließlich handle es sich »nicht
um Opfer […], die in Tübingen verstorben« seien. Lediglich um öffentliche
Angriffe zu vermeiden, stimmte er einer Gedenktafel zu. Die kommunalen Ge-

denkfeierlichkeiten der Nachkriegsgesellschaft dienten der Konstitution einer eigenen Opfergemeinschaft der deutschen Bevölkerung. Der Opferbegriff umfasste neben Vertriebenen, Veteranen, Gefallenen und Hinterbliebenen auch die sogenannten Kriegsverurteilten, wie strafrechtlich verurteilte Kriegsverbrecher verharmlosend genannt wurden. Die Mehrheit der Deutschen begriff sich gleich in mehrerlei Hinsicht als Opfer der jüngsten historischen Entwicklungen. Krieg und Besatzung waren mit dem Verlust von Angehörigen und Besitz verbunden, die Entnazifizierung wurde gemeinhin als ungerecht empfunden, aber auch von Hitler und der Führungsriege des NS-Regimes fühlte man sich im Nachhinein belogen und betrogen. Für die Opfer der NS-Gewaltherrschaft, vor allem Juden, Homosexuelle, Sinti und Roma, politische Gegner, als »erbkrank« oder »asozial« Verfolgte und Ermordete, war bei den Feierlichkeiten kaum oder gar kein Platz. Wenn Verfolgte des Nationalsozialismus erwähnt wurden, dann geschah dies in vereinnahmender Art im Rahmen von nivellierenden Kollektivformeln, die die eigentlichen Leidtragenden der NS-Zeit hinter dem im Übermaß wahrgenommenen »eigenen« Leid verschwinden ließen.

Das Gedenken an den Volkstrauertagen wurde nach 1945 deutlich entmilitarisiert, was im Vergleich zu Gedenkpraktiken während der Weimarer Republik und in der NS-Zeit besonders deutlich wird. Gleiches galt auch für die Forderungen nach Grenzrevision im Osten. Im Angesicht der Blockkonfrontation breitete sich eine wachsende deutschlandpolitische Ohnmacht aus, die im Gegensatz zur aggressiven, völkischen Expansionspolitik des NS-Regimes stand. Gerade für Menschen wie Hans Gmelin, zu dessen prägendsten Erfahrungen der Kampf um die Grenze zur Tschechoslowakei und die Besetzung des Sudetenlands im Herbst 1938 zählten, war dieser Wandel der Handlungsfähigkeit in der Volkstums- beziehungsweise Deutschlandpolitik eine desillusionierende Erfahrung. Die Besetzung des Sudetenlands 1938 hatte Gmelin als kollektive Handlungsfähigkeit und »Erfüllung einer völkischen Sehnsucht« erlebt, mit der historische Entwicklungen revidiert werden konnten. Spätestens seit der Kubakrise 1962, aber auch schon in den Vorjahren, war der Ost-West-Konflikt von Deeskalationsversuchen beider Seiten geprägt, die den Status quo auch an der innerdeutschen Grenze festigten und eine Wiedervereinigung in weite Ferne rücken ließen. Damit war zu dieser Zeit auch immer die Rückgewinnung der Gebiete östlich der Oder-Neiße-Grenze gemeint, wie die Beflaggung des Tübinger Marktplatzes mit den Wappen der »verlorenen Ostgebiete« zum Tag der Deutschen Einheit zeigt. Für Gmelin, wie auch für die meisten Deutschen in der Bundesrepublik, war die ausbleibende Wiedervereinigung und der dauerhafte Verlust der »Ostgebiete« ein unerträglicher Zustand.

Im Unterschied zur Agitation gegen den Versailler Vertrag in der Weimarer Republik richtete sich der Gemeinschaftsdiskurs in der frühen Bundesrepublik nicht gegen alle ehemaligen Kriegsgegner, sondern allein gegen die Sowjetunion, der die alleinige Verantwortung für die deutsche Teilung zugeschrieben wurde. In der Gegnerschaft zur Sowjetunion bot sich ein weiterer Anknüpfungspunkt für überkommene NS-Feindbilder. Die Regierung der DDR wurde ausschließlich als Werkzeug der Sowjetunion betrachtet, ihr wurde jede eigene Handlungsrationalität abgesprochen.

Gmelin, der als »überparteilicher« Redner mehrfach aus Anlass von Gipfelkonferenzen der ehemaligen Alliierten auf dem Tübinger Marktplatz sprach, warf dem sowjetischen Staatschef Chruschtschow vor, den Deutschen ihr Selbstbestimmungsrecht zu verweigern – ein Vorwurf, den das NS-Regime Polen und der Tschechoslowakei, vor allem aber den USA und Westeuropa, gemacht hatte. Mithilfe der Sowjetunion als äußerem Feind konnte nach 1945 die innere Geschlossenheit der Deutschen angemahnt und Konformität in politischen Fragen eingefordert werden. Die deutschlandpolitische Ohnmacht der Bundesrepublik und ihrer Bürgerinnen und Bürger, die wesentlich mit der abnehmenden Konfrontationsbereitschaft der Westmächte zusammenhing, führte dazu, dass die Forderungen nach Wiedervereinigung und Rückgabe der »verlorenen Ostgebiete« bis weit in die 1960er Jahre hinein ein stabiles Unrechtsnarrativ wurden, das zugleich immer folgenlos blieb, weil die Bundesrepublik als »Spielball« in der Blockkonfrontation kaum eigene Handlungsmöglichkeiten hatte.

Umso eindrucksvoller ist die Wendung, die Gmelin zu Beginn der 1970er Jahre vollführte, als er sich zum Befürworter der sozialliberalen Neuen Ostpolitik wandelte. Dieser Paradigmenwechsel war vielleicht die umfangreichste Kehrtwende in der deutschen Politik und Gesellschaft nach 1945. Die auf Ausgleich und Verständigung mit dem Ostblock gerichtete Politik führte zu einer erheblichen Polarisierung in der westdeutschen Gesellschaft, und gerade in Gmelins Generation war der Widerstand dagegen vehement. Vor dem Hintergrund seiner bisherigen Einstellungen in der Volkstums- sowie Deutschlandpolitik ist Gmelins Haltungsänderung besonders voraussetzungsvoll und im Wesentlichen auf seine Erfahrungen in der politischen Auseinandersetzung zurückzuführen. Gmelin war seit 1970 Vizepräsident des Deutschen Sportbunds und als Vorsitzender von dessen Ausschuss für internationale Aufgaben maßgeblich an den Verhandlungen über Sportkontakte mit der DDR und anderen Ostblockstaaten beteiligt. Er konnte in diesem Zusammenhang Anfang der 1970er Jahre Verträge zum Abschluss bringen, die als Pendant zu den Ostverträgen auf dem Gebiet des Sports betrachtet wurden. Gmelin verfolgte dabei in erster Linie das Ziel, in den Verhandlungen Konzessionen der gegnerischen Seite zu erreichen und die Interessen des bundesdeutschen Sports in der Systemkonkurrenz mit dem Ostblock durchzusetzen. Er machte aber zudem die Erfahrung, dass zwischenmenschlicher Kontakt und gegenseitiges Verständnis, auch über tiefe Gräben hinweg, mehr bewegen können, als auf dem eigenen Standpunkt zu beharren. Dieser »Wandel durch Annäherung«

in der direkten politischen Auseinandersetzung bewirkte eine grundsätzliche Haltungsänderung und verweist auf die herausragende Bedeutung von Erfahrungen in der biographischen, aber auch in der gesellschaftlichen Entwicklung. Verallgemeinernd zeigt Gmelins Entwicklung in diesem Zusammenhang, dass die Funktionärsgeneration des NS-Regimes zu beachtlichen Haltungsmodifikationen in Bereichen fähig sein konnte, die einmal zentrale Bedeutung für ihre politische Sozialisation und Radikalisierung gehabt hatten.

In anderen politischen Bereichen nach 1945, die unmittelbarer mit dem Umgang mit der NS-Vergangenheit verknüpft waren, zeigte sich – auch in Gmelins Fall – deutlich weniger Beweglichkeit. Gmelin bezog sich noch 1979 im Rahmen des Veteranentreffens seiner Wehrmachtsdivision in einer Rede am Gedenkstein der 78. Sturm-Division positiv auf die deutsche »Volksgemeinschaft« zu Kriegsbeginn, die er vom »Unrechtsstaat« des Nationalsozialismus unterschieden wissen wollte. Die Kritik in Leserbriefen, die sich auf die positive Verwendung des Begriffs »Volksgemeinschaft« konzentrierte, und die ab diesem Zeitpunkt rasant abnehmende Bedeutung, die dem Veteranentreffen vonseiten der Stadt Tübingen noch entgegengebracht wurde, machen deutlich, dass Gmelins Generation, die Funktionäre des NS-Staates und der ersten Jahrzehnte der Bundesrepublik, Ende der 1970er Jahre endgültig die Deutungshoheit über die Auseinandersetzung mit der NS-Vergangenheit verloren hatte. Die Bindungskraft des Gemeinschaftsideals der frühen Bundesrepublik war schon seit den gesellschaftspolitischen Konflikten und Liberalisierungsprozessen der 1960er Jahre, die auch mit einem Generationenwechsel in den Institutionen einhergingen, nach und nach an ihr Ende gekommen.

Diese Ergebnisse führen zu der These, dass die frühe Bundesrepublik im Alltag vor Ort zunächst von einer postnationalsozialistischen »Volksgemeinschaft« mit demokratischen Vorzeichen geprägt war. Der Gemeinschaftsbezug knüpfte in vielem an Gemeinschaftsprozesse der NS-Zeit an, was jedoch einer positiven Annahme der Demokratie nicht im Wege stand.

Demokratie

Zentrale Voraussetzung für den Demokratisierungsprozess in der Bevölkerung der frühen Bundesrepublik war eine deutliche Abgrenzung von der NS-Vergangenheit. Die Diktatur des Nationalsozialismus war nach verbreiteter Lesart von einer kleinen, radikalen Machtelite installiert worden, die der einfachen Bevölkerung ihren Willen aufgezwungen hatte. Die meisten einstigen »Volksgenossen« und »Volksgenossinnen« des »Dritten Reiches« hatten sich zwar von dem Regime überzeugen lassen, aber das sei vonseiten der Staatsführung unter Vorspiegelung falscher Tatsachen und unter Ausnutzung des »jugendlichen

Idealismus« der jungen Generation geschehen. Somit konnte nun, 1954, die demokratische Wahl des Tübinger Oberbürgermeisters an sich schon als Beweis für die Läuterung von nationalsozialistischem Gedankengut präsentiert werden. Wenn die Meinungsäußerung und Mitbestimmung der Bevölkerungsmehrheit in der NS-Zeit durch eine Minderheit an der Staatsspitze unterdrückt worden waren, dann verhalf die Demokratie dieser Mehrheit nun zu ihrem Recht. Für die Verbrechen der NS-Zeit konnte demnach nur die Elite des NS-Regimes verantwortlich sein, die Mehrheit der Tübinger Bürger, die sich als Betrogene und Verführte betrachteten, sprach sich mit Gmelins Wahl gleichsam selbst von jeder Mitverantwortung für nationalsozialistisches Unrecht frei. Die These zur Demokratisierung in der frühen Bundesrepublik lautet daher, dass die positive Annahme der Demokratie ein entlastendes Element enthielt, da sie eine Distanzierung vom Nationalsozialismus erlaubte, ohne dass dabei eine Reflexion über den Anteil weiter Teile der deutschen Bevölkerung an seiner Etablierung, Durchsetzung und Radikalisierung stattfinden musste.

Die Demokratieverachtung der NS-Bewegung und ihre Selbstinszenierung als entschlossene Tatgemeinschaft, die das Schicksal Deutschlands mutig in ihre Hände genommen hatte, bot diese Interpretation geradezu an. Während das NS-Regime den Beginn seiner Herrschaft als Resultat der »Machtergreifung« einer entschiedenen Männergruppe darstellte, zeigen die Ereignisse in Tübingen, dass der 30. Januar 1933 und die bald folgende Machtübernahme in den Ländern Ergebnis des Zusammenwirkens von NS-Aktivisten, konservativ-nationalem Establishment und, speziell in Württemberg, des Frontsoldatenbunds Stahlhelm war, in dem Gmelin sich von 1931 an engagierte. Die Distanzierung vom Nationalsozialismus erfolgte in Tübingen nach 1945 also, indem Deutungsangebote der NS-Führung aufgegriffen wurden. Die erfolgreiche demokratische Entwicklung nach 1945 gelang nicht trotz der Belastung von Institutionen und Bevölkerung der Bundesrepublik durch ehemalige Nationalsozialisten, sondern aufgrund einer spezifischen Deutung des Nationalsozialismus, die dessen ehemaligen Anhängerinnen und Anhängern die Abgrenzung vom Regime ebenso erlaubte wie die Fortführung vielfältiger Traditionen und die Behauptung eines vermeintlich unpolitischen Alltags in der NS-Zeit.

Im Wahlkampf 1954 appellierte Gmelin an die selbststilisierte Gemeinschaft der Verführten und Betrogenen, machte sich zu ihrem Sprachrohr und die Oberbürgermeisterwahl zur Abstimmung über einen »Schlussstrich« unter die NS-Vergangenheit. Gmelins Apologie blieb allerdings nicht unwidersprochen. Besonders aus dem Kreis Tübinger Universitätsdozenten und Studenten wurden in Wahlveranstaltungen kritische Fragen gestellt, und der Theologieprofessor Gerhard Ebeling gab noch nach der Wahl des ehemaligen Nationalsozialisten seiner Empörung Ausdruck. Die Debatte stand im Kontext kritischer Interventionen in die »Vergangenheitspolitik« der Bundesrepublik in den frühen 1950er

Jahren, die insbesondere von den NS-Gegnern Eugen Kogon und Walter Dirks in den *Frankfurter Heften* unternommen worden waren. Für die Kritiker der »Vergangenheitspolitik« war der Streit über die Oberbürgermeisterwahl in Tübingen, die in den *Frankfurter Heften* nicht mehr zur Kenntnis genommen wurde, so etwas wie ein letztes Rückzugsgefecht in einer Auseinandersetzung, die in Anbetracht der politischen Entwicklung der Vorjahre längst verloren war.

Die aggressiven Reaktionen von Gmelin-Anhängern in den Wahlveranstaltungen und in der Leserbriefschwemme nach Ebelings Protest im *Schwäbischen Tagblatt* zeigten, dass die demokratischen Verfahrensformen keineswegs mit einem liberalen und pluralistischen Klima einhergingen. Im Wahlkampf und in den Leserbriefen gab es Versuche, Meinungsäußerungen zu delegitimieren. Daran beteiligte sich auch die Redaktion des *Tagblatts*, des wichtigsten lokalen Organs zur Meinungsbildung. Die Zeitung bemängelte, dass »jugendliche Gegner« Gmelins die Auseinandersetzungen im Wahlkampf vom kommunalpolitischen auf das allgemeinpolitische Gebiet verschoben hätten. Kommunale Fragen könnten nicht diejenigen am besten beurteilen, für die Tübingen nur eine Etappe auf dem Weg zur Sesshaftigkeit sei. Diese Gruppe glaube aber, dem sesshaften Teil der Bevölkerung Empfehlungen geben zu müssen. Es war allgemein erkennbar, dass diese Ausführungen auf Studenten und jüngere Dozenten zielten, die Gmelin mit kritischen Diskussionsfragen zu seiner NS-Vergangenheit konfrontiert hatten. Das Presseamt der Universität protestierte »in aller Form« gegen diesen Versuch zur »Diskriminierung ihrer Mitglieder, die von ihrem Recht als Staatsbürger Gebrauch machen«. Die Redaktion des *Tagblatts* stritt ab, dass Universitätsangehörige gemeint gewesen seien, nahm aber nichts von ihren Ausführungen zurück.

Gmelin verteidigte die Entgleisungen seiner Anhängerschaft als »Sentiments« und »Verbitterungen«, die infolge der »sozialen Umschichtungen« seit 1914 verständlich seien, und er verband die Kollektivbedürfnisse der deutschen Nachkriegsgesellschaft geschickt mit seinem persönlichen Vergangenheitsnarrativ. Gmelin erklärte zeit seines Lebens, dass er und sein Vorgesetzter, der ehemalige Deutsche Gesandte in der Slowakei Hanns Ludin, der dort 1947 verurteilt und hingerichtet worden war, sich keiner persönlichen Verfehlungen in der NS-Zeit schuldig gemacht hätten. Das Deutsche Reich hatte die Tschechoslowakei zerschlagen und dadurch erst die politischen Rahmenbedingungen für die Arbeit von Ludin und Gmelin in der Slowakei geschaffen. Die deutschen Diplomaten wahrten zwar die slowakische Eigenstaatlichkeit, nahmen aber zugleich maßgeblichen Einfluss insbesondere auf die Juden- und Volkstumspolitik. Dessen ungeachtet stellte Gmelin die außenpolitische Tätigkeit in der Slowakei als weitgehend unpolitische Verwaltung der diplomatischen Geschäfte dar. Diese Behauptung einer politisch-ideologisch unbeeinflussten Dienstausübung während des Nationalsozialismus war für viele Tübinger anknüpfungsfähig und entsprach auch ihrer Selbstwahrnehmung. Diese Verknüpfung bildete die Grundlage für Gmelins 20 Jahre während Amtszeit als Oberbürgermeister von Tübingen und mithin auch für seine Wiederwahl, die 1962 ohne Gegenkandidat erfolgte.

Als Zeichen einer neu beginnenden Demokratieerziehung können die sogenannten Jungbürgerfeiern gelten, die 1954 – im Jahr vor Gmelins Amtsantritt – erstmals durchgeführt wurden. Auf Anregung des Bürger- und Verkehrsvereins sollten die neu ins Wahlalter eingetretenen Bürger und Bürgerinnen als vollwertige Mitglieder in der Gemeinde begrüßt und mit ihren Rechten und Pflichten als Staatsbürger vertraut gemacht werden. Gmelin forderte die Jugendlichen auf, sich für die Gemeinschaft zu engagieren: »der Staat sind Sie und wir alle zusammen«. Er selbst und die ältere Generation seien in der politischen Gestaltung nicht viel erfahrener als die jungen Leute, aufgrund der »bewegten Entwicklung« der Vorjahre stünden alle an einem Neuanfang.

In Tübingen fand man schnell einen historischen Bezug, mit dem eine lokale demokratische Tradition behauptet werden konnte. Mit dem Termin der Jungbürgerfeiern, die immer um den 8. Juli herum stattfanden, wurde an die historische Unterzeichnung des Tübinger Vertrags von 1514 erinnert. Gmelin stellte diese Übereinkunft fälschlicherweise als eine Art frühdemokratisches Dokument dar. Tatsächlich handelte es sich im Wesentlichen um ein Papier, das mehr Mitspracherechte für die württembergische Ehrbarkeit einräumte, eine seit dem 16. Jahrhundert einflussreiche Bürgerelite, die sich dem Herzog gegenüber dafür erkenntlich zeigte, indem sie einen Bauernaufstand in der Region niederschlug. Die alteingesessene Tübinger Familie Gmelin gehörte seinerzeit zur Ehrbarkeit und profitierte noch über Jahrhunderte von den Vertragsvereinbarungen. Die Traditionslinie bot nach dem Zweiten Weltkrieg die Möglichkeit, einmal mehr Abstand vom Nationalsozialismus zu nehmen, ohne dass dafür ein tiefgreifender gesellschaftlicher Wandel nötig war. Die Erfindung der demokratischen Tradition, die sich auf den Tübinger Vertrag bezog und Tübingen zu einer Wiege der Demokratie erklärte, trug zur Vorstellung eines liberal-demokratischen Südwestdeutschlands bei, das dem Nationalsozialismus wie durch einen »Überfall des preußischen Zentralismus«[2] zum Opfer gefallen war. Demokratie und Westintegration waren nach dieser Lesart politische Entwicklungen, die immer schon der Sehnsucht der Badener und Württemberger Bevölkerung entsprochen haben. Die Abgrenzung vom Nationalsozialismus, kombiniert mit der westlichen Gemeinsamkeit des Antikommunismus, ermöglichte einen wohlwollenden Umgang mit antikommunistischen ehemaligen Nationalsozialisten und zugleich die erfolgreiche Westbindung der Bundesrepublik, die ein zentraler Faktor für ihre wiedergewonnene staatliche

2   Ruck: Korpsgeist, S. 265.

Souveränität war. Die von Gmelin gern betonte Traditionslinie zum Tübinger Vertrag diente schließlich nicht nur zur Anbindung der eigenen Bevölkerung an das noch junge Staatswesen, sondern nützte auch der Manifestation eines »besseren Deutschlands« gegenüber ausländischen Gästen aus den Partnerstädten Tübingens. Tübingens erste Städtepartnerschaft kam 1959 mit Monthey im französischsprachigen Teil der Schweiz zustande. Die Verpflichtungsurkunde der Städtefreundschaft bezog sich auf die »Wiege der Kultur des Westens«, die in beiden Gemeinden gestanden habe, weil deren Bewohner es verstanden hätten, sich »Freiheitsrechte« zu erwirken. Auf der Seite von Monthey ist damit der Bezug auf die Schweizer Eidgenossenschaft offenkundig, auf Tübinger Seite berief man sich auf den Tübinger Vertrag als freiheitliche Tradition.

Die historische Forschung ist sich weitgehend einig in der Auffassung, dass es die schnelle wirtschaftliche Aufwärtsbewegung schon bald nach Kriegsende war, der die baldige Akzeptanz der demokratischen Staatsordnung in Westdeutschland – bei einer zunächst kaum demokratisch gesinnten Bevölkerung – zu verdanken war. Es ist erstaunlich, dass gerade diese Entwicklung von zeitgenössischen Akteuren wie Gmelin als Gefahr für das gemeinschaftliche Leben betrachtet wurde. Noch ganz unter dem Einfluss der rechten Kultur- und Zivilisationskritik der ersten Hälfte des 20. Jahrhunderts befürchtete Gmelin, dass die Annehmlichkeiten und Konsummöglichkeiten einen Rückzug ins Private mit sich bringen würden, der einen Mangel an Verantwortungsbewusstsein für das Gemeinwesen nach sich ziehe. Er meinte damit im Besonderen, dass die Deutschen hinter dem Eisernen Vorhang und der Oder-Neiße-Linie nicht vergessen werden dürften, bezog seine Kritik später aber auch auf die wachsende Zahl von Kriegsdienstverweigerern.

Der Übergang von der NS-Diktatur zur Demokratie der Bundesrepublik erfolgte nicht in einem radikalen Bruch, sondern schrittweise. Die verbreitete Auffassung, dass eine Minderheit fanatischer Nationalsozialisten der gutwilligen, unterdrückten oder verführten Mehrheit ihren Willen aufgezwungen hatte, war für die demokratische Entwicklung entscheidend. Schon in der Leserbriefdebatte nach der Oberbürgermeisterwahl 1954 war der Tenor, dass nach erfolgter Wahl die Verliererseite die Entscheidung der Mehrheit kritiklos hinzunehmen habe. In der geschichtswissenschaftlichen Forschung ist eine rückblickende Erleichterung erkennbar, dass trotz der personellen Belastung in der Bundesrepublik eine funktionierende Demokratie entstanden ist. So verständlich dieser Eindruck ist, damit wird die demokratische Entwicklung in der frühen Bundesrepublik zu positiv beurteilt. Die Ereignisse in Tübingen lassen auf ein mehr als ungenügend ausgeprägtes Bewusstsein für Meinungspluralismus schließen, was erhebliche Folgen für das gesellschaftliche Zusammenleben hatte. Gmelins politisches Programm und Fürsorgeversprechen, das er im Wahlkampf entfaltete, richtete sich an die von Kriegsfolgen betroffene Mehrheit der Bevölkerung. Kriegerwitwen, Flüchtlingen, Vertriebenen, Evakuierten, Besatzungsgeschädigten, Kriegsversehrten und Heimkehrern sicherte er vor der Wahl und während seiner Amtszeit besondere Unterstützung durch das Rathaus zu.

Der abwehrende Umgang der Stadtverwaltung mit dem Gedenken an NS-Verbrechen in den 1950er und 1960er Jahren ist nur ein Aspekt, der das Missverhältnis deutlich macht, mit dem die Interessen der demokratischen Mehrheit über die von politischen und sozialen Minderheiten gestellt wurden. Ganz im Einklang mit der politischen Mehrheit in Deutschland unterstützte Gmelin in den frühen 1960er Jahren die Strafbarkeit von Homosexualität und zeigte als oberster Dienstherr der Stadtverwaltung einen Lehrling aus dem Planungsamt wegen des Verdachts auf Verstoß gegen Paragraph 175 des Strafgesetzbuches an. Die Verfolgung hatte nach 1945 einen deutlich anderen Charakter als während der NS-Zeit. Gmelin war als Volkstumsreferent an Verfolgungen von Homosexuellen in der deutschen Volksgruppe der Slowakei beteiligt. In einem Fall beispielsweise plädierte er für eine Aburteilung im Reichsgebiet, weil dort strenger vorgegangen werde und eine »Unschädlichmachung« der betroffenen Person sichergestellt sei. Nach 1945 wurde zwar auf derselben Gesetzesgrundlage geurteilt, die Konsequenzen waren nun aber nicht mehr Lagerhaft und womöglich Ermordung, sondern Gefängnis oder Zuchthaus. Gmelins Anzeige in den frühen 1960er Jahren deutet dennoch darauf hin, dass ihm jedes Unrechtsbewusstsein für die Verfolgung Homosexueller in der NS-Zeit fehlte. Auch diese Auffassung teilte er mit der Mehrheit der Deutschen, die die Homosexuellenverfolgung im Nationalsozialismus lange Zeit nicht als NS-Verbrechen klassifizierte.

Weniger im Einklang mit den allgemeinen politischen Entwicklungen war die sozialpolitische Praxis im Tübingen der 1960er Jahre. Gmelin pries die städtische Sozialbausiedlung »Backofen« als erfolgreiche Lösung für das Problem mit den »sozial Gefährdeten«, womit er obdachlose Familien meinte, die kein Vermieter haben wolle, weil sie »schwer verträglich« seien. Mit abgestuften Wohneinheiten und schlechten bis sehr schlechten Lebensbedingungen herrschte im »Backofen« de facto eine Elendsverwaltung, die mit Leistungsanreizen und Verelendungsdruck arbeitete. Gmelin erklärte, die Abschreckung durch die angedrohte Herabstufung in noch schlechtere Lebensbedingungen sei »heilsam«, weil sie den Drang anrege, den schlechten Lebensverhältnissen zu entkommen. Übergeordnete staatliche Stellen hatten schon gegen den Bau der ersten Häuser in der Siedlung protestiert, dennoch baute die Stadtverwaltung weitere Wohnungen mit noch schlechteren hygienischen Standards. Im Gegensatz zu dieser Vorgehensweise hatte die Adenauer-Regierung bereits in den 1950er Jahren eine umfassende sozialpolitische Wohnungsbaupolitik angeregt, mit der Massennotstand und Elendsquartiere erfolgreich zurückgedrängt wurden. Gmelin ist in diesem Zusammenhang lediglich zugutezuhalten, dass er seinem Amtskollegen aus Konstanz, der wie er ein ehemaliger Nationalsozialist war, widersprach, als dieser in einer öffentlichen Sitzung des Tübinger Gemeinderats rassenhygienisches Vokabular benutzte und im Hinblick auf hilfebedürftige Mieter von »Asozialen« sprach. Hier ist zumindest diskursiv ein Lernprozess erkennbar, immerhin war Gmelin in der NS-Zeit als juristischer Referendar an Verfahren zur Zwangssterilisierung sogenannter Erbkranker beteiligt, und die Deutsche Gesandtschaft in der Slowakei hatte während des Krieges die Deportation von mehreren Hundert als »asozial« bezeichneten Karpatendeutschen unterstützt. Im Tübingen der 1960er Jahre war nicht mehr Rassenhygiene der Bezugspunkt für Maßnahmen gegen Menschen, die in diese Kategorie eingeordnet wurden, aber sie wurden unerbittlichen Maßnahmen zur Sozialdisziplinierung unterworfen.

An den gesellschaftlichen Liberalisierungstendenzen der 1960er Jahre hatte Gmelin keinen gestaltenden Anteil, sondern akzeptierte sie erst, als sie bereits durchgesetzt waren. Das galt in der Frage der strafrechtlichen Verfolgung von Homosexuellen, die mit der Liberalisierung des Sexualstrafrechts 1969 erheblich eingedämmt wurde, ebenso wie für die Liberalisierung des Versammlungsrechts im Rahmen der Großen Strafrechtsreform im darauffolgenden Jahr. Als die Studentenproteste 1968 in der Universitätsstadt Tübingen zu Demonstrationen führten, erteilte Gmelin kein einziges Mal seine Zustimmung zu einem gewalttätigen Polizeieinsatz, obwohl vom Gemeinderat und vom Baden-Württembergischen Innenministerium zeitweise erheblicher Druck auf ihn ausgeübt wurde. Er betonte in diesem Kontext, dass er unbedingt vermeiden wolle, dass durch sein Zutun ein Unrecht geschehe. Jedoch forderten Gmelin und der Gemeinderat harte Urteile der Justiz, nachdem es zu einer Reihe von unangemeldeten Demonstrationen und damit zusammenhängenden Verkehrsbehinderungen gekommen war. Aufgrund von Versammlungsbeschränkungen konfrontierten Studierende den Oberbürgermeister zudem mit einem Go-in im Rathaus. Gmelin stellte als Chef der Stadtverwaltung Strafantrag wegen einer kurzzeitigen Straßenblockade vor dem Amerika-Haus während einer Demonstration gegen den Vietnamkrieg. Das Urteil, das wegen seiner Härte überregional diskutiert wurde, sah eine dreimonatige Haftstrafe ohne Bewährung für drei Studierende vor, die als Rädelsführer identifiziert wurden. Noch während des laufenden Prozesses wurde der Richter für die CDU in den Gemeinderat gewählt, dem Gmelin gemäß Gemeindeordnung ebenfalls vorsaß. Das allein war schon eine demokratisch zweifelhafte Konstellation, aber insbesondere die Höherbewertung der Straßenverkehrsordnung vor dem Grundrecht auf Meinungsfreiheit war das Signum eines illiberalen Versammlungsrechts, das bald nach dem Regierungswechsel zur sozialliberalen Koalition 1969 liberalisiert wurde. Der Strafantrag wegen Hausfriedensbruchs, den Gmelin aufgrund des Rathaus-Go-ins stellte, wurde unter dem Eindruck des Straffreiheitsgesetzes vom Mai 1970 nicht mehr verhandelt.

In der inhaltlichen Auseinandersetzung mit den Studierenden hielt es Gmelin mit seinem Freund, Bundeskanzler Kurt Georg Kiesinger. Er und Gmelin betonten mehrfach, dass es sich bei den Protestierenden um eine radikale Minderheit handle,[3] was der Delegitimierung des Protests diente. Mit Beharrlichkeit bestand Gmelin stets darauf, nur mit gewählten Vertretern der Studierenden sprechen zu wollen, und obwohl er zum Ende seiner Amtszeit erklärte, dass es seiner Auffassung nach keine illegitimen Interessen gebe, sondern jeder Bürger mit seinem Anliegen im Rathaus Gehör verdiene, sprach er politisch aktiven Jugendlichen, die mit Forderungen an die Stadt herantraten, noch in den 1970er Jahren jede Legitimation ab.

Ein zentrales Hemmnis, das einer tiefer greifenden Demokratisierung in der Bundesrepublik lange Zeit im Weg stand, war der ausgeprägte Antikommunismus. Er war die nach innen gewendete Seite der Feindschaft gegen die Sowjetunion. Der Ost-West-Konflikt wirkte als Katalysator einer langen antikommunistischen und antisozialistischen Tradition in der deutschen Nationalkultur. In Tübingen zeigt der Blick auf Gmelin und seinen Stellvertreter, den Ersten Bürgermeister Helmut Weihenmaier, wie ehemalige Nationalsozialisten gegen einstige NS-Gegner vorgingen, um das 1956 vom Bundesverfassungsgericht ausgesprochene KPD-Verbot umzusetzen. Auch wenn hier kommunalpolitisch wenig Spielraum bestand, wirft diese Konstellation ein Licht darauf, wie antifaschistische Haltungen und Organisationen in der frühen Bundesrepublik massiv bekämpft wurden. Ehemalige Nationalsozialisten in leitenden Funktionen hatten daran ein materielles Interesse, weil damit auch Kritiker ihrer Reintegration in den Staatsapparat politisch zum Schweigen gebracht wurden. Das Verbot betraf letztlich nicht nur die KPD. Es rückte alle Organisationen links der SPD, darunter auch die Vereinigung der Verfolgten des Nazi-Regimes und andere Verbände von NS-Gegnern, in den Verdacht des Undemokratischen und Totalitären. Daran zeigt sich, wie der Demokratiebegriff auch gegen demokratischen Meinungspluralismus benutzt werden und sich letztlich gegen diejenigen wenden konnte, die tatsächlich gegen die NS-Diktatur aktiv gewesen waren.

Rassismus

Das wahrscheinlich größte Versäumnis der Nachkriegsgeschichte ist die mangelnde Auseinandersetzung mit den verschiedenen Facetten des Rassismus der deutschen Gesellschaft in der NS-Zeit. Die Annahme, Rassentheorie und Antisemitismus seien lediglich ideologische Projekte der NS-Elite gewesen, die

---

3 Gemeinderatsprotokoll, 24.6.1968, StadtA Tübingen, A 75/211, Gemeinderatsprotokoll 1968, 1. Bd., S. 511-527.

mit dem Leben der einfachen Leute nichts zu tun gehabt hätten und folglich mit dem Ende des Regimes 1945 abrupt verschwunden seien, war vorherrschend. Der Blick auf Gmelins Werdegang zeigt, dass dem nicht so war.

Der erste nationalsozialistisch geführte AStA an der Universität Tübingen, an dem Gmelin als Vertreter einer deutschnationalen Liste beteiligt war, forderte bereits Anfang Februar 1933 – Monate vor dem »Gesetz zur Wiederherstellung des Berufsbeamtentums« – die Entlassung eines jüdischen Universitätsmitarbeiters. Der Fall ist symptomatisch dafür, wie nationalsozialistische und deutschnationale Studenten – als deren Vertreter Gmelin im AStA aktiv war – spezifische Erwartungen an das neue Regime richteten und auf dieser Grundlage antijüdische Maßnahmen schon vorwegzunehmen versuchten, bevor die gesetzliche Grundlage dafür geschaffen wurde. Den jungen NS-Aktivisten ging es darum, eine angebliche »Überfremdung« zentraler gesellschaftlicher Stellen durch Juden rückgängig zu machen und damit zugleich neue Beschäftigungsmöglichkeiten für »arische« Deutsche zu schaffen. Dadurch wirkte die Verdrängung der Juden aus dem staatlichen, kulturellen, gesellschaftlichen und wirtschaftlichen Leben, die wie in diesem Fall oft von lokalen Initiativen angeschoben wurde, auch konsolidierend in die Gemeinschaft hinein.

Diese Logik konnte nicht zuletzt deshalb plausibel erscheinen, weil nicht nur als »Fremdvölkische« und »Gemeinschaftsfremde« ausgegrenzte Menschen, sondern auch die eigene Gruppe als völkisch-rassisches Kollektiv mit spezifischen Eigenschaften verstanden wurden. Als Referendar am Amtsgericht kam Gmelin mit eugenisch begründeten Zwangssterilisierungen in Kontakt, als er von seinem Vater, dem Vorsitzenden des Erbgesundheitsgerichts, zu Vernehmungen von Betroffenen und ihren Angehörigen herangezogen wurde. Die Entscheidung für eine Zwangssterilisierung wurde in der Regel nicht biologisch oder medizinisch positiv begründet, sondern nach einem abenteuerlichen Ausschlussprinzip, das sich vor allem auf Beobachtungen des Sozialverhaltens, Bildungsgrads und anderer Faktoren stützte. »Rasse« und »Kultur« waren keine einander ausschließenden Begründungszusammenhänge im Rassismus der NS-Zeit, sie wurden vielmehr beständig miteinander verwoben. Es war nicht eine Rassentheorie mit Absolutheitsanspruch, sondern die breite Anwendbarkeit in der rassenpolitischen Praxis, die dem Rassenbegriff seine herausragende Bedeutung verlieh. Eine weitere These lautet dementsprechend, dass rassistische Argumentationen mit einem Primat der Praxis vor der Theorie gegen Widersprüche imprägniert wurden. Die empirisch zu beobachtende Flexibilität der Begründungen schwächt folglich die Bedeutung des rassistischen Paradigmas in der NS-Politik nicht ab, sondern unterstreicht als zentralen Aspekt die Unterscheidungspraxis an sich. Variationen in den rassistischen Zuordnungen und Begründungen stand die vermeintliche Notwendigkeit rassistischer Grenzziehungen für die Erhaltung der eigenen Gruppe gegenüber. Die rassistische Ausgrenzung beruhte also nicht notwendig auf einem kohärenten Theoriegebäude, sondern entschied sich in der rassistischen Praxis vor Ort.

Dasselbe Phänomen kennzeichnete Gmelins Arbeit als Volkstumsreferent in der Slowakei. Innerhalb der deutschen Minderheit in der Slowakei, die Gmelin im Auftrag des Auswärtigen Amts betreute, wurde die Beteiligung am Organisationsnetz der Volksgruppenführung eng mit der Judenverfolgung verknüpft. Gmelin unterstützte die Ansprüche der deutschen Volksgruppe auf ihren Anteil an der »Arisierung« gegenüber der slowakischen Regierung, zudem beteiligte sich die Freiwillige Schutzstaffel der »Volksdeutschen« nach Kräften an Gewalttaten gegen Juden und an den Deportationen. So wurden einerseits die innere Kohärenz der Volksgruppe und die Komplizenschaft ihrer einzelnen Mitglieder bei der Judenverfolgung verstärkt, während andererseits auch Normierungs- und Ausgrenzungsprozesse im Innern stattfanden. Durch »Säuberungsmaßnahmen« gegen Homosexuelle und »Asoziale« in Kombination mit partizipativen Handlungen innerhalb der eigenen Gemeinschaft sollte ein Bewusstsein der kollektiven Zugehörigkeit zur Gruppe entstehen. Die Reaktionen der Slowakeideutschen erwiesen sich als erstaunlich vielseitig und reichten von aktivem Mittun und Nutznießen über Versuche, sich dem Zugriff der Deutschen Partei durch den Wechsel der Volkszugehörigkeit zu entziehen, bis zu offenem Widerstand. Gmelin bekämpfte diese Widerstände, unter anderem indem er ein Abkommen über die Wehrpflicht der »Volksdeutschen« in der Waffen-SS mit der slowakischen Regierung aushandelte, auf dessen Grundlage Verweigerer mit Gewalt von der slowakischen Gendarmerie abgeholt werden konnten. Die Merkmale, nach denen die Zugehörigkeit völkisch markiert werden sollte, blieben stets amorph. Daher musste sich Gmelin letztlich auf das Kriterium des individuellen Bekenntnisses zur deutschen Volksgruppe bei der letzten Volkszählung einlassen, was angesichts der völkischen Propaganda der Vorjahre bemerkenswert ist. Dieser Vorgang verweist erneut auf den Herstellungsprozess und Konstruktionscharakter der völkischen Zugehörigkeit. Sie wurde mit immer mehr Gewalt durchgesetzt, je poröser sie erschienen.[4]

Die Deutsche Gesandtschaft Pressburg trug wesentlich zum reibungslosen Ablauf des Völkermords an den slowakischen Juden und der deutsch-slowakischen Kriegsanstrengungen bei. Dieser Befund gilt keineswegs nur für den Gesandten Ludin. Gegenüber der Zentrale des Auswärtigen Amts, der slowakischen Regierung und dritten deutschen Institutionen, wie dem Reichssicherheitshauptamt, übernahm Ludin die Verantwortung für die Politik der Gesandtschaft. Intern arbeitete er aber eng mit einem kleinen Kreis hochrangiger Mitarbeiter zusammen und delegierte nach und nach immer mehr Kompetenzen an seinen Adjutanten und Gesandtschaftsrat Gmelin. Gerade die Politik

---

4   Bergen: Tenuousness, S. 273.

gegen die jüdische Bevölkerung der Slowakei fand die volle Unterstützung der Gesandtschaft, die mit dem Reichssicherheitshauptamt vortrefflich zusammenarbeitete, die Wiederentsendung des »Judenberaters« mehrmals anmahnte und von der slowakischen Regierung bis zuletzt die vollständige Deportation aller Juden verlangte. Es war Gmelin, der die letzten Deportationen nach Auschwitz im Herbst 1944 gegenüber der slowakischen Regierung rechtfertigte und trivialisierte, indem er behauptete, die deportierten Juden hätten mit Partisanen in Kontakt gestanden und würden nun im Reich in einer wichtigen Industrie eingesetzt. Die Einsatzgruppe H der Sicherheitspolizei und des SD hatte nach dem Slowakischen Nationalaufstand den Abtransport der jüdischen Bevölkerung gegen den Willen der slowakischen Regierung wiederaufgenommen.

Gmelin internalisierte die rassistischen Integrations- und Ausgrenzungsprozesse derart, dass er noch 1949 vor einer deutschen Spruchkammer auf deren selbsterklärende Wirkung setzte. Er machte geltend, »die Vereinbarungen zwischen der deutschen und der slowakischen Regierung«, die zur Deportation und Ermordung von fast 60.000 slowakischen Juden geführt hatten, seien »völkerrechtlich nicht zu beanstanden«. Gmelin nutzte eine rassistische Zuschreibung, als er behauptete, dass »die Juden während des Krieges als natürliche Gegner der gemeinsamen deutschen und slowakischen Kriegsführung eine Gefahr darstellten«, um zu erklären, dass das Handeln der Verantwortlichen gerade nicht rassistisch motiviert, sondern an kriegsbedingten Notwendigkeiten orientiert – also unpolitisch – gewesen sei. Wenige Jahre später waren solche Äußerungen nicht mehr in der Öffentlichkeit vertretbar, weil man sich damit in den Verdacht gebracht hätte, die Führungsspitze des NS-Staates zu verteidigen.

Das Fehlen einer Auseinandersetzung mit den rassistischen Praktiken in der Gesellschaft der NS-Zeit, die nicht nur die Staatsspitze zu verantworten hatte, führte in Gmelins Generation und weiten Teilen der Nachkriegsgesellschaft auch noch in den 1960er und 1970er Jahren zu mangelnder Sensibilität und damit zur Unterstützung oder Hinnahme von ausgrenzenden Standpunkten. In seiner Funktion als Vorsitzender des Ausschusses für internationale Aufgaben im Deutschen Sportbund vermied Gmelin eine kompromisslose Position hinsichtlich sportlicher Begegnungen deutscher Mannschaften mit südafrikanischen Teams, als er 1973 erklärte, die beabsichtigte Teilnahme deutscher Sportmannschaften an den Südafrikanischen Spielen sei nicht als Treffen repräsentativer Mannschaften zu betrachten und entspreche daher der von der Bundesrepublik gepflegten »Zurückhaltung« im internationalen Sportkontakt mit Südafrika. Die Südafrikanischen Spiele existierten ausschließlich, weil Südafrika aufgrund der rassistischen Apartheidpolitik von den Olympischen Spielen ausgeschlossen worden war. Die Teilnahme deutscher Mannschaften vor dem Hintergrund des breiten internationalen Boykotts stellte eine Legitimierung der rassistischen Politik durch die Hintertür dar. In der Tübinger Lokalpolitik kam es im Zuge der 1968er Studentenproteste zu Demonstrationen gegen die südafrikanische Apartheidpolitik. Die Deutsch-Südafrikanische Gesellschaft veranstaltete ein Gastspiel einer südafrikanischen Volkstanzgruppe und verbot kurzerhand Protestierern, Journalisten und Schwarzen Menschen den Eintritt. Gmelins Stellvertreter, der sich eigens vor Ort ein Bild der Lage verschaffte, schritt nicht ein gegen den »Whites only«-Beschluss für eine Veranstaltung in einer städtischen Festhalle. Auch nachdem der Vorsitzende der Deutsch-Südafrikanischen Gesellschaft den Ausschluss von Schwarzen in einem Leserbrief offensiv gerechtfertigt hatte, fand die Veranstaltung nicht die Kritik des Gemeinderats, der sich lediglich mit einigen aus Protest eingeworfenen Schreiben beschäftigte und deshalb Strafantrag stellte.

Die Studentenbewegung pflegte in ihrer Solidarität mit den Dekolonisationsbewegungen der 1960er Jahre und auch in ihrem Protest gegen den »Völkermord in Vietnam« fortwährend ein Vokabular des NS-Vergleichs. Das führte zu allerhand negativen Konsequenzen, unzulässigen Gleichsetzungen, im Hinblick auf Israel zu einer verqueren Täter-Opfer-Umkehr und zu Themenverschiebungen, die mit dem eigentlichen Anliegen, der Unterstützung von Befreiungsbewegungen in anderen Teilen der Welt, nicht mehr viel zu tun hatten. Allerdings brachten die protestierenden Studenten damit über den Umweg der Solidarität mit der »Dritten Welt« erstmals ein breiteres Rassismusverständnis in die deutsche Auseinandersetzung mit der NS-Vergangenheit. Sie machten etwa in der Auseinandersetzung mit ehemaligen NS-Richtern deutlich, dass Rassismus weder in Deutschland noch im Rest der Welt mit dem Ausgang des Krieges verschwunden war. Bis dahin und auch noch Jahre später wurden viele Aspekte der NS-Rassenpolitik, wie Teile der eugenischen Forschung, die Verfolgung von Homosexuellen sowie Sinti und Roma, nicht als Bestandteil der rassistischen Politik des NS-Staates verstanden. Im Gegenteil setzten sich Ablehnung und Ausgrenzung nach 1945 mit anderen Vorzeichen fort. In diesem Kontext, wie auch in den Debatten über das Versammlungsrecht und das Sexualstrafrecht, wirkten die Studentenproteste dynamisierend auf bereits zuvor begonnene Veränderungs- und Liberalisierungsprozesse in der deutschen Gesellschaft. Sie ebneten damit den Weg für folgende Proteste, die wie die Behindertenbewegung und die Bürgerrechtsbewegung der Sinti und Roma erst in den 1970er und 1980er Jahren ihren Höhepunkt erreichten.[5] Diese Entwicklung war nicht zuletzt deshalb erfolgreich, weil in den Institutionen inzwischen ein Generationenwechsel eingesetzt hatte. Es war die »Generation der 45er«, deren Jugend von Kriegsende und Wiederaufbau geprägt war und die als junge Rich-

---

5 Vgl. Ernst Klee: Behinderten-Report, 2 Teile, Frankfurt am Main 1974 und 1976; Romani Rose: Bürgerrechte für Sinti und Roma – Das Buch zum Rassismus in Deutschland, Heidelberg 1987.

ter Ende der 1960er Jahre teils milde Urteile gegen Studierende sprachen und damit etwa die Liberalisierung des Versammlungsrechts vorwegnahmen.

Gmelin und der Großteil seiner Generation versuchten Ende der 1960er Jahre den illiberalen Status quo gegen Veränderung zu verteidigen und gaben in der gesellschaftlichen Auseinandersetzung verlorenes Terrain erst spät auf. In einigen Zusammenhängen verfügte Gmelin durch seine öffentlichen Ämter in Sport und Kommunalpolitik aber über deutlich mehr politisches Gespür und Sensibilität als andere Menschen in seinem Umfeld. Er plädierte für einen toleranteren »Neutralitätsbegriff« in der Satzung des Württembergischen Landessportbunds, dessen Vorsitzender er von 1961 bis 1975 war. Sport wurde als unpolitische »Eigenwelt« imaginiert, politische oder konfessionelle Bestrebungen wurden abgelehnt. Gmelin sprach sich dafür aus, den entsprechenden Absatz an die Satzung des Deutschen Sportbunds anzugleichen, in dem nicht mehr von Unduldsamkeit gegen politische oder konfessionelle Bestrebungen die Rede war, sondern von parteipolitischer Neutralität. Die bisherige Fassung verstoße, so Gmelin, möglicherweise sogar gegen das Grundgesetz. Er blieb mit dieser Auffassung allein und konnte die Satzungsänderung Anfang 1969 nicht durchsetzen. In einer bald folgenden Sitzung beschloss der regionale Sportbund in Abwesenheit seines Vorsitzenden, dass eine Mitgliedschaft des jüdischen Makkabi im Deutschen Sportbund nicht mit der Satzung vereinbar sei und man daher auf der Bundestagung dagegen votieren wolle. Gmelins Engagement für die Reform des Neutralitätsbegriffs zeigt, dass er diese geschichtsblinde und diskriminierende Entscheidung nicht mitgetragen hätte, wenn er anwesend gewesen wäre.

Aber auch Gmelin hing der Vorstellung des »unpolitischen« Sports an. Er hatte bei seiner Kandidatur als Oberbürgermeister 1954 seinen paramilitärischen Aktivismus in der NS-Zeit damit gerechtfertigt, dass die SA nach ihrer »politischen Entmachtung« im Wesentlichen »mit der wehrsportlichen Ertüchtigung der jungen Männer beauftragt« gewesen sei. Diese Darstellung war eine gezielte Verharmlosung, denn im Wehrsport der SA liefen eine ganze Reihe von Tendenzen zusammen, die für die politische Entwicklung ihrer Mitglieder entscheidend waren. Dem SA-Sport, mit dem zentrale Tugenden des Nationalsozialismus, wie Hierarchien, Wehrhaftigkeit und Unnachgiebigkeit, verinnerlicht wurden und zugleich eine spezifische Gemeinschaftserfahrung geschaffen wurde, kam eine besondere disziplinarische Bedeutung zu. Da die sportliche Betätigung zugleich gesellschaftspolitisch als Kampf gegen die »dicken Bäuche« inszeniert wurde, drückte sich darin die Funktion einer »rassebildenden« Maßnahme aus, die zudem der Stärkung von Geschlechtsidentität diente. Gerade den als selbstverständlich erachteten kollektiven Handlungen kam eine zentrale Funktion für die völkische Vergemeinschaftung zu. Deren Verbindung mit einem Gewaltmythos, der in der paramilitärischen Organisation virulent war, prädestinierte die SA und durch ihre Leistung hervorstechende SA-Männer wie Gmelin für jede Art von Gewalteinsatz für Volk und Nationalsozialismus.

Wenn es nun ein Ergebnis dieser biographischen Studie gibt, das sich über die ganze Länge des knapp 80 Jahre umfassenden Untersuchungszeitraums als relevant erwiesen hat, dann ist es die Bedeutung vermeintlich »unpolitischer« Diskurse und Praktiken für tatsächlich sehr politische gesellschaftliche Prozesse: Die Anrufung des »unpolitischen« Gemeininteresses vor dem politischen Streit erleichterte die Formierung und Mobilisierung der antidemokratischen und völkisch-rassistischen Bewegungen bereits in der Weimarer Republik. Als »unpolitisch« deklarierte oder empfundene Gemeinschaftstätigkeiten in Sport, genossenschaftlichem Wirtschaften oder vermeintlich kriegsnotwendigen Maßnahmen unterstützten die Durchführung der rassistischen Verfolgung in der nationalsozialistischen »Volksgemeinschaft«. Nach dem Krieg half die Aufspaltung der jüngsten Vergangenheit in die politische Diktatur der NS-Elite und das »unpolitische« Leben der einfachen Mehrheit der Bevölkerung, einen positiven Bezug zur Demokratie zu entwickeln. Statt einer Reflexion über die Beteiligung breiter Bevölkerungsteile am Nationalsozialismus und seinen Verbrechen wurde an bestehende »unpolitische« Gemeinschaftsvorstellungen angeknüpft, in denen NS-Opfer nach wie vor keinen Platz hatten. Die wichtigen politischen Auseinandersetzungen der 1960er Jahre wurden auf dieser Basis abgelehnt oder ertragen, aber nicht mitgestaltet, während »unpolitische« Kontexte in der städtischen Verwaltung und dem Verständnis einer sportlichen »Eigenwelt« auch weiterhin Ausgrenzungsprozesse ermöglichten und begünstigten.

Diese Diskurse des »Unpolitischen«, in Verbindung mit einem Primat der Praxis in Prozessen rassistischer Klassifizierung und Gewalt, sind der Grund, warum in dieser biographischen Studie selten von persönlichen Haltungen Gmelins die Rede war. Ein praxeologisch perspektivierter Ideologiebegriff ermöglicht es, zu verstehen, wie rassistischen Gemeinschaftsprozessen Vorschub geleistet werden konnte, ohne dass die Protagonisten sich notwendig selbst als Rassisten oder Antisemiten verstehen mussten. Es war das Projekt der politischen Rechten im 20. Jahrhundert, widerstreitende Interessen in sozialen Beziehungen unter Anrufung von vermeintlich natürlich-organischen Gemeinsamkeiten zu überwölben, exklusive Gemeinschaft herzustellen, statt gesellschaftliche Gegensätze offenzulegen und solidarisch auszuhandeln.

ANHANG

ABKÜRZUNGEN

a. D.	außer Dienst
AA	Auswärtiges Amt
ADAP	Akten zur deutschen auswärtigen Politik 1918-1945
AG	Amtsgericht
AGDir	Amtsgerichtsdirektor
AGPräs	Amtsgerichtspräsident
AGR	Amtsgerichtsrat
AStA	Allgemeiner Studentenausschuss
AVJ	Arbeitsgemeinschaft der vaterländischen Jugend
BArch	Bundesarchiv
BDC	Berlin Document Center
B.d.F.	Bund der Frontsoldaten
BdS	Befehlshaber der Sicherheitspolizei und des SD
BdV	Bund der Vertriebenen
BGBl.	Bundesgesetzblatt
BJD	Bund Jungdeutschland
BStU	Behörde des Bundesbeauftragten für die Stasi-Unterlagen
BuF	Bevölkerungswesen und Fürsorge
CDU	Christlich Demokratische Union Deutschlands
ČSR	Tschechoslowakische Republik
DAAD	Deutscher Akademischer Austauschdienst
DDP	Deutsche Demokratische Partei
DDR	Deutsche Demokratische Republik
DGP	Deutsche Gesandtschaft Pressburg
DKP	Deutsche Kommunistische Partei
DNVP	Deutschnationale Volkspartei
DP	Deutsche Partei
DP-OG	Ortsgruppe der Deutschen Partei
DPS	Deutsche Pressebriefe aus der Slowakei
DSB	Deutscher Sportbund
DSt	Deutsche Studentenschaft
DTSB	Deutscher Turn- und Sportbund (in der DDR)
DTSV	Deutscher Turn- und Sportverband
DVP	Deutsche Volkspartei

EGG	Erbgesundheitsgericht
EK	Einsatzkommando
ET	Einsatztruppe
EWZ	Einwandererzentralstelle
FDP	Freie Demokratische Partei Deutschlands
FIFA	Fédération Internationale de Football Association
FLN	Front de Libération Nationale
FPÖ	Freiheitliche Partei Österreichs
FS	Freiwillige Schutzstaffel
GB/BHE	Gesamtdeutscher Block/Bund der Heimatvertriebenen und Entrechteten
Gestapo	Geheime Staatspolizei
GG	Grundgesetz
GPU	Gossudarstwennoje polititscheskoje uprawlenije (Bezeichnung der Geheimpolizei der Sowjetunion)
GzVeN	Gesetz zur Verhütung erbkranken Nachwuchses
HDA	Hochschulring Deutscher Art
HG	Hlinka-Garde
HSĽS	Hlinkova slovenská ľudová strana (Slowakische Volkspartei Hlinkas)
HSSPF	Höherer SS- und Polizeiführer
HStA	Hauptstaatsarchiv
IBU	Internationale Bürgermeister-Union
IdS	Inspektor der Sicherheitspolizei
IfZ	Institut für Zeitgeschichte
IMT	International Military Tribunal (Internationaler Militärgerichtshof)
IOC	International Olympic Committee (Internationales Olympisches Komitee)
KB	Kameradschaftsbund
KDF	Kraft durch Freude
KdF	Kanzlei des Führers
Kdo.	Kommando
KdP	Karpatendeutsche Partei
KHW	Kameradenhilfswerk
KPD	Kommunistische Partei Deutschlands
KRUA	Kreisuntersuchungsausschuss
KV	Kreisverband
KV	Kriegsverbrecher
LDNS	Lern- und Dokumentationszentrum zum Nationalsozialismus e. V. Tübingen

LG	Landgericht
LGPräs	Landgerichtspräsident
LGRat	Landgerichtsrat
LGRat	Legationsrat
LMU	Ludwig-Maximilians-Universität München
LSHD	Luftschutzhilfsdienst
LSV	Landessportverband
LV	Landesverband
MdL	Mitglied des Landtags
MfS	Ministerium für Staatssicherheit
MinRat	Ministerialrat
MPI	Max-Planck-Institut
MV	Ministerstvo vnútra (slowakisches Innenministerium)
MZV	Ministerstvo zahraničných vecí (slowakisches Außen-ministerium)
NARA	National Archives and Records Administration
NKWD	Narodnyj kommissariat wnutrennich del (Volkskommissariat für Innere Angelegenheiten der UdSSR)
NMT	Nuremberg Military Tribunal (Nürnberger Militärgerichts-hof)
NOK	Nationales Olympisches Komitee
NPD	Nationaldemokratische Partei Deutschlands
NS	Nationalsozialismus, nationalsozialistisch
NS	Národný súd (tschechoslowakisches Nationalgericht)
NSDAP	Nationalsozialistische Deutsche Arbeiterpartei
NSDFB	Nationalsozialistischer Frontkämpfer-Bund – Stahlhelm
NSDStB	Nationalsozialistischer Deutscher Studentenbund
NSRB	Nationalsozialistischer Rechtswahrerbund
NSV	Nationalsozialistische Volkswohlfahrt
PA AA	Politisches Archiv des Auswärtigen Amts
O. C.	Organisation Consul
OB	Oberbürgermeister
OG	Ortsgruppe
OKW	Oberkommando der Wehrmacht
OLG	Oberlandesgericht
OLGPräs	Oberlandesgerichtspräsident
Orgesch	Organisation Escherich
OSAF	Oberste SA-Führung
OStA	Oberstaatanwalt, -anwaltschaft
PA AA	Politisches Archiv des Auswärtigen Amts Berlin

POHG	Pohotovostné Oddiele Hlinkovej Gardy (Bereitschaft-einheiten der Hlinka-Garde)
RAM	Reichsaußenminister, -ministerium
RFK	Reichskommissar für die Festigung deutschen Volkstums
RFSS	Reichsführer-SS
RGBl.	Reichsgesetzblatt
RJM	Reichsjustizminister, -ministerium
RSF	Reichsstudentenführer, -führung
RSHA	Reichssicherheitshauptamt
RuSHA	Rasse- und Siedlungshauptamt
S. S.	Sommersemester
SA	Sturmabteilung
SAR	SA-Reserve
SD	Sicherheitsdienst
SD-EK	SD-Einsatzkommando
SD-HA	SD-Hauptamt
SD-LA	SD-Leitabschnitt
SdP	Sudetendeutsche Partei
SDS	Sozialistischer Deutscher Studentenbund
SFK	Sudetendeutsches Freikorps
Sipo	Sicherheitspolizei
SNA	Slovenský Národný Archív (Slowakisches Nationalarchiv)
SPD	Sozialdemokratische Partei Deutschlands
SRP	Sozialistische Reichspartei
SS	Schutzstaffel
SS-Gruf	SS-Gruppenführer
SS-Hstuf	SS-Hauptsturmführer
SSO	SS-Offiziersakten
SS-Ogruf	SS-Obergruppenführer
SS-Ustuf	SS-Untersturmführer
ST	Schwäbisches Tagblatt
StA	Staatsanwalt, -anwaltschaft
StA	Staatsarchiv
Sta	Stahlhelm
StadtA	Stadtarchiv
Stapo	Staatspolizei
StL	Stapoleitstelle
StS	Staatssekretär
Stv.	Stellvertretende, Stellvertretender
SV	Sportverein
UA	Universitätsarchiv

UdSSR	Union der Sozialistischen Sowjetrepubliken
ÚHÚ	Ústredný Hospodárský Úrad (slowakisches Zentralwirtschafts-amt)
UK-Stellung	Unabkömmlichkeits- oder Zurückstellung
UN	United Nations
ÚŠB	Ústredňa Štátnej Bezpečnosti (slowakische Staatssicherheits-zentrale)
USHMM	United States Holocaust Memorial Museum
UStS	Unterstaatssekretär
ÚŽ	Ústredňa Židov (slowakische Judenzentrale)
VDA	Verein/Volksbund für das Deutschtum im Ausland
VdK	Volksbund deutsche Kriegsgräberfürsorge
VDSt	Verein Deutscher Studenten
VdU	Verband der Unabhängigen
VEJ	Edition »Die Verfolgung und Ermordung der europäischen Juden durch das nationalsozialistische Deutschland 1933-1945«
VoMi	Volksdeutsche Mittelstelle
VVN/BdA	Vereinigung der Verfolgten des Naziregimes/Bund der Anti-faschistinnen und Antifaschisten
VVV	Vereinigte Vaterländische Verbände
W. S.	Wintersemester
WLSB	Württembergischer Landessportbund
zbV	zur besonderen Verwendung
ZGS	Zeitgeschichtliche Sammlungen
zV	zur Verwendung

QUELLEN- UND LITERATURVERZEICHNIS

Unveröffentlichte Quellen

Bundesarchiv Berlin (BArch)

NS 19 – Persönlicher Stab Reichsführer-SS
NS 23 – Sturmabteilungen der NSDAP
NS 38 – Reichsstudentenführung/Nationalsozialistischer Deutscher Studentenbund
NS 51 – Kanzlei des Führers
R 2 – Reichsfinanzministerium
R 43-II – Reichskanzlei
R 55 – Reichsministerium für Volksaufklärung und Propaganda
R 70 Slowakei – Deutsche Polizeidienststellen in der Slowakei
R 72 – Stahlhelm. Bund der Frontsoldaten
R 142 – Deutsche Partei, Pressburg
R 8034-III – Reichslandbund-Pressearchiv, Personalia
ehem. Berlin Document Center (BDC)
ehem. »NS-Archiv«

Bundesarchiv Außenstelle Ludwigsburg (Zentrale Stelle)

B 162 – Vorermittlungen gegen Deutsche Gesandtschaft Pressburg, Hauskrecht, Karmasin

Politisches Archiv des Auswärtigen Amts Berlin (PA AA)

B 100, Nr. 10 – Verwaltungsrechtsstreit Ludin
Büro Staatssekretär
Deutsche Gesandtschaft Pressburg
Handakten Unterstaatssekretär Luther
Inland II geheim
Inland II A/B
Inland II C
Inland II D
Personalakten
Pol. IV
ehem. Deutsches Zentralarchiv

National Archives and Records Administration (NARA)

T-315/R-1095 – Records of German Field Commands: Divisions, 78. Infanteriedivision

Slovenský Národný Archív – Slowakisches Nationalarchiv (SNA Bratislava)

Ministerstvo zahraničných vecí (MZV) – Außenministerium
Ministerstvo vnútra (MV) – Innenministerium, Fond 125 Deutsche Partei
Fond S
Národný súd (NS) – Nationalgericht (Prozesse gegen Ludin, Höfle, Karmasin)

Stadtarchiv Tübingen (StadtA Tübingen)

A 75 – Gemeinderatsprotokolle
A 150 –»Flattich-Registratur« vor 1954
A 200 – Hauptaktei/Registratur von 1954
A 510 – Personalakten Beamte
A 550 – Kulturamt
D 170 – Fotosammlung Alfred Göhner
E 10/N 64 – Nachlass Kameradenhilfswerk der 78. Sturm- und Infanterie-Division
E 103/2 – Uhland-Gymnasium
ZGS – Zeitgeschichtliche Sammlungen
UM 252a – Verwaltungsberichte

Hauptstaatsarchiv Stuttgart (HStA Stuttgart)

EA 4/150 – Württembergisches Justizministerium: Personalakte Gmelin, Hans
EA 2/150 – Württembergisches Innenministerium: Personalakten

Staatsarchiv Ludwigsburg (StA Ludwigsburg)

PL 505 – SA-Einheiten in Württemberg

Staatsarchiv Nürnberg (StA Nürnberg)

KV-Anklage, Dokumente – Nürnberger Dokumente und Interrogations
KV-Prozesse, Fall 11, A-87 – Wortprotokoll Wilhelmstraßenprozess

Staatsarchiv Sigmaringen (StA Sigmaringen)

Wü 13 T 2 – Staatskommissariat für die politische Säuberung
Wü 30/23 – Amtsgericht Tübingen, Erbgesundheitsakten

Wü 40 T 9 – Innenministerium Württemberg-Hohenzollern, öffentliche Ordnung (Interniertenlager Balingen und Bisingen)
Wü 42 T 127 – Regierungspräsidium Tübingen, Personalakten
Wü 66/16 T 2 – Staatliches Gesundheitsamt Tübingen
Wü 140 T 1 – Wirtschaftsministerium Württemberg-Hohenzollern, Personalakten
FAS Sa A 1 T 1 – Stahlhelm Gau Hohenzollern, Nachlass Freiherr von Hallberg

Universitätsarchiv Tübingen (UA Tübingen)

5 – Einschreiblisten
117 – Studentische Vereinigungen
169 – Bestand AStA
364 – Studentenakten
521 – Prüfungen (Jura)
633 – Nachlass Gerhard Ebeling
Hz 209 – Notizen, Tübinger Studentenzeitung

Archiv LMU München

Studentenkartei I

Landesarchiv NRW

Gerichte Repositorium 237

Archiv Institut für Zeitgeschichte München (IfZ-Archiv)

MA 559/1 – Befehlshaber der Sicherheitspolizei Slowakei
MA 650/1 – SD-Leitabschnitt Wien

Yad Vashem Archives

M 5 – Documentation from the Documentation Center of the Central Union of Jewish Communities in Bratislava
O 7 SL – Slovakia Collection
O 33 – Various Testimonies, Diaries and Memoirs Collection

Behörde des Bundesbeauftragten für die Stasi-Unterlagen (BStU)

MfS HA IX/11 PA, Nr. 3146 (Hans Gmelin, Oberbürgermeister von Tübingen)

Archiv Institut für Sportgeschichte Baden-Württemberg e. V. Maulbronn

VB 2 – Württembergischer Landessportbund

Periodika

SA der Gruppe Südwest, Beilage zu »Der SA-Mann«
Schwäbisches Tagblatt
Normannen-Blätter. Mitteilungen des Vereins Alter Tübinger Normannen
Tübinger Blätter

Veröffentlichte Quellen und Erinnerungen

Abendroth, Wolfgang: Das Unpolitische als Wesensmerkmal der deutschen Universität, in: Freie Universität Berlin (Hrsg.): Universitätstage 1966. Nationalsozialismus und die Deutsche Universität, Berlin 1966, S. 189-208.

Akten zur deutschen auswärtigen Politik 1918-1945 (ADAP), aus dem Archiv des deutschen Auswärtigen Amts, hrsg. von Hans Rothfels u. a., Baden-Baden, Frankfurt am Main, Göttingen 1950-1995, Serie D 1937-1945 und Serie E 1941-1945.

Bauer, Fritz: Gedanken zur Strafrechtsreform. Wie steht die SPD zum Entwurf der Großen Strafrechtskommission? (1959), in: Ders.: Die Humanität der Rechtsordnung. Ausgewählte Schriften, hrsg. von Joachim Perels und Irmtrud Wojak, Frankfurt am Main, New York 1998, S. 233-247.

Bausinger, Hermann: Volksideologie und Volksforschung, in: Andreas Flitner (Hrsg.): Deutsches Geistesleben und Nationalsozialismus. Eine Vortragsreihe der Universität Tübingen, Tübingen 1965, S. 125-143.

Césaire, Aimé: Über den Kolonialismus, Berlin 1968.

Dahrendorf, Ralf: Soziologie und Nationalsozialismus, in: Andreas Flitner (Hrsg.): Deutsches Geistesleben und Nationalsozialismus. Eine Vortragsreihe der Universität Tübingen, Tübingen 1965, S. 108-124.

Das Urteil im Wilhelmstraßen-Prozess, mit Einführungen von Robert Kempner und Carl Haensel, Schwäbisch Gmünd 1950.

Domarus, Max: Hitler. Reden und Proklamationen 1932 bis 1945. Kommentiert von einem deutschen Zeitgenossen, 4 Bde., Bd. 4, Teil II, 4. Aufl., Leonberg 1988.

Dunand, Georges: Ne perdez pas leur trace, Boudry, Neuchâtel 1950.

Eschenburg, Theodor: Aus dem Universitätsleben vor 1933, in: Andreas Flitner (Hrsg.): Deutsches Geistesleben und Nationalsozialismus. Eine Vortragsreihe der Universität Tübingen, Tübingen 1965, S. 24-46.

Fanon, Frantz: Die Verdammten dieser Erde, Frankfurt am Main 2008 (dt. zuerst 1966).

Flechtheim, Ossip Kurt: Blick zurück im Zorn. Westdeutschland 1945 bis 1960, in: Axel Eggebrecht (Hrsg.): Die zornigen alten Männer. Gedanken über Deutschland seit 1945, Reinbek bei Hamburg 1979, S. 29-70.

Flitner, Andreas (Hrsg.): Deutsches Geistesleben und Nationalsozialismus. Eine Vortragsreihe der Universität Tübingen, Tübingen 1965.

Gedye, George E. R.: Als die Bastionen fielen. Die Errichtung der Dollfuß-Diktatur und Hitlers Einmarsch in Österreich und den Sudeten. Eine Reportage über die Jahre 1927-1938, Wien 1981 (Erstausgabe London 1939).

Goebbels, Joseph: Tagebücher 1945. Die letzten Aufzeichnungen, Hamburg 1980.

Gross, Raphael, Werner Renz (Hrsg.): Der Frankfurter Auschwitz-Prozess (1963-1965). Kommentierte Quellenedition, Frankfurt am Main, New York 2013.

Gumbel, Emil Julius: Vier Jahre politischer Mord, 5. Aufl., Berlin 1922.

Günther, Hans F. K.: Kleine Rassenkunde des deutschen Volkes, München 1933.

Haffner, Sebastian: Geschichte eines Deutschen. Die Erinnerungen 1914-1933, München 2002 (erweiterte Ausgabe).

Hamm-Brücher, Hildegard: Kämpfen für eine demokratische Kultur. Texte aus vier Jahrzehnten, München 1986.

Heim, Susanne, u. a. (Hrsg.): Die Verfolgung und Ermordung der europäischen Juden durch das nationalsozialistische Deutschland 1933-1945, Bd. 7: Sowjetunion mit annektierten Gebieten I. Besetzte sowjetische Gebiete unter deutscher Militärverwaltung, Baltikum und Transnistrien, bearb. von Bert Hoppe, Hildrun Glass, München 2011.

–, u. a. (Hrsg.): Die Verfolgung und Ermordung der europäischen Juden durch das nationalsozialistische Deutschland 1933-1945, Bd. 13: Slowakei, Rumänien und Bulgarien, bearb. von Mariana Hausleitner, Souzana Hazan, Barbara Hutzelmann, Berlin 2018.

International Military Tribunal (IMT), Nürnberg 14.11.1945-1.10.1946, 42 Bde., Nürnberg 1947-1949.

Jodl, Luise: Jenseits des Endes. Leben und Sterben des Generaloberst Alfred Jodl, Wien, München 1976.

Karmasin, Franz: War es so richtig, Vater Raiffeisen? Das deutsche Genossenschaftswesen in der Slowakei, München 1956.

Kogon, Eugen: Das Recht auf den politischen Irrtum, in: Frankfurter Hefte, 2 (1947), S. 641-655.

– Die Wiederkehr des Nationalsozialismus, in: Frankfurter Hefte, 6 (1951), S. 377-382.

– Beinahe mit dem Rücken an der Wand, in: Frankfurter Hefte, 9 (1954), S. 641-645.

– Dreißig Jahre – wohin?, in: Axel Eggebrecht (Hrsg.): Die zornigen alten Männer. Gedanken über Deutschland seit 1945, Reinbek bei Hamburg 1979, S. 71-102.

Král, Vaclav: Die Deutschen in der Tschechoslowakei 1933-1947. Dokumentensammlung, Prag 1964.

Ludin, Hanns: SA. – marschierendes Volk, München 1939.

Mallmann, Klaus-Michael u. a. (Hrsg.): Die »Ereignismeldungen UdSSR« 1941. Dokumente der Einsatzgruppen in der Sowjetunion I, Darmstadt 2011.

Melchers, Georg: Biologie und Nationalsozialismus, in: Andreas Flitner (Hrsg.): Deutsches Geistesleben und Nationalsozialismus. Eine Vortragsreihe der Universität Tübingen, Tübingen 1965, S. 59-72.

Mitgliederverzeichnis des Altenvereins der Tübinger Normannia, Teil 1 und 2, o. O. 1971 und 1977.

Mosse, George L. (Hrsg.): Der nationalsozialistische Alltag. So lebte man unter Hitler, 2. Aufl., Königstein/Ts. 1979 (zuerst 1978).

Müller, Filip: Sonderbehandlung. Drei Jahre in den Krematorien und Gaskammern von Auschwitz, München 1979.

Murín, Charles [Karol]: Remembrances and Testimony (Dr. Jozef Tiso and the Slovak Republic 1939-1945), Montreal 1992.

Negt, Oskar: Studentischer Protest – Liberalismus – »Linksfaschismus«, in: Kursbuch, 13, Juni 1968, S. 179-189.

Neumann, Jirmejahu Oskar: Im Schatten des Todes. Ein Tatsachenbericht vom Schick-salskampf des slowakischen Judentums, Tel Aviv 1956.

O alte Burschenherrlichkeit. Material zur Ausstellung des Ludwig-Uhland-Instituts für empirische Kulturwissenschaft, Tübingen 1978.

Ritter, Robert: Ein Menschenschlag. Erbärztliche und erbgeschichtliche Untersu-chungen über die – durch 10 Geschlechterfolgen erforschten – Nachkommen von »Vagabunden, Jaunern und Räubern«, Leipzig 1937.

Rothfels, Hans: Die Geschichtswissenschaft in den dreißiger Jahren, in: Andreas Flit-ner (Hrsg.): Deutsches Geistesleben und Nationalsozialismus. Eine Vortragsreihe der Universität Tübingen, Tübingen 1965, S. 90-107.

Salomon, Ernst von: Der Fragebogen, Hamburg 1951.

– Die Geächteten, Reinbek bei Hamburg 1962 (zuerst 1929).

Sauer, Paul (Hrsg.): Dokumente über die Verfolgung der jüdischen Bürger in Ba-den-Württemberg durch das Nationalsozialistische Regime 1933-1945, I. Teil, Stutt-gart 1966.

Scheringer, Richard: Das große Los. Unter Soldaten, Bauern und Rebellen, Rostock 2004 (zuerst 1959).

Schmitt, Carl: Völkerrechtliche Großraumordnung mit Interventionsverbot für raum-fremde Mächte. Ein Beitrag zum Reichsbegriff im Völkerrecht (4. Aufl. 1941), in: ders.: Staat, Großraum, Nomos. Arbeiten aus den Jahren 1916-1969, hrsg. von Günter Maschke, Berlin 1995, S. 269-320.

Schvarc, Michal, Martin Holák, David Schriffl (Hrsg.): Das »Dritte Reich« und die Entstehung des Slowakischen Staates. Dokumente I, Bratislava 2008.

Snyckers, Hans: Die Eingliederung des Weinbaues in den landwirtschaftlichen Ein-zelbetrieb in Baden, Leipzig 1938.

– Tagebuch eines Sturmführers, München 1940.

– SA-Wehrmannschaften – wehrbereites Volk. Die Bedeutung des Führererlasses über die SA-Wehrmannschaften für die deutsche Wehrerfassung und für die staatsrechtliche Stellung der SA, München 1940.

Steiner, Friedrich (Bedrich) (Hrsg.): The Tragedy of Slovak Jewry, Bratislava 1949.

Steiss, Hans (Hrsg.): Unser Marsch, Stuttgart 1936.

V. C. F. N.! Mitgliederverzeichnis Normannia Tübingen, Tübingen 1934.

Vollnhals, Clemens (Hrsg.): Entnazifizierung. Politische Säuberung und Rehabilitie-rung in den vier Besatzungszonen 1945-1949, München 1991.

Witte, Peter, u. a. (Hrsg.): Der Dienstkalender Heinrich Himmlers 1941/42, Hamburg 1999.

Literatur nach 1945

Adam, Uwe Dietrich: Hochschule und Nationalsozialismus. Die Universität Tübin-gen im Dritten Reich, Tübingen 1977.

Adorno, Theodor W.: Was bedeutet: Aufarbeitung der Vergangenheit, in: Ders.: Ein-griffe. Neun kritische Modelle, Frankfurt am Main 1963, S. 125-146.

Agstner, Rudolf: Handbuch des Österreichischen Auswärtigen Dienstes. Bd. 1: 1918-1938. Zentrale, Gesandtschaften und Konsulate, Wien 2015.

Aly, Götz: Die Belasteten. »Euthanasie« 1939-1945. Eine Gesellschaftsgeschichte, Frankfurt am Main 2012.

–, Christian Gerlach: Das letzte Kapitel. Der Mord an den ungarischen Juden 1944-45, Frankfurt am Main 2004.

Arbogast, Christine, Bettina Gall: Aufgaben und Funktionen des Gauinspektors, der Kreisleitung und der Kreisgerichtsbarkeit der NSDAP in Württemberg, in: Cornelia Rauh-Kühne, Michael Ruck (Hrsg.): Regionale Eliten zwischen Diktatur und Demokratie. Baden und Württemberg 1930-1952, München 1993, S. 151-169.

Auswärtiges Amt (Hrsg.): Biographisches Handbuch des deutschen Auswärtigen Dienstes 1871-1945, 5 Bde., Paderborn u. a. 2004-2014.

Bahro, Berno: Der SS-Sport. Organisation – Funktion – Bedeutung, Paderborn u. a. 2013.

Bajohr, Frank: Dynamik und Disparität. Die nationalsozialistische Rüstungsmobilisierung und die »Volksgemeinschaft«, in: Ders., Michael Wildt (Hrsg.): Volksgemeinschaft. Neue Forschungen zur Gesellschaft des Nationalsozialismus, Frankfurt am Main 2009, S. 78-93.

– Der Nationalsozialismus als »Krankengeschichte der Moderne«. Ein kritischer Blick zurück, in: Rüdiger Hachtmann, Sven Reichardt (Hrsg.): Detlev Peukert und die NS-Forschung, Göttingen 2015, S. 146-158.

– Täterforschung: Ertrag, Probleme und Perspektiven eines Forschungsansatzes, in: Ders., Andrea Löw (Hrsg.): Der Holocaust. Ergebnisse und neue Fragen der Forschung, Bonn 2015, S. 167-185.

– Der Cultural Turn und die Gesellschaftsgeschichte des Nationalsozialismus, in: Vierteljahrshefte für Zeitgeschichte, 65 (2017), H. 2, S. 223-232.

–, Michael Wildt: Einleitung, in: Dies. (Hrsg.): Volksgemeinschaft. Neue Forschungen zur Gesellschaft des Nationalsozialismus, Frankfurt am Main 2009, S. 7-23.

–, Andrea Löw: Tendenzen und Probleme der neueren Holocaust-Forschung: Eine Einführung, in: Dies. (Hrsg.): Der Holocaust. Ergebnisse und neue Fragen der Forschung, Bonn 2015, S. 9-30.

–, Johannes Hürter: Auftragsforschung und »NS-Belastung«. Bemerkungen zu einer Konjunktur, in: Frank Bajohr u. a. (Hrsg.): Mehr als eine Erzählung. Zeitgeschichtliche Perspektiven auf die Bundesrepublik, Göttingen 2016, S. 221-233.

Balbier, Uta Andrea: Kalter Krieg auf der Aschenbahn. Der deutsch-deutsche Sport 1950-1972, Paderborn u. a. 2007.

Balibar, Étienne: Gibt es einen Neo-Rassismus?, in: Ders., Immanuel Wallerstein: Rasse, Klasse, Nation. Ambivalente Identitäten, Hamburg 1990, S. 23-38.

Banach, Jens: Heydrichs Elite. Das Führerkorps der Sicherheitspolizei und des SD 1936-1945, 3. Aufl., Paderborn u. a. 2002 (zuerst 1998).

Barkai, Avraham: Vom Boykott zur »Entjudung«. Der wirtschaftliche Existenzkampf der Juden im Dritten Reich 1933-1943, Frankfurt am Main 1987.

Becker, Frank, Ralf Schäfer: Einleitung, in: Dies. (Hrsg.): Sport und Nationalsozialismus, Göttingen 2016, S. 9-23.

Beer, Mathias, Gerhard Seewann (Hrsg.): Südostforschung im Schatten des Dritten Reiches. Institutionen – Inhalte – Personen, München 2004.

Benz, Wolfgang: Vom freiwilligen Arbeitsdienst zur Arbeitsdienstpflicht, in: Vierteljahrshefte für Zeitgeschichte, 16 (1968), H. 4, S. 317-346.

Bergen, Doris L.: The Nazi Concept of »Volksdeutsche« and the Exacerbation of

Anti-Semitism in Eastern Europe, 1939-45, in: Journal of Contemporary History, 29 (1994), S. 569-582.

– Tenuousness and Tenacity. The »Volksdeutschen« of Eastern Europe, World War II, and the Holocaust, in: Krista O'Donnell, Renate Bridenthal, Nancy Reagin (Hrsg.): The Heimat Abroad. The Boundaries of Germanness, Ann Arbor 2005, S. 267-286.

Berghahn, Volker Rolf: Der Stahlhelm. Bund der Frontsoldaten 1918-1935, Düsseldorf 1966.

Berghoff, Hartmut, Cornelia Rauh-Kühne: Fritz K. Ein deutsches Leben im zwanzigsten Jahrhundert, Stuttgart, München 2000.

Bergmann, Werner: Antisemitismus in öffentlichen Konflikten. Kollektives Lernen in der politischen Kultur der Bundesrepublik 1949-1989, Frankfurt am Main, New York 1997.

Bernett, Hajo: »Schulter an Schulter mit SA und Stahlhelm«. Das politische Bündnis der Turn- und Sportbewegung mit den nationalsozialistischen Machthabern, in: Ommo Grupe (Hrsg.): Kulturgut oder Körperkult? Sport und Sportwissenschaft im Wandel, Tübingen 1990, S. 62-84.

– Die Reichswettkämpfe der SA und ihre sportpolitische Bedeutung, in: Sozial- und Zeitgeschichte des Sports, 8 (1994), H. 3, S. 7-33.

Besenfelder, Sabine: Staatsnotwendige Wissenschaft. Die Tübinger Volkskunde in den 1930er und 1940er Jahren, Tübingen 2002.

Bessel, Richard: Political Violence and the Rise of Nazism. The Storm Troopers in Eastern Germany 1925-1934, New Haven 1984.

Bethge, Werner: Bund Jungdeutschland (BJD), in: Dieter Fricke (Hrsg.): Die bürgerlichen Parteien in Deutschland. Handbuch der Geschichte der bürgerlichen Parteien und anderer bürgerlicher Interessenorganisationen vom Vormärz bis zum Jahre 1945, Bd. 1, Leipzig 1968, S. 162-175.

Beutel, Albrecht: Gerhard Ebeling. Eine Biographie, Tübingen 2012.

Biastoch, Martin: Tübinger Studenten im Kaiserreich. Eine sozialgeschichtliche Untersuchung, Sigmaringen 1996.

Binder, Hans-Otto (Hrsg.): Die Heimkehrertafel als Stolperstein. Vom Umgang mit der NS-Vergangenheit in Tübingen, Tübingen 2007.

– Jeder wollte es nicht gewesen sein. Entnazifizierung und Neuanfang in Tübingen in der Besatzungszeit, in: Ders. u.a. (Hrsg.): Vom braunen Hemd zur weißen Weste? Vom Umgang mit der Vergangenheit in Tübingen nach 1945, Tübingen 2011, S. 19-44.

–, u.a. (Hrsg.): Vom braunen Hemd zur weißen Weste? Vom Umgang mit der Vergangenheit in Tübingen nach 1945, Tübingen 2011.

Blaschke, Anette: Zwischen »Dorfgemeinschaft« und »Volksgemeinschaft«. Landbevölkerung und ländliche Lebenswelten im Nationalsozialismus, Paderborn u.a. 2018.

Blasius, Dirk: Psychiatrischer Alltag im Nationalsozialismus, in: Detlev Peukert, Jürgen Reulecke (Hrsg.): Die Reihen fast geschlossen. Beiträge zur Geschichte des Alltags unterm Nationalsozialismus, Wuppertal 1981, S. 367-380.

Bleek, Wilhelm: Geschichte der Politikwissenschaft in Deutschland, München 2001.

Bock, Gisela: Zwangssterilisation im Nationalsozialismus. Studien zur Rassenpolitik und Frauenpolitik, Opladen 1986.

– Gleichheit und Differenz in der nationalsozialistischen Rassenpolitik, in: Geschichte und Gesellschaft, 19 (1993), H. 3, S. 277-310.

Bolsmann, Chris: White Football in South Africa: Empire, Apartheid and Change, 1892-1977, in: Ders., Peter Alegi (Hrsg.): South Africa and the Global Game. Football, Apartheid and Beyond, London, New York 2010, S. 29-45.

Booth, Douglas: Hitting Apartheid for Six? The Politics of the South African Sports Boycott, in: Journal of Contemporary History, 38 (2003), H. 3, S. 477-493.

Bourdieu, Pierre: Die biographische Illusion, in: BIOS. Zeitschrift für Biographieforschung und Oral History, 4 (1990), H. 1, S. 75-81.

Bracher, Karl Dietrich: Die deutsche Diktatur. Entstehung, Struktur, Folgen des Nationalsozialismus, Köln 1969.

Brammer, Annegret H.:»Die Züge fahren pünktlich ...«. Deportationen in die Todeslager, in: Geschichtswerkstatt Tübingen e. V. (Hrsg.): Zerstörte Hoffnungen. Wege der Tübinger Juden, Tübingen 1995, S. 383-396.

Brandes, Detlef: Die Sudetendeutschen im Krisenjahr 1938, München 2010.

Braß, Christoph: Zwangssterilisation und »Euthanasie« im Saarland 1933-1945, Paderborn 2004.

Breuer, Stefan: Die Völkischen in Deutschland, Darmstadt 2008.

Brintzinger, Klaus-Rainer: Die Wirtschaftswissenschaftliche Abteilung im Nationalsozialismus, in: Urban Wiesing u. a. (Hrsg.): Die Universität Tübingen im Nationalsozialismus, Stuttgart 2010, S. 199-237.

Brosz, Paul: Das letzte Jahrhundert der Karpatendeutschen in der Slowakei, Stuttgart 1992.

Broszat, Martin: Das deutsch-slowakische Verhältnis 1939/40 und seine Rückwirkung auf die slowakische Judenpolitik, in: Gutachten des Instituts für Zeitgeschichte, Bd. 1, München 1958, S. 221-229.

– Das Sudetendeutsche Freikorps, in: Vierteljahrshefte für Zeitgeschichte, 9 (1961), H. 1, S. 30-49.

– Soziale Motivation und Führer-Bindung des Nationalsozialismus, in: Vierteljahrshefte für Zeitgeschichte, 18 (1970), H. 4, S. 392-409.

– Zur Struktur der NS-Massenbewegung, in: Vierteljahrshefte für Zeitgeschichte, 31 (1983), H. 1, S. 52-76.

– Der Staat Hitlers. Grundlegung und Entwicklung seiner inneren Verfassung, Wiesbaden 2007 (zuerst 1969).

Broucek, Peter: Militärischer Widerstand. Studien zur österreichischen Staatsgesinnung und NS-Abwehr, Wien u. a. 2008.

Brown, Timothy S.: Richard Scheringer, the KPD and the Politics of Class and Nation in Germany, 1922-1969, in: Contemporary European History, 14 (2005), H. 3, S. 317-346.

Browning, Christopher: Unterstaatssekretaer Martin Luther and the Ribbentrop Foreign Office, in: Journal of Contemporary History, 12 (1977), H. 2, S. 313-344.

– Die »Endlösung« und das Auswärtige Amt. Das Referat D III der Abteilung Deutschland 1940-1943, Darmstadt 2010.

Brücks, Andrea, Christiane Rothmaler:»In dubio pro Volksgemeinschaft«. Das »Gesetz zur Verhütung erbkranken Nachwuchses« in Hamburg, in: Angelika Ebbinghaus, Heidrun Kaupen-Haas, Karl Heinz Roth (Hrsg.): Heilen und Vernichten im Mustergau Hamburg. Bevölkerungs- und Gesundheitspolitik im Dritten Reich, Hamburg 1984, S. 30-36.

Bruns, Claudia: Die Grenzen des »Volkskörpers«: Interrelationen zwischen »Rasse«,

Raum und Geschlecht in NS-Geopolitik und Kunst, in: Feministische Studien, 34 (2015), H. 2, S. 177-196.

Bucher, Peter: Der Reichswehrprozeß. Der Hochverrat der Ulmer Reichswehroffiziere 1929/30, Boppard am Rhein 1967.

Buchna, Kristian: Nationale Sammlung an Rhein und Ruhr. Friedrich Middelhauve und die nordrhein-westfälische FDP 1945-1953, München 2010.

Burchardt, Lothar, Jürgen Klöckler, Wolfgang Seibel: Gutachten zur Tätigkeit von Dr. Bruno Helmle (1911-1996) während der Zeit des Nationalsozialismus und in den ersten Nachkriegsjahren, Konstanz 2012, URL: https://www.suedkurier. de/storage/med/lokales/konstanz/2441931_Helmle_Endfassung_Burchardt_ Kloeckler_Seibel_2012_x.pdf (letzter Zugriff: 12.10.2017).

Bussche, Raimund von dem: Konservatismus in der Weimarer Republik. Die Politisierung des Unpolitischen, Heidelberg 1998.

Büttner, Ursula: Weimar. Die überforderte Republik 1918-1933, Bonn 2010.

Cahn, Jean-Paul: Die Bundesrepublik Deutschland, Frankreich und der Algerienkrieg (1954-1962), in: Eckart Conze (Hrsg.): Die Herausforderung des Globalen in der Ära Adenauer, Bonn 2010, S. 147-155.

Campbell, Bruce B.: The SA after the Röhm Purge, in: Journal of Contemporary History, 28 (1993), H. 4, S. 659-674.

Carsten, Francis L.: Reichswehr und Politik 1918-1933, Köln, Berlin 1964.

Casagrande, Thomas, u. a.: The Volksdeutsche. A Case Study From South-Eastern Europe, in: Jochen Böhler, Robert Gerwarth (Hrsg.): The Waffen-SS. A European History, Oxford 2017, S. 209-251.

Chin, Rita, Heide Fehrenbach: Introduction: What's Race Got to Do with It? Postwar German History in Context, in: Dies. u. a. (Hrsg.): After the Nazi Racial State. Difference and Democracy in Germany and Europe, Ann Arbor 2009, S. 1-29.

Ciminski, Judith: Die Gewalt der Zahlen. Preußische »Judenzählung« und jüdische Kriegsstatistik, in: Arndt Engelhardt u. a. (Hrsg.): Ein Paradigma der Moderne. Jüdische Geschichte in Schlüsselbegriffen. Festschrift für Dan Diner zum 70. Geburtstag, Göttingen 2016, S. 309-329.

Conze, Eckart: Die Suche nach Sicherheit. Eine Geschichte der Bundesrepublik Deutschland von 1949 bis in die Gegenwart, München 2009.

– Das Auswärtige Amt. Vom Kaiserreich bis zur Gegenwart, München 2013.

–, u. a.: Das Amt und die Vergangenheit. Deutsche Diplomaten im Dritten Reich und in der Bundesrepublik, München 2012.

Creuzberger, Stefan, Dominik Geppert (Hrsg.): Die Ämter und ihre Vergangenheit. Ministerien und Behörden im geteilten Deutschland, Paderborn 2018.

Dahrendorf, Ralf: Gesellschaft und Demokratie in Deutschland, München 1971 (zuerst 1965).

Daniels, Mario, Susanne Michl: Strukturwandel unter ideologischen Vorzeichen. Wissenschafts- und Personalpolitik an der Universität Tübingen 1933-1945, in: Urban Wiesing u. a. (Hrsg.): Die Universität Tübingen im Nationalsozialismus, Stuttgart 2010, S. 13-73.

Defrance, Corine: Die deutsch-französischen Städtepartnerschaften, in: Infobrief des Deutsch-Französischen Jugendwerks, Nr. 38, Januar 2012, S. 11 f.

Deutelmoser, Otto K.: Die Ehrbarkeit und andere württembergische Eliten, Stuttgart, Leipzig 2010.

Doering-Manteuffel, Anselm: Wie westlich sind die Deutschen? Amerikanisierung und Westernisierung im 20. Jahrhundert, Göttingen 1999.

– Wie neu war der Neubeginn 1945?, in: Hans-Otto Binder (Hrsg.): Die Heimkehrertafel als Stolperstein. Vom Umgang mit der NS-Vergangenheit in Tübingen, Tübingen 2007, S. 43-60.

– Nach dem Boom. Brüche und Kontinuitäten der Industriemoderne seit 1970, in: Vierteljahrshefte für Zeitgeschichte, 55 (2007), H. 4, S. 559-581.

–, Bernd Greiner, Oliver Lepsius: Der Brokdorf-Beschluss des Bundesverfassungsgerichts 1985, Tübingen 2015.

Dölling, Stefan: Grenzüberschreitende Gewalttätigkeit – die SA und die »Sudetenkrise«, in: Yves Müller, Reiner Zilkenat (Hrsg.): Bürgerkriegsarmee. Forschungen zur nationalsozialistischen Sturmabteilung (SA), Frankfurt am Main 2013, S. 241-263.

Doneith, Thorsten: August Mayer. Ein Klinikdirektor in Weimarer Republik, Nationalsozialismus und Nachkriegszeit, Stuttgart 2008.

Döscher, Hans-Jürgen: Das Auswärtige Amt im Dritten Reich. Diplomatie im Schatten der »Endlösung«, Berlin 1987.

– Verschworene Gesellschaft. Das Auswärtige Amt unter Adenauer zwischen Neubeginn und Kontinuität, Berlin 1995.

– Seilschaften. Die verdrängte Vergangenheit des Auswärtigen Amts, Berlin 2005.

Dreßen, Willi: Der Holocaust in der Slowakei und die deutsche Justiz, in: Jahrbuch für Antisemitismusforschung, 7 (1998), S. 93-102.

Eckart, Wolfgang Uwe: Medizin in der NS-Diktatur. Ideologie, Praxis, Folgen, Köln 2012.

Eckel, Jan: Hans Rothfels. Eine intellektuelle Biographie im 20. Jahrhundert, Göttingen 2005.

Eckert, Astrid M.: Kampf um die Akten. Die Westalliierten und die Rückgabe von deutschem Archivgut nach dem Zweiten Weltkrieg, Stuttgart 2004.

Eichmüller, Andreas: Keine Generalamnestie. Die Strafverfolgung von NS-Verbrechen in der frühen Bundesrepublik, München 2012.

Elvert, Jürgen: Mitteleuropa! Deutsche Pläne zur europäischen Neuordnung (1918-1945), Stuttgart 1999.

Espy, Richard: The Politics of the Olympic Games, Berkeley u. a. 1981.

Etzemüller, Thomas: Biographien. Lesen – erforschen – erzählen, Frankfurt am Main, New York 2012.

– Auf der Suche nach dem Nordischen Menschen. Die deutsche Rassenanthropologie in der modernen Welt, Bielefeld 2015.

– Was können wir von der Rassenanthropologie lernen? Aus dem Maschinenraum einer untoten Disziplin, in: Merkur. Deutsche Zeitschrift für europäisches Denken, 70 (2015), H. 805, S. 29-41.

Evans, Richard J.: Das Dritte Reich, 3 Bde., Bd. 3: Krieg, München 2010.

Fahlbusch, Michael: Wissenschaft im Dienst der nationalsozialistischen Politik? Die »Volksdeutschen Forschungsgemeinschaften« von 1931-1945, Baden-Baden 1999.

Fatran, Gila: Die Deportation der Juden aus der Slowakei 1944-45, in: Bohemia, 37 (1996), S. 98-119.

Fehrenbach, Heide: Black Occupation Children and the Devolution of the Nazi Racial State, in: Dies. u. a. (Hrsg.): After the Nazi Racial State. Difference and Democracy in Germany and Europe, Ann Arbor 2009, S. 30-54.

Filipová, Lucie: Erfüllte Hoffnung. Städtepartnerschaften als Instrument der deutsch-französischen Aussöhnung 1950-2000, Göttingen 2015.

Fischer, Fritz: Griff nach der Weltmacht. Die Kriegszielpolitik des kaiserlichen Deutschland 1914/1918, Düsseldorf 1961.

Flitner, Andreas: Die Tübinger Vortragsreihe »Deutscher Geist und Nationalsozialismus« 1964/65, in: Urban Wiesing u. a. (Hrsg.): Die Universität Tübigen im Nationalsozialismus, Stuttgart 2010, S. 1059-1062.

Foucault, Michel: In Verteidigung der Gesellschaft, Frankfurt am Main 1999.

Frei, Norbert: Vergangenheitspolitik. Die Anfänge der Bundesrepublik und die NS-Vergangenheit, München 1996.

– 1968. Jugendrevolte und globaler Protest, Bonn 2008.

– Deutsche Lernprozesse. NS-Vergangenheit und Generationenfolge seit 1945, in: Ders. (Hrsg.): 1945 und wir. Das Dritte Reich im Bewußtsein der Deutschen, München 2009, S. 38-55.

Freimüller, Tobias: Alexander Mitscherlich. Gesellschaftsdiagnosen und Psychoanalyse nach Hitler, Göttingen 2007.

Frey, Marc: Die Bundesrepublik Deutschland und der Prozess der Dekolonisierung, in: Eckart Conze (Hrsg.): Die Herausforderung des Globalen in der Ära Adenauer, Bonn 2010, S. 179-192.

Friedländer, Henry: The Origins of Nazi Genocide. From Euthanasia to the Final Solution, Chapel Hill, London 1995.

Friedländer, Saul: Das Dritte Reich und die Juden, München 2008.

Fröhlich, Claudia: Restauration. Zur (Un-)Tauglichkeit eines Erklärungsansatzes westdeutscher Demokratiegeschichte im Kontext der Auseinandersetzung mit der NS-Vergangenheit, in: Stephan Alexander Glienke, Volker Paulmann, Joachim Perels (Hrsg.): Erfolgsgeschichte Bundesrepublik? Die Nachkriegsgesellschaft im langen Schatten des Nationalsozialismus, Göttingen 2008, S. 17-52.

– Der »Ulmer Einsatzgruppen-Prozess« 1958. Wahrnehmung und Wirkung des ersten großen Holocaust-Prozesses, in: Jörg Osterloh, Clemens Vollnhals (Hrsg.): NS-Prozesse und deutsche Öffentlichkeit. Besatzungszeit, frühe Bundesrepublik und DDR, Göttingen 2011, S. 233-262.

Gaida, Hans-Jürgen: Die offiziellen Organe der ostdeutschen Landsmannschaften. Ein Beitrag zur Publizistik der Heimatvertriebenen in Deutschland, Berlin 1973.

Gailus, Manfred, Armin Nolzen: Einleitung. Viele konkurrierende Gläubigkeiten – aber eine »Volksgemeinschaft«?, in: Dies. (Hrsg.): Zerstrittene »Volksgemeinschaft«. Glaube, Konfession und Religion im Nationalsozialismus, Göttingen 2011, S. 7-33.

Gand, Helen: Ideologie und Inszenierung zwischen Kontinuität und Kooperation. Das 15. Deutsche Turnfest 1933 als erstes Massensportereignis im Nationalsozialismus, in: Frank Becker, Ralf Schäfer (Hrsg.): Sport und Nationalsozialismus, Göttingen 2016, S. 107-124.

Gassert, Philipp: Kurt Georg Kiesinger 1904-1988. Kanzler zwischen den Zeiten, München 2006.

Gebhart, Patricia: Der Fall Theodor Haering. Geschichte eines Tübinger Ehrenbürgers. Vom Umgang mit der NS-Vergangenheit in Tübingen, Tübingen 2008.

Gedenkstätte Deutscher Widerstand/Historisches Institut der Slowakischen Akademie der Wissenschaften (Hrsg.): »Es lebe unsere gerechte Sache!« Der Slowakische Nationalaufstand, 29. August bis 27. Oktober 1944, Ausstellungskatalog, Berlin 2016.

Geiger, Klaus: Der Bundestagsabgeordnete Gustav-Adolf Gedat im Gespräch mit Kindern der Volksschule in Pfrondorf, Juli 1955, in: Udo Rauch, Antje Zacharias (Hrsg.): Tübinger Szenenwechsel 1950-1970. Alfred Göhner und seine Pressefotos, Tübingen 2006, S. 149.

– Oberbürgermeister Gmelin bei der Jungbürgerfeier, 9. Juli 1965, in: Udo Rauch, Antje Zacharias (Hrsg.): Tübinger Szenenwechsel 1950-1970. Alfred Göhner und seine Pressefotos, Tübingen 2006, S. 151.

Genuneit, Jürgen: Völkische Radikale in Stuttgart. Zur Vorgeschichte und Frühphase der NSDAP 1890-1925, Stuttgart 1982.

Gerlach, Christian: Der Mord an den europäischen Juden, München 2017.

Gerwarth, Robert, Stephan Malinowski: Der Holocaust als »kolonialer Genozid«? Europäische Kolonialgewalt und nationalsozialistischer Vernichtungskrieg, in: Geschichte und Gesellschaft, 33 (2007), H. 3, S. 439-466.

Geulen, Christian: Wahlverwandte. Rassendiskurs und Nationalismus im späten 19. Jahrhundert, Hamburg 2004.

– Geschichte des Rassismus, Bonn 2007.

– Erziehung als Schicksal. Paradoxien des Determinismus im 20. Jahrhundert, in: Constantin Goschler, Till Kössler (Hrsg.): Vererbung oder Umwelt? Ungleichheit zwischen Biologie und Gesellschaft seit 1945, Göttingen 2016, S. 83-101.

Gilman, Sander L.: Freud, Race, and Gender, Princeton 1993.

Glauning, Christine: Entgrenzung und KZ-System. Das Unternehmen »Wüste« und das Konzentrationslager in Bisingen 1944/45, Berlin 2006.

Glienke, Stephan Alexander: Clubhaus 1960: Szenen einer Ausstellung. Konfliktlinien der Tübinger Ausstellung »Dokumente zur NS-Justiz« als Vorgeschichte des studentischen Faschismusdiskurses, in: Hans-Otto Binder (Hrsg.): Die Heimkehrertafel als Stolperstein. Vom Umgang mit der NS- Vergangenheit in Tübingen, Tübingen 2007, S. 115-132.

–, Volker Paulmann, Joachim Perels (Hrsg.): Erfolgsgeschichte Bundesrepublik? Die Nachkriegsgesellschaft im langen Schatten des Nationalsozialismus, Göttingen 2008.

Goltermann, Svenja: Körper der Nation. Habitusformierung und die Politik des Turnens 1860-1890, Göttingen 1998.

Goschler, Constantin: Schuld und Schulden. Die Politik der Wiedergutmachung für NS-Verfolgte seit 1945, Göttingen 2005.

– NS-Altlasten in den Nachkriegsparlamenten – Überlegungen zum Umgang mit der personellen Kontinuitätsfrage, in: Norbert Kartmann (Hrsg.): NS-Vergangenheit ehemaliger hessischer Landtagsabgeordneter, bearb. von Andreas Hedwig, Wiesbaden, Marburg 2014, S. 79-85.

Gosewinkel, Dieter: Einbürgern und Ausschließen. Die Nationalisierung der Staatsangehörigkeit vom Deutschen Bund bis zur Bundesrepublik Deutschland, Göttingen 2001.

Götz von Olenhusen, Irmtraud: Vom Jungstahlhelm zur SA: Die junge Nachkriegsgeneration in den paramilitärischen Verbänden der Weimarer Republik, in: Wolfgang R. Krabbe (Hrsg.): Politische Jugend in der Weimarer Republik, Bochum 1993, S. 146-182.

Green, Gerald: Holocaust. Endlösung (Roman zur Serie), München 1987.

Gregor, Neil: Die Geschichte des Nationalsozialismus und der Cultural-Historical Turn, in: Vierteljahrshefte für Zeitgeschichte, 65 (2017), H. 2, S. 233-245.

Gross, Raphael: November 1938. Die Katastrophe vor der Katastrophe, München 2013.

Groth, Friedhelm: Die »Wiederbringung aller Dinge« im württembergischen Pietismus. Theologische Studien zum eschatologischen Heilsuniversalismus württembergischer Pietisten des 18. Jahrhunderts, Göttingen 1984.

Gruchmann, Lothar: Nationalsozialistische Großraumordnung. Die Konstruktion einer »deutschen Monroe-Doktrin«, Stuttgart 1962.

– Justiz im Dritten Reich 1933-1940. Anpassung und Unterwerfung in der Ära Gürtner, 3. Aufl., München 2001 (zuerst 1988).

Grün, Bernd: Die Medizinische Fakultät Tübingen im Nationalsozialismus. Überblick und Problematisierungen, in: Ders. u. a. (Hrsg.): Die Universität Tübingen im Nationalsozialismus, Stuttgart 2010, S. 239-277.

Grüttner, Michael: Studenten im Dritten Reich, Paderborn u. a. 1995.

Haar, Ingo: Historiker im Nationalsozialismus. Deutsche Geschichtswissenschaft und der »Volkstumskampf« im Osten, Göttingen 2000.

Hachmann, Barbara: Der Degen. Dietrich von Jagow, SA-Obergruppenführer, in: Michael Kißener, Joachim Scholtyseck (Hrsg.): Die Führer der Provinz. NS-Biographien aus Baden und Württemberg, Konstanz 1997, S. 267-287.

Hachmeister, Lutz: Der Gegnerforscher. Die Karriere des SS-Führers Franz Alfred Six, München 1998.

– Schleyer. Eine deutsche Geschichte, München 2004.

Hachtmann, Rüdiger: »Bäuche wegmassieren« und »überflüssiges Fett in unserem Volke beseitigen«. Der kommunale Breitensport der NS-Gemeinschaft »Kraft durch Freude«, in: Frank Becker, Ralf Schäfer (Hrsg.): Sport und Nationalsozialismus, Göttingen 2016, S. 27-65.

Häffner, Michaela: Die Demokratische Vereinigung 1945-1946. Eine Studie zur Nachkriegsgeschichte am Beispiel Tübingens, Tübingen 1997.

Hall, Stuart: Rassismus als ideologischer Diskurs, in: Das Argument, 178 (1989), S. 913-921.

Hardtwig, Wolfgang: Genossenschaft, Sekte, Verein in Deutschland, Bd. 1: Vom Spätmittelalter bis zur Französischen Revolution, München 1997.

Haslinger, Peter: Nation und Territorium im tschechischen politischen Diskurs 1880-1938, München 2010.

Hauff, Lisa: Zur politischen Rolle von Judenräten. Benjamin Murmelstein in Wien 1938-1942, Göttingen 2014.

Haug, Wolfgang Fritz: Der hilflose Antifaschismus. Zur Kritik der Vorlesungsreihen über Wissenschaft und NS an deutschen Hochschulen, 2. Aufl., Frankfurt am Main 1968 (zuerst 1967).

Haug-Moritz, Gabriele: Die württembergische Ehrbarkeit. Annäherungen an eine bürgerliche Machtelite der Frühen Neuzeit, Ostfildern 2009.

Hayes, Oonagh: »Den Toten zur Ehr, uns zur Mahnung«. Die Opfer-Darstellung in der Entwicklung zweier Tübinger Denkmäler während der Nachkriegszeit, in: Hans-Otto Binder u. a. (Hrsg.): Vom braunen Hemd zur weißen Weste? Vom Umgang mit der Vergangenheit in Tübingen nach 1945, Tübingen 2011, S. 131-157.

Heinemann, Isabel: Rasse, Siedlung, deutsches Blut. Das Rasse- und Siedlungshauptamt der SS und die rassenpolitische Neuordnung Europas, Göttingen 2003.

Henke, Klaus-Dietmar: Politische Säuberung unter französischer Besatzung. Die Entnazifizierung in Württemberg-Hohenzollern, Stuttgart 1981.

Herbert, Ulrich: Traditionen des Rassismus, in: Ders. (Hrsg.): Arbeit, Volkstum, Weltanschauung. Über Fremde und Deutsche im 20. Jahrhundert, Frankfurt am Main 1995, S. 11-29.

– Liberalisierung als Lernprozeß. Die Bundesrepublik in der deutschen Geschichte – eine Skizze, in: Ders. (Hrsg.): Wandlungsprozesse in Westdeutschland. Belastung, Integration, Liberalisierung 1945-1980, Göttingen 2002, S. 7-49.

– (Hrsg.): Wandlungsprozesse in Westdeutschland. Belastung, Integration, Liberalisierung 1945-1980, Göttingen 2002.

– Was haben die Nationalsozialisten aus dem Ersten Weltkrieg gelernt?, in: Gerd Krumeich (Hrsg.): Nationalsozialismus und Erster Weltkrieg, Essen 2010, S. 21-32.

– Best. Biographische Studien über Radikalismus, Weltanschauung und Vernunft 1903-1989, 5. Aufl., Bonn 2011 (zuerst 1996).

– Geschichte Deutschlands im 20. Jahrhundert, Bonn 2014.

Hilberg, Raul: Die Vernichtung der europäischen Juden, 3 Bde., Frankfurt am Main 1990.

Hillmayr, Heinrich: Roter und Weißer Terror in Bayern nach 1918. Ursachen, Erscheinungsformen und Folgen der Gewalttätigkeiten im Verlauf der revolutionären Ereignisse nach dem Ende des Ersten Weltkrieges, München 1974.

Hockerts, Hans Günter: Der deutsche Sozialstaat. Entfaltung und Gefährdung seit 1945, Göttingen 2011.

Hoensch, Jörg K.: Die Slowakei und Hitlers Ostpolitik. Hlinkas Slowakische Volkspartei zwischen Autonomie und Separation 1938/1939, Köln 1965.

– Die Slowakische Republik 1939-1945, in: Ders.: Studia Slovaca. Studien zur Geschichte der Slowaken und der Slowakei, München 2000, S. 221-247.

– Die Slowakische Volkspartei Hlinkas, in: Ders.: Studia Slovaca. Studien zur Geschichte der Slowaken und der Slowakei, München 2000, S. 199-220.

– Die Slowakei im Jahre 1945, in: Ders.: Studia Slovaca. Studien zur Geschichte der Slowaken und der Slowakei, München 2000, S. 299-350.

– Grundzüge und Phasen der deutschen Slowakei-Politik im Zweiten Weltkrieg, in: Ders.: Studia Slovaca. Studien zur Geschichte der Slowaken und der Slowakei, München 2000, S. 249-280.

– Voraussetzungen und Ablauf der nationalsozialistischen Gleichschaltungspolitik bei den Slowakeideutschen, in: Ders.: Studia Slovaca. Studien zur Geschichte der Slowaken und der Slowakei, München 2000, S. 281-298.

Hoffmann, Alfred: Der »maßlose Drang, eine Rolle zu spielen«. Gottlob Berger, in: Wolfgang Proske (Hrsg.): Täter, Helfer, Trittbrettfahrer. Bd. 1: NS-Belastete von der Ostalb, Münster, Ulm 2010, S. 21-51.

Hoffstadt, Anke: Der »Stahlhelm. Bund der Frontsoldaten« und der Nationalsozialismus, in: Gerd Krumeich (Hrsg.): Nationalsozialismus und Erster Weltkrieg, Essen 2010, S. 191-206.

– Eine Frage der Ehre – Zur »Beziehungsgeschichte« von »Stahlhelm. Bund der Frontsoldaten« und SA, in: Yves Müller, Reiner Zilkenat (Hrsg.): Bürgerkriegsarmee. Forschungen zur nationalsozialistischen Sturmabteilung (SA), Frankfurt am Main 2013, S. 267-296.

Höhne, Heinz: Der Orden unter dem Totenkopf. Die Geschichte der SS, München 1990.

Hürter, Johannes, Michael Mayer (Hrsg.): Das Auswärtige Amt in der NS-Diktatur, München 2014.

Hutzelmann, Barbara: Die deutsche Volksgruppe und die Enteignungen der Juden in der Slowakei 1939-1945, in: Burkhard Olschowsky, Ingo Loose (Hrsg.): Nationalsozialismus und Regionalbewusstsein im östlichen Europa, München 2016, S. 229-248.

– Slovak Society and the Jews. Attitudes and Patterns of Behaviour, in: Frank Bajohr, Andrea Löw (Hrsg.): The Holocaust and European Societies. Social Processes and Social Dynamics, London 2016, S. 167-185.

–, Souzana Hazan, Mariana Hausleitner: Einleitung, in: Susanne Heim u. a. (Hrsg.): Die Verfolgung und Ermordung der europäischen Juden durch das nationalsozialistische Deutschland 1933-1945, Bd. 13: Slowakei, Bulgarien und Rumänien, bearb. von dens., Berlin 2018, S. 13-95.

Jaesrich, Michael:»… ich habe nicht den Doktortitel und bin eine ganz einfache und unverheiratete Frau, also Fräulein Lilli Zapf.« Lilli Zapf und ihr Buch über die Tübinger Juden, Tübingen 2013.

Jahn, Egbert: Die parteipolitische Vertretung der Deutschen in der Slowakei, in: Karl Bosl (Hrsg.): Die Erste Tschechoslowakische Republik als multinationaler Parteienstaat, München, Wien 1979, S. 203-216.

Jansen, Christian, Arno Weckbecker: Der »Volksdeutsche Selbstschutz« in Polen 1939/1940, München 1992.

Jarausch, Konrad H.: Deutsche Studenten 1800-1970, Frankfurt am Main 1984.

– Die Umkehr. Deutsche Wandlungen 1945-1995, München 2004.

Jelinek, Yeshayahu: The Parish Republic. Hlinka's Slovak People's Party 1939-1945, New York 1976.

Jellonnek, Burkhard: Homosexuelle unter dem Hakenkreuz. Die Verfolgung von Homosexuellen im Dritten Reich, Paderborn 1990.

Junginger, Horst: Antisemitismus in Theorie und Praxis. Tübingen als Zentrum der nationalsozialistischen »Judenforschung«, in: Urban Wiesing u. a. (Hrsg.): Die Universität Tübingen im Nationalsozialismus, Stuttgart 2010, S. 483-558.

Kaiser, Alexandra: Von Helden und Opfern. Eine Geschichte des Volkstrauertags, Frankfurt am Main, New York 2010.

Kaiser, Gerhard: Pietismus und Patriotismus im Literarischen Deutschland. Ein Beitrag zum Problem der Säkularisation, Frankfurt am Main 1973.

Kaiser, Johann: Die Politik des Dritten Reiches gegenüber der Slowakei 1939-1945. Ein Beitrag zur Erforschung der nationalsozialistischen Satellitenpolitik in Südosteuropa, Bochum 1969.

Kamenec, Ivan: On the Trail of Tragedy. The Holocaust in Slovakia, Bratislava 2007.

Kannenberg, Michael: Verschleierte Uhrtafeln. Endzeiterwartungen im württembergischen Pietismus zwischen 1818 und 1848, Göttingen 2007.

Kenney, Henry: Architect of Apartheid. H. F. Verwoerd – An Appraisal, Johannesburg 1980.

Kershaw, Ian: Das Ende. Kampf bis in den Untergang. NS-Deutschland 1944/45, Bonn 2011.

Klee, Ernst: Behinderten-Report, 2 Teile, Frankfurt am Main 1974 und 1976.

– »Euthanasie« im Dritten Reich. Die »Vernichtung lebensunwerten Lebens«, Frankfurt am Main 2010.

– Das Personenlexikon zum Dritten Reich. Wer war was vor und nach 1945, 3. Aufl., Frankfurt am Main 2011 (zuerst 2003).

Kleßmann, Christoph: Ein stolzes Schiff und krächzende Möwen. Die Geschichte der Bundesrepublik und ihre Kritiker, in: Geschichte und Gesellschaft, 11 (1985), H. 4, S. 476-494.

Klose, Fabian: Menschenrechte im Schatten kolonialer Gewalt. Die Dekolonisierungskriege in Kenia und Algerien 1945-1962, München 2009.

Knipping, Franz: s. v. Ludin, Hanns Elard, in: Bernd Ottnad (Hrsg.): Badische Biographien. Neue Folge, Bd. 2, Stuttgart 1987, S. 193-196.

Kokorák, Ján: Die deutsche Minderheit in der Slowakei 1918-1945. Die Parteienlandschaft im Spannungsfeld zwischen deutschungarischer Tradition und deutschnational(sozialistischem) Gedankengut, Hamburg 2013.

Koller, Christian: »Von Wilden aller Rassen niedergemetzelt«. Die Diskussion um die Verwendung von Kolonialtruppen in Europa zwischen Rassismus, Kolonial- und Militärpolitik (1914-1930), Stuttgart 2001.

– Die Fremdenlegion. Kolonialismus, Söldnertum, Gewalt. 1831-1962, Paderborn u. a. 2013.

Korb, Alexander: Im Schatten des Weltkriegs. Massengewalt der Ustaša gegen Serben, Juden und Roma in Kroatien 1941-1945, Hamburg 2013.

– Deutsche Studentenschaft, in: Michael Fahlbusch, Ingo Haar, Alexander Pinwinkler (Hrsg.): Handbuch der völkischen Wissenschaften. Akteure, Netzwerke, Forschungsprogramme, 2. Aufl., Berlin, Boston 2017 (zuerst 2008), S. 1811-1817.

Kramer, Nicole, Armin Nolzen: Einleitung, in: Dies. (Hrsg.): Ungleichheiten im »Dritten Reich«. Semantiken, Praktiken, Erfahrungen, Göttingen 2012, S. 9-26.

Krause, Peter: »Eichmann und wir«. Die bundesdeutsche Öffentlichkeit und der Jerusalemer Eichmann-Prozess 1961, in: Jörg Osterloh, Clemens Vollnhals (Hrsg.): NS-Prozesse und deutsche Öffentlichkeit. Besatzungszeit, frühe Bundesrepublik und DDR, Göttingen 2011, S. 283-306.

Krausnick, Helmut: Hitlers Einsatzgruppen. Die Truppe des Weltanschauungskrieges 1938–1942, Frankfurt am Main 1998.

Krawinkel, Niklas: Rassismus und Gemeinschaftserfahrung. Biographische Einblicke in die Juden- und Volkstumspolitik in der Slowakei 1941-1945, in: Jörg Osterloh, Katharina Rauschenberger (Hrsg.): Der Holocaust. Neue Studien zu Tathergängen, Reaktionen und Aufarbeitungen, Frankfurt am Main, New York 2017, S. 121-139.

Krebs, Hans-Dieter: Das deutsch-deutsche Sportprotokoll 1974. Entwicklungsgeschichte und politische Bedeutung. Eine quellenhistorische Analyse, Universität Mainz 2001.

Kriechbaumer, Robert (Hrsg.): Die Ära Josef Klaus. Österreich in den »kurzen« sechziger Jahren, 2 Bde., Bd. 2: Aus der Sicht von Zeitgenossen und in Karikaturen von Ironimus, Wien u. a. 1999.

Krüger, Gabriele: Die Brigade Ehrhardt, Hamburg 1971.

Krumeich, Gerd: Langemarck, in: Étienne François, Hagen Schulze (Hrsg.): Deutsche Erinnerungsorte, 3 Bde., Bd. 3, München 2001, S. 292-309.

Ksoll, Margit: s. v. Müller, Karl, in: Friedrich Wilhelm Bautz, Traugott Bautz (Hrsg.): Biographisch-Bibliographisches Kirchenlexikon, Bd. 6: Moenius bis Patijn, Herzberg 1993, S. 294.

Kühl, Stefan: The Relationship between Eugenics and the so-called »Euthanasia Action« in Nazi Germany: A Eugenically Motivated Peace Policy and the Killing of the Mentally Handicapped during the Second World War, in: Margit Szöllösi-Janze (Hrsg.): Science in the Third Reich, Oxford, New York 2001, S. 185-210.

– Ganz normale Organisationen. Zur Soziologie des Holocaust, Berlin 2014.
– Die Internationale der Rassisten. Aufstieg und Niedergang der internationalen eugenischen Bewegung im 20. Jahrhundert, 2. Aufl., Frankfurt am Main, New York 2014 (zuerst 1997).

Kühn (jetzt: Schneider), Sabine: Walter Köbel (1918-1965) und der Nationalsozialismus. Eine biographische Annäherung, Rüsselsheim 2013.

Kühne, Thomas: Kameradschaft. Die Soldaten des nationalsozialistischen Krieges und das 20. Jahrhundert, Göttingen 2006.

Kundrus, Birthe: Kontinuitäten, Parallelen, Rezeptionen. Überlegungen zur »Kolonialisierung« des Nationalsozialismus, in: WerkstattGeschichte, 43 (2006), S. 45-62.

Laak, Dirk van: Imperiale Infrastruktur. Deutsche Planungen für eine Erschließung Afrikas 1880 bis 1960, Paderborn u. a. 2004.

– Entwicklungspolitik, Entwicklungshilfe und Entwicklungskooperation in der Ära Adenauer, in: Eckart Conze (Hrsg.): Die Herausforderung des Globalen in der Ära Adenauer, Bonn 2010, S. 156-178.

– Einführung (zum Panel »Perspektiven der Forschung«), in: Norbert Kartmann (Hrsg.): NS-Vergangenheit ehemaliger hessischer Landtagsabgeordneter, bearb. von Andreas Hedwig, Wiesbaden, Marburg 2014, S. 75 f.

Lächele, Rainer: Vom Reichssicherheitshauptamt in ein evangelisches Gymnasium. Die Geschichte des Eugen Steimle, in: Hans-Otto Binder (Hrsg.): Die Heimkehrertafel als Stolperstein. Vom Umgang mit der NS-Vergangenheit in Tübingen, Tübingen 2007, S. 61-74.

Lachenicht, Susanne: Hugenotten in Europa und Nordamerika. Migration und Integration in der Frühen Neuzeit, Frankfurt am Main, New York 2010.

Lambauer, Barbara: Der deutsche Botschafter in Paris, ein Kriegsverbrecher?, in: Hans-Otto Binder (Hrsg.): Die Heimkehrertafel als Stolperstein. Vom Umgang mit der NS-Vergangenheit in Tübingen, Tübingen 2007, S. 75-93.

Lang, Hans-Joachim: Ernst Weinmann. Tübinger Oberbürgermeister und Belgrader Deportationsminister, in: Benigna Schönhagen (Hrsg.): Nationalsozialismus in Tübingen. Vorbei und vergessen. Katalog der Ausstellung, Tübingen 1992, S. 208-220.

– Tübingen nach dem Holocaust: Wie sehr die Stadt ihre Juden vermisste, in: Hans-Otto Binder (Hrsg.): Die Heimkehrertafel als Stolperstein. Vom Umgang mit der NS-Vergangenheit in Tübingen, Tübingen 2007, S. 95-114.

– Jüdische Lehrende und Studierende in Tübingen als Opfer des Nationalsozialismus, in: Urban Wiesing u. a. (Hrsg.): Die Universität Tübingen im Nationalsozialismus, Stuttgart 2010, S. 609-628.

Lange, Ralph: Von der »Affäre Gumbel« zum »Fall Wilbrandt«: Die »Lustnauer Schlacht«. Ein Beitrag zur politischen Kultur der Universität Tübingen in der Weimarer Republik, in: Johannes Michael Wischnath (Hrsg.): Bausteine zur Tübinger Universitätsgeschichte, Folge 9, Tübingen 1999, S. 29-54.

Langewiesche, Dieter: Die Eberhard-Karls-Universität Tübingen in der Weimarer Republik. Krisenerfahrungen und Distanz zur Demokratie an deutschen Universitäten, in: Zeitschrift für Württembergische Landesgeschichte, 51 (1992), S. 345-381.

Lehmann, Hartmut: Die neue Lage, in: Ders. u. a. (Hrsg.): Geschichte des Pietismus, 4 Bde., Bd. 3: Der Pietismus im neunzehnten und zwanzigsten Jahrhundert, Göttingen 2000, S. 2-25.

Lehnstaedt, Stephan: Der Kern des Holocaust. Bełżec, Sobibór, Treblinka und die Aktion Reinhardt, München 2017.

Leniger, Markus: Nationalsozialistische »Volkstumsarbeit« und Umsiedlungspolitik. Von der Minderheitenbetreuung zur Siedlerauslese, Berlin 2006.

Leßau, Hanne, Janosch Steuwer: »Wer ist ein Nazi? Woran erkennt man ihn?« Zur Unterscheidung von Nationalsozialisten und anderen Deutschen, in: Mittelweg 36, 23 (2014), H. 1, S. 30-51.

Levsen, Sonja: Elite, Männlichkeit und Krieg. Tübinger und Cambridger Studenten 1900-1929, Göttingen 2006.

Lieske, Dagmar: Unbequeme Opfer? »Berufsverbrecher« als Häftlinge im KZ Sachsenhausen, Berlin 2016.

Lifton, Robert Jay: Ärzte im Dritten Reich, Stuttgart 1986.

Lipscher, Ladislav: Die Juden im Slowakischen Staat 1939-1945, München 1980.

Löffelbein, Nils: Ehrenbürger der Nation. Die Kriegsbeschädigten des Ersten Weltkriegs in Politik und Propaganda des Nationalsozialismus, Essen 2013.

Loiperdinger, Martin: Rituale der Mobilmachung. Der Parteitagsfilm »Triumph des Willens« von Leni Riefenstahl, Opladen 1987.

Longerich, Peter: Propagandisten im Krieg. Die Presseabteilung des Auswärtigen Amtes unter Ribbentrop, München 1987.

– Geschichte der SA, überarb. Neuausgabe, München 2003 (zuerst 1989).

– Heinrich Himmler. Biographie, München 2010.

Loose, Ingo: Wartheland, in: Wolf Gruner, Jörg Osterloh (Hrsg.): Das »Großdeutsche Reich« und die Juden. Nationalsozialistische Verfolgung in den »angegliederten« Gebieten, Frankfurt am Main, New York 2010, S. 229-258.

Loth, Wilfried, Bernd A. Rusinek (Hrsg.): Verwandlungspolitik. NS-Eliten in der westdeutschen Nachkriegsgesellschaft, Frankfurt am Main, New York 1998.

Ludin, Malte: Hanns Elard Ludin. Führer, Vater, Kriegsverbrecher, in: Hermann G. Abmayr (Hrsg.): Stuttgarter NS-Täter. Vom Mitläufer bis zum Massenmörder, Stuttgart 2009, S. 30-38.

Lüdtke, Alf: Vom Elend der Professoren: »Ständische« Autonomie und Selbst-Gleichschaltung 1932/33 in Tübingen, in: Martin Doehlemann (Hrsg.): Wem gehört die Universität? Untersuchungen zum Zusammenhang von Wissenschaft und Herrschaft anläßlich des 500jährigen Bestehens der Universität Tübingen, Gießen 1977, S. 99-127.

– Funktionseliten: Täter, Mit-Täter, Opfer? Zu den Bedingungen des deutschen Faschismus, in: Ders. (Hrsg.): Herrschaft als soziale Praxis. Historische und sozialanthropologische Studien, Göttingen 1991, S. 559-590.

– »Coming to Terms with the Past«. Illusions of Remembering, Ways of Forgetting Nazism in West Germany, in: The Journal of Modern History, 65 (1993), S. 542-572.

– Die »Braune Uni«: Eine studentische Arbeitsgruppe zur »Selbstgleichschaltung« der Tübinger Universität im Nationalsozialismus, in: Urban Wiesing u. a. (Hrsg.): Die Universität Tübingen im Nationalsozialismus, Stuttgart 2010, S. 1063-1068.

Luh, Andreas: Entstehung und Ausbreitung des modernen Sports in Deutschland im 20. Jahrhundert – ein Überblick, in: Michael Krüger, Hans Langenfeld (Hrsg.): Handbuch Sportgeschichte, Schorndorf 2010, S. 187-198.

Lumans, Valdis O.: The Ethnic German Minority of Slovakia, in: Central European History, 15 (1982), H. 3, S. 266-296.

– Himmler's Auxiliaries. The Volksdeutsche Mittelstelle and the German National Minorities of Europe, 1933-1945, Chapel Hill, London 1993.

Luther, Tammo: Volkstumspolitik des Dritten Reiches 1933-1938. Die Auslandsdeutschen im Spannungsfeld zwischen Traditionalisten und Nationalsozialisten, Stuttgart 2004.

Malinowski, Stephan: Vom König zum Führer. Deutscher Adel und Nationalsozialismus, 3. Aufl., Frankfurt am Main 2010 (zuerst 2001).

Mammone, Francesco: Dokumentation: Ergebnisse von Recherchen im Berliner Bundesarchiv, in: Ders., Albrecht Daur (Hrsg.): Eine kleine Geschichte der Verbindung Normannia, Tübingen 2007, S. 69-81.

Martschukat, Jürgen: »His chief sin is being a Negro. Next he whipped a white man. Next he married a white woman.« Sport, Rassismus und die (In)Stabilität von Grenzziehungen in den USA um 1900, in: Historische Anthropologie, 15 (2007), H. 2, S. 259-280.

Matić, Igor-Philip: Edmund Veesenmayer. Agent und Diplomat der nationalsozialistischen Expansionspolitik, München 2002.

Mentel, Christian, Niels Weise: Die zentralen deutschen Behörden und der Nationalsozialismus. Stand und Perspektiven der Forschung, hrsg. von Frank Bösch, Martin Sabrow, Andreas Wirsching, München, Potsdam 2016.

Melzer, Rudolf: Die Evakuierung der Karpatendeutschen. Eine zusammenfassende Darstellung nach Berichten und Archiven, in: Karpaten-Jahrbuch, 37 (1986), S. 32-51.

Meyer, Kristina: Carlo Schmid, in: Norbert Frei (Hrsg.): Wie bürgerlich war der Nationalsozialismus?, Göttingen 2018, S. 317-333.

Michels, Eckard: Deutsche in der Fremdenlegion 1870-1965. Mythen und Realitäten, Paderborn u. a. 1999.

Mitscherlich, Alexander, Margarete Mitscherlich: Die Unfähigkeit zu trauern. Grundlagen kollektiven Verhaltens, München 1968.

Morrissey, Christof: Das Institut für Heimatforschung in Käsmark (Slowakei) 1941-1944, in: Mathias Beer, Gerhard Seewann (Hrsg.): Südostforschung im Schatten des Dritten Reiches. Institutionen – Inhalte – Personen, München 2004, S. 115-122.

– Die Karpatendeutschen aus der Slowakei. Kollektive Erinnerung und Integration in der Bundesrepublik Deutschland 1945-1975, in: Jerzy Kochanowski, Maike Sach (Hrsg.): Die »Volksdeutschen« in Polen, Frankreich, Ungarn und der Tschechoslowakei. Mythos und Realität, Osnabrück 2006, S. 353-366.

– Heimatkunde, Wissenschaft und die NS-Volkstumspolitik. Die Entwicklung des Instituts für Heimatforschung in der Slowakei 1941-44, in: Mariana Hausleitner, Harald Roth (Hrsg.): Der Einfluss von Faschismus und Nationalsozialismus auf Minderheiten in Ostmittel- und Südosteuropa, München 2006, S. 253-264.

– National Socialism and Dissent among the Ethnic Germans of Slovakia and Croatia, 1938-1945 (PhD Diss.), University of Virginia 2006 (bislang unveröffentlicht).

Mosse, George L.: Geschichte des Rassismus in Europa, Frankfurt am Main 1990.

Mühlenfeld, Daniel: Vom Nutzen und Nachteil der »Volksgemeinschaft« für die Zeitgeschichte, in: Sozialwissenschaftliche Literatur Rundschau, 66 (2013), H. 1, S. 71-104.

– Rezension zu: Frank Bajohr, Jürgen Matthäus (Hrsg.): Alfred Rosenberg. Die Tagebücher von 1934 bis 1944, Frankfurt am Main 2015, in: Frank Becker, Ralf Schäfer (Hrsg.): Sport und Nationalsozialismus, Göttingen 2016, S. 261-264.

Müller, Roland: Stuttgart in der Zeit des Nationalsozialismus, Stuttgart 1988.

Müller, Rolf-Dieter: An der Seite der Wehrmacht. Hitlers ausländische Helfer beim »Kreuzzug gegen den Bolschewismus«, Berlin 2007.

Müller, Yves: Wilhelm Schepmann – Der letzte SA-Stabschef und die Rolle der SA im Zweiten Weltkrieg, in: Zeitschrift für Geschichtswissenschaft, 63 (2015), H. 6, S. 513-532.

–, Reiner Zilkenat (Hrsg.): Bürgerkriegsarmee. Forschungen zur nationalsozialistischen Sturmabteilung (SA), Frankfurt am Main 2013.

Musial, Bogdan: Deutsche Zivilverwaltung und Judenverfolgung im Generalgouvernement. Eine Fallstudie zum Distrikt Lublin 1939-1944, Wiesbaden 1999.

Ndlovu, Sifiso Mxolisi: Sports as Cultural Diplomacy. The 2010 FIFA World Cup in South Africa's Foreign Policy, in: Chris Bolsmann, Peter Alegi (Hrsg.): South Africa and the Global Game. Football, Apartheid and Beyond, London, New York 2010, S. 144-153.

Neuner-Warthorst, Antje: Adolf mit dem langen Arm. Die Zusammenarbeit von Erich Kästner und Walter Trier nach 1933, in: Ruairí O'Brien, Bernhard Meier (Hrsg.): Das Trojanische Pferd, Würzburg 2010, S. 118-135.

Niethammer, Lutz: Entnazifizierung in Bayern. Säuberung und Rehabilitierung unter amerikanischer Besatzung, Frankfurt am Main 1972.

– Aktivität und Grenzen der Antifa-Ausschüsse 1945. Das Beispiel Stuttgart, in: Vierteljahrshefte für Zeitgeschichte, 23 (1975), H. 3, S. 297-331.

– Einleitung des Herausgebers, in: Ders. (Hrsg.):»Die Jahre weiß man nicht, wo man die heute hinsetzen soll«. Faschismuserfahrungen im Ruhrgebiet. Lebensgeschichte und Sozialkultur im Ruhrgebiet 1930 bis 1960, 2. Aufl., Bonn 1986 (zuerst 1983).

Nietzel, Benno: Handeln und Überleben. Jüdische Unternehmer aus Frankfurt am Main 1924-1964, Göttingen 2012.

Nižňanský, Eduard: Die Deportationen der Juden in der Zeit des autonomen Landes Slowakei im November 1938, in: Jahrbuch für Antisemitismusforschung, 7 (1998), S. 20-45.

–, Ján Hlavinka (Hrsg.): Arizácie [Arisierung], Bratislava 2010.

–, Ján Hlavinka (Hrsg.): Arizácie v regiónoch Slovenska [Arisierung auf slowakischem Gebiet], Bratislava 2010.

Noack, Stefan: Jungdeutschland-Bund, in: Wolfgang Benz (Hrsg.): Handbuch des Antisemitismus. Judenfeindschaft in Geschichte und Gegenwart, 8 Bde., Bd. 5: Organisationen, Institutionen, Bewegungen, Berlin 2012, S. 344 ff.

Nolzen, Armin: The NSDAP's Operational Codes after 1933, in: Martina Steber, Bernhard Gotto (Hrsg.): Visions of Community. Social Engineering and Private Lives, Oxford 2014, S. 87-100.

Nowak, Kai: Der Schock der Authentizität. Der Filmskandal um Africa Addio (1966) und antikolonialer Protest in der Bundesrepublik, in: WerkstattGeschichte, 69 (2015), S. 37-53.

Orth, Karin: Die Konzentrationslager-SS. Sozialstrukturelle Analysen und biographische Studien, Göttingen 2000.

Osterloh, Jörg: Nationalsozialistische Judenverfolgung im Reichsgau Sudetenland 1938-1945, München 2006.

Palm, Carmen: Studentische Demonstration gegen die Einführung der Wehrpflicht,

3.7.1956, in: Udo Rauch, Antje Zacharias (Hrsg.): Tübinger Szenenwechsel 1950-1970. Alfred Göhner und seine Pressefotos, Tübingen 2006, S. 44 f.

– Ausstellung »Der deutsche Osten« im Rittersaal von Schloss Hohentübingen, September 1955, in: Udo Rauch, Antje Zacharias (Hrsg.): Tübinger Szenenwechsel 1950-1970. Alfred Göhner und seine Pressefotos, Tübingen 2006, S. 53.

– Oberbürgermeister Hans Gmelin wird Ehrenbürger der französischen Partnerstadt Aix-en-Provence, 4. Juni 1966, in: Udo Rauch, Antje Zacharias (Hrsg.): Tübinger Szenenwechsel 1950-1970. Alfred Göhner und seine Pressefotos, Tübingen 2006, S. 191.

Pape, Christian: Verband der Unabhängigen (Österreich), in: Wolfgang Benz (Hrsg.): Handbuch des Antisemitismus. Judenfeindschaft in Geschichte und Gegenwart, 8 Bde., Bd. 8: Nachträge und Register, Berlin 2015, S. 288 f.

Peukert, Detlev: Volksgenossen und Gemeinschaftsfremde. Anpassung, Ausmerze und Aufbegehren unter dem Nationalsozialismus, Köln 1982.

– Alltag und Barbarei. Zur Normalität des Dritten Reiches, in: Dan Diner (Hrsg.): Ist der Nationalsozialismus Geschichte? Zu Historisierung und Historikerstreit, Frankfurt am Main 1987, S. 51-61.

– Max Webers Diagnose der Moderne, Göttingen 1989.

– The Weimar Republic. The Crisis of Classical Modernity, London 1991.

Pientka, Andrea: Juristenausbildung zur Zeit des Nationalsozialismus. Dargestellt am Beispiel der Universität Tübingen und des OLG-Bezirks Stuttgart (Diss.), Freiburg 1990.

Planert, Ute: Der dreifache Körper des Volkes, in: Geschichte und Gesellschaft, 26 (2000), H. 3, S. 539-576.

Podolec, Ondrej: Slowakische Nationalitätenpolitik und die deutsche Minderheit in den Jahren 1938-1945, in: Burkhard Olschowsky, Ingo Loose (Hrsg.): Nationalsozialismus und Regionalbewusstsein im östlichen Europa, München 2016, S. 305-327.

Pohl, Dieter: Nationalsozialistische Judenverfolgung in Ostgalizien 1941-1944. Organisation und Durchführung eines staatlichen Massenverbrechens, 2. Aufl., München 1997 (zuerst 1996).

– Holocaust. Die Ursachen – das Geschehen – die Folgen, Freiburg u. a. 2000.

– Die Herrschaft der Wehrmacht. Deutsche Militärbesatzung und einheimische Bevölkerung in der Sowjetunion 1941-1944, Frankfurt am Main 2011.

– Der Holocaust und die anderen NS-Verbrechen. Wechselwirkungen und Zusammenhänge, in: Frank Bajohr, Andrea Löw (Hrsg.): Der Holocaust. Ergebnisse und neue Fragen der Forschung, Bonn 2015, S. 124-140.

Pöppmann, Dirk: Im Schatten Weizsäckers? Auswärtiges Amt und SS im Wilhelmstraßen-Prozess, in: Kim Christian Priemel, Alexa Stiller (Hrsg.): NMT. Die Nürnberger Militärtribunale zwischen Geschichte, Gerechtigkeit und Rechtschöpfung, Hamburg 2013, S. 320-352.

Posel, Deborah: Race as Common Sense. Racial Classification in Twentieth-Century South-Africa, in: African Studies Review, 44 (2001), H. 2, S. 87-113.

Pretzel, Andreas: Schwule Nazis. Narrative und Desiderate, in: Michael Schwartz (Hrsg.): Homosexuelle im Nationalsozialismus. Neue Forschungsperspektiven zu Lebenssituationen von lesbischen, schwulen, bi-, trans- und intersexuellen Menschen 1933 bis 1945, München 2014, S. 69-76.

Rail, Geneviève, Jean Harvey: Body at Work. Michel Foucault and the Sociology of Sport, in: Sociology of Sport Journal, 12 (1995), H. 2, S. 164-179.

Raphael, Lutz: Pluralities of National Socialist Ideology. New Perspectives on the Production and Diffusion of National Socialist Weltanschauung, in: Martina Steber, Bernhard Gotto (Hrsg.): Visions of Community. Social Engineering and Private Lives, Oxford 2014, S. 73-86.

Rauch, Udo: 450 Jahre Tübinger Vertrag. Festansprache Gebhard Müllers im Festsaal der Neuen Aula, 8. Juli 1964, in: Ders., Antje Zacharias (Hrsg.): Tübinger Szenenwechsel 1950-1970. Alfred Göhner und seine Pressefotos, Tübingen 2006, S. 154.

– Städtische Neubausiedlung im Gewann Backofen, April 1953, in: Ders., Antje Zacharias (Hrsg.): Tübinger Szenenwechsel 1950-1970. Alfred Göhner und seine Pressefotos, Tübingen 2006, S. 110 f.

– Zur Geschichte der Heimkehrertafel am Holzmarkt, in: Hans-Otto Binder (Hrsg.): Die Heimkehrertafel als Stolperstein. Vom Umgang mit der NS-Vergangenheit in Tübingen, Tübingen 2007, S. 11-14.

Rauh-Kühne, Cornelia: Die Unternehmer und die Entnazifizierung der Wirtschaft in Württemberg-Hohenzollern, in: Dies., Michael Ruck (Hrsg.): Regionale Eliten zwischen Diktatur und Demokratie. Baden und Württemberg 1930-1952, München 1993, S. 305-331.

– Die Entnazifizierung und die deutsche Gesellschaft, in: Archiv für Sozialgeschichte 35 (1995), S. 35-70.

Reichardt, Sven: Praxeologie und Faschismus. Gewalt und Gemeinschaft als Elemente eines praxeologischen Faschismusbegriffs, in: Karl H. Hörning, Julia Reuter (Hrsg.): Doing Culture. Neue Positionen zum Verhältnis von Kultur und sozialer Praxis, Bielefeld 2004, S. 129-153.

– Faschistische Kampfbünde. Gewalt und Gemeinschaft im italienischen Squadrismus und in der deutschen SA, 2. Aufl., Köln, Weimar, Wien 2009 (zuerst 2002).

– Zeithistorisches zur praxeologischen Geschichtswissenschaft, in: Arndt Brendecke (Hrsg.): Praktiken der Frühen Neuzeit. Akteure – Handlungen – Artefakte, Wien u. a. 2015, S. 46-61.

Reichel, Peter: Vergangenheitsbewältigung in Deutschland. Die Auseinandersetzung mit der NS-Diktatur in Politik und Justiz, 2. aktual. und überarb. Neuaufl., München 2007 (zuerst 2001).

– Erfundene Erinnerung. Weltkrieg und Judenmord in Film und Theater, Frankfurt am Main 2007.

– Der Nationalsozialismus vor Gericht und die Rückkehr zum Rechtsstaat, in: Ders., Harald Schmidt, Peter Steinbach (Hrsg.): Der Nationalsozialismus – Die zweite Geschichte. Überwindung – Deutung – Erinnerung, Bonn 2009, S. 22-61.

Reinecke, David u. a. (Hrsg.): Gemeinschaft als Erfahrung. Kulturelle Inszenierungen und soziale Praxis 1930-1960, Paderborn u. a. 2014.

Reiter, Margit: Die Ehemaligen. Der Nationalsozialismus und die Anfänge der FPÖ, Göttingen 2019.

Remarque, Erich Maria: Der schwarze Obelisk, 4. Aufl., Berlin, Weimar 1985 (zuerst 1956).

Renz, Werner: Der 1. Frankfurter Auschwitz-Prozess 1963-1965 und die deutsche Öffentlichkeit. Anmerkungen zur Entmythologisierung eines NSG-Verfahrens, in:

Jörg Osterloh, Clemens Vollnhals (Hrsg.): NS-Prozesse und deutsche Öffentlichkeit. Besatzungszeit, frühe Bundesrepublik und DDR, Göttingen 2011, S. 349-362.

Retterath, Jörn:»Die Staatsgewalt geht vom Volke aus«. Volks- und Volksgemeinschaftsvorstellungen in der Weimarer Republik, in: Einsicht. Bulletin des Fritz Bauer Instituts, 18, Herbst 2017, S. 18-24.

Riethmüller, Brigitte: 1596-1971. Die Geschichte der Osianderschen Buchhandlung, in: Dies., Konrad-Dietrich Riethmüller (Hrsg.): Osiander 1596-1971, Tübingen 1971, S. 7-65.

Rigoll, Dominik: Staatsschutz in Westdeutschland. Von der Entnazifizierung zur Extremistenabwehr, Göttingen 2013.

Roelcke, Volker: Medizin im Nationalsozialismus. Historische Kenntnisse und einige Implikationen, in: Sigrid Oehler-Klein (Hrsg.): Die Medizinische Fakultät der Universität Gießen im Nationalsozialismus und in der Nachkriegszeit, Stuttgart 2007, S. 13-32.

Röhm, Eberhard: s. v. Werner Georg Kümmel, in: Ders., Hartmut Ludwig (Hrsg.): Evangelisch getauft – als»Juden«verfolgt. Theologen jüdischer Herkunft in der Zeit des Nationalsozialismus, Stuttgart 2014, S. 188 f.

Röhr, Werner: September 1938. Die Sudetendeutsche Partei und ihr Freikorps, Berlin 2008.

Rohstock, Anne: Vom Anti-Parlamentarier zum»kalten Arisierer« jüdischer Unternehmen in Europa, in: Vierteljahrshefte für Zeitgeschichte, 63 (2015), H. 1, S. 33-58.

Römer, Felix: Der Kommissarbefehl. Wehrmacht und NS-Verbrechen an der Ostfront 1941/42, Paderborn 2008.

Rose, Romani: Bürgerrechte für Sinti und Roma – Das Buch zum Rassismus in Deutschland, Heidelberg 1987.

Roseman, Mark: Lebensfälle. Biographische Annäherungen an NS-Täter, in: Frank Bajohr, Andrea Löw (Hrsg.): Der Holocaust. Ergebnisse und neue Fragen der Forschung, Frankfurt am Main 2015, S. 186-209.

– Racial Discourse, Nazi Violence, and the Limits of the Racial State Model, in: Ders., Kevin O. Pendas, Richard F. Wetzell (Hrsg.): Beyond the Racial State. Rethinking Nazi Germany, Washington/D. C. 2017, S. 31-57.

Rosenthal, Jacob:»Die Ehre des jüdischen Soldaten«. Die Judenzählung im Ersten Weltkrieg und ihre Folgen, Frankfurt am Main, New York 2007.

Rosentritt, Michael: Was macht eigentlich Günther Heinze, in: Monika Zimmermann (Hrsg.): Was macht eigentlich …? 100 DDR-Prominente heute, Berlin 1994, S. 95 ff.

Roth, Markus: Herrenmenschen. Die deutschen Kreishauptleute im besetzten Polen – Karrierewege, Herrschaftspraxis und Nachgeschichte, Göttingen 2009.

– Eine deutsche Beamtenkarriere im»Zeitalter der Extreme«: Helmut Weihenmaier, in: Wolfgang Proske (Hrsg.): Täter, Helfer, Trittbrettfahrer, 10 Bde., Bd. 3: NS-Belastete aus dem östlichen Württemberg, Reutlingen 2014, S. 236-243.

Roth, Thomas:»Verbrechensbekämpfung« und soziale Ausgrenzung im nationalsozialistischen Köln. Kriminalpolizei, Strafjustiz und abweichendes Verhalten zwischen Machtübernahme und Kriegsende, Köln 2010.

Rothberg, Michael: Multidirectional Memory. Remembering the Holocaust in the Age of Decolonization, Stanford 2009.

Rothkirchen, Livia: The Situation of Jews in Slovakia between 1939 and 1945, in: Jahrbuch für Antisemitismusforschung, 7 (1998), S. 46-70.

Ruck, Michael: Korpsgeist und Staatsbewußtsein. Beamte im deutschen Südwesten 1928-1972, München 1996.

Rückert, Joachim: Einige Bemerkungen über Mitläufer, Weiterläufer und andere Läufer im Bundesministerium der Justiz nach 1949, in: Manfred Görtemaker, Christoph Safferling (Hrsg.): Die Rosenburg. Das Bundesministerium der Justiz und die NS-Vergangenheit – eine Bestandsaufnahme, Bonn 2013, S. 60-87.

Rüggeberg, Jens: Streit um ein Denkmal – Streit um das Gedenken. Die 78. Infanteriedivision und ihr Tübinger Gefallenendenkmal, in: Geschichtswerkstatt Tübingen e. V. (Hrsg.): Erinnern gegen den Schlußstrich: Zum Umgang mit dem Nationalsozialismus (= Geschichtswerkstatt 29), Freiburg 1997, S. 157-170.

– Vom Nazi-Diplomaten zum Nachkriegsoberbürgermeister. Hans Gmelin und die Vergangenheit, die nicht vergeht, 2011, URL: http://tuebingen.vvn-bda.de/ 2017/12/12/vom-nazi-diplomaten-zum-nachkriegsoberbuergermeister-hans-gmelin-und-die-vergangenheit-die-nicht-vergeht/ (letzter Zugriff: 9.2.2018) [StadtA Tübingen, O 1244/02].

Sabrow, Martin: Der Rathenaumord. Rekonstruktion einer Verschwörung gegen die Republik von Weimar, München 1994.

– Die verdrängte Verschwörung. Der Rathenau-Mord und die deutsche Gegenrevolution, Frankfurt am Main 1998.

–, Christian Mentel (Hrsg.): Das Auswärtige Amt und seine umstrittene Vergangenheit. Eine deutsche Debatte, Frankfurt am Main 2014.

Safrian, Hans: Eichmann und seine Gehilfen, Frankfurt am Main 1995.

Saldern, Adelheid von: Sozialmilieus und Massenkultur in der Zwischenkriegszeit. Das Beispiel Hannover, in: Karljosef Kreter, Gerhard Schneider (Hrsg.): Stadt und Überlieferung. Festschrift für Klaus Mlynek, Hannover 1999, S. 183-200.

– Symbolische Stadtpolitik – Stadtpolitik der Symbole. Repräsentationen in drei politischen Systemen, in: Dies. (Hrsg.): Inszenierter Stolz. Stadtrepräsentationen in drei deutschen Gesellschaften (1935-1975), Stuttgart 2005, S. 29-82.

Sauer, Paul: Württemberg in der Zeit des Nationalsozialismus, Ulm 1975.

– Demokratischer Neubeginn in Not und Elend. Das Land Württemberg-Baden von 1945 bis 1952, Ulm 1978.

Schanetzky, Tim: »Kanonen statt Butter«. Wirtschaft und Konsum im Dritten Reich, München 2015.

Schildt, Axel: Ankunft im Westen. Ein Essay zur Erfolgsgeschichte der Bundesrepublik, Frankfurt am Main 1999.

– Zur Durchsetzung einer Apologie. Hermann Lübbes Vortrag zum 50. Jahrestag des 30. Januar 1933, in: Zeithistorische Forschungen/Studies in Contemporary History, Online-Ausgabe 10, 2013, H. 1, URL: http://www.zeithistorische-forschungen.de/ 1-2013/id=4679, Druckausgabe: S. 148-152.

–, Arnold Sywottek (Hrsg.): Modernisierung im Wiederaufbau. Die westdeutsche Gesellschaft der 50er Jahre, Bonn 1993.

–, Detlef Siegfried, Karl Christian Lammers (Hrsg.): Dynamische Zeiten. Die 60er in den beiden deutschen Gesellschaften, Hamburg 2000.

Schiller, Kay, Christopher Young: The 1972 Munich Olympics and the Making of Modern Germany, Berkeley u. a. 2010.

Schlott, Adelheid: Die Geschichte der Geschichten des Tübinger Synagogenplatzes. Mit Beiträgen von Ulrike Baumgärtner, Daniel Felder, Martin Ulmer und Michael Volkmann, Tübingen 2009.

Schmerbach, Volker: Das »Gemeinschaftslager Hanns Kerrl« für Referendare in Jüterbog 1933-1939, Tübingen 2008.

Schmid, Harald: Deutungsmacht und kalendarisches Gedächtnis – die politischen Gedenktage, in: Ders., Peter Reichel, Peter Steinbach (Hrsg.): Der Nationalsozialismus – Die zweite Geschichte. Überwindung – Deutung – Erinnerung, Bonn 2009, S. 175-216.

Schmid, Manfred: Die Tübinger Studentenschaft nach dem Ersten Weltkrieg 1918-1923, Tübingen 1988.

Schmidt-Degenhard, Tobias: Vermessen und Vernichten. Der NS-»Zigeunerforscher« Robert Ritter, Stuttgart 2012.

Schmiechen-Ackermann, Detlef (Hrsg.): »Volksgemeinschaft«: Mythos, wirkungsmächtige soziale Verheißung oder soziale Realität im »Dritten Reich«? Zwischenbilanz einer kontroversen Debatte, Paderborn u. a. 2012.

Schmuhl, Hans-Walter: Rassenhygiene, Nationalsozialismus, Euthanasie. Von der Verhütung zur Vernichtung »lebensunwerten Lebens«, 1890-1945, Göttingen 1987.

Schnabel, Thomas: Geschichte von Baden und Württemberg 1900-1952, Stuttgart u. a. 2000.

Schneider, Sabine: Belastete Demokraten. Hessische Landtagsabgeordnete der Nachkriegszeit zwischen Nationalsozialismus und Liberalisierung, Marburg 2019.

Schödl, Günter: »Karpatendeutsche« Reintegration zwischen Preßburg und Käsmark, in: Ders. (Hrsg.): Land an der Donau, Berlin 1995, S. 627-641.

Scholtyseck, Joachim: Der »Schwabenherzog«. Gottlob Berger, SS-Obergruppenführer, in: Ders., Michael Kißener (Hrsg.): Die Führer der Provinz. NS-Biographien aus Baden und Württemberg, 2. Aufl., Konstanz, München 2016 (zuerst 1997), S. 77-110.

Schönhagen, Benigna: Das Gräberfeld X. Eine Dokumentation über NS-Opfer auf dem Tübinger Stadtfriedhof, Tübingen 1987.

– Tübingen unterm Hakenkreuz. Eine Universitätsstadt in der Zeit des Nationalsozialismus, Tübingen 1991.

–, Wilfried Setzler: Jüdisches Tübingen. Schauplätze und Spuren, Haigerloch 1999.

Schoenmakers, Christine: »Die Belange der Volksgemeinschaft erfordern …«. Rechtspraxis und Selbstverständnis von Bremer Juristen im »Dritten Reich«, Paderborn u. a. 2015.

Schrecke, Katja: Otto Wacker, Badischer Minister des Kultus, des Unterrichts und der Justiz, in: Michael Kißener, Joachim Scholtyseck (Hrsg.): Die Führer der Provinz. NS-Biographien aus Baden und Württemberg, 2. Aufl., Konstanz, München 2016 (zuerst 1997), S. 705-732.

Schvarc, Michal: Heimatschutz, medzi realitou a ilúziou (Organizácia a formovanie nemeckej domobrany) [Heimatschutz, zwischen Realität und Illusion (Organisation und Formation der deutschen Miliz)], in: Slovenská republika 1939-1945 očami mladých historikov III. (Povstanie roku 1944). Zborník príspevkov z tretieho sympózia Katedry histórie Filozofickej fakulty UCM Trnava. Lúka 21.-22. mája 2004 [Die Slowakische Republik 1939-1945 in den Augen junger Historiker III. (Der Aufstand im Jahr 1944). Beiträge zum dritten Symposium des Instituts für

Geschichte an der Philosophischen Fakultät der UCM Trnava. 21.-22. Mai 2004], Trnava 2004, S. 301-325.

- Organizačná Štruktúra [Organisationsstruktur] Deutsche Partei 1938-1945, in: Michal Šmigeľ, Peter Mičko (Hrsg.): Slovenská republika 1939-1945 očami mladých historikov IV [Die Slowakische Republik 1939-1945 in den Augen junger Historiker IV], Banská Bystrica 2005, S. 101-118.

- Die Aussiedlung der sog. »Asozialen« deutscher Volkszugehörigkeit aus der Slowakei Ende Juli 1942, in: Bohumila Ferenčuhová, Jean-Louis Georget (Hrsg.): Political and Cultural Transfers between France, Germany and Central Europe (1849-1945). The Case of Slovakia, Bratislava 2010, S. 338-353.

- »Heim ins Reich«? Die Karpatendeutschen und die Zwangsmigrationsmaßnahmen des Reichskommissars für die Festigung deutschen Volkstums (Ein Vergleich der sog. kleinen Umsiedlungsaktionen in Südeuropa), in: Ders., Jörg Meier, Martin Zückert (Hrsg.): Migration, Zentrum und Peripherie, Kulturelle Vielfalt. Neue Zugänge zur Geschichte der Deutschen in der Slowakei, Leipzig 2016, S. 115-160.

Schwelling, Birgit: Heimkehr, Erinnerung, Integration. Der Verband der Heimkehrer, die ehemaligen Kriegsgefangenen und die westdeutsche Nachkriegsgesellschaft, Paderborn u. a. 2010.

Senfft, Alexandra: Schweigen tut weh. Eine deutsche Familiengeschichte, 2. Aufl., Berlin 2009 (ungekürzte Ausgabe; zuerst 2008).

Sepaintner, Fred: Baden-Württemberg 1960-1992, in: Kommission für geschichtliche Landeskunde in Baden-Württemberg (Hrsg.): Handbuch der Baden-Württembergischen Geschichte, 5 Bde., Bd. 4: Die Länder seit 1918, Stuttgart 2003, S. 591-896.

Shooman, Yasemin: Zur Debatte über das Verhältnis von Antisemitismus, Rassismus und Islamfeindlichkeit, in: Katharina Rauschenberger, Werner Konitzer (Hrsg.): Antisemitismus und andere Feindseligkeiten. Interaktionen und Ressentiments, Frankfurt am Main, New York 2015, S. 125-156.

Showalter, Elaine: Hysteria, Feminism, and Gender, in: Dies. u. a. (Hrsg.): Hysteria Beyond Freud, Berkeley, Los Angeles 1993, S. 286-344.

Siemens, Daniel: Horst Wessel. Tod und Verklärung eines Nationalsozialisten, München 2009.

- Stormtroopers. A New History of Hitler's Brownshirts, New Haven, London 2017.

Šindelářová, Lenka: Finale der Vernichtung. Die Einsatzgruppe H in der Slowakei 1944/1945, Darmstadt 2013.

Slobodian, Quinn: Foreign Front. Third World Politics in Sixties West Germany, Durham, London 2012.

Sow, Noah: Deutschland Schwarz Weiß. Der alltägliche Rassismus, 4. Aufl., München 2009 (zuerst 2008).

Steber, Martina, Bernhard Gotto: Volksgemeinschaft. Writing the Social History of the Nazi Regime, in: Dies. (Hrsg.): Visions of Community in Nazi Germany. Social Engineering and Private Lives, Oxford 2014, S. 1-25.

Stein, George H.: Geschichte der Waffen-SS, Düsseldorf 1967.

Steinacher, Gerald: Humanitarians at War. The Red Cross in the Shadow of the Holocaust, Oxford 2017.

Steinbacher, Sybille: Auschwitz. Geschichte und Nachgeschichte, München 2004.

- Wie der Sex nach Deutschland kam. Der Kampf um Sittlichkeit und Anstand in der frühen Bundesrepublik, München 2011.

– Sonderweg, Kolonialismus, Genozide: Der Holocaust im Spannungsfeld von Kontinuitäten und Diskontinuitäten der deutschen Geschichte, in: Frank Bajohr, Andrea Löw (Hrsg.): Der Holocaust. Ergebnisse und neue Fragen der Forschung, Bonn 2015, S. 83-101.

Steinke, Ronen: Fritz Bauer oder Auschwitz vor Gericht, München 2013.

Steinweis, Alan E.: Kristallnacht 1938. Ein deutscher Pogrom, Stuttgart 2011.

Steuwer, Janosch: Was meint und nützt das Sprechen von der »Volksgemeinschaft«? Neuere Literatur zur Gesellschaftsgeschichte des Nationalsozialismus, in: Archiv für Sozialgeschichte, 53 (2013), S. 487-534.

Stiller, Alexa: Zwischen Zwangsgermanisierung und »Fünfter Kolonne«. »Volksdeutsche« als Häftlinge und Bewacher in den Konzentrationslagern, in: Dies. u. a. (Hrsg.): Nationalsozialistische Lager. Neue Beiträge zur NS-Verfolgungs- und Vernichtungspolitik und zur Gedenkstättenpädagogik, Münster 2006, S. 104-124.

– Völkische Politik. Praktiken der Exklusion und Inklusion in polnischen, französischen und slowenischen Annexionsgebieten 1939-1945, Göttingen 2021 (im Erscheinen).

Stöss, Richard: Die extreme Rechte in der Bundesrepublik. Entwicklung – Ursachen – Gegenmaßnahmen, Opladen 1989.

Streit, Christian: Keine Kameraden. Die Wehrmacht und die sowjetischen Kriegsgefangenen 1941-1945, Bonn 1997 (zuerst 1978).

Streppelhoff, Robin: Gelungener Brückenschlag. Sport in den deutsch-israelischen Beziehungen, Sankt Augustin 2012.

Strippel, Andreas: NS-Volkstumspolitik und die Neuordnung Europas. Rassenpolitische Selektion der Einwandererzentralstelle des Chefs der Sicherheitspolizei und des SD 1939-1945, Paderborn u. a. 2011.

Stümke, Hans-Georg, Rudi Finkler: Rosa Winkel, Rosa Listen. Homosexuelle und »Gesundes Volksempfinden« von Auschwitz bis heute, Reinbek bei Hamburg 1981.

Süß, Dietmar, Winfried Süß: »Volksgemeinschaft« und Vernichtungskrieg. Gesellschaft im nationalsozialistischen Deutschland, in: Dies. (Hrsg.): Das »Dritte Reich«. Eine Einführung, München 2008, S. 79-100.

Süß, Winfried: Der »Volkskörper« im Krieg. Gesundheitspolitik, Gesundheitsverhältnisse und Krankenmord im nationalsozialistischen Deutschland 1939-1945, München 2003.

Taguieff, Pierre-André: The Force of Prejudice. On Racism and Its Doubles, Minneapolis 2001.

Taigel, Hermann: Lokalgeschichte im »Dritten Reich«. Wilhelm Kinkelins Pfullinger Heimatbuch, in: Schwäbische Heimat, 44 (1993), S. 113-121.

Tautz, Joachim: Militaristische Jugendpolitik in der Weimarer Republik. Die Jugendorganisationen des Stahlhelm, Bund der Frontsoldaten: Jungstahlhelm und Scharnhorst, Bund der Jungmannen, Regensburg 1998.

Theweleit, Klaus: Männerphantasien, 2 Bde., Bd. 2: Männerkörper – Zur Psychoanalyse des weißen Terrors, Reinbek bei Hamburg 1980.

Thieler, Kerstin: »Volksgemeinschaft« unter Vorbehalt. Gesinnungskontrolle und Mobilisierung in der Herrschaftspraxis der NSDAP-Kreisleitung Göttingen, Göttingen 2014.

Thießen, Malte: Schöne Zeiten? Erinnerungen an die »Volksgemeinschaft« nach 1945, in: Frank Bajohr, Michael Wildt (Hrsg): Volksgemeinschaft. Neue Forschungen zur Gesellschaft des Nationalsozialismus, Frankfurt am Main 2009, S. 165-187.

– Erinnerungen an die »Volksgemeinschaft«. Integration und Exklusion im kommunalen und kommunikativen Gedächtnis, in: Detlef Schmiechen-Ackermann (Hrsg.): »Volksgemeinschaft«: Mythos, wirkungsmächtige soziale Verheißung oder soziale Realität im »Dritten Reich«?, Paderborn u. a. 2012, S. 319-334.

Thonke, Christian: Hitlers langer Schatten. Der mühevolle Weg zur Entschädigung der NS-Opfer, Wien u. a. 2004.

Tönsmeyer, Tatjana: Die Bedeutung der Slowakei für das Deutsche Reich in den Jahren 1939-1945, in: Bohemia, 37 (1996), S. 79-97.

– Die Einsatzgruppe H in der Slowakei, in: Joachim Hösler, Wolfgang Kessler (Hrsg.): Finis mundi – Endzeiten und Weltenden im östlichen Europa. Festschrift für Hans Lemberg zum 65. Geburtstag, Stuttgart 1998, S. 167-188.

– Der Raub des jüdischen Eigentums in Ungarn, Rumänien und der Slowakei, in: Constantin Goschler, Philipp Ther (Hrsg.): Raub und Restitution. »Arisierung« und Rückerstattung des jüdischen Eigentums in Europa, Frankfurt am Main 2003, S. 73-91.

– Das Dritte Reich und die Slowakei. Politischer Alltag zwischen Kooperation und Eigensinn, Paderborn u. a. 2003.

– »Das verspätete Erwachen« – Die Slowakeideutschen 1939-1945, in: Jerzy Kochanowski, Maike Sach (Hrsg.): Die »Volksdeutschen« in Polen, Frankreich, Ungarn und der Tschechoslowakei. Mythos und Realität, Osnabrück 2006, S. 225-234.

– Besatzung als europäische Erfahrungs- und Gesellschaftsgeschichte: Der Holocaust im Kontext des Zweiten Weltkrieges, in: Frank Bajohr, Andrea Löw (Hrsg.): Der Holocaust. Ergebnisse und neue Fragen der Forschung, Bonn 2015, S. 281-298.

Töppel, Roman: »Volk und Rasse«. Hitlers Quellen auf der Spur, in: Vierteljahrshefte für Zeitgeschichte, 64 (2016), H. 1, S. 1-35.

Traverso, Enzo: Im Bann der Gewalt. Der europäische Bürgerkrieg 1914-1945, München 2008.

Tümmers, Henning: Anerkennungskämpfe. Die Nachgeschichte der nationalsozialistischen Zwangssterilisationen in der Bundesrepublik, Göttingen 2011.

Uhlmann, Angelika: »Der Sport ist der praktische Arzt am Krankenlager des Volkes«. Wolfgang Kohlrausch (1888-1980) und die Geschichte der deutschen Sportmedizin, Frankfurt am Main 2005.

Ullrich, Christina: »Ich fühl' mich nicht als Mörder«. Die Integration von NS-Tätern in die Nachkriegsgesellschaft, Darmstadt 2011.

Ulmer, Martin: Kranz am Gräberfeld X auf dem Stadtfriedhof, niedergelegt am Volkstrauertag 1963, in: Udo Rauch, Antje Zacharias (Hrsg.): Tübinger Szenenwechsel 1950-1970. Alfred Göhner und seine Pressefotos, Tübingen 2006, S. 25.

– Gedenken in einer Universitätsstadt: Gartenstraße – Denkmal Synagogenplatz Tübingen, in: Konrad Pflug, Ulrike Raab-Nicolai, Reinhold Weber (Hrsg.): Orte des Gedenkens und Erinnerns in Baden-Württemberg, Stuttgart 2007, S. 372-375.

– Antisemitismus in Stuttgart 1871-1933. Studien zum öffentlichen Diskurs und Alltag, Berlin 2011.

– Verdrängte Verbrechen und gefallene Helden. Wie sich Tübingen in den 1950er und 1960er Jahren an den Nationalsozialismus erinnerte, in: Hans-Otto Binder u. a. (Hrsg.): Vom braunen Hemd zur weißen Weste? Vom Umgang mit der Vergangenheit in Tübingen nach 1945, Tübingen 2011, S. 47-76.

Venohr, Wolfgang: Aufstand der Slowaken. Der Freiheitskampf von 1944, Frankfurt am Main, Berlin 1992 (Neuausgabe).

Verhey, Jeffrey: Der »Geist von 1914« und die Erfindung der Volksgemeinschaft, Hamburg 2000.

Vierhaus, Rudolf, Ludolf Herbst (Hrsg.): Biographisches Handbuch der Mitglieder des Deutschen Bundestages 1949-2002, Bd. 1: A-M, München 2002.

Vogelsang, Thilo: Der sogenannte »Scheringer-Kreis«, in: Gutachten des Instituts für Zeitgeschichte, Bd. 2, Stuttgart 1966, S. 469-471.

Vollnhals, Clemens: Die Hypothek des Nationalprotestantismus. Entnazifizierung und Strafverfolgung von NS-Verbrechen nach 1945, in: Geschichte und Gesellschaft, 18 (1992), H. 1, S. 51-69.

Wagner, Patrick: Volksgemeinschaft ohne Verbrecher. Konzeptionen und Praxis der Kriminalpolizei in der Zeit der Weimarer Republik und des Nationalsozialismus, Hamburg 1996.

Wagner, Ringo: Wehrsport und Sport in der SA, in: Yves Müller, Reiner Zilkenat (Hrsg.): Bürgerkriegsarmee. Forschungen zur nationalsozialistischen Sturmabteilung (SA), Frankfurt am Main 2013, S. 373-392.

Ward, James M.: Priest, Politician, Collaborator. Jozef Tiso and the Making of Fascist Slovakia, Ithaca/N.Y. 2013.

»Warum gab es dieses große Schweigen?« Podiumsgespräch am 8.7.2010 in der VHS Tübingen, in: Hans-Otto Binder u.a. (Hrsg.): Vom braunen Hemd zur weißen Weste? Vom Umgang mit der Vergangenheit in Tübingen nach 1945, Tübingen 2011, S. 219-235.

Wasmuth, Johannes: Strafrechtliche Verfolgung Homosexueller in BRD und DDR, in: Burkhard Jellonnek, Rüdiger Lautmann (Hrsg.): Nationalsozialistischer Terror gegen Homosexuelle. Verdrängt und ungesühnt, Paderborn u.a. 2002, S. 173-186.

Weger, Tobias: »Volkstumskampf« ohne Ende? Sudetendeutsche Organisationen 1945-1955, Frankfurt am Main 2008.

Wegner, Bernd: Hitlers Politische Soldaten. Die Waffen-SS 1933-1945, 9. Aufl., München 2010 (zuerst 1982).

Wehler, Hans-Ulrich: Deutsche Gesellschaftsgeschichte, 5 Bde., Bd. 4: Vom Beginn des Ersten Weltkriegs bis zur Gründung der beiden deutschen Staaten 1914-1949, Bonn 2010.

Wehrs, Nikolai: Protest der Professoren. Der »Bund Freiheit der Wissenschaft« in den 1970er Jahren, Göttingen 2014.

Weinke, Annette: Eine Gesellschaft ermittelt gegen sich selbst. Die Geschichte der Zentralen Stelle in Ludwigsburg 1958-2008, 2., um ein Vorwort erg. Aufl., Darmstadt 2009 (zuerst 2008).

– »Bleiben die Mörder unter uns?« Öffentliche Reaktionen auf die Gründung und Tätigkeit der Zentralen Stelle Ludwigsburg, in: Jörg Osterloh, Clemens Vollnhals (Hrsg.): NS-Prozesse und deutsche Öffentlichkeit. Besatzungszeit, frühe Bundesrepublik und DDR, Göttingen 2011, S. 263-282.

Wengst, Udo: Theodor Eschenburg. Biografie einer politischen Leitfigur 1904-1999, München u.a. 2015.

Werner, Oliver (Hrsg.): Mobilisierung im Nationalsozialismus. Institutionen und Regionen in der Kriegswirtschaft und der Verwaltung des »Dritten Reiches« 1936 bis 1945, Paderborn u.a. 2013.

Wetzel, Juliane: Die NSDAP zwischen Öffnung und Mitgliedersperre, in: Wolfgang Benz (Hrsg.): Wie wurde man Parteigenosse? Die NSDAP und ihre Mitglieder, Frankfurt am Main 2009, S. 74-90.

Whisnant, Clayton J.: Male Homosexuality in West Germany. Between Persecution and Freedom 1945-69, New York 2012.

Wildt, Michael: Volksgemeinschaft als Selbstermächtigung. Gewalt gegen Juden in der deutschen Provinz 1919 bis 1939, Hamburg 2007.

– Generation des Unbedingten. Das Führungskorps des Reichssicherheitshauptamtes, 2. Aufl., Hamburg 2008 (zuerst 2002).

– Die Ungleichheit des Volkes.»Volksgemeinschaft« in der politischen Kommunikation der Weimarer Republik, in: Ders., Frank Bajohr (Hrsg.): Volksgemeinschaft. Neue Forschungen zur Gesellschaft des Nationalsozialismus, Frankfurt am Main 2009, S. 24-40.

– Von der Universität ins Reichssicherheitshauptamt. Tübinger Exekutoren der »Endlösung«, in: Urban Wiesing u. a. (Hrsg.): Die Universität Tübingen im Nationalsozialismus, Stuttgart 2010, S. 791-807.

– Volksgemeinschaft. A Modern Perspective on National Socialist Society, in: Martina Steber, Bernhard Gotto (Hrsg.): Visions of Community. Social Engineering and Private Lives, Oxford 2014, S. 43-59.

– Die Volksgemeinschaft nach Detlev Peukert, in: Rüdiger Hachtmann, Sven Reichardt (Hrsg.): Detlev Peukert und die NS-Forschung, Göttingen 2015, S. 49-68.

Wischnath, Johannes Michael:»Student sein verpflichtet« – Tübinger Studenten im Dritten Reich, in: Urban Wiesing u. a. (Hrsg.): Die Universität Tübingen im Nationalsozialismus, Stuttgart 2010, S. 685-730.

Wistrich, Robert: s. v. Freisler, Roland, in: Ders.: Wer war wer im Dritten Reich? Ein biographisches Lexikon. Anhänger, Mitläufer, Gegner aus Politik, Wirtschaft, Militär, Kunst und Wissenschaft, überarb. und erw. von Hermann Weiß, Frankfurt am Main 1987, S. 94 f.

Wojak, Irmtrud: Fritz Bauer 1903-1968. Eine Biographie, München 2009.

Wolf, Gerhard: Ideologie und Herrschaftsrationalität. Nationalsozialistische Germanisierungspolitik in Polen, Hamburg 2012.

Wolfrum, Edgar: Geschichtspolitik in der Bundesrepublik Deutschland. Der Weg zur bundesrepublikanischen Erinnerung 1948-1990, Darmstadt 1999.

– Die geglückte Demokratie. Geschichte der Bundesrepublik Deutschland von ihren Anfängen bis zur Gegenwart, München 2007.

Zapf, Lilli: Die Tübinger Juden. Eine Dokumentation, Tübingen 1974.

Ziekow, Jan: Über Freizügigkeit und Aufenthalt. Paradigmatische Überlegungen zum grundrechtlichen Freiheitsschutz in historischer und verfassungsrechtlicher Perspektive, Tübingen 1997.

Zilkenat, Reiner: Der »Kurfürstendamm-Krawall« am 12. September 1931. Vorgeschichte, Ablauf und Folgen einer antisemitischen Gewaltaktion, in: Ders., Yves Müller (Hrsg.): Bürgerkriegsarmee. Forschungen zur nationalsozialistischen Sturmabteilung (SA), Frankfurt am Main 2013, S. 45-62.

Zimmerer, Jürgen: Nationalsozialismus postkolonial. Plädoyer zur Globalisierung der deutschen Gewaltgeschichte, in: Zeitschrift für Geschichtswissenschaft, 57 (2009), H. 6, S. 529-548.

Zimmermann, Volker: Die Sudetendeutschen im NS-Staat. Politik und Stimmung der Bevölkerung im Reichsgau Sudetenland, Essen 1999.

Zinn, Alexander:»Das Glück kam immer zu mir«. Rudolf Brazda – das Überleben eines Homosexuellen im Dritten Reich, Frankfurt am Main, New York 2011.

Zückert, Martin, Jürgen Zarusky, Volker Zimmermann (Hrsg.): Partisanen im Zweiten Weltkrieg. Der Slowakische Nationalaufstand im Kontext der europäischen Widerstandsbewegungen, Göttingen 2017.

Digitale Quellen

ANNO/Österreichische Nationalbibliothek

Herder-Institut (Hrsg.): Dokumente und Materialien zur ostmitteleuropäischen Geschichte. Themenmodul»Slowakei im Zweiten Weltkrieg« Archive.org

PERSONENREGISTER

DANK

Dieses Buch beruht auf meiner Doktorarbeit, die ich im Februar 2018 an der Philipps-Universität Marburg eingereicht habe. Der erste Dank gebührt meinem Betreuer Eckart Conze, der den Forschungsprozess von Beginn an wohlwollend begleitete, mir mit Rat und Tat zur Seite stand und mir insbesondere gegen Ende der Schreibphase den nötigen Freiraum verschaffte. Danken möchte ich zudem Cornelia Rauh, die das Zweitgutachten übernommen hat. Das Oberseminar an Eckart Conzes Marburger Lehrstuhl habe ich als Ort kreativer Wissenschaft erlebt. Die Diskussionen in diesem Kreis hatten großen Einfluss auf die Erweiterung meines persönlichen Forschungshorizonts. Insbesondere Wencke Meteling, aber auch allen anderen Teilnehmerinnen und Teilnehmern möchte ich dafür danken. Auch der Sekretärin des Lehrstuhls für Neueste Geschichte, Anna Britschock (†), bin ich für ihre Unterstützung sehr dankbar.

Die Arbeit an diesem Forschungsprojekt wurde von der Stadt Tübingen durch Gemeinderatsbeschluss gefördert. Es ist besonders hervorzuheben, dass diese Förderung nicht in einem Forschungsauftrag bestand, sondern in Form eines Promotionsstipendiums inklusive sämtlicher Reisekosten und Sachmittel erfolgte. Für die überaus freundliche Zusammenarbeit und das große Verständnis für den Forschungsprozess danke ich der Leiterin des Fachbereichs Kunst und Kultur der Universitätsstadt Tübingen, Dagmar Waizenegger, und ihren Mitarbeiterinnen und Mitarbeitern. Zudem bedanke ich mich für die finanzielle Unterstützung für die Drucklegung des Manuskripts. Ich danke dem Tübinger Stadtarchivar Udo Rauch für die große Unterstützung und das Interesse, mit dem er das Projekt begleitet hat. Er und sein Mitarbeiterstab gewährten mir manches Privileg, das die Arbeit im Stadtarchiv sehr erleichterte.

Ich danke Sybille Steinbacher für die Aufnahme in die Reihe »Studien zur Geschichte und Wirkung des Holocaust« und ihre präzisen Hinweise vor der Drucklegung. Dadurch wurde das Manuskript deutlich verbessert. Zudem danke ich Manuela Ritzheim, der Verwaltungsleiterin des Fritz Bauer Instituts, Ursula Kömen vom Wallstein Verlag sowie Regine Luise Strotbek für ihr Lektorat. Besonders bedanken möchte ich mich bei Jörg Osterloh, der mich im Rahmen eines Praktikums am Fritz Bauer Institut in meiner wissenschaftlichen Arbeit sehr bestärkt hat. In dem von ihm betreuten Doktorandenkolloquium des Fritz Bauer Instituts, das jährlich gemeinsam mit der Evangelischen Akademie Frankfurt stattfand, hatte ich Gelegenheit, erste Forschungsergebnisse zur Diskussion zu stellen. Zudem durfte ich das Projekt im Rahmen des Treffens der Lehrstühle für Zeitgeschichte in Frankfurt (Christoph Cornelißen), Gießen (Dirk van Laak) und Marburg (Eckart Conze) präsentieren. Vielen Dank für all die wertvollen Hinweise.

Ich danke Jacques Schuhmacher, Steffen Henne, Sandra Krawinkel und Andrea Krawinkel, die das Manuskript in früheren Fassungen gelesen haben, für ihre konstruktive Kritik. Zudem haben Sebastian Haus, Daniel Thiel, Jörg Osterloh und Tobias Freimüller wichtige Hinweise zu einzelnen Kapiteln gegeben, auch dafür möchte ich mich bedanken.

Vielen weiteren Personen, die in der einen oder anderen Art zum erfolgreichen Abschluss dieses Projekts beigetragen haben, möchte ich danken: James M. Ward, Isabel Heinemann, Daniel Siemens, Stefan Dölling, Christof Morrissey, Tatjana Tönsmeyer, Hans-Otto Binder (†) und Martin Ulmer vom Lern- und Dokumentationszentrum zum Nationalsozialismus e. V. Tübingen, Hans-Joachim Lang, Jürgen Jonas, Malte Ludin, Alexandra Senfft, Martin Ehlers und Lothar Wieser vom Institut für Sportgeschichte Baden-Württemberg e. V. Stellvertretend für viele Mitarbeiterinnen und Mitarbeiter von Archiven, die mir die Recherche ermöglicht und erleichtert haben, danke ich Gebhard Füßler und Rosalinde Baumgärtner vom Staatsarchiv Sigmaringen.

Das Verfassen einer Doktorarbeit ist ein nervenaufreibendes Projekt, das ohne die praktische und emotionale Unterstützung des persönlichen Umfelds nicht durchführbar wäre. Dafür möchte ich meiner Familie, insbesondere meinen Eltern, ganz besonders aber meiner Frau Sandra Krawinkel danken, die mich in jeder erdenklichen Hinsicht unterstützt und dabei auch einige Nachteile in Kauf genommen hat, die ich in Zukunft abzuarbeiten gedenke.